Acc.No. 533/18-19
11/7/018

AF815810

सामाजिक वैयक्तिक सेवा कार्य

सामाजिक वैयक्तिक सेवा कार्य

Social Case Work

बालेश्वर पाण्डेय
पूर्व विभागाध्यक्ष एवं संकायाध्यक्ष,
समाज कार्य संकाय,
महात्मा गांधी काशी विद्यापीठ, वाराणसी

तेजस्कर पाण्डेय
एम.एससी. (गोल्ड मेडलिस्ट)
एम.एस.डब्ल्यू., एम.बी.ए.
(वर्तमान में सिविल सेवाओं में कार्यरत, उ.प्र.)

रावत पब्लिकेशन्स
जयपुर • नई दिल्ली • बैंगलोर • गुवाहाटी • कोलकाता

ISBN 978-81-316-0943-9 (HB)
ISBN 978-81-316-0944-6 (PB)

© Authors, 2018

No part of this book may be reproduced or transmitted in any form or by any means, electronic or mechanical, including photocopying, recording or by any information storage and retrieval system, without permission in writing from the publishers.

Published by
Prem Rawat for **Rawat Publications**
Satyam Apts., Sector 3, Jawahar Nagar, Jaipur 302 004 (India)
Phone: 0141 265 1748 / 7006 Fax: 0141 265 1748
E-mail: info@rawatbooks.com
Website: www.rawatbooks.com

New Delhi Office
4858/24, Ansari Road, Daryaganj, New Delhi 110 002
Phone: 011-23263290

Also at *Bangalore, Guwahati* and *Kolkata*

Typeset by Rawat Computers, Jaipur
Printed at Nice Printing Press, New Delhi

विषय सूची

द्वितीय खण्ड

तृतीय खण्ड

दो शब्द

भारत में समाज कार्य का प्रशिक्षण 1936 में ही प्रारम्भ हो गया था, किन्तु अभी तक यह प्रश्न उठ रहा है कि हमारे देश में समाज कार्य की परिणति एक व्यवसाय के रूप में हुई या नहीं। जबकि प्रबंधशास्त्र का प्रारम्भ हमारे देश में बहुत बाद में हुआ और आज इसे हमारे देश में पूर्णरूपेण व्यवसाय का दर्जा प्राप्त हो गया है। भारत में समाज कार्य को एक व्यवसाय के रूप में स्वीकार करने में एक कमी यह दिखलाई पड़ती है कि यहां उपयुक्त मात्रा में संबंधित विषय में स्वदेशी साहित्य उपलब्ध नहीं है। अमेरिकी सामाजिक परिवेश में समाज कार्य पर लिखित पुस्तकों पर हम आज भी बहुत अंश में आश्रित हैं। दूसरी महत्वपूर्ण बात यह है कि आज उत्तर भारत के लगभग सभी विश्वविद्यालयों में समाज कार्य का अध्यापन स्नातकोत्तर एवं पीएच.डी. स्तर पर किया जाता है, कहना नहीं होगा कि इन सभी विश्वविद्यालयों में अध्यापन का माध्यम हिन्दी है। उ.प्र., उत्तराखण्ड तथा उत्तर भारत के कुछ अन्य प्रमुख लोक सेवा आयोगों में पी.सी.एस. तथा सबार्डिनेट सेवाओं की परीक्षा में समाज कार्य को भी एक विषय के रूप में सम्मिलित किया गया है। कहना नहीं होगा कि इन परीक्षाओं में सम्मिलित होने वाले 90 प्रतिशत से अधिक अभ्यर्थी हिन्दी भाषा में ही उत्तर लिखते हैं। अत: स्वदेशी परिवेश में हिन्दी भाषा में समाज कार्य विषय के उच्चस्तरीय ग्रन्थों की रचना की आज महती आवश्यकता है। प्रस्तुत दोनों लेखक इन दोनों अपेक्षाओं की पूर्ति हेतु सतत् प्रयत्नशील हैं। प्रस्तुत ग्रन्थ भी इसी अभाव की पूर्ति की एक कड़ी है।

सामाजिक वैयक्तिक सेवा कार्य समाज कार्य की सर्वाधिक महत्वपूर्ण और प्राथमिक विधि है। अत: प्रस्तुत ग्रन्थ में इस विषय की विवेचना की गई है। ग्रन्थ के तीन खण्ड हैं। प्रथम खण्ड में विषय का सैद्धान्तिक विवेचन किया गया है, सामाजिक वैयक्तिक सेवा कार्य का अर्थ निरूपण फ्रिडलेण्डर और हैमिल्टन के विचारों से आगे बढ़कर भारतीय परिवेश में किया गया है। वैयक्तिक सेवा कार्य में सेवार्थी एवं कार्यकर्ता के संबंधों के सिद्धान्तों का निरूपण देते हुए अभ्यास के सिद्धान्तों पर भी प्रकाश डाला गया है। वैयक्तिक सेवा कार्य की प्रक्रिया में अध्ययन एवं निदान और उपचार के अन्तर्गत में कुछ नवीन तकनीकों पर भी प्रकाश डाला गया है। वैयक्तिक सेवा कार्य के अभिगमों का निरूपण भी अपने ढंग से करते हुए कुछ नवीन और महत्वपूर्ण अभिगमों पर प्रकाश डाला गया है। इसी प्रकार साक्षात्कार एवं अभिलेखन के पहलुओं पर भी अपने ढंग से प्रकाश डाला गया है। समाज कार्य की अन्य विधियों से भी वैयक्तिक सेवा कार्य के संबंधों को दर्शाया गया है। साक्षात्कार में अन्यारोपण (Transference) और प्रतिअन्यारोपण (Counter transference) की

भावनाओं का भी विशेष महत्व है। इसीलिए उसे इस खण्ड में अलग अध्याय के रूप में प्रस्तुत किया गया है।

ग्रन्थ के द्वितीय खण्ड में समाज कार्य के विभिन्न क्षेत्रों में वैयक्तिक सेवा कार्य की उपयोगिता पर प्रकाश डाला गया है। हमारे देश में समाज कार्य के औपचारिक प्रशिक्षण (1936) के पश्चात् अधिकांश प्रशिक्षुओं की नियुक्ति औद्योगिक प्रतिष्ठानों में कल्याण अधिकारी के रूप में होने लगी। किन्तु 1960 में अमेरिकी विशेषज्ञ हटवर्ट आप्टेकर ने यह बात कही कि सामाजिक वैयक्तिक सेवा कार्यकर्ता श्रम अधिकारी या कल्याण अधिकारी नहीं हो सकता है। यह विवाद लम्बे समय तक चलता रहा, किन्तु बाद में डॉक्टर आप्टेकर ने यह स्वीकार किया कि भारतीय सांस्कृतिक एवं सामाजिक परिवेश में वैयक्तिक सामाजिक कार्यकर्ता का कल्याण अधिकारी के रूप में कार्य करना सर्वथा उचित है। इस विवाद के परिप्रेक्ष्य में प्रस्तुत ग्रन्थ में समाज कार्य के क्षेत्र में श्रम कल्याण की उपयोगिता को बहुत ही आलोचनात्मक ढंग से प्रस्तुत किया गया है। इसके अतिरिक्त चिकित्सा एवं मनोचिकित्सा, बाधितों के कल्याण, अपराधी सुधार, बाल कल्याण एवं परिवार कल्याण के क्षेत्र में भी सामाजिक वैयक्तिक सेवा कार्य की उपयोगिता पर प्रकाश डाला गया। तृतीय खण्ड में वैयक्तिक सेवा कार्य से संबंधित कुछ मनोवैज्ञानिक पहलुओं पर प्रकाश डाला गया है। इस क्रम में व्यक्तित्व, उसकी विचारधारायें तथा उसके विविध पहलुओं पर सर्वप्रथम प्रकाश डाला गया है। तत्पश्चात् मानव व्यवहार के मनोवैज्ञानिक आधारों पर प्रकाश डाला गया है। इस क्रम में मानव की मूल प्रवृत्तियों, प्रतिवर्ती क्रियाओं, आदतें, सीखना, अभिप्रेरणा (इसकी महत्वपूर्ण विचारधारायें) तथा संबंधों का आलोचनात्मक विवरण दिया गया है। इसी खण्ड में मानव व्यवहारों का अर्थ तथा उनकी गत्यात्मकताओं पर भी प्रकाश डाला गया है। साथ ही समाजीकरण के विविध पहलुओं पर प्रकाश डाला गया है। अन्त में अहम् रक्षा युक्तियों पर प्रकाश डाला गया।

हम लोगों ने इस पुस्तक की परिकल्पना और विषय प्रतिपादन में बहुत से विचारकों, लेखकों एवं विद्वानों से ज्ञान एवं दिशा प्राप्त की है। हमने उनके लेखों एवं अध्ययनों का उपयोग अपने विचारों के प्रतिपादन एवं समीक्षा में व्यापक रूप से किया है जिसके लिए हम उनके आभारी हैं। हमने यथासम्भव उनके विचारों को संदर्भित भी किया है परन्तु सम्भव है कि कहीं अनजाने में उपयुक्त सन्दर्भ देना छूट भी गया हो, जिसके लिए हमें खेद है। हमने इतने अधिक विद्वानों के विचारों एवं अध्ययनों का उपयोग किया है कि हम सबका उल्लेख यहां नहीं कर सकते हैं। आवश्यकतानुसार हमने उन्हें नामांकित करने का प्रयास किया है और हम उनके प्रति कृतज्ञता प्रकट करते हैं।

अन्त में हम लोग यह आशा करते हैं कि यह ग्रन्थ समाज कार्य के स्नातकोत्तर एवं पीएच.डी. स्तर के छात्रों और संबंधित अध्यापकों के लिए उपयोगी होगा।

बालेश्वर पाण्डेय
तेजस्कर पाण्डेय

प्रथम खण्ड

1

सामाजिक वैयक्तिक सेवा कार्य का अर्थ निरूपण

(Meaning of Social Case Work)

सामाजिक वैयक्तिक सेवा कार्य समाज कार्य की एक प्राथमिक विधि है। वैयक्तिक सेवा कार्य के संबंध में विभिन्न विद्वानों के द्वारा दी गई परिभाषाओं से स्पष्ट है कि उसके अन्तर्गत मानवीय दर्शन, सर्वोत्तम हित एवं सर्वांगीण विकास की भावना निहित है। यह समाज कार्य की ऐसी पद्धति है जो वैज्ञानिक ज्ञान एवं कौशल पर आधारित है, यह समस्या से पीड़ित और असमर्थ जन की सहायता उसके सक्रिय सहयोग से इस प्रकार करती है कि वह व्यक्ति अपनी अधिकतम क्षमता का उपयोग करते हुए अपनी समस्या के निराकरण में स्वयं सफल हो सके। समाज में रहते हुए कभी-कभी अन्तर्द्वन्द्व, पर्यावरण संबंधी असमायोजन तथा साधनों की कमी आदि के कारण व्यक्ति के सामान्य जीवन में गतिरोध उत्पन्न हो जाता है। ऐसी स्थिति में उसकी मनोदशा, कार्यक्षमता और परस्पर संबंध प्रभावित होते हैं, फलस्वरूप वह अपने कार्यों एवं जिम्मेदारियों के निर्वाह में असमर्थ हो जाता है, साथ ही समस्या से निपटने में स्वयं को असमर्थ महसूस करता है। ऐसी स्थिति में या तो स्वयं या किसी दूसरे व्यक्ति की सहायता से किसी सामाजिक अभिकरण में सहायता प्राप्ति हेतु जाता है। अभिकरण में वैयक्तिक सामाजिक कार्यकर्ता सेवार्थी की सामर्थ्य एवं सीमाओं को देखते हुए उसके व्यक्तित्व, सामाजिक सम्पर्क, अन्तर्संबंध एवं समस्या के कारकों की जानकारी प्राप्त करता है। तत्पश्चात् समुचित निदान एवं समस्या सुलझाव प्रक्रिया के माध्यम से न केवल सेवार्थी में समस्या सुलझाव के प्रति जागरूकता उत्पन्न करता है, वरन् उसकी आत्मनिर्भरता, सामंजस्य स्थापन तथा सामाजिक प्रकार्यात्मकता में वृद्धि कर उसकी समस्या के समाधान में सहायता करता है और व्यक्ति या सेवार्थी को इस योग्य बनाने में सहायता देता है कि वह सर्वांगीण विकास का लक्ष्य प्राप्त कर सके।

उपर्युक्त परिप्रेक्ष्य में सर्वप्रथम हम वैयक्तिक सेवा कार्य के संबंध में कुछ प्रमुख विद्वानों के मतों का उल्लेख करेंगे।

गार्डेन हैमिल्टन के शब्दों में 'समाज केस कार्य प्रक्रियाओं से युक्त साधन और कार्य करने का क्षेत्र दोनों ही है, जो सचेतन समायोजन के द्वारा व्यक्ति का विकास करता है और व्यक्ति के द्वारा व्यक्ति को प्रभावित करता है और व्यक्ति तथा उसके सामाजिक परिवेश के बीच सामंजस्य स्थापित करता है।' कुमारी रिचमण्ड के अनुसार समाज केस कार्य विभिन्न लोगों के द्वारा विभिन्न लोगों के लिए उनकी सहायता करके उन्हें समस्याओं से मुक्त करने की एक कला है, जिसका लक्ष्य एक ही

समय में उन सेवार्थियों और उनके समाज का सुधार करना है। इस प्रकार वह सामाजिक परिवेश में व्यक्ति की समस्याओं में सुधार करने की कला और विज्ञान दोनों ही है। क्योंकि व्यक्ति और समाज एक-दूसरे पर आश्रित रहते हैं और सामाजिक ताकतें व्यक्ति के व्यवहार एवं मनोवृत्तियों को प्रभावित करती हैं।

वैयक्तिक सेवा कार्य को कुछ अन्य विद्वानों ने अलग-अलग दृष्टियों से परिभाषित किया है। विवरण निम्न है :

समस्या और समाधान की दृष्टि से अर्थ निरूपण - रिचमण्ड, मैरी (1915)

'सामाजिक वैयक्तिक सेवा कार्य विभिन्न व्यक्तियों के लिए उनके साथ मिलकर उनके सहयोग से विभिन्न प्रकार के कार्य करने की एक कला है जिससे एक ही साथ स्वयं अपनी एवं समाज की समस्यायें सुलझाई जाती है।'[1]

उपर्युक्त परिभाषा के निम्न तत्व हैं :

1. सामाजिक वैयक्तिक सेवा कार्य एक कला है।
2. इसके माध्यम से व्यक्ति की समस्याएं सुलझाई जाती हैं।
3. समस्याओं की भिन्नता के कारण भिन्न-भिन्न तरह से सहायता कार्य सम्पन्न किए जाते हैं।
4. सेवार्थी का सहयोग चिकित्सा प्रक्रिया में आवश्यक होता है।

मैरी रिचमण्ड ने अपनी परिभाषा में यद्यपि समस्याओं का उल्लेख किया है परन्तु इस बात को स्पष्ट नहीं किया है कि किस प्रकार की समस्याओं का समाधान सामाजिक वैयक्तिक सेवा कार्य द्वारा किया जाता है। ऐसी कमियों को दूर करने के लिए सन् 1922 ई. में उन्होंने एक दूसरी परिभाषा प्रस्तुत की: 'सामाजिक वैयक्तिक सेवा कार्य में वे प्रक्रियाएं आती हैं जो एक-एक करके व्यक्तियों एवं उनके सामाजिक पर्यावरण के बीच सचेतन रूप से समायोजन स्थापित करती हैं'।[2]

समायोजन संबंधी समस्या पर बल देते हुए टैफ्ट ने वैयक्तिक सेवा कार्य की परिभाषा सामाजिक चिकित्सा के रूप में प्रस्तुत की।

सामाजिक चिकित्सा के रूप में टैफ्ट (1920)[3]

सामाजिक वैयक्तिक सेवा कार्य समायोजन रहित व्यक्ति की सामाजिक चिकित्सा है जिसमें इस बात का प्रयास किया जाता है कि उस व्यक्ति के व्यक्तित्व, व्यवहार एवं सामाजिक संबंधों को समझा जाए और उसकी सहायता की जाए, जिससे कि वह एक उच्चतर सामाजिक एवं वैयक्तिक समायोजन प्राप्त कर सके।

टैफ्ट ने अपनी परिभाषा में निम्न तत्त्वों का उल्लेख किया है :

1. सामाजिक वैयक्तिक सेवा कार्य एक सामाजिक चिकित्सा है। इसका अर्थ यह है कि इस प्रविधि द्वारा सामाजिक संतुलन को स्थिर रखा जाता है और यदि आवश्यकता हुई तो असंतुलन उत्पन्न करने वाले कारकों को दूर करके व्यक्ति को सुखी बनाया जाता है।
2. समायोजन रहित व्यक्ति की चिकित्सा की जाती है। अनेक ऐसी शक्तियां होती हैं जो व्यक्ति को झकझोर देती हैं और इस भंवर में पड़ कर वह समायोजन रहित हो जाता है। ऐसी दशा में सामाजिक वैयक्तिक सेवा कार्य उसका सामाजिक संतुलन स्थापित करने में सहायता करता है।
3. इस प्रणाली द्वारा सर्वप्रथम समायोजन रहित व्यक्ति के व्यक्तित्व, व्यवहार एवं सामाजिक संबंधों को समझा जाता है और तब उसकी सहायता का रूप निर्धारित किया जाता है। इससे स्पष्ट होता है कि व्यक्ति की समस्याएं समान होने पर भी उनके कारण तथा उनकी व्यक्ति में प्रतिक्रिया भिन्न-भिन्न होती है।

सन् 1939 में इस परिभाषा में सामाजिक वैयक्तिक सेवा कार्य का दूसरा महत्त्वपूर्ण कार्य आर्थिक सहायता देना भी सम्मिलित किया गया।

डे स्वीनीज (1939) : प्रतिक्रिया के रूप में

'वे प्रतिक्रियाएं जो व्यक्तियों को सामाजिक संस्थाओं के प्रतिनिधियों द्वारा निश्चित नीतियों के अनुसार और वैयक्तिक आवश्यकताओं को सामने रखकर सेवा प्रदान करने, आर्थिक सहायता देने या वैयक्तिक परामर्श देने से सम्बद्ध हैं'[4] सामाजिक वैयक्तिक सेवा कार्य के अन्तर्गत सम्मिलित की जाती हैं।

1. उपरिलिखित परिभाषा से यह बात स्पष्ट होती है कि सामाजिक वैयक्तिक सेवा कार्य द्वारा वैयक्तिक परामर्श एवं आर्थिक सहायता दोनों ही प्रदान की जाती हैं।
2. सहायता प्रदान करने का कार्य किसी सामाजिक अभिकरण के कर्मचारी द्वारा किया जाता है।
3. सहायता प्रदान करने के कुछ निश्चित नियम व तरीके एवं नीतियां होती हैं जिसका सेवा प्रदान करने वाला कर्मचारी अनुसरण करता है।

स्वीथन, वीवर्स (1949) : कला एवं विज्ञान की दृष्टि से

'सामाजिक वैयक्तिक सेवा कार्य एक कला है जिसमें मानवीय संबंधों के विज्ञान के ज्ञान और संबंधों में निपुणता का उपयोग इस दृष्टि से किया जाता है कि व्यक्ति, उसकी योग्यताओं और समुदाय के साधनों को गतिमान किया जाए, जिससे सेवार्थी और उसके पर्यावरण के कुछ समस्त भागों के बीच उच्चतर समायोजन स्थापित हो सके।'

वीवर्स ने अपनी परिभाषा द्वारा वैयक्तिक सेवा कार्य को एक नया रूप प्रदान किया। उन्होंने निम्न विशेषताओं का उल्लेख किया :

1. सामाजिक वैयक्तिक सेवा कार्य एक कला है और इस कला का उपयोग व्यक्ति के असमायोजनकारी व्यवहार को दूर करने के लिए किया जाता है।
2. इस कला को व्यवहार में लाने के लिए विशेष ज्ञान एवं निपुणताओं की आवश्यकता होती है।
3. यह कला मानव संबंधों के ज्ञान पर आधारित है।
4. मानवीय व्यवहार और संबंधों में ज्ञान तथा निपुणता का प्रयोग अत्यन्त सावधानी से करना होता है।
5. इस कला द्वारा सेवार्थी की शक्तियों को गतिमान किया जाता है। उसके अहं को शक्तिशाली बनाया जाता है तथा समायोजन प्राप्त किया जाता है।
6. इस उद्‌देश्य की प्राप्ति के लिए समाज के साधनों को गतिमान किया जाता है।

पर्लमैन (1957) : प्रक्रिया की दृष्टि से

सामाजिक वैयक्तिक सेवा कार्य एक प्रक्रिया है जिसका प्रयोग कुछ मानव कल्याण अभिकरण करते हैं, ताकि व्यक्तियों की इस प्रकार सहायता की जाए कि वे सामाजिक कार्यात्मकता की समस्याओं का सामना उच्चतर प्रकार से कर सकें।[5]

पर्लमैन ने सामाजिक वैयक्तिक सेवा कार्य के 4 अंगों का उल्लेख अपनी परिभाषा में किया है : 1. व्यक्ति, 2. समस्या, 3. स्थान तथा 4. प्रक्रिया।

व्यक्ति (Person) : सामाजिक वैयक्तिक सेवा कार्य का मुख्य उद्‌देश्य समस्याग्रस्त व्यक्ति की सहायता करना है जिससे वह आन्तरिक एवं बाह्य समायोजन स्थापित कर सके। व्यक्ति की मानसिक एवं शारीरिक दो प्रकार की आवश्यकताएं होती हैं। जब वह इन आवश्यकताओं की पूर्ति करने में असफल रहता है तो वैयक्तिक सहायता द्वारा उसको इस योग्य बनाया जाता है कि वह अपना कार्य

संचालन सुचारु रूप से कर सके। व्यक्ति की असफलता के कई कारण हो सकते हैं, जैसे-वह सक्षम न हो, आवश्यकता पूर्ति के साधनों का ज्ञान न हो, आवश्यकता स्पष्ट न हो, सहायता प्रदान करने वाले अभिकरणों (Agencies) से अनभिज्ञ हो, अभिकरण में सहायता के पूर्ण साधन उपलब्ध न हों या उसकी आवश्यकताएं वास्तविक न हों। ऐसी स्थिति में व्यक्ति बाह्य सहायता के लिए अभिकरण में आता है जहां पर उसके व्यक्तित्व एवं समस्या का अध्ययन कर सहायता की जाती है।

समस्या (Problem) : समस्या के कई रूप होते हैं परन्तु जो समस्याएं व्यक्ति के व्यक्तित्व से संबंधित होती हैं और जिनसे व्यक्ति की सामाजिक क्रियाशीलता कम हो जाती है, मुख्यतया वे ही सामाजिक वैयक्तिक सेवा कार्य के क्षेत्र में आती हैं। इन समस्याओं के कारण व्यक्ति अपने कार्यों को न तो सुचारु रूप से कर पाता है और न वास्तविकता को स्पष्ट रूप से देख पाता है। कभी-कभी समस्या की उत्पत्ति बाह्य कारकों से होती है। अतः वैयक्तिक कार्यकर्ता आन्तरिक एवं बाह्य दोनों प्रकार के कारकों पर अपना ध्यान आकर्षित करता है।

स्थान (Place) : सहायता प्रदान करने का स्थान एक अभिकरण होता है। कुछ अभिकरण विशिष्ट प्रकार की सेवाएं प्रदान करते हैं तथा कुछ अभिकरण सामान्य लक्ष्यों की पूर्ति करती हैं। बाल निदेशन केन्द्र, मंत्रणा केन्द्र, परिवार कल्याण केन्द्र, व्यावसायिक मंत्रणा केन्द्र आदि विशिष्ट अभिकरण हैं। इनमें प्रशिक्षित कार्यकर्ता द्वारा समस्याग्रस्त व्यक्ति की सहायता की जाती है। द्वितीयक प्रकार के वे अभिकरण हैं जो समाज कार्य विधियों का उपयोग उद्देश्य प्राप्ति के लिए करते हैं और ये विधियां गौण स्थान रखती हैं। चिकित्सालय, विद्यालय, श्रम कल्याण, सुधार गृह आदि इसके उदाहरण हैं। भारतवर्ष में अधिकांश सामान्य प्रकार के अभिकरण हैं।

प्रक्रिया (Process) : वैयक्तिक सेवा कार्य की प्रक्रिया में कार्यकर्ता का संबंध मुख्यतः तीन कार्यों से रहता है :

1. सेवार्थी की समस्या के संबंध में आन्तरिक एवं बाह्य वातावरण से संबंधित आंकड़ों का संकलन एवं अध्ययन।
2. समस्या का वैयक्तिक विधियों द्वारा निदान।
3. इस प्रकार प्रक्रिया के तीन अभिन्न अंग हैं :

   1. अध्ययन, 2. निदान एवं मूल्यांकन तथा 3. उपचार। कार्यकर्ता समस्या का अध्ययन निरीक्षण, अन्वेषण तथा वैयक्तिक इतिहास के आधार पर करता है। निदान का कार्य भी अध्ययन के साथ ही चलता रहता है। कार्यकर्ता सेवार्थी के व्यक्तित्व तथा समस्या के मूल्यांकन द्वारा यह देखता है कि उसकी समस्या क्या है, समस्या का रूप क्या है, वास्तविकता तथा समस्या में क्या संबंध है। इसके पश्चात् वह निश्चित करता है कि सेवार्थी को किस प्रकार की सहायता की आवश्यकता है।

उपर्युक्त मतों का विश्लेषण करने पर स्पष्ट है कि वैयक्तिक सेवा कार्य सर्वप्रथम मैरी रिचमण्ड द्वारा एक कला के रूप में प्रवर्तित किया गया, जिसका उद्देश्य स्वयं अपना एवं समाज का कल्याण था। तदुपरान्त टैफ्ट ने इसे सामाजिक चिकित्सा के रूप में चिह्नित करते हुए, इसका उद्देश्य अधिक अच्छा वैयक्तिक एवं सामाजिक समायोजन बतलाया। बाद में वैयक्तिक सेवा कार्य को एक प्रक्रिया के रूप में स्वीकार किया जाने लगा तथा इस प्रक्रिया के दौरान किए जाने वाले विभिन्न प्रकार के कार्यों तथा अंगभूतों का निरूपण करते हुए, समायोजन लाने को प्रोत्साहित करने के अतिरिक्त परिवर्तन की प्रक्रिया में सक्रिय रूप से भाग लेने के उद्देश्य पर भी बल दिया जाने लगा।

इस प्रकार वैयक्तिक सेवा कार्य की परिभाषा के मूल तत्व निम्नलिखित हैं :

(i) वैयक्तिक सेवा कार्य समाज कार्य की एक पद्धति है।
(ii) जो वैज्ञानिक ज्ञान एवं कौशल से युक्त प्रशिक्षित समाज कार्यकर्ताओं द्वारा प्रयोग में लाई जाती है।

(iii) इसका प्रयोग एक प्रक्रिया के रूप में निजी एवं सार्वजनिक अभिकरणों द्वारा किया जाता है।
(iv) इसके द्वारा समाज में असमायोजित एवं समस्या ग्रस्त लोगों की इस प्रकार सहायता की जाती है कि ये बेहतर सामाजिक समायोजन के साथ व्यक्तिगत रूप से संतोषप्रद एवं अपेक्षाकृत श्रेष्ठ जीवन स्तर को प्राप्त कर सकें।
(v) फलस्वरूप उन्नत समाज की रचना में वे सक्रिय भागीदारी निभा सकें।

सामाजिक वैयक्तिक सेवा कार्य की आधारभूत मान्यताएं (Basic Assumptions)

वैयक्तिक सेवा कार्य की विभिन्न परिभाषाओं का अवलोकन करने से स्पष्ट होता है कि वैयक्तिक सेवा कार्य के विभिन्न पक्ष हैं, जिन्हें विद्वानों ने अपने-अपने मत के अनुसार व्यक्त करने का प्रयत्न किया है। इन समस्त मान्यता प्राप्त परिभाषाओं के आधार पर वैयक्तिक समाज कार्य की आधारभूत मान्यताओं का उल्लेख किया जा सकता है। प्रमुख रूप से हैमिल्टन (Hamilton) और हॉलिस (Hollis) द्वारा व्यक्त परिभाषाओं के आधार पर आधारभूत मान्यताओं का उल्लेख किया जा सकता है।

हैमिल्टन के अनुसार ये मौलिक मान्यताएं निम्नलिखित हैं :

1. व्यक्ति एवं समाज अन्योन्याश्रित होते हैं।
2. सामाजिक शक्तियां व्यवहार एवं मनोवृत्तियों को प्रभावित करती हैं और जिस संसार में हम रहते हैं उसके प्रति अपना योगदान देने तथा आत्म विकास के लिए अवसर प्रदान करती हैं।
3. सम्पूर्ण समस्याएं न केवल मनोवैज्ञानिक-आन्तरिक व बाह्य होती हैं वरन् अधिकतम वैयक्तिक सेवा कार्य की समस्याएं अन्तर्वैयक्तिक होती हैं अर्थात् व्यक्ति के उपचार में एक से अधिक व्यक्तियों के शामिल किए जाने की सम्भावना होती है, और वैयक्तिक सेवा कार्य में पारिवारिक इकाई विशेष रूप से शामिल होती है।
4. अपनी समस्याओं को हल करने में सेवार्थी प्रत्येक कदम पर एक जिम्मेदार सहभागी होता है।
5. उपचार के लक्ष्यों की प्राप्ति हेतु वैयक्तिक सेवा कार्य प्रक्रिया का केन्द्र कार्यकर्ता-सेवार्थी संबंध का सचेतन एवं नियंत्रित प्रयोग होता है।

हॉलिस के मतानुसार वैयक्तिक समाज कार्य मानव व्यक्तित्व, सामाजिक मूल्यों व लक्ष्यों के प्रति कुछ आधारभूत मान्यताओं पर आधारित है।

सर्वप्रथम वैयक्तिक समाज कार्य मानव मूल्य, व्यक्ति की अद्वितीय विशेषता (Uniqueness) तथा अपनी सन्तुष्टि के अनुसार विकास एवं समायोजन करने की कुशलता पर आधारित होता है। वैयक्तिक सेवा कार्य की यह धारणा है कि सामाजिक संरचना का लक्ष्य व्यक्ति को उत्तम जीवनयापन के योग्य बनाना है। राज्य की रचना व्यक्ति के कल्याण के लिए की जाती है। व्यक्ति और समाज का हित एक- दूसरे के पूरक एवं अन्योन्याश्रित है। अत: एक व्यक्ति के कल्याण में ही पूरे समाज का कल्याण निहित है। व्यक्ति, वैयक्तिक एवं सामूहिक स्तर पर एक-दूसरे के हित/कल्याण के लिए जिम्मेदार होते हैं और इसके साथ ही साथ अपने उद्देश्यों की भी प्राप्ति कर सकते हैं।

वैयक्तिक समाज कार्यकर्ता का मानना है कि मानवीय व्यवहार एक आकस्मिक व्यवहार नहीं होता है। वरन् इसका एक विधिवत् स्वरूप होता है। इस विधिवत् व्यवहार को समुचित रूप से समझा भी जा सकता है और प्रभावित भी किया जा सकता है। यह मानवीय व्यवहार व्यक्ति के अपने गुणों, जीवन के पूर्व अनुभवों तथा जिन परिस्थिति विशेष में वह प्रतिक्रिया व्यक्त करता है, का फल होता है।

वैयक्तिक समाज कार्यकर्ता यह विश्वास करते हैं कि व्यक्ति की मदद तीन प्रकार से की जा सकती है :

1. व्यक्ति पर बाह्य शक्तियों अथवा सीमाओं के प्रभाव को कम करके।

2. व्यक्ति और उसकी परिस्थितियों को भलीभांति समझ कर।
3. कार्यकर्ता-सेवार्थी संबंधों के प्रत्यक्ष प्रभावों का उचित प्रयोग करके, कार्यकर्ता की भूमिका की स्वीकृति और उसके प्रति सद्भावना का विकास करके।

वैयक्तिक समाज कार्य के सभी क्रियाकलाप उपर्युक्त तीनों तथ्यों के मिश्रण है, जिनके प्रयोग द्वारा व्यक्ति के सामाजिक समायोजन में सुधार करने के लिए मदद की जाती है।

समस्त वैयक्तिक समाज कार्यकर्ता यह स्वीकार करते हैं कि व्यक्ति को अपने जीवन को निर्देशित करने का अधिकार है, अनेक सम्भावनाओं में से अपनी इच्छा व जरूरतों के अनुरूप किसी एक को चुनने का भी अधिकार है और कुछ अयोग्य व्यक्तियों को छोड़कर अन्य सभी सामान्य व्यक्तियों को कार्यकर्ता से मदद लेने अथवा न लेने का अधिकार है।

फ्रायड के मनोविज्ञान (Freudian Psychology) और इसके आशोधित ज्ञान का विस्तृत प्रयोग आधुनिक वैयक्तिक समाज कार्य में व्यक्तियों को समझने में किया जाने लगा है। इसी के साथ ही साथ अनेक सामाजिक विज्ञानों जैसे-सामान्य मनोविज्ञान, सामाजिक मनोविज्ञान, समाजशास्त्र, अर्थशास्त्र, दर्शनशास्त्र, राजनीतिक अर्थशास्त्र, सामाजिक अर्थशास्त्र आदि का भी प्रयोग भी इस संबंध में किया जाता है।

सामाजिक वैयक्तिक सेवा कार्य कल्याण को बढ़ावा देने का एक साधन है। किन्तु कल्याण हेतु इस विधि का चयन कुछ मूल्यों पर आधारित होता है। इन मूल्यों को बौद्धिक स्तर पर नहीं वरन् सांवेगिक स्तर पर स्वीकार किया जाता है किन्तु बौद्धिक समझदारी का अपेक्षाकृत अधिक महत्व है। क्योंकि इसके आधार पर कार्यकर्ता उन मूल्यों के औचित्य का पता लगाता है और यह भी देखता है कि उसके कार्य उन मूल्यों के अनुकूल हैं या नहीं। सामान्यतया समाज कार्यकर्ता एवं समाज कार्य विशेषज्ञों में मूल्यों के संबंध में कोई एक मत नहीं होता है। कुछ सामाजिक कार्यकर्ता दूसरे व्यक्तियों के बारे में धार्मिक आधार पर अपने मूल्यों का निर्धारण करते हैं और कुछ दूसरे कार्यकर्ता मानवीय आधार पर मूल्यों का निर्धारण करते हैं। किन्तु जिस व्यक्ति के साथ कार्य करना होता है, उसकी अपनी आवश्यकताएं, मूल्य तथा विचार होते हैं, समाज कार्यकर्ता से यह अपेक्षा की जाती है कि उन मूल्यों और अपने मूल्यों में तालमेल स्थापन करके कार्य करे।

दार्शनिक धारणाएं

ग्रेस मैथ्यू के अनुसार समाज कार्य की बुनियादी संरचना करने वाली कुछ दार्शनिक धारणाएं भी होती हैं, जिनका विवरण निम्नलिखित है :

1. प्रत्येक मानव को सम्माननीय एवं योग्य व्यक्ति के रूप में माना जाता है।
2. मनुष्य परस्पर आश्रित होता है। सामाजिक समूहों के द्वारा उसके व्यवहारों पर नियंत्रण होता है।
3. व्यक्ति की उन्नति एवं विकास के लिए एक समान मानवीय आवश्यकताएं होती हैं। एक समान आवश्यकताओं का अस्तित्व व्यक्ति की विशिष्टताओं का निर्धारण नहीं करता है। प्रत्येक व्यक्ति कुछ संदर्भों में कुछ व्यक्तियों के समान है और कुछ संदर्भों में दूसरों से भिन्न होता है।
4. प्रत्येक व्यक्ति में उन्नति और उपलब्धि की सम्भावना होती है और उसे इन सम्भावनाओं को अनुभव करने का अधिकार है। इससे यह तथ्य भी स्पष्ट होता है कि व्यक्ति में परिवर्तन की क्षमता होती है।
5. समाज का दायित्व है कि वह असहाय और सहायता चाहने वाले व्यक्तियों की सहायता करे। असहाय एवं समस्याग्रस्त एवं अक्षम व्यक्ति का यह अधिकार है कि वह समाज के सक्षम व्यक्तियों एवं समूहों से सहायता प्राप्त करे।
6. सामाजिक शक्तियां व्यक्ति के व्यवहार तथा दृष्टिकोण दोनों को प्रभावित करती हैं, जिससे उसके व्यक्तित्व एवं व्यवहार दोनों में अन्तर आ जाता है।

7. व्यक्ति, व्यक्ति में अन्तर होता है। इस अन्तर की स्वीकृति होना आवश्यक है। वैयक्तिकरण की आवश्यकता इस अन्तर का कारण है।
8. सेवार्थी की वैयक्तिक एवं अन्तर्वैयक्तिक समस्याओं को रिलेशनशिप के माध्यम से ही सुलझाया जा सकता है। अत: सेवार्थी से संबंध स्थापित करने के लिए एक ऐसे पर्यावरण का निर्माण करना आवश्यक होता है, जिसमें सेवार्थी अपनत्व की भावना का विकास कर सके।
9. कार्यकर्ता एवं सेवार्थी के बीच विकासात्मक एवं आत्म चेतनात्मक संबंध स्थापित होना चाहिए।
10. व्यक्ति सम्पूर्ण इकाई है, अत: आन्तरिक एवं बाह्य दोनों प्रकार की शक्तियों का मूल्यांकन करना आवश्यक होता है।

सामाजिक वैयक्तिक सेवा कार्य की आवश्यकता

सामाजिक अन्त:क्रिया के परिणामस्वरूप दो प्रकार की शक्तियां-संगठनात्मक तथा विघटनात्मक प्रकट होती हैं। इनका प्रभाव व्यक्ति पर पड़ता है। जब तक संगठनात्मक शक्तियों का प्रभुत्व उस पर रहता है, तब तक वह सामान्य रूप से कार्य करता रहता है। परन्तु ऐसी भी स्थिति आती है जब संगठनात्मक शक्तियां कमजोर हो जाती हैं और वे व्यक्ति के सामान्य जीवनयापन में रुकावट उत्पन्न कर देती हैं। ऐसी दशा में व्यक्ति को बाह्य सहायता की आवश्यकता होती है। सामाजिक वैयक्तिक सेवा कार्य व्यक्ति की सहायता वैयक्तिक एवं अन्तर्वैयक्तिक समस्याओं को सुलझाने में करता है।

व्यक्ति जन्म से निर्बल प्राणी है उसमें आशा एवं विश्वास का संचार वैयक्तिक सहायता द्वारा ही किया जा सकता है। वह तभी अपनी छिपी हुई क्षमताओं एवं शक्तियों को रचनात्मक कार्य में लगा सकता है, जब उनका सामान्य रूप से विकास सम्भव हो। यह तभी सम्भव हो सकता है जब व्यक्ति को आवश्यकतानुसार सहायता मिलती रहे। इस प्रकार व्यक्ति को जन्म से लेकर प्रौढ़ावस्था तक वैयक्तिक सहायता की आवश्यकता होती है, क्योंकि प्रत्येक स्तर पर उसे समस्याओं का सामना करना पड़ता है।

मनोवैज्ञानिक रूप से जब हम वैयक्तिक सेवा कार्य की आवश्यकता की ओर दृष्टिपात करते हैं तो स्पष्ट प्रतीत होता है कि इदं, अहं तथा पराहम् में संतुलन बनाये रखने के लिए कभी-कभी मनोवैज्ञानिक आलम्बन (Support) की आवश्यकता होती है। जब इन शक्तियों में सामंजस्य नहीं रहता है और अहं कमजोर हो जाता है ऐसी स्थिति में व्यक्ति सामान्य कार्य नहीं कर पाता है। उसे मनोवैज्ञानिक सहायता देनी आवश्यक हो जाती है।

वैयक्तिक सेवा कार्य का कार्यक्षेत्र

सामाजिक वैयक्तिक सेवा कार्य व्यक्ति की सहायता उन सभी स्थानों एवं दशाओं में करता है जहां पर वह वैयक्तिक एवं अन्तर्वैयक्तिक समस्याओं से घिर जाता है। सामाजिक रूप से वैयक्तिक कार्यकर्ता निम्न क्षेत्रों में अपना योगदान देता है :

1. *परिवार कल्याण :* परिवार मानव जीवन की मूलभूत इकाई है। वर्तमान सामाजिक परिवर्तन की धारा ने इसको भी अपनी चपेट में ले लिया है और उसके अनेक कार्य अन्य संस्थाएं करने लगी हैं। परम्परागत परिवारों में पूर्व निर्धारित मूल्यों का पालन आज भी होता है परन्तु अब उन मूल्यों में उतनी आस्था नहीं रह गई है जिसके कारण सदस्यों के पारस्परिक सामंजस्य एवं कार्य पद्धति में रुकावटें उत्पन्न हो जाती हैं। सामाजिक वैयक्तिक सेवा कार्य ऐसी स्थिति में परिवारों की सहायता, सदस्यों की समायोजन संबंधी समस्या क्षेत्र में करता है। कार्यकर्ता अनेकानेक चिकित्सकीय प्रविधियों के आधार पर सदस्यों की स्थिति एवं भूमिका के समझने एवं उसके अनुसार कार्य करने के लिए सदस्यों को प्रेरित करता है।

2. *बाल कल्याण :* भारतवर्ष में 40 प्रतिशत से अधिक जनसंख्या 16 वर्ष के नीचे के बालकों की है। आर्थिक दशा एवं पारिवारिक क्रियाकलापों में परिवर्तन के कारण बालक के विकास में अनेक समस्याएं उत्पन्न हो गई हैं। ऐसे समस्याग्रस्त बालकों की समस्याओं को सुलझाने के लिए संस्थागत एवं असंस्थागत प्रकार की संस्थाएं कार्य कर रही हैं। जैसे – 1. शिशु एवं बाल विद्यालय, 2. बाल पुस्तकालय, 3. मातृ-शिशु रक्षा केन्द्र, 4. दिवस शिशु पालनागृह (Creche), 5. अनाथाश्रम, 6. मूक-बधिर विद्यालय, 7. विकलांग आश्रम, 8. बाल चिकित्सालय, 9. बाल परामर्श, 10. बाल अपराधी सुधारगृह तथा 11. मानसिक मंदित बालकों के लिए विद्यालय आदि। उन सभी क्षेत्रों में जहां बालक और उसके पर्यावरण में समायोजन की समस्या होती है। वैयक्तिक कार्यकर्ता इन समस्याओं को सुलझाने में अपनी भूमिका निभाता है।
3. *युवा कल्याण :* युवकों की अनेकानेक आवश्यकताएं होती हैं जिनकी पूर्ति परिवार में नहीं हो सकती है। इसी कारण युवक कल्याण के लिए अनेक कार्यक्रमों का सम्पादन सरकारी एवं स्वैच्छिक संस्थाओं द्वारा किया जाता है। युवक महिला ईसाई संघ, नवयुवक ईसाई सभा, भारत स्काउट्स एण्ड गाइड्स, भारत सेवक समाज, भारत युवक समाज आदि ऐसी संस्थाएं हैं, जो युवा कल्याण के लिए कार्य करती हैं। सामाजिक वैयक्तिक कार्यकर्ता इन क्षेत्रों में कार्य करते हैं।
4. *महिला कल्याण :* स्वतंत्रता प्राप्ति के पश्चात् महिलाओं के स्वास्थ्य एवं रहन-सहन के स्तर को ऊंचा उठाने के अनेक प्रयत्न किए गए हैं। मातृत्व सेवाएं, प्रसूतिगृह गर्भिणी एवं प्रसूताओं या छोटे बच्चों वाली माताओं के लिए सलाह केन्द्र, परिवार कल्याण नियोजन आदि संस्थाओं द्वारा महिला कल्याण करने का प्रयत्न किया जाता है। सामाजिक वैयक्तिक सेवा कार्य इन सभी संस्थाओं में महत्वपूर्ण कार्य करता है।
5. *श्रम कल्याण :* औद्योगिक क्षेत्र में आज अनेक विवाद उत्पन्न हो गए हैं। वैयक्तिक सेवा कार्य का उपयोग औद्योगिक परामर्श के रूप में किया जाता है। इसकी सहायता से श्रमिकों की वैयक्तिक एवं अन्तर्वैयक्तिक समस्याओं को सुलझाया जाता है जिससे औद्योगिक असामंजस्य में कमी आती है एवं उत्पादन क्षमता में वृद्धि होती है।
6. *बाल अपराध एवं अपराध :* जन्म से कोई बालक या व्यक्ति अपराधी नहीं होता है। सामाजिक पर्यावरण के साथ सामंजस्य न हो सकने के कारण व्यक्ति के व्यवहार में परिवर्तन आ जाता है और उसकी प्रवृत्ति अपराधी हो जाती है। वैयक्तिक कार्यकर्ता अपराधी प्रवृत्ति को दूर करने का प्रयास करता है।
7. *चिकित्सकीय समाज कार्य :* चिकित्सकीय समाज कार्य द्वारा रोगियों की अधिकाधिक चिकित्सकीय सुविधाओं को उपयोग करने में सहायता की जाती है। वर्तमान चिकित्सकीय अध्ययनों ने यह सिद्ध कर दिया है कि अनेक शारीरिक रोग मनोवैज्ञानिक एवं सांवेगिक असमायोजन के कारण उत्पन्न हो जाते हैं। इसके विपरीत शारीरिक रोगों के परिणामस्वरूप भी अनेक समायोजन संबंधी समस्याएं उत्पन्न हो जाती हैं। वैयक्तिक सेवा कार्य के माध्यम से इन समस्याओं को सुलझाया जाता है।
8. *मनोचिकित्सकीय समाज कार्य :* सामाजिक वैयक्तिक सेवा कार्य का उपयोग मानसिक रोगियों के साथ अधिकाधिक किया जाने लगा है। अब यह दृढ़ विश्वास हो गया है कि वैयक्तिक एवं अन्तर्वैयक्तिक समायोजन में जब कोई गड़बड़ी उत्पन्न हो जाती है तो मानसिक एवं सांवेगिक असन्तुलन उत्पन्न हो जाता है। अत: जब औषधियों के साथ-साथ मनोवैज्ञानिक परामर्श, सांवेगिक सहयोग अन्तर्दृष्टि, प्राख्या (Interpretation) तथा अहं संबंधी सहायता वैयक्तिक कार्यकर्ता से प्राप्त होती है तभी समस्या का समाधान हो पाता है।

टिप्पणियां

1. Social case work is "the art of doing different things with different people by cooperating with them to achieve at one and at the same time their own and society's betterment." रिचमण्ड, मैरी, ई : ह्वाट इज सोशल वर्क, रसेलसेल फाउण्डेशन, न्यूयॉर्क, 1917
2. रिचमण्ड, मैरी, उल्लिखित, पृ.-98.
3. Social case work is "Social treatment of a Maladjusted individual involving an attempt to under stand his personality, behaviour and social relationship, and to assist him in working out a better social and personal adjustment."
4. डे. स्वीनीज (De Schwinitz) : सर्वे, मिडमन्थली वॉल्यूम 65, पृ. 31.
5. Social case work is a process used by certain human welfare agencies to help individuals to cope more effectively with their problems in social functioning.

   पर्लमैन, हेलेन हेरिस : सोशल केस वर्क : एक प्रॉब्लम सॉल्विंग प्रोसेस, दि यूनिवर्सिटी ऑफ शिकागो प्रेस, शिकागो, 1957, पृ. 4.

2

सामाजिक वैयक्तिक सेवा कार्य की विकासात्मक पृष्ठभूमि

(Developmental Framework of Social Case Work)

प्राचीन काल से यह परंपरा चली आ रही है कि व्यक्तिगत रूप से दीन-हीन और दु:खी व्यक्ति की कोई दूसरा व्यक्ति दान, दया व धर्म की भावना से सहायता करे। व्यक्तिगत स्तर पर सेवा या इस परंपरा में दूसरों की सहायता बहुत आसान नहीं समझी जाती थी, वरन् यह दुरूह कार्य समझा जाता था और ज्ञानी लोगों की दृष्टि से भी अगम्य समझा जाता था। पाश्चात्य वाङ्मय में भी इस प्रकार की सेवा को कई प्रकार के मूल्यों, सिद्धान्तों और तकनीकी पर आधारित समझा जाता था। अत: वहां के अनुसार भी यह एक कठिन और दुरूह कार्य ही है। पाश्चात्य जगत में यही सेवा आगे चलकर वैयक्तिक सेवा कार्य के रूप में प्रचलित हुई।

पाश्चात्य विद्वान क्लार्क वैयक्तिक सेवा कार्य को एक उत्तम या भलाई का कार्य समझते थे, पर इसकी उत्पत्ति कब हुई, इस बात का निर्धारण नहीं हो पाया है। 1911 में नेशनल कांफ्रेंस ऑफ सोशल वर्क में सर्वप्रथम इस प्रकार की शब्दावली का प्रयोग किया गया। 1911 में न्यूयॉर्क स्कूल ऑफ सोशल वर्क के निदेशक पोर्टरली ने वैयक्तिक सेवा कार्य को व्यक्तिगत आवश्यकताओं, साधनों और प्रक्रियाओं को प्रभावपूर्ण ढंग से समझने की एक पद्धति कहा।

1869 में स्थापित चैरिटी ऑर्गनाइजेशन सोसायटी, लंदन एवं 1877 में तथा बफैलों (अमेरिका) में स्थापित इसी प्रकार की सोसायटी को कुछ लोग वैयक्तिक सेवा कार्य के श्रीगणेश का श्रेय देते हैं। इन संगठनों का यह विचार था कि समस्याग्रस्त व्यक्तियों का पुनर्वास इस प्रकार होना चाहिए कि वे अपने परिवार के भरण-पोषण हेतु सक्षम बन सकें। इन संगठनों के द्वारा निर्धनों की जांच पड़ताल करके उनकी समस्या के बारे में परिवार एवं आसपास के लोगों से सम्यक परामर्श कर कुछ कदम उठाया जाता था। कुछ विद्वान यहीं से वैयक्तिक सेवा कार्य का उद्‌गम मानते हैं। 19वीं सदी के अन्तिम दशक में यह कहा जाने लगा कि असमायोजन एवं अन्य समस्याओं के लिये संबंधित व्यक्ति जितना जिम्मेदार है, उतना ही जिम्मेदार समाज एवं उसकी परिस्थितियां भी हैं। ऐसी दशा में समाज सुधार पर भी जोर दिया जाने लगा। परंतु यह बात पूर्ण रूप से स्वीकार की गई कि समाज सुधार से भी व्यक्तिगत समस्याओं का हल सम्भव नहीं है। ऐसी स्थिति में व्यक्तिगत समस्याओं को लेकर उनके उपचार पर विशेष बल दिया जाने लगा। 20वीं सदी के प्रारम्भ में व्यावसायिक प्रशिक्षण की शुरुआत की गई।

सामाजिक सेवा प्रदान करने वाले अभिकरणों में प्रशिक्षण प्राप्त अभिकर्मियों की नियुक्ति होने लगी। मैरी रिचमण्ड ने 1922 में अपनी पुस्तक 'ह्वाट इज सोशल केस वर्क' में प्रशिक्षण प्राप्त कार्यकर्ता एवं विशेषज्ञ की सहायता कार्य में अन्तर बतलाया। इस प्रकार 1922 में मैरी रिचमण्ड ने वैयक्तिक सेवा कार्य की जो परिभाषा दी, उसे पर्याप्त मान्यता प्राप्त हुई। क्लार्क के अनुसार वैयक्तिक सेवा कार्य का विकास निम्नलिखित चार चरणों में हुआ :

प्रथम चरण

इस चरण को अन्वेषी एवं अनुशासन संबंधी चरण का नाम दिया जाता है। इस चरण में परोपकारी व्यक्तियों एवं छात्र संगठनों में भाग लेने वाले समाज सुधारकों का यह मत था कि निर्धनता पूंजीवादी पद्धति की देन है। अत: निर्धनों की सहायता का दायित्व धनवान व्यक्तियों पर है। वे इस मत के थे कि निर्धनों की आर्थिक दशाओं में बदलाव की अपेक्षा पर्यावरण संबंधी बदलाव अधिक अपेक्षित है। उनका यह मत था कि अज्ञानता, आलस्य, धर्मान्धिता तथा बेईमानी आदि के कारण निर्धनता जनित होती है। निर्धनों को कम से कम सहायता दी जानी चाहिए, किन्तु वे व्यक्ति जो बीमारी, वृद्धावस्था, मानसिक बाधिता और अपंगता आदि के कारण निर्धन एवं असमायोजित हैं, उन्हें अधिक से अधिक सहायता प्राप्त हो। इससे स्पष्ट है कि प्रथम वर्ग के गरीबों के प्रति उनकी प्रकृति दण्डात्मक थी और सामाजिक कार्यकर्ताओं और पूअर लॉ अधिकारियों की यह अपेक्षा थी कि ऐसे निर्धनों को कठोर अनुशासन के माध्यम से भिक्षागृहों में रखकर उनकी आर्थिक सहायता की जाए।

द्वितीय चरण

निर्धनों एवं समस्याग्रस्त व्यक्तियों के मानवीय व्यवहार एवं समस्याओं को समझने के लिए दान संगठन आन्दोलन के प्रारंभिक काल में सामाजिक विज्ञान अथवा जैविकीय विज्ञान की भूमिका को नहीं समझा गया, परन्तु जब समाजशास्त्र, मनोविज्ञान, अर्थशास्त्र एवं जीवविज्ञान आदि के ज्ञान में वृद्धि हुई और इन विज्ञानों के प्रयोग को उपयोगी पाया गया तो दान संगठन के कार्यकर्ताओं ने इस ज्ञान का प्रयोग अपने कार्य व्यवहारों में करना शुरू किया और वैयक्तिक-सेवा कार्य प्रणाली में भी इस ज्ञान का प्रयोग प्रारंभ किया। इस चरण में वैयक्तिक सेवा कार्य के अन्तर्गत समाजशास्त्रीय एवं पर्यावरणीय दिशा में आगे बढ़ते हुए मुख्य रूप से भौतिक पर्यावरण पर अधिक जोर दिया जाने लगा।

वैसे तो मैरी रिचमण्ड के प्रयासों से वैयक्तिक सेवा कार्य को व्यावसायिक रूप मिला ही परंतु साथ ही उन्होंने इस बात पर भी बल दिया कि यदि व्यक्ति की सहायता करनी है तो इस हेतु वातावरण एवं संपूर्ण परिस्थितियों का विश्लेषण करते हुए उसके परिप्रेक्ष्य में व्यक्ति में सुधार लाना होगा। मैरी रिचमण्ड ने सोशल डायग्नोसिस (1917) नामक अपनी पुस्तक में प्रथम बार वैयक्तिक सेवा कार्य के सिद्धान्तों एवं पद्धतियों का विश्लेषण करते हुए मनोवैज्ञानिक पक्ष की अपेक्षा समाजशास्त्रीय पक्ष को अधिक महत्व दिया। उनके अनुसार वैयक्तिक सेवा कार्य-व्यवहार में समाजशास्त्र, अर्थशास्त्र, दर्शनशास्त्र, आयुर्विज्ञान तथा विधिशास्त्र आदि सभी का योगदान परिलक्षित होता है। इस प्रकार मैरी रिचमण्ड ने वैयक्तिक सेवा कार्य को एक व्यावसायिक प्रक्रिया एवं क्रियाकलाप के रूप में विकसित करने का सफलतम प्रयास किया।

तृतीय चरण

यद्यपि मैरी रिचमण्ड के काल में व्यक्तिगत समस्याओं के सामाजिक एवं पर्यावरणीय पक्ष पर ही विशेष बल दिया गया किन्तु 1918 में मनोचिकित्सकीय सामाजिक कार्यकर्ताओं के प्रशिक्षण व्यवस्था के प्रभाव से वैयक्तिक सेवा कार्य में मनोविज्ञान का भी प्रभाव बढ़ने लगा। ये प्रशिक्षित कार्यकर्ता सेवा के क्षेत्र के मनोचिकित्सकों से घनिष्ठ संबंध स्थापन कर मनोविकार के रोगियों के उपचार में

अपना दायित्व निभाने लगे। फ्रायड के इस सिद्धान्त को स्वीकार किया जाने लगा कि मानव का व्यवहार भावनाओं पर आधारित होता है। साथ ही यह भी स्पष्ट हो गया कि व्यक्ति के व्यक्तित्व पर उसकी बाल्यावस्था की घटनाओं का प्रभाव पड़ता है। कुछ ख्याति प्राप्त समाज कार्यकर्ताओं ने मानसिक स्वास्थ्य संबंधी ज्ञान को समाज कार्य के अन्तर्गत प्रयोग करने का प्रयास किया। इस ज्ञान के उचित अंश को सामाजिक कार्यकर्ताओं ने समाज कार्य के ज्ञान एवं प्रशिक्षण में सम्मिलित करके एक नवीन विचारधारा–मनोविश्लेषण का उपयोग वैयक्तिक सेवा कार्य में किया। सांवेगिक दृष्टि से क्षुब्ध व्यक्तियों की मदद के लिए फ्रायड, युंग, एडलर आदि अनेक मनोविश्लेषकों के द्वारा विकसित ज्ञान एवं पद्धतियों का प्रयोग समाज कार्य में होने लगा।

इस प्रकार वैयक्तिक सेवा कार्य के क्षेत्र में मनोविज्ञान का पर्याप्त उपयोग होने लगा।

चतुर्थ चरण

इस चरण में कार्यकर्ता वैयक्तिक सेवा कार्य के अन्तर्गत सामाजिक एवं पर्यावरणीय कारकों एवं सेवार्थी के व्यक्तित्व संबंधी मनोवैज्ञानिक कारणों को समन्वित कर इस बात में विश्वास करने लगा कि व्यक्ति की समस्याओं के जनन में सामाजिक एवं पर्यावरणीय कारकों के साथ व्यक्तित्व संबंधी मनोवैज्ञानिक कारकों का भी प्रभाव पड़ता है। अत: व्यक्तित्व एवं पर्यावरण दोनों कारकों के परिप्रेक्ष्य में निदान एवं उपचार की योजना बनाने एवं उसका क्रियान्वयन करने की बात सोची जाने लगी। इस परिप्रेक्ष्य में मिलफोर्ड ने पेन्सिलवानिया में सामाजिक वैयक्तिक सेवा कार्य के क्षेत्र में कार्यरत राष्ट्रीय संगठनों की कार्यकारिणी के सदस्यों की 1923 की बैठक में सामाजिक–वैयक्तिक सेवा कार्य के कुछ प्रमुख क्षेत्र निर्धारित किए, जिनमें प्रमुख हैं परिवार कल्याण, बाल कल्याण संस्थाएं, चिकित्सा, मनोरोग एवं परिवीक्षण इत्यादि।

इस प्रकार वैयक्तिक सेवा कार्य के विकास के चौथे चरण में इसके संश्लेषणात्मक या समेकित पक्ष का विकास हुआ, जिसके अन्तर्गत सामाजिक अभिकरणों के स्वरूप और भिन्नता पर दृष्टि डाले बिना सभी कार्यकर्ताओं को एक ही श्रेणी में रखा गया है। चाहे वे मनोरोग के कार्यकर्ता हों या वैयक्तिक सेवा कार्यकर्ता या उपचारी कार्यकर्ता। इन समस्त कार्यकर्त्ताओं की एक ही तरह की वैयक्तिक सेवा कार्य की शिक्षा प्रदान की जाने लगी।

पाश्चात्य जगत में वैयक्तिक सेवा कार्य का ऐतिहासिक विकास

प्राचीन काल से ही प्रत्येक समाज में व्यक्ति की समस्याएं हल करने में दूसरों के द्वारा सहायता की जाती थी। प्रत्येक धर्म निर्धनों और असहाय व्यक्तियों की सहायता करने को प्रोत्साहन देता था। फिर भी उन्नीसवीं शताब्दी के अंत में तथा बीसवीं शताब्दी के आरंभ में वैयक्तिक सेवा कार्य ने व्यावसायिक रूप ग्रहण कर लिया। यद्यपि आज तक पश्चिम में समाज केस कार्य की वास्तविक शुरुआत की पहचान असंभव है लेकिन इसकी प्रगति में कुछ महत्वपूर्ण ऐतिहासिक चिह्न निम्नलिखित हैं :

आरंभिक शुरुआत

निर्धनों की स्थिति में सुधार के लिए एसोसिएशन की स्थापना (ए.आई.सी.पी.) अमेरिका में 1843 में की गई। निर्धनता की समस्या पहले से अधिक लोगों की हो गई थी। ए.आई.सी.पी. का उद्देश्य था निर्धन व्यक्ति के घर पर जाकर परामर्श देना, रोजगार प्राप्त करने में व्यावहारिक रूप से सहायता प्रदान करना, उनमें आत्मसम्मान और आत्मविश्वास उत्पन्न करना, बचत की आदत डालना तथा जब कभी नितांत आवश्यक हो तो ऐसी सहायता देना जो उनकी आवश्यकता के अनुकूल हो।

प्रथम व्यावसायिक समाज कार्य स्कूल न्यूयॉर्क स्कूल था, जो 1898 में स्थापित किया गया। इस संस्था की स्थापना से पता लगता है कि समाज कार्य में उस समय तक पर्याप्त ज्ञान और दक्षता

प्राप्त कर ली गई थी। फिर अधिक प्रशिक्षित व्यावसायिकों की आवश्यकता महसूस की गई क्योंकि जटिल आधुनिक समस्याएं पारम्परिक तरीकों से हल नहीं की जा सकती थीं।

1877 का दशक

इस दशक में वैयक्तिक सेवा कार्य के अन्तर्गत सर्वप्रथम संगठित प्रयास अमेरिका में किए गए। 1877 में अमेरिकन चैरिटी आर्गेनाइजेशन सोसायटी की स्थापना की गई। सोसायटी का एक उद्देश्य था निर्धन और जरूरतमंद लोगों की सहायता के लिए तरीके और साधनों की तलाश करना और इस प्रकार वैयक्तिक सेवा को संगठित करना। यह सोसायटी स्वयंसेवकों का प्रयोग करती थी जिन्हें मित्र अतिथि कहा जाता था। इस सोसाइटी के अन्तर्गत हम अगले अध्यायों में मित्र अतिथियों के योगदान के बारे में विस्तार से अध्ययन करेंगे। इस संगठन की मुख्य योजना में शामिल था आवश्यकता का मूल्यांकन करने के लिए आवेदकों की जांच करना, केन्द्रीय पंजीकरण करना, रिकॉर्ड रखना तथा सहायता प्रदान करना।

1914–1917 का समय

केस कार्य के लिए प्रथम प्रशिक्षण कार्यक्रम इस समय शुरू हुआ था। इस समय केस कार्य अधिकांशत: चिकित्सा के आदर्श पर आधारित था। कुछ समय तक केस कार्य केवल बीमार लोगों तक सीमित था अर्थात् रोगी का उपचार करना सबसे बड़ी प्राथमिकता थी।

'केस के साथ काम/सेवा (Work with Case)' पहली बार यू.एस.ए. के राष्ट्रीय सम्मेलन में प्रयोग किया गया। प्रथम व्यावसायिक प्रशिक्षण कार्यक्रम विशेषत: केस कार्य के लिए प्रशिक्षण कार्यक्रम ग्रीष्मकालीन प्रशिक्षण के रूप में आरंभ हुआ। इस प्रशिक्षण कार्यक्रम के प्रभाव का परिणाम था कि अधिक महत्वपूर्ण प्रशिक्षण और एजेंसियों से संबंधित समाज कार्य के विद्यालयों की स्थापना हुई। जब इन विद्यालयों ने नियमित प्रशिक्षण कार्यक्रम आयोजित किए जो इन्हें व्यावसायिक रूप में मान्यता प्रदान की गई। सुश्री रिचमंड और फ्रांसिस मैकलियन ने मजदूरों और अन्य सेवार्थियों को विशिष्ट सेवाएं प्रदान कीं। इस महान अग्रणी आंदोलन के प्रयासों से परिवार सेवा एसोसिएशन द्वारा समाज केस कार्य की पत्रिका भी निकलने लगी। केस कार्य में पहली पुस्तक 'सामाजिक निदान' (Social Diagnosis) 1917 में मिस रिचमंड के द्वारा प्रकाशित की गई।

प्रथम विश्व युद्ध का प्रभाव

प्रथम विश्व युद्ध से पूर्व, ऐसे सामाजिक घटको पर अधिक जोर दिया जाता था, जिससे समस्याग्रस्त व्यक्ति प्रभावित होते थे। इन समस्याओं के कारण परिवेश-जन्य कठिनाइयां उत्पन्न हुईं और बड़े सामाजिक, आर्थिक दबाव उत्पन्न हुए। समाज केस का मूल आधार मानव व्यवहार भी इन सभी कारकों से प्रभावित हुआ।

दूसरे विश्व युद्ध का प्रभाव यह था कि समाज केस कार्य को अधिक प्रसिद्धि मिली और काफी लोग अब इसके बारे में जानने लगे थे। युद्ध के दौरान चिकित्सक और मनोचिकित्सक समाज कार्यकर्ताओं की अत्यधिक मांग थी। अनेक पुरुषों और महिलाओं ने पहली बार समाज केस कार्य का अर्थ जाना।

प्रथम विश्व युद्ध ने समाज केस कार्य पर काफी प्रभाव डाला। इस काल में मनोचिकित्सक काफी महत्वपूर्ण हो गए थे। व्यक्तियों से व्यवहार करने में केस कार्यकर्ताओं द्वारा अपनाई जाने वाली पद्धति पर फ्रायड और उसके अनुयायियों के योगदान का काफी प्रभाव था। बाल-मार्गदर्शन, चिकित्सकीय गतिविधियां एवं उपचार, मानसिक समस्या से बचाव तथा अपराध ने इस विचारधारा की मनोवैज्ञानिक स्थिति को मजबूत बनाया।

1920 का दशक

इस समय केस कार्यकर्ता सेवार्थी और उसकी समस्याओं को समझने के लिए मनोविश्लेषण की विचारधारा अपनाने लगे थे। केस कार्यकर्ताओं ने केस कार्य आंदोलन में मनोविश्लेषण के सिद्धान्त और मनोविज्ञान की संकल्पनाओं को बहुत उपयोगी माना। फ्रायड द्वारा प्रस्तुत मनोविश्लेषण सिद्धान्त फ्रायडवादी मनोविज्ञान के नाम से जाना जाता था जिसका केस कार्य पर गहरा प्रभाव है। इस प्रकार यह सामाजिक केस कार्य का मनोवैज्ञानिक विकास काल था। समाज कार्यकर्ता का मुख्य जोर व्यक्तियों में निहित मानसिक ताकतों पर रहता था। व्यावसायिक समाज केस कर्ताओं ने भी जेल, विद्यालय आदि अन्य क्षेत्रों में जाना आरंभ कर दिया था।

1920 के दशक के उत्तरार्द्ध में आशा की जाती थी कि केस कार्य की सफलता के लिए समस्या समाधान प्रक्रिया में सेवार्थी का स्वयं शामिल होना अनिवार्य है। इस समय केस कार्यकर्ता महसूस करने लगे थे कि व्यक्तियों को अपने जीवन का निर्णय करने में अधिक जिम्मेदारियां दी जानी चाहिए। 1930 में मनोविश्लेषण का योगदान काफी महत्वपूर्ण हो गया था और सामाजिक केस कार्यकर्ताओं ने सेवार्थियों के साथ व्यवहार करने में नई पद्धति को स्वीकार कर लिया था।

धीरे-धीरे एक समान और भिन्न तथ्यों के विचारों की कई विचारधाराएं विकसित हो गई थीं। ये विचारधाराएं (मत) रिचमंड फ्रायड और आटोरैंक के सिद्धान्त पर आधारित थीं।

1930 का दशक

यह युग जीवन शैली में अचानक परिवर्तन और आर्थिक निराशा का समय था। केस कार्यकर्ता को उन आर्थिक तथ्यों को समझना था जो सेवार्थियों की समस्या के कारण थे। अनुभव किया जाने लगा था कि आर्थिक समस्या भावात्मक गंभीरता और स्वास्थ्य विकार को प्रभावित कर सकती है। अत्यधिक विशिष्टकरण की सामाजिक और आर्थिक आवश्यकता ने समाज केस कार्य के मनोवैज्ञानिक और वास्तविक विचारों पर पुनः ध्यान केन्द्रित किया तथा संघीय सरकार की तरफ से कार्य पूरा किया। इस समय कई केस कार्यक्रम जैसे संघीय आपात राहत कार्य, प्रगति कार्यान्वयन कार्य, सार्वजनिक कार्य कार्यान्वयन तथा सिविलियाई संरक्षण सहयोग उत्पन्न हुए। इस प्रकार इन प्रयासों के द्वारा सरकारी सार्वजनिक सहायता कार्यक्रम आयोजित किए गए। उनसे स्वयंसेवी एजेंसियों से आर्थिक सहायता प्रदान करने का कार्य छुड़ा दिया गया। केस-कार्यकर्ता सेवार्थियों की अंत:वैयक्तिक समस्याओं पर अधिक ध्यान देने लगे थे।

1940 का दशक

1940 के दशक में मुख्यत: विश्व युद्ध ही छाया रहा। समाज कार्य दृष्टिकोण जो पिछले दशक में उत्पन्न हुए थे, वे सिद्धान्त और अभ्यास में आए परिवर्तनों में रूपांतरित हो गए थे। समाज केस कार्य दूसरे विश्वयुद्ध की घटनाओं से अत्यधिक प्रभावित हुआ। युद्ध के दौरान वित्तीय संकटों के कारण सेवार्थियों की वैयक्तिक समस्याएं काफी बढ़ गई थीं। इन आवश्यकताओं को पूरा करने और इन समस्याओं का समाधान करने के लिए परिवार एजेंसियां कार्य करने लगीं।

1950 का दशक

इस काल में समाज कार्य में निजी व्यवसाय आरंभ हो गया था। समस्या अध्ययन के क्षेत्र में व्यावसायिक एजेंसियां पनपनी आरंभ हो गई थीं। अब केस कार्यकर्ता समुदाय में जाने लगे थे और वैयक्तिक समस्याओं का समाधान और सामुदायिक समस्याओं पर अप्रत्यक्ष रूप से ध्यान दिया जाने लगा। यह समय समाज कार्यकर्ताओं के लिए पुनर्समायोजन, क्रान्ति और उत्थान का था।

1960 का दशक

इस अवधि में सर्वाधिक आशावादी विकास के अनुसंधान के महत्व पर अत्यधिक बल दिया गया। परिवेश या व्यक्तित्व पर दिए गए अत्यधिक बल ने इन दोनों कारकों की पारस्परिक अंत:आश्रितता (Inter dependence) की जानकारी प्रदान की। इस काल में समाज कार्य का पूरा ध्यान समाज में परिवर्तन लाने पर था। केस कार्य ने नई तकनीकें और सिद्धान्त अपना लिए थे।

वर्तमान प्रवृत्तियां

केस कार्यकर्ता के कार्य की वर्तमान प्रवृत्तियों में परिवर्तित होकर एक यह प्रवृत्ति स्थापित हुई कि एजेंसियां अपेक्षाकृत नए और प्रायोगिक क्षेत्रों में स्थापित हो गई थीं। केस कार्यकर्ता अब मानव कल्याण में अपने योगदान के बारे में अधिक सजग थे। एक व्यवसाय के रूप में वह अब अधिक प्रसिद्ध हो रहा था। इस वर्तमान प्रवृत्ति का उद्देश्य अनुसंधान के महत्व पर जोर देना था। इस बात की भी जागरूकता बढ़ रही थी कि व्यक्तित्व और परिवेश परस्पर आश्रित हैं।

मैरी रिचमण्ड वाल्टीमोर में चैरिटी आर्गनाइजेशन सोसायटी के प्रेसीडेण्ट डेविड क्वाइट गिलमैन (David Coit Gilman) के साथ कार्य कर रही थीं। गिलमैन जान हॉपकिन्स यूनिवर्सिटी के प्रेसीडेण्ट भी थे, जहां पर स्नातक स्तरीय शिक्षा का प्रारम्भ वैज्ञानिक पद्धति पर हुआ था। मैरी रिचमण्ड के अतिरिक्त चैरिटी आर्गनाइजेशन सोसायटी के अन्य सदस्य : हरवर्ट वी. आडमस प्रोफेसर ऑफ हिस्ट्री, रिचार्ड टी. एली प्रो. ऑफ साइक्लोजी, जेफरी ब्रेकेट, जिल्फा स्मिथ, फिलिप आइरेस थे। ये सभी सदस्य अपनी शिक्षा, ज्ञान तथा प्रशिक्षण के कारण दान पद्धति में वैज्ञानिक आधार लाने के लिए कटिबद्ध थे। मैरी रिचमण्ड इन व्यक्तियों के विचारों तथा कार्यों से प्रभावित हुईं तथा इस दिशा में कार्य प्रारम्भ किया। मैरी रिचमण्ड पर उनके निकटतम सलाहकारों का भी प्रभाव पड़ा जो हॉपकिन्स के प्रसिद्ध चिकित्सक थे। इसके अतिरिक्त चिकित्सा शास्त्र के विद्यार्थी चैरिटी आर्गनाइजेशन सोसायटी के सेक्रेटरी पद पर कार्यरत होने के साथ फ्रैंडली विजिटर्स का भी कार्य करते थे। अत: इन लोगों ने स्वभावत: सामाजिक वैयक्तिक सेवा कार्य को वैज्ञानिक स्वरूप देने में सहायता की। सन् 1921 ई. में मैरी रिचमण्ड को स्मिथ कालेज द्वारा इस व्यवसाय को वैज्ञानिक रूप देने के लिए आनरेरी एम.ए. की डिग्री प्रदान की गई। वर्तमान में वैयक्तिक सेवा-कार्य के कुछ नये क्षेत्रों का विवरण निम्नलिखित है :

चिकित्सकीय वैयक्तिक सेवा कार्य

सामाजिक वैयक्तिक सेवा कार्य का चिकित्सालयों में उपयोग 19वीं शताब्दी के अन्तिम वर्षों में प्रारम्भ हुआ। सन् 1893 ई. में हेनरी स्ट्रीट सेटेलमेण्ट हाउस न्यूयॉर्क की विलियम वाल्ड तथा मेरी बेवस्टर ने रोगियों के घरों का निरीक्षण करना प्रारम्भ किया। ये महिलाएं प्राय: उनके घरों को अपना कार्य क्षेत्र बनाती थीं जिनके पास अपने चिकित्सकीय तथा सेवा सुश्रूषा के लिए पर्याप्त धन नहीं था। इन्होंने अपने सेवा कार्य में यह अनुभव किया कि रोगियों के घर में उनकी बीमारी के कारण ऐसी अनेक समस्याएं उत्पन्न हो जाती हैं जिनका व्यक्तिगत तथा सामाजिक दोनों प्रकार से समाधान करना महत्त्वपूर्ण होता है। अत: सेवा कार्य के लिए 'विजिटिंग नर्सेज' की व्यवस्था की गई।

सन् 1902 में वाल्टीमोर स्थित जानस हापकिन्स यूनिवर्सिटी के डॉ. चार्ल्स पी. इमरसन ने इस बात पर बल दिया कि चिकित्साशास्त्र के अध्ययन के अन्तर्गत सामाजिक तथा सांवेगिक समस्याओं के अध्ययन की भी व्यवस्था की जाए। उन्होंने इस बात पर भी बल दिया कि विद्यार्थी दान संस्थाओं में कार्य करें तथा रोगियों के साथ काम करते हुए रोग पर सामाजिक, आर्थिक तथा आवासीय दशाओं के प्रभाव को समझें। लेकिन डॉ. रिचार्ड सी. कैवोट[1] तथा इडा एम. कैनन[2] ने विशेष रूप से

चिकित्सा के क्षेत्र में वैयक्तिक सेवा कार्य की आवश्यकता महसूस की तथा इसके विकास का भरसक प्रयत्न किया।

डॉ. कैवोट वास्टन ने मैसाच्यूसेट्स जनरल हॉस्पिटल में काम करते हुए ऐसा महसूस किया कि रोगियों को न केवल रोग संबंधी समस्याएं होती हैं बल्कि ऐसी अनेक समस्याएं होती हैं जो कि रोगी को असहाय बना देती हैं तथा रोग को जटिल एवं प्रगाढ़ कर देती हैं। डॉ. कैवोट ने देखा कि एक दस वर्षीय बालक जो कि पेट के रोग से पीड़ित था, मैसाच्यूसेट्स जनरल हॉस्पिटल में लाया गया। पांच सप्ताह की देखरेख से वह बालक ठीक हो गया और बिना निर्देशन दिए वापस कर दिया गया। कुछ सप्ताह बाद वह बालक फिर इसी हॉस्पिटल में भर्ती हुआ। पुनः 30 डॉलर की दवा उसको दी गई तथा बिना निर्देशन के वापस कर दिया गया। वह पुनः बीमार हो गया और फिर भर्ती हुआ। यह क्रम बहुत दिनों तक चलता रहा। डॉ. कैवोट ने इन बातों से प्रभावित होकर एक वैयक्तिक कार्यकर्ता की नियुक्ति की जिसका कार्य रोगियों तथा उनके परिवार के लोगों को निर्देशन देना, उनकी सामाजिक, आर्थिक दशाओं का ज्ञान प्राप्त करना तथा उनके समाधान के लिए सहयोग प्रदान करना था। डॉ. कैवोट ने यह महसूस किया कि सामाजिक स्थिति का बिना अध्ययन किए रोगी का उचित प्रकार से उपचार नहीं किया जा सकता है। उनकी ही सलाह पर सन् 1905 ई. में वॉस्टन के मैसाच्यूसेट्स हॉस्पिटल में सामाजिक वैयक्तिक कार्यकर्ता की नियुक्ति की गई।

मनोविज्ञान तथा वैयक्तिक सेवा कार्य

सामाजिक वैयक्तिक सेवा कार्य के तरीकों तथा कार्य प्रणाली पर मनोविज्ञान तथा मनोविकार विज्ञान के वैज्ञानिक विकास तथा उसकी बढ़ती हुई आवश्यकता का प्रभाव पड़ा।[3] जी. स्टैनली का बाल विकास अध्ययन विनेट तथा साइमन द्वारा प्रतिपादित बुद्धि परीक्षणों की खोज, हैवलाक इलिस के यौन समस्याओं से संबंधित अनुसंधान, सिगमण्ड फ्रायड की खोजें, मनोविश्लेषण एवं गत्यात्मक मनोविज्ञान के परिणाम और एलफ्रेड ऑटो रैंक और सी.जी. जुंग तथा सिगमण्ड फ्रायड के अन्य अनुगामियों के कार्य, (जिन्होंने स्वयं अपने-अपने विश्लेषित स्कूलों की स्थापना की थी) कुछ ऐसे महत्त्वपूर्ण कारकों ने सामाजिक वैयक्तिक सेवा कार्य के विकास में योगदान दिया।[4]

मनोचिकित्सकीय वैयक्तिक सेवा कार्य

मनोचिकित्सा के क्षेत्र में सामाजिक वैयक्तिक सेवा कार्य के विकास को चार उद्‌गम बिन्दुओं से जाना जा सकता है :

1. मनोरोग चिकित्सा कक्षों तथा मानसिक चिकित्सालयों में रोगियों के लिए व्यक्तिगत वैयक्तिक कार्य और अनुरक्षण की आवश्यकता।
2. बाल न्यायालयों के सम्मुख प्रस्तुत किए गए तथा चाइल्ड गाइडेंस क्लिनिक्स एवं सामाजिक संस्थाओं के पास उनके उपचार व समंजन के लिए भेजे गए बालकों और किशोरों के साथ वैयक्तिक कार्य।
3. मानसिक स्वास्थ्य विज्ञान क्लिनिकों में प्रौढ़ रोगियों के साथ वैयक्तिक कार्य।
4. सैनिक तथा अनुभवी (Veterans) चिकित्सालयों एवं क्लिनिकों में मनोस्नायु रोगियों के साथ वैयक्तिक कार्य एवं समूह कार्य।[5]

चिकित्सा योजना की सफलता हेतु पहली बार रोगी की आर्थिक एवं वातावरण की दशाओं को जानने और चिकित्सालय से रोगी के निकलने के पश्चात् उपचार प्रभाव बनाए रखने की आवश्यकता को महसूस किया गया। सन् 1905 ई. में मैसाच्यूसेट्स में सामाजिक कार्यकर्ता की नियुक्ति की गई। सन् 1908 ई. में क्लीफोर्ड बियर्स (Clifford Beers) जो कि कई वर्षों तक मानसिक चिकित्सालयों में भर्ती रह चुके थे, मानसिक रोगियों की दयनीय दशा तथा अमानुषिक उपचार की घोर भर्त्सना की

तथा अपने अनुभवों को अपनी पुस्तक 'ए माइण्ड दैट फाउण्ड इटसैल्फ' (A Mind That Found itself) सन् 1908 ई. में प्रकाशित की। उन्होंने मानसिक स्वास्थ्य आन्दोलन का विकास किया। परन्तु मनोचिकित्सीय समाज कार्य शब्द सन् 1913 ई. में डॉ. ई.ई. साउथार्ड (E.E. Southard)[6] द्वारा प्रयोग में लाया गया।

वैयक्तिक सेवा कार्य का मनोचिकित्सालयों में उद्‌विकास का दूसरा महत्त्वपूर्ण कारक दोनों विश्व युद्ध तथा उसके परिणाम थे। युद्ध मनोस्नायु विकृति (War Neurosis) से पीड़ित रोगियों की बढ़ती हुई संख्या के कारण सन् 1917 ई. में मनोरोग चिकित्सा को समाज कार्य प्रशिक्षण सुविधाओं में विस्तार दिया गया तथा स्मिथ कॉलेज में इसके प्रशिक्षण की व्यवस्था की गई। सन् 1953 ई. में 36 विश्वविद्यालयों तथा कॉलेजों में मनोचिकित्सीय समाज कार्य की शिक्षा देने के लिए व्यवस्था कर दी गई थी। सन् 1945 ई. से मानसिक रोग से पीड़ित नागरिकों के लिए चिकित्सालयों में मनो-सामाजिक कार्यकर्ता की नियुक्ति की व्यवस्था कर दी गई है।

बाल निर्देशन तथा स्कूल क्लिनिकों में मनोसामाजिक कार्यकर्ता का उद्‌देश्य मां, बाप अथवा संबंधियों के साथ अन्तर्ग्रहण प्रक्रिया (Intake Process) तथा वैयक्तिक कार्य का व्यवहार ऐसे समय करना है जब चिकित्सक बालक के उपचार में संलग्न होता है। मनोसामाजिक कार्यकर्ता का उपयोग स्कूल, बाल न्यायालय, अस्पताल, पुनर्वास केन्द्रों और औद्योगिक फर्मों के कर्मचारी खण्डों में परामर्शदाता के रूप में होने लगा है। मानसिक मंदित बालकों के साथ भी वैयक्तिक सेवा कार्य का उपयोग होने लगा।

असामान्य व्यवहार प्रारूप तथा वैयक्तिक सेवा कार्य

मनोविश्लेषणात्मक सिद्धांत ने स्वतंत्र साहचर्य (Free Association) तथा स्वप्न विश्लेषण विधि का सूत्रपात किया। इवान पावलो, ई.एल. थार्नडाइक तथा बी.एफ. स्किनर ने व्यावहारिक प्रारूप (Behaviouristic Model) का विकास कर सिद्ध कर दिया कि व्यक्ति असामान्य व्यवहार उस समय प्रकट करता है, जब वह अनुकूल व्यवहार (Adaptive behaviour) को सीखने में असफल होता है या उन क्षमताओं को अपने में उत्पन्न नहीं कर पाता है, जिनसे अनुकूल व्यवहार प्रदर्शित होता है। संघर्षमई स्थितियां अन्तर स्पष्ट करने या निर्णय के लिए व्यक्ति को कार्य करने के लिए तैयार चाहती हैं परन्तु उसमें अनुकूल व्यवहार करने की क्षमता का ह्रास हो जाता है। जब वह अन्तर्सम्बन्धों को संतोषपूर्ण ढंग से स्थापित नहीं कर पाता है तो इससे उसकी सीखने की असफलता प्रदर्शित होती है।[7] मनोवैज्ञानिकों ने व्यावहारिक प्रारूप की व्यवहार संशोधित विधियों (Behaviour Modification Techniques) का विकास मनोविकारों को दूर करने के लिए किया।

मानवतावादी प्रारूप (Humanistic Model) के विकास में विलियम जेम्स तथा कार्ल रोजर्स का विशेष योगदान रहा है। मानवतावादी प्रारूप व्यक्तिवादिता (Individuality) पर जोर देता है। प्रत्येक व्यक्ति अपनी विशेष योग्यताओं तथा अनुभवों के आधार पर एक विशिष्ट (Unique) होता है। उसके अध्ययन के लिए उससे संबंधित सभी पहलुओं-सामाजिक, आर्थिक, धार्मिक, नैतिक, राजनीतिक, सांस्कृतिक आदि का अध्ययन आवश्यक होता है।

सोरेन काइ के. गार्ड, पाल सारटे तथा आर.डी. लाइंग ने अस्तित्ववाद के प्रारूप (Existential Model) द्वारा आत्म निर्देशन तथा आत्म स्थापन के प्रत्यय का विकास करके यह सिद्ध कर दिया कि व्यवहार का असंतुलन दोषपूर्ण संचार व्यवस्था (Faulty Communication System) तथा असंतोषजनक अन्तर्सम्बन्धित संबंधों के कारण होता है।

नवीन मनोवैज्ञानिक सिद्धांतों के विकास ने सामाजिक वैयक्तिक कार्यकर्ताओं की कार्य पद्धति को बदल दिया। सेवार्थी का आत्म सम्मान एवं योग्यता का आदर किया जाने लगा तथा आत्म निश्चय, आत्म निर्देशन तथा आत्म मूल्यांकन का विकास हुआ। इस प्रकार सामाजिक वैयक्तिक सेवा

कार्य प्रक्रिया का रूप प्रजातांत्रिक हो गया। इसके अतिरिक्त वर्तमान समय में निदान एवं चिकित्सा का क्षेत्र केवल सेवार्थी न होकर उससे संबंधित समस्त पर्यावरण भी हो गया। इस प्रकार वैयक्तिक कार्यकर्ता का संबंध सेवार्थी के साथ एक व्यक्ति के रूप में ही न रहकर उसके परिवार तथा समुदाय तक हो गया।

प्रारम्भ में सामाजिक वैयक्तिक सेवा कार्य का अर्थ अन्वेषण से लगाया जाता था। इस विधि द्वारा 'विजिटर' सहायता चाहने वाले व्यक्ति की दशाओं का ज्ञान प्राप्त करना था। सामाजिक वैयक्तिक सेवा कार्य के प्रारम्भिक स्तर में उपचार प्रक्रिया पर उतना जोर नहीं दिया गया, जितना कि अन्वेषण पर।[8] सन् 1911 तथा सन् 1917 के बीच सामाजिक वैयक्तिक सेवा कार्य का महत्त्व विशेष रूप से महसूस किया गया। डॉ. कैबोट तथा उनकी चीफ मेडिकल सोशल वर्कर इडा कैनन ने रोगियों के लिए 'सामाजिक उपचार' के महत्त्व को प्रदर्शित किया। एडा शेफील्ड (Ada Shaffield) ने इस प्रणाली को अविवाहित माताओं के साथ उपयोग किया। सी.सी. कारस्टीन्स ने इसको बच्चों के व्यक्तित्व सुरक्षात्मक कार्य करने के लिए आवश्यक समझा।

प्रथम विश्वयुद्ध के परिणामस्वरूप उत्पन्न सांवेगिक तथा मानसिक समस्याओं के निदान तथा उपचार के लिए वैयक्तिक सेवा कार्य की अत्यन्त आवश्यकता महसूस हुई। इस प्रकार वैयक्तिक सेवा कार्य के अन्तर्गत निदान तथा उपचार को पूर्णरूपेण स्वीकार कर लिया गया। सन् 1920 ई. में पोर्टर आर. ली ने निर्देशित किया कि किस प्रकार के अभिलेख वैयक्तिक कार्य के अन्तर्गत तैयार किए जाएं, जिससे सामाजिक समायोजन संबंधी समस्याओं को कार्यकर्ता ठीक प्रकार से सुलझा सके।

सामाजिक वैयक्तिक सेवा कार्य को उपयोग की दृष्टि से दो भागों में विभाजित किया जा सकता है :

1. सामान्य वैयक्तिक सेवा कार्य।
2. विशेषीकृत सामाजिक वैयक्तिक सेवा कार्य।

सामान्य वैयक्तिक सेवा कार्य एक अभिकरण द्वारा किया जाता है जिसका मुख्य उद्देश्य ही वैयक्तिक सेवा कार्य प्रदान करना है। जैसे- जनकल्याण, बाल सहायता तथा परिवार कल्याण संबंधी सेवाओं के संगठन। विशेषीकृत सामाजिक वैयक्तिक सेवा कार्य उन संगठनों में होता है जिनका उद्देश्य वैयक्तिक सेवा कार्य से पृथक् प्राथमिक सेवा होता है, जैसे चिकित्सालय, स्कूल, न्यायालय या औद्योगिक संस्थान। पोर्टर आर. ली ने इस अन्तर को अतिरिक्त भित्ति (Extra Mural) तथा भित्ति (Mural) कहकर समझाया है।[9]

भारत में सामाजिक वैयक्तिक सेवा कार्य : प्राचीन दृष्टिकोण

भारत में दीन-दुखियों, असहायों तथा पीड़ित व्यक्तियों की सहायता करने की परम्परा प्राचीन काल से ही चली आ रही है। मनोचिकित्सा संबंधी कार्य भी प्राचीन युग से होते चले आये हैं। कृष्ण का अर्जुन को उपदेश देना, वशिष्ठ का राम को कर्तव्य बोध कराना, बुद्ध का अंगुलिमाल के व्यवहार को परिवर्तित करना आदि इसके उदाहरण हैं। भारतीय संस्कृति तथा धर्म का मुख्य उद्देश्य उन व्यक्तियों की सहायता करना है जो उत्पीड़ित हों तथा दयनीय जीवन व्यतीत करते हैं। प्राचीन काल से लेकर आज तक भिखारियों को दान देना, निर्धनों तथा असहायों की सहायता करना, धर्मशालाएं बनवाना, रोगियों की सहायता करना आदि पुण्य के कार्य समझे जाते रहे हैं। इतिहास इस बात का साक्षी है कि ऐसे सहायतामूलक कार्य करने के लिए व्यक्तियों में होड़ लगती थी। कुछ विशेष अवधियों में भारत में इस प्रकार की सेवाओं का संक्षिप्त विवरण निम्नलिखित है :

बौद्ध-काल

बौद्ध-काल में समाज की भलाई के लिए अनेक प्रकार के उपदेश देने का प्रबंध किया गया था। बोधिसत्त्व में इस बात का उल्लेख मिलता है कि दानी व्यक्तियों के कौन-कौन से कार्य थे।

बोधिसत्त्व के अनुसार पहले अपने सगे-संबंधियों तथा मित्रों की सहायता, उसके पश्चात् असहाय, रोगी, संकटग्रस्त तथा दरिद्र व्यक्तियों की सहायता करनी चाहिए।

मौर्य-काल

मौर्य-काल में सामाजिक वैयक्तिक सेवा कार्य का क्षेत्र अधिक व्यापक हो गया था। बच्चों, वृद्धों तथा रोगग्रस्त व्यक्तियों की देखभाल का कार्य अत्यन्त धार्मिक समझा जाता था। गांव के वयोवृद्ध तथा मुखिया माता-पिता विहीन बालकों की देखभाल का कार्य करते थे। निर्धन बच्चों के लिए नि:शुल्क शिक्षा तथा भोजन का प्रबंध अध्यापक करता था।

इस्लाम-काल

13वीं शताब्दी से भारतीय लोक जीवन में इस्लाम का आविर्भाव हुआ। इस्लाम धर्म में प्रारम्भ से ही भिक्षा देने की व्यवस्था तथा प्रथा रही है। यह दान उन व्यक्तियों को दिए जाने की व्यवस्था है जो हज पर जाने का व्यय न वहन कर सके, जिनके पास भोजन न हो, भिखारी हों तथा जिन्होंने अपना सम्पूर्ण जीवन ईश्वर हेतु अर्पित कर दिया हो। जकात से प्राप्त धन का उपयोग समाज कल्याण के कार्यों में ही किया जाता था। कुतुबुद्दीन, इल्तुतमिश, नासिरूद्दीन आदि सुल्तानों ने इस क्षेत्र में अनेक कार्य किए। फिरोज तुगलक ने ऐसे व्यक्तियों की सहायता करने के लिए जिनके पास पुत्रियों का विवाह करने के लिए पर्याप्त धन नहीं था, एक दीवान-ई-खरात संस्था का निर्माण किया था। मुगल काल में ऐसी अनेक दुकानें खोल दी जाती थीं, जहां पर सस्ते मूल्य पर अनाज मिलता था। उस समय एक ऐसे विभाग का संगठन भी था जो आवश्यकता वाले व्यक्तियों की सूची रखता था। निरीक्षकों की नियुक्ति भेदभाव को रोकने के लिए की जाती थी। सुल्तान गयासुद्दीन तुगलक ने व्यक्तियों को रोजगार देने तथा अन्य आवश्यकताओं की पूर्ति करने का वृहद कार्यक्रम बनाया था। उसका विचार था कि अपराधों का कारण आवश्यकताओं की संतुष्टि का न होना है।

अंग्रेजी शासनकाल

अंग्रेजी शासनकाल में अनेक समाज सुधार आन्दोलनों का सूत्रपात हुआ। राजाराम मोहन राय ने बाल विवाह तथा सती प्रथा को रोकने का प्रयत्न किया। उनके प्रयत्नों के फलस्वरूप सन् 1829 में प्रतिबंध अधिनियम (Regulation Act) पारित किया गया जिसने सती प्रथा को अवैध घोषित कर दिया। सन् 1856 में हिन्दू विधवा पुनर्विवाह अधिनियम (Hindu Widow Remarriage Act) पास हुआ। गांधी जी के प्रयत्नों के फलस्वरूप अनेक सुधार सम्भव हो सके। भारत में सन् 1936 से पहले सामाजिक वैयक्तिक सेवा कार्य को एक ऐच्छिक कार्य समझा जाता था। सन् 1936 में पहली बार समाज कार्य की व्यावसायिक शिक्षा के लिए एक संस्था दोरावजी टाटा ग्रेजुएट स्कूल ऑफ सोशल वर्क के नाम से स्थापित हुई। इस समय इस बात की आवश्यकता महसूस हो चुकी थी कि वैयक्तिक सेवा कार्य करने के लिए औपचारिक शिक्षा अनिवार्य है।

स्वतंत्रता के बाद

बीसवीं शताब्दी में ऐसी समाज सेवी संस्थाओं की वृद्धि हुई। अनाथालयों, शिशु सदनों तथा अंधों के लिए स्कूलों की स्थापना की गई। विकलांग बालकों के लिए पहली बार सन् 1947 में एक ऐच्छिक संस्था स्थापित हुई। इस संस्था के कार्यों से प्रभावित होकर भारत के अनेक चिकित्सालयों में विकलांग चिकित्सा विभाग स्थापित हुए। सन् 1952 में इण्डियन कौंसिल फॉर चाइल्ड वेलफेयर की स्थापना हुई जिसका उद्देश्य शिशु कल्याण के क्षेत्र में कार्य करने वाली संस्थाओं के बीच समन्वय स्थापित करना और दूसरी ओर ऐच्छिक संस्थाओं एवं राज्य के बीच सम्पर्क स्थापित करना है।

सामाजिक वैयक्तिक सेवा कार्य का चिकित्सा क्षेत्र में उपयोग होना शीघ्र ही प्रारम्भ हुआ। जब भारतीय चिकित्सक अमेरिका तथा इंग्लैण्ड गए और उन्होंने रोगियों के साथ सेवा कार्य के महत्त्व को समझा तो भारतीय चिकित्सालयों में भी इसके विकास पर जोर दिया। दि हेल्थ सर्वे एण्ड डेवलपमेन्ट कमेटी (भोरे कमेटी) ने सन् 1945 ई. में चिकित्सालयों में प्रशिक्षित सामाजिक कार्यकर्ता की नियुक्ति की सिफारिश की।[10] चिकित्सकीय वैयक्तिक सेवा कार्य के विकास में यह महत्त्वपूर्ण कदम था। दूसरा कदम मानसिक चिकित्सालयों की स्थापना तथा इसमें मनोसामाजिक कार्यकर्ताओं के महत्त्व को समझा जाता है।

सन् 1946 में टाटा इन्स्टीट्यूट ने चिकित्सकीय समाज कार्य की शिक्षा का प्रबंध किया। सन् 1944 में डॉ. जे.सी. कुमारप्पा (इन्स्टीट्यूट के निदेशक) अमेरिका गए तथा चिकित्सकीय समाज कार्य हेतु विजिटिंग प्रोफेसर के लिए समझौता किया। इसके परिणामस्वरूप लुईस विले, कंटकी की मिस लुईस ब्लैन्की (Miss Lois Blankey) नवम्बर 1946 में भारत आई। कुछ महीनों तक उन्होंने भारतीय स्वास्थ्य समस्याओं को समझने तथा चिकित्सालयों की समस्याओं से अवगत होने में अपना ध्यान लगाया। कुछ समय बाद एक नये विभाग चिकित्सकीय तथा मनोचिकित्सकीय समाज कार्य का संगठन किया। जिस अवधि में मिस ब्लैन्की भारत आई थीं उन्हीं दिनों डॉ. (मिस) जी.आर. बनर्जी चिकित्सकीय तथा मनोचिकित्सकीय समाज कार्य के प्रशिक्षण हेतु शिकागो गईं और वापस आकर मिस ब्लैन्की से सन् 1948 में कार्यभार संभाल लिया।

सन् 1946 में जे.जे. हॉस्पिटल बॉम्बे में प्रथम चिकित्सकीय समाज कार्यकर्ता की नियुक्ति हुई थी। उस समय से उसमें काफी वृद्धि हो रही है। आज चिकित्सकीय सामाजिक कार्यकर्ता न केवल सामान्य चिकित्सालयों में बल्कि विशेषीकृत चिकित्सालयों, क्लिनिकों तथा पुनर्स्थापन केन्द्रों में कार्य करने लगे हैं।

यद्यपि यह सत्य है कि सामाजिक वैयक्तिक सेवा कार्य का क्षेत्र व्यापक हो रहा है, परन्तु कार्यकर्ता अपनी भूमिकाओं को पूरा करने में अनेक बाधाएं अनुभव कर रहे हैं। इसके अतिरिक्त प्रशिक्षित कार्यकर्ताओं को चयन में कोई विशेष वरीयता नहीं मिलती है। आशा है समय परिवर्तन के साथ-साथ इस दृष्टिकोण में परिवर्तन आएगा तथा सामाजिक वैयक्तिक सेवा कार्य का सामान्य विकास सम्भव हो सकेगा।

सामाजिक वैयक्तिक सेवा कार्य के विकास में कुछ मील के पत्थर

गेस्ट फ्रैण्ड का योगदान

जैसा कि हम पहले चर्चा कर चुके हैं कि 'गेस्ट फ्रैण्ड' शब्द का पहली बार उपयोग 1877 में अमेरिकन चैरिटी आर्गेनाइजेशन सोसायटी द्वारा अपने स्वयंसेवकों के लिए किया गया था। इंग्लैण्ड के नागरिकों ने गरीबों की सहायता के लिए इस सोसायटी की स्थापना की थी। इन लोगों के पास निर्धन और जरूरतमंदों की सहायता करने के लिए पर्याप्त धन राशि थी। वे दयालु स्वयंसेवक थे जो निर्धनों की आवश्यकता का मूल्यांकन करने, सहायता करने और मार्गदर्शन और सलाह प्रदान करने के लिए उनके परिवारों में जाते थे। वे दान कार्य करने के रूप में मिलने जाते थे और इससे किसी आर्थिक लाभ की आशा नहीं रखते थे। वे जरूरतमंद व्यक्तियों और परिवारों के बारे में विवरण एकत्रित करते थे और आवश्यकता का मूल्यांकन करने के बाद उनकी सहायता करते थे।

ऐसे हजारों स्वयंसेवक थे जो निर्धन व्यक्तियों के घरों में जाते थे और उन्हें समझने, सहानुभूति रखने, प्रोत्साहन प्रदान करने तथा सामान्यत: अच्छी भावना के मार्ग में जो भी वे कर सकते थे, करते थे। मित्र अतिथि की भूमिका शैक्षणिक थी तथा उद्देश्य व्यक्तिगत प्रभाव से उनके चरित्र में सुधार लाना था। सही जीने का परामर्श तथा आदर्श बनना, इन दो पद्धतियों से वे अतिथि सेवार्थियों को प्रभावित करते थे और इसमें कोई संदेह नहीं हो सकता कि उनमें से कुछ लोगों ने वैयक्तिक और

पारिवारिक कठिन परिस्थितियों में व्यक्तित्व का समग्र प्रभाव छोड़ा है। फिर भी, संबंधों के कार्य के तथ्यों में अपेक्षाकृत कम जागरूकता या मूल्यांकन था। उसी समय संभवत: ये गेस्ट फ्रेंड के रूप में सहायता हेतु समुचित प्रयासरत थे जिससे वैज्ञानिक दान की संकल्पना विकसित हुई और केस कार्य की नींव पड़ी। मित्र अतिथियों ने देखा कि सभी निर्धन लोगों की समस्याएं एक जैसी नहीं हैं और उनका उपचार भी एक ही तरीके से नहीं किया जाना चाहिए।

मित्र अतिथि शब्द बाद में 'वेतनभोगी एजेंट' शब्द बन गया। इन वेतनभोगी एजेंटों ने अपने कार्य निष्पादन में व्यवस्थित प्रक्रिया लागू की। उन्होंने जरूरतमंद व्यक्तियों और परिवारों के बारे में विवरण एकत्रित किए तथा उनकी आवश्यकताओं का मूल्यांकन करने के बाद उनकी सहायता की। वेतनभोगी एजेंट वैयक्तिक विवरण सहित सेवार्थियों की प्रदत्त सहायता का रिकॉर्ड भी रखते थे। मित्र अतिथियों और वेतनभोगी एजेंटों के सामूहिक अनुभवों ने मानव व्यवहार को समझना आसान कर दिया।

समाज कार्य विद्यालयों के विकसित होने से गेस्ट फ्रैण्ड्स को प्रशिक्षण प्राप्त करने लगे। अनुभवी समाज कार्यकर्ताओं को जांच, निदान और उपचार पद्धतियों के बारे में मार्गदर्शन और शिक्षित किए जाने लगा।

मैरी रिचमण्ड का योगदान

व्यावसायिक केस कार्य की शुरुआत मैरी रिचमण्ड की पुस्तक 'सोशल डायग्नोसिस' के प्रकाशन से हुई।

रिचमण्ड के शब्दों में 'सामाजिक निदान किसी सेवार्थी की सामाजिक स्थिति और व्यक्तित्व की यथासंभव सही व्याख्या करने का प्रयास है।' उनकी रुचि सेवार्थी की सहायता करने की पद्धति निर्धारित करने में थी। उन्होंने नैदानिक विवरण को निम्नलिखित तीन शीर्षकों के रूप में देखा है :

- परिभाषित समस्याएं
- आकस्मिक कारक
- संपत्ति और दायित्व। रिचमण्ड जानती थीं कि देखे गए और अनुमानित तथ्य हमेशा वैज्ञानिक रूप से विश्वसनीय नहीं होते। वह निम्नलिखित प्रश्नों के उत्तर देने का प्रयास करती है। 'निदान किसने किया है? प्रभाव का आधार क्या है? कार्यकर्ताओं का निर्णय तथा निर्णय के आधार कितने भरोसेमंद हैं?' रिचमण्ड ने पाया कि निदान एक प्रक्रिया है जिसमें कार्यकर्ता द्वारा सेवार्थी की सामाजिक स्थिति और व्यक्तित्व की अपनी अंतिम व्याख्या पर पहुंचने के लिए क्रमिक उपाय शामिल हैं। उपायों का क्रम निम्नलिखित प्रकार से है :
- सेवार्थी के साथ साक्षात्कार।
- उसके परिवार एवं निकट संबंधियों से संपर्क करना।
- सहयोग के आंतरिक और बाह्य स्त्रोतों की तलाश करना।
- एकत्रित सूचनाओं की व्याख्या करना।

सेवार्थी के साथ साक्षात्कार

रिचमण्ड के अनुसार पहला उपाय व्यक्ति के व्यक्तित्व को जानना तथा उसके जीवन का गहन अध्ययन करना है जो उससे उसकी जीवन पृष्ठभूमि के बारे में, स्वयं उससे तथा पारिवारिक चिकित्सक स्वास्थ्य एजेंसियों, विद्यालय, पिछले और वर्तमान नियोक्ताओं, आवास और पास-पड़ोस से साक्षात्कार करके किया जा सकता है। साक्षात्कार करने वाले का उद्देश्य और अधिक सूचनाओं के लिए स्त्रोतों के बारे में जानकारी एकत्रित करना है। रिचमण्ड ने साक्षात्कार के लिए कार्यकर्ता के उद्देश्यों का भी वर्णन किया है जो इस प्रकार है :

- सेवार्थी की समुचित बात एकाग्रता से सुनना।
- अच्छे आधारों पर परस्पर समझ स्थापित करना।
- सूचना के अन्य स्त्रोतों के बारे में पक्का पता लगाना।
- आत्म सहायता और आत्म विश्वास की धीमी प्रक्रिया आरंभ करना।

परिवार एवं निकट संबंधियों से संपर्क करना

परिवार के साथ विवेचनात्मक संपर्क करने से रिचमण्ड ने व्यक्ति की न केवल व्यक्तित्व मूल्यांकन और समस्या निदान की आवश्यकता देखी अपितु परिवार के अन्य सदस्यों के साथ भी संबंध स्थापित करने की आवश्यकता का पता लगाया। रिचमण्ड ने महसूस किया कि परिवार की संबद्धता परिवार की एकता और परिवार के सदस्यों का प्यार; मनोरंजन और सामाजिक विकास के प्रति क्षमता, बच्चों की अभिलाषाएं और अभिरुचि, संबंधियों का उल्लेखनीय हस्तक्षेप और भूमिकाओं में भिन्नता पर भी ध्यान दिया जाना चाहिए।

सहयोग के लिए आंतरिक और बाह्य स्त्रोतों की तलाश करना

निदान करने के लिए सूचना के आन्तरिक एवं बाह्य दोनों स्त्रोत पर ध्यान देना चाहिए। बाहरी स्त्रोत हैं–सामाजिक एजेंसियां, चर्च, चिकित्सक और स्वास्थ्य एजेंसियां, वर्तमान और पुराने पड़ोसी, रिश्तेदार और मित्र, वर्तमान और पुराने नियोक्ता, विद्यालय और पब्लिक रिकॉर्ड आदि। आंतरिक स्त्रोत हैं उसकी इच्छा शक्ति, विश्वास, आत्म विश्वास तथा मनोवृत्ति आदि।

रिचमण्ड ने सिफारिश की कि कार्यकर्ता को बाहरी स्त्रोत से सूचना एकत्रित करने में उन स्त्रोतों के पास जाना चाहिए जिनकी सेवार्थी के व्यक्तित्व को प्रभावित करने की संभावना है तथा सेवार्थी के इतिहास में जो सर्वाधिक महत्वपूर्ण कारक हैं। एकत्रित सूचनाओं की व्याख्या करना उपर्युक्त स्त्रोतों से एकत्रित (आंकड़े) विवरण निदान के लिए कच्ची सामग्री मानी जाती है। ऐसी व्याख्या सावधानीपूर्वक साक्ष्यों के मनन और विवेचनात्मक तुलना के माध्यम से की जाती है। रिचमण्ड ने सामाजिक तथ्यों को भी उसी तरह परिभाषित किया है 'जैसे सामाजिक संस्थाओं और उनके समाधान के उपायों में किसी एक सेवार्थी की प्रकृति जानने में वैयक्तिक या पारिवारिक इतिहास मिलकर संकेत करते हैं।' उसने यह भी माना कि जीवन के प्रति सेवार्थी की अपनी आशाएं, योजनाएं और मनोवृत्तियां किसी भी अन्य सूचना से अधिक महत्वपूर्ण होती हैं।

रिचमण्ड ने केस कार्य प्रक्रिया के मूल्यांकन का एकमात्र प्रयास किया। यह वास्तव में केस कार्य का पहला सच्चा दृष्टिकोण था। रिचमण्ड का योगदान आधुनिक केस कार्यकर्ताओं द्वारा अनेक कारणों से हमेशा सम्मान से देखा जाता है। इसमें आत्मनिर्णय की संकल्पना है जिसके कारण आधुनिक केस कार्य दर्शन बहुत महत्वपूर्ण हो गया है।

रिचमण्ड का दोहरा दृष्टिकोण था। एक तरफ तो यह सामाजिक था और दूसरी तरफ यह मनोवैज्ञानिक था। उनका निष्कर्ष था कि व्यक्ति की आंतरिक शक्तियां तथा उसके बाहर की ताकतें समाज में उसके व्यवहार और प्रकृति को प्रभावित करती हैं। रिचमण्ड ने इन दोनों हितों को मिलाने का प्रयास किया और सुझाव दिया कि 'सोसायटी' एक व्यवसाय होना चाहिए।

फ्रायडवादी सिद्धान्त का योगदान

जैसा कि पहले वर्णन किया गया है कि प्रथम विश्वयुद्ध में मनोचिकित्सा का प्रभाव बहुत बढ़ गया था। मनोचिकित्सा के आने से पूर्व समाज केस कार्य एक सक्रिय कला के रूप में प्रयोग किया जाता था। केस कार्यकर्ता जांच करता, निदान करता और समाज सेवाएं लागू करता था। फ्रायडवादी सिद्धान्त से प्रभावित होने के बाद, केस कार्यकर्ता भी वैयक्तिक उपचार प्रदान करने लगे। मनोभाव,

भावनाएं, प्रवृत्तियां, दमित संघर्ष समाज केस कार्य के अभिन्न अंग बन गए थे। धीरे-धीरे समाज कार्य पाठ्यक्रम में पश्चिमी देशों में मनोचिकित्सा को समाविष्ट कर लिया गया।

फ्रायडवादी सिद्धान्त

अतीत की तरह आज भी न केवल विशेषज्ञ मनोविश्लेषक अपितु अनेक समाज कार्यकर्ता मानव व्यवहार को समझने में फ्रायडवादी सिद्धान्त का सहारा लेते हैं। 1918 में समाज कार्य का पहला मनोविश्लेषणात्मक विद्यालय स्मिथ समाज कार्य महाविद्यालय (Smith College for Social Work) स्थापित किया गया। इसका उद्देश्य विद्यार्थियों को सिगमंड फ्रायड के विचारों और उनके व्यावहारिक उपयोग की जानकारी करना। विशेषतः अपने युद्ध अनुभवों के कारण मानसिक आघात से पीड़ित प्रथम विश्वयुद्ध के सेवानिवृत्त सैनिकों के उपचार में इन तथ्यों को लागू कराना था। केस कार्य के अनेक क्षेत्रों में फ्रायड का प्रभाव पाया जाता है लेकिन इसका केस कार्यकर्ता और सेवार्थी के बीच संबंध पर गहरा प्रभाव है। पहले सेवार्थियों को केस कार्यकर्ता के सुझावों और विचारों को स्वीकृत करने के लिए समझाया जाता, मनाया जाता और यहां तक कि विवश भी किया जाता था। लेकिन अब केस कार्यकर्ता का कार्य सेवार्थी की आत्माभिव्यक्ति को सुनना और उसका सम्मान करना है।

औपचारिक रूप से कुछ मनोविश्लेषकों ने समाज कार्यकर्ताओं को प्रशिक्षण और पर्यवेक्षण प्रदान किया। 1948 में समाज कार्यकर्ताओं ने पहली बार न्यूयॉर्क के दो महाविद्यालयों राष्ट्रीय मनोविश्लेषण मनोवैज्ञानिक एसोसिएशन (नेशनल साइकोलोजिकल एसोसिएशन फॉर साइको एनालिसिस) तथा स्नातकोत्तर मानसिक स्वास्थ्य केन्द्र (पोस्ट ग्रेजुएट सेंटर फॉर मेंटल हेल्थ) को मान्यता दी। अमेरिकन साइकोएनालिटिक एसोसिएशन जैसे संगठनों ने पहले समाज कार्यकर्ताओं का प्रवेश रोक दिया था, अब उनके प्रवेश से अपना प्रतिबंध हटा दिया।

अवचेतन मस्तिष्क

सम्मोहन और सपनों के अध्ययन से अपने अनुभव के माध्यम से फ्रायड ने गुप्त मानसिकता की दुनिया देखी जिसे उसने 'अवचेतनता' कहा है। अनेक समाज कार्यकर्ता जो फ्रायड की अवचेतनता और मनोचिकित्सा के संपर्क में आए। उन्होंने समाज कार्य में इन संकल्पनाओं का उपयोग करना आरंभ कर दिया।

द्विवृत्ति (Dual Attitude)

व्यक्तियों की सोच दो भागों में विभाजित होती है और फ्रायड ने पाया कि दोनों भाग प्रायः एक-दूसरे के विपरीत होते हैं। द्विवृत्ति को समझने के लिए उसने स्पष्ट किया कि कोई व्यक्ति एक साथ प्रेम और घृणा कर सकता है। इसी प्रकार कोई व्यक्ति एक ही समय में भयभीत और साहसी हो सकता है आदि।

अतीत

फ्रायड ने देखा कि व्यक्ति के अतीत के अनुभवों और वर्तमान प्रवृत्तियों में अनेक प्रकार का विरोधाभास होता है। यही कारण है कि विरोधों का उपचार करने के लिए व्यक्ति को विरोधों का अतीत जानना चाहिए।

अंतरण (Internal Movement)

अंतरण वर्तमान संबंध की किसी ऐसी विकृति को बताता है जो पूर्व संबंधों के बकाया अनसुलझे (अधिकांशतः अनजाने) विषयों के कारण होता है।

प्रतिरोध

अंतरण की व्याख्या प्रतिरोध को अभिव्यक्त करती है।

फ्रायड की मुख्य संकल्पना हैं :

- अवचेतन मस्तिष्क व्यवहार निर्धारक होता है।
- भावना और प्रवृत्ति में द्विवृत्ति होती है।
- अतीत के अनुभव व्यक्ति के वर्तमान व्यवहार को निर्धारित करते हैं।
- मनोचिकित्सा में अंतरण की परिघटना की मान्यता होती है।
- सभी सहायक प्रक्रियाओं में अंतरण व्याख्या प्रतिरोध पर विचार किया जाना चाहिए।

फ्रायड के तीन अनुयायियों एल्फ्रेड एडलर, कार्ले जुंग और ऑटो रैंक ने अपनी-अपनी विचारधाराएं विकसित कीं। एडलर ने वियाना में प्रथम बाल-मार्गदर्शन चिकित्सालय की स्थापना की। एडलर ने 'वैयक्तिक मनोविज्ञान प्रणाली' प्रस्तुत की। जुंग ने विश्लेषणात्मक मनोविज्ञान प्रदान किया और उपचारकर्ता तथा उपचार घटक के संबंध पर जोर दिया। ऑटो रैंक ने चिकित्सक के रूप में कार्य किया तथा मनोविश्लेषण के तकनीकी तथा सांस्कृतिक पक्षों पर व्यापक लेखन कार्य किया और मनोचिकित्सा के सिद्धान्तों पर काफी जोर दिया।

समाज कार्य के क्षेत्र में वैयक्तिक सेवा कार्य का मूल उद्देश्य

हम जानते हैं कि समाज कार्य के क्षेत्र में एक पद्धति के रूप में समाज केस कार्य का उद्देश्य व्यक्ति द्वारा समाज में अपेक्षाकृत अच्छी तरह कार्य करने तथा अपनी क्षमताओं का विकास करने में उसकी समस्याओं के समाधान में सहायता प्रदान करना है। व्यक्ति समाज की मूल इकाई है। यदि व्यक्ति अपने जीवन में संतुष्ट है और उसके दोषपूर्ण समायोजन को कम करने का प्रयास किया जाता है तो एक शांत समाज की रचना होती है। समाज व्यक्तियों से बनता है।

प्रत्येक व्यवसाय का अपने उत्थान और विकास के लिए ज्ञान का परीक्षित क्षेत्र की आवश्यकता होती है, जो कि सेवार्थियों को आसानी से समझ में आने वाला तथा संप्रेषणीय होना चाहिए तथा इसमें अपने सिद्धांत, तकनीकें, पद्धतियां, प्रक्रियाएं, साधन तथा इसकी शब्दावली होनी चाहिए। एक व्यवसाय के रूप में समाज कार्य ज्ञान समूह के रूप में विकसित हुआ है जिसमें अपनी पद्धति, साधन और शब्दावली शामिल है। समाज कार्य क्षेत्र में केस कार्य एक पद्धति के रूप में दोहरी स्थिति पर विचार करता है। प्रथम है मानव मनोविज्ञान की स्थिति तथा दूसरी है कार्यरत समाज की सांस्कृतिक ताकत को जानना।

आरंभ में समाज केस कार्य कुछ एजेंसियों में इस्तेमाल किया गया था लेकिन अब नई स्थापनाओं में इसका प्रयोग बढ़ता जा रहा है। आज अनेक एजेंसियां, संस्थाएं और संगठन पर्याप्त रूप से समाज केस कार्य का इस्तेमाल करते हैं। इसका उपयोग अस्पतालों, स्वास्थ्य केन्द्रों, अदालतों, उद्योगों, सैन्य संगठनों, परिवार कल्याण एजेंसियों, सरकारी और स्वैच्छिक, आप्रवासी एजेंसियों, डे नर्सरियों और विद्यालयों, दत्तक एजेंसियों, बाल मार्ग दर्शन चिकित्सालयों, सफाई संगठनों, स्वास्थ्य संगठनों और अन्य संगठनों में किया जाता है।

टिप्पणियां

1. कैवोट, रिचार्ड सी. : सोशल सर्विस एण्ड दि आर्ट ऑफ हीलिंग, न्यूयॉर्क, 1909.
2. कैनन, इडा.एम. : सोशल वर्क इन हॉस्पिटल, ए कन्ट्रीब्यूशन टु प्रोग्रेसिव मेडिसिन, न्यूयॉर्क, 1923.

3. हैमिल्टन कोर्डन : थ्योरी एण्ड प्रैक्टिस ऑफ सोशल वर्क, कोलम्बिया यूनिवर्सिटी प्रेस, न्यूयॉर्क, 1956,

4. विटमर हेलेन लेलैण्ड, सोशल वर्क राइन हार्ट कम्पनी, प्रिण्टिस हाल इंक, न्यूयॉर्क, 1955, पृ. 347.

5. फीडलैंडर, वाल्टर ए. : इण्ट्रोडक्शन टु सोशल वेलफेयर, प्रिण्टिस हाल इंक, इंग्लैंड क्लिफस न्यूयॉर्क, 1955, पृ. 347.

6. साउथार्ड, ई.ई., दि किंगडम ऑफ इविल्स, मैकमिलन कं. न्यूयॉर्क, 1922.

7. कोलमैन, जेम्स सी. : अवनार्मल साइकालॉजी एण्ड मॉडर्न लाइफ, डॉ. वी. टारा पोरेवाला सन्स एण्ड कम्पनी, बॉम्बे, 1974, पृ. 62.

8. ब्रूनो, फैक जे. : ट्रेन्ड्स इन सोशल वर्क, कोलम्बिया यूनिवर्सिटी प्रेस, न्यूयॉर्क, 1957, पृ. 185.

9. उल्लिखित, पृ. 280.

10. इंडिया गवर्नमेंट : रिपोर्ट ऑफ हेल्थ सर्वे एण्ड डेवलपमेंट कमेटी वाल्यूम 1, पब्लिस्ड बाय दि मैनेजर ऑफ पब्लिकेशन, भारत सरकार, 1946, पृ. 175.

3

कार्यकर्ता-सेवार्थी संबंध एवं तद्विषयक सिद्धांत

(Worker-Client Relationship and Related Principles)

वैयक्तिक सेवा कार्य में कार्यकर्ता-सेवार्थी संबंध

समाज कार्य एक व्यावसायिक सेवा है जो वैज्ञानिक ज्ञान व मानव संबंधों की निपुणता पर आधारित है। समाज कार्य अभ्यास में व्यावसायिक संबंध की एक महत्वपूर्ण भूमिका होती है। कार्यकर्ता अपने सेवार्थी के साथ उद्देश्यपूर्ण व्यावसायिक संबंध की स्थापना करता है। समस्त संबंधों के विज्ञान और कला पर ही वैयक्तिक समाज कार्य, सामूहिक समाज कार्य और सामुदायिक संगठन आधारित हैं। प्रत्यक्ष संबंध आध्यात्मिक एवं संवेगात्मक प्रक्रियाओं की उत्पत्ति करते हैं, मानव में मनोवृत्तियों का सर्जन एवं व्यक्ति का समाजीकरण करते हैं। इन संबंधों की अनुभूति प्रत्यक्ष रूप से की जा सकती है। जब किसी व्यवसाय का संबंध प्रत्यक्ष रूप से मानव जाति से हो तो, सम्पूर्ण स्व (Total Self) का पूर्णतया सन्निहित होना आवश्यक है।

कार्यकर्ता और सेवार्थी अभिकरण के साधनों तथा अन्य सामुदायिक साधनों से प्रभावित होते हैं। वैयक्तिक सेवा कार्य के अभ्यास के दौरान अपनी सहायता अपने आप करने के लिए सेवार्थी की मदद करने की प्रक्रिया में कार्यकर्ता-सेवार्थी संबंध व्यावसायिक होते हैं। यह मैत्री संबंध या मात्र संबंध स्थापन की दृष्टि से ही नहीं स्थापित किया जाता, बल्कि व्यावसायिक लक्ष्य की प्राप्ति के लिए और आत्मीयता स्थापित करने के लिए बनाया जाता है। जब कोई समस्याग्रस्त व्यक्ति सहायता हेतु अभिकरण में आता है तो वह अपनी सभी विशिष्टताओं, भावनाओं, मनोवृत्तियों एवं व्यवहारों आदि के साथ होता है जिसका आधार उसके अपने जीवन संबंधी बहुत से अनुभव होते हैं। किसी भी व्यक्ति से मात्र मुलाकात से ही व्यावसायिक संबंध स्थापित नहीं हो जाता, जब तक कि उस व्यावसायिक संबंध के लक्ष्य को पाने के लिए आत्मीयता न स्थापित की जाए। इस स्तर पर जब व्यावसायिक संबंध स्थापित होता है तभी व्यक्ति सेवार्थी बन जाता है। हैमिल्टन ने अपना मत व्यक्त किया है कि सेवार्थी के साथ व्यावसायिक संबंध स्थापित करने के लिए जरूरी है कि कार्यकर्ता एक ऐसे वातावरण का सृजन करे जिसमें सेवार्थी को अपनेपन की भावना का एहसास हो, सेवार्थी की आवश्यकताओं को स्वीकृति प्रदान की जाए और उसे अपने संबंध में स्वयं निर्णय लेने का अधिकार प्राप्त हो।

कार्यकर्ता-सेवार्थी संबंध दो प्रकारों में व्यक्त किए गए हैं :

1. *वस्तुनिष्ठ संबंध (Objective Relationship)* : सेवार्थी की कार्यकर्ता के प्रति जो धारणा बनती है, वह उसकी कुशलता, कार्यक्षमता, नम्रता, कार्यशैली व ज्ञान पर आधारित होते है न कि उसके भावनात्मक प्रत्यक्षीकरण पर। वस्तुनिष्ठ संबंध वास्तविकता पर आधारित होता है। कार्यकर्ता यथार्थ में जिस तरह का होता है सेवार्थी उसे (कार्यकर्ता को) वैसा ही समझता है।

2. *आत्मनिष्ठ संबंध (Subjective Relationship)* : आत्मनिष्ठ संबंध सेवार्थी की आत्मनिष्ठ भावनाओं से प्रेरित होता है। सेवार्थी कार्यकर्ता को भावना प्रधान दृष्टि से देखने लगता है। वह (सेवार्थी) कार्यकर्ता के प्रति जो भी विचार बनाता है, वह उसके अवास्तविक प्रत्यक्षीकरण पर आधारित होता है जिसमें उसके बचपन के अनुभव एवं मनोवृत्तियां भी शामिल होते हैं इसे भावनात्मक (Transference) अन्यारोपण कहते हैं। जिस तरह के विचार, मनोवृत्ति, भावना व्यक्ति में अपनी बाल्यावस्था से ही माता-पिता के प्रति विकसित होती है, उसी तरह के विचार, मनोवृत्ति, भावना बड़ा होने पर वह समाज के अन्य सदस्यों (कार्यकर्ता सहित) के प्रति आरोपित करता है। अत: भावनात्मक प्रत्यारोपण से जो भी संबंध स्थापित किया जाता है, वह सेवार्थी के अवास्तविक, आत्मनिष्ठ प्रत्यक्षीकरण पर आधारित होता है। ऐसी दशा में कार्यकर्ता की यह जिम्मेदारी होती है कि वह भावनात्मक प्रत्यारोपण की घटनाओं को समझते हुए उन्हें कम करने का प्रयत्न करे और सेवार्थी को अपनी परिस्थिति के वास्तविक कारकों का परिचय कराए तथा इस परिस्थिति के बारे में अपने वर्तमान सचेत संवेगों को प्रकट करने में मदद पहुंचाए।

बोवर्स ने वैयक्तिक सेवा कार्य की परिभाषा में 'संबंधों में निपुणता' (Skill in Relationship) की शब्दावली का प्रयोग किया है तथा इसका वैयक्तिक समाज कार्य की पद्धतियों में एक महत्वपूर्ण कारक के रूप में वर्णन किया है। इस परिभाषा के अन्तर्गत इसका अर्थ एक सेवार्थी और एक कार्यकर्ता में संबंधों की निपुणता से है। कार्यकर्ता सामुदायिक लक्ष्यों की पूर्ति हेतु एक अभिकरण द्वारा नियुक्त होता है और भूमिका भी अभिकरण के द्वारा ही निश्चित होती है। वैयक्तिक समाज कार्य के सिद्धान्तों से निर्देशित मानव व्यवहार संबंधी ज्ञान व सहायता करने की निपुणता से तैयार होकर यह कार्यकर्ता, सेवार्थी-कार्यकर्ता संबंधों के क्षेत्र में प्रविष्ट होता है। सेवार्थी से तात्पर्य एक ऐसे व्यक्ति से है जो आपदा में होता है तथा समस्याग्रस्त (कष्टप्रद) होता है। यह व्यक्ति स्वयं अभिकरण में सहायता प्राप्ति हेतु आता है अथवा समाज के अन्य माध्यमों के द्वारा किसी अभिकरण में सहायता के लिए भेज दिया जाता है। दोनों ही दशाओं में कार्यकर्ता का सामना सेवार्थी से होता है, जो संकटग्रस्त अथवा सामाजिक विचलन की स्थिति में होता है। इन समस्त परिस्थितियों में वैयक्तिक व सामाजिक असन्तुलन की समस्या परिलक्षित होती है। इसी असंतुलन के रूपान्तरण हेतु वैयक्तिक समाज कार्य पद्धति में सेवार्थी-कार्यकर्ता संबंधों को एक माध्यम के रूप में उपयोग में लाया जाता है। इन संबंधों की दिशा एवं प्रकार, समस्या की भिन्न-भिन्न स्थितियों के अनुरूप परिवर्तित होते रहते हैं।

संबंध एक प्रत्यय है जो मौखिक अथवा लिखित वार्तालापों में प्रकट होता है जिसमें दो व्यक्ति कुछ लघुकालीन, दीर्घकालीन, स्थाई अथवा अस्थाई सामान्य रुचियों एवं भावनाओं के साथ अन्त:क्रिया करते हैं। ऐसा प्राय: सोचा जाता है कि केवल एक साथ एक स्थान पर एकत्र होने से या सुखदाई अन्तर्संचार (Inter Communication) से या दो व्यक्तियों में दीर्घकालीन सामीप्य या जान-पहचान से संबंध स्थापित हो जाते हैं। परन्तु ऐसा नहीं है। मनुष्यों के बीच परमावश्यक संबंध भागीकृत एवं संवेगात्मक परिस्थितियों से उत्पन्न होते हैं।

व्यक्ति तथा समाज एक-दूसरे पर अन्योन्याश्रित हैं। सामाजिक शक्तियां मनुष्य के व्यवहार तथा मनोवृत्तियों को प्रभावित करती हैं तथा साथ ही साथ आत्मविकास के अवसर प्रदान करती हैं। परन्तु सामाजिक शक्तियों से समस्याएं भी उत्पन्न होती हैं। ये समस्याएं न केवल मनोसामाजिक, आन्तरिक

एवं बाह्य होती हैं बल्कि अधिकांशतः अन्तर्वैयक्तिक (Interpersonal) होती हैं। चिन्ता, दु:ख तथा अक्षमता सदैव व्यक्तिगत संकट होते हैं और वे व्यक्तिगत उपागम (Approach) द्वारा ही समझे जा सकते हैं।

सामाजिक वैयक्तिक सेवा कार्य में संबंध का उपयोग आदि से अन्त तक होता है। इस प्रक्रिया में सेवार्थी तथा वैयक्तिक कार्यकर्ता सम्पूर्ण प्रक्रिया में उभयनिष्ठ होते हैं तथा कार्य का आधार संबंध स्वयं होता है। स्लावसन के अनुसार, आमने-सामने के संबंध बौद्धिक एवं सांवेगिक प्रक्रियाओं को प्रभावकारी बनाते हैं, मनोवृत्तियों को व्यवस्थित तथा व्यक्ति को समाजीकृत करते हैं। सामाजिक वैयक्तिक सेवा कार्य में संबंध को सदैव महत्त्वपूर्ण माना गया है। यह विचार कि भिक्षा भाव से नहीं वरन् अधिकार भाव से सेवार्थी को सहायता दी जाए। कार्यकर्ता तथा सेवार्थी के बीच संबंध महत्त्वपूर्ण होता है। यह सामाजिक वैयक्तिक सेवा कार्य के प्राचीन विचारों में से एक है। इस प्रक्रिया में अन्य समाज कार्य की प्रक्रियाओं के समान ही विकास एवं उन्नति के लिए उत्तरदाई होने के कारण संबंध को साधन के रूप में उपयोग किया जाता है क्योंकि समस्या समाधान में लगे मस्तिष्क तथा शारीरिक श्रम उस समय कम कष्ट साध्य हो जाते हैं, जब वे सौहार्द तथा सुरक्षित दृढ़ संबंधों के बीच घटित होते हैं, इससे जो आशा एवं सहायता का रूप प्रकट होता है, उससे प्रयत्न करने की इच्छा अधिक प्रेरणात्मक एवं पोषणात्मक हो जाती है।

सामाजिक वैयक्तिक सेवा कार्य में संबंध स्थापन ही सहायता कार्य का आधार होता है क्योंकि संबंधों के द्वारा वैयक्तिक कार्यकर्ता किसी व्यक्ति व समस्या को समझता है, उसमें परिवर्तन लाने का प्रयास करता है और व्यक्ति की अहं शक्ति एवं अन्तर्दृष्टि को विकसित करते हुए समस्या सुलझाने का मार्ग प्रशस्त करता है। सेवार्थी के साथ स्थापित किया गया संबंध ही वह उपकरण है, जिसके माध्यम से कार्यकर्ता सेवार्थी की समस्या का उपचार करता है। उसको समस्या का उचित एवं सही ज्ञान तभी प्राप्त होता है, जब सेवार्थी के साथ संबंधों एवं सम्पर्कों में घनिष्ठता आती है। जैसे-जैसे संबंध घनिष्ठ होते जाते हैं वैयक्तिक सेवा कार्य का उद्देश्य प्राप्त होता जाता है। इसके अतिरिक्त सेवार्थी पर आन्तरिक एवं बाह्य वातावरण के प्रभाव को घनिष्ठ संबंध स्थापन के पश्चात् ही समझा जा सकता है। अतः सामाजिक वैयक्तिक सेवा कार्य प्रक्रिया के केन्द्रों में उपचार का लक्ष्य प्राप्त करने के लिए चेतन तथा नियंत्रित कार्यकर्ता सेवार्थी संबंध का उपयोग आवश्यक रूप से किया जाता है।

सामाजिक वैयक्तिक सेवा कार्य की सभी परिभाषाओं में 'संबंध' को एक विशेष महत्त्व प्रदान किया गया है। कार्यात्मक समुदाय के विचार इस पर विशेष रूप से जोर देते हैं।

रूथ ई. स्मैली (Ruth E. Smalley) के अनुसार, सामाजिक वैयक्तिक सेवा कार्य एक संबंध प्रक्रिया द्वारा स्वयं अपने तथा सामान्य सामाजिक कल्याण हेतु सामाजिक सेवाओं के उपयोग में आवश्यक रूप से एक के बाद एक द्वारा सेवार्थी को व्यस्त करने की एक प्रणाली है।

इस अर्थ में संबंध एक अटूट सन्दर्भ है जिसमें समस्या का समाधान होता है। उसी समय यह पारस्परिक समस्या समाधान के प्रयत्नों को प्रकट करता है, साथ ही साथ व्यक्तित्व के अचेतन स्तर में विश्वास, आत्म महत्त्व, सुरक्षा तथा दूसरे व्यक्तियों से सम्पर्क के अर्थ में परिवर्तन को क्रमबद्ध करने का माध्यम है।

स्वीथन वोवर्स (Swithum Bowers) के विचार से सामाजिक वैयक्तिक सेवा कार्य एक कला है जिसमें मानव संबंधों के विज्ञान का ज्ञान तथा संबंधों में निपुणता को व्यक्ति में क्षमता समुदाय में सेवार्थी तथा सम्पूर्ण पर्यावरण या उसके किसी एक भाग के साथ उचित समायोजन के अनुकूल स्रोतों को संचालित करने उपायों के लिये उपयोग में लाया जाता है।

सेवार्थी अभिकरण में व्यक्तिगत और सामाजिक असंतुलनों (Personal Social in Malad-justonent) के साथ आता है। इस प्रकार के असंतुलनों को संशोधित करने के लिए सामाजिक वैयक्तिक सेवा कार्य प्रणाली में वैज्ञानिक-कार्यकर्ता सेवार्थी संबंध परिवर्तन का माध्यम होता है।

सामान्यत: सेवार्थी अपनी एक या अधिक समस्याओं को लेकर वैयक्तिक कार्य अभिकरण में आता है परन्तु उसकी समस्याओं का संबंध उसके सम्पूर्ण व्यक्तित्व अर्थात् शारीरिक, मानसिक, सामाजिक पक्ष एवं विगत जीवन के अनुभव, वर्तमान क्रियाओं तथा प्रतिक्रियाओं और भविष्य की आशाओं से होता है। अत: समस्या को समझने के लिए इन सभी कारकों को समझना आवश्यक होता है। परन्तु ये कारक वास्तविक रूप में तभी समझे जा सकते हैं जब सेवार्थी तथा कार्यकर्ता में घनिष्ठ संबंध स्थापित हो। वैयक्तिक सहायता का रूप कोई भी क्यों न हो, उसकी सफलता के लिए संबंध स्थापित करना अत्यन्त आवश्यक होता है क्योंकि मानवीय व्यवहारों का संचालन तथा सामाजिक संबद्धता (Social Connectedness) और सामाजिक मान्यता (Social Recognition) जीवनपर्यन्त कारक रहते हैं साथ ही साथ व्यक्तित्व को निर्मित करने वाले भी हैं। सामाजिक वैयक्तिक सेवा कार्य में किसी भी सक्षम (Potent), संबंध देखभाल (Care), आदर (Respect), प्रेम (Love), सामाजिक विनिमय (Social Exchange) तथा प्रामाणिकता (Affirmation) का होना आवश्यक होता है क्योंकि असहायावस्था, क्षतिग्रस्तता तथा तनाव एवं कष्ट के समय इन विशिष्ट मानव प्रारूप के पोषकों की आवश्यकता सामान्य अवस्था से अधिक तीव्र हो जाती है।

हैमिल्टन (Hamilton) ने कार्यकर्ता-सेवार्थी व्यावसायिक संबंधों के कई पक्षों का विवेचन किया है, जो निम्न प्रकार हैं :

1. *व्यावसायिक संबंध साक्षात्कार का आधार है* : समस्या समाधान की प्रक्रिया में सेवार्थी की समस्या को समझने के लिए उसके साथ घनिष्ठ संबंध स्थापित करना आवश्यक होता है। समस्या को जानने के लिए सेवार्थी के पूर्व जीवन के अनुभव, विगत इतिहास, वर्तमान दशाएं और पर्यावरण आदि के संबंध में सम्पूर्ण जानकारी आवश्यक होती है जिसे साक्षात्कार के माध्यम से ही ज्ञात किया जाता है। कार्यकर्ता-सेवार्थी संबंध मजबूत होने की स्थिति में ही सेवार्थी अपनी बात सहज रूप से कह सकता है। सेवार्थी की समस्या के निदान और उपचार में उसके विगत इतिहास का महत्वपूर्ण स्थान होता है अत: उसके इतिहास की यथार्थ जानकारी प्राप्त करने हेतु कार्यकर्ता साक्षात्कार के जरिये ही घनिष्ठ एवं विश्वसनीय संबंध बनाता है।

2. *व्यावसायिक संबंधों में कार्यकर्ता का आत्मज्ञान* : प्रत्येक व्यक्ति के व्यक्तित्व में दूसरों से भिन्नता का होना स्वाभाविक है, उसी प्रकार कार्यकर्ता के व्यक्तित्व में भी सेवार्थी के व्यक्तित्व से भिन्नता हो सकती है। इस कारण प्राय: सभी कार्यकर्ता सभी सेवार्थियों से पूर्णरूपेण स्वीकृति प्राप्त नहीं कर पाते। समस्याग्रस्त व्यक्तियों की सहायता करना समाज कार्य का लक्ष्य होता है। इसलिए कार्यकर्ताओं में आत्म ज्ञान का होना आवश्यक है ताकि अपने सेवार्थी के साथ व्यावसायिक संबंधों को सचेतन रूप में प्रयोग कर सके। उन्हें अपनी अभिरुचियों, आत्म चेतना, पक्षपात, प्रेरणाओं, आवेगों, संवेगात्मक भावनाओं आदि का ज्ञान होना चाहिए। प्रशिक्षण के माध्यम से वैयक्तिक समाज कार्यकर्ताओं को यह ज्ञान कराया जाता है कि वे सेवार्थी के असामाजिक व्यवहारों एवं कार्यों की निन्दा न कर उसे अच्छी प्रकार समझाकर उसकी समस्याओं का समाधान करें। कार्यकर्ता समस्या समाधान की प्रक्रिया में सेवार्थी की भावनाओं का ज्ञान प्राप्त करता है साथ ही साथ अपनी भावनाओं का भी ज्ञान रखता है इस प्रकार वह इन भावनाओं के आधार पर ही समस्या के निराकरण का प्रयास कर सकता है।

3. *व्यावसायिक संबंधों में प्राधिकार* : सेवार्थी के कल्याणार्थ कभी-कभी कार्यकर्ता उपदेश अथवा संकेतों के द्वारा अपने प्रभुत्व/प्राधिकार का प्रयोग वैयक्तिक सेवा कार्य के अभ्यास के दौरान करता है लेकिन व्यावसायिक संबंधों में इस प्राधिकार का प्रयोग ताकत या धमकी क रूप में नहीं किया जाता। प्राधिकार के प्रयोग के पूर्व कार्यकर्ता सेवार्थी की विद्रोही भावनाओं, आक्रमणकारी प्रवृत्तियों अथवा मनोविकार संबंधी विचलन के संबंध में जानकारी हासिल करता है तत्पश्चात् अभिकरण के हित में अथवा सेवार्थी के कल्याण के लिए कार्यकर्ता प्राधिकार का प्रयोग कर सकता

है। अत: प्राधिकार प्रयोग से पूर्व वह यह निश्चित कर लेता है कि उसके द्वारा किया जाने वाला प्रभुत्व/अधिकार का प्रयोग सेवार्थी तथा अभिकरण के कार्यों के लिए उचित व कल्याणकारी है।

4. *व्यावसायिक संबंधों का बहुमुखी पक्ष* : अधिकांश परिस्थितियों में किसी एक सेवार्थी की समस्या में अनेक पक्ष परिलक्षित होते हैं। ऐसी दशा में कार्यकर्ता को एक से अधिक कार्यकर्ताओं के साथ संबंधों को बांटना होता है एवं सहयोग के आधार पर कार्य करना होता है। मात्र समस्या अथवा सेवार्थी के विषय में ही नहीं बल्कि अभिकरण में वैसे भी कई कार्यकर्ता होते हैं और उनकी जिम्मेदारी व कार्य क्षेत्र का बंटवारा जरूरत के अनुसार हो जाता है। एक से अधिक कार्यकर्ता एक ही सेवार्थी की समस्या के निराकरण में अपनी जिम्मेदारी का निर्वाह करते हैं। इस प्रकार सेवार्थी एवं कार्यकर्ताओं को एक से ज्यादा सेवार्थी अथवा कार्यकर्ता से संबंध बनाना पड़ता है। इस तरह के बहुमुखी संबंध सेवार्थी के लिए कारगर हो सकते हैं।

5. *व्यावसायिक संबंधों में मूल्यों का स्थान* : वैयक्तिक समाज कार्य अभ्यास के दौरान कार्यकर्ता का अपने सेवार्थी, अभिकरण, समुदाय व स्वयं अपने प्रति कर्तव्य होता है। कार्यकर्ता के इस जिम्मेदारीपूर्ण कर्तव्यों में सेवार्थी का एक मानव तथा एक व्यक्ति के रूप में सम्मान और उसकी स्वीकृति भी शामिल है। अपने व्यक्तिगत उद्देश्यों की पूर्ति के लिए कार्यकर्ता किसी भी परिस्थिति में सेवार्थी का शोषण नहीं करता है। समस्या के निराकरण की प्रक्रिया में उसे सेवार्थी की आन्तरिक क्षमताओं के उचित प्रयोग का अवसर प्रदान करना चाहिए। कार्यकर्ता को अपने मूल्यों को जबरदस्ती सेवार्थी पर लादना नहीं चाहिए। उसे यह भी ध्यान देना चाहिए कि सेवार्थी के मूल्य उसके स्वयं के लिए तथा समाज के लिए लाभप्रद हैं अथवा नहीं। मूल्यों में संघर्ष की अवस्था में सर्वप्रथम इस संघर्ष को ही दूर करने की जरूरत होती है। उसे यह प्रयत्न करना चाहिए कि सेवार्थी के सर्जनात्मक मूल्यों का विकास हो।

वैयक्तिक सेवा कार्य के अन्तर्गत जब संबंधों की चर्चा की जाती है तो इसका यह मतलब समझा जाता है कि दो व्यक्तियों के मध्य (अस्थाई या दीर्घकालीन) समान रुचियों अथवा लक्ष्यों के लिए भावनात्मक प्रतिक्रियाएं होती हैं, लेकिन एक बात जो ध्यान देने योग्य है, वह यह कि केवल दो व्यक्तियों की आपसी-निकटता अथवा किसी स्थान पर एकत्र हो जाने से ही संबंध स्थापित नहीं हो जाते हैं वरन् जब दोनों व्यक्तियों के बीच संवेगात्मक भावनाओं का आदान-प्रदान शुरू होता है तब संबंध बनना आरम्भ होता है।

पर्लमैन (Perlman) ने कार्यकर्ता-सेवार्थी संबंधों की स्थापना के अनेक पक्षों का उल्लेख किया है :

1. संवेगों से भरी परिस्थितियों एवं इन परिस्थितियों में सहभागिता के परिणामस्वरूप लोगों के बीच वृहद (Vital) संबंध उत्पन्न होते हैं।
2. सम्पूर्ण विकास उत्पन्न करने वाले संबंधों, जिनमें वैयक्तिक समाज कार्य संबंध भी एक है, के अन्तर्गत स्वीकृत एवं आकांक्षा, आलम्बन एवं प्रोत्साहन के तत्व सन्निहित होते हैं।
3. एक व्यावसायिक संबंध का पहचान चिह्न उसका सचेत लक्ष्ययुक्त विकास है, जो इस ज्ञान से पैदा होता है कि लक्ष्य की प्राप्ति कैसे की जाए?
4. वैयक्तिक समाज कार्य संबंध उस दशा में प्रारम्भ होता है, जब सेवार्थी अपनी समस्या के कुछ भाग में कार्यकर्ता की भागीदारी बनाता है तथा कार्यकर्ता यह प्रदर्शित करता है कि वह सेवार्थी के साथ होने की भावना रखता है इसके साथ ही वह उसकी समस्या के समाधान की व्यावसायिक दक्षता भी रखता है।
5. वैयक्तिक सेवा कार्य संबंध अनेक उपचारात्मक मूल्य रखता है।
6. वैयक्तिक सेवा कार्य परिस्थिति के बाहर की कठिनाइयां और संबंधों की आवश्यकताएं भी ऐसे संबंधों में प्रविष्ट हो सकती हैं और संबंध को जटिल बना सकती हैं तथा उनमें सुधार लाने की जरूरत उत्पन्न हो जाती है।

7. वैयक्तिक सेवा कार्य में कार्यकर्ता स्वयं संबंध के प्रति प्रतिक्रियाएं करता है और उसकी व्यावसायिक निपुणता का एक हिस्सा इन्हीं प्रतिक्रियाओं का प्रबंध करना है।

व्यावसायिक चिकित्सकीय संबंधों के विशेष तत्त्व

पर्लमैन ने निम्नलिखित व्यावसायिक चिकित्सकीय संबंधों के विशेष तत्त्वों का उल्लेख किया है :

1. सभी विकास उत्पन्न करने वाले संबंधों में वैयक्तिक कार्य संबंध एक है। स्वीकृति तथा आशा (Acceptance and Expectation), सम्बल तथा उद्‌दीपन (Support and Stimulation) के तत्त्व पाये जाते हैं।

   स्वीकृति का तात्पर्य उस समय के स्नेह तथा आत्म संचार की पूर्णता से है जब कार्यकर्ता सेवार्थी को आश्वासन देता है कि उसमें उसकी समस्या को सुलझाने की क्षमता है, सेवाएं उसके लिए अर्पित हैं, तथा उसके अस्तित्व को बनाए रखने की व्यवस्था है तथा उसके अधिकारों को सुरक्षित रखने की गारंटी है। कार्यकर्ता की इस प्रकार की मनोवृत्तियां संबंधों को घनिष्ठ बनाती हैं। आशा का तात्पर्य पूर्वानुमान से होता है। यह कारक प्रत्युत्तरित व्यवहार से प्रकट होता है। सभी प्रकार के संबंधों में आशा का तत्व अवश्य ही पाया जाता है। जैसे कि माता का प्रेम सबसे नि:स्वार्थी माना जाता है, उसमें भी माता चाहती है कि बच्चा उसको स्वीकृति दे, मुस्कराए, कुछ विशेष प्रकार के व्यवहार को अपनाए। इसी प्रकार सेवार्थी भी कार्यकर्ता से कुछ आशाएं रखता है और कार्यकर्ता भी सेवार्थी से कुछ प्रत्युत्तर चाहता है।

   आयु बढ़ने के साथ-साथ विकास की प्रक्रिया धीमी हो जाती है और युवावस्था तक पहुंचने में व्यक्ति का व्यक्तित्व, संगठन तथा कार्य के तरीके व्यवस्थित हो जाते हैं, लेकिन अच्छी तरह से समायोजित व्यक्ति अब भी अच्छे संबंधों से संबंधित पोषक तथा उद्‌दीपन चाहता है। संकटकाल में यह आवश्यकता और भी तीव्र हो जाती है।

2. व्यावसायिक संबंध स्वयं उद्‌देश्य होता है। कार्यकर्ता तथा सेवार्थी द्वारा व्यावसायिक संबंध उद्‌देश्य प्राप्ति के लिए बनाया जाता है। उद्‌देश्य प्राप्त हो जाने पर, अथवा उद्‌देश्य न प्राप्त होने पर संबंध समाप्त हो जाता है। सेवार्थी की समस्या समाधान के लिए पारस्परिक स्वीकृति आवश्यक होती है और यह आशा की जाती है कि व्यावसायिक कार्यकर्ता में समस्या समाधान करने का ज्ञान, दक्षता, योग्यता एवं कुशलता होती है।

3. वैयक्तिक सेवा कार्य संबंध उस समय प्रारम्भ होता है जब सेवार्थी अपनी समस्या के समाधान में भाग लेता है तथा वैयक्तिक कार्यकर्ता सेवार्थी के विषय में अनुभव करने तथा समस्या से निपटने की व्यावसायिक दक्षता का प्रदर्शन करता है। सेवार्थी अपनी समस्या समाधान के लिए अभिकरण में आता है। उसकी सहायता की आवश्यकता होती है तथा वैयक्तिक कार्यकर्ता इस सहायता का यंत्र होता है। सेवार्थी अपनी समस्या तथा बाह्य सहायता के लिए संवेगात्मक रूप से तृप्त होता है। अत: यह आवश्यक होता है कि उसकी भावनाओं को स्वीकृत दी जाए तथा सहिष्णुता का प्रदर्शन किया जाए।

4. वैयक्तिक सेवा कार्य संबंध के अनेक चिकित्सकीय मूल्य हो सकते हैं।

   अच्छे व्यावसायिक संबंध स्थापित होने पर सेवार्थी में चिन्ता, निराशा, दु:ख, क्लेश, मानसिक दबाव तथा तनाव, असुरक्षा की भावना आदि का प्रभाव कम होता जाता है तथा आशा की किरण दिखाई देने लगती है।

5. बाह्य संबंध, आवश्यकताएं एवं कठिनाइयां वैयक्तिक कार्य स्थितियों में प्रवेश कर सकती हैं तथा कार्यकर्ता को इनसे निबटना आवश्यक होता है।

   जिन व्यक्तियों को किसी प्रकार के संबंध में धोखा हो जाता है या असफलता हो जाती है अथवा किसी कारण अस्वीकृति (Deniel) की भावना उत्पन्न हो जाती है, ऐसे व्यक्ति संबंध स्थापन में बहुत कम सहयोग देते हैं तथा उनमें विश्वास उत्पन्न करना बहुत कठिन होता है।

इस श्रेणी में मनोस्नायु विकृति, चरित्र विकृति तथा मनोविकृत व्यक्तित्व वाले व्यक्ति आते हैं। ऐसे व्यक्तियों के साथ वैयक्तिक कार्यकर्ता को बहुत ही सावधान रहना पड़ता है तथा प्रत्येक अर्थ को एक विशेष प्रकार से विश्लेषित करना होता है।

6. सामाजिक वैयक्तिक कार्यकर्ता में भी संबंध प्रतिक्रियाएं (Relationship Reactions) होती हैं और इनको व्यवस्थित करना उसकी व्यावसायिक निपुणता का एक अंग है। वैयक्तिक कार्यकर्ता भी अन्य व्यक्तियों तथा सेवार्थी के समान होता है। अत: उसमें भी चिन्ता, पसन्दगी, नापसन्दगी, प्रेम तथा घृणा आदि की भावनाएं विद्यमान होती हैं। वह निश्चित प्रकार के सेवार्थियों को पसन्द करता है तथा अन्य से कोई लगाव नहीं होता है। परन्तु सेवार्थी से संबंध स्थापित करते समय तथा उसकी समस्या के कारणों की खोज, निदान तथा उपचार के समय में भी यदि उसमें अपनी विशेष प्रतिक्रियाएं कार्य करती रहती हैं तो निष्पक्ष होकर कार्य नहीं कर सकता है। अत: कार्यकर्ता का यह उत्तरदायित्व होता है कि वह अपनी भावनाओं पर नियंत्रण प्राप्त करे। साक्षात्कार में संबंधों का महत्त्व वैयक्तिक सेवा कार्य का मूलाधार है। इस प्रकार के संबंध साक्षात्कार की निपुणताएं, कार्यकर्ता सेवार्थी के संबंध का रचनात्मक प्रयोग तथा मानव व्यवहार की गतिशीलता के कार्यात्मक ज्ञान पर निर्भर होते हैं। लगभग सभी प्रकार का सामाजिक वैयक्तिक सेवा कार्य साक्षात्कार द्वारा, जिसमें कार्यकर्ता तथा सेवार्थी के मध्य एक संबंध स्थापित होता है, सम्पन्न किया जाता है। वैसे तो सामाजिक वैयक्तिक सेवा कार्य में संबंध प्रत्येक स्तर पर महत्त्वपूर्ण होता है परन्तु साक्षात्कार की प्रारम्भिक अवस्था में इसकी विशेष उपयोगिता होती है। सेवार्थी की आन्तरिक भावनाओं, कठिनाइयों तथा वैयक्तिक इतिहास का जितना अधिक ज्ञान वैयक्तिक कार्यकर्ता को होता है उतना ही अधिक वह उपचार कार्य में सफलता प्राप्त करता है। परन्तु इस ज्ञान को प्राप्त करने के लिए घनिष्ठ संबंध की आवश्यकता होती है। वह जितना ही सेवार्थी के निकट होता है उतना ही सेवार्थी का आन्तरिक एवं बाह्य चित्रण करने में सफल होता है।

वैयक्तिक इतिहास में वास्तविक तथ्यों का निरूपण सेवार्थी की मानसिक एवं सांवेगिक स्थिति। सेवार्थी को समायोजित करने में बाधक तत्व इत्यादि कारकों के आधार पर किया जाता है। निदान एवं उपचार के लिए वैयक्तिक इतिहास आवश्यक माना जाता है। अत: वैयक्तिक कार्यकर्ता का सर्वोपरि तथा प्राथमिक कार्य सेवार्थी की समस्याओं का गहराई से अध्ययन करना होता है। यदि सेवार्थी को वैयक्तिक इतिहास देने के महत्त्व का ज्ञान हो जाता है तो वह इस प्रक्रिया में भाग लेकर कार्यकर्ता को सहयोग प्रदान करता है। परन्तु उसको इसकी आवश्यकता का आभास तभी होता है जब कार्यकर्ता सेवार्थी के मूल्यों का आदर करता है तथा स्नेह, प्रेम व सहिष्णुता प्रदर्शित करता है। इस अवस्था में जो संबंध बनते हैं उनका स्वरूप सकारात्मक होता है। उदाहरण के लिए जब रोगी को ज्ञात हो जाता है कि कार्यकर्ता उसके हित में उसके सामाजिक तथ्यों को प्रकाश में लाना चाहता है तो वह कार्यकर्ता का सहयोग करने लगता है। अत: कार्यकर्ता को अपने प्रति विश्वास उत्पन्न करने के लिए घनिष्ठ संबंध स्थापन की आवश्यकता होती है।

सेवार्थी सामाजिक वैयक्तिक कार्य अभिकरण में यद्यपि अपनी वास्तविक समस्याओं के समाधान के लिए आता है, परन्तु अपने सांवेगिक संघर्ष को अत्यन्त व्यक्तिगत समझकर कार्यकर्ता के समक्ष प्रकट नहीं करना चाहता है। वह तभी सांवेगिक एवं व्यक्तिगत समस्याओं को प्रकट करता है जब कार्यकर्ता द्वारा उसे सहिष्णुता, लगाव, स्नेह प्राप्त होता है तथा उसका कार्यकर्ता पर पूर्ण विश्वास हो जाता है। अत: संबंध स्थापित होने के लिए दो तत्त्वों का होना आवश्यक होता है। लेकिन कार्यकर्ता को सदैव ध्यान रखना चाहिए कि उसका उद्देश्य केवल व्यावसायिक संबंध स्थापित करना है जिससे सेवार्थी का सामाजिक प्रतिस्थापन सम्भव हो सके। इस हेतु दो बातें आवश्यक हैं :

1. सेवार्थी का कार्यकर्ता की दक्षता में विश्वास।
2. कार्यकर्ता की सद्भावना पर सेवार्थी का विश्वास।

घनिष्ठ संबंध के आधार

वही वैयक्तिक कार्यकर्ता सफल माना जाता है जो सेवार्थी से संचार प्रक्रिया (Communication Process) की प्रविधि से अवगत होता है। इस संदर्भ में के.ए. हसन के तीन प्रकार के संचार स्तरों का वर्णन किया हैं।

1. *सांवेगिक स्तर में संचार (Communication on Emotional Level)* : चिकित्सक को सेवार्थी के प्रति सहिष्णुता तथा लगाव प्रदर्शित करते हुए उसकी शिकायतों को ध्यान पूर्वक सुनना चाहिए। जब सेवार्थी यह अनुभव कर विश्वास उत्पन्न कर लेता है कि चिकित्सक उसमें रुचि ले रहा है तो व्यक्तिगत तथ्य स्पष्ट करने में हिचकिचाहट महसूस नहीं करता है। संबंध घनिष्ठ तभी बनते हैं जब सेवार्थी अपनी पूरी बात स्पष्ट कर लेता है तथा चिकित्सक की सहानुभूति प्राप्त होती है। यही कारण है कि गांवों में लोक औषधि (Folk medicine) का आज भी बहुत अधिक महत्त्व है क्योंकि वहां पर रोगी अपनी पूर्ण स्वतंत्रता अनुभव करता है।
2. *सांस्कृतिक स्तर में संचार (Communication on Cultural Level)* : चिकित्सक को सेवार्थी की संस्कृति का ज्ञान होना आवश्यक होता है क्योंकि सांस्कृतिक कारक समस्या को जटिल बनाने में काफी हद तक भूमिका अदा करते हैं। इसके अतिरिक्त यदि चिकित्सक सेवार्थी की सांस्कृतिक अनुकूलता के अनुसार व्यवहार करता है तो सेवार्थी अपना पूरा प्रयत्न संबंध को घनिष्ठ करने में लगता है।
3. *बौद्धिक स्तर में संचार (Communication on Intellectual Level)* : कार्यकर्ता को उसी बौद्धिक स्तर से बातचीत करनी चाहिए, जिस बौद्धिक स्तर का सेवार्थी हो, क्योंकि यदि सेवार्थी को कार्यकर्ता की बात या सुझाव समझ में नहीं आएगा तो वह कभी भी हार्दिक सहयोग प्रदान नहीं करेगा जिससे कार्यकर्ता संबंध के उद्देश्य को प्राप्त नहीं कर सकेगा।

सेवार्थी में आने वाले परिवर्तनों में भी स्वयं उसका महत्व

1. *सेवार्थी की इच्छा सर्वोपरि तथा प्रमुख* : यद्यपि वैयक्तिक कार्यकर्ता चिकित्सक की भूमिका निभाता है परन्तु वह सेवार्थी की इच्छा को भी महत्त्व प्रदान करता है। वह उन मार्गों, दिशाओं तथा निर्देशनों की सूची प्रस्तुत करता है जिन पर चलकर सेवार्थी अपनी समस्याओं को सुलझा सकता है। परन्तु सेवार्थी की इच्छा पर निर्भर होता है कि वह किस प्रकार इन सुविधाओं का उपयोग करता है।
2. *सेवार्थी के आत्म निर्णय की स्वीकृति* : वैयक्तिक कार्यकर्ता सदैव इस बात का प्रयत्न करता है कि सेवार्थी स्वयं निर्णय करे कि किस प्रकार उसकी सहायता की जाए। इसके अतिरिक्त कार्यकर्ता सदैव यह प्रयत्न करता है कि सेवार्थी आत्मनिश्चय उत्पन्न करने में सफल हो क्योंकि समस्या का प्रारम्भ आत्म निश्चय में कमी के कारण प्राय: होता है।
3. *आत्म ज्ञान प्रदान करने तथा आत्म निर्णय का विकास* : वैयक्तिक कार्यकर्ता सेवार्थी में आत्म ज्ञान तथा आत्म निर्णय का विकास करने में संबंध का उपयोग करता है। वह सेवार्थी के अन्तर्गत उसके स्वयं की क्षमताओं तथा विलक्षणताओं, स्वयं के विचार तथा मूल्यांकन का आलोचनात्मक विश्लेषण कर सेवार्थी को स्वयं कार्यशील बना देता है। कार्यकर्ता कभी भी अपने निर्णय को सेवार्थी पर थोपने का प्रयत्न नहीं करता है।

4. *सेवार्थी को उपचार का ज्ञान तथा सहयोग* : सेवार्थी को उपचार कार्य में लगाने में सदैव दो पक्ष विद्यमान रहते हैं :

 1. सम्प्रेरणा और
 2. विरोध।

इन दोनों कारणों का जानना वैयक्तिक कार्यकर्ता के लिए आवश्यक होता है। सेवार्थी की सम्प्रेरणा से पता चलता है कि वह कितना परिवर्तन चाहता है तथा परिवर्तन लाने के लिए योगदान देने के लिए कितना इच्छुक है। विरोध के ज्ञान से सहयोग प्रदान करने की मात्रा का ज्ञान होता है, कार्यकर्ता सेवार्थी को उपचार का ज्ञान करा देता है और वहां तक सहयोग देता है जहां तक वह स्वयं तथा सेवार्थी आवश्यक समझते हैं।

संबंध और अधिकार

यद्यपि सामाजिक वैयक्तिक सेवा कार्य में सेवार्थी के ही विचारों को मान्यता दी जाती है परन्तु कभी-कभी कार्यकर्ता को अपने अधिकार का प्रयोग करना पड़ जाता है। परन्तु इस अधिकार प्रयोग में किसी भी प्रकार दबाव या बल का प्रयोग नहीं होता है। वह अपने अधिकार का प्रयोग सलाह, सुझाव तथा संकेतों द्वारा करता है। कुछ संस्थाओं में तो विशेषकर अधिकार का प्रयोग होता है जैसे न्यायालय, अनिवार्य शिक्षा कानून, बाल सुरक्षा सेवाएं आदि। परन्तु इनमें भी अधिकार का प्रयोग दबावमूलक नहीं होता है।

चिकित्सक के रूप में वैयक्तिक कार्यकर्ता अपने अधिकार का प्रयोग करने से पहले सेवार्थी के व्यक्तित्व, उसकी संघर्षमई भावनाएं, उसके तृषित विचार, उसके विषादी जीवन के कारक, आक्रमणकारी प्रवृत्तियां, मनोस्नायुविक लक्षणों आदि के विषय में सम्पूर्ण जानकारी ज्ञात करता है। जो कार्यकर्ता मनोवैज्ञानिक ज्ञान रखता है, वह सकारात्मक अधिकार के प्रयोग में भय नहीं प्रदर्शित करता है। परन्तु ऐसा करने से पहले ही निश्चित कर लेता है कि अधिकार का प्रयोग करना सेवार्थी के हित में है।

बहुमुखी कार्यकर्ता संबंध

कभी-कभी सेवार्थी की समस्या के समाधान के लिए एक से अधिक कार्यकर्ताओं की आवश्यकता होती है क्योंकि समस्या का रूप सदैव जटिल होता है तथा समस्या उत्पन्न करने वाले कारकों में भिन्नता होती है। उदाहरण के लिए एक ही परिवार में आर्थिक तथा स्वास्थ्य की समस्या अथवा एक ही परिवार में एक से अधिक रोगियों की भिन्न-भिन्न समस्याएं हो सकती हैं। इन दशाओं में प्राय: एक से अधिक कार्यकर्ताओं की सेवाओं की आवश्यकता होती है। परन्तु सेवार्थी की समस्या का समाधान तभी हो सकता है जब विभिन्न कार्यकर्ताओं में आपस में सहयोग हो। उनमें आपस में किसी प्रकार का भ्रम नहीं होना चाहिए।

सेवार्थी जब अभिकरण में जाता है तो अनेक कार्यकर्ताओं से परिचय होता है परन्तु कार्यकर्ताओं का यह कर्तव्य होता है कि सेवार्थी से सांवेगिक संबंध न स्थापित करे अन्यथा सेवार्थी अन्य कार्यकर्ताओं से सम्पर्क स्थापित करने में कठिनाई तथा विरोध उत्पन्न करेगा। इसके अतिरिक्त प्रत्येक कार्यकर्ता का कर्तव्य होता है कि वह दूसरे कार्यकर्ता को जिसके पास सेवार्थी सहायता के लिए जा रहा है पूरा परिचय कराए तथा एकत्रित सूचनाओं को हस्तान्तरित करे।

कार्यकर्ताओं में आपस में ऐसी स्पर्धा नहीं होनी चाहिए, जिससे सेवार्थी को हानि पहुंच सके तथा सेवार्थी सहयोग देना बन्द कर दे। उनमें किसी भी प्रकार से अन्तर्द्वन्द्व की भावना विकसित नहीं होनी चाहिए जिससे सेवार्थी प्रत्येक कार्यकर्ता के साथ कार्य करते हुए पूर्ण सद्भावना तथा सहयोग प्राप्त कर सके।

कार्यकर्ता-सेवार्थी संबंध के सिद्धान्त

समस्या समाधान की प्रक्रिया में कार्यकर्ता- सेवार्थी संबंध की एक महती भूमिका होती है। इस सम्पूर्ण प्रक्रिया में सेवार्थी के सहयोग की अपेक्षा तभी की जा सकती है, जब कार्यकर्ता-सेवार्थी संबंध अति घनिष्ठ हों। इन्हीं संबंधों को वैयक्तिक सेवा कार्य के अभ्यास का एक उपकरण मानते हुए बीस्टेक (Biestek) ने कार्यकर्ता-सेवार्थी संबंध के सिद्धान्तों का उल्लेख निम्न रूप में प्रस्तुत किया है :

व्यक्तिकरण का सिद्धान्त (Principle of Individulization)

समस्याग्रस्त सेवार्थी जब अभिकरण पर सहायतार्थ आता है तो वह समाज का एक सदस्य एवं व्यक्ति होता है। समाज में नए-नए परिवर्तन होते रहते हैं, उसी समाज में उसकी समस्याएं परिलक्षित होती हैं। इसके बावजूद उसकी समस्या (उसकी स्वयं की समस्या) विशिष्ट एवं व्यक्तिगत होती हैं, जिसे अच्छी तरह समझकर सहायता प्रदान करने के लिये सेवार्थी का भिन्न-भिन्न सामाजिक परिस्थितियों में व्यक्तिकरण करना अवश्यम्भावी हो जाता है। व्यक्तिकरण से मतलब है सेवार्थी के विशेष गुणों की क्रमबद्ध तरीके से जानकारी हासिल करना, उसकी समस्याओं को मनोसामाजिक अध्ययन व निदान कर उपचार हेतु वैयक्तिक सेवा कार्य के सिद्धान्तों, प्रक्रियाओं व प्रविधियों का उपयोग करके उसकी समस्या का निराकरण कर सहायता करना, इसके साथ ही वह अपनी सामाजिक परिस्थितियों व पर्यावरण के साथ उच्चतम सामंजस्य स्थापित कर सके।

प्रत्येक व्यक्ति को अपने व्यक्तित्व का विकास करने, अपनी रुचि एवं इच्छानुसार कार्य करने का अधिकार दिया जाए, जो व्यक्तिकरण का मुख्य आधारभूत सिद्धान्त है। इसके अन्तर्गत व्यक्तित्व के अन्तरों एवं अद्वैत को महत्व दिया जाता है। वैयक्तिक सेवा कार्यकर्ता व्यक्तिकरण के सिद्धान्तों को मान्यता प्रदान करते हुए उपयुक्त मनोवृत्तियों, ज्ञान, कुशलता और क्षमताओं का प्रयोग करते हुए समस्या के समाधान का यथोचित प्रयत्न करता है।

प्रोफेसर अहमद ने व्यक्तिकरण के सिद्धान्त के अन्तर्गत कार्यकर्ता की इस भूमिका में निम्नांकित विशेषताओं का होना अवश्यम्भावी माना है : 1. कार्यकर्ता का दृष्टिकोण एकांगी होना तथा पक्षपात के बिना सेवार्थी को वस्तुनिष्ठ दृष्टि से देखना, 2. कार्यकर्ता के अन्दर मानवीय व्यवहार का वृहद-ज्ञान हो, 3. कार्यकर्ता में यह गुण हो कि सेवार्थी की बातें अच्छी तरह सुने तथा उसके व्यवहार का निरीक्षण करने के योग्य हो, 4. कार्यकर्ता में यह योग्यता हो कि वह सेवार्थी की दशा को भलीभांति समझ सके और उसकी अपनी क्षमता व योग्यता के अनुसार सेवार्थी की सहायता कार्य की योजना बना कर प्रस्तुत कर सके, 5. कार्यकर्ता इतना योग्य हो कि वह सेवार्थी में आत्मीयता की भावना का विकास कर सके और उसकी भावनाओं को समझ सके, 6. कार्यकर्ता इतना सजग हो कि साक्षात्कार हेतु एकांत स्थान का प्रयोग करे ताकि सेवार्थी अपनी बात सहज रूप से नि:संकोच कह सके, 7. सेवार्थी की समस्या का अध्ययन, निदान तथा उपचार स्वयं सेवार्थी की क्षमता एवं सहयोग/सहभागिता से करना, 8. कार्यकर्ता सेवार्थी की समस्या समाधान प्रक्रिया में उसके व्यक्तित्व व उसकी क्षमताओं का ख्याल रखकर उपचार प्रक्रिया में ऐसा लचीलापन रखे कि उसमें आवश्यकतानुसार परिवर्तन कर सके।

भावनाओं की वस्तुनिष्ठ/लक्ष्यपूर्ण अभिव्यक्ति का सिद्धान्त (Principle of Objective/Purposeful Expression of Feelings)

वैयक्तिक सेवा कार्य के अभ्यास के अन्तर्गत कार्यकर्ता द्वारा सेवार्थी को पूर्ण रूप से अपनी भावनाओं की अभिव्यक्ति का अवसर व स्वतंत्रता प्रदान की जाती है। चाहे ये भावनाएं नकारात्मक हों या

सकारात्मक, दोनों ही तरफ की भावनाओं को व्यक्त करने से कार्यकर्ता न तो उसे रोकता है और न तो उसकी निन्दा करता है, बल्कि सेवार्थी की समस्त बातों को धैर्यपूर्वक सुनता है। उसकी भावनाओं को अभिव्यक्त करने में सहायता प्रदान करता है, क्योंकि इन भावनाओं के उद्देश्यपूर्ण अभिव्यक्तिकरण से सेवार्थी के उपचार में महती मदद मिलती है। अतः भावनाओं का उद्देश्यपूर्ण प्रकटन सार्थक होता है।

नियंत्रित संवेगात्मक संबंध का सिद्धान्त (Principle of Controlled Emotional Relationship)

कार्यकर्ता द्वारा यह प्रयत्न होना चाहिए कि सेवार्थी जिन भावनाओं को अभिव्यक्त करता है, उसको सूक्ष्मतापूर्वक ग्रहण करके व्यावसायिक लक्ष्यों के अनुरूप ही उनका प्रत्युत्तर दे। इस सिद्धान्त के पालन के क्रम में कार्यकर्ता सेवार्थी की भावनाओं के प्रति जो अपने विचार प्रकट करता है वह पूर्णतः नियंत्रित होना चाहिए। कार्यकर्ता-सेवार्थी संबंध नियंत्रित संवेगों के घेरे में व्यावसायिक लक्ष्यों की पूर्ति हेतु ही बने होने चाहिए।

स्वीकृति का सिद्धान्त (Principle of Acceptance)

सेवार्थी जिस भी प्रकार की परिस्थिति में है, उसे उसी रूप में स्वीकार करके उसकी वर्तमान दशा के अनुरूप उसके साथ व्यवहार किया जाना चाहिए। सेवार्थी की वर्तमान परिस्थितियों को सम्मुख रखकर ही उसके प्रति मत बनाया जाए। सेवार्थी की योग्यता, क्षमता, शक्तियों अथवा कमजोरियों, अनुकूल या प्रतिकूल गुणों, सकारात्मक व नकारात्मक भावनाओं, सर्जनात्मक एवं विघटनकारी मनोवृत्तियों एवं व्यवहार को ध्यान में रखकर कार्यकर्ता को अपने व्यवहार का निर्धारण करना चाहिए। सेवार्थी के वैयक्तिक मूल्यों से भी कार्यकर्ता का व्यवहार प्रभावित होना चाहिए। कार्यकर्ता सेवार्थी को बिना पक्षपात व अपने संवेगों, भावनाओं, विश्वासों, मूल्यों व पूर्वाग्रहों का समावेश किए यथार्थ रूप में उसी प्रकार स्वीकार करता है जो स्वीकृति समस्या-समाधान हेतु आवश्यक होती है।

अनिर्णयात्मक मनोवृत्ति का सिद्धान्त (Principle of Non-Judgmental Attitude)

वैयक्तिक सेवा कार्य अभ्यास के दौरान कार्यकर्ता की मनोवृत्तियां सेवार्थी के गुण-दोष के संबंध में अनिर्णयात्मक होनी चाहिए। उसे सेवार्थी के किसी व्यवहार की न तो निन्दा करनी चाहिए और न ही उसके गुण-दोष के संबंध में कोई निर्णय ही लेना चाहिए। कार्यकर्ता अपने ज्ञान व अनुभव की मदद से सेवार्थी की मनोवृत्तियों, क्रियाकलापों व व्यवहारों आदि का यथार्थ रूप से मूल्यांकन करता है। इस मूल्यांकन का लक्ष्य सेवार्थी की निन्दा करना अथवा उसमें नैतिक दोष निकालना अथवा उसके प्रति पहले से किए गए निर्णय के आधार पर व्यवहार करना नहीं है बल्कि इस मूल्यांकन में समाज के मूल्यों, परम्पराओं, आदर्शों व विश्वासों आदि का ख्याल रखा जाता है। इस प्रकार इस मूल्यांकन का आधार नैतिक मानदण्ड न होकर उसका ज्ञान व अनुभव होता है।

सेवार्थी के आत्म-निर्देशन का सिद्धान्त (Principle of Client Self- Direction)

सेवार्थी को अपनी समस्या के अध्ययन और निदान में सहभागी की तरह शामिल होने एवं अपनी रुचि के अनुरूप संबंधित समस्या के समाधान (उपचार) का पूर्ण अधिकार होता है। आत्म निर्देशन के सिद्धान्त के अन्तर्गत सेवार्थी को पूर्ण अधिकार है कि कार्यकर्ता की मदद हासिल करे अथवा न करे या अपनी समस्या का निराकरण अपनी रुचि के विपरीत करने की स्वीकृति दे या न दे। दूसरे रूप में यह कहा जा सकता है कि सेवार्थी की समस्या का जिस भी प्रकार समाधान किया जाए,

समस्या के निवारण में जिन साधनों का उपयोग किया जाए तथा सेवार्थी व उसकी समस्या के संबंध में जो भी मत बनाया जाए वह सेवार्थी का स्वयं निर्णय होना चाहिए। समस्या समाधान की प्रक्रिया में सेवार्थी को अपनी अहम् शक्ति के विकास का मौका प्रदान किया जाए ताकि वह अपने जीवन संबंधी निर्णय को स्वतंत्रतापूर्वक लेने के योग्य हो सके। सेवार्थी के लिए इसकी महत्ता सर्वाधिक है। अत: सेवार्थी में आत्म निर्देशन की योग्यता/क्षमता का विकास उसकी अहम शक्ति के विकास के फलस्वरूप ही किया जा सकता है।

गोपनीयता का सिद्धान्त (Principle of Confidentiality)

सेवार्थी की सहायता के दौरान कार्यकर्ता के लिए यह आवश्यक है कि सेवार्थी के विषय में जो भी महत्वपूर्ण सूचनाएं एवं तथ्य ज्ञात हों उन्हें पूर्णत: गोपनीय रखें ताकि कार्यकर्ता-सेवार्थी संबंधों का विकास हो और इन संबंधों का समस्या के अध्ययन, निदान और उपचार में सफलतापूर्वक प्रयोग किया जा सके। चूंकि सेवार्थी अपने जीवन से संबंधित व्यक्तिगत रहस्यों, निजी बातों एवं संवेगात्मक भावनाओं को सहज रूप से व्यक्त करता है इसलिए कार्यकर्ता का नैतिक व व्यावसायिक कर्तव्य बनता है कि वह सेवार्थी संबंधी सभी सूचनाएं गुप्त रखे। साथ ही सेवार्थी को यह विश्वास भी हो कि उससे संबंधित सभी सूचनायें गुप्त रखी जाएंगी। इस प्रकार गोपनीयता का विश्वास होने पर ही सेवार्थी नि:संकोच अपनी समस्या की तह में जाकर सभी पक्षों को उजागर करता है। किन्हीं परिस्थितियों में अभिकरण के भीतर तथा बाहर दूसरे व्यावसायिक व्यक्तियों को सेवार्थी की रहस्यमई बातें भी बताने की आवश्यकता पड़ जाती है लेकिन इन सूचनाओं को देने के पूर्व सेवार्थी की रजामन्दी ली जानी चाहिए, साथ ही संबंधित व्यक्तियों का भी उत्तरदायित्व होता है कि वे इन सूचनाओं को गुप्त रखें।

केस वर्क की प्रक्रिया में संबंध का स्थान

सामाजिक वैयक्तिक सेवा कार्य द्वारा सेवार्थी की समस्या का समाधान इस प्रकार से किया जाता है जिससे उस व्यक्ति की क्षमताओं का यथासम्भव अधिकतम विकास हो तथा वह आत्मनिर्भर बनकर सामाजिक समायोजन प्राप्त कर ले। सेवार्थी अभिकरण के माध्यम से वैयक्तिक कार्यकर्ता की सेवाएं प्राप्त करता है। वैयक्तिक कार्यकर्ता की सेवाओं के लिए उसे संबंध स्थापित करना होता है। दूसरी ओर कार्यकर्ता का उद्‌देश्य सेवार्थी की समस्या का उपचार करना होता है। अत: वह भी अधिक से अधिक तथ्यों की खोज के लिए जिससे उपचार सहज एवं सुलभ सम्भव हो सके, सेवार्थी से संबंध स्थापित करता है।

साधारणतया वैयक्तिक कार्यकर्ता को सेवार्थी की समस्या से संबंधित तीन मुख्य कार्य करने होते हैं :

1. समस्या से संबंधित तथ्यों की खोज करना तथा उनका अध्ययन।
2. समस्या का निदान।
3. समस्या का उपचार।

समस्या से संबंधित तथ्यों की खोज एवं उनका अध्ययन

वैयक्तिक कार्यकर्ता सेवार्थी की समस्या के विषय में जानकारी उससे साक्षात्कार द्वारा प्राप्त करता है। इसके लिए प्राय: निरीक्षण, अन्वेषण तथा वैयक्तिक इतिहास आदि प्रविधियों का उपयोग किया जाता है। परन्तु वास्तविक तथ्य तभी प्रकाश में आते हैं तथा सेवार्थी अपनी व्यक्तिगत बातों को तभी बताता

है जब कार्यकर्ता के विषय में उसे पूर्ण सहानुभूति तथा यह विश्वास हो कि वह समस्या का समाधान कर सकता है।

कार्यकर्ता यदि सेवार्थी को आदर और अभिरुचि के साथ स्वीकार करते हुए उचित संबंध स्थापित करता है तथा अपने ज्ञान द्वारा सेवार्थी को तथ्य स्पष्ट करने के महत्त्व को ज्ञात करा देता है तो सेवार्थी स्वयं अधिक से अधिक आन्तरिक एवं बाह्य कारकों को स्पष्ट करने में उत्सुकता प्रदर्शित करता है। कार्यकर्ता समस्या से संबंधित अध्ययन सामग्री को एकत्रित करते समय अनिर्णयात्मक दृष्टिकोण तथा मनोवृत्ति को अपनाता है तथा सेवार्थी को अपनी सभी समस्याओं को कहने का पूर्ण अवसर प्रदान करता है। कार्यकर्ता जब सेवार्थी के साथ तादात्म्यीकरण स्थापित करता है तो सेवार्थी को बहुत अधिक सान्त्वना मिलती है और समस्या को समझने में विशेष प्रोत्साहन मिलता है।

सेवार्थी की समस्या के स्रोत सेवार्थी स्वयं तथा उसका सामाजिक पर्यावरण होता है। सेवार्थी के व्यक्तित्व का अध्ययन पूर्णतया कार्यकर्ता-सेवार्थी संबंध पर निर्भर होता है। सामाजिक पर्यावरण का अध्ययन वह सेवार्थी की सहायता से करता है।

समस्या का निदान

वैयक्तिक कार्यकर्ता समस्या के निदान की स्थिति में दो प्रश्नों का हल प्राप्त करता है :

1. समस्या के कौन-कौन से कारण हैं।
2. सेवार्थी की सहायता का रूप क्या होगा।

समस्या के अध्ययन से प्राप्त विभिन्न सामग्री पर कार्यकर्ता अपने ज्ञान के प्रयोग द्वारा, तथ्यों को संगठित एवं विश्लेषित कर समस्या के कारणों का पता लगाता है। कार्यकर्ता पता लगाता है कि सेवार्थी को कितना कष्ट तथा असुविधा है तथा वह परिवर्तन के प्रति कितना आशावान है। यदि कष्ट, क्लेश, परेशानी तथा समस्याएं अधिक जटिल होंगी तो सेवार्थी अपने को असहाय अनुभव करेगा तथा परिवर्तन में कोई विशेष रुचि नहीं रखेगा जिसके कारण उसकी सम्प्रेरक शक्ति शिथिल हो जाएगी। कार्यकर्ता पता लगाता है कि सेवार्थी की अहम शक्ति कितनी है, आत्म निर्देशन की स्थिति क्या है तथा किस प्रकार की सहायता की आवश्यकता है। परंतु इन तथ्यों की जानकारी के लिए सेवार्थी के साथ स्थापित संबंध को माध्यम बनाना पड़ता है। निदान की क्रिया के तीन चरण होते हैं :

1. मूल्यांकन।
2. कारणान्वेषण।
3. श्रेणीकरण।

कार्यकर्ता मूल्यांकन के चरण के अन्तर्गत सेवार्थी की समस्या, उसका व्यक्तित्व तथा उसके सामाजिक पर्यावरण का विश्लेषण एवं मूल्यांकन करता है। वह सेवार्थी की अन्तर्जात क्षमताओं एवं अहं शक्ति का भी अध्ययन एवं मूल्यांकन करता है।

कारणान्वेषण के अन्तर्गत कार्यकर्ता सेवार्थी की समस्या के व्यक्तिगत तथा बाह्य कारणों को निश्चित करता है। यहां वह समस्या उपचार के लिए मार्ग भी प्रशस्त करता है।

श्रेणीकरण के अन्तर्गत कार्यकर्ता सहायता की विशिष्टता निश्चित करता है।

उपचार

उपचार क्रिया में कार्यकर्ता सेवार्थी की पूर्ण सहमति एवं इच्छा द्वारा समस्या का समाधान करने का प्रयास करता है। कार्यकर्ता संबंध के माध्यम से सेवार्थी की सम्प्रेरक शक्ति को उत्तेजित करता है। उपचार की प्रारम्भिक अवस्था में अन्य कार्यों में से यह भी एक कार्य है कि सेवार्थी की सहायता व्यथा तथा आशा को उस स्थिति तक लाये जो सम्प्रेरणा के अनुकूल हो।

कार्यकर्ता तादात्म्यीकरण, शिक्षण, निर्देशन, विश्वासीकरण तथा सामान्यीकरण तथा प्रविधियों द्वारा सेवार्थी की अहं शक्ति को दृढ़ करके सेवार्थी को उपचार कार्य में लगाता है। कार्यकर्ता सामाजिक पर्यावरण में सुधार लाने का भी प्रयास करता है जिससे सेवार्थी पर्यावरण से अनुकूलता प्राप्त करने में सफल हो सके। परन्तु उपचार कार्य की सफलता कार्यकर्ता तथा सेवार्थी के मध्य संबंध की गहनता पर निर्भर होती है।

कार्यकर्ता-सेवार्थी संबंध का प्रभाव

वैयक्तिक कार्यकर्ता तथा सेवार्थी में संबंध का स्थापन सेवार्थी की समस्याओं के समाधान के लिए किया जाता है। इस संबंध प्रविधि के द्वारा सेवार्थी में निम्नलिखित परिवर्तन होते हैं :

भावनाओं का परिवर्तन

सेवार्थी चिकित्सा प्रक्रिया में अपने पूर्व एवं वर्तमान व्यवहार का वर्णन करता है। इस क्रिया से उसकी भावनाओं की अभिव्यक्ति होती है। आक्रामक भावनाएं तथा प्रक्षेपण क्रिया में कमी आती है। वह सामान्य व्यवहार करने वाली भावनाओं को धीरे-धीरे ग्रहण कर लेता है। चिकित्सा दमित भावनाओं तथा अव्यक्त इच्छाओं को जो रोगी के अचेतन में होती हैं, प्रकाश में ला देती है। इस ज्ञान के पश्चात् सेवार्थी स्वयं निश्चय कर लेता है कि उनकी संतुष्टि अथवा दमन के लिए क्या करना चाहिए। इस प्रकार की चिकित्सा से सेवार्थी को नवीन संतुष्टि होती है तथा व्यवहार पर उचित नियंत्रण स्थापित होता है।

प्रत्यक्षीकरण में परिवर्तन

प्रत्यक्षीकरण एक प्रक्रिया है जिसके द्वारा अपनी संवेदना (Sensation) का अर्थ स्पष्ट करते हैं। उदाहरण के लिए जब हम लाल या हरी बत्ती का सूचक देखते हैं तो इसका आभास साज-सज्जा के अर्थ में न होकर दिशा सूचक के रूप में स्पष्ट होता है। सेवार्थी समस्या से ग्रसित होने के कारण उचित प्रत्यक्षीकरण करने में असमर्थता प्रकट करता है। वह जो भी प्रत्यक्षीकरण करता है वह सब्जेक्टिव होता है। मनोस्नायु विकृत (Psychoneurotic) व्यक्ति, प्राय: अशुद्ध प्रत्यक्षीकरण करते हैं जिसके कारण उनकी समस्या जटिल हो जाती है। वास्तव में अशुद्ध या त्रुटिपूर्ण प्रत्यक्षीकरण का कारण उसकी आवश्यकताएं होती हैं। चिकित्सा प्रक्रिया में इन आवश्यकताओं को स्पष्ट करके सेवार्थी के प्रत्यक्षीकरण के प्रभाव को बताया जाता है। उसको उचित प्रत्यक्षीकरण का ज्ञान कराया जाता है। वैयक्तिक सेवा कार्य चिकित्सा से वास्तविक संबंधों का ज्ञान प्राप्त करता है।

व्याख्या में परिवर्तन

सेवार्थी अपनी ऐतिहासिक घटनाओं को एक विशेष प्रकार से स्पष्ट करता है। वह असमायोजन की समस्या से पीड़ित होने के कारण दूसरे व्यक्तियों को अविश्वास की भावना से देखता है अत: उनकी प्रतिक्रियाओं को वास्तविक रूप में स्पष्ट नहीं कर पाता है। व्यक्तिगत सम्प्रेषण के कारण व्याख्या में त्रुटि होती है। संबंध प्रविधि द्वारा सेवार्थी को उचित एवं ठीक व्याख्या करने की शक्ति प्राप्त होती है। इसके द्वारा उसको विभिन्न शक्तियों तथा व्यवहार पर उनके प्रभावों का ज्ञान हो जाता है जिससे वह सामान्यीकरण के सिद्धांत को न मानकर वास्तविक आधार ढूंढने का प्रयास करता है। उदाहरण के लिए वह यह विश्वास नहीं करता है कि शराबी में इच्छा शक्ति की कमी होती है या तो व्यक्ति एक व्यवसाय में असफल हो जाता है वह न तो मूर्ख है और न आलसी। इस प्रकार जब सेवार्थी को अर्थपूर्ण व्याख्या करने की शक्ति प्राप्त हो जाती है तो समस्या के समाधान में वह स्वयं मार्गदर्शन कर लेता है।

निर्णय प्रक्रिया में परिवर्तन

निर्णय एक प्रक्रिया है जिसके द्वारा घटनाओं में तुलना एवं विभेदीकरण से हम निश्चय (Decision) बनाते हैं तथा व्यक्तियों एवं अनुभवों के प्रति मूल्य स्थापित करते हैं। निर्णय प्रक्रिया बहुत ही ज्यादा व्यक्तिगत मूल्यों पर आधारित होती है। प्रायः सेवार्थी के मूल्यों का विघटन हो जाता है और परिणामस्वरूप निर्णय प्रक्रिया शिथिल हो जाती है। निर्णय प्रक्रिया घटना अथवा व्यक्ति की स्वीकृति अथवा अस्वीकृति पर निर्भर होने के कारण सेवार्थी गलत तथ्यों को आधार मानकर कोई निश्चय करता है जिसके कारण उसकी समस्या और भी गम्भीर हो जाती है। वैयक्तिक कार्यकर्ता संबंध द्वारा सेवार्थी निर्णय करने के आधारों का मूल्यांकन करना सीखता है तथा उचित मूल्यांकन द्वारा कोई अन्तिम निर्णय लेता है। वह निष्पक्ष होकर विषय का अध्ययन करता है तथा निर्णय के साथ ज्ञान एवं अनुभव को संबंधित कर देता है। इसके द्वारा सेवार्थी में सांवेगिक परिपक्वता तथा सुरक्षा की भावना विकसित होती है।

अभिप्रेरणा में परिवर्तन

सेवार्थी के लिए इच्छाओं, आवश्यकताओं, उद्देश्यों को जानना आवश्यक होता है क्योंकि अभिप्रेरणाएं ही व्यवहार को निश्चित करती हैं। संबंध प्रविधि द्वारा सेवार्थी को अपनी सम्प्रेरणाओं तथा उनकी भूमिकाओं का ज्ञान हो जाता है। इस प्रकार व उन उद्देश्यों को निश्चित करने का प्रयत्न करता है जो प्राप्त किए जा सकते हैं तथा उसकी शक्ति एवं सामर्थ्य के अन्तर्गत आते हैं। वह अपनी सम्प्रेरणाओं का मूल्यांकन करके वास्तविकता को निश्चित करता है।

चेतना में परिवर्तन

सेवार्थी में समस्या से संबंधित कारकों तथा उनके प्रभावों के प्रति चेतना जाग्रत हो जाती है। उसमें प्रत्यक्षीकरण विश्लेषण तथा निर्णय करने की प्रक्रिया से संबंधित अन्तर्दृष्टि का विकास हो जाता है।

व्यवहार में परिवर्तन

कार्यकर्ता-सेवार्थी संबंध का उद्देश्य सेवार्थी के व्यवहार में परिवर्तन करना होता है जिससे वह समस्या समाधान करने में समर्थ हो सके। कार्यकर्ता सेवार्थी के व्यवहार को परिवर्तित करते समय न केवल व्यावहारिक लक्षणों (Behaviour Symptoms) को बल्कि उन समस्याओं को भी दूर करने का प्रयत्न करता है जिनसे ये लक्षण उत्पन्न होते हैं।[1]

सामान्य शब्दों में कार्यकर्ता-सेवार्थी संबंध का उद्देश्य सेवार्थी को सुरक्षित अनुभव कराना तथा आत्मशक्ति (Ego Strength) का विकास करना है जिससे वह दूरदृष्टि, अन्तर्दृष्टि तथा क्रियात्मकता का विकास कर सके और इनके द्वारा उन बाधाओं को दूर कर सके जो उसके समायोजन को हानि पहुंचाती हैं।

टिप्पणी

1. लेहनर, जॉर्ज एफ. जे. एण्ड इला क्यूवे, उपरिलिखित पृ. 459.

4

सामाजिक वैयक्तिक सेवा कार्य के अंगभूत

(Components of Social Case Work)

पर्लमैन ने सामाजिक वैयक्तिक सेवा कार्य की जो परिभाषा दी है, उससे 4Ps (चार तत्वों) को पहचाना जाता है, जो इस प्रकार हैं :

व्यक्ति

व्यक्ति से अभिप्राय उस सामान्य व्यक्ति से है जो सामाजिक मूल्यों, मान्यताओं, आदर्शों व परम्पराओं आदि के अनुरूप सामंजस्य स्थापित कर अपनी प्रस्थिति एवं भूमिका के समुचित निर्वहन का प्रयत्न करता हो, जिसमें उसके स्वयं के एवं पूरे समाज के विकास व कल्याण की अभिरुचि विद्यमान हो। यदि ऐसी सम्भावना दिखे कि व्यक्ति में अभिरुचि का अभाव हो तो ऐसी दशा में व्यक्ति के संबंध में समूह के दूसरे सदस्यों से जानकारी प्राप्त की जा सकती है। कभी-कभी किसी व्यक्ति के समाज विरोधी कार्यों व व्यवहारों की स्थिति में भी इसे सहायतार्थ स्वीकार कर समाज की मुख्य धारा से जोड़कर उसे उपयोगी सदस्य बनाने का प्रयास किया जा सकता है।

जन्म लेने के पश्चात् व्यक्ति अपनी अनेकानेक आवश्यकताओं की पूर्ति के प्रयास में तल्लीन हो जाता है जिसमें उसकी मुख्य भौतिक एवं सुरक्षात्मक आवश्यकताओं के अतिरिक्त कुछ दूसरी विशिष्ट आवश्यकताएं उसके प्रत्यक्षीकरण द्वारा निर्धारित होती हैं। एक व्यक्ति की अपेक्षा दूसरे व्यक्ति में आवश्यकताओं की तीव्रता में भेद पाया जाता है जिसका आधार व्यक्ति की व्यक्तिगत क्षमता, उसकी संचित शक्ति एवं सांस्कृतिक समूह की विशेषताएं व व्यक्तिगत भिन्नताएं होती हैं। आवश्यकता पूर्ति के प्रयत्न में व्यक्ति अनेक बाधाओं का मुकाबला करता है, परेशान होकर पीछे हटता है या कठिनाइयों से संघर्ष करते हुए परिस्थितियों के अनुरूप अपने आपको समायोजित कर लेता है तथा जीवन के विकास पथ में आने वाली रुकावटों को दूर करने का प्रयत्न करता है। व्यक्ति के व्यवहार का लक्ष्य निराशा से बचते हुए परिस्थितियों के परिवर्तन के साथ-साथ संतुलन स्थापित कर संतुष्टि प्राप्त करना होता है। किसी व्यक्ति का व्यवहार उसकी परिस्थितियों के अनुकूल कितना उपयोगी है? है भी, या नहीं, यह व्यक्ति की व्यक्तित्व संरचना पर आधारित होता है। जैव ऊर्जा, नियंत्रण तंत्र व संगठित तथा नियंत्रित प्रतिक्रियाएं व्यक्तित्व संरचना के तीन कारक होते हैं।

जब व्यक्ति की आवश्यकताओं की पूर्ति नहीं हो पाती अथवा समायोजन करने में वह असफल हो जाता है तो वह सामान्यतः अपनी समस्याओं को लेकर अभिकरण में सहायता लेने के लिए आता है। समस्याओं का संबंध उसके सम्पूर्ण व्यक्तित्व के अन्तर्गत उसकी शारीरिक, मानसिक

एवं सामाजिक विशेषताएं, विगत जीवन के अनुभव, वर्तमान की क्रियाएं और प्रतिक्रियाएं व भविष्य की आशाएं आदि सभी कुछ छिपी रहती हैं। सब का अध्ययन तो एक वृहद कार्य होगा पर वैयक्तिक सेवा कार्य के दृष्टिकोण से हम यह कह सकते हैं कि किसी भी अभिकरण में किसी समस्या को लेकर कोई व्यक्ति आता है तो कार्यकर्ता का लक्ष्य यही होता है कि उसकी समस्याएं सुलझाते हुए उसकी समस्याओं का इस प्रकार सुलझाव किया जाए कि वह यथासम्भव अधिक सुख और सन्तोष का जीवनयापन कर सके। कार्यकर्ता सहायता कार्य के दौरान व्यक्ति के व्यक्तित्व, व्यवहार, संबंधों, परिवार व पर्यावरण जन्य सहायता के कार्य के दौरान व्यक्ति के व्यक्तित्व, व्यवहार, संबंधों, परिवार व पर्यावरण तथा अन्य परिस्थितियों का अध्ययन करता है। इस हेतु व्यक्तित्व एवं इससे संबंधित शक्तियों के भी संक्षिप्त अध्ययन की आवश्यकता महसूस की जाती है।

सबसे पहले फ्रायड (Freud) ने व्यक्तित्व एवं इसमें निहित मन के संबंध में दो प्रमुख अवधारणाओं का वर्णन किया है और ब्राउन आदि द्वारा प्रस्तुत मनोरचनाओं का भी उल्लेख किया है जिनके परस्पर सामंजस्यपूर्ण संबंध को ही व्यक्तित्व के स्वरूप के रूप में जाना जा सकता है और इसके विश्लेषण को ही व्यक्तित्व संरचना माना जा सकता है।

मन की गत्यात्मकता

फ्रायड (Freud) मूल प्रवृत्ति के सिद्धान्त (Theory of basic Urges) से प्रभावित हुए तथा कहा कि हर एक व्यक्ति में कुछ प्राथमिक प्रेरणाएं होती हैं जो मूल प्रवृत्तियों के रूप में व्यक्ति की प्राथमिक शक्तियां हैं, जो व्यक्ति के व्यवहार को प्रभावित करती हैं। फ्रायड ने इन मूल प्रवृत्तियों को जन्मजात कहकर दो रूपों में वर्गीकृत किया है :

जीवन-मूल प्रवृत्ति

हर व्यक्ति जीवित रहना चाहता है और जीवित रहने की प्रेरणा से ही वह कार्य व व्यवहार करता है अर्थात् जीवित रहने के लिए उसकी सम्पूर्ण क्रियाएं, प्रतिक्रियाएं एवं व्यवहार होते रहते हैं। यूनानी पुराणों जिसमें इरोज (Eros) जीवन प्रदत्त देवता को कहते हैं। अन्तर्गत जीवित रहने तथा दूसरों को जीवित रहने देने की भावना विद्यमान है, इसीलिए जीवन-मूल प्रवृत्ति को 'प्रेम' नाम से भी सम्बोधित किया गया है। व्यक्ति के अन्दर प्रेम व समीप होने की अभिलाषा जाग्रत होती है। जिसे यौन भी कहा जाता है और जीवन-मूल प्रवृत्ति (Eros) संरचनात्मक (Constructive) होती है और इसी से जीवन प्रभावित होता है। इस मूल प्रवृत्ति का एक हिस्सा यौन प्रवृत्ति से संबंधित होता है जिसे कामलिप्सा (Libido) कहा जाता है जो यौन-पूर्ति का साधन बनता है। इसमें इच्छा (Will) की भावना निहित होती है और अपनी पूर्ति 'संयोग' से चाहता है। जीवन-मूल प्रवृत्ति के महत्वपूर्ण कार्य हैं- व्यक्ति को संकलित कर एकता लाना, चीजों को समीप लाना, संगठित होना व एकरूपता पैदा करना, इकट्ठा करना आदि जिनके आधार पर मानव का विकास होता है।

मृत्यु-मूल प्रवृत्ति

फ्रायड के मन में (सन् 1919 के पश्चात्) यह चेतना जाग्रत हुई कि व्यक्ति के अन्दर मात्र प्रेम, सहानुभूति, सर्जन, एकता एवं निकटता ही नहीं बल्कि उसके अन्दर घृणा एवं विध्वंसात्मक प्रवृत्ति भी विद्यमान होती है। जिस प्रकार अपने जीवन के प्रति मोह, माया एवं रक्षा की इच्छा होती है उसी प्रकार इसके विपरीत उनमें आत्महत्या करने की भी रुचि होती है। उनके अनुसार जब व्यक्ति को कुछ निर्माण कार्य करने में असफलता मिलती है तो वह सम्पूर्ण को विध्वंस कर देता है जिस कार्य से उसे एक विशेष सुखानुभव प्राप्त होता है और अयोग्यता व विफलता की भावना दमित होती है। फ्रायड ने इस प्रवृत्ति को मृत्यु-मूल प्रवृत्ति (Thanatos) के नाम से सम्बोधित किया। थैनाटस यूनान

में मृत्यु देवता को कहते हैं। व्यक्ति के अन्दर जब मृत्यु-मूल प्रवृत्ति की अधिकता हो जाती है तब वह आत्महत्या कर लेता है। इसके अन्तर्गत निराशा व हतोत्साह की दशा में तथा सच्चाई से नामंजूर करने की स्थिति में अपने आपको समाप्त करने की प्रवृत्ति होती है। इसीलिए मनुष्य वध संबंधी प्रवृत्ति (Homicidal Tendency) पर आधारित समझा जाता है। शारीरिक रूप से उग्र व्यवहार की उत्पत्ति एवं जैविकीय अस्तित्व की समाप्ति इसकी विशिष्टता है। मृत्यु-मूल प्रवृत्ति की विशेषता है आलोचना व व्यंग्य करना और आत्म व प्रजाति को समाप्त करना है।

उपर्युक्त दोनों तरह की परस्पर विपरीत मूल-प्रवृत्तियां मानव में विद्यमान होती हैं, जिनका सदैव परस्पर संघर्ष चलता रहता है लेकिन जो अधिक शक्तिशाली मूल-प्रवृत्तियां होती हैं उन्हीं से प्रेरित होकर व्यक्ति कार्य एवं व्यवहार सम्पन्न करता है। दोनों की शक्तियां जब बराबर-बराबर हो जाती हैं, तब अस्पष्ट निर्णय, अनिश्चय की स्थिति एवं भावना (Ambibalence) पैदा हो जाती है। परिणामस्वरूप मानसिक बाधिता की स्थिति भी बन जाती है। यह अनिश्चितता और उभयवादिता की स्थिति उत्पन्न न हो, इसके लिए अहम् शक्ति, दोनों (जीवन एवं मृत्यु) मूल-प्रवृत्तियों के बीच आपसी संघर्ष को समाप्त करने का प्रयत्न करती है।

व्यक्तित्व संरचना

फ्रायड के मतानुसार, व्यक्ति एक मनोवैज्ञानिक जीव है उसके अन्तर्गत तीन शक्तियां-इदम् (Id), अहम (Ego), और पराहम् (Superego) होती हैं। इन्हीं के द्वारा व्यक्ति के सभी व्यवहार संचालित होते हैं। व्यक्तित्व संरचना के ये तीन अवयव सदैव सक्रिय एवं गत्यात्मक रूप में पाये जाते हैं, इन्हें निम्न प्रकार से स्पष्ट किया जा सकता है।

1. *इदम् :* इदम् का स्वरूप अचेतन होता है वह सदैव आनन्द की प्राप्ति के लिए इच्छाओं की पूर्ति होने देना चाहती है और सम्पूर्ण क्रियाकलाप अनियन्त्रित तरीके से होता है। यह कोई प्रतिबन्ध भी नहीं मानता। यह एक शक्ति के रूप में बाहर निकलना चाहता है। यह मूल प्रवृत्तियों से जनित शारीरिक आवश्यकताओं की अपने मूल रूप में सन्तुष्टि करना चाहती है। व्यक्तित्व का विकास समुचित रूप से नहीं हो सकता यदि इसे वास्तविकता से नियन्त्रित न किया जाए। जन्म के पश्चात् बच्चा इदम् से ही परिपूर्ण माना जाता है। सामान्य रूप में इदम् प्रभावित कार्य व व्यवहार समाज द्वारा मान्य नहीं होता। इसी कारण इसकी ज्यादातर मांगें या इच्छाएं अहम् द्वारा नियन्त्रित हो जाती हैं और व्यवहारशील नहीं हो पातीं। प्रारम्भिक अवस्था में इदम् का दमन कर दिया जाता है लेकिन क्रमशः बड़ा होने पर व्यक्ति यह महसूस करता है कि कोई आन्तरिक शक्ति उसे गलत कार्य एवं व्यवहार करने से मना करती है यह आन्तरिक शक्ति पराहम् (Superego) होती है। अहम् एवं पराहम् के नियन्त्रण एवं प्रतिबंध के परिणामस्वरूप इदम् की थोड़ी-बहुत इच्छाएं ही पूर्ण हो जाती हैं।

2. *अहम् :* यह व्यक्तित्व का मुख्य भाग है जो पूर्णरूपेण सचेतन रूप में होता है, यह व्यक्ति के व्यक्तित्व को संतुलित बनाने में प्रमुख भूमिका अदा करती है। यह प्रत्यक्षीकरण एवं अवलोकन करते हुए इदम् की थोड़ी बहुत इच्छाओं को भी पूरा करती है। अहम् सामाजिक मूल्यों, मान्यताओं एवं मर्यादा को ध्यान में रखकर व्यक्ति की आवश्यकताओं एवं इच्छाओं की पूर्ति हेतु सम्यक् जांच के पश्चात् ही व्यवहार का संचालन करती है। यह वास्तविकता से संबंधित होता है। यह सतर्क व जागरूक रहकर स्थान, काल, व्यक्ति, मूल्य, मर्यादा व परिस्थितियां आदि को ध्यान में रखकर अपने व्यवहार के परिणामों की जानकारी रखता है। यह इदम् और पराहम् की इच्छाओं व आवश्यकताओं को नियन्त्रित रखते हुए समायोजन- स्थापन में मदद करता है अर्थात् इदम् तथा पराहम् के बीच के संघर्ष को समाप्त करके सन्तुलन स्थापित करने का प्रयास करता है।

अहम् सचेतन रूप से प्रयास करती है कि कुण्ठा की स्थिति में व्यक्ति की शक्ति एवं क्षमता का ह्रास न होने पाये, और न व्यक्तित्व विघटित हो। अतः व्यक्तित्व को विघटित होने से बचाने की

अहम् सक्रियता की रक्षा युक्ति (Defence Mechanism) है। अहम् की स्थिति सदैव एक समान नहीं रहती, इसमें लचीलापन होता है। परिस्थितियों के अनुसार इसकी शक्ति घटती-बढ़ती है। कुण्ठा या चिन्ता जिन परिस्थितियों के कारण होती है उसमें अहम् कमजोर हो जाता है और उसकी कार्य-क्षमता कम हो जाती है। इसके विपरीत सुखमय परिस्थितियों में अहम् शक्ति बढ़ जाती है।

3. *पराहम्* : पराहम् आदर्श, नैतिकता व आध्यात्मिकता पर आधारित व्यक्तित्व में निहित एक महत्वपूर्ण शक्ति है। इसके द्वारा समाज के आदर्शों व मूल्यों का प्रतिनिधित्व किया जाता है, व्यक्तित्व के अन्तर्गत इदम् के द्वारा उत्पन्न हुई असांस्कृतिक और सामाजिक इच्छाओं का इसके द्वारा नियन्त्रण किया जाता है और व्यक्ति को समाज के आदर्शों और मूल्यों के अनुकूल चलने के लिए प्रेरित किया जाता है। यह समाज द्वारा अमान्य व्यवहारों को करने से रोकती है, तथा इदम् की मांगों व इच्छाओं की पूर्ति का प्रतिरोध करती है। यह व्यक्ति का न्यायिक भाग है जो उचित व अनुचित का निर्णय करती है। जब बच्चों को उनके कार्यों व व्यवहारों के आधार पर दण्ड या पुरस्कार प्रदान किया जाता है तब पराहम् का विकास प्रारम्भ होता है। सर्वाधिक शक्तिशाली व दृढ़ पराहम् आदर्शवादी हो जाता है और वास्तविकता से दूरी बढ़ती जाती है फलस्वरूप दोष-भावना (Guilt feeling) पैदा हो जाती है और व्यक्ति में सामाजिक असमायोजन की समस्या उत्पन्न हो जाती है, जिसके कारण उसका व्यवहार स्थान, काल, व्यक्ति तथा वास्तविकता के अनुरूप उचित नहीं होता और सामाजिक समायोजन का सन्तुलन बिगड़ जाता है।

समस्या

व्यक्ति के जीवन में कुछ ऐसी बाधाएं एवं अवरोध उत्पन्न हो जाते हैं जिनके कारण उसकी कार्य करने की शक्ति प्रभावित हो जाती है। वह ऐसे किसी कार्य को करने में असमर्थ हो जाता है जिससे उसके तनावों व दबावों में कमी आ सके। ऐसी परिस्थिति में व्यक्ति समस्या से ग्रस्त कहा जाता है ऐसे समस्याग्रस्त व्यक्ति की समस्याओं के निराकरण हेतु किसी बाह्य मदद की आवश्यकता पड़ती है जो संस्था/अभिकरण के माध्यम से प्रदान की जाती है।

जब किसी व्यक्ति की आवश्यकताओं की पूर्ति समुचित रूप से नहीं हो पाती है तो व्यक्ति समस्याग्रस्त हो जाता है और आवश्यकताओं व इच्छाओं की पूर्ति व संतुष्टि न हो पाने की दशा में व्यक्ति में कुण्ठा (Frustration) पैदा हो जाती है। बारम्बार ऐसी कुण्ठा की स्थिति आने पर व्यक्ति के जीवन में यही कुण्ठा समस्या का रूप धारण कर लेती है। अपनी आवश्यकताओं की पूर्ति हेतु कभी-कभी व्यक्ति स्वयं प्रयास न कर दूसरे पर ज्यादा आश्रित हो जाता है, जिसके कारण भी समस्या पैदा हो जाती है। दूसरों पर अधिक आश्रित होने के समय यदि उसके सम्मुख कोई रुकावट अथवा बाधा पैदा हो जाती है तो वह अनुभव के अभाव के कारण उसका समाधान नहीं कर पाता है। परिणामस्वरूप उसमें स्वभावतः कुण्ठा पैदा होती है जिसकी अधिकता समस्या का रूप ले लेती है। जब किसी व्यक्ति को उसकी क्षमता/योग्यता से अधिक कार्य व जिम्मेदारी मिल जाती है तो व्यक्ति पर मानसिक दबाव अत्यधिक बढ़ जाता है और स्थिर दबाव के कारण उसमें कुण्ठा आ जाती है, जो क्रमशः बाद में समस्या का रूप ले लेती है।

समस्या के दो पक्ष होते हैं, एक वस्तुगत और दूसरा विषयगत। एक ही प्रकार की समस्या का भिन्न-भिन्न व्यक्तियों पर भिन्न-भिन्न तरह से प्रभाव पड़ता है। वास्तविक रूप से समस्या के कारण जो कठिनाई होती है और उसका जो प्रभाव पड़ता है वह तो उसका वस्तुगत पक्ष हुआ, इसके अतिरिक्त जब व्यक्ति अपनी अहम् भावनाओं और संवेग आदि के आधार पर एक ही समस्या से अलग-अलग प्रकार से प्रभावित होता है तो ये सब बातें विषयगत पक्ष के अन्तर्गत आती हैं। सहायता देते समय वैयक्तिक कार्यकर्ता को दोनों पक्षों का ध्यान रखना चाहिए। किसी समस्या के अन्तर्गत ये दोनों पक्ष साथ-साथ तो रहते ही हैं और सामान्यतः एक पक्ष दूसरे पक्ष की उत्पत्ति का कारक भी

बनता है। एक समस्या से दूसरी समस्या उत्पन्न होती है और दूसरी से तीसरी। इस प्रकार एक प्रकार की समस्या से ग्रस्त व्यक्ति धीरे-धीरे अनेक प्रकार की समस्याओं से ग्रस्त हो जाता है।

जब कोई भी सेवार्थी समस्याग्रस्त होकर संस्था में सहायता लेने आता है तो एक ही साथ वह अनेकानेक समस्याओं में उलझा रहता है। ऐसी दशा में सीमित समय व साधन को ध्यान में रखते हुए वरीयता के क्रम में कार्यकर्ता को गम्भीर व महत्वपूर्ण समस्या को पहले हल करना चाहिए, तत्पश्चात् अभिकरण की नीति के अनुसार क्रमशः समस्या का चुनाव कर सेवार्थी की योग्यता व निपुणता के आधार पर अपेक्षाकृत अधिक सरलता व अच्छे ढंग से समस्याओं का समाधान करना चाहिये।

कभी-कभी ऐसी स्थिति भी आ जाती है कि व्यक्ति अपनी समस्या से पूरी तरह वाकिफ होता है उसके 'कारण' व 'समाधान' का तरीका भी जानता है फिर भी अपनी समस्याओं को हल करने हेतु समुचित बाह्य साधनों की कमी के कारण असमर्थ हो जाता है। ऐसी स्थिति में कार्यकर्ता अभिकरण के माध्यम से उसको आवश्यक साधनों को उपलब्ध कराता है। कभी-कभी व्यक्ति अपनी समस्याओं, उसके कारण अथवा निवारण के विषय में अनभिज्ञ होता है, इस स्थिति में कार्यकर्ता सेवार्थी को आवश्यक तथ्य एवं सूचनाओं की जानकारी कराकर सहायता प्रदान करता है। कभी-कभार व्यक्ति की शारीरिक एवं मानसिक क्षमताओं का इस तरह ह्रास हो जाता है कि वह स्वयं अपनी समस्या के निराकरण में समुचित प्रयत्न नहीं कर पाता, ऐसी परिस्थितियों में कार्यकर्ता सेवार्थी के साथ सार्थक संबंध स्थापित कर सम्बल (Support) आदि की प्रविधियों के समुचित प्रयोग द्वारा अहम् शक्ति को सशक्त बनाकर उसकी शारीरिक व मानसिक क्षमताओं/योग्यताओं का इस प्रकार पुनर्जागरण करता है कि वह अपनी समस्या का स्वयं समाधान करने में समर्थ हो सके। किसी अप्रिय घटना के कारण भी व्यक्ति में अत्यधिक संवेग पैदा हो जाता है और अत्यधिक कष्ट की दशा में व्यक्ति की विचार एवं कार्यशक्ति समाप्त होने लगती है, तब कार्यकर्ता सेवार्थी के साथ संबंध स्थापित कर तादात्म्यीकरण (Indentification) की उप प्रविधि के माध्यम से संवेगों में कमी लाने का प्रयत्न करता है।

स्थान/अभिकरण

वैयक्तिक सेवा कार्य की प्रक्रिया सम्पन्न करने के लिए किसी स्थान की आवश्यकता होती है जहां पर प्रशिक्षित कार्यकर्ता एक विशिष्ट प्रक्रिया के द्वारा एक अवधि में एक समस्याग्रस्त व्यक्ति की समस्या का समाधान कर सहायता प्रदान करता है। सामान्य रूप से इस कार्य की सम्पन्नता के लिए कुछ आवश्यक उपकरण, विशेषज्ञों की सेवाएं, कुछ भौतिक वस्तुएं या रुपए-पैसे आदि का प्रबंध भी इसी स्थान पर अपेक्षित होता है। इस तरह के स्थान को संस्था/अभिकरण कहते हैं। पर्लमैन के मतानुसार, फोर पी (4Ps) का तीसरा तत्व अभिकरण है। अभिकरण वह स्थान है जहां व्यावसायिक कार्यकर्ता समस्याग्रस्त व्यक्ति की पक्षपात के बिना सहायता करता है, ताकि समस्याग्रस्त व्यक्ति अपनी समस्या का समाधान करके समाज में समायोजित होकर अपना व समाज का कल्याण कर सके। वैयक्तिक सेवा कार्य के अन्तर्गत मात्र उन्हीं अभिकरणों को शामिल किया जा सकता है जो मानव हित व कल्याण की लक्ष्यपूर्ति हेतु स्थापित होते हैं तथा समस्या समाधान में मददगार होते हैं।

अभिकरण का लक्ष्य ऐसे व्यक्तियों की मदद करना है, जिनके वैयक्तिक व पारिवारिक जीवन में विशेष रुकावटें पैदा हो जाती हैं। अभिकरण वह स्थान है जहां कार्यकर्ता व्यक्ति की सहायता संस्था के नियम व लक्ष्य के अनुरूप प्रदान करता है। अभिकरण एक-दूसरे से अनेक अर्थों में भिन्न-भिन्न हैं लेकिन सेवार्थी को सहायता देने का कार्य अभिकरण के माध्यम से अधिक निपुणता से सम्पादित किया जाता है।

अभिकरण कई प्रकार के होते हैं, विवरण निम्नलिखित है :

सहायता प्राप्ति के स्रोत की दृष्टि से उन्हें दो भागों में वर्गीकृत किया जा सकता है :

1. *सामाजिक अभिकरण* : जिनके संचालन का आर्थिक भार राज्य या केन्द्र सरकार द्वारा वहन किया जाता है।
2. *निजी अभिकरण* : जब किसी रूप से एक या दो अथवा दो से अधिक व्यक्तियों के किसी संगठन द्वारा अभिकरण का संचालन होता है और आर्थिक व्ययभार भी उन्हीं लोगों द्वारा वहन किया जाता है, तो इस प्रकार के अभिकरण निजी अभिकरण कहलाते हैं।

अधिकार की दृष्टि से भी अभिकरणों को दो भागों में वर्गीकृत किया जाता है :

1. *प्राथमिक अभिकरण* : वे अभिकरण हैं जिन्हें अपने लक्ष्य के अनुरूप नीति-निर्धारण एवं कार्यक्रम कार्यान्वयन दोनों का अधिकार प्राप्त होता है।
2. *द्वितीयक अभिकरण* : वे अभिकरण हैं जो मानव कल्याण के किसी वृहद् संगठन से संबंधित होते हैं और जहां सामान्यत: नीति-निर्धारण का कार्य ऊपर से होता है, अभिकरण द्वारा केवल उनका कार्यान्वयन ही होता है।

कार्य की दृष्टि से भी अभिकरणों का वर्गीकरण किया जाता है :

1. *बहुउद्देश्यीय अभिकरण* : ऐसे अभिकरण हैं जिनके द्वारा अनेक प्रकार की समस्याओं से ग्रस्त व्यक्तियों को सहायता प्रदान की जाती है।
2. *विशिष्ट अभिकरण* : ऐसे अभिकरण हैं जिनके द्वारा कुछ विशिष्ट समस्याओं से ग्रस्त व्यक्तियों को सहायता प्रदान की जाती है अर्थात् क्षमता, निपुणता व साधनों के अनुरूप ही विशिष्ट समस्याओं से ग्रस्त व्यक्तियों की सहायता की जाती है।

अभिकरण की स्थापना करते समय कुछ विशिष्ट उद्देश्यों को ध्यान में रखा जाता है। अभिकरण में उद्देश्यों के अनुरूप कुछ कर्मचारियों को रखकर उनका एक संगठन बनाया जाता है और उनके अधिकार एवं कर्तव्य निश्चित कर दिए जाते हैं और प्रत्येक व्यक्ति का एक-दूसरे के साथ संबंध भी निर्धारित हो जाता है। इस तरह से सभी लोग एक-दूसरे के सहयोग एवं समन्वय से अभिकरण के लक्ष्य की पूर्ति हेतु कार्य करते हैं। अभिकरण में कार्यकर्ता एवं सेवार्थी दोनों को महत्व प्रदान किया जाता है। अभिकरण जिस समुदाय में स्थित होता है, उसके आदर्श व मूल्यों का भी प्रतिनिधित्व करता है और अपेक्षा की जाती है कि अभिकरण अपनी उपयोगिता को कायम रखने के लिए समुदाय की बदलती हुई जरूरतों, आदर्शों व मूल्यों के अनुरूप अपने में भी सार्थक परिवर्तन लाएं।

प्रक्रिया

प्रक्रिया का तात्पर्य उन क्रियाओं से है जो सदैव चलती रहती हैं और प्रत्येक संबंधित व्यक्ति इनसे प्रभावित होता है। बेवेस्टर्स डिक्शनरी के अनुसार, 'प्रक्रिया एक ऐसी घटना है जिसमें समय-समय पर निरन्तर परिवर्तन होता है।' एक प्रक्रिया में चरणों का एक क्रम होता है तथा उसके द्वारा निश्चित परिणाम स्पष्ट होते हैं अर्थात् उन चरणों के क्रम को प्रक्रिया कहते हैं, जिनसे एक विशिष्ट परिणाम प्राप्त होते हैं चरण आपस में संबंधित होती है। जहां चरणों में कोई संबंध नहीं होता है उसे प्रक्रिया नहीं कह सकते हैं। इस प्रकार किसी भी प्रक्रिया में निम्नलिखित विशेषताएं पाई जाती हैं।

1. घटनाओं की पुनरावृत्ति।
2. घटनाओं में निरन्तरता।
3. घटनाओं के परिणाम।

सामाजिक वैयक्तिक सेवा कार्य प्रक्रिया मूल रूप से समस्या समाधान करने वाली प्रक्रिया है परन्तु सभी प्रकार की समस्याओं का समाधान इस प्रक्रिया द्वारा सम्भव नहीं है। केवल आन्तरिक तथा बाह्य समायोजन संबंधित जो भी समस्यायें होती हैं वे इसकी कार्य परिधि में आती हैं। इस प्रकार इस

प्रक्रिया द्वारा उन स्थानों पर व्यक्ति की सहायता आन्तरिक तथा बाह्य समायोजन के द्वारा की जाती है, जहां पर व्यक्ति किसी प्रकार की कमजोरी या असमर्थता प्रकट करता है। समायोजन का कार्य मानव व्यवहार में जन्म से ही प्रारम्भ हो जाता है और जीवन के अन्तिम क्षणों तक चलता रहता है।

सामाजिक वैयक्तिक सेवा कार्य प्रक्रिया दो प्रकार के उद्देश्यों से संबंधित है :

1. असंतोष के स्थान पर संतोष को प्राप्त करना।
2. वर्तमान स्थिति से अधिक संतोष प्राप्त करना।

जब हम कहते हैं कि अमुक व्यक्ति अच्छी प्रकार से समायोजित है तथा मनोवैज्ञानिक रूप से स्वस्थ है या उसका जीवन सुखमय है, इसका तात्पर्य यह नहीं है कि उसकी सभी स्थितियों की पूर्ण संतुष्टि है तथा वह परिस्थितियों पर पूर्ण नियन्त्रण रखता है परन्तु इसका तात्पर्य यह है कि उसकी समस्याएं उसको पराजित नहीं कर पा रही हैं और व्यक्ति उनको नियन्त्रित करने में सफल हो रहा है। उसका समस्या समाधान करने का ढंग योग्य एवं मितव्ययी है।

समायोजन की प्रक्रिया सदैव चलती रहती है जीवन की कुछ समस्याओं का समाधान स्वत: हो जाता है, परिस्थितियों में परिवर्तन हो जाता है जिससे पुन: संतुलन संभव होता है। परन्तु व्यक्ति के लिये आवश्यक हो जाता है कि अपनी आन्तरिक स्थितियों में भी परिवर्तन लाए। जब वह अपनी समस्याओं या परिस्थितियों से समझौता करने में असफल रहता है अथवा सामाजिक व अन्तर्वैयक्तिक दबाव को कम करने में असफल रहता है, तभी वह अभिकरण में वैयक्तिक सेवा के लिये आता है।

वैयक्तिक सेवा कार्य प्रक्रिया में निम्न कारक अवरोधक हैं जो समस्या समाधान को कठिन बना देते हैं:

1. यदि आवश्यक साधन एवं स्रोत उपलब्ध नहीं हैं तो समस्या का समाधान नहीं किया जा सकता है। सेवार्थी समस्या का उचित प्रत्यक्षीकरण कर सकता है तथा समाधान के साधनों की खोज करने में भी सफल हो सकता है परन्तु भौतिक साधनों की कमी बाधक हो सकती है। सामाजिक अभिकरण इन्हीं साधनों की व्यवस्था करती हैं।
2. व्यक्ति कभी-कभी अज्ञानता एवं अपूर्ण प्रत्यक्षीकरण के कारण समस्या का सही निरूपण नहीं कर पाता है तथा समस्या समाधान के तथ्यों की खोज भी नहीं कर पाता है। ज्ञान तथा तथ्यों की कमी समस्या समाधान को असम्भव बना देती है।
3. समस्या का समाधान उस समय और भी कठिन हो जाता है, जब व्यक्ति सांवेगिक एवं शारीरिक रूप से थक चुका होता है। शरीर में रोग, अधिक कार्य, सांवेगिक थकान, अपर्याप्त भोजन आदि के कारण वह अपना ध्यान केन्द्रित करने में असमर्थ हो जाता है।
4. कुछ समस्याएं व्यक्ति को अधिक उग्र बना देती हैं जिसके परिणामस्वरूप उसका आत्म नियंत्रण कमजोर हो जाता है तथा तर्क शक्ति शिथिल हो जाती है और चेतनात्मक नियंत्रण की सीमा टूट जाती है। इस प्रकार की भावनाएं प्राय: अधिक बीमारी या बहुत बड़ी हानि होने पर प्रकट होती हैं। निम्न प्रकार के वाक्यों जैसे गुस्से में पागल हो गया है, भय से जम गया है, दु:ख से क्षत विक्षत हो गया है से इस प्रकार की भावनाएं स्पष्ट होती हैं। ऐसी समस्याओं में कार्यकर्ता को पहले सेवार्थी के दबाव को कम करने का प्रयत्न करना चाहिए। उसके पश्चात् ही कोई कदम उठाना चाहिए।
5. समस्या व्यक्ति के व्यक्तित्व का अंग हो सकती है। अधिक समय तक इसका भुक्तभोगी होने के कारण उसकी आदत का अंग बन गई है। इस स्थिति में व्यक्ति समस्या समझ ही नहीं पाता है। ऐसी स्थिति में मनोविश्लेषण की आवश्यकता होती है।
6. कुछ व्यक्ति समस्या के समाधान के ढंग को बहुत ही कठिन अनुभव करते हैं क्योंकि वे जीवन में व्यवस्थित एवं क्रमागत विचार एवं नियोजन अपनाने में असमर्थ रहे हैं। वे समाधान

का एक निश्चित स्वरूप तय नहीं कर पाते हैं तथा अस्थिरता की अवस्था में रहते हैं। मनोस्नायु विकृति के रोगी इसके उदाहरण हैं।

तीन प्रकार के साधन सेवार्थी की सहायता करते हैं :

1. चिकित्सात्मक संबंध।
2. कार्य प्रणाली का एक निश्चित रूप।
3. समाधान के अवसर।

सभी समस्या समाधान के तरीकों के तीन आवश्यक तत्त्व पाये जाते हैं :

1. तथ्य जिनसे समस्या निर्मित होती है, समझने की सीमा में होने चाहिए।
2. तथ्यों का स्पष्ट निरूपण हो तथा जांच की गई हो।
3. परिणाम का एक निर्णय हो।

सामाजिक वैयक्तिक कार्य प्रक्रिया का उद्देश्य

इस प्रक्रिया द्वारा न केवल व्यक्ति की मनोसामाजिक समस्याओं को सुलझाया जाता है वरन् व्यक्ति की क्षमताओं का यथासम्भव अधिकतम विकास कर उसे इस योग्य बनाया जाता है कि वह आत्म निर्भर होकर अधिकतम सुख एवं सन्तोष का जीवनयापन करे। इस प्रक्रिया के अन्तर्गत कार्यकर्ता को मुख्यत: तीन कार्य करने होते हैं : 1. सेवार्थी की समस्या, व्यक्तित्व और सामाजिक पर्यावरण से संबंधित तथ्यों का अध्ययन। 2. समस्या का निदान। 3. बाह्य तथा आन्तरिक सहयोग समस्या का उपचार।

कार्यकर्ता का प्रथम कार्य सेवार्थी की समस्या के विषय में अधिक से अधिक जानकारी प्राप्त करना होता है जिससे समस्या समझने, निदान करने तथा उपचार करने में सहायता मिल सके। यह कार्य 3-4 साक्षात्कारों के माध्यम से सम्भव होता है। समस्या अध्ययन के लिए वह कई प्रणालियों का उपयोग करता है जैसे निरीक्षण, अन्वेषण, वैयक्तिक इतिवृत्ति साक्षात्कार आदि। कार्यकता ध्यान समस्या के साथ-साथ सेवार्थी के व्यक्तित्व पर भी होता है ताकि सेवार्थी असुविधा का अनुभव न करे। वह सेवार्थी को अभिकरण के उद्देश्यों एवं सुविधाओं से परिचित कराता है और स्पष्ट करता है कि उसकी सहायता कहां तक की जा सकती है।

आवश्यक अध्ययन के उपरान्त निदान किया जाता है। निदान के अन्तर्गत दो प्रश्नों का उत्तर दिया जाता है : 1. समस्या या समस्याओं के कारण क्या हैं? 2. सेवार्थी की सहायता किस प्रकार की जा सकती है।

पर्लमैन ने निदान के तीन प्रकार बताये हैं :

गतिशील निदान : इसके अन्तर्गत सेवार्थी की समस्या, उसके व्यक्तित्व तथा पर्यावरण से संबंध स्थापित करते हुए इस निष्कर्ष पर पहुंचा जाता है कि सेवार्थी की समस्याओं की उत्पत्ति में उसकी वर्तमान स्थितियां तथा व्यक्तित्व कहां पर प्रभाव डाल रहा है।

कारणान्वेषी निदान : इसके अन्तर्गत सेवार्थी के विगत जीवन की घटनाओं पर विशेष ध्यान दिया जाता है और यथाशक्ति सेवार्थी के समस्यामूलक व्यवहारों का संबंध उसके विगत जीवन की घटनाओं से जोड़ा जाता है।

उपचारात्मक निदान : सेवार्थी का वर्गीकरण समस्या के आधार पर किया जाता है तथा निश्चित किया जाता है कि उपचार के लिए किन-किन साधनों को उपयोग में लाना चाहिए।

उपचार के लक्ष्य का निर्धारण सेवार्थी की समस्या, उसकी इच्छा, उसकी आशा, आन्तरिक क्षमता तथा कार्य करने की शक्ति, बाह्य पर्यावरण में उपलब्ध साधन, संस्था की नीति तथा कार्यकर्ता के ज्ञान एवं कुशलता के आधार पर किया जाता है। उपचार की निम्न प्रविधियां हैं जिनका कि उपयोग वैयक्तिक कार्यकर्ता करता है : 1. परिस्थितियों में सुधार, 2. आलम्बन, 3. तादात्म्यीकरण,

4. स्वीकृति, 5. पुष्टीकरण, 6. प्रोत्साहन, 7. सामान्यीकरण, 8. संक्षिप्तीकरण, 9. व्याख्या, 10. पुनर्विश्वासीकरण, 11. निर्देशन, 12. शिक्षण, 13. स्पष्टीकरण, 14. व्याख्या आदि।

वैयक्तिक सेवा कार्य की प्रक्रिया में निम्नलिखित आवश्यक चरण हैं :

1. वैयक्तिक सेवा कार्य प्रक्रिया सेवार्थी के अहं को स्थायित्व, आवश्यक सहायता तथा सम्बल प्रदान करती है।
2. वैयक्तिक सेवा कार्य में संबंध स्वयं प्रभावकारी कदम होता है।
3. साधारण से साधारण संबंध सेवार्थी को सुरक्षा प्रदान करता है।
4. संबंध प्रक्रिया से सेवार्थी का तनाव कम होता है तथा समस्या स्पष्ट होने लगती है।
5. जब सेवार्थी का विश्वास कार्यकर्ता के प्रति दृढ़ हो जाता है तो उसके अहं को अधिक सहयोग एवं सम्बल प्राप्त होता है।
6. चेतन व अचेतन दोनों प्रकार से तभी सेवार्थी कार्यकर्ता की सलाह मानने लगते हैं तथा अपनी समस्या का प्रत्यक्षीकरण भिन्न-भिन्न ढंग से करता है।
7. अहं उचित व्यवहार तथा तर्क करना सीख जाता है।

सामाजिक वैयक्तिक सेवा कार्य का प्रथम भाग समस्या के तथ्यों को स्पष्ट करना होता है।

1. तथ्य एक घटना मानसिक अथवा शारीरिक, एक आश्वासन, संबंध या वास्तविकता है जो स्थिति को स्पष्ट करती है। वास्तविक तथ्यों के निरूपण से तात्पर्य समस्या की वास्तविक स्थिति, विशेषताएं, प्रतिक्रियाओं आदि से अवगत होने से है। निम्न प्रश्नों का उत्तर तथ्य संकलन में आता है : 1. परेशानी क्या है? 2. परेशानी क्यों हुई, 3. परेशानी को दूर करने के लिए क्या किया गया है, 4. समस्या अथवा परेशानी से आपका क्या तात्पर्य है, 5. क्या करना चाहते हैं या कैसी सहायता की आशा करते हैं।
2. सामाजिक वैयक्तिक सेवा कार्य प्रक्रिया का दूसरा भाग तथ्यों का गहनता से विचार करता है:
    1. समस्या का रूप जानना।
    2. समस्या के सभी पहलुओं का सूक्ष्म अध्ययन करना।
    3. समस्या के वास्तविक कारण तक पहुंचना।
    4. समस्या से सेवार्थी के अर्थ को समझना।
3. वैयक्तिक सेवा कार्य प्रक्रिया का अन्तिम चरण एक निर्णय लेने से संबंधित होता है।
    1. सहायता के रूप को निर्धारित करना।
    2. सहायता की सीमा निर्धारित करना।
    3. सहायता के अवसर निश्चित करना।

सामाजिक वैयक्तिक सेवा कार्य व्यक्ति की मनोसामाजिक समस्याओं के निराकरण में अभिकरण के माध्यम से सहायता करता है। इस सहायक प्रक्रिया में व्यक्ति सेवार्थी के रूप में अभिकरण (स्थान) में आता है, उसकी मनोसामाजिक अथवा मनोसांवेगिक समस्याएं होती हैं जिनका समाधान वैयक्तिक कार्यकर्ता निश्चित प्रक्रिया के आधार पर करता है।

5

सामाजिक वैयक्तिक सेवा कार्य के कुछ व्यावहारिक सिद्धांत

(Some Behavioural Principles of Social Case Work)

वैयक्तिक सेवा कार्य के विकास के दौरान एक ऐसी भी अवधि थी, जब इसके अभ्यास की आधारशिला को स्वीकार कर सिद्धान्तों का उल्लेख कर लिया जाता था। शनैः शनैः, इस प्रकार निष्पादित सिद्धान्तों को समस्त अभ्यासकर्ता स्वीकार करने लगे, किन्तु किन परिस्थितियों में और कैसी आवश्यकताओं की पूर्ति में सहायता कार्य की सफलता हेतु किन सिद्धान्तों का किस सीमा तक प्रयोग किया जा सकता था, इन प्रश्नों पर मतैक्य नहीं था। इस विकास क्रम में अनेक सिद्धान्तों का प्रादुर्भाव हुआ और कुछ प्रारम्भिक मतभेदों के पश्चात् वैयक्तिक सेवा कार्य के क्रियाकलापों को पूर्ण करने के लिए ये सिद्धान्त सामान्य रूप से पर्याप्त एवं उपयोगी सिद्ध हुए।

सामाजिक वैयक्तिक सेवा कार्य के अभ्यास में प्रयुक्त किए जाने वाले सिद्धान्तों की सूची बनाना कठिन कार्य लगता है क्योंकि इस संबंध में विद्वानों में मतभेद हैं। कुछ समाज कार्य अभ्यासकर्ताओं के समक्ष यह प्रश्न उभरा कि सामाजिक वैयक्तिक सेवा कार्य में क्या सिद्धान्तों का प्रयोग समान रूप से उपयुक्त है अथवा उनमें कुछ आवश्यक परिवर्धन, परिवर्तन या सुधार की जरूरत है। इस विचार के समर्थक प्रे (Pray) ने भी यह प्रश्न किया है कि सामाजिक वैयक्तिक सेवा कार्य के मौलिक और अनिवार्य तथ्य क्या हैं अथवा वास्तव में यह किस प्रकार अभ्यास में लाया जाता है? यह अन्य सेवा कार्यों से किस प्रकार भिन्न है? और समाज में इसकी क्या भूमिका है? इसके साथ ही प्रे (Pray) यह भी मानते हैं कि वैयक्तिक सेवा कार्य के विकास के साथ ही इन प्रश्नों के उत्तर प्राप्त होते जा रहे हैं और मतभेद भी समाप्त होते जा रहे हैं। उनके अनुसार, वैयक्तिक सेवा कार्य के सिद्धान्तों, तकनीकों (Techniques) और क्रियाकलापों के निष्पादन (Performance) व अन्तर्दृष्टि के विकास के साथ इसके सिद्धान्त अपने आप स्पष्ट होते जा रहे हैं।

फ्रिडलैण्डर (Friedlander) ने सामाजिक वैयक्तिक सेवा कार्य के सिद्धान्तों को दो भागों में विभक्त किया है : 1. सामान्य सिद्धान्त (Generic Principles) जो वैयक्तिक सेवा कार्य अभ्यास की सम्पूर्ण स्थितियों में उपयोग में लाये जाते हैं। 2. विभेदक सिद्धान्त (Differential Principle) जो उन भिन्न-भिन्न स्थितियों में पृथक्-पृथक् उपयोग में लाये जाते हैं जब कार्यकर्ता सेवार्थी की

समस्या संबंधी कुछ जानकारी व निदान कर चुका होता है तो इन सिद्धान्तों का प्रयोग होता है। अर्थात् सेवार्थी की समस्या के समुचित अध्ययन व मनोसामाजिक निदान के पश्चात् इन सिद्धान्तों का प्रयोग किया जाता है तथा कार्यकर्ता द्वारा यह निश्चित कर लिया जाता है कि सेवार्थी की समस्या समाधान प्रक्रिया की विभिन्न स्थितियों में किस विशिष्ट विभेदक सिद्धान्त का प्रयोग किया जाए।

वैयक्तीकरण का सिद्धान्त

सन् 1930 में बरजाइना रॉबिन्सन ने वैयक्तीकरण के सिद्धांत को वैयक्तिक सेवा कार्य के लिए महत्वपूर्ण बताया। मैरी रिचमण्ड ने भी प्रभावपूर्ण वैयक्तिक सेवा कार्य के लिए वैयक्तीकरण पर जोर दिया। यह सिद्धांत प्रत्येक व्यक्ति की विशिष्ट विशेषताओं को समझने पर बल देता है। यद्यपि शारीरिक रूप से सभी व्यक्ति समान होते हैं परन्तु उनकी शारीरिक, मानसिक, सांवेगिक क्षमताओं में अन्तर होता है। जब तक इन विशेषताओं को पृथक्-पृथक् नहीं समझा जाएगा, तब तक सेवार्थी समस्या का उचित समाधान ढूंढ़ न सकेगा और न उचित समायोजन स्थापित कर सकेगा। प्रत्येक व्यक्ति को यह अधिकार है कि उसको एक व्यक्ति के रूप में समझा जाए न कि मानव प्राणी के रूप में तथा अन्तरों को महत्व दिया जाए। इसी मूलाधार पर वैयक्तीकरण का सिद्धांत आधारित है।

आधुनिक वैयक्तिक सेवा कार्य सेवार्थी केन्द्रित है। यह व्यक्ति विशेष की समस्या पर निर्भर है। निदान तथा उपचार का कार्य पृथक्-पृथक सेवार्थी के लिए पृथक्-पृथक् होता है। योजना अलग-अलग बनाई जाती है। हर व्यक्ति से अलग-अलग संबंध स्थापित किया जाता है। प्रत्येक सेवार्थी एक व्यक्ति है, प्रत्येक समस्या एक विशिष्ट समस्या है तथा सामाजिक सेवा प्रत्येक सेवार्थी की परिस्थिति के अनुसार होनी चाहिए। समाज कार्य में यद्यपि सामान्य मानव प्रकृति की विशेषताओं का ज्ञान प्रदान किया जाता है साथ ही साथ सामान्य मानव व्यवहारों के तरीकों को बताया जाता है परन्तु यह वैयक्तिकता पर विशेष बल देता है। इस प्रकार के ज्ञान से वैयक्तिक कार्यकर्ता को विषयगत तथा वस्तुगत विचारों, भावनाओं, समस्याओं तथा कठिनाइयों को समझने में सहायता मिलती है।

वैयक्तीकरण सेवार्थी के लिए आवश्यक

व्यक्ति का वास्तविक अर्थ वैयक्तीकरण से ही स्पष्ट होता है। बोइथियस के अनुसार व्यक्ति तार्किक प्रकृति का वैयक्तिक सार तत्व है। मानव प्रकृति मानव जाति में समान होती है लेकिन प्रत्येक व्यक्ति की वैयक्तिक विशेषतायें होती है। प्रत्येक व्यक्ति अपने वंशानुक्रम, पर्यावरण, अन्तर्भूत ज्ञानात्मक क्षमताओं, योग्यताओं आदि में दूसरों से भिन्न होता है। प्रत्येक व्यक्ति को भिन्न-भिन्न अनुभव होते हैं तथा भिन्न-भिन्न आन्तरिक बाह्य उत्तेजक होते हैं। उसके संवेग तथा स्मृतियों, विचारों, भावनाओं तथा व्यवहार को प्रभावित करते हैं। प्रत्येक व्यक्ति अपनी शक्तियों को विशिष्ट प्रकार से संगठित करके उन्हें निर्देशित करता है जिससे वह दूसरे व्यक्ति की प्रकृति से भिन्न हो जाता है।

इससे यह स्पष्ट होता है कि व्यक्ति और व्यक्ति में अन्तर होता है। प्रत्येक सेवार्थी अपनी अलग विशेषताएं रखता है। अत: उसकी आवश्यकताएं भी दूसरों से किसी न किसी रूप में भिन्न होती हैं। अत: वैयक्तिक कार्य सहायता में भी भिन्नता होना अनिवार्य है जिससे व्यक्ति विशेष की सहायता सम्भव हो सके और सेवार्थी अपनी योग्यताओं और स्रोतों को समस्या समाधान के लिए उपयोग में ला सके।

प्रत्येक व्यक्ति को यह आभास होता है कि वह दूसरों से भिन्न है। इसी ज्ञान के आधार पर वह अभिकरण से आशा करता है कि उसके साथ वैयक्तिक रूप से अलग प्रकार का व्यवहार किया जाए। उसकी किसी निश्चित श्रेणी में रखकर सहायता की जाए। वैयक्तिक कार्यकर्ता को इस बात का ध्यान अवश्य रखना चाहिए।

जिस समय सेवार्थी अभिकरण में आता है, उस समय वह अत्यधिक चिन्ताग्रस्त होता है। वह कार्यकर्ता का पूर्ण ध्यान, एकान्तता तथा सहायता चाहता है। वह चाहता है कि कार्यकर्ता उसकी भावनाओं का आदर करे, समझे तथा वर्तमान समस्याओं के सन्दर्भ में सहायता करे। सेवार्थी को वैयक्तीकरण का आभास कराने से लाभप्रद परिणाम प्राप्त होते हैं। यदि सेवार्थी अनुभव करता है कि कार्यकर्ता उसकी समस्या को पूर्ण ध्यान से नहीं सुन रहा है तो वह तथ्यों को छिपाएगा, विषयगत बातों को स्पष्ट रूप से नहीं बताएगा और महत्वपूर्ण बातों पर एक प्रकार का पर्दा पड़ जाएगा। केवल पूर्ण ध्यान एवं सहयोग द्वारा ही सेवार्थी को उद्देश्यीय संबंध में भाग लेने के लिए उत्साहित किया जा सकता है। अत: संबंध की सफलता प्रत्येक सेवार्थी के वैयक्तीकरण पर निर्भर होती है।

सामाजिक वैयक्तिक कार्यकर्ता की भूमिका

वैयक्तीकरण सिद्धांत का उपयोग मनोवृत्ति, ज्ञान तथा योग्यता पर निर्भर होता है। वैयक्तिक कार्यकर्ता में निम्न गुणों के होने पर भी वह इस सिद्धांत का उपयोग सफलतापूर्वक कर सकता है:

1. *अभिमत तथा पूर्वाग्रह से स्वतन्त्र (Free from Bias and Prejudice)* : सेवार्थी की समस्या के कारकों को दूर करने में ही उपचार प्रक्रिया सम्भव है अत: कारणात्मक कारकों का उचित प्रत्यक्षीकरण एवं अभिज्ञान तथा इसमें निष्पक्षता का होना आवश्यक समझा जाता है। अभिमत तथा पूर्वाग्रह होने पर कार्यकर्ता पूर्व निश्चित आधार पर कार्य कारण संबंध निदान में स्थापित कर सकता है। ये अभिमत जाति, धर्म, प्रजाति, लिंग, आर्थिक स्तर आदि किसी के प्रति हो सकते हैं। कार्यकर्ता को अपनी भावनाओं, आवश्यकताओं, प्रतिस्थानान्तरण प्रवृत्तियों का स्पष्ट ज्ञान होना आवश्यक होता है।

   मानव व्यवहार संबंधी कही गई सभी बातें साक्षात्कारकर्ता (कार्यकर्ता) के लिए भी लागू होती हैं। वह भी अन्य व्यक्ति के समान एक व्यक्ति है। उसमें जो चेतन व अचेतन सम्प्रेरक, पूर्वाग्रह तथा अपने व्यवहार के विषयगत व वस्तुगत कारण भी निहित हैं। साक्षात्कार के संबंध में वह पूर्व निश्चित मनोवृत्ति के साथ कार्य करता है जिससे स्वभावत: संबंधों पर प्रभाव पड़ता है। वह सेवार्थी की स्थिति को गलत भी समझ सकता है, लेकिन यह ध्यान कार्यकर्ता को रहता है अत: वह निष्पक्ष होने का पूरा प्रयास करता है।

2. *मानव व्यवहार का ज्ञान (Knowledge of Human Behaviour)* : मानव व्यवहार के तरीकों का ज्ञान होना आवश्यक होता है क्योंकि इसी सन्दर्भ में सेवार्थी को समझा जाता है तथा सहायता की जाती है। महत्त्वपूर्ण तथ्यों का संकलन करने का वैयक्तिक कार्यकर्ता को निर्देशन प्राप्त होता है। कार्यकर्ता का अपना अनुभव यद्यपि इस कार्य में सहायक होता है परन्तु दूसरों के व्यवहार को समझने के लिए पर्याप्त नहीं होता है। सामान्य व्यवहार और ज्ञान अधिक प्रभावकारी एवं सहायक होता है। परन्तु व्यावसायिक सहायता पहुंचाने के लिए विज्ञान से प्राप्त व्यवहार का ज्ञान भी अनुभव के साथ सम्मिलित होना चाहिए। कार्यकर्ता में औषधिशास्त्र, मनोविज्ञान, मनोविकार विज्ञान, समाजशास्त्र तथा दर्शन का ज्ञान आवश्यक समझा जाता है क्योंकि इन विज्ञानों से व्यवहार के विभिन्न पक्षों पर प्रकाश पड़ता है।

3. *सुनने तथा अवलोकन करने की क्षमता (Ability to Learn and Observe)* : सुनना तथा अवलोकन करना दो महत्वपूर्ण साधन सेवार्थी को समझने के हैं। सेवार्थी बात करना चाहता है तथा कार्यकर्ता सुनना चाहता है। जितना ही सेवार्थी को अपनी कहानी बताने के लिए उत्साहित किया जाता है, भावनाओं को स्पष्ट करने का अवसर दिया जाता है, उतना ही अधिक ज्ञान कार्यकर्ता प्राप्त करता है। वह धीरे-धीरे व्यक्ति विशेष की बातों से पृथक् होकर समुदाय के संबंधों के विषय में सोचता है। वह सम्पूर्ण सामाजिक परिस्थिति का अवलोकन करता है तथा इस सम्पूर्णता में व्यक्ति की भावनाओं एवं समस्याओं से संबंध का ज्ञान प्राप्त करता है।

सेवार्थी चाहता है कि कोई उसकी समस्या को सुने और वह व्यक्ति निपुण तथा दक्ष होना चाहिए। अत: कार्यकर्ता न केवल सुनने तक ही सीमित होता है बल्कि समझने से भी संबंधित होता है। उसके लिये सेवार्थी के उन तथ्यों को समझना आवश्यक होता है जो समस्या से संबंधित होते हैं, सेवार्थी बताना नहीं चाहता है तथा तोड़ मरोड़ कर स्पष्ट करता है।

सेवार्थी की प्रगति के साथ-साथ कार्य करने की योग्यता (Ability to Move at the Client's Pace)

कार्यकर्ता प्रत्येक सेवार्थी का अध्ययन करता है। वह उसकी क्षमताओं, योग्यताओं एवं विशेषताओं का ज्ञान प्राप्त करता है। परन्तु उसके लिए आवश्यक होता है कि वह उसी मानसिक स्तर से कार्य करना प्रारम्भ करे, जिस स्तर का सेवार्थी है। तभी सेवार्थी सामाजिक वैयक्तिक सेवा कार्य प्रक्रिया में भाग लेगा तथा तथ्य संकलन में सहयोग प्रदान करेगा, निदान तथा उपचार प्रक्रिया में अपना योगदान करेगा। यदि सेवार्थी की दृष्टि से अपेक्षित ज्ञान कार्यकर्ता को नहीं होगा तो वह यही समझेगा कि कार्यकर्ता उसकी सहायता करना नहीं चाहता है। सेवार्थी के पग से पग मिलाकर चलने से ही कार्यकर्ता सफल हो सकता है तथा सेवार्थी का पूर्ण विश्वास प्राप्त कर सकता है।

सेवार्थी की भावना समझने की योग्यता (Ability to Enter into the Feeling of the Client)

सेवार्थी की विशिष्ट विशेषता उसकी भावना होती है। एक ही समस्या भिन्न-भिन्न व्यक्तियों में भिन्न-भिन्न भावनाएं उत्पन्न करती है। वैयक्तीकरण के द्वारा इन भावनाओं को जाना जा सकता है। तभी उसी के अनुरूप प्रत्युत्तर सम्भव हो सकते हैं। वैयक्तिक कार्यकर्ता को सेवार्थी से आत्मीयता स्थापित करना अनिवार्य होता है। उसमें सेवार्थी के अनुभवों को समझने की लालसा होनी चाहिए, कार्यकर्ता से अपेक्षा की जाती है कि सेवार्थी के विचारों को सुने तथा समाधान के तरीकों को उसी की इच्छानुसार निर्धारित करे।

परिप्रेक्ष्य को बनाए रखने की योग्यता (Ability to keep Perspective)

सांवेगिक सम्मिलन नियन्त्रित होना चाहिए, जिससे कि वैयक्तिक कार्यकर्ता परिस्थिति को विस्तृत परिप्रेक्ष्य में समझ सके तथा जिससे वह समस्या के संबंधा में वस्तुगत एवं विषयगत तथ्य प्राप्त कर सके। परिवार तथा अन्य सामाजिक स्थितियों से सेवार्थी के संबंध की प्रकृति को जान सके। वैयक्तिक कार्यकर्ता पूर्णता में अध्ययन करना चाहता है परन्तु कभी-कभी सेवार्थी आवश्यकताओं को पूरा करने एवं समस्या समाधान करने की शीघ्रता से उसकी शारीरिक विशेषताओं की ओर ध्यान नहीं दे पाता है। अचेतन मन की सम्प्रेरणाओं को जानने की उत्सुकता में चेतन इच्छाओं को उपेक्षित कर देता है। परन्तु ऐसा करने से सेवार्थी को सहायता पहुंचाने में बाधा पड़ती है।

वैयक्तीकरण के साधन

सामान्य तथा वैयक्तीकरण के निम्न साधन हैं :

1. *विस्तार में विचार-विमर्श (Thoughtfulness in Detail)* : विस्तृत विचार विमर्श से वैयक्तीकरण प्रकट होता है। समय का निर्धारण बहुत महत्त्वपूर्ण कार्य है। सेवार्थी की सुविधानुसार यदि साक्षात्कार का समय निर्धारित होता है तो सेवार्थी को आत्मीयता का आभास होता है। इसके साथ ही साथ वैयक्तिक कार्यकर्ता को अधिक से अधिक विचार विमर्श करना चाहिए जिससे सेवार्थी की सहमति प्राप्त कर सके।
2. *साक्षात्कार की गोपनीयता (Privacy in Interview)* : साक्षात्कार का स्थान महत्त्वपूर्ण होता है क्योंकि इसी की विशेषता पर सेवार्थी का विश्वास निर्भर करता है। स्थान ऐसा होना चाहिए

जहां पर वैयक्तिक तथा सेवार्थी के अतिरिक्त कोई न हो तथा शान्तिपूर्ण वातावरण हो। इस स्थिति में ही कार्यकर्ता पूरा ध्यान सेवार्थी की ओर लगा सकेगा तथा सेवार्थी में कार्यकर्ता के प्रति विश्वास जाग्रत होगा।

3. *साक्षात्कार के समय की पाबन्दी (Care in keeping Appointments)* : जब साक्षात्कार का समय पूर्व निर्धारित होता है तो सेवार्थी को पूर्ण विश्वास होता है कि अमुक समय उसके लिए है और कार्यकर्ता उस समय केवल उसी की समस्या सुनेगा। यदि सेवार्थी को इन्तजार करना पड़ता है या भीड़ के कारण समय कम मिल पाता है तो उसे संतोष नहीं होता है।
4. *साक्षात्कार की तैयारी (Preparation for Inverview)* : कार्यकर्ता के साक्षात्कार के लिए सेवार्थी से संबंधित अभिलेख पढ़ लेने चाहिए, इससे स्मृति में सभी बातें आ जाती हैं और सेवार्थी समझने लगता है कि कार्यकर्ता उसमें रुचि ले रहा है। कार्यकर्ता को भी वार्तालाप का विषय चुनने में आसानी रहती है। वह व्यक्ति विशेष की समस्याओं को अधिक कुशलतापूर्वक समझ सकता है तथा विचार विमर्श कर सकता है।
5. *सेवार्थी को सहायता प्रक्रिया में सम्मिलित करना (Engaging the Client)* : यदि कार्यकर्ता को उसकी क्षमता के अनुसार समस्या के अध्ययन, निदान तथा उपचार में लगाया जाता है तो वह अपने को सुरक्षित अनुभव करता है, साथ ही साथ उसे आभास होता है कि वह एक व्यक्ति के रूप में समझा जा रहा है। उसे यह ज्ञान कराना आवश्यक होता है कि उससे जो आंकड़े एकत्रित किए जा रहे हैं उनकी क्या आवश्यकता है तथा समस्या के सन्दर्भ में उसकी क्या उपयोगिता है। उपचार के साधनों को सेवार्थी की स्वीकृति से निर्धारित करना चाहिए। उसे अपना निर्णय करने का अधिकार देना चाहिए। इससे सेवार्थी का आत्म-विश्वास जाग्रत होता है।
6. *लचीलापन (Flexibility)* : सामाजिक वैयक्तिक सेवा कार्य प्रक्रिया में लचीलापन होना भी वैयक्तीकरण में सहायक होता है। उपचारात्मक उद्देश्यों में समय के अनुसार परिवर्तन की आवश्यकता होती है। वैयक्तिक कार्यकर्ता में यह योग्यता होनी चाहिए कि वह समय और परिस्थिति के अनुसार प्रक्रिया में परिवर्तन कर सके।

भावनाओं का उद्देश्यपूर्ण प्रकटन

मनुष्य एक तार्किक प्राणी है। उसमें ज्ञान का भण्डार है तथा कार्य करने की इच्छा व अनिच्छा होती है। उसमें पशुवत विशेषताएं जैसे मूल प्रवृत्तियां भी होती हैं। भावनाएं, संवेग, ज्ञानेन्द्रियां अपना-अपना कार्य करती हैं। व्यक्ति की ये सभी विशेषताएं संयुक्त होकर कार्य करती हैं। संवेग भी व्यक्ति के प्रकृति के अभिन्न अंग हैं और उसकी समंक की जानकारी पूर्ण व्यक्तित्व के विकास के लिए आवश्यक भी है।

मानव जीवन की सबसे बड़ी चुनौती संवेगों को भलीभांति व्यवस्थित रखने की है। कठिनाइयों के समय संवेग व्यक्ति पर आधिपत्य जमा देते हैं जिसके कारण व्यक्ति नियंत्रण खो देता है। वह अतार्किक मांगों के द्वारा जीवनयापन करना चाहता है। इससे व्यक्तित्व का विघटन होता है और मानसिक विकृतियां उत्पन्न हो जाती हैं।

सामाजिक वैयक्तिक सेवा कार्य में व्यवस्थित सांवेगिक जीवन की आवश्यकता को महत्व दिया गया है। मनोविज्ञान तथा मनोविकार विज्ञान ने संवेगों की भूमिका पर प्रकाश डाला है और सिद्ध कर दिया है कि संवेग व्यक्तित्व को संगठित एवं विघटित करने में महत्वपूर्ण भूमिका निभाते हैं। सामाजिक जीवन तथा सांवेगिक स्थिति में परस्पर संबंध होता है तथा व्यक्तित्व विकास में ये महत्त्वपूर्ण होते हैं।

व्यक्ति की मनोवैज्ञानिक आवश्यकता के अन्तर्गत प्रेम, सुरक्षा, प्रस्थिति, भावनाओं का स्पष्टीकरण, उपलब्धि, आत्म निर्भरता, आवश्यकताएं सम्मिलित हैं। अनुभवों में भाग लेना, समूह की

स्वीकृति प्राप्त करना, समूह के तरीकों को व्यवहार का अंग बनाना, ये सभी मनोसामाजिक आवश्यकताएं हैं। यदि इन भावनाओं का उचित प्रगटन नहीं होता है तो निराशा उत्पन्न होती है। यद्यपि सभी निराशा की स्थितियां हानिकारक नहीं होती हैं क्योंकि परिपक्वता के लिए निराशा उत्पन्न होना आवश्यक होता है लेकिन निराशा में हानिकारक मनोसुरक्षात्मक उपाय प्रयोग होने लगते हैं परिणामस्वरूप असामान्य व्यावहारिक प्रतिक्रियाएं होने लगती हैं।

यद्यपि यह सत्य है कि इन आवश्यकताओं की सीमा प्रत्येक व्यक्ति में भिन्न-भिन्न होती है परन्तु ये सभी मानव मात्र की आवश्यकताएं हैं। सामाजिक वैयक्तिक सेवा कार्य के संबंध में आवश्यकताओं एवं भावनाओं के स्पष्टीकरण पर बल दिया गया है। सभी प्रकार की समस्याओं के उपचार कार्य में सेवार्थी की भावनाओं का स्पष्ट चित्रण आवश्यक समझा गया है। सामाजिक वैयक्तिक कार्यकर्ता उन व्यक्तियों से सम्पर्क स्थापित करता है जो कठिनाई में होते हैं। जब उनकी सांवेगिक स्थिति पराकाष्ठा पर पहुंच जाती है, तब वे सहायता के लिए अभिकरण में आते हैं। कार्यकर्ता समस्या समझता है तथा प्रयत्न करता है कि वह उसकी कठिनाई को पूरी तरह से स्पष्ट करे। यहां पर कार्यकर्ता के दो उद्‌देश्य होते हैं।

1. जब सेवार्थी अपनी भावनाओं तथा कठिनाइयों को पूरी तरह से स्पष्ट करेगा तो उसका मानसिक बोझ कम होगा, तनाव में कमी होगी तथा आराम अनुभव करेगा। भावनाओं में परिवर्तन होने पर उसमें शक्ति की वृद्धि होगी और वह समस्या को अच्छी प्रकार से समाधान करने की दिशा में सोच सकेगा।
2. सेवार्थी की मनोभावनाओं को समझ लेने पर संबंधों में दृढ़ता आएगी तथा समस्या को समझने में आसानी होगी।

भावनाओं के उद्‌देश्यपूर्ण प्रगटन का तात्पर्य सेवार्थी को अपनी भावनाओं के स्पष्टीकरण में पूरी छूट देना है। प्राय: नकारात्मक भावनाओं का स्पष्टीकरण नहीं हो पाता है जिसके कारण समस्या को समझना कठिन होता है। वैयक्तिक कार्यकर्ता सेवार्थी की बातों को पूरे ध्यान से सुनता है। वह न तो भावनाओं को स्पष्ट करने में हतोत्साहित करता है और न सेवार्थी दोषी (Condemn) ठहराता है। वह जहां आवश्यक होता है वार्तालाप का रुख बदलने में सहायता करता है जिससे कि उपचारात्मक प्रक्रिया लाभप्रद सिद्ध हो सके। भावनाओं का स्पष्टीकरण न केवल स्वीकृति के लिए आवश्यक है बल्कि चिकित्सा, संबंध, सहयोग, संस्था के स्रोतों के लिए भी आवश्यक है।

सामाजिक समस्याओं के सांवेगिक कारक

सामाजिक वैयक्तिक सेवा कार्य का दृढ़ विश्वास है कि व्यक्ति की सभी प्रकार की समस्याएं मनोसामाजिक होती हैं। जब सेवार्थी आर्थिक सहायता की प्रार्थना करता है, उस समय भी सांवेगिक कारक भूमिका निभाते हैं। वैयक्तिक कार्यकर्ता इन कारकों का ध्यानपूर्वक अध्ययन करता है। उसकी दृष्टि केवल समस्या न होकर समस्याग्रस्त व्यक्ति पर होती है। व्यक्ति समस्या लेकर संस्था में आता है अत: वैयक्तिक कार्यकर्ता के लिए आवश्यक होता है कि वह सेवार्थी की समस्या से संबंधित भावनाओं को समझे तथा स्पष्टीकरण का अवसर दे। यद्यपि सभी सेवार्थियों में इन भावनाओं के सुधार या संशोधन की आवश्यकता नहीं होती है परन्तु लक्ष्य एवं उद्‌देश्य की प्राप्ति के लिए प्रकटन आवश्यक होता है। उसे स्वतंत्रता होनी चाहिए कि वह भावनाओं को अपनी भाषा में बता सके।

उद्‌देश्यपूर्ण प्रकटन का सिद्धान्त

सेवार्थी की भावनाओं का स्पष्ट प्रकट होना सामाजिक वैयक्तिक सेवा कार्य के लिए आवश्यक होता है। साथ ही उन भावनाओं से जुड़ी हुई समस्याओं का ज्ञान भी कार्यकता के लिये अपेक्षित होता है।

साक्षात्कार की संख्या के साथ-साथ उद्‌देश्य में परिवर्तन होता रहता है। सेवार्थी में भी उद्‌देश्य पृथक्-पृथक् होता है। साक्षात्कार में निम्न मुख्य उद्‌देश्य होते हैं :

1. दबाव एवं तनाव कम करना।
2. सेवार्थी को समस्या समझने में सहायता करना।
3. सकारात्मक तथा नकारात्मक कार्य के लिए सेवार्थी को चिन्ता मुक्त करना।
4. समस्या अध्ययन, निदान तथा उपचार के लिए समस्या तथा सेवार्थी दोनों को समझना।
5. समस्या के प्रति सेवार्थी के दृष्टिकोण का पता लगाना।
6. मनोवैज्ञानिक आलम्बन के लिए सेवार्थी के अहं को ज्ञात करना।
7. सेवार्थी की शक्तियों एवं कमियों को ज्ञात करना।
8. वैयक्तिक कार्यकर्ता तथा सेवार्थी में मनोवैज्ञानिक संबंध स्थापित करना।
9. नकारात्मक भावनाओं को ज्ञात कर उन्हें दूर करना जिससे सेवार्थी में ज्ञान विकसित हो सके।

कार्यकर्ता का महत्वपूर्ण उद्‌देश्य संबंधों में घनिष्ठता लाना होता है जिससे वह सेवार्थी के अन्तःकरण में प्रवेश कर सके और सूक्ष्म से सूक्ष्म बातों को ज्ञात कर सके। संबंध का घनिष्ठ होना बहुत कठिन होता है। एक ही साक्षात्कार से न तो संबंध घनिष्ठ हो जाते हैं और न ही सभी तथ्य ज्ञात हो पाते हैं। इसके लिए कार्यकर्ता में विशेष निपुणता का होना आवश्यक होता है।

उद्‌देश्य की सीमाएं

स्वतंत्र साहचर्य वैयक्तिक सेवा कार्य की विशिष्ट प्रविधि नहीं है क्योंकि वैयक्तिक सेवा कार्य में सदैव सेवार्थी और समस्या के ऊपर संबंध का ध्यान केन्द्रित किया जाता है। उद्‌देश्य का भी विशेष ध्यान रहता है। अतः साक्षात्कार को एक दिशा अवश्य देनी होगी। उसकी सीमाएं निश्चित करनी होंगी। प्रारम्भिक साक्षात्कारों में कोई सीमा नहीं निश्चित की जाती है क्योंकि उस समय न तो कोई उद्‌देश्य निश्चित होता है और न ही समस्या के तथ्यों का ज्ञान हो पाता है। जब निदानात्मक तथा उपचारात्मक उद्‌देश्य स्पष्ट हो जाते हैं उस समय कार्यकर्ता को लघुकालीन तथा दीर्घकालीन लक्ष्यों को ध्यान में रखकर साक्षात्कार को निर्देशित करना चाहिए। सीमा बन्धन से वास्तविक लक्ष्यों की पूर्ति होती है। प्रमुख सीमाएं निम्नलिखित हैं :

1. अभिकरण उद्‌देश्य के अनुसार भावनाओं का स्पष्टीकरण चाहता है। वे ही समस्याएं सुनना चाहता हैं जिनके उपचार का उसके पास साधन है। जिस संस्था में सांवेगिक समस्याओं को समाधान करने के साधन नहीं होते हैं वहां कार्यकर्ता इन भावनाओं के स्पष्टीकरण पर बल नहीं देता है। समय की सीमा भी निश्चित होती है। कार्यकर्ता पर जितना कार्यभार होता है, उसी के अनुसार प्रत्येक सेवार्थी की समस्या को समय देता है। वह उन भावनाओं को प्रकट होने के लिए प्रोत्साहन नहीं देता है जिनका वह समाधान नहीं कर सकता है। उदाहरण के लिए आर्थिक सहयोग देने के संबंध में अभिकरण कोई समस्या नहीं लेगा।
2. प्रारम्भिक साक्षात्कार में कार्यकर्ता को सेवार्थी की अपरिपक्व भावनाओं को समझना आवश्यक होता है। कभी-कभी सेवार्थी बहुत कम समय में बहुत बातें कह जाता है परन्तु वह स्वयं उनका अर्थ नहीं जानता है एवं गहराई तक पहुंचने में असमर्थ रहता है। अपरिपक्व भावनाएं तथा अनिच्छा कभी-कभी सेवार्थी में ग्लानि उत्पन्न कर देती हैं जिसके परिणामस्वरूप संबंधों में रुकावट उत्पन्न हो जाती है।
3. यद्यपि भावनाओं के प्रकटन का उद्‌देश्य सेवार्थी को मनोवैज्ञानिक आलम्बन प्रदान करना है तथा उसकी भावनाओं में भाग लेना है परन्तु ऐसा न हो कि सेवार्थी पूरी तरह से कार्यकर्ता पर आश्रित हो जाए। अतः वैयक्तिक कार्यकर्ता को सेवार्थी पर रोक लगानी आवश्यक हो जाती है। यद्यपि भावनाओं के स्पष्टीकरण में निर्भरता स्वतः उत्पन्न हो जाती है परन्तु इस स्थिति में अतिनिर्भरता नहीं होने देनी चाहिए।

4. यद्यपि सेवार्थी की उग्रात्मक भावनाओं को जानना कार्यकर्ता के लिए आवश्यक होता है परन्तु संस्था अथवा स्वयं कार्यकर्ता के प्रति उग्रात्मक व्यवहार संबंध को विघटित कर देता है अत: इसे मान्यता नहीं देनी चाहिए।
5. वैयक्तिक कार्यकर्ता सेवार्थी की भावनाओं का आदर करता है परन्तु उनके सकारात्मक परिवर्तन पर भी बल देता है।

कार्यकर्ता की भूमिका

वैयक्तिक कार्यकर्ता सेवार्थी के लिए ऐसा वातावरण तैयार करता है जिससे सेवार्थी की भावनाओं और समस्याओं को स्पष्ट करने की सुविधा प्राप्त होती है। सेवार्थी आराम का अनुभव करता है तथा बिना किसी बाह्य बाधा के अपनी बात कह सकने में समर्थ होता है। इस प्रकार का वातावरण तैयार करना वैयक्तिक कार्यकर्ता के लिए परमावश्यक होता है क्योंकि उसकी प्रविधि एवं दक्षता का सफल होना सौहार्दपूर्ण वातावरण पर ही निर्भर होता है।

यद्यपि यह कहना कि अच्छे वातावरण की क्या विशेषताएं होनी चाहिए, कठिन है परन्तु इसके कुछ तत्त्वों को स्पष्ट किया जा सकता है :

1. वैयक्तिक कार्यकर्ता सेवार्थी की भावनाओं को महत्व दे सके।
2. सेवार्थी अनुभव करे कि वह अपनी बात को अपने तरीके से कह सकता है।
3. वैयक्तिक कार्यकर्ता सेवार्थी के प्रति नकारात्मक व्यवहार न प्रदर्शित करे।
4. भावनाओं से पृथक् कार्यकर्ता कोई अन्य तथ्य स्पष्ट न करे।
5. अवास्तविक तरीकों का उपयोग न हो।
6. नकारात्मक भावनाओं को वैयक्तिक कार्यकर्ता हतोत्साहित न करे।
7. सेवार्थी का कार्यकर्ता के प्रति विश्वास जाग्रत हो।
8. कार्यकर्ता सेवार्थी को स्वीकृति दे सके।
9. कार्यकर्ता सहायक के रूप को जाना जा सके।
10. सेवार्थी तथा कार्यकर्ता एक-दूसरे की मनोवृत्तियों से अवगत हो सकें।

कार्यकर्ता किस प्रकार सौहार्दपूर्ण वातावरण तैयार करे इसका कोई निश्चित तरीका नहीं है क्योंकि यह कार्यकर्ता के अनुभव पर निर्भर करता है। कार्यकर्ता का आत्मज्ञान तथा सेवार्थी की सहायता प्राप्त करने की इच्छा महत्त्वपूर्ण भूमिका निभाते हैं। फिर भी कार्यकर्ता को निम्न उपाय करने चाहिए :

1. कार्यकर्ता स्वयं चिन्ता मुक्त होकर सेवार्थी से बात करे तथा स्वयं आराम अनुभव करे। किसी शीघ्रता में न हो। यद्यपि इस प्रकार का व्यवहार प्रदर्शित करना कठिन है क्योंकि कार्यकर्ता को अनेक कार्य करने होते हैं।
2. संस्था की भौतिक दशाएं भी साक्षात्कार एवं संबंध को प्रभावित करती हैं। साक्षात्कार के लिए अलग कमरा, आरामदेह कुर्सियां, बाधुक्त साक्षात्कार संबंध स्थापन में सहायक होता है।
3. कार्यकर्ता को चाहिए कि अवलोकन, सुनने, बातचीत करने के लिए पूर्ण रूप से मानसिक रूप से तैयार हो। उसे साक्षात्कार की तैयारी अवश्य कर लेनी चाहिए।
4. जब कार्यकर्ता सेवार्थी की बातों पर पूरा ध्यान देता है, उस समय सेवार्थी को स्वयं सान्त्वना प्राप्त होती है, रुचि जाग्रत होती है, वस्तुगत तथ्य स्पष्ट होते हैं।
5. कार्यकर्ता को समयानुसार बातचीत में हस्तक्षेप अवश्य करना चाहिए, अन्यथा सेवार्थी समझेगा कि कार्यकर्ता उसमें कोई रुचि नहीं ले रहा है।
6. सेवार्थी बिना कार्यकर्ता की सहायता के सौहार्दपूर्ण वातावरण में भी अपनी भावनाओं को क्रमबद्ध तरीके से स्पष्ट नहीं कर सकता है। कार्यकर्ता किस प्रकार से सेवार्थी को प्रोत्साहन

देता है यह उसकी योग्यता, क्षमता तथा अनुभव पर निर्भर होता है लेकिन ये तरीके प्रत्येक सेवार्थी के अनुसार होने चाहिए।

7. वैयक्तिक कार्यकर्ता की आन्तरिक मनोवृत्ति महत्वपूर्ण होती है परन्तु कुछ सामान्य प्रश्न ही सेवार्थी को प्रोत्साहन प्रदान करते हैं।
8. प्रत्येक साक्षात्कार में सेवार्थी की गति का ज्ञान होना आवश्यक होता है। उसमें कितना सुधार किया है, समस्या का समाधान कहां तक हुआ है, जानना महत्वपूर्ण होता है। सेवार्थी में प्रेरक शक्ति भावनाओं को स्पष्ट करने में महत्वपूर्ण भूमिका निभाती है।
9. जब सेवार्थी को अवास्तविक आश्वासन दिया जाता है, तब भी भावनाओं के स्पष्ट प्रकटन में बाधा उत्पन्न हो जाती है क्योंकि प्रत्येक व्यक्ति में ज्ञान होता है और वास्तविक तथा अवास्तविक में अन्तर स्पष्ट कर लेता है।
10. समय से पूर्व निर्णय देना, निदान करना अथवा उपचार कार्य प्रारम्भ करने से भी सेवार्थी से संबंध घनिष्ठ नहीं हो पाते हैं।
11. समस्या की अनेकानेक व्याख्याएं भी संबंधों की घनिष्ठता में सहायक सिद्ध नहीं होती हैं। सेवार्थी को कार्यकर्ता की योग्यता के प्रति शंका हो जाती है।

समस्या अध्ययन, निदान तथा उपचार में भावनाओं के स्पष्टीकरण का महत्व

भावनाएं ही तथ्य होते हैं। व्यक्ति स्वयं कैसा अनुभव करता है, अन्तर्वैयक्तिक संबंधों की किस प्रकार व्याख्या करता है, समस्या को किस रूप में देखता है आदि तथ्य अध्ययन के महत्वपूर्ण अंग हैं। इन तथ्यों को ज्ञान करने का स्रोत व्यक्ति स्वयं है। अतः भावनाओं की पूर्ण स्पष्टता होने पर ही समस्या को समझा जा सकता है। तथ्यों को संकलित किया जा सकता है तथा किसी निष्कर्ष पर पहुंचा जा सकता है।

यद्यपि सेवार्थी को अपनी समस्या कहने की पूरी छूट दी जाती है तथा भावनाओं को स्पष्ट करने के अवसर प्रदान किए जाते हैं तो वैयक्तिक कार्यकर्ता को बहुमूल्य अध्ययन सामग्री प्राप्त होती है। शरीर के हाव-भाव, मुखाकृति तथा व्यवहार कुछ समस्या को स्पष्ट कर देते हैं।

भावनाओं के प्रकट होने पर भी समस्या को समझा जा सकता है तथा समाधान के लिए उपाय निश्चित किए जा सकते हैं। यदि सेवार्थी को भावनाओं के स्पष्ट करने के अवसर नहीं मिलेंगे तो वह किसी भी स्तर पर समस्या में भाग नहीं लेगा, समस्या समझ नहीं पाएगा।

भावनाओं की स्पष्टता निदान में सहायक होती है। वैयक्तिक कार्यकर्ता सेवार्थी के व्यक्तित्व की विशेषता के आधार पर समस्या की प्रकृति निश्चित करता है। इन विशेषताओं में उसकी जीवन के प्रति प्रतिक्रियाएं, परिवर्तन की इच्छा, समाधान करने की लालसा, समस्या समाधान करने की क्षमता आदि प्रमुख हैं।

भावनाओं की स्पष्टता स्वयं चिकित्सात्मक प्रक्रिया है क्योंकि अपनी बात कह देने से सेवार्थी को अवश्य कुछ समय के लिए आराम मिलता है। इसीलिए इसे चिकित्सा का एक माध्यम माना गया है। इसके अतिरिक्त इससे यदि और लेकिन का कोई स्थान नहीं रहता है। सेवार्थी स्वयं समस्या को स्पष्ट रूप से देखने लगता है तथा समाधान करने का स्वतः प्रयास करता है। उसका मस्तिष्क बाधामुक्त हो जाता है।

नियन्त्रित सांवेगिक अन्तर्भाविता का सिद्धान्त

प्रत्येक सम्प्रेषण की द्विमुखी प्रक्रिया है। जब एक व्यक्ति दूसरे व्यक्ति से कुछ कहता है तो उससे भी प्रत्युत्तर चाहता है। यदि वह व्यक्ति कोई प्रत्युत्तर नहीं करता है तो सम्प्रेषण की अरुचि प्रकट होती है। फलतः संचार प्रक्रिया काम नहीं करती है। सामान्य रूप से सम्प्रेषण की विषयवस्तु को तीन

श्रेणियों में वर्गीकृत कर सकते हैं : केवल विचार (Ideas only), केवल भावनाएं (Feelings only) तथा विचार एवं भावनाएं दोनों। जब व्यक्ति स्टेशन पर जाकर पूछताछ खिड़की पर किसी गाड़ी के जाने का समय पूछता है, इसका तात्पर्य है कि वह केवल सूचना प्राप्त करना चाहता है तथा वास्तविक तथ्यों की जानकारी की आशा करता है। जब पति या पत्नी की मृत्यु पर किसी संबंधी को दु:ख दर्द बताता है, इसका तात्पर्य है कि भावनाओं को सम्प्रेषित कर रहा है।

वैयक्तिक सेवा कार्य में सम्प्रेषण की विषयवस्तु प्राय: विचार तथा भावनाओं का मिश्रण होता है। विषयवस्तु की प्रकृति कई कारकों पर निर्भर करती है जैसे-सेवार्थी की समस्या, संस्था के कार्य, सेवार्थी की आवश्यकताएं तथा भावनाएं, साक्षात्कार से सेवार्थी का परिवर्तित होने वाले विचार एवं धारणाएं, वैयक्तिक कार्यकर्ता का उद्‌देश्य, अध्ययन, निदान तथा उपचार का रूप भी विषयवस्तु की प्रकृति को निश्चित करते हैं।

वैयक्तिक कार्यकर्ता को विचार तथा भावना के सम्प्रेषण के दोनों स्तरों पर निपुणता की आवश्यकता होती है। जब विषयवस्तु तथ्यों पर आधारित होती है उस समय सहायता को प्रभावपूर्ण बनाने के लिए वैयक्तिक कार्यकर्ता को संस्था के तरीकों, नीतियों तथा समुदाय में उपलब्ध अन्य स्रोतों का ज्ञान होना चाहिए। जब भावना प्रधान समस्या होती है और वैयक्तिक कार्यकर्ता सहायता प्रदान करना चाहता है ऐसी स्थिति में उसे सेवार्थी की भावनाओं के प्रत्युत्तर में निपुण होना चाहिए। वैयक्तिक सेवा कार्य की यह निपुणता सबसे महत्वपूर्ण है।

नियन्त्रित सांवेगिक अन्तर्भाविता का तात्पर्य वैयक्तिक कार्यकर्ता की सेवार्थी की भावनाओं, कठिनाइयों के प्रति संवेदनशीलता, भावनाओं की ज्ञान तथा उद्‌देश्यपूर्ण एवं उचित प्रत्युत्तर से ही है।

नियन्त्रित सांवेगिक अन्तर्भाविता के तीन प्रमुख अंग हैं :

1. संवेदनशीलता (Sensitivity)
2. बोध (Understanding)
3. प्रत्युत्तर (Response)।

1. *संवेदनशीलता :* संवेदनशीलता का तात्पर्य सेवार्थी की भावनाओं को सुनना तथा देखना है। कभी-कभी सेवार्थी अपनी भावनाओं को शब्दों में स्पष्ट नहीं कर पाता है या बताना नहीं चाहता है ऐसा प्राय: पहले साक्षात्कार में होता है जब सेवार्थी वैयक्तिक कार्यकर्ता से कम परिचित होता है और विश्वास भी कम होता है, इसके अतिरिक्त सांस्कृतिक एवं व्यक्तित्व की विशेषताओं की भिन्नता के कारण वह तुरन्त मेल- जोल बढ़ा नहीं पाता है। इसके अतिरिक्त उस समय भावनाएं भी इतनी गहराई में होती हैं कि वे बाह्यीकृत करने में समय लेती हैं। सेवार्थी की भावनाओं को इस स्तर पर अनुभव किया जा सकता है। इन भावनाओं की अभिव्यक्ति बोलने के ढंग, बातचीत करने में तेजी, आवाज में संवेदना आदि में प्रकट होती है। मुखाकृति, हस्त उपयोग, पहनावे का ढंग आदि भी भावनाएं स्पष्ट करते हैं। सेवार्थी की भावनाओं की संवेदनशीलता कई प्रकार से प्रकट होती है। यह आलोचनात्मक व्यवहार, अनुभव, अधीक्षण एवं आत्म अनुशासन से समझ में आती है।

वैयक्तिक कार्यकर्ता का आत्म अनुशासन उसकी ही आवश्यकताओं एवं भावनाओं की जागरूकता से संबंधित होता है जिससे कि संवेदन के मार्ग में कोई रुकावट न हो। इसका तात्पर्य है कि वैयक्तिक कार्यकर्ता अपने विचारों को इस प्रकार से व्यवस्थित करता है, जिससे वह किसी प्रकार से भी सेवार्थी की भावनाओं पर रोक न लगाए और न ही स्पष्ट होने में रुकावट उत्पन्न करे। कार्यकर्ता अपनी भावनाओं पर पूरी तरह से नियन्त्रण रखता है। यद्यपि सेवार्थी की भावनाओं से सहमति प्रकट करता है परन्तु अपने को उसका अंग नहीं बनाता है।

2. *बोध :* वैयक्तिक कार्यकर्ता सेवार्थी की भावनाओं को समझना आवश्यक समझता है क्योंकि वे भावनाएं समस्या तथा समस्या के कारक दोनों से संबंधित होती हैं। वह जानना चाहता है

कि सेवार्थी क्या कर रहा है, वह क्या-क्या उपाय उपयोग में ला सकता है, वह किस प्रकार सेवार्थी को विचारों के स्पष्टीकरण में सहायता कर सकता है तथा किस प्रकार यह अभिव्यक्ति सेवार्थी से संबंधित लक्ष्यों को पाने में सहायक होगी। समझ या बोध एक निरन्तर चलने वाली प्रक्रिया है। प्रत्येक साक्षात्कार में समझ धीरे-धीरे बढ़ती है। लेकिन किसी-किसी केस में वैयक्तिक कार्यकर्ता को केवल कुछ अंश का ज्ञान ही हो पाता है। उसी से संतोष करना पड़ता है परन्तु वह सदैव अधिक से अधिक समझ बढ़ाने का प्रयत्न करता है।

मानव व्यवहार को समझना अत्यन्त कठिन है। इसका ज्ञान मनोविज्ञान, मनोविकार विज्ञान तथा अन्य सामाजिक विज्ञानों से होता है। आत्म ज्ञान तथा व्यावसायिक अनुभव मानव व्यवहार का ज्ञान होने में महत्वपूर्ण भूमिका निभाते हैं। आवश्यकताओं का ज्ञान, प्रतिक्रियाओं के तरीके, विपत्ति के समय मनोरचनाओं का उपयोग जानना वैयक्तिक कार्यकर्ता का उद्‌देश्य होता है। सेवार्थी की विशेषताओं को इन आधारों पर रखकर समझने का प्रयास करता है। वह सेवार्थी की भावनाओं और उसके अर्थ जानने का प्रयास करता है। एक अनुभव एक सेवार्थी के लिए दूसरा अर्थ प्रकट कर सकता है, जबकि दूसरा सेवार्थी अन्य प्रकार से अनुभव कर सकता है। सेवार्थी की भावनाएं तथा उन भावनाओं के प्रति सेवार्थी का दृष्टिकोण वैयक्तिक कार्यकर्ता के लिए जानना आवश्यक होता है। वैयक्तीकरण से भी सेवार्थी का समस्या तथा उसके सांवेगिक और पर्यावरणीय कारकों में संबंध का ज्ञान होता है। वैयक्तिक कार्यकर्ता को भावनाओं के अर्थ जानने के लिए निपुणता विकसित करनी चाहिए। इसके लिये अधीक्षण तथा परामर्श दो प्रमुख सहायक साधन हैं। भावनाओं के स्पष्टीकरण का ढंग बहुत सीमा तक समस्या का अर्थ प्रकट करता है।

3. *प्रत्युत्तर :* संवेदना तथा बोध दोनों अपने आप में अपूर्ण हैं। वे प्रत्युत्तर के साधन हैं। सेवार्थी की भावनाओं के प्रति वैयक्तिक कार्यकर्ता का प्रत्युत्तर संबंध स्थापन का महत्वपूर्ण मनोवैज्ञानिक तत्व है। यह सबसे कठिन प्रविधि है। अनुभवी कार्यकर्ता ही इसका वास्तविक अर्थ समझता है और इसे अपने व्यवहार में ला सकता है। सेवार्थी की भावनाएं तथा उसकी मनोवृत्ति बदलती रहती है अत: इसका ध्यान रखकर ही कार्यकर्ता अनुकूल प्रत्युत्तर कर सकता है।

प्रत्युत्तर केवल मौखिक ही नहीं होता है बल्कि यह मनोवृत्ति और भावनाओं से संबंधित होता है तथा ज्ञान और उद्‌देश्य से निर्देशित होता है। वैयक्तिक कार्यकर्ता चेतन रूप से तथा उद्‌देश्य को ध्यान में रखकर सेवार्थी की भावनाओं से प्रत्युत्तर करता है। इस प्रकार से यह एक प्रकार का सेवार्थी की भावनाओं से भागीकरण होता है।

यद्यपि प्रत्युत्तर मूल रूप से आन्तरिक होता है परन्तु यह बाह्यीकृत किसी-न-किसी रूप में किया अवश्य जाता है, जिससे सेवार्थी को इसका ज्ञान हो सके। परन्तु बाह्य प्रकार के प्रत्युत्तर का बहुत अधिक महत्व नहीं होता है अत: वैयक्तिक कार्यकर्ता को आन्तरिक प्रत्युत्तर की विधियों को विकसित करने में सहयोग करना चाहिए। प्रत्युत्तर का उद्‌देश्य सेवार्थी की मनोवैज्ञानिक सहायता करना है जिससे वह अपनी कठिनाई को उचित प्रकार से समझ सके तथा अहं को दृढ़ कर समस्या समाधान का प्रयास कर सके।

स्वीकृति का सिद्धांत

समाज कार्य में स्वीकृति शब्द का उपयोग अधिकाधिक किया जाता है। प्रत्येक समाज कार्यकर्ता इस शब्द के महत्व से अवगत है तथा वैयक्तिक सेवा कार्य में जहां पर कार्यकर्ता की सफलता संबंध की प्रकृति पर निर्भर है, स्वीकृति के सिद्धांत का विशेष महत्व है। परन्तु इस शब्द की स्पष्ट परिभाषा अभी तक नहीं हो पाई है। स्वीकृति शब्द के कई अर्थ हैं। जब किसी वस्तु के सन्दर्भ में इसका उपयोग होता है तो इसका तात्पर्य प्राप्त (Receive) करने से है या उपहार स्वीकार करने से है। जब बौद्धिक प्रत्यय के रूप में उपयोग किया जाता है तो इसका तात्पर्य वास्तविकता को जानने से है या

अनुकूल प्रत्युत्तर करने से है। जब व्यक्ति के संदर्भ में उपयोग होता है तो इसका तात्पर्य व्यक्ति का आदर करते हुए उससे संबंध स्थापित करना है।

समाज कार्य साहित्य में स्वीकृति शब्द की परिभाषा कहीं भी स्पष्ट रूप से नहीं दी गई है। कहीं-कहीं आंशिक रूप से इसका स्पष्टीकरण मिलता है उसी को क्रमबद्ध रूप से यहां प्रस्तुत किया जा रहा है।

1. *रेनोल्ड, बेरथा सी (Reynolds, Bertha C.)* : जब हम सेवार्थी को जैसा है वैसा समझ लेते हैं तथा मानव साथी के रूप में उसका सम्मान करते हैं तो हम सेवार्थी को स्वीकृति प्रदान करते हैं।

2 *क्रुस, हेरथा (Krus, Hertha)* : वैयक्तिक सेवा कार्य व्यक्ति को जैसा है वैसा स्वीकार करता है, वह बिना पूर्वाग्रह के सेवार्थी को स्वीकृति देता है। यह वह केवल के लिये नहीं बल्कि व्यावसायिक उद्देश्य के कारण ऐसा करता है। वह सहानुभूति, स्वीकृति, प्रेम आदि प्रदर्शित करता है।

वैयक्तिक कार्यकर्ता सेवार्थी को जैसा है वैसा ही जानने का प्रयास करता है, वही प्रत्यक्षीकृत करना चाहता है, वही रूप देखना चाहता है तथा उन्हीं गुणों को समझना चाहता है। इसी आधार पर वह सेवार्थी से संबंध भी स्थापित करता है। इसका तात्पर्य है कि सेवार्थी में वास्तविकता का चाहे जितना विघटन हो, चाहे जितना सेवार्थी के प्रत्यक्षीकरण से उसका प्रत्यक्षीकरण भिन्न हो, मूल्यों में कितना भी अन्तर क्यों न हो, हम उसे वैसा ही स्वीकार करते हैं जैसा वह अपने को प्रदर्शित करता है। इसका यह तात्पर्य नहीं है कि सेवार्थी में परिवर्तन की आशा नहीं रखते हैं बल्कि इसका तात्पर्य यह है कि सहायता की कला स्वीकृति के तत्त्व पर आधारित है और वहीं से प्रारम्भ की जाए तो विशेष लाभकारी सिद्ध होगी। समाज कार्य का दृढ़ विश्वास है कि सेवार्थी के स्तर से ही कार्य प्रारम्भ होना चाहिए जिससे सफलता प्रत्येक स्तर पर मिलती रहे। इस अर्थ में स्वीकृति व्यावसायिक मनोवृत्ति या जीवन का एक गुण या एक सिद्धान्त है।

1. स्वीकृति के निम्न अंग हैं :

1. सम्मान करना (Respecting)।
2. प्रेम करना (Loving)।
3. चिकित्सात्मक समझ (Therapeutic understanding)।
4. प्रत्यक्षीकरण (Perception)।
5. सहायता (Helping)।
6. प्राप्त करना (Receiving)।

2. स्वीकृति क्रिया के तीन प्रकार हैं :

1. *प्रत्यक्षीकरण :* वैयक्तिक कार्यकर्ता को वस्तुगत तथ्यों को देखना चाहिए। वह जो भी स्वीकार कर रहा है उसे निष्पक्ष होकर अवलोकन करना वैयक्तिक कार्यकर्ता का उत्तरदायित्व है।

2. *उपचारात्मक समझ :* वैयक्तिक कार्यकर्ता को सदैव स्वीकृत विषय को समस्या के कारणों के सन्दर्भ में देखना चाहिए। उसे जानना चाहिए कि उस विषय का सेवार्थी से क्या संबंध है तथा वैयक्तिक सेवा प्रक्रिया किस प्रकार सिद्ध हो सकती है।

3. *स्वीकृति :* वास्तविकता का प्रत्यक्षीकरण एवं उसको स्वीकृति देना ही स्वीकृति है। वैयक्तिक सेवा कार्य में सेवार्थी की स्वीकृति का तात्पर्य :

1. मानव के रूप में उसकी एकता, क्षमता, योग्यता में विश्वास।
2. व्यक्ति के रूप में जैसा है वैसा तथा सीमाओं सहित।
3. मनोवृत्ति तथा व्यवहार असहयोग पूर्ण होने पर भी उसको स्वीकार करना।
4. उसकी वास्तविक क्षमताओं को स्वीकार करना।
5. सेवार्थी के रूप में उसे मानना तथा अपनी भावनाओं एवं रुचियों पर नियंत्रण लगाना।
6. सकारात्मक तथा नकारात्मक भावनाओं की स्वीकृति।

3. *स्वीकृति के गुण के मापक :* निम्न प्रकार के व्यवहार से स्वीकृति प्रदर्शित होती है : 1. स्फूर्ति देना, 2. ढाढ़स बंधाना, 3. शिकायत को सुनना, 4. आदर करना, 5. रुचि प्रदर्शित करना, 6. जीवन के अनुभवों को जानने की उत्सुकता प्रदर्शित करना आदि।

4. *स्वीकृति का उद्‌देश्य :* 1. मानव के रूप में मूलभूत क्षमताओं में विश्वास तथा उनका आदर करना। 2. कठिनाई के समय सहायता करना। 3. दूसरे व्यक्ति के सुख में वृद्धि करना। 4. रोगमुक्त होने में सहायता करना। 5. जीवन दशाओं पर पुनः नियन्त्रण प्राप्त करने में व्यक्ति की सहायता करना।

वैयक्तिक सेवा कार्य में स्वीकृति का उद्‌देश्य उपचारात्मक है जिससे सेवार्थी की सहायता सम्भव हो सके।

सेवार्थी जैसा है वैसा या उसके नकारात्मक व्यवहार, मनोवृत्ति तथा विचलित जीवनचर्या को स्वीकार करने का तात्पर्य अनुमोदित (Approved) करने से नहीं है। वैयक्तिक कार्यकर्ता उन्हें अच्छा नहीं समझता है। केवल चिकित्सा प्रक्रिया एवं समझ के लिए उन्हें स्वीकृति देता है। यदि वैयक्तिक कार्यकर्ता विचलित व्यवहार को अनुमोदित कर देता है तो फिर वह समस्या का समाधान न कर सकेगा। अतः वैयक्तिक कार्यकर्ता को अनिर्णायक दृष्टिकोण अपनाना चाहिए, जिससे सेवार्थी को अनुभव हो कि वह उसके व्यवहार का न तो तिरस्कार कर रहा है और न ही स्वीकार कर रहा है। व्यक्ति के रूप में स्वीकृति प्रदान करना न कि व्यवहार को स्वीकार करना वैयक्तिक कार्यकर्ता का उद्‌देश्य होता है।

5. *सेवार्थी की आवश्यकताएं :* जो व्यक्ति सहायता के लिए अभिकरण में आता है, उसकी मुख्य विशेषता असंतोष की होती है। वह अपनी वर्तमान स्थिति के प्रति क्षुब्ध होता है, उसे अपनी दिनचर्या से असंतोष अनुभव होता है। वह परिवर्तन चाहता है। लेकिन वह पर्यावरणीय दबाव तथा सीमाओं एवं बंधनों के कारण स्वयं परिवर्तन करने में असमर्थ होता है। वह अपने से खुश नहीं होता है तथा उभयामुखी (Dualism) की स्थिति भी कभी-कभी प्रकट होती है। एक तरफ तो वह अपनी कमियों एवं असफलताओं के विषय में जागरूक रहता है। दूसरी तरफ अपनी महत्ता तथा मूल्य का भी ज्ञान होता है। परिवर्तन की इच्छा तथा परिवर्तन करने की क्षमता प्रत्येक व्यक्ति में भिन्न-भिन्न होती है। जब वह अपनी समस्याओं से निपटने के लिए सहायता लेता है तो उसमें एक विशेष प्रकार की भावना तथा मनोवृत्ति जाग्रत हो जाती है।

सेवार्थी चाहता है कि वह अपनी कमियों को वैयक्तिक कार्यकर्ता को बताए जिससे वह सहायता अधिक कर सके, परन्तु वह साथ-ही-साथ यह भी सोचता है कि कहीं कार्यकर्ता उसे 'व्यक्ति' से कम न समझने लगे। उसे भय तथा डर रहता है कि कार्यकर्ता उसे शक्तिहीन, कमजोर तथा अपराधी न समझने लगे। वह अनुमोदन से डरता है। इस भय के परिणामस्वरूप अनेक प्रतिक्रियाएं होती हैं। ये प्रतिक्रियाएं समस्या की प्रकृति तथा सेवार्थी के व्यक्तित्व पर निर्भर करती हैं।

इसके अतिरिक्त सेवार्थी कार्यकर्ता से संकोच भी करता है क्योंकि उसके जीवन का प्रथम मिलन होता है, उसे भय रहता है कि कहीं उसकी प्रार्थना को ठुकरा न दिया जाए। वह उन दशाओं एवं शर्तों के मानने में असंतोष व्यक्त करे जिनके अभिकरण सहायता प्राप्त करने के लिए आवश्यक समझता है। वह वैयक्तिक कार्यकर्ता के साथ कार्य करने में अरुचि प्रकट करे। अतः वह जो भी तथ्य या भावना छिपाना चाहता है उसके लिए वह मनोरचनाओं को निर्मित करता है।

सेवार्थी में अनेक इसी प्रकार की अन्य भावनाएं होती हैं जो समस्या से घनिष्ठ संबंधित होती हैं परन्तु सेवार्थी उनको प्रकट नहीं करता है। अतः ऐसा वातावरण तैयार करना कार्यकर्ता का उत्तरदायित्व होता है जहां पर सेवार्थी अपनापन अनुभव कर सके।

6. *कार्यकर्ता की भूमिका :* कार्यकर्ता की निम्न भूमिका इस सिद्धांत के पालन करने में आती है :

1. वैयक्तिक कार्य संबंध को वास्तविक आधार पर बनाना।
2. निरन्तर समस्या के वास्तविक तथ्यों की खोज करना।
3. सेवार्थी की शक्तियों एवं कमियों को जानना।
4. सेवार्थी की असफलताओं का पता लगाना।
5. असफलताओं से अवगत होना।

इन कार्यों को करने के लिए वैयक्तिक कार्यकर्ता का पहला कदम समस्या को किसी न किसी रूप में स्वीकार करने से संबंधित होता है। अत: वह वास्तविकता चाहे जितनी कष्टकर क्यों न हो जानने का प्रयत्न करता है।

जब सेवार्थी नकारात्मक भावनाओं का प्रदर्शन करता है, ये भावनाएं चाहे स्वयं के प्रति हों, लोगों के प्रति हों, या सेवार्थी के स्वयं के प्रति क्यों न हों, कार्यकर्ता इन भावनाओं का आदर करता है क्योंकि इससे उसे सहायता मिलती है। इसके अतिरिक्त सेवार्थी अपनी भावनाओं को प्रकट करने में समर्थ भी होता है। इसका तात्पर्य यह नहीं है कि वैयक्तिक कार्यकर्ता इसलिए प्रसन्न है कि सेवार्थी में नकारात्मक भावनाएं हैं परन्तु वह उनके प्रकटन पर प्रसन्नता प्रदर्शित करता है क्योंकि इससे समस्या का छिपा हुआ भाग ज्ञान का अंग बनता है जिससे चिकित्सा प्रक्रिया में सहायता मिलती है।

वैयक्तिक कार्यकर्ता सेवार्थी की नकारात्मक भावनाओं को उसी प्रकार स्वीकार करता है जिस प्रकार चिकित्सक रोग के लक्षणों को स्वीकार करता है। चिकित्सक उचित निदान के लिए इन लक्षणों को स्वीकृति देता है। वह एक शारीरिक शिकायत होने पर अन्य शारीरिक कार्यों की छानबीन करता है और यदि कोई तथ्य प्राप्त होता है तो वह प्रसन्न होता है। वह व्यक्ति की रोग दशा पर प्रसन्न नहीं होता है परन्तु सामान्यतया रोगी निष्क्रिय होते हैं, जबकि सेवार्थी सक्रिय रहने का प्रयत्न करता है। अत: प्रत्येक स्तर पर सेवार्थी की स्वीकृति आवश्यक होती है।

वैयक्तिक कार्यकर्ता का दृष्टिकोण सेवार्थी के लिए महत्वपूर्ण होता है। अत: वैयक्तिक कार्यकर्ता को निश्चित प्रत्युत्तर करने आवश्यक होते हैं। कार्यकर्ता का प्रत्युत्तर सेवार्थी पर केन्द्रित होता है। वह सेवार्थी की आवश्यकताओं से संबंधित होता है। कार्यकर्ता आवश्यकता से संबंधित प्रत्युत्तर नहीं करता है। सामाजिक वैयक्तिक सेवा कार्य का संबंध सामान्य संबंध से भिन्न होता है। वह केवल एकपक्षीय होता है अर्थात् सेवार्थी की आवश्यकताओं से संबंधित होता है। कार्यकर्ता सेवार्थी से कुछ पाना नहीं चाहता है और न ही सेवार्थी से अपनी किसी रुचि या इच्छा को पूरा करने के लिए कहता है। सामान्य संबंध में द्विमुखी प्रक्रिया होती है।

कार्यकर्ता सेवार्थी की क्षमता में विश्वास करता है। वह विश्वास करता है कि सेवार्थी में स्वयं सहायता करने की क्षमता होती है। अत: वह सेवार्थी में आत्म शक्ति को जाग्रत करता है। उसका प्रत्युत्तर विकासात्मक होता है। कार्यकर्ता को अनेक प्रकार के संवेगों से निपटना पड़ता है। अत: वह प्रत्येक प्रकार के संवेग को स्वीकृति तो देता है परन्तु साथ ही साथ आशा करता है कि आगे चलकर अनुकूल संवेग प्रदर्शित होंगे तथा सेवार्थी समझने में स्वयं समर्थ होगा।

कार्यकर्ता के प्रत्युत्तर में विचार तथा भावना दोनों तत्त्व विद्यमान रहते हैं। विचार (Thought) के स्तर पर इसका संबंध उद्‌देश्य के स्पष्ट ज्ञान, मानव व्यक्तित्व तथा व्यवहार के तरीकों की जानकारी से संबंधित होता है। सांवेगिक स्तर में सेवार्थी की स्वीकृति से तात्पर्य संबंध में आत्म के प्रयोग से होता है। आत्म का उपयोग तभी हो सकता है जब आत्म के विषय में ज्ञान हो। आत्म से संबंधित ज्ञान अवलोकन तथा अभ्यास के द्वारा होता है। अत: कार्यकर्ता को अपने व्यवहार का भी अवलोकन करना चाहिए। आत्म ज्ञान से दूसरों को समझने तथा उनके व्यवहार को स्वीकृत करने में आसानी रहती है। यह अपनी भावनाओं तथा मनोवृत्तियों को समझता है।

कार्यकर्ता के प्रत्युत्तर सदैव अभिकरण के कार्यों के अनुकूल होने चाहिए। अभिकरण के कार्य सेवार्थी की स्वीकृति को प्रभावित करते हैं।

7. *स्वीकृति के मार्ग में बाधाएं :* सामान्य रूप से सेवार्थी की स्वीकृति के मार्ग में निम्न बाधाएं हैं :

1. *मानव व्यवहार के तरीकों का अपूर्ण ज्ञान :* कार्यकर्ता को मनोवैज्ञानिक तथा मनोविकार संबंधी मानव व्यवहार के ज्ञान की आवश्यकता होती है। उसे सामान्य सांवेगिक तथा आर्थिक समस्या की प्रतिक्रियाओं तथा मनो-रचनाओं का भी ज्ञान होना चाहिए। इससे कार्यकर्ता में दक्षता बढ़ती है जो सेवार्थी को स्वीकृति देने में सहायता देती है। इसकी अनुपस्थिति में वह वास्तविक तथ्यों एवं कारकों को अंधेरे में ही छोड़ देता है।
2. *आत्मा के कुछ तथ्यों को न स्वीकार करना :* कार्यकर्ता कभी-कभी अपने समान ही नकारात्मक तथा अवांछनीय कारकों को सेवार्थी में पाता है। यदि वह अपने इन कारकों को प्रतिगमित कर देता है तो सेवार्थी की भी सहायता करने में असमर्थ रहता है। जब वह अपनी भावनाओं से निपटने में असमर्थ हो चुका होता है तो वह सहायता नहीं कर सकता है।
3. *अपनी भावनाओं को सेवार्थी पर आरोपित करना :* कार्यकर्ता को अपनी भावनाओं को आरोपित नहीं करना चाहिए। सेवार्थी के व्यवहार का अर्थ अपने से नहीं जोड़ना चाहिए।
4. *पक्षपात तथा पूर्वाग्रह :* पक्षपात तथा पूर्वाग्रह की भावनाएं कार्यकर्ता के व्यवहार को प्रभावित करती हैं। अतः वह सेवार्थी को स्वीकृति देने में असमर्थ रहता है।
5. *अनावश्यक पुनर्विश्वास :* कार्यकर्ता सेवार्थी को विश्वास दिलाता है और यह विश्वास मनोवैज्ञानिक आलम्बन का कार्य करता है। यदि यह विश्वास अवास्तविक होता है तो सेवार्थी कार्यकर्ता की क्षमता के प्रति शंका उत्पन्न करता है।
6. *स्वीकृति तथा अनुमोदन में भ्रम :* कार्यकर्ता सेवार्थी की नकारात्मक भावनाओं तथा विचलित व्यवहार को स्वीकार करता है परन्तु उसको उचित नहीं समझता है। उसका अनुमोदन नहीं करता है। इसके लिए उसे समाज के नियमों, परम्पराओं, नीतियों, नैतिकता का ज्ञान होना आवश्यक होता है। यदि इसमें कमी होती है तो वह स्वीकृति तथा अनुमोदन में अन्तर नहीं कर पाता है।
7. *सेवार्थी के आदर में कमी :* जब कार्यकर्ता सेवार्थी की क्षमताओं में विश्वास नहीं करता, उसका निरादर करता है अथवा प्रतिकूलित भावनाएं प्रदर्शित करता है तो सेवार्थी सहायता संबंध स्थापित करने में कठिनाई अनुभव करता है।

अनिर्णायक मनोवृत्ति का सिद्धान्त

वैयक्तिक सेवा कार्य संबंध का वह एक विशिष्ट गुण है। कार्यकर्ता अपनी प्रक्रिया में इसकी मनोवृत्ति को अपनाता है। इस मनोवृत्ति का आधार सामाजिक वैयक्तिक सेवा कार्य का दर्शन है, जो यह मानता है कि व्यक्ति का समस्या उत्पन्न करने में कोई दोष नहीं है या वह अपराधी नहीं है बल्कि परिस्थितियां इसके लिए उत्तरदायी हैं। यह व्यक्ति की मनोवृत्ति, स्तर तथा क्रिया-प्रतिक्रिया के कार्यों को महत्व देता है।

'निर्णय' का तात्पर्य व्यक्ति को किसी कार्य के लिए उत्तरदायी या उसकी अज्ञानता को निश्चित करने से होता है। यह एक प्रक्रिया है जिसके द्वारा निश्चित किया जाता है कि प्रत्येक व्यक्ति उक्त कार्य के लिए स्वयं दोषी है या उसने यह अपराधपूर्ण कार्य नहीं किया है। उसी आधार पर इसे दोषी ठहराया जाता है।

वैयक्तिक सेवा कार्य में भी निर्णय का यही अर्थ लिया जाता है। अर्थात् सेवार्थी पर उसकी समस्या के लिए दोषारोपण मौखिक या अन्य किसी प्रकार से करना। समस्या के कारक चाहे

पर्यावरणीय हों या व्यक्तित्व से संबंधित हों। सेवार्थी की सहायता करने में यद्यपि उसकी असफलताओं तथा कमियों को जानना आवश्यक होता है। लेकिन वैयक्तिक कार्यकर्ता का निर्णय करने का कोई उत्तरदायित्व एवं कार्य नहीं होता है। निर्णय करने का अधिकार दूसरे अधिकारियों को होता है। समाज कार्य दर्शन, विश्वास, प्रेम, सहानुभूति तथा सहयोग सिखाता है। इसका दृढ़ विश्वास है कि व्यक्ति के विषय में कोई निर्णय लेना अतार्किक तथा अव्यावहारिक है। दोषी का तिरस्कार करना अथवा बहिष्कृत करना कोई बुद्धिमानी नहीं है। ये भावनाएं सहायक प्रक्रिया में बाधा पहुंचाती हैं तथा सेवार्थी आत्मग्लानि अनुभव करता है। समाज कार्य दण्ड के स्थान पर सहायता में विश्वास करता है।

सेवार्थी की सहायता करने, समुदाय के स्त्रोतों का उपयोग करने, उचित समायोजन प्राप्त करने, व्यक्तित्व का विकास एवं वृद्धि करने के लिए वैयक्तिक कार्यकर्ता को सेवार्थी तथा उसकी समस्या दोनों को समझना होता है। सहायता को प्रभावपूर्ण बनाने के लिए आवश्यक होता है कि वैयक्तिक कार्यकर्ता सेवार्थी की समस्या के कारणों को जाने। इस प्रक्रिया में वैयक्तिक कार्यकर्ता सेवार्थी पर न तो दोषारोपण करता है, न ही उसे अपराधी बताता है और न ही उसे समस्या उत्पन्न करने का कारक बताता है।

1. *सेवार्थी की आवश्यकता :* सेवार्थी में अक्षमता, असफलता तथा अपर्याप्तता के लक्षण होते हैं। इन विशेषताओं के कारण उसकी भावना प्रभावित होती है। सहायता लेने में उसे कोई सुख नहीं प्राप्त होता है बल्कि आत्मग्लानि ही अनुभव होती है। उसमें भय उत्पन्न होता है कि कहीं उसे पुनः दोषी न ठहराया जाए, क्योंकि विगत जीवन में लोगों ने उसकी असफलता को उस पर आरोपित किया तथा दोषी ठहराया जा चुका है। लोगों ने उसकी खूब भर्त्सना की है तथा अप्रत्याशित व्यवहार प्रदर्शित किया। अभिकरण में आने पर वह वैयक्तिक कार्यकर्ता को समाज का एक अंग मानता है और उससे भी पूर्णवतः निर्णय की आशा रखता है। वह भय अनुभव करता है कि कार्यकर्ता भी उसी को समस्या के लिए दोषी ठहराएगा। अतः वह आत्म सुरक्षात्मक मनोवृत्ति का विकास करता है और तथ्यों को छिपाने का पूरा प्रयत्न करता है। वह स्वयं वास्तविकता को समझना नहीं चाहता है। वैयक्तिक कार्यकर्ता का यह उत्तरदायित्व होता है कि वह किसी प्रकार की निर्णयात्मक मनोवृत्ति न अपनाए अन्यथा सेवार्थी विशेष रूप से सुरक्षात्मक उपायों का उपयोग करेगा।

जब तक सेवार्थी को निर्णय का भय रहता है, तब तक वह स्वतन्त्र होकर बातचीत में हिस्सा नहीं लेता है तथा खुलकर वार्तालाप नहीं करता है। ऐसी स्थिति में वह नकारात्मक भावनाओं को स्पष्ट नहीं करता है क्योंकि उसे भय रहता है कि उसके द्वारा दी गई सूचनायें उसी के लिए हानिकारक सिद्ध हो सकती हैं। वह आलोचना के प्रति सजग रहता है, वैयक्तिक कार्यकर्ता की प्रतिक्रियाओं के विषय में विचार करता रहता है तथा वह निश्चित नहीं कर पाता है कि क्या तथ्य बताना चाहिए तथा क्या छिपाना चाहिए।

जब सेवार्थी को ज्ञात हो जाता है कि कार्यकर्ता न तो उसकी आलोचना कर रहा है और न ही दोषारोपण करने का विचार रखता है तो आत्म सुरक्षात्मक उपायों में कमी आती है। उसका भय दूर होता है तथा उसे विश्वास होने लगता है कि वैयक्तिक कार्यकर्ता वास्तव में सहायता करना चाहता है। वह प्रश्नों का उत्तर ठीक तथा सही-सही देने का प्रयत्न करता है क्योंकि वह जान लेता है जो प्रश्न पूछे जा रहे हैं, वे उसी के हित के लिए हैं। उनका कार्यकर्ता से कोई संबंध नहीं है। अनिर्णायक मनोवृत्ति होने पर ही कार्यकर्ता समस्या की गहराई में पहुंच पाता है तथा तथ्यों का संकलन करता है।

2. *मूल्य तथा प्रतिमान आवश्यक :* वैयक्तिक कार्यकर्ता के मूल्यांकन के स्थान पर उसकी मनोवृत्ति, प्रतिमान, क्रिया आदि का मूल्यांकन करता है। सेवार्थी स्वयं का जब मूल्यांकन करता है तो उसे कष्ट एवं ग्लानि होती है परन्तु जब उसके व्यवहार को मूल्यांकित किया जाता है तो उस पर

उतना प्रभाव नहीं पड़ता है। वैयक्तिक कार्यकर्ता व्यवहार का मूल्यांकन सेवार्थी के संबंधों में कोई निर्णय लेने के लिए नहीं करता है बल्कि व्यक्तित्व को समझने के लिए करता है। यद्यपि उसे मूल्यों तथा प्रतिमानों से विचलन जानने में रुचि रहती है परन्तु वह दोषारोपण के उद्देश्य से ऐसा नहीं करता है। वह व्यवहार का ज्ञान समस्या समाधान के लिए करता है जिससे सेवार्थी उचित प्रकार से समायोजन करने में समर्थ हो सके। निदान तथा मूल्यांकन के लिए सेवार्थी के अहं की विशेषताओं को जानना आवश्यक होता है। अतः वह उसकी कमियों, क्षमताओं तथा संघर्षों को जानने का प्रयास करता है। प्रतिमान तथा मूल्य वैयक्तिक कार्य प्रक्रिया के अभिन्न अंग हैं क्योंकि कार्यकर्ता समाज का ध्यान रखकर ही सहायता करता है। समस्या का निदान तथा मूल्यांकन सामाजिक कारकों के आधार पर करता है तथा उपचार कार्य भी सामाजिक हो जाता है।

3. *सांवेगिक तत्व :* कार्यकर्ता को अनिर्णायक मनोवृत्ति सिद्ध करने के लिए सेवार्थी की भावनाओं के प्रति अति संवेदनशील होना चाहिए। उसे ज्ञात होना चाहिए कि उसकी असफलता, निर्भरता तथा हार का उस पर क्या प्रभाव पड़ा है। जब तक वह समस्या के सांवेगिक पक्ष को नहीं समझेगा, तब तक वह सफल नहीं हो सकता है।

कार्यकर्ता की इस मनोवृत्ति को सेवार्थी के लिए भी जानना आवश्यक होता है। उसका अनुभव केवल वार्तालाप की लय तथा ढंग से ही कराया जा सकता है। प्रथम साक्षात्कार में विशेष सहायता की आवश्यकता होती है। उसमें सुरक्षात्मक भावनाओं को जाग्रत करना होता है। वह निर्भय होकर बातचीत कर सके इसके लिए प्रयत्न करना पड़ता है। वह अनुभव करता है कि उसका कार्यकर्ता से संबंध अन्य संबंधों से पृथक् है या कार्यकर्ता उसकी वास्तव में सहायता करना चाहता है।

आत्म-निर्णय का सिद्धान्त

समाज कार्य की यह दृढ़ धारणा है कि व्यक्ति में आत्म-निश्चय करने की अन्तर्भूत क्षमता होती है। इसी प्रत्यय के आधार पर वैयक्तिक कार्यकर्ता सेवार्थी को अपना मार्ग स्वयं निश्चित करने के लिए प्रोत्साहित करता है। सेवार्थी को अपनी रुचि के अनुसार वैयक्तिक सेवा कार्य प्रक्रिया में भाग लेने की पूरी स्वतन्त्रता होती है। उसके अधिकारों तथा आवश्यकताओं को महत्व दिया जाता है। कार्यकर्ता सेवार्थी की आत्म-निर्देशन क्षमता को उत्तेजित करता है तथा उसे संस्था में उपलब्ध साधनों का ज्ञान कराता है। सेवार्थी का आत्म-निश्चय करने का अधिकार उसकी सकारात्मक एवं रचनात्मक निर्णय शक्ति की सीमा पर निश्चित होता है। संस्था के कार्य भी इस अधिकार को प्रभावित करते हैं।

1. *सेवार्थी का अधिकार एवं आवश्यकता :* प्रत्येक मानव प्राणी की तरह सेवार्थी को भी अपनी क्षमताओं को विकसित करने का अधिकार होता है। उसका अपने उद्देश्यों को पूरा करने का उत्तरदायित्व भी होता है। प्रत्येक उत्तरदायित्व के साथ अधिकार जुड़ा होता है अतः सेवार्थी को अपना मार्ग चुनने तथा उद्देश्य प्राप्त करने के साधन निश्चित करने का अधिकार भी होता है।

सेवार्थी यद्यपि परेशान, हताश तथा हतोत्साही होता है परन्तु वह अपनी स्वतंत्रता तथा अधिकार नहीं खोना चाहता है। वह अभिकरण में सहायता तथा सहयोग के लिए आता है। वह वैयक्तिक कार्यकर्ता को सहायता प्रदान करने वाला तथा समस्या समाधान करने की विधि बताने वाला मानता है। कार्यकर्ता से वह आशा करता है कि वह समस्या समाधान के साधन तथा स्रोत बताए एवं उसकी क्षमता में ज्ञान प्रदान करके वृद्धि करे। कार्यकर्ता से वह आशा करता है कि समस्या समाधान के विकल्पों को बताये तथा प्रत्येक विकल्प का उचित मूल्यांकन करे। यद्यपि सेवार्थी अपनी समस्या समाधान करने में असमर्थ होता है तथा वैयक्तिक कार्यकर्ता से मनोवैज्ञानिक सहायता चाहता है परन्तु वह अपना स्वयं निर्णय लेने की स्वतंत्रता भी चाहता है।

उत्तरदायित्व को पूरा करना व्यक्तित्व विकास तथा उसकी परिपक्वता के लिए आवश्यक होता है। निर्णय की स्वतन्त्रता शक्ति में परिपक्वता तथा बौद्धिक, सामाजिक, सांवेगिक तथा आध्यात्मिक विकास करती है। वैयक्तिक सेवा कार्य तभी अधिक प्रभावपूर्ण होता है, जब सेवार्थी को स्वयं समस्या समाधान के साधनों को चुनने तथा अपना निर्णय लेने का अधिकार होता है। सामाजिक उत्तरदायित्व सांवेगिक समायोजन तथा व्यक्तित्व विकास तभी होता है, जब व्यक्ति को अपना निर्णय लेने तथा विकल्प चुनने की स्वतंत्रता होती है। वैयक्तिक कार्यकर्ता इस तथ्य को पूरी तरह से समझता है तथा सेवार्थी को अपना निर्णय लेने की स्वतंत्रता देता है।

2. *वैयक्तिक कार्यकर्ता की भूमिका :* वैयक्तिक कार्यकर्ता ही सेवार्थी के आत्म निर्णय लेने के अधिकार को व्यवहार में लाता है। उसको अपना अनुभव तथा अपनी भूमिका इस सिद्धान्तों के पालन में सहायता करती है। कार्यकर्ता की मनोवृत्ति तथा व्यक्तित्व भी सहायक रूप में कार्य करते हैं। कार्यकर्ता की भूमिका इस सिद्धान्त के आधार पर दो प्रकार की होती है : सकारात्मक तथा नकारात्मक।

सकारात्मक रूप में निम्न भूमिका है :

1. समस्या एवं आवश्यकता को वास्तविक अर्थ में समझने तथा प्रत्यक्षीकृत करने में सेवार्थी की सहायता करता है। जहां पर वह होता है। धीरे-धीरे वह सभी कारकों को स्पष्ट करता है जिससे सेवार्थी के ज्ञान में वृद्धि होती है एवं स्पष्ट कारण दिखायी देते हैं।
2. समुदाय में उपलब्ध स्त्रोतों से अवगत कराता है। कार्यकर्ता सेवार्थी को सभी उपलब्ध स्त्रोतों को बताता है। विकल्पों को स्पष्ट करता है तथा प्रत्येक विकल्प के महत्व को स्पष्ट करता है। कार्यकर्ता अपना मूल्यांकन विकल्प चुनावों के विषय में प्रस्तुत करता है तथा सुझाव भी प्रस्तुत करता है। परन्तु इन सभी भूमिकाओं को वह इस तरह पूरा करता है जिससे सेवार्थी किसी प्रकार का दबाव न अनुभव करे।
3. सेवार्थी को अपना निर्णय लेने के लिए उत्साहित करता है। इस भूमिका में वह सेवार्थी के तनाव को कम करता है, भय को दूर करता है तथा जो सहायता सेवार्थी चाहता है, प्रदान करता है।
4. संबंधों की प्रकृति इस प्रकार से बनती है जिसमें सेवार्थी अपनी समस्या के सन्दर्भ में स्वयं कार्य करने लगता है। कार्यकर्ता सेवार्थी की बात को सुनता है, सक्रिय भाग लेता है तथा समस्या समझने में पूरी सहायता करता है।

सारांश में कहा जा सकता है कि कार्यकर्ता वायु तथा प्रकाश आने के लिए दरवाजे खोल देता है जिससे सेवार्थी सुखद स्थिति का अनुभव करता है और अपनी स्थिति को स्पष्ट देखने में समर्थ होता है। वैयक्तिक कार्यकर्ता के निम्नलिखित कार्य इस सिद्धान्त के विपरीत भूमिका निभाते हैं :

1. समस्या संबंधी मुख्य उत्तरदायित्व को स्वयं ग्रहण करना तथा सेवार्थी को गौण स्थान प्रदान करना। उदाहरण के लिए उपचार को निश्चित करके सेवार्थी को उसे मानने के लिए निर्देश देने से उस पर कुप्रभाव पड़ता है।
2. सेवार्थी क्या सहायता चाहता है, इसको ध्यान में न रखकर प्रत्येक सामाजिक तथा सांवेगिक स्थिति का सूक्ष्म अवलोकन करने का प्रयास करने से भी विपरीत प्रभाव पड़ता है।
3. प्रत्यक्ष या अप्रत्यक्ष रूप से सेवार्थी को अपना (कार्यकर्ता का) निर्णय मानने के लिए मजबूर करना। कभी-कभी कार्यकर्ता सेवार्थी को अपनी इच्छा व्यक्त करने का अवसर ही नहीं देता है तथा स्वयं रास्ता बताता चलता है।

इस प्रकार का दृष्टिकोण कार्यकर्ता तभी अपनाता है, जब वह समझता है कि उसकी भूमिका का क्षेत्र कम हो रहा है। परन्तु वास्तविकता यह कभी नहीं होती है। कार्यकर्ता को सेवार्थी को अपना निर्णय का अधिकार देकर बहुत बड़ी सहायता मिलती है।

इस सिद्धान्त के पालन से सेवार्थी अपनी भविष्य की समस्याओं को समझने तथा समाधान करने की क्षमता विकसित कर लेता है एवं आत्म नियंत्रण एवं निर्देशन का विकास होता है।

आत्म-निर्णय लेने की सीमाएं

आत्म निश्चय के सिद्धांत का कोई महत्त्व नहीं रह जाता है, यदि सेवार्थी के इस अधिकार की सीमा निश्चित न की जाए। अधिकार तथा कर्त्तव्य दोनों साथ-साथ रहते हैं। मानव स्वतंत्रता साधन है साध्य नहीं है। अत: असीमित नहीं हो सकती है। सेवार्थी के आत्मनिर्णय लेने की चार प्रमुख विशेषताएं हैं :

1. *सकारात्मक तथा रचनात्मक निर्णय लेने की सेवार्थी की क्षमता :* कोई भी सिद्धांत पूरी तरह से सभी व्यक्तियों के साथ उपयोग में नहीं लाया जा सकता है। वैयक्तिक कार्यकर्ता प्रत्येक सेवार्थी का वैयक्तीकरण करता है। अत: वह प्रत्येक की शक्ति का भी अनुमान लगा देता है। चूंकि निर्णय लेने की शक्ति प्रत्येक व्यक्ति में भिन्न-भिन्न होती है। अत: वह सेवार्थी की क्षमता से परे आत्म निर्णय का अधिकार नहीं देता है।
2. *कानून द्वारा सीमा का निश्चय :* समुदाय व समाज के कानून भी सेवार्थी के आत्म निर्णय की सीमा को निश्चित करते हैं। कानूनों के अनुसार ही उसे अपना निर्णय लेना होता है।
3. *नैतिक कानूनों द्वारा सीमा का निश्चय :* नैतिक मूल्यों के अनुसार ही वैयक्तिक कार्यकर्ता सेवार्थी को अपना निर्णय लेने के लिए उत्साहित करता है। उदाहरण के लिए यदि दूसरा विवाह धर्म से वर्जित है तो कार्यकर्ता कभी भी सेवार्थी को ऐसा निर्णय लेने के लिए स्वीकृति नहीं देगा।
4 *संस्था के कार्यों द्वारा सीमा का निश्चय :* संस्था में उपलब्ध सेवाओं के अंतर्गत ही सेवार्थी कोई निर्णय ले सकता है तथा उन्हीं साधनों का उपयोग आवश्यकतानुसार कर सकता है।

गोपनीयता का सिद्धांत

समाज कार्य मानव जीवन के विभिन्न पहलुओं में विभिन्न तरीकों द्वारा उपयोग में लाया जाता है। जीवन के बहुत से पहलू ऐसे होते हैं जिन्हें व्यक्ति बहुत ही गोपनीय रखता है और जिससे घनिष्ठतम संबंध होते हैं उसे ही बताता है। अत: गोपनीयता के सिद्धांत को दो रूपों में देखा जा सकता है : व्यावसायिक आचार संहिता के रूप में तथा वैयक्तिक सेवा कार्य संबंध के तत्त्व के रूप में।

गोपनीयता का तात्पर्य सेवार्थी की उन गोपनीय सूचनाओं को जिनको वह कार्यकर्ता को बताता है, गोपनीय रखने से है। यह सेवार्थी के मूल अधिकार से संबंधित है। यह वैयक्तिक कार्यकर्ता का उत्तरदायित्व है तथा वैयक्तिक सेवा कार्य का मूलाधार है।

सेवार्थी जब अभिकरण में आता है तो यह समझ कर आता है कि उसे वैयक्तिक कार्यकर्ता को अनेक गोपनीय बातें बतानी होंगी परन्तु वह यह भी चाहता है कि अन्य लोग उन बातों को न जानें क्योंकि ऐसा होने से मानहानि होगी तथा वैयक्तिक भावनाओं को ठेस पहुंचेगी। इसीलिए पहले वह कोई गोपनीय तथ्य नहीं बताता है। जब उसे विश्वास हो जाता है कि कार्यकर्ता इन तथ्यों को गोपनीय रखेगा तभी स्पष्ट करता है। वह जब जान लेता है कि अभिकरण की सहायता प्राप्त करने के लिए इन सूचनाओं को बताना आवश्यक है, तभी बताता है और विश्वास करता है कि ये सूचनाएं सहायक प्रक्रिया में लगे व्यक्तियों से परे लोगों को ज्ञात नहीं होंगी। वह किसी भी प्रकार से अपनी ख्याति को कम नहीं करना चाहता है।

1. *गोपनीयता का अधिकार :* व्यक्ति को दो प्रकार के नैसर्गिक अधिकार प्राप्त हैं :

1. जीवन का अधिकार
2. वृद्धि व विकास करने का अधिकार।

वृद्धि व विकास के अधिकार के अन्तर्गत निम्न अधिकार आते हैं :

1. शरीर को स्वस्थ रखने का अधिकार।
2. आवश्यक आवश्यकताओं जैसे भोजन, वस्त्र, मकान पूरा करने का अधिकार।
3. भविष्य सुखमय बनाने का अधिकार।
4. सांवेगिक, सामाजिक व बौद्धिक विकास करने का अधिकार।

उपरोक्त अधिकार गोपनीयता के मूल तत्त्व हैं और जिनको वैयक्तिक कार्यकर्ता आवश्यक मानता है।

2. *सामाजिक कार्यकर्ता का नैतिक उत्तरदायित्व :* गोपनीय सूचना के तीन वर्ग होते हैं:

1. नैसर्गिक गोपनीय।
2. प्रतिज्ञात्मक गोपनीय।
3. समझौतात्मक गोपनीय।

नैसर्गिक गोपनीय तथ्यों को यदि बता दिया जाता है तो व्यक्ति निन्दा का पात्र बनता है तथा आत्मिक ग्लानि होती है। इन तथ्यों का ज्ञान संस्था के कर्मचारी के रूप में वैयक्तिक कार्यकर्ता को नहीं होता है बल्कि जब संबंध घनिष्ठ हो जाते हैं तथा सेवार्थी बताता है और उसे अपना हितैषी समझने लगता है। अत: कार्यकर्ता इन तथ्यों को गोपनीय रखता है।

प्रतिज्ञात्मक गोपनीयता में कार्यकर्ता गोपनीय तथ्यों को जान लेने के पश्चात् वादा करता है कि वह इन तथ्यों को किसी को बताएगा नहीं। समझौतात्मक गोपनीय तथ्य तभी स्पष्ट होते हैं, जब सेवार्थी तथा कार्यकर्ता में गोपनीयता रखने का समझौता हो जाता है। सेवार्थी गोपनीय तथ्यों को तभी बताता है जब उसे विश्वास हो जाता है कि वैयक्तिक कार्यकर्ता द्वारा ये गोपनीय रखे जाएंगे तथा उसे उपहास का पात्र नहीं बनना पड़ेगा। वह साक्षात्कार में भी गोपनीयता रखना चाहता है तथा ऐसे वातावरण की आशा करता है, जहां पर उसके गोपनीय तथ्य दूसरे व्यक्तियों को ज्ञात न हो सकें।

उपरिलिखित सिद्धान्त वैयक्तिक सेवा कार्य को प्रभावकारी बनाते हैं तथा कार्यकर्ता इन सिद्धान्तों का पालन कर अपनी भूमिका पूरी करने में पूर्ण सफल होता है। इन सिद्धांतों का जानना तथा व्यवहार में लाना वैयक्तिक कार्यकर्ता के लिए आवश्यक होता है।

संचार का सिद्धान्त (Principle of Communication)

समस्या-समाधान की प्रक्रिया के अन्तर्गत कार्यकर्ता और सेवार्थी के बीच अन्त:क्रियाएं होती हैं। यद्यपि इसके पूर्व दोनों एक-दूसरे से अनजान होते हैं और सेवार्थी में कुछ संकोच/हिचक बनी होती है लेकिन प्रारम्भ में कार्यकर्ता सेवार्थी के व्यक्तित्व, समस्या व परिस्थितियों का गहन अध्ययन कर उसके साथ घनिष्ठ व विश्वसनीय संबंध स्थापित कर विशिष्ट संकेतों, चिह्नों, भाषा व हाव-भाव का प्रयोग करते हुए समस्या के स्वरूप और कारकों को सेवार्थी को समझाता है। दोनों के बीच किसी विषय पर सहमति-असहमति हो सकती है लेकिन शनैः शनैः उनमें एक समझ बननी आवश्यक है। उनमें एक-दूसरे की भूमिका की पूर्ण जानकारी होनी चाहिए। अत: कार्यकर्ता और सेवार्थी के बीच अन्त:क्रिया संचार द्वारा होती है तथा भावनाओं व तथ्यों का आदान-प्रदान सम्यक् ढंग से होता है। सही जानकारी पाने हेतु कार्यकर्ता उसकी समुचित मदद करता है। अभिकरण कैसे उसकी मदद कर सकता है और इसके एवज में अभिकरण सेवार्थी से क्या उम्मीद रखता है, इसका स्पष्टीकरण कार्यकर्ता द्वारा किया जाता है।

सेवार्थी के अन्दर सही ढंग से भावनाओं का आदान-प्रदान न हो पाने की दशा में कार्यकर्ता कुछ बातों को दृष्टिगत रखते हुए संचार के सिद्धान्त का पालन करता है जैसे-कार्यकर्ता सेवार्थी के स्तर के अनुरूप ही भाषा व शैली का उपयोग करता है ताकि सहायता प्रक्रिया के दौरान सेवार्थी पूरी

बातों को सरलता से समझ सके। इसके अतिरिक्त कार्यकर्ता का यह प्रयास होता है कि सेवार्थी अपनी अन्तर्मन की सभी बातें साफ-साफ सहजता से व्यक्त कर सके और कार्यकर्ता भी सेवार्थी की हर बातें ध्यानपूर्वक सौहार्दपूर्ण वातावरण में सुने व समझे, तत्पश्चात अभिकरण के लक्ष्यों, सेवा विधियों एवं क्षमता आदि का सेवार्थी को ज्ञान कराए।

सहभागिता का सिद्धान्त (Principle of Participation)

समस्या के निवारण के प्रयास में सेवार्थी की हर स्थान पर सक्रिय भागीदारी होनी चाहिए, यही इस सिद्धान्त की मूल भावना है। कार्यकर्ता इस सिद्धान्त का अनुसरण करते हुए सेवार्थी के लिए एक ऐसा अवसर प्रदान करता है कि वह अपनी यथार्थ स्थिति को स्पष्ट करते हुए समस्या के निदान में सहभाग करे, इससे सेवार्थी की अहम् शक्ति में वृद्धि हो सकती है। अतः समस्या समाधान प्रक्रिया के अन्तर्गत 'सेवार्थी-कार्यकर्ता संबंधों की परिधि में' कार्यकर्ता सेवार्थी की सक्रिय भागीदारी सुनिश्चित करने का प्रयत्न करता है।

आत्म-चेतना का सिद्धान्त (Principle of Self-Awareness)

सेवार्थी की ही तरह कार्यकर्ता भी जटिल सम्प्रेरणाओं से युक्त एक मानव प्राणी होता है। उसके अन्दर सांस्कृतिक विश्वासों एवं मूल्यों की छाप होती है। कार्यकर्ता के संवेग एवं मनोवृत्तियां साक्षात्कार की अवधि में विभिन्न सेवार्थियों के संबंधों को प्रभावित कर सकती हैं। इसलिए आत्म-चेतना के सिद्धान्त के अनुसार कार्यकर्ता की व्यक्तिगत भावनाएं, मनोवृत्तियां एवं सम्प्रेरणाएं को जानने के लिये कार्यकर्ता-सेवार्थी संबंधों में विशेष दखल न दें, ऐसी कार्यकर्ता से अपेक्षा रहती है। कार्यकर्ता-सेवार्थी संबंधों में कार्यकर्ता की व्यक्तिगत जीवन संबंधी प्रवृत्तियों, झुकावों, आवेगों व भावनाओं का कोई स्थान नहीं होना चाहिए। आत्म-चेतना के सिद्धान्त से तात्पर्य है कि सेवार्थी-कार्यकर्ता संबंधों में कार्यकर्ता को अपनी सकारात्मक व नकारात्मक व्यक्तिगत भावनाओं का निरीक्षण कर उन्हें नियन्त्रित रखना चाहिए। कार्यकर्ता से यह अपेक्षा की जाती है कि वह अपने प्रशिक्षण के दौरान ही व्यावसायिक व्यक्तित्व में यह निपुणता लाए। कार्यकर्ता में इन व्यक्तिगत भावनाओं को नियंत्रित रखने का कौशल अनुभव के साथ-साथ आ जाता है। अतः कार्यकर्ता को सेवार्थी के साथ अपने संबंधों का उपयोग उसकी अहम् शक्ति के विकास हेतु करने का प्रयत्न करना चाहिए।

अन्य सिद्धान्त

उपर्युक्त सिद्धान्तों के अलावा समाज कार्य विद्वानों द्वारा अन्य सिद्धान्तों का भी विवरण दिया जा रहा है, जो इस प्रकार हैं :

सेवार्थी की मनोदशा के अनुसार कार्यारम्भ का सिद्धान्त (The Principle of Begining Where the Client is)

पूर्व में कार्यकर्ता सेवार्थी के लिए अनजान सा रहता है, ऐसी परिस्थिति में यदि सेवार्थी की मनोदशा के अनुरूप ही कार्यकर्ता वार्तालाप करना शुरू करता है तो सहज रूप से सेवार्थी कार्यकर्ता की तरफ से आकर्षित हो जाता है और तदनुरूप रुचि का प्रदर्शन करता है। इस तरह शनैः शनैः संबंध बनने लगते हैं जिससे सेवार्थी कार्यकर्ता से भावनात्मक निकटता व विश्वास की अनुभूति करता है। फलस्वरूप कार्यकर्ता सहायता कार्य हेतु योजना बनाना शुरू कर देता है। कभी-कभी प्रारम्भ में ऐसा भी होता है कि सेवार्थी की मनोदशा की जानकारी नहीं होती, तो कार्यकर्ता सेवार्थी को ही अपनी

बात कहने के लिए प्रोत्साहित करता है और फिर तदनुरूप उस आधार पर वह सेवार्थी की मानसिक दशा व क्षमता की जानकारी प्राप्त कर अनुकूल वातावरण में कार्य करता है।

सहायता कार्य के दौरान आवश्यक साधनों के उपयोग का सिद्धान्त *(Principle of Resource Utilization)*

सहायता कार्य की प्रक्रिया के अन्तर्गत कार्यकर्ता से यह अपेक्षा की जाती है कि अभिकरण (संख्या) व समुदाय में उपलब्ध विभिन्न साधनों की विधिवत जानकारी उसे अवश्य हो और आवश्यकतानुसार सेवार्थी की क्षमता वृद्धि हेतु उनका सही उपयोग हो। इसके अतिरिक्त एक बात और ध्यान देने योग्य है कि कार्यकर्ता साधनों के प्रयोग के समय सदैव सेवार्थी को उन साधनों का ज्ञान कराते रहें तथा सेवार्थी को स्वयं के द्वारा साधनों की प्राप्ति हेतु प्रोत्साहित करे। परन्तु कभी-कभी सेवार्थी किन्हीं कारणों से स्वयं के प्रयासों के द्वारा सफलता पाने में अयोग्य होता है तो ऐसी परिस्थिति में कार्यकर्ता अपने स्वयं के प्रयत्न द्वारा सेवार्थी के लिए आवश्यक साधनों की उपलब्धि करा देता है और इस प्रकार सफलता हासिल हो जाती है।

सहकार का सिद्धान्त *(Principle of Co-operation)*

यह सिद्धान्त प्रजातंत्र व स्वावलम्बन की भावना से ओतप्रोत है। कार्यकर्ता हमेशा इस दृढ़ विश्वास के साथ कार्य करता है कि वह उसके साथ (पूंजी) कार्य कर रहा है न कि उसके लिए कार्य कर रहा है (एहसान नहीं)। इससे सेवार्थी में परावलम्बन की भावना कम हो जाती है और आगे भविष्य में वह अपने स्वयं के प्रयास द्वारा अपनी सहायता स्वयं करने में सक्षम हो जाता है व सफलता प्राप्त करता है। इस प्रकार समस्या समाधान प्रक्रिया के अन्तर्गत योजना बनाने व उसे क्रियान्वित करने में सेवार्थी का सक्रिय सहभाग प्राप्त हो, ऐसी व्यवस्था में कार्यकर्ता का विशिष्ट ध्यान लगा रहता है। दूसरे शब्दों में, सेवार्थी ही सभी क्रियाकलाप सम्पादित करे, परावलम्बी बनकर सुस्त न बैठा रहे। इस सिद्धान्त के समुचित प्रयोग द्वारा सेवार्थी में आत्म निर्भरता व अहम् शक्ति का विकास होता है। सहायता प्रक्रिया के दौरान वैयक्तिक कार्यकर्ता मात्र सलाहकार की भूमिका अदा करता है और सेवार्थी अपने संबंध में स्वयं ही जरूरी निर्णय लेता है तथा स्वयं ही उपचार के मार्ग में आगे बढ़कर कार्य करता है। अतः इस सिद्धान्त की महत्वपूर्ण भूमिका परिलक्षित होती है।

संबंध स्थापन का सिद्धान्त *(Principle of Establishing Relationship)*

वैयक्तिक सेवा कार्य के अन्तर्गत कार्यकर्ता एवं सेवार्थी के बीच संबंध का अति महत्वपूर्ण स्थान होता है। संबंध दो व्यक्तियों के मध्य किसी समान रुचि के आधार पर भावनाओं से युक्त अन्तःक्रिया की एक स्थिति है। प्रो. राजाराम शास्त्री के अनुसार, सेवार्थी के साथ स्थापित किया गया संबंध ही एक ऐसा उपकरण होता है जिसके माध्यम से कार्यकर्ता सेवार्थी को उपचार की योजना के कार्यान्वयन में लगाता है।

कार्यकर्ता सेवार्थी की समस्या एवं उसके आन्तरिक व बाह्य वातावरण से संबंधित जानकारी समुचित संबंध स्थापन के उपरान्त ही प्राप्त कर सकता है। वस्तुगत एवं विषयगत दोनों तरह की भावनायें संबंध स्थापन के अन्तर्गत होती हैं। निपुण कार्यकर्ता अपने स्व का सचेतन उपयोग कर अपनी भावनाओं के प्रति सदैव सचेत रहता है। वास्तविक व अवास्तविक भावनायें भी संबंध स्थापन के अन्तर्गत होती हैं। निपुण कार्यकर्ता अवास्तविक व स्थानान्तरित भावनाओं को भी सदैव ध्यान में रखकर उनका समुचित नियंत्रण और उपयोग करता है। कार्यकर्ता का दिमाग संबंधों के व्यावसायिक पक्ष की तरफ भी केन्द्रित होता है। ये व्यावसायिक संबंध किसी विशिष्ट लक्ष्य से स्थापित होते हैं।

इन संबंधों के बीच कार्यकर्ता की व्यक्तिगत बातें गौण हो जाती हैं। इस तरह के संबंध में परस्पर-जिम्मेदारी, परस्पर एक-दूसरे की मान्यता और मतभेदों की स्वीकृति शामिल होती है। चूंकि कार्यकर्ता सेवार्थी को आदर-सम्मान देता है इसलिए सेवार्थी महसूस करता है कि उसकी भावनाओं को स्वीकृति प्रदान की गई है और इसके साथ ही सेवार्थी पर कार्यकर्ता के श्रेष्ठ व्यक्तित्व का भी असर पड़ता है तथा सेवार्थी के अन्तर्मन में कार्यकर्ता के प्रति एक विश्वास की भावना भी जाग्रत होती है, फलस्वरूप सेवार्थी अपनी कठिनाइयों को स्पष्ट रूप से कार्यकर्ता को व्यक्त कर देता है तथा कार्यकर्ता की सलाह को भी स्वीकार करने लगता है लेकिन यहां एक बात ध्यान देने योग्य है कि कार्यकर्ता अपना निर्णय व सलाह उस पर लादे नहीं, बल्कि सेवार्थी द्वारा ही निर्णय देने का यथा सम्भव प्रयास कराए।

विभेदक सिद्धान्त (Different Principle)

फ्रीडलैण्डर (Friedlander) ने स्वीकृति, संचार, वैयक्तीकरण, सहभागिता, आत्मचेतना एवं गोपनीयता के सामान्य सिद्धान्तों के अतिरिक्त सामाजिक वैयक्तिक सेवाकार्य अभ्यास के विभेदक सिद्धान्तों का भी उल्लेख करते हुए यह स्पष्ट किया है कि विभिन्न परिस्थितियों में उपचार की अलग-अलग विधियां उपयुक्त होती हैं। कुछ परिस्थितियों में उपचार की कुछ विशिष्ट विधियां उपयोगी होती हैं तो इसके प्रतिकूल कुछ अन्य परिस्थितियों में उपचार की कुछ अन्य विशिष्ट विधियां उपयोगी होती हैं। कार्यकर्ता हर एक सेवार्थी के संबंध में उसकी समस्या का अध्ययन व निदान करके उसकी समस्या के निराकरण की विधियों को निर्धारित करता है जो अन्य दूसरे किसी सेवार्थी के संबंध में उपयुक्त नहीं भी हो सकतीं। अतः कहा जा सकता है कि एक सेवार्थी की अपेक्षा दूसरे सेवार्थी हेतु उपचार की विधियां पृथक् होती हैं।

सेवार्थियों में भिन्नता के कारण विभेदक सिद्धान्तों का प्रयोग किया जाता है। उपचार योजना चयन में मदद पहुंचाने के साथ-साथ उपचार-प्रक्रिया के दौरान इसमें जरूरी बदलाव लाने में ये विभेदक सिद्धान्त सहायक सिद्ध होता है। फ्रीडलैण्डर का मानना है कि निभेदक सिद्धान्तों का उपयोग एक कठिन कार्य है जिसके सफल प्रतिदान के लिए उचित ज्ञान की जरूरत होती है।

उन्होंने विभेदक सिद्धान्तों के प्रयोग के तीन क्षेत्रों का उल्लेख इस प्रकार किया है :

1. *पर्यावरण संशोधन एवं अहम् आलम्बन (Environmental Modification and Ego-Support)* : कार्यकर्ता विभिन्न सेवार्थियों की भिन्न-भिन्न समस्याओं का अध्ययन कर पृथक्-पृथक् उपचार योजना बनाकर उन्हें सहायता प्रदान करता है। साथ ही उनकी परिस्थितियों व पर्यावरण में संशोधन एवं परिवर्तनीय सुधार लाने का प्रयत्न करता है तथा अहम् शक्ति को आलम्बन एवं समर्थन प्रदान करता है।
2. *व्यवहार के अर्थ एवं प्रभाव का स्पष्टीकरण (Clarification of the effect and Meaning of Behaviour)* : भिन्न-भिन्न सेवार्थी किस प्रकार अपने व्यवहार अथवा प्रभाव के संबंध में पृथक्-पृथक् प्रत्यक्ष ज्ञान रखते हैं और अपनी समस्या के समाधान में सफल हो जाते हैं? विकृति कायम रहने की स्थिति में सेवार्थी समस्याग्रस्त हो जाता है इसलिए ही कार्यकर्ता इस विभेदक सिद्धान्त का उपयोग करता है। हर एक सेवार्थी को समझते हुए कार्यकर्ता उसके व्यवहार के अर्थ, लक्ष्य, प्रकृति एवं प्रभाव का स्पष्टीकरण करता है और समस्या समाधान का प्रयास करता है।
3. *व्यवहार के भूले हुए कारणों का प्रकटन (Uncovering of Forgotten causes of Behaviour)* : इस सिद्धान्त के अन्तर्गत कार्यकर्ता सेवार्थी को अपने व्यवहार के भिन्न-भिन्न कारणों को

समझने में मदद करता है और वह सेवार्थी की अन्तर्दृष्टि विकसित करने का प्रयत्न करता है। सेवार्थी अपने बाल्यकाल एवं किशोरावस्था के भूले गए अनुभवों को पुनः याद करता है जिनकी महती भूमिका होती है और जिसके परिणामस्वरूप संकटकालीन दशा से छुटकारा मिल पाता है। हॉलिस (Hollis) के मतानुसार विभेदक सिद्धान्तों के प्रयोग के कुछ विशिष्ट क्षेत्र निम्न प्रकार हैं : व्यवहार का आशोधन (Modification of Behaviour), मनःसामाजिक आलम्बन (Psychosocial Support), स्पष्टीकरण (Clarification) व अन्तर्दृष्टि का विकास (Insight Development)।

6

सामाजिक वैयक्तिक सेवा कार्य के कुछ प्रमुख आयाम

(Some Important Aspects of Social Case Work)

अपनी सामाजिक परिस्थिति में व्यक्ति अपनी भूमिकाओं को पूर्ण करने में असमर्थ होता है, तो अपनी इस तनावपूर्ण स्थिति से समायोजन प्राप्त करने के लिए सहायता प्राप्त करने की आशा से अभिकरण में आता है। सामाजिक सांस्कृतिक व्यवस्था में व्यक्ति अपनी आयु, लिंग, जाति, प्रजाति एवं व्यक्तिगत योग्यता के आधार पर जिस स्थिति को वह प्राप्त करता है उसकी प्रस्थिति (Status) कही जाती है और स्थिति के सन्दर्भ में सामाजिक परम्परा, प्रथा, नियम एवं कानून के अनुसार जो भूमिका उसे निभानी होती है वह उसका कार्य या उसकी भूमिका (Role) होती है। उदाहरण के लिए पिता की भूमिका, पति की भूमिका, पुत्र की भूमिका, स्वामी की भूमिका आदि। इससे स्पष्ट होता है कि प्रत्येक स्थिति का एक कार्यात्मक पक्ष होता है, इस कार्यात्मक पक्ष को ही भूमिका कहते हैं। भूमिका की अवधारणा में दो तत्त्व होते हैं :

1. प्रत्याशाएं (Expectations)
2. क्रियाएं (Activities)।

प्रत्येक स्थिति से संबंधित व्यक्ति से समाज कुछ आशाएं रखता है और यह आशा करता है कि वह व्यक्ति उन आशाओं के अनुरूप क्रिया करेगा। यह क्रिया उस स्थिति विशेष की भूमिका होगी। इस प्रकार कहा जा सकता है कि सामाजिक भूमिका प्रत्याशाओं और क्रियाओं की एक अन्त:संबंधित व्यवस्था है जो किसी सामाजिक संगठन का अंग होती है।

सामाजिक भूमिका की परिभाषा

आर. लिंटन के अनुसार, 'भूमिका शब्द का प्रयोग किसी स्थिति से संबंधित सांस्कृतिक प्रतिमान की समग्रता के लिए किया जाता है। इस प्रकार भूमिका के अन्तर्गत हम उन सभी मनोवृत्तियों, मूल्यों तथा व्यवहारों को सम्मिलित करते हैं जिन्हें कि समाज एक स्थिति विशेष पर आसीन प्रत्येक एवं सभी व्यक्तियों के लिए निर्धारित करता है।'

जहां तक कार्य बाह्य व्यवहार का बोध कराता है, वह कार्य स्थिति का गतिशील (Dynamic) पक्ष है अर्थात् अपनी स्थिति का औचित्य सिद्ध करने के लिए व्यक्ति को जो कुछ करना होता है, उसी को भूमिका कहा जाता है। एस.एस. सार्जेण्ट के अनुसार, 'किसी व्यक्ति की भूमिका सामाजिक व्यवहार का वह प्रतिमान अथवा पक्ष है, जो कि उसे एक परिस्थिति विशेष में अपने समूह के

सदस्यों की मांगों एवं प्रत्याशाओं के अनुरूप प्रतीत होता है। जे.एच. फिचर के अनुसार 'जब बहुत से अन्त:सम्बन्धित व्यवहार प्रतिमान एक सामाजिक प्रकार्य के चारों ओर एकत्रित हो जाते हैं तो उसी सम्मिलन को हम सामाजिक भूमिका कहते हैं।

भूमिका की प्रमुख विशेषताएं

उपरिलिखित परिभाषाओं के आधाार पर भूमिका की निम्नलिखित विशेषताओं का उल्लेख कर सकते हैं :

1. भूमिका एक सामाजिक स्थिति का क्रियात्मक पक्ष है। जैसे पिता की स्थिति में बच्चों का पालन-पोषण, बच्चों की सुरक्षा, परिवार की देखरेख आदि भूमिकाएं हैं।
2. भूमिका में अन्त:संबंधित व्यवहार होता है।
3. व्यक्ति का भूमिका संबंधी व्यवहार सामाजिक प्रत्याशाओं के अनुरूप होता है।
4. भूमिका के स्वरूप को सामाजिक मूल्य, आदर्श तथा उद्‌देश्य निर्धारित करते हैं।
5. सामाजिक मूल्यों, आदर्शों एवं अवसरों के परिवर्तन से भूमिका बदल जाती है।
6. भूमिका के कई क्षेत्र होते हैं और एक भूमिका एक निश्चित क्षेत्र में ही उपयुक्त होती है।
7. सभी व्यक्ति सामाजिक प्रत्याशाओं के अनुरूप अपनी भूमिका नहीं निभा पाते हैं क्योंकि व्यक्ति की कार्यशक्ति एवं संप्रेरणा पर अनेक कारक प्रभाव डालते हैं। ऐसी स्थिति में व्यक्ति तनाव महसूस करता है और समायोजन में कठिनाई महसूस करता है। इस कठिनाई को दूर करने के लिए वह संस्था में आता है।

सामाजिक भूमिका की प्रभावात्मकता, पूर्णता, स्वीकृति तथा उपयुक्तता दो तत्त्वों पर निर्भर करती है :

1. व्यक्ति की संप्रेरणा तथा क्षमता।
2. संबंधित सामाजिक पर्यावरण की क्षमता, संप्रेरणा तथा आशाएं।

इस प्रकार यह कहा जा सकता है कि व्यक्ति अपने प्राथमिक समूह से सीखता है कि संबंधित भूमिका की क्या प्रत्याशाएं हैं और उन प्रत्याशाओं को भूमिका द्वारा दूसरे से अन्तर्किया कर वास्तविक व्यवहारी में बदलता है। इस दूसरे कार्य को भूमिका अनुकूलन कहते हैं।

जब व्यक्ति की प्रेरणाएं एवं क्षमताएं उसकी अपेक्षित भूमिका के अनुकूल नहीं होती हैं तो वह असंतोषप्रद, अप्रभावकारी तथा अस्वीकारात्मक अनुकूलन का विकास भूमिका के संबंध में करता है। कभी-कभी व्यक्ति इस प्रकार की समस्या के समाधान के लिए समूह द्वारा उसकी भूमिका की, की गई परिभाषा में संशोधन करता है। किन्हीं-किन्हीं सामूहिक स्थिति में यह कार्य व्यक्तिगत सम्प्रेरणा तथा सामाजिक मांग (Social Requirements) में सन्तुलन बनाये रखने के लिए आवश्यक होता है। परन्तु कुछ स्थितियों में इस प्रकार का भूमिका समायोजन (Role Adjustment) समूह को स्वीकृत नहीं होता है। इस स्थिति में व्यक्ति भूमिका की परिभाषा के अनुसार कार्य करने का तो प्रयत्न करता है परन्तु इसमें उसे बहुत अधिक तनाव महसूस होता है।

सामाजिक भूमिका का प्रत्यय सामाजिक अभिकरण के संगठन तथा वैयक्तिक सेवा कार्य के उपयोग तथा संबंधित अभिकरण में वैयक्तिक सेवा कार्य की प्रणाली के प्रयोग द्वारा लक्ष्यों की प्राप्ति करता है। भूमिका के आधार पर ही कल्याणकारी संस्थाओं एवं उससे संबंधित सामाजिक वैयक्तिक सेवा कार्य प्रणाली को वर्गीकृत कर दिया गया है।

सामाजिक भूमिका तथा सामाजिक कार्यात्मकता में अन्तर होता है। सामाजिक कार्यात्मकता (Social Functioning) उन सभी भूमिकाओं को अपने में सम्मिलित करती है जो व्यक्ति अपने जीवन के एक समय में पूरा करता है। वैयक्तिक कार्यकर्ता का सदा निदान एवं चिकित्सा में यही प्रयास रहता है कि एक भूमिका से संबंधित क्या समस्याएं हैं और उन समस्याओं में क्या निहित है :

1. शैशव तथा बाल्यावस्था में व्यक्ति शारीरिक विकास करता है तथा सीखने की कला का अर्जन करता है। जीवन के सामाजिक एवं मनोवैज्ञानिक पक्ष में उसके संबंधों में विस्तार होता है। उसकी भूमिकाओं की परिभाषा की जाती है।
2. किशोरावस्था एवं प्रारम्भिक युवावस्था में भी भूमिकाओं तथा संबंधों में विस्तार होता रहता है। इस अवस्था में पहुंचने के लिए उसे संक्रमण काल (Transition Period) से गुजरना होता है। इस अवस्था में कभी-कभी प्रतिगमन (Regression) भी होता है। इस प्रतिगमन के कारण सामाजिक समूह को चिन्ता हो जाती है। इस अवस्था में सामाजिक क्रियाएं तीव्रतम स्थिति में पहुंच जाती हैं। वह दो उद्देश्यों को पूरा करना चाहता है, उपयुक्त व्यवसाय तथा उपयुक्त वैवाहिक साथी।
3. परिपक्व युवावस्था को अधिकाधिक उत्तरदायित्व का काल (The Period of Maximum Responsibility) कहते हैं। सामाजिक तथा आर्थिक भूमिकाएं इस अवस्था में अपनी पूर्ण सीमा में होती हैं। अधिक व्यक्तियों को परिवार की भूमिकाओं एवं उत्तरदायित्वों को पूरा करना होता है। सामाजिक प्रत्ययों की संख्या अधिकाधिक हो जाती है। परिवार की समस्त आशाएं उससे बंध जाती हैं। वह न केवल परिवार का सदस्य होता है बल्कि शिक्षा, व्यवसाय तथा मनोरंजन संस्थाओं का भी सदस्य होता है।
4. प्रौढ़ा अवस्था में व्यक्ति अपनी सम्प्रेरणाओं को पूरा करने की अधिकतम शक्ति का विकास कर लेता है। विकास की यह पूर्ण अवस्था होती है। उसकी मेहनत का फल प्राप्त होने लगता है तथा उसका जीवन उपलब्धि उन्नति के उच्चतम शिखर पर पहुंच जाता है। परिवार संबंधी भूमिकाओं में परिवर्तन होता है क्योंकि बच्चे स्वयं आत्म-निर्भर होने लगते हैं। शारीरिक परिवर्तन के साथ-साथ सांवेगिक परिवर्तन होता है। उत्पादन शक्ति में ह्रास होने लगता है।
5. प्रौढ़ावस्था के अन्तिम समय में कार्यात्मकता की उच्चतम सीमा समाप्त हो जाती है परन्तु आशाएं पूर्णतया बनी रहने पर भी वह अपने को कमजोर एवं असहाय अनुभव करने लगता है। उसके जीवन में असन्तुलन की प्रक्रिया (Process of de Engagement) प्रारम्भ हो जाती है। पितृात्मक भूमिका का अन्त हो जाता है। उसमें आत्म-शक्ति का ह्रास होने लगता है। उसकी भूमिकाओं को पूरा करने की क्षमता का ह्रास हो जाता है।
6. शारीरिक शक्तियों में पूर्णतया क्षीणता आ जाती है। वह एकान्त, नैराश्य, थकान आदि महसूस करता है। यदि उसके कार्यों की पूर्णता इस अवस्था तक नहीं होती है तो व्यक्ति मानसिक रूप से असन्तुलित हो जाता है। इन सभी स्तरों में व्यक्ति की भूमिकाएं भिन्न-भिन्न होती हैं। यदि वह इन भूमिकाओं को पूरा करने में असमर्थ होता है तो वह तनाव एवं सांवेगिक संघर्ष अनुभव करता है।

सामाजिक भूमिका के तत्त्व

जिस प्रकार इगो तथा सुपर इगो का प्रत्यय व्यक्तित्व संरचना का ज्ञान कराता है, उसी प्रकार भूमिका का प्रत्यय सामाजिक कार्यात्मकता का बोध कराता है। अत: भूमिका के तत्त्वों को समझना वैयक्तिक सेवा कार्य के लिए आवश्यक होता है। पर्लमैन ने निम्नलिखित तत्त्वों का उल्लेख किया है :

1. एक दी हुई स्थिति में भूमिका के अन्तर्गत कुछ निश्चित क्रियाएं तथा व्यवहार होते हैं। (Role implies that certain activities and behaviours are requisite to any given status) वैयक्तिक कार्यकर्ता को ज्ञात करना होता है कि सेवार्थी अपनी भूमिकाओं तथा क्रियाओं को किस प्रकार पूरा करता है। उदाहरण के लिए पिता के कार्य, पति के कार्य, पति के कार्य स्वामी के कार्य, सेवक के कार्य आदि किस प्रकार तथा किस सीमा तक पूरा करता है।

2. प्रत्येक भूमिका में अन्त:क्रिया अवश्य होती है (Role Implies Inter Action) कोई भी भूमिका अकेले में सम्पन्न नहीं होती है। एक या एक से अधिक व्यक्ति अवश्य ही भूमिका से संबंधित होते हैं। कार्यकर्ता के लिए आवश्यक होता है कि यदि सेवार्थी भूमिका संबंधी समस्या से पीड़ित है तो उसकी सम्पूर्ण सामाजिक अन्त:क्रिया की विवेचना करे। भूमिका को समझने के लिए उससे संबंधित अन्य व्यक्तियों की विवेचना करे। भूमिका को समझने के लिए उससे संबंधित अन्य व्यक्तियों का अध्ययन करना समस्या निदान एवं उपचार के लिए आवश्यक होता है। अत: सेवार्थी का ही अध्ययन समस्या के समाधान के लिए पर्याप्त नहीं होता है। यही कारण है कि वैयक्तिक सेवा कार्य में परिवार निदान (Family Diagnosis) का महत्व बढ़ता जा रहा है। परिवार द्वारा शक्तियों का पता चलता है, सेवार्थी के अहं का प्रभाव ज्ञात होता है तथा भूमिका पर प्रभावों का ज्ञान होता है।
3. भूमिका में सामाजिक प्रत्याशा (Social Expectations) तथा सामाजिक प्रक्रिया प्रतिमान होते हैं। व्यक्ति सामाजिक अन्त:क्रिया द्वारा संबंधों का विकास करता है। संबंधों की स्थापना आदान-प्रदान प्रक्रिया द्वारा सम्पन्न होती है। जहां व्यक्ति को एक ओर सामाजिक स्थिति संबंध के कारण प्राप्त होती है वहीं दूसरी ओर उस स्थिति से संबंधित भूमिका को पूरा करने की प्रत्याशाएं भी समाज की होती हैं। अर्थात् समाज व्यक्ति को इस आशय के साथ स्थिति प्रदान करता है कि वह उस स्थिति से संबंधित प्रत्याशाओं को पूरा करेगा। इसके अतिरिक्त प्रत्येक समाज की कुछ रीतियों, विश्वास, पद्धतियों, सारांश में प्रतिमान होते हैं जिनको मानना व्यक्ति के लिए आवश्यक होता है। वैयक्तिक कार्यकर्ता जिस समय सेवार्थी की समस्या का अध्ययन करता है, वह सामाजिक प्रतिमानों का भी अध्ययन करता है क्योंकि उनको समझकर ही सेवार्थी को समझा जा सकता है। वह प्रतिमानों के संबंध में सेवार्थी के विचारों का अध्ययन करता है, संघर्ष को जानने का प्रयास करता है तथा प्रतिमानों से समझौता कराने का प्रयत्न करता है।

यद्यपि समाज का प्रत्येक व्यक्ति सामाजिक प्रत्याशाओं तथा सामाजिक प्रतिमानों को पूरा करता है, परन्तु भूमिका का प्रत्यय इसको विशेष रूप से समझने के लिए बल देता है। व्यक्ति का व्यवहार न केवल अचेतन चालकों तथा आवश्यकताओं से होता है बल्कि उस स्थिति से भी प्रभावित होता है जो कि प्रत्याशाओं की आशा रखती है, अर्थात् परिवार तथा समुदाय का भी प्रभाव पड़ता है। इस सन्दर्भ में वैयक्तिक कार्यकर्ता को निम्न ज्ञान प्राप्त करना आवश्यक होता है :

1. सेवार्थी कौन-सा व्यवहार उचित समझता है, अपना या प्रत्याशित।
2. सेवार्थी की सांवेगिक स्थिति। वह क्या करना उचित समझता है।
3. स्वयं कार्यकर्ता ज्ञात करता है कि सामाजिक प्रत्याशाएं वास्तविक हैं अथवा नहीं।
4. यदि समस्या भूमिका उल्लंघन संबंधी है तो वर्तमान ज्ञान एवं वर्तमान सामाजिक स्वीकृति के आधार पर समस्या का मूल्यांकन करना।
5. सेवार्थी की भावनाओं एवं प्रत्यक्षीकरण को प्रभावित करना।
6. सेवार्थी की प्रत्याशाओं को समझना तथा अनुकूलन के लिए उनमें परिवर्तन लाना।

अत: संघर्ष की समस्या की चिकित्सा के अन्तर्गत वैयक्तिक कार्यकर्ता सेवार्थी जिस स्तर पर है वहीं से भूमिका प्रारम्भ करता है। सेवार्थी की अपनी भूमिका संबंधी परिभाषा से ही वैयक्तिक कार्यकर्ता अपना कार्य प्रारम्भ करता है। कार्यकर्ता अपने ज्ञान द्वारा उचित भूमिका को निश्चित करता है और जहां पर सहायता की आवश्यकता सेवार्थी अनुभव करता है, प्रदान करता है।

4. सामाजिक भूमिका में सांवेगिक मूल्य तथा भावनाएं निहित होते हैं। प्रत्येक मानवीय क्रियाओं में जिनमें आदान-प्रदान का संबंध होता है सांवेगिक मूल्य अवश्य ही पाये जाते हैं। व्यक्ति प्रायः भूमिकाओं तथा संबंधों के विषय में 'चाहिए', 'आशा की जाती है', 'आवश्यक है', अच्छा-बुरा, योग्य, मूर्खतापूर्ण, अर्थपूर्ण आदि शब्दों द्वारा मूल्यात्मक निर्णय करते हैं। ये प्रायः दो प्रकार के होते हैं :
    1. वे जो संस्कृति द्वारा मान्य होते हैं।
    2. व्यक्तिगत भूमिका संबंधी विचार एवं संवेग।

    कार्यकर्ता का संबंध प्रायः दूसरे प्रकार से अधिक होता है।

व्यक्तित्व द्वारा अनुभव से भूमिका को सम्पन्न किया जाता है। सम्पूर्ण व्यक्तित्व या उसका कुछ भाग अवश्य ही भूमिका को पूरा करने में लगा होता है, अतः भूमिका व्यक्तित्व से पृथक् कोई बाह्य कारक नहीं है। बल्कि शैशव अवस्था से ही भूमिका व्यक्तित्व की संरचना करती है। वैयक्तिक कार्यकर्ता सेवार्थी की भावनाओं को समझता है तथा सांवेगिक एवं मनोवैज्ञानिक क्षति का भी पता लगाता है। वह यह भी जानने का प्रयत्न करता है कि अचेतन तथा अर्धचेतन चालकों एवं आवश्यकताओं का प्रभाव भूमिका की समस्या पर किस प्रकार पड़ रहा है। वह बाह्य कारकों एवं आन्तरिक कारकों के ज्ञान के आधार पर सहायता के रूप को निश्चित करता है।

सामाजिक भूमिका एवं सामाजिक संस्थाएं

सामाजिक वैयक्तिक सेवा कार्य व्यक्ति की सहायता विभिन्न प्रकार की समाज कल्याण संस्थाओं द्वारा करता है। अतः इन संस्थाओं में आने वाले सेवार्थियों की सामाजिक भूमिकाओं को समझना आवश्यक प्रतीत होता है।

जन-सहायता मूलक अभिकरण में सामाजिक भूमिका (Social Role in Public Assistance)

जन-सहायता अभिकरण में दो प्रकार की सहायता प्रदान की जाती है- सामान्य सहायता तथा विशिष्ट सहायता कार्यक्रम। विशिष्ट सहायता के अन्तर्गत चार प्रकार की सहायता आती है :

1. आश्रित बालकों की सहायता।
2. वृद्धावस्था सहायता।
3. अन्धों की सहायता।
4. अस्थाई या पूर्ण शारीरिकी अयोग्य व्यक्तियों की सहायता।

इन सहायता के विभिन्न स्वरूपों के अनुसार सेवार्थी भी भिन्न-भिन्न होते हैं। बालक माता-पिता द्वारा सामाजिक भूमिकाओं को ग्रहण करना सीखता है। जिस प्रकार का पैतृक आलम्बन उसे प्राप्त होता है बालक उतना ही सन्तोषप्रद, स्वस्थ, स्वीकृत भूमिका ग्रहण करता है। जिस बालक के माता-पिता बालक का तिरस्कार करते हैं या परिवार की आर्थिक, सामाजिक, सांवेगिक एवं मनोवैज्ञानिक दशाएं ऐसी नहीं हैं जहां पर बालक को पूर्ण सहयोग प्राप्त हो सके तो इस अवस्था में वह समाज की अतिरिक्त सहायता चाहता है। इसी प्रकार वृद्ध व्यक्ति सेवार्थी बन जाता है क्योंकि व्यक्तिगत आर्थिक साधनों की कमी के अतिरिक्त प्राथमिक समूहों में भूमिका संबंध में भी परिवर्तन हो जाता है। वृद्ध व्यक्ति की सामाजिक भूमिका के अन्तर्गत प्राथमिक सामूहिक संघों की सदस्यता में कमी, सामाजिक प्रभावकारी स्थितियों से पृथक्कीकरण तथा सामाजिक एकाकीपन आता है। बच्चे बड़े-बड़े हो जाते हैं तो उनको पैतृक निर्देशों की आवश्यकता नहीं रहती है। आर्थिक संस्थाएं वृद्ध व्यक्ति को अयोग्य समझती हैं अतः उसे कार्य से मुक्त कर देती हैं। सामाजिक संस्थाएं आर्थिक के

साथ सामाजिक संबंधों की आवश्यकता को भी पूरा करती हैं। कुछ संस्थाएं अन्धों तथा अस्थाई या पूर्ण शारीरिक अक्षम व्यक्तियों की सहायता करती हैं।

पारिवारिक सेवा में सामाजिक भूमिका

पारिवारिक सेवा संबंधी अभिकरण में आने वाले सेवार्थी पति-पत्नी या माता-पिता तथा बच्चों के बीच भूमिका संबंध में कठिनाई महसूस करते हैं। भूमिका की पुनर्संरचना तथा भूमिका कार्यों का पुनर्निर्धारण न केवल मुख्य व्यक्ति की मृत्यु, अपराध, रोग अथवा अन्य आकस्मिक घटना के कारण होता है बल्कि वह बालक के जन्म, दत्तक पुत्र, सौतेले माता अथवा पिता अथवा अन्य नये व्यक्ति के सदस्य बनने पर भी आवश्यक हो जाता है। इस स्थिति में प्रत्येक सदस्य की भूमिका का पुनर्निर्धारण होता है। इस निर्धारण में यदि सदस्य अनुकूल व्यवहार प्रदर्शित करने में असमर्थ होता है तो समस्या गम्भीर हो जाती है।

भूमिका का प्रत्यय पत्नी, मां, पति अथवा पिता जो भी संस्था में आता है, उसको समझने में सहायक साधन का कार्य करता है। वैयक्तिक कार्यकर्ता परिवार सेवा संस्था में संबंध स्थिति का अध्ययन करता है तथा मूल्यांकन द्वारा निष्कर्ष निकालता है कि किस प्रकार का वैयक्तिक कार्यकर्ता-सेवार्थी संबंध सेवार्थी की असन्तुलित तनावपूर्ण स्थिति में लाभकारी सिद्ध होगा। कार्यकर्ता यह भी निश्चित करता है कि किस प्रकार के परिवर्तन किए जाएं जिससे सेवार्थी संबंधों में सन्तुलन उत्पन्न हो सके।

बाल-कल्याण में सामाजिक भूमिका

बाल-कल्याण अभिकरणों का उद्देश्य फॉस्टर बालक (Foster Child) तथा दत्तक बालक (Adoptive Child) की भूमिका से संबंधित समस्याओं का समाधान करना है। वैयक्तिक कार्यकर्ता इन बालकों की आवश्यकताओं, सम्प्रेरणाओं, क्षमताओं तथा सीमाओं का अध्ययन करता है। फॉस्टर पैरेन्ट को भी व्यक्तित्व संबंधी विशेषताओं का ज्ञान प्राप्त कराता है। वैयक्तिक कार्यकर्ता यह निश्चित करता है कि बालक को किस प्रकार की भूमिका तथा प्रत्याशाओं की आवश्यकता है। भूमिका की मांग बालक की क्षमता के अनुसार ही होनी चाहिए।

विद्यालय के समाज कार्य में सामाजिक भूमिका (Social Role in School Social Work)

वैयक्तिक कार्यकर्ता विद्यालय में पढ़ने वाले उन बालकों की समस्याओं का अध्ययन, निदान एवं चिकित्सा करता है जो अपनी भूमिका को पूरा करने में असमर्थ होते हैं। कार्यकर्ता बालक के अध्ययन के साथ-साथ संबंधित अध्यापक का भी अध्ययन करता है, सामाजिक प्रत्याशाओं का पता लगाता है। किन प्रत्याशाओं को पूरा करने में बालक असफल हो रहा है, इसका भी ज्ञान प्राप्त करता है। कार्यकर्ता बालक के माता-पिता का भी समस्या समाधान में सहयोग प्राप्त करता है तथा उनकी बाधक भूमिकाओं को परिवर्तित करने में सहायता करता है। कार्यकर्ता का उद्देश्य बालक में शक्तियों एवं क्षमताओं का पुष्टीकरण करना होता है जिससे वह सन्तोषप्रद, प्रभावात्मक तथा स्वीकृत भूमिका सम्पादित कर सके।

सुधारात्मक अभिकरणों में सामाजिक भूमिका : बालक जब सामाजिक प्रत्याशाओं को पूरा करने में आन्तरिक तथा बाह्य बाधाएं अनुभव करता है तो वह बाल अपराध की प्रवृत्ति विकसित कर लेता है। कार्यकर्ता इन बाधाओं का अध्ययन करता है और उनके आधार पर चिकित्सा व्यवस्था निश्चित करता है।

चिकित्सकीय समाज कार्य में सामाजिक भूमिका

जब व्यक्ति कोई शारीरिक अथवा मानसिक रोग से पीड़ित होता है तो भूमिका अनुकूलन के समय कठिनाई महसूस करता है तो कारण रोग से उत्पन्न अनेक सामाजिक, मनोवैज्ञानिक एवं सांवेगिक समस्याएं हैं। चिकित्सालय जो कि एक अभिकरण है वह भी अपनी संस्कृति के प्रभाव को रोगी पर डालता है। चिकित्सालय के उद्देश्य, कार्य, संरचनात्मक संगठन, नियम, कानून, स्थिति का संस्तरण, स्थिति से संबंधित प्रत्याशाएं होती हैं। रोगी भी इस संगठन का एक अंग होता है। चिकित्सालय निदेशक, स्टाफ फिजीशियन, रेजीडेन्ट्स इंटर्न्स, नर्स, कम्पाउण्डर, सोशल वर्कर आदि रोगी की भूमिका के संबंध के अंग होते हैं। ये सभी चिकित्सकीय अंग रोगी से प्रत्याशाएं रखते हैं तथा अनेक प्रकार से प्रत्यक्ष तथा अप्रत्यक्ष रूप से संबंधित होते हैं।

रोगी के व्यवहार का स्तर चिकित्सालय की आशाओं के अनुरूप होता है। सत्ता आश्रित संगठन के संबंध में रोगी की स्थिति निम्न स्तर पर होती है। सभी कर्मचारी आश्रित तथा विनम्र व्यवहार की आशा करते हैं। परन्तु सभी रोगी इस भूमिका को पूरा करने में समर्थ नहीं होते हैं क्योंकि व्यक्तिगत सम्प्रेरणाएं तथा क्षमताएं प्रत्येक व्यक्ति की भिन्न-भिन्न होती हैं तथा बाह्य प्रभाव भिन्न-भिन्न होता है। इस कारण असउसे बुरा रोगी (Bad Patient) कहा जाता है। इस प्रकार एक ओर तो उसकी चिकित्सा प्रक्रिया अवरुद्ध होती है और दूसरी ओर उसकी भूमिका विचलित भूमिका कही जाती है। इस स्थिति में वैयक्तिक कार्यकर्ता रोगी की सहायता रचनात्मक भूमिका ग्रहण करने में करता है। वह रोगी की प्रत्याशाओं को चिकित्सा प्रक्रिया के अनुकूल बनाता है। चिकित्सकीय दल की प्रत्याशाओं में भी स्पष्टीकरण द्वारा परिवर्तन लाने का प्रयास करता है।

व्यक्ति जब चिकित्सालय में आता है तो वह अपनी पूर्व भूमिकाओं जैसे पिता की भूमिका, पति की भूमिका, जीविकोपार्जन की भूमिका को कुछ समय के लिए स्थगित कर देता है। वह जब अपने परिवार से पृथक् होता है तो इस पृथक्कीकरण को सांवेगिक शक्ति प्रदान करके उसे अपने लिए कभी-कभी कष्टकर एवं दुःखदायी बना लेता है। परिवार को भी रोगी के पृथक्करण से कठिनाई होती है। परिवार की भूमिकाओं तथा परिस्थितियों में परिवर्तन होने के कारण उसका प्रभाव रोगी पर पड़ता है। अतः रोगी से संबंधित समस्त भूमिकाओं को चिकित्सा प्रक्रिया में देखा जाता है। वैयक्तिक कार्यकर्ता का कर्तव्य होता है कि वह सेवार्थी की आर्थिक, सामाजिक, मनोवैज्ञानिक स्थितियों एवं दशाओं का अध्ययन करके इनसे संबंधित कठिनाइयों को दूर करने का प्रयत्न करे।

मनोचिकित्सकीय समाज कार्य में सामाजिक भूमिका

मनोचिकित्सालय में वही रोगी आते हैं जो सामाजिक भूमिकाओं को पूरा करने में असमर्थ होते हैं। जिन भूमिकाओं तथा संबंधों को बनाये रखने की आशा उससे की जाती है, उन्हें व्यक्तिगत, सामाजिक, सांवेगिक अथवा अन्य किसी कारण से निर्वाह करने में असमर्थ होता है। वैयक्तिक कार्यकर्ता अन्य स्थितियों के समान यहां भी तनाव की स्थिति से संबंधित सामाजिक तथा मनोवैज्ञानिक कारकों से अपना संबंध रखता है। बाल निर्देशन कार्य में कार्यकर्ता माता-पिता से बच्चे की मनोवृत्ति तथा व्यवहार के विषय में जानकारी प्राप्त करता है। वह माता-पिता की प्रतिक्रियाओं का भी अन्वेषण करता है।

उपर्युक्त सामाजिक भूमिकाओं के वर्णन से यह सिद्ध हो जाता है कि सामाजिक वैयक्तिक सेवा कार्य में अध्ययन निदान व उपचार के लिए सामाजिक भूमिका का प्रत्यय एक महत्वपूर्ण मौलिक मंत्र होता है। तनावपूर्ण स्थिति तभी उत्पन्न होती है, जब व्यक्ति अपनी भूमिका को पूरा करने में किसी प्रकार की आशा महसूस करता है। अतः कार्यकर्ता का कार्य इन बाधाओं को दूर कर भूमिकाओं को पूरा करने की क्षमता का विकास करना है।

अनुकूलन प्रविधि का प्रत्यय (Concept of the Technique of Adjustment)

भूमिका का अर्थ उस प्रयास को सम्पन्न करना होता है, जिसके द्वारा व्यक्ति सामाजिक परिस्थिति से समायोजन स्थापित करता है। परन्तु आन्तरिक एवं बाह्य उत्प्रेरकों तथा परिस्थितियों के प्रभाव के कारण कभी-कभी व्यक्ति भूमिका सम्पादन में दबाव एवं तनाव की अनुभूति करता है। अत: तनावपूर्ण स्थिति का अनुभव प्राय: दो कारणों से होता है।

1. परिवर्तित स्थिति की मांगों से संबंधित भूमिकाओं के अभ्यस्त तथा पूर्व तरीकों के द्वारा पूरा करने की अक्षमता अथवा अनौचित्यता।

2. व्यक्तिगत अभिप्रेरणाओं (Motivation) एवं क्षमताओं के परिवर्तित होने की अवस्था में अपरिवर्तित भूमिकाओं को पूरा करने में व्यक्तिगत असन्तुलन।

सामाजिक वैयक्तिक सेवा कार्य में सेवार्थी की अनुकूलन प्रविधियों की शक्तियों, क्षमताओं, प्रभावों आदि का महत्वपूर्ण स्थान होता है। सेवार्थी में अनुकूलन करने की कितनी शक्ति एवं क्षमता है, यह निश्चित करती है कि सेवार्थी सामाजिक पर्यावरण से समायोजन करने में कहां तक सफल होगा। तनावपूर्ण स्थिति को वह किस प्रकार सुलझाने का प्रयास करता है तथा अपने प्रयत्नों को किस प्रकार परिवर्तित करता है। यह निश्चित करता है कि उसकी कठिनाई एवं समस्या को कितनी जल्दी दूर किया जा सकेगा। वैयक्तिक कार्यकर्ता यह जान लेने के पश्चात् दो प्रकार के प्रयत्न करता है। वह या तो व्यक्ति की आन्तरिक शक्तियों को सम्बल प्रदान करके अनुकूलन को सम्भव बनाता है या फिर सामाजिक स्थिति में ही परिवर्तन का प्रयास करता है। व्यक्ति तनावपूर्ण स्थिति से अनुकूलन तीन प्रकार से करता है :

1. अभ्यस्त एवं पूर्व निश्चित तरीकों के उपयोग द्वारा।
2. संघर्ष, समानता अथवा कल्पना की उड़ान द्वारा।
3. उदासीनता, प्रत्याहार, अगतिमानता (Non-movability) अथवा अति-सक्रियता द्वारा।

व्यक्ति सर्वप्रथम अपनी समस्या का समाधान अपने पूर्व तरीकों एवं अभ्यस्त प्रविधियों द्वारा करने का प्रयत्न करता है। यदि इस प्रकार उसकी समस्या का समाधान नहीं होता है तो वह कठिनाई से प्रगतिगमन करता है। इस स्थिति में वह या तो संघर्ष करता है या अपने को उस स्थिति के अनुकूल बना लेता है अथवा उस स्थिति से दूर होने का प्रयत्न करता है। यदि ये भी तरीके असफल हो जाते हैं तो वह समस्या के प्रति उदासीन होकर मानसिक विकार के लक्षण उत्पन्न कर लेता है।

यदि सेवार्थी को समस्या के विषय में ज्ञात हो जाता है कि पूर्व निश्चित तरीकों के द्वारा समस्या को किसी न किसी सीमा तक अवश्य सुलझाया जा सकता है तो उसे तनावपूर्ण स्थिति का अधिक आभास नहीं हो पाता है। वह अपने अभ्यस्त तरीकों द्वारा स्थिति को कष्टकर होने से बचाता रहता है। वह अपने पूर्व निश्चित अनुकूलन के तरीकों में परिवर्तन की मांग को अधिक अवरोधों के साथ अस्वीकार करता है। उसकी यह धारणा होती है कि वह अपने सन्तुलन के जिन तरीकों को प्राप्त करने में सफल हुआ है, उनमें परिवर्तन लाने की किसी प्रकार की आवश्यकता नहीं है। अत: वह अपने अभ्यस्त अनुकूलन के लिए सुरक्षात्मक प्रयत्न करता है। वैयक्तिक कार्यकर्ता यदि इनमें परिवर्तन लाना ही चाहता है, तो उसे बहुत ही अधिक सहयोगिक संबंध का विकास करना होता है। जब अभ्यस्त अनुकूलन के तरीके समस्या समाधान में अप्रभावी हो जाते हैं तो व्यक्ति संघर्ष, समस्या अथवा उड़ान (Flight) का सहारा लेता है। परन्तु ये तरीके व्यक्ति को स्वत: बिना किसी पृष्ठभूमि के प्राप्त नहीं हो जाते हैं। इनका संबंध व्यक्ति के पूर्व इतिहास से रहता है। जिस प्रकार से वह पूर्व घटनाओं का सामना करता है, वही तरीके उसे अधिक उपयुक्त प्रतीत होते हैं। इन तरीकों के विकास को समझने के लिए हमें व्यक्ति के विकास का ज्ञान प्राप्त करना होगा। वैयक्तिक कार्यकर्ता को यह जानना होगा कि किस

प्रकार वह सन्तुलन व्यवस्था को बनाए रखने के लिए प्रतिगमित हुआ है। यद्यपि व्यक्ति के विकास को समझने के लिए अत्यन्त अन्तर्दृष्टि की आवश्यकता होती है परन्तु यहां पर हम कुछ विशेष कारकों एवं पद्धति के वर्णन का प्रयास कर रहे हैं।

बालक दो वर्ष की अवस्था तक अपने माता-पिता को सर्वशक्तिमान समझता है जिसके कारण वह उनके समान (Pairing) बनने का प्रयत्न करता है। परन्तु जब वह बड़ा होने लगता है तो पितृात्मक प्रत्याशाएं (Parental Expectations) उसके कार्यों के साथ जुड़ जाती हैं। जैसे-बिस्तर पर पेशाब न करना, ध्वन्सात्मक कार्य न करना, आशानुकूल व्यवहार करना आदि। इस प्रकार माता-पिता का नकारात्मक वाक्य बालक की क्रियाओं के लिए बाधक शक्ति का कार्य करता है। यह नकारात्मक शब्द चाहे मौखिक हो, चाहे शारीरिक दण्ड द्वारा हो अथवा मौन रूप से चिन्ता के रूप में, यह बालक समाजीकरण प्रक्रिया में बाह्य नियन्त्रण एवं रुकावट अनुभव करता है। इस बाह्य नियन्त्रण से बालक में निराशा के लक्षण उत्पन्न होते हैं। वह इस निराशा के प्रति क्रोध, आक्रामक प्रवृत्ति अथवा विरोध द्वारा प्रत्युत्तर करता है। संघर्ष प्रधान तत्त्व के रूप में अनुकूलन प्रक्रिया में कार्य करेगा अथवा सामान्य व्यक्तीकरण के रूप में प्रकट होगा, परिवार की परिस्थिति से संबंधित अनेक कारकों पर निर्भर करता है। प्रायः विरोध अथवा संघर्ष की प्रधान भूमिका को विद्यालय में प्रवेश करने के पूर्व ही दमित कर दिया जाता है। लेकिन वह अन्य पैतृक मूल्यों का विकास कर लेता है, जिसके द्वारा विरोधात्मक प्रति-उत्तरों को नियन्त्रित करने का प्रयत्न करता है। परन्तु जब बाह्य तनाव अथवा भय उत्पन्न होता है तो वह पुनः विरोध विकसित करता है और यदि उसको सामान्य अनुभव प्राप्त नहीं होता है तो आगे चलकर वह बाह्य नियन्त्रण को विरोधी मान लेता है और सम्पूर्ण संबंधित सामाजिक पर्यावरण को घृणा की दृष्टि से देखता है। ऐसी अवस्था में विरोध (Fight) एक स्वाभाविक परन्तु अनौचित्य तरीके का विकास अनुकूलन के लिए हो जाता है। परन्तु इस प्रकार की मनोवृत्ति का विकास केवल व्याधिकीय परिवारों में ही होता है। सामान्य परिवार में माता-पिता बालक का विरोध करने की प्रवृत्ति का दमन सांस्कृतिक मूल्यों का बालक में विकास करके करते हैं।

समस्या से दूर भागने (Flight) के कारणों को भी पूर्व अनुभव ज्ञात करके जाना जा सकता है। इस तरीके का प्रयोग प्रायः उस समय होता है, जब व्यक्तित्व की अन्तर्शक्तियों में संघर्ष होता है। एक ओर अचेतन पूर्ण शक्ति के साथ चेतन में आने का प्रयत्न करता है। दूसरी ओर चेतन इस विचार को प्रकट होने से रोकता है। जब वह क्रोध, उग्र अथवा आक्रामक मूल प्रवृत्तियों को व्यक्त करने में अयोग्य होता है तो वह इससे उत्पन्न कष्ट को दूर करने के लिए दूर भागने की कोशिश करता है।

इस प्रकार की मनोवृत्ति उस अवस्था में भी उत्पन्न हो जाती है, जब समरूप संबंधों में बालक को असफलता प्राप्त होती है। बालक की जब प्रारम्भिक आवश्यकताएं माता-पिता द्वारा उचित प्रकार से पूर्ण नहीं की जाती हैं अथवा आवश्यकता से अधिक पैतृक भूमिका उसे प्राप्त होती है तो वह परिस्थिति का सामना करने से दूर भागता है।

जब व्यक्ति उपरोक्त दोनों तरीकों से तनावपूर्ण समस्या का समाधान नहीं कर पाता है तो वह मानसिक असंतुलन का शिकार बन जाता है और मानसिक रोग के लक्षण प्रकट हो जाते हैं।

अहं का प्रत्यय (Concept of Self)

अहं मस्तिष्क का वह भाग है जिसके द्वारा व्यक्ति अपना मानसिक संतुलन बनाए रखता है। व्यक्ति में ऐसी अनेक मूल प्रवृत्तियां होती हैं जो सन्तुष्ट होने के लिए चेतन में आने का प्रयास करती हैं परन्तु अहं ऐसा करने से रोकता है क्योंकि सामाजिक स्वीकृति प्राप्त नहीं होती है। अहं व्यक्ति का

वास्तविक स्थिति से प्रत्यक्षीकरण करता है, संबंधित ज्ञान प्रदान करता है तथा समस्या समाधान के सम्भव तरीकों की खोज करके उन्हें सन्तुष्ट करने का प्रयत्न करता है। अहं का सम्पूर्ण कार्य तार्किक होता है। व्यक्ति पर प्रत्येक क्षण आन्तरिक एवं बाह्य सम्प्रेरणाओं, आवश्यकताओं एवं परिस्थितियों का प्रभाव पड़ता रहता है। इस प्रकार के दबाव एवं तनाव की अनुभूति होती है जिसके कारण वह एक विशेष प्रकार का व्यवहार करता है। फ्रायड के अनुसार व्यक्ति के अन्तर्गत तीन शक्तियां होती हैं- इड, इगो तथा सुपर इगो। व्यक्ति का समस्त व्यवहार एवं प्रत्युत्तर इन्हीं शक्तियों द्वारा संचालित होता है। इड का संबंध व्यक्ति की मूल प्रवृत्तियों से होता है और वह अपनी मान्य अथवा अमान्य, नैतिक अनैतिक, स्वीकृत-अस्वीकृत सभी इच्छाओं की पूर्ति करने का प्रयत्न करता है। परन्तु अहं अस्वीकृत इच्छाओं के व्यक्तीकरण पर रोक लगाता है और केवल वास्तविक कार्यों को पूरा करने की अनुमति प्रदान करता है। सुपर इगो समाज के आदर्शों व मूल्यों का ज्ञान प्रदान करता है। अहं वह शक्ति होती है जो व्यक्ति को वास्तविकता को देखने, उसके बारे में निर्णय लेने तथा कार्य करने के लिए उत्प्रेरित करती है। इस शक्ति द्वारा उस योग्यता का विकास होता है, जिसके द्वारा वह समस्या को गहराई से देख सकता है तथा समस्या समाधान के साधनों को ढूंढ पाता है। वह निर्णय शक्ति का विकास करता है जिससे इड द्वारा व्यक्ति इच्छाओं पर उचित नियन्त्रण रखते हुए आन्तरिक एवं बाह्य पर्यावरण से अनुकूलन प्राप्त करता है।

व्यक्ति व्यवहार प्रदर्शन द्वारा उन आवश्यकताओं की पूर्ति करता है, जिनकी सामाजिक स्वीकृति प्राप्त है। व्यवहार पर न केवल वर्तमान स्थिति का बल्कि विगत जीवन के अनुभव भी व्यवहार निश्चित करने में महत्वपूर्ण भूमिका निभाते हैं। परन्तु कभी तनाव एवं संघर्षपूर्ण स्थिति ऐसी आ जाती है, जहां पर उसका पूर्ण अनुभव नहीं हो जाता तथा वर्तमान शक्ति कार्य करने में असमर्थ हो जाती है। वह इन परिस्थितियों से उत्पन्न मानसिक तनाव का शमन नहीं कर पाता है। वह उन उपायों को इस स्थिति में असफल पाता है जिनका उपयोग वह पूर्व जीवन में कर चुका है। ऐसी स्थिति में व्यक्ति को बाह्य सहायता की आवश्यकता होती है।

वैयक्तिक कार्यकर्ता सेवार्थी की समस्या के वास्तविक कारणों तथा उसके प्रयासों को जानने के लिए विगत अहं प्रभावोत्पादकता (Self Effectiveness) का ज्ञान प्राप्त करता है। यदि वह देखता है कि सेवार्थी विगत जीवन में विघटित प्रत्यक्षीकरण का अनुभव रखता है, ज्ञान का समुचित उपयोग नहीं करता है, तथा सामान्य समस्याओं के समाधान में असफलता महसूस करता है तो यह निश्चित रूप से मान लिया जाता है कि सेवार्थी में अहं शक्ति का अभाव है। कार्यकर्ता इस अहं शक्ति को सुदृढ़ बनाने का प्रयत्न करता है।

व्यक्ति अहं शक्ति की असफलता की अवस्था में तनावपूर्ण स्थिति में अतार्किक एवं अचेतन सुरक्षात्मक उपायों (Defense Mechanisms) का प्रयोग अहं की सुरक्षा के लिए करता है। उदाहरण के लिए जब व्यक्ति क्रोध भावना पर नियन्त्रण नहीं प्राप्त कर पाता है तो वह दूसरों पर प्रक्षेपण करता है और समझता है कि दूसरे लोग उससे नाराज हैं। अत: उसे भी वैसा ही व्यवहार करना चाहिए। इस प्रकार की युक्ति द्वारा व्यक्ति अपने व्यवहार को तार्किक बनाता है और अस्वीकृत उत्प्रेरकों को सही मानता है। इसी प्रकार वह अन्य सुरक्षात्मक उपायों, अस्वीकृति, स्थानापन्न, प्रतिक्रिया निर्माण आदि का प्रयोग अचेतन रूप से अहं की सुरक्षा के लिए करता है।

वैयक्तिक कार्यकर्ता सेवार्थी के तार्किक अनुकूलन के तरीकों तथा अतार्किक या अचेतनावस्था में सुरक्षात्मक उपायों के प्रयोग द्वारा अनुकूलन में अन्तर स्पष्ट करता है। वह सेवार्थी की अहं शक्ति का मूल्यांकन दोनों प्रकार के तरीकों के आधार पर करता है। वह सदैव जानने का प्रयत्न करता है कि वर्तमान समस्या को सेवार्थी किस प्रकार देख रहा है। अपने पूर्व अनुभवों को किस प्रकार उपयोग

में ला रहा है तथा किस प्रकार समस्या समाधान करने का प्रयत्न कर रहा है। अहं कार्यात्मकता के अध्ययन तथा निदान द्वारा वैयक्तिक कार्यकर्ता सेवार्थी की शक्ति, विचार पद्धति, प्रत्यक्षीकरण आदि बातों की जानकारी करता है। जिसके आधार से उसे चिकित्सा प्रक्रिया एवं प्रविधि निश्चित करने में सुविधा होती है।

वैयक्तिक कार्यकर्ता सेवार्थी की सम्प्रेरणाओं का भी ज्ञान प्राप्त करता है कि वह किस प्रकार वर्तमान स्थिति को परिवर्तित करना चाहता है तथा समस्या समाधान के लिए कौन से उपाय उपयुक्त समझता है। सम्प्रेरणाएं व्यक्ति को सदैव उत्साहित तथा कार्यशील बनाये रखती हैं। इनका कार्य चेतन तथा अचेतन दोनों स्तरों पर होता रहता है। अतः अचेतन और चेतन दोनों प्रकार की इच्छाओं में भी संघर्ष हो सकता है। सम्प्रेरणात्मक स्थिति में उभयमुखी स्थिति भी आ जाती है जब व्यक्ति निश्चित नहीं कर पाता है कि उसकी किस इच्छा की पूर्ति की जाए तथा किसका दमन किया जाए क्योंकि दोनों ही महत्त्वपूर्ण प्रतीत होती हैं। वैयक्तिक कार्यकर्ता न केवल चेतन इच्छाओं को ज्ञात करता है बल्कि अचेतन इच्छाओं की शक्तियों का भी अनुमान लगाता है क्योंकि सेवार्थी तब तक वास्तविक रूप से चिकित्सा पद्धति में भाग नहीं लेगा, जब तक उसकी चेतन व अचेतन इच्छाएं समान नहीं होंगी।

7

सामाजिक वैयक्तिक सेवा कार्य के अभिगम

(Approaches of Social Case Work)

निदानात्मक अभिगम (Diagnostic Approach)

यह विचारधारा मनोविश्लेषणात्मक विचारधारा से प्रभावित थी, आगे चलकर इरिक्सन की 'इगो साइकोलॉजी' की विचारधारा और अंतिम रूप से पारसन्स एवं स्मेल्सर की सामाजिक प्रणाली की विचारधारा से भी यह विचारधारा प्रभावित हुई, व्यक्ति के अन्तर्जीवन के प्रभाव एवं उसके सामाजिक जीवन के प्रभाव को मिलाकर इस विचारधारा का निर्माण हुआ है।

इलिस मनोसामाजिक विचारधारा को सिस्टममूलक विचार समझते हैं। अर्थात् किसी व्यक्ति की सहायता योजना निर्माण में उसकी आंतरिक प्रणाली ही नहीं वरन् उसकी बाह्य प्रणाली पर भी ध्यान दिया जाता है। यही सामाजिक एवं मनोवैज्ञानिक पक्ष है। इस विचारधारा के प्रतिपादकों का यह विश्वास है कि किसी समस्या के उपचार के पूर्व उसका समुचित निदान आवश्यक है। निदान के आधार पर ही समस्या के स्वरूप की ठीक जानकारी मिल सकती है, और यह जानकारी भी मिल सकती है कि समस्या किन कारकों द्वारा उत्पन्न हो रही है और समस्या के समाधान हेतु किन क्षेत्रों में परिवर्तन की आवश्यकता है। इस वैचारिक प्रक्रिया में तीन प्रकार के प्रयास किए जाते हैं : (i) गतिशील निदान-इसके अन्तर्गत सेवार्थी की समस्या संबंधी परिस्थिति को प्रभावित करने वाले विभिन्न कारकों का निरूपण किया जाता है; (ii) कारणात्मक कारकों की खोज, इस चरण में कार्यकर्ता यह सुनिश्चित करने का प्रयास करता है कि समस्या की उत्पत्ति के लिये मुख्य रूप से कौन से कारक जिम्मेदार हैं; (iii) वर्गीकरण-इस चरण में कार्यकर्ता समस्या समाधान के उपायों का पता लगाकर प्रभावोत्पादकता की दृष्टि से उनका वर्गीकरण करता है।

निदानात्मक अभिगम का अंतिम लक्ष्य बहुत व्यापक होता है, वैसे उसका एक लक्ष्य है सेवार्थी की समस्या जनित दु:ख एवं परेशानी को कम करना और दूसरा महत्वपूर्ण लक्ष्य है व्यक्ति एवं पर्यावरण के बीच उत्पन्न असमायोजन को कम करना। इन दोनों लक्ष्यों की प्राप्ति हेतु समाज कार्यकर्ता सेवार्थी की समायोजनशील क्षमताओं की वृद्धि करता है।

इस अभिगम के अन्तर्गत निदान से प्राप्त कारकों को उतना ही महत्व दिया जाता है जितना कि मानसिक कारकों को। कभी-कभी समाज कार्यकर्ता सेवार्थी के पर्यावरण में सीधा हस्तक्षेप करता है और सेवार्थी को ठोस रूप से सहायता करता है। उदाहरणार्थ-आज के विकासात्मक युग में किसी व्यक्ति की आर्थिक कठिनाई को दूर करने के हेतु किसी राजकीय स्रोत या एन.जी.ओ. के द्वारा दी जाने वाली सहायता की शर्तों के अनुसार सेवार्थी के हित में कार्यकर्ता स्वयं ही योजना बनाता है और सेवाओं का लाभ दिलाता है।

इस विचारधारा के विकास का श्रेय मैरी रिचमण्ड को है। इसके अतिरिक्त न्यूयॉर्क स्कूल ऑफ सोशल वर्क की मेरियन केन वर्दी, फैमिली सोसायटी ऑफ फिलाडेल्फिया की वेत्सीलिवी, लेखक, शिक्षक एवं विद्वान गार्डन हैमिल्टन, बरथा रेनाल्ड्स, सार्लट टावले, 'लारेन्स डे, लूत्सिली ऑस्टिन, गैरेट इत्यादि ने भी इसके विकास में महत्वपूर्ण योगदान दिया।

निदानात्मक विचारधारा पर फ्रायड के सिद्धान्त का भी पर्याप्त प्रभाव पड़ा। इस सिद्धान्त के अनुसार सेवार्थी की समस्या के निदान एवं उपचार के लिए समस्या को उसके पर्यावरण के अंश के रूप में देखा जाना तथा सम्पूर्ण के साथ इसके संबंध की जानकारी प्राप्त करना आवश्यक होता है क्योंकि व्यक्ति जिस पर्यावरण में रहता है, उसके विभिन्न तत्व आपस में प्रतिक्रिया करते हुए व्यक्ति को प्रभावित करते हैं। चेतन मन के साथ अचेतन मन के प्रभाव भी व्यक्ति के मूल्यों, व्यवहार तथा आत्मसंयम पर पड़ते हैं। अतः वैयक्तिक समाज कार्यकर्ताओं के लिए इन बाह्य तथा आन्तरिक प्रभावों का समुचित ज्ञान आवश्यक हो जाता है।

सेवार्थी की प्रकार्यात्मकता के आधार पर उसे अनेक श्रेणियों में वर्गीकृत किया जा सकता है :

निदानात्मक विचारधारा में सेवार्थी की समस्या के निदान एवं उपचार हेतु निम्नलिखित अपेक्षाओं की पूर्ति किया जाना आवश्यक समझा जाता है :

1. सेवार्थी की सहायता करने अथवा उसकी समस्या का समाधान करने के लिए उसके बाह्य पर्यावरण के साथ उसकी अन्तर्क्रियाओं की जानकारी आवश्यक होती है। बाह्य पर्यावरण के सापेक्षतया अधिक महत्वपूर्ण एवं सामान्य दोनों प्रकार के ही पक्षों को समझा जाना आवश्यक होता है। बाह्य पर्यावरण के अन्तर्गत परिवार, सामाजिक समूह, शिक्षणसंस्थाएं तथा अन्य विभिन्न प्रकार की सामाजिक संस्थाएं आती हैं।
2. सेवार्थी की आवश्यकतानुसार उसकी चिकित्सा योजना तैयार की जानी चाहिए। सभी सेवार्थियों के लिये सामान्य चिकित्सा योजना न बनाकर वैयक्तीकरण करना आवश्यक होता है। सेवार्थी की समस्या की उत्पत्ति उसकी कार्यात्मक अक्षमता अथवा दोषपूर्ण सामाजिक परिस्थितियों अथवा इन दोनों के सम्मिलित प्रभाव के कारण हो सकती है।
3. वैयक्तिक समाज कार्य के अन्तर्गत किए जाने वाले उपचार में वैयक्तिक अथवा सामाजिक अथवा अन्तर्वैयक्तिक पर्यावरण अथवा इन दोनों में परिवर्तन किया जाना आवश्यक होता है।
4. उपचार का उद्देश्य सेवार्थी की इस प्रकार सहायता करना होता है कि वह अपने आप में तथा पर्यावरण अथवा इन दोनों में इस प्रकार परिवर्तन ला सके, जिससे उसका उचित समायोजन सम्भव हो सके।

इस सम्प्रदाय के विचारकों की यह मान्यता है कि वैयक्तिक सेवाकार्य के द्वारा उपचार के परिणामस्वरूप सेवार्थी के व्यक्तित्व में परिवर्तन लाते हुए इसका विकास किया जा सकता है और उपचार की प्रक्रिया के दौरान पर्यावरण में किए गए परिवर्तनों के परिणामस्वरूप उसका समायोजन सरलतापूर्वक सम्भव हो जाता है। उपचार का प्रभाव कार्यकर्ता एवं सेवार्थी के बीच पाये जाने वाले संबंध की घनिष्ठता पर निर्भर करता है।

उपचार के प्रारम्भिक चरण में निम्नलिखित कार्य सम्पादित किए जाते हैं :

1. सेवार्थी के अभिकरण के साथ सम्पर्क स्थापित किए जाने के कारणों की जानकारी प्राप्त करना, अर्थात् यह पता लगाना कि सेवार्थी ने किन प्रेरकों से प्रेरित होकर संस्था के साथ सम्पर्क स्थापित करने का निर्णय लिया है।
2. सेवार्थी के साथ संबंध स्थापित करना।
3. सेवार्थी को उपचार की क्रिया में लगाना, अर्थात् उसे इस बात के लिए प्रेरित करना कि वह उपचार कार्य में सक्रिय सहभागी हो तथा उसके दौरान आने वाले विभिन्न प्रकार के अवरोधों को दूर करना।

4. उपचार संबंधी कार्य का शुभारम्भ करना।
5. मनोसामाजिक निदान तथा उपचार संबंधी निर्देशन के लिये आवश्यक सूचनाएं एकत्र करना।

इस विचारधारा का यह स्पष्ट मत है कि समुचित निदान के बिना वैयक्तिक सेवा कार्य संबंधी सेवाएं नहीं प्रदान की जा सकतीं। निदान ऐसी समस्याओं के कारणों की खोज है जो सेवार्थी को वैयक्तिक समाज कार्यकर्ता के पास उसकी सहायता के लिए ले जाई जाती है। समुचित निदान के लिये मनोसामाजिक तथा सामाजिक कारणों का उपयुक्त ज्ञान प्राप्त करना आवश्यक होता है। निदान की प्रक्रिया के दौरान निम्नलिखित तीन प्रकार के कार्य सम्पादित किए जाते हैं :

1. सेवार्थी के व्यक्तित्व के विभिन्न पक्षों की सम्पूर्ण व्यक्तित्व के साथ प्रतिक्रिया की प्रकृति के विषय में जानकारी प्राप्त करना।
2. कारणात्मक कारकों का वैयक्तिक एवं सामाजिक दोनों ही स्तरों पर पता लगाया जाना।
3. सेवार्थी की प्रकार्यात्मकता तथा क्लीनिकल निदान का वर्गीकृत किया जाना।

उदाहरण के लिए सेवार्थी का वर्गीकरण उसकी सामाजिक, आर्थिक स्थिति, पारिवारिक पृष्ठभूमि, धर्म, जाति इत्यादि के आधार पर किया जा सकता है। शारीरिक बीमारियों का शिकार होने की स्थिति में रोग के आधार पर वर्गीकरण किसी विशेषज्ञ द्वारा किया जाता है किन्तु मनोसामाजिक समस्याओं के वर्गीकरण का कार्य वैयक्तिक समाज कार्यकर्ता द्वारा सम्पादित किया जाता है। मनोसामाजिक समस्याओं के उदाहरण के रूप में पति-पत्नी के बीच कुसमायोजन, पिता-पुत्र के बीच कुसमायोजन, सीखने की प्रक्रिया में विकास की धीमी दर इत्यादि को देखा जा सकता है। मनोविकार संबंधी समस्याओं के पाये जाने की स्थिति में वर्गीकरण का कार्य मनोचिकित्सकीय कार्यकर्ता द्वारा सम्पादित किया जाता है।

निदानात्मक विचारधारा में उपचार के दो प्रमुख स्वरूप पाए जाते हैं : 1. पर्यावरण में परिवर्तन, तथा 2. व्यक्तित्व में परिवर्तन।

निदानात्मक अभिगम के मूल्य

1. सेवार्थी को कार्यकर्ता उसके कल्याण, देखभाल तथा समस्या समाधान के लिए स्वीकृति प्रदान करता है। सद्भावना से उसका आदर करता है।
2. सेवार्थी की आवश्यकताओं को पूरा करने के लिए कार्यकर्ता सेवार्थी में घनिष्ठ संबंध होने चाहिए।
3. जहां तक सम्भव हो कार्यकर्ता को चाहिए कि वह सेवार्थी को वस्तुनिष्ठ होकर समझे तथा प्रत्युत्तरों एवं मूल्यांकन में व्यक्तिगत भावनाओं को महत्व न दे।
4. सेवार्थी को अपना निर्णय लेने तथा आत्म निर्देशन करने का अधिकार कार्यकर्ता द्वारा प्रदत्त होना चाहिए।
5. कार्यकर्ता को अपने सेवार्थी तथा अन्य दूसरों की अन्तर्निर्भरता को स्वीकार करना चाहिए और इस बात का अनुभव करना चाहिए कि ऐसा समय हो सकता है, जब सेवार्थी की आत्म-निर्देशन की सीमा उसके अन्य दूसरों के लाभों के लिए कम की जा सकती है।

निदानात्मक अभिगम के अनुसार :

चिकित्सा के प्रारम्भिक चरण (Initial Phase of Treatment)

चिकित्सा के प्रारम्भिक चरण में निम्नलिखित कार्य सम्पादित किए जाते हैं :

1. सेवार्थी का संस्था से सम्पर्क स्थापित करने के कारण का ज्ञान प्राप्त करना।
2. सेवार्थी से संबंध स्थापित करना।
3. सेवार्थी को चिकित्सा कार्य में लगाना।

4. चिकित्सा कार्य प्रारम्भ करना।
5. मनोसामाजिक निदान तथा चिकित्सा निर्देशन के लिए सूचनाएं एकत्र करना।

1. *सम्पर्क के कारण का ज्ञान :* जब सेवार्थी अभिकरण में आता है तो उसकी कुछ समस्याएं होती हैं और इन समस्याओं का ज्ञान कार्यकर्ता के लिए चिकित्सा प्रणाली को निश्चित करने में आवश्यक होता है। यदि सेवार्थी को समस्या स्पष्ट करने में कुछ कठिनाई होती है तो कार्यकर्ता स्वयं अभिकरण द्वारा उपलब्ध सेवाओं को स्पष्ट करता है। जब सेवार्थी किसी संस्थान द्वारा सन्दर्भित किया जाता है ऐसी स्थिति में कार्यकर्ता सन्दर्भित करने वाले व्यक्ति तथा सेवार्थी दोनों से साक्षात्कार करके कारणों की खोज करता है। कभी-कभी ऐसी परिस्थिति आ जाती है, जब सेवार्थी को यद्यपि वैयक्तिक कार्य सेवाओं की आवश्यकता होती है परन्तु वह (सेवार्थी) इन सेवाओं को नहीं चाहता है। ऐसी स्थिति में कार्यकर्ता सेवार्थी सेवा प्राप्त करने के लिए सलाह देता है, मंत्रणा देता है तथा यदि आवश्यक हुआ तो अन्तर्दृष्टि का भी विकास करता है।

2. *संबंध स्थापन :* वैयक्तिक सेवा कार्य का मुख्य साधन संबंध माना जाता है। इस संबंध में दो बातें प्रारम्भ से ही महत्त्वपूर्ण होती हैं- कार्यकर्ता की कुशलता में सेवार्थी का विश्वास तथा उसकी ख्याति या साख (Goodwill) में विश्वास।[1] इस विश्वास को उत्पन्न करने के लिए कार्यकर्ता को स्वयं प्रयास करना चाहिए।

3. *सेवार्थी को चिकित्सा कार्य में लगाना :* चिकित्सा प्रक्रिया में सेवार्थी को लगाने के लिए कार्यकर्ता को दो बातों का ज्ञान आवश्यक होता है :

1. सेवार्थी की सम्प्रेरणा (Motivation),
2. सेवार्थी का अवरोध (Resistance)।

सम्प्रेरणा से यह पता चलता है कि सेवार्थी कितना परिवर्तन चाहता है तथा इस परिवर्तन में कितना योगदान देने के लिए इच्छुक है। इसका सीधा संबंध सेवार्थी की कठिनाई की गहनता से होता है। परन्तु यदि उसे परेशानी अत्यधिक है तो हो सकता है कि वह अपने को असहाय महसूस करे तथा परिवर्तन की कोई इच्छा न व्यक्त करे। अत: प्रारम्भिक अवस्था में यह आवश्यक कार्य होता है कि सेवार्थी को कठिनाई तथा उसकी आशा को उस स्तर तक लाने में अवश्य सहायता की जाए जो सम्प्रेरणा के अनुकूल हो।[2]

अवरोधों का भी जानना चिकित्सा के लिए आवश्यक होता है। मुख्यत: अवरोधों का अस्तित्व सहायता के रूप पर निर्भर होता है। जब सेवार्थी के व्यक्तित्व या व्यवहार में परिवर्तन करने का प्रयास किया जाता है तो विरोध अधिक होता है। सेवार्थी इस प्रकार के परिवर्तन को स्वीकार करने में हिचक महसूस करता है। इसके अतिरिक्त समस्या के रूप पर भी विरोध निर्भर करता है। यदि समस्या का संबंध सामाजिक अस्वीकृति, आलोचना का भय, चिन्ता, पाप की भावना आदि से होता है तो अवरोध अधिक होता है।

अवरोधों को दूर करने के लिए वैयक्तिक कार्यकर्ता निम्न कदम उठाते हैं : 1. सेवार्थी से नकारात्मक तथा उभयामुखी भावनाओं के संबंध में बातचीत करना। 2. सेवार्थी के प्रत्ययों व भ्रमों को समझना तथा उनको स्पष्ट करना। 3. सेवार्थी की समस्या से संबंधित वैयक्तिक सेवा कार्यकर्ता की भूमिका स्पष्ट करना। 4. कार्यकर्ता स्पष्ट करता है कि उसकी सहायता स्वीकार करना सेवार्थी की इच्छा पर निर्भर है। 5. प्रारम्भिक चरण में उपचार-इस सम्प्रदाय के समर्थकों का विश्वास है कि चिकित्सा का प्रारम्भ प्रथम साक्षात्कार से शुरू हो जाता है। कार्यकर्ता प्रारम्भ से ही सेवार्थी को अपनी भावनाओं को स्पष्ट करने का अवसर प्रदान करता है और यह अवसर चिकित्सा प्रक्रिया को आगे बढ़ाने में अतुलनीय भूमिका अदा करता है।

4. *सेवार्थी का मूल्यांकन :* इस सम्प्रदाय का विश्वास है कि सेवार्थी की समस्या का निदान आवश्यक होता है क्योंकि इससे व्यक्ति को वैयक्तिक भिन्नताओं, विशेषताओं तथा अन्तर्संबंधों का

ज्ञान प्राप्त होता है। निदान का तात्पर्य उन क्रियाओं से है जिनका संबंध सेवार्थी तथा उसके पर्यावरण के विषय में ज्ञान प्राप्त करना है। बेवस्टर शब्दकोश ने निदान शब्द की दो परिभाषाएं दी हैं : 1. रोग को इसके लक्षणों से पहचानने की कला अथवा कार्य, 2. वैज्ञानिक निश्चय, आलोचनात्मक छानबीन अथवा इसका परिणामात्मक निर्णय।

पहली परिभाषा से दूसरी परिभाषा अधिक स्पष्ट तथा व्यावहारिक है। वैयक्तिक सेवा कार्य में उपलब्ध तथ्यों का विश्लेषण करके यह पता लगाया जाता है कि सेवार्थी की समस्या क्या है, उसके कौन-कौन से कारण हैं, कहां पर परिवर्तन की आवश्यकता है, किस प्रकार की चिकित्सा सेवार्थी की समस्या का समाधान करने के लिए उपयुक्त होगी तथा वैयक्तिक कार्यकर्ता को कौन-कौन से प्रयत्न इस उद्देश्य को प्राप्त करने के लिए उठाने होंगे।

इस सम्प्रदाय का विचार है कि बिना निदान के वैयक्तिक सेवा नहीं की जा सकती है। निदान उस समस्या के कारणों की खोज है जो सेवार्थी को कार्यकर्ता के पास सहायता के लिए लाती है।[3] समस्या का कारण सेवार्थी स्वयं अथवा उसका पर्यावरण होता है। अत: मनोवैज्ञानिक तथा सामाजिक कारकों का ज्ञान प्राप्त करना निदान के लिए आवश्यक होता है। मनोवैज्ञानिक अथवा व्यक्तित्व संबंधी कारकों का ज्ञान जिसके कारण सेवार्थी की समस्या उत्पन्न हुई है तथा सामाजिक व पर्यावरण संबंधी कारकों का ज्ञान जिनके कारण समस्या स्थिर रहती है, से निदान का संबंध होता है।

निदान के अन्तर्गत हम तीन तथ्यों को निश्चित करते हैं :

1. गत्यात्मक निदान में अन्य बातों के अतिरिक्त हम इस बात की जांच करते हैं कि सेवार्थी के व्यक्तित्व के विभिन्न अंग किस प्रकार सम्पूर्ण कार्य में अन्तर्क्रिया करते हैं।
2. कारणात्मक कारकों की खोजबीन वैयक्तिक एवं सामाजिक दोनों स्तरों पर करते हैं।
3. सेवार्थी की कार्यात्मकता तथा क्लिनिकल निदान को वर्गीकृत करने का प्रयत्न करते हैं।

इस तीन प्रकार के ज्ञान को प्राप्त करने के लिए सेवार्थी का मनोवैज्ञानिक एवं सामाजिक संरचना के अन्तर्गत मूल्यांकन करना आवश्यक होता है। वैयक्तिक एवं सामूहिक व्यवहार सामाजिक-सांस्कृतिक ढांचे का एक अंग होता है, जिसके परिणामस्वरूप व्यक्ति के व्यवहार पर समूह, समाज तथा संस्कृति तीनों का प्रभाव पड़ता है। यह तथ्य प्रमाणित हो चुका है कि संस्कृति के धार्मिक तथा नैतिक दृष्टिकोण परिणाम के माध्यम द्वारा व्यक्ति को हस्तान्तरित किए जाते हैं जिनका अहं और पराहम् के विकास पर महत्वपूर्ण प्रभाव होता है। समूह के अन्तर्गत उसकी (सेवार्थी की) भूमिका तथा उससे समूह की आशा का भी प्रभाव व्यक्ति के व्यवहार पर पड़ता है। यह सम्प्रदाय व्यक्तित्व सिद्धांत का अनुसरण करने के कारण जानने का प्रयत्न करता है कि सेवार्थी में इड, इगो तथा सुपर इगो की भूमिका क्या है?

सेवार्थी की शक्तियों तथा कठिनाइयों को समझाने, सहने तथा निपटने की क्षमता को ज्ञात करने के लिए उसके अहं को ज्ञात करना आवश्यक होता है। इससे पता चलता है कि सेवार्थी की समस्या के उत्पन्न करने में क्या योगदान रहा है। उन परिस्थितियों में भी इसको जानना आवश्यक है जब समस्या का कारण बाह्य कारक ही क्यों न हो। इस स्थिति में सेवार्थी को परिस्थिति सुधारने एवं परिवर्तित करने में सक्रिय भूमिका निभानी होती है और इस सक्रिय भूमिका में अहं की भूमिका मुख्य होती है। जब समस्या का कारण सेवार्थी स्वयं होता है उस समय लैंगिक तथा उग्र चालकों की कार्यात्मकता तथा पराहम् की प्रकृति का ज्ञान प्राप्त करना आवश्यक होता है।

निदान का वर्गीकरण करना यद्यपि एक बहुत बड़ी समस्या है परन्तु समुचित चिकित्सा के लिए यह आवश्यक होता है कि निदान को जब हम विश्लेषित करते हैं तो स्वयं वर्गीकरण की प्रकृति स्पष्ट हो जाती है क्योंकि निदान का तात्पर्य एक रोग की पहचान इसके लक्षणों से करना है।

व्यक्ति की कार्यात्मकता तथा स्थान के आधार पर समस्या को अनेक वर्गों में विभाजित किया जा सकता है। सामाजिक स्थिति, आर्थिक स्थिति, पृष्ठभूमि, धर्म आदि महत्वपूर्ण वर्गीकरण हैं। यदि

शारीरिक रोग होता है तो चिकित्सक द्वारा किसी वर्गीकरण पर पहुंचा जाता है परन्तु मनोसामाजिक समस्याओं का वर्गीकरण वैयक्तिक कार्यकर्ता द्वारा होता है जैसे पिता-पुत्र के समायोजन की समस्या, सीखने की समस्या, वैवाहिक समस्या इत्यादि। मनोविकार संबंधी समस्याओं में निदान का वर्गीकरण मनोविकार विज्ञान के आधार पर किया जाता है।

निदानात्मक अभिगम में चिकित्सा के सिद्धांत एवं प्रणालियां

1. *उद्देश्य :* वैयक्तिक सेवा कार्यकर्ता का उद्देश्य एक ओर सेवार्थी के कष्ट को दूर करना तथा दूसरी ओर व्यक्ति की स्थिति व व्यवस्था (Person-situation System) में अकार्यात्मकता को कम करना है। दूसरे शब्दों में कार्यकर्ता सेवार्थी में अधिक सन्तोष, आत्म अनुभूति तथा आत्म सन्तुष्टि एवं आत्म सुख का संचार करता है। इसके लिए वह उसके अहं को दृढ़ बनाकर उसमें अनुकूलन की निपुणताओं का विकास करता है। परिवर्तन या तो सेवार्थी में या परिस्थिति में अथवा दोनों में कुछ न कुछ होता है। वैयक्तिक सेवा कार्य चिकित्सा का केन्द्र बिन्दु अन्तर्व्यक्तिगत संबंध तथा व्यक्तित्व व्यवस्था होती है।
2. *चिकित्सा प्रक्रिया :* कार्यकर्ता की दो प्रकार की मुख्य भूमिका होती है : 1. सेवार्थी के साथ प्रत्यक्ष रूप से कार्य, 2. सेवार्थी के पर्यावरण के साथ कार्य। इस प्रकार चिकित्सा प्रक्रिया दो प्रकार की मानी जाती है :
   1. अप्रत्यक्ष चिकित्सा (पर्यावरणीय)।
   2. प्रत्यक्ष भूमिका (व्यक्तित्व संबंध)।

प्रत्यक्ष भूमिका में कार्यकर्ता सेवार्थी को उसकी आवश्यकता के अनुसार ठोस सेवा प्रदान करता है। अप्रत्यक्ष चिकित्सा में कार्यकर्ता सेवार्थी को चिकित्सकीय साक्षात्कार द्वारा व्याख्या, मंत्रणा, प्राख्या, अन्तर्दृष्टि प्रदान करता है।

प्रकार्यात्मक अभिगम (Functional Approach)

प्रकार्यात्मक विचारधारा का विकास पेन्सिलवेनिया स्कूल ऑफ सोशल वर्क द्वारा 1930 में किया गया। 19वीं शताब्दी के उत्तरार्द्ध में फ्रायड के समर्थकों ने अहम, मनोविज्ञान पर बल देते हुए इस विचारधारा को प्रतिपादित किया कि व्यक्ति अपने भाग्य का स्वयं निर्माता है। ऑटो रैंक (Otto Rank) ने एक नए दृष्टिकोण को सामने रखते हुए यह विचारधारा प्रतिपादित की कि व्यक्ति की संकल्प शक्ति ही उसका नियंत्रण एवं संचालन करती है और इस आधार पर एक नई विचारधारा की आधारशिला रखी जिसे प्रकार्यात्मक विचारधारा के नाम से जाना जाता है। यद्यपि इस सम्प्रदाय का विकास ऑटो रैंक के सिद्धान्तों के आधार पर हुआ किन्तु इस पर टैफ्ट (Taft) के विचारों का विशेष प्रभाव पड़ा। उन्होंने इस विचार को सामने रखा कि अभिकरण के कार्यों का उपयोग समाज कार्य सहायता का मूल है और अपने एक लेख द्वारा संस्था के कार्य तथा सहायतामूलक प्रक्रिया के बीच संबंध स्थापित किया। रॉबिन्सन ने प्रकार्यात्मक सिद्धान्तों का उपयोग समाज कार्य शिक्षा प्रदान करते समय किया। ऑप्टेकर (Aptekar), डावले (Dawley), डे स्वनीज (De Schweinitz), फिलिप्स, लेविस, स्मैली (Smslley) इत्यादि विचारकों ने भी प्रकार्यात्मक सम्प्रदाय के विकास में अपना योगदान दिया।

प्रकार्यात्मक विचारधारा की मौलिक मान्यता यह है कि व्यक्ति के अन्तर्गत ऐसी शक्ति पाई जाती है जो जीवन, स्वास्थ्य एवं पूर्णता की प्राप्ति में सदैव महत्वपूर्ण भूमिका निभाती है। व्यक्ति अपनी आन्तरिक शक्ति द्वारा ही अपने अन्दर तथा अपने पर्यावरण में परिवर्तन एवं संशोधन करता है। यह परिवर्तन, अवसर, उद्देश्य, स्थिति तथा सीमा में होने वाले परिवर्तन के परिणामस्वरूप उत्पन्न होते हैं। व्यक्ति के अन्तर्गत मानव संबंधों के उपयोग की पूर्ण क्षमता पाई जाती है। यह कार्यकर्ता के

साथ संबंध स्थापित करके अपने में शक्ति अर्जित कर सकता है तथा अपनी समस्या का समाधान कर सकता है।

प्रकार्यात्मक विचारधारा के अन्तर्गत एक सहायतामूलक प्रक्रिया को अपनाया जाता है। इस सम्पूर्ण प्रक्रिया में सेवार्थी में ही परिवर्तन लाने के प्रयास किए जाते हैं। उसकी इच्छा शक्ति को सुदृढ़ बनाया जाता है। इस प्रक्रिया के दौरान कार्यकर्ता सेवार्थी को केवल प्रोत्साहन प्रदान करने का कार्य करता है। वह न तो कोई उपचार करता है और न ही सेवार्थी निष्क्रिय होकर कार्यकर्ता का अनुसरण करता है। सेवार्थी की प्रकार्यात्मकता को बढ़ाने का सतत प्रयास किया जाता है। वैयक्तिक समाज कार्यकर्ता द्वारा किसी समाज कार्य अभिकरण के तत्वावधान में प्रावधानित सेवाओं का अधिकतम उपयोग करने की प्रेरणा प्रदान की जाती।

इस अभिगम में तीन चरणों में कार्य किए जाते हैं : प्रारम्भिक चरण, मध्यवर्ती चरण तथा अन्तिम चरण। प्रारम्भिक चरण में कार्यकर्ता सेवार्थी के अन्दर पाये जाने वाले विभिन्न प्रकार के डरों तथा अवरोधों को समझता है और इन्हें दूर करने का प्रयास करता है, सेवार्थी को अपनी भूमिका से अवगत कराता है, सेवार्थी को अपनी आशाओं, इच्छाओं, समस्याओं, रुचियों इत्यादि को व्यक्त करने के लिये प्रोत्साहित करता है, समस्या का वर्गीकरण करता है तथा समस्या-समाधान को प्रारम्भ करने की स्थिति का निर्धारण करता है।

मध्यवर्ती चरण में सेवार्थी के उत्तरदायित्व ग्रहण करने की क्षमता में वृद्धि होती है और उसके साथ घनिष्ठ संबंध स्थापित हो जाते हैं। टैफ्ट का यह मत है कि मध्यवर्ती चरण होता ही नहीं है क्योंकि सेवार्थी के साथ एक बार उपचार का कार्य प्रारम्भ कर दिए जाने पर वह तब तक अनवरत रूप से चलता रहता है, जब तक कि निर्धारित उद्देश्यों की प्राप्ति न हो जाए।

अन्तिम चरण में सेवार्थी के अन्दर इस बात का भय विद्यमान रहता है कि सेवार्थी से कार्यकर्ता अलग हो जाएगा। कार्यकर्ता इस भय से मुक्ति दिलाने के लिए सेवार्थी में आत्म विश्वास पैदा करता है, उसमें आत्मबल बढ़ाता है, उसकी संकल्प शक्ति को सुदृढ़ बनाता है और अन्तिम रूप से उसे इस बारे में सक्षम बना देता है कि वह कार्यकर्ता की अनुपस्थिति में भी अपनी इच्छा शक्ति का प्रयोग करते हुए अपनी समस्याओं का समाधान करता रहे।

इस विचारधारा की मान्यताओं के आधार पर कार्य करता हुआ वैयक्तिक समाज कार्यकर्ता सेवार्थी की सामान्य पृष्ठभूमि यथा उसकी आयु, लिंग, स्थिति, संस्कृति, विभिन्न प्रकार की मनोवैज्ञानिक, सामाजिक तथा आर्थिक दशाओं इत्यादि से संबंधित जानकारी को ध्यान में रखते हुए उससे (सेवार्थी से) साक्षात्कार करता है। वह सेवार्थी से संबंधित सभी प्रकार की सूचनाओं को एकत्रित कर उनका अध्ययन करता है। इस सम्प्रदाय के अन्तर्गत सेवार्थियों को श्रेणीबद्ध करने का प्रयास नहीं किया जाता है।

1. इस विचारधारा के अन्तर्गत यह स्वीकार किया जाता है कि समस्या का स्रोत अकार्यात्मकता होती है।
2. इस विचारधारा के अन्तर्गत सेवार्थी स्वयं ही अपनी इच्छाशक्ति को सशक्त बनाकर आवश्यक परिवर्तन लाता है और समस्याओं का सुलझाव करता है। कार्यकर्ता की जिम्मेदारी केवल यही होती है कि सेवार्थी की इच्छाशक्ति के सशक्तीकरण एवं उसकी आन्तरिक क्षमताओं के प्रगटीकरण में सहायता दे।
3. सेवार्थी को कार्यकर्ता द्वारा इस बात के लिए पूरा अवसर प्रदान किया जाता है कि वह अपनी समस्या के समाधान का मार्ग स्वयं ही सुनिश्चित करे और उक्त मार्ग में सफल होने के लिए आवश्यक संसाधन भी स्वयं ही जुटाये।
4. प्रकार्यात्मक विचारक विकास के मनोविज्ञान पर विश्वास करते हैं और बीमारी के मनोविज्ञान को अनपेक्षित समझते हैं।

5. निदानात्मक विचारकों के समान प्रकार्यवादी विचारक निदान को उपचार से अलग नहीं करते हैं वरन् वे सहायता हेतु एकीकृत योजना बनाते हैं और उसके माध्यम से सेवार्थी को सतत् सहायता प्रदान की जाती है।
6. जैसा कि पहले ही लिखा जा चुका है, उपचार हेतु कोई कार्यकर्ता अलग से कार्य नहीं करता है वरन् सेवार्थी की इच्छाशक्ति को इतना सशक्त बना देता है कि वह स्वयं ही अपनी समस्याओं का उपचार करता है।
7. प्रकार्यात्मक विचारक वैयक्तिक सेवा कार्य में अभिकरण को अतिशय महत्व देते हैं। उनके अनुसार समाज कार्यकर्ता जहां कौशल प्रदान करता है, वहीं अभिकरण संसाधन प्रदान करते हैं। बिना संसाधनों के सामाजिक कार्यकर्ता सहायता कार्य संपन्न नहीं कर सकता।
8. प्रकार्यात्मक विचारक समय को अतिशय महत्व देते हैं। उनके अनुसार यदि सहायता कार्य हेतु समुचित समय दिया जाएगा तो सफलता अवश्य प्राप्त होगी। किन्तु सहायता के समय उसे कई फेज में बांट लिया जाता है। उदाहरणार्थ प्राथमिक सहायता का क्या समय होगा, सहायता के बीच का क्या समय होगा और अन्तिम रूप से सहायता कब पूरी होगी।
9. प्रकार्यात्मक विचार सेवार्थी के आत्म निर्णय को बहुत अधिक महत्व देते हैं, उनके अनुसार किसी भी स्थिति में सेवार्थी को ही अपनी सहायता के संबंध में निर्णय लेना चाहिए।
10. प्रकार्यात्मक विचारक इस बात में विश्वास करते हैं कि वैयक्तिक सेवाकार्य एक ऐसी विधि है जिसके माध्यम से कार्यकर्ता सेवार्थी को संबंध स्थापन के माध्यम से अभिकरण की सेवाओं के उपयोग हेतु सहायता देता है।
11. प्रकार्यात्मक विचारक समय एवं स्थान को अतिशय महत्व देते हैं। प्रारंभ में जब सेवार्थी कार्यकर्ता के पास जाता है तो कार्यकर्ता उसे अभिकरण की सेवाओं तथा संसाधनों एवं समय से अवगत कराता है, तत्पश्चात् कार्यकर्ता सेवार्थी को इस प्रकार सहायता करता है कि स्वयं ही उपचार की योजना कई मंजिलों में बनाये और कार्यकर्ता एवं अभिकरण की सहायता से क्रियान्वित करे। किन्तु इस योजना का निर्माण टाइम फेज के अनुसार होना चाहिए।
12. प्रकार्यात्मक विचारक इस बात में विश्वास नहीं करते हैं कि सेवार्थी की संपूर्ण समस्याओं एवं व्यक्तित्व को समझते हुए इसके अनुसार कार्य की योजना बनानी चाहिए, वरन् वे इस बात में विश्वास करते हैं कि सेवार्थी की समस्या विशेष के संबंध में ही नियोजित ढंग से कार्य करते हुए उपचार के लक्ष्यों को प्राप्त किया जाना चाहिए।

प्रकार्यात्मक अभिगम के कुछ सिद्धान्त

इस विचारधारा के कुछ आधारभूत सिद्धांत हैं, जिनका विवरण निम्नलिखित है :

1. प्रकार्यात्मक विचारधारा में भी निदान का महत्व है, किन्तु सेवार्थी की संपूर्ण समस्याओं का निदान नहीं किया जाता है, वरन् सहायता कार्य के दौरान कुछ सेवाओं के उपयोग के पूर्व उनका निदान किया जाता है।
2. किसी सामाजिक प्रक्रिया की प्रभावोत्पादकता इस बात पर निर्भर करती है कि समाज कार्यकर्ता सेवार्थी की चेतना का ज्ञान किस अंश तक कर रहा है और सेवार्थी की सहायता योजना के क्रियान्वयन हेतु जो टाइम फेज की प्रारंभिक स्थिति, बीच की स्थिति एवं अंतिम स्थिति बनी हुई है उसे कितने प्रभावशाली ढंग से क्रियान्वयन में लाया जा रहा है।
3. सहायता कार्य में अपने दायित्वों और भूमिकाओं के निर्वाह में समाज कार्यकर्ता यदि कोई दबाव का प्रयोग करता है तो उसके परिणामों के लिए उसे अभिकरण एवं समाज के प्रति जिम्मेदार होना चाहिए।

अभिगम के कुछ धनात्मक पक्ष

1. यह विचारधारा बहुत कुछ गांधीवादी रचनात्मक कार्यकर्ताओं के समान ही सहायता कार्य सम्पन्न करती है। अर्थात् रचनात्मक कार्यकर्ताओं की ही भांति इस विचारधारा के कार्यकर्ता भी सेवार्थी की इच्छाशक्ति को इतना सुदृढ़ बनाते हैं कि वे समस्याओं का स्वयं निराकरण करते हैं। इस प्रकार यह विचारधारा भारतीय सांस्कृतिक परिवेश में सहायता कार्य हेतु अनुकूल है।
2. इसके कुछ दूसरे पक्ष अर्थात् समय एवं अभिकरण का जो महत्व इस विचारधारा में दिया गया है, वह भी अतिशय महत्वपूर्ण है।
3. इसकी तीसरी महत्वपूर्ण विशेषता यह है कि यह विकास के मनोविज्ञान पर आधारित है, बीमारी के मनोविज्ञान पर नहीं। इस दृष्टि से भी इसका महत्व है।

आलोचना

1. यह बात तो सर्वमान्य है कि हमारे देश में वैयक्तिक सेवा कार्य निदानात्मक विचारधारा पर आधारित हैं, न कि प्रकार्यात्मक विचारधारा पर। इस दृष्टि से यह विचारधारा अपेक्षाकृत कम महत्वपूर्ण हो जाती है।
2. यह कहा जाता है कि यह विचारधारा विकास के मनोविज्ञान पर आधारित है न कि बीमारी के मनोविज्ञान पर। किन्तु बीमारी एवं समस्यायें तो मानव जीवन में आती रहती हैं, जब तक उनका इलाज नहीं किया जाएगा तब तक विकास किस प्रकार हो पाएगा।
3. किसी समस्या का तब तक सही ढंग से उपचार नहीं हो सकता है जब तक उसका सही ढंग से निदान नहीं किया जाएगा, किन्तु इस विचारधारा में निदान को कोई विशेष महत्व नहीं दिया जाता। अतः यह विचारधारा बहुत प्रभावपूर्ण नहीं हो सकती।

निदानात्मक तथा कार्यात्मक अभिगमों में अन्तर

निदानात्मक तथा कार्यात्मक सम्प्रदाय में निम्न अन्तर दृष्टिगोचर होता है :

1. व्यक्तित्व संरचना के प्रत्यय में अन्तर : निदानात्मक अभिगम फ्रायड तथा उनके साथियों द्वारा विकसित किए गए व्यक्तित्व सिद्धांत का पालन करता है जबकि कार्यात्मक अभिगम ऑटो रैंक (Otto Rank) की संकल्प (Will) शक्ति पर आधारित है। आटो रैंक के विचार से व्यक्तित्व में ही संगठनात्मक शक्ति (Organizing Force) होती है जिसे संकल्प (will) कहते हैं। फ्रायड के सिद्धांत के अनुसार व्यक्तित्व संरचना में संगठन शक्ति नहीं होती है। व्यक्तित्व संगठन में अनेक भिन्न-भिन्न तथा अन्तःक्रियात्मक शक्तियां होती हैं जो न केवल एक-दूसरे के प्रति अन्तर्क्रिया करती हैं बल्कि पर्यावरण में अनुकूल एवं प्रतिकूल प्रभावों के प्रति आस्था भी प्रकट होती है। इन शक्तियों की सापेक्षित ताकत तथा संतुलन व्यवस्था व्यक्ति के पूर्व अनुभव द्वारा उत्पन्न होता है जिसको वह अपने माता-पिता से संबंध स्थापित करने के कारण प्राप्त करता है। इस मनोसंरचना में अहं का मुख्य स्थान होता है। वह अनेक कार्य करता है परन्तु सबसे प्रमुख कार्य पराहम् तथा आन्तरिक चालकों में सन्तुलन बनाये रखना है। वह व्यक्ति की मानसिक- आवश्यकताओं को वास्तविकता की मांग से समझौता कराता है। इस प्रकार अहं आन्तरिक तथा बाह्य दोनों ही शक्तियों के रूप में कार्य करता है। इसका कार्य प्रत्यक्षीकरण, वास्तविकता परीक्षण, निर्णय, संगठन, नियोजन तथा आत्म संरक्षण रखना है। अहं की शक्ति व्यक्ति के मनो-सामाजिक विकास पर निर्भर होती है। मनो-चिकित्सकीय सहायता द्वारा अहं का विकास किया जा सकता है। निदानात्मक सम्प्रदाय के अनुसार व्यक्तित्व संरचना, अन्तर्मनोसंघर्ष तथा उसका वर्तमान समस्या से संबंध का ज्ञान प्राप्त करना सेवार्थी में सुधार एवं परिवर्तन के लिए आवश्यक होता है। यह मनोकार्यात्मकता में प्रतिमानों के अस्तित्व को स्वीकार

करता है जिसके द्वारा व्यक्ति के विचलन को वर्गीकृत करके समझा जा सकता है। मनोसामाजिक व्यवधान चिकित्सा के रूप को निश्चित करता है।

कार्यात्मक अभिगम के अनुसार, व्यक्तित्व का सिद्धान्त भी आन्तरिक मूल-प्रवृत्तियों एवं आवश्यकताओं में अन्त:क्रिया तथा बाह्य पर्यावरण संबंधी अनुभव को महत्व देता है। परन्तु यह अन्त:क्रिया जन्मजात संकल्प (Will) शक्ति द्वारा आत्म विकास के लिए संगठित एवं निर्देशित होती है। वह इस प्रकार से आन्तरिक तथा बाह्य अनुभव उत्पन्न करता है जिससे अहं का विकास होता है। संकल्प शक्ति का कार्य वैयक्तिकता का विकास करना है। अत: मानव प्राणी प्रारम्भिक काल से ही न केवल बाह्य तथा आन्तरिक वास्तविकता द्वारा कार्य करता है बल्कि वास्तविकता पर भी कार्य करता है। इस दृष्टि से अहं तथा स्व का विकास संकल्प साधन द्वारा आन्तरिक तथा बाह्य अनुभवों में संरचनात्मक उपयोग द्वारा होता है। आन्तरिक तथा बाह्य शक्तियों में अन्त:क्रिया के फलस्वरूप स्व का विकास सम्भव नहीं है। यह विकास परिवेश में अर्थपूर्ण संबंधों के विकसित होने के साथ-साथ घटित होता है। इन परिवेश के संबंधों में सबसे प्रथम तथा प्रमुख स्थान माता से संबंध का है। बालक इन संबंधों में अपनी आवश्यकताओं को दूसरों पर प्रक्षेपित करता है इस अवस्था में मुख्य आवश्यकताएं जैविकीय होती हैं अत: उनका बहुत अधिक मानसिक महत्व होता है। इस आवश्यकता की संतुष्टि के कार्य में बालक से संबंध स्थापित करने के लिए मनोवैज्ञानिक प्रभाव डाला जाता है। बालक इन संबंधों के अनुभव से बिल्कुल विहीन होने के कारण बहुत अधिक प्रभाव अनुभव करता है। परन्तु वास्तविकता के अन्तर्गत सम्पूर्ण संघ या संबंध सम्भव नहीं है अत: पृथक्कीकरण स्वभावत: घटित होता है जिसका उपयोग संकल्प शक्ति रचनात्मक तरीके से करती है और इससे वास्तविकता की सीमाओं की रचना तथा आन्तरिक सम्पूर्णता का विकास सम्भव होता है अथवा ध्वंसात्मक तरीके से सीमाओं का उल्लंघन कर दूसरे से संघ स्थापित करने के कार्य में निरन्तरता बनाये रखता है।

दोनों अभिगम प्रक्षेपण तथा प्रतिरोध का अलग-अलग अर्थ लगाते हैं। निदानात्मक सम्प्रदाय के अनुसार प्रक्षेपण (Projection) एक सुरक्षात्मक यन्त्र है जिसके द्वारा अपनी भावनाओं को दूसरे पर आरोपित कर दिया जाता है। कार्यात्मक सम्प्रदाय के विचारक इसका अर्थ आन्तरिक मूल प्रवृत्तियों के बाह्य वस्तु पर प्रगटीकरण से समझते हैं। व्यक्ति उस बाह्य वस्तु की औचित्यता को अपनी रुचि के अनुसार उपयोग करता है। प्रतिरोध भी इसी प्रकार दोनों सम्प्रदायों के लिए अलग-अलग अर्थ रखता है। निदानात्मक सम्प्रदाय के दृष्टिकोण से प्रतिरोध का अर्थ अस्वीकृत विचारों के व्यक्त होने पर अहं द्वारा रोक लगाना है, प्रतिरोध आत्म ज्ञान में बाधक होता है। अत: चिकित्सा प्रक्रिया में प्रतिरोध को सेवार्थी के इच्छित अनुकूलन तथा समायोजन के लिए दूर करना आवश्यक होता है। कार्यात्मक सम्प्रदाय के विचार से प्रतिरोध का अर्थ संकल्प द्वारा संबंध स्थिति पर नियन्त्रण रखना है जिससे शीघ्र परिवर्तन सम्भव न हो। अत: कार्यात्मक वैयक्तिक कार्यकर्ता प्रतिरोधों को दूर करने के प्रयत्न के स्थान पर इस स्थिति के किसी भी भाग पर सेवार्थी के नियन्त्रण की आवश्यकता की प्रामाणिकता को स्वीकार करता है और इस प्रकार वह नवीन अनुभव प्रदान करता है जिसके द्वारा वह संकल्प के ध्वंसात्मक प्रयोग का बहिष्कार करता है।

कार्यात्मक कार्यकर्ता सेवार्थी को स्वयं अपने भाग्य का निर्माता मानता है। वह व्यक्तित्व निर्माण, आन्तरिक चालकों तथा बाह्य परिस्थितियों के प्रभाव को स्वीकार नहीं करता है। निदानात्मक कार्यकर्ता के अनुसार व्यक्ति के व्यक्तित्व का निर्माण मूल आवश्यकताओं तथा शारीरिक एवं मानसिक पर्यावरण के अन्त:संबंधों से होता है।

प्रणाली में अन्तर (Differences in Method)

निदानात्मक सम्प्रदाय के विचार से चिकित्सा का उद्देश्य व्यक्ति की अहं शक्ति में वृद्धि करना है। उन प्रभावों को जानने के लिए जो सेवार्थी की अहं कार्यात्मकता पर सकारात्मक परिणाम प्रदान करते

हैं। उनका ज्ञान वास्तविकता के दबाव का ज्ञान प्राप्त करना आवश्यक होता है। यह ज्ञान सेवार्थी से प्रारम्भिक साक्षात्कारों द्वारा प्राप्त किया जाता है। सेवार्थी का प्रत्युत्तर कार्यात्मक संबंध स्थापित करने के लिए महत्वपूर्ण समझा जाता है; क्योंकि इसके द्वारा ही उसकी समस्या का ज्ञान होता है। प्रत्युत्तर द्वारा ही सेवार्थी को समस्या के अध्ययन, निदान तथा उपचार कार्य में भागीकृत किया जा सकता है। सेवार्थी की मनोवृत्ति तथा संबंध स्थापन की प्रकृति जिसको कार्यकर्ता स्थापित करने का प्रयत्न करता है समस्या निदान के लिए आवश्यक समझे जाते हैं परन्तु वे सेवार्थी के व्यक्तित्व तथा सम्प्रेरणाओं के मूल्यांकन अथवा चिकित्सात्मक निर्देशन के लिए महत्वपूर्ण नहीं होते हैं।

कार्यात्मक वैयक्तिक कार्यकर्ता व्यथित व्यक्ति की अन्तर्क्षमताओं की अभिव्यक्ति में सहायता करता है। वह मानता है कि संकल्प (Will) में कार्य, अनुभव तथा अनुभूति की शक्ति होती है। कार्यकर्ता इनके द्वारा समस्या का समाधान करता है। उसकी सहायता का केन्द्रबिन्दु संकल्प शक्ति द्वारा व्यक्तित्व में धनात्मक परिवर्तन लाना है। वह वर्तमान स्थिति के प्रति सेवार्थी की भावनाओं का ज्ञान प्राप्त करता है जिसके अन्तर्गत समस्या तथा वैयक्तिक सेवा कार्य संबंध दोनों निहित होते हैं जिसके द्वारा वह समस्या का समाधान कर सकता है।

निदानात्मक वैयक्तिक सेवा कार्य की सहायता नियोजित, लक्ष्य मूलक तथा चिकित्सात्मक होती है। कार्यकर्ता-सेवार्थी संबंध द्वारा आन्तरिक संघर्षों को दूर करने तथा अहं शक्ति को गतिशील बनाने के लिए मनोवैज्ञानिक सहायता प्रदान की जाती है तथा सामाजिक नियोजन द्वारा वास्तविक दबावों को कम किया जाता है। इसमें उपचार के उद्देश्य तथा प्रविधियां भिन्न होती हैं जिनका उपयोग निदान द्वारा निश्चित किया जाता है। चिकित्सा द्वारा सेवार्थी के व्यक्तित्व के किसी एक अंग में परिवर्तन लाने का प्रयास किया जाता है परन्तु यह विश्वास किया जाता है कि अन्त:क्रिया के द्वारा उस एक अंग के परिवर्तन से सम्पूर्ण व्यक्तित्व प्रभावित होता है। अत: मनोवैज्ञानिक सन्तुलन स्थापित करने में बाह्य सहायता आवश्यक होती है।

कार्यात्मक सम्प्रदाय के दृष्टिकोण के अनुसार समस्या का विकास संबंधों के ध्वंसात्मक प्रयोग के कारण होता है। अत: सहायता का केन्द्रबिन्दु संबंध होता है जिसमें इस बात का प्रयत्न किया जाता है कि सेवार्थी दूसरे व्यक्तियों के साथ रचनात्मक संबंध का विकास कर सके।

उत्तरदायित्व में अन्तर

निदानात्मक अभिगम सेवार्थी की क्षमताओं तथा कमजोरियों का मूल्यांकन करता है तथा उसकी आवश्यकताओं के अनुरूप आत्म विकासात्मक सहयोग अथवा कोई ठोस सेवा प्रदान करता है। इसके विचारकों का विश्वास है कि यदि चिकित्सात्मक अनुभव निदान के अनुसार निर्देशित नहीं होता है तो वह नकारात्मक तथा ध्वंसात्मक प्रभाव उत्पन्न कर सकता है। अत: चिकित्सा के निर्देशन का उत्तरदायित्व वैयक्तिक कार्यकर्ता का होता है। इसके विपरीत कार्यात्मक सम्प्रदाय के विचार सेवार्थी की ही इच्छा को सर्वोपरि मानते हैं। वह उसी का उत्तरदायित्व है, कार्यकर्ता केवल संबंधों को प्रभावात्मक बनाता है।

कार्यात्मक सम्प्रदाय निदानात्मक सम्प्रदाय से तीन विशेषताओं में मूल रूप से भिन्न है :

1. *मनुष्य की प्रकृति का ज्ञान (Understanding of the Nature of Man)* : निदानात्मक सम्प्रदाय में वैयक्तिक कार्यकर्ता सेवार्थी की समस्यायुक्त दशा के निदान तथा उपचार के लिए उत्तरदायी है तथा परिवर्तन का केन्द्र बिन्दु कार्यकर्ता में निहित होता है। कार्यात्मक सम्प्रदाय मनोवैज्ञानिक विकास के लिए कार्य करता है तथा परिवर्तन का केन्द्र बिन्दु कार्यकर्ता में न होकर सेवार्थी में होता है। कार्यकर्ता सेवार्थी को संबंध प्रक्रिया में सन्निहित कर सेवार्थी में विकास तथा विकल्प चुनने की शक्ति का विकास करता है। कार्यात्मक अभिगम सहायता (Helping) शब्द का

उपयोग अपनी प्रणाली को संदर्भित करने के लिए करते हैं जबकि निदानात्मक सम्प्रदाय उसके स्थान पर चिकित्सा शब्द का उपयोग करता है।

2. *समाज कार्य के उद्देश्य का ज्ञान (Understanding the purpose of Social Work)* : निदानात्मक सम्प्रदाय के अनुसार समाज कार्य का उद्देश्य सेवार्थी की व्यक्तिगत एवं सामाजिक दशाओं को स्वस्थ बनाना है। अभिकरण की भूमिका न केवल द्वितीयक होती है बल्कि कार्यकर्ता के उद्देश्य के विपरीत भी होती है। कार्यात्मक सम्प्रदाय के विचार से अभिकरण समाज कार्य सेवा का मुख्य आधार होती है। कार्यकर्ता को संस्था से ही सेवा के उद्देश्य, दिशा तथा केन्द्र बिन्दु का ज्ञान होता है। वैयक्तिक सेवा कार्य प्रणाली का उद्देश्य व्यक्ति का सामाजिक उपचार न होकर विशिष्ट सामाजिक सेवाओं को उपलब्ध कराना है। इसमें मनोवैज्ञानिक ज्ञान तथा सहायता की निपुणताओं का उपयोग इस प्रकार से किया जाता है कि सेवार्थी को अधिकाधिक अवसर व्यक्तिगत एवं सामाजिक विकास का मिलता है तथा वैयक्तिक एवं सामाजिक कल्याण सम्भव होता है।
3. *प्रक्रिया के प्रत्यय का ज्ञान (Understanding of the Concept of Process)* : निदानात्मक सम्प्रदाय में प्रक्रिया शब्द का प्रयोग न होकर प्रणाली शब्द का उपयोग किया जाता है। कार्यात्मक सम्प्रदाय के अनुसार वैयक्तिक सेवा कार्य एक सहायक प्रक्रिया है जिसके द्वारा संस्था की सेवा समाज कार्य के सिद्धान्तों को ध्यान में रखकर सेवार्थी को प्रदान की जाती है। कार्यकर्ता न तो सेवार्थी की समस्या को वर्गीकृत करता है और न ही चिकित्सा का प्रकार निश्चित करता है। वह सेवार्थी के साथ संबंध व्यवसाय में भाग लेकर उसमें इस ज्ञान शक्ति का विकास करता है।

मनोसामाजिक अभिगम (Psycho-social Approach)

सामाजिक वैयक्तिक सेवा कार्य में ज्ञान की वृद्धि के साथ-साथ इसके सिद्धांतों एवं प्रत्ययों में भी परिवर्तन होता रहा है। सन् 1937 ई. में गार्डन हैमिल्टन (Gordeon Hamilton) ने पहला लेख 'बेसिक कान्सेप्ट्स इन सोशल केसवर्क' लिखा। यही प्रत्यय आगे चलकर निदानात्मक सम्प्रदाय के नाम से जाना जाने लगा। उनके अनुसार, मनोसामाजिक सिद्धांत की प्रमुख विशेषता है 'विचार व्यवस्था का खुलापन' (Open System of thought)। इसमें नये ज्ञान, नवीन आंकड़ों तथा नये अनुभवों के द्वारा परिवर्तन आता रहता है।

सन् 1941 ई. में हैमिल्टन का दूसरा लेख 'दि अण्डरलाइंग फिलॉसफी ऑफ सोशल केसवर्क' प्रकाशित हुआ जिसमें उन्होंने निदानात्मक तथा कार्यात्मक अभिगमों में अन्तर स्पष्ट किया। उन्होंने अपने लेखों में मनोसामाजिक सिद्धांत का उल्लेख किया। आज यही सिद्धांत प्रणालीमूलक अभिगम (System Theory Approach to Case Work) बन गया है। इस अभिगम में निदान तथा उपचार का कार्य व्यक्ति की सम्पूर्ण स्थिति का अवलोकन, निरीक्षण एवं परीक्षण के बाद किया जाता है। उसकी सम्पूर्ण स्थितियों का अध्ययन किया जाता है। इस अभिगम के अनुसार जिस व्यक्ति की सहायता करनी है, उपचार करना है, उसकी बाह्य पर्यावरण के प्रति अन्तःक्रियाओं को समझना आवश्यक होगा। इसके साथ ही साथ बाह्य पर्यावरण के विषय में भी जिससे व्यक्ति संबंधित है, ज्ञान प्राप्त करना होगा। उसका परिवार सम्पूर्ण हो सकता है, परिवार का कोई व्यक्ति विशेष हो सकता है। सामाजिक समूह, शिक्षा संस्था, कार्यस्थल या अन्य कोई सामाजिक व्यवस्था का अंग हो सकता है। परिवार व्यवस्था को सेवार्थी के रूप में देखा जाने लगा है। व्यक्ति की किसी एक व्यवस्था में परिवर्तन का प्रभाव अन्य व्यवस्थाओं में भी पड़ता है। व्यक्ति का जैविकी दृष्टिकोण व्यवस्था का निर्माण करता है। मनोसामाजिक सिद्धांत का निरूपण फ्रायड की व्यक्तित्व व्यवस्था में किया गया है।

मनोसामाजिक सिद्धांत की दूसरी विशेषता उपचार संबंधी है। इस सिद्धांत के अनुसार सेवार्थी की आवश्यकताओं के अनुरूप ही चिकित्सा प्रक्रिया होनी चाहिए तथा आवश्यकताओं में परिवर्तन या अन्तर होने पर चिकित्सा प्रक्रिया में भी अन्तर होना चाहिए। कार्यकर्ता को सर्वप्रथम सेवार्थी की आवश्यकताओं का पता लगाना चाहिए तदुपरान्त वैयक्तिक रूप से सेवार्थी की आवश्यकताओं के अनुरूप प्रत्युत्तर करना चाहिए। 'आवश्यकता' का तात्पर्य उस आवश्यक इच्छा से है जिससे सेवार्थी अपने सामाजिक पर्यावरण के अंगों से समायोजित होना चाहता है। यह अंग परिवार पड़ोस या अन्य अभिकरण हो सकती है जिनके द्वारा वह अपना सुखमय जीवन व्यतीत करता है। जब वह इन समूहों व संस्थाओं से समायोजन करने में असमर्थ होता है तो उसकी आवश्यकता परिलक्षित होती है और उसकी अन्त:क्रिया में असन्तुलन उत्पन्न हो जाता है। असुविधा या कठिनाई या परेशानी या तो व्यक्ति की वैयक्तिक कार्यक्षमता की अनुपयुक्त या हानिकारक सामाजिक स्थितियों से या दोनों से होती है।[4] उन कारकों का विश्लेषण सेवार्थी की सहायता के लिए आवश्यक होता है। जिस प्रक्रिया के द्वारा यह कार्य सम्भव होता है उसे निदान प्रक्रिया कहते हैं।

वैयक्तिक सेवा कार्य में उपचार तीन प्रकार का होता है : 1. व्यक्ति में परिवर्तन, 2. सामाजिक या अन्तर्वैयक्तिक पर्यावरण में सुधार या परिवर्तन अथवा 3. दोनों में परिवर्तन। इस प्रक्रिया का प्रमुख कार्य सेवार्थी, सेवार्थी कार्यकर्ता या दूसरे महत्वपूर्ण व्यक्ति के बीच होता है तथा कुछ निश्चित सेवाएं प्रदान की जाती हैं। संचार प्रक्रिया महत्वपूर्ण होती है। सेवार्थी अपनी समस्याओं को समझे तथा समाधान में हिस्सा ले। इस उद्देश्य की प्राप्ति करना कार्यकर्ता का उद्देश्य होता है। व्यक्ति (सेवार्थी) के साथ कार्य करने का उद्देश्य सेवार्थी को परिस्थिति के ज्ञान में वृद्धि, दूसरों तथा अपने विषय में अधिक से अधिक ज्ञान, संबंध में सुधार, कार्यकर्ता सेवार्थी का उद्देश्यपूर्ण संबंध स्थापन, उपचार प्रक्रिया के द्वारा चिन्ता, भय तथा उग्र भावनाओं का स्पष्टीकरण। यह विश्वास किया जाता है कि वैयक्तिक सेवा कार्य के अन्तर्गत उपचार द्वारा व्यक्तित्व में परिवर्तन तथा विकास सम्भव हो सकता है तथा उपचार के माध्यम से पर्यावरणीय परिवर्तन अनुकूलन को प्रोत्साहन देता है।

सहायता का कार्य संबंध की प्रकृति पर निर्भर होता है।

मनोसामाजिक अभिगम के मूल्य

इस अभिगम के निम्नलिखित महत्वपूर्ण मूल्य हैं :

1. सेवार्थी की स्वीकृति : कार्यकर्ता सेवार्थी की सहायता उसके हित तथा कल्याण के लिए करता है। उसको महत्व देता है तथा उसकी भावनाओं का आदर करता है।
2. संबंध 'अन्य केन्द्रित' (Other Centred) होता है। सेवार्थी की आवश्यकताएं महत्वपूर्ण होती हैं।
3. कार्यकर्ता जहां तक सम्भव होता है विषयात्मक रूप से सेवार्थी की समस्या का मूल्यांकन करता है। व्यक्तिगत भावनाओं को इससे दूर रखता है।
4. सेवार्थी को अपना स्वयं निर्णय लेने का अधिकार होता है तथा उसमें आत्म-निर्देशन शक्ति को विकसित करने का प्रयास किया जाता है।
5. कार्यकर्ता अपने सेवार्थी तथा अन्य की अन्तर्निर्भरता को स्वीकार करता है और विश्वास करता है कि कभी-कभी आत्म निर्देशन की सीमा को कम करना आवश्यक होता है जिससे दूसरों को तथा सेवार्थी को हानि न हो सके।

अभिगम का विकास

मनोसामाजिक उपागम का विकास रिचमण्ड मैरी के कार्यों से हुआ। उन्होंने अहं मनोविज्ञान तथा सामाजिक वैयक्तिक सेवा कार्य में घनिष्ठ संबंध स्थापित किया। धीरे-धीरे इस उपागम में सामाजिक-आर्थिक घटनाओं का प्रभाव पड़ा जिससे परिवर्तन आया। सन् 1926 ई. के लगभग

फ्रायड का मनोविश्लेषण का सिद्धांत इस क्षेत्र में महत्वपूर्ण समझा जाने लगा। इसके अतिरिक्त मेरियों केन वर्थी (Merion Ken Worthy) न्यूयॉर्क स्कूल ऑफ सोशल वर्क, बेटसे लिब्बे (Betsey Libbey) फैमिली सोसायटी ऑफ फिलाडेल्फिया, गार्डन हैमिल्टन (Gorden Hammilton), बेरथा रिनोल्ड (Bertha Reynolds), चारलेट टावले (Charlet Tavel), लोरेन्स डे (Lorence Dey), फर्न लोरी (Fern Lowry), लुसले आस्टिन (Lucille Austin), एनेट गैरेट (Annette Garrett) आदि के कार्यों ने मनोसामाजिक अभिगम के विकास में सहयोग दिया।

व्यावहारिक विज्ञान का आधार

मनोसामाजिक अभिगम में अनेक स्त्रोतों से तत्व लिये गए हैं। व्यावहारिक उपयोग के योगदान का इसमें विशेष महत्व रहा है, जो लोग इस क्षेत्र में काम करते थे उनके कार्यों ने विशेष भूमिका निभायी। वैयक्तिक कार्यकर्ताओं के व्यक्तिगत अनुभव एवं प्रयास के परिणामस्वरूप इस सिद्धान्त का प्रतिपादन हुआ। मनोविश्लेषण सिद्धान्त का प्रभाव इस उपागम पर विशेष पड़ा। सिगमण्ड फ्रायड, एब्राहम, अन्ना फ्रायड, एलेक्जण्डर, फ्रेन्य, कार्डिनर; इरिक सोन, हार्टमैन आदि के मनोविश्लेषण संबंधी कार्यों ने इस उपागम के विकास में सहयोग दिया। मनोवैज्ञानिकों में पाइगेट (Pioget) का नाम प्रमुख है। डोलार्ड, आलपोर्ट, मरे आदि के विचारों को भी सम्मिलित किया गया। गैस्टाल्ट मनोविज्ञान के विचारों को इसमें महत्व दिया गया। सामाजिक विज्ञानों का भी इस उपागम पर विशेष प्रभाव पड़ा। परिवार के महत्व का ज्ञान, बालक के पालन-पोषण पर सामाजिक कारकों का प्रभाव, वैवाहिक तथा लैंगिक व्यवहार संबंधी सामाजिक विचारों ने सहायता की। सांस्कृतिक मानव विज्ञान (Cultural Anthropology) का उपयोग व्यक्तित्व को समझने में किया गया। इस शास्त्र ने व्यक्ति तथा संस्कृति में संबंध, सांवेगिक, व्यावहारिक तथा सांस्कृतिक कारकों में संबंध, बालक के पालन-पोषण पर विभिन्न तरीकों का प्रभाव आदि कारकों को स्पष्ट किया। भूमिका व्यवहार के ज्ञान को भी सम्मिलित किया गया। वर्नर लुज के परसोनियन प्रत्यय से व्याख्या के सिद्धान्त पर जोर दिया जाने लगा।

समस्या समाधान मूलक अभिगम (The Problem Solving Approach)

समस्या समाधान उपागम का विकास हेलेन हेरिस, पर्लमैन द्वारा शिकागो विश्वविद्यालय के समाज कल्याण प्रशासन के तत्त्वावधान में सन् 1957 में हुआ। इस अभिगम के अनुसार व्यक्ति अथवा परिवार दोनों की क्षमताओं में वृद्धि करना सामाजिक वैयक्तिक सेवा कार्य का उद्‌देश्य है। सेवार्थी की दो प्रकार की समस्याएं प्रायः होती हैं : संबंधों को स्थिर रखने तथा स्थायित्व प्रदान करने की समस्या, भूमिका पूरी करने की समस्या। समस्या का आभास उस समय होता है जब व्यक्ति के समस्या समाधान के तरीके असफल हो जाते हैं। अतः वह संस्था में मनोवैज्ञानिक, भौतिक, सामाजिक अथवा अन्य प्रकार की सहायता के लिए आता है जिससे समस्या का समाधान उचित ढंग से कर सके।

समस्या समाधान के निम्नलिखित साधन हैं, उनमें जब कमी अथवा गतिरोध होता है तभी व्यक्ति अपना समायोजन उचित ढंग से करने में असफल होता है।

1. सम्प्रेरणा : अवांछित तरीकों से समस्या के संदर्भ में कार्य करना।
2. क्षमता : अवांछित तरीकों से अपनी क्षमता का समस्या समाधान में उपयोग करना।
3. अवसर : समस्या समाधान के उचित अवसर के प्रत्यक्षीकरण में कमी।

ये साधन इस प्रारूप का मूल केन्द्र हैं। अतः कार्यकर्ता निम्न भूमिका पूरी करने का प्रयत्न करता है :

1. सेवार्थी की सम्प्रेरणा में परिवर्तन लाने के लिए कार्यकर्ता दिशा प्रदान करता है, शक्ति प्रदान करता है तथा निर्देशन देता है। इस अर्थ में समस्या समाधान प्रारूप का उद्देश्य है सेवार्थी के भय एवं चिन्ता को कम करना तथा इस प्रकार से आलम्बन प्रदान करना जिससे अहं सुरक्षात्मक यन्त्रों का कम से कम उपयोग सेवार्थी करे साथ ही साथ पुरस्कार की आशा में वृद्धि करना। इस प्रकार अहं शक्ति को समस्या समाधान में अधिक दृढ़ता के साथ लगाया जा सकता है।
2. सेवार्थी की मानसिक, सांवेगिक तथा क्रियात्मक क्षमताओं का समस्या समाधान में कई बार अभ्यास कराना जिससे सेवार्थी में समस्या समाधान के प्रति विश्वास दृढ़ हो जाए। समस्या समाधान प्रारूप का दूसरा महत्त्वपूर्ण उद्देश्य अहं के कार्यों जैसे प्रत्यक्षीकरण, भावना, ज्ञान, चुनाव, निर्णय, क्रिया आदि का अभ्यास कराना जो समस्या समाधान के लिए आवश्यक है।
3. उन स्रोतों तथा सहायता को सेवार्थी की पहुंच में लाना जो समस्या समाधान के लिए आवश्यक है। यह अभिगम उन साधनों की व्यवस्था करता है जिनसे भूमिका पूरी करने में सहायता मिलती है तथा समस्या का समाधान सम्भव होता है।

   समस्या समाधान का अभिगम निम्न बातों को महत्त्वपूर्ण मानता है :
   1. समस्या का ज्ञान सेवार्थी को अवश्य होना चाहिए।
   2. समस्या के प्रति सेवार्थी के व्यक्तिगत अनुभवों का ज्ञान होना आवश्यक है। किस प्रकार वह समस्या को अनुभव करता है, क्या दृष्टिकोण रखता है, कैसे व्याख्या करता है समस्या समाधान के लिए क्या-क्या प्रयत्न किया है।
   3. समस्या समाधान के साधनों का ज्ञान तथा विकल्पों का निर्धारण भी आवश्यक है।

लक्ष्य समूह तथा उद्देश्य

इस अभिगम के अन्तर्गत कोई विशेष प्रकार के समूह या व्यक्ति नहीं है जिसकी सहयता की जाती है। पर्यावरणीय समस्याओं का उपचार तथा मनोवैज्ञानिक समस्याओं का उपचार पृथक्-पृथक नहीं माना जाता है क्योंकि दोनों में व्यक्ति की सहायता की जाती है वह चाहे बाह्य कारकों से ग्रसित हो अथवा व्यक्तित्व में किसी विशेष गुण की कमी के कारण कठिनाई अनुभव कर रहा हो।

सामान्यत: वैयक्तिक सेवा कार्य का वही उद्देश्य है जो समाज कार्य का उद्देश्य है : व्यक्ति की सहायता करना जिससे वह सामाजिक, रचनात्मक तथा वैयक्तिक सन्तोषप्रद जीवन प्राप्त कर सके। समस्या समाधान के प्रारूप का यह दृढ़ विश्वास है कि जीवन में अनेक समस्याएं आती हैं और जीवन ही समस्या समाधान करने की प्रक्रिया है। जीवन के प्रत्येक स्तर पर परेशानियां आती हैं। प्रत्येक क्षण नई-नई समस्याओं से जूझना पड़ता है। इसके लिए उसे नई प्रविधियों एवं ज्ञान की आवश्यकता होती है जिससे वह इनका समाधान कर सके। कभी-कभी ऐसी स्थितियां उत्पन्न हो जाती हैं जब वह अपने उत्तरदायित्व का पालन सफलतापूर्वक करने में असमर्थ हो जाता है। ऐसी स्थिति में वैयक्तिक कार्यकर्ता व्यक्ति की सहायता करता है जिससे वह कार्यों एवं संबंधों को पूरा करने योग्य हो जाता है और स्वयं में दक्षता आ जाती है।

अंग

समस्या समाधान प्रारूप के चार अंग हैं : 1. व्यक्ति, 2. समस्या, 3. स्थान तथा 4. प्रक्रिया।

व्यक्ति

संस्था में सहायता लेने वाला व्यक्ति सेवार्थी कहलाता है। यद्यपि वह अन्य व्यक्तियों के समान ही होता है परन्तु कुछ भिन्नताएं उस समय प्रकट होती हैं जब हम सेवार्थी को एक व्यक्ति के रूप में

देखने का प्रयत्न करते हैं। समस्या चाहे उसकी सामाजिक हो, मनोवैज्ञानिक हो अथवा सांवेगिक, वह प्रत्येक स्थिति में पूर्णता में प्रतिक्रिया करता है। उसकी शारीरिक, मानसिक, सांवेगिक विशेषताएं तथा अनुभव व आकांक्षाएं संयुक्त होकर व्यक्ति (सेवार्थी) को प्रभावित करते हैं। इस प्रकार वह शारीरिक, मनोवैज्ञानिक, सामाजिक, विगत, वर्तमान तथा भविष्य के चक्र में सदैव फंसा रहता है। सेवार्थी जब संस्था में आता है तो उसका उद्देश्य उसकी मनोसामाजिक समस्या का समाधान प्राप्त करना होता है। वैयक्तिक कार्यकर्ता सेवार्थी को सामाजिक अनुकूलन दिलाता है। ऐसा करने के लिए वह सेवार्थी के व्यवहार को प्रभावित करता है।

व्यक्ति प्रत्युत्तर समायोजन स्थापित करने के लिए करता है। उस पर आन्तरिक तथा बाह्य प्रेरक, आवश्यकताएं तथा सामाजिक स्थितियां निरन्तर प्रभाव डालती हैं। इससे तनाव एवं दबाव अनुभव होता है। इसे दूर करने के लिए वह प्रयत्न करता है। यही प्रयत्न उसका व्यवहार है। वैयक्तिक कार्यकर्ता को सेवार्थी के व्यवहार के संबंध में निम्न जानकारी आवश्यक होती है :

1. व्यक्ति के विशिष्ट व्यवहार का अर्थ एवं उद्देश्य अर्थात् वह क्या चाहता है : 1. संतोष प्राप्त करना, 2. भग्नाशा दूर करना या 3. समस्या समाधान करना या 4. कार्यात्मक सन्तुलन प्राप्त करना। वैयक्तिक कार्यकर्ता के लिए आवश्यक होता है कि वह सेवार्थी के व्यवहार का सूक्ष्म से सूक्ष्म अवलोकन करे। सेवार्थी के अनुभव, सोचने के ढंग, क्रियाओं की विशेषताओं, समस्या समाधान के प्रकार, प्रत्युत्तर आदि के विषय में कार्यकर्ता जानकारी अवश्य प्राप्त करे तभी वह सहायता करने में सफल हो सकता है।
2. व्यवहार की प्रभावात्मकता का ज्ञान कार्यकर्ता के लिए आवश्यक होता है। व्यक्तित्व संरचना का इससे पता चलता है। व्यक्तित्व संरचना पर प्रभाव डालने वाली संस्थाओं एवं कारकों की कार्य पद्धति एवं प्रभावात्मकता का ज्ञान सहायता के लिए आवश्यक होता है।
3. व्यक्तित्व पर न केवल पूर्व स्थितियों का प्रभाव पड़ता है बल्कि वर्तमान अनुभव भी अपना महत्वपूर्ण प्रभाव डालते हैं। अतः कार्यकर्ता के लिए आवश्यक होता है कि वह सेवार्थी की वर्तमान जीवन पद्धति व स्थितियों से अवगत हो। उन वास्तविकताओं का ज्ञान प्राप्त करे, जिनसे सेवार्थी की समस्या उत्पन्न होती है। उसको यह भी अनुभव हो कि उसके प्रयास सेवार्थी पर कितना प्रभाव डाल रहे हैं।
4. विगत अनुभवों के साथ-साथ भविष्य की आकांक्षाएं तथा इच्छाएं भी व्यक्ति के व्यवहार को प्रभावित करती हैं। अतः वैयक्तिक. कार्यकर्ता के लिए आवश्यक है कि वह सेवार्थी की भविष्य की योजना को समझे तथा ज्ञान प्राप्त करे कि उसकी कहां तक सहायता की जा सकती है।
5. व्यक्ति का वर्तमान व्यवहार उन आकांक्षाओं द्वारा निर्मित एवं निर्णीत होता है जिसको उसने और उसकी संस्कृति ने उसकी स्थिति तथा भूमिका के रूप में प्रदान किया है। वह व्यवहार के रूप में भूमिकाओं को पूरा करता है तथा परिणामस्वरूप प्रस्थिति प्राप्त करता है। इन भूमिकाओं तथा प्रस्थिति का समझना वैयक्तिक कार्यकर्ता के लिए आवश्यक होता है। भूमिकाएं जब पूरी नहीं होती हैं तो व्यक्ति अपूर्णता का अनुभव करता है। उसे ग्लानि भी होती है, हीन भावना विकसित हो जाती है।
6. संस्था में आने वाला व्यक्ति (सेवार्थी) सदैव दबाव (Stress) अनुभव करता है। यह दबाव दो प्रकार का होता है : 1. सेवार्थी जिसे स्वयं समस्या मानता है उसके द्वारा दबाव एवं तनाव अनुभव करता है तथा 2. असमर्थता की स्थिति जिससे दबाव एवं तनाव बढ़ता है। समस्या का रूप चाहे जो हो-असफलता, आन्तरिक संघर्ष, भूमिका आपूर्ति, उद्देश्य प्राप्त करने में बाधाएं, व्यक्ति उससे दबाव का अनुभव करता है जिसके कारण अहं की शक्ति समस्या समाधान करने में क्षीण हो जाती है। व्यक्ति कुछ समय के लिए समस्या समाधान के अयोग्य हो जाता है।

7. व्यक्ति एक शारीरिक-मनोसामाजिक संगठन है, अतः जब कोई एक अंग प्रभावित होता है तो उसका प्रभाव सभी अंगों पर पड़ता है। अतः वैयक्तिक कार्यकर्ता के लिए आवश्यक होता है कि वह सेवार्थी की शारीरिक व मनोसामाजिक स्थिति का ज्ञान प्राप्त करे।

समस्या

समस्या कोई एक या एक से अधिक आवश्यकता होती है जो व्यक्ति की जीवनचर्या में व्यवधान तथा कष्ट उत्पन्न कर देती है। समस्या उस समय उत्पन्न होती है, जब व्यक्ति सामाजिक भूमिका पूरी करने में बाधा अनुभव करता है तथा वह अपने को समस्या समाधान करने में असमर्थ पाता है। अभिकरण में आने का सेवार्थी का उद्देश्य सहायता प्राप्त करना है जिससे वह अपनी भूमिका को पूरा कर सके। अतः वैयक्तिक कार्यकर्ता का कार्य सेवार्थी की भूमिका ग्रहण करने तथा पूरी करने में सहायता करना है। कार्यकर्ता सेवार्थी की आन्तरिक समस्याओं के समाधान के लिए मनोचिकित्सा का उपयोग करता है। सामाजिक स्थितियां तथा समस्याएं अन्तर्क्रिया करती हैं एवं एक-दूसरे को प्रभावित करती हैं अतः कार्यकर्ता इनका ज्ञान प्राप्त करता है। वह इस अन्तर्क्रिया का अर्थ ज्ञात करता है तथा उन प्रभावों का पता लगाता है जो सामाजिक अनुकूलन के लिए आवश्यक होते हैं।

यद्यपि समस्या का पूर्ण ज्ञान आवश्यक होता है परन्तु समस्या का पूर्ण समाधान कठिन होता है। कार्यकर्ता समस्या के केन्द्र बिन्दु पर ध्यान देता है तथा समस्या को पूर्णता में देखता है। समस्या के चुनाव में कार्यकर्ता तीन बातों पर ध्यान देता है :

1. सेवार्थी क्या चाहता है या उसकी प्रमुख आवश्यकता क्या है?
2. कार्यकर्ता क्या महत्वपूर्ण समझता है?
3. संस्था में कौन-कौन सी सुविधाएं उपलब्ध हैं?

कार्यकर्ता के लिए आवश्यक होता है कि वह अपना कार्य वहां से प्रारम्भ करे है जहां से प्रारम्भ करने की सेवार्थी इच्छा रखता है परन्तु अपने अनुभव द्वारा समस्या के केन्द्र बिन्दु पर पहुंच जाता है।

समस्या चाहे जितनी आसान हो, समाधान चाहे जितना सरल हो, परन्तु सेवार्थी के लिए महत्त्वपूर्ण अवश्य होती है। परन्तु समान समस्या से ग्रस्त व्यक्तियों की प्रतिक्रियाएं समान नहीं होती हैं। अतः कार्यकर्ता समस्या के बाह्य तथा आन्तरिक या वस्तुगत एवं विषयगत दोनों पहलुओं को समझता है।

समस्या समाधान की प्रक्रिया के दो चरण हैं : 1. समस्या विश्लेषण चरण, 2. निर्णय प्रक्रिया। समस्या विश्लेषण में निम्न बातों का ज्ञान आवश्यक है :

1. आशातीत कर्तव्य पूर्ति का स्तर तथा वास्तविक कर्तव्य पूर्ति में अन्तर।
2. स्तर से व्यवहार का विचलन या भूमिका की अपूर्णता।
3. भूमिका का स्पष्ट अवलोकन, प्रत्यक्षीकरण तथा उसका विवरण।
4. समस्या उत्पन्न करने वाले कारकों के प्रभाव में परिवर्तन।
5. प्रमुख कारकों की खोज जो समस्या उत्पन्न करने में सक्रिय रहे हैं।

निर्णय प्रक्रिया में उद्देश्यों का स्पष्टीकरण, महत्व के आधार पर उद्देश्य का वर्गीकरण, समाधान के वैकल्पिक उपाय, उपायों का मूल्यांकन तथा निर्णय के सम्भावित प्रभाव आदि ज्ञात करना कार्यकर्ता के लिए आवश्यक होता है।

स्थान

सेवार्थी जिस स्थान पर सहायता के लिए आता है, उसे सामाजिक अभिकरण कहते हैं। वैयक्तिक कार्य केवल अभिकरण के माध्यम से सम्पन्न होता है और सेवार्थी की समस्या का समाधान

अभिकरण के माध्यम से होता है। सामान्यतः सहायता के लिए आवश्यक भौतिक और प्राविधिक उपकरण, विशिष्ट सेवा, आर्थिक सहायता आदि की व्यवस्था संस्था से ही की जाती है। संस्था चाहे सार्वजनिक हो या निजी, सभी में कुछ सामान्य लक्षण होते हैं जिनको जानना कार्यकर्ता के लिए आवश्यक होता है। संस्था समाज की इच्छा या विशिष्ट समूह की इच्छा को स्पष्ट करती है। वह एक कार्यक्रम का विकास करती है जिसके द्वारा एक विशेष क्षेत्र की आवश्यकताओं को पूरा किया जाता है। इसमें कार्य, उत्तरदायित्व, कार्य के ढंग तथा नीतियां निश्चित होती हैं। अभिकरण का प्रत्येक कर्मचारी अभिकरण के प्रति उत्तरदायी होता है। उसका उत्तरदायित्व अभिकरण के कार्यों को पूरा करना होता है। वैयक्तिक कार्यकर्ता अभिकरण का प्रतिनिधित्व व्यक्तिगत अधिकार के रूप में समस्या समाधान के लिए करता है। वह यद्यपि अभिकरण का प्रतिनिधि होता है परन्तु अपने व्यवसाय का प्रतिनिधित्व पहले करता है। कार्यकर्ता अभिकरण में काम करता है, सेवार्थी अभिकरण में आता है परन्तु इसका तात्पर्य यह नहीं है कि कार्यकर्ता केवल अभिकरण का अंग होकर ही कार्य कर सकता है। वह अभिकरण के साधनों एवं स्रोतों का उपयोग समस्या समाधान के लिए करता है परन्तु अपनी उन विधियों, कार्य प्रणालियों तथा कार्यक्रमों का उपयोग करता है जिनको उसने अपने व्यवसाय से ग्रहण किया है।

प्रक्रिया

सामाजिक वैयक्तिक सेवा कार्य प्रक्रिया मूल रूप से समस्या समाधान करने वाली प्रक्रिया है। लेकिन सभी प्रकार की समस्याओं का समाधान इस प्रक्रिया द्वारा सम्भव नहीं होता है। केवल आन्तरिक तथा बाह्य समायोजन से संबंधित समस्याओं को इसकी परिधि में रखा जाता है। समायोजन संबंधी समस्याएं जो व्यक्ति को भूमिका निभाने में असमर्थ बना देती हैं, उन्हें वैयक्तिक कार्य में सम्मिलित किया जाता है। सारांश में वैयक्तिक सेवा कार्य प्रक्रिया दो प्रकार की समस्याओं से संबंधित है : 1. असन्तोष के स्थान पर सन्तोष दिलाना, 2. वर्तमान स्थिति से अधिक संतोष प्राप्त करना। तीन प्रकार के साधन सेवार्थी की सहायता करते हैं : 1. चिकित्सात्मक संबंध, 2. कार्य प्रणाली का एक निश्चित रूप, 3. समाधान के अवसर। इन साधनों की सहायता से न केवल व्यक्ति की मनोसामाजिक समस्याओं को सुलझाया जाता है वरन् व्यक्ति की क्षमताओं का यथासम्भव अधिकतम विकास कर उसे इस योग्य बनाया जाता है कि वह आत्म-निर्भर होकर अधिकतम सुख एवं सन्तोष प्राप्त कर जीवनयापन कर सके। इस प्रक्रिया के अन्तर्गत कार्यकर्ता को मुख्यतः तीन कार्य करने होते हैं : सेवार्थी की समस्या, व्यक्तित्व और सामाजिक पर्यावरण से संबंधित तथ्यों का अध्ययन, समस्या के निदान तथा सहयोग द्वारा आन्तरिक व बाह्य समस्या का उपचार।

कार्यकर्ता सर्वप्रथम सेवार्थी की समस्या के विषय में अधिक से अधिक जानकारी प्राप्त करता है। यह कार्य 3-4 साक्षात्कारों में सम्भव होता है। समस्या के अध्ययन के लिए वह निरीक्षण, अवलोकन, अन्वेषण, वैयक्तिक इतिवृत्ति साक्षात्कार आदि प्रणालियों का सहारा लेता है। उसका ध्यान समस्या के साथ-साथ सेवार्थी के व्यक्तित्व पर भी निर्भर होता है। वह सेवार्थी को अभिकरण के उद्‌देश्यों एवं सुविधाओं से परिचित करवाता है तथा स्पष्ट करता है कि सहायता कहां तक की जा सकती है।

आवश्यक अध्ययन के उपरान्त निदान कार्य सम्भव होता है। वह पता लगाता है तथा निश्चित करता है कि समस्या के कारण क्या हैं तथा सेवार्थी की सहायता किन रूपों में की जा सकती है। कार्यकर्ता तीन प्रकार के निदान करता है : गतिशील निदान, कारणान्वेषी निदान तथा उपचारात्मक निदान। गतिशील निदान में सेवार्थी की समस्या, व्यक्तित्व तथा पर्यावरण से संबंध तथा वर्तमान स्थितियों की समस्या उत्पत्ति में भूमिका तथा व्यक्तित्व पर प्रभाव का ज्ञान प्राप्त किया जाता है। कारणान्वेषी निदान में सेवार्थी के समस्यामूलक व्यवहार का संबंध उसकी विगत घटनाओं से जोड़ा

जाता है। उपचारात्मक निदान में निश्चित किया जाता है कि किन-किन साधनों तथा प्रविधियों द्वारा सेवार्थी की समस्या का समाधान किया जा सकता है। उपचार के निम्न साधनों को वैयक्तिक कार्यकर्ता उपयोग में लाता है : परिस्थिति में सुधार, आलम्बन, तादात्म्यीकरण, स्वीकृति, पुष्टीकरण, प्रोत्साहन, व्याख्या, मंत्रणा, निर्देशन आदि। इन साधनों का उपयोग वैयक्तिक कार्यकर्ता सेवार्थी की समस्या की प्रकृति के अनुसार करता है।

व्यवहार संशोधन अभिगम (Behavioural Modification Model)

सामाजिक वैयक्तिक सेवा कार्य में कार्यकर्ता का मूल रूप से कार्य सेवार्थी के व्यवहार में परिवर्तन लाना है। अत: व्यावहारिक परिष्कृत परिवर्तन प्रारूप का महत्व इस क्षेत्र में समझा जाने लगा। वर्तमान समय में प्रत्यक्ष उपचार के रूप में भी इसकी उपयोगिता को आंका गया तथा प्रयोग भी किया जाने लगा।

व्यवहारवादी प्रारूप के प्रभाव के परिणाम स्वरूप डोलार्ड मिलर (Dollard Miller), मोरर (Mowrer) और शोवेन (Shoben) ने सीखने की प्रक्रिया तथा मनोविश्लेषणात्मक सिद्धान्त, व्यक्तित्व विकास तथा मनोचिकित्सात्मक प्रयोग में संबंध स्पष्ट किया। स्किनर (Skinner) तथा उनके अनुयायियों (लिंडसले, आइलोन, गोल डायमण्ड, अजरिन, प्रीमैक) ने क्रियावादी व्यवहार (Operant Behaviour) पर अनुसंधान कार्य किया। वोल्पे के प्रयोग ने इस दिशा में विशेष योगदान प्रदान किया।

व्यवहार संशोधन अभिगम के प्रारूप के विकास का श्रेय इवान पावलव (Evan Pavlov) को है लेकिन इसके विस्तार का श्रेय जी.बी. वाटसन, ई.एल. थार्नडाइक (E.L. Thorndike) तथा बी.एफ. स्किनर (B.F. Skinner) को है।

पावलव का सम्बद्ध प्रतिक्रिया सिद्धान्त (Principle of Pavlov and Conditional Reflex)

इवान पावलव ने सन् 1904 में विशेष प्रायोगिक अनुसंधान किए। उनका विश्वास था कि संबंध प्रतिक्रिया द्वारा सीखने की क्रिया के बहुत से रूपों की व्याख्या सफलतापूर्वक की जा सकती है। इस सिद्धांत में उत्तेजना और प्रतिक्रिया (Stimalus and Responses) का सम्बद्ध होना ही सीखना होता है। पावलव के प्रयोग का विषय कुत्ते के मुंह से लार गिरने की क्रिया का निरीक्षण है। यह लार भोजन न मिलने पर उसमें प्रत्यक्ष रूप से दिखाई देती है तथा गन्ध से भी गिरने लगती है। यह प्रतिक्रिया का प्रदर्शन भूख की अवस्था में भोजन का मुख से होना होता है। जब यह प्रतिक्रिया स्वाभाविक उत्तेजक से भिन्न किसी अन्य उत्तेजक (गन्ध, दृष्टि आदि) से उत्पन्न होती है तो उसे सम्बद्ध उत्क्षेप कहते हैं।

भोजन को देखने से लार टपकने की प्राकृतिक प्रतिक्रिया को पावलव ने घण्टी बजने के कृत्रिम उत्तेजक से संबंधित कर दिया। उन्होंने कुत्ते को खाना देने से पहले कई दिन तक घण्टी बजाई और उसके बाद खाना प्रस्तुत किया गया। इसके बाद केवल घण्टी बजाई गई पर खाना नहीं दिया गया फिर भी लार बहने की प्रतिक्रिया को देखा गया। इसमें घण्टी के कृत्रिम उत्तेजक ने लार टपकने की प्राकृतिक क्रिया को नियंत्रित कर दिया। पावलव ने सम्पूर्ण सीखने को इसी प्रकार की सम्बद्धता कहा है। जो कृत्रिम प्रक्रिया को प्राकृतिक उत्तेजकों के साथ सम्बद्ध करती है।

पुष्टीकरण से पूर्व कभी-कभी प्राप्त होने वाली वे उत्तेजनाएं इतनी समान होती हैं कि पशु उसमें भेद नहीं कर पाता है एवं विभ्रम में पड़ जाता है। अत: प्रयोगात्मक उन्माद (Experimental Neurosis) उत्पन्न हो जाता है। इस संबंध में पावलव के शिष्य क्रोस्टोवनिकोवा (Khrestovnikova) ने विशेष अध्ययन किए। उन्होंने दो उत्तेजनाएं कुत्ते को दीं : प्रथम गोलाकार प्रकाश उत्तेजना (Circle) दूसरी अण्डाकार प्रकाश उत्तेजना (Ellipse)।

इसमें गोलाकार उत्तेजना के पश्चात् लगातार भोजन दिया जाता था तथा अण्डाकार उत्तेजना के बाद नहीं दिया जाता था। वह धीरे-धीरे गोलाकार प्रकाश उत्तेजना के प्रति लार गिराने की प्रतिक्रिया करना सीख गया तथा अण्डाकार प्रकाश उत्तेजना के प्रति उदासीन रहने लगा। इस प्रकार नियंत्रण स्थापित हो जाने के बाद अण्डाकार प्रकाश उत्तेजना को धीरे-धीरे गोलाकार में परिवर्तित किया गया। जब वह इतनी गोल हो गई कि कुत्ता विभेद न कर सका तो उलझन में फंस गया। उसमें एक विक्षेप की अवस्था उत्पन्न हो गई जिसे प्रयोगात्मक उन्माद की संज्ञा दी गई। पावलव ने कुत्ते द्वारा किए गए व्यावहारिक परिवर्तन को व्यक्ति में उत्पन्न अति मनोस्नायु विकृति के समान माना है।

इस प्रारम्भिक प्रयोग के उपरान्त अनेक प्रयोग चूहों, कुत्तों, बिल्लियों, बन्दरों तथा वनमानुषों पर किए गए और इन प्रयोगों से सह निष्कर्ष निकाला गया कि प्रयोगात्मक संबंध प्रत्यावर्तन द्वारा जब किसी पशु को उसकी क्षमता से परे विभेद करने के लिए विवश किया गया तो उनमें स्नायुविक अवरोध (Nervous Breakdown) के समान स्थिति उत्पन्न हुई, जिसको आज प्रयोगात्मक मनोस्नायु विकृति (Experimental Neurosis) की संज्ञा देते हैं।

इस प्रकार पावलव ने अपने विभिन्न प्रयोगों के आधार पर मानव की मानसिक व्याधियों के संबंध में एक नया दृष्टिकोण विकसित किया। उनका विचार इस तथ्य पर आधारित था कि सम्बद्ध प्रत्यावर्तन की प्रविधि द्वारा जिस प्रकार व्यवहार पशु प्रदर्शित करते हैं, उसी प्रकार व्यक्ति भी दबाव, तनाव एवं कष्टप्रद मनोवैज्ञानिक प्रतिक्रियाओं के समय व्यवहार प्रदर्शित करता है। पावलव ने कुत्तों में तीन प्रकार की सामान्य प्रतिक्रियाओं का अवलोकन किया था : 1. उत्तेजनात्मक, 2. निषेधात्मक, 3. केन्द्रीय। प्रत्येक प्रकार की प्रतिक्रिया से भिन्न-भिन्न प्रकार की प्रयोगात्मक मनोस्नायु विकृतियां उत्पन्न हुई थीं। उदाहरण के लिए उत्तेजनात्मक (Excitatory) प्रकार के पशु को जब विभेदीकरण योग्यता से परे कार्य करने के लिए विवश किया गया तो उसमें अवसाद (Depression) या उत्तेजना के लक्षण उत्पन्न हुए। ये लक्षण एवं प्रतिक्रियाएं व्यक्ति में उत्पन्न उन्मत्त अवसाद की प्रतिक्रियाओं (Manic Depressive Reactions) के समान ही थीं। विरोधात्मक प्रकार के पशुओं में समान परिस्थितियों में मनोविदलता (Schizophrenia) के समान प्रतिक्रियाएं उत्पन्न हुईं तथा केन्द्रीय (Central) प्रकार के पशुओं में मिश्रित प्रकार की प्रतिक्रियाएं देखी गईं।

व्यक्ति के व्यवहार के संबंध में पावलव ने अपने उपरिलिखित सिद्धान्त को कुछ परिवर्तित करके प्रस्तुत किया। उन्होंने व्यक्तित्व को दो भागों में वर्गीकृत किया: 1. कला प्रधान व्यक्ति-ऐसे व्यक्ति बाह्य उत्तेजना के प्रति अति प्रत्युत्तर करते हैं। 2. विचार प्रधान व्यक्ति-ऐसे व्यक्ति शान्तिप्रिय होते हैं तथा विचारों के प्रति प्रत्युत्तर करते हैं। कला प्रधान व्यक्ति मानसिक व्यवधान की दशा में उन्माद तथा उन्मत्त-अवसाद (Manic Depression) से पीड़ित होते हैं जबकि विचार प्रधान व्यक्ति बाह्य क्रिया-बाह्य विचार (Compulsion-obsession) तथा मनोविदलता से पीड़ित होते हैं।

पावलव का अधिकांश कार्य स्नायुविक कार्यात्मकता के संबंध में व्यक्तिगत विभेदीकरण पर निर्भर है। इसी विभिन्नता एवं विभेदीकरण के कारण व्यक्ति की प्रतिक्रियाएं भिन्न-भिन्न होती हैं तथा भिन्न-भिन्न मानसिक विकृतियां उत्पन्न होती हैं। इस प्रकार पावलव की सम्बद्ध प्रत्यावर्तन प्रविधि तथा उत्तेजना एवं निषेध के प्रत्यय ने मनोव्याधिकी के क्षेत्र में और अधिक प्रयोगों को करने के लिए उत्साहित किया।

वाटसन तथा व्यवहारवाद (Watson and Behaviorism)

पावलव की भांति ही दूसरा प्रयोग वाटसन (Watson) तथा रेनर (Reyner) ने किया। वाटसन ने यह परीक्षण 11 वर्ष के बालक अलवर्ट पर किया। यह बालक अपनी शैशवावस्था में जानवरों से नहीं डरता था तथा खरगोश के साथ खेलने में आनन्द का अनुभव करता था। एक बार जब वह खरगोश के साथ खेल रहा था, एक भयानक ध्वनि उत्पन्न की गई। जिससे बालक डर गया। इस प्रकार की

क्रिया की पुनरावृत्ति की गई। यह आवाज उस समय की जाती थी, जब वह जानवरों के साथ खेलता था। इस प्रकार का परिणाम यह हुआ कि अलवर्ट बिना आवाज के भी जानवरों से डरने लगा और भय की प्रतिक्रिया का प्रदर्शन करने लगा। इससे यह निष्कर्ष निकाला गया कि अतार्किक भय को जल्दी ही प्रत्यावर्तन (Conditioning) द्वारा सीखा जा सकता है।

थार्नडाइक का योगदान (Contribution of Thorndike)

थार्नडाइक ने सीखने के नियमों की रचना की। ये नियम हैं : 1. तत्परता का नियम (Law of Readiness), 2. अभ्यास का नियम (Law of Exercise) तथा 3. प्रभाव का नियम (Law of Effect)। जब व्यक्ति किसी कार्य को करने के लिए स्वयं प्रेरित होता है तो वह कार्य उसको आनन्ददायी होती है। इसके विपरीत जब उसकी इच्छा के विरुद्ध कार्य करने का बाध्य किया जाता है तो वह क्रोधित हो जाता है। इसी प्रकार जब किसी स्थिति तथा प्रतिक्रिया (Situation and Response) में परिवर्तनात्मक (Modifiable) संबंध बना दिया जाएं तो इस संबंध की शक्ति बढ़ जाती है। विपरीत स्थिति में संबंध की शक्ति क्षीण हो जाती है। प्रभाव के नियम में थार्नडाइक ने बताया है कि जब किसी प्रतिक्रिया से सन्तोषप्रद परिणाम प्राप्त होते हैं तो वह प्रतिक्रिया दोहराई जाती है। कष्टकारी परिणाम उत्पन्न होने की अवस्था में हम उस प्रतिक्रिया को नहीं दोहराते हैं। थार्नडाइक ने यह अवलोकन किया कि उन प्रत्युत्तरों से पुरस्कारात्मक परिणाम प्राप्त होते हैं, उनको सीखा जाता है। इसके विपरीत जिनसे कष्टदायी एवं पीड़ाजनक परिणाम प्राप्त होते हैं, उनको त्याग दिया जाता है। अतः व्यक्ति का व्यवहार दण्ड एवं पुरस्कार के द्वारा नियन्त्रित होता है। थार्नडाइक ने इस प्रकार व्यवहारवादी प्रारूप के दूसरे प्रत्यय क्रियावादी संबद्धता (Operant Conditioning) का विकास किया।

सीखने के मूल सिद्धांत

व्यवहारवादी प्रारूप का मुख्य विषय सीखना है। व्यवहार सीखने का परिणाम है। अतः व्यवहारवादी विचारकों ने इस बात को स्पष्ट करने का प्रयत्न किया कि किस प्रकार बाह्य उत्तेजक प्रत्युत्तर तरीके का विकास, प्रदर्शन एवं उनको दूर करने में सहायक होते हैं।

स्किनर की उत्तरवादी एवं क्रियावादी सम्बद्धता (Respondent and Operant Conditioning)

चार्ल्स स्किनर ने एक विशेष प्रकार का प्रयोग चूहों पर किया। उन्होंने एक विशेष प्रकार का पिंजड़ा चूहों के लिए बनवाया जिसमें एक विशेष स्थान को दबाने से चूहे को भोजन प्राप्त हो सकता था। प्रारम्भ में स्किनर चूहों पर थार्नडाइक की बिल्लियों के समान ही व्यर्थ में प्रयास करता था परन्तु बाद में अनायास ही उससे वह स्थान दब गया एवं उसे भोजन प्राप्त हो गया। काफी समय तक यह प्रयास और भूल का क्रम चलता रहा और अन्त में उस विशेष जगह को दबा कर भोजन प्राप्त करना चूहों ने सीख लिया। इस प्रकार के सीखने को क्रियावादी सीखना कहते हैं।

क्रियावादी सम्बद्धता में वास्तविक उत्तेजक जिससे कि प्रत्युत्तर संबंधित होता है, को न रखकर विषयों (Subjects) को उस स्थिति में रखा जाता है जिसमें वह प्रत्युत्तर करना सीख लेता है जिससे उसकी आवश्यकताओं की संतुष्टि एवं उद्देश्यों की प्राप्ति होती है। इस प्रकार वह विषयी (Subject) कार्य करना सीखता है तथा पर्यावरण में परिवर्तन लाता है। इस क्रियावादी सीखने को मनोव्याधिकी में प्रयोग कर सकते हैं। पुरस्कार एवं पुष्टीकरण के द्वारा रोगियों में आत्म प्रबंध संबंधी निपुणताओं को विकसित किया जा सकता है।

उत्तरवादी सम्बद्धता में प्रत्युत्तर का उत्तेजक विषयी (Subject) के सम्मुख होता है। इसी सिद्धान्त के आधार पर थार्नडाइक ने बिल्लियों के साथ एक प्रयोग किया। बिल्ली को पिंजड़े में बन्द

कर दिया तथा भोजन बाहर रखा। पिंजड़े के अन्दर एक स्थान को दबाने से पिंजड़े का द्वार खुल सकता था। बिल्ली ने भोजन पाने के लिए प्रयास करना प्रारम्भ किया। अनायास ही उससे वह स्थान दब गया और पिंजड़े का द्वार खुल गया। बिल्ली ने भोजन कर लिया। इसके उपरान्त उसको फिर उसी में बन्द कर दिया गया। धीरे-धीरे प्रयत्न एवं भूल के द्वारा उसने पिंजड़ा खोलना सीख लिया परन्तु इस प्रकार के सीखने को उत्तरवादी सीखना कहते हैं क्योंकि सीखने में प्रेरणा पुष्टीकरण के प्रत्यक्ष साधन का कार्य करती है।

पुष्टीकरण (Reinforcement)

उत्तरवादी एवं क्रियावादी सम्बद्धता के लिए पुष्टीकरण का होना अत्यन्त आवश्यक होता है। जब प्रत्युत्तर पुरस्कृत हो जाता है और इसके फलस्वरूप उसकी पुनरावृत्ति होती है तो इसे पुष्टीकरण कहते हैं। पुष्टीकरण के साथ जब नियन्त्रित उत्तेजना के साथ पुनरावृत्ति की जाती है तो वह पुष्टीकरण सुगमता से स्थापित हो जाती है। पुष्टीकरण के अभाव में जब नियन्त्रित उत्तेजना की पुनरावृत्ति नियन्त्रण स्थापित होने के पश्चात् की जाती है तो नियन्त्रण की शक्ति धीरे-धीरे घटती जाती है।

पुष्टीकरण दो प्रकार का होता है : 1. सकारात्मक पुष्टीकरण, 2. नकारात्मक पुष्टीकरण (Aversive)। सकारात्मक पुष्टीकरण के द्वारा व्यक्ति आशातीत व्यवहार सीखता है और नकारात्मक पुष्टीकरण द्वारा अवांछित व्यवहार को दूर करता है।

सामान्यीकरण एवं विभेदीकरण (Generalization and Discrimination)

रैनर तथा वाटसन द्वारा अलवर्ट पर किए गए प्रयोग से यह ज्ञात होता है कि बालक अपनी प्रतिक्रियाओं को सामान्यीकृत करता है। उदाहरण के लिए यदि बालक को रुई से डराया जाए तो वह रुई के समान सफेद सभी जानवरों (खरगोश, सफेद चूहों एवं बिल्ली आदि) से डरने लगता है। जब दो समान उत्तेजकों में से एक की पुष्टि होती है और दूसरे की नहीं, उदाहरण के लिए पीले आम को खाने से बालक को मीठा स्वाद प्राप्त होता है तथा हरे आम से नहीं प्राप्त होता है तो वह दोनों में अन्तर करना सीख लेता है। इसी को विभेदीकरण कहते हैं। व्यवहारवादी प्रारूप के अनुसार जटिल प्रक्रियाएं जैसे प्रत्यक्षीकरण, प्रत्यय निर्माण समस्या समाधान तथा निर्णय विभेदीकरण प्रक्रिया पर निर्भर है।

प्रारूपण, नामांकन, आकृति निर्माण (Modeling, Labeling and Shaping)

व्यवहारवादी प्रारूप के उपर्युक्त मुख्य प्रत्यय हैं जिनके द्वारा बालक अपने व्यवहार का समायोजन करता है। मॉडलिंग या अनुकरण सीखने की प्रक्रिया में महत्त्वपूर्ण कार्य करता है। बालक अपने माता-पिता के प्रत्युत्तरों का अनुकरण कर नियमबद्ध व्यवहार करना सीखता है। यदि व्यक्ति अनुकरण करने में समर्थ है और उसे अनुकरण करने के लिए प्रेरित भी किया जाता है तो वह नये कार्यों को अधिक सुगमता से सीख लेता है। दूसरा महत्वपूर्ण प्रत्यय नामांकित करने का प्रत्यय है। यदि एक बार एक विषय को नामांकित कर दिया जाता है तो भविष्य के प्रत्युत्तर उसी नाम से जाने जाते हैं। इस प्रकार एक व्यक्ति को मनोविदल नामांकित कर दिया जाता है तो हम स्वत: उसको उस श्रेणी में रखते हैं जिसमें कि मनोविदलता के रोगी और उससे उसी प्रकार के व्यवहार की आशा रखते हैं। उसके साथ उसी प्रकार की उपचार पद्धति का प्रयोग करते हैं जिस श्रेणी के अनुसार उसे नामांकित किया जाता है। इसी कारण व्यवहारवादी विचारक अपरिपक्व गलत निर्देशन तथा अनुचित नामांकन को दूर करने पर जोर देते हैं। तीसरा महत्वपूर्ण प्रत्यय आकृति प्रदान करता है। प्राय: व्यक्ति के व्यवहार के संबंध में जब उचित प्रत्युत्तर नहीं प्राप्त होता है तो प्रत्युत्तर के सन्दर्भ में सांकेतिक पुष्टीकरण से ही व्यक्ति व्यवहार करना सीखता है।

सामान्य तथा असामान्य व्यवहार के दृष्टिकोण पर व्यवहारवादी प्रारूप का प्रभाव

व्यवहारवादी प्रारूप के दृष्टिकोण से असामान्य व्यवहार दोषपूर्ण सीखने की प्रक्रिया से उत्पन्न होता है। सामान्य तथा असामान्य व्यवहार के तीन मुख्य कारण हैं : 1. आवश्यक सम्प्रयोजित व्यवहार को सीखने में असफलता या अक्षमता, 2. कुसमायोजित तथा अप्रभावकारी व्यवहार का सीखना, 3. मानसिक संघर्षमयी स्थितियां जिनमें व्यक्ति निर्णय नहीं कर पाता है।

व्यवहारवादी मनोवैज्ञानिकों ने अनेक व्यवहार परिष्कृत परिवर्तित प्रविधियों (Behaviour Modification Technique) का विकास किया है जिनके द्वारा असामान्य व्यवहार के लक्षणों को दूर किया जा सकता है। इन प्रविधियों में निम्न प्रमुख प्रविधियां हैं :

1. पर्यावरणीय दशाओं में सुधार।
2. सकारात्मक पुष्टीकरण का उपयोग।
3. निषेधात्मक सम्बद्धता।
4. पुष्टीकरण का प्रत्याहार।
5. असंगत भय उत्पन्न होने वाली दशाओं को संवेदनहीन कर देना।

व्यवहारवादी प्रारूप के अनुसार व्यक्ति का व्यवहार अपनी पूर्व सम्बद्धता (Previous Conditioning) तथा वर्तमान पर्यावरण पर निर्भर है।

व्यावहारिक संशोधन उपागम का चिकित्सा के रूप में उपयोग सन् 1960 ई. से प्रारम्भ हुआ।

व्यवहार संशोधन अभिगम के कुछ सामान्य नियम

1. उन्हीं प्रत्युत्तरों के संबंध में चिकित्सात्मक विधि अपनाई जाती है जिनका अवलोकन सम्भव होता है।
2. व्यवहार के दो रूप होते हैं : क्रियावादी व्यवहार (Operant Behaviour) तथा उत्तरवादी व्यवहार (Respondent Behaviour)। अनुसंधानों ने यह सिद्ध कर दिया है कि प्रत्येक प्रकार के व्यवहार के लिए भिन्न-भिन्न सिद्धांत लागू होते हैं। क्रियावादी व्यवहार पर्यावरण के प्रतिफल से नियंत्रित होता है जबकि उत्तरवादी व्यवहार प्रत्युत्तरों की उत्तेजनात्मक शक्ति से नियंत्रित होता है। क्रियावादी व्यवहार के सिद्धांत सामान्य रूप से उत्तरवादी व्यवहार में लागू नहीं होते हैं, यही बात विपरीत भी सही है।

प्रारम्भिक स्तर

वैयक्तिक कार्यकर्ता जो इस सिद्धांत का उपयोग उपचार के लिए करना चाहता है, उसे अनेक समस्याओं का सामना करता है जिनमें मुख्य निम्न हैं :

1. *प्रारम्भिक निर्णय :* कार्यकर्ता को निश्चित करना होता है कि कौन-कौन इस कार्य में सम्मिलित हैं, कब मिलना है तथा क्या निर्णय लेने हैं। कुछ सामान्यीकरण के सिद्धांत अवश्य लागू होते हैं। आवश्यक एजेंट अथवा माध्यम जो सेवार्थी को प्रभावित कर सकते हैं शीघ्र से शीघ्र संशोधन को प्रारम्भिक स्तर पर ढूंढना चाहिए। सम्पर्क की बारम्बारता में अधिकता होनी चाहिए। गृह सम्पर्क तथा विचार-विमर्श अवश्य करना होगा।
2. *प्रारम्भिक समाजीकरण :* कुछ व्यवहारवादी चिकित्सक संशोधन की प्रक्रिया को बता देते हैं तथा उन सिद्धांतों को भी बताते हैं जिन पर संशोधन का कार्य निर्भर है। परन्तु कुछ व्यवहारवादी प्रारम्भिक स्तर पर इसको उचित नहीं मानते हैं। उनका विचार है कि इस ज्ञान को बाद में सेवार्थी को प्रदान करना चाहिए।
3. *समझौता :* कुछ कार्यकर्ता लिखित समझौता करते हैं तथा कुछ मौखिक।

4. *संशोधन की आवश्यक शर्तें :* व्यवहारवादी प्रारूप के साहित्य में कहीं भी 'संबंध' शब्द का उल्लेख नहीं मिलता है जबकि वैयक्तिक कार्यकर्ता को प्रारम्भ से ही संबंध के महत्व देता है तथा अधिकांश चिकित्सा कार्य संबंध प्रक्रिया पर निर्भर होते हैं। व्यवहार परिवर्तन करने में इसकी बहुत कम भूमिका होती है। निम्न तथ्य तथा विशेषताएं व्यवहार संशोधन के लिए आवश्यक होती हैं :
    1. चिकित्सा कार्य में भाग लेने वाले सभी व्यक्तियों में इन्द्रिय (Sensory) सम्पर्क होना आवश्यक होता है। यह सम्पर्क प्रत्यक्ष हो सकता है, टेलीफोन, टेलीविजन, पत्र-पत्रिकाओं या अन्य किसी माध्यम से हो सकता है।
    2. भाग लेने वाले सभी व्यक्ति उत्तेजक के प्रति प्रत्युत्तर करें जिसको व्यवहार परिवर्तन के लिए उपयोग में लाया जा रहा है।
    3. मानव तथा उत्तेजकों के प्रति ज्ञान हो।
    4. वैयक्तिक कार्यकर्ता में संस्कृति का ज्ञान होना आवश्यक होता है। इससे व्यावहारिक परिवर्तन लाने में आसानी रहती है।
    5. नियंत्रित दशाओं से कार्यकर्ता का निरन्तर सम्पर्क बना रहे। ये नियंत्रणकारी कारक व्यवहार में परिवर्तन लाते हैं। उदाहरण के लिए पुष्टीकरण या दण्ड देने वाले कारक।
5. *ध्यान का केन्द्र बिन्दु :* सभी व्यवहारवादी अभिगमों में मूल रूप से व्यवहार की विशिष्टता पर ध्यान दिया जाता है। यह विशिष्टता (Specification) कई रूपों में होती है तथा अनेक सूचनाओं के संदर्भ में प्रयुक्त की जाती है। सर्वप्रथम इसका उपयोग समस्या से अवगत होने के लिए किया जाता है। न केवल समस्या की प्रकृति का पता लगाया जाता है बल्कि उस व्यवहार का भी पता लगाया जाता है जिसके कारण समस्या का उदय हुआ है। उस व्यवहार का भी पता लग जाता है जिसका उपयोग सेवार्थी समस्या को परिभाषित करने तथा नामांकन में करता है। वह समस्याग्रस्त व्यवहार की जटिलता, बारम्बारता व उसके प्रभाव का भी पता लगाता है। जब तक व्यवहार का स्तर ज्ञात नहीं होगा, तब तक संशोधन एवं परिवर्तन की सफलता को निश्चित करना कठिन हो जाएगा।
6. *मूल्यांकन का तरीका :* मूल्यांकन का तरीका प्राय: प्रयोगात्मक (Experimental) या नैसर्गिक (Naturalistic) होता है।
   प्राय: अप्रयोगात्मक (Non-experimental) तरीका उपयोग में लाते हैं। कोई बाधा (Intervention) नहीं डाली जाती है और न ही कोई प्रयोगात्मक संरचना (Design) निश्चित की जाती है। मुख्य उद्देश्य उस व्यवहार को देखना होता है जो समस्या का कारण है। बालकों के तथ्य का संग्रह उनके माता-पिता के व्यवहार का अवलोकन साधारण जीवन दशाओं में उनके ही घर में किया जाता है।
7. *मूल्यांकन की प्रविधि :* सामान्य जीवन स्थिति का अवलोकन ही चाहे घर में हो या स्कूल में हो या कार्यस्थल में हो वैयक्तिक कार्यकर्ता की प्रमुख प्रविधि है। सेवार्थी द्वारा अपने व्यवहार का विवरण भी व्यावहारिक संशोधन में उपयोग में लाया जाता है। इन तथ्यों को वैयक्तिक कार्यकर्ता क्रमबद्ध रूप में संग्रह करता है। विद्युत तथा मशीनी विधियों को भी उपयोग में लाया जाता है।

संकटकालीन हस्तक्षेप अभिगम (Crisis Intervention Model)

संकटकालीन हस्तक्षेप या मध्यस्थता एक लघु वैयक्तिक सेवा कार्य चिकित्सा है जिसकी उपयोगिता वर्तमान समय में अधिक समझी जाने लगी है। यद्यपि यह कोई महत्वपूर्ण सैद्धान्तिक तथा व्यावहारिक प्रारूप नहीं है और न ही मूल मान्यताओं एवं विशेष परिस्थितियों का स्पष्टीकरण किया

गया है परन्तु यह प्रारूप उन व्यक्तियों एवं परिवारों की सहायता करने का उद्देश्य रखता है जो संकट काल से गुजर रहे हैं या ऐसी परिस्थितियां उत्पन्न हो गई हैं, जहां पर तुरन्त सहायता की आवश्यकता है। इस प्रारूप का उपयोग आज समाज कार्य एवं मानसिक स्वास्थ्य दोनों क्षेत्रों में किया जा रहा है।

अभिगम का विकास

दो मुख्य क्षेत्रों के अनुसंधान लघु चिकित्सा या संकटकालीन सहायता के प्रारूप के विकास में योगदान दिया।

1. जब समूह, समुदाय या समाज की स्थिति महान संकट की अवस्था में (महामारी, भूकम्प, बाढ़, युद्ध आदि) हो। अनेकानेक सामाजिक वैज्ञानिकों ने इस अवस्था में प्रभावों को सामाजिक मनोवैज्ञानिक दोनों स्तरों पर विश्लेषित किया है। वैयक्तिक अध्ययन भी इसकी आवश्यकता को स्पष्ट करते हैं। अचानक तनाव एवं दबावपूर्ण स्थिति, कोई महत्वपूर्ण घटना (जैसे मृत्यु या आर्थिक संकट) तुरन्त शल्य चिकित्सा, पोलियो या जलने की स्थिति आदि में तुरन्त सहायता एवं मनोचिकित्सा की आवश्यकता होती है। लिंडमैन[5] के अनुसंधानों ने इस प्रारूप का विशेष महत्त्व स्पष्ट किया। उन्होंने मृत्यु तथा वैयक्तिक हानि के प्रभाव का पारिवारिक दशा पर अध्ययन किया और सिद्ध किया कि संकटकालीन सहायता बहुत अधिक प्रभावकारी होती है। कप्लान[6] का इजरायल में संकटकालीन सहायता कार्य भी इस दिशा में सकारात्मक योगदान है। उन्होंने संस्थागत बच्चों के साथ इस प्रारूप का उपयोग किया और सकारात्मक उपलब्धियां प्राप्त हुईं।

लघुकालीन वैयक्तिक सामाजिक सेवा कार्य का उल्लेख प्राचीन काल से ही प्राप्त होता है जैसे किसी को सहायता का स्रोत बता देना या संदर्भित कर देना। परन्तु इसका कोई वैज्ञानिक महत्त्व नहीं था। दीर्घकालीन सहायता ही वास्तविक सहायता मानी जाती थी। दीर्घकालीन चिकित्सात्मक प्रारूप को ही महत्त्व दिया जाता है। परन्तु साहित्य में लघु चिकित्सा का उल्लेख बरथा रेनोल्ड (Bertha Reynolds)[7] के कार्यात्मक सम्प्रदाय के अध्ययनों तथा पर्लमैन के समस्या समाधान के प्रत्यय में प्राप्त होता है। कुछ विशिष्ट संस्थाएं जैसे यात्री सहायता, रोगी प्रतीक्षा सूची[8] आदि से संबंधित थी जो इस प्रकार की सहायता करती थी। एलेक्जेण्डर तथा फ्रेन्च[9] ने अपनी पुस्तक 'Psycho-analystic therapy' में मनोविश्लेषणात्मक प्रारूप को पृंथक् स्वरूप प्रदान किया और लघु चिकित्सा की आवश्यकता को दर्शाया। मलन[10] ने लघु मनोचिकित्सा प्रविधि का विकास किया।

संकटकालीन चिकित्सा प्रारूप के प्रत्यय को दबाव सिद्धांत (Stress Theory) से काफी सहायता प्राप्त हुई। ये दोनों शब्द एक-दूसरे के स्थान पर आज भी प्रयोग किए जाते हैं। दबाव शब्द तीन प्रकार के कारकों को स्पष्ट करता है[11] :

1. दबावपूर्ण घटनाएं एवं स्थितियां, 2. व्यक्ति दबावपूर्ण भावनाओं एवं लक्षणों सहित, 3. तनावपूर्ण उत्तेजक। व्यक्ति का दबाव पूर्ण प्रत्युत्तर दबावपूर्ण स्थितियां जैविकीय मनोवैज्ञानिक तथा सामाजिक कार्यों में व्यवधान उत्पन्न करती हैं। इसके परिणामस्वरूप भ्रामक एवं अव्यावहारिक प्रतिक्रियाएं होती हैं, ज्ञानात्मक तथा शारीरिक कार्यों में परिवर्तन आता है। दवाब पूर्व घटनाएं बहुत ही शक्तिशाली होती हैं जो रोगग्रस्त परिस्थिति उत्पन्न करती है। दूसरा महत्त्वपूर्ण सहयोग 'सीखने के सिद्धांत' प्रारूप से लघु चिकित्सा को प्राप्त हुआ।

संकटकालीन चिकित्सा प्रारूप का उपयोग न केवल व्यक्ति विशेष के संदर्भ में हो सकता है बल्कि परिवार तथा कभी-कभी विस्तृत सामाजिक व्यवस्था में भी उपयोग में लाया जा सकता है। अनेक अध्ययनों ने इस चिकित्सा के महत्त्व को परिवार के परिपेक्ष में स्पष्ट किया है।[12,13]

संकट काल का अर्थ (*Meaning of Crises*)

साधारणतया संकट काल का तात्पर्य वर्तमान स्थिति में अस्त-व्यवस्तता (An upset in a Steady State) से है। यह परिभाषा इस सिद्धांत पर आधारित है कि व्यक्ति अपनी स्थिति में संतुलन बनाये रखने का सदैव प्रयत्न करता है। यह प्रयत्न उसकी अनुकूलन क्षमताओं एवं समस्या समाधान क्षमताओं के अनुसार होता है और आवश्यक इच्छाओं एवं अभिलाषाओं की संतुष्टि सम्भव होती है। जीवन में ऐसे बहुत से अवसर आते हैं जब एकाएक संतुलन बिगड़ जाता है। ऐसी स्थिति में व्यक्ति की अनुकूलन एवं समस्या समाधान करने की योग्यता में कमी हो जाती है या उसकी शक्ति, क्षमता, योग्यता, निपुणता संतुलन स्थापित करने योग्य नहीं रहती है। इस स्थिति को संकट काल की स्थिति कहते हैं। तीन अन्तर्सम्बन्धित कारक संकटकालीन स्थिति को उत्पन्न करते हैं :

1. एक या अनेक कष्टप्रद घटनाएं जो जीवन को धमकी देती हैं।
2. वर्तमान या विगत मूल प्रवृत्तित्यात्मक आवश्यकताएं जो पूर्व धमकियों से संबंधित हैं जिससे संघर्ष उत्पन्न होता है।
3. समस्या समाधान की उपयुक्त प्रविधि की कमी।

सेवार्थी का मूल्यांकन (*Assessment of the Client*)

वैयक्तिक सेवा कार्य में सेवार्थी के व्यक्तित्व तथा उसकी संरचनात्मक कार्यात्मकता का ज्ञान होना आवश्यक होता है। अहं की विशेषताएं तथा उसका कार्य जानना लघु चिकित्सा के लिए भी आवश्यक होता है। अनुकूलनात्मक तरीके, अहं सुरक्षात्मक यंत्रों का उपयोग तथा व्यक्तित्व के प्रकार लघु चिकित्सा की प्रविधि को निश्चित करता है। परन्तु इन कारकों के ज्ञान के लिए दीर्घ साक्षात्कार की आवश्यकता होती है जो इस चिकित्सा प्रक्रिया में सम्भव नहीं है। अत: प्रश्न है कि वे कौन-कौन से स्रोत हैं जिनसे यह ज्ञान प्राप्त हो सकता है। चिकित्सक का अनुभव इस दिशा में महत्वपूर्ण होता है। वह अपने पूर्व अनुभव के आधार पर सेवार्थी की समस्या तथा उसकी प्रतिक्रिया को देखकर सेवार्थी की समस्या का प्राप्त कर लेता है। चेतन तथा अर्धचेतन संचार प्रक्रिया से भी कुछ जानकारी प्राप्त होती है। कार्यकर्ता पूर्व अनुसंधानों को भी ध्यान में रखता है जो संकटकालीन प्रतिक्रियाओं से संबंधित हैं। इनसे व्यक्तियों की प्रतिक्रियाओं तथा उसके प्रभावों का ज्ञान होता है।

संकटकालीन स्थिति के निम्न लक्षण हैं :

1. जब व्यक्ति पर संकट आता है उस समय वह अति चिन्तातुर होता है, तनाव अधिक होता है उसमें ग्लानि, अपराध भावना, निराशा, असंतोष सभी प्रकट होते हैं। उसमें ज्ञानात्मक ह्रास होता है। वह यह जानने में असमर्थ होता है कि वर्तमान स्थिति में क्या करे तथा समस्या का समाधान किस प्रकार करे। जब चिन्ता अधिक होती है तो प्रत्यक्षीकरण का अस्थाई विघटन भी हो जाता है।
2. वैयक्तिक अस्त-व्यवस्तता के कई स्तर होते हैं। प्रारम्भिक स्तर में तनाव बढ़ता है जिसके परिणामस्वरूप चिन्ता उत्पन्न होती है, असहाय की स्थिति आती है। फलत: समस्या समाधान यंत्र उपयोग में लाये जाते हैं। लेकिन यदि प्रयत्न असफल रहते हैं तथा तनाव और बढ़ता है। ऐसी स्थिति में आपत्तिकालीन समस्या समाधान के यंत्रों (Emergency Problem Solving Mechanism) को उपयोग में लाया जाता है।

इस स्तर में तीन प्रकार की स्थितियां उत्पन्न हो सकती हैं : 1. समस्या का समाधान हो जाय, 2. समस्या पुनर्परिभाषित हो तथा उद्देश्य में परिवर्तन हो जाए। 3. आवश्यकता को ही समाप्त कर दिया जाए जिससे समस्या समाप्त हो जाए। 4. कुछ सामान्य अनुकूलन व प्रतिकूलन के तरीके होते हैं। प्रतिकूलित तरीके विघटित क्रियाओं की रचना करते हैं तथा समस्या का समाधान सम्भव नहीं

होता है। उदाहरण के लिए दिवास्वप्न, कल्पना तरंग, प्रत्याहार आदि प्रतिकूलित तरीके हैं। प्रारम्भिक चरण में लघु चिकित्सा का समय समस्या की प्रकृति पर निर्भर करता है। कहीं-कहीं केवल एक ही साक्षात्कार में समाधान प्राप्त हो जाता है और कभी-कभी कई साक्षात्कार करने होते हैं। परन्तु एक बात इस चिकित्सा में महत्व की है कि प्रथम साक्षात्कार बहुत उपचारात्मक अर्थ रखता है। संकटकालीन स्थिति की प्रकृति तथा उसकी अवधि पर चिकित्सा कार्य निर्भर करता है। जितनी अवधि रहेगी, उतने ही समय की चिकित्सा आवश्यक होती है। कप्लान ने 6 सप्ताह की सामान्य चिकित्सा अवधि का उल्लेख किया है। परन्तु कार्यकर्ता पर निर्भर करता है कि वह संकटकालीन स्थिति में किस प्रकार सेवार्थी की सहायता करता है। इस चिकित्सा का महत्वपूर्ण तत्व 'सहायता' प्राप्त होने की दशा में निहित अर्थात् सेवार्थी को शीघ्र से शीघ्र सहायता प्राप्त होनी चाहिए। कार्यकर्ता का प्रथम कार्य वर्तमान समस्या का अस्थाई निदान करना है तथा इस प्रकार से अपनी भूमिका प्रारम्भ करना है। जिससे सेवार्थी की प्रारम्भिक साक्षात्कार में ही चिन्ता व तनाव कम हो सके। जब कार्यकर्ता सेवार्थी को तसल्ली देने में समर्थ होता है तो कि उसकी स्थिति में आशातीत सुधार होगा।

उपचार सिद्धांत एवं तरीके

संकटकालीन चिकित्सा की अभी तक की वैज्ञानिक आधार या प्रणाली विकसित नहीं हो पाई है। इसका मूल उद्देश्य अहं को दृढ़ करना है। इसके अतिरिक्त इसका उद्देश्य :

1. लक्षणों से मुक्ति दिलाना।
2. संकट काल से पूर्व की स्थिति तथा कार्यात्मकता को संगठित करना।
3. समस्या उत्पन्न करने वाले आवश्यक कारकों का ज्ञान प्राप्त करना।
4. उपचारात्मक तरीकों को समझना जिनको सेवार्थी के उपयोग में लाया जा सकता है।
5. वर्तमान तनावों एवं दबावों को समझना, इसके स्रोतों का पता लगाना।
6. नवीन अनुकूलन के तरीकों को समझना, जिनसे सेवार्थी को सहायता पहुंचानी है।

इस प्रणाली में वैयक्तिक सेवा कार्य की सभी प्रविधियों को समयानुकूल उपयोग में लाया जाता है। हस्तान्तरण, स्पष्टीकरण, सलाह, व्याख्या, पुनर्विश्वास आदि तरीकों का उपयोग कार्यकर्ता करता है।

दण्डात्मक उपचार अभिगम (Punishmental Treatment Approach)

इस उपचार का प्रयोग सर्वप्रथम 1930 में कैटोरोविच ने किया था। उन्होंने शराबखोरों के उपचार हेतु उन्हें बिजली का झटका (Electric Shock) लगाना शुरू किया, फलस्वरूप उन लोगों ने शराब पीना छोड़ दिया। अत: इस उपचार में समस्याग्रस्त सेवार्थी को दण्ड देकर उन परिस्थितियों को छोड़ने का प्रयास किया जाता है जिसमें कोई समस्या उत्पन्न होती है। किन्तु यह उपचार की गुणात्मक विचारधारा है।

परोक्ष ज्ञान का सिद्धांत

इस विचारधारा के प्रणेताओं का यह मानना है कि एक ही स्थिति को अलग-अलग लोग अपने-अपने दृष्टिकोण से देखते हैं। अत: यदि कोई स्थिति विशेष या वस्तु या व्यक्ति विशेष किसी को नकारात्मक प्रतीत होता है तो वही स्थिति दूसरे को सकारात्मक लगती है। यह विचारधारा निम्नलिखित मान्यताओं पर आधारित है :

1. यदि प्रत्यक्षीकरण में परिवर्तन होता है तो संवेग और व्यवहारों में भी परिवर्तन होता है।
2. यदि लक्ष्य बदलते हैं तो व्यवहार भी बदल जाते हैं।

3. नये क्रियाकलापों एवं नवीन व्यवहारों से प्रत्यक्षीकरण बदल सकता है, इस प्रकार उपचार के अन्तर्गत इस बात में विश्वास किया जाता है कि प्रत्यक्षीकरण, संवेग, लक्ष्य एवं व्यवहारों में अन्तर्संबंध है।

यदि कार्यकर्ता यह महसूस करता है कि सेवार्थी के लक्ष्य या उसका प्रत्यक्षीकरण नकारात्मक है तो उसे बदलने में वह सेवार्थी की सहायता करता है, फलस्वरूप सेवार्थी के संवेग एवं व्यवहारों में अपने आप सकारात्मक परिवर्तन होता है।

भूमिका मूलक सिद्धांत

रोल अर्थात् भूमिका एवं स्टेटस अर्थात् प्रस्थिति एक-दूसरे से जुड़ी होती है; एक व्यक्ति की समाज में कई प्रकार की प्रस्थिति होती है और उसी के अनुसार उसकी अनेक भूमिकाएं होती हैं। कुछ व्यक्ति अपनी प्रस्थिति के अनुरूप सभी प्रकार की भूमिकायें अच्छी तरह निभाते हैं और कुछ व्यक्ति बहुत सी भूमिकायें नहीं निभा पाते हैं। ऐसे व्यक्ति जो अपनी परिस्थिति के अनुरूप भूमिकायें नहीं निभा पाते हैं, समस्याग्रस्त बन जाते हैं। समाज कार्यकर्ता ऐसे व्यक्तियों को उनकी भूमिका को समझाने और आवश्यकतानुसार उनमें बदलाव करने एवं नई भूमिकाओं के निर्वाह में सहायता देता है, यदि भूमिकाओं में कोई बदलाव नहीं भी होता है, तब भी समाज कार्यकर्ता वर्तमान भूमिकाओं के सफल निर्वाह में सेवार्थी को सहायता देता है।

व्यवस्थित रूप से असंवेदीकरण अभिगम

यह तकनीक अनेक प्रकार के दोषपूर्ण भावात्मक व्यवहारों विशेषत: जिनमें चिंता, असंगत भय और दुर्भीति तथा दुक्रिया के अन्य रूप जैसे स्नायु संबंधी प्रवृत्तियां शामिल हों, को दूर करने के लिए प्रयोग की जाती हैं। व्यवस्थित रूप से असंवेदीकरण के पांच बुनियादी चरण हैं : 1. मूल्यांकन, 2. चिंता की श्रेणियां बनाना, 3. मांसपेशी शिथिलीकरण प्रशिक्षण, 4. परिकल्पित प्रशिक्षण, तथा 5. कार्यान्वयन।

आवेग अभिगम

इस तकनीक में समाज केस कार्यकर्ता चिंता को समाप्त करने की अपेक्षा चिंता के व्यापक प्रवाह को निकालने का प्रयास करता है। सुरक्षित ढांचे में बार-बार संपर्क में आने पर जहां मुवक्किल कोई हानि महसूस नहीं करता वहां वह अपनी चिंता निकालने की शक्ति खो देता है।

निश्चयात्मक अभिगम

इस अभिगम में यह महसूस किया जाता है कि अधिक प्रभावी अनुकूलन तंत्र विकसित करने की आवश्यकता है। इस अभिगम में सेवार्थी को भूमिका निभाने के अवसर प्रदान किए जाते हैं।

निवारण अभिगम

इस तकनीक में अवांछित व्यवहार के परिवर्तन के लिए सजा पद्धति का प्रयोग किया जाता है। सजा में या तो सकारात्मक दृढ़ताओं को हटाना अथवा निवारण प्रेरणाओं का प्रयोग शामिल होता है।

पारिवारिक में उपचार अभिगम

परिवार एक व्यवस्था है जिसमें तीन उपव्यवस्थाएं शामिल हैं : विवाह, अभिभावक और बहन-भाई। इन उपव्यवस्थाओं में निरंतर पारस्परिक संपर्क एवं व्यवहार होता रहता है। प्राय: देखा जाता है कि कभी-कभी संबंध सद्भावपूर्ण नहीं रहते हैं और उस समय परिवार को सही मार्ग पर लाने के लिए बाहरी सहायता की आवश्यकता होती है।

परिवार उपचार इस धारणा पर आधारित है कि विवाह संबंधी व्यवस्था पारिवारिक समायोजन को प्रभावित करती है और इसलिए विवाह के स्वरूप को समझना आवश्यक है। यह भी सत्य है कि वैवाहिक संतुलन की प्रकृति सभी पारिवारिक सदस्यों पर प्रभाव डालती है लेकिन प्रत्येक पर इसका प्रभाव भिन्न-भिन्न होता है। बच्चों का विकास भी वैवाहिक संतुलन से प्रभावित होता है क्योंकि वे अभिभावकों को आदर्श और मार्गदर्शक समझते हैं। फिर परिवार में प्रत्येक विकासात्मक चरण दबावकारी स्थिति उत्पन्न करते हैं जिसके लिए नए संबंध बनाने की आवश्यकता होती है।

परिवार उपचार बहुत महत्वपूर्ण है क्योंकि जब कभी परिवार का कोई सदस्य परेशान होता है तो इसके कारण सभी परेशान हो जाते हैं। परिवार में संप्रेषण (संचार) के माध्यम से ही परिवार के सदस्यों में परस्पर संबंध रहता है। जब कभी परिवार में कोई समस्या होती है तो संप्रेषण (संचार) दोषपूर्ण या दुष्क्रियात्मक हो जाता है।

परिवार उपचार में निदान की पुष्टि सेवार्थी और परिवार के साथ विभिन्न प्रकार के साक्षात्कारों से की जाती है। समाज केस कार्यकर्ता, परिवार संरचना और पारिवारिक दायित्वों में प्रक्रियाएं, आश्रितता, अलगाव, स्वतंत्रता स्तर, क्षमता, सहनशक्ति तथा भावनाओं का नियंत्रण, प्रगाढ़ता, चिंता, अवनति, वर्णनाएं आदि के बारे में जानने का प्रयास करता/करती हैं। वह परिवार का इतिवृत्त और उसके मूल्यांकन का रिकॉर्ड रखता/रखती है।

समाज केस कार्यकर्ता अधिकतर तकनीकों में से अलग एक व्यक्ति में एक तकनीक का प्रयोग करता/करती है, जैसे मार्गदर्शन, परामर्श, शिक्षा, सुझाव, स्पष्टीकरण और व्याख्याएं।

आत्म-नियंत्रण एवं आत्म-प्रबंधन अभिगम

'सेवार्थियों की सहायता करना स्वयं अपनी सहायता करना है' यह एक पुरानी केस कार्य की अभिव्यक्ति है। आत्म-नियंत्रण का अर्थ है व्यक्ति में व्यवहार का स्वरूप बदलने की योग्यता जिसे वह स्वयं या अन्य हानिकारक समझते हैं। समाज केस कार्यकर्ता की इस प्रक्रिया में इस प्रकार की भूमिका अदा करनी पड़ती है कि सेवार्थी में परिवर्तन के लिए नीतियों को कैसे, कब और कहां प्रयोग करना है, इसके बारे में कार्यकर्ता कार्य को आरंभ करने में सेवार्थी की सहायता करने के लिए उकसाने वाले और प्रेरणा प्रदान करने वाले के रूप में कार्य करता है तथा इस कार्य को पूरा करने के लिए वह प्रेरक शक्तियों का प्रयोग करता रहता है। आत्म-नियंत्रण योजना बनाने के लिए वाटसन और थार्प द्वारा एक बहुमार्गदर्शी सहायक योजना बनाई गई है :

1. वर्तमान असंतोष की सूची बनाइए।
2. किसी विशेष परिस्थितियों में उत्पन्न होने वाली व्यवहार समस्या विशेष का चयन कीजिए।
3. व्यवहार पर समस्या के प्रभावों का वर्णन कीजिए।
4. परिस्थिति और उसमें होने वाले व्यवहारों का यथासंभव संक्षिप्त वर्णन कीजिए।
5. आधारभूत विवरण एकत्रित कीजिए। लक्ष्य व्यवहार के प्रत्येक उदाहरण की गणना कीजिए तथा उसका रिकॉर्ड रखिए।
6. कैटलॉग बनाने वाले दबावों की सूची बनाइए।
   प्रत्येक संभावित दबावकारक के लिए तीन प्रश्नों का देना होता है : (क) क्या यह संबल प्रदान करने वाला है या विशेष रूप से बनाया गया है? (ख) क्या यह मजबूत संबल प्रदान करता है? (ग) क्या यह संभव है?
7. समस्या वाले व्यवहारों की सूची बनाइए तथा अध्ययन के माध्यम से संभावित पूर्ववृत्तों को परिवर्तित करने के लिए मध्यस्थता की योजना बनाइए।
8. समस्या के भावात्मक तत्वों की पहचान कीजिए और उन्हें असंवेदी बनाने की योजना बनाइए।

9. अपनी बनाई गई योजनाओं में से एक का चयन कीजिए।
10. समस्या वाले व्यवहार के बारे में विवरण एकत्रित करते रहिए। विवरण का एक ग्राफ (रेखाचित्र) बनाइए ताकि मध्यस्थता योजना के प्रभाव का पता लगाया जा सके।
11. यदि योजना सफल होती है, तो संबंध को हटाने की प्रक्रिया बताइए।

युक्तिसंगत भावोत्तेजक अभिगम

यह तकनीक आत्म-नियंत्रण पर अयुक्तिसंगत तत्वों को परिवर्तित करने के क्षेत्र में प्रयोग की जाती है। भावात्मक और व्यवहार संबंधी समस्याओं के मूल में कुछ अयुक्तिसंगत विचार निम्नलिखित हैं :

1. वयस्क की यह घोर आवश्यकता होती है कि उसके प्रत्येक कार्य को सब लोग पसंद करें।
2. कुछ कार्य इतने भद्दे तथा बुरे होते हैं कि इनको करने वालों को कठोर सजा दी जानी चाहिए।
3. जिन चीजों को जैसे होना चाहिए, वे वैसी न हों तो बड़ा अजीब लगता है।
4. जीवन की कठिनाइयों और दायित्वों का सामना करने की अपेक्षा उनसे बचना आसान लगता है।
5. व्यक्ति की किसी अपने से मजबूत या महान चीज की आवश्यकता होती है जिस पर निर्भर रह सके।
6. मानवीय प्रसन्नता, निष्क्रियता और आलस्य प्राप्त किया जा सकता है।
7. वास्तव में व्यक्ति का अपनी भावनाओं पर नियंत्रण नहीं होता और कुछ चीजों को महसूस करने में कोई सहायता नहीं कर सकता। युक्ति संगत भावोत्तेजक उपचार की चार अवस्थाएं हैं:
    1. *युक्ति का प्रस्तुतिकरण :* कार्यकर्ता समस्याओं को बाहर निकालने या असामान्यत: अपने कथनों का महत्व बताने का प्रयत्न करता है लेकिन सेवार्थी की समस्याओं का वर्णन नहीं करता।
    2. *अयुक्तिसंगत धारणाओं की अनदेखी करना :* कार्यकर्ता सेवार्थी के सामने अपनी अनेक अयुक्तिसंगत बातें कहता है और सेवार्थी को यह अनुभव कराने का प्रयास करता है कि उसकी बातें अयुक्तिसंगत हैं।
    3. *सेवार्थी की समस्या का युक्तिसंगत भावोत्तेजक अर्थ में मूल्यांकन करना :* सेवार्थी को उसकी समस्या से युक्तिसंगत रूप से अवगत कराया जाता है और उसने किसी घटना को कैसे मान लिया है इस बात का ज्ञान प्रदान किया जाता है।
    4. सेवार्थी को आंतरिक व्याख्या द्वारा परिवर्तन करना सिखाना : इस अवस्था में सेवार्थी को चिंताजनक विचारों और प्रवृत्तियों को बदलना सिखाया जाता है।

टिप्पणियां

1. पोलैनस्की, नारमैन एण्ड जैकब काउनिन : 'क्लाइंट रिएक्संस इनीशियल इंटरव्यूज : ए फील्ड स्टडी', ह्यूमन रिलेशंस 9 (1956), पृ. 237-64.
2. रिपल लिलियन, इर्नेस्टीना एलेक्जेंडर, एण्ड वरनाइस डब्ल्यू पोलेमिस : मोटीवेशन, कैपेसिटी एण्ड अपॉर्च्युनिटी : स्टडीज इन केसवर्क थ्योरी एण्ड प्रैक्टिस, सोशल सर्विस मोनोग्राफ्स 2 सीरियल नं. 3 (शिकागो : स्कूल ऑफ सोशल सर्विस एडमिनिस्ट्रेशन, यूनिवर्सिटी ऑफ शिकागो) 1964, पृ. 48.
3. आप्टेकर, एच.एच. : दि डायनामिक्स ऑफ केस वर्क एण्ड काउंसलिंग हाटन मिफिन कं. न्यूयॉर्क, 1955, पृ. 72.
4. हैमिल्टन, गार्डन : बेसिक कान्सेप्ट्स इन सोशल केसवर्क, फैमिली, 18 जुलाई, 1937.

5. लिंडमैन, इरिच : 'सिम्पप्माटोलॉजी एण्ड मैनेजमेन्ट ऑफ एक्यूट ग्रीफ' अमेरिकन जर्नल ऑफ साइक्याट्री, 101, 1944.

6. कप्लान, गेराल्ड तथा जान मिचल : 'टेकनिक्स ऑफ कान्सल्टेशन इन एन एग्रीमेन्ट चिल्ड्रन आर्गनाइजेशन' अमेरिकन जर्नल आफ ऑर्थोसाइक्याट्री, 24, 1954.

7. पर्लमैन, एच.एच. : 'सम नोट्स आन दि वेटिंग लिस्ट' सोशल केसवर्क, 45, 1963.

8. बरथा, कापेन रेनोल्ड्स : 'एन एक्सपेरीमेन्ट इन ए शॉर्ट कनटेक्ट इंटरवीइंग' स्मिथ कॉलेज स्टडीज इन सोशल वर्क, 3, 1932.

9. एलेक्जेण्डर फ्रेन्च तथा थामस एस. फ्रेन्च : 'साइको एनालिटिक थैरेपी' प्रिन्सिपल्स एण्ड एप्लीकेशन्स, रोनाल्ड प्रेस, न्यूयॉर्क, 1946.

10. मलन, डेविड एच. : ए स्टडी ऑफ ब्रीफ साइकोथैरैपी, टाविस्टाक पब्लिकेशन, लन्दन, 1963.

11. रैपोपेर्ट, लाडिया : 'दि स्टेट ऑफ क्राइसेस' सम थ्योरिटकल कंसीडरेशन्स सोशल सर्विस रिव्यू, 36, 1962.

12. हिल, रेयूवेन : 'जेनरिक फीचर्स ऑफ फैमिलीज अण्डर स्ट्रेस, सोशल केसवर्क, 39, 1958.

13. स्पाइगेल, जान : 'दि रिजोल्यूशन ऑफ रोल कन्फ्लिक्ट विद इन दि फैमिली, साइक्याट्री, 20, 1957.

8

वैयक्तिक सेवा कार्य के चरण : अध्ययन

(Steps of Social Case Work: Study)

मैरी रिचमंड को केस कार्य का संकल्पनात्मक संस्थापक माना जा सकता है। 1917 में उन्होंने अपनी पुस्तक 'सोशल डायग्नोसिस' में समाज कार्य अभ्यास के सिद्धान्त में तीन बुनियादी श्रेणियों का वर्णन किया है। ये हैं : (क) जांच या तथ्यों की खोज, (ख) निदान और (ग) उपचार।

रिचमंड के अनुसार, यह प्रक्रिया तथ्य एकत्रित करने या जांच करने से आरम्भ होती है जिसके बाद तथ्यों का गहन आकलन और तुलना की जाती है। दूसरी श्रेणी निदान है जिसमें सेवार्थी की सामाजिक स्थिति की स्पष्टता, कारणों और व्यक्तित्व की जानकारी प्राप्त करने की कोशिश की जाती है। अंत में सामाजिक समस्या की व्याख्या और परिभाषा निर्धारित की जाती है। रिचमंड ने समग्र प्रक्रिया का वर्णन करते हुए 'निदान' शब्द का बार-बार अनुप्रयोग किया है। उनका मानना है कि निदान शब्द जांच से अधिक अच्छा है क्योंकि निदान की प्रक्रिया समापन से संबद्ध है। फिर भी, 'फ्लोरेंस होलिस, एल्विन डेविसन और ऐसे कई अन्य समाज कार्य के विद्वानों ने वर्णन किया है कि निदान शब्द चिकित्सा या औषधि क्षेत्र से उधार लिया गया है और इस प्रकार यह केस कार्यकर्ता का अल्प प्रभाव देता है। यह प्रत्येक 'रोग' के निदानशास्त्र की तलाश की तरफ ले जाता है जैसे कोई आंतरिक संक्रमण हो। दर्द के कुछ लक्षणों का कारण होता है। केस कार्यकर्ता रोग विज्ञान का निदान नहीं कर सकता और न ही उपचार बता सकता है लेकिन सेवार्थी के साथ कार्य करते हुए धीरे-धीरे सेवार्थी और उसकी समस्या को समझने लगता है। आलोचकों के अनुसार, औषधिशास्त्र में उपचार के अन्तर्गत संपूर्ण चिकित्सकीय जांच का सुझाव दिया जाता है जो केस कार्य में ठीक नहीं लगता है। केस कार्य में निदान और उपचार साथ-साथ चलते हैं। चूंकि सेवार्थी को कार्यकर्ता द्वारा संबंध के माध्यम से सहायता प्रदान की जाती है इसलिए उनकी पहली मुलाकात से ही उपचार आरंभ हो जाता है तथा सहायता प्रक्रिया का अस्तित्व विद्यमान रहने तक निरंतर जारी रहता है। सेवार्थी और उनकी समस्याएं हमेशा बदलती रहती हैं इसलिए केस कार्य में निदान भी एक निरंतर जारी रहने वाली प्रक्रिया है। इसके अतिरिक्त उपचार को 'निदान' शब्द के साथ प्रयुक्त करने पर यह अनुभव किया गया कि कार्यकर्ता सेवार्थी के साथ सहयोग करने की अपेक्षा उसके द्वारा किए जाने वाले व्यवहार को प्रभावित करता है। भागीदारी के विचार सेवार्थी द्वारा अपने कार्यों का निर्णय स्वयं करने के अधिकार के समान है। केस कार्यकर्ता कई वर्षों से कारणों के ज्ञान का अनुप्रयोग करने का प्रयास करते रहे हैं। व्यवहार अनुभव को समझने में सहायता के रूप में कार्य करता था। यह समस्या कैसे उत्पन्न हुई तथा समस्या का समाधान कैसे हो इसे समझने की धारणा (Knowledge Intervention) पर अन्त:क्षेप का ज्ञान विकल्प के रूप में भी प्रयोग किया जाता रहा है। उदाहरण के लिए उपचार

या अन्त:क्षेप करने के लिए किसी ज्ञान जैसे फ्रायडवादी सिद्धान्त के मुख्य भाग को समझना काफी था। बहुत शीघ्र ही केस कार्य आलोचकों ने अनुभव किया कि सतही ज्ञान को प्राय: उपचार या अन्त:क्षेप के ज्ञान से नहीं जोड़ा जाता और तो और यह उपचार के समकक्ष तो हो ही नहीं सकता। अन्त:क्षेप करने के लिए अलग और एकदम भिन्न सिद्धान्तों और प्रक्रियाओं की आवश्यकता थी। अनेक लेखक जैसे हैमिल्टन, होलिस, टर्नर एवं कई अन्यों ने सेवार्थी में परिवर्तन के लिए अन्त:क्षेप की विभिन्न प्रक्रियाएं और तकनीकों का विकास किया। धीरे-धीरे इस विचारधारा में परिवर्तन आया क्योंकि इस पर 1920 और 1930 के दशकों की सामाजिक-आर्थिक घटनाओं को तथा साथ ही इस पर सामाजिक सिद्धान्त के विकास का भी प्रभाव पड़ा। इसने अपने ध्यान को इस तथ्य पर पुनर्निर्देशित किया कि विश्व में व्यक्ति क्रमिक रूप से जटिल या असमान परिस्थितियों में निवास करते हैं। परिस्थितियों की शृंखलाओं में रहने का अर्थ है कि 'व्यक्ति परस्पर दूसरे व्यक्तियों के साथ संपर्क' करता रहता है। इसके परिणामस्वरूप पारस्परिक सम्पर्क' का सिद्धान्त सहायता प्रक्रिया की रूप में समाज केस कार्य की सक्रिय संकल्पना के साथ प्रस्तुत हुआ है।

सामाजिक वैयक्तिक सेवा कार्य के चरण

अध्ययन करना, निदान, उपचार, समापन करना तथा मूल्यांकन करना समाज केस कार्य प्रक्रिया के मुख्य कार्य हैं। प्रक्रिया के ये सूत्र संपूर्ण केस कार्य प्रक्रिया के परस्पर आंतरिक रूप से गुंथे हुए रहते हैं। समाज कार्यकर्ता के रूप में हम तर्कसंगत रूप से अध्ययन, निदान, अन्त:क्षेप, समापन और मूल्यांकन को क्रम से प्रस्तुत करेंगे। वास्तव में ये चरण क्रमश: पूरे नहीं किए जाते और जैसा कि गार्डन हैमिल्टन ने कहा है कि ये अंदर-बाहर एक-दूसरे के गुंथे रहते हैं, एक प्रक्रिया दूसरी प्रक्रिया के समानांतर चलती है। वह आगे स्पष्ट करती है कि आरंभ में हम अस्थाई या तात्कालिक निदान करते हैं और यहां तक कि उपचार की भी योजना बना लेते हैं तो भी हमारा मस्तिष्क निरंतर अनुमान लगाता रहता है तथा हम सेवार्थी को अच्छी तरह समझने के अध्ययन की तैयारी करते रहते हैं। अन्त:क्षेप और उपचार प्रथम मुलाकात से आरंभ हो जाता है। स्किडमोर के अनुसार, अध्ययन प्रक्रिया उपचार है जब वह सेवार्थी को अपनी समस्या को स्पष्ट करने में उसकी सहायता करती है एवं इस जानकारी से उसकी जीवन स्थिति के परिवर्तन में सहायता करती है। चूंकि हमारा आकलन व्यक्ति के बारे में है न कि समस्याओं के बारे में, और जब हम समस्याओं के स्वरूप को समझने का प्रयास कर रहे होते हैं तो हम यह भी समझने का प्रयास करते हैं कि किस प्रकार के 'व्यक्तियों' को अमुक 'समस्या' होती है। इस प्रकार व्यक्ति को समझने की प्रक्रिया निरंतर जारी रहती है। जब तक आकलन या मूल्यांकन करना जारी रहता है तब तक अध्ययन, अन्त:क्षेप, समापन और मूल्यांकन प्रक्रिया जारी रहती है। चरण एक- दूसरे से आगे-पीछे हो सकते हैं और एक साथ भी संचालित हो सकते हैं। फिर भी, विभिन्न समय पर उनका जोर किसी एक पर या दूसरे पर हो सकता है। यद्यपि, विशिष्ट अवस्थाएं अंत:संबद्ध हैं और उनका कोई नियम, प्रक्रिया नहीं है तो भी इनका अध्ययन प्रक्रिया की क्रमिक अवस्थाओं में ही करना चाहिए अन्यथा मामले की केन्द्रीयता समाप्त हो सकती है और उसका अभिप्राय नष्ट हो सकता है। इस वैचारिक पृष्ठभूमि में हम वैयक्तिक सेवा कार्य के प्रथम चरण अर्थात् अध्ययन का इस अध्याय में विवेचन करेंगे :

अध्ययन

इसके अन्तर्गत सबसे पहले कार्यकर्ता सेवार्थी से संबंधित विभिन्न तथ्यों की सम्पूर्ण जानकारी प्राप्त करता है जिससे भविष्य में सेवार्थी की समस्याओं को जानने-समझने एवं उसके उपचार हेतु मदद मिलती है। इस अध्ययन में सेवार्थी के जीवन से संबंधित महत्वपूर्ण व्यक्तियों और घटनाओं एवं इनके प्रति सेवार्थी की भावना व व्यक्तित्व आदि के संबंध में जानकारी हासिल करना है। सेवार्थी में स्वयं समस्या के समाधान करने की क्षमता की सीमा क्या है, यह भी अवलोकन किया जाता है।

अध्ययन एक गतिशील प्रक्रिया है, जिसके द्वारा वैयक्तिक सेवा कार्य प्रारम्भ किया जाता है। इस कार्य हेतु सामान्यतः निरीक्षण, अन्वेषण एवं वैयक्तिक इतिवृत्ति की प्रविधियों का प्रयोग किया जाता है। अध्ययन द्वारा पर्यावरण तथा परिस्थितियों के साथ समायोजित होने की सेवार्थी की क्षमता, योग्यता व प्रयत्न आदि के विषय में उपयोगी एवं महत्वपूर्ण सूचनाओं को एकत्र किया जाता है। अध्ययन की सफलता कार्यकर्ता और सेवार्थी दोनों पर निर्भर है। यदि कार्यकर्ता सेवार्थी को सम्मान व रुचि के साथ स्वीकार कर उसके साथ समुचित संबंध स्थापित करने का प्रयत्न करे और उसकी समस्याओं व उनसे उत्पन्न विभिन्न भावनाओं के साथ तादात्मीकरण कर अन्वेषण की प्रविधि द्वारा भिन्न-भिन्न तरह की जानकारी का प्रयास करे, तो उसे सर्वाधिक तथ्य उपलब्ध हो सकते हैं।

अध्ययन के माध्यम से सेवार्थी की व्यक्तिगत भावनाओं को समझा जाता है साथ ही रक्षायुक्तियों के प्रयोग के कारण छिपी हुई भावनाओं को वैज्ञानिक ढंग से समझने का प्रयत्न किया जाता है। इस प्रक्रिया के अन्तर्गत सहभागिता का महत्वपूर्ण स्थान है और सेवार्थी का कार्यकर्ता के साथ पूर्ण सहयोग होने पर अध्ययन की परिपूर्णता सम्भव हो सकती है।

कार्यकर्ता सेवार्थी को आत्म-निर्णय का समुचित अवसर प्रदान कर उसकी परेशानियों एवं समस्याओं को धैर्यपूर्वक सुनने का प्रयास करता है लेकिन कभी-कभी आवश्यकतानुसार समुचित नियंत्रण व निर्देशन के द्वारा भी कार्यकर्ता सेवार्थी से तथ्यों की जानकारी करता है। तथ्यों की वास्तविक जानकारी के लिए कार्यकर्ता सेवार्थी के अलावा उसके परिवार व उससे संबंधित अन्य लोगों से भी मिलता है और प्राप्त तथ्यों का उत्तरदायित्वपूर्ण ढंग से प्रयोग करता है।

अध्ययन कार्य के समापन के पश्चात् निदान व उपचार का कार्य प्रारम्भ हो, ऐसा होना आवश्यक नहीं होता, बल्कि सामान्यतः ये तीनों कार्य अर्थात् अध्ययन, निदान व उपचार के साथ-साथ भी जारी रहते हैं जैसे जब कभी सेवार्थी पहले साक्षात्कार के लिए आता है तो उसका तात्कालिक उपचार करना अवश्यम्भावी हो जाता है। अध्ययन कभी-कभी स्वयं उपचार का रूप धारण कर लेता है। कभी-कभी कार्यकर्ता अन्वेषण की प्रविधि द्वारा प्रश्नीकरण की प्रक्रिया से सेवार्थी को ऐसी अवस्था में ला देता है कि सेवार्थी को अपनी समस्याओं के यथार्थ कारणों की जानकारी अपने आप हो जाती है। तदनुरूप जानकारी के बाद सेवार्थी समस्याओं के निराकरण हेतु स्वयं अपने व्यवहारों में परिवर्तन कर लेता है, इस प्रकार उपचार हो जाता है।

अध्ययन की तकनीक या प्रवीणता

सेवार्थी एवं उसकी समस्या के संदर्भ में विभिन्न तत्व अध्ययन के द्वारा ही एकत्र किए जाते हैं। समुचित निदान हेतु यथार्थ रूप से अध्ययन करना अपेक्षित होता है, इसीलिए कुछ महत्वपूर्ण तकनीक, प्रवीणता अथवा उपकरण (Tools) का प्रयोग अध्ययन को सफल एवं सदुपयोगी बनाने के लिए किया जाता है जो इस प्रकार है :

केन्द्रीकरण

सेवार्थी की विभिन्न समस्याओं के संबंध में समुचित ज्ञान आवश्यक होता है इसलिए केन्द्रीकरण की तकनीक का प्रयोग अध्ययन की प्रक्रिया में किया जाता है। जब सेवार्थी एक समय एक से अधिक समस्याओं से ग्रसित होता है और एक ही समय में अपनी भिन्न-भिन्न समस्याओं को अभिव्यक्त करने लगता है तो ऐसी दशा में उसकी प्रमुख समस्या पर केन्द्रित होना अपेक्षित होता है। अतः कार्यकर्ता सेवार्थी की किसी एक विशिष्ट समस्या का गहन ध्यान द्वारा केन्द्रीकरण की तकनीक की मदद से उचित अध्ययन करता है।

प्रेक्षण

अध्ययन काल में ध्यानपूर्वक यह निरीक्षण किया जाता है कि सेवार्थी की बातचीत की शैली किस तरह की है, किसी बात को वह किस तरह से अभिव्यक्त करता है। बातचीत के दौरान मुख की आकृति, हाव-भाव और शारीरिक हिस्सों के खिंचाव आदि का प्रभाव किस प्रकार का है? इन समस्त बातों का महत्व कार्यकर्ता के लिए अति आवश्यक होता है क्योंकि उनके आधार पर यह ज्ञात होता है कि उसकी बातों का वास्तविक अर्थ क्या है? उनके संवेग कैसे हैं? जिनका ज्ञान शब्दों के साथ ही साथ शारीरिक क्रियाओं के प्रेक्षण से (अध्ययन का उद्देश्य पूर्ण होना) सम्भव हो सकता है।

समन्वेषण

इसके द्वारा मन के भीतर दबी हुई भावनाओं व संवेगों की अभिव्यक्ति हेतु सेवार्थी को प्रेरित कर और टीका-टिप्पणी कर उसके कार्यों व व्यवहारों को अच्छी तरह समझने का प्रयास किया जाता है। इसके माध्यम से अनेक गोपनीय तथ्य बाहर प्रकट हो जाते हैं इससे निदान के कार्य में भी सहूलियत होती है। साथ ही अधूरी इच्छाओं व जरूरतों की अभिव्यक्ति मात्र से ही सेवार्थी के मन का भार भी घट जाता है और वह हल्का महसूस करने लगता है। समन्वेषण अध्ययन की तकनीक के साथ-साथ उपचार की भी एक प्रविधि है जिसकी महत्वपूर्ण उपयोगिता है।

तथ्यों के संकलन के मुख्यत: दो साधन या माध्यम होते हैं। प्रथम: सेवार्थी ही होता है जो अपनी तथा अपनी समस्याओं के विषय में सूचनाएं देता है। द्वितीय: सेवार्थी से इतर व्यक्तियों अथवा समूहों से सूचनाएं प्राप्त की जाती हैं जो सेवार्थी के कार्यों, व्यवहारों, संबंधों व समायोजन आदि के विषय में होती हैं।

अध्ययन से संबंधित तथ्य

समस्या निवारण की प्रक्रिया में अध्ययन प्रथम महत्वपूर्ण चरण होता है, जिसके द्वारा एकत्रित सूचनाओं के आधार पर ही निदान व उपचार का कार्य आगे बढ़ता है। कार्यकर्ता जिन महत्वपूर्ण सूचनाओं को एकत्रित करता है, वे निम्नलिखित हैं :

समस्या से संबंधित तथ्य

समस्या के बारे में जानकारी हासिल करना कि समस्या कितने दिन से है? समस्या की प्रकृति, पूर्व समस्या, पूर्व एवं वर्तमान काल में समस्या बढ़ाने वाले कारक आदि क्या हैं? समस्या समाधान को प्रभावित करने वाली बाधाएं, सेवार्थी की दृष्टि से समस्या के कारकों के मध्य भिन्नताएं व संबंध तथा तात्विक कारक आदि का पता करना। समस्या को पैदा करने वाले आन्तरिक व बाह्य कारकों के मध्य अन्तर का ज्ञान हासिल करना, दोनों पक्षों के अन्तर्प्रभावों का विश्लेषण करना, अन्य संबंधित तथ्यों का मूल्यांकन करते हुए उनमें सुधार लाने का चिन्तन करना। समस्या के प्रति सेवार्थी का दृष्टिकोण क्या है? मूल्यांकन करना, सेवार्थी द्वारा इंगित समस्या के लिए जिम्मेदार तत्वों पर (कार्यकर्ता द्वारा) प्रकाश डालना। यह भी पता करना कि इस संबंध में अभिकरण की मदद से सेवार्थी क्या करना पसंद करता है? समस्या के समाधान में सेवार्थी का अब तक का क्या प्रयास रहा और आगे क्या और कितना प्रयास करने हेतु उत्सुक है?

सेवार्थी की अहम् सामर्थ्य क्षमता (Ego-Strength)

कार्यकर्ता द्वारा सेवार्थी की आकृति, स्वरूप, उसकी संबंध स्थापन व परिवर्तन की क्षमता का मूल्यांकन करना कि पहले साक्षात्कार एवं बाद के साक्षात्कार में क्या बदलाव दिख रहा है? वह

यथार्थ के आधार पर उसकी अहम सामर्थ्य/क्षमता के संदर्भ में निर्णय करता है। कार्यकर्ता यह भी अध्ययन करता है कि सेवार्थी की विचार प्रक्रिया की सामर्थ्य, समुचित निर्णय लेने की क्षमता, यथार्थता को जानने व समझने की योग्यता व अनुभव और अन्य दूसरे लोगों के मनोभावों व विचारों का प्रत्यक्षण करने की योग्यता क्या है? कार्यकर्ता का यह भी कार्य है कि सेवार्थी के जीवन से संबंधित विभिन्न परिस्थितियों में पूर्व एवं वर्तमान प्रकार्यात्मकता की अच्छी तरह जांच करे और उनका समस्या से संबंध देखे। सेवार्थी की अहम् सामर्थ्य की जानकारी प्राप्त करने के लिए बाह्य सामाजिक दबावों एवं उनके स्वरूप का अध्ययन करे।

पर्यावरण से संबंधित तथ्य

(i) कार्यकर्ता से यह आशा की जाती है कि पर्यावरण से संबंधित शक्ति व सीमाओं की ज्ञान प्राप्ति हेतु वह निम्नलिखित तथ्यों को एकत्र करे : (क) पर्यावरण के मूल्यांकन के विषय में संबंधित लोगों, घटनाओं एवं दशाओं का मूल्यांकन करना। (ख) सेवार्थी की पुष्टि से विशिष्ट लोगों की धारणा की जानकारी लेना जो उसके वर्तमान पर्यावरण से संबंधित हों तथा यह भी ध्यान देना कि इन लोगों से सेवार्थी किस तरह अन्त:क्रिया व संबंध स्थापित करता है? (ग) पर्यावरण में सेवार्थी से संबंधित विशिष्ट व्यक्तियों का इस तरह मूल्यांकन करना कि उनके कारण, सेवार्थी को आलम्बन (Support) प्राप्त होता है या दबाव पड़ता है।

(ii) पर्यावरण के साथ व्यक्ति की अन्त:प्रतिक्रिया : (क) सेवार्थी की महत्वपूर्ण प्रतिक्रियाओं को जीवन संबंधी दशाओं व घटनाओं के प्रति विचाराधीन रखना और उपयुक्तता के संदर्भ में उसकी गम्भीरता, अंश व प्रकृति को मूल्यांकित करना। (ख) सेवार्थी की आवश्यकताओं, उनकी पूर्ति के प्रकारों, स्वयं अपने आपको सुरक्षित रखने के तरीकों तथा मनोभावों आदि का अध्ययन करना, सेवार्थी के अन्तर्वैयक्तिक संबंधों, उसकी प्रतिक्रियाओं एवं दबाव संबंधी दशाओं आदि की जानकारी करना जिससे निदानात्मक अन्तर्दृष्टि का विकास हो सके। (ग) सेवार्थी की अनुकूलन की सामर्थ्य, नये व्यक्तियों, दशाओं व विचारों के प्रति उसकी धारणा आदि का मूल्यांकन करना कि इनके प्रति सेवार्थी की प्रतिक्रिया सक्रिय-सचेत है अथवा उदासीन एवं धीमी है।

सेवार्थी की अनुकूलन विधि

सेवार्थी की सुरक्षात्मक दृष्टि के मद्देनजर उसके व्यवहार को सम्मान एवं मान्यता प्रदान करना। उसके अनुकूलित व्यवहार को मान्यता व स्वीकृति देना। पर्यावरण की परिस्थितियों व अन्तर्वैयक्तिक संबंधों के समय व्यक्त की गई रक्षा-युक्तियों (Defence Mechanism) को समझना और उनके लक्ष्य व प्रभावों को इस तरह समझना कि सेवार्थी दबाव की वास्तविक स्थिति को अच्छी तरह से जान सके।

भावनाओं से संबंधित तथ्य

सेवार्थी की भिन्न-भिन्न तरह की भावनाओं में भेद देखना और सेवार्थी की मनोगत्यात्मक संरचना के आधार पर उनकी उपस्थिति की संगणना करना कि किस तरह पर्यावरण के साथ अन्त:क्रिया होती है और पर्यावरण में सेवार्थी की प्रकार्यात्मकता पर भावनाओं का क्या प्रभाव पड़ता है। यह भी सुनिश्चित करना कि क्या किसी महत्वपूर्ण प्रभाव के प्रति सेवार्थी सचेत है अथवा नहीं? इस हेतु सेवार्थी की चेतना या ऐसे संकेतों के आधार पर सेवार्थी की महत्वपूर्ण प्रभावों के प्रति चेतना की जानकारी लेना जिसके प्रति सेवार्थी अनजान होता है लेकिन कार्यकर्ता को वह स्पष्ट होती है।

कारक

सेवार्थी की वर्तमान प्रकार्यात्मकता के कारण संबंधी स्त्रोतों को समझने के प्रयोजन से सेवार्थी के पूर्व के जीवन से संबंधित अनुभवों के विषय में अपने ज्ञान का कार्यकर्ता द्वारा उपयोग करना। अध्ययन की शर्तें अध्ययन के अन्तर्गत कार्यकर्ता सचेत रहे कि तथ्यों के संकलन में चुने हुए आवश्यक तथ्य ही संकलित किए जाएं। अध्ययन के समय नियन्त्रण तो हो लेकिन उसमें लचीलापन हो ताकि सफल साक्षात्कार के लिए सेवार्थी को प्रोत्साहन व आलम्बन मिलता रहे। परिस्थितियों का इस प्रकार अध्ययन करना चाहिए जैसा सेवार्थी स्वयं समझता व आभास करता है।

अध्ययन के अन्तर्गत कार्यकर्ता अपनी पूर्वाग्रह से ग्रसित भावनाओं या मनोवृत्तियों के अनुसार अध्ययन न करे बल्कि उन पर पूर्ण रूप से नियन्त्रण रखकर आवश्यक तथ्य संकलित करे।

कार्यकर्ता की निष्पक्ष व अनिर्णयात्मक मनोवृत्ति होनी चाहिए अर्थात् वह सेवार्थी पर अपना व्यक्तिगत निर्णय न थोपे बल्कि सेवार्थी को ही उचित निर्णय लेने के लिए प्रेरित करे।

सेवार्थी की कुछ ऐसी भावनायें, व्यवहार व रुचियां होती हैं, जिन्हें छिपाकर दूसरा व्यवहार करता है, ऐसी दशा में कार्यकर्ता अपनी योग्यता व कौशल द्वारा सेवार्थी की छिपी हुई भावनाओं को समझकर तदनुरूप प्रयास करता है।

कार्यकर्ता सेवार्थी को प्रोत्साहित करता है कि वह अध्ययन में सहयोग प्रदान करे ताकि अध्ययन की प्रक्रिया पूर्णरूपेण सफल हो सके।

सेवार्थी सदैव सहायतार्थ संबंध का अभिलाषी होता है। अत: सेवार्थी की इस अभिलाषा की सन्तुष्टि हेतु कार्यकर्ता अध्ययन व उपचार दोनों ही प्रक्रियाओं में सेवार्थी के साथ उचित संबंध स्थापित करे।

सेवार्थी के अपने व्यक्तिगत अनुभव और विचार विनिमय में उपचारात्मक क्षमता एवं शक्ति सामर्थ्य विद्यमान होती है जिसके उपयोग हेतु कार्यकर्ता को ध्यान देने की अपेक्षा होती है।

सेवार्थी प्राथमिक सूचना का स्त्रोत होता है। अत: सेवार्थी ही अपने स्वयं के संबंध में अपनी समस्या के संबंध में प्रथम तथ्यात्मक सूचना देने का स्त्रोत माना जाता है इसलिए अध्ययन करते समय आवश्यक सूचना सबसे पहले सेवार्थी से ही लेनी चाहिए।

वैयक्तिक कार्यकर्ता को तथ्यों का संकलन द्वितीयक स्त्रोतों से तभी करना चाहिए, जब उन सूचनाओं को प्राथमिक स्त्रोत से प्राप्त करना असम्भव हो, इसके बावजूद द्वितीयक स्त्रोत से जरूरत के अनुसार मात्र चयनात्मक सूचनाएं ही प्राप्त करनी चाहिए।

वैयक्तिक कार्यकर्ता को आत्मनिर्णय एवं गोपनीयता के सिद्धान्त का सदैव पालन करना चाहिए। यद्यपि सेवार्थी की समस्या से संबंधित किसी तथ्य को बिना उसकी अनुमति/विश्वास प्राप्त किए किसी दूसरे व्यक्ति को नहीं बताना चाहिए फिर भी यदि कोई विशेष परिस्थिति में अभिकरण की नीति के कारण किसी अन्य विशेषज्ञ से विचार-विमर्श हेतु बताना अनिवार्य हो तो उसके कल्याण हेतु सेवार्थी की बिना अनुमति के भी ऐसा किया जा सकता है।

अध्ययन हेतु किया गया साक्षात्कार

अध्ययन के माध्यम से अपेक्षित तत्वों के संकलन हेतु साक्षात्कार का प्रयोग किया जाता है। साक्षात्कार वह प्रक्रिया है जिसमें दो या अधिक व्यक्ति किसी विशेष लक्ष्य की प्राप्ति के लिए एक-दूसरे के निकट सम्पर्क में आते हैं। साक्षात्कार एक ऐसी क्रमबद्ध प्रणाली है जिसमें परस्पर सम्पर्क द्वारा एक व्यक्ति दूसरे व्यक्ति के अनजान व आन्तरिक तथ्यों की जानकारी को हासिल करता है। साक्षात्कार के अन्तर्गत दो या दो से अधिक व्यक्तियों के मध्य संवाद, वार्तावहन की क्रियाएं चलती रहती हैं, जिससे अपेक्षित लक्ष्यों की पूर्ति होती रहती है।

साक्षात्कार निपुणता, मौलिक, व्यावसायिक, मनोवृत्ति तथा स्वीकृति (Acceptance) पर आधारित होता है। स्वीकृति से अभिप्राय सेवार्थी को, जिस तरह का भी वह है उसी रूप से स्वीकार करना जिस स्थिति में वह हो, चाहे वह दशा साक्षात्कारकर्ता हेतु सुखद या दुःखद हो, अनुकूल हो या प्रतिकूल (Uncongenial) हो, चाहे जिस तरह का भी व्यवहार हो, उदाहरणार्थ- आक्रामकता (Aggressiveness) का, शत्रुता (Hostility) का, पराश्रिता (Dependency) का अथवा निष्कपटता का अभाव हो, वैयक्तिक कार्यकर्ता सेवार्थी को यथावत उसी रूप में स्वीकार कर लेता है। वह 'स्वीकृति' का प्रदर्शन तथा विनय, नम्रता (Courtesy) एवं धैर्य (Patience) से सेवार्थी की बात सुनने की रुचि तथा उसे निन्दित न करने जैसे क्रियाकलापों को अपनाता है। साक्षात्कार के लिए अनिवार्य होता है कि कार्यकर्ता में लचीलापन एवं मैत्री भाव हो, इससे सेवार्थी के अन्दर स्वीकृति की भावना का विकास होता है। कार्यकर्ता साक्षात्कार के माध्यम से सेवार्थी की शक्तियों की खोज, उन्हें सुदृढ़ बनाने, उसकी आवश्यकताओं और उनकी हीन भावनाओं को समझकर उसे सम्मान प्रदान करता है। सेवार्थी को अपनी समस्या के समाधान हेतु उपचार प्रक्रिया में हिस्सा लेने हेतु प्रोत्साहित किया जाता है और साक्षात्कार के दौरान ही उसे प्रेरित किया जाता है कि वह अपनी समस्या से संबंधित सामाजिक तथ्यों अथवा इतिहास और अपनी भावनाओं को कार्यकर्ता के सामने प्रकट करें। सेवार्थी का पुनर्बलन (Reinforcement) किया जाता है ताकि वह बिना संकोच के अपनी दुःखद व कष्टकारी भावनाओं और सूचनाओं को भी कार्यकर्ता के सम्मुख रखे।

सफल व निपुण साक्षात्कारकर्ता सेवार्थी से आवश्यक प्रश्न पूछकर ही तथ्य संकलन करता है ताकि सेवार्थी में कोई संकोच/हिचक न पैदा हो। सेवार्थी की व्यक्तिगत वृत्ति (Case History) लेने तथा मैत्रीपूर्ण वातावरण में साक्षात्कार करके तथ्य संकलन करने में अन्तर है। अनुक्रियाशील (Responsive) वातावरण में साक्षात्कार द्वारा तथ्यों को संकलित करने में सेवार्थी की अन्तर्भाविता (Involvement) ज्यादा उपयोगी होती है, जिसके परिणामस्वरूप वह सभी तथ्यों को सहज, सरल व स्पष्ट रूप से कह पाता है। व्यक्तिगत वृत्ति (Case History) का साक्षात्कारकर्ता (कार्यकर्ता) द्वारा लिया जाना प्रगाढ़ व विश्वसनीय संबंधों पर निर्भर करता है। व्यक्तिगत वृत्ति के जरिये संबंध कायम होते हैं इसलिए सामाजिक वैयक्तिक सेवा कार्य अभ्यास में साक्षात्कार का विशिष्ट स्थान है।

सेवार्थी के व्यवहार के हर एक पक्षों जैसे-तनाव (Tensions), विनिवर्तन लक्षण (Withdrawal Symptoms) व दुश्चिन्ता आदि लक्षणों को कार्यकर्ता साक्षात्कार के माध्यम से समझता है। साक्षात्कार के अन्तर्गत पर्यवेक्षण (Observation) के जरिये सेवार्थी की प्रकार्यात्मकता के स्तर, सहायता लेने की तत्परता की जानकारी होती है। इसी से सेवार्थी की अहम् शक्ति को सुदृढ़ करने का प्रयत्न किया जाता है। साक्षात्कार के समय कार्यकर्ता को कुछ बातों को ध्यानपूर्वक समझना चाहिए जैसे- सेवार्थी के संवेगात्मक भावों को समझना, उसके शारीरिक उतार-चढ़ाव आदि का ध्यान, सेवार्थी में कष्ट अथवा दुश्चिन्ता के भावों को समझना, सेवार्थी की बौद्धिक क्षमता, भाषा, अनुभव आदि को जानना। कार्यकर्ता सेवार्थी की ही भाषा का प्रयोग कर साक्षात्कार को बेहतर व उपयोगी बना सकता है। आवश्यकतानुसार कार्यकर्ता साक्षात्कार की गति को नियन्त्रण में रखता है और समयानुसार उसे आगे बढ़ाता है।

साक्षात्कार में बहुत सी उपचार प्रक्रियाओं व प्रविधियों का प्रतिपादन किया जाता है। साक्षात्कार द्वारा अर्थनिरूपण (Interpretation), स्पष्टीकरण (Clarification) आदि प्रविधियों का प्रयोग किया जाता है। साक्षात्कार की प्रक्रिया में स्पष्टीकरण, व्याख्या और व्यवहार के प्रतिमानों (Behaviour Patterns) की ओर संकेत करके अर्थ निरूपण किया जाता है। व्याख्या के अन्तर्गत साक्षात्कारकर्ता संस्था की नीतियों व नियमों का स्पष्टीकरण करते हुए सेवार्थी को इसे समझने में सहायता प्रदान

करता है। इसी तरह समुदाय के अन्य साधनों एवं इनके उपयोग की व्याख्या भी करता है। स्पष्टीकरण के अन्तर्गत सेवार्थी की समस्याओं के भिन्न-भिन्न पक्षों का अर्थ निरूपण करके उसकी गलत धारणाओं को दूर करने का प्रयत्न करता है। इस प्रकार हम कह सकते हैं कि साक्षात्कार के माध्यम से सेवार्थी की समस्या के निराकरण हेतु विस्तारपूर्वक अध्ययन, निदान व उपचार का कार्य समुचित ढंग से सम्पन्न किया जाता है। अत: सेवार्थी की समस्या के अध्ययन में साक्षात्कार की विशिष्ट व महत्वपूर्ण भूमिका होती है, लेकिन इसके लिए एक निपुण साक्षात्कारकर्ता की महती आवश्यकता होती है जिसके निम्न गुण होते हैं : पर्यवेक्षण (Observation) करने की निपुणता, सेवार्थी की बात ध्यानपूर्वक व धैर्यपूर्वक सुनने की क्षमता, बातचीत के दौरान कौशल, निर्देशन (Direction) और भिन्न-भिन्न लक्ष्यों के लिए भिन्न-भिन्न प्रकार के साक्षात्कार करने की योग्यता।

9

वैयक्तिक सेवा कार्य के चरण : निदान

(Steps of Social Case Work: Diagnosis)

कार्यकर्ता सेवार्थी की परिस्थिति का अध्ययन

निदान के प्रति दो प्रश्न उभरकर सामने आते हैं, पहला कि समस्या के क्या कारण हैं। दूसरा यह कि सेवार्थी की समस्या के निवारण हेतु किस प्रकार सहायता की जा सकती है?

अध्ययन और निदान के भेद को रिचर्ड कैवोट ने इस प्रकार बताया कि अध्ययन के अन्तर्गत हम आंखें खोल कर देखते हैं और निदान की अवस्था में हम आंखें बंद कर सोचते हैं। यानी यह एक प्रकार का मानसिक कार्य है जिसके अन्तर्गत अध्ययन की विभिन्न विधियों के द्वारा प्राप्त सामग्री पर कार्यकर्ता अपने ज्ञान के संदर्भ में विचार करता है और विभिन्न सूत्रों में प्राप्त तथ्यों को संगठित कर आवश्यकतानुसार उनका विश्लेषण और संश्लेषण करता है, फलस्वरूप सेवार्थी के व्यक्तित्व, उसकी समस्याओं, उनके कारण या उन्हें दूर करने के उपायों का स्पष्ट पता लगता है। इस प्रकार हम निदान के द्वारा सेवार्थी की समस्या तथा उनके कारणों का पता लगाते हैं व समस्याओं के हल के लिए सेवार्थी की परिस्थितियों में परिवर्तन के स्वरूप का पता लगाते हैं। सेवार्थी कहां तक अपनी परिस्थितियों में स्वयं ही परिवर्तन करने में समर्थ है, सेवार्थी की अहम् शक्ति तथा प्रतिरक्षात्मक युक्तियों को अपनाने की क्षमता और विभिन्न परिस्थितियों में उसकी समायोजन क्षमता का पता लगाते हुए यह निश्चय किया जाता है कि कार्यकर्ता को उसकी सहायता के लिए क्या करना है। इस प्रकार निदान के द्वारा उपचार की दिशा निर्धारित होती है।

पर्लमैन के मतानुसार, यह मानसिक क्रिया समस्या के हर एक अंग का परीक्षण करती है ताकि उसकी विशिष्ट प्रकृति तथा संगठन की जानकारी और उनके अन्त:संबंधों की जानकारी हो सके तथा उनके समाधान के लिए साधनों का पता लगाया जा सके। इस समस्या की परीक्षण क्रिया को ही नैदानिक प्रक्रिया कहते हैं।

सेवार्थी परीक्षण कर उसकी समस्या के प्रति अपना विचार बनाता है कि उसे किस प्रकार की सहायता की अपेक्षा है तथा उसकी वर्तमान सामाजिक कार्यात्मकता की प्रकृति को समझकर उसे परिभाषित करता है। कार्यकर्ता इस बात का भी अनुमान लगाता है कि सेवार्थी कहां तक अपनी भूमिका का सफलतापूर्वक निर्वाह नहीं कर पा रहा है? उसमें क्या खामियां हैं? और यह किस सीमा तक अपने आन्तरिक व बाह्य कारकों अथवा तनावों/शक्तियों से प्रभावित हो रहा है? इस प्रकार सेवार्थी से संबंधित समस्त सून्नाएं या तथ्य स्पष्ट आईने की तरह सम्मुख आ जाते हैं।

कार्यकर्ता सेवार्थी में विभिन्न घटनाओं, उसके इतिहास और व्यवहार आदि से जो भी आशय निकालता है, उसी को उसका 'निदानात्मक चिन्तन' कहा जाता है और कार्यकर्ता के लेख (Record)

में इसे निदानात्मक सारांश (Diagnostic Summary) अथवा निदानात्मक विवरण (Diagnostic Statement) कहा जाता है। इसका कई बार स्पष्टीकरण किया जाता है, जब तक कि सेवार्थी व उसकी समस्या के संबंध में उचित निदान नहीं हो जाता, समस्या का उपचार सम्भव नहीं है। वैयक्तिक समाज कार्य अभ्यास में निदान को पर्लमैन (Perlman) ने वैयक्तिक समाज कार्य प्रक्रिया द्वारा किए जाने वाले समस्या समाधान कार्य में 'तथ्यों को (Thinking through the Facts) बताने वाला एक ऐसा चिन्तन कहा है, जिसमें सेवार्थी की समस्या को समझने और उसके मूल्यांकन का कार्य किया जाता है और उपचार की योजना का प्रतिपादन किया जाता है। इस प्रकार किए गए मानसिक कार्य करने की प्रक्रिया को उन्होंने निदानात्मक प्रक्रिया (Diagnostic Process) बताया है और इस मानसिक कार्य के फलस्वरूप जो निष्कर्ष निकलता है उसे निदानात्मक उत्पादन (Diagnostic Product) बताया है। उनके मतानुसार, इस निदान को मात्र एक बौद्धिक अभ्यास (Intellectual Experience) के स्तर पर ही नहीं छोड़ना चाहिए। इसे निदान पर आधारित उपचार की एक क्रियात्मक योजना (Action Plan) में परिवर्तित किया जाना चाहिए।

सामान्य रूप से निदान का कार्य अध्ययन के साथ ही जारी रहता है। साक्षात्कार के प्रारम्भ से ही कार्यकर्ता अस्थाई रूप से निदान से संबंधित योजना भी बनाता रहता है लेकिन आगे अन्य सूचनाओं की जानकारी के पश्चात् जरूरत के अनुसार बदलाव भी लाता रहता है। समुचित अध्ययन सामग्री के आधार पर ही समुचित निदान सम्भव हो सकता है। सफल निदान के लिए कार्यकर्ता से यह अपेक्षा की जाती है कि वह सेवार्थी की समस्याओं के प्रति वस्तुगत और विषयगत दोनों तरह के मिले तथ्यों को पृथक-पृथक करके उनका उपयोग करे। प्रारम्भिक निदान अस्थाई तरीके वाले होते हैं और समस्त भिन्न-भिन्न तथ्यों को सही जानकारी के उपरांत अंतिम दौर में स्थाई ढंग से समस्या का निदान किया जाता है। इस प्रकार आगे उपचार का मार्ग प्रशस्त होता है।

निदानात्मक प्रक्रिया

वैयक्तिक सेवा कार्य में प्रत्येक सेवार्थी के विषय में वैयक्तिक कार्यकर्ता को निश्चित करना पड़ता है कि किस प्रकार से उसकी समस्या को अधिकाधिक संतोष के साथ सुलझाया जा सकता है। इसके लिए वह उपलब्ध सूचनाओं का अध्ययन करता है तथा अपने व्यावसायिक ज्ञान द्वारा समस्या के कारणों की खोज करता है। खोज करने के पश्चात् यह निश्चित करता है कि चिकित्सा प्रक्रिया का क्या स्वरूप हो। इस प्रकार निदान के अन्तर्गत निम्न तीन चरण होते हैं :

1. तथ्यों का मूल्यांकन : (अ) समस्या का मूल्यांकन, (ब) व्यक्तित्व का मूल्यांकन, (स) सामाजिक पर्यावरण का मूल्यांकन।

2. कारणान्वेषण : (अ) समस्या का रूप, (ब) सामाजिक पर्यावरण का व्यक्तित्व पर प्रभाव, (स) समस्या उत्पत्ति के मुख्य कारक, (द) समस्या के उपचार के उपाय।

3. श्रेणीकरण : (अ) समस्या के आधार पर वर्गीकरण, (ब) अभिकरण की सेवा का महत्व।

इरिक सेन्सबरी[1] ने निदान प्रक्रिया के निम्न चरणों का उल्लेख किया है :

1. वैयक्तिक सेवा कार्य में सूचना का मुख्य स्रोत सेवार्थी होता है। कार्यकर्ता को समस्या का ज्ञान सेवार्थी से साक्षात्कार द्वारा होता है। साक्षात्कार के माध्यम से ही वह निश्चित करता है कि सेवार्थी समस्या को कैसा अनुभव कर रहा है तथा उसकी समस्या क्या है। कौन-सी संस्था उसकी समस्या के अनुकूल है जिसमें संदर्भित करना है।
2. इस सूचना से कार्यकर्ता निश्चित तथ्यों तथा सेवार्थी की भावनाओं की प्रतिक्रिया को वर्णनात्मक स्वरूप में संरचित करता है। वह निश्चित करता है कि कौन-कौन से कारक सेवार्थी के लिए विशेष महत्व के हैं और कौन-कौन से परिवार तथा समूह के सामान्य कारक हैं। परिवार तथा समूह के प्रभाव को निश्चित करता है। वह यह भी निश्चित करता है कि

समस्या का क्षेत्र सीमित है और उसका प्रभाव सेवार्थी के किसी एक अंग पर पड़ रहा है अथवा सेवार्थी का सम्पूर्ण व्यक्तित्व तथा जीवन क्षेत्र इससे प्रभावित हो रहा है। वह यह भी निश्चित करने का प्रयत्न करता है कि सेवार्थी की भावनाएं समस्या के अनुरूप ही हैं अथवा उनमें अधिकता, कमी अथवा अवांछनीयता हैं।

3. समस्या या कठिनाई का स्वरूप एवं विस्तार निश्चित हो जाने पर कार्यकर्ता निश्चित करता है कि सेवार्थी के जीवन तथा अनुभव के कौन-सा क्षेत्र का वह क्रमानुगत अन्वेषण चाहता है। इसके अन्तर्गत परिवार की संरचना, संस्था के कार्यों से आशा, शिक्षा एवं रोजगार लेखा, स्वास्थ्य, आय तथा गृह कार्य संगठन आदि क्षेत्र आते हैं। वह निश्चित करता है कि किन-किन स्रोतों से संबंधित निदान के लिए सूचना की आवश्यकता है या दूसरी संस्थाओं को इसके लिए कितनी आवश्यकता है।
4. इस स्तर में वह उपलब्ध आंकड़ों को कार्यात्मक स्वरूप प्रदान करता है। आंकड़ों के अन्तर्गत विचार, भावनाएं, घटनाएं तथा प्रत्युत्तर सेवार्थी का अनुभव, प्रभावपूर्ण कारक तथ्य तथा प्रतिक्रिया में संबंध आदि तत्त्व सम्मिलित होते हैं। सारांश में सेवार्थी की आन्तरिक एवं बाह्य तस्वीर आंकड़ों के अन्तर्गत होती है। विभिन्न कारकों की अन्तर्क्रिया को निश्चित करके समस्या के विशेष कारण को निश्चित करने का प्रयत्न किया जाता है।
5. समस्या से संबंधित उपकल्पना का निर्माण किया जाता है।
6. सेवार्थी द्वारा प्राप्त विशेष सूचनाओं तथा तथ्यों के आधार पर संरचना (Structure) तथा उपकल्पना में परिवर्तन तथा पुनरावलोकन किया जाता है।

निदानात्मक मनोसामाजिक प्रत्यय

निदानात्मक मनोसामाजिक (स्थिति में व्यक्ति) प्रत्यय के अन्तर्गत निम्न अंतर्वैयक्तिक निदानात्मक व्यवस्था के रूपों का वर्णन करना उचित प्रतीत होता है :

1. *निदान का सम्पूर्ण व्यवस्थित स्वरूप :* प्रत्येक निदान स्वयं एक समस्या से संबंधित तथ्यों का एक व्यवस्थित स्वरूप होता है जिसमें यह निश्चित होता है कि हम किस प्रकार की समस्या को किन-किन उपायों से समाधान करने का प्रयत्न करने जा रहे हैं। इसमें सेवार्थी से संबंधित आन्तरिक एवं बाह्य दोनों प्रकार के पर्यावरण का अवलोकन करके एक निश्चित स्वरूप प्रदान किया जाता है। समाज कार्य निदान में यह पूर्वानुमान होता है कि सेवार्थी की प्रत्येक प्रकार की समस्या का कारण सामाजिक अनुकूलन की क्षमता की कमी अथवा उसमें व्यवधान का होना है। इस कमी अथवा व्यवधान का कारण कोई न कोई सामाजिक कारक ही है। निदान का संबंध सम्पूर्ण बाह्य तथा आन्तरिक स्थिति से होता है क्योंकि व्यक्तित्व पर आन्तरिक तथा बाह्य दोनों प्रकार की शक्तियां अपना प्रभाव डालती हैं और व्यक्ति इन शक्तियों को प्रत्युत्तर भी करता है। इस प्रकार सेवार्थी के संबंध को परिवार, पड़ोस तथा अन्य सामाजिक समूह के संदर्भ में देखा जाता है तथा उसका मूल्यांकन किया जाता है। गैस्टाल्ट का सिद्धांत यह निश्चित करता है कि व्यक्ति चेतन भावनाओं, इच्छाओं तथा आवश्यकताओं के माध्यम से सामाजिक परिस्थिति से संबंधित होता है।

2. *कारण परिणाम संबंध :* सामाजिक घटना में कार्य-कारण में इतनी जटिलता होती है कि निश्चित रूप से किसी समस्या के कारण को निर्धारित नहीं किया जा सकता है। सामाजिक निदान प्राय: वर्णनात्मक होता है और उसमें विभिन्न कारकों का अन्तर्सम्बन्धात्मक प्रभाव दर्शाया जाता है। समस्या के निश्चित कारण का स्पष्टीकरण न कर सम्भावना प्रकट की जाती है। इस प्रकार वैयक्तिक सेवा कार्य निदान के कारण का तात्पर्य विभिन्न कारकों के एक साथ एक स्थिति में कार्य करने से समझा जा सकता है, जो इस प्रकार से कार्य करते हैं कि उनमें कारणात्मक संबंध होता है। वैयक्तिक सेवा कार्य में विश्वास किया जाता है कि समस्या की कोई भी व्याख्या अन्तिम नहीं होती

है तथा कोई भी निदान पूर्ण नहीं होता है। सेवार्थी से सम्पर्क की गहनता के साथ-साथ तथा चिकित्सा पद्धति का उपयोग करते हुए निदान का कार्य बढ़ता जाता है।

3. *वर्गीकरण तथा निदानात्मक कथन :* पूर्ण रूप से सेवार्थी की समस्याओं के निदान की परिभाषा करना असम्भव होता है। यद्यपि चिकित्सा प्रारम्भ करने के लिए निदानात्मक उपकल्पना का निर्माण करना आवश्यक होता है परन्तु उसमें काफी लोच रखी जाती है। निदानात्मक कथन समस्या के ज्ञान के साथ-साथ बदलता रहता है तथा उसमें विशेषीकरण होता रहता है। सेवार्थी अपनी समस्या लेकर अभिकरण के पास आता है और उस विशेष समस्या के समाधान के साधनों को प्राप्त करने की इच्छा प्रकट करता है। अत: वह स्वयं समस्या स्पष्ट करता है और उस समय के आधार पर ही कार्यकर्ता समस्या का वर्गीकरण करता है तथा समय-समय पर समस्या से संबंधित अन्तर्दृष्टि उत्पन्न होने पर निदान का पुनरावलोकन करता है।

4. *तथ्य निष्कर्ष :* निष्कर्ष निदान का कच्चा माल होता है परन्तु वह निदान नहीं होता है। निष्कर्ष एक समस्या से संबंधित विभिन्न कारकों का विश्लेषणात्मक सार होता है परन्तु निदान में सेवार्थी की समस्या को मनोसामाजिक अर्थ देने के लिए इन कारकों का संश्लेषण या व्याख्या की जाती है। निदानात्मक प्रक्रिया में पहले तथ्यों का संकलन कर महत्वपूर्ण प्रकरण स्पष्ट किए जाते हैं। तदुपरान्त व्यवस्थित रूप प्रदान करने के लिए उनका एक अर्थ निकाला जाता है जिसे निदान कहते हैं। अन्ततोगत्वा निष्कर्ष के अन्तर्गत महत्वपूर्ण तथ्य स्पष्ट किए जाते हैं।

5. *सहयोजिक निदान :* सामाजिक अनुकूलन में असफलता के कारण सेवार्थी कार्यकर्ता के पास आता है। इसका कारण व्यक्ति का मनोस्नायुविक व्यक्तित्व अथवा व्याधिकीय पर्यावरण होता है। सेवार्थी की एक समस्या न होकर समस्याओं का एक पुंज होता है। अत: कार्यकर्ता विभिन्न संस्थाओं की सहायता निदान का रूप निश्चित करने एवं उपचार करने के लिए लेता है। शारीरिक रोग की समस्या में शारीरिक या मानसिक सांवेगिक व्यवधान के निदान के लिए मनोविकार चिकित्सा करता है तथा वैयक्तिक कार्यकर्ता सामाजिक निदान जो कि द्वितीयक माना जाता है, करता है। परन्तु यदि वैयक्तिक सेवा कार्य को वास्तविक रूप प्रदान करना है तो कार्यकर्ता में स्वतंत्र रूप से निदान तथा उपचार करने की क्षमता तथा योग्यता का होना आवश्यक होता है। मनोसामाजिक समस्या के निदान का ज्ञान होना वैयक्तिक कार्यकर्ता के लिए अत्यन्त आवश्यक होता है।

निदान के प्रकार

पर्लमैन ने निदान के तीन प्रकार बताये हैं : गतिशील निदान, क्लिनिकल निदान तथा कारणात्मक निदान।

1. *गतिशील निदान :* प्रत्येक प्रकार के वैयक्तिक सेवा कार्य में सेवार्थी की वर्तमान समस्या तथा अन्य संबंधित कारकों, उनके प्रभावों तथा परस्पर संबंधों का ज्ञान आवश्यक होता है। इस ज्ञान को गत्यात्मक निदान कहते हैं क्योंकि ज्ञान की वृद्धि के साथ-साथ निदान में भी अन्तर होता जाता है। गत्यात्मक निदान में निम्न तथ्य निश्चित किए जाते हैं :

1. समस्या क्या है?
2. मनोसामाजिक, शारीरिक या सामाजिक कारकों का इस समस्या में क्या योगदान है?
3. समस्या का व्यक्ति पर क्या प्रभाव पड़ता है?
4. समाधान के क्या उपाय किए जाएं?
5. सेवार्थी तथा उसकी परिस्थिति में क्या-क्या साधन उपलब्ध हैं।
6. अभिकरण में कौन-कौन से स्रोत तथा साधन हैं जिनसे समस्या का समाधान किया जा सकता है।

2. *क्लीनिकल निदान :* वास्तविक रोग को रोग के आधार पर वर्गीकृत करने के प्रयास को क्लीनिकल निदान कहते हैं। जब तथ्यों के परीक्षण तथा अन्वेषण से यह ज्ञात हो जाता है कि सेवार्थी का व्यक्तित्व उसकी समस्या के लिए स्वयं उत्तरदायी है तो उसके व्यक्तित्व के कुसमायोजन तथा व्यक्तित्व की अकार्यात्मकता को मूल्यांकित किया जाता है जिसे क्लीनिकल निदान कहते हैं। इसमें सेवार्थी के व्यक्तित्व तथा असमायोजन के गुणों तथा व्यवहारों का वर्णन होता है।

व्यक्तित्व विघटन से संबंधित व्यक्ति मनोविकार चिकित्सक के पास आता है और उसके द्वारा क्लीनिकल निदान किया जाता है। परन्तु जब कोई व्यक्ति कोई कुसमायोजन संबंधी समस्या को लेकर अभिकरण में आता है तो क्लीनिकल निदान करना आवश्यक नहीं कि उचित ही हो। यह उस समय लाभकर होता है, जब यह निश्चित हो जाता है कि व्यक्तित्व विकार ही सामाजिक विकार का कारण है। इस स्थिति में क्लीनिकल निदान स्पष्ट करता है कि व्यक्तित्व की क्या समस्या है, सेवार्थी की क्या आवश्यकता है तथा चिकित्सा की प्रक्रिया में सेवार्थी का कैसा व्यवहार हो सकता है। परन्तु क्लीनिकल निदान यह स्पष्ट नहीं करता है कि मनोसामाजिक स्थिति की प्रकृति क्या है या उसका सेवार्थी, संस्था, उद्‌देश्य से क्या संबंध है। अत: वैयक्तिक सेवा कार्य में यह निदान केवल आंशिक रूप से महत्वपूर्ण समझा जाता है।

3. *कारणात्मक निदान :* वर्तमान समस्या के विकार तथा उससे संबंधित कारणों के ज्ञान की जानकारी यह निश्चित करने के लिये आवश्यक होती है कि अमुक समस्या के लिए गत्यात्मक निदान हितकर है अथवा क्लीनिक निदान। अत: समस्या के जन्म तथा कारण और प्रभाव-कारण को निश्चित करना ही कारणात्मक निदान होता है। कारणात्मक निदान भी क्लीनिक निदान की भांति एकांगी दृष्टिकोण प्रस्तुत करता है क्योंकि पूर्व कारकों के महत्व को इससे स्पष्ट नहीं किया जाता है। कारण-प्रभाव-कारण के आधार पर समस्या का वास्तविक निदान करना एक दुष्कर कार्य है।

सारांश में वैयक्तिक सेवा में निदानात्मक प्रक्रिया तथा विकास का उद्‌देश्य वैयक्तिक कार्यकर्ता की सहायताकारी प्रवृत्ति तथा निपुणताओं की सीमा, यथार्थता तथा निर्देशन प्रदान करता है। प्रक्रिया के रूप में समस्या के स्वरूप को सेवार्थी की आन्तरिक तथा बाह्य शक्तियों के कारणों को ध्यान में रखकर निश्चित करना है। विकास के रूप में इसका उद्‌देश्य वैयक्तिक कार्यकर्ता तथा सेवार्थी को समस्या समाधान की दिशा प्रदान करना है।

मूल्यांकन

समाज कार्य में मूल्यांकन का विशेष महत्त्व है। यद्यपि जीवन के प्रत्येक क्षेत्र में एवं सभी विज्ञानों में इसका प्रयोग किया जाता है। परन्तु वैयक्तिक सेवा कार्य में निदान की आवश्यकता के साथ-साथ इसकी भी आवश्यकता का अनुभव होता है क्योंकि वैयक्तिक सेवा कार्य का संबंध समस्या समाधान करने, उसका कल्याण तथा विकास करना है। सामाजिक कार्यकर्ता का यह कर्तव्य होता है कि वह अपनी, सेवार्थी की तथा संस्था को क्षमताओं का मूल्यांकन समस्या के संदर्भ में करे जिससे उपचार प्रक्रिया का निर्धारण वास्तविक तथ्यों पर आधारित हो सके।

मूल्यांकन का अर्थ

निदान तथा मूल्यांकन सेवार्थी की समस्या को समझने तथा चिकित्सात्मक सुझाव प्रस्तुत करने के लिए आवश्यक होते हैं। दोनों ही प्रक्रियाएं अन्तर्ग्रहण (Intake) के समय से ही प्रारम्भ हो जाती हैं तथा संबंध के अन्तिम क्षण तक चलती रहती हैं। अन्तर्ग्रहण के समय सेवार्थी शिकायत (Complaint) के आधार पर अनिश्चित निर्णय लेते हैं जिसे निदान का प्रारम्भिक रूप कह सकते हैं। परन्तु इसके साथ ही साथ उस व्यक्ति की क्षमताओं, अक्षमताओं, सहायता के उपयोग की इच्छा अनिच्छा, सांस्कृतिक कारक आदि के संबंध में कुछ अनुमान लगाते हुए निर्णय लेते हैं और इन

सामाजिक निर्णयों को मूल्यांकन माना जाता है। हैमिल्टन के अनुसार, जब व्याख्या (Interpretation) समस्या को पारिभाषित करने की ओर निर्देशित न होकर, व्यक्ति किस प्रकार अपनी समस्या का सामना कर रहा है, की ओर निर्देशित होती है, तब जो परिणाम प्राप्त होता है वह निदान न होकर मूल्यांकन होता है।[2]

मूल्यांकन एक निर्णय करने वाली प्रक्रिया है जो निश्चित करती है कि व्यक्ति कार्यकर्ता तथा अभिकरण का क्या उत्तरदायित्व है उनको पूरा करने की कितनी क्षमता सेवार्थी में है, क्या-क्या शक्तियां हैं तथा क्या-क्या कमजोरियां हैं, कौन से कार्य रचनात्मक सहयोग प्रदान करते हैं तथा कौन से कार्य समस्या को जटिल बनाते हैं। इस प्रकार मूल्यांकन का उद्‌देश्य दार्शनिक एवं नैतिक ज्ञान है।[3] यह कार्यकर्ता को निर्णय पर पहुंचने के लिए नकारात्मक कारकों के विरुद्ध सकारात्मक कारकों का संतुलन बनाये रखता है।[4]

मूल्यांकन द्वारा वैयक्तिक कार्यकर्ता यह जानने का प्रयास करता है कि व्यक्ति (सेवार्थी) ने उद्‌देश्य प्राप्त करने का या समस्या समाधान का कितना तथा क्या प्रयत्न किया है, वह समस्या को किस प्रकार अनुभव कर रहा है, किस सीमा तक वह सहायता लेने का इच्छुक है तथा वह अभिकरण किस सीमा तक सहायता देने की योग्यता एवं क्षमता रखती है। कार्यकर्ता चिकित्सा पद्धति के प्रभाव का भी मूल्यांकन करता है जिससे चिकित्सा पद्धति के समुचित नियोजन, नियंत्रण तथा परिमार्जन की सुविधा होती है। मूल्यांकन के द्वारा कार्यकर्ता को अपने विषय में भी ज्ञान हो जाता है अतः उसे अपने व्यवहार तथा कार्य में सुधार करने का अवसर मिलता है।

निदान तथा मूल्यांकन में अन्तर्सम्बन्ध :

1. निदान द्वारा सेवार्थी की मनोसामाजिक समस्या का ज्ञान प्राप्त होता है जबकि मूल्यांकन द्वारा सेवार्थी की क्षमता, अन्तः तथा बाह्य स्रोत तथा कार्यात्मकता का बोध होता है।
2. निदान तथा मूल्यांकन दोनों ही सामाजिक प्रत्यक्षीकरण हैं। व्यक्ति के व्यवहार का विचलन कुसमायोजन तथा इसके कारणों को समझने के लिए निरपेक्ष ज्ञान का होना आवश्यक होता है। निदान में मुख्य रूप से समस्या का प्रत्यक्षीकरण करते हैं और मूल्यांकन में समस्या से ग्रसित व्यक्ति का प्रत्यक्षीकरण होता है।
3. निदान तथा मूल्यांकन दोनों ही व्यावसायिक विचार हैं। जब से सेवार्थी प्रार्थना पत्र देता है, तभी से साक्षात्कार प्रारम्भ होता है जिससे वह अपनी स्थिति संबंधी भावनाओं का स्पष्टीकरण करता है। निदान का कार्य प्रारम्भिक चरण में कार्यकर्ता सेवार्थी की व्यक्तिगत विशेषताओं का अध्ययन करना है और इस अध्ययन के आधार पर निदान का परिमार्जन भी होता रहता है।
4. मूल्यांकन का लक्ष्य सामाजिक उद्‌देश्य है, जबकि निदान का लक्ष्य कारणात्मक अन्तःक्रिया स्थापित करना है।
5. निदान की निपुणता मनोवैज्ञानिक तथा सामाजिक ज्ञान पर निर्भर होती है जबकि मूल्यांकन की निपुणता प्रायः तार्किक विचारों तथा अनुभवों एवं भावनाओं पर निर्भर होती है।
6. निदान तथा मूल्यांकन दोनों का उद्‌देश्य उपचार को प्रभावकारी बनाना है।

सारांश में यह कहा जा सकता है कि निदान समस्या का वैज्ञानिक ज्ञान है। निदान हम चिकित्सा के लिए करते हैं तथा मूल्यांकन हम यह खोज करने के लिए करते हैं कि सेवार्थी अपनी समस्या समाधान की मात्रा के लिए कितनी क्षमता रखता है।

मूल्यांकन का कार्यक्षेत्र

वैयक्तिक कार्यकर्ता निम्न स्थितियों का मूल्यांकन करता है :

1. समस्या का मूल्यांकन।

2. सेवार्थी के व्यक्तित्व का मूल्यांकन।
3. सेवार्थी के सामाजिक पर्यावरण का मूल्यांकन।

1. *समस्या का मूल्यांकन :* समस्या का मूल्यांकन करते समय वैयक्तिक कार्यकर्ता देखता है कि सेवार्थी वर्तमान समय में किस समस्या से ग्रसित है, कब से समस्या का प्रारम्भ हुआ है, समस्या के अन्तर्गत कौन-कौन से कारक हैं जिनके कारण सेवार्थी चिन्तित है, सेवार्थी ने समस्या सुलझाने के क्या प्रयत्न किए हैं, उसे अपने प्रयत्नों में कितनी सफलता प्राप्त हुई है। उसकी समस्या के समाधान के लिए किन-किन तरीकों एवं साधनों की आवश्यकता है, सेवार्थी का इस क्षेत्र में कितना ज्ञान है, वह स्वयं अपनी कितनी जिम्मेदारी ग्रहण करना चाहता है, समस्या का उसके जीवन पर क्या प्रभाव पड़ा है। इन सभी प्रश्नों का उत्तर मूल्यांकन द्वारा प्राप्त करता है।

2. *सेवार्थी के व्यक्तित्व का मूल्यांकन :* कार्यकर्ता सेवार्थी की अहं शक्ति का मूल्यांकन समस्या समाधान हेतु करता है। वह देखता है कि उसका व्यवहार कैसा है, उसके अनुभव कैसे हैं, उसकी निर्णय शक्ति किस प्रकार कार्य करती है, सेवार्थी बाह्य तथा आन्तरिक दबावों को किस प्रकार महसूस करता है। कार्यकर्ता तथा संस्था से सेवार्थी की क्या आशाएं हैं तथा इन आशाओं की पूर्ति कहां तक की जा सकती है। सेवार्थी की समायोजन की क्षमता का भी कार्यकर्ता अध्ययन करता है। वह मनोरक्षात्मक तरीकों के उपयोग को भी देखता है। वह सेवार्थी की सम्प्रेरणाओं तथा विरोधों का भी मूल्यांकन करता है।

3. *सामाजिक पर्यावरण का मूल्यांकन :* सामाजिक पर्यावरण के मूल्यांकन में कार्यकर्ता सेवार्थी की परिस्थितियों, घटनाओं तथा संबंधित व्यक्तियों का अध्ययन करता है। सामाजिक पर्यावरण के प्रभाव को समस्या के सन्दर्भ में देखा जाता है। सेवार्थी के सामाजिक पर्यावरण के प्रति विचारों, भावनाओं, धारणाओं का भी मूल्यांकन होता है।

मूल्यांकन की आवश्यकता

सुसंगठित तथा योजनाबद्ध मूल्यांकन से निम्नलिखित लाभ होते हैं :

1. मूल्यांकन से समस्या के महत्व का ज्ञान होता है।
2. सेवार्थी की मनोशक्ति का पता चलता है।
3. अवरोधों एवं बाधाओं का ज्ञान होता है।
4. सेवार्थी की इच्छा का पता चलता है।
5. सेवा की उपयोगिता का आभास होता है।
6. सेवार्थी की क्षमताओं, शक्तियों, निपुणताओं, संबंधों, साथ ही साथ कमियों, अक्षमताओं, दोषों तथा संघर्षों को जाना जाता है।
7. सेवार्थी को कहां तक सहायता की आवश्यकता है, जाना जाता है।
8. निदान के परिमार्जन तथा चिकित्सा पद्धति में विकास करने का ज्ञान होता है।
9. वैयक्तिक सेवा कार्य के तरीकों एवं प्रविधियों की उपयुक्तता का ज्ञान होता है।
10. मूल्यांकन द्वारा नई-नई बातों का पता चलता है तथा नई समस्याएं उभर कर सामने आती हैं इससे चिकित्सा की नई-नई प्रविधियों का उपयोग किया जाता है।

इस प्रकार उपरिलिखित विवेचना से स्पष्ट है कि सामाजिक वैयक्तिक सेवा कार्य के साथ-साथ मूल्यांकन का भी कार्य महत्वपूर्ण होता है क्योंकि इससे निदान तथा चिकित्सा दोनों प्रक्रियाओं को लाभ पहुंचता है। मूल्यांकन सदैव प्रयत्नों में वरीयता स्पष्ट करता है जिससे चिकित्सा कार्य सुचारु रूप से सम्भव होता है।

टिप्पणियां

1. सेन्सबरी, इरिक, सोशल डायग्नोसिस इन केसवर्क, रटलेज एण्ड कैनन पाल लि. लंदन, पृ. 42.
2. हैमिल्टन, गार्डन : थ्योरी एण्ड प्रैक्टिस ऑफ सोशल केसवर्क कोलम्बिया यूनिवर्सिटी प्रेस, कोलम्बिया, 1951, पृ. 232.
3. हैमिल्टन, गार्डन : प्रिन्सिपल्स ऑफ सोशल केस रिकार्डिंग यूनिवर्सिटी प्रेस, कोलम्बिया, 1952, पृ. 85.
4. वही, पृ. 85.

10

वैयक्तिक सेवा कार्य के चरण : अन्तःक्षेप एवं उपचार

(Steps of Social Case Work: Intervention and Treatment)

अन्तःक्षेप

'अन्तःक्षेप' की तकनीकी परिभाषाएं वेबस्टर शब्दकोश में इस प्रकार दी गई हैं, 'परिवर्तन करने के द्वारा अंदर आना या बीच में आना' और 'कार्य के बीच में आना' अन्तःक्षेप कहलाता है। अन्तःक्षेप ज्ञान वह ज्ञान है जिसके द्वारा केस कार्यकर्ता संबंधित परिस्थितियों में परिवर्तन करने में सहायता देने के लिये उनमें हस्तक्षेप करता है। यह ज्ञान इन प्रश्नों के उत्तर देने पर ध्यान केन्द्रित करता है कि 'परिस्थिति में सुधार के लिए क्या किया जा सकता है और क्या वह कदम प्रभावी होगा।'

अन्तःक्षेप सेवार्थी और कार्यकर्ता द्वारा मिलकर लक्ष्य निर्धारित करने के साथ ही आरंभ हो जाता है। जैसा कि पहले वर्णन किया जा चुका है कि लक्ष्य सेवार्थी की आवश्यकताओं और एजेंसी में सेवाएं उपलब्ध न होने पर बाहरी संसाधनों की उपलब्धता के अनुसार निर्धारित किए जाते हैं। कार्यकर्ता का एक मात्र उद्देश्य सेवार्थी की कठिनाई को कम करना और उसकी दुष्क्रिया की स्थिति को हल्का करना या फिर सकारात्मक बनाना है जैसा कि होलिस कहते हैं कि यह सेवार्थी के आराम, संतुष्टि और आत्मानुभूति को बढ़ाना है। यहां पर हमें सेवार्थी की प्रेरणा और शक्तियों तथा परिस्थितियों को परिवर्तित करने या संशोधित करने के तरीके पर विचार करना होता है।

स्किडमोरे और ठाकरे के अनुसार, अन्तःक्षेप के कुछ सिद्धान्त हैं, जो निम्नलिखित हैं :

1. अपनी कार्य दिशा निर्धारित करने का सेवार्थी को अधिकार। कार्यकर्ता सही कार्य दिशा के चयन करने में सेवार्थी की क्षमता की सीमाओं को समझता है। कार्यकर्ता इसका सम्मान करता है और इसे प्रोत्साहित करता है क्योंकि वह जानता है कि छोटी सी भी उपलब्धि भावी विकास में अच्छा साधन हो सकती है।
2. परिवर्तन के लिए सेवार्थी की क्षमता की स्वीकृति से वह इसमें सुधार के लिए अपने संसाधनों का उपयोग करता/करती है।
3. समाज कार्य बीमारी या अव्यवस्था की अपेक्षा शक्तियों से संबंधित है। सीमाओं को वास्तविक रूप से संभाला और पहचाना जाता है।

4. सेवार्थी के परिवार और उन संबंधित स्थितियों के बारे में जानकारी प्राप्त करना जिनका परिवार के कल्याण के लिए प्रयोग किया जाता है। कार्यकर्ता इस सूचना को सेवार्थी की सहमति और जानकारी से उपयुक्त रूप से प्राप्त करता/करती है।
5. कार्यकर्ता का दायित्व न केवल सेवार्थी के प्रति है अपितु वह स्वयं अपने प्रति, एजेंसी के प्रति, समुदाय तथा व्यवसाय के प्रति भी जिम्मेदार होता/होती है।

अन्तःक्षेप की श्रेणियां

अन्तःक्षेप तीन प्रकार का हो सकता है : (क) प्रत्यक्ष, (ख) पर्यावरणीय बदलाव या परिवर्तन, और (ग) व्यावहारिक सेवा का उपयोग/व्यवस्था।

प्रत्यक्ष अन्तःक्षेप पद्धति का अर्थ है, सेवार्थी की सहायता के उद्देश्य से रचनात्मक निर्णय करने, भावात्मक संतुलन बनाए रखने और प्रोत्साहन एवं परिवर्तन के पक्ष में मनोबल को दृढ़ बनाने के लिए लगातार साक्षात्कार करना। इन्हें इसलिए प्रत्यक्ष किया जाता है कि इसमें आमने-सामने संपर्क होता है। इसमें शामिल हैं परामर्श देना, स्वीकृति, आश्वासन और भावनाओं की सहज अभिव्यक्ति जैसी सहायक तकनीकों का प्रयोग करना, स्वीकार्यता आत्म-विश्वास का भरोसा दिलाना और निर्माण करना तथा सेवार्थी के साथ होना। परामर्शक तकनीकों में सेवार्थी कार्यकर्ता संप्रेषण के आरंभिक चरण में प्रयुक्त होने वाली सहायक सेवाएं शामिल हैं जिनका प्रयोग करना व्यावसायिक संबंध स्थापित करने के लिए आवश्यक है। फिर भी जैसा कि ग्रेस मैथ्यू कहता है कि उन्हें दो प्रकार के सहायक तकनीकी सेट्स को समझने की आवश्यकता होती है क्योंकि सहायक तकनीकों के बाद हमेशा परामर्शक तकनीक का पालन नहीं किया जाता, जबकि परामर्शक तकनीक हमेशा किसी एक या अनेक सहायक तकनीक से पहले प्रयोग की जाती है।

परामर्श का उद्देश्य व्यक्ति को उसकी स्थिति में मुद्दों को छांटने में, उसकी समस्याओं और चुनौतियों को स्पष्ट करने में तथा उपलब्ध विभिन्न विकल्पों और समस्याओं का चयन करने की चर्चा में तर्कसंगत तरीके से सहायता करना है। परामर्श देना कुछ हद तक एक शैक्षिक प्रक्रिया है और केवल वैयक्तिक परामर्श देने के लिए प्रयोग की जाती है। इसके लिए व्यावसायिक प्रशिक्षण, शिक्षा और अनुभव की आवश्यकता होती है। कुछ महत्वपूर्ण परामर्शक तकनीकें हैं : विचारशील चर्चा, सलाह देना, प्रेरित करना, स्थिति स्पष्ट करना, अनुभूति को ठीक करना, प्रतिरूपण पूर्वाभासी मार्गदर्शन देना, भूमिका निभाना, वास्तविकता उन्मुखीकरण करना, आंशिक स्वीकृति बनाना, व्याख्या करना, सार्वभौमिकीकरण करना और सामना करना। (इन परामर्शक तकनीकों के अधिक विवरण के लिए ग्रेस मैथ्यू की पुस्तक 'एन इंट्रोडक्शन टू सोशल केस वर्क' का अध्ययन कीजिए)।

सहायता प्रदान करने वाली तकनीकें

1. स्वीकृति जो सहायता करने की बुनियादी तकनीक है, भाषा और सेवार्थी को नजर आने वाले समग्र व्यवहार के माध्यम से संप्रेषित की जाती है। फिर इसकी विशेषता है सेवार्थी के प्रति हार्दिकता और उपयुक्तता का प्रदर्शन करना। सेवार्थी के आगमन को जिस तरीके से लिया दिया जाता है और उसकी बातें सुनी जाती हैं उसे स्वीकार करने की भावना का अहसास पैदा करने के लिए महत्वपूर्ण है। सेवार्थी को स्वीकार करने का एक तरीका उसके प्रति सहानुभूति की अपेक्षा समानुभूति प्रदर्शित करना है। सहानुभूति में चिंता, दया या दुःख की भावना का अपना-अपना महत्व है। समानुभूति दूसरे व्यक्ति की हालत या मानसिक स्थिति में प्रवेश करने या उसकी भावनाओं को महसूस करने की योग्यता की द्योतक है। कार्यकर्ता को सेवार्थी के साथ सहानुभूति रखने से सावधान रहना होता है।

आश्वासन तकनीक का प्रयोग कार्यकर्ता इसलिए करता है कि सेवार्थी को यह समझने में सहायता मिले कि उसकी भावनाओं को समझा नहीं गया है और कार्यकर्ता को उसकी घृणा, ईर्ष्या,

अप्रसन्नता और क्रोध की भावनाएं अभिव्यक्त करने पर सदमा नहीं लगा है। कार्यकर्ता आश्वासन भरे वक्तव्य जैसे 'मैं समझ सकता हूं कि आपको कैसा लगा है' या 'ऐसी हालत में ऐसी भावनाएं होना स्वाभाविक है' दे सकता है।

साथ ही यह भावनाओं की अभिव्यक्ति को सहज बनाने व सेवार्थी की भावनाएं व्यक्त करने में सहायता करने की तकनीक है। बन्द गहन भावनाएं सही सोच को अवरुद्ध कर सकती हैं। ऐसे मामलों में कार्यकर्ता का सेवार्थी की अभिव्यक्ति में सहायता करना अनिवार्य हो जाता है और वह उकसाने और प्रेरित करने वाले के रूप में कार्य करता है।

आत्मविश्वास का भरोसा और निर्माण करने का अर्थ है कि कार्यकर्ता उसकी शक्तियों को उजागर करता है और किए गए कार्यों का उपयुक्त श्रेय सेवार्थी को देता है। इससे सेवार्थी को अपना आत्म-विश्वास बनाने में सहायता मिलती है।

सेवार्थी के साथ होना भी एक तकनीक है जो सेवार्थी अपना आत्म-विश्वास खो देता है या चिंता से कमजोर होता जाता है और अपने कार्य करने या निर्णय लेने में असमर्थ होता है तो उसके साथ यह तकनीक अपनाना आवश्यक हो जाता है। ऐसे हालातों में कार्यकर्ता की उपस्थिति से उसे बड़ा सहारा मिलता है।

2. हैमिल्टन के अनुसार, पर्यावरणीय या वातावरण परिवर्तन का अर्थ है तनाव और दबाव को कम करने के लिए स्थिति को सही करने या सुधारने के लिए किए जाने वाले सभी प्रयास। यहां पर स्थिति में परिवर्तन करने पर जोर दिया जाता है। इस पद्धति को प्रायः अन्तःक्षेप की अप्रत्यक्ष पद्धति के रूप में उद्धृत किया जाता है क्योंकि इसमें भौतिक वातावरण परिवर्तन या सेवार्थी की बेहतर कार्य प्रणाली के लिए आवश्यक लगने वाली किसी सामाजिक व्यवस्था के विकास पर जोर दिया जाता है। उदाहरण के लिए, सेवार्थी को किसी मनोरंजन या अन्य किसी समूह में शामिल होने के लिए प्रेरित किया जाता है ताकि वह संभवतः सही कार्य कर सके। इसके अतिरिक्त तनाव घटाने के लिए धीमी गति से सीखने वालों के लिए ऐसे कार्यक्रमों की व्यवस्था करने की प्रेरणा दी जाती है जिनके लिए प्रतिस्पर्धात्मक स्थितियों से बचना जरूरी है।

3. व्यावहारिक सेवाएं देना, जैसा कि हैमिल्टन कहते हैं कि एक प्राचीन केस कार्य में प्रयुक्त अन्तःक्षेप की सर्वश्रेष्ठ ज्ञात पद्धति है। इस पद्धति में कार्यकर्ता एजेंसी द्वारा प्रदत्त सामाजिक स्रोत या सेवा का चयन करने में सेवार्थी की सहायता करता है। कई बार सेवार्थी को पता होता है कि उसे क्या चाहिए लेकिन उसे यह पता नहीं होता कि यह इसे कहां से या कैसे प्राप्त किया जाए। सेवार्थी की अपनी एजेंसी में सहायता की जाती है या अच्छी सहायता के लिए किसी अन्य एजेंसी के पास भेजा जाता है। वस्तु को प्रदान करना, कानूनी सहायता देना और चिकित्सकीय देखभाल और शिविरों की व्यवस्था करना आदि व्यावहारिक सेवाओं के उदाहरण हैं। कार्यकर्ता को सामुदायिक संसाधनों की तथा उनका सही और किफायती उपयोग की संपूर्ण जानकारी होना आवश्यक है।

उपचार

उपचार, वैयक्तिक सेवा कार्य की समस्या, समाधान प्रक्रिया का तीसरा मुख्य चरण है जिसके दौरान कार्यकर्ता और सेवार्थी परस्पर सहभागितापूर्ण स्थिति के साथ पूर्व निर्धारित उद्देश्यों की पूर्ति हेतु कार्य प्रारम्भ करते हैं। इसके अन्तर्गत कार्यकर्ता सचेतन स्थिति में अपने व्यावसायिक संबंधों के अनुरूप निर्देशित क्रियाओं के द्वारा उपचार के लक्ष्य की प्राप्ति हेतु प्रविधियों व प्रक्रियाओं का चयन कर उनका प्रयोग करता है। इस कार्य को सफल बनाने हेतु जरूरी है कि कार्यकर्ता और सेवार्थी में आवश्यक परिवर्तन कर उपचार के लक्ष्यों की प्राप्ति की जाए। यह अपने आप में एक प्रक्रिया है जो कई चरणों में प्रयोग की जाती है जिससे सेवार्थी में बदलाव आता है और उपचार के लक्ष्य की प्राप्ति होती है।

उपचार के लक्ष्य की प्राप्ति को मद्देनजर रखकर विभिन्न विद्वानों ने अनेक प्रक्रियाओं तथा प्रविधियों का निरूपण किया है। हॉलिस (Hollis) ने विशेष रूप से चार प्रक्रियाओं का उल्लेख किया है जिसके अन्तर्गत अनेक प्रविधियां बताई गई हैं, जबकि हैमिल्टन (Hamilton) ने तीन विधियों की व्याख्या की है। प्रो. राजाराम शास्त्री ने इन्हीं प्रक्रियाओं या विधियों को अपनी पुस्तक में प्रविधि व सह-प्रविधि के रूप में व्यक्त किया है। इसी तरह दूसरे समाज कार्य के विद्वानों ने उसे उपचार की प्रक्रिया या प्रविधि के रूप में माना है। इसके अलावा सामाजिक वैयक्तिक सेवा कार्य के अन्तर्गत समस्या के निवारण में मदद व उपचार की दृष्टि से मनोविज्ञान के अन्तर्गत प्रयुक्त की जाने वाली मनःचिकित्सा (Psychotherapy), मनोविश्लेषण (Psychoanalysis), परामर्श (Counselling) आदि विधियों को भी उपचार में प्रयोग किया जाता है।

उपचार/चिकित्सा का अर्थ

साधारण बोलचाल की भाषा में चिकित्सा व उपचार का तात्पर्य शारीरिक व्याधियों के रोगमुक्त (Care) होने से समझा जाता है। परन्तु औषधिशास्त्र में भी रोग से मुक्ति नहीं मिलती है, केवल रोग को कुछ समय के लिए नियन्त्रण में कर लिया जाता है, लेकिन पुनरावृत्ति की सम्भावना बनी रहती है। इस सम्भावना में कमी, भोजन, आराम तथा अनुकूल स्वास्थ्य संबंधी परिस्थितियों द्वारा कम किया जा सकता है। वैयक्तिक सेवाकार्य में भी कुल विशिष्ट रोगों को दूर किया जा सकता है (एक बच्चे के लिए बुरे आवास के स्थान पर नया अच्छा आवास खोजा जा सकता है), परिवर्तनों को कम किया जा सकता है (अपने प्रति तथा दूसरों के प्रति मनोवृत्तियों में परिवर्तन लाया जा सकता है), बिगड़ती हुई स्थिति को रोका जा सकता है (वर्तमान क्रिया में परिपूरक तथा आलम्बन द्वारा), और भी इसी प्रकार कुछ प्रविधियों से परिवर्तन रोका जा सकता है। लेकिन व्यक्ति की व्यक्तिगत तथा सामाजिक स्थिरता उस वृहद् समुदाय की सुरक्षा पर निर्भर होती है जिसका वह स्वयं एक भाग होता है। इसके अतिरिक्त जीवन की घटनाओं के लिए भी उसी पर निर्भर होता है। यही कारण है कि वैयक्तिक सेवाकार्य और सामाजिक कल्याण में संबंध होता है। अतः रोगमुक्त का प्रत्यय नहीं पाया जाता है। वैयक्तिक सेवा कार्य में उन क्षमताओं को व्यवस्थित तथा कार्यान्वित करते हैं जिनसे अनुकूलन प्राप्त होता है तथा उन साधनों, अवसरों एवं शक्तियों को प्रदान करते हैं जिनके द्वारा कोई व्यक्ति सामाजिक समायोजन प्राप्त करता है।

उपचार/चिकित्सा का उद्देश्य

सामाजिक वैयक्तिक सेवा कार्य में उपचार व चिकित्सा के प्रायः निम्न उद्देश्य होते हैं :

1. सामाजिक क्षीणता (Social Breakdown) को रोकना।
2. सेवार्थी की शक्तियों को सुरक्षित रखना।
3. सामाजिक कार्यों का पुनर्स्थापन करना।
4. सेवार्थी के जीवन अनुभवों को अधिक से अधिक सफल एवं संतोषप्रद बनाना।
5. मनोवैज्ञानिक क्षतिपूर्ति करना।
6. सेवार्थी के विकास एवं उन्नति के लिए अवसरों को उपलब्ध करना।
7. आत्म-निर्देशन एवं सामाजिक योगदान की क्षमता को बढ़ाना।

इन उद्देश्यों की प्राप्ति के लिए निम्न प्रयत्नों की आवश्यकता होती है :

1. व्यक्ति की परिस्थिति में परिवर्तन अथवा सुधार करने के लिए आर्थिक सहायता अथवा पर्यावरण में परिवर्तन करना।
2. परिस्थिति परिवर्तन (Environmental Modification) अथवा प्रत्यक्ष साक्षात्कार चिकित्सा द्वारा उसी सामाजिक परिस्थिति में रहते हुए व्यक्ति के व्यवहार तथा मनोवृत्ति में परिवर्तन लाना।

3. या दोनों प्रयत्नों का सम्मिलन।[1]

आप्टेकर ने सामाजिक वैयक्तिक सेवा कार्य के उपचार व चिकित्सा के दो मुख्य उद्देश्य बताये हैं :

1. वर्तमान जीवन परिस्थिति को प्राप्त करने के लिए क्षमता तथा स्रोतों में गतिशीलता प्रदान करने में सहायता द्वारा सेवार्थी की वर्तमान शक्तियों को बनाए रखना अथवा उन्हें आलम्बन प्रदान करना।
2. अपने विषय में, अपनी समस्या के विषय में और इनके उत्पन्न करने में स्वयं की भूमिका के संबंध में ज्ञान (Understanding) में वृद्धि करके सेवार्थी की मनोवृत्तियों तथा व्यवहार के तरीकों में परिवर्तन लाना।[2]

वैयक्तिक सेवा कार्यकर्ता का मूल उद्देश्य सेवार्थी की कठिनाइयों को दूर करना तथा व्यक्ति परिस्थिति और व्यवस्था (Person Situation and System) की अकार्यात्मकता में कमी करना या इसको सकारात्मक रूप में रखकर सेवार्थी की सुविधा, संतोष एवं आत्म-अनुभूति में वृद्धि करना है। इसके लिए अहं (Ego) तथा व्यक्ति-परिस्थिति व्यवस्था की कार्यात्मकता के अनुकूलन की निपुणताओं में वृद्धि हेतु आवश्यकता हो सकती है। व्यक्ति या परिस्थिति या प्राय: दोनों में परिवर्तन की आवश्यकता हो सकती है।

वैयक्तिक सेवा कार्य में उपचार/चिकित्सा की विशेषताएं

हैमिल्टन ने वैयक्तिक सेवा कार्य उपचार व चिकित्सा की निम्न विशेषताओं का उल्लेख किया है :

1. *चेतन एवं नियन्त्रित कर्ता सेवार्थी संबंध का प्रयोग :* इसके द्वारा वैयक्तिक कार्यकर्ता सेवार्थी में परिवर्तन लाता है एवं उन क्षमताओं एवं गुणों को विकसित करता है जो समायोजन की शक्ति को उत्पन्न करते हैं।
2. *साक्षात्कार प्रक्रिया में निपुणता :* कार्यकर्ता साक्षात्कार के माध्यम से मनोसामाजिक तथ्यों का एकत्रीकरण करके उपचार योजना बनाता है। इसमें मनोवैज्ञानिक दृष्टिकोण का उपयोग अधिक किया जाता है।
3. *सामाजिक साधनों का ज्ञान और उनके प्रयोग में निपुणता :* प्राय: सेवार्थी की मनोवैज्ञानिक समस्याओं के साथ-साथ सामाजिक-आर्थिक समस्याएं भी होती हैं। अत: उचित समायोजन प्राप्त करने के लिए दोनों प्रकार की सेवाओं की आवश्यकता होती है। कार्यकर्ता सामाजिक साधनों द्वारा सेवार्थी की मांगों को पूरा करता है।
4. *अभिकरण की नीतियों, सेवाओं एवं अन्त:अभिकरण सहयोग की व्याख्या करने तथा उपयोग करने की निपुणता :* अभिकरण ही वह केन्द्र होता है जहां पर सेवार्थी को सहायता प्रदान की जाती है। अत: वैयक्तिक कार्यकर्ता को इसके विषय में ज्ञान होना आवश्यक होता है। वह अभिकरण में उपलब्ध साधनों का भी उचित प्रयोग करने में निपुण होता है।
5. *चिकित्सा पर संस्कृति का प्रभाव :* सेवार्थी की इच्छा, मनोवृत्ति, धारणा, मूल्य आदि को ध्यान में रखकर चिकित्सा योजना का निर्माण किया जाता है।
6. *समुदाय के अवसरों तथा रूढ़ियों का चिकित्सा पर प्रभाव :* चिकित्सा योजना में इस बात का ध्यान रखा जाता है कि समुदाय की रूढ़ियां क्या हैं तथा कौन-कौन से अवसर ऐसे हैं जिनको सेवार्थी के समायोजन कार्य में लगाया जा सकता है।
7. *चिकित्सा/उपचार पर वैयक्तिक कार्यकर्ता तथा सहभागी साथियों की निपुणता एवं प्रतिभा का प्रभाव :* वैयक्तिक कार्यकर्ता द्वारा सेवार्थी की समस्या का समाधान करने का प्रयत्न किया जाता है। अत: उसकी तथा उसके साथियों की योग्यता एवं प्रतिभा का वैयक्तिक सेवा कार्य चिकित्सा में विशेष महत्व होता है।

वैयक्तिक कार्यकर्ता की भूमिका

उपचार/चिकित्सा प्रक्रिया में वैयक्तिक कार्यकर्ता निम्नलिखित भूमिकाएं अदा करता है :

1. *प्रदानकर्ता (Provider)* : वह सेवार्थी द्वारा इच्छित सेवाओं को प्रदान करता है।
2. *स्थिति प्रदर्शक (Locator)* : वह स्रोतों की खोज करता है।
3. प्राख्याकार (Interpretor) : समस्या से संबंधित कारकों की व्याख्या करता है।
4. *मध्यस्थ (Mediator)* : सेवार्थी की भावनाओं के व्यक्तीकरण में मध्यस्थता का कार्य करता है।
5. *परिवर्तक (Modifier)* : वह सेवार्थी के पर्यावरण में परिवर्तन करता है।

हॉलिस के अनुसार उपचार की चार प्रमुख विधियां

हॉलिस ने सामाजिक वैयक्तिक सेवा कार्य के अन्तर्गत उपचार की चार प्रमुख विधियों का वर्णन किया है, जो निम्नलिखित हैं :

1. समान्वेषण (Investigation)

यह उपचार की एक महत्वपूर्ण प्रविधि है। यह लक्ष्य निर्देशित प्रश्नों द्वारा अन्तर्निहित तथ्यों की प्राप्ति का साधन भी है। इसे लक्ष्यपूर्ण प्रश्नीकरण की प्रक्रिया कहा जाता है। यह अध्ययन की सफलता हेतु प्रयोग की जाने वाली प्रविधि है, साथ ही उपचार की प्रक्रिया भी है। इसके अन्तर्गत कार्यकर्ता सेवार्थी से अति घनिष्ठ संबंध स्थापित कर उसके विचारों और भावनाओं को ससम्मान अपनाते हुए, प्रश्न पूछते हुए उसकी समस्याओं की तह में घुसता है। परिणाम यह होता है कि कार्यकर्ता को सेवार्थी की समस्याओं व उनके कारणों की समुचित जानकारी तो होती ही है साथ ही साथ सेवार्थी भी अपनी समस्याओं और उनके कुछ नये कारणों से अवगत हो जाता है जिस जानकारी से वह अब तक अनभिज्ञ रहा। कभी-कभी तो ऐसा होता है कि इस जानकारी के द्वारा सेवार्थी अपनी समस्याओं के कारणों का स्वयं ही निराकरण करने का प्रयत्न करने लगता है और उपचार का उद्देश्य अपने आप पूरा हो जाता है। इसके अलावा कार्यकर्ता तादात्म्यीकरण की प्रविधि एवं स्वीकृति के सिद्धान्त का प्रयोग करते हुए जब धैर्यपूर्वक व रुचि के साथ सेवार्थी से एक-एक करके सवाल करता है तो सेवार्थी कभी-कभी कार्यकर्ता से प्रभावित होकर अपनी अन्दरूनी भावनाओं व कुण्ठाओं को भी नि:संकोच बिना भय व लज्जा के कार्यकर्ता को बतला देता है। इससे भी आंशिक रूप से उपचार के उद्देश्य की पूर्ति होती है। भावनाओं की अभिव्यक्ति से सेवार्थी में मानसिक तनाव कम होता है और वह अपने को वास्तव में उतना दोषी नहीं समझता, जितना पूर्व में समझता था फिर भी कार्यकर्ता सेवार्थी से पूर्ववत् स्नेहपूर्ण व्यवहार करता है। फलस्वरूप उसमें एक नवीन उत्साह की भावना जाग्रत होती है। सेवार्थी भी कार्यकर्ता के प्रति अनुकूल दृष्टि बनाता है ताकि वह समस्या के प्रति ध्यानपूर्वक सकारात्मक रुचि प्रदर्शित कर रहा है।

2. स्पष्टीकरण

यह प्रक्रिया के साथ-साथ एक प्रविधि भी है जिसके द्वारा सेवार्थी को उसके व्यवहारों के संबंध में बौद्धिक ज्ञान के साथ ही अन्य समस्त तथ्यों की जानकारी प्रदान की जाती है। इससे सेवार्थी यह जान पाता है कि उसके व्यवहारों की सचेतन प्रेरणा किस तरह की है, कौन-कौन सी चेतन भावनाएं व्यवहारों के चारों तरफ क्रियाशील हैं? इसके माध्यम से सेवार्थी को यह ज्ञात होता है कि उसके लक्ष्य की प्राप्ति में उसके व्यवहार कितने समर्थ हैं? इस ज्ञान के परिणामस्वरूप वह अपने लक्ष्य की पूर्ति हेतु अपने व्यवहारों में स्वयं ही सर्जनात्मक परिवर्तन का समुचित प्रयास करता है।

स्पष्टीकरण की यह प्रक्रिया सेवार्थी में समस्या के प्रति जागरूकता, व्यवहार, वातावरण व परिस्थितियों के प्रति सचेतन भावनाओं को बढ़ाती है। स्पष्टीकरण द्वारा वास्तविकता का प्रत्यक्षीकरण

कराने का प्रयत्न किया जाता है, जिस विषय में उसे शांतिपूर्ण ज्ञान है, वास्तविक ज्ञान कराया जाता है। गलत धारणाओं को दूर किया जाता है और उसे नए तथ्यों की जानकारी कराई जाती है। इसके साथ ही उसकी अहम् शक्ति को इतना शक्तिशाली बना दिया जाता है कि वे विभिन्न परिस्थितियों को बेहतर समझते हुए उनके अनुरूप अपने व्यवहारों में अपेक्षित बदलाव ला सकता है।

कार्यकर्ता सेवार्थी के व्यवहारों के प्रति कुछ ऐसी आलोचनात्मक टिप्पणी करता है कि सेवार्थी को अपने-आप ही अपेक्षित ज्ञान का बोध हो जाता है। यदा-कदा इस हेतु प्रक्षेपण विधियों का भी आश्रय लेना पड़ जाता है। सामान्यतया स्पष्टीकरण का प्रयोग चेतन व लघु समस्याओं के संदर्भ में किया जाता है।

इस प्रक्रिया का प्रयोग उसी दशा में उपयुक्त होता है, जब कार्यकर्ता-सेवार्थी संबंध अति गहन एवं विश्वसनीय हों और कार्यकर्ता द्वारा सेवार्थी के व्यवहारों की आलोचनात्मक परीक्षा करने पर भी सेवार्थी के प्रति नकारात्मक प्रतिक्रिया न व्यक्त करे। इसके साथ ही सेवार्थी में यथोचित सहनशीलता का भी विकास होना चाहिए ताकि समयानुसार यह स्वयं ही अपने व्यवहारों का आत्म-परीक्षण व मूल्यांकन कर सके।

जब कभी सेवार्थी के व्यवहारों में प्रतिकूलता (Contradiction) होती है तो उसके (सेवार्थी के) सम्मुख इस व्यवहार को रखकर बोध कराया जाता है, ताकि वह उन विरोधी तत्वों को छोड़ दे जो उसके व्यवहार से परिचित हैं। इससे सेवार्थी को अपने त्रुटिपूर्ण व्यवहार को जानने का मौका मिलता है और वह आगे जागरूक होकर सचेतन रूप से अनुचित व्यवहार नहीं करता। इसके अन्तर्गत कार्यकर्ता सेवार्थी को कोई निर्देश नहीं देता बल्कि जागरूक करता है। इस प्रकार सेवार्थी अपने व्यवहार के प्रति तार्किक दृष्टि का विकास कर अपने व्यवहार में सुधार लाने का प्रयत्न करता है।

3. अन्तर्दृष्टि विकास

इसके अन्तर्गत सेवार्थी को अर्ध-चेतन (Self-conscious) के निकट की समस्याओं और उनके पीछे छिपे कारणों, व्यवहारों और भावनाओं की जानकारी कराई जाती है। इस प्रविधि का प्रयोग मुख्य रूप से अर्ध-चेतन व गंभीर समस्याओं के निराकरण हेतु किया जाता है। इसमें कार्यकर्ता जरूरी प्रश्न व टीका-टिप्पणी के अलावा सेवार्थी को सीधे, स्पष्ट व सरल ढंग से कुछ तथ्यों की जानकारी स्वयं प्रदान करता है। कभी-कभी सेवार्थी का संबंध कुछ ऐसी भावनाओं व विचारों से होता है जो चेतन अवस्था में उसे ग्राह्य नहीं होती। उनसे बचाव हेतु वह उन्हें अचेतन में दबाने का प्रयत्न करता है अथवा भिन्न-भिन्न तरह की रक्षा-युक्तियों (Defence Mechanism) का प्रयोग करता है। इस तरह उसके व्यवहार वास्तविक तथ्यों व भावनाओं से प्रेरित नहीं होते, बल्कि अवास्तविक व सुरक्षात्मक प्रेरकों से परिचालित होने लगते हैं। अस्तु इस प्रविधि के प्रयोग द्वारा सेवार्थी से संबंध स्थापित कर, आवश्यकता के अनुसार समय-समय पर सवाल पूछकर तथा सीधे-सीधे शब्दों में नई अन्तर्दृष्टि (Insight) विकसित कर सेवार्थी को वास्तविक ज्ञान कराया जाता है। इस हेतु कभी-कभी उसकी रक्षा-युक्तियों को भी समाप्त करना पड़ता है जिससे सेवार्थी कष्ट का अनुभव करता है और उसके निवारण के लिए सम्बल की प्रविधि कर फिर आश्रय लेना पड़ता है। (अर्थ निरूपण का प्रयोग प्रक्रिया के रूप में तो किया ही जाता है, साथ ही आवश्यकता के अनुसार इसे एक प्रविधि के रूप में भी प्रयोग में लाया जाता है।) इस प्रविधि के परिणामस्वरूप सेवार्थी को अपनी गंभीर समस्याओं व उनके कारणों की वास्तविक जानकारी हो जाती है जिससे वह स्वयं को अपने व्यवहारों में सर्जनात्मक परिवर्तन करके अपनी समस्या के निवारण हेतु प्रयासरत हो जाता है। इस प्रविधि के प्रयोग के समय सेवार्थी व कार्यकर्ता के मध्य घनिष्ठ व सकारात्मक संबंध स्थापित होने चाहिए तथा सेवार्थी के व्यवहारों का कार्यकर्ता द्वारा गहन जांच-पड़ताल किए जाने पर भी सेवार्थी के अन्दर कार्यकर्ता के प्रति अस्वीकार्यता के भाव

न पनपे, साथ ही सेवार्थी की अहम शक्ति भी अत्यधिक मजबूत हो। इसका प्रयोग सेवार्थी की गंभीर आन्तरिक दबावों से उत्पन्न समस्याओं के समाधान हेतु करना चाहिए लेकिन उनकी समस्याओं का समाधान तब तक सम्भव नहीं हो सकता, जब तक कि सेवार्थी को यह जानकारी न करा दी जाए कि उनकी समस्याओं के पीछे छिपे हुए अचेतन कारक कौन हैं?

अर्थ निरूपण या अन्तर्दृष्टि विकास अपने में एक प्रक्रिया के ही एक भाग के रूप में प्रविधि है जिसके द्वारा प्रश्नों व व्याख्यात्मक विवरणों द्वारा सेवार्थी की अन्तर्दृष्टि विकसित की जाती है तथा उसे नई व यथार्थ तथ्यों की जानकारी कराई जाती है।

अर्थ निरूपण की प्रक्रिया के अन्तर्गत तीन चरण होते हैं : 1. सेवार्थी द्वारा रक्षा-युक्तियों को त्यागने के लिए कहना ताकि उसे वास्तविकता का बोध हो। कार्यकर्ता को मात्र इस बात हेतु तैयार रहना चाहिए कि उसके प्रश्नों व टीका-टिप्पणी की सेवार्थी के ऊपर जो प्रतिक्रिया हुई है उसे अनुकूल दिशा में मोड़ते हुए सेवार्थी की भावनाओं का समान्वेषण वह कर सके। 2. कार्यकर्ता सेवार्थी को उसके चेतन मन के निकट उपप्रविधियों का प्रयोग किया जाना चाहिए। 3. कार्यकर्ता दृष्टि दौड़ाता है कि सेवार्थी द्वारा अपनाई गई रक्षा-युक्तियों को समाप्त करते हुए उसे जो अन्तर्दृष्टि प्रदान की जाती है उसका उसके व्यक्तित्व पर हानिकारक प्रभाव पड़ने की सम्भावना हो तो सामान्यीकरण इत्यादि उपप्रविधियों का आश्रय लेकर सेवार्थी हेतु रक्षा-युक्तियों का पुनर्निर्माण किया जाता है। इसके विपरीत यदि उस प्रविधि के द्वारा सेवार्थी के अन्दर नई अन्तर्दृष्टि व जागरूकता की भावना जाग्रत हुई हो और वह अपनी समस्या का समाधान अच्छे व प्रभावी ढंग से करना शुरू कर दे तो समझें कि अनुकूल प्रभाव पड़ रहा है।

4. आलम्बन (Support)

इसके अन्तर्गत कार्यकर्ता सेवार्थी को सहारा व उत्साह दिलाते हुए उसकी अहम् शक्ति में और मजबूती प्रदान करता है। परिणामस्वरूप उसके मानसिक तनाव व दबाव एवं अपराधीभाव दूर होते हैं जिससे उसमें आत्म विश्वास जाग्रत होता है और समुन्नत कार्य हेतु समुचित शक्ति का विकास होता है, लेकिन इससे पूर्व कार्यकर्ता का सेवार्थी से अति गहन संबंध का होना आवश्यक होता है ताकि उचित ज्ञान द्वारा सही तरीके से उसे आलम्बन प्रदान किया जा सके।

इस प्रक्रिया के अन्तर्गत चिन्ताग्रस्त सेवार्थी के साथ सहानुभूति, सान्त्वना व उदारता से परिपूर्ण व्यवहार का प्रदर्शन किया जाता है ताकि वह अपनी समस्या को बिना संकोच के व्यक्त कर सके। इसके लिए उसे मान्यता प्रदान कर प्रोत्साहित व प्रशंसित किया जाता है। इस प्रक्रिया के द्वारा सेवार्थी में आत्मसम्मान व आत्मनिर्णय की भावना जाग्रत की जाती है, संबंध घनिष्ठ बनाये जाते हैं तथा विभिन्न प्रविधियों के प्रयोग द्वारा सेवार्थी को उचित व्यवहार करने के लिए सहारा दिया जाता है।

इस प्रक्रिया के रूप में आलम्बन का प्रयोग तो किया जाता है लेकिन कुछ विद्वानों ने उसे उपचार की विधि (Method of Treatment) के रूप से भी निरूपित किया है। इस विधि के प्रयोग के द्वारा सेवार्थी में आशा व उत्साह का संचार किया जाता है। परिणामस्वरूप उसके अन्दर अपनी समस्याओं के समाधान की प्रेरणा अपने आप जाग्रत होने लगती है और इसके अलावा सामाजिक दशाओं के अस्थाई दबाव व तनाव से भी सेवार्थी को समुचित सुरक्षा प्रदान की जाती है। इसके साथ ही अन्य प्रविधियों के प्रयोग द्वारा सेवार्थी पर पड़ने वाले दबावों से ही उसकी सुरक्षा की जाती है।

आलम्बन एक विशिष्ट प्रविधि है जिसके लक्ष्यों की प्राप्ति हेतु कुछ उपविधियों का समुचित प्रयोग किया जाता है जो निम्नलिखित हैं :

1. *सामान्यीकरण :* किसी विशेष परिस्थिति में जब सेवार्थी अपनी समस्या से अत्यधिक घबड़ाकर परेशानी महसूस करने लगता है कि वही एकमात्र व्यक्ति है जिसने सबसे ज्यादा गलत

कार्य कर दिया है। इससे उसमें अपराध या दोष भावना घर कर जाती है, जिससे उसके अन्य दूसरे कार्य भी प्रभावित होने लगते हैं। ऐसी स्थिति में इस उपप्रविधि का प्रयोग किया जाता है। इस उपप्रविधि के प्रयोग द्वारा सेवार्थी में रक्षा-युक्तियों का पुनर्निर्माण किया जाता है। उसे अवगत कराया जाता है कि ऐसी दशा में प्राय: सभी संबंधित व्यक्तियों के साथ इस प्रकार के कार्य घटित हो जाते हैं इसमें कोई घबड़ाने की बात नहीं है। ऐसा समझाने व विश्वास दिलाने से सेवार्थी में राहत की अनुभूति होती है और मानसिक रूप से वह अपेक्षाकृत हल्का महसूस करने लगता है।

2. *संक्षिप्तीकरण :* किसी विशिष्ट परिस्थिति में सेवार्थी के मन में जब अनेक तरह के प्रभाव पैदा हो जाते हैं और वह इन विस्तृत प्रभावों से परेशान होकर अपने कार्य को निश्चित ढंग से करने में असमर्थ हो जाता है, तब कार्यकर्ता द्वारा इस प्रविधि का प्रयोग किया जाता है। इसके अन्तर्गत कार्यकर्ता सेवार्थी संबंधी सम्पूर्ण तथ्यों को क्रमबद्ध रूप से संगठित करने का प्रयास करता है अर्थात् कार्यकर्ता विभिन्न कारणों व प्रभावों और विचारों को एक-दूसरे से अन्तर्सम्बन्धित कर संक्षिप्त तरीके से सेवार्थी के सम्मुख प्रस्तुत कर देता है, जिससे सेवार्थी अधिक सरलता व सहजता से समस्याओं व कारणों की जानकारी कर उसके समाधान की दिशा में आगे बढ़ता है।

3. *तादात्म्यीकरण :* इस प्रविधि के अन्तर्गत कार्यकर्ता सेवार्थी के साथ सहानुभूतिपूर्ण व्यवहार द्वारा आत्मीयता का प्रदर्शन करता है और उसकी भावनाओं के साथ तादात्म्य स्थापित करता है। दूसरे शब्दों में, कार्यकर्ता यह आभास दिलाता है कि किसी विशिष्ट परिस्थिति में सेवार्थी के मन में पैदा हुई भावनाएं और कार्यकर्ता के मन में पैदा हुई भावनाएं एक सी हैं। इसके परिणामस्वरूप सेवार्थी के अन्दर कार्यकर्ता के प्रति आत्मीयता की अनुभूति उत्पन्न होती है और दोनों के बीच संबंध अति घनिष्ठ हो जाते हैं और इससे सेवार्थी के मानसिक तनाव में कमी आती है और वह (सेवार्थी) थोड़ी-बहुत राहत महसूस करने लगता है।

4. *पुष्टिकरण :* इसके द्वारा कार्यकर्ता सेवार्थी की स्वयं अपने प्रति अथवा दूसरे व्यक्तियों के प्रति महसूस की गई वास्तविक भावनाओं और विचारधाराओं का पुष्टीकरण करता है। इससे सेवार्थी के अन्दर अपने प्रति एक विश्वास का भाव जाग्रत होता है साथ ही उसकी अहम् शक्ति में भी ज्यादा मजबूती आ जाती है।

5. *पुनर्विश्वासीकरण :* इस प्रविधि की मदद से कार्यकर्ता सेवार्थी को प्रत्यक्ष व स्पष्ट वक्तव्यों द्वारा वह संकेत देता है कि उसकी भावनायें व व्यवहार समझने लायक हैं और उसकी समस्याओं का समाधान सम्भव है। इससे सेवार्थी के अन्दर विद्यमान चिन्ता, भय, शंका आदि की भावनाओं में कमी आने लगती है और वह स्वयं को आश्वस्त महसूस करता है। यहां यह ध्यान देने योग्य बात है कि 'सेवार्थी को अनुचित व असत्य विश्वास न दिला दिया जाए' इसके लिए वास्तविक स्थिति की जानकारी आवश्यक होती है तभी पुनर्विश्वासीकरण का उचित व प्रभावपूर्ण उपयोग सार्थक हो सकता है।

6. *विभक्तीकरण :* सेवार्थी कभी-कभी एक ही साथ एक ही समय में अनेक तरह की समस्याओं से पीड़ित हो जाता है और सीमित समय व साधन के कारण कार्यकर्ता सम्पूर्ण समस्याओं को एक साथ ही समाधान नहीं कर सकता। अब कार्यकर्ता सेवार्थी के सहयोग से समस्याओं को कई भागों में बांटकर सर्वप्रथम अति आवश्यक व गंभीर समस्याओं का समाधान करता है। इसके पश्चात् धीरे-धीरे क्रमश: कम आवश्यक व कम गंभीर समस्याओं को हल करता जाता है।

7. *स्वीकृति :* इसके द्वारा कार्यकर्ता सेवार्थी को सम्मान व प्रेम और सहानुभूति के साथ ग्रहण करने की भावना को प्रदर्शित करता है। इससे सेवार्थी आश्वस्त महसूस करता है तथा उसमें एक नई आशा व जागृति की भावना उत्पन्न होती है। फलस्वरूप वह अपनी समस्याओं का सामना करने हेतु अधिक मजबूती व धैर्य के साथ तैयार हो जाता है। जब सेवार्थी के व्यवहारों, भावनाओं, अच्छी व

बुरी आदतों आदि के बावजूद कार्यकर्ता उसे सम्मान के साथ स्वीकार करता है तो वह (सेवार्थी) यदा-कदा उत्साह में आकर अपनी भय व लज्जा से युक्त गोपनीय बातें भी कार्यकर्ता को बता देता है इससे कार्यकर्ता को अच्छी तरह से समस्याओं को जानने-समझने का मौका मिल जाता है। सेवार्थी द्वारा प्रयुक्त रक्षात्मक उपायों को भी कार्यकर्ता स्वीकार करता है। सेवार्थी के किसी व्यवहार को स्वीकार करने लायक न होने पर भी कार्यकर्ता उक्त व्यवहार के पीछे छिपी हुई भावनाओं का समान्वेषण करता है और जरूरत के अनुसार स्वीकृति देता है। इससे सेवार्थी आश्वस्त सा महसूस करता है और कार्यकर्ता-सेवार्थी दोनों के संबंध मजबूत होते हैं।

8. *प्रोत्साहन :* इसके अन्तर्गत सेवार्थी द्वारा सम्पन्न किए गए अच्छे कार्यों के लिए कार्यकर्ता उसकी प्रशंसा करता है जिससे सेवार्थी के अन्दर नये जोश, उत्साह व साहस की भावना उत्पन्न होती है और उसकी अहम् शक्ति भी विकसित हो जाती है।

9. *व्याख्या :* इसके अन्तर्गत सेवार्थी कभी-कभी शंका, भ्रम व वास्तविक ज्ञान की कमी के कारण व्यर्थ की समस्याओं या उसके गलत अनुचित प्रभावों की शंका से ग्रस्त हो जाता है। ऐसी स्थिति में कार्यकर्ता द्वारा सही व्याख्या कर सेवार्थी की गलत/अनुचित धारणाओं को दूर किया जाता है। साथ ही वास्तविकता का आभास कराते हुए नये तरीके से कार्य करने के लिए उत्साहित किया जाता है।

10. *निर्देशन :* कार्यकर्ता सेवार्थी को कभी-कभी उसकी कुछ विशेष भावनाओं व दशाओं के अन्तर्गत व्यवहारों के नियंत्रण हेतु कुछ विशिष्ट व अधिकार सदृश निर्देशन प्रदान करता है। लेकिन इसके पूर्व यह सुनिश्चित कर लेना चाहिए कि कार्यकर्ता सेवार्थी का संबंध अत्यन्त घनिष्ठ हो, साथ ही कार्यकर्ता यह समझे कि उसके परामर्श को सेवार्थी स्वीकार कर लेगा। इसके अतिरिक्त जिस सन्दर्भ में परामर्श दिया जा रहा है, उसके संबंध में सभी शुद्ध व जरूरी सूचनाएं कार्यकर्ता को उपलब्ध हों।

11. *शिक्षण :* इसके द्वारा कार्यकर्ता सेवार्थी को उसकी समस्याओं, सामाजिक पर्यावरण या उपचार संबंधी तरीकों के सन्दर्भ में कुछ ऐसी नई जानकारी देता है जिससे सेवार्थी अब तक अनभिज्ञ था। इस प्रकार उपर्युक्त जानकारी के उचित उपयोग द्वारा सेवार्थी की समस्याओं का समाधान सम्भव हो पाता है।

12. *संसाधन उपयोग :* सेवार्थी की समस्याओं के समाधान के प्रयास में कार्यकर्ता यह पता करता है कि समुदाय में उपलब्ध किन साधनों का उपयोग किया जाना उचित हो सकता है। इस हेतु वह दिशा-निर्देश देता है कि ताकि सेवार्थी सामुदायिक साधनों का सही ढंग से उपयोग करते हुए अपनी समस्या का उचित समाधान कर सके।

13. *पर्यावरण में परिशोधन :* कभी-कभी सेवार्थी की समस्या-समाधान प्रक्रिया के दौरान पर्यावरण का परिमार्जन जरूरी हो जाता है जब समस्या का कारण वातावरण में निहित हो। इस प्रविधि के माध्यम से उसके समस्त वातावरण का अध्ययन कर उसमें निहित ऐसे तत्वों को जो बाधा उत्पन्न करते हैं, दूर किया जाता है। इस लक्ष्य की प्राप्ति कार्यकर्ता द्वारा हेतु शिक्षाप्रद क्षमता का सेवार्थी के साथ उपयोग करके जीवन के नये अनुभवों को इस तरह प्रदान किया जाता है कि वातावरण में विद्यमान सामाजिक साधनों, विचारों अथवा मार्ग निर्देशनों का प्रभावकारी उपयोग किया जा सके।

14. *अन्तर्दृष्टि का विकास :* इसके द्वारा सेवार्थी को ऐसी सहायता प्रदान की जाती है कि वह अपनी आन्तरिक सामर्थ्य, क्षमता, भावनाओं व संवेगों तथा इनके उपयोग को अच्छी तरह समझने की क्षमता का उचित विकास करे। सेवार्थी की आन्तरिक शक्तियों की क्षीणता की स्थिति में कार्यकर्ता उसके सर्वांगीण विकास हेतु भी मदद करता है जिसके परिणामस्वरूप सेवार्थी अपनी अन्तर्निहित शक्ति सामर्थ्य का विकास करते हुए आन्तरिक व बाह्य परिस्थितियों की यथार्थ स्थिति को समझ सके।

सामाजिक वैयक्तिक सेवा कार्य अभ्यास में परामर्श

परामर्श, उपचार की अत्यधिक प्रयोग में लाई जाने वाली विधि है। यह एक शैक्षिक प्रक्रिया होती है। परामर्श, कुछ विशिष्ट सहायता हेतु प्रयोग में लाया जाता है जैसे-सेवार्थी की समस्या को स्पष्ट करने, उसकी स्थिति से जुड़ी हुई समस्याओं के तार्किक रूप से समाधान करने, वास्तविकता के साथ संघर्ष करने और समाधान के चयन व निर्धारण की जिम्मेदारी को ग्रहण करने के लिए। सामान्यतया अनेक निर्देशन सेवाओं में से परामर्श को एक सेवा समझा जाता है जिसके द्वारा परामर्शदाता सेवार्थी का अपना मूल्यांकन करने व अपनी भावनाओं और भिन्न-भिन्न परिस्थितियों में अपने क्रियाकलापों को समझने में मदद पहुंचाता है।

लक्ष्यों और क्षेत्रों के अनुसार परामर्श के भिन्न-भिन्न प्रकार हैं :

1. *शैक्षिक परामर्श :* इसका प्रयोग समाज कार्य के क्षेत्र-विद्यालयी समाज कार्य में तथा विद्यार्थियों व उनके माता-पिता की मदद हेतु होता है।

2. *व्यावसायिक परामर्श :* इसमें भिन्न-भिन्न व्यावसायिक धाराओं, व्यावसायिक अनिवार्यताओं, सम्भावनाओं, व्यावसायिक संबंधों, शिक्षण-प्रशिक्षण व व्यवसाय के चयन आदि में परामर्श दिया जाता है।

3. *व्यक्तिगत परामर्श :* इसका प्रयोग वैयक्तिक सेवा कार्य में ज्यादा किया जाता है। इसके द्वारा विशिष्ट रूप से व्यक्तियों के दिन-प्रतिदिन की संवेगात्मक समस्याओं का समाधान कर उसे समायोजित करने का प्रयत्न किया जाता है। व्यक्तिगत परामर्श सेवार्थी की समस्या के तुरन्त निवारण से शुरू होता है, इसका लक्ष्य सेवार्थी में पर्याप्त निपुणता, वस्तुनिष्ठता, परिपक्वता व जिम्मेदारी का विकास करना है ताकि उसमें आत्म-निर्देशन तथा एकीकृत व्यक्तित्व का विकास हो सके। हैमिल्टन ने भी परामर्श की अवधारणा का प्रयोग व्यक्तिगत परामर्श के रूप में किया है जिसमें साक्षात्कार हेतु व्यावसायिक शिक्षा, प्रशिक्षण तथा अनुभव की जरूरत होती है। सेवार्थी की सहायता करते समय निर्णय लेने हेतु साक्षात्कार का प्रयोग करने के लिए कार्यकर्ता को ज्ञान व कुशलता की जरूरत होती है। कार्यकर्ता परामर्श द्वारा साक्षात्कार के उपयोग हेतु सेवार्थी की मदद करता है। इस परामर्श का लक्ष्य सामाजिक समस्या के निवारण तथा सामाजिक समायोजन के संदर्भ में सचेतन अहम् का सहयोग पाना होता है। स्पष्टीकरण के अन्तर्गत सेवार्थी को अपनी भावनाओं व मनोवृत्तियों के प्रति जागरूक किया जाता है, यथार्थ और आत्मनिष्ठा का स्पष्टीकरण किया जाता है। सेवार्थी सुनियंत्रित हो सके इस हेतु उसे अपने पर्यावरण व अपने आपको समझने योग्य बनाया जाता है। परामर्श द्वारा समस्या समाधान के लिए की जाने वाली उचित क्रियाओं का विश्लेषण किया जाता है, जिससे सेवार्थी को सूचनाएं प्रदान कर परिस्थिति की व्याख्या व विश्लेषण किया जाता है। लेकिन जब इसमें सामाजिक समस्या में इतर लोग जैसे मां-बाप, बालक, पति-पत्नी व अन्य नाते-रिश्तेदार सम्मिलित होते हैं, तो परामर्श मनोचिकित्सा की दिशा में बदलाव आने लगता है। कार्यकर्ता का लक्ष्य व्यवहार व मनोवृत्तियों में बदलाव लाना हो तो परामर्श उपचारात्मक-साक्षात्कार में शामिल हो जाता है तथा परामर्श, मनोचिकित्सा (Psychotherapy) का रूप धारण करने लगता है। इन दोनों उपचार विधियों में भेद होता है अर्थात् सामान्य व्यक्ति की समस्या के निराकरण में व्यक्तिगत परामर्शदाता सहायता प्रदान करता है जबकि मानसिक रोगी की चिकित्सा मनःचिकित्सकीय सामाजिक कार्यकर्ता (Psychiatric Social Worker) की सहायता से पूर्ण होती है।

4. *औद्योगिक परामर्श :* इसके अन्तर्गत श्रमिकों में व्याप्त चिन्ता, तनाव, कुण्ठा, असंतोष, विरोधों, विनाशकारी मनोवृत्तियों व अनुपस्थिति आदि समस्याओं के निराकरण हेतु परामर्श दिया जाता है साथ ही उनके मनोबल (Morale) को बढ़ाने हेतु व्यक्तिगत परामर्श द्वारा समुचित प्रयास किया जाता है। इस प्रकार परामर्श द्वारा श्रमिकों की व्यक्तिगत क्षमता, दक्षता व प्रवीणता को बढ़ाकर औद्योगिक उत्पादन को बेहतर बनाया जाता है।

5. *वैवाहिक परामर्श :* इस परामर्श के द्वारा दाम्पत्य समायोजन (Marital adjustment), पारिवारिक संबंधों के अन्तर्गत व्यक्तिगत कठिनाइयों व उनके बीच मतभेदों, अविश्वासों व रोजमर्रा की तू-तू मैं-मैं (संघर्षों) आदि जैसी समस्याओं के समाधान में सहायता प्रदान की जाती है।

उपर्युक्त क्षेत्रों के अतिरिक्त परिवार कल्याण कार्यक्रम (Family Welfare Programmes), पारिवारिक जीवन शिक्षा (Family Life Education) और परिवार एवं बाल कल्याण (Family and Child Welfare) तथा इसी तरह के अन्य कई क्षेत्रों में भी परामर्श का प्रयोग किया जाता है जो अत्यन्त उपयोगी सिद्ध होता है।

परामर्श में नवीन विचारों के समावेश के फलस्वरूप व्यक्ति की समग्रता (Totality of the Individual) और उसके जीवन के सम्पूर्ण क्षेत्रों के पारस्परिक संबंधों की महत्ता के साथ ही साथ परामर्शदाता के उच्च व्यावसायिक स्तर और उसके क्रियाकलापों के अनुरूप व्यावसायिक आचार-संहिता (Professional Ethics) को भी महत्व दिया जाने लगा है। सेवार्थी के लक्ष्यों एवं उसकी प्रेरणाओं के महत्व को भी समझा जाने लगा है। मानव जीवन से संबंधित सम्पूर्ण क्षेत्रों में परामर्श सेवाओं की आवश्यकता पड़ने लगी है।

सामाजिक वैयक्तिक सेवा कार्य अभ्यास में उपचारात्मक साक्षात्कार

सामाजिक वैयक्तिक सेवा कार्य अभ्यास के अन्तर्गत किए जाने वाले उपचारात्मक प्रयास निर्योग्यता अथवा मनोसामाजिक अक्षमता, रुग्णता आदि के सन्दर्भ में ही होते हैं। चिकित्सा के क्षेत्र में मनोविज्ञान और सामाजिक पक्ष के साथ ही साथ जैविकीय (Biological) पक्षों को भी शामिल किया जाने लगा है। इसी प्रकार समायोजन व अनुकूलन की समस्याओं के निराकरण में सामाजिक विज्ञानों तथा संबंधित व्यवसायों के नवीन ज्ञान व कौशल का प्रयोग होने लगा है। चिकित्सा के क्षेत्र में मनोगत्यात्मक अवधारणाओं के समीकृत (Assimilated) होने से मनोचिकित्सा (Psychotherapy) संबंधी ज्ञान को किसी एक भाग या शाखा तक सीमित नहीं किया जा सकता। अत: मनोरोग विज्ञानी (Psychiatrist), सामाजिक कार्यकर्ता (Social Worker), मनोवैज्ञानिक (Psychologist), मनोविश्लेषक (Psychoanalyst) आदि को मानव व्यवहार की समस्याओं के उपचार में मन:चिकित्सा के प्रतिष्ठित स्थान पर उचित ध्यान देना चाहिए।

साक्षात्कार का उपयोग उपचार की दृष्टि से सामाजिक वैयक्तिक सेवा अभ्यास की प्रथम प्रक्रिया 'अध्ययन' से ही आरम्भ हो जाता है। मानसिक बीमारी के क्षेत्र में मन:चिकित्सा और सामाजिक वैयक्तिक सेवा कार्य में उपचार अतिव्याप्त क्षेत्र हैं। इन दोनों क्षेत्रों के परस्पर संबंध विचार-विमर्श का प्रकरण बने हुए हैं। दोनों में समानताएं व असमानताएं पाई जाती हैं।

उपचार की अन्य विधियां

सामाजिक वैयक्तिक सेवा कार्य में उपचार एवं समस्या समाधान हेतु मनोविज्ञान, मनोरोग विज्ञान व अन्य सामाजिक विज्ञानों की अवधारणाओं को भी जरूरत के अनुसार प्रयोग में लाया जाता है। कुछ प्रमुख अवधारणाओं तथा उपचार की प्रविधियों का उल्लेख निम्न प्रकार से किया जा सकता है :

मनोविश्लेषण

समाज कार्य अपने विकास के शुरुआती दौर में क्रमबद्ध व वैज्ञानिक ढंग का नहीं था लेकिन आज इसमें उत्तरोत्तर विस्तार होता जा रहा है। पहले निर्धनों, कमजोरों, असहाय लोगों की सहायता, सद्भाव व कल्याण की इच्छा तथा सामाजिक व धार्मिक भाव से होती थी, परन्तु ये अव्यवस्थित व वैयक्तिक भावनाएं परिवर्तित होकर व्यवस्थित एवं संगठित प्रयत्न की ओर अग्रसर हो गईं। जब समाज कार्य के क्षेत्र में सबसे पहले मैरी रिचमण्ड ने सामाजिक निदान के अन्तर्गत हर समस्याग्रस्त

व्यक्ति की मदद के लिए सामाजिक सूचनाओं की भूमिका पर जोर दिया। प्रथम विश्व युद्ध के पश्चात् तन्त्रिका ताप (Neurosis) में रोगी के व्यक्तित्व को समझने के लिए समाज कार्य द्वारा मनोरोग विज्ञान तथा मनोविश्लेषण की मदद ली जाने लगी। इस क्रम में मनोविश्लेषणात्मक सूचनाओं की भूमिका पर बल दिया जाने लगा। सामान्यतया यह स्वीकृति प्रदान कर दी गई कि सेवार्थी की समस्याओं के निवारण की सहायतार्थ उनकी कुसमायोजन व द्वन्द्व तथा असफलताओं की दशा को दूर करने के लिए गहन मनोवैज्ञानिक ज्ञान की जरूरत होती है। इसी तरह जब सेवार्थी का व्यक्तित्व समस्या से जुड़ा होता है तब उसकी समस्या के सामाजिक निदान के साथ ही व्यक्तित्व का निदान भी अनिवार्य होता है।

मनोविश्लेषण का लक्ष्य अन्तर्दृष्टि का प्रयोग करते हुए सेवार्थी के तान्त्रिक ताप (Neurosis) के मूल/आधार का ही निवारण करके उसके तान्त्रिकातापी व्यक्तित्व में बदलाव लाना है। इस हेतु सेवार्थी के अन्तर्मन के द्वन्द्व और तनाव की वास्तविक गतिशीलता को समझते हुए शैशव काल में उत्पन्न होने वाली अशांति के सभी पक्षों को भी अच्छी तरह समझने की जरूरत होती है। मनोविश्लेषण के अन्तर्गत एक विशिष्ट प्रणाली मुक्त साहचर्य (Free Association) के प्रयोग द्वारा सेवार्थी के सन्दर्भ में जरूरी विस्तृत अथवा अति व्यापक सूचनाएं एकत्रित की जाती हैं। इस प्रणाली के प्रयोग के फलस्वरूप सेवार्थी के विचारों, भावनाओं, कल्पना-तरंगों, आवेगों आदि का जो अनिर्देशित व स्वेच्छानुरूप उद्गम होता है, वही सेवार्थी के संदर्भ में अति गहन तथ्य व सूचनाएं देता है जो उपचार का आधार बन जाती हैं।

संकलित की गई सूचनाओं के प्राविधिक प्रयोग के लिए बाइब्रिंग (Bibring) ने दो स्वरूपों में उनकी व्याख्या की है : 1. अर्थ निरूपण (Interpretation): इससे अभिप्राय है सेवार्थी के वर्तमान तथा भूतकालीन विचारों, भावनाओं, मनोवृत्तियों आदि के अचेतन अर्थ व संबंधों का स्पष्टीकरण किया जाना। सेवार्थी को अपने लक्षणों के अचेतन कारणों का यथार्थ व स्पष्ट ज्ञान हो जाता है और जिसके परिणामस्वरूप वह अपने शैशवाकालीन द्वन्द्वों के निवारण की क्षमता हासिल कर लेता है और उसकी समस्या का समाधान/उपचार होता है। सेवार्थी के लिए अचेतन में छिपे हुए संबंधों, अर्थों व अभिप्रेरणाओं की अन्तर्दृष्टि तथा इनका पुनः अनुभव किया जाना सरल नहीं होता। यह कार्यकर्ता की मदद से दीर्घकालीन उपचार होता है। इस लक्ष्य की प्राप्ति हेतु एक ओर अहम् विरोधी शक्तियों को दूर करना पड़ता है तो दूसरी ओर दमित की गई भावनाओं आदि के बहुरूपीय प्रमाणों को संकलित करना पड़ता है।

2. प्राविधिक प्रयोग की दूसरी विधि जोड़-तोड़ (Manipulation) है जिसके द्वारा सेवार्थी के व्यक्तित्व और कार्यकर्ता से उसके संबंधों का जोड़-तोड़ में अन्यारोपण (Transference) भी शामिल होता है। सेवार्थी के व्यक्तित्व के विभिन्न पक्षों के गहन ज्ञान पर यह जोड़-तोड़ आधारित होता है। उपचार की दृष्टि से इस जोड़-तोड़ के अन्तर्गत कार्यकर्ता सेवार्थी को अनेक तरह से प्रभावित कर उसके संवेगों का प्रयोग करता है। जोड़-तोड़ सेवार्थी को प्रभावित करने की प्रत्यक्ष प्रणाली है, वैसे अर्थ निरूपण व अन्तर्दृष्टि की अप्रत्यक्ष प्रणालियों का यह जोड़-तोड़ सकारात्मक व नकारात्मक दोनों ही प्रकार का हो सकता है। सकारात्मक जोड़-तोड़ के अन्तर्गत उपचार का फल प्राप्त करने का प्रयत्न किया जाता है और नकारात्मक जोड़-तोड़ के अन्तर्गत जटिलताओं से बचाव का प्रयत्न किया जाता है। इस जोड़-तोड़ की जानकारी सेवार्थी को भी हो सकती है और नहीं भी हो सकती है। यह जोड़-तोड़ वैयक्तिक अथवा पर्यावरणीय भी हो सकता है।

मनोविश्लेषणात्मक उपचार में भिन्न-भिन्न तरह के जोड़-तोड़, मुख्यतः पर्यावरणीय जोड़-तोड़ अनेक रूपों में प्रयोग किए जाते हैं। मनोविश्लेषण प्रक्रिया के अन्तर्गत सेवार्थी संबंधी अधिकाधिक जानकारी संकलित की जाती है। यह जानकारी सेवार्थी के मुक्त साहचर्य (Free Association) एवं

व्यवहार के पर्यवेक्षण (Observation) द्वारा एकत्रित कर अर्थ निरूपण व जोड़-तोड़ के लिए उपयोग में लाई जाती है।

व्यक्ति के व्यक्तित्व में समायोजन स्थापित करने में मदद देना सामाजिक वैयक्तिक सेवा कार्य का लक्ष्य होता है जिसे मैरी रिचमण्ड ने व्यक्त किया है। किन्हीं परिस्थितियों में पर्यावरण में परिवर्तनीय सुधार और किन्हीं में व्यवहार व मनोवृत्तियों में आशोधन की जरूरत पड़ती है। प्रारम्भिक अवस्था में पर्यावरणीय सुधार को ज्यादा महत्व प्रदान किया जाता है लेकिन 20वीं शताब्दी के शुरुआत में मनोविश्लेषण के प्रयोग द्वारा मनोविज्ञान का प्रयोग भी होने लगा। वैयक्तिक सेवा कार्य में पर्यावरणीय उपचार पर ज्यादा जोर था परन्तु बाद में इसके स्थान पर गहन उपचार (Intensive Treatment) और प्रत्यक्ष उपचार (Direct Treatment) का प्रयोग होने लगा, जिसमें मनोवैज्ञानिक कारकों को ज्यादा महत्व प्रदान किया जाने लगा। परिणामस्वरूप फ्रायडियन (Freudian) सिद्धान्त के अन्तर्गत अहम् शक्ति, चिन्ता व रक्षा-युक्तियां संबंधी नवीन ज्ञान प्रयोग में लाया जाने लगा। इस तरह अचेतन मन की अपेक्षा अहम् पर ज्यादा जोर दिए जाने के कारण मनोविश्लेषणात्मक प्रविधियों में बदलाव आया। सेवार्थी की वर्तमान यथार्थ स्थिति के साथ ही साथ शैशवकालीन तंत्रिकाताप (Child Neurosis) पर भी जोर दिया जाने लगा और सामाजिक वैयक्तिक सेवा कार्य तथा मनोविश्लेषण (दोनों) समान लक्ष्यों की प्राप्ति हेतु व्यवसाय के रूप में कार्य करने लगे। मनःचिकित्सा, मनोविश्लेषण की अपेक्षा एक आंशिक चिकित्सा है, लेकिन सामाजिक वैयक्तिक सेवा कार्य की पुरानी विधि गहन उपचार (Intensive Treatment) की अपेक्षा अधिक विस्तृत उपचार है। इस प्रकार दोनों के मध्य मनःचिकित्सा के मिलाप का स्थान बन गया। वैयक्तिक सेवा कार्यकर्ता और मनोविश्लेषक दोनों ही उपयुक्त प्रशिक्षण के पश्चात् ही मनःस्थिति का अध्ययन कर सकते हैं।

मनःचिकित्सा

व्यवहार एवं मनोवृत्तियों में जरूरी परिवर्तनीय सुधार हेतु मनःचिकित्सा का प्रयोग किया जाता है। मनःचिकित्सा का आशय मनोवैज्ञानिक उपचार से होता है जिसमें संबंध का महत्वपूर्ण स्थान है। अतएव यह दो व्यक्तियों के मध्य संबंधों के फलस्वरूप प्रयोग में आती है। ऑस्टिन (Austin) के मतानुसार, मनःचिकित्सा में, कार्यकर्ता सेवार्थी संबंधों के अन्यारोपणात्मक (Transferential) पक्षों का विकास एवं प्रयोग, सेवार्थी के अहम् की शक्तियों का प्रयोग, और अहम् में निहित अचेतन अभिप्रेरणाओं का ज्ञान और उनका उपयुक्त प्रयोग, विनाशकारी रक्षा-युक्तियों का आशोधन, तथा पर्यावरण का प्रयोग, आदि प्रविधियां प्रयोग में लाई जाती हैं।

ऑस्टिन ने अपनी पुस्तक में एकरमैन (Ackerman) द्वारा प्रदत्त मनःचिकित्सा की परिभाषा को उद्धृत किया है : 'मनःचिकित्सा एक व्यवस्थित अन्तर्वैयक्तिक कार्यविधि है जिसमें व्यावसायिक योग्यता प्राप्त कार्यकर्ता रोगी के मानसिक कार्यों पर सोद्देश्य नियंत्रित प्रभाव डालता है। इस प्रकार की कार्यविधि का लक्ष्य एक तरफ सामाजिक निर्योग्यताओं को समाप्त करना है और दूसरी तरफ व्यक्तित्व का सकारात्मक व स्वस्थ विकास करना है।

मनःचिकित्सा में मुख्यतया दो विचारधाराओं की व्याख्या मिलती है : 1. अन्तर्दृष्टि चिकित्सा (Insight Therapy) और 2. आलम्बनात्मक चिकित्सा (Supportive Therapy) लेकिन ऑस्टिन ने इन विचारधाराओं के साथ एक तीसरे अनुभाग मध्यवर्ती या प्रयोगात्मक चिकित्सा (Intermediatıy of Experimental Therapy) को जोड़कर व्याख्या की है :

अन्तर्दृष्टि चिकित्सा (Insight Therapy)

सेवार्थी में अपनी बाधाओं/कठिनाइयों के संदर्भ में अन्तर्दृष्टि का विकास करके अहम् में बदलाव लाना इस चिकित्सा पद्धति का लक्ष्य है और संवेगात्मक अनुभवों के जरिये अन्यारोपण की परिस्थितियों द्वारा अहम् शक्ति में विकास करना है। मुख्य समस्यायें जो इस विधि के व्यावहारिक

अभ्यास में परिलक्षित होती हैं वे हैं : उपचार के लिए सेवार्थी तथा उसकी केन्द्रीय समस्या के चुनाव संबंधी, सेवार्थी की रक्षा-युक्ति से प्रभावित अचेतन भावनाओं संबंधी ज्ञान तथा पर्यावरणीय क्रियाकलापों को शुरू करने के लिए चयन संबंधी ज्ञान आदि। चाहे जो भी हो यह चिकित्सा विधि तंत्रिका ताप एवं चरित्र संबंधी समस्याओं के समाधान हेतु प्रयोग की जाती है।

सेवार्थी के अविवेकी आवेगों को समझने के लिए अन्यारोपणीय संबंधों का प्रयोग किया जाता है ताकि वह अपने व्यवहार का आशोधन कर सके। लेकिन यह प्रयास किया जाना चाहिए कि इस अन्यारोपण को नियंत्रण में रखा जाए और सेवार्थी को अपनी भावनाओं की प्रकृति एवं आकार को समझने हेतु अर्थ निरूपण की विधियों का आवश्यक रूप से प्रयोग करना चाहिए। इसका एक उद्देश्य शैशवकालीन स्मृतियों को पुनः सचेतन स्थिति में लाया जाना है तथा अवरोधित संवेगों को मुक्त किया जाना है। इस विवरण से स्पष्ट है कि वैयक्तिक सेवा कार्यकर्ता के प्रशिक्षण के अन्तर्गत मनोविकार विज्ञान का ज्ञान अनिवार्य रूप से प्रदान किया जाना चाहिए। ऐसा इसलिए आवश्यक है क्योंकि सेवार्थी की मनोवैज्ञानिक समस्याओं के अध्ययन, निदान व उपचार में कार्यकर्ता को इस ज्ञान की मदद लेनी पड़ती है। कार्यकर्ता अपने शिक्षण व प्रशिक्षण में सामाजिक चिकित्सा के पक्षों की जानकारी प्राप्त करता है साथ ही मनोविश्लेषण, अहम्, आलम्बन और अन्य मध्यकालीन उपचारों का ज्ञान तथा अनुभव प्राप्त करता है। कार्यकर्ता व्यावसायिक मूल्यों और आचार संहिता को ग्रहण करके एक जिम्मेदार व्यक्ति की भूमिका प्रतिपादित कर सके, इसके लिए उसे अपने व्यक्तित्व के आशोधन/परिवर्तनीय सुधार की आवश्यकता पड़ती है।

आलम्बनात्मक चिकित्सा (Supportive Therapy)

पर्यावरणीय परिस्थितियों के परिणामस्वरूप कुसमायोजित अथवा गंभीर तंत्रिकाताप से पीड़ित व्यक्ति को आलम्बन द्वारा उसके व्यक्तित्व और मनोवृत्ति को पुनर्स्थापित करने का प्रयास किया जाता है। आलम्बनात्मक चिकित्सा में गंभीर सेवार्थियों जिनकी अहम् शक्ति/क्षमता भी क्षीणता स्पष्ट हो, उनकी अहम् सामर्थ्य की वृद्धि कर कार्यात्मकता को बढ़ाया जाता है। इसका लक्ष्य व्यक्ति के विकार या व्यवधान को रोकना है। सेवार्थी की समस्या का कारण उसके या उसके परिवार के इतर सदस्यों के व्यक्तित्व-दोषों को ही माना जाता है। इसलिए इस विधि में सेवार्थी के व्यक्तित्व को समझकर मनोविश्लेषणात्मक प्रविधियों के प्रयोग पर ही जोर दिया जाता है। आलम्बनात्मक चिकित्सा के अन्तर्गत सेवार्थी की दोषी/अपराधी भावनाओं को मुक्त करने हेतु अनेक प्रविधियों का उपयोग किया जाता है साथ ही इन प्रविधियों में रक्षात्मक संबंध तथा सामाजिक सेवाओं का प्रयोग भी शामिल होता है। इस चिकित्सा विधि में अन्यारोपण का ज्ञान एवं सम्पूर्ण पारिवारिक निदान संबंधों का आधार बनता है जिनका प्रयोग सेवार्थी को तनावों से रक्षा तथा व्यवधान से बचाये रखने हेतु किया जाता है। कमजोर अहम् वाले सेवार्थियों के लिए यह चिकित्सा पद्धति अति उपयोगी है।

मध्यवर्ती या प्रयोगात्मक चिकित्सा (Experimental Therapy)

इस चिकित्सा प्रणाली का उल्लेख आलम्बनात्मक एवं अन्तर्दृष्टि चिकित्सा के मिश्रण के रूप में किया जाता है। वैयक्तिक सेवा कार्य के अन्तर्गत यह प्रणाली सामाजिक घटनाओं से संबंधित समस्याओं से पीड़ित व्यक्तियों के साथ कार्य के अनुभव से पहचानी जाती है। इसका लक्ष्य भी सेवार्थी के व्यवहार व मनोवृत्तियों में बदलाव लाना होता है। यह बदलाव अन्यारोपण की गतिशीलता का प्रयोग करके सेवार्थी को बेहतर संवेगात्मक अनुभव प्राप्त कराता है। यह उपचार प्राथमिक रूप से अन्यारोपण के प्रयोग एवं जीवन संबंधी परिस्थितियों के माध्यम से किया जाता है। इसमें सेवार्थी के व्यवहार में बदलाव की प्रत्याशा रहती है और बदलाव दृष्टिगोचर भी होता है। सेवार्थी की अन्यारोपण

(Transference) की प्रतिक्रियाओं को स्थाई रूप प्रदान करने हेतु उसको (सेवार्थी) वास्तविकता पर आधारित अनुभव प्रदान किया जाता है और किन्हीं परिस्थितियों में अर्थ निरूपण की प्रविधि के प्रयोग द्वारा सेवार्थी के आत्मज्ञान में वृद्धि की जाती है।

सामाजिक चिकित्सा

सामाजिक वैयक्तिक सेवा कार्य के अन्तर्गत सामाजिक चिकित्सा से अभिप्राय सेवार्थी की समस्या के समाधान में उपयुक्त प्रविधियों के प्रयोग द्वारा भिन्न-भिन्न पर्यावरणीय कारकों को प्रभावित किया जाना और सामाजिक साधनों का प्रभावी प्रयोग किया जाना है। सामाजिक चिकित्सा उसी परिस्थिति में अधिक प्रभावशाली होती है, जहां समस्या का कारण व स्रोत बाह्य पर्यावरण में विद्यमान होता है। सेवार्थी के अध्ययन के दौरान उसके व्यक्तित्व व परिस्थितियों का अध्ययन किया जाता है। इन्हीं संबंधों के माध्यम से सेवार्थी को अपनी समस्या का विवरण देने में मदद दी जाती है और संवेगात्मक समस्याओं से युक्त सामाजिक समस्याओं के यथार्थ पक्षों पर जोर दिया जाता है।

सामाजिक चिकित्सा का मनोवैज्ञानिक लक्ष्य दीर्घकालीन संचित तनावों के प्रभावों को प्रतिबन्धित करते हुए आत्म विश्वास की मनोवृत्तियों की रक्षा करने हेतु प्रोत्साहन देना, पुनः आश्वासन देना, स्पष्टीकरण करना आदि है। इस तरह सामाजिक चिकित्सा के अन्तर्गत उपचारार्थ संबंधों, चिन्ताजन्य दशाओं, अहम् को निर्बल करने वाली बाह्य शक्तियों के सन्दर्भ में मनोवैज्ञानिक ज्ञान का प्रयोग किया जाता है।

टिप्पणियां

1. हैमिल्टन गार्डन : थ्योरी एण्ड प्रैक्टिस ऑफ सोशल केसवर्क, कोलंबिया यूनिवर्सिटी प्रेस, कोलंबिया, 1951, पृ. 239.
2. ऑप्टेकर, हरवर्ट एच. : दि डायनोमिक्स ऑफ केसवर्क एण्ड काउंसलिंग, हाटन मिफिन कं. न्यूयॉर्क, 1955, पृ. 14-15.

11

सामाजिक वैयक्तिक सेवा कार्य में साक्षात्कार

(Social Case Work Interview)

साक्षात्कार करना एक ऐसी कला है, जो साक्षात्कार करने वाले और साक्षात्कार देने वाले की विभिन्न संतुष्टि स्तरों के अनुसार अपनाई जाती है। विभिन्न प्रकार के व्यवसाय करने वाले लोग साक्षात्कारों का संचालन करते हैं। अपने कार्य की प्रकृति के कारण कुछ लोग जैसे- वकील, परामर्शक, चिकित्सक तथा पत्रकार आदि अपना अधिकांश समय साक्षात्कार लेने में व्यतीत करते हैं। फिर भी, गैरेट के अनुसार, समाज केस कार्यकर्ता श्रेष्ठ साक्षात्कार कार्यकर्ता होते हैं। समाज केस कार्यकर्ताओं के लिए साक्षात्कार करना एक अतिमहत्वपूर्ण गतिविधि होती है। वे किसी भी एक कार्य की तुलना में साक्षात्कार में सबसे अधिक समय व्यतीत करते हैं। यह सर्वाधिक महत्वपूर्ण अनुकूल तथा प्राय: लागू किया जाने वाला समाज कार्य कौशल है। साक्षात्कार करना एक कला और विज्ञान दोनों है तथा सफल कार्यकर्ता होने के लिए इसमें अनुकूलन करना और इसके पीछे के विज्ञान को समझना आवश्यक है।

वह समाज केस कार्य सेवार्थी की सहायता करने के प्रयास में अनेक प्रकार के दृष्टिकोणों को अपनाता है। सभी समाज केस कार्य साक्षात्कारकर्ताओं को साक्षात्कर देने वाले को सहज बनाना होता है, समस्याओं के बारे में चर्चा करने के लिए उनकी सहायता करनी पड़ती है, तथा साक्षात्कार के उद्देश्य प्राप्ति के लिए साक्षात्कार में मार्गदर्शन देना तथा साक्षात्कार को इस प्रकार आरम्भ और समाप्त करना होता है, जिससे वह अधिकतम सहायक हो सके। यह इकाई समाज केस कार्यकर्ताओं द्वारा अनुकूलित की गई और अपनाई गई साक्षात्कार की सामान्य कला का वर्णन करती है।

साक्षात्कार की संकल्पना और उद्देश्य, साक्षात्कार क्या है?

साक्षात्कार की सर्वाधिक महत्वपूर्ण विशेषता दो व्यक्तियों के बीच संप्रेषण (संचारण) है। लेकिन क्या दो व्यक्तियों के बीच होने वाले सभी पारस्परिक संपर्कों को साक्षात्कार कहा जा सकता है? जब दो मित्र परस्पर बात करते हैं तो क्या वह एक साक्षात्कार है? जब एक पिता अपने पुत्र के साथ वार्तालाप करता है, तो क्या यह साक्षात्कार है? नहीं यह साक्षात्कार नहीं है। आपको वार्तालाप और साक्षात्कार के बीच अंतर करना होगा। दो व्यक्तियों के बीच होने वाले सभी वार्तालापों को साक्षात्कार नहीं कहा जा सकता। साक्षात्कार वार्तालाप नहीं है, अपितु यह सौद्देश्य निर्देशित वार्तालाप है। एक व्यक्ति अर्थात् साक्षात्कारकर्ता वार्तालाप आरम्भ करने का दायित्व लेता है। वह स्त्री/पुरुष यह देखता है कि वार्तालाप वांछित लक्ष्य की दिशा में बढ़ रहा/है या नहीं।

कई कारणों से व्यावसायिक साक्षात्कार अनौपचारिक साक्षात्कार से भिन्न होता है। इसकी मुख्य विशेषता यह है कि यह विशिष्ट ज्ञान और शिल्प के ढांचे में संचालित किया जाता है। व्यावसायिक साक्षात्कार में साक्षात्कारकर्ता संगठित अनुभव और मान्य क्षमताओं के साथ स्पष्ट संरचना के दायरे में ज्ञात और स्थापित उद्देश्यों के लिए कार्य करता है।

प्रत्येक व्यवसाय में साक्षात्कार की भिन्न-भिन्न और महत्वपूर्ण गतिविधि होती है। बार-बार होने वाली समस्याओं से साक्षात्कार में जूझने वाले अनुभवी समाज कार्यकर्ता और अपेक्षाकृत अनुभवहीन समाज कार्यकर्ता तथा कुछ विशिष्ट मार्गदर्शन और उत्तर चाहने वाले व्यक्ति ऐसे साक्षात्कार से लाभ उठा सकते हैं।

साक्षात्कार-एक सौद्देश्य वार्तालाप

एक साक्षात्कार की सरलतम परिभाषा यह है कि यह दो व्यक्तियों के बीच परस्पर सहमत उद्देश्य प्राप्ति के लिए वार्तालाप करना है। यह प्राय: प्रत्यक्ष रूप से आमने-सामने का पारस्परिक संपर्क है, जिसमें व्यक्तियों के बीच मौखिक और गैर-मौखिक वार्तालाप होता है, जिसमें विचारों, मनोवृत्तियों और भावनाओं का आदान-प्रदान होता है। साक्षात्कार को वार्तालाप से भिन्न बनाने वाली एक महत्वपूर्ण विशेषता यह है कि साक्षात्कार ज्ञात उद्देश्य के लिए किया गया पारस्परिक संपर्क है। यदि पारस्परिक संपर्क में कोई उद्देश्य नहीं है, तो यह वार्तालाप तो हो सकता है लेकिन इसे साक्षात्कार नहीं कहा जा सकता।

साक्षात्कार और वार्तालाप में निम्नलिखित भिन्नताएं हैं :

1. साक्षात्कार का एक निश्चित उद्देश्य होता है, इसकी विषयवस्तु सहज उद्देश्य प्राप्ति के लिए तैयार की जाती है। वार्तालाप का उन्मुखीकरण उसी से संबंधित होता है जिससे वार्तालाप किया जाता है। इसका कोई केन्द्र बिन्दु नहीं होता।
2. यदि उद्देश्य प्राप्त किया जाना है, तो एक व्यक्ति (साक्षात्कारकर्ता) द्वारा पारस्परिक संपर्क को दिशा दी जाती है ताकि यह उद्देश्य की ओर अग्रसर हो सके। वार्तालाप में स्थिति, अवस्थाएं और शामिल व्यवहार में तुलना नहीं होती क्योंकि इसके विषय के लिए दोनों की पारस्परिक सहमति होती है।
3. किसी व्यावसायिक कार्यकर्ता और सेवार्थी के बीच साक्षात्कार में एक व्यक्ति प्रश्न पूछता है और दूसरा उनके आंशिक उत्तर देता है क्योंकि किसी एक को नेतृत्व करना होता है। इसमें एक व्यक्ति की समस्या पर दो व्यक्ति कार्य करते हैं।
4. साक्षात्कार के उद्देश्य को आगे बढ़ाने के लिए साक्षात्कारकर्ता के कार्य सुनियोजित, सुविचारित और सावधानीपूर्वक निश्चित किए जाने चाहिए जबकि वार्तालाप के अन्य पक्षकारों का व्यवहार स्वाभाविक अनियोजित हो सकता है।
5. साक्षात्कार में पारस्परिक संपर्क पर ध्यान केन्द्रित किया जाता है, जबकि वार्तालाप में अन्य संबंधित गतिविधियां भी शामिल हो सकती हैं।
6. चूंकि साक्षात्कार का एक उद्देश्य होता है। अत: इसकी निर्धारित औपचारिक बैठकें होती हैं। साक्षात्कार के लिए निश्चित समय, स्थान तथा अवधि होती है।
7. साक्षात्कार में उद्देश्य होने के कारण मनोरंजन से भिन्न अप्रिय तथ्यों और भावनाओं से नहीं बचा जा सकता। साक्षात्कार में अप्रियता से बचने के लिए प्राय: मौन सहमति होती है।

समाजिक वैयक्तिक सेवा कार्य साक्षात्कार क्या है?

समाजिक वैयक्तिक सेवा कार्य साक्षात्कार का अर्थ है : समाज कार्यकर्ता और सेवार्थी के बीच आमने-सामने की बैठक होना। यह एक अनियत वार्तालाप नहीं है, अपितु समाज कार्यकर्ता की तरफ से व्यावसायिक गतिविधि है क्योंकि यह वार्तालाप किसी सामान्य या विशिष्ट उद्देश्य की पूर्ति के

लिए किया जाता है, जो सूचना लेना या देना या सेवार्थी की सहायता करना अथवा उसकी स्थिति का अध्ययन करना अथवा मूल्यांकन करना हो सकता है।

समाजिक वैयक्तिक सेवा कार्य साक्षात्कार का उद्‌देश्य

साक्षात्कार करना ही वह आधार है, जिस पर अनेक वर्षों से समाज केस कार्य का सिद्धान्त और अभ्यास बनाया गया है। यह सहायता का मुख्य माध्यम है, जिसके अभाव में समाज कार्य प्रक्रिया संभव नहीं होगी।

साक्षात्कार करना केस कार्य की एक महत्वपूर्ण तकनीक है, जो सेवार्थी को सहायता पहुंचाने के लिए वाहक के रूप में कार्य करती है। इससे निम्नलिखित में से एक या अनेक उद्‌देश्य पूरे किए जाते हैं।

1. *सूचना प्राप्त करना और प्रदान करना :* साक्षात्कार करना एक द्वि-मार्गी प्रक्रिया है। जैसे समाज कार्यकर्ता द्वारा सूचना प्राप्त करना तथा स्वयं के बारे में, समाज कार्यकर्ता के रूप में अपनी भूमिका तथा एजेंसी के कार्य के बारे में औपचारिक प्रक्रियाओं और अन्य मामलों की सूचना प्रदान करना।

प्राय: सेवार्थी प्रथम आगमन के समय एजेंसी के लिए पूरी तरह अनजान होता है। हो सकता है कि वह किसी तीसरे व्यक्ति से संदर्भ का कारण बताने वाला संदर्भ नोट लाए या न लाए। समाज कार्यकर्ता को समस्या के बारे में विवरण एकत्रित करना पड़ता है। जब कोई सेवार्थी वांछित सूचना प्रदान नहीं कर सकता तो उद्‌देश्य के लिए उसके परिवार के सदस्यों से साक्षात्कार किया जाता है।

2. *सेवार्थी की स्थिति/समस्याओं का अध्ययन और आकलन :* सेवार्थी से उसके बारे में एकत्रित विवरण की छंटाई की जाती है और उसका मूल्यांकन किया जाता है, जिससे कार्य-कारण संबंधों के स्पष्ट संकेतों के साथ समस्या की स्थिति का एक मौखिक चित्र बनाने के लिए संबंधित पक्षों की कड़ी बनाई जाती है। इस प्रक्रिया में समाज कार्यकर्ता समस्या की स्थिति में समस्याओं और अन्यों के व्यवहार को समझने के लिए अपने सामाजिक विज्ञानों के ज्ञान का उपयोग करता है। प्राय: स्थिति का सही मूल्यांकन करने से पूर्व कुछ साक्षात्कारों की आवश्यकता होती है।

3. *सहायता प्रदान करने के लिए साक्षात्कार एक प्रत्यक्ष साधन है :* समाज कार्यकर्ता द्वारा प्राप्त सूचना और उसके द्वारा किया गया सामाजिक मूल्यांकन एक रूपरेखा को बनाते हैं, जिसके आधार पर वह उपयुक्त सहायता के स्वरूप का निर्णय करता/करती है। सेवार्थी के साथ साक्षात्कार में अन्य अनेक कार्य कौशलों और तकनीकों का भी उपयोग किया जाता है। केस कार्य साक्षात्कार तब तक चलता है जब तक व्यक्ति एजेंसी का सेवार्थी बना रहता है। साक्षात्कार समाज कार्यकर्ता और सेवार्थी के बीच प्रथम संबंध से ही प्रत्यक्ष सहायता का प्रत्यक्ष माध्यम होता है।

साक्षात्कार के प्रकार

साक्षात्कार करने की पद्धति के आधार पर साक्षात्कार प्राय: निम्नलिखित प्रकार के हैं :

1. *संरचित साक्षात्कार :* इसे नियंत्रित, निर्देशित या मार्गदर्शी साक्षात्कार भी कहा जाता है। इसके अंतर्गत एक पूर्व निर्धारित प्रश्नावली का प्रयोग किया जाता है। साक्षात्कार देने वाले से केवल उन्हीं प्रश्नों का उत्तर देने के लिए कहा जाता है। प्राय: उसे अपनी तरफ से कुछ भी जोड़ने की आवश्यकता नहीं होती। भाषा में भी कोई परिवर्तन नहीं होता। वह केवल आवश्यकतानुसार कथन की व्याख्या कर सकता/सकती है।

2. *असंरचित साक्षात्कार :* इसे अनियंत्रित या अनिर्देशित साक्षात्कार कहा जाता है। इस प्रकार के साक्षात्कार में कोई प्रत्यक्ष या पूर्व निर्धारित प्रश्नावली का प्रयोग नहीं किया जाता है। साक्षात्कार लेने वाला साक्षात्कार करते समय ही प्रश्नों की रचना कर सकता है। यह प्राय: मुक्त वार्तालाप के

रूप में किया जाता है। इस पद्धति का मुख्य उद्देश्य सेवार्थी को मुक्त होकर स्वयं के बारे में वर्णन करना होता है।

3. *मिश्रित या गंभीर साक्षात्कार :* यह संरचित तथा असंरचित प्रकार के साक्षात्कारों का मिश्रित रूप है। इस पद्धति में सेवार्थी अपना वर्णन करने के लिए मुक्त है, लेकिन साथ ही सेवार्थी की सहायता करने के लिए साक्षात्कार लेने वालों को सूचना का आधार प्रदान करने के लिए संरचित प्रश्न भी दिए जाते हैं। साक्षात्कार पद्धति अधिकांशत: साक्षात्कार के उद्देश्य से प्रभावित होती है।

उपर्युक्त प्रकार के साक्षात्कारों के परिप्रेक्ष्य में साक्षात्कार निम्नलिखित प्रकार के होते हैं : कुछ मुख्यत: सूचना प्राप्त करने के लिए तथा कुछ मुख्यत: सहायता प्रदान करने वाले होते हैं। फिर भी अधिकतर साक्षात्कारों में दोनों का मिश्रण होता है।

1. *सूचना एकत्रित करने वाले या सामाजिक अध्ययन वाले साक्षात्कार :* इसका उद्देश्य समाज कार्य प्रणाली के दृष्टिकोण से व्यक्तियों का केन्द्रित विवरण प्राप्त करना है। प्राप्त सूचना से कार्यकर्ता समाज और समस्या की स्थिति के संदर्भ में सेवार्थी को जान सकता है। सेवार्थी को उसकी स्थिति के बारे में जानना अति आवश्यक है तथा परिवर्तन लाने के लिए प्रभावशाली अन्त:क्षेपता के लिए भी जानने की पूर्ण आवश्यकता है।

2. *नैदानिक/निर्णयात्मक साक्षात्कार :* इस प्रकार का साक्षात्कार आवश्यकता का विवरण जानने और निम्नलिखित निर्णय करने के लिए किया जाता है :

(क) समस्या या कठिनाई क्या है?

(ख) इसको बढ़ाने वाले कारक क्या हैं?

(ग) क्या इन्हें परिवर्तित और संशोधित किया जा सकता है?

जैसे ही केस कार्यकर्ता प्रत्येक साक्षात्कार को सुनता/सुनती है, वह निरंतर उपर्युक्त तीन प्रश्नों के उत्तर देने का प्रयत्न करता/करती है और साक्षात्कार में तात्कालिक रूप से जो किया जाता है, वह अधिकांशत: उसकी समझ पर निर्भर करता है। उदाहरण के लिए बाल अपराधी के मामले में केस कार्यकर्ता को निम्नलिखित प्रश्नों के उत्तर प्राप्त करने के लिए साक्षात्कार को निर्देशित करना पड़ता है :

- सेवार्थी अपराधी के रूप में स्वयं को कैसे देखता है?
- उसके अभिभावकों, साथियों और पास-पड़ोस ने समस्या को बढ़ाने में क्या योगदान किया है?
- अध्यापक की मनोवृत्ति, विद्यालय का पाठ्यक्रम तथा वातावरण कैसा है?
- योगदान देने वाले अन्य कारक जैसे वर्तमान उत्तेजक, ऐतिहासिक कारक तथा व्यक्तित्व आदि का स्वरूप कैसा है?
- सेवार्थी द्वारा अनुभव की जाने वाली चिंता, क्रोध और ऐसी ही अन्य भावनाएं कौन-सी हैं?
- सेवार्थी में और/या उसके वातावरण में कौन से परिवर्तन करना आवश्यक है?

नैदानिक साक्षात्कार बहुजनीय होता है और सेवार्थी की स्थिति के विवरण को समझने का क्रमिक प्रयास होता है।

3. *चिकित्सकीय साक्षात्कार :* इस साक्षात्कार का उद्देश्य सेवार्थी में और उसकी सामाजिक स्थिति में परिवर्तन लाना है। इसका उद्देश्य सेवार्थी की तरफ से चिकित्सकीय परिवर्तनों के परिणामस्वरूप प्रभावशाली समाज कार्य प्रणाली बनाना है। ऐसे साक्षात्कारों में सामाजिक स्थिति की प्रतिक्रिया में सेवार्थी के अंदर भावनाओं, मनोवृत्तियों तथा व्यवहार में परिवर्तन लाने के लिए विशिष्ट उपायों का प्रयोग किया जाता है।

साक्षात्कार करने का कौशल

साक्षात्कार प्रक्रिया में समस्या समाधान अध्ययन के बुनियादी कदम निदान और उपचार संबंधी अनेक क्रमिक बातें शामिल हैं। समाज कार्य के ये तीन चरण और कुछ नहीं वरन् सेवार्थी की समस्या

समाधान प्रक्रिया में उससे संबंधित विवरण एकत्रित करने, उसका मूल्यांकन करने और मध्यस्थता करने की प्रक्रिया है। इस प्रकार साक्षात्कार प्रक्रिया समाज केस कार्य में केस कार्य के उद्देश्य को पूरा करने के लिए इन विभिन्न अवस्थाओं के माध्यम से चेतन गतिशील क्रिया अपनाती है। प्रत्येक अलग-अलग साक्षात्कर समग्र प्रक्रिया के क्रम का एक भाग होता था। हम समग्र साक्षात्कार प्रक्रिया को तीन महत्वपूर्ण/ बुनियादी चरणों में विभाजित कर सकते हैं, जिन्हें:

- आरंभिक/प्रथम चरण।
- विकास का चरण।
- अंतिम/निष्कर्ष चरण कहा जा सकता है।

यद्यपि वास्तविक व्यवहार में इन चरणों को एकदम अलग-थलग करना संभव नहीं है, लेकिन हमारी संकल्पनात्मक जानकारी के लिए इन्हें प्रक्रिया में निर्धारित करना तथा प्रत्येक का विस्तार से वर्णन करना आवश्यक है। इस प्रकार इसमें साक्षात्कार प्रक्रिया को उन चरणों की क्रमिक इकाई के रूप में देखा जाता है जो तीन क्रमिक चरणों की प्रक्रिया में शामिल है। अतः इस इकाई में प्रत्येक चरण से संबंधित केवल जातिगत दक्षताओं और विशिष्ट दक्षताओं का विश्लेषण किया जाएगा।

समाज केस कार्य में साक्षात्कार करना निश्चित प्रश्न को पूछना तथा उनके उत्तर लिखने की सामान्य प्रक्रिया नहीं है। यह एक कला और दक्ष तकनीक है, जिसमें समाज केस कार्यकर्ता अभ्यास के माध्यम से सुधार ला सकता है तथा धीरे-धीरे निपुण हो सकता है। फिर भी अपेक्षित दक्षताओं को पर्याप्त वैज्ञानिक ज्ञान से अनुकूलित किया जाता है। साक्षात्कार करने के मुख्य सिद्धान्तों का ज्ञान अपेक्षित ढांचा प्रदान करता है, जिसके अंतर्गत प्रयुक्त दक्षताओं/कौशलों और सुधार पद्धति की व्यक्ति अच्छी तरह जांच कर सकता है।

इस भाग में आपको उन कौशलों से अवगत कराया जाएगा, जिन्हें एक प्रभावशाली साक्षात्कारकर्ता बनने के लिए एक समाज केस कार्यकर्ता द्वारा अपनाना आवश्यक है। इनकी चर्चा हम दो स्तरों पर करेंगे :

- विशिष्ट कौशलों वाला चरण।
- व्यापक पारस्परिक कार्य कौशल वाला चरण।

केस कार्यकर्ता निरंतर दूसरों के द्वारा बताए जाने या छिपाए जाने वाले तथ्यों को सुनने, देखने, अनुभव करने तथा समझने का प्रयास करते हैं तथा इस कार्य की जटिलताओं से अच्छी तरह अवगत होते हैं।

विशिष्ट कौशलों वाला चरण

परिचयात्मक चरण

यूं तो साक्षात्कार का प्रत्येक चरण समग्र प्रक्रिया में महत्वपूर्ण योगदान करता है, तो भी आरंभिक चरण का विशेष महत्व है। सेवार्थी और केस कार्यकर्ता के बीच परिणामोत्पादक वातावरण, मन:स्थिति और प्रगति मूलक गतिविधि करना उसका मुख्य उद्देश्य है ताकि साक्षात्कार पुनः अच्छी तरह संपन्न हो सके। आरंभिक/प्रथम चरण में निम्नलिखित दक्षताएं सर्वाधिक महत्वपूर्ण हैं :

1. *आरंभिक समीक्षा करना :* किसी व्यक्ति से आरंभिक संबंध बनाने से पूर्व आपके पास और आपकी एजेंसी के पास उपलब्ध सूचना की जांच और विचार के लिए आरंभिक समीक्षा दक्षता के साथ उपयोग किया जाता है। जैसे, किसी भावी सेवार्थी ने पहले एजेंसी से सेवा ली है तो वह फाइल में स्थित संबंधित अभिलेखों का अध्ययन करेगा। आरंभिक समीक्षा महत्वपूर्ण है जो कि वास्तविक सूचना समझने में आपकी सहायता करती है, जो प्रार्थी, सेवार्थी या अन्य व्यक्तियों द्वारा पहले प्रदान की गई सूचनाओं को दोहराने की संभावना कम कर देती है।

2. *आरंभिक प्रबंधन :* आरंभिक प्रबंधन का उद्देश्य प्रथम मुलाकात/बैठक के लिए व्यवस्था संबंधी तैयारी करना है। इसमें साक्षात्कार के लिए मुलाकात का कार्यक्रम बनाना, पर्याप्त समय और एकान्त सुनिश्चित करना तथा भौतिक वातावरण बनाना शामिल हैं। इसमें साक्षात्कार कक्ष की व्यवस्था, किसी व्याख्याकार की तलाश करना या फर्नीचर आदि की व्यवस्था आदि कार्य शामिल हो सकते हैं। इसमें साक्षात्कारकर्ता के व्यक्तित्व की उपयुक्तता पर विचार करना शामिल है। एजेंसी के वातावरण में वास्तविक वातावरण के संभावित प्रभाव पर विचार करना भी शामिल है। संक्षेप में कहा जा सकता है कि आरंभिक तैयारी में संप्रेषण को सहज बनाना और यथासंभव हस्तक्षेप और ध्यान भंग होने की स्थिति को समाप्त करना शामिल है।

3. *आरंभिक योजना :* साक्षात्कारकर्ता को अपने सेवार्थी के साथ साक्षात्कार करने से पूर्व आरम्भिक योजना बनाने की दक्षता में संलग्न होना चाहिए। अनेक आरंभिक मुलाकातों में सूचना प्राप्त करना मुख्य उद्देश्य होता है। ऐसे मामलों में साक्षात्कारकर्ता विवरण एकत्रित करने और व्यक्ति विशेष से संबंधित एकत्रित की जाने वाली सूचनाओं के लिए एक सामान्य लेकिन लचीली योजना बना सकते हैं। आरंभिक योजना सुसंगत तरीके से साक्षात्कार आरंभ करने में सक्षम बनाती है तथा मुवक्किल के साथ मिलकर तात्कालिक उद्देश्य बनाने में सहायता करती है।

4. *अपना परिचय देना :* आरंभ में आपको अपने नाम, व्यवसाय और अपनी संबंधित एजेंसी या विभाग के बारे में पहचान बतानी चाहिए। आपको अपनी औपचारिक पहचान भी प्रस्तुत करनी चाहिए। अधिकतर हालातों में चेहरे पर मित्रवत् अभिव्यक्ति और जोश से हाथ मिलाना या नमस्ते करना संबंध बनाने में सहायक होता है। कुछ औपचारिक अभिव्यक्तियां भी सेवार्थियों को आपके साथ सहज बनाने में सहायता कर सकती हैं लेकिन यह अधिक नहीं होना चाहिए।

5. *परिचय प्राप्त करना :* प्रथम मुलाकात में शीघ्र ही साक्षात्कार द्वारा प्रत्येक नए व्यक्ति जिससे साक्षात्कार किया जा रहा है, को अपना नाम बताने के लिए प्रोत्साहित किया जाना चाहिए और उसके बाद स्वयं उसका सही नाम बोलना चाहिए। सेवार्थी का नाम जानने के बाद यह पूछना चाहिए कि वह कौन-सा संबोधन पसंद करता है। इसके बाद साक्षात्कार में सेवार्थी को उसी नाम से संबोधित करना चाहिए।

6. *उद्देश्य स्पष्ट करना :* साक्षात्कार के आरंभिक चरण में ही उद्देश्य के बारे में बताने से भागीदार साक्षात्कार में संलग्न रहेंगे। उद्देश्य की आवश्यकताएं संचालनीय संख्या में होनी चाहिए। साक्षात्कार के उद्देश्य का बार-बार वर्णन करना या अत्यधिक आकांक्षा दिखाना अपनी अस्पष्टता का द्योतक होता है। दोनों भागीदारों को निर्मित उद्देश्य की प्राप्ति के लिए प्रत्येक कोशिश करनी चाहिए।

7. *जांच/प्रश्न करना :* जब साक्षात्कारकर्ता और सेवार्थी पर्याप्त रूप से मुलाकात के उद्देश्य के बारे में सहमत हो जाएं तो एक व्यक्ति को इस मुलाकात से संबंधित सूचनाएं एकत्रित करने का कार्य दिया जा सकता है। जांच या परीक्षण व्यक्ति, समस्या, स्थिति से संबंधित और मुख्यत: ज्ञात समस्याओं के समाधान के लिए तथ्यों, विचारों और भावनाओं का चित्रण करने के लिए प्रयुक्त किए जाते हैं। यह जांच प्रक्रिया पारम्परिक समझों, मूल्यांकनों, संविदा निर्माण, समस्या समाधान और लक्ष्य प्राप्ति के लिए अग्रसर होने, प्रगति और समाप्ति के लिए आवश्यक सूचना प्रदान करती है। प्राय: जांच प्रश्नों के रूप में होती है। प्रश्न करने का एक अच्छा सामान्य नियम यह है, कि यह निम्नलिखित के लिए दोहरा उद्देश्य पूरा करने वाला होना चाहिए:

(क) विशिष्ट सूचना प्राप्त करना।

(ख) वार्तालाप को असंबंधित क्षेत्रों से बदलकर संबंधित क्षेत्रों में मोड़ना ताकि साक्षात्कार अधिक फलदायक और सार्थक हो सके।

प्रश्न प्राय: दो प्रकार के होते हैं :

(क) *पूर्व निर्धारित प्रश्न :* ये प्रश्न प्राय: 'हां' या 'नहीं' अथवा एक पंक्ति वाले संक्षिप्त उत्तर जानने के लिए पूछे जाते हैं। जैसे, 'क्या आप सिनेमा जाना पसंद करते हैं?' 'आपका पक्का मित्र कौन है ?' ऐसे प्रश्न महत्वपूर्ण सूचना शीघ्र एकत्रित करने के लिए विशेषत: संकटकालीन परिस्थितियों में पूछे जाते हैं। फिर भी, ऐसे प्रश्न केस कार्य साक्षात्कार में अधिक नहीं पूछने चाहिए, अन्यथा सेवार्थी को लगेगा कि उसका सेवार्थी होने की अपेक्षा उसकी जांच की जा रही है और उससे पूछताछ की जा रही है। कुछ संक्षिप्त प्रश्नों को कानूनी अर्थों में 'मुख्य प्रश्न' कहा जाता है। मुख्य प्रश्न को इस ढंग से प्रस्तुत किया जाता है कि उसका उत्तर-विरोध प्रश्नकर्ता की इच्छा के अनुरूप होने के लिए प्रोत्साहित किया जाय। जैसे 'जब आप घर से गए थे तो क्या उस रात आपके माता-पिता में झगड़ा नहीं हुआ था।' प्राय: ऐसे प्रश्नों से बचना चाहिए।

(ख) *गैर-पूर्व निर्धारित प्रश्न :* ऐसे प्रश्न इस ढंग से बनाए जाते हैं जो उत्तरकर्ता को अधिक विस्तृत रूप से अभिव्यक्त करने को प्रोत्साहित करते हैं। ये अधिक गहन रूप से या और अधिक जानकारी के लिए बनाए जाते हैं। अधिकांशत: ये वास्तविक उत्तर की जांच करने के उद्देश्य वाले होते हैं। ये 'क्या' और 'कैसे' वाले प्रश्न सेवार्थी को अनेक प्रकार से उत्तर देने और प्रतिक्रिया करने का अवसर प्रदान करते हैं। जैसे 'इसके बाद क्या हुआ?' 'उस समय आपको कैसा महसूस हुआ?'

8. *भावनाएं प्रकट करना :* भावनाएं प्रकट करने की दक्षता का पूर्ण उपयोग करने के लिए साक्षात्कारकर्ता भावना वाले के पास शब्दों का पर्याप्त भंडार होना चाहिए, जिसके बिना सेवार्थी द्वारा भावनाएं, मनोभाव और संवेदनाएं अभिव्यक्त करने और महसूस करने की व्याख्या करना कठिन हो जाता है। जैसे 'प्रसन्नता' वाली श्रेणी में आप 'संतुष्ट' तथा 'चिंता और भय' श्रेणी में 'दबाव' शब्दों को संबद्ध शब्द के रूप में प्रयोग कर सकते हैं। इस प्रकार 'भावनाएं प्रकट करना' सेवार्थी की संबंधित भावनाएं और तथ्य या विचारों को प्रतिबिम्बित करता है।

विकासात्मक चरण

1. *विवरणात्मक सूचना व्यवस्थित करना :* यह मूल्यांकन प्रक्रिया के लिए जांच के द्वारा प्राप्त सूचना को ऐसे रूप में व्यवस्थित करने का पहला चरण है, जिससे प्रभावशाली तथ्यों की पुन: प्राप्ति और जांच की जा सके। प्रतीकात्मक रूप से इसमें साक्षात्कारकर्ता और व्यावसायिक एजेंसी द्वारा महत्वपूर्ण समझने वाली कुछ श्रेणियों के अनुसार विवरण को व्यवस्थित करना शामिल है। विवरणात्मक व्यवस्था में पढ़ी गई या प्रत्यक्षत: देखी या श्रवण की गई सूचना को सुसंगत रूप से प्रस्तुत किया जाता है।

2. *विश्लेषण करना :* विश्लेषण सेवार्थी की कठिन स्थिति के बारे में प्राप्त सूचना के विभिन्न भागों की विस्तृत जांच आवश्यक बना देता है। इस सूचना में से महत्वपूर्ण घटक या विचार को केन्द्र बिन्दु बनाने का प्रयत्न किया जाता है। जांच से प्राप्त सच्चाई को केन्द्र बिन्दु बनाने का प्रयत्न किया जाता है, जो कि दक्षता, अनुभव एवं संवेदनशीलता से विकसित की जा सकती है।

3. *संश्लिष्ट करना :* विश्लेषण से प्राप्त परिणाम को संश्लिष्ट किया जाता है, इसमें सूचना के महत्वपूर्ण भागों को एक-दूसरे के संबंध के साथ और अपने सिद्धान्त, ज्ञान और अनुभव के तथ्यों के आधार पर समग्र के साथ जोड़ा जाता है।

4. *समस्या का पता लगाना :* साक्षात्कारकर्ता यह प्रकट करता/करती है कि उसने सेवार्थी की ज्ञात समस्या के विचार को समझ लिया है। सेवार्थी विशेषत: वयस्क जो स्वेच्छा से सामाजिक सहायता लेना चाहते हैं, गंभीर समस्याओं के बारे में अपने विचार प्राय: प्रकट करने के लिए तैयार हो जाते हैं लेकिन कभी-कभी कुछ सेवार्थी को ऐसा करने के लिए सहायक मार्गदर्शन की आवश्यकता होती है। समस्या का पता लगाना सक्रिय रूप से स्पष्ट श्रवण का महत्वपूर्ण रूप है।

5. *दृष्टिकोण विकसित करना :* विचारधारा बनाने में साक्षात्कारकर्ता और सेवार्थी को निर्णय करना होगा कि किस संदर्भ में कौन मिलेगा या परिवर्तन का लक्ष्य क्या होगा। उन्हें मिलकर यह भी निर्णय करना होगा कि परिवर्तन प्रयासों में कौन शामिल होगा और ये प्रयत्न दूसरों पर क्या प्रभाव डाल सकते हैं। दोनों भागीदार अनेक तथ्यों पर विचार करते हैं और अपने कार्य की दिशा निर्धारित करने के लिए समस्या की योजना बनाते हैं।

6. *व्यवहारों को देखना और न्यूनतम प्रोत्साहन :* व्यवहारों को देखना साक्षात्कारकर्ता के अध्ययन करने वाली वे गतिविधियां हैं जिससे यह ज्ञात होता है कि वह ध्यान से रुचि लेकर उसकी बात सुन रहा है। व्यवहार पर ध्यान देने का एक महत्वपूर्ण घटक गैर-मौखिक होता है और दृष्टिगत संबंध और शारीरिक भंगिमाओं में देखा जाता है।

न्यूनतम प्रोत्साहन अल्प उच्चारण वाली संक्षिप्त सामग्री होती है, जो साक्षात्कार देने वाले को प्रोत्साहित करने में प्रभाव डालती है और उसे निरंतर जारी रखने की इच्छा को दृढ़ करते हैं। जैसे 'ओहा', 'कहते रहिए', 'अच्छा', 'ऐसा है', 'सही है' इसमें गैर- मौखिक रूप से प्रकट करना होता है।

7. *सारांश और सार कथन :* एक विशेष अंश या विस्तृत सारांश और सार कथन संप्रेषण (संचार) के दायरे को बढ़ाने में सहायता करते हैं। साक्षात्कारकर्ता की गई चर्चा पर संक्षिप्त विचार करता है तथा साक्षात्कार को दिशा प्रदान करता है। सारांश का उद्देश्य साक्षात्कार के एक भाग को मिलाकर आगे बढ़ाना तथा जो छूट गया है, उसे स्पष्ट करना है। सार कथन के लिए कम संबंधित, कम महत्वपूर्ण सामग्री को छोड़ने की आवश्यकता होती है। इसका साक्षात्कार देने वाले के लिए यह भी संकेत है कि साक्षात्कारकर्ता ध्यान से उसकी बात सुन रहा है और जो कुछ हो रहा है, उसके बारे में भली-भांति जानता है।

8. *परिवर्तन करना :* साक्षात्कार के दौरान कई बार साक्षात्कारकर्ता यह निर्णय कर सकता है कि चर्चा की जा रही सामग्री में परिवर्तन किया जाना चाहिए। चर्चा की सामग्री पर हो सकता है चर्चा पूरी की जा चुकी हो। परिवर्तन संबंध में हस्तक्षेप किए बिना साक्षात्कार के दायरे का बढ़ाने में सहायता करता है।

9. *व्याख्या करना :* सेवार्थी द्वारा प्रयुक्त भाषा रचना में मुख्य विचारों का सीमित उद्धरण व्याख्या करना कहलाता है। यह सेवार्थी की अभिव्यक्ति से मिलता-जुलता होता है। 'पैरा' का अर्थ है 'उसके साथ' और 'पैरा फ्रैजिंग' का अर्थ है सेवार्थी के कथन के समानांतर। व्याख्या करने से साक्षात्कारकर्ता को सेवार्थी के कथन को समझने में और अपने विचार की जांच करने में सहायता मिलती है। इससे साक्षात्कार देने वाले को भी कार्यकता उसके (साक्षात्कार देने वाले के) विचारों की जांच में सहायता कर सकता है। अंतिम मूल्यांकन के रूप में आप जो कुछ करें, उसके बारे में सेवार्थी से फीडबैक की प्राप्ति सुनिश्चित करनी चाहिए। प्रक्रिया के एक भाग के रूप में प्राप्त सकारात्मक परिवर्तनों के बारे में आपको प्रसन्नता व्यक्त करनी चाहिए।

अंतिम भावनाएं बताना तथा विदाई

अंतिम विदाई का समय आने पर हो सकता है कि सेवार्थी और केस कार्यकर्ता दोनों को अनेक प्रकार के मनोभावों एवं भावनाओं का अनुभव हो। केस कार्यकर्ता द्वारा अंतिम साक्षात्कार में सेवार्थी को संबंध समाप्त करने से संबंधित अपनी भावनाएं व्यक्त करने के लिए पर्याप्त अवसर प्रदान किया जाना चाहिए। भावनाओं की तीव्रता मुवक्किल के व्यक्तित्व, संबंध की अवधि और प्रगाढ़ता, केस कार्यकर्ता की भूमिका और कार्य शैली तथा अंतिम परिणाम के अनुसार भिन्न-भिन्न होती है। सेवार्थी को अपनी कुछ भावनाएं (निराशा, क्रोध, भय, निर्भरता, कृतज्ञता, स्नेह) बताने के लिए प्रेरित किया जा सकता है अन्यथा वे हमेशा के लिए दबी रह सकती हैं।

रिकॉर्ड करना (अभिलेखन) और टिप्पणी बनाना

सेवार्थी के साथ अंतिम मुलाकात के बाद जो कुछ घटित हुआ, उसे संक्षिप्त कर सारांश में लिख लें। अंतिम अभिलेखन में निम्नलिखित सूचनाएं शामिल करें :

- अंतिम संबंध की तारीख।
- साक्षात्कार देने वालों और लेने वालों के नाम।
- सेवा प्रदान करने की आरंभिक तारीख।
- मुवक्किल और आपके बीच संबंध स्थापित होने के कारण।
- अपनाई गई विचारधारा, प्रदान की गई सेवाएं, आपके द्वारा तथा सेवार्थी द्वारा की गई गतिविधियां।
- प्रगति का मूल्यांकन और समस्या की पहचान तथा समाधान रहित और पूरे न होने वाले लक्ष्य।
- विद्यमान वैयक्तिक समस्या की स्थिति का संक्षिप्त मूल्यांकन।
- मामले को समाप्त करने के कारण।

व्यापक पारस्परिक व कौशल से बात करना (आवाज, बोली और भाषा)

कौशल के रूप में बातचीत करने में आवाज, बोली, भाषा और शारीरिक मुद्राओं का प्रभावशाली उपयोग किया गया है ताकि साक्षात्कार करने का कार्य सुचारु रूप से पूरा हो सके। साक्षात्कारकर्ता द्वारा बोले जाने वाले शब्द, उच्चारण की गुणवत्ता, बोलने की आवाज का स्वर और बोलने की गति एवं शैली परस्पर संपर्क करने वाले सेवार्थी एवं अन्य व्यक्तियों को काफी कुछ संप्रेषित (संचारित) करती है। एक केस कार्यकर्ता को शब्दों के चयन में काफी सजग होना पड़ता है तथा उसे अधिकतर लोगों द्वारा स्वत: समझ में आने वाले शब्दों और वाक्यों का प्रयोग करना चाहिए। अनुमानित शब्दों की अपेक्षा वर्णनात्मक और प्रतिबोध शब्दों का प्रयोग करने का प्रयास करें। आवाज, भाषा शैली और भाषा के माध्यम से यह संदेश देने का प्रयत्न करें कि मुवक्किल की बातों को आप ध्यान से सुन रहे हैं। आप जब कुछ लिखें या बोलें तो कर्मवाचक की अपेक्षा कर्तावाचक भाषा को प्रधानता दें और भाषण का प्रत्येक खंड इतना अधिक लम्बा या जटिल नहीं होना चाहिए कि अर्थ समझने में बाधा हो।

केस कार्यकर्ता को ऐसी वार्तालाप शैली परिष्कृत करने का प्रयास करना चाहिए जो भाषा शैली स्वर, प्रबलता और गति में संतुलित हो। फिर भी यह सेवार्थी की गति के साथ सामंजस्य बनाने के लिए परिवर्तित होती रहनी चाहिए।

श्रवण करना

1. *सुनना और समझना :* सुनने का अर्थ है श्रवण प्रक्रिया जिसमें अन्य लोगों की आवाज, बातचीत और भाषा पर ध्यान देना शामिल है। प्रभावशाली ढंग से सुनने का अर्थ है, होने वाली बाधाएं हटाकर सेवार्थी के शब्दों और आवाज पर पूरा ध्यान केन्द्रित करना। व्यक्ति को सीमित रूप से नहीं सुनना चाहिए जो दूसरे लोगों द्वारा की गई बातों का निर्णय करने, तुलना करने, आलोचना करने या समीक्षा करने के कारण होता है।

ध्यान से सुनने का अर्थ है दृष्टि के माध्यम से सुनना। यह तभी घटित होता है, जब आप सेवार्थी के शारीरिक लक्षणों, मुद्राओं और अन्य गैर-मौखिक व्यवहार पर ध्यान लगाते हैं। ध्यान से सुनने का उद्देश्य है सेवार्थी के उस ढंग को समझना जिसमें उसके विचारों और अनुभवों ने भाषा का स्वरूप ग्रहण किया है। समाज केस कार्य में ऐसी कोई स्थिति नहीं है, जिसमें सुनना और ध्यान देना साथ-साथ न होता हो। ध्यान देने वाले विशिष्ट संदर्भ में शामिल हैं :

- चेहरे के हाव-भाव।
- दृष्टि संपर्क, (आंखें मिलाकर बात करना)।
- शारीरिक भाषा, अवस्था और अंग संचालन।

ध्यान देना सेवार्थी के होने वाले व्यवहार को नोट करना संभव बना देता है। आपको सेवार्थी के कथन पर ही नहीं अपितु उसके न कहे गए उन तथ्यों पर भी ध्यान देना चाहिए, जो उसने अपनी गाथा में महत्वपूर्ण रूप से छोड़ दिए हैं। गैर-वाचिक संकेत सेवार्थी की बातों के पूरक या विरोधी हो सकते हैं। साक्षात्कार कला में निपुण होने पर आपको स्पष्ट पता लग जाएगा कि लोग हमेशा वही नहीं कहते या करते हैं जो उनका अभिप्राय होता है या वे अनुभव करते हैं।

2. *प्रेरित करना और याद रखना :* श्रवण का एक घटक है प्रेरित करना जो वार्तालाप को अत्यधिक सुगम बनाता है। आप एक-एक शब्दों, छोटे-छोटे तथ्यों या आवाजों और मुद्राओं जैसे 'कृपया जारी रखें', 'ओ हो', 'कृपया आगे बताइए' के रूप में काफी संक्षिप्त उत्तरों के साथ स्वयं की अभिव्यक्ति करना जारी रखने के लिए लोगों को प्रेरित कर सकते हैं।

सुनने का अंतिम आयाम है 'याद रखना'। यह बाद में प्रयोग करने के लिए सूचनाओं का भंडारण करने की प्रक्रिया है। जैसे समझ को संप्रेषित करना, विभिन्न समयों पर अभिव्यक्त संदेशों के बीच विषयक संबंध बनाना, लिखित रिकॉर्ड बनाना या मूल्यांकन करना।

शारीरिक भाषा (गैर वाचिक संप्रेषण/संचार)

यद्यपि हो सकता है कि हमें इसका पता न हो लेकिन हमारे शरीर की भाषा मौखिक कथनों से अधिक अभिव्यक्त करती है। काफी संप्रेषण गैर-वाचिक होता है और हमारा शरीर इस प्रकार के संप्रेषण (संचार) का माध्यम होता है। आसन (अंग विन्यास) चेहरे के भाव, दृष्टि का संपर्क तथा शरीर की अवस्था जैसे घटक संप्रेषण (संचार) के सशक्त रूप हैं। शारीरिक भाषा आपकी मौखिक भाषा के अनुरूप होनी चाहिए। आप वास्तविक रूप से दु:खी दिखाई देते हुए 'धन्यवाद' नहीं कह सकते। आप अपनी मुस्कुराहट से संप्रेषित कर सकते हैं कि आप सेवार्थी के मित्र, उसका ध्यान रखने वाले तथा उसकी देखभाल करने वाले हैं। यह अन्य व्यक्तियों में ध्यान और रुचि के साथ-साथ देखभाल, चिंता, सम्मान और वास्तविकता संप्रेषित करने वाली भी होनी चाहिए। साक्षात्कार करते समय आपको अपनी शारीरिक भाषा प्रतीकात्मक रूप से उदार या प्रभावी रखनी चाहिए। सख्ती से बंधे हुए हाथ, घड़ी को देखने का अर्थ घबराहट या अधीरता को संप्रेषित करने वाला होता है और कुर्सी पर फैलकर बैठना थकान या अरुचि का द्योतक हो सकता है। बार-बार गहराई से देखना साक्षात्कार के उद्देश्य पर निर्भर होना चाहिए।

ध्यान से सुनना

बैरी कोर्नोयर के अनुसार, ध्यान से श्रवण में वार्तालाप और श्रवण कौशलों को इस प्रकार मिलाया जाता है कि सेवार्थी को यह महसूस हो कि उन्हें समझा जा रहा है और वे और अधिक आत्माभिव्यक्ति के लिए प्रेरित हों। यह उस स्पष्ट और निश्चित प्रदर्शन का द्योतक होता है कि आप समझ गए हैं या कम से कम सेवार्थी ने जो कहा है उसे समझने का प्रयास कर रहे हैं। यह इस बात का संकेत है कि आप सेवार्थी के कथन को पूरी तरह तथा ठीक-ठीक समझना चाहते हैं और आप सेवार्थी के विचारों, भावनाओं और अनुभवों में रुचि रखते हैं। यह आपके और आपके सेवार्थी के बीच एक महत्वपूर्ण फीडबैक परिपथ का निर्माण करता है। ध्यान से श्रवण के द्वारा समझने की सच्ची कोशिश लगभग हमेशा ही मुवक्किल से और अधिक अभिव्यक्ति प्राप्त करती है क्योंकि यह तदानुभूति और समझ संप्रेषित करता है जो साधारणत: ध्यान से श्रवण का कोई विकल्प नहीं है। यदि आप केवल वार्तालाप करते हैं या श्रवण करते हैं लेकिन ध्यान से नहीं सुनते हैं तो संभवत: आप सेवार्थी को मुक्त और समुचित अभिव्यक्ति से हतोत्साहित करते हैं।

साक्षात्कारकर्ता के लिए आवश्यक/अपेक्षित योग्यताएं

यदि हम प्रभावशाली कार्यकर्ता बनने के लिए उसके आवश्यक गुणों की चर्चा न करें तो कौशलों की चर्चा अधूरी रह जाएगी। फिर भी, सभी गुणों का वर्णन करना एक कठिन कार्य है क्योंकि हो सकता है कि निश्चित निष्कर्ष कभी भी न निकाले जा सकें। फिर गुण साक्षात्कार के उद्देश्य के अनुसार बदलते रहते हैं। जैसे उपचारात्मक उद्देश्य वाले साक्षात्कार के लिए जो हार्दिक स्वीकार्य गुण आवश्यक है, उन्हें मूल्यांकन साक्षात्कार में होना आवश्यक नहीं। फिर भी, केवल इन गुणों के प्रदर्शन से ही उद्देश्य पूरा नहीं होता, जब तक कि विशिष्ट ज्ञान और दक्षता साथ न हो। कॉर्नोयर के अनुसार एक प्रभावशाली साक्षात्कारकर्ता में निम्नलिखित गुणों का होना अपेक्षित है :

1. समानुभूति।
2. सम्मान।
3. वास्तविकता।
4. आत्म-विवेक/ज्ञान।
5. आत्म-संयम
6. समाज कार्य के मूल्यों एवं नीतियों का ज्ञान।
7. व्यावसायिक समाज कार्य का ज्ञान।
8. दायित्वपूर्ण निश्चितता।

1. *समानुभूति :* सहानुभूति महसूस करने की अपेक्षा दूसरे व्यक्ति के समान भावना महसूस करने की प्रक्रिया समानुभूति है। बेकर (1991) ने समानुभूति को इस प्रकार परिभाषित किया है, 'यह दूसरे व्यक्ति की भावात्मक स्थिति और विचारों को अनुभव करने, समझने और जानने तथा उत्तर देने की क्रिया है।' समानुभूति केस कार्यकर्ता को सेवार्थी से सम्मान एवं भावुकता प्राप्त करने तथा मजबूत कार्य संबंध बनाने एवं जारी रखने में सहायता करती है।

2. *सम्मान :* रोजर्स (1957) के अनुसार 'सम्मान' शर्त रहित सकारात्मक समझ रखने का प्रदर्शन है। केस कार्यकर्ता को सेवार्थी के वर्ग, जाति और आर्थिक स्थिति का ध्यान किए बिना सभी का सम्मान करना चाहिए। केस कार्यकर्ता को अपना निर्णय करते समय सेवार्थी के सम्मान और मौलिक अधिकारों को स्वीकारना और उनका सम्मान भी करना चाहिए।

3. *वास्तविकता :* हेमुंड, हैपुर एवं स्मिथ (1977) का कथन है कि, 'वास्तविकता का अर्थ है स्वाभाविक, गंभीर, तत्काल, वास्तविक, खुले और गैर-रक्षात्मक व्यवहार में शामिल होना।' एक खरा व्यक्ति दूसरों के साथ व्यक्तिगत रूप से संबंध रखता है ताकि अभिव्यक्तियां पारम्परिक या बनावटी न लगें। फिर भी, यह केस कार्यकर्ता को किसी भी क्षण कुछ भी कहने या अपनी सोच और अनुभवों को बताने की समुचित स्वतंत्रता प्रदान नहीं करता है।

4. *आत्म-विवेक/ज्ञान :* यह एक ऐसा गुण है, जिसे दूसरों की सहायता करने वाले प्रत्येक केस कार्यकर्ता को अपनाना चाहिए। 'स्वयं को जानने' के लिए केस कार्यकर्ता को 'आत्म विश्लेषण' और 'आत्म अनुसंधान' की प्रक्रिया से गुजरना चाहिए।

5. *आत्म संयम :* आत्मानुशासन और आत्म संयम को आत्म विवेक/आत्म ज्ञान का पालन करना पड़ता है। हो सकता है कि स्थिति दु:खदायी, बेचैनी वाली विघ्नात्मक या उत्तेजनात्मक हो जिसमें केस कार्यकर्ता अपनी भावनाओं और मनोभावों से आत्मविभोर हो सकता है। लेकिन एक गहन आत्म नियंत्रण रखना पड़ता है। कार्यकर्ता को अपनी भाषा और कार्यों को इस प्रकार करना पड़ता है कि वे व्यवसाय के मूल्यों और नीतियों के विरुद्ध न हों।

6. *समाज कार्य के मूल्यों एवं नीतियों का ज्ञान :* केस कार्यकर्ता को व्यावसायिक नीतियों और दायित्वों के प्रति निरंतर ध्यान रखना पड़ता है क्योंकि ये व्यक्ति के व्यावसायिक जीवन के लगभग

सभी पक्षों पर लागू होते हैं। इसके लिए उसे समाज कार्य के मूल्यों और दायित्वों के साथ उनके वैधानिक दायित्वों को संपूर्ण रूप से आत्मसात् करना पड़ता है।

7. *व्यावसायिक समाज कार्य का ज्ञान :* व्यावसायिक ज्ञान के अभाव में केस कार्यकर्ता बिना कूंची के पेंटर की तरह होता है। प्रभावशाली होने के लिए मानव व्यवहार से संबंधित ज्ञान और अनुसंधान, सामाजिक समस्याओं, समाज कार्य सिद्धान्त और नियमों आदि के प्रयोग तथा अन्य व्यापक क्षेत्रों का ज्ञान होना अनिवार्य है। केस कार्यकर्ता को अद्यतन और जानकार होने के लिए इस क्षेत्र में होने वाले नवीनतम विकासों से अवगत रहना आवश्यक है।

8. *दायित्वपूर्ण निश्चितता :* यह ज्ञान, विचारों और भावनाओं को इस प्रकार अभिव्यक्त करने की क्षमता है कि बहुमूल्य और अद्वितीय मानव के रूप में स्वयं और दूसरों के अधिकारों और प्राथमिकताओं का सम्मान हो। इसमें स्वयं का और सेवार्थी का सम्मान करते हुए अपने ज्ञान और विचारों, अपने अधिकारों और दायित्वों तथा अपनी वैयक्तिक एवं व्यावसायिक शक्ति को अभिव्यक्त करने की योग्यता और पद्धति शामिल है।

9. *साक्षात्कार करने के मूल नियम :* व्यक्ति सोचता है कि साक्षात्कार प्रक्रिया में पड़ने से पूर्व केस कार्यकर्ता के पास आदर्श या संपूर्ण हस्ताक्षर का ऐसा ब्लू प्रिंट होता है, जो उसे तैयार संदर्भ के रूप में उपलब्ध रहता है। केस कार्य साक्षात्कार संचालन के लिए सुस्पष्ट नियमों की व्यापक सूची बनाना असंभव है। गैरेट ने ठीक ही कहा है कि साक्षात्कार मनुष्यों के बीच होता है और नियम बनाने के लिए लोगों की संख्या को कम करना होगा अर्थात् जितने लोग उतने नियम हो सकते हैं। फिर भी यहां पर साक्षात्कार के नियमों की एक सूची बनाने का प्रयास किया गया है जिसका पालन करने या ध्यान में रखने पर सेवार्थी और केस कार्यकर्ता के बीच सुचारु पारस्परिक संपर्क कायम होगा।

- प्रभावशाली साक्षात्कार तभी संभव है जब यह मानव स्वभाव, व्यवहार और प्रेरणा की बुनियादी समझ पर आधारित हो।
- साक्षात्कार की सेटिंग (वातावरण) काफी महत्वपूर्ण होती है। इसके लिए कुछ हद तक एकांत होना चाहिए, जो शारीरिक रूप से आरामदायक, ध्यान भंग करने वाले कोलाहल और हस्तक्षेपों से मुक्त सहज वातावरण प्रदान कर सके। ऐसा वातावरण प्रदान करना चाहिए जिसमें साक्षात्कार अच्छे प्रारंभ के लिए संपन्न हो।
- साक्षात्कार की अवधि उसके उद्देश्य के अनुसार निर्धारित होनी चाहिए। यह न तो अधिक लम्बी और न अधिक छोटी होनी चाहिए।
- सेवार्थी को आरामदायक अवस्था में रखना चाहिए जिससे वह अपनी समस्या के बारे में मुक्त होकर बात कर सके। समस्याओं के बारे में अस्पष्ट विचारों और भावनाओं को व्यवस्थित करने के बारे में उसकी सहायता करनी चाहिए। मुवक्किल को सहज (तनावमुक्त) होने में सहायता करें और वह तभी संभव है जब आप तनावमुक्त हों।
- केस कार्य में साक्षात्कार देने वाले और लेने वाले के बीच संबंध सर्वाधिक महत्वपूर्ण होते हैं। साक्षात्कारकर्ता को यह कभी नहीं भूलना चाहिए कि उसके व्यक्तित्व, छवि और व्यवहार या शिष्टाचार का सेवार्थी पर प्रभाव पड़ सकता है।
- साक्षात्कार की समझ में आने वाली भाषा में बात करें, जहां से वह बात करना चाहता है, वहां से आरंभ करें तथा सेवार्थी द्वारा बात करने की गति से ही आगे बढ़ें। साक्षात्कार हमेशा सेवार्थी की भावात्मक और बौद्धिक आवश्यकताओं के अनुरूप होना चाहिए।
- दिल से, ग्रहणकर्ता और धैर्यवान श्रोता बनें। केस कार्यकर्ता के रूप में सक्षम श्रवण के लिए आवश्यक है कि अपने विचारों और भावनाओं पर कम तथा मुवक्किल के अनुभवों और अभिव्यक्तियों पर अधिकतम ध्यान केन्द्रित करना चाहिए। एक अच्छा साक्षात्कारकर्ता हमेशा अच्छा श्रोता और ध्यान से देखने वाला होता है।

- चुप्पी का श्रवण करें क्योंकि यह भाषा से अधिक मुखर हो सकती है। आपको ठहराव और चुप्पी के उत्तर और प्रबंधन के बारे में जानना चाहिए। चुप्पी के द्वारा उत्पन्न अंतराल को पूरा करने की कोशिश न करें क्योंकि हो सकता है कि अनुचित या उतावली अन्त:क्षेप कथा का महत्वपूर्ण भाग हमेशा के लिए अनकहा रह जाए। चुप्पी का भी पूरा सम्मान किया जाना चाहिए।
- प्रश्न कला में निपुण बनें। पूछे जाने प्रश्न साक्षात्कार के उद्‌देश्य के अनुरूप होने चाहिए। भाषा महत्वपूर्ण होती है, लेकिन प्रश्न करते समय आवाज की शैली भी उतनी ही महत्वपूर्ण होती है। प्रश्न सरल भाषा में हों और प्रश्नों की संख्या न तो अत्यधिक कम हो और न ही अधिक हो। आरोप और संदेहयुक्त भाषा की अपेक्षा आश्वस्त करने वाली भाषा का प्रयोग करना श्रेष्ठ होता है।
- कथित को समझने के लिए अकथित को समझें। अकथित व्यवहार की अनदेखी नहीं की जा सकती। प्राय: यह वार्तालाप से अधिक प्रभावशाली संदेश देने वाला होता है।
- लोग हमेशा वह नहीं कहते और करते जो उनका मंतव्य होता है और जो उन्होंने अनुभव किया है। शरीर के तनावों को देखें क्योंकि ये कथित संकेत सेवार्थी के कथन के पूरक या विरुद्ध हो सकते हैं और इस प्रकार वे पंक्तियों के बीच में अध्ययन करने में सहायता करते हैं।
- अपनी भावनाओं और मनोभावों के बारे में अत्यधिक सजग रहें। पूर्वाग्रहों और दुराग्रहों को साक्षात्कार के दायरे से दूर रखना चाहिए क्योंकि व्यावसायिक साक्षात्कार में इनका कोई स्थान नहीं होता।
- केस कार्य में साक्षात्कार करना द्विपक्षीयक प्रक्रिया है। संप्रेषण (संचार) का अपेक्षित अभिप्राय दोनों पक्षों द्वारा ग्रहण किया और समझा जाना चाहिए। साक्षात्कार प्रक्रिया में सेवार्थी को सक्रिय भागीदार के रूप में शामिल करना चाहिए।
- आत्मनिर्णय के सेवार्थी के अधिकार को स्वीकार करें। साक्षात्कार प्रक्रिया में अपनी भूमिका का आत्म-निर्णय और भागीदारी को बढ़ावा देने वाली बनाएं।

साक्षात्कार के कुछ अन्य पक्ष

उद्‌देश्य

इस इकाई का उद्‌देश्य साक्षात्कार करने के कुछ ऐसे क्षेत्रों पर प्रकाश डालना है, जो इससे पहले की इकाई में शामिल नहीं थे। इस इकाई में साक्षात्कारकर्ता को समाज केस कार्य अभ्यास के एक अन्य अभिन्न भाग समाज केस कार्य रिकॉर्ड करने के कुछ महत्वपूर्ण पहलुओं के बारे में जानकारी प्राप्त होगी।

इस इकाई का अध्ययन करने के बाद आप :

- साक्षात्कार लेने वाले और साक्षात्कार देने वाले के बीच संबंधों की प्रकृति को समझ सकेंगे;
- साक्षात्कार की सुचारु प्रक्रिया में रुकावट डालने वाली बाधाओं और समस्याओं को स्पष्ट कर सकेंगे;
- केस रिकॉर्ड को परिभाषित कर सकेंगे;
- रिकॉर्ड करने का उद्‌देश्य और विभिन्न प्रकार के रिकॉर्डों की रूपरेखा बना सकेंगे;
- केस रिकॉर्ड करने के सिद्धान्तों का खाका निर्मित कर सकेंगे; और
- विवरण (आंकड़े) एकत्रित करने और व्यवस्थित करने की विधि समझ सकेंगे।

प्रस्तावना

जैसा कि हमने पहले देखा है कि साक्षात्कार प्रक्रिया का मुख्य उद्‌देश्य सूचनाएं एकत्रित करना तथा सेवार्थी और उसकी स्थितियों के बीच सुखी समायोजन करना है। साक्षात्कारकर्ता को साक्षात्कार के

दायरे और गहनता में वृद्धि करने के लिए साक्षात्कारदाता की सहायता के लिए अन्त:क्षेपों का प्रयोग करना पड़ता है। उसे प्रभावशाली मनोवृत्ति का प्रदर्शन और उपयोग करना पड़ता है। इससे सकारात्मक संबंध बनाने में सहायता मिलती है। सेवार्थी के कार्य संबंध साक्षात्कार प्रक्रिया के माध्यम से परिपक्व और पुष्ट होते है। इस संबंध में अनेक बाहरी और आंतरिक समस्याएं साक्षात्कार प्रक्रिया के सुचारु प्रवाह को बाधित कर सकती हैं और उन्हें दक्षता से संभालने की आवश्यकता होती है।

एक बार साक्षात्कार समाप्त होने के बाद अगला कार्य सेवार्थी और कार्यकर्ता के बीच घटित साक्षात्कार को व्यवस्थित रूप से रिकॉर्ड करना है। केस कार्यकर्ता के रूप में अभ्यास के सभी चरणों में रिकॉर्ड रखने की आपकी जिम्मेदारी होती है। केस कार्यकर्ता के लिए न केवल अपने उत्तरदायित्व को जानना पर्याप्त है अपितु अच्छी तरह रिपोर्ट बनाना भी महत्वपूर्ण है। रिकॉर्ड करना समाज केस कार्य अभ्यास का अभिन्न अंग है। इससे सेवार्थी के बारे में विचार करने और प्रभावशाली सहायता प्रदान करने के लिए आवश्यक दक्षताओं का विकास करने की प्रेरणा में सहायता मिलती है। एक विद्यार्थी के रूप में आपको पहले समस्याओं के बारे में युक्तिसंगत तरीके से सोचना चाहिए, इसके बाद व्यवस्थित रूप से इस सोच को प्रकट करने वाला रिकॉर्ड तैयार करना चाहिए।

साक्षात्कारकर्ता और साक्षात्कारदाता के बीच संबंध

सभी मानवों का दूसरे मानवों से संबंध होता है, लेकिन केस कार्यकर्ता द्वारा सेवार्थी के साथ बनाया गया संबंध विशिष्ट प्रकार का होता है। यही संबंध सम्पूर्ण साक्षात्कार प्रक्रिया को सहज बनाता है।

कुछ सेवार्थियों के लिए आलोचना या भर्त्सना करने के बजाय गैर-निर्णायक ढंग से उनकी बात सुनना एक विशिष्ट अनुभव होता है। ऐसा संबंध रखने वाला व्यक्ति जो अपनी व्यक्तिगत रुचि के लिए कुछ नहीं पूछता अपितु अपनी एकाग्रता सेवार्थी पर रखता है और उसे सलाह देने से बचता है या स्वयं पर नियंत्रण रखता है तो यह व्यक्ति साक्षात्कारकर्ता को बहुत संतोषजनक लगता है (गैरेट)।

सेवार्थी और केस कार्यकर्ता के संबंधों की स्थापना सफल साक्षात्कार प्रक्रिया की पूर्व शर्त की आवश्यकता को पूरा करती है।

घनिष्ठता स्थापित करना

घनिष्ठता स्थापित करना विशेषत: भारतीय परिप्रेक्ष्य में उस समय बहुत आसान हो जाता है जब केस कार्यकर्ता को सेवार्थी के समग्र परिवेश तथा उसी सोच और व्यवहार को प्रभावित करने वाली सामाजिक-सांस्कृतिक प्रक्रियाओं के बारे में जानकारी हो। कार्यकर्ता पारिवारिक सदस्याओं, निकट मित्रों और बड़े-बुजुर्गों आदि के नेटवर्क के माध्यम से भी कार्य कर सकता है। घर पर मुलाकात करना, चाय पर बातें करना मुवक्किल की रुचियों, पसंदों और नापसंदों को जानना इस प्रक्रिया को सहज बना देता है। घनिष्ठता स्थापित करने में केस कार्यकर्ता की अपनी पृष्ठभूमि, परिवेश और व्यवहार भी अत्यधिक महत्वपूर्ण होता है।

एक बार कार्यकर्ता और सेवार्थी के बीच सकारात्मक संबंध स्थापित हो जाने पर सेवार्थी कार्यकर्ता के साथ दिल खोलकर बातें करने लगता है। भाषा तथा सामाजिक-सांस्कृतिक पृष्ठभूमि की समानता प्रक्रिया को और भी आसान बना देती है। केस कार्यकर्ता की टिप्पणियां और प्रश्न इस प्रक्रिया को निरंतर आगे बढ़ाते रहते हैं। 'अत्यधिक महत्वपूर्ण' कारकों को 'कम महत्वपूर्ण' कारकों से अलग किया जाता है इसलिए महत्वपूर्ण विषय ही केन्द्र में रहते हैं। संबंध के सहारे सेवार्थी कार्यकर्ता के साथ मुक्त भाव से श्रेष्ठ संप्रेषण (संचार) करता है। यद्यपि अभी भी समस्या अनसुलझी रह सकती है, तो भी इसके प्रति सेवार्थी की मनोवृत्ति में महत्वपूर्ण परिवर्तन आरंभ हो सकते हैं। इसके बाद उसकी चिंता और कुंठा की भावनाएं भी परिवर्तित हो सकती हैं और कम गंभीर हो सकती हैं।

साक्षात्कार प्रक्रिया के दौरान केस कार्यकर्ता और मुवक्किल को अपने संबंध के अभ्यास की प्रकृति पर ध्यान केन्द्रित करना होता है। अभ्यास संबंध के उद्देश्य को निभाया जाता है, जिसे दोनों भागीदारों द्वारा मान्यता प्रदान की जानी चाहिए। एक बार उद्देश्य पूरा हो जाने के बाद यह समाप्त हो जाता है।

केस कार्य में सेवार्थी की समस्या सेवार्थी और केस कार्यकर्ता दोनों की पारस्परिक रूप से संबंधित समस्या बन जाती है और केस कार्यकर्ता के पास सेवार्थी की सहायता करने के लिए अपेक्षित ज्ञान और क्षमता होती है। साक्षात्कार के दौरान केस कार्यकर्ता जब सेवार्थी को पूरे जोश और सम्मान के साथ ग्रहण करता है तो भी सेवार्थी विभिन्न प्रकार से पेंश आते हैं। कुछ सेवार्थी अनुचित प्रतिक्रिया कर सकते हैं लेकिन केस कार्यकर्ता के पास ऐसी समस्यामूलक प्रतिक्रियाओं को संभालने की दक्षता होनी चाहिए।

अंतरण (Internal Movement)

किसी संबंध को क्रियात्मक रूप देने में सर्वाधिक पाए जाने वाले आभास को 'अंतरण' कहा जाता है। कोई भी भावना प्रधान संबंध हमारे अंदर ऐसी प्रत्यक्ष और अप्रत्यक्ष भावनाएं एवं मनोवृत्तियों को उत्पन्न करता है जो मूलत: उसमें से उत्पन्न होती हैं या पूर्व के किन्हीं महत्वपूर्ण संबंधों से अभी भी जुड़ी होती हैं। इन नए संबंधों में आने वाले अंतरण हमारे में से किसी को भी समझ में नहीं आते, क्योंकि हम या तो उनकी तरफ आकर्षित होते हैं अथवा दूसरों के अचेतन रूप से याद दिलाने वाले व्यक्तियों के द्वारा विकसित किए जाते हैं। आकर्षण या विकर्षण, उत्कंठा या आत्म-रक्षा, पसंद या नापसंद के ये परिवर्तनीय कारक एकाएक उत्पन्न होते हैं और ये किसी संबंध के आरंभ में या आगे चलकर किसी भी समय किसी बिन्दु पर प्रकट हो सकते हैं। केस कार्य में यदि सेवार्थी इन अंतरणीय कारकों में गहन रूप में फंसा हुआ नहीं है तो ये कोई विशेष समस्या उत्पन्न नहीं करते, क्योंकि वह व्यावसायिक सहायता प्रदानकर्ता से भिन्न केस कार्यकर्ता को अन्य प्रकार का कार्य करने वाले अन्य व्यक्ति के रूप में देखता है तथा प्रतिक्रिया करता है। जब सेवार्थी प्रत्यक्ष रूप से अत्यधिक या परेशानी भरी अनुचित प्रतिक्रिया करता है तो 'अंतरण' या 'अंतरण प्रतिक्रिया' होना कहा जाता है। हो सकता है कि अंतरण अत्यधिक संतोषजनक साक्षात्कार तथा निरंतर एवं अत्यधिक आनंददायक भावनाओं की यादों में निमग्न होने के बाद उत्पन्न हो तो सेवार्थी अचानक अत्यधिक कृतज्ञता या अनियंत्रित कुंठा का आवेश अनुभव करने लगता है और 'बच्चों की तरह' प्रतिक्रिया करता/करती है। अपनी समस्याओं के लिए कार्य में सहायता नहीं अपितु केस कार्यकर्ता का स्नेह चाहने वाला/वाली सेवार्थी सफाई देता/देती है कि, 'हम क्यों न ये सब अभ्यास की चीजें छोड़कर मित्र नहीं बन जाते' हो सकता है कि अंतरण बातचीत में बिल्कुल भी प्रकट न हो लेकिन केस कार्यकर्ता के प्रति एकाएक या उसके अनुकूल प्रतिक्रिया करने के द्वारा भी यह प्रकट हो सकता है। केस कार्यकर्ता की वास्तविक भूमिका और क्रियाओं के परिप्रेक्ष्य में उनकी प्रतिक्रियाओं की जांच करने में जब वे अपेक्षित नहीं होते तो उन्हें अंतरण प्रतिक्रिया माना जा सकता है। प्रकट हुए अंतरण को मानने, पहचानने और जब उत्पन्न होते हैं तो उन्हें संभालने की आवश्यकता होती है। लेकिन अंतरण में उत्तेजना को न्यूनतम रखने के लिए संबंध और समस्या समाधान कार्य को व्यवस्थित रखने का प्रयास किया जाना चाहिए। मुख्यत: केस कार्यकर्ता अंतरण के वेग को बढ़ाने से बचता है या दिशा, भूमिका और उद्देश्य की स्पष्टता को बनाए रखने के द्वारा एकाएक आविर्भाव को संभाल लेता है (पर्लमैन 1957)।

प्रति अंतरण-केस कार्यकर्ता भी एक इंसान है, जिसका अपने जीवन में संतुष्टि और कुंठा के संबंध में हिस्सा होता/होती है। उसकी भी 'संबंध प्रतिक्रियाएं' हो सकती हैं लेकिन उसके पास उन्हें व्यवस्थित करने की अपेक्षित दक्षता होनी चाहिए। कभी-कभी वह अनजाने में सेवार्थी के साथ अपने

संबंधों में कुछ सकारात्मक और नकारात्मक प्रतिक्रियाएं या संबद्धता की मजबूत भावनाएं संप्रेषित कर लेता/लेती हैं वो वास्तव में अनावश्यक होती है। इस चीज को प्रति अंतरण कहा जाता है। सेवार्थी के साथ किसी भी प्रकार का वैयक्तिक और विषयनिष्ठ रूप से शामिल होना प्रति अंतरण का एक हिस्सा हो सकता है। केस कार्यकर्ता को आपने अभ्यास के द्वारा वैयक्तिकता द्वारा पहचानना और इसे अभ्यास से अलग करना होगा तथा अपनी वैयक्तिक प्रतिक्रियाओं को नियंत्रित करना होगा। अन्यथा यह प्रति अंतरण साक्षात्कार प्रक्रिया की सुचारु क्रिया को बाधित कर सकता है और उसे भटका सकता है।

केस कार्य साक्षात्कार को संचालित करने वाले अंतरण और प्रति अंतरण को गतिशील कारकों को समझदारी और दक्षता के साथ संभालना चाहिए।

साक्षात्कार की विशिष्ट समस्याएं

साक्षात्कार प्रक्रिया के दौरान साक्षात्कारकर्ता और साक्षात्कारदाता दोनों के सामने कई बार ऐसी अनेक प्रकार की समस्याएं या पड़ाव आते हैं जो साक्षात्कार प्रक्रिया को रोक देते हैं या बाधित कर सकते हैं। इनमें से सर्वाधिक भौतिक और मनोवैज्ञानिक समस्याएं हैं जो कि प्रत्यक्ष और जटिल हैं। फिर भी, कई बार दोनों मिश्रित रूप से भी प्रकट हो सकती हैं। प्रभावी साक्षात्कार के लिए व्यक्ति को इन बाधाओं से सावधान रहना चाहिए तथा इनका उपाय करना चाहिए। साक्षात्कार की कुछ विशिष्ट समस्याएं यहां बताई जा रही हैं जो निम्नलिखित में से किसी भी कारक से जनित हो सकती हैं।

- पर्यावरणीय कारक।
- सामाजिक-सांस्कृतिक कारक।
- मनोवैज्ञानिक कारक।
- सेवार्थी/केस कार्यकर्ता से संबंधित कारक।

पर्यावरणीय कारक : भौतिक व्यवस्था और बैठने का प्रबंध

साक्षात्कार के आरंभ में उद्देश्य के अनुरूप ऐसी व्यवस्था, मनःस्थिति और गति बनानी होती है जो फलदायक वार्तालाप संचालित कर सके। कई बार भौतिक व्यवस्था और बैठने का प्रबंध बाधक बन सकते हैं। यदि सेवार्थी को अधिक दूर या अत्यधिक नजदीक बैठाया जाता है तो वह असहज हो सकता है। भौतिक व्यवस्था ऐसी होनी चाहिए जो आरामदायक हो और साक्षात्कारदाता को सहज होने में सहायता प्रदान करे। सेवार्थी और केस कार्यकर्ता को बगल में साथ-साथ नहीं बैठना चाहिए अपितु आमने-सामने बैठना चाहिए, ताकि दृष्टि संबंध कायम हो सके अन्यथा केस कार्यकर्ता चेहरे के सभी भावों को नहीं देख सकेगा। कुर्सियों पर बैठने का प्रबंध भी असुविधाजनक नहीं होना चाहिए, जिससे विकर्षण पैदा हो। अपर्याप्त रोशनी तथा अधिक गर्मी साक्षात्कारकर्ता के प्रति साक्षात्कारदाता के आरंभिक उत्तरों पर विपरीत प्रभाव डाल सकती है। साक्षात्कारदाता के वाचिक न होने पर गैर-मौखिक संप्रेषण में कोई भी रुकावट सेवार्थी को वार्तालाप के लिए अगम्य बना सकती है।

शोर

साक्षात्कार करने का स्थान किसी भी प्रकार की अशांति या विकर्षण से मुक्त होना चाहिए। शोर सेवार्थी और साक्षात्कारकर्ता दोनों के लिए विकर्षण पैदा कर सकता है और इसे न्यूनतम किया जाना चाहिए। साक्षात्कार के दौरान परिवेश शोर रहित होना चाहिए ताकि कुछ भी अनसुना न रह सके।

उदाहरण के लिए जैसे यदि साक्षात्कार में परिवहन के तीव्र शोर से अशांति होती है तो कार्यकर्ता सेवार्थी को अपनी बात पुनः कहने के लिए कहता है जिससे चिड़चिड़ापन हो सकता है और महत्वपूर्ण जानकारी छूट सकती है।

एकान्त की कमी और बार-बार होने वाली बाधाएं

एकांत का अभाव विशेषत: भारतीय संरचना में एक सामान्य बाधा है। प्राय: हर बार समग्र परिवार साक्षात्कार प्रक्रिया में भाग लेना चाहता है। यद्यपि एकान्त वांछनीय होता है लेकिन कुछ मामलों में जैसे साक्षात्कारकर्ता और साक्षात्कारदाता स्त्री व पुरुष हैं तो हो सकता है कि परिवार उन्हें एकांत में मिलने की अनुमति प्रदान न करें। बार-बार टेलीफोन आने और कमरे में अंदर-बाहर आने-जाने से ऐसा वातावरण बनाने में असफलता मिल सकती है, जिसमें सेवार्थी अपने गूढ़ विचार और भावनाएं खुलकर व्यक्त कर सके। फिर घर पर मिलने से भी संपूर्ण एकांत मिलना कठिन हो सकता है। सामाजिक-सांस्कृतिक कारको से जनित पूर्वाग्रह को बहुत बार साक्षात्कार में प्रवेश करने से रोकना बहुत बड़ा कार्य होता है। कई बार पारस्परिक वार्तालाप को वैयक्तिक पसंदों और नापसंदों, प्राथमिकताओं और झुकावों के प्रभावों से दूर रखना कठिन होता है। पूर्वाग्रह और पक्षपात पूर्व निर्धारित मान्यताओं के संदर्भ में एक ही प्रकार की सोच साक्षात्कारकर्ता तथा साक्षात्कारदाता के श्रेणीकरण की ओर ले जाते हैं।

सामाजिक-सांस्कृतिक भिन्नताएं

वर्ग, वर्ण, आयु, प्रथाएं, विश्वास और लैंगिक प्राथमिकताएं ऐसी कुछ महत्वपूर्ण सामाजिक सांस्कृतिक भिन्नताएं हैं जो कई बार साक्षात्कारकर्ता को साक्षात्कारदाता से अलग कर देती हैं। प्राय: हमारी प्रवृत्ति व्यक्ति को आयु, जाति, वर्ग या मानव जाति के द्वारा एक ही सांचे में ढालने की होती है। ये कारक बहुत बार कार्यकर्ता की सतर्कता के बावजूद साक्षात्कारकर्ता और साक्षात्कारदाता के संबंधों में प्रवेश कर जाते हैं।

सेवार्थी को समझने और उसकी समस्या के समाधान के लिए उसके सांस्कृतिक वातावरण का ज्ञान होना आवश्यक है। यदि साक्षात्कारकर्ता आयु, जाति, संस्कृति और वर्ग भिन्नताओं का ध्यान करते हुए अपने संप्रेषण स्वरूप में परिवर्तन करने में असफल रहता/रहती है तो साक्षात्कार प्रक्रिया पूरी तरह ठप हो जाएगी।

धार्मिक प्रतिबद्धताओं के कारण प्रभावित करने वाली जटिलताएं

धार्मिक भिन्नताओं से प्रभावित विशिष्ट विषयों को सुलझाने में अनेक समस्याएं आ सकती हैं। जैसे- एक मुसलमान केस कार्यकर्ता को हिन्दू महिला सेवार्थी के साथ लिंग भेद पर चर्चा करने में परेशानी हो सकती है।

वर्ग और हैसियत में भिन्नता

यदि साक्षात्कारकर्ता निचले वर्ग से है और वह उच्च हैसियत वाले व्यक्ति का साक्षात्कार लेता है तो समस्याएं पैदा हो सकती हैं। ऊंची हैसियत वाले व्यक्ति की समस्या है अप्राप्य हुए बिना उपयुक्त दूरी बनाए रखना। जबकि निम्न जाति के साक्षात्कारकर्ता की समस्या है अपने कार्य क्षेत्र में अपने ज्ञान और विशेषज्ञता का भरोसा दिलाना। भारतीय परिप्रेक्ष्य में एक उच्च हैसियत के सेवार्थी को निम्न जाति के साक्षात्कारकर्ता के साथ खुलकर बात करने में कठिनाई हो सकती है।

मनोवैज्ञानिक कारक

आयु, बुद्धि और मनोवृत्तियों में भिन्नताएं

यदि साक्षात्कार की सामग्री मुवक्किल की आयु के अनुरूप नहीं है तो उनके पारस्परिक संपर्क में विकृति आने की संभावना है। आयु में अंतर जैसे पहलू विशेषत: सेवार्थी साक्षात्कारकर्ता से अधिक

छोटा या बड़ा हो तो कई बार प्रभावी साक्षात्कार में बाधक बन सकते हैं। पीढ़ी के अंतराल में तो यह अवश्य ही होता है। साक्षात्कारकर्ता को अपनी भावनाओं के साथ विभिन्न आयु समूहों के साक्षात्कारदाताओं के साथ कार्य करते हुए विशेष समस्याएं हो सकती हैं।

पारस्परिक संपर्क सेवार्थी के बौद्धिक स्तर के अनुसार किया जाना चाहिए। साक्षात्कारकर्ता को सेवार्थी की मनोवृत्ति पर नियंत्रण रखना चाहिए। साक्षात्कार हमेशा सेवार्थी की भावनात्मक और बौद्धिकता के अनुकूल होना चाहिए। साक्षात्कार हमेशा सेवार्थी के स्तर पर आरंभ होना चाहिए तथा सेवार्थी की गति के अनुसार ही आगे बढ़ना चाहिए।

वैयक्तिक कमियों और व्यक्तित्व की जटिलताएं

एक इंसान होने के नाते साक्षात्कारकर्ता की व्यक्तित्व संबंधी समस्याएं तथा व्यक्तिगत कमियां हो सकती हैं। हो सकता है कि वह अंतर्मुखी हो या संकोची स्वभाव का हो। मुवक्किल और व्यक्ति की व्यक्तिगत जटिलताएं और सीमाएं भी बहुत बार बाधाएं बन सकती हैं।

मिथ्या भाषण एवं मनगढ़ंत बातें

साक्षात्कारदाता का मिथ्या भाषण और मनगढ़ंत बातें समाज कार्य साक्षात्कारकर्ता के लिए कठिन समस्या प्रस्तुत करती हैं। मिथ्या कारकों पर आधारित तथा जारी रहने वाले संबंधों (एक झूठ से अनेक झूठ उत्पन्न होते हैं) में भावनाओं का जटिल मिश्रण होता है, जिसमें से कोई भी सहज संप्रेषण प्रदान नहीं करता। सेवार्थी सम्मान और स्वीकृति प्राप्त करने के लिए झूठ बोलते हैं वे सामाजिक रूप से स्वीकार्य दिखावा प्रस्तुत करना चाहते हैं और अपूर्णता को छिपाना चाहते हैं। यदि आपको झूठ का संदेह है तो स्वयं से प्रश्न करें कि इस व्यवहार की तात्कालिकता क्या है या इसका उद्देश्य क्या है?

हमारी कोशिश ऐसे तरीके से कार्य करने की होनी चाहिए, जिससे सभी कारणों से मुवक्किल को मिथ्या भाषण से रोका जा सके।

नीरसता और कुंठा

एक जैसी आम समस्या के लिए बार-बार केस कार्य साक्षात्कार से उबाऊपन बढ़ता है और एक जैसी रुचि बनाए रखना कठिन हो जाता है। सेवार्थी भी एक जैसे अनेक कारकों वाले लम्बे और मुश्किल व बार-बार साक्षात्कारों को सुनते-सुनते ऊब जाते हैं और कुछ हद तक बेरुखे हो जाते हैं।

महत्वपूर्ण सूचना को छिपाना

सेवार्थी पीछे की महत्वपूर्ण सूचना को छिपाना चाहते हैं क्योंकि उनमें असुरक्षा की भावना होती है तथा वे सम्मान और स्वीकार्यता प्राप्त करना चाहते हैं। साक्षात्कारकर्ता द्वारा सेवार्थी को भरोसा दिलाना चाहिए तथा उन्हें अच्छा करने का आश्वासन प्रदान किया जाना चाहिए।

सहयोग न करने वाले सेवार्थी

केस कार्य पारस्परिक संपर्क के आरंभ में अनेक सेवार्थी अपनी समस्या बताने में कोई रुचि नहीं लेते और काफी देर तक चुप रहकर वे पारस्परिक संपर्क बनाने से बचना चाहते हैं। बहुत बार वे सहयोग करने से मना कर सकते हैं और साक्षात्कार प्रक्रिया को रोक सकते हैं।

वार्ता को गलत समझना

साक्षात्कार के दौरान प्रयुक्त भाषा सरल तथा सेवार्थी की समझ में आने वाली होनी चाहिए ताकि सेवार्थी साक्षात्कार के पारस्परिक संपर्क को गलत ढंग से न समझ सके।

सेवार्थी द्वारा परिवर्तन प्रतिक्रिया भी साक्षात्कार के सुचारु प्रवाह को रोक सकती है।

केस कार्यकर्ता से संबंधित बाधक कारक

- वंश, वर्ग, संस्कृति में अंतर को देखते हुए साक्षात्कार के स्वरूप में परिवर्तन करने की अयोग्यता।
- साक्षात्कारदाता पर रौब जमाने के लिए शोषण करने की स्थिति एवं शक्ति।
- सीमित ध्यान देना और सुनना।
- पूर्व ज्ञात पूर्वाग्रहों के आधार पर एक जैसी सोच तथा मुवक्किल का श्रेणीकरण।
- सेवार्थी की आवश्यकता के समक्ष अपनी आवश्यकता को प्राथमिकता देना।
- अभ्यास असफलता, सेवार्थी द्वारा उद्दंडता करने में आत्मनियंत्रण का अभाव, इंकार करना और अभद्र व्यवहार।
- तैयारी किए बिना साक्षात्कार करना।
- प्रक्रिया विवरणों की तरफ अधिक झुकाव की नौकरशाही वाला दृष्टिकोण तथा नियमों की कठोर व्याख्या करना। व्यक्तिवादी विचारधारा की अपेक्षा अभ्यास प्रधान दृष्टिकोण अपनाना।
- अत्यधिक सक्रियता या अत्यधिक निष्क्रियता।
- प्रति–परिवर्तन प्रतिक्रियाएं।

किसी भी प्रकार से यह एकमात्र सूची नहीं है। साक्षात्कार में सफलता इन समस्याओं पर नियंत्रण पाने के लिए सेवार्थी और केस कार्यकर्ता के संयुक्त प्रयत्नों पर निर्भर करती है।

12

सामाजिक वैयक्तिक सेवा कार्य में अभिलेखन

(Recording in Social Case Work)

केस रिकॉर्ड करना : संकल्पना

साक्षात्कार प्रक्रिया समाप्त होने के बाद केस कार्यकर्ता का दायित्व है कि वह साक्षात्कार का रिकॉर्ड तैयार करे। इसमें साक्षात्कार की भाषा को रिकॉर्ड की भाषा में अनुवाद करना पड़ता है (फाइल, फॉर्म, कम्प्यूटर)।

कदुसिन के अनुसार, रिकॉर्ड तैयार करने को भी साक्षात्कार प्रक्रिया के एक भाग के रूप में देखा जा सकता है। रिकॉर्ड करने के कार्य के माध्यम से साक्षात्कार समाप्त होने के बाद भी साक्षात्कारकर्ता के मस्तिष्क में साक्षात्कार जारी रहता है। यह मुलाकात की सजीव अनुव्याप्ति है। इसके बाद साक्षात्कारकर्ता को यह निर्धारित करना आवश्यक होता है कि साक्षात्कार का कौन-सा पक्ष या हिस्सा अधिक महत्वपूर्ण था। उसे क्रमशः कुछ-कुछ अव्यवस्थित अनुभव को व्यवस्थित करना होता है।

केस रिकॉर्ड क्या है?

रिकॉर्ड का शाब्दिक अर्थ है 'किसी कारक या कार्रवाई का औपचारिक लिखित रूप' और जब क्रिया के रूप में इसका प्रयोग किया जाता है तो इसका अर्थ है 'लिखित रूप या स्थाई रूप प्रदान करना।'

इस प्रकार हम कह सकते हैं कि केस रिकॉर्ड केस कार्य की कार्रवाई का लिखित लेखा-जोखा है।

फिर भी, ऊपर लिखित कथन से किसी को यह निष्कर्ष नहीं निकाल लेना चाहिए कि केस रिकॉर्ड एक आसान, सामान्य और साधारण कार्य है, अपितु इसके विपरीत यह उच्च दक्षता वाला और जटिल कार्य है। रिकॉर्ड करना केस कार्य प्रक्रिया का एक महत्वपूर्ण और अभिन्न भाग या अंग है तथा यह केस कार्य का परिणाम (उत्पाद) भी है। रिकॉर्ड तैयार करने का महत्व प्रक्रिया तथा उत्पाद दोनों के रूप में होता है।

केस कार्यकर्ता बनने की योजना बनाने वाले किसी भी व्यक्ति के लिए रिकॉर्ड करने की कला का विकास करने और उसमें दक्ष या कुशल होने के लिए अत्यधिक परिश्रम करना अनिवार्य है। यह इसलिए आवश्यक है न केवल कि केस रिकॉर्ड करना अच्छे केस कार्य का एक आवश्यक भाग है और सामाजिक उपचार की बढ़ती जटिलताओं में अधिक महत्वपूर्ण बनता जा रहा है अपितु इसलिए

भी आवश्यक है कि सौभाग्य या दुर्भाग्य से रिकॉर्ड केस कार्यकर्ताओं की योग्यता की एक महत्वपूर्ण सूची के रूप में भी प्रयोग किया जाता है।

एक प्रश्न प्राय: पूछा जाता है कि हमें रिकॉर्ड करने की क्या आवश्यकता है ? क्या उनसे वास्तव में कोई उद्देश्य पूरा होता है? केस रिकॉर्डों का महत्व उनके कार्यों और उनके द्वारा पूरे किए जाने वाले उद्देश्यों से आंका जा सकता है।

रिकॉर्ड करने का उद्देश्य

विशेषज्ञों के अनुसार समाज केस कार्य में रिकॉर्ड करने के निम्नलिखित उद्देश्य हैं :

- यह अभ्यास में सहायता प्रदान करता है।
- यह प्रशासन में सहायता प्रदान करता है।
- यह शिक्षण और पर्यवेक्षण में सहायता प्रदान करता है।
- यह अनुसंधान में सहायता प्रदान करता है।

अभ्यास में सहायता करना

रिकॉर्ड ने समाज केस कार्य के अभ्यास में सुधार किया है और अब यह अच्छी तरह स्वीकृत हो गया है और इस क्षेत्र में व्यक्ति का कौशल विकसित करने का एक महत्वपूर्ण साधन माना जाता है। रिकॉर्ड निदान और उपचार में सहायता करते हैं। यह केस कार्यकर्ता को स्वयं का विश्लेषण करने योग्य बनाता है और उसके अभ्यास में सुधार करते हैं। इस प्रकार रिकॉर्डिंग प्रभावशाली साक्षात्कार एवं अन्त:क्षेप को सक्षम बनाती है। चूंकि केस कार्यकर्ता संग्रहीत सूचनाओं को व्यवस्थित संरचनात्मक स्वरूप प्रदान करता है इसलिए विश्लेषण और समालोचनात्मक विचार करना आसान हो जाता है। केस रिकॉर्ड याद्दाश्त को ताजा बनाने के लिए विशेषत: जब केस काफी दीर्घावधि तक चलते हैं और केस कार्यकर्ता विवरण से भटक सकता है तो उसमें विवरण की याददाश्त को बनाए रखने के लिए भी आवश्यक है। वे अगले साक्षात्कार के लिए अच्छी योजना बनाने में कार्यकर्ता को सक्षम बनाते हैं तथा पिछली भूलों को सुधारने के अवसर प्रदान करते हैं। यह ज्ञान जब नए कार्यकर्ता तक पहुंचता है तो सुनिश्चित हो जाता है कि वही भूलें फिर से दोहराई नहीं जातीं।

प्रशासन में सहायता करना

रिकॉर्ड प्रशासन के महत्वपूर्ण साधन के रूप में प्रयोग भी किए जाते हैं। उनका नीतियों और अभ्यासों को ठीक करने में निर्देशिका के रूप में भी प्रयोग किया जाता है। फिर ये केस समस्या की योग्यता की अंतर्दृष्टि प्रदान करते हैं और यदि केस कार्यकर्ता स्थानान्तरित हो जाता है या त्यागपत्र दे देता है तो रिकॉर्ड निरंतरता सुनिश्चित करते हैं। ये एजेंसी की न केवल केस कार्यकर्ता का मूल्यांकन करने में सहायता करते हैं अपितु विद्यमान और साथ ही भावी सेवाओं के पुनर्मूल्यांकन में भी सहायता प्रदान करते हैं। विशिष्ट सेवाओं के लिए सेवार्थी को एक एजेंसी से दूसरी एजेंसी में जाने में भी रिकॉर्ड महत्वपूर्ण होते हैं क्योंकि इससे निरंतरता बनी रहती है। फिर ये विभिन्न एजेंसियों के बीच सूचनाओं के आदान-प्रदान में भी सहायता प्रदान करते हैं।

शिक्षण और पर्यवेक्षण में सहायता करना

शिक्षण और पर्यवेक्षण के रूप में रिकॉर्ड एक अनिवार्य साधन है। रिकॉर्ड शिक्षण और पर्यवेक्षण में इस प्रकर सहायता करते हैं कि वे समाज कार्य के ज्ञान में वृद्धि करते हैं और इस ज्ञान को संप्रेषणीय (संचरणीय) बनाते हैं। ये छात्रों को सूचना और टिप्पणियों, चिंतन और कार्यों को व्यवस्थित रूप से संगठित करने और प्रस्तुत करने का अवसर प्रदान करते हैं। ये किसी पारस्परिक संपर्क में किसी व्यक्ति की भूमिका और प्रतिक्रियाओं के बारे में चिंतन करने के लिए भी उपयोगी हैं। रिकॉर्ड में

पर्यवेक्षण और मूल्यांकन को साधन के रूप में प्रयोग किया जाता है जिनके द्वारा शिक्षक व अध्यापक छात्रों को इनके माध्यम से विवरण की समीक्षा और व्याख्या करने तथा अपने निजी विचार अभिव्यक्त करने के लिए प्रोत्साहित कर सकता है। पर्यवेक्षण रिकॉर्ड करने की बेहतर दक्षता समाहित करता है और इसके फलस्वरूप बेहतर केस कार्य को प्रोत्साहित करता है। यह छात्रों को व्यवस्थित प्रशिक्षण प्रदान करने और अभ्यास से अवगत कराने में महत्वपूर्ण साधन के रूप में प्रयोग किया जा सकता है।

अनुसंधान में सहायता करना

रिकॉर्डों का सामाजिक अनुसंधान और योजना निर्माण के रूप में प्रयोग किया जा सकता है। ये सामाजिक कार्यपद्धति और केस कार्य को प्रभावशीलता जैसे महत्वपूर्ण विषयों पर किए गए अनुसंधान की सामग्री का मुख्य स्रोत है। रिकॉर्डों में समाज कार्यकर्ताओं का मिश्रित अनुभव निहित होता है जिसे सांख्यिकीय रूप में अनुमोदित किया जा सकता है जिसके द्वारा सामाजिक समस्याओं, का समाधान ढूंढने में सहायता मिलती है।

केस कार्य में रिकॉर्ड बनाने का उद्देश्य

- निदान और उपचार में सहायता करता है।
- अधिक प्रभावशाली साक्षात्कार और अन्तःक्षेप में सक्षम बनाता है।
- केस कार्य अभ्यास में विश्लेषणात्मक चिंतन और सुधार में योगदान प्रदान करता है।
- सूचनाओं को व्यवस्थित करने और संरचना करने में उपयोगी होता है तथा क्रमिक विचार करने में सहायता करता है।
- कार्यकर्ता की याददाश्त को पुनः ताजा करता है तथा पूर्ण प्रभावी समझ को बढ़ाता है।
- परवर्ती साक्षात्कार की बेहतर योजना बनाने में समर्थ बनाता है।
- पिछली गलतियों/भूलों को सुधारने में एवं नए कार्यकर्ता के मार्गदर्शन में उपयोगी।

प्रशासन में उपयोगिता

- नीतियों में सुधार करने के लिए निर्देशिका के रूप में उपयोगी।
- यदि कोई केस कार्यकर्ता केस को बीच में छोड़ता है तो निरंतरता सुनिश्चित करता है।
- केस कार्यकर्ता की योग्यता का अनुमान लगाया जा सकता है।
- भावी संदर्भों के लिए उपयोगी।
- एजेंसी के मूल्यांकन में उपयोगी।
- एजेंसियों के बीच सूचनाओं के आदान-प्रदान में सहायक शिक्षण और पर्यवेक्षण में सहायता करना।

शिक्षण और पर्यवेक्षण में सहायता

- छात्रों के प्रशिक्षण और पर्यवेक्षण में सहायता करता है।
- समाज कार्य ज्ञान में वृद्धि जिससे यह संप्रेक्षणीय बनता है।
- छात्रों को विश्लेषणात्मक और व्याख्यात्मक दक्षता के विकास में सक्षम बनाता है।
- छात्रों को अभ्यास से अवगत कराने की आसान पद्धति है।
- सामाजिक अनुसंधान और योजना बनाने में उपयोगी।
- इसमें मिश्रित अनुभव निहित होते हैं।
- सामाजिक समस्याओं पर सांख्यिकीय आंकड़े प्रदान करने में सहायता कर सकता है।

रिकॉर्ड करने के प्रकार

केस कार्य रिकॉर्ड करने पर उपलब्ध साहित्य से उनके प्रकारों के आधार पर कोई स्पष्ट वर्गीकरण उपलब्ध नहीं है। फिर भी हमारी जानकारी के लिए हम रिकॉर्ड करने के निम्नलिखित वर्गीकरण दे सकते हैं : (क) प्रक्रिया, (ख) सारांश, (ग) शाब्दिक, (घ) गैर-शाब्दिक।

प्रक्रिया रिकॉर्ड करना

प्रक्रिया रिकॉर्ड करना रिकॉर्ड करने का एक रूप है जो केस कार्यकर्ता द्वारा प्राय: प्रयोग किया जाता है। इस प्रकार के रिकॉर्ड करने में साक्षात्कार प्रक्रिया में प्रकट कारकों की अपेक्षाकृत विस्तृत रिपोर्ट पर्याप्त व्याख्या के साथ बनाई जाती है। इसमें चर्चित विभिन्न विषयों को क्रमवार रखा जाता है। इसमें कार्यकर्ता और सेवार्थी के बीच हुई चर्चा ही शामिल नहीं होती अपितु सेवार्थी की मन:स्थिति में होने वाले परिवर्तन तथा प्रतिक्रिया को भी शामिल किया जाता है। इसमें साक्षात्कार तथा अवलोकन टिप्पणी साथ-साथ की जाती है। यह शाब्दिक या गैर-शाब्दिक पुनरुत्पादन हो सकता है।

सारांश रिकॉर्ड करना

कारकों को व्यवस्थित और विश्लेषित करने के लिए सारांश एक अच्छा साधन है। सारांश में एकत्रित सामग्री का अर्थ और संबंधित महत्व का वर्णन किया जाता है। उपयुक्त अंतराल पर सावधानी से तैयार किया गया सारांश अत्यधिक सामग्री को कम कर देता है, दिशा को स्पष्ट करता है तथा कार्यकर्ता का समय बचाता है। सामान्यत: सारांश को रिकॉर्ड में पहले से स्थित सामग्री की समीक्षा या सारकथन के रूप में माना जाता है। इसे या तो विषयवार अथवा किए गए गहन क्रमिक वर्णन के अनुसार व्यवस्थित किया जा सकता है।

श्रीमती शेफील्ड ने समाज केस कार्य रिकॉर्ड में सारांश को इस प्रकार परिभाषित किया है कि 'यह सेवार्थी के इतिहास में पहले से रिकॉर्ड किए गए महत्वपूर्ण कारकों का सारांश है।' सारांश नैदानिक सारांश, आवधिक सारांश या समापन सारांश हो सकता है।

समापन सारांश केस को समाप्त करने के समय बनाया गया सारांश होता है। यह केस समाप्त करने वाले कार्यकर्ता द्वारा सर्वाधिक प्रभावशाली ढंग से लिखा जाना चाहिए।

आवधिक सारांश पहले रिकॉर्ड की गई सामग्री का साधारण सारांश होता है और लगभग नियमित अंतराल या पारिवारिक वृत्तांत में लगभग एक निश्चित कड़ी की समाप्ति के बाद तैयार किया जाता है।

शाब्दिक रिकॉर्ड करना

यह व्यक्ति की अपनी वार्ता के विवरण का पुन: प्रस्तुतीकरण है। यह केस कार्य में सच्चाई और उद्देश्य के कारण प्राय: प्रयोग किया जाता है। फिर भी इसे सूचना का प्रक्रियात्मक प्रस्तुतीकरण नहीं बनाना चाहिए क्योंकि कला के रूप में कार्यकर्ता में सामग्री के बौद्धिक चयन और पुन: व्यवस्थित करने की आवश्यकता होती है। कार्यकर्ता के प्रशिक्षण के भाग के रूप में उद्देश्य का विकास करने के लिए शाब्दिक रिकॉर्ड मूल्यवान हो सकता है।

गैर-शाब्दिक/वर्णनात्मक रिकॉर्ड करना

वर्णनात्मक रिकॉर्ड करने की एक शैली रही है और आज भी है। यह शैली समाचार-पत्रों और पत्रिकाओं में पाई जाती है। इसी तरीके से हम दिन भर की घटनाओं की चर्चा करते हैं, पत्र लिखते हैं और अपनी डायरी लिखते हैं। रिकॉर्ड तैयार करने के वर्णनात्मक रूप को व्यावहारिक सहायता प्रदान करने, घटनाओं और सर्वाधिक सहवर्ती से मुलाकातों या सम्मेलनों का विवरण देने के लिए पसंद किया जाता है। यह स्वयं प्रक्रिया का और संबंधों के विशिष्ट महत्व के प्रयोग करने की

घटनाओं को छोड़कर सभी अवसरों पर साक्षात्कार की सभी विषय सामग्रियों के लिए प्रयोग किया जा सकता है।

रिकॉर्ड करने के नियम

हम कैसा रिकॉर्ड करना चाहते हैं विशेषत: अभ्यास की आरंभिक अवस्थाओं में, इसके कुछ निश्चित नियम और पक्की प्रक्रियाएं हैं जो केस रिकॉर्ड लिखने में हमारा मार्गदर्शन कर सकती हैं। फिर भी आदर्श रिकॉर्ड जैसी कोई चीज नहीं है। रिकॉर्ड एक लचीला दस्तावेज होता है, जिसे केस की आवश्यकता के अनुसार ढाल लेना चाहिए।

प्रत्येक केस भिन्न होता है, प्राप्त रेकार्ड में अनेक भिन्नताएं होती हैं और इस प्रकार रिकॉर्ड करने का कार्य किसी रूपरेखा पर नहीं अपितु कुछ अंगभूत प्रक्रियाओं की दक्षता में निहित होता है। अच्छे केस रिकॉर्ड के लिए आगे कुछ विशेषताओं का वर्णन किया जा रहा है, जिन्हें देखकर हम उसके फायदों का निर्णय कर सकते हैं। इन्हें केस कार्य का रिकॉर्ड करने के नियम कहा जा सकता है, जो रिकॉर्ड करने में मार्गदर्शक के रूप में कार्य करते हैं।

1. रिकॉर्ड करने में शुद्धता, उद्देश्य, सरलता, स्पष्टता और संक्षिप्तता का ध्यान रखा जाना चाहिए।
2. कारकों और उनकी व्याख्याओं में स्पष्ट अंतर होना चाहिए क्योंकि इससे उद्देश्य का पता लगता है। निष्कर्ष पाठक के निर्णय को प्रभावित करने की कोशिश किए बिना निष्पक्ष ढंग से प्रस्तुत किए जाने चाहिए (जैसे पति और पत्नी के बीच होने वाले बार-बार संघर्ष की केस कार्यकर्ता यह व्याख्या कर सकता है कि पत्नी अपने पति को पसंद नहीं करती या उससे घृणा करती है)।
3. रिकॉर्ड व्यवस्था क्रमिक होनी चाहिए और यह तब तक संभव नहीं है, जब तक लेखक शामिल की जाने वाली सामग्री के बारे में पहले से विचार नहीं करता। इसके बाद सामग्री को युक्तिसंगत क्रम में रखना चाहिए।
4. विस्तृत रिकॉर्ड करना अच्छा होता है यह आवश्यक नहीं। रिकॉर्ड न तो अधिक विस्तृत हो और न अधिक छोटा होना चाहिए।
5. केस कार्य रिकॉर्डों का अर्थ यह नहीं है कि वे साहित्यिक कलाकृति हों। इसलिए वे सरल भाषा और सरल शैली में होने चाहिए।
6. कई बार शाब्दिक कथन के अनुसार स्थिति का चित्रण करना वर्णनात्मक लेखन से अधिक अच्छा होता है। इसलिए मुवक्किलों की प्रतिक्रियाओं को यथासंभव उनकी भाषा में ही लिखना चाहिए।
7. टिप्पणियों के रूप में कुछ हद तक एकरूपता और स्तरीकरण होना चाहिए।
8. रिकॉर्ड पढ़ने और देखने में अच्छा होना चाहिए तथा सामग्री की प्रस्तुति स्पष्ट तथा संक्षिप्त होनी चाहिए (सामग्री को विषयों के शीर्षक जैसे साक्षात्कार, घर पर मिलना, साथियों से संपर्क के रूप में व्यवस्थित किया जा सकता है। पत्रों, चिकित्सा रिपोर्टों आदि को उपयुक्त स्थान में फाइल में लगा देना चाहिए)।
9. स्पष्टता और शुद्धता बनाए रखने के लिए अस्पष्ट, संदिग्ध तथा पाठकों द्वारा गलत अर्थ निकाले जा सकने वाले शब्दों से बचना चाहिए (जैसे मध्य, आयु, शायद आदि) टिप्पणियां साक्षात्कार की समाप्ति के बाद यथासंभव तुरंत कर लेनी चाहिए। यदि साक्षात्कार के बीच में किया जाता है तो प्रक्रिया में न केवल कार्यकर्ता की समुचित भागीदारी बाधित होगी अपितु सेवार्थी को भी लगेगा कि कार्यकर्ता उसकी तरफ पूरा ध्यान नहीं दे रहा है।
10. हमेशा यह स्पष्ट कर लेना चाहिए कि स्थिति में कौन-कौन शामिल हैं, वे किसको प्रभावित करते हैं तथा सूचना का स्रोत क्या है?
11. प्रत्येक महत्वपूर्ण विषय या स्थिति का विवरण दिया जाना चाहिए।

12. आत्म-पुष्ट कारकों, महत्वहीन कारकों, परिचित कारकों और दोहराए गए कारकों का रिकॉर्ड नहीं करना चाहिए।

अन्य रिकॉर्ड में प्रस्तुत समस्या या सहायता के की स्थिति के बारे में कार्यकर्ता क्या सोचता है, कार्यकर्ता और मुवक्किल इसके बारे में क्या जानते हैं। कौन-कौन से पारिवारिक समूह और सामुदायिक कारक इसमें शामिल हैं, निष्कर्ष से क्या परिवर्तन या गति आई है कि स्पष्ट प्रकृति प्रकट होनी चाहिए।

केस कार्य रिकॉर्ड करने के मार्गदर्शी नियम

रिकॉर्ड एक परिवर्तनशील और लचीला दस्तावेज होता हैं। अतः इसके लिए कोई पक्के और कठोर नियम निर्धारित नहीं किए जा सकते। केस कार्य रिकॉर्ड में सोच की क्रमिक प्रस्तुति होनी चाहिए, जो प्रक्रिया में लचीलापन प्रयोग करके, सारांश बनाकर और संक्षिप्त रिकॉर्ड करके की जा सकती है ताकि कार्यकर्ता को अपने अभ्यास में रिकॉर्ड की गई सामग्री सकारात्मक सहायता प्रदान कर सके।

निम्नलिखित मार्गदर्शी निर्देशों को देखा जा सकता है :

फील्ड कार्य की डायरी रखना

जब आप बाहर होते हैं तो अपने साथ एक फील्ड कार्य डायरी रखनी चाहिए। इस डायरी में दिन भर होने वाली घटनाओं और कार्यों को लिखा जा सकता है। इसमें ऐसी चीजें लिखी जा सकती हैं, जैसे- नाम, पते, तिथियां तथा मुवक्किल और उसके साथियों के साथ साक्षात्कार के विवरण, अध्ययन, निष्कर्ष तथा कोई अन्य संबंधित सूचना आदि। इस मिश्रित विवरण से आप औपचारिक केस रिकॉर्ड में उपलब्ध सूचना को व्यवस्थित रूप से प्रस्तुत कर सकते हैं। दैनिक प्रक्रिया रिकॉर्ड में निम्नलिखित चीजें हो सकती हैं :

(क) साक्षात्कार का आयोजन कीजिए, पूछे गए उन प्रश्नों को वर्णनात्मक शैली में लिखिए, जिनका उत्तर दिया जाना है। दूसरे शब्दों में जैसे साक्षात्कार हुआ है, उसके बारे में लिखिए। देखे गए कारकों का उपर्युक्त रूप से रिकॉर्ड तैयार करना चाहिए, जैसे आचरण/व्यवहार, अभिव्यक्तियां, भाव भंगिमाएं, संकोच, चुप्पी, प्रतिरोध, दुःख, भावनाएं, अभिव्यक्ति, उत्तर देने से मना करना, कुछ प्रश्न आदि का विवरण। रिकॉर्ड में सेवार्थी की महत्वपूर्ण प्रतिक्रियाओं को भी शामिल किया जाना चाहिए। जैसे, मनःस्थिति और उत्तरों में परिवर्तन, शारीरिक भाषा, परिवर्तन द्वारा संकोच किए जाने वाले विषय या चर्चा में कठिनाई आना।

(ख) पर्यावरणीय कारकों, घर पर मुलाकात सहित आसपास के अन्य साथियों के साथ संबंधों या अन्य स्त्रोतों के बारे में अतिरिक्त सूचनाओं का वर्णन किया जा सकता है। पत्र या ऐसे ही अन्य दस्तावेज संलग्न किए जा सकते हैं। रिपोर्ट के अंत में आपको अपने निष्कर्ष एवं व्याख्या भी देनी चाहिए। आपको घटनाओं और प्रसंगों से निकाले गए परिणामों के अर्थ और उसके कारणों का भी वर्णन करना चाहिए। अंत में आपको अगली मुलाकात या प्रस्तावित अगले कदम की योजनाओं की रूपरेखा दूसरे शब्दों में केस-विशेष से संबंधित अपनी भावी योजना का उल्लेख करना चाहिए। इसमें निम्नलिखित को शामिल किया जा सकता है :

1. अगले साक्षात्कार में शामिल किए जाने वाले क्षेत्र
2. किन-किन सहकर्मियों से संपर्क करना है
3. अगली मुलाकात के लिए प्राप्त की जाने वाली सूचना।

विवरण प्राप्त करना और व्यवस्थित करना

विवरण एकत्रित करने के लिए केस कार्यकर्ता निम्नलिखित साधनों और उपकरणों का प्रयोग कर सकता है :

1. फेस सीट/इनटेक सीट
2. इको मैप
3. जेनोग्राम

फेस सीट/इनटेक सीट

कुछ लोग इसे फेस सीट या इनटेक-सीट कहते हैं जिसे प्राय: केस कार्य प्रक्रिया के आरंभिक चरण में भरा जाता है। अधिकांश समाज कार्य एजेंसियां कमोबेश एक मानक प्रारूप रखती हैं जिसमें कार्यकर्ता द्वारा पहचान का विवरण जैसे नाम, आयु, अभ्यास, पारिवारिक विवरण ऐसी अन्य सूचनाएं भरने के लिए खाली स्थान होता है। फेस सीट का उद्देश्य किसी केस विशेष वाले स्थाई चरित्र के मुवक्किल के उद्देश्यपूर्ण सामाजिक कारकों या स्थिति को सहज स्वरूप प्रदान करना है।

जेनोग्राम (चित्रीय प्रस्तुति)

परिवार का जेनोग्राम परिवार रूपी वृक्ष की चित्रीय प्रस्तुति होती है। यह महत्वपूर्ण घटनाओं के क्रमिक विवरण के साथ सदस्यों की चित्रशैली में प्रस्तुति होती है। यह व्यक्ति की मनोवैज्ञानिक विशेषताएं या परिवार के पारस्परिक स्वरूप का मूल्यांकन करने में सहायता करता है। केस कार्यकर्ता सूचनाएं व्यवस्थित करते समय उद्देश्य के अनुसार इसे संक्षिप्त या विस्तृत कर सकता है।

इको मैप (चित्र शैली में प्रदर्शन)

यद्यपि पारिवारिक अनुभव बहुत महत्वपूर्ण होते हैं तो भी लोगों पर अपने समाज का काफी प्रभाव पड़ता है। हमारी रिकॉर्ड इस सामाजिक संदर्भ के चित्रण के अभाव में अधूरी रहेगी। इस उद्देश्य की पूर्ति के लिए इको मैप प्रभावशाली साधन है।

हर्टमैन (1978) के अनुसार, इको मैप सामाजिक परिवेश के चित्रण में अत्यधिक उपयोगी साधन है क्योंकि यह व्यक्ति की सामाजिक दुनिया को चित्रशैली में प्रदर्शित करता है।

इको मैप व्यक्ति, परिवार या प्रसंगाधीन परिवार के बारे में दृष्टिकोण प्रस्तुत करने के साथ-साथ प्राथमिक सामाजिक व्यवस्था (अर्थात् परिवार का संपूर्ण घर-परिवार) के सदस्यों के और बाहरी दुनिया के संबंधों में बढ़ावा देने और कमी करने वाले कारकों की तुरंत पहचान भी करता है। इको मैप की चित्रशैली सामाजिक शक्ति और कमियों को उजागर करती है तथा संघर्ष और सामंजस्य के क्षेत्रों की पहचान भी करती है। यह प्राय: परिवर्तन किए जाने वाले क्षेत्रों का भी संकेत प्रदान करती है। इको मैप जेनोग्राम का स्वाभाविक अनुबंध है।

अच्छे रिकॉर्ड के सिद्धांत

अभिलेखों का उद्देश्य समस्या से संबंधित तथ्यों को समझना, निदान करना तथा उपचार में सहायता करना है। अत: स्थितियों का स्पष्ट निरूपण होना चाहिए इस संबंध में निम्न विवरण प्रस्तुत किये जाने चाहिए :

1. *समस्या का स्पष्ट निरूपण :* सेवार्थी की क्या समस्या है, किस प्रकार की समस्या है, प्रमुख समस्या क्या है तथा उससे संबंधित कौन-कौन सी समस्याएं हैं आदि का सही चित्रण होना चाहिए।

2. *सेवार्थी की भावनाओं तथा विचारों का स्पष्टीकरण :* समस्या के सन्दर्भ में सेवार्थी क्या सोचता है, समस्या को किस प्रकार विश्लेषित करता है, समस्या के कारण क्या समझता है, समस्या में अपने को कितना दोषी पाता है, अपनी क्षमताओं तथा अक्षमताओं को किस प्रकार आंकता है, आदि का स्पष्ट लेखन होना चाहिए।

3. *सहायता प्राप्ति का अनुभव :* सेवार्थी समस्या को लेकर कहां-कहां गया है तथा किस प्रकार की सहायता प्राप्त की है, सहायता से संबंधित सेवार्थी का मूल्यांकन क्या है, सहायता से स्थिति में क्या परिवर्तन अथवा विघटन आया है, वर्तमान स्थिति में अपने पूर्व अनुभव को किस प्रकार उपयोग में ला रहा है, आदि का वर्णन होना चाहिए।

4. *कार्यकर्ता का समस्या के प्रति स्पष्ट दृष्टिकोण :* जिस प्रकार सेवार्थी का समस्या के प्रति दृष्टिकोण का ज्ञान महत्वपूर्ण है, उसी प्रकार कार्यकर्ता का भी दृष्टिकोण महत्वपूर्ण स्थान रखता है। वह समस्या का क्या रूप समझता है, कारण कौन से हैं, संबंध में कौन आते हैं, समस्या का समाधान किन-किन विधियों से सम्भव है, सेवार्थी का व्यक्तित्व तथा उसका मूल्यांकन के प्रति दृष्टिकोण अभिलेखन में महत्वपूर्ण स्थान रखता है।

5. *समस्या समाधान के लिए कार्यकर्ता तथा सेवार्थी द्वारा किए गए प्रयासों का स्पष्ट चित्रण :* जिस समय से सेवार्थी अभिकरण में आता है, कार्यकर्ता तथा सेवार्थी दोनों की भूमिकाएं प्रारम्भ हो जाती हैं। सेवार्थी द्वारा सहायता कार्य में कितना सहयोग मिल रहा है, सहयोग करने की कितनी इच्छा एवं शक्ति है, कार्यकर्ता के विचारों से उसकी कितनी स्वीकृती या अस्वीकृती है, किन-किन साधनों का उपयोग करने के लिए वह इच्छुक है आदि लिखा होना चाहिए। कार्यकर्ता जो सुविधाएं देता है, व्यवस्था करता है, सलाह देता है, सुझाव रखता है, व्यवहार को किस प्रकार निर्देशित करता है आदि लिखा जाना चाहिए।

6. *समस्या का परिवार, समूह तथा समुदाय से संबंध :* परिवार के सदस्य किस प्रकार समस्या से संबंधित हैं, सदस्यों की समस्या उत्पन्न करने में क्या भूमिका रही है तथा वे किस प्रकार समाधान में सहायक हो सकते हैं, परिवार की स्थिति कैसी है तथा उसकी सामाजिक, मनोवैज्ञानिक, आर्थिक, सांवेगिक आदि स्थिति कैसी है आदि लिखा होना चाहिए। अन्य समूह जैसे पड़ोस, खेल समूह, कार्य समूह आदि का उससे क्या संबंध है तथा वे किस प्रकार सहायता कर सकते हैं? समस्या व्यक्तिगत है अथवा सामूहिक या सामुदायिक यह भी लिखते हैं।

7. *सेवार्थी में परिवर्तन :* वैयक्तिक सेवा कार्य द्वारा सेवार्थी की समस्या कहां तक सुलझी है, आवश्यकता की कहां तक पूर्ति हुई है, सेवार्थी ने कहां तक संतोष प्राप्त किया है, समायोजन किस स्तर का हो पाया है, अचेतन, सम्प्रेरणा ने उद्‌देश्य को कहां तक प्रभावित किया है, सेवार्थी की भावनाओं, इच्छाओं तथा व्यवहार के ढंगों में कितना परिवर्तन आया है आदि का वर्णन होना चाहिए।

8. *व्यक्तित्व का पूर्ण विवरण :* व्यक्तित्व के अन्तर्गत सेवार्थी का शारीरिक ढांचा, व्यवहार के तरीके, रुचियां, मनोवृत्तियां, सामर्थ्य, योग्यताएं, अभिरुचियां आदि सम्मिलित होती हैं। अभिलेखन में इन सभी विशेषताओं का उल्लेख समस्या निदान एवं उपचार में सहयोग प्रदान करता है।

9. *सूचना का स्रोत :* सूचना के स्रोत का अपना विशेष महत्व है। अतः जो सूचनाएं जिस व्यक्ति अथवा स्रोत से प्राप्त हों उनको लिखना चाहिए। ऐसा करने से वास्तविकता के निकट कार्यकर्ता पहुंचता है।

10. *बातचीत तथा उत्तर-प्रत्युत्तर का ढंग :* सेवार्थी किस प्रकार अभिकरण में आकर बातचीत प्रारम्भ करता है, किस प्रकार प्रश्नों के उत्तर देता है, किस प्रकार व्यावहारिक प्रतिक्रिया करता है आदि लिखते हैं।

11. *संबंध का स्वरूप :* सेवार्थी का कार्यकर्ता, संस्था, परिवार के सदस्यों तथा अन्य संबंधित व्यक्तियों से संबंध का क्या स्तर है, इसे भी लिखते हैं।

12. *अचेतन सम्प्रेरणाएं तथा चेतन का स्तर :* अचेतन इच्छाएं कौन-कौन सी हैं और वे किस प्रकार प्रभाव डाल रही हैं, सेवार्थी में कितनी सजगता जाग्रत हो रही हैं, आदि लिखते हैं।

13. *गोपनीयता :* अभिलेखों को गोपनीय रखना चाहिए, तभी सेवार्थी अपनी सही स्थिति बताता है अन्यथा वह तथ्यों को तोड़-मरोड़ कर रखेगा।

अभिलेख की विषयवस्तु

सामाजिक वैयक्तिक सेवा कार्य की सम्पूर्ण प्रक्रिया तथ्य संकलन, निदान तथा उपचार से संबंधित होती है। वैयक्तिक कार्यकर्ता का उद्देश्य सेवार्थी की समस्या, संबंधों, तथ्यों का संकलन तथा निदान करना होता है। वह अपनी सेवा द्वारा किस प्रकार सहायता करता है यह समझने का प्रमुख विषय है। कार्यकर्ता के लिए अभिलेख तैयार करना उसकी भूमिका का एक आवश्यक अंग है। यह कार्य अत्यन्त कठिन है। वे विद्यार्थी जो वैयक्तिक कार्य अभिकरण में कार्य करते हैं, अक्सर पूछते हैं कि उनको अभिलेख में क्या लिखना चाहिए तथा किस प्रकार अभिलेख तैयार करने चाहिए। वे एक ऐसी रूपरेखा चाहते हैं जिसका वे अनुसरण कर सकें तथा अभिलेख तैयार करने में सहायक हों। यहां पर एक सामान्य रूपरेखा का वर्णन किया जा रहा है जिन पर चलकर कार्यकर्ता वैयक्तिक सेवा कार्य में आगे बढ़ सकता है। उसको अपने अभिलेख में निम्न स्थितियों का वर्णन करना चाहिए :

परिचयात्मक आंकड़े

1. नाम, 2. आयु, 3. लिंग, 4. धर्म, 5. जाति, 6. व्यवसाय, 7. आय, 8. वैवाहिक स्तर, 9. शिक्षा का स्तर, 10. जन्म स्थान, 11. पता : स्थाई व अस्थाई, 12. रहने की दशाएं।

समस्या के रूप तथा उसका चित्रण

1. समस्या क्या है?
2. किस प्रकार की समस्या है?
3. क्या-क्या शिकायतें हैं?
4. सेवार्थी संस्था में किसलिए आया है?
5. समस्या का प्रारम्भ किस प्रकार हुआ?
6. वे कौन-कौन सी दशाएं हैं, जो समस्या से संबंधित हैं?
7. समस्या का उसकी सामाजिक, आर्थिक तथा सांवेगिक स्थिति पर कितना प्रभाव पड़ा है?
8. समस्या के कारण उसकी दैनिकचर्या में क्या-क्या परिवर्तन हुए हैं ?
9. शरीर में क्या-क्या खराबियां आई हैं?
10. स्वास्थ्य कितना प्रभावित हुआ है?
11. स्नायु संस्थान कितना प्रभावित है?
12. नींद पर क्या प्रभाव पड़ा है?

उपचार तथा सहायता का अनुभव

1. समस्या को लेकर कहां-कहां गया है?
2. किस प्रकार की सहायता प्राप्त की है?
3. सहायता ने समस्या को कहां तक प्रभावित किया है?
4. सेवार्थी का क्या मूल्यांकन रहा है?
5. किस प्रकार की सहायता लाभप्रद हुई है?
6. पूर्व अनुभवों का वर्तमान सहायता के संदर्भ में किस प्रकार प्रत्युत्तर कर रहा है?
7. उन संस्थाओं से जहां सहायता ली है, वहां के कर्मचारियों से संबंध की प्रकृति।
8. कितना समय अभी तक सहायता लेने में लगाया है?

भावनाएं तथा विचार

1. सेवार्थी का समस्या के प्रति दृष्टिकोण।

2. समस्या का सेवार्थी द्वारा विश्लेषण।
3. सेवार्थी द्वारा बताये गए समस्या के कारण।
4. समस्या का सेवार्थी से संबंध।
5. सेवार्थी की क्षमता एवं कमियां।

विकासात्मक स्थिति

जन्म से पूर्व की स्थिति

1. गर्भावस्था में मां की शारीरिक एवं सांवेगिक दशाएं।
2. महत्वपूर्ण घटना जिसने कि मां को प्रभावित किया हो।
3. जन्म क्रम में कोई अल्पावस्था या समस्या।
4. शारीरिक अयोग्यता।

प्रारम्भिक विकास

1. किसके द्वारा पाला-पोसा गया?
2. उस व्यक्ति के व्यक्तित्व का चित्रण?
3. गामक क्रियाओं में कोई गतिरोध।

बचपन

1. बचपन में कोई महत्वपूर्ण घटना, बीमारी आदि।
2. भयानक सपने/निद्रागमन/अति उग्र भावनाएं/बिस्तर पर पेशाब/अंगूठा चूसना/नाखून काटना/हकलाना/अकारण भय/स्वार्थपरता।
3. स्कूल में :
   - सक्रिय या शर्मीला।
   - हीन भावना।
   - खेल में रुचि तथा प्राथमिकता।
   - विद्यालय में अध्यापकों से संबंध की प्रकृति।
   - आदर्श अध्यापक का व्यक्तित्व।
   - विद्यार्थियों से संबंध की प्रकृति।
   - शिक्षाकाल में महत्वपूर्ण घटना का वर्णन यदि कोई हो।
   - यदि अशिक्षित हो तो कारण :

     1. गरीबी, 2. लापरवाही, 3. स्कूल का अभाव, 4. रुचि न होना, 5. माता-पिता की रुचि का अभाव, 6. अध्यापक का कठोर व्यवहार, 7. अन्य यदि कोई हो।

पारिवारिक इतिहास

1. परिवार का प्रकार।
2. परिवार की सदस्य संख्या।
3. सेवार्थी का भाई-बहनों में स्थान।
4. माता-पिता, भाई-बहन, पत्नी आदि की आयु, शिक्षा, व्यवसाय, शारीरिक तथा मानसिक स्तर, सेवार्थी से संबंध।
5. यदि माता या पिता दोनों स्वर्गवासी हो गए हों तो :

1. मृत्यु के समय आयु।
2. मृत्यु का दूसरों पर प्रभाव।
3. माता-पिता का स्थान लेने वाले व्यक्ति से सेवार्थी का संबंध तथा उसका व्यक्तित्व।

6. सेवार्थी का मां-बाप के संबंध की प्रकृति।
7. माता-पिता का आपस में संबंध।
8. माता-पिता से सेवार्थी के संबंध के तरीके (अस्वीकृत/अत्यधिक लाड़ प्यार/बन्धन युक्त/अधिक/अत्यधिक स्वतन्त्रता/अवास्तविक मांगें आदि)।
9. परिवार में अनुशासन के तरीके।
10. परिवार का प्रभावकारी व्यक्ति तथा उसका व्यक्तित्व।
11. भूमिका के आधार पर व्यक्ति-व्यक्ति, पति-पत्नी, माता-पिता, सेवार्थी तथा अन्य सदस्यों से संबंध।
12. घर का सांवेगिक वातावरण (सुखकारी/ आरामदेय/विश्वसनीय/धार्मिक/ संघर्षमय/तनावपूर्ण/स्वार्थपरता/अन्य)।
13. परिवार में अपराधी व्यवहार।
14. मद्यपान।
15. मानसिक विघटन आदि।
16. जीवन की महत्वपूर्ण घटनाएं।
17. घर की भौतिक दशाएं।
18. परिवार की आर्थिक स्थिति :
    1. व्यवसाय में लगे व्यक्तियों की संख्या।
    2. बेरोजगारी की समस्या।
    3. बचत।
    4. ऋण।
19. परिवार की सामाजिक दशाएं: भीड़-भाड़/एकान्तता/हिंसा/लैंगिक अपराध/अधिनायक तंत्र/पारिवारिक सम्पर्क/अध्यात्मवाद/जनतंत्र में विश्वास/निर्भरता/हीनभावना।

सामाजिक संबंध

सेवार्थी के प्रति माता-पिता, भाई-बहन, मित्र, पड़ोसी, साथी आदि व्यक्तियों की प्रतिक्रियाएं।

वैवाहिक इतिहास

1. यदि विवाहित हो तो विवाह का प्रकार।
2. विवाह के समय आयु।
3. पति/पत्नी में लैंगिक संबंध।
4. यदि असन्तोषप्रद संबंध हो तो कारण।
5. लैंगिक परेशानी यदि कोई हो।
6. लैंगिक अनुभव (विवाह से पूर्व)।
7. बच्चों की आयु, लिंग, शिक्षा, व्यवसाय, स्वास्थ्य, वैवाहिक स्तर, संबंध की प्रकृति।

व्यावसायिक इतिहास

1. पद तथा कार्य की प्रकृति, 2. विभाग, 3. कार्य करने की अवधि, 4. व्यावसायिक कमियां, 5. कार्य छोड़ने का कारण, 6. सहयोगी कार्य करने वालों से संबंध, 7. मालिक से संबंध, 8. सांवेगिक वातावरण, 9. वर्तमान सेवा स्थान की स्थिति, संबंध की प्रकृति तथा दृष्टिकोण, 10. कार्य की दशाएं।

मनोरंजनात्मक इतिहास

आदत का विवरण (धूम्रपान/तम्बाकू पीना/ खाना/मदिरापान/ वेश्यागमन आदि का वर्णन तथा उनका प्रभाव)।

व्यक्तित्व की विशेषताएं

जल्दी हताश/गुस्से की अवस्था में हिंसक/क्रोध रोकने में असुविधा/दूसरों से लड़ाई करने में आनन्द की अनुभूति/हीनता/सिर दर्द/एकान्त रहने की भावना/जीवन मूल्य रहित/लापरवाह/सामाजिक बंधनों को न मानना/शारीरिक कष्ट/शीघ्र प्रसन्न होने वाला/ईर्ष्यालु/आत्मविश्वास की कमी की स्थिति।

मानसिक स्थिति

1. चेहरे के हाव-भाव।
2. शारीरिक हाव-भाव।
3. बातचीत का ढंग।
4. बातचीत में तारतम्यता।
5. चिन्ता का स्तर।
6. भग्नाशा की सीमा।
7. दु:ख का स्तर।
8. शंका की स्थिति।
9. विचारों की तारतम्यता।
10. अन्तर्दृष्टि तथा निर्णय क्षमता।

समस्या का निदान

तथ्यों का मूल्यांकन

1. समस्या का मूल्यांकन।
2. व्यक्तित्व का मूल्यांकन।
3. सामाजिक पर्यावरण का मूल्यांकन।

कारणान्वेषण

1. समस्या का रूप।
2. सामाजिक पर्यावरण का व्यक्तित्व पर प्रभाव।
3. समस्या उत्पत्ति के मुख्य कारक।
4. समस्या उपचार के उपाय।

उपचार

1. कार्यकर्ता द्वारा समस्या समाधान के लिए किए गए प्रयत्नों का विस्तृत विवरण।
2. संस्था की सेवाओं के उपयोग का विवरण।
3. संदर्भित करने का अवसर।

13

सामाजिक वैयक्तिक सेवा कार्य में अन्यारोपण

(Transference in Social Case Work)

अन्यारोपण (Transference) अचेतन स्तर पर उत्पन्न होता है और सेवार्थी के अध्ययन, निदान एवं उपचार प्रक्रियाओं के अभ्यास के समय यदा-कदा विद्यमान हो सकता हो। गैरेट के विचार के अनुसार, यह कार्यकर्ता को ऐसी विकसित अन्तर्दृष्टि देता है कि वह सेवार्थी के व्यक्तित्व, उसकी कमजोरियों, कठिनाइयों के स्रोत तथा उसकी क्षमता, अहम् शक्ति (जो और अधिक विकास का आधार प्रदान करती है) के प्रति जानकारी कर सके।

भूतकालीन संबंधों पर आधारित अविवेकशील तत्वों से युक्त अन्यारोपण (Transferance) की घटना होती है, वह अचेतन मन की अभिप्रेरणा होती है, जब वह चिकित्सक के सम्मुख आती हैं तो जिन्हें चिकित्सा की निगाह से समझना एवं नियन्त्रित करना अनिवार्य होता है। यह एक तरह का उत्तेजित अनुभव होता है जिसके अन्तर्गत व्यक्ति अपने प्राचीन/पूर्व अनुभवों को पुनः अनुभव करता है। शैशवकालीन (Infantile), विरोधी (Hostile) और विकृत (Distorted) भावनाओं को व्यक्त करने के साथ-साथ व्यक्ति अपने वर्तमान और भूतकालीन व्यवहार में और कार्यकर्ता के साथ तथा अन्य व्यक्तियों के साथ व्यवहार में चेतन संबंध निकालने लगता है। इस क्रिया के परिणामस्वरूप वह आत्म-जागरूकता अनुभव करने लगता है और इस प्रकार अपनी कार्यात्मकता व मनोवृत्तियों में सुधार करने लगता है। संक्षेप में यह कहा जा सकता है कि सेवार्थी अपने शैशवकाल या अन्य स्थिति में किसी दूसरे व्यक्ति के प्रति जो भावनायें जनित करता है, वे भावनायें उसके अचेतन स्तर पर पड़ी रह जाती हैं और समय-समय पर वही भावनायें किसी दूसरी स्थिति में दूसरे व्यक्ति के प्रति स्थानान्तरित हो जाती हैं। उदाहरण के लिए कोई बालक यदि अपने स्कूल नहीं जाता है तो उसके पिता उसे डांटते हैं और स्कूल जाने की सलाह देते हैं। इस प्रकार पिता के प्रति उसके अचेतन मन में ऋणात्मक भावनायें विद्यमान हो जाती हैं। आगे चलकर यदि सेवार्थी के रूप में कार्यकर्ता उसे अपनाता है, और नियमित रूप से उसे स्कूल जाने की सलाह देता है तो पिता के प्रति उसमें जो ऋणात्मक भावनाएं थीं वह कार्यकर्ता के प्रति भी स्थानान्तरित हो जाती हैं।

अन्यारोपण का पूर्ण विश्लेषण न करके इसे नियन्त्रण में रखा जाता है और साक्षात्कार कुछ-कुछ अवधि बाद करके, अन्य यथार्थ प्रविधियों का प्रयोग किया जाता है। अन्यारोपण व प्रति अन्यारोपण के तत्वों का समुचित रूप से उत्तम प्रबंध करके, आलम्बन व स्पष्टीकरण करके

भावनाओं का संग्रहण एवं उनकी गतिशीलता में वृद्धि करके उन्हें निर्मुक्त (Release) करना अधिक प्रभावी होता है जो समुचित चिकित्सा हेतु लाभप्रद होता है।

लेवी (Levey) के मतानुसार, अन्यारोपण सेवार्थी व चिकित्सक के मध्य एक मैत्री होती है। लेकिन इस भेद के साथ कि सेवार्थी की तरफ से इसके अचेतन विवेकशील तत्वों (जिसके अन्तर्गत किसी व्यक्ति के प्रति प्रेम के साथ अविश्वास की भावना के साथ-साथ उसे प्रेम देने की रुचि आदि शामिल होती है।) रक्षा-युक्तियों, चिन्ताओं आदि को बाह्य अभिव्यक्ति हेतु प्रोत्साहन दिया जाता है। दूसरी तरफ चिकित्सक में भी इसी तरह की अचेतन प्रवृत्तियां प्रति-अन्यारोपण के रूप में विद्यमान होती हैं जिन्हें वह चेतन रूप से समझकर नियन्त्रित कर लेता है। इन्हीं संवेगात्मक प्रवृत्तियों का समग्र ही सेवार्थी व कार्यकर्ता के मध्य भावनाओं का अन्यारोपण कहलाता है जो अन्तर्वैयक्तिक होता है।

लेवी (Levey) ने इस संबंधा में वैयक्तिक समाज कार्यकर्ता के तीन उद्देश्यों का उल्लेख किया है :

1. सेवार्थी में अचेतन कारकों का अस्थाई निदान।
2. उपचार के लक्ष्यों को सीमित करके एक अस्थाई उपचार योजना का प्रतिपादन।
3. अन्यारोपण का ज्ञान तथा इसका उचित प्रबंध करना।

उपर्युक्त लक्ष्यों की प्राप्ति हेतु अन्यारोपण की सहायता से सेवार्थी अचेतन कारकों से संबंधित सूचनायें देता है। निदानात्मक निपुणताओं के विकास से अन्यारोपण में एकरूपता का उपचार के एक महत्वपूर्ण उपकरण के रूप में प्रयोग किया जा सकता है। साथ ही साथ उपचार की सीमा को सीमित करके योजना बनाना फलदायी होता है जिसके लिए एक उत्तम निदानात्मक निपुणता आवश्यक होती है।

अन्यारोपण के सूक्ष्म पक्षों को समझना आसान नहीं है। इस हेतु व्यावसायिक शिक्षा एवं पर्यवेक्षित प्रशिक्षण आवश्यक होता है। क्योंकि उपचार के उद्देश्यों के आधार पर व्यवहार व मनोवृत्तियों में बदलाव हेतु अन्यारोपण के प्रयोग को ज्यादा बढ़ाने की जरूरत होती है जिसे एक प्रशिक्षित एवं अनुभवी कार्यकर्ता ही पूर्ण कर सकता है।

अन्यारोपण का उद्देश्य

अन्यारोपण सेवार्थी का कार्यकर्ता के साथ वह सांवेगिक संबंध है, जिसके द्वारा कार्यकर्ता सेवार्थी को वास्तविकता से अवगत कराता है, जिससे वह अपने व्यवहार में परिस्थिति के अनुसार परिवर्तन कर लेता है। साधारणतया अन्यारोपण के निम्न उद्देश्य हैं :

1. सेवार्थी के व्यवहार में परिवर्तन लाना।
2. सेवार्थी को वास्तविकता से अवगत कराना।
3. सेवार्थी की मूल प्रवृत्तियों को स्पष्ट करना।
4. विशिष्ट संबंधों को स्पष्ट करने के लिए मनोसामाजिक अन्तःक्रिया करना।
5. सेवार्थी को स्वतंत्र सांवेगिक स्पष्टीकरण में सहायता करना।
6. परिस्थिति से समायोजन स्थापित करने के लिए सेवार्थी में विश्वास उत्पन्न करना।
7. सेवार्थी की अहं शक्ति को वर्तमान सामाजिक परिस्थिति में उद्दीप्त करना।

अन्यारोपण एक गहनतम अनुभव है, जिसमें वर्तमान तथा प्राचीन प्रभावों को कुछ कम किया जाता है।

सेवार्थी न केवल बचकानी (Infantile), उग्र तथा विकृत भावनाओं का स्पष्टीकरण करता है बल्कि वह वर्तमान तथा विगत व्यवहार तथा अपने साक्षात्कारकर्ता व बाह्य व्यक्ति के बीच संबंधों को चेतन सम्बद्ध (Connections) के रूप में देखता है। इन सम्बद्धों से आत्मचेतना को प्रोत्साहन मिलता है तथा मनोवृत्ति एवं कार्यात्मकता में विकास होता है।[1] अतः अन्यारोपित संबंधों के प्रयोग का यह उद्देश्य

है कि सेवार्थी अपनी अतार्किक मूल प्रवृत्तियों को समझे कि वे किस प्रकार विगत समय में उत्पन्न हुई थीं तथा वर्तमान परिस्थिति किस प्रकार भिन्न है, जिससे वह उसके अनुरूप व्यवहार परिवर्तित कर सके।[2]

वैयक्तिक कार्यकर्ता के उद्देश्य तथा अन्यारोपण

डॉ. लेवी[3] ने मनोचिकित्सकीय समाज कार्य के सन्दर्भ में वैयक्तिक कार्यकर्ता के तीन लक्ष्यों का उल्लेख किया है :

1. सेवार्थी के अचेतन कारकों का अस्थाई निदान करना।
2. अस्थाई चिकित्सा योजना के निर्माण में चिकित्सा के लक्ष्य की सीमा निर्धारित करना।
3. अन्यारोपण को समझना तथा उसका प्रबंध करना।

वैयक्तिक सेवा कार्य के न केवल उपरिलिखित उद्देश्य बल्कि सभी उद्देश्य अन्यारोपण की सहायता से ही प्राप्त किए जा सकते हैं। निदान करने के लिए केवल एकमात्र साधन सेवार्थी द्वारा व्यक्त तथ्य होता है और उस तथ्य में कितनी सत्यता है यह कार्यकर्ता सेवार्थी संबंध पर निर्भर होती है।

वह तभी वास्तविक कारण तथा सांवेगिक स्थिति स्पष्ट करता है जब उसके अन्यारोपण को आलम्बन तथा सुरक्षा प्राप्त होती है। अत: वैयक्तिक कार्यकर्ता के लिए आवश्यक होता है कि उसको मनोविश्लेषण का ज्ञान हो जिससे व्यवहार के अचेतन अर्थ को वह समझ सके।

अन्यारोपण के माध्यम से वैयक्तिक कार्यकर्ता सेवार्थी की भावनाओं का ज्ञान प्राप्त करता है तथा वह यह भी जानता है कि सेवार्थी वास्तव में किन क्षेत्रों में सहायता चाहता है। अर्थात् सेवार्थी में कौन सी ऐसी स्थितियां हैं जहां पर विशेष सहायता की आवश्यकता है। वह अहं शक्ति का विकास इसके माध्यम से करता है तथा सेवार्थी को आत्म-संयम एवं आत्म-नियंत्रण एवं व्यवहार समायोजन सिखाता है।

यद्यपि फ्रायड ने स्वतंत्र साहचर्य पद्धति का विकास अचेतन मन को स्पष्ट करने के लिए किया था परन्तु इससे अवरोधों को दूर करना संभव न हो सका। अत: अन्यारोपित मनोस्नायु विकृति (Transference Neurosis) का विकास किया। यह अवरोधों (Resistances) को समाधान करने का गत्यात्मक यंत्र हो गया। इस प्रकार के अन्यारोपण में सेवार्थी अपने मनोस्नायु विकृत व्यवहारों, तरीकों को कार्यकर्ता को हस्तान्तरित कर देता है। वास्तव में रोगी विगत मनोस्नायुविक से वर्तमान संबंधों में मुक्ति पाता है।[4]

सामाजिक वैयक्तिक कार्य को अन्यारोपण के विकास में सबसे प्रमुख खतरे की सम्भावना यह रहती है कि सेवार्थी शैशविक (Infantile) भूमिका से ऐसा संतोष प्राप्त करने लगता है जिससे आत्म ज्ञान का विकास करने में अवरोध उत्पन्न हो जाता है। सेवार्थी स्थानान्तरित संवेगों का मूल्य समझने लगता है तथा उन संवेगों के प्रयोग से जो संतोष प्राप्त होता है वह स्थाई स्वस्थ संबंधों से अधिक महत्वपूर्ण होता है। अत: इसके सुचारु रूप से संचालन के लिए सघन प्रशिक्षण तथा मनोविश्लेषण के ज्ञान की आवश्यकता होती है। वैयक्तिक कार्यकर्ता को सदैव ऐसा प्रयत्न करना चाहिए जिससे यह स्थिति उत्पन्न हो।

प्राय: यह प्रश्न किया जाता है कि क्या सभी सामाजिक वैयक्तिक कार्य चिकित्सात्मक संबंधों का विकास करते हैं। प्रत्येक प्रकार की चिकित्सा के क्षेत्र में संबंध आवश्यक होता है और वैयक्तिक सेवा कार्य में तो सेवार्थी के प्रथम सम्पर्क से ही चिकित्सात्मक कार्य प्रारम्भ हो जाता है। परन्तु यहां पर सम्पर्क का एक विशेष अर्थ होता है। किसी व्यक्ति से केवल मिल लेने से अथवा बात कर लेने से ही संबंध विकसित नहीं होता है। यह तभी सम्भव होता है जब सामुच्य (Rapport) स्थापित हो जाता है। सेवार्थी व्यावसायिक संबंध का कितना उपयोग करेगा, यह उसकी सांवेगिक आवश्यकता तथा स्थिति पर निर्भर होता है। यद्यपि सभी प्रकार के वैयक्तिक कार्य स्थितियों में समान सुदृढ़

कर्ता-सेवार्थी संबंध की आवश्यकता नहीं होती है परन्तु जिन समस्याओं का संबंध व्यक्ति की आन्तरिक स्थिति से होता है, उनमें विशेष संबंध की आवश्यकता होती है।

वैयक्तिक कार्यकर्ता जब सुखदायी पर्यावरण उत्पन्न करता है जिसमें सेवार्थी स्वीकृत तथा अपनी आवश्यकताओं की मान्यता को देखता है, अपने अधिकारों का उपयोग करता है तथा आदर प्राप्त करता है तो वह एक प्रकार का विधायी संबंध उत्पन्न करता है जिससे उपचार सहायता मिलती है। यद्यपि संबंध में सदैव सकारात्मक भावनाएं होती हैं परन्तु कभी-कभी नकारात्मक एवं उभयामुखी भावनाएं भी पाई जाती हैं। संबंध का क्षेत्र उद्देश्यीय संबंध, जिसमें कार्यकर्ता जैसा है वैसा देखा जाता है, से लेकर उस संबंध तक होता है, जिसमें विषयागत (Subjective) भावनाएं सेवार्थी के प्रत्यक्षीकरण को अतिरंजित (Colour) कर देती हैं।

प्रारम्भ में कार्यकर्ता न तो सेवार्थी की कठिनाइयों को कम करता है, न आलोचना करता है और न सलाह देता है। वह केवल ध्यानपूर्वक सेवार्थी की बातों को सुनता है तथा सौहार्द पूर्व प्रत्युत्तर देता है जिससे सेवार्थी को आभास हो जाता है कि कार्यकर्ता उसकी समस्या में रुचि ले रहा है। जो सेवार्थी पूर्ण परिपक्व नहीं होता है तथा वास्तविक संबंध के प्रति प्रत्यक्षीकरण रखता है, वह कार्यकर्ता को स्पष्ट रूप से देख नहीं पाता है। उसकी सभी प्रतिक्रियाएं उसकी उन मनोवृत्तियों से अतिरंजित हो जाती हैं जो दूसरे अनुभवों से वर्तमान संबंध में लाई जाती हैं। ये घटनाएं स्थानान्तरण के नाम से जानी जाती हैं।

अन्यारोपण को नियमानुसार चलाना भी कठिन समस्या है। यद्यपि वैयक्तिक सेवा कार्य की स्थिति में बहुत से ऐसे कारक हैं जो अन्यारोपण को प्रोत्साहित करते हैं जबकि दूसरे ऐसे कारक हैं जो अन्यारोपण को कमजोर करते हैं। सेवार्थी की समस्या तथा कार्यकर्ता की अनिर्णायक मनोवृत्ति अन्यारोपण को गतिशील एवं प्रभावकारी बनाती है क्योंकि इससे सेवार्थी की कल्पना को व्यक्त होने का पूर्ण अवसर प्राप्त होता है।

परन्तु जब कार्यकर्ता सेवार्थी का वास्तविकता से सम्पर्क कराना चाहता है और सेवार्थी का उचित तादात्म्य नहीं हो पाता है तो अन्यारोपण के कमजोर होने की सम्भावना रहती है। प्रति अन्यारोपण का भी प्रभाव पड़ता है। अत: अन्यारोपण के प्रभावात्मक नियंत्रण के लिए सेवार्थी को अपने प्रति अन्यारोपण का ज्ञान होना आवश्यक होता है तथा उसका इस पर नियंत्रण भी होना आवश्यक होता है क्योंकि अनियंत्रित प्रति अन्यारोपण सांवेगिक प्रतिक्रियाओं को जटिल बना देता है जिससे और अधिक सकारात्मक या नकारात्मक स्थानान्तरित भावनाएं एकत्रित हो जाती हैं।

प्रति अन्यारोपण (Counter Transference)

सेवार्थी जब भूतपूर्व जीवन से संबंधित प्रतिक्रियाओं को कार्यकर्ता की ओर केन्द्रित करता है तो कार्यकर्ता भी सेवार्थी के प्रति उसकी भावनात्मक प्रतिक्रियाओं के आधार पर प्रत्युत्तर देता है अर्थात् कार्यकर्ता स्वयं सेवार्थी के अन्यारोपण का शिकार हो जाता है और उसकी भावनाओं को विषयात्मक रूप से न देखकर स्वयं भावात्मक रूप से देखने लगता है। इसका अर्थ यह भी है कि कार्यकर्ता जो सेवार्थी के प्रति प्रतिक्रियाएं करता है वह अपने पूर्व जीवन की अचेतन संबंधी भावनाओं के आधार पर करता है। प्रति अन्यारोपण से कार्यकर्ता को सदैव अपने आपको सुरक्षित रखना आवश्यक होता है।

प्रत्येक प्रकार का संबंध द्विमुखी होता है जिस प्रकार सेवार्थी अपनी भावनाओं का अन्यारोपण कार्यकर्ता के प्रति करता है, उसी प्रकार कार्यकर्ता भी अपनी अचेतन प्रवृत्तियों को सेवार्थी के प्रति हस्तान्तरित कर सकता है। इसके साथ ही साथ कार्यकर्ता भी अपनी पसन्द-नापसन्द, सद्भावना या घृणा, विश्वास या अविश्वास रखता है। परन्तु इसमें आवश्यक नहीं कि प्रति अन्यारोपण का विकास हो जाए। कार्यकर्ता की अचेतन भावनाएं विशेष महत्वपूर्ण होती हैं, जिन पर नियन्त्रण यदि कमजोर हो जाता है तो कार्यकर्ता सेवार्थी को वास्तविक रूप में देख नहीं पाता है। अत: कार्यकर्ता का यह

उत्तरदायित्व होता है कि वह न केवल समस्या समाधान के उपायों को उचित प्रयोग करने में सफलता प्राप्त करे बल्कि अपनी प्रतिक्रिया, संवेग तथा व्यक्तिगत भावनाओं पर भी नियन्त्रण करे।

जिस प्रकार से वैयक्तिक सेवा कार्य में सेवार्थी के व्यवहार को समझना आवश्यक होता है उसी प्रकार कार्यकर्ता को अपने व्यवहार, अपनी भावनाओं के उचित विश्लेषण एवं प्रयोग की आवश्यकता होती है। कार्यकर्ता अपनी भूमिका तभी उचित प्रकार से निभा सकता है, जब उसे सेवार्थी के प्रति अपने व्यवहार का ज्ञान हो। उसको यह समझना चाहिए कि सेवार्थी वास्तव में दो स्तर से उसकी सेवाओं का उपयोग करना चाहता है। एक तो चेतन-स्तर की आवश्यकताओं के लिए सहायता तथा दूसरे अचेतन- स्तर की आवश्यकताओं के लिए जिनसे वह पूर्ण रूप से अनभिज्ञ होता है। इस दूसरी आवश्यकता में निम्न तथ्य होते हैं :

1. अचेतन इच्छाओं की संतुष्टि।
2. अचेतन इच्छाओं (संबंधों) का पुनर्विश्वासीकरण।
3. इन इच्छाओं का वास्तविक प्रकृति या उपस्थिति को चेतन ज्ञान में आने से रोकने में सहायता करना।

वैयक्तिक कार्यकर्ता जो अपनी उचित भावनाओं के उपयोग द्वारा सेवार्थी को उसके वास्तविक अर्थ से अवगत कराना चाहता है, इस हेतु उसको निम्न उपाय करने आवश्यक होते हैं[5] :

1. अपनी भावनाओं, विचारों तथा कृत्यों का आलोचनात्मक आत्म ज्ञान जब वह सेवार्थी के साथ होता है।
2. उन भावनाओं को चेतन रूप से पृथक् करना तथा मान्यता देना जिनको उसने सेवार्थी को देखने से पूर्व अनुभव किया था जिनका सेवार्थी से कोई संबंध न था।
3. इस बात का ज्ञान होना कि कुछ भावनाएं तभी प्रकट होती हैं, जब वह सेवार्थी के साथ होता है।
4. इन भावनाओं को उद्दीप्त करने के लिए सेवार्थी तथा वह क्या कर रहा है, का ज्ञान होना।
5. सेवार्थी की उन भावनाओं का पता लगाना जो कि उसमें उपस्थित है जिनके कारण कार्यकर्ता इस प्रकार का व्यवहार करता है।
6. सेवार्थी के विगत जीवन के अनुभव में इस विशेष प्रकार के सांवेगिक अन्त: परिवर्तन के विकास का ज्ञान। उपरिलिखित भावनाओं के ज्ञान के आधार पर ही वैयक्तिक कार्यकर्ता सेवार्थी के साथ सफलतापूर्वक कर सकता है।

वास्तविक संबंध

वैयक्तिक कार्यकर्ता का प्रथम उद्देश्य सेवार्थी तथा अपने मध्य सकारात्मक वास्तविक संबंधों को स्थापित करना है। इसके पश्चात् सेवार्थी से उस कार्य को आगे बढ़ाने में सहायता एवं अनुकूल विचार प्राप्त होते हैं। इसके लिए कार्यकर्ता अन्तर्व्यक्तिगत संबंधों को उस स्तर पर भी रखना चाहता है जहां पर कम-से-कम अन्यारोपण की प्रवृत्तियां विकसित हो सकें। वहां पर भी जहां पर अन्यारोपण को विकसित करने की आज्ञा देना परमावश्यक हो वहां पर भी वास्तविक सकारात्मक संबंध सकारात्मक स्थानान्तरण के विकास में सहायता करता है।

अन्यारोपण उद्देश्य नहीं है। यह सफल निदान एवं चिकित्सा का एक साधन है। उदाहरण के लिए इसका होना, चेतन रूप से नियंत्रित कार्यकर्ता के ऊपर निर्भर है अथवा नहीं, जो उन केसों में सफलता को निर्धारित करता है जिनमें सेवार्थी का समायोजन न केवल वास्तविक रूप से अवरुद्ध हो जाता है बल्कि कुछ न कुछ भावनात्मक कठिनाइयों का भी उसमें हाथ होता है। जहां पर कार्यकर्ता इसके विषय में अनभिज्ञ होता है वहां पर वैयक्तिक कार्य में बहुत कम सफलता के अवसर रहते हैं

क्योंकि या तो अन्यारोपण बहुत तीव्र तथा प्रभावशाली होता है या फिर उसका विकास ही सम्भव नहीं हो पाता है।

अतः कार्यकर्ता को अन्यारोपण का उचित ज्ञान होना चाहिए। उसे अन्यारोपण की कार्यविधि, प्रकृति, महत्व, स्थान, प्रकाशन का समय, प्रकाशन विधि, प्रकाशन की सीमा आदि का ज्ञान होना चाहिए। कहां पर अन्यारोपण करना नहीं है, कहां पर अन्यारोपण को कम करना है, कहां पर परिवर्तन करना है तथा किस प्रकार सेवार्थी को उसके अर्थ को प्रकट करना है आदि गुण कार्यकर्ता में होने आवश्यक होते हैं।

अन्यारोपण और प्राख्या (Interpretation)

वैयक्तिक सेवा कार्य के अन्य तरीकों में प्राख्या (Interpretation) का भी महत्वपूर्ण स्थान है। इसकी सफलता के लिए स्थानान्तरित संबंध स्थापित करना आवश्यक होता है तथा स्थानान्तरण की तीव्रता को नियन्त्रित करने के लिए प्राख्या की आवश्यकता होती है। प्राख्या में सेवार्थी को यह बताया जाता है कि उसके अचेतन व्यवहार का क्या अर्थ है। उसके व्यक्तित्व में उन अन्तर्निहित संबंधों की भी कार्यकर्ता व्याख्या करता है जो व्यवहार तथा वार्तालाप द्वारा प्रकट होते हैं। सेवार्थी को स्पष्ट व्यावहारिक स्वरूपों के गतिशील महत्व की जानकारी दी जाती है कि वह उन संबंधों को पहचानने लगता है जिसका ज्ञान उसे पहले नहीं था। उसे यह बताया जाता है कि उसका वर्तमान उसके भूतकाल से संबंधित है और उसकी सहायता भी इस प्रकार की जाती है कि वह अपने व्यवहार में परिवर्तन लाये जिससे वर्तमान वास्तविक परिस्थिति का उच्चतर प्रकार से सामना कर सके।

प्राख्या के लिए निम्न बातें आवश्यक हैं :

1. सेवार्थी ने पर्याप्त सकारात्मक अन्यारोपण संबंधी ज्ञान प्राप्त कर लिया है।
2. सेवार्थी ने पर्याप्त अहं शक्ति विकसित कर ली है जिससे उसकी भावनाओं को अचानक धक्का नहीं पहुंच सकता है।
3. कार्यकर्ता के लिए आवश्यक है कि सेवार्थी की चेतन या अर्धचेतन संबंधी घटनाओं का ही स्पष्टीकरण करे।
4. प्राख्या का स्वरूप अस्थाई होना चाहिए जिससे सेवार्थी तथा कार्यकर्ता दोनों ही उसमें परिवर्तन कर सकें।
5. एक प्राख्या तथा दूसरी प्राख्या के मध्य काफी समय होना चाहिए, जिससे सेवार्थी अपने व्यवहार में परिवर्तन ला सके।

अन्यारोपण में प्राख्या का होना निम्न कारणों से आवश्यक होता है :

1. सेवार्थी को प्राख्या द्वारा संबंध की वास्तविकता का पता चलता है।
2. कार्यकर्ता सेवार्थी को उन बातों की ओर आकर्षित कर लेता है जिसकी उसे आवश्यकता होती है।
3. अवरोधों को हटाने की योग्यता का विकास होता है।
4. असुखकर तथ्यों को सहन करने की क्षमता का विकास होता है।
5. नवीन भावनात्मक आत्म ज्ञान के संदर्भ में वर्तमान मनोवृत्तियों तथा व्यवहार को अभिस्थापन (Reorientation) करने में सहायता मिलती है।
6. सेवार्थी पर चिकित्सात्मक प्रभाव होता है। उसको ज्ञात होता है कि वर्तमान व्यवहार वर्तमान संबंध के अनुकूल नहीं है। उसे ऐसा व्यवहार केवल पूर्व स्थिति में ही करना था।

प्राख्या का अन्यारोपण में महत्व उसकी विषयवस्तु के कारण होता है। साधारणतया वर्तमान वास्तविक समस्या से संबंधित भावात्मक संबंधों की प्राख्या की जाती है। इस प्रकार की प्राख्या प्रत्यक्ष सहायता पहुंचाती है तथा स्थानान्तरण के स्तर में वृद्धि करती है।

सारांश में यह कहा जा सकता है किप्राख्या की स्वीकृति तथा चिकित्सात्मक दृष्टि से उसे प्रभावकारी होने के लिए अन्यारोपण की आवश्यकता होती है और प्राख्या अन्यारोपण को बढ़ाती है अथवा उसका मिश्रण करती है। यह कार्य इस बात पर निर्भर होता है कि किस प्रकार से इसका उपयोग किया जा रहा है तथा उसकी विषय सामग्री क्या है। जो प्राख्या कठिन तथा आलोचनात्मक होती है, उससे सेवार्थी के सकारात्मक अन्यारोपण का विनाश होता है तथा नकारात्मक अन्यारोपण विकसित होता है। यह स्थानान्तरित भावनाओं की व्याख्या एवं स्थानान्तरण को कम करने में सहायक हो सकती है परन्तु इस सीमा तक प्राख्या का उपयोग नहीं करना चाहिए क्योंकि इसके लिए अत्यन्त जटिल तथा विस्तृत मनोवैज्ञानिक ज्ञान की आवश्यकता होती है।

निदान में अन्यारोपण का प्रयोग

सेवार्थी की समस्या मूल रूप से बाह्य कारकों के कारण होती है तो प्राय: वह इनके विषय में अवगत होता है तथा इनके संबंध में वार्तालाप करने में बहुत कम व्यवधान या अवरोध उत्पन्न करता है। ऐसे सेवार्थियों के साथ केवल सकारात्मक वास्तविक संबंध ही निदान के लिए पर्याप्त होता है परन्तु जब सांवेगिक कारक समस्या को उत्पन्न कर जटिल बनाते हैं तो अन्यारोपण आवश्यक हो जाता है। सेवार्थी इस प्रकार की समस्या में अपनी व्यक्तित्व संबंधी कठिनाइयों से अवगत नहीं होता है। उसको व्यक्तित्व समस्या की प्रकृति तथा वर्तमान वास्तविक समस्या के मध्य संबंध का ज्ञान नहीं होता है। वह इन समस्याओं के विषय में प्रत्यक्ष रूप से स्वयं ज्ञान नहीं रखता है। यदि उसे थोड़ा-बहुत ज्ञान होता भी है तो भी उसके आन्तरिक अवरोध इस कार्य के लिए तैयार नहीं होने देते हैं। अन्यारोपण इन अवरोधों को दूर करता है तथा सेवार्थी को बातचीत करने का अवसर प्रदान करता है। अन्यारोपण से सेवार्थी को ऐसे समस्या हल करने के संकेत मिलते हैं जिससे वह निहित समस्या को समझ सकता है। अन्यारोपण द्वारा कार्यकर्ता को सेवार्थी के व्यक्तित्व के विषय में अधिक ज्ञान प्राप्त होता है जिसके द्वारा वह सेवार्थी के व्यक्तित्व की शक्तियों तथा कमजोरियों को पहचान पाता है। वह सेवार्थी के अहं के उन पहलुओं को पहचान लेता है जो उसके विकास के लिए आवश्यक हैं। परन्तु कार्यकर्ता का कर्तव्य होता है कि वह सेवार्थी को ऐसी भावनाओं का ज्ञान न कराए जिससे वह भयभीत हो जाए अथवा उसमें आत्मग्लानि उत्पन्न हो जाए और वह या तो समस्या से भागने लगे या इतना अधिक निर्भर हो जाए कि वह स्थानान्तरित मनोस्नायु विकृति का शिकार हो जाए।

चिकित्सा में अन्यारोपण

वैयक्तिक सेवा कार्य में अन्यारोपण का उपयोग मनोचिकित्सा से भिन्न होता है। वैयक्तिक कार्यकर्ता चिकित्सा में अन्यारोपण संबंधी भावनाओं का न्यूनतम प्रयोग करता है। वह अन्यारोपण की भावनाओं का विश्लेषण नहीं करता क्योंकि वह चेतन या अर्धचेतन स्तर पर कार्य करता है। वह इस बात का प्रयास नहीं करता है कि सेवार्थी के गहन अचेतन अन्यारोपण या संवेगों को सेवार्थी के समक्ष ले आये। वह सेवार्थी के व्यक्तित्व में मौलिक परिवर्तन नहीं लाना चाहता क्योंकि यह कार्य मनोवैज्ञानिक का होता है। कार्यकर्ता का संबंध केवल वास्तविक समस्याओं से है अत: व्यवहार समायोजन पर विशेष बल देता है।

इसके अतिरिक्त वैयक्तिक सेवा कार्य में अन्यारोपण अकेले उपयोग में नहीं लाया जाता है। इसका उपयोग वैयक्तिक सेवा कार्य की अन्य चिकित्सकीय विधियों के साथ किया जाता है।

अधिकांश प्रभावात्मक अन्यारोपण का प्रभाव कार्यकर्ता द्वारा अपनायी गई पैतृक (Parental) भूमिका के कारण होता है। इस भूमिका के कारण सेवार्थी के संवेग बाह्यीकृत हो जाते हैं। इस भूमिका से कार्यकर्ता सेवार्थी को आवश्यक साहस एवं सहायता देता है। जिस प्रकार एक बालक जिसे अपने माता-पिता के स्नेह का विश्वास होता है वह नवीन अनुभवों का सामना साहस के साथ कर लेता है, उसी प्रकार जब सेवार्थी को कार्यकर्ता की शक्ति में विश्वास होता है तो वह पुराने व्यावहारिक स्वरूपों को छोड़कर नये व्यवहार को ग्रहण कर लेता है। जिस प्रकार बच्चे का अपने माता-पिता के प्रति स्नेह उसको उनके सुझाव मानने को तैयार करता है, उसी प्रकार कार्यकर्ता से सेवार्थी का लगाव उसके सुझावों को मानने को तैयार करता है।

अन्यारोपण से सेवार्थी में यह भावना जाग्रत होती है कि उसकी समस्या में कोई अन्य व्यक्ति भाग ले रहा है और यह भावना उसके दबाव को कम कर देती है जिससे समस्या से निपटने का कार्य आसान हो जाता है। अन्यारोपण द्वारा कार्यकर्ता तथा सेवार्थी के मध्य एक तादात्म्य (Identification) उत्पन्न हो जाता है और यह तादात्म्य चिकित्सा में सहायक होता है। तादात्म्य चिकित्सा में विभिन्न प्रकार से कार्य करता है :

1. कार्यकर्ता की परिपक्व अहं शक्ति सेवार्थी की कमजोर अहं शक्ति को दृढ़ बनाती है।
2. सेवार्थी अपने व्यक्तित्व के सांवेगिक व्यवधानों का सामना करने के लिए तैयार हो जाता है।
3. सेवार्थी को ज्ञान हो जाता है कि उसके व्यक्तित्व की कमियों ने समस्या को जन्म दिया है।
4. कार्यकर्ता, जो एक पैतृक अन्यारोपण के रूप में कार्य करता है, वास्तविक माता-पिता से भिन्न होता है क्योंकि वह सेवार्थी के मनोस्नायुविक व्यवहार का प्रत्युत्तर उसी से संबंधित न देकर चिकित्सक के रूप में व्यवहार करता है। इस प्रकार सेवार्थी को भी अपने मनोस्नायुविक व्यवहार को छोड़ने का अवसर मिलता है।
5. कार्यकर्ता सेवार्थी से तादात्म्य प्राप्त करके परिपक्व अहं शक्ति का प्रयोग करता है। सेवार्थी अपने पराहम् में परिवर्तन कर कार्यकर्ता के पराहम् के समान बनाता है।
6. इस प्रकार जो पराहम् सेवार्थी में पाप की भावना विकसित करने में भूमिका अदा करता है वह वास्तविक तथ्यों की जानकारी द्वारा प्रभावहीन हो जाता है।

सेवार्थी का विश्वास अन्यारोपण में कार्यकर्ता के प्रति पक्का हो जाता है, जिसके कारण अहं शक्ति को स्वतंत्र होने का अवसर प्राप्त होता है, पराहम् का प्रभाव कम होता है तथा मनोस्नायुविक प्रतिस्थापन में ढील आती है। इससे सेवार्थी समस्या का वास्तविकता द्वारा सामना करना सीखता है। उसके तार्किक व्यवहार का विकास होता है जिससे विश्वास तथा उचित प्रत्युत्तर को प्रोत्साहन मिलता है। वह समस्या के विषय में विभ्रमात्मक अर्थ को त्याग कर वास्तविकता को ग्रहण करता है। अन्यारोपण के कारण सेवार्थी कार्यकर्ता को आदर्श मान लेता है जिसके कारण उसके व्यवहार में उन्नति होती है।

अन्यारोपण का प्रभाव यद्यपि समस्या के समाधान में बहुत अधिक होता है परन्तु इसको आवश्यकता से अधिक महत्व देने की जरूरत नहीं है। यह चिकित्सा का केवल एक तरीका है। इसके अतिरिक्त यह स्वयं कोई उपचार नहीं है। वैयक्तिक सेवा कार्य में इसका प्रयोग यद्यपि सेवार्थी के व्यवहार में परिवर्तन लाता है परन्तु इससे व्यक्तित्व पुनर्समायोजन में विशेष सफलता नहीं मिलती है। वैयक्तिक कार्यकर्ता, अन्यारोपण की सहायता से सेवार्थी में निहित अहं शक्ति को समुचित प्रकार से उपयोग करने में सहायता करता है।

टिप्पणियां

1. हैमिल्टन गार्डन, उल्लिखित, पृ. 257-258.
2. ऑस्टिन, लूसिल एन. : ट्रेन्ड्स इन डिफरेन्शियल ट्रीटमेन्ट, इन सोशल केसवर्क, कोरा कासियस, प्रिन्सिपल्स एन्ड टेकनिक्स इन सोशल केसवर्क, फैमिली सर्विस एसोसिएशन ऑफ अमेरिका, न्यूयॉर्क, 1950, पृ. 337.
3. लेवी, हरी वी. : ऑन सुपरविजन ऑफ दि ट्रान्सफरेन्स इन साइक्याट्रिक सोशल वर्क, साइक्याट्री, वाल्यूम 3, अगस्त 1940, पृ. 434-435.
4. क्रो, लेस्टर डी. : साइकोलॉजी ऑफ ह्यूमन एडजस्टमेन्ट, एलफ्रेड ए. ऑफ, न्यूयॉर्क, 1967, पृ. 409.
5. पाराड, हार्वर्ड जे. इगो एण्ड डायनामिक केसवर्क, फैमिली सर्विस एसोसिएशन ऑफ अमेरिका, न्यूयॉर्क, 1958, पृ. 81-82.

14

सामाजिक वैयक्तिक सेवा कार्य का समाज कार्य की अन्य विधियों से संबंध

(Relation of Social Case Work with Other Methods of Social Work)

समाज कार्य की 6 प्रमुख विधियां हैं : 1. सामाजिक वैयक्तिक सेवा कार्य, 2. सामाजिक सामूहिक सेवा कार्य, 3. सामुदायिक संगठन, 4. समाज कल्याण प्रशासन, 5. समाज कार्य शोध, 6. सामाजिक क्रिया। प्रथम तीनों विधियां समाज कार्य की प्राथमिक विधियां हैं और शेष तीन विधियां द्वितीयक विधियां हैं। ये सभी विधियां एक-दूसरे से अन्तर्संबंधित हैं। इसी कारण बहुत सी स्थितियों में प्रणाली अभिगम (System Approach) के आधार पर इन सभी विधियों का एकीकृत रूप से प्रयोग होता है। वैयक्तिक सेवा कार्य का अर्थ निरूपण तो प्रथम अध्याय में किया जा चुका है। यहां हम समाज की अन्य विधियों का संक्षिप्त अर्थ निरूपण करते हुए उनसे वैयक्तिक सेवा कार्य का संबंध स्थापित करेंगे।

सामाजिक सामूहिक सेवा कार्य से संबंध

सामाजिक सामूहिक सेवा कार्य का अर्थ एवं प्रकृति

सामाजिक सामूहिक सेवा कार्य के अर्थ व प्रकृति की व्याख्या इस प्रकार की जा सकती है :

- सामाजिक सामूहिक सेवा कार्य समाज कार्य भी एक पद्धति व एक प्रक्रिया है जो वैज्ञानिक ज्ञान, प्रविधि, सिद्धान्तों व कुशलता पर आधारित है।
- सामूहिक सेवा कार्य समूह में व्यक्ति पर जोर देता है।
- यह अभिकरण के तत्वावधान में किया जाता है।
- व्यक्ति व समूह का विकास करना इस पद्धति का मुख्य उद्देश्य है। समूह के माध्यम से व्यक्ति को विकास संबंधी सहायता प्रदान की जाती है।
- इस सेवा कार्य में समूह स्वयं एक उपकरण होता है।
- प्रशिक्षित कार्यकर्ता अपने ज्ञान व कौशल का प्रयोग करके कार्यक्रम संबंधी क्रियाकलापों में समूह के भीतर समस्त अन्त:क्रियाओं का मार्ग-दर्शन करता है ताकि समूह के सदस्यों में रचनात्मक संबंधों में वृद्धि, पारस्परिक सहयोग की अनुभूति, अपने व्यक्तित्व में नेतृत्व की भावना का विकास व व्यवहार में समुचित बदलाव आ सके।

- इस पद्धति का प्रयोग व्यक्ति द्वारा सामूहिक अनुभवों में सर्जनात्मक सामाजिक संबंधों द्वारा एक माध्यम के रूप में किया जाता है।
- इस पद्धति के अन्तर्गत समूहों के जरिये व्यक्ति की आन्तरिक क्षमताओं का निर्मोचन (Release) करके व्यक्तियों के बीच सर्जनात्मक संबंध स्थापित करने में मदद की जाती है ताकि उनके व्यक्तित्व का विस्तृत विकास हो सके।
- यह एक पद्धति है, जिसके द्वारा कार्यकर्ता भिन्न-भिन्न तरह के समूहों को इस प्रकार कार्य करने में मदद करता है कि उनके कार्यक्रम संबंधी क्रियाकलाप व अन्त:क्रियायें वांछित सामाजिक लक्ष्यों की प्राप्ति कर सकें तथा साथ ही समूह के सदस्यों का विकास भी करें।
- सामाजिक सामूहिक सेवा कार्य अभ्यास का केन्द्रीय (Core) तत्व सामूहिक संबंधों का सचेतन व निर्देशित प्रयोग है।
- इस पद्धति के अन्तर्गत समूह में व्यक्ति तथा समुदाय के भाग के रूप में समूह केन्द्र-बिन्दु है। इसका लक्ष्य दोनों का विकास है।
- सामाजिक सामूहिक सेवा कार्य समूहों में व्यक्तियों के साथ क्रमबद्ध, व्यवस्थित व नियोजित ढंग से सहायता कार्य करने की एक पद्धति है।

ट्रेकर (Trecker) के मतानुसार, व्यक्ति सम्पूर्ण समाज कार्य का केन्द्र-बिन्दु है। यह व्यक्ति समूह का एक अंग होते हुए समूह व समूह के दूसरे सदस्यों से सम्बद्ध होता है। सामाजिक सामूहिक सेवा कार्य के 4 (चार) आधारभूत स्तम्भ हैं। इन स्तम्भों का प्रयोग एक प्रजातांत्रिक समाज और संस्कृति के मूल्यों पर आधारित होता है।

ये चार प्रमुख स्तम्भ निम्नलिखित हैं :

1. *समूह :* समूह के सभी सदस्य,
2. *समुदाय :* आवश्यकताएं, साधन, सेवायें, शक्तियां व मूल्य इत्यादि।
3. *अभिकरण :* उद्‌देश्य, कार्य, कार्यक्रम, साधन तथा सुविधाएं,
4. *सामूहिक कार्यकर्ता :* वैज्ञानिक ज्ञान, बोध, सिद्धान्त एवं निपुणताएं आदि।

सामाजिक सामूहिक सेवा कार्य की आधारभूत निपुणताएं (Basic Skills of Social Group Work)

व्यक्ति का अस्तित्व समूह से ही व समूह में ही है। व्यक्तियों में अन्तर्निर्भरता पाई जाती है। अन्तर्निर्भरता के कारण अपने कार्य-निर्वहन के लिए उन्हें प्रशिक्षण की जरूरत होती है, जिससे वे उन निपुणताओं का विकास कर सके, जिसके द्वारा अपनी उपयोगिता का प्रमाण देते हुए अपने कार्यों का सम्पादन करने में सफल हो।

समाज कार्य की उन्नति एवं विकास हेतु निपुणताओं का एक विशिष्ट महत्व है, निपुणताएं मानव व्यवहार की समस्याओं के समाधान से संबंधित हैं जिसमें विशेष योग्यता एवं कौशल का विकास आवश्यक है।

'लेक्सनर (Flexner) द्वारा निपुणता को व्यवहार की एक प्रविधि (Technique) बताया गया है जिसे एक उच्चस्तरीय विशिष्ट शिक्षा द्वारा संचालित किया जा सकता है।

सामान्य अर्थ में निपुणता का तात्पर्य कार्य करने की क्षमता से है। वेबस्टर (Webster) शब्दकोश के अनुसार, निपुणता का अभिप्राय कार्य के क्रियान्वयन तथा उसे पूर्ण करने के ज्ञान व दक्षता से है। वर्जीनिया रोबिन्सन (Virginia Robinson) के अनुसार, निपुणता का अर्थ है 'विशिष्ट वस्तु में बदलाव की प्रक्रिया को इस प्रकार गतिशील और नियंत्रित करने की क्षमता जिससे वस्तु में होने वाला बदलाव उस वस्तु की क्षमता एवं गुण की उपयोगिता तथा उच्चकोटि के चिन्तन द्वारा प्रभावित है।

ट्रेकर (Trecker) के अनुसार, निपुणता कार्यकर्ता की एक विशेष परिस्थिति में ज्ञान एवं प्रबोध के उपयोग की क्षमता है।

ट्रेकर (Trecker) ने सामाजिक सामूहिक सेवा कार्य में निम्नलिखित निपुणताओं को सम्मिलित होना बताया है।

उद्देश्यपूर्ण संबंध स्थापित करने में निपुणता (Skill in Establishing Purposefull Relationship)

1. सामूहिक कार्यकर्ता के अन्दर समूह की स्वीकृति पाने तथा समूह में एक सकारात्मक व्यावसायिक संबंध स्थापित करने की निपुणता होनी चाहिए।
2. समूह के सदस्यों में एक-दूसरे को स्वीकार करने एवं सामान्य उद्देश्यों की प्राप्ति में समूह के साथ सहयोग करने में मदद देने की निपुणता सामूहिक कार्यकर्ता में होनी चाहिए।

समूह की स्थिति के विश्लेषण की निपुणता (Skill in Analysing Group Situation)

1. सामूहिक आवश्यकताओं, समूह के स्तर को जानने, समूह के विकास की क्षमता तथा रुचि को निर्धारित करने की निपुणता सामूहिक कार्यकर्ता में होनी चाहिए।
2. सामूहिक कार्यकर्ता के अन्दर सहायता करने की ऐसी निपुणता होनी चाहिए कि उसके द्वारा समूह अपने विचारों को व्यक्त करने, लक्ष्यों के सर्जन करने, निकटतम लक्ष्यों का स्पष्टीकरण करने तथा समूह के रूप में अपनी क्षमताओं और कमजोरियों को समझ सके।

समूह के साथ सहभागिता में निपुणता (Skill in Participation with the Group)

1. सामूहिक कार्यकर्ता के अन्दर यह निपुणता होनी चाहिए कि वह समूह के प्रति अपनी भूमिका का निर्धारण, उसकी व्याख्या, उसे ग्रहण व परिवर्तित कर सके।
2. समूह के सदस्यों में सहभागिता विकसित करने, उनमें से नेतृत्व चयन करने तथा अपनी क्रियाओं के विषय में जिम्मेदारी स्वीकार करने में मदद देने की निपुणता समूह कार्यकर्ता में होनी चाहिए।

समूह की भावनाओं से निपटने की निपुणता (Skill in Dealing with Group Feelings)

1. सामूहिक कार्यकर्ता को समूह के प्रति अपनी भावनाओं को नियन्त्रित करने में निश्चय ही निपुण होना चाहिए तथा उसे उच्चकोटि की वस्तुनिष्ठता (Objectivity) संबंधी प्रत्येक नवीन परिस्थिति का अध्ययन करना चाहिए।

सामाजिक वैयक्तिक सेवा कार्य एवं सामाजिक सामूहिक सेवा कार्य

1. सामाजिक वैयक्तिक सेवा कार्य एवं सामाजिक सामूहिक सेवा कार्य दोनों ही समाज कार्य की प्राथमिक विधियां हैं।
2. व्यक्ति की समाज में कुछ समस्यायें और कठिनाइयां होती हैं तथा साथ ही उसकी कुछ सामूहिक समस्यायें और कठिनाइयां भी होती हैं। प्रथम स्थिति में उसकी सहायता वैयक्तिक सेवा कार्य के माध्यम से की जाती है और द्वितीय स्थिति में उसकी सहायता समूह में सामूहिक सेवा कार्य के माध्यम से की जाती है।
3. दोनों ही जनतांत्रिक मूल्यों और प्रणालियों पर आधारित हैं।
4. दोनों ही प्रक्रियाओं का संचालन प्रशिक्षित कार्यकर्ताओं के माध्यम से किया जाता है।
5. वैयक्तिक सेवा कार्य का लक्ष्य है व्यक्ति से अकेले संबंध स्थापित कर उसकी समस्याओं का सुलझाव कर उसका विकास करना और सामूहिक सेवा कार्य का लक्ष्य होता है समूह की

समस्याओं का समाधान करते हुए उसका विकास करना और उसके माध्यम से समूह के प्रत्येक सदस्य का समाजीकरण एवं विकास करना।

6. दोनों ही प्रक्रियायें परिवर्तन एवं विकास के मूल्यों पर आधारित हैं।
7. दोनों ही प्रक्रियाओं के माध्यम से कार्यरत कार्यकर्ताओं को समय-समय पर एक-दूसरे की सहायता अपने लक्ष्यों की प्राप्ति हेतु करनी पड़ती है। उदाहरणार्थ यदि समूह का कोई सदस्य अपने समूह में असमायोजित हो जाता है तो उसे वैयक्तिक सेवा कार्यकर्ता की समाजीकरण हेतु आवश्यकता होती है।

   इसी प्रकार यदि वैयक्तिक सेवा कार्य के किसी सेवार्थी के समाजीकरण की आवश्यकता होती है उसे सामूहिक सेवा कार्य के किसी कार्यकर्ता की आवश्यकता होती है।
8. वैयक्तिक सेवा कार्य के सभी सिद्धान्तों का प्रयोग सामूहिक सेवा कार्य में प्रयुक्त होता है, केवल गोपनीयता के सिद्धान्तों का प्रयोग नहीं होता है।
9. वैयक्तिक सेवा कार्य की प्रविधियों का भी सामूहिक सेवा कार्य में पूर्णरूपेण प्रयोग होता है।

अन्त में यह कहा जाता है कि दोनों प्रक्रियायें अन्योन्याश्रित हैं, इसी हेतु आज समाज कार्य के एकीकृत अभिगम का महत्व बढ़ता जा रहा है। इस दृष्टि से दोनों की निम्नलिखित विशेषतायें उल्लेखनीय हैं।

वैयक्तिक सेवा कार्य

- यह समाज कार्य की प्राथमिक विधि है जिसके द्वारा समस्याग्रस्त व्यक्ति की सहायता की जाती है।
- इसमें आम व्यक्ति का अध्ययन कर उसकी क्षमता, योग्यता एवं समस्याओं का मूल्यांकन किया जाता है।
- इसमें कार्यकर्ता का उद्देश्य, वैयक्तिक समस्याओं का समाधान करना होता है और उसी की सहायता की जाती है।
- इसमें सामूहिक अन्तर्द्वन्द्व एवं नेतृत्व की बातें मूल रूप से नहीं होती हैं।
- इसमें वैयक्तिक समस्याओं के निराकरण हेतु कार्यक्रम नियोजन और संचालन नहीं किया जाता है।
- इसमें व्यक्ति का परिवार और समुदाय से अन्तर्सम्बंधों का विश्लेषण और मूल्यांकन किया जाता है।
- इसमें व्यक्ति के व्यक्तिगत जीवन के विकास एवं कल्याण हेतु सहायता की जाती है।
- इसमें व्यक्ति की विशिष्ट विधियों जैसे मनोपचार आदि द्वारा सहायता प्रदान करते हुए सदस्यों के अन्तर्सम्बंधों के आधार पर समस्या के समाधान का प्रयास किया जाता है।

सामूहिक सेवा कार्य

- यह समाज कार्य की एक प्राथमिक प्रणाली है जो समूह की समस्याओं के समाधान में प्रयुक्त होती है।
- इसमें समूह को एक इकाई के रूप में स्वीकार करते हुए सदस्यों के अन्तर्सम्बंधों के आधार पर समस्या के समाधान का प्रयास किया जाता है।
- इसमें समूह की समस्याओं के उद्देश्य से आवश्यकतानुसार वैयक्तिकरण के सिद्धान्त का भी प्रयोग किया जाता है।
- इसमें समूह के सदस्यों में से ही नेतृत्व का चयन और विकास किया जाता है।
- इसमें समूह के उद्देश्यों की पूर्ति के कार्यक्रम, नियोजन और संचालन सेवा प्रक्रिया के प्रमुख अंग होते हैं।

- इसमें समूह के सदस्यों के अन्तर्सम्बंध तथा समूह का अन्य समूहों और समुदाय से अन्तर्सम्बंधों का अध्ययन किया जाता है।
- इसमें समूह के उद्देश्यों की प्राप्ति के लिए समस्या का निराकरण कर उसे विकास की ओर प्रेरित किया जाता है। इसमें सामूहिक उपचार विधियों के उपयोग में समूह की सहायता की जाती है।

वैयक्तिक सेवा कार्य एवं समुदाय संगठन

समाज कार्य की तीसरी प्राथमिक विधि है समुदाय संगठन। समुदाय संगठन एवं वैयक्तिक सेवा कार्य में भी अति महत्वपूर्ण संबंध हैं। इस संबंध को दर्शाने के पूर्व हम पहले समुदाय संगठन का अर्थ स्पष्ट कर रहे हैं।

समुदाय संगठन के अर्थ निरूपण के प्रमुख बिन्दु :

1. यह एक प्रक्रिया है जिसके द्वारा समुदाय पहले से अधिक सकारात्मक एवं रचनात्मक रूप से कार्य करने की क्षमता विकसित करता है। सामुदायिक कार्यकर्ता इस प्रक्रिया को जान-बूझ कर सतर्क होकर उपयोग में लाता है।
2. इस प्रक्रिया के द्वारा समुदाय अपनी मूलभूत आवश्यकताओं को जानने तथा उनकी पूर्ति की महत्ता को पहचानने में सफल होता है। समुदाय स्वयं आवश्यकताओं की पूर्ति तथा समस्या समाधान का प्रयास करता है। इस स्थिति में कार्यकर्ता का पहला कार्य समुदाय की उन समस्याओं की ओर ध्यान आकृष्ट करने में सहायता करना होता है जिनसे उनका सम्पूर्ण जीवन प्रभावित होता है।
3. जब समस्याओं एवं आवश्यकताओं का ज्ञान समुदाय को हो जाता है तो कार्यकर्ता उन आवश्यकताओं को पूरा करने तथा समस्याओं के निराकरण करने हेतु प्राथमिकता निर्धारित करने में समुदाय की सहायता करता है जिससे उसी के अनुसार प्रयासों में एकरूपता तथा गहनता लाई जा सके।
4. सामुदायिक संगठन का कार्यकर्ता समुदाय को उन संसाधनों की खोज करने में सहायता करता है जिनसे आवश्यकताओं की पूर्ति तथा समस्याओं का समाधान संभव है। समुदाय में अनेक ऐसी संस्थाएं होती हैं जो समुदाय के कल्याण के लिए कार्य करती हैं लेकिन समुदाय को उनका ज्ञान नहीं होता है। कार्यकर्ता इन संस्थाओं का पता लगाकर समुदाय द्वारा इनकी सेवाओं का उपयोग किए जाने पर बल देता है।
5. इस प्रक्रिया के द्वारा कार्यकर्ता समुदाय को विशेष समस्या का समाधान करने तथा आवश्यकता पूर्ति करने के लिए प्रेरित करता है, प्रयास करने के लिए उत्साहित करता है तथा मार्गदर्शन करता है।
6. जैसे-जैसे वह आगे बढ़ता है, समुदाय के लोग उसकी महत्ता को समझने लगते हैं, स्वीकार करने लगते हैं, एक-दूसरे के साथ सहयोग करने लगते हैं, आपसी मतभेदों को दूर करते हैं तथा सभी प्रकार के संसाधनों का उपयोग करने का प्रयास करते हैं एवं स्वयं समर्थ बनने की प्रबल इच्छा जाग्रत कर लेते हैं।

सामुदायिक संगठन का क्षेत्र

सामुदायिक संगठन का क्षेत्र वृहद है तथा इसकी विषयवस्तु विविध प्रकार की है। इसकी आवश्यकता सभी प्रकार के समुदायों-गांव, शहर, कस्बा, मलिन बस्तियों सभी को है। सामुदायिक संगठन की प्रक्रिया चेतन या अचेतन रूप से जीवन के विभिन्न क्षेत्रों-राजनीति, कला, शिक्षा, स्वास्थ्य, आर्थिक जीवन सभी में उपयोग में लाई जाती है। आज समाज कल्याण सेवाओं का

सामुदायिक संगठन के रूप में उपयोग करने की आवश्यकता अनेक कारकों से निरन्तर बढ़ रही है। कुछ कारक निम्नलिखित हैं :

1. समुदाय पहले से अधिक जटिल एवं समस्याग्रस्त हो रहे हैं।
2. समाज कल्याण संस्थाओं की संख्या बढ़ रही है।
3. आज के समुदाय के लिए उच्च स्तर की सेवाओं तथा उनके प्रशासन की विशिष्ट कला की आवश्यकता है।
4. बढ़ते हुए विशेषीकरण के लिए उनमें परस्पर अधिक संगठन करने की आवश्यकता है।
5. समुदायों में एकता और सहयोग कम होता चला जा रहा है जिसके परिणामस्वरूप समस्यायें अधिक बढ़ रही हैं।
6. आज परस्पर कार्य करने के लिए विशेष ज्ञान एवं निपुणता की आवश्यकता अनुभव होने लगी है।

सामुदायिक संगठन का उद्देश्य एवं लक्ष्य

वायलेट एम. लीडर ने सामुदायिक संगठन के उद्देश्यों एवं लक्ष्यों के विकास की पांच स्थितियां बतलाई हैं :

1. पहली स्थिति में सेवार्थियों द्वारा सेवाओं के दुरुपयोग को रोकने के प्रयास किए गए।
2. दूसरी स्थिति में सेवार्थियों को सेवा प्रदान करते हुए धन एवं प्रयासों के अपव्यय और पुनरावृत्ति को रोकने के प्रयास किए गए।
3. तीसरी स्थिति में संस्थाओं के साधनों को व्यक्तियों की आवश्यकताओं के साथ सामंजस्य की स्थिति में ले जाने के प्रयास किए गए।
4. चौथी स्थिति में सामुदायिक संगठन को समुदाय के अन्तर्गत कारणात्मक कारकों का पता लगाते हुए सामाजिक समस्याओं को रोकने पर जोर दिया गया।
5. पांचवीं स्थिति में सामुदायिक संगठन को समुदायों की एक प्रत्यक्ष सेवा के रूप में देखा गया।

सामुदायिक संगठन का प्रमुख लक्ष्य समाज कल्याण साधनों और समाज कल्याण आवश्यकताओं की प्राप्ति की ओर उन्मुख अभिकरणों में अधिक प्रभावपूर्ण सामंजस्य लाना और इसे बनाये रखना है। इसमें यह तथ्य अन्तर्निहित है कि सामुदायिक संगठन का संबंध 1. आवश्यकताओं के अन्वेषण और परिभाषा, 2. साधनों और आवश्यकताओं का समायोजन करने और परिवर्तित होती हुई आवश्यकताओं की पूर्ति के लिए साधनों के निरन्तर पुनः सामंजस्य करने से है।

इसके द्वितीयक लक्ष्यों का वर्णन करते हुए लेन ने कहा है-ये लक्ष्य सामान्य उद्देश्यों की प्राप्ति के साधन के रूप में 6 प्रकार के हैं : 1. स्वस्थ नियोजन और क्रिया के लिए एक उपयुक्त वास्तविक आधार प्राप्त करना तथा बनाये रखना, 2. साधनों एवं आवश्यकताओं से अधिक अच्छा सामंजस्य प्राप्त करने के लिए कल्याण संबंधी कार्यक्रमों तथा सेवाओं को आरम्भ और विकसित करना और व्यक्तिगत समाज कार्य के मानदण्डों को विकसित करना, 3. व्यक्तिगत संस्थाओं की प्रभावशीलता को बढ़ाना, 4. पारस्परिक संबंधों में सुधार लाना, सुविधायें प्रदान करना, समाज कल्याण कार्यक्रमों और सेवाओं से संबंधित संगठनों, समूहों एवं व्यक्तियों में समन्वय की अभिवृद्धि करना, 5. कल्याण समस्याओं एवं आवश्यकताओं तथा समाज कार्य के उद्देश्यों, कार्यक्रमों और ढंगों के विषय में जनता में अधिक अच्छे ज्ञान को विकसित करना और 6. समाज कल्याण क्रियाओं के लिए जनता में सहयोग और सम्मिलन को विकसित करना।

सैण्डर्सन तथा पॉल्सन के अनुसार इसके विशिष्ट उद्देश्य निम्नलिखित हैं :

1. सामुदायिक पहचान की चेतना जाग्रत करना।

2. सम्पूर्ण आवश्यकताओं की संतुष्टि करना।
3. समाजीकरण के साधन के रूप में सामाजिक सम्मिलन की वृद्धि करना।
4. सामुदायिक आत्मा तथा भक्ति भावना द्वारा सामाजिक नियंत्रण को प्राप्त करना।
5. संघर्ष को रोकने तथा कुशलता एवं सहयोग की वृद्धि के लिए समूह और क्रियाओं में समन्वय स्थापित करना।
6. समुदाय के अवांछनीय प्रभावों अथवा परिस्थितियों से रक्षा करना।
7. सामान्य आवश्यकताओं का पता लगाने के लिए अन्य संस्थाओं तथा समुदायों से सहयोग करना।
8. एकमतता प्राप्त करने के साधनों का विकास करना।
9. नेतृत्व को विकसित करना।

समुदाय संगठन एवं वैयक्तिक सेवा कार्य में संबंध

व्यक्ति केवल परिवार या अन्य छोटे समूह का ही सदस्य नहीं होता है वरन् वह सम्पूर्ण समुदाय का सदस्य होता है। वैयक्तिक कार्य का एक सिद्धान्त है साधनों का उपयोग। इसके अन्तर्गत कार्यकर्ता समुदाय के साधनों के उपयोग एवं उसके द्वारा सेवार्थी की समस्याओं के सुलझाव में मदद करता है। इसी प्रकार वैयक्तिक सेवा कार्य की एक प्रविधि है पर्यावरण संशोधन (Environmental Modification) इसके अन्तर्गत सामुदायिक पर्यावरण में भी बदलाव एवं संशोधन कर सेवार्थी की मदद कार्यकर्ता द्वारा की जाती है।

सेवार्थी की क्षमताओं के विकास हेतु स्कूल की सर्वाधिक महत्वपूर्ण अपेक्षा है, यह भी समुदाय में ही उपलब्ध है। सेवार्थी की बीमारियों से उपचार हेतु चिकित्सालय की अपेक्षा होती है, यह भी समुदाय में ही उपलब्ध है। इसी प्रकार पर्यावरण के वातावरण जन्य प्रदूषण तथा सामाजिक प्रदूषण का भी सेवार्थी पर प्रभाव पड़ता है और इन समस्याओं में उपचार में भी समुदाय संगठन की आवश्यकता होती है।

इसी प्रकार समुदाय को भी अपने लक्ष्यों की प्राप्ति हेतु सक्षम नेतृत्व का सहारा लेना पड़ता है। समुदाय की समस्याओं को समझने, निदान करने एवं उसके उपचार हेतु नेतृत्व को योग्य बनाने में व्यक्तिगत रूप से समुदाय के नेताओं के साथ कार्य करना पड़ता है और यह कार्य वैयक्तिक सेवा कार्य के माध्यम से ही सम्भव है।

समाज कल्याण प्रशासन और वैयक्तिक सेवा कार्य

समाज कल्याण प्रशासन के अर्थ निरूपण में निम्नलिखित बिन्दु सम्मिलित हैं :

1. समाज कल्याण प्रशासन विज्ञान तथा कला दोनों है। एक विज्ञान के रूप में इसमें क्रमबद्ध ज्ञान (Systematic Knowledge) होता है जिसका उपयोग सेवाओं को अधिक प्रभावी बना देता है।
2. विज्ञान के रूप में इसके निम्न तत्व प्रमुख हैं : नियोजन, संगठन, कर्मियों की भर्ती, निर्देशन, समन्वय, प्रतिवेदन, बजट तथा मूल्यांकन (POSDCORB)। कला के रूप में, समाज कल्याण प्रशासन में अनेक निपुणताओं तथा प्रविधियों का उपयोग होता है जिसके परिणामस्वरूप उपयुक्त सेवाओं को प्रदान करना सम्भव होता है।

समाज कल्याण प्रशासन की निम्न प्रमुख विशेषताएं हैं :

1. समाज कल्याण प्रशासन कार्यों को पूरा करने के लिए की जाने वाली एक प्रक्रिया है। समाज कल्याण प्रशासन में स्वास्थ्य, शिक्षा, आवागमन, आवास, स्वच्छता, चिकित्सा आदि सेवाओं को प्रभावकारी बनाया जाता है।

2. समाज कल्याण प्रशासन की संरचना में एक उच्च-निम्न की उत्क्रमीय (Hirarchy) व्यवस्था होती है। कर्मचारियों की स्थिति के अनुसार उनके कार्य तथा शक्तियां निर्धारित होती हैं।
3. नेतृत्व, निर्णय लेने की क्षमता, शक्ति संचार आदि प्रशासकीय प्रक्रिया के प्रमुख अंग हैं।

समाज कल्याण प्रशासन मूल रूप से निम्न क्रियाओं से संबंधित है:

1. राज्य के सामाजिक लक्ष्यों को प्राप्त करने के लिए ऐसी नीति निर्धारित करना जिससे संगठन में कार्यरत जनशक्ति एकीकृत रूप से कार्य कर सके।
2. सेवाओं के प्रभावपूर्ण प्रावधान के लिए संगठनात्मक संरचना की रूपरेखा तैयार करना।
3. संसाधनों, कर्मचारीगणों तथा आवश्यक प्रविधियों का प्रबंध करना।
4. आवश्यक ज्ञान एवं निपुणताओं से युक्त मानव संसाधन का प्रबंध करना।
5. जन क्रियाकलापों को संपादित करवाना जिनसे अधिकतम संतोषजनक ढंग से लक्ष्य की प्राप्ति हो सके।
6. ऐसा वातावरण तैयार करना जहां आपसी मेल-मिलाप तथा प्रगाढ़ता बढ़े एवं कर्मचारी कार्य करने की प्रक्रिया के दौरान सुख का अनुभव हो।
7. किए जाने वाले कार्यों का निरन्तर मूल्यांकन किया जाय।

प्रशासन की मूल मान्यताएं

1. अभिकरण के सदस्यों का अपना-अपना महत्व होता है तथा वे संस्था में लक्ष्यों के प्रति समान महत्व रखते हैं। ऊंच, नीच, श्रेष्ठ, हीन आदि का प्रत्यय नहीं होता है।
2. प्रत्येक कार्यकर्ता का अपना महत्व होता है। वे एक-दूसरे से कार्यात्मक संबंध रखते हैं इसमें मालिक तथा नौकर का दृष्टिकोण न होकर समानता का दृष्टिकोण होता है।
3. संस्था के सभी कर्मचारियों की समस्याओं, उनके दृष्टिकोणों तथा मनोवृत्तियों का ध्यान रखना आवश्यक होता है तभी संस्था की उन्नति सम्भव है। कर्मचारी तभी अपनापन अनुभव करेंगे।
4. प्रत्येक स्तर पर कर्मचारियों का भागीकरण आवश्यक होता है।
5. प्रशासकीय अधिकार, दबावमूलक न होकर सहायतामूलक होते हैं।
6. अधिकारों का बंटवारा कर्तव्यों एवं समानता के अधिकार पर होता है।
7. संचार की निपुणता, प्रतिनिधित्व का विचार, विकेन्द्रीकरण तथा कर्तव्यों का बंटवारा आदि बातें प्रशासक के अन्तर्गत प्रमुख समझी जाती हैं।

सामाजिक वैयक्तिक सेवा कार्य में प्रशासन के प्रमुख क्षेत्र

उन सभी क्षेत्रों में जहां से वैयक्तिक सेवा कार्य की सहायता सेवार्थियों को प्राप्त होती है, प्रशासन का कार्य किया जाता है। प्रशासक के द्वारा अभिकरण अपनी सेवाओं को सुचारु रूप से सेवार्थियों तक पहुंचाती है। वैयक्तिक सेवा कार्य के निम्नलिखित ऐसे क्षेत्र हैं जहां सक्षम प्रशासन की आवश्यकता होती है :

1. बाल कल्याण संस्थाएं
2. महिला कल्याण संस्थाएं
3. युवा कल्याण संस्थाएं
4. अन्धा, बधिर, अपाहिज आदि के लिए कल्याण संस्थाएं।
5. मानसिक, अल्प विकसित तथा मनोरोगियों के लिए कल्याण संस्थाएं।
6. अपराधी सुधार संबंधी संस्थाएं।
7. चिकित्सा एवं स्वास्थ्यवर्धक संस्थाएं।
8. परिवार नियोजन संस्थाएं।

9. शिक्षा संस्थाएं।
10. श्रमिक कल्याण संस्थाएं।

समाज कार्य शोध एवं वैयक्तिक सेवा कार्य

शोध का अर्थ निरूपण

1. यह समाज कार्य का एक सहायक तरीका है क्योंकि इसके द्वारा सेवार्थी की सहायता प्रत्यक्ष रूप से नहीं की जाती है।
2. यह वैज्ञानिक तरीकों को अपने कार्यक्रम के अन्तर्गत उपयोग में लाता है। इसमें निम्नलिखित चरणों का उपयोग किया जाता है :
   (क) समस्या के क्षेत्र के विषय का चुनाव।
   (ख) समस्या का परिसीमन।
   (ग) उपलब्ध सामग्री का अध्ययन।
   (घ) उपकल्पना सामग्री का अध्ययन।
   (ङ) प्रश्नावली का निर्माण।
   (च) प्रारम्भिक परीक्षा, तथ्यों का संकलन तथा तथ्यों का विश्लेषण एवं प्रतिवेदन निर्माण इत्यादि।
3. सेवार्थी को अधिक वैज्ञानिक ढंग से सेवा प्रदान करने के लिए नये तरीकों की खोज की जाती है।
4. इसके द्वारा कार्यकर्ता को नवीन ज्ञान, प्रविधि, निपुणता तथा कौशल प्राप्त होता है।
5. उपलब्ध ज्ञान को प्रमाणित किया जाता है।
6. सामाजिक घटना के कारण संबंधी कारकों की खोज की जाती है।
7. पुरानी उपकल्पनाओं का परीक्षण किया जाता है।

वैयक्तिक सेवा कार्य एवं समाज कार्य शोध में संबंध

वैयक्तिक सेवा कार्य में समाज के किसी समस्याग्रस्त व्यक्ति को किसी अभिकरण में प्रशिक्षित कार्यकर्ता के माध्यम से इस प्रकार सहायता दी जाती है कि उसकी समस्याओं का निराकरण हो और वह स्वयं अपने पैरों पर खड़ा हो सके। उसकी समस्याओं के जनन में उसके सामाजिक परिवेश का भी महत्वपूर्ण योगदान होता है। इस परिप्रेक्ष्य में वैयक्तिक सेवा कार्य के उद्देश्यों की पूर्ति में समाज कार्य अनुसंधान निम्नलिखित तरीके से सहायक हो सकता है।

1. व्यक्ति की बहुत सी समस्याओं के जनन में उसके पर्यावरण की अहम् भूमिका होती है, अतः समुचित एवं वैज्ञानिक तरीके से सहायता हेतु यह आवश्यक है कि व्यक्ति के पर्यावरण एवं सामाजिक पर्यावरण के संबंध में समुचित गवेषणा की जाए और प्राप्त तथ्यों के आधार पर सही ढंग से निदान किया जा सके।
2. व्यक्ति की बहुत सी समस्याओं का संबंध सम्पूर्ण सामाजिक समस्याओं से जुड़ा होता है, अतः व्यक्ति की समस्याओं के समुचित निदान हेतु यह आवश्यक है कि उसकी समस्याओं से जुड़ी अन्य समस्याओं का भी समुचित रूप से वैज्ञानिक अध्ययन किया जाए।
3. वैयक्तिक सेवा कार्य में उपचार की समस्त क्रिया किसी अभिकरण के माध्यम से संचालित होती है। अतः अभिकरण के संबंध में समुचित वैज्ञानिक अनुसंधान कर उसके दोषों का निराकरण कर लिया जाए तो वैयक्तिक सेवा कार्य की प्रक्रिया और अधिक प्रभावपूर्ण ढंग से संचालित हो सकती है।

15

सामाजिक क्रिया एवं वैयक्तिक सेवा कार्य

(Social Action and Social Case Work)

सामाजिक क्रिया का अर्थ निरूपण

सामाजिक क्रिया की अवधारणा में निम्नलिखित तत्व सम्मिलित हैं : आरंभ से पूर्व पूरे जन समुदाय की सहमति अपेक्षित होती है। इस जन सहमति से ही आन्दोलन की शक्ति का प्रादुर्भाव होता है।

1. सामाजिक क्रिया समाज कार्य का ही एक अंग है। इसमें भी समाज कार्य के सिद्धांत, मान्यताओं तथा ज्ञान और कौशल का प्रयोग किया जाता है। सामान्यत: इसका प्रयोग समाज कार्यकर्ताओं के व्यावसायिक संघ द्वारा किया जाता है।
2. सामाजिक क्रिया का उद्देश्य सही अर्थ में सामाजिक न्याय और समाज कल्याण की प्राप्ति है। इसके द्वारा एक ऐसे समाज का निर्माण संभव है, जिसमें व्यक्ति के अधिकतम कल्याण की प्राप्ति हो सके।
3. इस प्रक्रिया में आवश्यकतानुसार सामाजिक संस्थाओं, परिस्थितियों तथा सामाजिक व्यवस्था में परिवर्तन लाने का प्रयास किया जाता है और साथ ही साथ अनावश्यक एवं अवांछनीय सामाजिक परिवर्तन रोकने का भी प्रयास किया जाता है। इसका लक्ष्य यह होता है कि समाज के सदस्यों को इस योग्य बना दिया जाए कि वे अनुशासित होकर अपनी परिस्थितियों को स्वयं ही व्यवस्थित कर सकें।
4. सामाजिक क्रिया में यथासंभव अहिंसात्मक ढंग से कार्य किया जाता है।
5. सामाजिक क्रिया में किसी एक व्यक्ति द्वारा भी कार्य आरंभ किया जा सकता है। परन्तु बाद में इसके उद्देश्यों की पूर्ति के लिए सामूहिक सहयोग अपेक्षित होता है।
6. इसमें कार्य जनतंत्रात्मक मूल्यों और संविधान में दिए गए नागरिक अधिकारों पर आधारित आन्दोलन के रूप में होता है। आन्दोलन के आरंभ से पूर्व पूरे जन समुदाय की सहमति अपेक्षित होती है। इस जन सहमति से ही आन्दोलन की शक्ति का प्रादुर्भाव होता है।

सामाजिक क्रिया के प्रकार या अभिगम की कला

किसी अभिगम या पद्धति की कला के अंतर्गत नियोजन, विधि तथा अनुशासन निहित होता है। इसी आधार पर सामाजिक क्रिया के निम्नलिखित प्रकार हैं :

1. *सामाजिक मध्यस्थता :* सामाजिक कार्यकर्ता स्वयं या कुछ प्रतिनिधि सदस्यों के समुदाय से परामर्श करके अन्य सदस्यों के बीच मध्यस्थता का कार्य करता है। मध्यस्थता की प्रक्रिया में शिक्षा, अनुनय, सहभागिता आदि बातें निहित होती हैं।

2. *समाकलन संगठन :* कभी-कभी कार्यकर्ता को आवश्यकतानुसार समुदाय के अतिरिक्त कुछ अन्य स्थितियों में समाकलन संगठन करने की आवश्यकता होती है। जिसके आधार पर कार्यकर्ता सामाजिक प्रक्रिया संबंधी कार्यक्रमों को सफल बनाने का कार्य करता है।
3. *सामाजिक विरोध :* किसी कार्यक्रम की सफलता के लिए अनेक रूप से प्रयास किए जाते हैं परन्तु जब इन प्रयासों को सफलता नहीं मिलती तो सामाजिक रूप से विरोध प्रस्तुत किया जाता है। इसका लक्ष्य सामाजिक प्रक्रिया की सफलता होती है। इस क्षेत्र में अनेक तत्व एवं अवयव होते हैं, जिन्हें पूरी तरह से नियंत्रित नहीं किया जा सकता है। सामाजिक विरोध द्वारा प्रभुत्व व शक्ति को चुनौती दी जाती है कि सामूहिक शक्ति एवं संयुक्त रूप से सदस्यों का दबाव प्रभुसत्ता से कम शक्तिशाली नहीं होता।
4. *प्रक्रिया :* इसके अन्तर्गत विशिष्ट प्रक्रिया के रूप में सम्पूर्ण समुदाय के सन्दर्भ में उपयोग की जाने वाली प्रक्रिया और विधियों का प्रयोग किया जाता है। समुदाय की सम्पूर्ण स्थिति, साधन व क्षमता का पूर्ण ज्ञान प्राप्त करके फिर सामाजिक क्रिया का उपयोग किया जाता है।

सामाजिक क्रिया के तत्व

सामाजिक क्रिया समाज कार्य की एक सहायक प्रणाली है जिसका उद्देश्य सामाजिक नीतियों तथा सामाजिक विधियों में परिवर्तन एवं परिवर्द्धन करना है। इसमें निम्नलिखित तत्वों का समावेश होता है :

1. *समूह अथवा समुदाय की सक्रियता :* सामाजिक क्रिया तभी सफल हो सकती है, जब समूह अथवा समुदाय सक्रिय हो। समुदाय की सक्रियता नियोजित एवं संगठित होनी चाहिए। इसके सदस्यों में प्रगति तथा परिवर्तन के लिए दृढ़ आकांक्षा होनी चाहिए।
2. *जनतांत्रिक नेतृत्व :* सामाजिक क्रिया में नेतृत्व का विकास करते समय यह ध्यान रखना चाहिए कि नेता का चयन समाज की सहमति से किया जाए।
3. *जनतांत्रिक कार्य प्रणाली :* जनतांत्रिक कार्य प्रणाली सामाजिक क्रिया के लिए आवश्यक है, इसमें जो भी ढंग अपनाया जाए वह जनतांत्रिक मूल्यों पर आधारित हो, क्योंकि समाज कार्य का दर्शन तथा व्यवहार आदर्शों पर निर्भर है।
4. *साधनों की व्यवस्था :* सामाजिक क्रिया के आरंभ करने से पूर्व संबंधित समूह अथवा समुदाय के सभी भौतिक तथा अभौतिक साधनों पर भली-भांति विचार किया जाए। साधनों का प्रयोग करते समय उनके प्रत्यक्ष एवं दूरगामी प्रभावों को ध्यान में रखना आवश्यक होता है।
5. *साधनों और समस्याओं में समन्वय :* साधनों का सही अनुमान लगाने के बाद ही समस्या का चयन किया जाना चाहिए। इसके लिए सामाजिक क्रिया को आरंभ करने से पूर्व समस्या से संबंधित साहित्य का अध्ययन किया जाना चाहिए।
6. *स्वस्थ जनमत :* सामाजिक क्रिया के लिए स्वस्थ जनमत को भी आवश्यक माना गया है। स्वस्थ जनमत के विकास हेतु समाचार पत्रों, रेडियो, टेलीविजन, सार्वजनिक सभाओं इत्यादि का उपयोग किया जाता है।
7. *समुदाय के सदस्यों का सहयोग :* कोई सामाजिक क्रिया तभी सम्पन्न हो सकती है, जब उससे संबंधित समुदाय के सदस्य समस्या के साथ अपना तादात्म्यीकरण करें तथा कार्यक्रम के निर्माण में स्वयं भाग लें। इसके अतिरिक्त सामाजिक क्रिया में लगे हुए व्यक्तियों को ऐसे निर्देशन की सुविधा प्राप्त हो ताकि उन्हें समय-समय पर उत्पन्न होने वाली समस्याओं को हल करने के लिए सक्षम बनाया जा सके।

सामाजिक क्रिया का अभिगम : सर्वोदय

न्याय के आदर्श के विभिन्न आधारों, जैसे : वितरण का न्याय, समानता का न्याय, संवैधानिक न्याय, गुण के रूप न्याय के अतिरिक्त सामाजिक या सुधारात्मक न्याय की धारणा अधिक महत्वपूर्ण है,

क्योंकि समाज में व्यक्ति का अधिकार और सामाजिक नैतिकता की भूमिका महत्वपूर्ण सिद्ध होती है, इसमें न्याय के सभी अधिकर समाहित हो जाते हैं। विधान अधिकार, वितरण, समानता आदि की समस्या समाज और व्यक्ति को लेकर उत्पन्न हो जाती है। समाज की व्यवस्था के साथ न्याय-अन्याय की समस्या उत्पन्न होती है। सामाजिक न्याय की उपयोगिता को दूर करने के लिए उपयोगितावादी 'अधिकतम संख्या को अधिक सुख' का सूत्र देते हैं। मार्क्सवादी 'प्रत्येक को उसकी आवश्यकतानुसार दाम' का सूत्र देते हैं अर्थात् मार्क्सवादी न्याय के आर्थिक पक्ष को ही महत्व देते हैं। परन्तु न्याय का एक आदर्श जो सामाजिक न्याय है और जिसमें किसी एक पक्ष का विशेष महत्व नहीं दिया जाता, वह उन हितों को उपलब्ध कराता है जिससे प्रत्येक व्यक्ति का अधिक से अधिक विकास हो सके। इस आदर्श से प्रेरित गांधी जी का दिया हुआ नारा 'सर्वोदय' न्याय का सिद्धांत है। सर्वोदय का अर्थ है सब का उदय, विकास, हित। दूसरे शब्दों में जाति, धर्म, रूप, रंग, लिंग आदि से ऊपर उठकर समाज का सामूहिक रूप से उत्थान और विकास। न्याय के रूप में इस आदर्श का स्रोत उपनिषद् के इस मंत्र में मिलता है :

सर्वे भवन्तु सुखिनः सर्वे सन्तु निरामयाः।
सर्वे भद्राणि पश्यन्तु मा कश्चित दुःखभागभवेत्॥
जैन आचार्य समन्त भद्र ने भी कहा है :
सर्वावदामन्तकर निरन्तं सर्वोदयं तीर्थसिद्ध तथैव।

सर्वोदय की आधारशिला 'अद्वैत' की भावना है और उसकी नीति समन्वय की नीति है। व्यक्ति और समाज के साथ न्याय तभी हो सकता है, जब एकत्व की पृष्ठभूमि में समन्वय को गतिशील किया जाए। समाज में 'जंगल का नियम' या 'योग्यता की विजय' का नियम नहीं चल सकता। बड़ी मछली छोटी मछली को निगल जाती है। इसे सार्वभौमिक नियम के रूप में मानव समाज के लिए लागू नहीं किया जा सकता। सर्वोदय का सिद्धांत इन्हीं सिद्धांतों को चुनौती देता है। 'जीओ और जीने दो' निश्चित रूप से यह मानव समाज के लिए उचित सिद्धांत है। सर्वोदय का आदर्श है, जिससे दूसरों को जिलाने के लिए मरो। इसमें अपना स्वार्थ अपने हित नहीं दूसरों के लिए है। इसमें 'सर्वभूत हिताय' सामाजिक न्याय का एक महत्वपूर्ण पहलू है। परन्तु इससे भी अच्छा सर्वोदय का यह आदर्श है। इसमें 'सर्वभूत हिताय' की कामना है। इसके आधार पर ही सबका उदय या सबका उत्थान और विकास है।

सर्वोदय समाज में व्यक्ति का विकास

गांधी दर्शन में जिस विकास की बात की जाती है, वह है। सर्वोदय समाज और ऐसे समाज में व्यक्ति के विकास पर अत्यधिक बल दिया जाता है। समाज की उन्नति के लिए व्यक्ति की उन्नति और व्यक्ति की उन्नति के लिए समाज की उन्नति आवश्यक है। व्यक्ति के सामाजिक, नैतिक, शारीरिक और बौद्धिक गुणों का विकास किसी समाज के विकसित होने के लक्षण हैं। समाज का निर्माण और उसका प्रमुख कार्य व्यक्ति का समुचित विकास करना है। इस समाज में व्यक्ति के विकास में एक अन्य महत्वपूर्ण तथ्य यह है कि व्यक्ति को अपने आत्मनिर्माण की स्वतंत्रता है। वह अपना विकास अपने बल पर करेगा। वह स्वराज्य का निर्माण करेगा। वह अपना परीक्षण व आत्मावलोकन करेगा। व्यक्ति स्वशासित होगा। व्यक्ति के विकास का मानदंड यह होगा कि वह समाज में सेवा के लिए कितना तत्पर रहता है। समर्पण की भावना से दूसरों के हित के लिए कार्य करना उसके आत्म-विकास का मानदंड होगा। त्याग, अपरिग्रह की भावना और अहिंसा के व्रत से वह अपने जीवन का विकास करेगा। व्यक्ति का विकास सर्वोदय समाज का मुख्य लक्ष्य है। ऐसा सुविकसित व्यक्ति ही उन्मुक्त समाज का निर्माण अपने जीवन के आधार पर करेगा। ऐसे आदर्श समाज में जो व्यक्ति होगा, वह निर्भय, अभावों से मुक्त होगा और उसे जीवन और विचार की स्वतंत्रता प्राप्त होगी।

सर्वोदय समाज और राजनीतिक संपोष्यता (Sustainability)

व्यक्ति के विकास के लिए राज्य व्यवस्था का संपोषी होना आवश्यक है। यह राजनीतिक संपोष्यता तभी संभव है, जब राज्य लोकतंत्री विकेन्द्रीकरण का समर्थक हो। उसमें संघर्ष नहीं, सहयोग हो। हिंसा नहीं, अहिंसा हो। बहुमत नहीं, आम सहमति हो। सर्वोदय में स्वराज्य वह स्थिति है, जिसमें कोई किसी के ऊपर सत्ता या शक्ति का प्रयोग नहीं करता। वर्तमान राज्य हिंसक है, क्योंकि वह व्यक्ति से अपने प्रति निष्ठा चाहता है। सर्वोदय इस राजनीति के स्थान पर 'लोकनीति' को चाहता है। वर्तमान राजनीति दलबन्दी और बहुमत पर निर्भर है, परन्तु यह सर्वोदय में मान्य नहीं है क्योंकि इससे चुनाव में अपव्ययता और भ्रष्टाचार दोनों को बढ़ावा मिलता है। सर्वोदय लोक कल्याण में विश्वास रखता है, परन्तु लोक कल्याणकारी राज्य में राज्य की प्रधानता अर्थात् राज्य शक्तिशाली हो जाता है और वह केन्द्रीकरण का समर्थन करता है। सर्वोदय समाज में सत्ता का विकेन्द्रीकरण होता है। यह ग्राम स्तर से राष्ट्रीय स्तर तक पहुंचने में विश्वास करता है। न्याय की दृष्टि से सर्वोदयी प्रणाली न्यायालयों की स्थापना पर बल देती है। सामाजिक व्यवस्था अहिंसा पर आधारित होगी। अत: समाज में अन्याय और शोषण नहीं होगा। सर्वोदय में अन्तर्राष्ट्रीयवाद और मानवतावाद का समर्थन किया जाता है। यह शांति सेना रखने का समर्थन करता है। सर्वोदय 'वसुधैव कुटुम्बकम्' की अवधारणा को चरितार्थ करना चाहता है। सर्वोदयी नेता 'सर्वजनहिताय' अहिंसा, त्याग, सेवा, अपरिग्रह, सहिष्णुता, करुणा और मान्य मूल्यों में विश्वास रखते हुए सर्वोदय समाज का उत्कर्ष चाहते हैं।

समीक्षा

सर्वोदय की धारणा स्वयं एक न्याय सिद्धांत है। यह मानवतावाद है। यह निर्देशक तत्व है। यह आत्मानुशासन है। यह समग्र दर्शन है। 'सर्वभूत हिताय' इसका लक्ष्य और कार्य है। सामाजिक न्याय की पृष्ठभूमि है। यह सिद्धांत और आदर्श का अच्छा से अच्छा रूप है परन्तु कुछ सिद्धांतवादी इसके विरोध में कहते हैं कि क्या यह सिद्धांत व्यवहार में आ सकता है ? या यह आदर्श, यथार्थ का रूप ले सकता है ? रामराज्य या आदर्श राज्य न्यायपूर्ण राज्य तो होगा परन्तु उसकी व्यावहारिकता का प्रश्न अत्यन्त जटिल है। समता और समग्रता का न्याय केवल आदर्श है। यह व्यवहार में संभव नहीं है। यह केवल 'यूटोपिया' है।

इस आक्षेप के उत्तर में यह कहा जा सकता है कि यहां प्रश्न व्यवहार और यथार्थ का नहीं है। पहले तो किसी कार्य का आदर्श सामने होता है। आदर्श व्यवहार की दिशा का निर्देश करता है। वैसे तो कोई भी आदर्श पूर्णतया यथार्थ में परिणत नहीं होता। गांधी जी ने कहा भी है कि यथार्थ चलने के लिए होते हैं, हम उनको पूर्णतया नहीं उतार पाते, परन्तु उस पर चलकर उसके निकट पहुंचने का प्रयत्न तो कर ही सकते हैं। सर्वोदय इसी सिद्धांत पर आधारित है। हम आंशिक रूप से विकास की बात नहीं सोच सकते। समग्रता का विकास और उत्थान सर्वोदय का लक्ष्य है। यदि ऐसे आदर्श समाज का निर्माण करते हैं तो कुछ तो न्यायपूर्ण समाज की रचना हो सकती है। यदि आदर्श समाप्त हो जाएगा तो फिर प्रगति भी समाप्त हो जाएगी। हमें आदर्श के लिए प्रयत्न करना है। गांधी जी का प्रयोग इस बात का उदाहरण है कि अच्छे ध्येय को अपने समक्ष रखें। अत: हम यह नहीं कह सकते कि आदर्श प्रयत्न साध्य नहीं है। कुछ भी हो, आदर्श के रूप में सर्वोदय के विचार से किसी को असहमति नहीं हो सकती।

यदि समता का सामाजिक न्याय हम सर्वोदय विचारधारा के सत्य और अहिंसा के द्वारा समाज में नहीं ला सकते तो उपयोगितावादी आदर्श और मार्क्सवादी आदर्श से समता नहीं ला सकते। या ये दोनों यथार्थ में नहीं आ सकते, इसलिए हमें सर्वोदय के विचार को अव्यवहार्य नहीं मानना चाहिए। जब रक्तरंजित आदर्श हिंसात्मक क्रांति करा सकता है तो सर्वोदय का आदर्श अहिंसात्मक क्रांति क्यों नहीं करा सकता। सर्वोदय या समग्र क्रांति आध्यात्मिक साधन पर टिकी है। यह बहुत शीघ्रता से पूर्ण

होने वाली नहीं है। एक राजनीतिक विचारक ने ठीक ही लिखा है कि भौतिकता प्रधान, व्यावसायिक चिन्तन को युग की वैचारिक चोटी पर आसीन करके कोई भी क्रांति व्यक्ति की गुर्राती प्रवृत्तियों के दांत नहीं निकाल सकती। यदि बिना साधन के क्रांति चलाई गई तो वह कुछ दिन बाद सशक्त क्रांति का रूप धारण कर लेगी और फिर इसे कोई सर्वसेवा से रोक न पायेगा। अहिंसक क्रांति कहीं लाल न हो जाए, इस खतरे को नजर अंदाज न किया जाए।

सर्वोदय मानव समाज की धारणा

एक विद्वान ने अपनी पुस्तक में लिखा था कि व्यक्ति की पुनः रचना द्वारा ही समाज का पुनर्निर्माण संभव है। यह बात सर्वोदय के सिद्धांत पर चरितार्थ होती है। गांधी जी का उद्देश्य समाज के अंग विशेष का पुनर्गठन करना न होकर मानव के समस्त अस्तित्व का पुनर्निर्माण करना है। इस निर्माण का आधार एकमात्र मनुष्य ही है। गांधी जी के अनुसार, मनुष्य केवल हाड़-मांस का पुतला नहीं है। मनुष्य इससे कुछ अधिक है और इससे परे भी है। मनुष्य केवल भौतिक तत्व नहीं है। इस लौकिक जागृति के पीछे अलौकिक, अदृश्य और शाश्वत सत्ता आम तत्व है। वह ईश्वरत्व है। इससे यह सिद्ध होता है कि ईश्वर और मनुष्य में एकता है। अज्ञानता के कारण वह जीवात्मा का रूप लेता है, जिसे अनुभावात्मक आत्मा कहते हैं। इस अज्ञानता और अविद्या को दूर करना ही मनुष्य के जीवन का लक्ष्य है, जिसे आत्म साक्षात्कार कहते हैं। गांधी जी की दृष्टि में यह सर्वप्रेम का भाव है। गरीब से गरीब का हक है तथा निम्न से निम्न का हक है। इसी के लिए गांधी जी ने सर्वोदय के सिद्धांत का निर्माण किया है। इस सिद्धांत में गांधी जी ने लक्ष्य और साधन के संबंधों पर भी बल दिया है। इसीलिए सबको अधिकतम सुख की प्राप्ति तभी हो सकती है, जबकि उसको शुभ साधनों से प्राप्त किया जाए।

समाज

सर्वोदय का दर्शन एक सर्वोदयी समाज की स्थापना करना चाहता है। गांधी जी अपने सिद्धांत सर्वोदय के अनुसार ही मनुष्य के आत्मकेन्द्रित स्वार्थी दृष्टिकोण का परिवर्तन परार्थवादी दृष्टिकोण में करना चाहते हैं। उसके ऊपर दबाव डाल उसे नैतिक नहीं बनाया जा सकता। ऐसी नैतिकता, नैतिकता की अस्वीकृति है। गांधी जी के अनुसार, सर्वोदय समाज का यह रूप होगा कि प्रत्येक व्यक्ति के लिए समाज में स्वतंत्रता होगी। समाज में अधिक से अधिक समानता होगी। व्यक्ति के विकास के लिए अधिक से अधिक अवसर प्राप्त होंगे। इस समाज का आधार मनुष्य नहीं होगा वरन् इसका आधार और केन्द्र मनुष्य होगा। सर्वोदय समाज का जीवन होगा, तभी साहित्य, कला और विज्ञान की उन्नति होगी। इसके साथ ही मनुष्य के व्यक्तित्व का विकास होगा। इस प्रकार सर्वोदय समाज का आधार नैतिकता होगी, जिसमें सत्य, अहिंसा, समानता, स्वतंत्रता का सहयोग होगा। साम्यवाद, आर्थिक क्रांति है जबकि सर्वोदय आदर्शवादी क्रांति है। गांधी के सर्वोदय का आधार आध्यात्मिक है और साम्यवाद का आधार भौतिकवाद है। सर्वोदय समाज नैतिक मूल्यों पर आधारित है। नैतिकता के आधार पर ही सर्वोदय का महत्व है। मानव समाज की अनेक समस्याओं का हल सिद्धांतों द्वारा किए जाने का प्रयास किय गया परन्तु उसमें नैतिकता को सर्वोपरि स्थान नहीं दिया गया जबकि सर्वोदय ने मनुष्य को नैतिक प्राणी मानते हुए तथा आध्यात्मिक आधार पर समान दृष्टि देते हुए उसकी समस्याओं का समाधान ढूंढता है। यह सर्वोदय कालीन समाज के लिए केवल बाह्य उपचार नहीं, आंतरिक और अंतिम उपचार है।

पंचायती राज के कुछ पहलू तथा सर्वोदय

सर्वोदय एक व्यापक सामाजिक, आर्थिक, राजनीतिक, नैतिक तथा आध्यात्मिक दर्शन है किन्तु समन्वित पंचायती राज की धारणा एक विशिष्ट प्रशासकीय कार्यविधि है, जिसे जिला, विकासखण्ड तथा गांव

के स्तर पर क्रियान्वित करना है। यह सत्य है कि सर्वोदय आन्दोलन ने इस प्रशासकीय क्रिया विधि को न्यूनाधिक रूप से स्वीकार किया है किन्तु आज की विशिष्ट और वाणिज्य प्रधान सभ्यता में इस प्रकार का लोकतंत्र एक कोरी कल्पना है। दूसरी ओर लोकतंत्र का अर्थ उन प्रत्याशियों में से चुनाव करना है जो शासक पद प्राप्त करने के लिए परस्पर होड़ करते हैं। पंचायती राज की योजना लोकतांत्रिक प्रक्रिया के द्वारा शक्ति का अधिकाधिक विकेन्द्रीकरण करने का प्रयत्न है। यह योजना जनता को अपने मामले का प्रबंध करने की जिम्मेदारी देने की दिशा में एक साहसिक कदम है। भारत के पांच लाख गांवों को ऐसी संस्थाएं प्रदान करना जहां वे सहभागी लोकतंत्र का अभ्यास कर सकें, सचमुच ही एक विशाल प्रयोग है। लोकतांत्रिक व्यवस्था का सबसे बड़ा खतरा यह है कि उसके अन्तर्गत राष्ट्रीय सरकार के अभिकरणों तथा अगणित बिखरे हुए मतदाताओं के बीच कोई शक्तिशाली बांध अर्थात बचाव का साधन नहीं होता। पंचायती राज की संस्थाएं बुनियादी अथवा लोकतंत्र का वास्तविक रूप नहीं है क्योंकि उनका संबंध केवल वित्त और प्रशासन की समस्याओं से होगा। उन्हें राष्ट्रीय वित्त, विदेश नीति तथा सार्वदेशिक परिवहन आदि की मुख्य राजनीतिक समस्याओं से प्रयोजन नहीं होगा। फिर भी ये संस्थाएं स्थानीय प्रशासन की इकाइयों से कुछ अधिक होंगी।

सामाजिक क्रिया के उद्देश्य

1. स्वास्थ्य एवं कल्याण के क्षेत्र में स्थानीय, प्रान्तीय तथा राष्ट्रीय स्तर पर किए जाने वाले कार्य।
2. सामाजिक नीतियों के निर्माण में सामाजिक पृष्ठभूमि तैयार करना।
3. सामाजिक आंकड़ों को एकत्र करना तथा सूचनाओं का विश्लेषण करना।
4. अविकसित समूहों के विकास के लिए मांग करना।
5. सामाजिक समस्याओं के लिए ठोस सुझाव तथा प्रस्ताव प्रस्तुत करना।
6. नये सामाजिक स्रोतों की खोज करना।
7. सामाजिक समस्याओं के प्रति जनता में जागरूकता लाना।
8. जनता का सहयोग प्राप्त करना।
9. सरकारी यन्त्र को अपने उद्देश्यों में योग देने के लिए तैयार करना।
10. नीति निर्धारण करने वाली सत्ता से प्रस्ताव स्वीकृत करवाना।

सामाजिक क्रिया का महत्व

हर समाज में कुछ न कुछ परिवर्तन होते रहते हैं। अनेक प्रकार की समस्याओं को व्यापक पैमाने पर अनुभव किया जाता है। इन आवश्यकताओं के समाधान हेतु आवश्यक परिस्थितियों को उत्पन्न करना सामाजिक क्रिया का कार्य है। समाज कार्य की इस सहायक पद्धति का उपयोग जनतांत्रिक मूल्यों तथा आदर्शों के प्रसारण के लिए किया जाता है। इस प्रकार संक्षेप में सामाजिक क्रिया के महत्व को निम्न प्रकार से स्पष्ट कर सकते हैं :

1. *सामाजिक समस्याओं का निराकरण :* भारतीय समाज में सामाजिक क्रिया के लिए व्यापक कार्य मौजूद हैं। भारतीय समाज के समक्ष अनेक प्रकार की समस्याएं हैं। ऊंच-नीच के आधार पर भेदभाव, स्त्रियों और पुरुषों के बीच भेदभाव आदि अनेक समस्याएं हैं जिनका समाधान जनतांत्रिक आदर्शों के अनुसार बहुत आवश्यक है। इसके अलावा हरिजन, जनजातियों, श्रमिक महिला, अशिक्षित, विधवा आदि अनेक वर्ग हैं जिनका समाज में समन्जन होना आवश्यक है। इसके अतिरिक्त अशिक्षा, अन्धविश्वास, न्यूनतम जीवन स्तर का अभाव आदि अनेक समस्याओं का समाधान आवश्यक है।
2. *वैयक्तिक तथा पारिवारिक मूल्यों से संबंधित समस्याओं का समाधान :* समस्याओं के समाधान की दिशा में सरकारी तथा गैर सरकारी स्तर पर अनेक प्रयास किए जा रहे हैं। इन प्रयत्नों के

बावजूद समस्याओं का सुलझाव नहीं होता क्योंकि समस्याओं के रूप अत्यधिक व्यापक है। साथ ही वैयक्तिक तथा पारिवारिक मूल्यों से संबंधित अनेक समस्याएं भी उत्पन्न हो रही हैं। इनके समाधान हेतु चाहे कानून का सहारा लें, चाहे समूहों या समुदायों में चेतना जाग्रत करें, दोनों ही स्थितियों में सामाजिक क्रिया की पद्धति अत्यन्त उपयोगी है। इन समस्याओं को जनतांत्रिक आदर्शों के अनुकूल सामाजिक क्रिया की मदद से हल किया जा सकता है।

3. *लोकतांत्रिक मूल्य और लोक चेतना का प्रसार :* समाज कार्य जनतांत्रिक मूल्यों पर आधारित है। न्याय, समानता व स्वतंत्रता जनतंत्र के मूलभूत आधार हैं। ये आदर्श सभी को व्यवहार में सुलभ हों, इसलिए समाज के मौजूदा स्वरूप में काफी परिवर्तन की आवश्यकता महसूस की जाती है। इसलिए सामाजिक क्रिया को आधार बनाया जा सकता है। सामाजिक क्रिया जन चेतना के उद्दीपन के लिए अत्यधिक लाभप्रद है।
4. *संघटनात्मक प्रक्रियाओं में प्रोत्साहन :* समाज में प्राय: विभिन्न व्यक्तियों तथा वर्गों द्वारा अनेक प्रकार की सामाजिक प्रक्रियाओं का एक साथ प्रयोग होता है। ये प्रक्रियाएं विधायी भी होती हैं और विघटनकारी भी। विधायी प्रक्रियाओं की मदद लेकर सामाजिक क्रिया की गति को तीव्र किया जा सकता है। साथ ही विघटनकारी प्रक्रियाओं से बचाव के उपाय करना भी आवश्यक होता है।
5. इसके द्वारा सामाजिक विधान में सुधार किया जाता है। इसके अलावा सामाजिक प्रगति तथा सामाजिक दशाओं में सुधार करना भी इसका एक उद्देश्य है। सामान्य आर्थिक दशाओं से उत्पन्न निर्धनता तथा व्याधियों जैसी अनेक समस्याओं को सामाजिक एजेंसियां हल नहीं कर पातीं। इन्हें सामाजिक क्रिया द्वारा हल किया जा सकता है।

सामाजिक क्रिया में वैयक्तिक सामाजिक कार्यकर्ता की भूमिका

सामाजिक कार्यकर्ता के अन्दर कुछ विशिष्ट कुशलताएं व विशेषताएं विद्यमान होती हैं जिससे वह सामाजिक क्रिया के कार्यों का सम्पादन उत्तम ढंग से करता है। ये विशेषताएं व कुशलताएं निम्नलिखित हैं : 1. समाज कार्य व्यवसाय में प्रविष्ट होने वाले व्यक्तियों के मूल्य व उनकी सामाजिक चेतना, सामाजिक उत्तरदायित्व तथा सामाजिक क्रिया में रुचि से प्रभावित होती है, 2. समाज कार्य का सामाजिक दर्शन व इसकी सामाजिक लक्ष्यों एवं उन्नति में आस्था व विश्वास तर्कपूर्ण ढंग से सामाजिक क्रिया से संबंधित है, 3. सहायता प्रक्रिया के दौरान सामाजिक कार्यकर्ता का समुदाय के समीप रहना सामाजिक समस्याओं की समीक्षा करने में मदद देता है, 4. व्यक्तियों, समूहों एवं सामुदायिक जीवन की गतिकी का ज्ञान कार्यकर्ता को समस्याओं को समझने व उनके निराकरण करने की क्षमता प्रदान करता है, 5. कार्यकर्ताओं के सामाजिक पर्यवेक्षण (Social Observation), विश्लेषण व नियोजन में प्रशिक्षण तथा अनुभव जैसी मूल्यवान क्षमताओं का प्रयोग सामाजिक क्रिया में किया जा सकता है, 6. कार्यकर्ता सामाजिक क्रिया के लिए महत्वपूर्ण स्थान रखता है।

सामाजिक क्रिया में कार्यकर्ता की भूमिका के विभिन्न पक्षों को क्लार्क (Clarke) ने निम्न प्रकार से कहकर स्पष्ट किया है :

1. यह स्वीकार्य मत है कि समस्त सामाजिक कार्यकर्ता व्यक्तियों के हित व कल्याण को बढ़ावा देने में रुचि रखते हैं जिसके परिणामस्वरूप प्रत्येक सामाजिक संस्था अन्तत: सामाजिक क्रिया के किसी न किसी पक्ष से संबंधित होती है। कुछ संस्थायें आपसी सहमति से मिल-जुलकर सामाजिक क्रिया के कार्य को एक केन्द्रीय संस्था को सौंप देती हैं।
2. प्रत्येक सामाजिक कार्यकर्ता, अन्य नागरिकों की तरह ही किसी वैधानिक सामाजिक क्रिया में भाग लेने का संवैधानिक अधिकार रखता है, इस बात में सहमति है।

3. तीसरी बात के अन्तर्गत गंभीर मतभेद हैं कि एक सामाजिक कार्यकर्ता किस सीमा तक व कितने स्तर की सक्रियता से एक व्यक्ति या सामाजिक कार्यकर्ताओं के रूप में राजनीतिक-क्रिया-समूह के एक सदस्य के रूप में, व्यवसाय के हितार्थ, राजनीतिक सामूहिक क्रिया में हिस्सा ले सकता है।

   प्रे (Pray) के अनुसार, सामाजिक कार्यकर्ता के लिए आवश्यक है कि वह सामाजिक परिवर्तन हेतु कार्य करते समय समाज कार्य की प्रणालियों को ध्यान में रखे। उसका सम्पूर्ण व्यवहार एक उचित व्यवहार होना चाहिए। उन्होंने यह भी विचार व्यक्त किया है कि प्रजातांत्रिक समाज सुधार के प्रयत्न अन्ततः एक राजनीतिक क्रिया का रूप धारण करने लगते हैं, इसलिए अगर हमें सामाजिक परिवर्तन के प्रति यथार्थता का दृष्टिकोण लेना है तो हम अपने आपको राजनीतिक-क्रिया-समूह से जोड़े रहने से नहीं रोक सकते।
4. चौथी बात में भी सहमति है कि सामाजिक कार्यकर्ता व्यक्तियों या व्यावसायिक व्यक्तियों के रूप में विशेष कार्यक्रमों का समर्थन मात्र विशेषज्ञ होने के नाते ही नहीं, बल्कि उनमें पूर्ण आस्था व विश्वास रखते हुए समर्थन करेंगे।
5. पांचवीं बात में भी यह स्वीकार्य है कि सामाजिक कार्यकर्ता, एक प्राथमिक या द्वितीयक क्रियाकलाप के रूप में सामाजिक क्रिया में हिस्सा ले सकते हैं। अधिकांश अन्य व्यक्ति भी जो सामाजिक कार्यकर्ता नहीं होते परन्तु सामाजिक क्रिया में एक मुख्य या प्रासंगिक (Incidental) के रूप में हिस्सा लेते हैं।

द्वितीय खण्ड

16

श्रम कल्याण एवं समाज कार्य/सामाजिक वैयक्तिक सेवा कार्य

(Labour Welfare and Social Work/ Social Case Work)

श्रम कल्याण का अर्थ निरूपण

श्रम कल्याण शब्द इतना व्यापक है कि इसका विश्लेषण एवं विवेचन भिन्न-भिन्न रूप से किया जाता है। इस विविधता को उपयुक्त ठहराते हुए शाही श्रमआयोग ने लिखा है श्रम कल्याण एक ऐसा शब्द है, जिसे आवश्यक रूप से लचीला होना चाहिए। विभिन्न सामाजिक-प्रथाओं, औद्योगीकरण की सीमा तथा श्रमिकों के शैक्षणिक विकास के साथ, एक देश से दूसरे देश में इसकी विवेचना भिन्न होनी चाहिए। राष्ट्रीय श्रम आयोग के विचार से भी श्रम कल्याण की अवधारणा आवश्यक रूप से गत्यात्मक है। एक देश से दूसरे देश में, एक समय से दूसरे समय में और यहां तक कि एक ही देश में मूल्य-व्यवस्था, सामाजिक-संस्था, औद्योगीकरण की सीमा तथा सामाजिक एवं आर्थिक-विकास के स्तर के आधार पर इसे भिन्न-भिन्न रूपों में समझा जाता है।

श्रम कल्याण की परिभाषाएं भी भिन्न-भिन्न दृष्टिकोण से दी गई हैं। कुछ परिभाषाओं में श्रम कल्याण के स्वरूप पर मुख्य रूप से प्रकाश डाला गया है, तथा कुछ परिभाषाओं में श्रम कल्याण के लक्ष्यों पर विशेष जोर दिया गया है तथा कुछ दूसरी परिभाषाओं में श्रम कल्याण के अन्तर्गत किए जाने वाले कार्यों का मुख्य रूप से उल्लेख किया गया है। प्रथम दृष्टि से विचार करते हुए पाल चू ने कहा है कि श्रम कल्याण औद्योगिक जीवन के संदर्भ में श्रमिकों एवं उनके परिवार के सदस्यों की संतुष्टि, प्रसन्नता तथा कल्याण की एक स्थिति विशेष है। श्रम कल्याण के स्वरूप पर प्रकाश डालते हुए ब्राउन ने कहा है : 'श्रम कल्याण उस समय अतर्क-सम्मत हो जाता है, जब वह बाह्य सम्प्रेरकों के लिए किया जाता है, तथा विशेष तौर पर जब इसका प्रयोग एक प्रलोभन के रूप में किया जाता है। क्योंकि तब वह अनुपयुक्त तर्क के लिए उचित कार्य करने के गंभीरतम अपराध का उदाहरण बन जाता है।

उद्देश्य की दृष्टि से श्रम कल्याण का अर्थ निरूपित करते हुए प्रोफेसर मूर्ति ने कहा है कि 'श्रम कल्याण के दो पक्ष होते हैं, विधायी तथा अविधायी। एक ओर तो वह श्रमिक के वैयक्तिक, सामाजिक तथा पारिवारिक जीवन पर पड़ने वाले बुरे प्रभावों को अवरोध करने का कार्य करता है,

और दूसरी ओर वह मजदूर व उसके परिवार को उन सुविधाओं को प्रदान करता है, जिनके द्वारा वे वैयक्तिक तथा सामाजिक दृष्टि से अच्छा जीवनयापन करने में समर्थ हो सकें। एस.टी. एडवर्ड के अनुसार श्रम-कल्याण औद्योगिक श्रमिकों के लिए एक ऐसे वातावरण का सृजन करता है जिसके अंतर्गत उनमें सामाजिक, आर्थिक, सांस्कृतिक और आध्यात्मिक जीवन का वास्तविक विकास संभव हो सके। अतः श्रम-कल्याण की दिशा में किए गए किसी प्रयास के अंतर्गत पूर्ण मानव-जीवन एवं उसकी समस्याओं का समावेश होना चाहिए।

श्रम कल्याण के क्षेत्र की व्याख्या करते हुए भी 'पाल चू' ने कहा है कि श्रम कल्याण का क्षेत्र समाज-कल्याण की अपेक्षा संकुचित है पर इसे सामाजिक सेवाओं की सामान्य संरचना के अंतर्गत ही आना चाहिए। औद्योगिक प्रतिष्ठानों के अंतर्गत कल्याण सेवाओं का मुख्य उद्देश्य रहन-सहन की स्थितियों में सुधार करना है और औद्योगिक समाज की बदलती हुई मांगों को श्रमिक तथा उसके परिवार की आवश्यकताओं से समायोजित करना है। इस प्रकार कल्याणात्मक सेवाओं के द्वारा श्रमिक को ऐसे अवसरों की उपलब्धि होनी चाहिए, जिनके अंतर्गत, वर्तमान समाज में उसे अपनी जिम्मेदारियों को समझने एवं उन्हें प्रभावशाली ढंग से पूरा करने का अवसर मिल सके। इसे औद्योगिक-कल्याण की सामाजिक- अवधारणा कहा जा सकता है।

श्रम कल्याण के अंतर्गत दी जाने वाली सेवाओं का विवरण देते हुए पार्सन ने लिखा है कि 'इस कार्य के अंतर्गत मालिकों द्वारा वर्तमान औद्योगिक-व्यवस्था में, श्रमिकों की कार्य दशाएं, आवास एवं सांस्कृतिक परिस्थितियों में सुधार हेतु किए गए प्रयासों को सम्मिलित किया जाता है। अंतरराष्ट्रीय श्रम-संगठन के अनुसार 'श्रम कल्याण' से तात्पर्य ऐसी सेवाओं व सुविधाओं से है, जो औद्योगिक प्रतिष्ठानों के अंतर्गत या समीपवर्ती स्थानों में आयोजित की गई हों, ताकि उनमें कार्य करने वाले श्रमिक, स्वस्थ एवं शांतिपूर्ण परिस्थितियों में कार्य कर सकें, और अपने स्वास्थ्य एवं नैतिक स्तर को उच्च करने वाली सुविधाओं का लाभ पा सकें। 1956 में म्यूनिख में आयोजित समाज कार्य के अंतरराष्ट्रीय सम्मेलन में लैटिन अमेरिका के कुछ देशों द्वारा पढ़े गए एक लेख के अनुसार, 'श्रम कल्याण का अर्थ उन सेवाओं में है, जो मजदूरों एवं उसके परिवार के सदस्यों के नैतिक, भौतिक, सामाजिक तथा सांस्कृतिक तथा सांस्कृतिक स्तर को विकसित करने और अपेक्षाकृत अच्छे जीवन-क्रम के साथ समायोजित करने के लिए दी जाती है। भारत सरकार द्वारा श्रम कल्याण पर गठित समिति के प्रतिवेदन (1969) के अनुसार 'श्रम कल्याण के अंतर्गत उपयुक्त जलपान-गृह, आराम एवं मनोरंजन संबंधी सुविधाएं, सफाई एवं स्वास्थ्य संबंधी सुविधाएं, मजदूरों के आवास से कार्य करने के स्थान तक आवागमन की सुविधाएं, सामाजिक सुरक्षा तथा मजदूरों के कार्य करने की दशाओं में सुधार करने वाली अन्य व्यवस्थाओं को सम्मिलित किया जाता है।

उपर्युक्त परिभाषाओं को देखने से यह स्पष्ट होता है कि कुछ परिभाषाओं में श्रम कल्याण को अतिव्यापक अर्थ में और कुछ में अपेक्षाकृत संकीर्ण अर्थ में देखा गया है। उनके विवेचन के आधार पर हम निम्नलिखित निष्कर्ष पर पहुंचते हैं :

1. श्रम कल्याण समाज-कल्याण का ही एक रूप है।
2. यह एक कार्यक्रम है, जो सामाजिक न्याय और मानवतावाद की भावनाओं पर आधारित है और यह संवैधानिक एवं स्वैच्छिक उपायों द्वारा श्रमिक जीवन का गुणात्मक विकास करना चाहता है।
3. श्रम कल्याण एवं औद्योगिक प्रतिष्ठानों के कल्याण का अन्योन्याश्रित संबंध है, क्योंकि श्रमिकों की योग्यता एवं कार्य-क्षमता के विकास के द्वारा ही, औद्योगिक प्रतिष्ठानों की उन्नति एवं विकास संभव है।
4. श्रम कल्याण का उद्देश्य, श्रमिक का शारीरिक, मानसिक, संवेगात्मक एवं सामाजिक कल्याण है। इस उद्देश्य की प्राप्ति हेतु उन सभी कामों को संपादित किया जाता है जो औद्योगिक प्रतिष्ठानों से बाहर उसके (श्रमिक) सामाजिक जीवन से संबंधित हैं।

5. सामान्यतया इसके अंतर्गत तीन प्रकार की सेवाएं आती हैं :
   1. वे सेवाएं जो श्रमिकों के कार्य की दशाओं में सुधार लाने के लिए की जाती हैं- ताप, प्रकाश और आवाज का सम्यक् नियंत्रण, स्वच्छता, स्नानघर व शौचालय की सुविधा, जलपान-गृह, आरामगृह, पीने का पानी, स्वास्थ्य, सुरक्षा, दुर्घटनाओं का निरोध, कार्य के उचित घंटे, छुट्टियां, सवेतन अवकाश आदि।
   2. वे सुविधाएं जो श्रमिक के व्यक्तित्व विकास एवं उसके पारिवारिक और वैयक्तिक जीवन में सुधार लाने के लिए दी जाती हैं। इसके अंतर्गत कुछ ऐसी सेवाएं आती हैं जो औद्योगिक संस्थाओं के बाहर दी जाती हैं जैसे, आवास व्यवस्था, स्वास्थ्य, शिक्षा, मनोरंजन संबंधी सुविधाएं, खेल, संगीत, पुस्तकालय, सहकारी समितियां, आवागमन, कल्याण-केन्द्र तथा सेवा-योजन, परामर्श सेवाएं इत्यादि।
   3. इसके अतिरिक्त कुछ ऐसी सेवाएं आती हैं जो कि औद्योगिक श्रमिकों को प्रभावशाली ढंग से समायोजित करने एवं उनकी कार्य क्षमताओं के विकास हेतु दी जाती हैं। जैसे योग्यता एवं अभिरुचि के अनुसार श्रमिकों को कार्य दिया जाना, प्रशिक्षण, पदोन्नति, अन्य श्रमिकों तथा प्रबंधकों से संबंध, परिसर में घेराबंदी, हड़ताल तथा तालाबंदी आदि की स्थिति में सम्यक् परामर्श इत्यादि।

इस प्रकार श्रम कल्याण एक गतिशील एवं व्यापक अवधारणा है। इसके अंतर्गत औद्योगिक मानव के सर्वांगीण कल्याण की बात कही जाती है। औद्योगिक संबंध एवं कार्मिक प्रबंध भी इसके अंतर्गत आते हैं।

औद्योगिक प्रतिष्ठानों में कार्मिक-समाज कार्य का अभ्युदय

औद्योगिक प्रतिष्ठानों में मानवीय तत्वों की महत्ता के आभास के साथ उसके कल्याण, अनुरक्षण एवं विकास हेतु कुछ कार्मिक अभिकर्मियों या समाज कार्यकर्ताओं की नियुक्ति दूरदर्शी नियोक्ताओं द्वारा प्रारंभ हुई। 19वीं सदी के अंत तक संयुक्त राज्य अमेरिका के कुछ औद्योगिक प्रतिष्ठानों में सामाजिक कार्यकर्ताओं या कल्याण सचिवों की नियुक्ति प्रारंभ हुई, जिनका प्रमुख कार्य था नियोक्ता और कामगार के मध्य घनिष्ठ संबंधों की स्थापना करना। 1904 में इंग्लैण्ड में सीवन रानट्री ने अपने औद्योगिक प्रतिष्ठानों में सात समाज कार्यकर्ताओं की नियुक्ति की। उनका यह विश्वास था कि श्रमिकों का कल्याण तभी संभव है जबकि ऐसे वातावरण का सृजन किया जाए, जिसके अंतर्गत श्रमिक योग्यतम कार्य कर सकें। 1914 में हेनरी फोर्ड ने अपने मोटर कार प्रतिष्ठान में श्रमिकों के स्वास्थ्य तथा उनकी पारिवारिक समस्याओं आदि के संबंध में उचित सलाह देने के लिए एक अलग विभाग की स्थापना की, जिसे समाजशास्त्र विभाग कहा गया। 1917 में फ्रांस में आयुध-सामग्री मंत्री अर्नामेट ने स्त्री श्रमिकों का एक प्रतिनिधिमंडल इंग्लैण्ड में भेजा। उक्त प्रतिनिधिमंडल का उद्देश्य था, इंग्लैण्ड के औद्योगिक प्रतिष्ठानों में कार्यरत स्त्री श्रमिकों की कार्यदशाओं का अध्ययन करना एवं तदनुसार फ्रांस के औद्योगिक प्रतिष्ठानों में कार्यरत स्त्री श्रमिकों की कार्य दशाओं में सुधार करना। 1918 में फ्रांस के औद्योगिक प्रतिष्ठानों में समाज कार्य का प्रथम विधि पाठ्य तैयार किया गया। उक्त पाठ्यक्रम का मन्तव्य यह था कि आयुध निर्माण से संबंधित प्रत्येक औद्योगिक प्रतिष्ठान में जहां 100 स्त्री श्रमिक कार्यरत हैं, एक महिला निरीक्षिका का होना अनिवार्य है। इस निरीक्षिका का चुनाव प्रबंधकों द्वारा होना चाहिए और उसे 1. स्त्री श्रमिकों की भर्ती, 2. उनके स्वास्थ्य एवं कल्याण का कार्य, 3. उनकी कार्य दशाओं के संबंध में शिकायतों को दूर करने का कार्य करना पड़ेगा। इस प्रकार महिला एवं परिवार कल्याण के कार्यक्रमों के माध्यम से फ्रांस में कार्मिक समाज कार्य का सूत्रपात हुआ। इस दिशा में सर्वाधिक महत्वपूर्ण कार्य 1927 में वेस्टर्न इलेक्ट्रिक कंपनी ने किया। उस कंपनी के द्वारा अपने प्रतिष्ठानों में मजदूरों की व्यक्तिगत समस्याओं के निराकरण,

मनोवृत्ति परीक्षण एवं मनोबल ऊंचा करने के लिए चालीस सामाजिक कार्यकर्ताओं की नियुक्तियां कीं। ये नियुक्तियां ह्यूमन रिलेशन स्कूल की संस्तुति के आधार पर की गई थीं। इन सामाजिक कार्यकर्ताओं के कार्य से प्रभावित होकर अन्य औद्योगिक प्रतिष्ठानों में भी इस प्रकार की ऐसी नियुक्तियां प्रारम्भ हुईं। द्वितीय महायुद्ध के प्रारंभ में जब औद्योगिक प्रतिष्ठानों में युद्ध स्तर पर उत्पादन आरंभ हुआ, तो श्रमिकों के समायोजन तथा उनके मनोबल को ऊंचा करने के लिए अनेक प्रतिष्ठानों में इस प्रकार के कार्यकर्ताओं की नियुक्ति हुई। श्रमिक संघ ऐसे सामाजिक कार्यकर्ताओं के क्रिया-कलापों को संदेह की दृष्टि से देखने लगे। वे ऐसे कार्यकर्ताओं को प्रबंधकों का गुप्तचर समझते थे। मजदूरों की व्यक्तिगत समस्याओं के निराकरण और उनके समायोजन हेतु श्रमिक संघ स्वयं अपने कार्यकर्ताओं की नियुक्ति करने लगे और उनके प्रशिक्षण हेतु समाज-कल्याण संस्थाओं से आग्रह किया। इस प्रकार श्रमिक संघों के माध्यम से भी प्रशिक्षित कार्यकर्ताओं के द्वारा कार्मिक सलाह का कार्य आरंभ हुआ। लेकिन श्रमिक संघों में अर्थाभाव के कारण यह सामर्थ्य नहीं था कि इस प्रकार के कार्यकर्ताओं के प्रशिक्षण का व्यय-भार वहन कर सकें। इस कारण स्वयं श्रमिक संघों ने ही यह मांग प्रारम्भ की कि प्रशिक्षण प्राप्त कार्यकर्ता ही औद्योगिक प्रतिष्ठानों में प्रबंधकों द्वारा कार्मिक सलाह हेतु रखे जाएं। ऐसे कार्यकर्ता आवश्यकतानुसार औद्योगिक प्रतिष्ठानों में उपलब्ध कल्याणात्मक सेवाओं को मुहैया कराते हुए कार्य की दशाओं में परिवर्तन लाने का प्रयास करें। वे प्रबंधकों को इस प्रकार सहायता दें कि वे (प्रबंधक) कामगारों की सामान्य आवश्यकताओं के साथ कार्य की दशाओं में सुधार कर सकें। साथ ही साथ औद्योगिक-प्रतिष्ठानों में उत्पन्न होने वाली सामाजिक समस्याओं के निरोध का भी कार्य इस प्रकार के कार्यकर्ताओं द्वारा किए जाएं।

उद्योग और समाज कार्य

कुछ विद्वानों के अनुसार, समाज कार्य और उद्योग दोनों ही परस्पर विरोधी तत्व हैं। उद्योग का उद्देश्य उत्पादन और लाभ अर्जन है, और समाज कार्य का उद्देश्य मानवीय तत्वों का अनुरक्षण एवं कल्याण है। इस दृष्टि से औद्योगिक वातावरण में समाज कार्य की कोई भी संगति उन विद्वानों को नहीं प्रतीत होती। औद्यागिक प्रतिष्ठानों में समाज कार्य को व्यवहृत करने में उन्हें निम्नलिखित कठिनाइयां महसूस होती हैं :

1. सामाजिक कार्यकर्ताओं का संबंध मानवीय तत्वों के अनुरक्षण से है। इस दृष्टि से उसे औद्योगिक प्रतिष्ठानों में तीन प्रकार के कार्य करने पड़ते हैं :

1. कार्मिक प्रबंध।
2. औद्योगिक संबंध।
3. श्रम कल्याण।

1. कार्मिक प्रबंध : ध और औद्योगिक संबंध विशिष्ट प्रकार के कार्य हैं, उन कार्यों को करते हुए कोई व्यक्ति पूर्णतया सामाजिक कार्यकर्ता नहीं रह पाता। औद्योगिक प्रतिष्ठानों में इन कार्यों को संपादित करने वाला अभिकर्मी कुछ विशेष अधिकारों से युक्त होता है। व्यावहारिक दृष्टि से उसे अपने कार्यों के संपादन में एक विशेष कौशल, अधिनियमों के ज्ञान और अपनी अधिकार शक्ति का सहारा लेना पड़ता है। जबकि अन्य क्षेत्रों में कार्य करने वाला सामाजिक कार्यकर्ता अधिकार शक्ति से रहित होकर संबंध स्थापन के माध्यम से शक्तिदाता (इनेवलर) का कार्य करता है। श्रम कल्याण के क्षेत्र में उसे मुख्यतया स्वास्थ्य, सफाई, सुरक्षा आदि व्यवस्थाओं की देख-रेख करनी पड़ती है, इन कार्यों के संपादन में भी समाज कार्य संबंधी किसी विशेष कौशल या ज्ञान की आवश्यकता नहीं पड़ती। ये कार्य सामान्य ज्ञान एवं अधिनियमों द्वारा प्रदत्त अधिकार शक्ति के माध्यम से संपादित होते हैं। इस प्रकार इन कार्यों को संपादित करने वाला अधिकर्मी समाज कार्यकर्ता न होकर एक अधिकारी बन जाता है। उसका दूसरे क्षेत्रों में कार्य करने वाले अपने व्यवसाय (समाज कार्य) के

अन्य अभिकर्मियों से संबंध छूट जाता है। औद्योगिक प्रतिष्ठानों में कार्य करने वाला चिकित्सक तो चिकित्सक ही रहता है और उसका अपने व्यवसाय के अंतर्गत कार्य करने वाले अन्य चिकित्सकों और उनके संगठन से बराबर संबंध बना रहता है, पर समाज कार्य के प्रशिक्षण से युक्त अभिकर्मी औद्योगिक प्रतिष्ठानों में जाने के पश्चात् कार्यकर्ता न रह कर अधिकारी बन जाता है और समाज कार्य के व्यवहार में लगे हुए अन्य अभिकर्मी या उनके संगठन से उसका संबंध टूट जाता है।

2. समाज कार्य के उद्‌देश्य और कार्यक्रम उद्योग के उद्‌देश्यों और कार्यक्रमों की अपेक्षा श्रम संगठनों के उद्‌देश्यों और कार्यक्रमों से अधिक मिलते हैं। इस दृष्टि से औद्योगिक प्रतिष्ठानों में समाज कार्यकर्ता की प्रस्थिति और भूमिका द्वंद्वमूलक है, क्योंकि उसे अपने नियोक्ता के हित-साधन के विपरीत कार्य करना पड़ता है।

3. किसी विशेष स्थान पर किसी सेवा का महत्व तभी स्थापित हो पाता है, जब उसकी विशेष आवश्यकता और कार्यक्षेत्र हो। इस दृष्टि से औद्योगिक प्रतिष्ठानों में समाज कार्यकर्ता की आवश्यकता बहुत अधिक नहीं है।

4. अभी तक यह बात स्पष्ट नहीं हो पाई है कि समाज कार्य के ज्ञान और कौशल के किस अंश की औद्योगिक प्रतिष्ठानों में विशेष उपयोगिता है। समाज कार्य की सबसे महत्वपूर्ण विधि वैयक्तिक सेवा कार्य है। समाज कार्य-प्रशिक्षण में इस विधि के ज्ञान और व्यवहार पर सर्वाधिक बल दिया जाता है। यह एक प्रकार की क्लीनिकल सेवा है और औद्योगिक प्रतिष्ठानों में इस विधि की अभी तक कोई विशेष उपयोगिता स्थापित नहीं हो पाई है। जब तक समाज कार्य प्रशिक्षण के पाठ्यक्रम को औद्योगिक वातावरण की आवश्यकताओं के अनुकूल नहीं बनाया जाएगा, तब तक व्यावसायिक एवं औद्योगिक प्रबंध के प्रशिक्षण का महत्व समाज कार्य की अपेक्षा अधिक रहेगा।

पर उपर्युक्त तथ्यों के प्रतिकूल कुछ ऐसे भी तथ्य हैं जिनके आधार पर समाज कार्य और उद्योग में संगति स्थापित की जाती है।

1953 में बंबई में आयोजित श्रम कल्याण अधिकारियों के प्रथम अधिवेशन में टाटा इंस्टीट्यूट के तत्कालीन संचालक जे.सी. कुमारप्पा ने कहा था कि उद्योग समाज का उपयोगी कार्य है। उसका लक्ष्य उत्पादन नहीं, वरन् उत्पादन के द्वारा समाज के प्राणियों का कल्याण करना है। इस दृष्टि से औद्योगिक समाज के प्राणियों के कल्याण का कार्य सर्वप्रथम और सर्वाधिक महत्वपूर्ण है। औद्योगिक प्रतिष्ठानों में मानव और मशीन दोनों ही कार्य करते हैं। मशीन का प्रबंध और अनुरक्षण तो आसान कार्य है पर मानव का अनुरक्षण एवं प्रबंध कठिन कार्य है, क्योंकि वह जीवित, गतिशील और जटिल प्राणी है। उसे केवल औद्योगिक वातावरण ही नहीं, वरन् परिवार, समाज और देशकाल के परिवेश में देखना पड़ता है। औद्योगिक समाज और उसका प्रत्येक श्रमिक सदस्य स्वयं अपने में उद्योग के लक्ष्य है और उसकी पूर्ति का साधन है औद्योगिक समाज कार्य।

1. कुछ स्वार्थी तत्वों ने समाज को गुमराह कर उत्पादन को उद्योग का लक्ष्य और श्रमिक को उसका साधन मान लिया था। इससे समाज का अत्यधिक नुकसान हुआ, पर अब उपयुक्त समय आ गया है। भारत जैसे देश में जहां गणतंत्र और कल्याणकारी राज्य की भावना का पूर्णरूपेण विकास हो चला है तथा समाज के कल्याणार्थ सार्वजनिक क्षेत्र में वृहत् उद्योगों की स्थापना हो रही है और आवश्यकतानुसार निजी उद्योगों का भी नियंत्रण एवं राष्ट्रीयकरण किया जा रहा है, हमें यह आशा ही नहीं वरन् पूर्ण विश्वास है कि उत्पादन को उद्योग का साधन और औद्योगिक मानव समाज को उद्योग का साध्य समझा जाएगा। इस दृष्टि से मानवीय तत्वों का अनुरक्षण एवं विकास उद्योग का सर्वाधिक महत्वपूर्ण लक्ष्य है और चूंकि समाज कार्य का लक्ष्य मानव-कल्याण है अत: वह उद्योग के लक्ष्यों की प्राप्ति का प्रमुख माध्यम बन जाएगा।

2. इसमें संदेह नहीं कि उद्योग का उद्‌देश्य लाभपरक है, तथापि इसका मानवीय पक्ष भी है। आज का दूरदर्शी प्रबंधक यह बात भली-भांति महसूस करता है कि श्रमिकों के स्वास्थ्य एवं प्रसन्नता से खिलवाड़ करते हुए बहुत दिनों तक लाभ अर्जन नहीं किया जा सकता। अतः मानवीय प्रसन्नता और लाभ दोनों साथ ही साथ चाहिए। इस दृष्टि से लाभ-मूलक औद्योगिक प्रबंध और कल्याण-मूलक औद्योगिक समाज कार्य दोनों समानांतर चल सकते हैं।
3. व्यापक अर्थ में समाज कार्यकर्ता शक्तिदाता (एक इनेवलर) का कार्य करता है। वह व्यक्ति अथवा समूह की योग्यताओं का विकास एवं सामाजिक वातावरण में परिवर्तन लाते हुए उन्हें इस योग्य बनाता है कि वे अपने सामाजिक वातावरण में प्रभावशाली ढंग से समायोजित हो सकें। इसी प्रकार औद्योगिक प्रतिष्ठानों में प्रयुक्त कार्मिक प्रबंध व्यापक अर्थ में व्यापार प्रबंध के अंग है और उसका उद्‌देश्य है, श्रमिक को इस प्रकार सहायता देना कि वे कार्य की परिस्थितियों के साथ पूर्णतया समायोजित हो सकें। इस दृष्टि से कार्मिक प्रबंध समाज कार्य का अंग है। एम.वी. मूर्ति के अनुसार, यदि कार्मिक प्रबंध का कार्य उपयुक्त व्यक्तियों का चुनाव, उचित स्थान पर उनकी नियुक्ति और उन्हें स्वस्थ एवं प्रसन्न स्थिति में अनुरक्षण करना है तो यह निश्चित रूप से कहा जा सकता है कि कार्मिक प्रबंध, समाज कार्य के क्षेत्र के अन्तर्गत आता है।
4. व्यापक अर्थ में औद्योगिक संबंध मानवीय संबंध है। आज के जनतांत्रिक एवं कल्याणकारी युग में इस प्रकार का संबंध अधिकारयुक्त वातावरण में कायम नहीं हो सकते। इसके लिए पारस्परिक समानता एवं एक-दूसरे के प्रति आदर की भावना की अपेक्षा है। कार्यसमिति सामूहिक-सौदेबाजी, पारस्परिक समझौता तथा अधिनिर्णयन आदि प्राधिकारियों की सफलता हेतु सामूहिक सेवा कार्य की प्रविधियां अत्यंत उपयोगी हो सकती हैं। इस दृष्टि से औद्योगिक संबंध की आवश्यकता एवं सांस्कृतिक तथा सामाजिक वातावरण को देखते हुए सामूहिक कार्यकर्ता को अपनी प्रविधियों में कुछ सुधार करना अपेक्षित है।
5. श्रम कल्याण को व्यापक अर्थ में लेने पर इसके अन्तर्गत सफाई, स्वास्थ्य एवं सुरक्षा आदि सेवाओं का प्रशासन ही नहीं आता है, वरन् मानसिक बीमारियां, पारिवारिक एवं औद्योगिक वातावरण में श्रमिकों का असमायोजन, ऋणग्रस्तता, अनुपस्थिति, अनुशासनहीनता तथा अन्य मनोसामाजिक समस्याओं का निराकरण एवं उपचार आदि कार्य भी आते हैं, इन कार्यों का संपादन सामान्य प्रशासक नहीं कर सकता, वरन् इस हेतु व्यापक पैमाने पर कार्मिक-समाज कार्य-अधिकर्मियों की अपेक्षा होती हैं जो समाज कार्य की विभिन्न विधियों और कौशल से युक्त होते हैं। इस दृष्टि से श्रम कल्याण समाज कार्य के कार्यक्षेत्र के अन्तर्गत आता है।
6. जहां तक समाज कार्य की प्रमुख विधियों के प्रयोग का प्रश्न है, एल.एस. कुडवेडकर का मत है कि- 'वैयक्तिक सेवाकार्य सामूहिक, सेवाकार्य और समुदाय संगठन आदि सभी विधियों को औद्योगिक प्रतिष्ठानों में प्रयुक्त होने के सम्यक् अवसर हैं। मानवीय प्राणी के रूप में औद्योगिक प्रतिष्ठानों में काम करने वाले प्रत्येक श्रमिक की अपनी विशिष्ट सांवेगिक और बौद्धिक अभिरुचि योग्यता एवं प्रवृत्ति होती है। इन सभी विशेषताओं के द्वारा कामगार के व्यक्तित्व का पूंजी कोष (Capital Fund of Personality) निर्मित होता है। इस कोष के सम्यक् विकास हेतु यह आवश्यक है कि उचित कार्य के माध्यम से कोष में पड़े हुए धन का समुचित सदुपयोग किया जाए। इस दृष्टि से कार्य की आवश्यकताओं के अनुसार व्यक्ति के चुनाव की आवश्यकता होती है। ऐसे चुनाव में केस स्टडी की विधि बहुत उपयोगी होती है। इसके अतिरिक्त श्रमिक जब औद्योगिक प्रतिष्ठानों में कार्य हेतु आता है तो अपने साथ अपने परिवार एवं समुदाय की समस्याओं को भी लेकर आता है, उसकी समस्याएं उसके सम्पूर्ण

वातावरण के प्रकाश में ही समझी और सुलझाई जा सकती हैं। इस दृष्टि से पाश्चात्य देशों के कुछ प्रगतिशील नियोक्ता अपने प्रतिष्ठानों में वैयक्तिक सेवा कार्यकर्ताओं की नियुक्ति करते हैं। वे क्लिनिक और परामर्श केन्द्रों की स्थापना करते हैं, जहां पर कामगारों को उनकी व्यक्तित्व संबंधी समस्याओं के संबंध में उपचार और सलाह दी जाती है।

7. जहां तक औद्योगिक प्रतिष्ठानों में समाज कार्य के किसी विशेष कार्य क्षेत्र का प्रश्न है, हमें यह कहना है कि अन्य व्यवसायों और समाज कार्य में यही एक प्रमुख अंतर है, चिकित्सा, कानून आदि व्यवसाय मानवमात्र की किसी विशेष आवश्यकता की पूर्ति करते हैं, पर समाज कार्य मानव को समग्र रूप से अपनाता है और विभिन्न व्यवस्थाओं और जिम्मेदारियों के निर्वाह के कारण समग्र रूप से मानव मात्र पर जो दबाव पड़ता है, उसे कम करने का प्रयास करता है। इस दृष्टि से औद्योगिक समाज में भी समाज कार्य का कोई विशिष्ट कार्य-क्षेत्र नहीं है, वरन् कामगार के सामाजिक, मानसिक, पारिवारिक और औद्योगिक वातावरण के कारण पड़ने वाले समग्र दबावों और तनावों को दूर कर, कामगार को अपने सामाजिक वातावरण में समायोजित करने का कार्य समाज कार्यकर्ता करता है।

इस प्रकार चाहे यह न कहा जाए कि औद्योगिक प्रतिष्ठानों में मानवीय तत्वों के अनुरक्षण संबंधी कार्य पर समाज कार्यकर्ताओं का ही एकाधिकार है, तथापि संबंध-स्थापन, 'स्व' के वृत्तिक प्रयोग तथा अध्ययन-निदान एवं उपचार आदि प्रविधियों से युक्त समाज कार्यकर्ता अन्य क्षेत्रों की भांति औद्योगिक समाज में भी मानवीय तत्वों के अनुरक्षण एवं विकास कार्य में एक प्रमुख भूमिका निभा सकता है। यहां एक बात और भी स्पष्ट है। औद्योगिक प्रतिष्ठानों में कुछ अभिकर्मी ऐसे होते हैं जिन्हें सामाजिक सेवाओं के प्रशासन और मानवीय संबंधों की स्थापना तथा कार्मिक-प्रशासन आदि की व्यापक जिम्मेदारी दी जाती है। इन्हें अपनी जिम्मेदारियों के निर्वाह में समय-समय पर समाज कार्य की विभिन्न विधियों और सिद्धांतों आदि के प्रयोग की आवश्यकता पड़ती है, ऐसे अधिकर्मियों को कार्मिक-प्रबंधक, औद्योगिक-संबंध-अधिकारी अथवा श्रम-अधिकारी आदि उपाधियों से अविहित किया जाता है। इसके विपरीत औद्योगिक प्रतिष्ठानों में कुछ ऐसे अधिकर्मी होते हैं जो कि पूर्णतया सामाजिक कार्यकर्ता होते हैं, वे व्यक्तिगत स्तर पर श्रमिकों से संबंध स्थापन और उनकी समस्याओं के निराकरण का कार्य करते हैं। इस प्रकार के अधिकर्मी पाश्चात्य औद्योगिक प्रतिष्ठानों में सामान्यतया पाये जाते हैं। संयुक्त राष्ट्र संघ की सहायता से ब्रुशेल्स में आयोजित कार्मिक-समाज कार्य संबंधी विचार गोष्ठी में इसी प्रकार को कार्यकर्ताओं के कार्यों पर विचार किया गया।

भारत में अभी प्रथम प्रकार के समाज कार्य का ही विशेष प्रचलन है।

भारतीय औद्योगिक प्रतिष्ठानों में समाज कार्य

सम्भवतः भारत विश्व का अकेला देश है, जहां कुछ निश्चित प्रकार के औद्योगिक प्रतिष्ठानों में वैधानिक दृष्टि से समाज कार्यकर्ताओं को श्रम कल्याण अधिकारी के रूप में नियुक्त करना आवश्यक है। पाश्चात्य विद्वान इसे आश्चर्यजनक दृष्टि से देखते हैं। डॉ. आप्टेकर के अनुसार- यह एक आश्चर्यजनक बात है कि अमेरिका ऐसे उच्चस्तर पर विकसित देश में भी श्रम कल्याण समाज कार्य का क्षेत्र नहीं है यद्यपि वहां के वृहद् उद्योगों में कार्मिक अधिकारी नियुक्त किए जाते हैं, पर उनका कार्य और प्रशिक्षण भारतीय श्रम कल्याण अधिकारी से पूर्णतया भिन्न होता है। उनकी कोई वैधानिक प्रस्थिति नहीं होती और वे व्यापारोन्मुख होते हैं, इसके विपरीत भारत में श्रम कल्याण अधिकारियों की वैधानिक स्थिति होती है और वे समाज कार्य तथा मानवीय कल्याण अभिमुख होते हैं।

डॉक्टर आप्टेकर की बातों का उत्तर देते हुए प्रोफेसर धींगरा ने लिखा है कि 'भारतीय औद्योगिक प्रतिष्ठानों में श्रम कल्याण अधिकारी की वैधानिक प्रस्थिति देश की सांस्कृतिक और आर्थिक परिस्थितियों की देन है। समाज कार्य संबंधी सेवाएं सामान्यतया समाज के कमजोर वर्ग को

दी जाती हैं। प्रारंभिक अवस्था में भारतीय श्रमिक भी कमजोर प्राणी था और ग्रामीण वातावरण से आकर जटिल औद्योगिक वातावरण में समायोजन उसके लिए कठिन समस्या थी। इस स्थिति में भारत ऐसे सद्य: घोषित गणतंत्र और कल्याणकारी राज्य में श्रमिकों की स्थिति के सुधार के दो ही रास्ते थे :

1. उद्योगपतियों को स्वत: प्रोत्साहित कर श्रम कल्याण की सुविधाओं की सम्यक् व्यवस्था करना, अथवा
2. अधिनियमों के माध्यम से औद्योगिक-प्रतिष्ठानों में श्रम कल्याण की न्यूनतम सुविधाओं की व्यवस्था करना।

यद्यपि संवैधानिक मार्ग कोई आदर्श मार्ग नहीं था, तथापि जब देश की सामाजिक नीति और राजकीय नियोजन के द्वारा जीवन के लगभग सभी क्षेत्रों में राजकीय नियंत्रण आरम्भ हो गया हो तो श्रम कल्याण और कल्याण अधिकारी को वैधानिक जामा पहना देना कोई अनुचित कार्य नहीं है।

श्रम कल्याण अधिकारी की समाज कार्य की भूमिका की पृष्ठभूमि में फिलिप्स थामस की दो विचारधाराओं का योगदान प्रतीत होता है :

1. प्रथम विचारधारा के अनुसार, श्रमिक एक कमजोर प्राणी है, औद्योगिक वातावरण में उसके सम्यक् समायोजन हेतु समाज कार्य की महती आवश्यकता है। यह बात संविधान सभा में कारखाना अधिनियम 1948 की धारा 49 पर हुए विवाद से भी स्पष्ट है। उस समय उपेन्द्रनाथ बर्मन ने कहा था कि 'श्रम कल्याण' अधिकारी का यह कर्तव्य है कि वह उन श्रमिकों की सहायता करे जो पिछड़े, अनाथ, अशिक्षित और अनभिज्ञ हैं। उन्हें उचित रहन-सहन, भोजन और बच्चों की शिक्षा के संबंध में सहायता दें।
2. दूसरी विचारधारा के अनुसार, कुछ दिन पूर्व तक देश में समाज कार्य ही ऐसा व्यवसाय था जिसके अंतर्गत मानव संबंध के प्रशिक्षण की सम्यक् व्यवस्था थी, औद्योगिक मनोविज्ञान और कार्मिक प्रबंध आदि में प्रशिक्षण देने वाली संस्थाओं का विकास देश में बहुत बाद में हुआ। अत: 1951 में श्रम कल्याण अधिकारियों के संबंध में जब आदर्श नियमों का निर्माण किया गया तो उस समय स्वाभाविक रूप से ऐसे अधिकारियों के समाज कार्य में प्रशिक्षण की व्यवस्था की गई। इण्डियन इंस्टीट्यूट पर्सनल मैनेजमेंट तथा डॉ. जैकब के द्वारा भी इस बात की पुष्टि की गई है।

फिलिप्स थामस की प्रथम विचारधारा यथार्थ प्रतीत होती है। पर दूसरी विचारधारा कुछ आश्चर्यजनक लगती है। क्योंकि औद्योगिक कारखाना अधिनियम 1948 के संशोधन हेतु 1946 में ही संविधान सभा में प्रस्ताव रखा गया था। उस समय तक देश में समाज कार्य प्रशिक्षण की मात्र एक संस्था (टाटा इंस्टीट्यूट ऑफ सोशल साइन्सेस) थी। 1942 में कलकत्ता विश्वविद्यालय के अंतर्गत इंस्टीट्यूट ऑफ लेबर वेलफेयर एण्ड बिजनेस मैनेजमेंट की स्थापना हो गई थी। 1947 में बंबई में लेबर इंस्टीट्यूट की स्थापना हो गई थी। इसी प्रकार काशी विद्यापीठ में समाज कार्य के अध्यापन के पूर्व श्रम कल्याण अधिकारियों का प्रशिक्षण प्रारंभ हो गया था। इसके पूर्व भी कुछ मिल ओनर्स एसोसिएशन तथा अन्य कुछ संस्थाओं में श्रम कल्याण अधिकारियों के प्रशिक्षण हेतु निजी तौर से व्यवस्था कर ली गई। अस्तु, इतना तो निश्चित है कि समाज कार्य प्रशिक्षण की अपेक्षा श्रम कल्याण संबंधी प्रशिक्षण अधिक व्यापक पैमाने पर प्रारंभ हुआ था। पर जैसा कि पी.टी. थामस ने लिखा है : '1930 के आस-पास कुछ दूरदर्शी उद्योगपतियों ने अपने औद्योगिक प्रतिष्ठानों में प्रौढ़ शिक्षा, जलपानगृह, शिशुगृह, सिलाई प्रशिक्षण केन्द्र तथा मनोरंजन केन्द्रों की स्थापना की। ये कार्य चूंकि कल्याणात्मक थे अत: इनकी व्यवस्था हेतु प्रशिक्षित समाज कार्यकर्ताओं की नियुक्ति प्रारंभ हुई। इन कार्यकर्ताओं ने अपने कार्यों के द्वारा इतनी ख्याति अर्जित की कि स्वयं उनकी ही नहीं वरन् समाज

कार्य की प्रतिष्ठा भी देश में बढ़ी और 1948 के कल्याण अधिकारियों को समाज कार्य में प्रशिक्षण प्राप्त करने की वैधानिक व्यवस्था की गई। यद्यपि यह बात सत्य है कि अन्य देशों में कार्मिक-प्रबंध को समाज कार्य के अंतर्गत नहीं लिया जाता, पर भारतीय परिस्थितियों में सामाजिक कार्यकर्ता मानवीय संबंधों के ज्ञान और कौशल को औद्योगिक वातावरण में प्रयुक्त करने में इतना सफल रहा कि यहां पर समाज कार्य प्रशिक्षण को श्रम कल्याण और कार्मिक प्रबंध हेतु अपरिहार्य माना जाने लगा। इस संबंध में हमें यह स्वीकार करने में बिल्कुल संकोच नहीं है कि स्वतंत्रता प्राप्ति के 60 वर्ष बाद यदि हम भारतवर्ष में समाज कार्य की सफलता का मूल्यांकन करें तो हमें स्वीकार करना होगा कि श्रम कल्याण और कार्मिक प्रबंध ही ऐसा क्षेत्र है, जहां समाज कार्य की कुछ उपयोगिता प्रतीत हुई, अन्यथा परिवार, बाल-कल्याण, अपराध सुधार आदि अन्य सभी क्षेत्रों में सामाजिक कार्यकर्ता असफल रहे। मुख्य रूप से श्रम कल्याण प्रशिक्षण हेतु ही देश के विभिन्न भागों में समाज कार्य प्रशिक्षण संस्थानों की स्थापना हुई। इसका मुख्य कारण देश का सांस्कृतिक और सामाजिक वातावरण है। समाज कार्य का विकास जनतंत्र के आधार पर हुआ है। पाश्चात्य देशों में सामाजिक कार्यकर्ता की प्रस्थिति यद्यपि महत्वपूर्ण और अधिकारों से युक्त नहीं है, तथापि वहां हर व्यक्ति का मानव मात्र के रूप में महत्व है, कार्य के आधार पर किसी व्यक्ति को ऊंचा या नीचा नहीं समझा जाता। भारतवर्ष की स्थिति इससे भिन्न है। देश कई सदियों की गुलामी के बाद स्वतंत्र हुआ है। अतः यहां पर व्यक्ति से अधिक उसके अधिकार एवं प्रस्थिति का महत्व है। परिवार-नियोजन का कार्यकर्ता उपयुक्त अधिकार एवं प्रस्थितिविहीन होने के कारण कोई सफलता नहीं प्राप्त कर पाता। श्रम कल्याण अधिकारी और कार्मिक अधिकारी भी यद्यपि अपेक्षित अधिकारों से युक्त नहीं हैं तथापि समाज कार्य के अन्य क्षेत्रों में कार्य करने वाले अधिकर्मियों की अपेक्षा इनकी प्रस्थिति कुछ महत्वपूर्ण है और इसी कारण इन्हें कुछ सफलता मिली है। समाज कार्यकर्ताओं की श्रम कल्याण अधिकारी और कार्मिक-प्रबंध के रूप में अर्जित सफलता और देश के सामाजिक तथा सांस्कृतिक पर्यावरण को देखते हुए डाक्टर ऑप्टेकर को अपना मत परिवर्तन करने के लिए बाध्य होना पड़ा। उन्होंने लिखा : 'मुझे यह ज्ञात है कि बहुत से लोग यह प्रश्न पूछते हैं कि क्या भारत में श्रम कल्याण समाज कार्य है? भारत में कुछ दिन रहकर और इस क्षेत्र की कार्य-विधियों से अवगत होने के पश्चात् मैं इसी निष्कर्ष पर पहुंचा हूं कि भारतीय श्रम कल्याण का अमेरिकीय समाज कार्य की अवधारणा से कोई वैमनस्य नहीं है। मेरी समझ से यह सर्वथा उचित है कि श्रम कल्याण का अध्यापन समाज कार्य के विद्यालयों में होना चाहिए।'

फिलिप्स थामस के अनुसार, 'वैयक्तिक एवं सामूहिक सेवाकार्य में प्रशिक्षित समाज कार्यकर्ता मानवीय प्रेरणाओं को समझ सकते हैं और औद्योगिक प्रतिष्ठानों में उपयुक्त मानवीय संबंधों का प्रसार कर सकते हैं।' सामूहिक सेवाकार्य में अर्जित कौशल के माध्यम से ये कार्यकर्ता मजदूर समूहों के साथ सम्यक् ढंग से कार्य करने में सफल हो सकते हैं और इसी कौशल के द्वारा औद्योगिक-प्रतिष्ठानों में जलपान गृह, शिशुगृह, मनोरंजन केन्द्र, शिक्षा और स्वास्थ्य आदि व्यवस्थाओं के संगठन में ये कार्यकर्ता सफल हो सकते हैं।

कल्याण अधिकारी सामाजिक कार्यकर्ता

समाज कार्य से संबंधित विद्यालयों में यह बात पूर्णरूप से प्रचलित है कि कल्याण अधिकारी औद्योगिक प्रतिष्ठानों से समाज कार्यकर्ता की भूमिका अदा करते हैं। उनका यह भी विश्वास है कि श्रम कल्याण अधिकारी एक ऐसी सामाजिक संस्था है जो कि औद्योगिक प्रतिष्ठानों में संबंध-स्थापन की समस्याओं को सुलझाने का प्रयास करती है। एक अर्थ में श्रम कल्याण औद्योगिक वातावरण में समस्या सुलझाने की एक प्रक्रिया है।

इसमें संदेह नहीं कि श्रम कल्याण अधिकारी यदि पूर्णरूपेण समाज कार्यकर्ता नहीं भी है तो उसकी भूमिका में समाज कार्य का प्रमुख अंश विद्यमान है। इन अधिकारियों के लिए निर्धारित योग्यता से यही प्रतीत होता है कि इनका उद्देश्य औद्योगिक प्रतिष्ठानों में समाज कार्य की प्रवृत्ति का विकास करना है। पर चूंकि व्यावसायिक समाज कार्य की विचारधारा पाश्चात्य देशों की देन है, अत: औद्योगिक प्रतिष्ठानों में इसके वास्तविक क्षेत्र का अभी तक निर्धारण नहीं हो पाया है। आज इस बात की आवश्यकता है कि हम मॉडल रूल के अंतर्गत श्रम कल्याण अधिकारी के जो कार्य निर्धारित किए गए हैं, उनके संदर्भ में औद्योगिक प्रतिष्ठानों में श्रम कल्याण अधिकारी और समाज कार्य के महत्व का आकलन करें। पाश्चात्य विचारक सामान्यतया भारतीय कल्याण अधिकारी को स्वयं अपने सामाजिक और सांस्कृतिक विचारधारा और संगठनात्मक दर्शन के परिप्रेक्ष्य में देखते हैं और इस दृष्टि से वे इस निष्कर्ष पर पहुंचते हैं कि इस अधिकर्मी के कम से कम कुछ कार्य ऐसे हैं जो पाश्चात्य समाज कार्य की कसौटी पर खरे नहीं उतरते। मुख्य विवाद कल्याण अधिकारी और कार्मिक अधिकारी से संबंधित भूमिका के ऊपर है। मॉडल रूल के अनुसार, कल्याण अधिकारी को कल्याणात्मक कार्यों के अतिरिक्त औद्योगिक संबंध तथा कार्मिक-प्रबंध संबंधी जिम्मेदाारियों का निर्वाह करना पड़ता है। डॉ. आप्टेकर के अनुसार कार्मिक-प्रबंध और औद्योगिक संबंध के कार्य न तो श्रम कल्याण के अंतर्गत आते हैं, और न वे समाज कार्य संबंधी कार्य ही कहे जा सकते हैं। इस प्रकार वे यह महसूस करते हैं कि भारतीय कल्याण अधिकारी की भूमिका में विचित्र ढंग से समाज कार्य और वाणिज्य का मिश्रण है। कार्मिक प्रबंधक वाणिज्योन्मुख है और कल्याण अधिकारी समाज कार्यान्मुख है, इस प्रकार दोनों के कर्तव्य, अनुस्थापन एवं उद्देश्य में पर्याप्त असमानता है। कल्याणात्मक कार्य क्षमता वृद्धिमूलक कार्य है और कार्मिक-प्रबंध संबंधी कार्य अनुशासनात्मक कार्य है। ऐसी स्थिति में डॉ. आप्टेकर यह महसूस करते हैं कि कल्याण-अधिकारी के कार्य के अंतर्गत दो परस्पर विरोधी तत्वों को एक साथ इकट्ठे करने का प्रयास किया गया है।

डॉ. आप्टेकर की उपर्युक्त विचारधारा संभवत: इस मान्यता पर आधारित है कि नियोक्ता और श्रमिक के स्वार्थ एक-दूसरे के विपरीत होते हैं और ऐसी स्थिति में कल्याण-अधिकारी को दोहरी जिम्मेदारी का निर्वाह करना पड़ता है जो अत्यंत कठिन कार्य है। वास्तव में अमेरिका आदि पाश्चात्य जनतांत्रिक देशों में श्रम-दर्शन, वर्ग-संघर्ष पर आधारित है। इसके विपरीत भारतीय श्रम-दर्शन वर्ग-सहयोग की भावना पर आधारित है। भारतीय वाङ्मय में औद्योगिक प्रतिष्ठान संयुक्त परिवार के समान है। जिस प्रकार परिवार का मुखिया अपने सदस्यों पर नियंत्रण भी रखता है और उनसे प्रेम भी करता है, उसी प्रकार औद्योगिक प्रतिष्ठानों का प्रबंधक श्रमिकों पर नियंत्रण भी रखता है और उन्हें प्रेम की दृष्टि से भी देखता है। श्रमिक और उद्योग दोनों के स्वार्थ एक-दूसरे से जुड़े हुए हैं। औद्योगिक-विकास के साथ श्रम-शक्ति का विकास और श्रम-शक्ति के विकास के साथ भारतीय विचारक उद्योग का विकास देखते हैं। इस प्रकार भारतीय परिवेश में कल्याण अधिकारी के कर्तव्य पारस्परिक रूप से संघर्षमय न होकर सहयोगपूर्ण हैं। वी.जी. मेह्त्राज के अनुसार- 'कल्याण अधिकारी के निर्धारित कर्तव्य इस बात के द्योतक हैं कि उनका निर्वाह तभी सक्षम ढंग से हो सकता है जबकि उक्त अधिकारी समाज कार्योन्मुख हो।

डॉ. आप्टेकर के अनुसार 'भारतीय औद्योगिक प्रतिष्ठानों में समाज कार्य की दृष्टि से कल्याण अधिकारी की स्थिति और भी स्पष्ट होती, यदि श्रम कल्याण अधिकारी सरकार द्वारा नियुक्त समाज कार्यकर्ता होता, जो सरकार के प्रति जिम्मेदार होता और समाज कार्य के सिद्धांतों और प्रविधियों के माध्यम से श्रमिक और नियोक्ता दोनों की ही सहायता करता। पर इसका उत्तर देते हुए एल.एस. कुचेदकर ने कहा है कि 'समाज कार्यकर्ता चिकित्सालय, जेल अथवा औद्योगिक प्रतिष्ठान कहीं भी काम करें, उसके लिए यह बात महत्वपूर्ण नहीं कि वह किसके द्वारा वेतन पाता है वरन् उसका स्वयं

अपना व्यक्तित्व तथा कार्य-स्थिति में उसकी प्रस्थिति और भूमिका अधिक महत्वपूर्ण है। दूसरी महत्वपूर्ण बात यह है कि किसी सामाजिक कार्यकर्ता की व्यावसायिक-प्रस्थिति उसकी संगठनात्मक प्रस्थिति से ऊंची नहीं उठती, वरन् उसके कार्यों और दूसरों के लिए उसकी प्रमाणित योग्यता के आधार पर ऊंची उठती है।

बहुत संभव है कि सामाजिक कार्यकर्ता के रूप में कल्याण अधिकारी के कार्यों को अभी तक देश में मान्यता नहीं मिली हो। पर इसका कारण उसके कार्य और भूमिका की अस्पष्टता नहीं है, वरन् ऐतिहासिक दृष्टि से भारत में औद्योगिक विकास की विशेषताएं, पाश्चात्य विचारधाराओं और कार्य-पद्धतियों का अंधानुकरण, तथा देश की सामाजिक, आर्थिक, सांस्कृतिक और राजनीतिक परिस्थितियां इस कार्य के लिए जिम्मेदार हैं। ऐसी स्थिति में कल्याण अधिकारी की सफलता की सर्वाधिक महत्वपूर्ण कुंजी है उसका अपना निजी व्यक्तित्व और समाज कार्य की आचार संहिताओं के प्रति उसकी आस्था।

कल्याण-अधिकारी के कार्य में समाज कार्य की बहुत सी अवधारणाओं का भी अति सफलतापूर्वक प्रयोग संभव है। कल्याण-अधिकारी का कार्य मानव-शक्ति का प्रबंध एवं नियोजन करना है। श्रम कल्याण के क्षेत्र में वह एक सलाहकार (Advisor) का कार्य करता है, श्रम-प्रबंध के क्षेत्र में वह परामर्शदाता (Counsellor) का कार्य करता है। औद्योगिक संबंध के क्षेत्र में वह एक संराधन-अधिकारी का कार्य करता है। भारतीय वांङ्मय में ये सभी भूमिकाएं समाज कार्य की भूमिका कही जा सकती हैं। उपर्युक्त जिम्मेदारियों के निर्वाह में उसे न केवल व्यक्ति और उसकी समस्याओं की सम्यक् जानकारी की अपेक्षा होती है, वरन् इनके लिए उसे अध्ययन, निदान, संबंध स्थापन तथा 'स्व' को सचेतन रूप में प्रयोग करने के कौशल की भी अपेक्षा होती है। समाज कार्यकर्ता की दृष्टि से उससे यह अपेक्षा की जाती है कि वह समस्त मानव जन के कल्याण हेतु तत्पर रहे, साथ ही साथ उसमें विभिन्न परिस्थितियों को विषयगत दृष्टि से देखने की योग्यता भी होनी चाहिए। औद्योगिक परिवेश के अंतर्गत प्रसूत विभिन्न मानवीय समस्याओं के मूल में विद्यमान आर्थिक कारकों के अतिरिक्त सामाजिक कार्यकर्ता होने के नाते मन:सामाजिक कारकों के ज्ञान की भी अपेक्षा उससे की जाती है। अनुपस्थिति, अनुशासनहीनता, उत्पादकता, श्रमिकों के बच्चों की शिक्षा, परिवार एवं विवाह-परामर्श तथा और भी इस प्रकार की अनेक समस्याओं को वह वैयक्तिक और सामूहिक सेवाकार्य की प्रविधियों के द्वारा सुलझा सकता है। इसी प्रकार कार्मिक प्रबंध संबंधी बहुत से कार्य-प्रशिक्षण, मानव-शक्ति नियोजन, योग्यता-मापन आदि भी सामाजिक कार्यकर्ता की भूमिका के अंतर्गत आते हैं। आर.डी. रेलेन के अनुसार, श्रम कल्याण और कार्मिक-प्रबंध संबंधी प्रशासन में मानवीय तत्वों के साथ व्यक्तिगत या सामूहिक स्तर पर कार्य की अपेक्षा होती है, इस कार्य के सम्पादन में समाज कार्य प्रशिक्षण से प्राप्त कौशल और प्रविधियां अत्यधिक सहायक हो सकती हैं।

कल्याण अधिकारी के कार्मिक प्रबंध संबंधी कार्य को पाश्चात्य विचारक समाज कार्य का अंश नहीं मानते हैं। पर इंडियन इंस्टीट्यूट ऑफ परसनल मैनेजमेंट के 1969 के वार्षिक अधिवेशन में जिन आचार संहिताओं को स्वीकार किया गया, वे समाज कार्य की आचार संहिताओं से शत प्रतिशत मेल खाती हैं। उदाहरणार्थ सर्वप्रथम संहिता थी, व्यवसाय के प्रति आदर और सम्मान। समाज कार्यकर्ता अपने व्यवसाय के प्रति आस्था एवं सम्मान रखता है। दूसरी संहिता थी- ईमानदारी और निष्ठापूर्वक कर्तव्य-निर्वाह एवं सभी जाति, धर्म या वर्ग से संबंधित मानव के साथ भेद-भाव रहित होकर कार्य करना। समाज कार्य के अन्तर्गत भी इसे स्वीकार किया जाता है। इसी प्रकार कार्य एवं अनुभव से प्राप्त ज्ञान का व्यवसाय से संबंधित अन्य अधिकारियों तक प्रसारण, गोपनीयता, व्यावसायिक स्वार्थ का व्यक्तिगत स्वार्थ की अपेक्षा अधिक महत्व, व्यावसायिक सिद्धान्तों एवं

मान्यताओं का उल्लंघन करने वाले अधिकर्मियों के साथ असहयोग आदि संहिताएं भी समाज कार्यकर्ता शत-प्रतिशत स्वीकार करता है।

अतः हम कह सकते हैं कि कल्याण अधिकारी बहुत अंश में सामाजिक कार्यकर्ता है। समाज कार्य की शब्दावली में उसकी मुख्य भूमिका औद्योगिक श्रम और उसके कार्य की दशाओं में समायोजन स्थापन करना है तथा प्रबंधक और श्रमिक का संबंध इस अंश तक दृढ़ कर देना है कि औद्योगिक समृद्धि और श्रमिक की प्रसन्नता दोनों ही लक्ष्यों की प्राप्ति हो सके। कुमारप्पा के शब्दों में, 'बहुत ही कम लोग अभी तक ऐसे हैं जो पूर्णरूपेण इस बात को महसूस करते हैं कि श्रम कल्याण अधिकारी वास्तव में समाज कार्यकर्ता हैं। उसका मुख्य कार्य है :

1. कार्य का व्यक्ति से और व्यक्ति का कार्य से संबंध स्थापन करना।
2. विभिन्न स्तर के अधिकर्मियों में मानवीय संघर्षों की स्थापना करना, और
3. कल्याणात्मक सेवाओं का प्रशासन करना।

इस प्रकार के कार्यों के सफल निर्वाह हेतु मानवीय दृष्टि और समाज कार्य के कौशल की अपेक्षा होती है।

समाज कार्य की विधियों का श्रम कल्याण के क्षेत्र में प्रयोग एवं कठिनाइयां

वैयक्तिक सेवा कार्य की विधियां एवं प्रविधियों का उपयोग

वैयक्तिक सेवा कार्य का उद्योग के विभिन्न क्षेत्रों में निम्नलिखित रूप से प्रयोग हो सकता है :

1. औद्योगिक प्रतिष्ठान में नये श्रमिकों का अनुस्थापन (Induction) : जब प्रतिष्ठान में कोई नया श्रमिक या कर्मचारी आता है तो उसे बहुत सी उत्सुकतापूर्ण कठिनाइयों का सामना करना पड़ता है। कभी-कभी उसकी प्रत्याशायें बहुत ऊंची होती हैं और उन प्रत्याशाओं की पूर्ति होते न देखकर वह कुण्ठित हो जाता है। वैयक्तिक सेवाकर्ता सर्वप्रथम उसे स्वीकृति प्रदान करता है।
2. समस्याग्रस्त श्रमिक के साथ समायोजन : यह कार्य वह निम्नलिखित प्रविधियों के माध्यम से करता है :
   (क) समस्याग्रस्त श्रमिक को स्वीकृति प्रदान करना।
   (ख) उसकी समस्याओं को अभिरुचि प्रदर्शन करते हुए सुनना।
   (ग) उसकी समस्याओं का अध्ययन एवं निदान करना।
   (घ) समस्या सुलझाव हेतु समस्याग्रस्त श्रमिक की सहभागिता से योजना बनाना।
   (ङ) विधायी संबंधों को एक उपकरण के रूप में प्रयोग करते हुए श्रमिक के ईगो को सशक्त बनाना और उसे उपचारात्मक योजना के क्रियान्वयन में सहायता देना।
3. महिला एवं बाल श्रमिकों को प्रतिष्ठान में समायोजन एवं उनके शोषण को रोकना।
4. श्रमिकों की अनुपस्थिति दर को कम करने में सहायता देना। श्रमिकों के साथ विधायी (Positive) संबंध स्थापन हेतु स्पष्टीकरण की प्रविधियों का प्रयोग करते हुए उनके विभ्रमों का निराकरण तथा आवश्यकतानुसार सम्बल (Support) की प्रविधि का उपयोग कर उन्हें अनुपस्थित न रहने के लिए प्रोत्साहित करना।
5. परिवेदनाओं का निवारण : श्रमिकों से विधायी संबंध स्थापन कर उनकी परिवेदनाओं की सही कारकों की जानकारी प्राप्त कर प्रबंधकीय सहायता से परिवेदनाओं का उचित रूप से निराकरण करना।
6. श्रमिकों के साथ समायोजनशील कार्मिक नीतियों का निर्माण कर प्रबंधन को सहायता देना।

7. तनावपूर्ण स्थिति में श्रमिकों की सहायता : तादात्म्यीकरण (Identification) की तकनीक का प्रयोग करते हुए श्रमिकों में राहत की भावनाओं का विकास करना, तत्पश्चात् तनावपूर्ण स्थितियों के कारकों की जानकारी प्राप्त कर उनके निराकरण में संबंधित श्रमिक की मदद करना।
8. परिवार नियोजन में सहायता देना : बड़ा परिवार वर्तमान युग में अभिशाप का पर्याय होता है। अत: कल्याण अधिकारी से आशा की जाती है कि वह वैयक्तिक सेवा कार्य की विभिन्न तकनीकों का प्रयोग करते हुए कर्मचारियों को परिवार नियोजन अपनाने हेतु प्रोत्साहित करे।
9. संबल एवं स्पष्टीकरण की प्रविधियों का प्रयोग कर श्रमिकों को बाहर से कर्ज न लेने के लिए प्रेरित करना एवं उन्हें इस बात के लिए प्रोत्साहित करना कि वे अल्प बचत करें।
10. वैयक्तिक सेवा की प्रविधियों के माध्यम से सेवार्थी का इस प्रकार प्रोत्साहित करना कि वे प्रतिष्ठान के बाहर भी समस्याओं का समाधान करें।
11. बहुत सी स्थितियों में संराधन अधिकारी की असफलता के पश्चात् श्रम पक्ष एवं प्रबंधन पक्ष दोनों ही चाहते हैं कि किसी पंच को नियुक्त कर उस ही विवाद के बारे में निर्णय की जिम्मेदारी दे दी जाए। किंतु किसी एक पंच के नाम पर दोनों पक्ष सहमत नहीं होते हैं, फलस्वरूप पंच निर्णय नहीं हो पाता है। अत: वैयक्तिक सेवा कार्य के माध्यम से कार्मिक अधिकारी या कल्याण अधिकारी दोनों पक्षों से अलग-अलग बात कर किसी एक पंच के नाम पर दोनों पक्षों को युक्तिपूर्वक सहमत करा सकता है।

सामूहिक सेवा कार्य की प्रविधियों का औद्योगिक प्रतिष्ठानों में उपयोग

यदि हम औद्योगिक श्रमिकों एवं प्रबंधकों को एक समूह के रूप में लें तो कह सकते हैं कि सामूहिक सेवा कार्य की प्रविधियों के माध्यम से उन्हें अपने लक्ष्यों की प्राप्ति में सहायता की जा सकती है। किंतु बहुत सी स्थितियों में श्रम एवं प्रबंधन के बीच इस प्रकार का संघर्ष होता है कि दोनों एक समूह के रूप में कार्य नहीं कर पाते हैं, ऐसी स्थिति में कुछ अन्य ऐसे क्षेत्र हैं जहां सामूहिक सेवा कार्य की प्रविधियों का प्रयोग किया जा सकता है :

1. व्यवसाय संघ के प्रतिनिधियों से वार्ता : जब व्यवसाय संघ के प्रतिनिधि किसी विशेष मामले में नियोक्ता के प्रतिनिधि से वार्ता हेतु आते हैं तो सामूहिक सेवा कार्य की प्रविधियों का प्रयोग करते हुए उनके लक्ष्यों एवं कार्यक्रमों के निर्माण एवं स्वस्थ अन्तर्क्रियाओं का विकास कर प्रबंधकीय प्रतिनिधि उनसे स्वस्थ संबंध स्थापित कर सकता है।
2. अन्तर्सामूहिक संबंध के द्वारा श्रम एवं प्रबंध के संघर्षों के निराकरण में सफलता पाई जा सकती है।
3. एक प्रतिष्ठान में कई श्रमिक संघ होते हैं, उनमें पारस्परिक विद्वेष एवं संघर्ष होता है, जिसका श्रम-प्रबंध संबंधों पर ऋणात्मक प्रभाव पड़ता है। सामूहिक सेवाकार्य की प्रविधियों का प्रयोग (Intergroup Negotiation) करते हुए कार्मिक अधिकारी/कल्याण अधिकारी दो श्रमिक संघों की वैमनस्यता को समाप्त कर दोनों में स्वस्थ संबंध स्थापित कर सकता है।
4. औद्योगिक विवादों के सुलझाव हेतु सामूहिक सौदेबाजी एक बहुत ही सक्षम विधि है, किन्तु बहुत सी स्थितियों में इस विधि के द्वारा समझौता नहीं हो पाता। यदि प्रबंधकीय प्रतिनिधि डिसकसन कांफ्रेंस एवं इण्टरग्रुप निगोसियेशन की प्रविधियों का समुचित रूप से प्रयोग करके इण्टीग्रेटिव बारगेनिंग की विधि का सहारा लेंगे तो समझौते हो सकते हैं।
5. प्रतिष्ठानों में सामान्य रूप से टीम या ग्रुप के द्वारा उत्पादन होता है, ग्रुप वर्क की प्रविधियों के माध्यम से उत्पादन के लक्ष्यों के निर्धारण एवं उनकी प्राप्ति हेतु संचालित सक्षम कार्यक्रमों के द्वारा उत्पादकता के लक्ष्य प्राप्त किए जा सकते हैं।
6. कार्य समितियों एवं कैन्टीन कमेटी के क्रियाकलापों का संचालन भी सामूहिक सेवा कार्य की प्रविधियों से और उपयोगी ढंग से किया जा सकता है।

7. क्वालिटी सर्किल एवं प्रबंध व्यवस्था में श्रमिकों के सहभाजन संबंधी अन्य क्रिया कलापों का संचालन भी सामूहिक सेवा कार्य की प्रविधियों के प्रयोग से अपेक्षाकृत और अच्छे ढंग से हो सकता है।

सामुदायिक संगठन की विधियों का प्रयोग

बहुत से श्रमिकों एवं अधिकारियों के लिए आवासीय कॉलोनीज बनी होती हैं। इनका प्रबंध कल्याण विभाग के किसी उच्च अधिकारी के द्वारा किया जाता है। वहां पर समुदाय विकास की विधि एवं तकनीकों का प्रयोग (जनसहयोग प्राप्त करते हुए) समुदाय के विकास के कुछ प्रमुख लक्ष्यों जैसे- स्कूल, सड़क, चिकित्सालय, कोआपरेटिव स्टोर, क्रीड़ा एवं मनोरंजन व्यवस्था के विकास हेतु हो सकता है। इसके लिए आवश्यक धन औद्योगिक प्रतिष्ठान या सरकार से प्राप्त किया जा सकता है। एन.जी.ओ. भी इस कार्य में सहायता दे सकते हैं।

इसके अतिरिक्त आज कॉर्पोरेट और प्रतिष्ठान स्तर पर सामाजिक जिम्मेदारी की अवधारणा को अतिशय महत्व दिया जा रहा है। इस दृष्टि से औद्योगिक प्रतिष्ठान किसी पिछड़े क्षेत्र का स्वतः चयन कर लेते हैं, जहां आर्थिक एवं सामाजिक विकास की आवश्यकता हो। प्रतिष्ठानों द्वारा (जैसे- बोकारो, टाटा इत्यादि) इस कार्य हेतु कम्युनिटी ऑर्गनाइजर्स की नियुक्तियां की जाती हैं जो मूलतः सामाजिक कार्यकर्ता होते हैं और ये समुदाय संगठन की विधि का प्रयोग करते हुए उक्त क्षेत्र में आर्थिक एवं सामाजिक विकास के कार्यक्रमों का संचालन करते हैं।

सामाजिक क्रिया की विधि का प्रयोग

प्रतिष्ठानों में कार्यरत कल्याण अधिकारी या मानव संसाधन प्रबंध अधिकारी सामाजिक क्रिया की विधि का भी प्रयोग करते हुए निम्नलिखित कार्य कर सकते हैं :

1. कामगारों में अछूत भावना की समाप्ति।
2. श्रमिकों में स्वस्थ नेतृत्व एवं स्वस्थ व्यवसाय संघों का विकास।
3. श्रमिकों में परिवार नियोजन के प्रति स्वीकृति एवं मान्यता की भावना का विकास।
4. सरकार को, विशेषकर सामाजिक सुरक्षा एवं श्रमिक संघों की मान्यता के बारे में, नये कानूनों के निर्माण हेतु प्रभावित करना।

उपर्युक्त सभी कार्य प्रत्यक्ष या परोक्ष रूप से कल्याण अधिकारी के अधिनियमित कर्तव्यों में सम्मिलित हैं, कल्याण अधिकारी जो मूलतया एक सामाजिक कार्यकर्ता होता है, इन कार्यक्रमों को सफल ढंग से संचालित कर सकता है।

सामाजिक शोध की विधि का प्रयोग

यदि नियोक्ता अपने प्रतिष्ठान में श्रमिकों के कल्याण हेतु कुछ विशिष्ट कार्यक्रमों में संचालन हेतु धन निवेश करना चाहता है तो कल्याण अधिकारी सामाजिक शोध के माध्यम के श्रमिकों से यह ज्ञात कर सकता है कि उनकी कौन सी ऐसी आवश्यकतायें हैं, जिनकी पूर्ति हेतु उक्त धन का उपयोग किया जाना उचित होगा।

समाज कल्याण प्रशासन की विधि का उपयोग

औद्योगिक प्रतिष्ठानों में नियोक्ताओं द्वारा कुछ अधिनियमित एवं अधिनियमेतर सेवाओं का आयोजन किया जाता है, जैसे कि जलपान गृह, शिशु गृह, मनोरंजन केन्द्र व उपभोक्ता सहकारी ऋण समिति इत्यादि। इन सेवाओं की प्रशासन की जिम्मेदारी सामान्य रूप से कल्याण अधिकारी की होती है।

कल्याण अधिकारी यदि समाज कल्याण प्रशासन की प्रविधियों का प्रयोग करते हुए इन विधियों से उक्त सेवाओं का प्रशासन करेगा तो उसे अपेक्षाकृत अधिक सफलता मिल सकती है।

समाज कार्य की विधियों के सक्षम ढंग से प्रयुक्त न होने के कारण

यद्यपि सैद्धान्तिक रूप से समाज कार्य की विधियों का औद्योगिक प्रतिष्ठानों में बहुत ही सफल ढंग से प्रयोग हो सकता है, परंतु व्यावहारिक रूप में इन विधियों का सक्षमता से प्रयोग नहीं हो पाता। इसके दो प्रमुख कारक हैं, 1. पाश्चात्य देशों की भांति हमारे देश के औद्योगिक प्रतिष्ठानों में कार्मिक समाज कार्यकर्ताओं की नियुक्तियां नहीं हुई हैं, केवल कल्याण अधिकारी ही इन जिम्मेदारियों के निर्वाह के लिये जिम्मेवार होता है, किन्तु वह अन्य अधिनियमित जिम्मेवारी के निर्वाह में इतना व्यस्त रहता है कि समाज कार्य संबंधी कर्तव्यों के निर्वाह हेतु उसे समय ही नहीं मिला है। 2. व्यावहारिक रूप से समाज कार्य जनतांत्रिक मूल्यों पर आधारित है, जहां सहायता प्रक्रिया में प्रत्येक व्यक्ति को आत्मनिर्णय का अधिकार दिया जाता है, जबकि मानव संसाधन प्रबंधक मूलतया एक अधिकार मूलक प्रक्रिया है, जहां सबको एक अनुशासन में रहते हुए ऊपर के अधिकारियों के आदेशों का पालन करना पड़ता है। अत: मूल्य संबंधी विरोध के कारण समाज कार्य की प्रविधियों एवं कुशलताओं का उद्योग के क्षेत्र में पूर्णतया प्रयोग नहीं हो पाता है। कोई भी औद्योगिक प्रतिष्ठान समाज कार्य को न तो अपना मूल लक्ष्य स्वीकार करता है और न इस हेतु यथेष्ट धन व्यय करना चाहता है, फलस्वरूप समाज कार्य की गतिविधियों का औद्योगिक प्रतिष्ठानों में समक्षता से क्रियान्वयन नहीं हो पाता है। इसके अतिरिक्त कुछ अन्य कारक भी इस संबंध में प्रमुख रूप से उल्लेखनीय हैं :

1. समाज कल्याण संस्थाओं एवं औद्योगिक प्रतिष्ठानों के अनुस्थापन तथा उद्देश्यों में भी भिन्नता है। समाज कल्याण अभिकर्ता जनसामान्य की भलाई करना चाहते हैं और इस हेतु आवश्यकतानुसार उसके पास जो भी आर्थिक संसाधन है उनका उपयोग करते हैं और लाभार्जन की तो बात भी नहीं सोचते जबकि व्यावहारिक रूप से औद्योगिक प्रतिष्ठानों का मूल लक्ष्य केवल लाभार्जन है, अत: दोनों लक्ष्य परस्पर विरोधी होने के कारण, एक-दूसरे के परिपूरक नहीं बन पाते।
2. 1953 में टाटा इन्स्टीट्यूट के तत्कालीन निदेशक जे.सी. कुमारप्पा ने श्रम एवं कल्याण अधिकारियों के अखिल भारतीय सम्मेलन में इस तथ्य का प्रतिपादन किया था कि औद्योगिक प्रतिष्ठानों का मूल लक्ष्य भी समाज कल्याण ही है, किंतु वास्तविक व्यवहार में यह बात हो नहीं पाती। कोई भी औद्योगिक प्रतिष्ठान समाज कार्य को न तो अपना मूल लक्ष्य स्वीकार करता है और न इस हेतु यथेष्ट धन व्यय करना चाहता है, फलस्वरूप समाज कार्य की गतिविधियों का औद्योगिक प्रतिष्ठानों में सक्षमता से क्रियान्वयन नहीं हो पाता है।
3. अधिकांश औद्योगिक प्रतिष्ठानों में कर्मचारियों की संख्या तो बहुत अधिक होती है किन्तु उनके कल्याण हेतु केवल एक ही कल्याण अधिकारी होता है। भारतीय औद्योगिक प्रतिष्ठानों में न तो कार्मिक समाजकर्ता होते हैं और न अधिकांश स्थानों में कार्मिक अधिकारी या मानव संसाधन प्रबंध अधिकारी वास्तविक अर्थों में समाज कार्य को अपनी जिम्मेदारी समझते हैं। ऐसी स्थिति में अकेला कल्याण अधिकारी कहां तक समाज कार्य की जिम्मेदारियों का सक्षम ढंग से निर्वाह कर सकता है।
4. कल्याण अधिकारियों के संबंध में प्रसिद्ध विद्वान एल.एस. कुडचेदकर का मत है कि न तो उनकी अभिरुचि समाज कार्य की ओर होती है और न उनके पास ऐसे कार्यों के लिए कोई समय ही होता है। वे अन्य वैधानिक जिम्मेदारियों के निर्वाह में ही व्यस्त रह जाते हैं। यद्यपि

कल्याण अधिकारियों का यह मत है कि वे समाज कार्य संबंधी क्रिया कलापों का वरीयता के आधार पर निष्पादन करना चाहते हैं, किंतु उनके पास इस कार्य के लिए समय नहीं होता है।

5. समाज कार्य एवं श्रमकल्याण के विषय क्षेत्र में इतनी द्रुत गति से परिवर्तन हो रहा है कि कल्याण अधिकारी के अधिनियमित कर्तव्यों में जब तक परिवर्तन नहीं होगा, वे इस जिम्मेदारी का सक्षम ढंग से निर्वाह नहीं कर पायेंगे।

सुझाव

समाज कार्य संबंधी कार्यक्रमों हेतु निम्नलिखित सुझाव दिए जा सकते हैं :

1. वर्तमान काल में श्रम कल्याण के अन्तर्गत समाज कार्य विभिन्न प्रकार की संस्थाओं द्वारा किया जा रहा है। इस सभी प्रयासों को एकीकृत करते हुए एक स्वीकृत योजना के निर्माण की आवश्यकता है।
2. औद्योगिक प्रतिष्ठानों में कल्याण अधिकारी के अतिरिक्त समुचित संख्या में कार्मिक समाज कार्यकर्ताओं की नियुक्ति होनी चाहिए।
3. कल्याण अधिकारी एवं मानव संसाधन प्रबंध अधिकारी के प्रशिक्षण कार्यक्रम में समाज कार्य के महत्वपूर्ण स्थान की व्यवस्था होनी चाहिए।
4. कल्याण अधिकारी के प्रशिक्षण को समाज कार्य-मूलक बनाया जाना चाहिए।
5. प्रतिष्ठानों में उच्च पदस्थ प्रबंधकों को भी समाज कार्य में अनुस्थापन की व्यवस्था होनी चाहिये।

17

चिकित्सा एवं मनोचिकित्सा में वैयक्तिक सेवा कार्य

(Social Case Work in Medical and Psychiatric Setting)

चिकित्सकीय समाज कार्य

चिकित्सकीय समाज कार्यकर्ता स्वास्थ्य के विभिन्न क्षेत्रों, जैसे-चिकित्सालयों एवं लघु चिकित्सालयों में कार्य करने के साथ-साथ निवारण और सामाजिक उपचार एवं पुनर्वासन संबंधी जिम्मेवारियों के निर्वाह में भी कार्य करते हैं। इन क्षेत्रों में कार्यकर्ता व्यक्तियों के खराब स्वास्थ्य एवं बाधिताओं के कारण उत्पन्न मनोसामाजिक समस्याओं से निपटने के लिए सहायता देता है, ताकि वे अपनी क्षमता के अनुरूप एक संतोषप्रद उत्पादकता वृद्धि मूलक जीवन व्यतीत कर सकें।

चिकित्सकीय समाज कार्य का अर्थ एवं परिभाषा

आयुर्विज्ञान के विकास के साथ-साथ यह बात सर्वस्वीकृत हो गई है कि स्वास्थ्य के शारीरिक मानसिक तथा सामाजिक तीन महत्वपूर्ण पक्ष हैं। अब वैज्ञानिक रूप से यह स्वीकार कर लिया गया है कि रोगी के स्वास्थ्य सुधार में दवा का जितना महत्व है, उतना ही महत्व उसकी सामाजिक एवं मानसिक परिस्थितियों का है। इसलिए चिकित्सा के क्षेत्र में समाज कार्य के प्रयोग को विशेष बढ़ावा मिल रहा है। इस क्रम में समाज कार्य के एक क्षेत्र के रूप में चिकित्सकीय समाज कार्य का विकास हुआ, जिसके माध्यम से चिकित्सा के क्षेत्र में सामाजिक कार्यकर्ता कार्य कर रहे हैं। चिकित्सकीय समाज कार्य की कुछ परिभाषायें निम्नलिखित हैं :

1. अमेरिका के समाज कार्यकर्ताओं के राष्ट्रीय संघ (National Association of Social Walfare) के अनुसार चिकित्सकीय समाज कार्य स्वास्थ्य एवं चिकित्सकीय देख-रेख के क्षेत्र में समाज कार्य की पद्धतियों एवं दर्शन का उपयोग स्वीकार करता है। चिकित्सकीय समाज कार्य, समाज कार्य के ज्ञान एवं पद्धतियों के उन पक्षों का विस्तृत उपयोग करता है, जो स्वास्थ्य एवं चिकित्सा संबंधी समस्याओं से ग्रस्त व्यक्तियों की सहायतार्थ विशेष रूप से उपयुक्त है।

2. प्रोफेसर राजाराम शास्त्री के अनुसार, चिकित्सकीय समाज कार्य का लक्ष्य होता है कि वह चिकित्सकीय सुविधाओं का उपयोग रोगियों के लिए अधिक से अधिक सुविधापूर्ण ढंग से करे तथा चिकित्सा में बाधक बनी सामाजिक स्थितियों का निराकरण करे।
3. एच.एस. पाठक के अनुसार चिकित्सकीय समाज कार्य उन रोगियों को सहायता प्रदान करने से संबंधित है, जो सामाजिक तथा मनोसामाजिक कारकों के कारण उपलब्ध चिकित्सकीय सेवाओं का प्रभावी रूप से उपयोग करने में असमर्थ होते हैं।

इस प्रकार स्पष्ट है कि 1. चिकित्सकीय समाज कार्य, समाज कार्य का एक विशिष्ट क्षेत्र है, 2. इसमें सामाजिक कार्यकर्ता, मनोसामाजिक समस्याओं की रोकथाम, उनका निदान एवं उपचार करता है, 3. रोगी को प्रदान की गई चिकित्सकीय सेवाओं का अधिकतम लाभ उठाने तथा शीघ्रातिशीघ्र स्वस्थ होने एवं तदुपरान्त पुनर्स्थापित होने में सहायता देता है।

चिकित्सकीय समाज कार्य की विशेषतायें

1. चिकित्सकीय समाज कार्य व्यावसायिक समाज कार्य के विशेषीकरण का एक क्षेत्र है।
2. यह सामाजिक सहायता प्रदान करता है।
3. उसके द्वारा रोगियों को उपलब्ध निवारक तथा निदानात्मक एवं उपचारात्मक सुविधाओं का अधिकतम उपयोग करने में सहायता दी जाती है।
4. सहायता द्वारा रोग ग्रस्त व्यक्ति चिकित्सकीय सेवाओं का अधिकतम लाभ उठाकर स्वास्थ्य लाभ प्राप्त करता है और समाज में अपने क्रियाकलापों में पूर्ववत लग जाता है।

भारतवर्ष में चिकित्सकीय समाज कार्य का इतिहास

भारतवर्ष में चिकित्सकीय समाज कार्य का प्रारम्भ लेडी अलमोनर्स द्वारा किया गया। प्रारम्भ में भारतवर्ष में समाज कार्य के प्रशिक्षण की व्यवस्था न होने के कारण अमेरिका तथा इंग्लैण्ड में प्रशिक्षित भारतीय मूल के चिकित्सकों ने यहां के चिकित्सालयों में कार्यरत स्वैच्छिक समाज कार्य कार्यकर्ताओं को प्रशिक्षित कर उन्हें व्यावसायिक कार्यकर्ता के रूप में कार्य करने के लिए प्रेरित किया। 1936 में सर दोरावजी टाटा स्कूल ऑफ सोशल वर्क (वर्तमान में टाटा इंस्टीट्यूट ऑफ सोशल साइंसेज) की स्थापना की गई, जहां विशेषकर औद्योगिक क्षेत्र में प्रभावपूर्ण ढंग से कल्याण कार्यों के आयोजन संबंधी प्रशिक्षण का आरम्भ हुआ, पर साथ ही इस संस्थान ने चिकित्सकीय समाज कार्य के प्रशिक्षण एवं उपयोगिता की ओर समाज का ध्यान आकृष्ट किया। 1945 में स्वास्थ्य सर्वेक्षण एवं विकास समिति ने प्रशिक्षित सामाजिक कार्यकर्ताओं की आवश्यकता पर बल दिया। परिणामस्वरूप तमिलनाडु में सर्वप्रथम स्टेला मेरिस कॉलेज में एक वर्षीय प्रशिक्षण प्राप्त महिला चिकित्सकीय समाज कार्यकर्ताओं की नियुक्ति प्रारम्भ हुई। इसी दौरान इण्डियन रेडक्रॉस सोसायटी की चेन्नई शाखा के स्वास्थ्य सेवकों के प्रशिक्षण के लिए दसवीं कक्षा उत्तीर्ण 35-35 छात्रों के समूह के लिए 10 माह तथा 18 माह के प्रशिक्षण की व्यवस्था की गई। यह पाठ्यक्रम व्यावसायिक समाज कार्य का नाममात्र का प्रशिक्षण देता था। अतः कुछ समय पश्चात् 40-45 चिकित्सकीय समाज कार्यकर्ताओं को दो वर्षीय प्रशिक्षण प्राप्त करने की व्यवस्था की गई। 1946 में सर्वप्रथम जे.जे. ग्रुप हास्पिटल बम्बई में इंग्लैण्ड से चिकित्सकीय समाज कार्य में व्यावसायिक प्रशिक्षण प्राप्त एक भारतीय मूल के समाज कार्यकर्ता की नियुक्ति दो सौ पचास रुपए प्रतिमाह पर की गई। इसके बाद समाज कार्य में प्रशिक्षण देने वाले संस्थानों में चिकित्सकीय समाज कार्य को स्नातकोत्तर समाज कार्य उपाधि के पाठ्यक्रम में एक विशेषीकरण के रूप में सम्मिलित किया गया। 1959 में भारतीय समाज कार्य सम्मेलन (Indian Conference of Social Work) के बारहवें अधिवेशन (हैदराबाद) में एक प्रस्ताव पारित कर यह संस्तुति की गई कि 50 से अधिक रोगी शैया वाले अधिकांश अथवा समस्त चिकित्सालयों में कम से कम एक चिकित्सकीय कार्यकर्ता की नियुक्ति की जानी चाहिए।

चिकित्सकीय समाज कार्य के क्षेत्र में समाज कार्य की विभिन्न विधियों का उपयोग

सुलभ-मुधाकर वाडे (1987, 73, 74) के अनुसार, चिकित्सालय में चिकित्सकीय समाज कार्यकर्ता के सेवार्थी वे व्यक्ति होते हैं, जो बीमारी एवं बाधिताओं के कारण मनोसामाजिक समस्याओं से ग्रस्त होते हैं। कार्यकर्ता मुख्य रूप से वैयक्तिक समाज कार्य एवं सामूहिक कार्य प्रणालियों का प्रयोग करते हुए इन व्यक्तियों की सहायता करते हैं। समाज कार्य की कुछ प्रमुख विधियों के प्रयोग से रोगियों को प्रत्यक्ष सेवायें प्रदान करने का विवरण निम्नलिखित है-

वैयक्तिक समाज कार्य प्रणाली का प्रयोग करते हुए रोगियों को प्रत्यक्ष सेवा उपलब्ध कराना

1. रोग की प्रकृति तथा उसके प्रभावों को रोगियों तथा उनके परिवारों को स्पष्ट करना। यह कार्य व्यक्तिगत तथा सामूहिक स्तर पर किया जा सकता है।
2. रोगियों के उपचार कार्यक्रम में सहभागिता प्राप्त करने हेतु उनकी योग्यता का सामाजिक मूल्यांकन करना तथा यदि आवश्यक हो तो संकट की स्थिति के दौरान आवश्यक संवेगात्मक सम्बल प्रदान करना।
3. रोगियों के लिए निर्धारित उपचार से लाभ प्राप्त करने के उद्देश्य से जहां कहीं आवश्यक हो सुधार करना। इसके लिए कार्यकर्ता को रोगी के परिवारों, विद्यालयों, कार्यस्थलों तथा पड़ोसियों इत्यादि के साथ कार्य करना पड़ता है।
4. रोगियों की भौतिक आवश्यकताओं जैसे धन, दवा, कपड़े इत्यादि की पूर्ति के लिए आवश्यक संसाधनों को जुटाना।
5. रोगियों की मनोसामाजिक समस्याओं के बारे में परिवारों तथा जिस समाज में वे रह रहे हैं उसके उत्तरदायी सदस्यों को बतलाना, ताकि वे रोगियों के बारे में अपने नवीन उत्तरदायित्वों की पहचान कर सकें तथा रोगियों को उनकी परिस्थितियों में स्वीकार कर सकें।
6. रोगियों के पुनर्स्थापन हेतु उनके परिवार के साथ योजना बनाना।
7. रोगियों तथा उनके परिवारों के साथ सम्पर्क बनाये रखना, ताकि उनकी बीमारी के (रोगियों की) निदान की प्रक्रिया में परिवार के सदस्यों के माध्यम से प्राप्त जानकारियों का समुचित उपयोग हो सके।
8. जहां आवश्यक हो रोगियों को उनके उपचार हेतु संबंधित संस्थाओं में भर्ती कराना तथा उन्हें अपेक्षित सेवायें उपलब्ध कराना।

सामूहिक समाज कार्य प्रणाली का उपयोग करते हुए रोगियों को प्रत्यक्ष सेवायें उपलब्ध करना

1. एक तरह की समस्याओं से ग्रस्त रोगियों को साथ-साथ लाना, ताकि वे अपनी समस्यायें आपसी सहयोग से सुलझा सकें।
2. आपसी स्वीकृति के वातावरण में रोगियों की समस्याओं को सुलझाना।
3. पारस्परिक सहयोग की प्रक्रिया के माध्यम से रोगियों की संबंधित समस्याओं के निराकरण तथा उनके अभिवृत्तीय परिवर्तनों (Attitudional Charged) के लिए चिकित्सा अभिकर्ता के रूप में समूह का उपयोग करना।

चिकित्सकीय दल के साथ सम्पर्क स्थापित करना

1. प्रत्येक चिकित्सालय के चिकित्सकों को समाज कार्य की भूमिकाओं से अवगत कराना।

2. रोगियों के उचित निदान, आवश्यक इलाज तथा यथेष्ट पुनर्स्थापन के लिए उनकी आवश्यकताओं से चिकित्सक को अवगत कराना।
3. रोगियों को उनके परिवारों तथा समुदाय को चिकित्सालय की भूमिगत तथा उसकी आवश्यकताओं के बारे में बतलाना।
4. रोगियों की आवश्यकताओं के अनुसार समुदाय के अन्तर्गत संसाधन को विकसित करना।
5. क्षेत्रीय समाज की आवश्यकताओं के अनुरूप प्रशिक्षण देने के लिए समाज कार्य प्रशिक्षण प्रदान करने वाली संस्थाओं को सहायता देना।

प्रशासन से संबंधित कार्य

इसमें मुख्य रूप से कार्यालय संबंधी कार्य, जैसे- अभिलेखों, रजिस्टरों इत्यादि का रखरखाव, दिन-प्रतिदिन के कार्यों का नियोजन एवं संगठन, कर्मचारियों, अधीक्षक एवं उनको सलाह देने से संबंधित कार्य, चिकित्सालय के अधिकारियों से सम्पर्क स्थापन इत्यादि आते हैं।

अध्यापन अधीक्षक एवं कर्मचारियों का विकास

1. चिकित्सकीय विद्यार्थियों, समाज कार्यकर्ताओं, शारीरिक चिकित्सा तथा व्यावसायिक चिकित्सा (Physio-therapy and Occupational Therapy) के विद्यार्थियों के तथा परिचारण संबंधी विद्यार्थियों (Nursing Students) के अध्यापन कार्यक्रमों की व्यवस्था करना
2. इन विद्यार्थियों के प्रशिक्षण संबंधी कार्यक्रमों का निर्देशन करना।

शोध संबंधी कार्य

इसके अन्तर्गत स्वतंत्र रूप से अथवा संयुक्त रूप से शोध संबंधी कार्यों को सम्पन्न करना जिसमें शोध निर्देशन सहायता आदि कार्य भी सम्मिलित हैं तथा उपर्युक्त कार्यों के अतिरिक्त चिकित्सकीय समाज कार्य के कुछ अन्य महत्वपूर्ण कार्य भी इसके अन्तर्गत आते हैं, जिनका विवरण नीचे दिया जा रहा है :

1. रोगियों तथा उनके परिवारों की उन सामाजिक एवं सांवेगिक समस्याओं के समाधान में सहायता देना, जो उपयुक्त उपचार, देखरेख एवं पुनर्स्थापन में बाधा डालती है।
2. चिकित्सालय रोगी तथा समुदाय के बीच मध्यस्थता करना, रोगी एवं उसके परिवार को उपचार एवं समुदाय के सहयोग की व्याख्या करना।
3. रोगी के भौतिक एवं मनोवैज्ञानिक पर्यावरण संबंधी तथ्यों को निदान एवं समुचित उपचार के लिए संकलित करना।
4. वर्तमान सामुदायिक साधनों को समुचित उपयोग के लिए सक्रिय करना तथा नवीन सामुदायिक सेवाओं को विकसित करना।

आयुर्विज्ञान की नवीन खोजों की प्रगति के फलस्वरूप निवारक व समाजमूलक चिकित्सा का उदय हुआ, जिसमें चिकित्सकीय समाज कार्य के योगदान की उपयोगिता को समुचित स्थान प्रदान किया गया। सार्वजनिक स्वास्थ्य एवं सामुदायिक स्वास्थ्य की अवधारणा के महत्व को प्राथमिकता दी गई। रोगों से संरक्षण एवं निवारण की गतिविधियों को सफल बनाने के लिए एक स्वास्थ्य दल की आवश्यकता पर बल दिया गया, जिसमें चिकित्सकीय समाज कार्य, मनोविज्ञान, समाजविज्ञान, भौतिक एवं वृत्तिक उपचार की विशिष्टताओं को स्वास्थ्यवर्द्धक रोग निवारक एवं उपचार हेतु महत्वपूर्ण समझा गया। फलस्वरूप सामाजिक समायोजन तथा पुनर्स्थापन में सहायता प्रदान करने के लिए चिकित्सकीय सामाजिक कार्यकर्ताओं की नियुक्तियां प्रारम्भ की गईं।

इस प्रकार पिछले चार दशकों से सम्पूर्ण देश के निवारक एवं समाजमूलक चिकित्सा विभागों के विकास के साथ चिकित्सकीय सामाजिक कार्य के विकास में भी नये आयाम जुड़े।

चिकित्सालय में रोगी का प्रवेश

जब रोगी स्वयं अथवा अन्य किसी व्यक्ति के माध्यम से चिकित्सालय में प्रवेश करता है तो सामाजिक कार्यकर्ता सर्वप्रथम उसे स्वीकृति प्रदान करता है, तत्पश्चात् संबंध स्थापन की अन्य प्रविधियों के माध्यम से न केवल उस रोगी से संबंध स्थापित करता है वरन् उसकी व्यक्तिगत एवं पारिवारिक समस्याओं की प्राथमिक जानकारी प्राप्त करता है। अन्ततः सेवार्थी एवं कार्यकर्ता के बीच एक पारस्परिक समझदारी का विकास होता है।

प्रवेश एक प्रक्रिया है, जिसमें समस्या के स्वरूप एवं प्रकृति का ज्ञान प्राप्त किया जाता है। समस्याग्रस्त व्यक्ति द्वारा समस्याओं और आवश्यकताओं का प्रस्तुतिकरण किया जाता है। उसकी प्रेरणा एवं अभिकरण में उपलब्ध साधनों एवं कार्यविधि का सेवार्थी को ज्ञान कराया जाता है।

चिकित्सालय में सेवार्थी का प्रवेश कई तरीकों से होता है, उदाहरणार्थ सेवार्थी या तो स्वयं ही चिकित्सालय में आये और सर्वप्रथम सामाजिक कार्यकर्ता से मिले, या दूरभाष के माध्यम से सेवार्थी चिकित्सालय स्थित सामाजिक कार्यकर्ता से बात करे। अपनी समस्याओं और अपेक्षाओं से कार्यालय को अवगत कराएं। यह प्रवेश पत्राचार या सूचना वाहक के माध्यम से भी कभी-कभी होता है।

चिकित्सकीय समाज कार्यकर्ता के कार्य

चिकित्सालय स्थित सामाजिक कार्यकर्ता न केवल रोगियों को प्रत्यक्ष सेवायें उपलब्ध कराता है वरन उसकी मनोसामाजिक समस्याओं का भी निदान कर उनका उपचार करने में सहायता देता है, रोगियों को प्रत्यक्ष सेवायें उपलब्ध कराने के अतिरिक्त चिकित्सकीय समाज कार्यकर्ता के कार्य निम्नलिखित हैं :

रोगियों के साथ कार्य

1. रोगियों की सामाजिक स्थिति की जानकारी प्राप्त करना तथा संबंधित चिकित्सकों को तथ्यों से अवगत कराना।
2. रोगियों के स्वास्थ्य से संबंधित सामाजिक परिस्थितियों में निहित कारकों का पता लगाना।
3. रोगियों द्वारा अभीष्ट उपचार के लक्ष्यों को चिकित्सक की सहायता से निर्धारित करना एवं उनकी प्राप्ति का मार्ग प्रशस्त करना।
4. चिकित्सकीय सामाजिक परिस्थितियों के अर्थ की भी रोगी समूह एवं उपचारक के अन्य वृत्तिक विशेषज्ञों के समक्ष व्याख्या करना।
5. सामाजिक पक्षों पर विशेष बल देते हुए चिकित्सकीय सेवाओं की सार्थकता का निर्धारण करना।
6. वैयक्तिक सेवाकार्य प्रणाली के उपयोग के माध्यम से चिकित्सालय में रोगियों को प्रत्यक्ष सेवायें उपलब्ध कराना।
7. रोग की प्रकृति एवं उसके कारणों एवं प्रभावों को रोगियों एवं उसके परिवार को स्पष्ट कराना।
8. उपचार कार्यक्रम में रोगियों की सहभागिता प्राप्त करना।
9. निर्धारित उपचार से लाभ प्राप्ति के लिए रोगी की पूर्व निर्मित अपेक्षाओं में आवश्यकतानुसार सुधार करना।
10. रोगियों की भौतिक आवश्यकताओं जैसे धन, दवा और कपड़े आदि की प्राप्ति के लिए स्थानीय संसाधनों को जुटाना।
11. रोगियों की मनोसामाजिक समस्याओं के बारे में उनके परिवारों तथा जिस समाज में वे रह रहे हैं, उनके उत्तरदायी सदस्यों को बताना, ताकि वे रोगियों के संबंध में अपने उत्तरदायित्व की पहचान कर सकें और रोगियों को उनकी यथास्थिति में स्वीकार कर सकें।

12. रोगियों के पुनर्वास हेतु उनके परिवार के सदस्यों के साथ योजना बनाना।
13. रोगियों तथा उनके परिवारों के साथ सम्पर्क बनाये रखना, ताकि उनके निदान की प्रक्रिया हेतु समुचित तथ्यों को एकत्रित किया जा सके।
14. जहां तक सम्भव हो सके, रोगियों को उनके उपचार हेतु संबंधित अभिकरण में भर्ती कराना तथा अपेक्षित सेवायें उपलब्ध कराना।
15. सामूहिक समाज कार्य प्रणाली का प्रयोग करते हुए रोगियों को प्रत्यक्ष सेवायें प्रदान करना। इस संबंध में निम्नलिखित कार्य किए जा सकते हैं :
    (अ) एक तरह की समस्याओं से ग्रस्त रोगियों को एक साथ लाना, ताकि वे अपनी समस्याओं को आपसी सहयोग से सुलझा सकें।
    (ब) रोगियों को समुदाय में समायोजित करना।
    (स) आपसी स्वीकृति के वातावरण में रोगियों की समस्याओं को सुलझाना।
    (द) आपसी सहयोग की प्रक्रिया के माध्यम से रोगियों की सम्वेदनात्मक समस्याओं का उपचार।

चिकित्सा दल के साथ संबंध स्थापन करना

1. चिकित्सकों को समाज कार्यकर्ता की भूमिका एवं महत्व से अवगत कराना।
2. रोगियों के उचित निदान, आवश्यक इलाज तथा उचित परामर्श के लिए चिकित्सकों की सहायता सुनिश्चित करना।
3. रोगियों, उनके परिवार तथा समुदाय को चिकित्सालय की भूमिका से अवगत कराना।

चिकित्सा के क्षेत्र में सामाजिक कार्यकर्ता को मुख्य रूप से वैयक्तिक सेवा कार्य की विधि का ही प्रयोग करना होता है। इस विधि का प्रयोग करते हुए तीन क्षेत्रों में काम करना पड़ता है :

(अ) रोगी के परिवार, सगे-संबंधियों तथा समुदाय से संबंधित कार्य।

(ब) चिकित्सालय से संबंधित कार्य : सामाजिक कार्यकर्ता चिकित्सालय की विभिन्न अपेक्षाओं के परिप्रेक्ष्य में रोगी को समायोजित करता है। आवश्यकतानुसार चिकित्सालय की नीतियों एवं कार्यप्रणाली को रोगी तक पहुंचाता है।

(स) रोगी के साथ कार्य करते हुए सामाजिक कार्यकर्ता वैयक्तिक सेवा कार्य की कुछ प्रमुख प्रविधियों का उपयोग करते हुए सहायता कार्य को सफल बनाता है। इन प्रविधियों में सम्बल विमनयीकरण, साधनों का उपयोग, स्वीकृति, सार्वभौमीकरण, सम्प्रेषण, प्रोत्साहन, पर्यावरण परिवर्तन आदि प्रमुख हैं।

चिकित्सकीय सामाजिक कार्य की उपयोगिता

आज यह बात पूर्णतया स्पष्ट हो चुकी है कि स्वास्थ्य एवं रुग्णता का संबंध व्यक्ति के शारीरिक पहलुओं से ही नहीं है वरन् उसका संबंध व्यक्ति के सामाजिक एवं मानसिक पहलुओं से भी है। अत: रोग से जनित मानसिक एवं सामाजिक समस्याओं के निराकरण में चिकित्सकीय समाज कार्य का महत्वपूर्ण योगदान हो सकता है। विवरण निम्नलिखित है :

1. *रोगी की सामाजिक पृष्ठभूमि का अध्ययन :* रोग के सम्पूर्ण निदान हेतु रोगी की सामाजिक पृष्ठभूमि की जानकारी भी निदानकर्ता को होनी चाहिए। सामाजिक पृष्ठभूमि एवं सामाजिक समस्याओं की सामाजिक कार्यकर्ता को एक चिकित्सक की अपेक्षा अधिक समझ होती है। अत: सामाजिक कार्यकर्ता को ही यह जिम्मेदारी दी जाती है कि वह रोगी की मनोसामाजिक पृष्ठभूमि का समुचित विवरण तैयार करे और आवश्यकतानुसार उन जानकारियों को चिकित्सक को देकर रोग के निदान में सम्यक योगदान दे।

2. *रोगी को व्यक्तिगत मानसिक दबावों से मुक्त कराने में सहायता :* चिकित्सकीय सामाजिक कार्य का मुख्य उद्देश्य रोगी को उन मानसिक दबावों से मुक्त करने में सहायता देना है जो व्यक्तिगत दृष्टिकोणों के कारण विकसित होते हैं। चिकित्सा के लिए एक व्यवस्थित कार्यक्रम के निर्माण में तभी सफलता मिल सकती है, जबकि सामाजिक कार्यकर्ता उसमें योगदान दें। इसी प्रकार रोगी के उपचार हेतु चिकित्सकीय सामाजिक कार्यकर्ता का सहयोग अति आवश्यक है।

3. *रोगी की समस्याओं के मनोसामाजिक कारणों की खोज :* बहुत से रोग रोगी की मनोसामाजिक पृष्ठभूमि के कारण उत्पन्न होते हैं। कहना नहीं होगा कि मनोसामाजिक कारणों की जानकारी के पश्चात् ही समुचित निदान सम्भव है और मनोसामाजिक कारकों की जानकारी सामाजिक कार्यकर्ता की सहायता के माध्यम से ही हो सकती है।

4. *रोगी को स्वयं समस्या समाधान में सक्षम बनाना :* चिकित्सकीय सामाजिक कार्यकर्ता रोगी को सम्बल प्रदान कर एवं उनकी अन्तर्दृष्टि को विकसित कर उसे ऐसा सशक्त बनाने का प्रयास करता है कि वह अपनी समस्याओं के समाधान में स्वयं ही सक्षम हो जाए।

5. *रोगी की इच्छाशक्ति का विकास करना :* समाज कार्य के विभिन्न सिद्धान्तों के अनुसार कार्य करते हुए एवं समाज कार्य की विभिन्न प्रक्रियाओं का प्रयोग करते हुए सामाजिक कार्यकर्ता रोगी की इच्छाशक्ति का विकास करता है, फलस्वरूप रोगी अपने उपचार हेतु अपेक्षाकृत अधिक सक्रिय ढंग से कार्य करने लगता है।

6. *रोगी के व्यवस्थापन में सहायता :* रोगग्रस्त व्यक्ति कभी-कभी अपने में बहुत ही निराशा का अनुभव करता है और एक निराशाजनक स्थिति से गुजरने लगता है। ऐसी स्थिति में कार्यकर्ता उसे सशक्त बनाते हुए उसे परिस्थितियों के साथ समायोजन में सहायता देता है।

7. *पर्यावरण में समुचित परिमार्जन और विकास :* कुछ विशेष रोगों में (जैसे टी.बी. या वी.डी.) में आस-पास के लोग रोगी को अस्पृश्य एवं हेय समझने लगते हैं। इस कारण रोगी और भी तनावग्रस्त हो जाता है। अत: सामाजिक कार्यकर्ता आवश्यकतानुसार पर्यावरण को परिमार्जित एवं विकसित कर रोगी के समायोजन में सहायता देता है।

चिकित्सकीय समाज कार्यकर्ता के कुछ अन्य प्रमुख कार्य एवं जिम्मेदारियां

1. *गरीबी :* चिकित्सकीय उपचार में सबसे बड़ी बाधा रोगी की गरीबी के कारण उत्पन्न होती है। रोगी को चिकित्सक द्वारा सुझाई गई दवाइयां और उपयुक्त आहार नहीं मिल पायेगा, तो उसके रोग का उपचार असम्भव हो जाएगा। अत: इस परिप्रेक्ष्य में समाज कार्यकर्ता की एक अहम भूमिका यह है कि चिकित्सालय से रोगी की दवाइयां एवं भोजन की व्यवस्था करायें। कुछ चिकित्सालय इस कार्य में असमर्थ होते हैं, ऐसी स्थिति में सामुदायिक या राजकीय संसाधनों का उपयोग कर इस आवश्यकता की पूर्ति करायें।

2. *स्वास्थ्य आन्दोलन :* समाज कार्यकर्ता सामाजिक क्रिया के माध्यम से स्वास्थ्य आन्दोलन की भी शुरुआत कर सकता है और विभिन्न पत्रिकाओं, टी.वी., रेडियो एवं जनसभाओं के माध्यम से समाज में यह जागृति पैदा कर सकता है कि पौष्टिक आहार क्या है और स्वस्थ रहने के क्या उपाय हैं जिन्हें सामान्य जन को अवगत करना होगा।

3. *दलीय कार्य :* सामान्य रूप से उच्च कोटि के चिकित्सालयों में रोगी की समुचित चिकित्सा हेतु एक टीम का गठन कर लिया जाता है, जिसमें विभिन्न रोगों से संबंधित विशेषज्ञ एवं सामाजिक कार्यकर्ता भी होता है। सामाजिक कार्यकर्ता की इस संबंध में प्रमुख भूमिका यह होती है कि वह न केवल रोगी की सामाजिक एवं मनोवैज्ञानिक समस्याओं की समुचित जानकारी के परिप्रेक्ष्य में रोग के समुचित निदान में सहायता दे वरन् उसकी यह भी जिम्मेदारी होती है कि संबंधित दल के विभिन्न सदस्यों के बीच समन्वय स्थापित करे।

कुछ प्रमुख सामाजिक समस्यायें जिनके सुलझाव में सामाजिक कार्यकर्ता की अहम भूमिका होती है :

1. गम्भीर रोगों एवं बाधिता के कारण अत्यधिक मानसिक दबाव।
2. रुग्णता का आकस्मिक प्रभाव।
3. गम्भीर एवं खतरनाक चिकित्सा विधियों का उपयोग।
4. चिकित्सकीय तथा मनोचिकित्सकीय समस्याएं।
5. अल्प एवं अस्थाई चिकित्सकीय एवं मनोसामाजिक समस्याऐं।
6. मनोसामाजिक कठिनाइयां उत्पन्न करने वाली स्थिति या बार-बार उत्पन्न होने वाली रुग्णता।
7. रोगी के जीवन से संबंधित कुछ प्रमुख चिकित्सकीय एवं मनोसामाजिक समस्यायें।
8. व्यक्तित्व संबंधी व विक्षोभ उत्पन्न करने वाली समस्यायें।
9. सामाजिक कुसमायोजन।
10. पारिवारिक विघटन।
11. लघु समस्याओं को जन्म देने वाली दिनचर्या और कार्यस्थल से जुड़ी हुई विषम परिस्थितियों के कारण उत्पन्न समस्यायें।

मन:चिकित्सकीय समाज कार्य

मन:चिकित्सकीय समाज कार्य, समाज कार्य की वह शाखा है, जो मानसिक रोगों के अध्ययन, रोकथाम तथा उपचार के लिए अपेक्षित विशेष ज्ञान एवं निपुणता से युक्त होती है। समाज कार्य एवं मन:चिकित्सा के ज्ञान एवं निपुणता से युक्त सामाजिक कार्यकर्ता सामाजिक असमायोजन से ग्रस्त उन सेवार्थियों के साथ कार्य करता है जिनके असमायोजन का मुख्य कारण उनकी कोई मानसिक मनोवृत्ति होती है।

मन:चिकित्सकीय समाज कार्य का अर्थ

सर्वप्रथम 1931 में संयुक्त राज्य अमेरिका में स्थापित मानदण्डों की सलाहकार परिषद की कार्य समिति (Executive of the Advisory Committee on Standard in USA) द्वारा मन: चिकित्सकीय समाज कार्य की परिभाषा दी गई, जो इस प्रकार है : मन:चिकित्सकीय समाज कार्य, समाज कार्य की वह शाखा है, जिसका विकास मनोचिकित्सा विज्ञान के द्वारा हुआ। इसका प्रयोग मुख्य रूप से ऐसे प्रशिक्षित व्यक्तियों के द्वारा किया जाता है, जो कुछ सीमा तक मन:चिकित्सा विज्ञान के ज्ञान से युक्त होते हैं और वे इस ज्ञान को वैयक्तिक समाज कार्य के व्यवहार में उपयोग करते हैं। मन:चिकित्सकीय समाज कार्यकर्ता सामाजिक असमायोजन के उन सेवार्थियों के साथ कार्य करता है, जिनमें मनोस्नायु विकृति (Neurosis) अथवा मनोविकृति (Psychosis) की आरम्भिक अवस्था में काम करने की विशेष आवश्यकता है। यह कार्य वैयक्तिक समाज कार्य, शोधकार्य, कार्यकारी, प्रशासनिक अथवा शैक्षणिक हो सकता है। (वीरा राघवन, 1987-2005)

मन:चिकित्सकीय समाज कार्य की विशेषताएं

1. मन:चिकित्सकीय समाज कार्य, समाज कार्य की एक विशिष्ट शाखा है।
2. इस शाखा से संबंधित समाज कार्यकर्ता मन:चिकित्सा विज्ञान से प्रारम्भिक ज्ञान से युक्त होता है।
3. ये कार्यकर्ता सामान्यतया उन संस्थाओं में कार्य करते हैं अथवा उन संस्थाओं के माध्यम से मानसिक रोगग्रस्त व्यक्तियों को सहायता उपलब्ध कराते हैं, जिनके सन्दर्भ में मानसिक रोग कार्यक्रम प्रमुख रूप से क्रियान्वित किए जाते हैं।

4. समाज कार्य की इस विशिष्ट शाखा में प्रमुख रूप में वैयक्तिक समाज कार्य की विधि का प्रयोग किया जाता है, किन्तु आवश्यकतानुसार समाज कार्य की अन्य विधियों का भी सहारा लिया जा सकता है।

इस प्रकार मन:चिकित्सकीय समाज कार्य व्यावसायिक समाज कार्य की वह शाखा है, जो विशिष्ट निपुणता द्वारा मानसिक रोगों का अध्ययन, रोकथाम तथा उपचार करती है।

मन:चिकित्सकीय समाज कार्य के विकास की ऐतिहासिक पृष्ठभूमि

बीसवीं सदी के आरम्भ में वोस्टन साइकोपैथिक चिकित्सालय में कार्यरत सुश्री मेरी गैरोट ने मानसिक रोगियों का गहराई से अध्ययन किया और ऐसे रोगियों को समाज कार्य सहायता प्रदान करने की रूपरेखा तैयार की गई। तत्पश्चात् अमेरिका के बहुत से चिकित्सालय समाज सेवा तथा समाज कार्य विभाग की स्थापना करने लगे। 1905 में सर्वप्रथम मैसाच्युसेट्स जनरल हॉस्पिटल में समाजसेवा विभाग की स्थापना हुई। इस विभाग के कार्यक्रमों के संचालन हेतु चिकित्सालय के न्यूरोलॉजिकल क्लीनिक के प्रभारी डॉ. पुतनम द्वारा एक पूर्णकालिक सामाजिक कार्यकर्ता की नियुक्ति की गई, जिसे स्वयं डॉ. पुतनम ने आवश्यक प्रशिक्षण प्रदान किया तथा वे ही उसके कार्य का अधीक्षण भी करते थे।

1913 में बोस्टन साइकोपैथिक चिकित्सालय में पुन: मेरी गैरोट की नियुक्ति हुई। इस चिकित्सालय के समाज सेवा विभाग का प्रमुख लक्ष्य मानसिक रोगी के अध्ययन एवं उपचार में सहायता देना था तथा मानसिक रोगियों को सामान्य जीवन व्यतीत करने के लायक बनाना था। यहां सामाजिक कार्यकर्ताओं द्वारा मानसिक रोगों के कारकों को समझाने के उद्देश्य से जनशिक्षण कार्यक्रम चलाये गए तथा इन कार्यकर्ताओं ने मानसिक स्वच्छता समितियों (Mental Hygeine Committees) के कार्यकारी सचिवों (Executive Secretaries) के रूप में कार्य करते हुए मानसिक स्वच्छता कार्यक्रम में भाग लिया। इस प्रकार 1928 तक मन:चिकित्सकीय समाज कार्यकर्ता चिकित्सालयों, मानसिक स्वच्छता एवं बाल निर्देशन क्लीनिकों, परिवार तथा बाल कल्याण संस्थाओं इत्यादि में कार्य करने लगे।

1930 के पश्चात् परिवार कल्याण संस्थाओं द्वारा ऐसे परिवारों को सहायता दी जाने लगी जो संवेगात्मक समस्याओं से ग्रस्त थे। परिणामस्वरूप परिवार कल्याण के क्षेत्र में कार्यरत समाज कार्यकर्ताओं ने संवेगित समस्याओं से ग्रस्त परिवारों को उपचारकर्ता के रूप में सहायता देना प्रदान किया और इन कार्यकर्ताओं को मनोचिकित्सा विज्ञान में प्रशिक्षण दिया जाने लगा। 1938 तक मनोरोगियों के उपचार में समाज कार्यकर्ता की नियुक्ति होने लगी और धीरे-धीरे मन:चिकित्सकीय समाज कार्य के प्रशिक्षण की मान्यता को स्वीकार किया जाने लगा। भारत में सर्वप्रथम 1937 में मन:चिकित्सकीय कार्यकर्ता की नियुक्ति तत्कालीन सर दोरावजी टाटा ग्रेजुएट स्कूल ऑफ सोशल वर्क (जिसका नाम अब टाटा इंस्टीट्यूट ऑफ सोशल साइंसेज हो गया) में स्थापित चाइल्ड गाइडेंस क्लीनिक में हुई। इस कार्यकर्ता द्वारा मुख्य रूप से उन परिवारों को सहायता उपलब्ध कराई जाती है जो किसी के व्यवहार तथा संवेगात्मक समस्याओं से ग्रस्त थे। तत्पश्चात् कुछ अन्य स्थानों में भी मनोचिकित्सा विज्ञान में प्रशिक्षित समाज कार्यकर्ताओं की नियुक्ति होने लगी। धीरे-धीरे मन:चिकित्सकीय समाज कार्य में प्रशिक्षण की महत्ता को स्वीकार किया जाने लगा। इसके परिणामस्वरूप 1950-51 में टाटा इंस्टीट्यूट ऑफ सोशल साइंसेज में स्नातकोत्तर स्तर पर मन:चिकित्सकीय समाज कार्य का प्रशिक्षण आरम्भ किया। उसके बाद इस दिशा में उत्तरोत्तर प्रगति हुई तथा इस समय राष्ट्रीय स्तर पर इस प्रशिक्षण से संबंधित दो संस्थान रांची एवं बेंगलूर में कार्यरत हैं और मन: चिकित्सकीय कार्यकर्ताओं का राष्ट्रीय स्तर पर एक संघ भी है।

मन:चिकित्सकीय कार्यकर्ता के कार्य

1. *रोगी की मनो-सामाजिक पृष्ठभूमि की सम्यक जानकारी :* मानसिक रोग के निदान एवं उपचार हेतु रोगी के बारे में पूर्व जानकारी प्राप्त करना आवश्यक है। इसके लिए सही सूचक का चयन अति आवश्यक है। रोगी के माता-पिता, जीवन साथी, भाई-बहन इत्यादि को इस श्रेणी में रखा जाता है। इस प्रकार मनोसामाजिक इतिहास में निम्नलिखित बातें सम्मिलित हैं :

1. रोगी के बारे में प्रारम्भिक सूचनायें, जैसे नाम, जाति, धर्म, शिक्षण एवं प्रशिक्षण, व्यवसाय, मासिक आय, नगरीय या ग्रामीण पृष्ठभूमि एवं पूरा पता।
2. रोगी की वर्तमान शिकायतों का लक्षण।
3. शिकायतें कब से प्रारम्भ हुईं।
4. वर्तमान रोग से पूर्व रोगी के शारीरिक तथा मानसिक रोगों की जानकारी।
5. रोगी के जीवन का कोई प्रेसीप्रेटेरिंग इवेण्ट।
6. रोगी की पारिवारिक पृष्ठभूमि की सम्पूर्ण जानकारी।
7. रोगी के व्यक्तिगत जीवन में विषय में सूचना।
8. रोगी के व्यवसाय के संबंध में पूर्व सूचना।
9. रोगी के व्यवसाय के बारे में पूर्व जानकारी।
10. रोगी के सम्पूर्ण व्यक्तित्व की विशेषताओं के बारे में जानकारी।

2. *रोगी का मानसिक परीक्षण तथा निदान :* इतिहास की जानकारी के पश्चात् रोगी का मानसिक परीक्षण तथा उसके रोग का निदान किया जाना चाहिए। रोग के निदान के लिए आवश्यक है कि मन:चिकित्सकीय कार्यकर्ताओं को मानसिक रोग की स्वयं भी अच्छी जानकारी है। मानसिक परीक्षण तथा निदान विभिन्न संस्थाओं द्वारा भिन्न-भिन्न रूप से किया जाता है। इसलिए इसका कोई निश्चित प्रारूप विकसित नहीं हो पाया है।

3. *उपचार :* मानसिक रोगों के बहुत कुछ कारण व्यक्तिगत, पारिवारिक, सामाजिक तथा मनोवैज्ञानिक होते हैं। इन रोगों का वास्तविक उपचार इन्हीं कारणों में समाहित होता है। इसलिए उपयुक्त इलाज के लिए रोग के कारणों का समझना आवश्यक है। कारणों का पता लगाने के पश्चात् कार्यकर्ता द्वारा रोगी के परिवार का सहयोग प्राप्त कर कारणों का निराकरण कर रोगी के उपचार में सहयोग दिया जाता है।

4. *अनुवर्ती प्रयास :* मन: चिकित्सकीय समाज कार्यकर्ता द्वारा उपचार के पश्चात् चिकित्सालय छोड़कर जाने वाले समस्त रोगियों, चाहे वे बाह्य विभाग के रोगी ही क्यों न हों, के घर पर सम्पर्क किया जाता है, ताकि उनकी स्थिति के बारे में जानकारी प्राप्त होती रहे और पुन: मानसिक रोग के शिकार न हों।

5. *पुनर्वास :* मन:चिकित्सकीय कार्यकर्ता ऐसे रोगी का जिसका रोग असाधारण हो, अपनी स्वयं की देखभाल में सक्षम बनाकर उन्हें किसी कार्य में लगा सकता है। पुनर्वास का एक पहलू यह है कि मानसिक रोगियों को व्यवसाय विशेष में प्रशिक्षण दिया जाए, ताकि वे अपने आप को व्यस्त रखें तथा कुछ कमाई भी कर सकें।

यद्यपि हमारे देश में मन:चिकित्सकीय सामाजिक कार्यकर्ताओं को उनकी शिक्षा-दीक्षा, योग्यता और अनुभव के अनुकूल स्वतंत्र रूप से खुलकर काम करने के अवसर सीमित हैं। परन्तु जन-जागरण तथा अन्य विशेषज्ञों के सहयोग से देश के बड़े शहरों में अपने निजी उपचार के प्रयास से कुछ ने विशेष ख्याति अर्जित की है।

18

बाधितों की सहायता हेतु वैयक्तिक सेवा कार्य

(Social Case Work for the Handicapped)

बाधित व्यक्ति वे हैं, जो अपनी व्यक्तिगत, शारीरिक, मानसिक और सामाजिक सीमाओं और परिस्थितियों के कारण अपना जीवन सामान्य रूप से बिताने में असमर्थ हैं। वास्तव में वे अपनी व्यक्तिगत समस्याओं के कारण अपना सामान्य जीवन बिना किसी सहायता के नहीं बिता सकते और इस प्रकार संतुलन एवं सामंजस्य उनके जीवन की विकट समस्याएं बन जाती हैं, उनका व्यवहार एवं सामाजिक प्रकार्यात्मकता दूषित और कठिन हो जाती है और वे समाज पर भार बन जाते हैं। एक विकासशील, सजग और प्रजातांत्रिक समाज उनके विकास और पुनर्गठन के उत्तरदायित्व से अपने आपको अलग नहीं रख सकता।

विकलांग समाज के उतने ही अनिवार्य अंग हैं जितने स्वस्थ व्यक्ति उनके उत्थान एवं पुनर्वास हेतु भरसक प्रयत्न करना हमारा नैतिक कर्तव्य है। यह देखा गया है कि अधिकांश मामलों में अशक्त व्यक्तियों में सामान्य जीवन जीने की इच्छा तथा जीवन के प्रति उत्साह होता है और केवल यह प्रमाणित करने के लिए अवसर की प्रतीक्षा होती है कि वह भी अपने सुपुर्द कार्यों को उतने ही प्रभावी ढंग से पूरा कर सकते हैं जैसे अन्य व्यक्ति। थोड़ी सी सहायता से अशक्त व्यक्ति अपने दुर्भाग्य पर विजय पा सकते हैं। उनके कौशल एवं उनकी प्रतिभाओं को राष्ट्र निर्माण की गतिविधियों में प्रयुक्त किया जा सकता है। अतएव उनमें आत्मविश्वास की भावना का विकास किया जाना है ताकि वे भी जीवन की मुख्य धाराओं में सम्मिलित हो सकें। बाधितों की कुछ प्रमुख विशेषताओं का विवरण नीचे दिया गया है।

1. *भावात्मक :* कई स्थितियों तथा अवस्थाओं में विषम व्यवहार, अनिर्णय की स्थिति, उदासीनता आदि से जीवन में पूर्णरूपेण निराशा व्याप्त हो जाती है। ये प्रभाव भावात्मक रूप से कुसमायोजन के कारण बनते हैं।

2. *मानसिक :* विशेष मानसिक अवस्था व्यक्ति के सामान्य व्यवहार में विकृति पैदा कर देती है। प्रतिदिन के जीवन से सामान्य व्यवहार भी कई अवसरों पर इतना आवेग उगल देते हैं कि व्यक्ति का सम्पूर्ण मस्तिष्क ही नियंत्रण में नहीं रह पाता है वह असन्तुलित हो जाता है। अंतत: यह अवस्था विक्षिप्तावस्था में परिणत हो जाती है।

अर्थाभाव एवं अज्ञान के अंतर्गत अभावग्रस्त और पोषक भोजन का अभाव आदि कारकों से विकलांगता जनित होती है।

3. *अभावग्रस्तता :* अर्थाभाव एवं अज्ञानता अनेक बीमारियों की जड़ है। अर्थाभाव के कारण तो लोगों को जीने के लाले पड़ जाते हैं। शरीर रोगों का घर बन जाता है और विकलांगता ग्रहण कर लेता है।

4. *अज्ञानता :* भारतीय समाज में अनेक अंधविश्वास और रूढ़ियां अज्ञानतावश कायम हैं। रोगों के उचित इलाज के बजाय जादू-टोना के चक्कर में पड़ना कई बार बच्चों को विकलांगता की ओर ले जाता है।

5. *पोषक भोजन का अभाव :* परिवार के सदस्यों की संख्या के अनुपात में आय कम होने से पेट पालना मुश्किल हो जाता है। ऐसे में पौष्टिक तत्वों की कमी और अपर्याप्त भोजन बालकों के सहज विकास एवं वृद्धि में बाधक होते हैं। भोजन में कमी और बहुत परिश्रम का शरीर पर बुरा प्रभाव पड़ता है और बच्चा विकलांग हो जाता है। कुपोषण से कई बार आंखों की दृष्टि चली जाती है।

बाधितों के विभिन्न प्रकारों का विवरण

नेत्रहीन

नेत्रहीनता का सामान्य अर्थ दृष्टि के पूर्ण अभाव से है। परन्तु वास्तव में ऐसा नहीं है। जन्मजात नेत्रहीन और कुछ अन्य प्रकार के नेत्रहीन व्यक्तियों को छोड़कर अन्य नेत्रहीन व्यक्ति वास्तव में पूर्ण रूप से दृष्टिरहित नहीं रहते, इन व्यक्तियों को भी नेत्रहीनों की परिभाषा में सम्मिलित किया जाता है, जो पूर्णत: दृष्टिविहीन नहीं हैं।

नेत्रहीनों की समस्या : नेत्रहीनों का जीवन बड़ा ही कष्टदायी होता है। प्राचीन काल में तो नेत्रहीनों के ऊपर कभी ध्यान नहीं दिया जाता था। उसे बिना किसी देखभाल के छोड़ दिया जाता था और वह भिक्षा मांग कर अपनी जीविका चलाता था। ऐसे बच्चे जो जन्म से अंधे होते थे, फेंक दिए जाते या मार दिए जाते थे। दुनिया के किसी भी भाग में अंधों को रखना अच्छा नहीं समझा जाता था।

नेत्रहीनता के कारण : नेत्रहीनता मूलत: एक चिकित्सकीय समस्या समझी जाती है, परन्तु भारतीय संदर्भ में यह कहा जा सकता है कि इसके कारणों की दृष्टि से भारतीय जनसंख्या की आर्थिक एवं सामाजिक परिस्थितियां महत्वपूर्ण हैं अहवात निम्नलिखित तथ्यों से स्पष्ट हैं :

संक्रामक रोग : संक्रामक रोगों के दौरान असावधानी के कारण रोगी दृष्टिहीन हो जाते हैं। रक्त का विकार भी दृष्टिहीनता का कारण बन जाता है। अधिकतर बालकों की नेत्रहीनता कुपोषण के कारण होती है। आर्थिक और सामाजिक कारक मुख्य रूप से भारतीय ग्रामीण जनसंख्या के असंतोषजनक और असन्तुलित आहार के लिए उत्तरदायी हैं। मोतियाबिन्द एक ऐसी आंख की बीमारी है जो उपचार योग्य है परन्तु अज्ञानता के कारण लोग इलाज नहीं करवाते और नेत्रहीनता के शिकार होते हैं।

दुर्घटना व चोट : मारपीट व दुर्घटना व्यक्ति को दृष्टिहीन बना देती है। बालक के जन्म के समय एक साधारण चोट भी नेत्रहीनता का कारण बन सकती है। औद्योगीकरण के साथ-साथ औद्योगिक दुर्घटनायें और उनसे उत्पन्न होने वाली अयोग्यतायें और अक्षमतायें भी बढ़ती जा रही हैं। नेत्रहीनता उनका भी एक परिणाम है।

वंशानुगत प्रभाव : परिवार में किसी भी व्यक्ति की अंधता संतानादि पर अपना प्रभाव छोड़ती है, परिणामस्वरूप बालक वंशानुगत नेत्र विकलांगता को प्राप्त हो जाता है।

साधारण रोग, आंखों का रोग या शरीर के अन्य किसी रोग के कारण भी दृष्टिहीनता सम्भव है। परिवेश जन्य कारकों एवं धूल, धुआं और धूप भी आंखों के रोग और दृष्टिहीनता का कारण भी बन जाते हैं।

विषैले पदार्थों का प्रयोग, विष या मादक द्रव्यों के सेवन से भी व्यक्ति अंधेपन का शिकार होता है।

निराकरण के उपाय

नेत्रहीनों की समस्या के निराकरण के लिए सर्वप्रथम हमें अंधपन को बढ़ाने वाले कारणों को दूर करना उचित होगा। तत्पश्चात् हमें नेत्रहीनों के लिए ऐसी व्यवस्था करनी चाहिए कि उन्हें ज्ञात न हो कि अंधा होने के कारण उन्हें कठिनाइयों का सामना करना पड़ रहा है। नेत्रहीनों को शिक्षा देकर इस योग्य बना दिया जाए कि वे अपनी आवश्यकताओं की पूर्ति के लिए हर तरह से प्रयत्न कर सकें, शिक्षा देकर उन्हें आत्मनिर्भर बना देना चाहिए। वे अपनी रोजी स्वयं कमा सकें तथा किसी पर आश्रित रह कर जीवनयापन न करना पड़े। शिक्षा और अभ्यास से एक नेत्रहीन भी उतना ही कारगर हो सकता है, जितना कि आंख वाला। हमारे देश में उनकी स्थिति दयनीय है। उन्हें गली-कूचों में भटकना पड़ता है तथा भिक्षा पर जीवनयापन करना पड़ता है। अतएव आवश्यकता इस बात की है कि जगह-जगह नेत्रहीनों के लिए स्कूल खोले जाएं जहां उन्हें समुचित शिक्षा देकर ऐसा बना दिया जाए कि वे भिक्षावृत्ति को छोड़कर अन्य उत्पादकों में अपना हाथ बंटा सकें।

मूक-बधिर

मनुष्य एक सामाजिक प्राणी है, उसे समाज में प्रयोग करने के लिए स्वाभाविक रूप से भाषा प्राप्त है। इस भाषा के मौखिक व्यवहार से व्यक्ति मनोभावों और अनुभूतियों को अभिव्यक्त करता है। वाणी द्वारा वह प्राकृतिक दृश्यों, तथ्यों और घटनाओं को प्रकट करता है। इस मौखिक अभिव्यक्ति की सिद्धि वाक् शुद्धता पर निर्भर करती है। वाक् विकलांगता के अन्तर्गत अस्पष्ट उच्चारण, असंगत ध्वनि, हकलाना, तुतलाना तथा ध्वनि न उत्पन्न कर पाना आदि व्यवहार सम्मिलित हैं। ऐसा समझा जाता है कि अधिकतर बहरापन मनुष्य को गूंगा बनाने का कारण है, क्योंकि सुनने की शक्ति के अभाव में उसके बोलने की क्षमता प्रभावित होने लगती है।

मूक-बधिरता के कारण : कुछ तो जन्म से ही बहरे और गूंगे पैदा होते हैं, कुछ बधिरता का कारण पैतृक, पारिवारिक, आर्थिक व सामाजिक हो सकता है, कुछ बाद में बीमारी के फलस्वरूप मूक और बधिर होते हैं। निम्नलिखित बीमारियों का इसमें विशेष हाथ रहता है। माता द्वारा शिशु को हस्तान्तरित की गई बीमारी बधिरता का कारण बनती है। कुछ जो अन्य कारक बहरेपन में योगदायी हैं, उनमें गले की बीमारियों चेचक, कण्ठशूल, तेज बुखार, मैनिनजाइटिस, मियादी बुखार, क्षय रोग, निमोनिया, कनर्वर आदि उल्लेखनीय हैं। गर्भकाल में स्त्रियों को कुछ दवायें देने का परिणाम बालक को बधिर बना सकता है। सामाजिक एवं आर्थिक कारणों में सन्तुलित आहार का अभाव, रहन-सहन का निम्न स्तर, असंतोषजनक चिकित्सा सुविधायें और संबंधित ज्ञान का अभाव विशेष स्थान रखते हैं। बधिरता अचानक हो सकती है और धीरे-धीरे भी विकसित हो सकती है।

बधिर व्यक्ति विभिन्न प्रकार की बाधाओं के शिकार होते हैं। उनकी मूल समस्या संचार का अभाव है। न सुन पाने का एकमात्र परिणाम यह होता है कि क्षमता रखते हुए भी वह बोल नहीं पाता है, वह केवल इशारों से अपने विचार प्रकट करता है और इस प्रकार उसका संवेगात्मक एवं मानसिक विकास शिथिल होता है।

मानसिक दृष्टि से मंदित

मानसिक विकलांगता के अंतर्गत मंदबुद्धि बालक से लेकर जड़मति तक आते हैं। मानसिक अस्वस्थता दो प्रकार की होती है। (अ) मानसिक असामान्यता, (ब) मानस मंदन मानसिक असामान्यता पैतृक, प्राप्य या दोनों प्रकार की हो सकती है। जबकि मानसिक मंदन पैतृक, पैदायशी, दुर्घटना की पुर्नउत्पत्ति पूर्वजन्म या उत्तरजन्म रोगों के कारण होती है। शिक्षा के क्षेत्र में मंदबुद्धि बालक का मतलब उस मानसिक विकलांग से है जो अपनी सूझ-समझ, तर्कशक्ति और अर्थ- बोध

में सामान्य बालकों से कम होता है। ये बालक शिक्षा ग्रहण करने में ही मंद नहीं होते बल्कि वे सामाजिक व्यवहार, भावात्मक स्थिति तथा समस्याओं को समझने और समाधान को जुटाने में भी मंद होते हैं। इस वर्ग के बालक सामाजिक अनुकूलन ग्रहण करने में समाज के सामान्य व्यक्ति से निम्न स्तर के होते हैं।

मानसिक विकलांगता के कारण

मानसिक विकलांगता के प्रमुख दो कारण होते हैं :

1. अन्तरजात
2. बाह्यजात

अन्तरजात कारणों के अन्तर्गत दो कारण मुख्य माने जाते हैं : (अ) जन्मगत, (ब) प्रजनन संबंधी।

जन्मगत कारणों का संबंध अंग संरचना से होता है। अंग संरचना पर दबाव पड़ने के कारण मस्तिष्क का विकास बाधित हो जाता है। प्रजनन संबंधी कारणों में गर्भधारण के समय स्त्री, पुरुष का रोगी होना, गर्भाशय में बालक के विकास में अवरोध, गर्भ विकृति, जननी का गर्भधारण के बाद मानसिक यंत्रणा या शारीरिक दंड सहना आदि। जन्मजात कारणों में जुड़े अन्य कारण बालक के उत्पन्न होते समय घटित होते हैं जैसे जन्म के समय उचित देखभाल न होना, मस्तिष्क पर चोट लग जाना या अन्य असावधानी का प्रभाव।

बाह्य कारणों में (अ) रोग और दुर्घटना, (ब) मनोसामाजिक सांस्कृतिक प्रभाव सम्मिलित है। रोग और दुर्घटना गर्भावस्था से लेकर जीवन पर्यन्त कभी भी घट सकती है। यह दुर्घटना की प्रकृति पर निर्भर है कि उससे किस प्रकार की विकलांगता जनित होती है। प्राणवायु की क्षति, शारीरिक ज्वर की तीव्रता भी मस्तिष्क में विकार पैदा कर देती हैं। कुछ दुर्घटनाएं किसी भी आयु में मस्तिष्क को असाधारण अवस्था में पहुंचा देती है। फलस्वरूप व्यक्ति मानसिक विकलांग शिकार हो जाता है।

बालक पर गर्भ से ही वातावरण का प्रभाव पड़ने लगता है। जन्म के बाद वह सीधे समाज और संस्कृति के परिवेश में आ जाता है। परिवार का वातावरण तथा उनकी आर्थिक स्थिति भी बच्चों पर प्रभाव डालते हैं। कुपोषण का कुप्रभाव पड़ता है।

मनोवैज्ञानिक तथा सांस्कृतिक प्रभाव भी विकलांगता प्रदान करते हैं। भूत-प्रेत कथाओं और भयावह रीति-रिवाजों से भी मानसिक विकलांगता उत्पन्न हो सकती है। मादक द्रव्यों के सेवन से तो मानसिक विकलांगता को बहुत बल मिलता है। अज्ञान और कामुकता भी मस्तिष्क की बहुत क्षति कर बैठते हैं।

वस्तुतः इन कारणों के निवारण और घटित न होने देने से बहुत से बच्चों को मानसिक विकलांगता से बचाया जा सकता है।

शारीरिक विकलांगता

शारीरिक दृष्टि से बाधित व्यक्ति वे हैं जिनकी शारीरिक क्षमता उनके किसी शारीरिक अंग के विकृति या फाजिल होने के कारण खराब हो गई। उनकी यह शारीरिक बाधाएं कुछ ऐसी बीमारियों या दुर्घटनाओं के कारण उत्पन्न होती हैं जिसका यदि उपचार भी हो गया तो भी वे अपने पीछे कुछ ऐसी अक्षमता छोड़ जाती हैं जो प्रायः स्थाई होती हैं। ऐसे व्यक्तियों का सामंजस्य वास्तव में उनके जीवन की एक महत्वपूर्ण समस्या बन जाती है, क्योंकि बाधाओं के स्थाई के कारण जीवन के प्रति वे असंतुष्ट और निराश हो जाते हैं। विभिन्न प्रकार की मानसिक विषमताओं का शिकार होते हैं और निराशावादी मनोवृत्ति को अपनाते हैं। उनके उपचार और पुनर्वासन की प्रक्रिया ऐसी विस्तृत और व्यापक होनी चाहिए जिससे वे उपयुक्त सामंजस्य प्राप्त हो सके।

अन्य प्रकार की शारीरिक विकलांगता के कारण

शारीरिक बाधाओं के कारणों को तीन श्रेणियों में देखा जाता है :

(अ) ये बाधाएं जो जन्मजात होती हैं जैसे विकृत हाथों या पैर के साथ पैदा हुए बालक।

(ब) ऐसी चोट एवं दुर्घटनाएं जिनके कारण हड्डी टूट जाती है, जोड़ हट जाते हैं और कभी-कभी शरीर के किसी अंग को काटना पड़ता है।

(स) बीमारियां, जैसे- पोलियो, लकवा, क्षयरोग, कुष्ठरोग और वातरोग आदि।

इन बीमारियों और बाधाओं से पीड़ित व्यक्तियों की सहायता का मुख्य उद्देश्य उनको पुनर्वासन प्रदान करना है। पुनर्वासन का तात्पर्य वास्तव में उस उपचार पद्धति से है जो बाधित व्यक्तियों को उनकी पूर्ण-शारीरिक, सामाजिक, व्यावसायिक और आर्थिक क्षमता को पुनर्वासित कर सके। आधुनिक चिकित्सा और उपचार की विधियां इस उद्देश्य की प्राप्ति में महत्वपूर्ण भूमिका निभा रही हैं।

विकलांगों की सहायता के उद्देश्य

विकलांगों की सहायता का प्रमुख लक्ष्य उनके पुनर्वासन के लिए आवश्यक प्रयास करना है, क्योंकि इस प्रकार के व्यक्तियों को जीवन की मुख्यधारा में तभी जोड़ा जा सकता है, जबकि उन्हें आत्मनिर्भर बनाया जाए। विशिष्ट रूप से विकलांगों के विकास के उद्देश्य इस प्रकार हैं-

- विकलांगों के लिए शिक्षा एवं प्रशिक्षण की व्यवस्था करना।
- विकलांगों के सेवायोजन की व्यवस्था करना।
- विकलांगों को उनकी विकलांगताओं से संबंधित सहायक संयंत्रों को खरीदने के लिए आर्थिक सहायता उपलब्ध करना।
- विकलांगों को चिकित्सकीय एवं स्वास्थ्य संबंधी सुविधायें उपलब्ध कराना।
- विकलांगों को आवागमन की सुविधाएं प्रदान कराना।
- विकलांगों को कानूनी संरक्षण उपलब्ध कराना।

विभिन्न प्रकार के बाधितों/विकलांगों के साथ वैयक्तिक सेवा कार्य

नेत्रहीनों के साथ वैयक्तिक सेवा कार्य

नेत्रहीनों की तीन प्रमुख आवश्यकताएं हैं :

1. अपने विषय में ज्ञान प्राप्त करने की इच्छा।
2. वर्तमान स्थिति का कारण तथा प्रतिक्रियाएं।
3. पुनर्स्थापन।

डॉ. लुइस चोल्डेन ने विस्तृत रूप से अपने लेखों में नेत्रहीनों की समस्याओं तथा उनकी आवश्यकताओं का उल्लेख किया है। उनके अनुसार, नेत्रहीन सर्वप्रथम अपनी स्थिति से अवगत होना चाहता है। वह जानना चाहता है कि उसमें किस सीमा तक नेत्रहीनता है। यह ज्ञान न केवल नेत्रहीन व्यक्ति के लिए आवश्यक है बल्कि पुनर्वासन के लिए भी उतना ही महत्वपूर्ण है। रोग की गोपनीयता रखने से हंसी होती है और वास्तविकता का विघटन होता है। प्रशिक्षण तथा शिक्षा दोनों के लिए व्यक्ति का भागीकरण आवश्यक होता है। यह तभी हो सकता है जब वह अपनी पूर्ण जानकारी रखता हो।

नेत्रहीन बालक के माता-पिता को विशेष सहायता की आवश्यकता होती है। चिन्ता और ग्लानि के लक्षण उनमें स्पष्ट परिलक्षित होते हैं। भाग्यवादिता की भावना के कारण अधिकांश माता-पिता बालक की नेत्रहीनता को अपना दोष मानते हैं। ऐसे व्यक्तियों को प्रशिक्षित कार्यकर्ता की आवश्यकता होती है जो बालक की स्थिति का वास्तविक चित्रण कर सकें तथा उन उपायों को बता

सकें, जिससे नेत्रहीनता में कमी आ सकती है। आपत्तिकाल में उनको सांवेगिक आलम्बन देने में कार्यकर्ता को निपुण होना चाहिए। इन बालकों के माता-पिता को वैवाहिक तथा पारिवारिक चिकित्सा की भी आवश्यकता होती है।

चिकित्सक प्रायः नेत्र रोगियों से वास्तविक तथ्यों को छिपाता है। इसका एक कारण समय का अभाव होता है और दूसरा कारण अपनी परिस्थिति होती है। यदि किसी कारणवश चिकित्सा में असावधानी के कारण व्यक्ति नेत्रहीन हो जाता है तो चिकित्सक बताना नहीं चाहता है। इससे उसकी साख गिरती है। इसके अतिरिक्त तथ्यों को बताने की आवश्यकता नहीं समझता हैं।

परन्तु यदि चिकित्सक यह चाहता है कि रोगी अपना जीवन सक्रिय एवं रचनात्मक बनाये तो उसे तथ्यों को बताना जरूरी है। इससे वह सकारात्मक दृष्टिकोण अपनाता है। यदि उसको नकारात्मक सूचना मिलती है तो वह उपचार के स्थान पर चिकित्सालय से चला जाना अच्छा समझता है। ऐसी स्थिति पारिवारिक विघटन तथा तनाव का कारण बन जाती है।

व्यक्ति को जब ज्ञात होता है कि वह नेत्रहीन हो गया है तो उसकी अनेक विपरीत एवं नकारात्मक प्रतिक्रियाएं होती हैं। उसे सांवेगिक आघात पहुंचता है। उसमें आशाहीनता तथा निराशा आती है एवं विश्वास की कमी होती है। आत्महत्या के विचार उत्पन्न हो जाते हैं तथा मनोगत्यात्मक विघटन होता है। कुछ समय तक वह बिस्तर पर ही पड़ा रहता है तथा नींद नहीं आती है। जब दुःख की अभिव्यक्ति कम हो जाती है तब वह छोटे-मोटे कार्य करने प्रारम्भ करता है। ऐसी स्थिति में उसे कार्यकर्ता की आवश्यकता होती है जिससे वह विकलांगपन की स्थिति को व्यक्तित्व का अंग बना सके तथा परिस्थितियों से समझौता कर सके।

प्रतिक्रियाएं

तथ्यों को जान लेने के बाद नेत्रहीन व्यक्ति में अनेक प्रतिक्रियाएं होती हैं जो समायोजन स्थापित करने में बाधा उत्पन्न करती हैं।

1. मानव व्यक्तित्व में परिवर्तन करना कठिन होता है। नये आत्म प्रत्यय का विकास करना व्यक्ति के लिए बहुत कठिन तथा कष्टकर होता है। नेत्रहीन समझने लगता है कि समाज उसे अब स्वीकार नहीं करेगा, जिसके कारण वह किसी भी प्रकार की आशा को त्याग देता है।
2. आत्मनिर्भर व्यक्ति जब नेत्रहीनता के कारण पराश्रित हो जाता है तो ग्लानि अनुभव करता है। उसमें प्रतिगमन के लक्षण प्रकट हो जाते हैं।
3. कुछ बालक आवश्यकताओं की पूर्ति का साधन नेत्रहीनता को मानने लगते हैं और परिवार पर निर्भर हो जाते हैं। उत्तरदायित्व से मुक्त हो जाने के कारण वे परिवार नियन्त्रण का नया तरीका अपनाते हैं।
4. पाप-पुण्य की भावना के कारण नेत्रहीन अपने को दण्ड देने के विचार से आत्महत्या करना चाहता है।

पुनर्वासन

नेत्रहीनों को शिक्षा एवं प्रशिक्षण द्वारा स्वावलम्बी बनाने का कार्य किया जाता है। नर्सरी शिक्षा ऐसे बालकों को अभी उपलब्ध नहीं है। अतः माता-पिता का पूर्ण उत्तरदायित्व होता है कि वे यह कार्य स्वयं सम्पन्न करें। कार्यकर्ता इन अभिभावकों को शिक्षा दे साथ ही उन्हें उन आवश्यक बातों को बताता है जो बालकों के विकास के लिए आवश्यक होती हैं। नेत्रहीन बालकों को जिन बातों की आवश्यकता होती है, वे हैं: स्नेह और प्यार, शिक्षा के अवसर, लक्षित वस्तुओं को प्राप्त करने तथा प्रयोग करने की स्वतंत्रता, महत्ता की भावना आदि। इन बालकों की शिक्षा तभी प्रभावी तथा सफल दी जा सकती है, जब उनके माता-पिता पूर्ण सहयोग दें। माता-पिता तथा कार्यकर्ता के सहयोग से

उनकी बुद्धि को तेज किया जा सकता है। माता-पिता को ऐसा वातावरण तैयार करना चाहिए, जिससे बालक को विकास के अवसर प्राप्त हो सकें। उनके प्रश्नों का उत्तर सावधानी एवं सहानुभूति के साथ देना आवश्यक होता है क्योंकि वार्तालाप ही केवल सीखने का माध्यम होता है।

विद्यालय की शिक्षा में उन्हें लिखना-पढ़ना सिखाया जाता है। कार्यकर्ता का उत्तरदायित्व होता है कि वह इन बालकों में शिक्षा के प्रति रुचि उत्पन्न करे तथा प्रशिक्षण प्राप्त करने में प्रोत्साहन दे। इन बालकों के पाठ्यक्रम में प्राय: निम्नलिखित विषय होते हैं : 1. शारीरिक प्रशिक्षण, 2. गणित, 3. भूगोल, 4. इतिहास, 5. भाषा, 6. सामान्य विज्ञान 7. खेलकूद, 8. संगीत, 9. लकड़ी और क्ले का काम, 10. बुनाई, सिलाई आदि, 11. हस्तकला, 12. शिल्पकला आदि।

कार्यकर्ता इन विषयों के अध्ययन में नेत्रहीन बालकों की सहायता करता है और उनकी समस्याओं को सुलझाता है।

मूक-बधिर व्यक्तियों के साथ सामाजिक वैयक्तिक सेवा कार्य

बधिर व्यक्ति सुनने में असमर्थ होता है। उसकी सुनने की इन्द्रिय सामान्य कार्य करने में असमर्थ होती है। इस इन्द्रिय की अकार्यात्मकता के कारण ही बोलने की क्षमता का विकास नहीं हो पाता है। बधिरता कई प्रकार की होती है। जन्म से बधिरता होने पर व्यक्ति शैशवावस्था से ही शोर और ध्वनि से प्रभावित होने का कोई संकेत नहीं करता है। तब जाकर कहीं पता चलता है। बीमारी के कारण अथवा चोट लग जाने से भी सुनने की शक्ति समाप्त हो जाती है या कम हो जाती है। वृद्धावस्था में यह रोग प्राय: हो जाता है और धीरे-धीरे बधिरता बढ़ती जाती है। बधिर व्यक्ति सदैव खिन्न, हताश, कुंठित व सामाजिक दृष्टि से अपूर्ण दिखायी देता है।

बधिरता के कारण

भारत सरकार द्वारा नियुक्त एक जांच समिति ने बधिरता के निम्न कारणों का उल्लेख किया है : 1. कुपोषण, 2. चेचक, 3. तेज ज्वर, 4. काली खांसी, 5. कनफेड, 6. मध्य कर्ण शोथ, 7. तीव्र संक्रामक बीमारियां, 8. पूति गलतुण्डिका, 9. जन्मजात सिफलिस, 10. पुराना नाशा शोथ, 11. विस्फोटक ज्वर, 12. डिप्थीरिया।

सामाजिक व आर्थिक कारण, संतुलित आहार का अभाव, रहन-सहन का निम्न स्तर, अशिक्षा, चिकित्सा सुविधाओं की कमी आदि महत्वपूर्ण भूमिका निभाते हैं।

समस्या

बधिरता तथा मूकता के भी विश्वसनीय आंकड़े उपलब्ध नहीं हैं। सन् 1958 में बम्बई महानगर में एक सर्वेक्षण किया गया था और यह पाया गया कि कुल जनसंख्या के 0.7 प्रतिशत व्यक्ति बधिर हैं। इस आधार पर उस समय भारत में 35 लाख बधिर व्यक्ति थे। सन् 1960 में नेशनल सैंपल सर्वे ने बाधित व्यक्तियों के बारे में सूचना एकत्र की, जिसके अनुसार बधिरों की संख्या दो लाख छियासी हजार थी तथा मूक व्यक्तियों की संख्या दो लाख चौवालीस हजार थी। सन् 1976 में नई दिल्ली के बाधित व्यक्तियों के पुनर्वास और शोध समिति के परियोजना निदेशक के अनुसार भारत में 15 वर्ष तक की आयु के बधिरों की संख्या 40 लाख के लगभग है।

शिक्षा

भारतवर्ष में बधिरों की शिक्षा का कार्यक्रम 1884 ई. में प्रारम्भ हुआ तथा पहला विद्यालय बम्बई में खोला गया। इस समय भारतवर्ष में 73 संस्थाएं हैं जो बधिरों को शिक्षा प्रदान कर रही हैं। इन बालकों को ओष्ठ पठन द्वारा प्रशिक्षण दिया जाता है। आंशिक बधिरता की अवस्था में सुनने की मशीन का उपयोग किया जाता है।

इन बालकों की पढ़ाई की गति धीमी होती है अत: शिक्षक को अत्यन्त धैर्य की आवश्यकता होती है। इन बालकों में हस्त निपुणता पर अधिक ध्यान दिया जाता है। शिक्षक प्रत्येक बालक पर व्यक्तिगत ध्यान देता है।

वैयक्तिक कार्यकर्ता की भूमिका

सामाजिक वैयक्तिक कार्यकर्ता बधिरों की सहायता करने में अनेक समस्याओं का सामना करता है। संस्था की प्रकृति चाहे जिस प्रकार की हो, समस्याएं समान ही होती हैं। सम्प्रेषण की कठिनाई इन केसों में प्रमुख समस्या होती है। बधिर सेवार्थी के साथ कार्य करने में समाज कार्यकर्ता, चिकित्सक मनोवैज्ञानिक सभी कठिनाइयों का अनुभव करते हैं क्योंकि उचित सम्प्रेषण का सदैव अभाव बना रहता है। परिणामस्वरूप सेवार्थी को समझना कठिन होता है। उसकी भावनाएं अस्पष्ट रह जाती हैं। उसकी समस्याओं का केवल अनुमान ही लगाया जा सकता है। उसकी शक्ति का आकलन ठीक प्रकार से नहीं हो पाता है। अत: कार्यकर्ता सेवार्थी संबंध स्थापित नहीं हो पाता है।

सम्प्रेषण त्रुटि का प्रभाव

मानव की मूल आवश्यकताओं में सम्प्रेषण भी एक प्रमुख आवश्यकता है।[1] प्रत्येक व्यक्ति एक–दूसरे से अवगत होना चाहता है। सम्प्रेषण के माध्यम से न केवल बौद्धिक विकास होता है बल्कि भावनाओं तथा संवेगों का स्पष्टीकरण भी इसी के माध्यम से होता है।

सम्प्रेषण एक गत्यात्मक प्रक्रिया है, जिससे अनुभव स्वयं होता है तथा दूसरों के लिए भी अनुभव के रास्ते खुलते हैं। यह न केवल मनोजैविकीय साधन है, बल्कि स्वयं उद्देश्य भी है। व्यक्तित्व के विकास के लिए सम्प्रेषण आवश्यक होता है अत: बधिर व्यक्ति का समुचित विकास नहीं हो पाता है।

बधिर व्यक्ति का सांवेगिक विकास नहीं हो पाता है क्योंकि पर्यावरण से वह उचित सम्प्रेषण नहीं कर पाता है। बधिर बालक को विद्यालय में शिक्षा ग्रहण करने में अधिक मेहनत करनी पड़ती है क्योंकि वह लिपि भाषा ही समझ पाता है।

सामाजिक कार्यकर्ता को विशेष प्रशिक्षण एवं अनुभव की आवश्यकता इन सेवार्थियों के साथ कार्य करने के लिए होती है। सम्प्रेषण समस्या में वह बहुत ही कम प्रभावकारी सिद्ध होता है। बातचीत के अभाव में वह अपंग सा दिखायी देता है। वैयक्तिक कार्यकर्ता इन व्यक्तियों के वैयक्तिक तथा सामाजिक विकास के कारकों को मूल्यांकित करता है। वह समस्याओं को समझकर उनका उपचार करता है तथा उसे अभिकरण में, समुदाय में उपलब्ध साधनों के उपयोग की सलाह देता है। वह परिवार के सदस्यों का सहयोग प्राप्त करता है तथा मनोसामाजिक समस्याओं का समाधान करता है।

मानसिक मंदिता तथा वैयक्तिक सेवा कार्य

सामाजिक वैयक्तिक सेवा कार्य के कुछ मूल प्रत्ययों को मानसिक मंदिता के संदर्भ में जानना अत्यन्त आवश्यक प्रतीत होता है।

1. वैयक्तिक सेवा कार्य का विश्वास है कि जन्मजात तथा अर्जित बुद्धि, योग्यता तथा क्षमता में परिवर्तन लाया जा सकता है तथा उसका विकास सम्भव है। अत: समाज का यह नैतिक उत्तरदायित्व है कि वह प्रत्येक को चाहे वह मानसिक रूप से सक्षम या अक्षम है, विकास तथा उन्नति के अवसर प्रदान करे, जिससे वह समाज का लाभदायक सदस्य बन सके एवं आत्म–सम्मान की रक्षा कर सके।

2. वैयक्तिक सेवा कार्य का विश्वास है कि मानव के समायोजन संबंधी सभी समस्याएं, चाहे वे शारीरिक, मानसिक, सामाजिक, आर्थिक, राजनीतिक किसी प्रकार की हों, उनका समाधान सम्भव है तथा उनका कारण एक न होकर अनेक होते हैं।
3. सामाजिक वैयक्तिक सेवा कार्य इस तथ्य को प्रकट करता है कि मानसिक अक्षम लोग प्राचीन समय से ही क्रूरता, अंधविश्वास, अज्ञानता, दान, दया के शिकार रहे हैं तथा उन पर नाना प्रकार के अत्याचार हुए हैं। अब उन्हें वैज्ञानिक सहायता की आवश्यकता है तथा राष्ट्रीय स्तर पर प्रयासों की आवश्यकता है। इसी प्रत्यय को आधार मानकर भारत में मंदितों के लिए अनेक कार्यक्रम चलाए गए हैं।
4. सामाजिक कार्यकर्ता मानसिक मंदितों को समाज पर पूर्ण आश्रित नहीं मानते हैं। यदि उन्हें उचित प्रशिक्षण, ज्ञान तथा साधन उपलब्ध कराये जाएं तो उनमें आत्मरक्षा एवं आत्म नियन्त्रण की भावना विकसित हो सकती है तथा वे अपने पैरों पर खड़े हो सकते हैं। वे समाज के उत्पादक सदस्य बन सकते हैं तथा रचनात्मक कार्यों का सम्पादन कर सकते हैं।
5. सामान्य लोगों का विचार है कि यदि एक बार व्यक्ति मानसिक मंदित हो गया तो वह सदैव मंदित ही रहता है। मंदित बालकों के माता-पिता विश्वास करते हैं कि इस स्थिति का न तो सुधार सम्भव है और न ही उनमें परिवर्तन लाया जा सकता है। उनकी दशा स्थिर रहेगी, यह दृष्टिकोण मंदित लोगों के लिए घातक होता है क्योंकि इसका प्रभाव संबंधों की प्रकृति पर पड़ता है। अतः कार्यकर्ता का विश्वास है कि जब तक ऐसी प्रवृत्तियों एवं विश्वासों का खण्डन नहीं किया जाएगा, तब तक मानसिक मंदितों का पुनर्स्थापन सम्भव नहीं है।
6. सामाजिक कार्यकर्ताओं का विश्वास है कि मानसिक मंदता एक गत्यात्मक प्रत्यय है। मानसिक श्रेणी में जिसमें उसका प्रथम बार मूल्यांकन होता है, यदि प्रशिक्षण दिया जाए तो वह अन्य श्रेणी में प्रवेश कर सकता है। बुद्धि विकास के अवसर सदैव बने रहते हैं।
7. सामाजिक वैयक्तिक कार्य का विश्वास है कि मानसिक मंदित अपनी अयोग्यता से कम अक्षम होते हैं उनके प्रति अपनाया गया सामाजिक दृष्टिकोण अधिक घातक होता है। उसे हर जगह तिरस्कार, घृणा, दया आदि का सामना करना पड़ता है। अतः उनके माता-पिता तथा संबंधियों को शिक्षा की आवश्यकता होती है।
8. सामाजिक वैयक्तिक कार्य का विश्वास है कि प्रत्येक मानसिक मंदित का उपचार तथा पुनर्स्थापन उसी की सामाजिक पृष्ठभूमि में सम्भव है। समायोजन संबंधी समस्याओं का समाधान किया जा सकता है।

उपर्युक्त मूल प्रत्ययों को ध्यान में रखकर वैयक्तिक कार्यकर्ता मानसिक मंदितों के साथ कार्य करना प्रारम्भ करता है।

वैयक्तिक सेवा कार्य की भूमिका

मानसिक मंदितों की पुनर्स्थापन व्यवस्था में सामाजिक वैयक्तिक कार्यकर्ता प्रत्यक्ष तथा अप्रत्यक्ष दोनों प्रकार से सहायता करता है। प्रत्यक्ष रूप में मंदितों की समस्याओं का समाधान करता है, प्रशिक्षण देता है, ज्ञान प्रदान करता है, तथा योग्यता तथा दक्षता का विकास करता है। अप्रत्यक्ष ढंग से वह नीति निर्धारण तथा कार्यक्रम नियोजन के द्वारा उनकी सहायता करता है। मुख्य रूप से कार्यकर्ता निम्न क्षेत्रों में कार्य करता है :

1. सेवार्थी के व्यक्तित्व का मूल्यांकन।
2. पारिवारिक पृष्ठभूमि तथा माता-पिता का दृष्टिकोण एवं मनोवृत्ति।
3. नीति निर्धारण तथा कार्यक्रम नियोजन।
4. सामुदायिक मनोवृत्ति एवं पुनर्स्थापन के स्रोत।
5. प्रशिक्षण तथा सेवा।

6. मूल्यांकन तथा फॉलोअप।
7. संस्था प्रशासन तथा सम्पर्क कार्य आदि।

मानसिक मंदित बालकों के साथ सामाजिक वैयक्तिक कार्यकर्ता निम्न भूमिका निभाता है :

1. वैयक्तिक कार्यकर्ता शिक्षण अभिकरण के कर्मचारियों तथा माता-पिता के साथ कड़ी का कार्य करता है। वह सम्पर्क व्यक्ति का कार्य करता है। वह मुख्य परीक्षण की आवश्यकतां की आख्या करता है तथा माता-पिता को बालक के लिए अनुकूल दृष्टिकोण अपनाने का रास्ता प्रशस्त करता है। वह घर के व्यवहार तथा विद्यालय के व्यवहार में अन्तर जानने का प्रयास करता है। साथ ही साथ बालक के प्रति अध्यापकों के व्यवहार का भी अवलोकन करता है।
2. वैयक्तिक कार्यकर्ता गृह सम्पर्क करके तथा माता-पिता परिवार के अन्य सदस्यों से सम्पर्क द्वारा आवश्यक आंकड़े एकत्र करता है और अभिलेख तैयार करता है जो अभिकरण के लिए मार्गदर्शन का कार्य करते हैं। वह अभिकरण को अवगत कराता है कि किस प्रकार मानसिक अक्षमता बालक में बढ़ती गई तथा किस प्रकार उसकी दक्षता व निपुणता पर उसका प्रभाव आता गया। इस प्रकार सेवार्थी के सम्पूर्ण व्यक्तित्व का ज्ञान कार्यकर्ता की सूचना के आधार पर प्राप्त किया जाता है।
3. वैयक्तिक कार्यकर्ता न केवल माता-पिता की प्रतिक्रियाओं को जानने का प्रयास करता है बल्कि साथ ही साथ उन्हें वास्तविक एवं अनुकूल दृष्टिकोण, व्यवहार, ढंग आदि के लिए सम्प्रेरित करता है। इससे बालक का उत्साहवर्द्धन होता है और वह अपनी निपुणताओं को विकसित करने में पूरी योग्यता दिखाता है।
4. प्राय: यह देखा गया है कि अधिकांश मानसिक मंदित बालकों के माता-पिता विघटनात्मक मनोवैज्ञानिक प्रतिक्रिया करते हैं तथा अपने को पापी, अपराधी एवं दु:खी समझने लगते हैं। कार्यकर्ता की यहां बहुत ही महत्वपूर्ण भूमिका होती है। वह माता-पिता को समस्या समाधान के लिए अपना दृष्टिकोण बदलने के लिए ऐसे तर्क देता है और प्रोत्साहित करता है कि जिससे वे स्वयं समस्या की तह में पहुंच जाते हैं। वह बताता है कि किस प्रकार विपरीत मनोवृत्ति एवं प्रतिक्रिया बालक की समस्या के निदान व उपचार में बाधक है।
5. कुछ माता-पिता अपने बच्चे को मानसिक मंदित नहीं मानते हैं और इस तथ्य को छिपाने के लिए तरह-तरह के प्रयत्न करते हैं। इससे बालक की हालत गम्भीर होती जाती है। कार्यकर्ता इस स्थिति में माता-पिता की मन्त्रणा, सलाह, अन्तर्दृष्टि आदि के द्वारा सहायता करता है।
6. वैयक्तिक कार्यकर्ता उन माता-पिताओं की सहायता करता है जो आवश्यकता से अधिक बच्चों की परवाह एवं देखभाल करते हैं या आवश्यकता से कम देखभाल करते हैं। प्राय: देखने में आया है कि माता-पिता बालक की उपयुक्त देखभाल करने में असफल रहते हैं क्योंकि यह मंदता अधिकतर निर्धन परिवारों में होती है। अत: कार्यकर्ता को सेवाओं की नितान्त आवश्यकता होती है।
7. कार्यकर्ता पुनर्स्थापन संबंधी समस्याओं का समाधान करता है। वह अर्थपूर्ण सम्पर्क द्वारा इन समस्याओं का समाधान करता है।
8. समुदाय के स्रोतों का पता लगाता है और उनका उपयोग मानसिक मंदित बालकों के लिए करता है।

टिप्पणियां

1. शैरोफ, राबर्ट एल. : इनफोर्स्ड रिसट्रिक्शन इन कम्युनिकेशन इट्स इम्प्लीकेशन फॉर दि इमोशनल एण्ड इंटलेक्चुअल डेवलपमेन्ट ऑफ दि डीफ, अमेरिकन जर्नल ऑफ साइक्याट्री, वॉल्यूम 116.

19

अपराध सुधार और वैयक्तिक सेवा कार्य

(Correctional Administration and Social Case Work)

सुधारात्मक सामाजिक वैयक्तिक सेवा कार्य

सुधारात्मक सामाजिक वैयक्तिक सेवा कार्य के दो प्रमुख उद्‌देश्य हैं:

1. व्यक्ति के विचलित व्यवहार एवं दृष्टिकोण में ऐसी सहायक प्रक्रिया द्वारा परिवर्तन लाना जो उसके व्यक्तिगत एवं सामाजिक समायोजन में अधिकतम सहायक सिद्ध हो।
2. अपराधी व्यक्ति के पर्यावरण एवं परिस्थितियों में परिवर्तन तथा संशोधन द्वारा अनेक प्रकार के निरोधात्मक एवं सुधारात्मक। साधनों की उपलब्धि कराकर परिवर्तन लाना जो उसमें आपराधिकता को जन्म देती है।[1]

सुधारात्मक सामाजिक वैयक्तिक सेवा कार्य उन व्यक्तियों की सहायता में सामाजिक आचार का पालन करने में करता है जो किसी कारण विचलन के मार्ग पर चलने लगे हैं।

सामाजिक वैयक्तिक कार्यकर्ता की भूमिका

अपराधी सुधार कार्य में कार्यकर्ता अन्य सुधार कार्यकर्ताओं, मनोवैज्ञानिकों, मनोचिकित्सकों के साथ मिलकर कार्य करता है। वह सुधार दल का एक अभिन्न सदस्य होता है। उसका कार्य अन्य कार्यकर्ताओं के अन्तर संबंधों तथा उसके विशिष्ट ज्ञान पर निर्धारित भूमिका पर निर्भर करता है।[2]

सुधार कार्यकर्ताओं के इस दल में समाज कार्यकर्ता की निम्न भूमिकाएँ हो सकती हैं :

1. अपराधी के बारे में जांच-पड़ताल करके उसकी सामाजिक अवस्था तथा अपराधी की दशाओं के बारे में ऐसी रिपोर्ट प्रस्तुत करना जिससे अपराधी सुधार संस्थाओं के अधिकारी किसी निश्चित सुधारवादी निर्णय पर पहुंच सकें।
2. सेवार्थी (अपराधी) का इस प्रकार से पर्यवेक्षण करना, जिससे वह आत्म-नियंत्रित होकर अवैधानिक व्यवहार न करे।
3. सेवार्थी (अपराधी) की सामाजिक तथा वैधानिक मजबूरियों को दूर करने में सहायता करना तथा उसके व्यवहार सामाजिक आदर्शों के अनुकूल बनाना।
4. उन सभी अधिकारियों के साथ व्यावसायिक संबंध स्थापित करना जो सेवार्थी के वर्तमान सामाजिक वैधानिक स्तर से प्रत्यक्ष एवं परोक्ष रूप से संबंधित हैं।

5. वैयक्तिक सेवा कार्य तथा सामूहिक सेवा कार्य की विधियों का इस प्रकार से प्रयोग करना जिससे सेवार्थी (अपराधी) कानूनी तथा प्रशासनिक नियमों का पालन अपने हित को ध्यान में रखकर कर सके।
6. अपराधी सुधार संस्था के अन्य कर्मचारियों के साथ सहयोग एवं समन्वयपूर्ण संबंध बनाये रखना तथा संस्था के समस्त सुधार संबंधी निर्णयों में अपने मत को रखना।
7. अपराधी-सुधार संस्था के सुधारात्मक कार्यक्रम को सुदृढ़ बनाना।
8. सुधारात्मक समाज कार्य के ज्ञान में वृद्धि करने के लिए प्रयत्न करना।[3]

अपराधियों की मनोवृत्ति में परिवर्तन लाने के लिए वैयक्तिक सेवा कार्य की अत्यन्त आवश्यकता है। फीडलैण्डर[4] ने निम्न प्रकार से इसके महत्व को स्पष्ट किया है :

पुनर्स्थापन के उद्देश्यों की प्राप्ति के लिए सुधार संस्थाओं में वैयक्तिक सेवा कार्य आवश्यक है। हमने इस बात को माना है कि अनेक सुधार संस्थाओं में पुनर्स्थापन के उद्देश्य की प्राप्ति पूरे रूप से सम्भव नहीं हो पाई है परन्तु फिर भी कारागार तथा बाल सुधार संस्थाओं के संवासियों के लिए वैयक्तिक सेवा कार्य की आवश्यकता को सैद्धांतिक रूप से स्वीकार कर लिया गया है। कारागारों तथा अन्य प्रकार की वयस्क एवं बाल सुधार संस्थाओं में संवासियों को मनोसामाजिक की सहायता की आवश्यकता अपने दैनिक जीवन में पड़ती रहती है।

मॉडल प्रिजन मैनुअल में अपराधी सुधार संस्थाओं में नियुक्त सामाजिक कार्यकर्ताओं की निम्न भूमिकाओं का वर्णन किया गया है :

1. संवासी का साक्षात्कार करना तथा उसके परिवार एवं अन्य सामाजिक संस्थाओं के साथ संबंध स्थापित करके उसके चरित्र, व्यवहार, अपराध की दशाओं तथा सामाजिक-आर्थिक जीवन की पृष्ठभूमि के बारे में सम्पूर्ण सूचना उपलब्ध करना।
2. संवासी की समस्त संस्थागत समस्याओं का स्पष्टीकरण करना तथा उनके समाधान की योजना निर्मित करना।
3. संवासियों के वर्गीकरण कार्यक्रम में अभिकरण के अधिकारियों से संवासी के व्यक्तित्व एवं व्यवहार की विशेषताओं को बताकर संवासी को उन कार्यक्रमों में लगाने का प्रयत्न करना जिनसे उस संवासी को लाभ पहुंच सकता है।
4. संवासी तथा प्रशासन कार्यकर्ताओं के मध्य उपयुक्त प्रकार के सहयोगपूर्ण संबंधों की स्थापना करने में मदद पहुंचाना तथा परिवार के सदस्यों को समय-समय पर वांछित सहायता प्रदान करना।
5. संवासी को अपनी मुक्ति के लिए तैयार करना तथा उनको उन समस्याओं से अवगत कराना जो मुक्ति के बाद उत्पन्न हो सकती हैं परन्तु जिनका समाधान ढूंढा जा सकता है।

उपरिलिखित कार्यों के अतिरिक्त वैयक्तिक कार्यकर्ता निम्न कार्य करता है :

1. उन संवासियों को परामर्श देना तथा मार्ग निर्देशन करना जो अपराधी सुधार संस्थाओं में पहली बार आये हैं और जो अपने को इस प्रकार के विचित्र माहौल में अकेला पाते हैं।[5]
2. संवासियों की मानसिक कुंठाओं, आहत भावनाओं तथा विक्षिप्त मनोदशाओं को दूर करने में सहायता पहुंचाना तथा उन्हें संस्था के अन्य संवासियों, अधिकारियों तथा कार्य-पद्धतियों के समरूप व्यवहार करने के लिए प्रोत्साहन प्रदान करना।

कारागारों में नियुक्त कल्याण अधिकारियों[6] के कार्यों का वर्णन निम्न प्रकार से किया गया है :

कल्याण अधिकारी को कारागार में एक ऐसे महत्वपूर्ण कार्यकर्ता के रूप में देखा जाता है जिसका कार्य अपराधियों के उपचार एवं सुधार के क्षेत्र में एक उपयोगी भूमिका निभाना है। जैसे ही अपराधी संस्था में आता है, कल्याण अधिकारी उसके 1. व्यक्तित्व के प्रकार का अध्ययन

करता है, 2. कारागार के कार्यक्रम से उसे अवगत कराना है, 3. संवासी को जीवन की नवीन दशा तथा अभिकरण में ठीक से रहने के मार्ग बताता है, 4. अभिकरण संबंधी समस्याओं को दूर करने का मार्ग ढूंढना है, 5. संवासी को अभिकरण में असमायोजन की समस्याओं को दूर करने हेतु प्रोत्साहित करना, 6. बंदी को अपने परिवार के साथ संबंध बनाये रखने में हर सम्भव सहायता देना, 7. परिवार के सदस्यों की भी सहायता करना, 8. बंदी को आत्म-निर्भर, कानून पालनकर्ता तथा उत्तरदायी नागरिक बनाने का प्रयत्न करना, 9. कारागार अधिकारियों के साथ बैठकर बंदी के उपचार के कार्यक्रम उसकी व्यक्तिगत आवश्यकताओं को ध्यान में रखकर बनाने पर बल देना, 10. इस प्रकार कल्याण अधिकारी कारागार प्रशासन और बंदी के मध्य एक महत्वपूर्ण कड़ी के रूप में कार्य करता है और वैयक्तिक सेवा कार्यकर्ता की भांति बन्दियों के सुधार एवं व्यवस्थापन का कार्य सम्पादित करता है।

सुधारात्मक वैयक्तिक कार्यकर्ता का कार्य क्षेत्र

अपराधी सुधार अभिकरणों में सुधारात्मक वैयक्तिक कार्यकर्ता का उत्तरदायित्व संवासियों में संतोषजनक समायोजन उत्पन्न करने के साथ-साथ उन्हें पुनर्वासन हेतु तैयार करना है।[7]

सामाजिक कार्यकर्ता निम्न समस्याओं को अपने कार्य क्षेत्र में सम्मिलित करता है[8] :

1. संवासियों की संस्थागत समायोजन संबंधी समस्याएं।
2. संवासियों के परिवार के सदस्यों, उनके रिश्तेदारों तथा मित्रों संबंधी समस्त समस्यायें जिनसे संवासी चिन्तित रहता है।
3. संवासियों की मुक्ति, उत्तर रक्षा तथा पुनर्वासन संबंधी समस्यायें।

सुधारात्मक वैयक्तिक सेवा कार्यकर्ता की कुशलताएं

इलियट स्टड ने निम्नलिखित व्यावसायिक कुशलताओं का होना आवश्यक बताया है :

1. अपराधी सुधार के क्षेत्र में एवं इससे सम्बद्ध समस्त विषयों, नीतियों तथा कार्यों का पूर्ण ज्ञान।
2. अपराधियों के व्यक्तित्व, चरित्र, स्वभाव तथा अपराध के कारणों एवं उपचार की आधुनिक विधियों का पूर्ण ज्ञान।
3. अपराधी सुधार तथा अपराधी पुनर्वासन संबंधी आवश्यक कुशलताओं को सम्पादित करने की क्षमता।
4. अपराधियों के प्रति सहिष्णुता का दृष्टिकोण तथा उनके सुधार एवं पुनर्वासन के लिए हर सम्भव प्रयत्न करने का दृढ़ निश्चय।
5. अपराधी सुधार के क्षेत्र में कार्य करने वाले अन्य कार्यकर्ताओं के साथ सहयोग एवं समन्वय पूर्वक कार्य करने की कुशलता आदि।

सामाजिक वैयक्तिक कार्य की समस्याएं

बरवैंक[9] ने उन समस्याओं का उल्लेख किया है जिनसे समाज कार्य के सफल योगदान में बाधा उत्पन्न हो रही है। वे निम्न हैं :

1. सुधारात्मक समाज कार्य समाज कल्याण के अन्य क्षेत्रों में होने वाले समाज कार्य की अपेक्षा अभी नया है, अतः इसे निम्न स्तर का विषय माना जा रहा है।
2. अपराधी सुधार संस्थाओं के प्रशासक सुधारात्मक समाज कार्यकर्ताओं के योगदान के विषय में अभी पूर्ण रूप से सन्तुष्ट नहीं हैं और इस प्रकार के कार्यकर्तओं की नियुक्ति में हिचकिचाते हैं।

3. समाज कार्य का प्रशिक्षण प्रदान करने वाले स्कूलों द्वारा आज तक स्पष्ट रूप तय नहीं हो पाया है कि अपराधी सुधार के क्षेत्र में समाज कार्यकर्ताओं की क्या-क्या भूमिकायें हो सकती हैं और उन भूमिकाओं का निर्वाह व्यावसायिक समाज कार्यकर्ताओं की किन कुशलताओं के प्रयोग से हो सकता है।
4. जिन अपराधी संस्थाओं में (चाहे वे कारागार हों या बाल सुधार संस्थायें) समाज कार्यकर्ताओं की नियुक्ति की गई है, उनको वहां पर निम्न स्तर का कार्यकर्ता ही समझा गया है और उनसे ऐसे कार्य कराये जाते हैं जिनको थोड़ा पढ़ा-लिखा व्यक्ति भी कर सकता है।
5. अपराधी सुधार के क्षेत्र में कार्य करने वाले व्यावसायिक समाज कार्यकर्ता पूर्ण एवं उचित स्वीकृति के अभाव में कुण्ठित हो जाते हैं और अपने कार्य को कुशलता से नहीं करते, जिसकी अपेक्षा की जाती है।
6. अपराधी सुधार के क्षेत्र में कार्य करने वाले समाज कार्यकर्ताओं का वेतन स्तर इतना कम है कि अधिकांश कुशल कार्यकर्ता इस क्षेत्र में नौकरी करने की इच्छा नहीं प्रकट करते। अच्छे एवं कुशल कार्यकर्ता कोई दूसरी अच्छी नौकरी ढूंढते हुए पाये जाते हैं।
7. अधिकांश समाज कार्य स्कूलों में सुधारात्मक समाज कार्य का उचित प्रशिक्षण देने के लिए न तो शिक्षक हैं और न आवश्यक सुविधायें उपलब्ध हैं।
8. सुधारात्मक समाज कार्य संबंधी साहित्य का अभाव अच्छे एवं कुशल कार्यकर्ता तैयार करने में एक बड़ी बाधा उत्पन्न करता है।

उपर्युक्त समस्याओं का मूल कारण भारत में समाज कार्य का प्रारम्भिक अवस्था में होना है। वर्तमान समय में समाज कार्य विकास की प्रारम्भिक अवस्था में है। अतः इसके अन्तर्गत दूसरे क्षेत्र कहां तक विकसित हो सकते हैं। परन्तु संतोष का विषय है कि सरकार सुधार के क्षेत्र में प्रशिक्षित कार्यकर्ताओं की नियुक्ति पर गम्भीरतापूर्वक विचार कर रही है।

टिप्पणियां

1. रसेल, जी. ओसवाल्ड : 'करेक्शनल ट्रीटमेन्ट' सोशल वर्क ईयर बुक, न्यूयॉर्क, 1961, पृ. 135.
2. वेनेट, जेम्स, वी. : 'करेक्शनल सोशल वर्क' न्यूयॉर्क, 1954, पृ. 199.
3. श्रीवास्तव, एस.पी. : भारत में अपराध, दण्ड एवं सुधार, उत्तर प्रदेश हिन्दी ग्रंथ अकादमी, लखनऊ, 1977, पृ. 354-355.
4. फ्रिडलैण्डर, वाल्टर ए. : 'इन्ट्रोडक्शन टु सोशल वेलफेयर'ए नई दिल्ली, 1967, पृ. 444-445.
5. 'दि प्रिजन स्पीक्स' इन दि प्रिजर ऑफ टुमारो, दि ऐनल्स ऑफ दि अमेरिकन अकादमी ऑफ पॉलिटिकल एण्ड सोशल साइंस, वॉल्यूम 157, सितम्बर, 1931, पृ. 138.
6. सेन्ट्रल ब्यूरो ऑफ करेक्शनल सर्विसेज, प्रिजन इन इण्डिया, 1969, नई दिल्ली, पृ. 19.
7. रसेल, ई. स्मिथ एण्ड डोरोथी, जी. : अमेरिकन सोशल वेलफेयर इन्स्टीट्यूशन, न्यूयॉर्क, 1954, पृ. 297.
8. हीरा सिंह, 'वेलफेयर इन प्रिजन्स' समाज कल्याण विभाग, 1973, पृ. 3.
9. बरवैंक, एडमण्ड जी. सम प्रॉब्लम्स एण्ड इशूज कफ्रिन्टिंग सोशल वर्क एजूकेशन इन करेक्शनल, सोशल वर्क एजूकेशन, वॉल्यूम 10, नं. 4, 1962, पृ. 2-3.

20

बालकों की समस्या तथा वैयक्तिक सेवा कार्य

(Problems of Children and Social Case Work)

बालकों की समस्याएं (Problems of Children)

बालकों की कुछ समस्याएं सभी बालकों के साथ सामान्य रूप से लागू होती हैं, लेकिन कुछ विशिष्ट श्रेणियों के बालकों को विशेष प्रकार की समस्याओं का भी सामना करना पड़ता है। सामान्य बालकों तथा कुछ विशेष श्रेणियों के बालकों की समस्याओं की विवेचना नीचे की जाती है :

सामान्य बालकों की समस्याएं (Problems of Children in General)

बालकों को सामान्य रूप से स्वास्थ्य और पोषाहार, शिक्षा, मनोरंजन तथा संरक्षा की समस्याओं का सामना करना पड़ता है।

स्वास्थ्य एवं पोषाहार की समस्या (Problems of Health and Nutrition)

भारत जैसे निर्धन देशों में बालकों को स्वास्थ्य एवं पोषण संबंधी जटिल समस्याओं का सामना करना पड़ता है! इन देशों में आर्थिक विकास तथा स्वास्थ्य सेवाओं में सुधार के बावजूद शिशु मृत्यु-दर बहुत अधिक है। 1978 के एक राष्ट्रीय अनुमान के अनुसार देश में प्रति हजार जीवित जन्मे शिशुओं में 125 की मौत हो जाती है। ग्रामीण क्षेत्रों में यह दर 136 तथा शहरी क्षेत्रों में 70 है। 1946-51 की अवधि में देश में औसत शिशु मृत्यु-दर प्रति हजार 134, 1951 में 146, 1981 में 110, 1991 में 80 तथा 2002 में 63 थी। शिशुओं में मृत्यु-दर जन्म के समय सबसे अधिक है। लगभग 60 प्रतिशत मौतें जीवन के पहले महीने में ही होती हैं। भारत में करोड़ों बच्चे कुपोषण के शिकार हैं। अखिल भारतीय आयुर्विज्ञान संस्थान द्वारा 1981 में ग्रामीण और आदिवासी क्षेत्रों में कराए गए अध्ययन के अनुसार 72 प्रतिशत बच्चे कुपोषित थे। इनमें ग्रामीण क्षेत्रों में 23 प्रतिशत तथा आदिवासी क्षेत्रों में 27 प्रतिशत बच्चे गंभीर कुपोषण के कारण खसरा, काली खांसी, तपेदिक, टिटेनस और पोलियो जैसी बीमारियों के शिकार हो जाते हैं। साथ ही साथ, कुपोषण और उनसे उत्पन्न बीमारियों के कारण अनेक बच्चे स्थाई रूप से विकलांग हो जाते हैं। भारतीय पोषण प्रतिष्ठान के अनुमान में 1983 में साधारण शारीरिक और मानसिक अस्वस्थता के कारण देश में 6 वर्ष से कम उम्र के लगभग 3 करोड़ बच्चों की वृद्धि खतरे में थी। भारत सरकार द्वारा 1993 में राष्ट्रीय पोषाहार नीति के सिलसिले

में कहा गया कि 1988-90 में लगभग 44 प्रतिशत बच्चे मध्यम श्रेणी के प्रोटीन-ऊर्जा से संबद्ध कुपोषण तथा लगभग 9 प्रतिशत बच्चे गंभीर कुपोषण के शिकार थे। इसी संदर्भ में यह भी स्वीकार किया गया कि देश में बड़ी संख्या में बच्चे लौह, आयोडीन और विटामिन 'ए' की कमी के कारण कई रूपों से रुग्ण हो जाते हैं। लंबी अवधि तक कुपोषण और पानी की खराबी से उत्पन्न होने वाली बीमारियों के कारण अनेक बच्चे कभी न खत्म होने वाले अस्वस्थता के दुष्चक्र में फंस जाते हैं। इनके अतिरिक्त, अशिक्षा, अज्ञानता और निर्धनता के कारण कई बच्चों का इलाज समय पर नहीं हो पाता। देश में स्वास्थ्य सेवाएं भी बालकों की स्वास्थ्य संबंधी आवश्यकताओं के अनुपात में पर्याप्त नहीं हैं। इस तरह, भारत में बालकों की स्वास्थ्य एवं पोषण संबंधी समस्याओं में ऊंची शिशु मृत्यु दर, शारीरिक और मानसिक अस्वस्थता की ऊंची दर, अस्थाई या स्थाई विकलांगता पैदा करने वाली पोषण से संबद्ध बीमारियां और गंभीर कुपोषण सम्मिलित हैं।

शिक्षा की समस्याएं (Problems of Education)

सामान्य बालकों की दूसरी मुख्य समस्या शिक्षा की है। विश्व के कई विकसित देशों में 15 वर्ष से कम उम्र के बच्चों के लिए अनिवार्य प्राथमिक शिक्षा की नीति को प्रभावी ढंग से लागू किया गया है। इन देशों में शिक्षा के स्तर ऊंचे हैं तथा शिक्षा प्रणाली भी विकसित अवस्था में है। दूसरी ओर, भारत जैसे निर्धन देशों में अनेक बालकों को शिक्षा के अवसर मिलते ही नहीं। अनुसूचित जातियों और जनजातियों तथा कुछ पिछड़ी जातियों के कई बच्चे तो साक्षर भी नहीं हो पाते। यद्यपि भारतीय संविधान में 14 वर्ष से कम उम्र के बालकों के लिए निःशुल्क एवं अनिवार्य प्राथमिक शिक्षा उपलब्ध कराने के लिए राज्य को निर्देश दिए गए हैं और कई राज्यों में इस संबंध में कानून भी बनाए गए हैं, लेकिन देश में अभी तक निःशुल्क एवं अनिवार्य प्राथमिक शिक्षा की व्यवस्था नहीं हो पाई है। 1950-51 से 6-11 वर्ष की उम्र के बालकों में केवल 43 प्रतिशत तथा 11-14 वर्ष के बीच के बालकों में केवल 13 प्रतिशत के ही नाम विद्यालयों में अंकित थे। यद्यपि सरकार द्वारा प्राथमिक शिक्षा के क्षेत्र में उठाए गए महत्वपूर्ण कदमों के फलस्वरूप बालकों की शिक्षा में व्यापक सुधार हुआ है, लेकिन स्थिति अभी तक संतोषजनक नहीं हो पाई है। 1981 के बाद से तो प्रारंभिक शिक्षा के लिए स्कूलों में नामांकन के आंकड़े अक्सर बालकों के लिए शत-प्रतिशत से भी अधिक तथा बालिकाओं के लिए कुछ कम प्रकाशित किए जाते हैं, लेकिन ये आंकड़े भ्रामक हैं, क्योंकि नामांकन के बाद बड़ी संख्या में बच्चे स्कूल जाना बंद कर देते हैं तथा कई के नाम एक से अधिक विद्यालयों में अंकित रहते हैं। माध्यमिक कक्षाओं तक आते-आते उनकी संख्या बहुत ही कम हो जाती है। स्कूल छोड़ने वालों में बालिकाओं का अनुपात बहुत अधिक है। इस स्थिति को ध्यान में रखकर 2002 से 6-14 वर्ष आयु-वर्ग के बच्चों के लिए प्राथमिक शिक्षा को एक बुनियादी अधिकार बनाने हेतु संसद ने 86वां संविधान संशोधन अधिनियम पारित किया। साथ ही, 2001 में 'सर्वशिक्षा अभियान' की महात्वाकांक्षी योजना शुरू की गई। सरकार के सतत् प्रयासों के बावजूद आज भी देश में बालकों की प्रारंभिक शिक्षा की स्थिति अत्यंत ही असंतोषजनक है।

मनोरंजन की समस्याएं (Problems of Recreation)

भारत में जनसंख्या का एक बड़ा भाग निर्धनता से ग्रस्त है। निर्धन परिवार तो बच्चों के समुचित भोजन तथा उनके स्वास्थ्य की रक्षा के बोझ से ही दबे रहते हैं। उनसे बालकों के स्वास्थ्यप्रद मनोरंजन की आशा करना ही व्यर्थ है। देश में सार्वजनिक क्रीड़ा-स्थलों तथा मनोरंजनात्मक सेवाओं की भी व्यापक कमी है। अधिकांश विद्यालयों में तो उनके खेलकूद या मनोरंजन की सुविधाएं नहीं के बराबर रहती हैं। समुचित मनोरंजन के अभाव में उनका शारीरिक और मानसिक विकास अवरुद्ध हो जाता है। घनी एवं गंदी बस्तियों तथा नगरों में बालकों के स्वास्थ्यप्रद मनोरंजन की समस्या और भी गंभीर है।

संरक्षा की समस्या (Problems of Protection)

बालक समाज के सबसे दुर्बल समूह होते हैं। जीवन के प्रारंभिक वर्षों में उन्हें संरक्षा की विशेष आवश्यकता होती है। अधिकांश परिवारों में माता-पिता या परिवार के अन्य सदस्य उन्हें कम या अधिक मात्रा में संरक्षा देते हैं, लेकिन कई परिवारों में वे उपेक्षित रहते हैं। कई बच्चों के परिवारों में कोई संरक्षक नहीं होता। ऐसे बच्चों की देखभाल एक बड़ी समस्या होती है। कई परिवारों में लोग अज्ञानता तथा अशिक्षा के कारण बालकों की संरक्षात्मक आवश्यकताओं को समझ भी नहीं पाते हैं। इस कारण कई बच्चों को दुर्घटनाओं, संवेदनात्मक तनाव, निर्दयता एवं उपेक्षा का सामना करना पड़ता है। संरक्षा के अभाव में उनका समुचित विकास नहीं हो पाता। विघटित परिवारों के बच्चों तथा अधर्मज (Illegitimate), निराश्रित और अनाथों की संख्या की समस्या दिन-प्रतिदिन गंभीर होती जा रही है।

उपर्युक्त समस्याओं का सामना सभी श्रेणियों के बालकों को करना पड़ता है। धनी और संपन्न देशों में इनका समाधान आसानी से हो जाता है, लेकिन निर्धन और बड़ी जनसंख्या वाले देशों में साधनों की कमी के कारण वे जटिल बनी रहती हैं। कुछ विशेष श्रेणियों के बालकों को इन सामान्य समस्याओं के अतिरिक्त अन्य समस्याओं का भी सामना करना पड़ता है, जिनकी विवेचना नीचे की जा रही है।

बाल विकलांगों की समस्याएं (Problems of Handicapped Children)

विकलांगों के अंतर्गत नेत्रहीन, मूक-बधिर, अपंग तथा मानसिक रोगों से पीड़ित व्यक्ति सम्मिलित हैं। भारत में लगभग 90 लाख व्यक्ति नेत्रहीन हैं। राष्ट्रीय नमूना सर्वेक्षण के अनुसार, देश में 1981 में कुछ विकलांगों की संख्या लगभग 1.20 करोड़ थी जो गूंगेपन, अंधेपन जैसे विकलांगता के शिकार थे। इस संगठन के सर्वेक्षण के अनुसार 1991 में देश में शारीरिक रूप से विकलांगों की संख्या 1.60 करोड़ से अधिक थी, जो कुल जनसंख्या का 1.9 प्रतिशत है। इसी प्रकार, देश में लाखों की संख्या में मूक-बधिर और शारीरिक रूप से अपंग व्यक्ति हैं। मानसिक रोगों से पीड़ित व्यक्तियों की संख्या देश में निरंतर बढ़ रही है। अनुसंधान संगठनों के अध्ययनों से संकेत मिलता है कि मानसिक रूप से विकलांगों की संख्या कुल जनसंख्या की 2 से 2.5 प्रतिशत के आसपास है। राष्ट्रीय नमूना सर्वेक्षण संगठन के अध्ययन के अनुसार 1991 में 1-14 वर्ष के बालकों में मानसिक विकृति से ग्रस्त बालकों की संख्या शहरी क्षेत्रों में 29 तथा ग्रामीण क्षेत्रों में 30 प्रति हजार थी। राष्ट्रीय नमूना सर्वेक्षण संगठन द्वारा 2002 में कराए गए सर्वेक्षण के अनुसार देश में विकलांग व्यक्तियों की अनुमानित संख्या 1.85 करोड़ है जो देश की कुल जनसंख्या का 1.8 प्रतिशत है। इनमें लोकोमोटर से ग्रस्त (चलन या गति संबंधी) 106.34 लाख, श्रवण विकलांगता से ग्रस्त 30.62 लाख, मूक 21.55 लाख, दृष्टिहीन 20.13 लाख, आंशिक दृष्टिकोण से पीड़ित 8.13 लाख तथा मानसिक अल्पविकास से ग्रस्त 9.95 लाख हैं। 2001 की जनगणना के अनुसार देश में विकलांग व्यक्तियों की संख्या 2.19 करोड़ है जो कुल जनसंख्या का 2.13 प्रतिशत है। बड़ी संख्या में विकलांगों की विकलांगता बचपन में ही प्रारंभ होती है तथा कई जन्म से ही विकलांग हैं। आज भी, विकलांगों में सबसे अधिक 15 वर्ष से कम उम्र के बालक हैं।

विकलांग बालकों में सबसे अधिक दुर्दशा नेत्रहीनों की होती है। उन्हें अपने नित्य के कार्यों के लिए भी दूसरों पर पूरी तरह निर्भर रहना पड़ता है। आंखों की रोशनी के अभाव में वे न तो उपलब्ध सुख-सुविधाओं का लाभ उठा सकते हैं और न ही पढ़-लिखकर स्वावलंबी बन सकते हैं। उनका जीवन अंधकारमय होता है। दूसरे बच्चों के खेलकूद, पढ़ाई-लिखाई और हंसी-खुशी के बारे में सुनकर वे अपने जीवन को कोसते रहते हैं। मूक-बधिर तो देख सकते हैं, लेकिन वे भी शिक्षा तथा

समुचित मनोरंजन की सुविधाओं से वंचित रह जाते हैं। प्रयासों के बावजूद उनका समुचित बौद्धिक विकास नहीं हो पाता। गंभीर अपंगता के शिकार बच्चों की स्थिति भी बड़ी दयनीय होती है। विकलांग बालकों को विशेष प्रकार की शिक्षा और प्रशिक्षण की आवश्यकता होती है, जिससे आगे चलकर वे थोड़ा-बहुत भी स्वावलंबी बन सकें। ऐसे बालकों को विशेष चिकित्सा तथा उपकरणों की भी आवश्यकता होती है। कई विकलांग बालकों के लिए संस्थागत देखभाल और समुचित पुनर्वासन की भी जरूरत पड़ती है। उनकी अन्य समस्याओं में तिरस्कार तथा छेड़खानी, मनोरंजन के अभाव तथा परनिर्भरता की समस्याएं सम्मिलित हैं। कम उम्र में निवारक उपायों से अनेक बालकों की विकलांगता रोकी जा सकती है।

अनाथ एवं अधर्मज बालकों की समस्याएं (Problems of the Orphan and Illegitimate Children)

भारत में अनाथ बालकों की संख्या भी बहुत अधिक है। द्वितीय विश्वयुद्ध के पहले प्राय: होने वाली महामारियों तथा अकालों के कारण अनेक बच्चे अपने माता-पिता से बिछुड़ जाते थे। सार्वजनिक स्वास्थ्य-सेवाओं में सुधार के फलस्वरूप महामारियों पर प्रभावी रूप से नियंत्रण हुआ है, लेकिन आज भी बाढ़, दुर्घटनाओं, संक्रामक रोगों, सांप्रदायिक झगड़ों आदि के कारण अनेक परिवार नष्ट हो जाते हैं और कई बच्चे निराश्रय हो जाते हैं। ये अनाथ बच्चे दर-दर के भिखारी बने फिरते हैं। भारत में पारिवारिक विघटन, अवैध यौन-संबंध, बलात्कार आदि में वृद्धि के कारण अधर्मज बालकों की संख्या भी निरंतर बढ़ रही है। ऐसे बालकों को समाज स्वीकार नहीं करता।

अनाथ, अधर्मज और अन्य निराश्रित बालकों को कई प्रकार की कठिनाइयों का सामना करना पड़ता है। एक ओर तो वे माता-पिता और परिवार की संरक्षा से वंचित रहते हैं, दूसरी ओर वे समाज से उपेक्षित और तिरस्कृत रहते हैं। इनमें कुछ बच्चों को तो अनाथालयों में शरण मिल जाती है, लेकिन अनेक मारे-मारे फिरते हैं। इनमें कई अपना पेट भरने के लिए भीख मांगने लगते हैं तथा कई जूता-पॉलिश, कागज इकट्ठा करने या इस तरह का कोई और धंधा अपनाकर गुजर-बसर कर लेते हैं। कुछ को घरों, छोटे-छोटे होटलों, चाय की दुकानों, मोटर-स्कूटर मरम्मत के प्रतिष्ठानों आदि में नौकरी मिल जाती है। अनेक निराश्रित बालक बुरी संगति में फंसकर चोरी, पॉकेटमारी तथा अन्य प्रकार के अपराध भी करने लगते हैं। निराश्रित बालकों की समस्याओं में संस्थागत देखभाल, प्रतिपालक देखभाल, शिक्षा, स्वास्थ्य एवं पोषाहार, निर्वाह तथा पुनर्वास की समस्याएं मुख्य हैं।

बाल-श्रमिकों की समस्याएं (Problems of Child Labourers)

जनगणनाओं के अनुसार, भारत में 1971 में लगभग 1.08 करोड़, 1981 में 1.36 करोड़, 1991 में 1.13 करोड़ तथा 2001 में लगभग 1.5 करोड़ बालक श्रमिकों के रूप में काम पर लगे थे। यद्यपि भारतीय संविधान में 14 वर्ष से कम उम्र के बच्चों के लिए अनिवार्य प्राथमिक शिक्षा उपलब्ध कराने हेतु राज्य को निर्देश दिए गए हैं तथा कारखानों, खानों और अन्य संकटपूर्ण नियोजनों में बालश्रम पर प्रतिबंध लगाया गया है, फिर भी व्यवहार में यह प्रतिबन्ध अभी तक संभव नहीं हो पाया है। भारत में अनेक बालकों को पारिवारिक आय बढ़ाने या अपना निर्वाह करने के लिए श्रमिक के रूप में काम करना पड़ता है। आश्चर्य तो इस बात का है कि देश में बाल-श्रमिकों की संख्या कम होने के बजाए निरंतर बढ़ रही है। यूरोपीय देशों में बालश्रम पर पूर्ण प्रतिबंध लगा हुआ है, लेकिन निर्धनता से ग्रस्त विकासशील देशों में इसे व्यावहारिक रूप देना अत्यंत ही कठिन होता है। आज भारत में अनेक बच्चे घरों, चाय की दुकानों, छोटे-छोटे होटलों, मोटर-स्कूटर मरम्मत की दुकानों, जिल्दसाजी के कामों, पशुपालन, खेती के कामों, आतिशबाजी एवं कालीन उद्योगों, बीड़ी उद्योग तथा कई अन्य नियोजनों या व्यवसायों में लगे हैं। कई बाल-श्रमिकों से कठिन शारीरिक श्रम लिया जाता है। कई से

निर्दयतापूर्ण व्यवहार किया जाता है और उन्हें शारीरिक यातनाएं भी दी जाती हैं। उनको दी जाने वाली मजदूरी भी निम्न रहती आई है तथा उन्हें वयस्कों की तरह कठिन दशाओं में काम करना पड़ता है। उनमें कई को विश्राम और मनोरंजन के अवसर भी नहीं मिल पाते। ऐसे बालकों को शिक्षा भी उपलब्ध नहीं हो पाती।

बाल-अपराधियों की समस्याएं (Problems of Juvenile Delinquents)

बाल-अपराध तो एक गंभीर सामाजिक समस्या है, लेकिन बाल-अपराधियों में सुधार लाना और बाल-अपराध को रोकना बाल-कल्याण का एक महत्वपूर्ण क्षेत्र है। आज देश में प्रतिवर्ष बड़ी संख्या में बालक संज्ञेय अपराध (Cognizable Offence) करते पकड़े जाते हैं। कुछ वर्षों में उनकी संख्या 1.5 लाख से अधिक पाई गई है। 1987 में भारतीय दंड संहिता तथा विशेष एवं स्थानीय कानूनों के अंतर्गत संज्ञेय अपराध करने वाले बाल-अपराधियों की संख्या 53 हजार तथा गिरफ्तार किए गए बाल-अपराधियों की संख्या 1.8 लाख थी। इसके बाद से दोनों की संख्या घटती गई है, लेकिन उसे संतोषजनक नहीं कहा जा सकता। कई बालकों द्वारा किए गए अपराधों का पता ही नहीं लगता। पारिवारिक विघटन, सामाजिक नियंत्रण की शिथिलता, निर्धनता की व्यापकता, अनैतिक वातावरण, प्रलोभनों में वृद्धि, संरक्षा के अभाव तथा आचरण संबंधी कृत्यों में परिवर्तन के कारण देश में बाल-अपराधियों की संख्या निरन्तर बढ़ रही है। पाश्चात्य देशों में भी बाल-अपराध की समस्या गंभीर बनी हुई है। बाल-अपराध के नियंत्रण के लिए निवारक उपायों पर जोर देना अति आवश्यक है। समुचित शिक्षा और प्रशिक्षण, निर्धनता-उन्मूलन, पारिवारिक विघटन की रोकथाम, स्वास्थ्यप्रद मनोरंजन, नैतिक आचरण को प्रोत्साहन, संरक्षा तथा प्रभावी सामाजिक नियंत्रण के माध्यम से अनेक बालकों को अपराध करने से रोका जा सकता है। लेकिन, साथ ही साथ यह भी आवश्यक है कि जो बालक अपराध करने लगे हैं, उनके सुधार और पुनर्वासन की व्यवस्था की जाए। आभ्यासिक (Habitual) बाल-अपराधियों के लिए समुचित संस्थागत देखभाल की भी आवश्यकता होती है।

बालक जन-समुदाय के ही एक भाग होते हैं। इसी कारण, उनकी समस्याएं मानवीय संस्थाओं की प्रकृति से जुड़ी होती हैं। समुचित आर्थिक एवं सामाजिक विकास से बालकों की कई समस्याओं का समाधान आसानी से हो सकता है। बालकों की समस्याओं के समाधान के लिए परिवार की संरचना और कार्यों में सुधार तथा पारिवारिक सेवाओं का विस्तार भी आवश्यक है।

रोगग्रस्त बालकों की समस्या

जिस प्रकार के बालक होते हैं, राष्ट्र का स्वरूप उसी प्रकार का होता है। स्वस्थ बालक स्वस्थ राष्ट्र का निर्माण करते हैं और रोगग्रस्त बालक देश में समस्याओं का एकत्रीकरण करते हैं। इसी आधार पर प्रत्येक राष्ट्र बच्चों के विकास एवं उन्नति के लिए अधिक से अधिक सुअवसर प्रदान करता है। शिक्षात्मक सुविधाओं में वृद्धि हुई है तथा शिक्षा स्तर में भी सुधार लाया गया है। शिक्षा क्षेत्र के अतिरिक्त मनोरंजन तथा स्वास्थ्य, उन्नति संबंधी सुविधाओं में भी आशातीत प्रगति हुई है। लेकिन ये सभी सुविधाएं स्वस्थ बालकों को ही प्राप्त हुई हैं। रोगग्रस्त बालकों पर बहुत कम ध्यान दिया गया है। अधिकांश बालक तो ऐसे हैं जो मानसिक तथा शारीरिक कार्य करने में पूर्ण सक्षम हैं परन्तु बीमारी के कारण उन्हें इससे दूर कर दिया गया है। अस्पताल में उन्हें कई महीने रहना पड़ता है जिसके कारण उनकी योग्यता एवं क्षमता में ह्रास होता है और अहं कमजोर हो जाता है। उनको अनेक मनोसामाजिक समस्याओं का सामना करना पड़ता है जिसके कारण वे समाज के सहायक न बनकर उस पर भार बन जाते हैं। अतः इन बालकों के लिए उन सेवाओं की अत्यन्त आवश्यकता है जिनसे उनकी योग्यता बनी रहे एवं समाज के लिए वे सहायक सिद्ध हो सकें। सामाजिक वैयक्तिक सेवा कार्य उनमें से एक सेवा है जो उनके लिये अत्यन्त सहायक सिद्ध हो सकती है।

बालकों की समस्याओं के समाधान में वैयक्तिक सेवा कार्य की आवश्यकता

उपर्युक्त सभी श्रेणियों के समस्याग्रस्त बालकों की सहायता हेतु वैयक्तिक सेवा कार्य की आवश्यकता है। चिकित्सालय में रोगग्रस्त बालक अनेक समस्याओं से जूझता है परन्तु इन समस्याओं की ओर चिकित्सकों का ध्यान बहुत कम जाता है क्योंकि इसके लिए अधिक समय तथा विशेष ज्ञान की आवश्यकता होती है जिसका उनके पास अभाव होता है। उचित निदान एवं उपचार के लिए बालक एवं उसके माता-पिता दोनों का ही योगदान आवश्यक होता है। परन्तु वर्तमान चिकित्सा पद्धति इस दिशा में सोचने में असमर्थ रही है और बालक के रोग के निदान में उनको कोई महत्व नहीं दिया गया है। बालकों को एकान्त में दुनिया से बिल्कुल पृथक कर दिया जाता है और वे कष्टपूर्ण जीवन व्यतीत करते हैं। इन परिस्थितियों में वे अन्य समस्याएं उत्पन्न कर लेते हैं जैसे सांवेगिक तनाव, सांवेगिक ह्रास, प्रतिगमन के लक्षण, प्रत्याहार, अलगाव की भावना, विघटित प्रत्यक्षीकरण, अहमन्यता, ईर्ष्या की भावना आदि।

यहां पर कुछ उन विशेष कारकों का वर्णन कर रहे हैं जिनसे वैयक्तिक सेवा कार्य के महत्व का प्रदर्शन होता है।

1. *सांवेगिक प्रतिक्रियाएं :* उपर्युक्त सभी श्रेणी के बालक स्वयं अपने आप में एक समस्या है। बालक के लिए रोग भी सांवेगिक समस्या है। इस समस्या में उस समय और भी अधिक वृद्धि होती है जब उसकी शल्य चिकित्सा की जाती है। इंजेक्शन लगाने के संबंध में भी इसी प्रकार की समस्या उत्पन्न होती है।

2. *परिवार से अलगाव :* चिकित्सालय आने पर तथा अन्य समस्याओं से ग्रस्त बालक के अधिकांश सामाजिक संबंध विच्छिन्न हो जाते हैं। इसका प्रतिफल यह होता है कि वह आदान-प्रदान की प्रक्रिया में भाग नहीं लेता है। वह कभी-कभी न तो बात करता है और न सलाह मानता है। इस विरोध की भावना का कारण अपने सामान्य पर्यावरण से पृथक होना तथा वर्तमान परिस्थितियों में तालमेल न कर पाना होता है।

3. *एकाकीपन की समस्या :* यद्यपि सभी बालक सामान्य क्रियाएं सम्पन्न करने में असमर्थ नहीं होते तथापि चिकित्सालय में वे पंगु बन जाते हैं। वे शैया पर सभी खुशियों एवं प्रसन्नताओं से वंचित पड़े रहते हैं। उनके पास समय व्यतीत करने का कोई साधन नहीं होता है। अत: या तो उनको अकारण भय उत्पन्न हो जाता है या फिर अपने को अर्थहीन समझने लगते हैं।

4. *वात्सल्य एवं प्रेम की कमी :* कई माता-पिता अपने में ही उलझे रहते हैं और बालक की ओर ध्यान नहीं दे पाते हैं। परिणामस्वरूप बालक इस आवश्यक तत्व से वंचित रहता है और उन स्थितियों की खोज करता है जहां पर वह माता-पिता का प्रेम पा सकता है। बीमार होना एक ऐसी ही स्थिति है।

5. *अहमन्यता :* कभी-कभी माता-पिता समस्याग्रस्त बालक की इतनी अधिक देख-रेख, परवाह तथा लाड़-प्यार करते हैं कि वह केवल एकांगी बन कर रह जाता है। उसका समायोजन अव्यवस्थित हो जाता है। अस्पताल से वापस जाने पर उसके मार्ग में अनेक कठिनाइयां उत्पन्न हो जाती हैं।

कार्यकर्ता की भूमिका

सामाजिक वैयक्तिक कार्यकर्ता निम्न कार्य करता है :

1. सांवेगिक व्यवधानों का पता लगाता है।
2. सामाजिक समस्याओं की खोज करता है।
3. समस्याओं के समाधान के उपाय खोजता है।

4. बालकों व उनके अभिभावकों को स्वास्थ्य शिक्षा प्रदान करता है।
5. आवश्यक सेवाओं का प्रबंध करता है।
6. मनोरंजनात्मक कार्य सम्पन्न करवाता है।
7. पारिवारिक संबंधों को दृढ़ करता है।
8. चिकित्सालय पर्यावरण से समायोजन स्थापित करने में सहायता करता है।
9. अच्छी आदतों के विकास में सहायता करता है।
10. सफाई संबंधी नियमों को बताता है।
11. पोषक तत्वों का उल्लेख करता है।
12. सुरक्षात्मक तरीकों को बताता है।

विद्यालय में सामाजिक वैयक्तिक सेवा कार्य

व्यक्ति के समाजीकरण की यद्यपि परिवार एक महत्वपूर्ण संस्था है, वह अपना प्रारम्भिक जीवन परिवार की सीमा में ही व्यतीत करता है, उसकी आवश्यकताओं की संतुष्टि भी यहीं होती है, परन्तु जैसे-जैसे वह बड़ा होता जाता है, उसकी रुचि बाह्य पर्यावरण की ओर बढ़ने लगती है और परिवार के बन्धन से मुक्त होना चाहता है। वह घर की चारदीवारी से निकल कर पड़ोस तथा किसी विद्यालय में जाना पसन्द करता है और वहां जाकर आनन्द प्राप्त करता है। वह विद्यालय जाने के लिए स्वयं लालायित रहता है और कभी-कभी हठ करने लगता है कि अन्य बालकों की तरह वह भी विद्यालय अवश्य जाएगा। विद्यालय में उसका परिचय अनेक विद्यार्थियों से होता है तथा विचारों का आदान-प्रदान होता है। अत: ऐसा वातावरण तैयार करना आवश्यक होता है, जिसमें वह अपना सफल समायोजन कर सके तथा संवेगात्मक व बौद्धिक विकास के लिए शैक्षणिक व मनोरंजनात्मक कार्यक्रमों से लाभ उठा सके।

भारतवर्ष में यद्यपि शिक्षा पद्धति में काफी अन्तर आया है परन्तु अभी भी प्राध्यापक का मुख्य ध्यान केवल बौद्धिक विकास पर रहता है तथा रटने-रटाने की प्रथा बराबर पड़ी हुई है। वैयक्तिक ज्ञातव्य है कि कमी अथवा समस्याओं पर ध्यान नहीं दिया जाता है। जितना बौद्धिक विकास आवश्यक होता है उतना ही संवेगात्मक समायोजन और मानसिक विकास महत्वपूर्ण होता है।

सामाजिक वैयक्तिक सेवा कार्य की आवश्यकता

विद्यालय में निम्न कारणों से वैयक्तिक सेवा कार्य की सेवाओं की आवश्यकता होती है :

बालक का अधिकांश प्रारम्भिक जीवन विद्यालय में ही गुजरता है। अत: विद्यालय के साथ समुचित समायोजन आवश्यक होता है। वह क्या पढ़ता है, यह आवश्यक नहीं है बल्कि किस प्रकार पढ़ता है, उसकी रुचि किस स्तर की है, संबंध का क्या स्वरूप है आदि भी जानना आवश्यक होता है। यदि इन कारकों की ओर ध्यान नहीं दिया जाता है तो बालक पढ़ाई में पीछे रह जाता है, नैराश्य अनुभव करता है तथा स्कूल से भागने लगता है। ऐसे बालक सामान्यत: संवेगात्मक समस्याओं से ग्रस्त हो जाते हैं।

ऐसे बालकों की समस्याओं के निराकरण के लिए प्रशिक्षित कार्यकर्ता की आवश्यकता होती है जो वैयक्तिक अध्ययन करके समस्या की प्रकृति ज्ञात कर सके तथा समुचित समाधान कर सके। विकसित देशों में प्रत्येक विद्यालय में वैयक्तिक कार्यकर्ता होता है, जो यह कार्य करता है। उच्च विद्यालयों में तो एक समाज कार्य का विभाग ही अलग होता है। भारतवर्ष में इस प्रकार के प्रत्यय का विकास अभी नहीं हो पाया है। क्योंकि भारत की आर्थिक स्थिति ऐसी नहीं है। इसके अतिरिक्त समाज कार्य की आवश्यकता का ज्ञान भी केवल चंद लोगों को ही है। इसी कारण विद्यालयों की समस्याओं में निरन्तर वृद्धि हो रही है।

विद्यालय वैयक्तिक कार्य का क्षेत्र

विद्यालय जीवन में निम्नलिखित समस्याएं वैयक्तिक कार्यकर्ता के क्षेत्र में आती हैं :

समस्याग्रस्त बालक (Problem Child)

व्यक्तिगत एवं पारिवारिक समस्याओं के कारण विद्यालय में ऐसे भी बालक होते हैं जो संवेगात्मक तथा मानसिक कठिनाइयों से परेशान रहते हैं। उनका न तो कक्षा में समायोजन ठीक प्रकार से हो पाता है और न ही वे अपना ध्यान पढ़ाई पर केन्द्रित कर पाते हैं। कक्षा में विद्यार्थी इतने अधिक होते हैं कि शिक्षक विद्यार्थी की व्यक्तिगत समस्याओं पर ध्यान नहीं दे पाते हैं। इसके अतिरिक्त उन्हें उन प्रविधियों एवं प्रणालियों का ज्ञान नहीं होता है जिनसे उसकी संवेगात्मक समस्याओं का समाधान किया जा सके। वह संवेगात्मक व मनोवैज्ञानिक समस्याओं तथा आवश्यकताओं को समझने और उनका समाधान करने में सक्षम नहीं होता है। अत: वैयक्तिक कार्यकर्ता की आवश्यकता होती है जो इन समस्याओं को सुलझा सकता है। कार्यकर्ता बालक का साक्षात्कार करता है और उसके माता-पिता से मिलता है, साथियों से समस्या के बारे में पूछताछ करता है। इस प्रकार वह समस्या से संबंधित तथ्यों की खोज करता है। निदान के उपरान्त वह उपचार की रूपरेखा निश्चित करता है। कार्यकर्ता माता-पिता को बालक की समस्या बताते हैं तथा उनके दृष्टिकोण में परिवर्तन लाने का प्रयास करते हैं। शिक्षक के कारण यदि कोई समस्या बालक में उत्पन्न होती है तो वह शिक्षक की मनोवृत्ति को बदलने में सहायता करती है। उसका कार्य समस्या के वास्तविक तथ्यों की जानकारी करके समस्या को जड़ से समाप्त करना होता है।

पिछड़ापन (Backwardness)

कक्षा में सभी बालक न तो पढ़ाई में समान होते हैं और न ही खेलकूद में। कुछ बालक सामान्य स्तर से पढ़ाई तथा खेलकूद में ऊंचे होते हैं और कुछ बालक पढ़ाई तथा खेलकूद में सामान्य से काफी नीचे होते हैं। ऐसे बालक पढ़ने से जी चुराते हैं तथा भागने का प्रयास करते हैं। ऐसे बालकों पर अध्यापक विशेष ध्यान नहीं दे पाता है और निजी तौर पर शिक्षा देना उनके लिए कठिन हो जाता है। परन्तु यदि उनकी समस्या पर ध्यान नहीं दिया जाता है तो उनका व्यक्तित्व प्रभावित होता है और हीनता की भावना विकसित हो जाती है। कभी-कभी इन बालकों को विद्यालय से निकाल दिया जाता है। परन्तु इस पिछड़ेपन के कारण बालक स्वयं न होकर सामाजिक, शारीरिक तथा मानसिक स्थितियां होती हैं। इन समस्याओं एवं स्थितियों को समझकर वैयक्तिक सहायता पहुंचाना आवश्यक होता है। वैयक्तिक कार्यकर्ता बाल मनोविज्ञान के द्वारा तथा मनोचिकित्सा की सहायता से ऐसे बालकों की सहायता करता है।

कक्षा में समस्याएं (Problems in Class)

भारतवर्ष में कक्षा में 50-60 विद्यार्थी होते हैं और वे भिन्न-भिन्न सामाजिक वर्गों एवं संस्कृतियों से आते हैं। उनकी बुद्धि में भी अन्तर होता है। विषय समझने तथा उनका अध्ययन करने की योग्यता एवं क्षमता में भी अन्तर होता है। यह सत्य वास्तविकता है कि वैयक्तिक अन्तर के परिणामस्वरूप सीखने की योग्यता में भी अन्तर होता है। कुछ विद्यार्थी अधिक तेजी से एवं शीघ्र ही विषयवस्तु ग्रहण कर लेते हैं जबकि दूसरों की समझने की गति मन्द होती है। कुछ विद्यार्थी सामान्य होते हैं। जो विद्यार्थी कक्षा की पढ़ाई में पिछड़े होते हैं, वे प्राय: शरारतें करते हैं, कक्षा से भागते हैं तथा अवांछनीय व्यवहार करते हैं। दूसरे प्रकार के बालक हैं जो स्कूल में चुपचाप रहते हैं, अन्त:क्रिया में बहुत कम भाग लेते हैं। शिक्षक ऐसे विद्यार्थियों को लगभग भूल ही जाता है क्योंकि वे किसी भी प्रकार की समस्या उत्पन्न नहीं करते हैं। परन्तु उनके समुचित विकास के लिए उसकी सहायता

करना आवश्यक है। कुछ उनमें से सांवेगिक व्यवधानों से पीड़ित हो सकते हैं और उनको उपचार की आवश्यकता हो सकती है। तीसरे प्रकार के वे बालक समस्या की सीमा में आते हैं जो प्रायः स्कूल में अनुपस्थित रहते हैं। उनके माता-पिता भी नहीं जान पाते कि उनके बच्चे कहां रहते हैं। इन बालकों की कठिनाइयों को समझना उनके भविष्य निर्माण के लिए आवश्यक है। कुछ बालकों का उग्रात्मक व्यवहार होता है क्योंकि उनका व्यक्तित्व विघटित होता है। कुछ बच्चे शिक्षात्मक रूप से पिछड़े होते हैं। वे कक्षा में दिए गए निर्देशों का पालन ठीक प्रकार से नहीं कर पाते हैं।

पारिवारिक अध्ययन *(Study of the Family)*

परिवार एक महत्वपूर्ण इकाई है जिसका प्रत्येक अंग बालक को प्रभावित करता है। वर्तमान समय में परिवार संकटकालीन स्थिति से गुजर रहे हैं। आर्थिक, सामाजिक, सांवेगिक सभी प्रकार की कठिनाइयां अनुभव हो रही हैं। परिणामस्वरूप बालक संवेगात्मक कुसमायोजन के कारण पढ़ाई में पिछड़ जाता है। ऐसे बालकों की उचित सहायता तभी की जा सकती है, जब उनके परिवार से सम्पर्क स्थापित किया जाए। सामाजिक कार्यकर्ता समस्याग्रस्त बालकों के परिवारों का पूरा अध्ययन करता है। माता-पिता का सहयोग लिया जाता है तथा बालक की अन्तर्द्वन्द्व भावनाओं एवं कमियों का निराकरण किया जाता है।

स्वास्थ्य सेवा *(Health Services)*

बौद्धिक विकास के लिए शरीर का स्वस्थ होना भी आवश्यक होता है। वैयक्तिक कार्यकर्ता बालकों का स्वास्थ्य परीक्षण करवाता है, प्राथमिक चिकित्सा का प्रबंध करता है, पोषक आहार की व्यवस्था करता है। रोगग्रस्त अवस्था में चिकित्सालयों की सहायता लेता है बालक का चिकित्सालय में प्रवेश करवाता है तथा समुचित प्रबंध करता है।

व्यावसायिक परामर्श *(Vocational Conselling)*

व्यावसायिक परामर्श का कार्य भी वैयक्तिक कार्यकर्ता करता है। वह उस व्यावसायिक प्रशिक्षण के विषय में सलाह देता है, जिसमें विद्यार्थी की रुचि होती है। कभी-कभी बालक की रुचि के विपरीत माता-पिता विषयों का अध्ययन करवाते हैं। ऐसी दशा में बालक में अरुचि उत्पन्न हो जाती है और वे हीन भावना विकसित कर लेते हैं।

व्यावसायिक ज्ञान की कमी अभी भी सामान्य जनता में है, जिसके कारण अपने बालक को उचित निर्देशन देने में वे असमर्थ होते हैं। वैयक्तिक कार्यकर्ता को विभिन्न क्षेत्रों की जानकारी होती है, जिससे वह कार्य को भलीभांति करने में समर्थ होता है।

मनोरंजनात्मक तथा सांस्कृतिक कार्यक्रम

मनोरंजनात्मक एवं सांस्कृतिक कार्यक्रम बालक के समुचित विकास के लिए आवश्यक होते हैं। कार्यकर्ता अपने सामूहिक कार्य के अनुभव के आधार पर कार्यक्रमों का आयोजन करता है जिससे उनके व्यक्तित्व की सर्वोन्मुखी प्रतिभा का विकास होता है।

सामाजिक वैयक्तिक कार्यकर्ता विद्यालय के अन्तर्गत निम्न समस्याओं का समाधान करता है : वर्णित बालकों की समस्याओं को सुलझाने के लिए विभिन्न प्रविधियों एवं निपुणताओं का उपयोग करता है। वह इस दिशा में तीन प्रमुख कार्य करता है :

1. अनुपस्थित रहने की समस्या अथवा अनियमितता।
2. शैक्षणिक पिछड़ापन।
3. निम्न बुद्धि-लब्धि के कारण समस्या समाधान में कठिनाई।

4. अर्थ आर्थिक-हीनता की समस्याएं।
5. व्यक्तित्व संबंधी समस्याएं जैसे- एकाकीपन, स्वकेन्द्रित होना, डरपोक या अति उग्र होना।
6. एकाएक उत्पन्न हुई समस्या।
7. पारिवारिक समस्याएं जिनका प्रभाव बालक पर पड़ता है।
8. चोरी करने वाले, स्कूल से भागने वाले तथा साथियों से लड़ाई-झगड़ा करने वाले बालकों की समस्याएं।

सामाजिक वैयक्तिक कार्यकर्ता उपर्युक्त वर्णित बालकों की समस्याओं को सुलझाने के लिए विभिन्न प्रविधियों एवं निपुणताओं का उपयोग करता है। वह इस दिशा में तीन प्रमुख कार्य करता है :

तथ्य की खोज

1. ऐसे बालकों की एक सूची तैयार करना जिनको सहायता की आवश्यकता होती है।
2. समस्या के आधार पर श्रेणीकरण करना।
3. प्रत्येक बालक का व्यक्तिगत अध्ययन करना।
4. यदि आवश्यक हुआ तो अध्यापक व बालक के परिवार का भी अवलोकन करना।
5. उन कारणों की खोज करना, जो समस्या उत्पन्न करने में सहायक होते हैं।

निदान

1. अध्यापक, परिवार के सहयोग से बालक की समस्या का पूर्ण चित्रण करता है।
2. व्यक्तिगत अनुभव के आधार पर प्रभावी कारकों के महत्व को निश्चित करता है।
3. समस्या उत्पन्न करने वाले कारकों का पता लगाता है और एक विधि निश्चित करता है, जिसके द्वारा समस्या समाधान सम्भव हो सकता है।

उपचार

वैयक्तिक कार्यकर्ता बालकों, अभिभावकों तथा अध्यापकों को समस्या से अवगत कराकर उन उपायों को भी बताता है जिनसे बालक समस्या से मुक्त हो सकता है। वह मंत्रणा, निर्देश, पुनर्विश्वास आदि तरीकों को अपनाता है।

21

परिवार एवं वैयक्तिक सेवा कार्य

(Family and Social Case Work)

पारिवारिक चिकित्सा प्रारूप का विकास

परिवार एक ऐसी संस्था है, जिसके माध्यम से व्यक्ति सामाजिक गुणों को अर्जित करता है। इस तथ्य को सामाजिक वैयक्तिक कार्य में प्रारम्भ से ही स्वीकार किया गया और इसी आधार पर व्यक्ति के परिवार का अध्ययन वैयक्तिक सहायता के लिए आवश्यक बताया है। पारिवारिक संबंधों का अध्ययन तथा पारिवारिक सदस्यों का साक्षात्कार वैयक्तिक सेवा कार्य का महत्वपूर्ण अंग प्रारम्भ से ही रहा है परन्तु सन् 1950 ई. के पश्चात् इस तथ्य पर विशेष बल दिया गया। सेवार्थी के उपचार में पाया गया कि वह कभी-कभी अपनी व्यक्तिगत तथा अन्य समस्याओं के कारण उपचार प्रक्रिया में भाग नहीं लेता है अथवा अचानक उसके दृष्टिकोण में परिवर्तन हो जाता है अथवा बिना परिवार के सदस्यों से सम्पर्क किए उपचार कार्य सम्भव नहीं है। इन सभी दशाओं ने पारिवारिक चिकित्सा प्रारूप के विकास में सहयोग प्रदान किया। हर्टमैन[1] तथा इरिकसन[2] के अहं मनोविज्ञान के प्रत्ययों ने भी इस दिशा में योगदान किया क्योंकि इन सिद्धांतों ने स्पष्ट रूप से व्यक्ति पर भूमिका, वर्ग, पारिवारिक संरचना के प्रभाव को दर्शाया। सुलीवन[3] का अन्तर्वैयक्तिक संबंध सिद्धान्त पारसन्स[4] का परिवार, समाजीकरण तथा अन्तर्क्रिया संबंधी योगदान, जैक्सन के संचार प्रक्रिया के सिद्धान्त ने परिवार चिकित्सा प्रारूप के विकास में महत्वपूर्ण भूमिका निभाई।

प्रारूप की सैद्धान्तिक मान्यताएं

इस प्रारूप की निम्न सैद्धांतिक मान्यताएं हैं :

1. परिवार एक व्यवस्था है, जिसमें दो या अधिक इकाइयां एक-दूसरे से इस प्रकार से संबंधित हैं कि यदि एक इकाई में कोई परिवर्तन आता है तो उसका प्रभाव दूसरी पर भी पड़ता है तथा दूसरी की प्रतिक्रिया पहली इकाई को प्रभावित करती है।
2. प्रत्येक परिवार में सदस्यों की आवश्यकताओं की पूर्ति तथा उनमें चेतन तथा अचेतन दोनों प्रकार के नियंत्रण होते हैं। वे अन्तर्क्रिया के तरीकों को भी निश्चित करते हैं। वे सदस्यों को कार्य की दिशा प्रदान करते हैं, चिन्ता दूर करने के तरीके निश्चित करते हैं तथा परिवार को स्थायित्व प्रदान करते हैं।
3. परिवार स्वयं एक पूर्ण इकाई है। प्रत्येक सदस्य इसका अभिन्न अंग है। जिस प्रकार व्यक्ति में जीवन होता है, उसी प्रकार परिवार में भी जीवन होता है जो संबंध के माध्यम से प्रकट होता

है। परिवार में अनेक व्यवस्थाएं तथा उपव्यवस्थाएं होती हैं उनमें अनेक अन्तर्क्रियाएं होती हैं। परिवार के सदस्यों पर इन अंतर्क्रियाओं का प्रभाव पड़ता है। परिवार व्यवहार के प्रभावात्मक तरीके व्यक्ति के आन्तरिक अंग बन जाते हैं। अतः इसे पृथक-पृथक भागीकृत नहीं किया जा सकता है। इसलिए व्यक्ति को परिवार के अन्तर्गत ही समझा जा सकता है।

4. यद्यपि वैयक्तिक कार्यकर्ता व्यक्ति के विगत जीवन तथा परिवार के संबंध के आधार पर किसी निर्णय पर पहुंच जाते हैं परन्तु प्रत्यक्ष अवलोकन करना महत्वपूर्ण समझते हैं।
5. संबंध अनेक प्रकार के होते हैं। वर्तमान समय में ऐसा अनुभव किया जा रहा है कि वैवाहिक संबंध विशेष रूप से व्यक्ति को प्रभावित करता है। अतः विवाह की प्रकृति को समझना आवश्यक होता है।
6. वैवाहिक संतुलन की प्रकृति परिवार के प्रत्येक सदस्य को प्रभावित करती है, परन्तु उसके तरीके तथा उसका प्रभाव भिन्न-भिन्न होता है। अधिकांश व्यवधानिक विवाहों में पति-पत्नी स्वयं समझौता कर लेते हैं जब वे माता-पिता बन जाते हैं। परन्तु वैवाहिक संबंधों का प्रक्षेपण बच्चों पर पड़ता है और कारक एवं विशेषताएं बालक के व्यक्तित्व का अंग बनती हैं।
7. परिवार में बालक का विकास माता-पिता के वैवाहिक संबंधों की प्रकृति पर निर्भर होता है क्योंकि माता-पिता बालक में आदर्श प्रारूप के रूप में, निर्देशक के रूप में, सलाहकार के रूप में, शिक्षक के रूप में अन्तर्विष्ट हो जाते है। बालक परिवार की गतिविधियों तथा परिवर्तनों के सक्रिय सदस्य होते हैं।
8. परिवार का विकासात्मक कार्य व्यक्ति के विकासात्मक कार्य के समान ही है, जैसे पूर्ण आत्मअनुभूति के लिए आत्मनियन्त्रण, उत्तरदायित्व, संबंधों की गहनता, दूरी, पृथकता, आत्मनिर्भरता, आदि विशेषताओं का होना व्यक्ति के लिए आवश्यक है। इन्हीं गुणों का विकास परिवार में भी होना आवश्यक है यदि उसे आत्मनिर्भर बनना है।

परिवार तथा वैवाहिक व्यवस्था संबंधी मान्यताओं के साथ ही साथ परिवार के विकास की निम्न महत्वपूर्ण सैद्धान्तिक मान्यताएं हैं जो परिवार चिकित्सा प्रारूप की मूलाधार हैं :

1. परिवार का जब कोई एक सदस्य समस्याग्रस्त होता है तो सभी उससे प्रभावित होते हैं और तकलीफ पाने लगते हैं। उस व्यक्ति के लक्षणों को समझने के लिए यह भी देखना होगा कि परिवार के साथ उसके संबंधों तथा प्रतिक्रियाओं पर क्या प्रभाव पड़ रहा है। परिवार उसके उपचार के लिए क्या कर रहा है। व्यक्ति के केवल लक्षण जान लेने से ही उपचार की प्रकृति निश्चित नहीं हो जाती है। उदाहरण के लिए यदि कोई बालक अकारण भय (Phobia) से ग्रस्त है तो उपचार का बिन्दु बालक न होकर उसके माता-पिता होंगे।
2. पारिवारिक संरचना की प्रकृति जैसे अभिज्ञान, लक्ष्य संबंध, समझौता, सहयोग, भूमिका आदि प्रमुख पारिवारिक संबंधों के कारक हैं जो व्यक्ति के विकास को सम्भव बनाते हैं। इन कारकों को समझना चिकित्सा कार्य के लिए आवश्यक होता है। व्यवधानात्मक परिवार में दोषपूर्ण पारिवारिक संरचना होती है, भूमिका पूरी नहीं निभाई जाती है जिससे बालक के विकास में बाधा पड़ती है।
3. परिवार में संचार (Communication) वह तरीका है जिसके द्वारा नियम तथा भूमिकाएं, अभिज्ञान तथा विभेदीकरण की प्रक्रिया, कार्य प्रबंध तथा संघर्ष तथा निराकरण आदि का कार्य पूरा किया जाता है। संचार सदैव विद्यमान रहता है, चाहे वह स्पष्ट हो अथवा व्यवधानात्मक, संघर्षयुक्त हो अथवा सौहार्दपूर्ण। सभी परिवार अपनी संस्कृति के अनुकूल संचार शैली का विकास करते हैं। यह शैली पारिवारिक संतुलन का कार्य करती है। विश्वास, रीतियां, लोक कथाएं, धार्मिक कृत्य आदि के द्वारा यह शैली व्यवहार में स्थान ग्रहण करती है तथा व्यक्तित्व

का अभिन्न अंग बन जाती है। व्यक्ति की मनोवृत्तियां, भावनाएं, मूल्य, पूर्व धारणाएं आदि का ज्ञान परिवार की अन्तर्क्रिया को समझने पर ही हो सकता है।

उपर्युक्त सभी सिद्धान्त प्रत्यय तथा मूल धारणाएं पारिवारिक चिकित्सा प्रारूप को बल प्रदान करते हैं तथा उसकी उपादेयता एवं उपयोगिता पर प्रकाश डालते हैं।

पारिवारिक चिकित्सा का अर्थ

पारिवारिक चिकित्सा का तात्पर्य उस उपचारात्मक अभिगम से है जिसके द्वारा उन पारिवारिक संबंध व्यवस्थाओं में परिवर्तन तथा संशोधन लाया जाता है जो परिवार तथा इसके सदस्यों के दिन-प्रतिदिन के कार्यों में व्यवधान उत्पन्न करती हैं।[5]

परिवार चिकित्सा में चिकित्सा का केन्द्र बिन्दु व्यक्ति न होकर परिवार स्वयं होता है। यद्यपि व्यक्ति की आवश्यकताओं तथा विशेषताओं को ध्यान में रखा जाता है परन्तु परिवार की अन्तर्क्रिया व्यवस्थाओं पर विशेष रूप से ध्यान आकृष्ट किया जाता है।

परिवार चिकित्सा एक उपचारात्मक उपागम है जो सेवार्थी के पारिवारिक संबंध, व्यवस्थाओं तथा उनका सदस्यों पर चेतन व अचेतन प्रभाव का अध्ययन करता है। अतः मनोविश्लेषणात्मक सिद्धान्त से काफी मिलता-जुलता है। यह अभिगम व्यक्ति को ही पूर्णता में न देखकर व्यवस्था के एक अंग के रूप में देखता है। यह एक सामूहिक अभिगम (Group Approach) है जो परिवार के एक व्यक्ति के स्थान पर कई व्यक्तियों पर अपना ध्यान आकृष्ट करता है तथा लघु समूह गत्यात्मक सिद्धान्तों तथा प्रविधियों का उपयोग करता है।

सेवार्थी के लक्षणों के आधार पर यह निश्चित किया जाता है कि प्रथम साक्षात्कार किससे करना है तथा किन-किन लोगों को उसमें सम्मिलित करना है। यह कार्यकर्ता की कार्य शैली पर निर्भर करता है कि वह किस प्रकार कार्य प्रारम्भ करता है। कुछ कार्यकर्ता पहले माता-पिता का साक्षात्कार करते हैं, कुछ कार्यकर्ता सम्पूर्ण परिवार के सदस्यों का परिचय प्राप्त कर लेना चिकित्सा प्रक्रिया के लिए आवश्यक समझते हैं। साधारणतया जिस प्रकार की शिकायत अथवा समस्या होती है, उसी आधार पर प्रारम्भिक कार्य का निर्धारण होता है। उदाहरण के लिए यदि समस्या का संबंध विवाह से है तो वैवाहिक जोड़े का साक्षात्कार प्रथम होगा और यदि समस्या बच्चों से संबंधित है तो सम्पूर्ण परिवार को सम्मिलित किया जाएगा।

परिवार इकाई साक्षात्कार का उद्देश्य परिवार तथा उसके सदस्यों की समस्या की प्रकृति, लक्षण, स्रोत आदि से उन्हें अवगत कराना है। इससे उपचारात्मक कार्य के लिए बल मिलता है तथा परिवार के सदस्यों में समस्या समाधान की क्षमता बढ़ती है। गतिरोध में कमी आती है तथा नई दिशा एवं स्फूर्ति जाग्रत होती है।

कार्यकर्ता तथा सेवार्थी के परिवार के मध्य सर्वप्रथम चिकित्सात्मक समझौता होता है। दोनों में विश्वास जाग्रत होता है। परिवार को विश्वास हो जाता है कि कार्यकर्ता वास्तव में उसकी मदद करना चाहता है तथा कार्यकर्ता को भी विश्वास हो जाता है कि परिवार उसकी सहायता का इच्छुक है। इस समझौते के कारण ही दोनों में सांवेगिक संबंध स्थापित होते हैं तथा अपने-अपने उत्तरदायित्वों का ग्रहण लगन तथा इच्छा से होता है।

परिवार इकाई के साक्षात्कार के निम्न मुख्य उद्देश्य हैं :

1. वर्तमान समस्या के सन्दर्भ में परिवार के सदस्य क्या भूमिका निभा रहे हैं तथा क्या समझ रहे हैं। इसको प्रदर्शित करना जिससे वे परिवार की समस्या की जटिलता एवं प्रभावात्मकता को समझ सकें।
2. एक-दूसरे की भावनाओं तथा उनके व्यवहार पर प्रभावों को प्रदर्शित करना।

3. अकार्यात्मक प्रविधि तथा उसके निरन्तर उपयोग को परिवार के समक्ष उपस्थित करना।
4. पारिवारिक चिकित्सा प्रबंध का विकास करना।
5. इस तथ्य को बताना कि क्यों परिवार के सभी सदस्यों को चिकित्सा प्रक्रिया में साक्षात्कार करने की आवश्यकता है।

मूल्यांकन (Assessment)

निम्न आधारों पर मूल्यांकन सम्भव होता है :

1. *विषयवस्तु (Content) :* परिवार का परिचय, परिवार सदस्य की संख्या, प्रत्येक सदस्य की आयु, संबंध, कार्य, शिक्षा, आर्थिक स्तर, धार्मिक रुचि आदि। वर्तमान समस्या, शिकायत, प्रार्थना, प्रार्थना पत्र देने का कारण, समस्या की प्रकृति, समस्या किससे संबंधित है, कब से समस्या है, परिवार के सदस्यों की समस्या के प्रति क्या प्रतिक्रियाएं हैं, समान तथा विभेदी विषय कौन-कौन से हैं आदि।

2. *पारिवारिक संरचना तथा प्रतिक्रियाएं (Family Structure and Processes)*

1. उम्र तथा भूमिका के आधार पर उत्तरदायित्व का बंटवारा तथा दिन-प्रतिदिन के कार्यों को पूरा करने के पारिवारिक तरीके।
2. अभिज्ञान के तरीके तथा भूमिका निर्वाह और भूमिका के आधार पर पारिवारिक संबंध।
3. उद्देश्यीय संबंधों की प्रकृति तथा उसका स्तर : सदस्य किस प्रकार एक दूसरे की आवश्यकताओं का ध्यान रखते हैं, सन्तोष प्राप्त करने का प्रयास करते हैं, सदस्यों को कहां तक वैयक्तिक रुचि पूरी करने की छूट है, आयु के आधार पर कितनी निर्भरता, अलगाव तथा आत्म निर्भरता है।
4. परिवार की भावनाओं को किस प्रकार समझा जाता है, भावनाओं के स्पष्टीकरण के लिए वैवाहिक जीवन का इतिहास, बाल विकास, महत्वपूर्ण घटनाएं, परिवार में भूमिका का परिवर्तन, बीमारियां, हानि आदि सामाजिक अनुकूलन तथा सामाजिक आवश्यकताएं। क्या प्रकृति है, कितनी सहनशीलता है, नियन्त्रण कितना है, आत्मीयता, उग्रता, लैंगिकता, चिन्ता, प्रतिगमन, धार्मिक रीति-रिवाजों आदि का क्या रूप है। सदस्यों को प्रत्येक क्षेत्र में कितनी स्वतंत्रता है, वे कितना नियन्त्रण स्वीकार करते हैं आदि।
5. वास्तविक प्रत्यक्षीकरण की कितनी क्षमता है, आत्म के अवलोकन की क्या क्षमता है, कितना प्रत्यक्षीकरण त्रुटिपूर्ण है, दूसरों की समस्या के प्रति क्या प्रत्यक्षीकरण है, परिवार में मनोसुरक्षात्मक यन्त्रों का कहां तक उपयोग होता है, अवरोध कौन-कौन से हैं आदि।
6. संघर्ष तथा समाधान के तरीके : परिवार में निर्णय प्रक्रिया, तनाव दूर करने के तरीके, समस्या समाधान के तरीके, विचारों की भिन्नता वाले विषय।
7. परिवार के मूल्य : सांस्कृतिक तथा सामाजिक प्रभाव, नैतिक, धार्मिक दृष्टिकोण का स्थान तथा उनके हस्तान्तरण के तरीके, सामाजिक आकांक्षाएं तथा इच्छाएं, परिवार का समाज में स्थान।
8. संचार के तरीके : सांस्कृतिक प्रभाव, मौखिक एवं अमौखिक संचार प्रक्रिया की शैली, संचार का प्रभाव तथा उद्देश्य, समाचार का द्विस्तर, स्वीकृति तथा अस्वीकृति के क्षेत्र, भाषा का उपयोग तथा उसकी स्पष्टता।

3. *पारिवारिक इतिहास :* समस्या से संबंधित आवश्यक आंकड़े, जैसे : वैवाहिक जीवन का इतिहास, बाल विकास, महत्वपूर्ण घटनाएं, परिवार में भूमिका का परिवर्तन, बीमारियां, हानि आदि सामाजिक अनुकूलन तथा सामाजिक आवश्यकताएं।

4. *सदस्यों का इतिहास :* व्यवहार, लक्षण, स्वास्थ्य, अनुकूलन, परिवार में कठिनाइयां आदि।

5. *समस्या समाधान करने के लिए उपलब्ध शक्ति :* प्रत्येक सदस्य की समस्या से लड़ने की शक्ति तथा संक्रामकता, वैयक्तिक रुचि तथा योग्यता, समस्या पर कार्य करने की इच्छा, वैवाहिक संबंधों के प्रति भय, चिन्ता, परिवार में घनिष्ठता तथा अलगाव की इच्छा तथा प्रकृति आदि।

वैयक्तिक कार्यकर्ता चिकित्सा में मुख्य रूप से वैयक्तिक सेवा कार्य का उपयोग करता है। विषयवस्तु, प्रक्रिया, पारिवारिक संरचना आदि का ज्ञान होने पर उपचार योजना बनाता है, उद्देश्य निर्धारित होते हैं तथा विशिष्ट कार्यप्रणाली बनायी जाती है। इससे निम्न प्रश्नों का उत्तर प्राप्त होता है:

1. वर्तमान समस्या का केन्द्र बिन्दु क्या है, यह अन्तर्वैयक्तिक संबंधों में स्थिर है, पूरे परिवार से संबंधित है या किसी एक व्यक्ति से संबंधित है, क्या परिवार से बाहर इसका कोई संबंध है।
2. परिवार के स्थायित्व में क्या-क्या बाधाएं हैं तथा स्थायित्व क्यों नहीं बनाया जा सकता है।
3. उपचारात्मक प्रक्रिया में कितना सहयोग मिलने की आशा है, किस व्यक्ति को प्रत्यक्ष रूप से चिकित्सा प्रक्रिया में लगाना है आदि।
4. किन-किन विधियों तथा प्रविधियों का उपयोग लघु तथा दीर्घकालीन उद्देश्य की प्राप्ति के लिए करना है। उदाहरण के लिए दीर्घकालीन उद्देश्य वैवाहिक जोड़े का उपचार कार्य करना है परन्तु जब तक संबंध स्थापित नहीं होंगे, तब तक परिवार इसको मान्यता नहीं प्रदान करेगा। उद्देश्य कुछ भी हो, कार्यकर्ता तथा परिवार दोनों की स्वीकृति आवश्यक है।

वैयक्तिक सेवा कार्य का उद्देश्य

पारिवारिक चिकित्सा परिवार की संबंध व्यवस्था में संशोधन तथा परिवर्तन करती है। यद्यपि व्यवस्थाएं स्थाई होती हैं परन्तु किसी कारण सदस्यों की रुचियां एवं इच्छाओं को पूरा करने में असमर्थ होती हैं। वे दिन-प्रतिदिन के कार्यों में बाधा उत्पन्न कर देती हैं। सहायता उस समय की जाती है, जब परिवार की शक्ति कम होती है तथा चिन्ता अधिक होती है। परिवार में प्रतिकूलित भूमिकाओं के सुधार के लिए, उचित भूमिका स्थापित करने के लिए इसका उपयोग होता है। इस चिकित्सा का अन्तिम उद्देश्य परिवार के संबंधों में स्थायित्व तथा घनिष्ठता उत्पन्न करना है। चिकित्सा का उद्देश्य है परिवार के सदस्यों की सहायता करना, जिससे वे एक-दूसरे को अच्छे तरीके से समझ सकें, भावनाओं का आदर करें, आवश्यकता पूर्ति में सहायता करें, संचार प्रक्रिया सकारात्मक हो, उसमें स्पष्टता हो तथा वास्तविक उद्देश्यों की प्राप्ति सम्भव हो सके।

उपचार की प्रविधियां

निम्नलिखित प्रविधियों का उपचार में उपयोग किया जाता है :

1. निर्देशन,
2. सुलह,
3. शिक्षा (इनका उपयोग अन्तर्क्रियात्मक प्रक्रिया में होता है),
4. सुझाव,
5. स्पष्टीकरण, व्याख्या (एक व्यक्ति के लिए होता इनका प्रयोग किया जाता है, परन्तु सम्पूर्ण समूह का हित सर्वोपरि है अत: उस पर भी ध्यान दिया जाता है)।

संकटकालीन हस्तक्षेप

संकटकालीन हस्तक्षेप या मध्यस्थता एक लघु वैयक्तिक सेवा कार्य चिकित्सा है, जिसकी उपयोगिता वर्तमान समय में अधिक समझी जाने लगी है किन्तु व्यावहारिक प्रारूप नहीं है और न ही इसके द्वारा मूल मान्यताओं एवं विशेष परिस्थितियों का स्पष्टीकरण किया गया है परन्तु यह प्रारूप उन व्यक्तियों एवं परिवारों को सहायता करने का उद्देश्य रखता है जो संकट काल से गुजर रहे हैं या ऐसी

परिस्थितियां उत्पन्न हो गई हैं जहां पर तुरन्त सहायता की आवश्यकता है। इस प्रारूप का उपयोग आज समाज कार्य एवं मानसिक स्वास्थ्य दोनों क्षेत्रों में किया जा रहा है।

परिवार चिकित्सा से सम्बन्धित अभिगम का विकास

दो मुख्य क्षेत्रों के अनुसंधान लघु चिकित्सा या संकटकालीन सहायता के प्रारूप के विकास में योगदान।

जब समूह, समुदाय या समाज की स्थिति महान संकट की अवस्था में जैसे : महामारी, भूकम्प, बाढ़, युद्ध आदि। अनेकानेक सामाजिक वैज्ञानिकों ने इस अवस्था में प्रभावों को सामाजिक मनोवैज्ञानिक दोनों स्तरों पर विश्लेषित किया है। वैयक्तिक अध्ययन भी इसकी आवश्यकता को स्पष्ट करते हैं। अचानक तनाव एवं दबावपूर्ण स्थिति, कोई महत्वपूर्ण घटना (जैसे मृत्यु या आर्थिक संकट) तुरन्त शल्य चिकित्सा, पोलियो या जलने की स्थिति आदि में तुरन्त सहायता एवं मनोचिकित्सा की आवश्यकता होती है। लिंडमैन[6] के अनुसंधानों ने इस प्रारूप का विशेष महत्व स्पष्ट किया। उन्होंने मृत्यु तथा वैयक्तिक हानि के प्रभाव का पारिवारिक दशा पर अध्ययन किया और सिद्ध किया कि संकटकालीन सहायता बहुत अधिक प्रभावकारी होती है। कप्लान[7] का इजरायल में संकटकालीन सहायता कार्य का भी इस दिशा में सकारात्मक योगदान है। उन्होंने संस्थागत बच्चों के साथ इस प्रारूप का उपयोग किया और सकारात्मक उपलब्धियां प्राप्त हुईं।

लघुकालीन वैयक्तिक सामाजिक सेवा कार्य का उल्लेख प्राचीन काल से ही प्राप्त होता है जैसे किसी की सहायता का स्रोत बता देना या संदर्भित कर देना। परन्तु इसका कोई वैज्ञानिक महत्व नहीं था। दीर्घकालीन सहायता ही वास्तविक सहायता मानी जाती थी। दीर्घकालीन चिकित्सात्मक प्रारूप को ही महत्व दिया जाता है। परन्तु साहित्य में लघु चिकित्सा का उल्लेख बरथा रेनोल्ड (Bertha Reynolds)[8] के लेखों, कार्यात्मक सम्प्रदाय के अध्ययनों तथा पर्लमैन के समस्या समाधान के प्रत्यय में प्राप्त होता है। कुछ विशिष्ट संस्थाएं जैसे यात्री सहायता, रोगी प्रतीक्षा सूची[9] ऐसी सहायता थी जो इस प्रकार की सहायता करती थीं। एलेक्जेण्डर तथा फ्रेन्च[10] ने अपनी पुस्तक 'Psycho-analytic the Rapy' में मनोविश्लेषणात्मक प्रारूप से पृथक स्वरूप प्रदान किया और लघु चिकित्सा की आवश्यकता को दर्शाया। मलान[11] (Malan) ने लघु मनोचिकित्सा प्रविधि का विकास किया।

संकटकालीन चिकित्सा प्रारूप के प्रत्यय को दबाव सिद्धांत (Stress Theory) से काफी सहायता प्राप्त हुई। ये दोनों शब्द एक-दूसरे के स्थान पर आज भी प्रयोग किए जाते हैं। दबाव शब्द तीन प्रकार के कारकों को स्पष्ट करता है[12] :

1. दबावपूर्ण घटनाएं एवं स्थितियां
2. व्यक्ति दबावपूर्ण भावनाओं एवं लक्षणों सहित
3. तनावपूर्ण उत्तेजक।

व्यक्ति का दबाव प्रत्युत्तर दबावपूर्ण स्थितियां जैविकीय मनोवैज्ञानिक तथा सामाजिक कार्यों में व्यवधान उत्पन्न करते हैं। इसके परिणामस्वरूप भ्रामक एवं व्यावहारिक प्रतिक्रियाएं होती हैं, ज्ञानात्मक तथा शारीरिक कार्यों में परिवर्तन आता है। यह बहुत ही शक्तिशाली शक्ति होती है जो रोगग्रस्त परिस्थिति उत्पन्न करती है। दूसरा महत्वपूर्ण सहयोग 'सीखने के सिद्धांत' के प्रारूप से लघु चिकित्सा को प्राप्त हुआ।

संकटकालीन चिकित्सा प्रारूप का उपयोग न केवल व्यक्ति विशेष के संदर्भ में हो सकता है बल्कि परिवार तथा कभी-कभी विस्तृत सामाजिक व्यवस्था में भी उपयोग में लाया जा सकता है। अनेक अध्ययनों ने इस चिकित्सा के महत्व को परिवार के रूप में स्पष्ट किया है।[13, 14]

संकट काल का अर्थ (Meaning of Crises)

साधारणतया संकट काल का तात्पर्य वर्तमान स्थिति में अस्त-व्यस्तता (An upset in a Steady State) से है। यह परिभाषा इस सिद्धांत पर आधारित है कि व्यक्ति अपनी स्थिति में संतुलन बनाये रखने का सदैव प्रयत्न करता है। यह प्रयत्न उसकी अनुकूलन क्षमताओं एवं समस्या समाधान क्षमताओं के अनुसार होता है और आवश्यक इच्छाओं एवं अभिलाषाओं की संतुष्टि संभव होती है। जीवन में ऐसे बहुत से अवसर आते हैं, जब एकाएक संतुलन बिगड़ जाता है, ऐसी स्थिति में व्यक्ति की अनुकूलन एवं समस्या समाधान करने की योग्यता में कमी हो जाती है या उसकी शक्ति, क्षमता, योग्यता, निपुणता संतुलन स्थापित करने योग्य नहीं रहती है। इस स्थिति को संकट काल की स्थिति कहते हैं। तीन अन्तर्सम्बन्धित कारक संकटकालीन स्थिति को उत्पन्न करते हैं :

1. एक या अनेक कष्टप्रद घटनाएं जो जीवन को धमकी देती हैं।
2. वर्तमान या विगत मूल प्रवृत्तित्यात्मक आवश्यकताएं जो पूर्व धमकियों से संबंधित हैं जिससे संघर्ष उत्पन्न होता है।
3. समस्या समाधान की उपयुक्त प्रविधि की कमी।

सेवार्थी का मूल्यांकन (Assessment of the Client)

सेवार्थी के व्यक्तित्व तथा उसकी संरचनात्मक कार्यात्मकता का ज्ञान होना समस्या सुलझाव हेतु आवश्यक होता है। अहं की विशेषताएं तथा उसके कार्य को जानना लघु चिकित्सा के लिए आवश्यक होता है। अनुकूलनात्मक तरीके, अहं सुरक्षात्मक यंत्रों का उपयोग तथा व्यक्तित्व के प्रकार लघु चिकित्सा की प्रविधि को निश्चित करता है। परन्तु इन कारकों के ज्ञान के लिए दीर्घ साक्षात्कार की आवश्यकता होती है जो इस चिकित्सा प्रक्रिया में सम्भव नहीं है। अत: वे कौन-कौन से स्रोत हैं जिनसे यह ज्ञान प्राप्त हो सकता है। चिकित्सक का अनुभव इस दिशा में महत्वपूर्ण होता है। वह अपने पूर्व अनुभव के आधार पर सेवार्थी की समस्या तथा उसकी प्रतिक्रिया को देखकर ज्ञान प्राप्त कर लेता है। चेतन तथा अर्धचेतन संचार प्रक्रिया से भी कुछ जानकारी प्राप्त होती है। कार्यकर्ता पूर्व अनुसंधानों को भी ध्यान में रखता है जो संकटकालीन प्रतिक्रियाओं से संबंधित हैं। इनसे व्यक्तियों की प्रतिक्रियाओं तथा उसके प्रभावों का ज्ञान होता है।

संकटकालीन स्थिति के निम्न लक्षण हैं :

1. जब व्यक्ति पर संकट आता है उस समय वह अति चिन्तातुर होता है, तनाव अधिक होता है, उसमें ग्लानि, अपराध भावना, निराशा, असंतोष सभी प्रकट होते हैं। उसमें ज्ञानात्मक ह्रास होता है। वह यह जानने में असमर्थ होता है कि वर्तमान स्थिति में क्या करे तथा समस्या का समाधान किस प्रकार करे। जब चिन्ता अधिक होती है तो प्रत्यक्षीकरण का अस्थाई विघटन भी हो जाता है।
2. वैयक्तिक अस्त-व्यस्तता के कई स्तर होते हैं। प्रारम्भिक स्तर में तनाव बढ़ता है जिसके परिणामस्वरूप चिन्ता उत्पन्न होती है, असहाय की स्थिति आती है। फलत: समस्या समाधान यंत्र उपयोग में लाये जाते हैं। लेकिन यदि प्रयत्न असफल रहते हैं तथा तनाव और बढ़ता है। ऐसी स्थिति में आपत्तिकालीन समस्या समाधान के यंत्रों (Emergency Problem Solving Mechanisms) को उपयोग में लाया जाता है।

   इस स्तर में तीन प्रकार की स्थितियां उत्पन्न हो सकती हैं :

1. समस्या का समाधान हो जाए,
2. समस्या पुनर्परिभाषित हो तथा उद्देश्य में परिवर्तन हो जाए।
3. आवश्यकता को ही समाप्त कर दिया जाए जिससे समस्या समाप्त होती हो।

4. कुछ सामान्य अनुकूलन व प्रतिकूलन के तरीके होते हैं। प्रतिकूलित तरीके विघटित क्रियाओं की रचना करते हैं तथा समस्या का समाधान सम्भव नहीं होता है। उदाहरण के लिए दिवास्वप्न, कल्पना तरंग, प्रत्याहार आदि प्रतिकूलित तरीके हैं।

संकटकालीन समस्या के उपचार में निम्नलिखित दो बातों का विशेष महत्व है :

प्रारम्भिक चरण

लघु चिकित्सा का समय समस्या की प्रकृति पर निर्भर करता है। कहीं-कहीं केवल एक ही साक्षात्कार में समाधान प्राप्त हो जाता है और कभी-कभी कई साक्षात्कार करने होते हैं। परन्तु एक बात इस चिकित्सा में महत्व की है कि प्रथम साक्षात्कार बहुत उपचारात्मक अर्थ रखता है। संकटकालीन स्थिति की प्रकृति तथा उसकी अवधि पर चिकित्सा कार्य निर्भर करता है। जितनी अवधि रहेगी, उतने ही समय की चिकित्सा आवश्यक होती है। कप्लान ने 6 सप्ताह की सामान्य चिकित्सा अवधि का उल्लेख किया है। परन्तु कार्यकर्ता पर निर्भर करता है कि वह संकटकालीन स्थिति में किस प्रकार सेवार्थी की सहायता करता है। इस चिकित्सा का महत्वपूर्ण तत्व 'सहायता' प्राप्त होने की दशा है अर्थात् सेवार्थी को शीघ्र से शीघ्र सहायता प्राप्त होनी चाहिए। कार्यकर्ता का प्रथम कार्य वर्तमान समस्या का अस्थाई निदान करना है तथा कार्यकर्ता इस प्रकार से अपनी भूमिका प्रारम्भ करे जिससे सेवार्थी का प्रारम्भिक साक्षात्कार में ही चिन्ता व तनाव कम हो सके। वह सेवार्थी को तसल्ली देने में समर्थ हो कि उसकी स्थिति में आशा के तहत सुधार होगा।

उपचार सिद्धांत एवं तरीके

संकटकालीन चिकित्सा की अभी तक की वैज्ञानिक आधार या प्रणाली विकसित नहीं हो पाई है। इसका मूल उद्देश्य अहं को दृढ़ करना है। इसके अतिरिक्त इसका उद्देश्य :

1. लक्षणों से मुक्ति दिलाना।
2. संकट काल से पूर्व की स्थिति की कार्यात्मकता को संगठित करना।
3. समस्या उत्पन्न करने वाले आवश्यक कारकों का ज्ञान प्राप्त करना।
4. उपचारात्मक तरीकों को समझना, जिनको सेवार्थी के उपयोग में लाया जा सकता है।
5. वर्तमान तनावों एवं दबावों को समझना, इसके स्रोतों का पता लगाना।
6. नवीन अनुकूलन के तरीकों को समझना, जिनसे सेवार्थी को सहायता पहुंचानी है।

इस प्रणाली में वैयक्तिक सेवा कार्य की सभी प्रविधियों को समयानुकूल उपयोग में लाया जाता है। हस्तान्तरण, स्पष्टीकरण, सलाह, व्याख्या, पुनर्विश्वास आदि तरीकों का उपयोग कार्यकर्ता करता है।

परिवार कल्याण नियोजन और वैयक्तिक सेवा कार्य

परिवार कल्याण नियोजन का अर्थ

अधिकांश लोग अब भी परिवार कल्याण नियोजन का तात्पर्य जनसंख्या नियंत्रण से लगाते हैं। जनसंख्या नियंत्रण एक सरकारी नीति है जिसको सामाजिक तथा आर्थिक उद्देश्य की पूर्ति के लिए चलाया जा रहा है। अपने परिवार के सदस्यों की संख्या अपने साधनों के अनुसार सीमित रखने का नाम परिवार कल्याण नियोजन है। इस कार्यक्रम का उद्देश्य परिवार के लिए आवश्यक सुविधाएं प्रदान करना है। विश्व स्वास्थ्य संगठन (1970) ने परिवार नियोजन के अन्तर्गत निम्न कार्यों को सम्मिलित किया है :

1. जन्म में उचित समयान्तर तथा जन्म दर पर रोक लगाना।
2. बच्चे-विहीन परिवारों को चिकित्सकीय सुविधाएं प्रदान करना।

3. बच्चों की देखरेख संबंधी ज्ञान प्रदान करना।
4. यौन शिक्षा देना।
5. प्रजनन संबंधी दोषी परिवार का स्क्रीनिंग करना।
6. जेनेटिक मंत्रणा देना।
7. पूर्व वैवाहिक सलाह देना तथा परीक्षण करना।
8. गर्भावस्था का टेस्ट करना।
9. विवाह मंत्रणा देना।
10. प्रथम बच्चे के जन्म से संबंधित ज्ञान प्रदान करना तथा अन्य सुविधाएं देना।
11. अविवाहित माताओं को सेवाएं प्रदान करना।
12. गृह अर्थशास्त्र तथा पोषण संबंधी शिक्षा देना।
13. गोद लेने में सहायता करना।

इस प्रकार से परिवार नियोजन कार्यक्रम का उद्देश्य परिवार के सदस्यों की सीमा में नियन्त्रण करना है। जिन परिवारों में बच्चे अधिक संख्या में पैदा होते हैं, उन दंपत्तियों को परिवार नियोजन करने और अवांछित बच्चों के जन्मों को रोकने के लिए परिवार नियोजन के विभिन्न तरीकों का ज्ञान एवं सेवा सुविधा की विशेष व्यवस्था भी परिवार नियोजन कार्यक्रम के अन्तर्गत आती है। इस कार्यक्रम के अन्तर्गत स्वास्थ्य रक्षा संबंधी विभिन्न सेवाएं प्रदान की जाती हैं। इस कार्यक्रम के अन्तर्गत प्रतिरक्षीकरण, प्रसव के पूर्व, प्रसव में तथा प्रसव के पश्चात् माताओं की देखरेख, दवाइयों का प्रबंध-चेचक, डिप्थीरिया, काली खांसी आदि के बचाव के लिए टीके लगाना तथा दवाइयां देना। पौष्टिक आहार की योजना भी अब इसका अंग बन गई है। इस योजना के अन्तर्गत गर्भवती माताओं तथा शिशुओं को पौष्टिक भोजन बांटा जाता है। इन अनेक कार्यों में वृद्धि के कारण इस कार्यक्रम का नाम बदल कर परिवार कल्याण एवं मातृ शिशु कल्याण कार्यक्रम रख दिया गया है।

वैयक्तिक सेवा कार्यकर्ता की भूमिका : समाज कार्य का प्रथम उत्तरदायित्व उन मनोसामाजिक समस्याओं का समाधान करना तथा उन पर विजय प्राप्त करना है जो विकास एवं उन्नति में बाधा पहुंचाती हैं। कार्यकर्ता का कार्य सामाजिक, मनोवैज्ञानिक तथा सांस्कृतिक कारक जो परिवार नियोजन के तरीकों को अपनाने में बाधा उत्पन्न करते हैं को दूर करना है। वह शिक्षा, चिकित्सा तथा कल्याणकारी संस्थाओं की सेवाओं का सदुपयोग भी इसी उद्देश्य की पूर्ति के लिए करता है। वह व्यावहारिक ज्ञान प्रदान करता है जिससे व्यक्ति परिवार नियोजन के महत्व को समझ सकने में समर्थ होते हैं। वह पोषण संबंधी ज्ञान प्रदान करता है, महत्वपूर्ण रोगों के विषय में जानकारी देता है। शिक्षा सुविधाओं की चर्चा करता है, कल्याणकारी कार्यक्रमों से अवगत कराता है, नवीन कानूनों का ज्ञान देता है तथा स्वास्थ्य शिक्षा देता है।

परिवार कल्याण के क्षेत्र में वैयक्तिक कार्यकर्ता ऐच्छिक तरीके का उपयोग करता है अर्थात् दम्पतियों को स्वयं यह अधिकार देता है कि वे स्थिति पहले समझें तदपुरांत स्वयं निर्णय करें। वह गर्भावस्था का स्वास्थ्य पर प्रभाव को बताता है, शरीर तथा मन पर गरीबी के प्रभाव को स्पष्ट करता है तथा व्यक्तित्व से इसके संबंध को दर्शाता है।

परिवार कल्याण कार्यकर्ता के रूप में वैयक्तिक सेवा कार्य से निम्नलिखित अपेक्षायें हैं :

1. घनिष्ठ संबंध स्थापित करके सेवार्थी में विश्वास जाग्रत करना कि वह उनका हितैषी है तथा उन्नति एवं विकास चाहता है।
2. कार्यकर्ता को यह ज्ञान होना चाहिए कि वह सेवार्थी से एक केस के रूप में नहीं बातचीत कर रहा है बल्कि एक व्यक्ति के सन्दर्भ में बातचीत है।
3. वह सेवार्थी को परिवार नियोजन संबंधी सकारात्मक तथा नकारात्मक सभी भावनाओं के स्पष्टीकरण का पूर्ण अवसर देता है।

4. कार्यकर्ता का कार्य सेवार्थी में केवल उपयुक्त ज्ञान का विकास करना है। इसके पश्चात् वह सेवार्थी की इच्छा पर छोड़ देता है कि वह अपने जीवन को खुशहाल बनाने के लिए स्वयं निर्णय ले। वह यह नहीं बताता है कि उसे 'यह' करना आवश्यक है। वह केवल सलाह देता है।
5. वह मित्रवत व्यवहार करता है।
6. कार्यकर्ता प्रत्येक सेवार्थी का वैयक्तिक अध्ययन करता है और उसके आर्थिक, सामाजिक, धार्मिक तथा शिक्षात्मक पृष्ठभूमि को देखता है। वह सेवार्थी की भावनाओं का आदर करता है तथा प्रत्येक भावना का विश्लेषण करता है।
7. वह परिवार नियोजन के प्रत्येक तरीके से होने वाले लाभों तथा हानियों का वर्णन करता है। वह इन तरीकों के प्रयोग की विधियों को बताता है।
8. कार्यकर्ता लोगों के परिवार नियोजन संबंधी भ्रमों को दूर करता है। यह कार्य वार्तालाप एवं मीटिंग्स के द्वारा करता है।
9. यद्यपि उसकी सहायता कार्य की प्रक्रिया धीमी होती है परन्तु एक बार यदि सेवार्थी पूर्ण सन्तुष्ट हो जाता है तो वह आगे चलकर 'नेता' का कार्य करने लगता है।
10. कार्यकर्ता लक्ष्य दंपतियों तथा अन्य लोगों से निरन्तर सम्पर्क बनाये रखता है।
11. वह 'फालो अप' करता है जिससे समस्याओं को सुलझाता है।
12. धार्मिक तथा सांस्कृतिक कारकों का विवेचन परिवार नियोजन के सन्दर्भ में करता है।
13. बड़े संख्या परिवार की समस्याओं तथा आर्थिक विकास पर उनके प्रभाव को स्पष्ट करता है।
14. बाल स्वास्थ्य रक्षा के तरीकों को बताता है।
15. स्वास्थ्य केन्द्रों पर उपलब्ध सेवाओं के उपयोग के लिए सेवार्थियों को प्रोत्साहित करता है।

वैयक्तिक कार्यकर्ता की भूमिका

वैयक्तिक कार्यकर्ता परिवार कल्याण के क्षेत्र में निम्न भूमिकाएं पूरी करता है :

1. इनेवलर के रूप में भूमिका।
2. एडवोकेट के रूप में भूमिका।
3. एजूकेटर के रूप में भूमिका।
4. मीडिएटर के रूप में भूमिका।
5. प्रीचर के रूप में भूमिका।

इनेवलर के रूप में कार्यकर्ता लक्ष्य दंपतियों को परिवार नियोजन के तरीकों को अपनाने के लिए उत्साह प्रदान करता है, लाभों को बताता है तथा ऐसे तथ्य प्रस्तुत करता है जिससे वे सन्तुष्ट होते हैं और सीमित परिवार की अवधारणा का महत्व समझते हैं।

एडवोकेटर के रूप में कार्यकर्ता परिवार नियोजन कार्यक्रम का प्रभावशाली ढंग से प्रस्तुत करता है, तथ्यों को स्पष्ट करता है, सामाजिक महत्व बताता है तथा स्थिति को अपने नियन्त्रण में रखने का पूरा प्रयास करता है।

एजूकेटर के रूप में जन स्वास्थ्य के तरीकों का उपयोग करता है और सामाजिक, आर्थिक, मनोवैज्ञानिक पहलुओं की जानकारी देता है। वह पोषण, स्वास्थ्य, कानून आदि की जानकारी प्रदान करता है।

मीडिएटर के रूप में कार्यकर्ता परिवार के सदस्यों को परिवार नियोजन के तरीके अपनाने के लिए सहमत करता है तथा पति-पत्नी के बीच समझौता कराने में मदद करता है।

प्रीचर (धार्मिक उपदेशक) के रूप में कार्यकर्ता धार्मिक व रीति-रिवाज संबंधी ज्ञान को बताता है तथा धार्मिक बाधाओं को दूर करने का प्रयास करता है। अन्धविश्वासों को दूर करता है।

वैयक्तिक सेवा कार्य-प्रविधियों का उपयोग

वैयक्तिक कार्यकर्ता मंत्रणा, मनोचिकित्सा, गृह निरीक्षण, सलाह, शिक्षा तथा निर्देशन आदि प्रविधियों का उपयोग करता है।

टिप्पणियां

1. हर्टमैन, हेइन्ज : इगो साइकोलॉजी एण्ड दि प्रॉब्लम ऑफ एडेप्टेशन, इण्टरनेशनल यूनिवर्सिटी प्रेस, न्यूयॉर्क, 1958.
2. इरिकसन, इरिक : आइडेन्टिटी एण्ड दि लाइफ साइकिल, साइकोलॉजिकल इश्यू, इंटरनेशनल यूनिवर्सिटी प्रेस, न्यूयॉर्क, 1959
3. सुलीवन, हेरी स्टैक : दि इण्टरपर्सनल थ्योरी ऑफ साइक्याट्री, डब्लू.डब्लू. नार्टन एण्ड कं. न्यूयॉर्क, 1953
4. पारसन्स, टालकाट : फैमिली सोसलाइजेशन एण्ड इंटर एक्शन प्रोसेस, ग्लेनकोई इल, फ्री प्रेस, 1955
5. अकरमैन, नाथन : दि साइकोडायनामिक्स ऑफ फैमिली लाइफ, बेसिक बुक्स, न्यूयॉर्क, 1958
6. लिण्डमैन, इरिच : 'सिम्पप्माटोलॉजी एण्ड मैनेजमेन्ट आफ एक्यूट ग्रीफ' अमेरिकन जर्नल ऑफ साइक्याट्री, 101, 1994
7. कप्लान, गेराल्ड तथा जॉन मिचल : 'टेकनिक्स आफ कन्सलएशन इन एन एग्रीमेन्ट चिल्ड्रन आर्गनाइजेशन' अमेरिकन जर्नल ऑफ आर्थोसाइक्याट्री, 24, 1954
8. पर्लमैन, एच.एच. : 'सम नोट्स आन दि वेटिंग लिस्ट' सोशल केसवर्क, 45, 1963
9. बरथा, कापेन रेनोल्ड्स : 'एन एक्सपेरीमेन्ट इन ए शॉर्ट कनटेक्ट इंटरवीइंग' स्मिथ कॉलेज स्टडीज इन सोशल वर्क, 3, 1932
10. एलेक्जेण्डर फ्रेन्च तथा थामस एस. फ्रेन्च 'साइको एनालिटिक थैरेपी' प्रिन्सिपल्स एण्ड एप्लीकेशन्स, रोनाल्ड प्रेस, न्यूयॉर्क, 1946
11. मलान, डेविड एच. : ए स्टडी ऑफ ब्रीफ साइकोथेरैपी, टाविस्टाक पब्लिकेशन, लन्दन, 1963
12. रैपोपेर्ट, लाडिया : 'दि स्टेट ऑफ क्राइसेस' सम थ्योरिटकल कंसीडरेशन्स सोशल सर्विस रिव्यू, 36, 1962
13. हिल, रेयूवेन : 'जनरिक फीचर्स ऑफ फैमिलीज अण्डर स्ट्रेस, सोशल केसवर्क, 39, 1958
14. स्पाइगेल, जान : 'दि रिजोल्यूशन ऑफ रोल कॉन्फिल्क्ट विद इन दि फैमिली, साइक्याट्री, 20, 1957.

तृतीय खण्ड

22

व्यक्तित्व

(Personality)

व्यक्तित्व का अर्थ (Meaning of Personality)

व्यक्तित्व शब्द अंग्रेजी के पर्सनैलिटी का पर्याय है। पर्सनैलिटी शब्द लैटिन शब्द 'परसोना' से लिया गया है। परसोना का शाब्दिक अर्थ कलाकारों द्वारा लगाये गए उस मुखौटे से था, जिससे वे वेश बदलकर नाटक की भूमिका किया करते थे। जन-साधारण में व्यक्तित्व को मानवीय गुणों का बाह्य आवरण माना जाता है तथा दर्शनशास्त्र में उसे आन्तरिक तत्व 'जीव' माना जाता है। व्यक्तित्व कोई स्थिर अवस्था न होकर एक गतिशील अवस्था है जो परिवेश के अनुसार दिन-प्रतिदिन बदलती रहती है। किसी व्यक्ति के व्यक्तित्व का अर्थ उसके समग्र गुणों तथा कार्य-व्यवहार की प्रक्रिया एवं सामाजिक अन्त:क्रिया से परिलक्षित होता है। व्यक्तित्व वह तरीका है, जिसके अनुसार व्यक्ति परिवेश से अनुकूलन करता है।

व्यक्तित्व व्यक्तियो के गुणों, प्रवृत्तियों, सामर्थ्यों आदि का संगठन है। वह व्यक्ति और परिवेश की परस्पर अन्त:क्रिया का परिणाम है। व्यक्तित्व व्यक्ति के विशेष लक्षणों का योग मात्र न होकर उनका विशिष्ट संगठन है। वह व्यक्ति के व्यवहार के समग्र गुण हैं। व्यक्तित्व दूसरे व्यक्तियों पर प्रभाव डालता है। वह विभिन्न परिस्थितियों में व्यक्ति की नित्य प्रतिक्रियाओं में अभिव्यक्त होता है। उदाहरणार्थ, अपनी मूल प्रवृत्तियों के सन्तुष्ट न होने पर व्यक्ति क्रोधित होता है या सन्तुष्टि के मार्ग में आने वाली समस्त बाधाओं से संघर्ष करता हुआ अभीष्ट लक्ष्य की प्राप्ति करता है। किसी लक्ष्य की प्राप्ति में वस्तुगत विचार या उद्देश्यपूर्ण कार्य व्यक्तित्व की भिन्नता के कारण ही होता है। इस प्रकार व्यक्तित्व में बाह्य व आन्तरिक दोनों प्रकार की क्रियाओं का संगठन सम्मिलित है।

व्यक्तित्व की परिभाषा (Definition of Personality)

1. एन.एल. मन के अनुसार, 'व्यक्तित्व की परिभाषा एक व्यक्ति के ढांचों, व्यवहार के रूपों, रुचियों, अभिवृत्तियों, सामर्थ्यों, योग्यताओं और अभिवृत्तियों के सबसे अधिक लाक्षणिक संकलन के रूप में की जा सकती है।'
2. एच.सी. वारेन के अनुसार, 'व्यक्तित्व व्यक्ति का वह सम्पूर्ण मानसिक संगठन है, जो उसके विकास की किसी भी अवस्था में होता है।'
3. रेक्स रोड के अनुसार, 'व्यक्तित्व समाज द्वारा मान्य तथा अमान्य गुणों का संकलन है।'
4. जे.एफ. डैशिल के अनुसार, 'व्यक्ति का व्यक्तित्व उसकी सम्पूर्ण प्रतिक्रियाओं एवं प्रतिक्रियात्मक सम्भावनाओं का संस्थान है, जैसा कि उसके परिवेश में जो सामाजिक प्राणी है,

उनके द्वारा आंका जाता है। यह व्यक्ति के व्यवहारों का एक समायोजित संकल्प है जो व्यक्ति अपने सामाजिक व्यवस्थापन के लिए करता है।'

5. एच.डब्ल्यू. ऑलपोर्ट के अनुसार, 'व्यक्तित्व उन मनोशारीरिक दशाओं का क्रियाशील संगठन है, जो पर्यावरण में विशेष प्रकार से उसका समायोजन निर्धारित करता है।'

व्यक्तित्व की परिभाषा की उपरोक्त व्याख्या से निम्न तथ्य स्पष्ट होते हैं :

1. व्यक्तित्व मनुष्य के व्यवहार के स्वरूप, अभिरुचियों, योग्यताओं और अभिवृत्तियों का संकलन है।
2. व्यक्तित्व एक सम्पूर्ण मानसिक संगठन है, जो विकास की किसी भी अवस्था में होता है।
3. व्यक्तित्व मनुष्य के कार्य-व्यवहार तथा विभिन्न अन्त:क्रियाओं द्वारा पर्यावरण में सामंजस्य का निर्धारण करता है।
4. व्यक्तित्व समाज द्वारा स्वीकृत मान्य तथा अमान्य गुणों का संकलन है।
5. व्यक्तित्व मनोशारीरिक दशाओं का एक क्रियाशील संगठन है, जो वातावरण में सामंजस्य का निर्धारण करता है।
6. व्यक्तित्व मनुष्य के बाह्य और अन्तर्मुखी व्यवहारों का प्रतिबिम्ब है।
7. क्षमतायें व्यक्ति की अर्जित शक्ति हैं जो व्यक्तित्व को प्रभावित करती हैं।
8. व्यक्तित्व पर मूल्यों का प्रभाव पड़ता है तथा व्यक्ति की आदतें इससे नियंत्रित होती हैं।
9. किसी व्यक्ति के व्यक्तित्व विशेष से उसके स्थाई गुणों की ओर संकेत होता है।
10. व्यक्तित्व द्वारा परिवर्तनशील वातावरण के साथ व्यक्ति का अनुकूलन प्रगट होता है।

संक्षेप में व्यक्तित्व एक बहुआयामी जटिल मनोवैज्ञानिक अवधारणा है तथा उसके अंतर्गत मानवीय आचरण, व्यावहारिक प्रतिक्रियायें, मनोशारीरिक गतिशीलता एवं पारिस्थितिक अन्त:क्रिया आदि सभी तत्व सम्मिलित हैं। सम्भवत: व्यक्तित्व के लिये अत्यधिक उपयुक्त कथन एच.ए. मूरे द्वारा कुछ वर्षों पूर्व निम्नलिखित ढंग से किया गया था :

> 'कुछ सीमा तक एक व्यक्ति का व्यक्तित्व सभी लोगों जैसा है, कुछ अन्य व्यक्तियों जैसा है और किसी भी जैसा नहीं है।'
>
> 'To some extent, a person's personality is like other peoples, like some other peoples and like no other peoples.'
>
> –Clyde Kluchohu and H.A. Murray

माटडन अलपोर्ट ने लगभग 50 वर्ष पूर्व व्यक्तित्व के संबंध में 50 परिभाषाओं का उल्लेख किया। इन परिभाषाओं को उन्होंने पांच क्षेत्रों में विभाजित किया: 1. सार्वत्रिक (Omnibus)-इन परिभाषाओं के अन्तर्गत व्यक्तित्व को सभी विशेषताओं या गुणों के योग के रूप में परिभाषित किया गया है, 2. व्यवस्था का प्रारूप (Intigration of Configutational)-इन परिभाषाओं के अन्तर्गत व्यक्तिगत विशेषताओं के संगठन पर विशेष बल दिया है, 3. हायराचिकल-इन परिभाषाओं के अन्तर्गत व्यक्तित्व के विभिन्न स्तरों को अलग-अलग स्पष्ट किया गया है, 4. समायोजन (Adjustment)-इन परिभाषाओं के अन्तर्गत व्यक्ति और उसके पर्यावरण के समायोजन पर विशेष बल दिया जाता है। 5. डिस्टिकटिवनेस-इस श्रेणी की परिभाषाओं के अन्तर्गत प्रत्येक व्यक्तित्व की कुछ विशिष्ट विशेषताओं पर बल दिया जाता है।[1]

उपर्युक्त पांच उपागमों के आधार पर आलपोर्ट ने व्यक्तित्व के संबंध में स्वयं अपनी परिभाषा दी। उनके अनुसार व्यक्ति के भीतर की मनोवैज्ञानिक प्रणालियों के उस गतिशील संगठन

को व्यक्तित्व की संज्ञा दी जा सकती है, जिसके द्वारा पर्यावरण के अन्तर्गत उसका समायोजन किया जाता है।[2] किन्तु सामान्य व्यक्ति और शिक्षाविद् इस परिभाषा से सहमत नहीं हैं। सामान्य व्यक्ति व्यक्तित्व का संबंध सामाजिक सफलताओं से जोड़ना चाहता है और व्यक्तित्व का विवरण केवल एक प्रभावशाली विशेषता के द्वारा देना चाहता है, जैसे सशक्त, कमजोर, लज्जालु और नर्म इत्यादि। इसके विपरीत शिक्षाविद् व्यक्तियों को[3] कई दृष्टियों से देखते हैं और इसकी किसी एक परिभाषा से सभी शिक्षाविद् सहमत नहीं हो सकते हैं। मैकलीलैण्ड ने व्यक्तित्व को मानवीय व्यवहारों के अति उपयुक्त प्रत्यक्षीकरण के रूप में परिभाषित किया है। इस प्रकार के प्रत्यक्षीकरण के अन्तर्गत व्यवहारों के सभी पक्षों को सम्मिलित किया गया है। इस परिभाषा के माध्यम से कुछ अति महत्वपूर्ण अर्थों का बोध होता है। उदाहरणार्थ इस परिभाषा से यह अर्थ बोध होता है कि व्यक्ति के व्यवहारों की सम्पूर्णता से नि:सृत वैचारिक व्याख्या का बोध व्यक्तित्व के द्वारा किया जाता है। यह स्थिर नहीं वरन् गतिशील तत्व है। मानवीय संबंध एवं संगठनात्मक व्यवहारों की दृष्टि से इस परिभाषा का अत्यधिक महत्व है। व्यक्ति का सम्पूर्ण व्यवहार उसके व्यक्तित्व का निर्माण करता है। इस दृष्टि से यह कहा जा सकता है कि व्यवहार में निहित व्यक्तिगत भिन्नताओं के आधार पर व्यक्तित्व को समझने में सहायता मिलती है। व्यक्तित्व के आधार की वैचारिक व्याख्या की जाती है। इस प्रकार अलग-अलग व्यक्तियों के संबंध में की गई व्याख्याओं में पर्याप्त अन्तर पाया जाता है। इस परिभाषा की सबसे महत्वपूर्ण विशेषता यह है कि व्यक्तित्व और व्यवहार परिवर्तनशील होते हैं और उनमें समायोजन होता रहता है। इस आधार पर मानव संबंध एवं संगठनात्मक व्यवहारों का एक प्रमुख लक्ष्य यह निरूपित होता है कि कार्य स्थिति में आवश्यकतानुसार मानवीय व्यवहारों में परिवर्तन लाया जाए।

व्यक्तित्व की संरचना (Structure of Personality)

व्यक्तित्व दैहिक, मनोवैज्ञानिक एवं सामाजिक विशेषताओं का समुच्चय संगठन है। चूंकि व्यक्तित्व गत्यात्मक होता है, अत: इसमें समय-समय पर परिवर्तन होते रहते हैं। व्यक्तित्व की संरचना अनेक गतिशील गुणों से होती है जो इसे विशिष्ट स्वरूप प्रदान करते है। सामान्यतया जन्म के पश्चात् बालक जिस वातावरण में रखा जाएगा, उसमें उसी प्रकार के गुणों का विकास होगा। यदि बालक का विकास असंगठित एवं विघटित परिवार में होता है तो उसमें असामाजिक व्यवहार के लक्षण दिखायी पड़ सकते हैं, जबकि संगठित परिवार के बालकों में सभ्य गुणों का विकास होता है। सामाजिक अन्त:क्रियाओं के परिणामस्वरूप व्यक्ति में विभिन्न विशेषताओं का विकास होता है। बालक में विकसित होने वाली आदतें, भावनायें, अभिवृत्तियां, नैतिकता, मूल्य और अभिप्रेरणाएं इत्यादि सामाजिक परिवेश पर निर्भर करती हैं। बालक में सामाजिकता, आक्रामकता, संवेगात्मक स्थिरता, विनीतता, ईमानदारी, सहिष्णुता, विश्वसनीयता, शिष्टता और आशावादिता अथवा निराशावाद जैसी विशेषताएं सामाजिक वातावरण पर निर्भर करती हैं। बाल्यावस्था में जिन बालकों के साथ कठोर व्यवहार होता है, वे दब्बू प्रकृति के हो जाते हैं और स्वतंत्र तथा सभ्य परिवार में पले बच्चे बहिर्मुखी व्यक्तित्व विकसित करते हैं।

व्यक्ति के व्यक्तित्व की नींव उसकी बाल्यावस्था में ही पड़ जाती है तथा बड़े होने पर समाज के अन्य अंगों द्वारा उनमें परिवर्तन तथा परिमार्जन होता है। व्यक्तित्व संरचना में कई चारित्रिक गुणों का विकास होता है। कुछ चारित्रिक लक्षण स्थाई प्रवृत्ति के दिखाई देते हैं जिनके आधार पर हम व्यक्ति की विशिष्टता को पहचान सकते हैं। उदाहरणार्थ, व्यक्ति में ईमानदारी, झूठ, आक्रामकता, परार्थवादी, संकोची, दब्बू, एकान्तप्रिय आदि लक्षणों से उसे अन्य व्यक्तियों से अलग किया जा सकता है। किसी व्यक्ति के व्यक्तित्व का शील गुण वही होता है, जो उसकी व्यक्तित्व संरचना में प्रभुत्व रखता है। समाजीकरण की प्रक्रिया में बच्चे का सम्पर्क परिवार, समूह, संस्थाओं, स्कूलों,

मित्र-समुदाय तथा अनेक परिस्थितियों से होता है, जिनके प्रति बच्चे में निश्चित प्रकार की अभिवृत्ति विकसित होती है। यही अभिवृत्तियां किशोरावस्था तथा उत्तर प्रौढ़ावस्था में उसके व्यवहार को नियन्त्रित तथा निर्देशित करती हैं। सामाजिक संबंधों के अंतर्गत बच्चे को जिन व्यवहारों से सुख की अनुभूति होती है, उन्हें सुखद उद्दीपक (Positive Stimulus) तथा जिनसे दु:ख की अनुभूति होती है उसे दु:खद उद्दीपक (Negative Stimulus) कहते हैं। सुखद उद्दीपकों के प्रभाव से बालक उन्हीं के संसर्ग में रहता है, और तदनुसार व्यवहार करने की ओर उन्मुख होता है तथा दु:खद उद्दीपकों से दूर रहना चाहता है या रक्षात्मक व्यवहारों के माध्यम से दूर भागने का प्रयत्न करता है। जीवन में इस प्रकार निर्मित होने वाली मनोवृत्तियां व्यक्तित्व का अंग बन जाती हैं तथा समाज में व्यवहार करने के तरीके व सामाजिक समायोजन स्थापित करने की दिशा निर्धारित करती हैं। प्रत्येक व्यक्ति विशेष परिस्थिति में विशेष प्रकार का व्यवहार करता है। व्यवहार करने के ये ढंग ही व्यक्तित्व के परिचायक हैं। उसी व्यक्ति का व्यक्तित्व महान है जो स्वयं को तात्कालिक वातावरण में सफलतापूर्वक समायोजित कर लेता है। विशेष परिस्थितियों में व्यक्ति का व्यवहार दो प्रकार का हो सकता है : 1. उचित और 2. अनुचित। यदि व्यक्ति का व्यवहार उचित और आचरण अच्छा है तो हम उसके व्यक्तित्व को अच्छा कहते हैं तथा यदि उसका व्यवहार अनुचित और आचरण सन्देहास्पद है तो हम उसके व्यक्तित्व को असमायोजित कहते हैं।

गतिशील संतुलन

जब व्यक्तित्व का एक अंग दूसरे अंगों के साथ समायोजन स्थापित करता है, तो हम कह सकते हैं कि व्यक्तित्व के अन्तर्गत आन्तरिक संतुलन स्थापित है। वे व्यक्ति जिनके व्यक्तित्व में आन्तरिक संतुलन होता है, उन्हें समायोजित कहा जाता है और यदि इस प्रकार के आन्तरिक संतुलन का अभाव होता है तो उस स्थिति में व्यक्ति को असंतुलित कहा जाता है।

बाह्य समायोजन उस स्थिति में स्थापित होता है, जबकि सम्पूर्ण व्यक्तित्व बाह्य परिवेश के साथ समायोजन स्थापित कर लेता है। इस प्रकार के व्यक्तित्व को समायोजित व्यक्तित्व कहते हैं। व्यक्तित्व के अन्तर्गत सम्पूर्ण सन्तुलन उस समय स्थापित होता है, जबकि आन्तरिक सन्तुलन बाह्य संतुलन के साथ समायोजित होता है। इस प्रकार के व्यक्तित्व को कभी-कभी एकीकृत की भी संज्ञा दी जाती है।

गतिशील संतुलन की अवधारणा यह है कि यदि एक भाग में कोई परिवर्तन होता है तो उसका प्रभाव दूसरे भाग पर भी पड़ेगा। यदि परिवर्तन बहुत ही अल्प होगा, तो संतुलन अपेक्षाकृत शीघ्रता से स्थापित हो जाएगा और सम्पूर्ण संतुलन पर उसका कोई भी प्रभाव नहीं पड़ेगा। किन्तु यदि परिवर्तन कुछ सीमाओं का अतिक्रमण कर जाएगा तो संतुलन पूर्णतया बिगड़ जाता है और असन्तुलन की स्थिति आ जाती है। भिन्न-भिन्न व्यक्तियों के संतुलन को बिगाड़ने के लिए भिन्न-भिन्न परिवर्तन की स्थितियों का सामना करना पड़ता है। सामान्य रूप से जिस व्यक्ति में परिवर्तन के प्रति सहनशीलता की क्षमता जितनी अधिक होगी, वह व्यक्ति उतना ही अधिक स्वस्थ होगा।

प्रश्न यह है कि इन बातों का औद्योगिक प्रतिष्ठान के प्रबंधकों की दृष्टि से क्या महत्व है? वास्तव में समायोजन का अर्थ है व्यक्ति के व्यक्तित्व के आन्तरिक अंगों की समायोजनशीलता या एडाप्सन का अर्थ उस व्यवस्था से है, जिसके द्वारा व्यक्ति किसी बाह्य स्थिति के साथ समायोजन स्थापना हेतु करता है। एक व्यक्ति के लिये यह सम्भव है कि वह एडाप्टेड हो जाए, किन्तु इस स्थिति में भी वह एडजस्टेड नहीं हो सकता है। हम एसेम्बली लाइन में कार्यरत बहुत से व्यक्तियों को देखते हैं, जो आन्तरिक रूप से तो बहुत ही परेशान रहते हैं, तथापि वे निर्धारित मात्रा में उत्पादन करते हैं। इसके विपरीत एक अपराधी व्यक्ति आंतरिक रूप से तो समायोजित रहता है, किन्तु बाह्य परिवेश से उसका स्वस्थ संबंध नहीं स्थापित रहता है। सामान्य रूप से व्यक्ति अपने वर्तमान संतुलन

को कायम रखने के लिये निरन्तर प्रयास करता रहता है। किन्तु उसका यह अर्थ नहीं कि व्यक्तित्व स्थिर होता है, वरन् सक्रिय व्यवहारों के माध्यम से यह संतुलन स्थापित होता है। अनुरक्षण की जन्मजात प्रवृत्ति की आत्मानुभूति की प्राप्ति को आधारभूत प्रवृत्ति कहा जाता है। वास्तव में व्यवहार के विशिष्ट अंगों की स्थिरता के आधार पर ही व्यक्ति के व्यवहारों की विशिष्टता का अनुमान लगाया जाता है।[4]

व्यक्तित्व के निर्धारक कारक (Determining Factors of Personality)

मानव-व्यक्तित्व के निर्धारण में अनेक कारकों का प्रभाव पड़ता है। अत: इन कारकों का अध्ययन हम निम्नलिखित शीर्षकों के अन्तर्गत करेंगे :

1. व्यक्तित्व के आनुवंशिक निर्धारक (Hereditary Determinants), 2. व्यक्तित्व के जैविकीय निर्धारक (Biological Determinants), 3. व्यक्तित्व के पर्यावरणीय निर्धारक (Environmental Determinants),

क. भौगोलिक निर्धारक (Demographic Determinants)

ख. सामाजिक निर्धारक (Sociological determinants)

ग. सांस्कृतिक निर्धारक (Cultural Deterninants)

व्यक्तित्व के आनुवंशिक निर्धारक (Hereditary Determinants of Personality)

वंश परम्परा (Heredity)

बालक जन्म के समय जो गुण लेकर उत्पन्न होता है, वही वंश परम्परा (Heredity) है। बालक में माता-पिता के विभिन्न शारीरिक व मानसिक गुण तथा अवगुण नैसर्गिक रूप से आ जाते हैं तथा इन गुणों के वाहक गुणसूत्र (Chromosome) कहलाते हैं। संक्षेप में कहा जा सकता है कि जीवन का प्रारम्भ करते समय व्यक्ति में (गर्भाधान के समय से) जो गुण-अवगुण आ जाते हैं, वही वंश परम्परा है। बालक के व्यक्तित्व-विकास में वंश परम्परा का महत्वपूर्ण योगदान रहा है। बालक शरीर, आकार-प्रकार, लम्बाई-ऊंचाई के गुण वंश परम्परा से लेकर आता है। प्राय: सुन्दर व स्वस्थ माता-पिता के बालक भी सुन्दर और स्वस्थ होते हैं। इसके विपरीत कुरूप व काले रंग के माता-पिता की सन्तान भी उन्हीं के अनुरूप होती है। शारीरिक गुणों के अतिरिक्त मानसिक गुण भी आनुवंशिक होते हैं। गाल्टन नामक वैज्ञानिक ने अनेक परिवारों की पिछली कई पीढ़ियों का अध्ययन करके यह निष्कर्ष निकाला कि अपराधी माता-पिता के अधिकांश बालक भी अपराधी हुआ करते हैं। इसके विपरीत सच्चरित्र माता-पिता के बालक सच्चरित्र ही हुआ करते हैं। प्राय: देखा जाता है कि बालक में उसके माता-पिता के शारीरिक और मानसिक गुण स्वाभाविक रूप से आ जाते हैं। साहसी पिता का पुत्र साहसी होता है और कायर पिता का पुत्र भी कायर हो जाता है, परन्तु आस-पास का वातावरण, माता-पिता का आचरण, वातावरण की अनुकूल रुचियों और प्रवृत्तियों तथा अच्छे मित्रों व अनुकूल सामाजिक वातावरण से बालक में आने वाले दुर्गुणों को परिवर्तित कर उसे समायोजित व्यक्तित्व का बनाया जा सकता है।

बुद्धि (Intelligence)

व्यक्ति की बुद्धि क्षमता का भी व्यक्तित्व के विकास में महत्वपूर्ण योगदान होता है। प्राय: सामान्य बच्चों में तथा तीव्र बच्चों में बुद्धि क्षमता मानसिक मन्दित बच्चों से अधिक होती है, जिससे समाज में मानसिक मन्दित बच्चों का समायोजन सन्तोषजनक नहीं होता। मानसिक मन्दित बच्चों का शरीर बौना रहता है तथा बच्चों में मंगोलियन, लघुशीर्षता तथा जलशीर्षता के भी लक्षण पाये जाते हैं।

मानसिक मन्दित बच्चों के व्यक्तित्व का विकास उनके कम बुद्धि या बुद्धिहीनता तथा शारीरिक गठन में असमानता होने के कारण समुचित नहीं हो पाता।

यौन की भूमिका (Role of Sex)

समाज में लैंगिक भिन्नता के कारण प्राय: महिलाओं को परिश्रम के कार्यों को करने से मना किया जाता है। बच्चों में लिंग-निर्धारण माता-पिता के गुणसूत्रों की अधिमान्यता पर निर्भर करता है। पुरुषों तथा महिलाओं में शारीरिक रचना में भिन्नता आने के कारण उनके व्यवहार के सामाजिक भूमिकाओं के निर्वहन में भिन्नता आ जाती है जो व्यक्तित्व की संरचना व विकास को प्रभावित करती है। अधिकतर लड़कियों पर लड़कों की तुलना में किशोरावस्था के समय सामाजिक प्रतिबन्ध अधिक लगाये जाते हैं तथा पुरुष प्रधान समाजों में लड़कियों को पढ़ाई-लिखाई या अन्य पुरुषोचित कार्यों को करने की मनाही की जाती है। महिलाओं के विवाहोपरान्त गृहिणी की भूमिका का उत्तरदायित्व उसे पराश्रिता बना देता है, जिससे मनोवैज्ञानिक विभेदीकरण बढ़ते हैं।

जन्म-क्रम (Order of Birth)

मानव व्यक्तित्व के विकास तथा संरचना पर बालकों के जन्म-क्रम का भी प्रभाव पड़ता है। परिवार की पहली सन्तान को माता-पिता का प्यार अधिक मिलता है तथा किसी वस्तु की मांग किए जाने पर माता-पिता द्वारा उसकी पूर्ति करने का तुरन्त प्रयास किया जाता है, जबकि धीरे-धीरे माता-पिता का यह व्यवहार बच्चों की संख्या बढ़ने पर कम होने लगता है। हिलगार्ड (1975) के अनुसार पहली सन्तान में परिपक्वता शीघ्र आती है तथा पारिवारिक समायोजन अच्छा होता है परन्तु असुरक्षा की भावना अधिक होती है, जबकि आखिरी सन्तान में स्वतंत्रता की भावना अधिक होती है। पराश्रिता बढ़ने के साथ-साथ उत्तरदायित्व की भावना कम होती है। जन्म-क्रम के कारण जीवन-क्रम में घटित होने वाले व्यवहार व्यक्तित्व के विकास को परोक्षत: प्रभावित करते हैं।

व्यक्तित्व के जैविकीय निर्धारक (Biological Determinants of Personality)

व्यक्तित्व के विकास क्रम में निम्नलिखित जैविकीय तत्वों का प्रभाव व्यक्तित्व निर्धारण में सहायक होता है :

(क) अन्तरासर्गी ग्रन्थियां (Endocrine Glands),
(ख) शरीर रचना (Body Physique),
(ग) स्नायुविक संगठन (Neural Organisation),
(घ) विशिष्ट शारीरिक आवश्यकतायें (Specific Organic needs)।

अन्तरासर्गी ग्रन्थियां (Endocrine Glands)

ये ग्रन्थियां शरीर में विशेष प्रकार के रसों का निर्माण करके उत्सर्जन द्वारा शरीर की क्रियाओं को नियंत्रित करती हैं तथा बुद्धि, स्वभाव व शरीर-रचना पर अपना प्रभाव डालती हैं। यदि ये ग्रन्थियां अपने रस का उत्सर्जन कम कर दें या पूर्ण रूप से बन्द कर दें या रुधिर में इनकी मात्रा अधिक हो जाती है तो व्यक्ति की शरीर-रचना तथा उसके व्यवहार में परिवर्तन प्रारम्भ होने लगता है, जो सम्पूर्ण व्यक्तित्व को प्रभावित करता है। कुछ मुख्य अन्तरासर्गी ग्रन्थियां जो व्यक्तित्व के विकास को प्रभावित करती हैं, उनका विवरण निम्नलिखित है :

गल-ग्रन्थि (Thyroid Gland)

गल-ग्रन्थि से थाइरॉक्सीन हार्मोन निकलता है, जिसमें 65 प्रतिशत आयोडीन होती है। वजन में यह ग्रन्थि आधे छटांक से कम होती है तथा यदि बाल्यावस्था में इस ग्रन्थि का विकास रुक जाएऔर ग्रन्थि

से हार्मोन निकलने बन्द हो जाएं तो शरीर व मन का विकास भी रुकने लगता है। व्यक्ति दुर्बल व मन्द-बुद्धि का हो जाता है। व्यक्ति का कद नहीं बढ़ता और वह बौना रह जाता है। क्रोध, भय, चिन्ता, विषाद की अवस्था में यह ग्रन्थि कार्य नहीं कर पाती। इस ग्रन्थि की सक्रियता व्यक्तित्व विकास के लिए आवश्यक है। ऐसा व्यक्ति बुद्धि व विचार में तेज, चुस्त, खुश व मिलनसार होता है।

उपगल-ग्रन्थि (Parathyroid Gland)

गल-ग्रन्थि में स्थित चार छोटी ग्रन्थियां होती हैं जिन्हें उपगल-ग्रन्थि कहते हैं। उपगल-ग्रन्थि शरीर में कैल्शियम का सन्तुलन बनाये रखती है। उपगल-ग्रन्थि से निकलने वाले हार्मोन की अधिकता से व्यक्ति शान्त व मन्द स्वभाव का हो जाता है और हार्मोन की कमी होने पर व्यक्ति अत्यधिक उत्तेजित हो जाता है।

पिनियल-ग्रन्थि (Pineal Gland)

पिनियल-ग्रन्थि मस्तिष्क के पीछे भाग में स्थित है। इस ग्रन्थि का कार्य निश्चित नहीं है, परन्तु शरीर विकास में इसका महत्वपूर्ण योगदान रहता है। पूर्व युग में इसे जीवात्मा का निवास स्थान कहा जाता था, परन्तु आज इसे असाधारण प्रतिभा और बच्चों में अवस्था से पहले काम-वासना की उत्तेजना का मूल कारण बताया जाता है।

पीयूष-ग्रन्थि (Pituitary Gland)

अंगूर के आकार की यह ग्रन्थि मस्तिष्क के नीच की नली से लटकती है तथा यह विशेष रूप से गल-ग्रन्थि और लिंग-ग्रन्थि की क्रियाशीलता को नियंत्रित करती है। बाल्यावस्था में इस ग्रन्थि की सक्रियता से बच्चे की शरीर-रचना विशालकाय हो जाती है तथा ग्रन्थि की सक्रियता में कमी से शरीर बौना हो जाता है। इस ग्रन्थि के विकार से व्यक्ति का शरीर पीला पड़ जाता है तथा वह समय से पहले वृद्ध दिखाई देने लगता है। किशोरावस्था में लड़के व लड़कियों की शारीरिक भिन्नतायें इस ग्रन्थि की सक्रियता के कारण दिखायी देती हैं।

उपवृक्क-ग्रन्थि (Adrenal gland)

यह ग्रन्थि गुर्दे के ऊपरी सिरे पर स्थित होती है तथा इससे निकलने वाले रस को एड्रीनेलीन कहते हैं। ग्रन्थि के बाहरी भाग से एक रस निकलता है जिसे कॉर्टिन कहते हैं। कॉर्टिन के नष्ट हो जाने से व्यक्ति की मृत्यु हो जाती है तथा ग्रन्थि के बाहरी भाग की प्रतिक्रिया से पुरुषत्व जोर पकड़ता है। महिलाओं में इस ग्रन्थि की सक्रियता से नारी संबंधी लक्षण समाप्त होने लगते हैं, आवाज मोटी हो जाती है तथा दाढ़ी बढ़ने लगती है। इस ग्रन्थि के आन्तरिक भाग के कम क्रियाशील होने पर संवेगात्मक परिस्थितियों में असामन्जस्य उत्पन्न हो जाता है।

जनन-ग्रन्थि (Gonads)

जनन-ग्रन्थियों द्वारा उत्पन्न रस से जनन अंगों का विकास होता है और लिंग से संबंधित लक्षण दिखायी देते हैं। जनन-ग्रन्थियों के रस के सक्रिय होने पर व्यक्ति कामुक हो जाता है तथा ग्रन्थियों की निष्क्रियता से व्यक्ति लगभग नपुंसक हो जाता है। स्त्री और पुरुष दोनों लिंगों में रस रहते हैं किन्तु उसके लिंग में दोनों में से किसी एक की प्रधानता रहती है। विपरीत लिंग के रस की प्रधानता से पुरुषों में स्त्रियोचित तथा स्त्रियों में पुरुषोचित गुणों का विकास होने लगता है।

शरीर-रचना (Body Physique)

व्यक्ति की शरीर-रचना और उसके स्वभाव का प्रभाव उसके व्यक्तित्व पर आवश्यक रूप से पड़ता है। व्यक्ति के आकार-प्रकार तथा सौन्दर्य का प्रभाव, उसके प्रति दूसरों के व्यवहार तथा दूसरों के

प्रति उसका व्यवहार इत्यादि तत्व व्यक्तित्व संरचना में विशेष महत्वपूर्ण हैं। आकर्षक सौन्दर्य और सुगठित शरीर-रचना वाले व्यक्ति में आत्मविश्वास तथा अच्छी भावनाओं का विकास होगा तथा इसके विपरीत कुरूप व्यक्ति के मन में दूसरे सुन्दर व्यक्ति को देखकर हीनता की भावना (Inferiority Complex) बन जाएगी जो उसके व्यवहार तथा व्यक्तित्व को परोक्षत: प्रभावित करेगी। एक शारीरिक अपंग बच्चा अन्य बच्चों को खेल के मैदान में देखकर प्रसन्न होता है परन्तु शारीरिक अक्षमता के कारण वह खेलने में असमर्थ रहता है। जिससे अपंग बच्चे शारीरिक कौशल व क्षमताओं को विकसित करने का अवसर नहीं प्राप्त कर पाते। यही कारण है कि शारीरिक अपंग बच्चे शान्त, एकाकी तथा संकोची प्रवृत्ति के अधिक होते हैं।

स्नायुविक संगठन (Neural Organisation)

स्नायु-मण्डल व्यक्ति को वंश-परम्परा से प्राप्त होता है। व्यक्ति का आचरण और मानसिक जीवन समूचे केन्द्रीय स्नायु-मण्डल के नियमित कार्य पर निर्भर है। स्नायु-मण्डल की व्यवस्था जितनी पूर्ण होगी, प्राणी का जीवन उतना ही अधिक समायोजित होगा। स्नायुमण्डल का विकास सिद्ध करता है कि स्नायुमण्डल की जटिलता और समायोजित आचरण की सम्भावनाओं में घनिष्ठ संबंध है। मस्तिष्क के अग्र भाग के क्षति व नाश से रचनात्मक चिन्तन का अन्त हो जाता है तथा व्यक्ति साहसहीन हो जाता है। ऐसे व्यक्तियों में निकम्मापन, बेचैनी और ध्यान-विचलन आमतौर पर पाये जाते हैं। कुछ व्यक्ति अधिक प्रसन्न तथा कुछ व्यक्ति अधिक उदास रहते हैं। मस्तिष्क में किसी प्रकार का आघात लग जाने से या नशे के कारण चेतनाहीन होने पर या रोग के कारण मानसिक शक्तियों के शिथिल हो जाने से व्यक्ति के व्यवहार में अन्तर आ जाता है जो उसके व्यक्तित्व का निर्धारण करता है।

विशिष्ट शारीरिक आवश्यकतायें (Specific Organic Needs)

समस्थिति (Domeotastis) शरीर की एक विशिष्ट आवश्यकता है, जिसका मुख्य कार्य शरीर में होने वाले शारीरिक एवं मानसिक असन्तुलन को दूर करना है। समस्थिति की आवश्यकता से शरीर में पानी, नमक, ऑक्सीजन, कार्बन-डाई ऑक्साइड और विभिन्न ग्रन्थियों की सक्रियता में सन्तुलन बनाये रखने का प्रयत्न करता है। होमियोस्टेसिस से अनेक प्रेरणायें भी जन्म लेती हैं क्योंकि इसका संबंध स्नायु-संस्थान से होता है। इसी प्रकार मस्तिष्क में हाइपोथैलेमस शरीर के तापक्रम को नियंत्रित करने के लिए एक स्वत: चालित यन्त्र की भांति कार्य करता है। हाइपोथैलेमस की क्रिया के फलस्वरूप ही शरीर को अनेक व्यवहारों के प्रति कार्य करने की प्रेरणा प्राप्त होती है। निद्रा और भूख की आवश्यकतायें भी शैशवावस्था में विशिष्ट प्रकृति की होती हैं और प्रारम्भ में इन आवश्यकताओं में व्यवधान या हाइपोथैलेमस के नष्ट होने से मानसिक असन्तुलन तथा असमायोजन की समस्यायें उत्पन्न हो जाती हैं।

व्यक्तित्व के पर्यावरणीय निर्धारक (Environmental Determinants of Personality)

भौगोलिक निर्धारक (Demographic Determinants)

किसी स्थान-विशेष की जलवायु तथा वहां का भौतिक वातावरण वहां के निवासियों की शरीर-रचना को प्रभावित करता ही है, साथ ही साथ वह व्यक्ति के आचरणों और व्यवहारों को भी प्रभावित करता है। प्राय: जहां की जलवायु ठंडी और प्रकृति सम्पन्न होती है, वहां के निवासी सुन्दर, स्वस्थ, परिश्रमी, साहसी, शक्तिशाली और फुर्तीले होते हैं। उनकी बुद्धि तीव्र होती है। इसके विपरीत गर्म जलवायु में रहने वाले लोग अस्वस्थ और काले रंग के होते हैं। प्राय: गर्म

जलवायु के व्यक्ति आलसी, सुस्त व निर्बल होते हैं तथा उनकी बुद्धि भी मन्द होती है। इस प्रकार व्यक्ति के शारीरिक और मानसिक विचारों का अधिकांश उत्तरदायित्व उस स्थान की भौगोलिक परिस्थिति का होता है, जहां यह निवास करता है। उल्लेखनीय है कि भौगोलिक परिस्थितियों पर व्यक्ति का नियंत्रण नहीं होता।

सामाजिक निर्धारक *(Sociological Determinants)*

पारिवारिक परिवेश *(Family Environment)*

जन्म के तुरन्त पश्चात् बच्चे का सम्पर्क उसके माता-पिता से होता है। माता-पिता के स्वभाव, आचरण तथा व्यवहार के ढंग का प्रत्यक्ष प्रभाव बालक के व्यक्तित्व पर पड़ता है। यदि माता बच्चे को कड़े अनुशासन में रखती है तो उसमें हीनता एवं असुरक्षा के भाव विकसित होने लगते हैं। आधुनिक युग में अधिकांश माता-पिता व्यावसायिक उद्देश्यों के लिए बच्चों की देखभाल दाइयों पर छोड़ देते हैं, जिससे माता-पिता का स्नेह न मिलने के कारण बालक कल्पनाशील तथा एकान्तप्रिय हो जाते हैं, उनमें आत्म निर्भरता समाप्त होने लगती है तथा स्वतंत्र इच्छाशक्ति नष्ट हो जाती है। यदि माता-पिता आपस में दिन-रात लड़ते रहते हैं, या गन्दे शब्दों का प्रयोग करते हैं तो बच्चे भी उसी प्रकार की आदतें सीखकर व्यवहार करने लगते हैं।

माता-पिता के अतिरिक्त परिवार के अन्य सदस्यों के रहने तथा व्यवहार करने के तरीके का भी बच्चे के व्यक्तित्व पर गहरा असर पड़ता है। इसके विपरीत सन्तुलित परिवार के बच्चों में समायोजन की क्षमता अधिक पाई जाती है।

पड़ोसियों का व्यवहार *(Behaviour of Neighbourers)*

बालक के पास-पड़ोस का वातावरण भी उसके व्यक्तित्व संगठन को प्रभावित करता है। यदि बालक के पड़ोस में रहने वाले लोग अच्छे व्यक्तित्व के तथा मृदुभाषी स्वभाव के होंगे तो उसमें अच्छी आदतों तथा अच्छा व्यवहार करने के तरीकों का विकास होगा। इसके विपरीत यदि पास-पड़ोस का वातावरण दूषित है या पड़ोसी आपस में प्रतिक्षण झगड़ा करते हों या अपशब्दों का प्रयोग अधिक करते हैं ये सारे प्रतिमान बच्चा अनुकरण द्वारा सीखता रहता है, क्योंकि बाल्यावस्था में स्व की ग्रहणात्मक क्षमता परिपक्व नहीं होती, जिससे बच्चे को अच्छे व बुरे का ज्ञान नहीं हो पाता।

टूटे हुए परिवार *(Broken Families)*

टूटे हुए परिवारों का आशय उन परिवारों से है, जहां माता-पिता की मृत्यु हो गई हो या माता-पिता तलाक के कारण एक-दूसरे से दूर रह रहे हों या बच्चा सौतेली मां की देख-रेख में पल रहा हो। चूंकि सौतेली मां के व्यवहार से बच्चे सन्तुष्ट नहीं होते तथा उन्हें परिवार का निश्छल स्नेह नहीं मिल पाता, इसलिए बच्चों में भावना-ग्रन्थियों का विकास होना स्वाभाविक हो जाता है। टूटे हुए परिवार के बच्चे चिड़चिड़े और काल्पनिक हो जाते हैं या अधिक साहसी और उग्र बालक अपराधी हो जाते हैं। बालकों का व्यक्तित्व असंतुलित और असामाजिक हो जाता है।

समूह तथा वर्ग का प्रभाव *(Effect of Class and Groups)*

व्यक्तित्व के विकास में समूहों का विशेष प्रभाव पड़ता है। सामाजिक समूह का तात्पर्य व्यक्ति के ऐसे निश्चित समूहों से है, जिसमें व्यक्ति परस्पर अन्तर्संबंधित होकर कार्य करते हैं तथा जो अपने द्वारा या दूसरे के द्वारा परस्पर अन्तःक्रिया के इकाई के रूप में मान्य होते हैं। विलियम्स की सामूहिक समूह की उपरोक्त व्याख्या का आशय यह है कि समूह में व्यक्तियों का होना आवश्यक है और उनमें आपस में अन्तःक्रिया भी होनी चाहिए। समूह में सदस्यों का व्यवहार एक-दूसरे से प्रभावित

होता रहता है तथा वे एक निश्चित विचारधारा का मानते हैं। इसी प्रकार प्रत्येक समूह की अपनी निश्चित विचारधारा होती है और प्रत्येक सदस्य उसको मानते हैं। समूहों की सदस्यता के आधार पर समूहों का वर्गीकरण दो प्रकार से किया जा सकता है : 1. प्राथमिक समूह, 2. द्वितीयक समूह। प्राथमिक समूह के अन्तर्गत परिवार तथा पड़ोस एवं द्वितीयक समूह के अन्तर्गत स्कूल, सामाजिक-धार्मिक संगठन तथा राजनीतिक दल आते हैं। प्राथमिक समूहों की सदस्यता सभी के लिए अनिवार्य होती है। जबकि द्वितीयक समूहों की सदस्यता व्यक्ति अपनी सामाजिक आवश्यकताओं की पूर्ति हेतु करता है। व्यक्ति अपने जीवन में किन द्वितीयक समूहों का सदस्य होगा, यह उसकी आवश्यकता पर निर्भर करता है, परन्तु इतना अवश्य है कि द्वितीयक समूहों की भूमिका व उनके कार्य का प्रत्यक्ष प्रभाव व्यक्ति के व्यक्तित्व पर पड़ता है। समूह के अन्तर्गत समूह विश्वास, समूह मूल्य तथा समूह मानक इत्यादि तत्व व्यक्तित्व को प्रभावित करते हैं। सामूहिक मूल्यों द्वारा वांछित तथा अवांछित कार्यों का निर्धारण होता है, जबकि मानकों का कार्य अनुचित एवं उचित व्यवहारों के लिए नियम तथा आदर्श प्रस्तुत करना होता है। लोकतांत्रिक समूह में सदस्यों का व्यवहार परस्पर सहयोग, सद्भावना तथा समन्वय के आधार पर होता है जबकि निरंकुश समूह में नेता ही सर्वोपरि होता है तथा शेष सदस्य उसके निर्णय को स्वीकार करने के लिए बाध्य होते हैं।

सामाजिक स्थिति का प्रभाव (Effect of Social Status)

सामाजिक व्यवस्था और वातावरण का प्रभाव भी बालक के आचरण को प्रभावित करता है। प्रत्येक समाज में व्यवहार की निश्चित रीतियां, प्रथायें तथा आचरण का एक निश्चित मानदण्ड होता है। प्रारम्भ में बालक इन नियमों का पालन करता है, परन्तु जब वह देखता है कि समाज के मान्य और प्रतिष्ठित लोग भी इन सामाजिक नियमों का उल्लंघन करते हैं तो ऐसी सामाजिक व्यवस्था के प्रति बालक में विद्रोही भावनाओं का विकास होता है। किसी मान्य सामाजिक नियम का उल्लंघन करने पर उसका सामाजिक सन्तुलन नहीं हो पाता और उसका व्यक्तित्व असामाजिक हो जाता है। जो बालक सामाजिक नियमों और आचार-संहिताओं के अनुसार, पारम्परिक रूढ़ियों व प्रथाओं को मानते हुए सामाजिक मूल्यों के अनुसार व्यवहार करता है, उसका व्यक्तित्व समायोजित कहा जाता है।

आर्थिक स्थिति का प्रभाव (Effect of Economic Status)

बालक के व्यक्तित्व-निर्माण में उसकी आर्थिक स्थिति का महत्व विशेष होता है। आर्थिक रूप से सम्पन्न परिवार के बच्चों को खाने-पीने की अच्छी सुविधायें होती हैं तथा आवश्यकताओं से संघर्ष की स्थिति का सामना नहीं करना पड़ता, जिससे उनका शारीरिक और मानसिक विकास समायोजित तरीके से होता है, परन्तु जिन परिवारों की आर्थिक स्थिति ठीक नहीं होती, उन्हें पेट भर भोजन नहीं मिल पाता तथा दैनिक आवश्यकताओं की पूर्ति के लिए संघर्ष बना रहता है, वहां बालक के व्यक्तित्व का विकास अभावों के कारण अवरुद्ध हो जाता है। अध्ययनों द्वारा ये तथ्य भी प्रकाश में आये हैं कि अधिकांश अपराधी प्रवृत्तियां उन्हीं परिवारों के बच्चों में पाई जाती हैं जो आर्थिक दृष्टि से कमजोर होते हैं।

सामाजिक अनुभवों का प्रभाव (Effect of Social Experiences)

बालक में विभिन्न शील गुणों के विकास पर सामाजिक परिस्थितियों का स्पष्ट प्रभाव पड़ता है। सामाजिक परिस्थितियों का मुख्य कार्य यह है कि वे बालक की आयु के अनुसार विकासात्मक कार्यों का निर्धारण करती हैं और बालकों को उन्हें सीखना पड़ता है। ऐसा करने से बच्चों में स्व की भावना का विकास होता है तथा उत्तरदायित्व की भावना बढ़ती है। पूर्व अनुभवों के आधार पर सीखे गए व्यवहारों के अनुसार प्रारम्भिक अनुभवों का जीवन में अन्तरण (Transfer of Early Experiences)

करना मानव की मूल प्रवृत्ति रही है। यदि बालक के जीवन के पूर्व वर्षों का सामाजिक अनुभव तथा पारिवारिक सामंजस्यता धनात्मक रही है तो उसका भावी समायोजन स्वस्थ होगा तथा यदि पूर्व जीवन दु:खद, कष्टकारक तथा आक्रामक रहा है तो भविष्य में पूर्व अनुभवों की छाप के कारण समायोजन प्राप्त करने में बाधायें उत्पन्न हो सकती हैं जिसके कारण व्यक्तित्व का विकास प्रभावित होता है।

सामाजिक वंचना का प्रभाव (Effect of Social Deprivation)

व्यक्तित्व के विकास में अन्त:क्रिया का विशेष महत्व होता है। व्यक्ति की जिस परिस्थिति के साथ जैसी अन्त:क्रिया होगी, उसी प्रकार का व्यक्तित्व भी विकसित होगा। यदि बालक को सामाजिक अधिगम से वंचित कर दिया जाए तो उसमें व्यक्तित्व के उच्च शीलगुणों का विकास नहीं हो पायेगा। एक अध्ययन में बालकों का विकास भेड़ियों के समूह में किया गया, परन्तु ऐसे बालकों में मानवीय विशेषताओं का विकास नहीं हो पाया। क्यूशेन, पारकर एवं कागन ने भी यही विचार व्यक्त किया है कि सामाजिक वंचना का व्यक्तित्व के विकास पर घातक प्रभाव पड़ता है। भौगोलिक एकाकीपन एवं पारिवारिक नियंत्रणों के कारण भी बालकों को कभी-कभी सामाजिक अनुभवों का लाभ नहीं मिल पाता। बच्चों को ऐसी सामाजिक वंचना की परिस्थितियों से बचाना चाहिए, क्योंकि ऐसा करने से बालकों को अन्य व्यक्तियों से संबंध स्थापित करने में अधिक कठिनाई होती है। व्यक्तित्व के समुचित विकास के लिए यह आवश्यक है कि बालकों को सामाजिक अन्त:क्रिया से वंचित न किया जाए, बल्कि उन्हें उचित निर्देशन से स्वतंत्रता प्रदान किए जाने की आवश्यकता होती है।

पारिवारिक संरचना (Family Structure)

परिवार में जिन सदस्यों के साथ बच्चे तादात्म्य स्थापित करते हैं, उनके व्यवहार का बालक के व्यक्तित्व पर परोक्ष प्रभाव पड़ता है, अर्थात् यदि परिवार में बड़े-बूढ़े अधिक हैं जो यह चाहते हैं कि बच्चे हमेशा पढ़ें और बच्चे खेलना चाहते हैं तो परिवार के सदस्यों तथा बच्चे के विचार में भिन्नता व्यक्तित्व के विकास में बाधक होगी। इसी प्रकार यदि परिवार के सभी सदस्य दैनिक मजदूरी का कार्य करते हों और बच्चा पढ़ना चाहता है तो परिवार तथा बच्चे के बीच इच्छाओं की पूर्ति का द्वन्द्व उत्पन्न हो जाता है, जो उसके स्वस्थ समायोजित व्यक्तित्व के विकास में अवरोध का कारण हो सकता है। नौकरी से सेवा मुक्त व्यक्ति के पास घर में कोई कार्य नहीं होता और उसका अधिकांश समय परिवार की महिलाओं के साथ व्यतीत होता है। इसी कारण उसकी रुचियों और क्रियाकलापों में महिलाओं जैसी बातें दिखायी देने लगती हैं (क्रेक ऑफ 1964)। ऐसे लोगों की देख-रेख में पलने वाले बच्चों में व्यावहारिक परिपक्वता विलम्ब से आती है।

स्कूल का प्रभाव (Effect of Schools)

बालक बाल्यावस्था से लेकर किशोरावस्था तक का अधिकांश समय स्कूल में व्यतीत करता है। स्कूल में बच्चे का सम्पर्क भिन्न-भिन्न सामाजिक-आर्थिक परिवेश के बच्चों से होता है, जो उसके अन्तर्वैयक्तिक संबंधों को प्रभावित करता है। यदि बच्चे का सम्पर्क निम्न आर्थिक-स्तर के बच्चों तथा असामाजिक तत्वों से हो जाता है, तो वह अनुकरण द्वारा उनके व्यवहारों को सीखता है। इसके विपरीत अच्छे सामाजिक-आर्थिक परिवार के बच्चों में अच्छी आदतों तथा व्यवहार करने के ढंग विकसित होते हैं। विद्यालय में शिक्षकों का सान्निध्य भी बालक के व्यक्तित्व को प्रभावित करता है तथा स्कूल के विभिन्न प्रतियोगात्मक खेलों में बालक सहभागिता, समन्वय, समायोजन तथा निर्णय लेने की क्षमता आदि गुणों का विकास करता है। विद्यालयी समायोजन में अधिकांशत: समस्याएं उस समय उत्पन्न होती हैं, जब बच्चा अपनी शारीरिक और मानसिक आयु की तुलना में नीचे की कक्षा या अधिक ऊपर की कक्षा में प्रवेश लेता है। ऐसी स्थिति में अल्पज्ञान या अधिक तेज होने के

कारण उसके मित्र बच्चे उसकी हंसी उड़ाते हैं तथा बच्चे को सहयोग प्रदान करने से कतराते हैं। इस प्रकार के विद्यालयी वातावरण में बच्चे एकान्तप्रिय तथा अन्तर्मुखी व्यक्तित्व के हो जाते हैं।

सांस्कृतिक निर्धारक *(Cultural Determinants)*

संस्कृति का व्यक्तित्व के विकास पर अधिक प्रभाव पड़ता है। इस सन्दर्भ में संस्कृति का आशय उस सामाजिक विरासत से है जो बच्चे को सामाजिक विकास के माध्यम से प्राप्त होती है। प्रत्येक समाज में रहने, खाने, पहनने, व्यवहार करने के ढंग प्रायः संस्कृति के मूल्यों द्वारा निर्धारित होते हैं और व्यक्ति को, जिस समाज का वह सदस्य है, वहां के सांस्कृतिक मूल्यों का पालन सामाजिक अनुमोदन प्राप्त करने के लिए आवश्यक होता है। जिस प्रकार के सांस्कृतिक वातावरण में बच्चे का विकास होगा, उसका उसके विचार, खान-पान तथा व्यक्तित्व पर उसका गहरा असर होता है। संस्कृति शब्द में भौतिक एवं अभौतिक परम्परागत मार्गों का समावेश होता है जो व्यवहार तथा व्यक्तित्व को एक निश्चित दिशा में निर्देशित करते हैं।

प्रत्येक समाज अपने सदस्यों के व्यवहार को नियंत्रित करने के लिए एक निश्चित आचार-संहिताओं (Code of Conduct) का निर्माण करता है तथा उस समाज के व्यक्तियों को आचार-संहितों का पालन करना पड़ता है। यही कारण है कि कभी-कभी एक निश्चित समाज के व्यक्तियों में सांस्कृतिक वातावरण की समानता के कारण व्यवहार में एकरूपता दिखायी देती है, जबकि दो विभिन्न समाज के व्यक्तियों में सांस्कृतिक वातावरण की भिन्नता के कारण व्यवहार में अन्तर दिखायी देता है। संस्कृति का उद्देश्य सामाजिक आवश्यकताओं को पूरा करना तथा सामाजिक व्यवस्था को बनाये रखना है। बोगाड्र्स के अनुसार संस्कृति की रचना मानवीय समूह के एकीकृत रीति-रिवाजों, परम्पराओं और चालू व्यवहार प्रतिमानों से होती है। यह मूल्यों की वह पूर्ववर्ती समष्टि है, जिसमें व्यक्ति जन्म लेता है एवं एक ऐसा माध्यम है जिसमें व्यक्ति विकसित तथा परिपक्व होता है।

किसी एक सांस्कृतिक समुदाय में जो व्यवहार के प्रतिमान मान्य हैं वह किसी दूसरे समुदाय के सांस्कृतिक आचार-संहिता में परिवर्तन होने के कारण अमान्य हो सकते हैं, जैसे- समलिंगीय मैथुन, सार्वजनिक आलिंगन आदि। यदि कभी बालक दो विभिन्न विरोधी संस्कृतियों के बीच पड़ जाता है तो उसके व्यक्तित्व में उलझनें उत्पन्न हो सकती हैं, उदाहरणार्थ- यदि बालक की माता अंग्रेज और पिता भारतीय है तो दोनों ही बालक को अपने-अपने सांस्कृतिक आचरणों, मूल्यों तथा परम्पराओं के अनुसार बनाने की चेष्टा करेंगे क्योंकि दोनों को अपनी संस्कृति से प्रेम है। इस व्यवहार से बालक परस्पर दो विरोधी सांस्कृतिक वातावरण में विकसित होता है। ऐसी संघर्षपूर्ण स्थिति में बालक किसी भी संस्कृति को ठीक से अपना नहीं सकेगा और उसके व्यक्तित्व का सांस्कृतिक विकास बाधित हो जाएगा।

व्यक्तित्व के उपर्युक्त निर्धारक तत्वों के समीक्षात्मक अध्ययन से यह स्पष्ट होता है कि बालक के व्यक्तित्व के विकास पर अनेक तत्वों का पृथक या भौतिक प्रभाव पड़ता है जो उसके व्यक्तित्व के एक निर्धारक अंग बन जाते हैं।

व्यक्तित्व के सिद्धान्त (Theories of Personality)

सिद्धान्त का तात्पर्य ऐसे नियमों के प्रतिपादन से है, जो किसी लक्ष्य विशेष को सिद्ध करते हों। सिद्धान्त संबंधित विषय में कुछ तथ्यों का निरूपण है, जिसके आधार पर विषयगत वस्तु का मूल्यांकन किया जाता है। किसी सिद्धान्त का यह आशय नहीं है कि वह स्वयं में पूर्ण है, उसकी आलोचनायें भी हो सकती हैं। सांख्यिकीय सैद्धान्तिक मूल्यों को छोड़कर मानवीय आचरण से संबंध रखने वाले सभी सिद्धान्त स्वयं में पूर्ण नहीं हैं, क्योंकि मानवीय आचरण स्वयं में चलायमान (Deviation) हैं। क्षणिक दुर्घटना या तात्कालिक पर्यावरण के असन्तुलन से भी मानवीय व्यवहार में

परिवर्तन सम्भाव्य है। यही कारण है कि व्यक्तित्व के संबंध में विभिन्न मनोवैज्ञानिकों द्वारा जिन सिद्धान्तों का प्रतिपादन किया गया है, सभी में कुछ कमियां हैं। एक व्यवहार वैज्ञानिक, यह उपकल्पना कर सकता है कि सभी मानवीय व्यवहार प्रेरणा से उत्पन्न होते हैं या जीवन के प्रारम्भिक काल में घटित विभिन्न घटनायें या प्रौढ़ व्यवहार को निर्धारित करने वाले कारक सभी भिन्न-भिन्न स्तर पर मानवीय व्यवहारों को प्रभावित करते हैं। सामान्यतया व्यक्तित्व का सिद्धान्त, मनुष्य के कार्य व्यवहार, उसकी सामाजिक अन्त:क्रिया के स्वरूप, वातावरण तथा जीवन के विभिन्न घटकों के अनुभव, विचार, प्रेरणायें, स्नायु-संरचना, शारीरिक विकास, मनोवैज्ञानिक सामंजस्य में संबंध रखता है। व्यक्तित्व की कोई परिभाषा मानव-आचरण से नियंत्रित न होने के कारण स्वयं में पूर्ण नहीं है। यही कारण है कि व्यक्तित्व के संबंध में ऐसा कोई सिद्धान्त नहीं है, जिस पर सभी मनोवैज्ञानिक सहमत हों। अभी तक व्यक्तित्व अति जटिल प्रमाणित हुआ है, इसकी अभिव्यक्ति अति विशद् है तथा इसके निष्कर्ष अगणित हैं और इसके विभिन्न पहलुओं को संघटित करना सम्भव भी नहीं है। फिर भी शोध-कार्यों द्वारा या नवीन तथ्यों की खोज के अन्वेषणात्मक प्रयासों द्वारा एक सार्वभौमिक सिद्धान्त की उपकल्पना की जा सकती है।

व्यक्तित्व के सिद्धान्त से हमारा तात्पर्य एक ऐसे प्रयास से है, जो व्यक्ति की व्यक्तिगत प्रवृत्तियों के प्रतिमान के विषय में जो कुछ भी ज्ञात है उनके संगठन की व्याख्या करता है अथवा उसे व्यवस्थित करता है। व्यक्तित्व के सिद्धान्त के आधार पर हम व्यवहार के संबंध में परिकल्पनायें बनाते हैं, जिसका परीक्षण प्रयोग द्वारा या निरीक्षण द्वारा किया जा सकता है। यद्यपि व्यक्तित्व के संबंध में अनेक सिद्धांतों का प्रतिपादन किया गया है परन्तु हम यहां निम्नलिखित मनोवैज्ञानिकों द्वारा प्रतिपादित सिद्धान्तों का विशद् विश्लेषण करेंगे :

1. सिगमण्ड फ्रायड का मनोविश्लेषण का सिद्धांत।
2. एरिक एच. एरिकसन का मनोसामाजिक सिद्धांत।
3. एडलर की इच्छा-शक्ति (Power of Will) का सिद्धांत।

फ्रायड का मनोविश्लेषण का सिद्धान्त (Psycho-analytic Theory of S. Freud)

फ्रायड ने व्यक्तित्व को एक मूल तथा गतिगामी संरचना माना है। फ्रायड के अनुसार, हमारा मन समुद्र में चलते हुए बर्फ के पहाड़ के समान है। हम उसके ऊपरी भाग को देख व जान सकते हैं परन्तु नीचे के भाग का हमें कोई ज्ञान नहीं रहता। ऊपरी भाग चेतन मन है और नीचे का अचेतन मन। चेतन व अचेतन के बीच का भाग अवचेतन कहलाता है। अचेतन से चेतन में आने वाली सभी भावनायें अवचेतन स्तर में आकर ठहरती हैं। अवचेतन और चेतन मन में आने वाले विभिन्न घटकों का परिचय सरलता से हो जाता है लेकिन अचेतन का ज्ञान सुगमता से नहीं हो सकता। प्राय: चेतन व अवचेतन का ज्ञान, साधारण अन्तर्निरीक्षण से हो जाता है, परन्तु अचेतन मन के क्रिया-कलापों की जानकारी मनोविश्लेषण द्वारा ही सरल रूप से की जा सकती है। अचेतन मन के घटक निष्फल व निरर्थक नहीं हैं, वरन् अचेतन मन प्रभावशाली व गतिमान है और उसके घटक आवश्यकता पड़ने पर सम्पूर्ण जीवन व आचरण को प्रभावित करते हैं।

मन का आकारात्मक स्वरूप (Topography of Mind)

अचेतन मन

यह एक बहुत बड़ा भण्डार है, जिसमें अर्जित ज्ञान व स्मृतियां रहती हैं। चेतन मन में केवल वर्तमान का ज्ञान रहता है परन्तु अचेतन हमारे सम्पूर्ण जीवन की अनुभूतियों और संस्कारों से भरा है। इनमें से

कुछ घटनायें याद करके चेतन में लाई जा सकती हैं या घटनाओं के किसी भाग या पूर्ण को चेतन मस्तिष्क में आने से बलपूर्वक रोका जा सकता है। व्यक्ति के व्यवहार व उसकी प्रतिक्रियायें अचेतन मन से कहीं अधिक संबंध रखती हैं। चेतन मन की इच्छाओं का तीव्र विरोध भी अचेतन मन द्वारा किया जाता है। कभी-कभी यह देखने में आता है कि हम किसी कार्य को करने की प्रबल इच्छा रखते हैं परन्तु अचेतन मन में उस कार्य के प्रति विरोध होने के कारण या तो कार्य होता नहीं या उसमें व्यवधान उत्पन्न हो जाता है।

अर्नेस्ट जोन्स लिखता है कि 'मैंने एक बार एक पत्र किसी अज्ञात कारण से कई दिन तक अपनी मेज पर पड़ा रहने दिया। अन्त में मैंने उसे डाक में डालने का निश्चय किया, परन्तु वह पुनः प्रेषण केन्द्र से लौटकर आ गया क्योंकि मैं उस पर पता लिखना भूल गया था। उस पर पता लिखने के बाद मैं उसे डाक में डालने गया, पर इस बार टिकट लगाना भूल गया। अब मुझे मन में मानना पड़ा कि असल में मैं इस पत्र को बिल्कुल भेजना ही नहीं चाहता था। निद्रा की अवस्था में चेतन मन सुषुप्त रहता है जबकि अचेतन मन की इच्छायें स्वप्न द्वारा व्यवहार में दिखाई देती हैं। स्वप्न में हम उन खुशियों को प्राप्त कर सकते हैं जिन्हें हम सम्भवतः चेतन अवस्था में नहीं प्राप्त कर सकते। स्पष्ट है कि ऐसे विचार अचेतन मन में दबी हुई हमारी पूर्व इच्छाओं व आकांक्षाओं के कारण ही उत्पन्न होते हैं। स्वप्न में हम आकाश में उड़ते हैं, सांपों से खेलते हैं, नई दुनिया में विचरण करते हैं, इन सभी विचारों का चेतन मन से कोई संबंध नहीं होता। परन्तु मनोविश्लेषण विधि द्वारा अब यह ज्ञात हुआ है कि उपरोक्त प्रतिक्रियाओं का संबंध अचेतन मन से ही है। हम जिन इच्छाओं की तुष्टि चेतन में नहीं कर सकते हैं वे अचेतन के कार्य क्षेत्र में दब जाती हैं और निद्रा अवस्था में जब हम चेतन स्तर के नियंत्रण का त्याग कर देते हैं तो अचेतन मन में दबी ये प्रतिक्रियायें स्वप्न या अन्य माध्यमों से इच्छा तुष्टि का विषय बनती हैं। अचेतन मन में रहने वाली दमित, निषिद्ध इच्छायें नित्य चेतन जीवन में उभरती रहती हैं और हमारे व्यवहार को प्रभावित करती हैं। वास्तव में अचेतन का आविर्भाव दमन की गई भावनाओं और वासनाओं के कारण ही होता है। अचेतन में भले-बुरे, नैतिक-अनैतिक का भेद, विवेक और ज्ञान नहीं होता, यह विचार-विहीन है। परन्तु वहां सुख-दुःख की भावना अवश्य रहती है। किसी व्यक्ति की प्राथमिक प्रवृत्तियां जन्म से असंस्कृत रूप में रहती हैं, चेतन में फूटकर अपनी तुष्टि की चेष्टा करती हैं, परन्तु आस-पास के लोगों का भय, तिरस्कार की आशंका और व्यक्ति की नैतिकता के कारण इन्हें दबा दिया जाता है और इस प्रकार वे अचेतन में बनी रहती हैं।

अचेतन मन ही समूची मानसिक शक्ति का भण्डार है। फ्रायड इसे काम-शक्ति मानता है। फ्रायड के अनुसार, हमारा सारा जीवन-व्यवहार काम-शक्ति से प्रेरित रहता है। सन्तान के प्रति माता-पिता का स्नेह, सन्तान का माता-पिता के प्रति स्नेह, मैत्री, मातृभाव आदि सभी फ्रायड के अनुसार काम-शक्ति से प्रेरित हैं। अचेतन मन में आदिम प्रवृत्तियों और प्राथमिक वासनाओं का राज्य होता है; वहां तर्क, नैतिकता और विचारशीलता का कोई औचित्य नहीं है। इसीलिए अचेतन को अतार्किक तथा अनैतिक कहते हैं। अचेतन मन के सभी कार्य सुख-दुःख के नियम के आधार पर होते हैं। बाह्य जगत की भी वहां उपेक्षा होती है, चेतन मन वास्तविक परिस्थितियों पर पूर्णतया विचार करता है और उसकी सभी कार्यवाही भौतिक परिस्थितियों को ध्यान में रखते हुए की जाती है परन्तु अचेतन मन का केवल एक ही नियम है, दुःख का निवारण, सुख की इच्छा। चेतन मन विचारों और तर्क की सहायता से वास्तविकता और नैतिक आदर्शों के सहारे वासनाओं की तात्कालिक परिस्थिति पर काबू पाता है। वास्तविकता से प्रभावित होकर ही चेतन स्तर पर व्यक्तित्व का विकास होता है, परन्तु असामाजिकता और नैतिक अव्यवस्था के कारण अचेतन मन केवल सुख-दुःख के नियम से ही संचालित होता है।

अचेतन मन की विशेषताएं

1. अचेतन मन परिवर्तनशील होता है।
2. अचेतन मन व्यक्ति के व्यवहार का सम्पादन व नियन्त्रण करता है। इससे व्यक्ति को बहुत कुछ ऐसी प्रेरणा मिलती है, जो उसके व्यवहारों को सम्पादित करती है। इसलिए बिना अचेतन को समझे चेतन मन के व्यवहार को समझना कठिन होता है।
3. अचेतन मन में शब्द नहीं पाये जाते, वरन् इसकी अभिव्यक्ति क्रिया द्वारा होती है। शब्द न होने से भाषा द्वारा इन विचारों को नहीं जाना जा सकता, हावभाव या मौन अभिनय द्वारा ही अचेतन मन की क्रियायें समझी जा सकती हैं।
4. अचेतन मन में इच्छाओं के ग्रहण में कोई विरोध नहीं होता। भूख, प्यास, काम सभी इच्छायें चेतन में तुष्ट न होने की स्थिति में अचेतन द्वारा ग्राह्य की जाती हैं।
5. अचेतन मन सुख एवं दु:ख के सिद्धान्त पर कार्य करता है। यहां अच्छे-बुरे, नैतिकता व अनैतिकता के आधार पर कोई विभेद नहीं होता।
6. अचेतन मन की क्रियाओं के परिलक्षित होने का कोई विशिष्ट समय व स्थान नहीं होता। ये क्रियायें सहज व स्वाभाविक तौर पर न होकर किसी भी समय हो सकती हैं।
7. अचेतन मन के विचार हमेशा यथावत् बने रहते हैं और चेतनावस्था के खत्म होते ही अचेतन की इच्छाएं व्यवहार को नियन्त्रित करती हैं। जो विचार अचेतन मन में चले जाते हैं, वे अपने पूर्व स्वरूप में ही बने रहते हैं।

अचेतन मन के अस्तित्व का प्रभाव

1. *स्मृति :* जीवन के अधिकांश क्षणों में हमें भूली हुयी वस्तुओं को याद कर उन्हें जानने की इच्छा होती है। विगत घटनाओं का स्मरण अचेतन मन के अस्तित्व के कारण होता है।
2. *निद्रावस्था में समस्याओं का हल :* अधिकांश समस्याएं जो चेतन अवस्था में नहीं हल हो पातीं, यह पाया गया कि निद्रावस्था में वे हल हो जाती हैं।
3. एक निश्चित समय पर इच्छानुसार जग जाना अचेतन की ही प्रतिक्रिया है।
4. *स्वप्न :* स्वप्न भी अचेतन मन की क्रियाओं का परिणाम है। हमारी असंख्य अतृप्त इच्छाएं स्वप्न के द्वारा तुष्ट होती हैं।
5. *सम्मोहन :* यह एक ऐसी विधि है, जिसमें विषयी से जो कहा जाता है वह उसे करने को तत्पर रहता है। इस विधि में विषयी उन घटनाओं को दोहराता है, जिसे वह भूल गया है तथा जो उसके अचेतन में दबी हुई है।
6. *स्वप्नचारिता :* कुछ व्यक्ति निद्रावस्था में ही अनेक कार्य करते हैं, जैसे चलना, खेलना, कपड़े साफ करना इत्यादि।
7. *सांकेतिक क्रियाओं का प्रकाशन :* बैठकर टांगें हिलाना, उंगली मोड़ना, हाथ घुमाना, गर्दन हिलाना इत्यादि।

अवचेतन स्तर *(Sub-conscious Level)*

अवचेतन को चेतना का केन्द्र भी कहा जा सकता है, अर्थात् यह मन का वह स्तर है जहां मन में आये हुए विचार व्यवधान की स्थिति में रहते हैं और जैसे ही हम स्थिति विशेष की कल्पना करते हैं विचार चेतन मस्तिष्क में आ जाते हैं। उदाहरणार्थ, जब हम कुछ लिखने लगते हैं तो लिखना हमारे चेतन मस्तिष्क का कार्य परन्तु जिस कमरे में हम लिख रहे हैं वहां की सारी वस्तुएं मेरे अवचेतन में रहती हैं, परन्तु जैसे ही कमरे की किसी वस्तु विशेष की आवश्यकता पड़ती है, उस समय वह वस्तु चेतन में प्रवेश पा जाती है और लिखने की क्रिया, अवचेतन में पहुंच जाती है।

चेतन स्तर *(Conscious Level)*

चेतन मन ही सत्ता है। प्रत्येक व्यक्ति के विचार उसकी निजी सम्पत्ति है। यह विचार उसी समय दूसरे के मन में नहीं हो सकते, लेकिन चेतना निरन्तर बदलती रहती है। जेम्स चेतना को एक नदी के समान मानता है। जिस प्रकार नदी का पानी प्रतिपल बदलता रहता है, उसी प्रकार चेतन स्तर पर विचार व भावनायें निरन्तर बदलती रहती हैं। यद्यपि ऐसा प्रतीत नहीं होता कि किसी समय हमारी चेतना में अवरोध उत्पन्न हुआ है, परन्तु थोड़ी देर के अन्तर पर किसी प्रश्न विशेष का उत्तर लिखते समय प्रश्न से संबंधित सभी उत्तर चेतना स्तर पर रहते हैं, परन्तु प्रश्न समाप्त होने पर जैसे ही हम दूसरे प्रश्न का उत्तर लिखना प्रारम्भ कर देते हैं, सोचने की क्रिया चेतन स्तर पर बदल जाती है। इसी प्रकार सड़क पर चलते समय सड़क की सभी वस्तुएं व साधन चेतन स्तर पर होते हैं तथा हम इच्छानुकूल गन्तव्य की तरफ बढ़ते जाते हैं। परन्तु अचानक बम विस्फोट होते ही चेतना यह भावना उत्पन्न कर देती है कि इस क्षण हमें सुरक्षा की आवश्यकता है और पूर्व की चेतना का स्वरूप विच्छिन्न हो जाता है।

चेतना में निरंतरता सदैव बनी रहती है। यही कारण है कि पूर्व की घटनाएं सोचते समय चेतन स्तर पर आ जाती हैं और हम उन्हें पहचान लेते हैं। रात्रि में सोकर उठने के पश्चात् कमरे की सभी वस्तुएं हम पहचान लेते हैं कि वे हमारी हैं। इसीलिए कि सोने के पूर्व वे सारी वस्तुएं हमारी चेतना में थीं जो सोते समय अचेतन की एक अंग थी, परन्तु जैसे ही हम चेतना प्राप्त करते हैं सारी वस्तुओं की पहचान शीघ्र हो जाती है। मानसिक क्रियायें सदैव चलती रहती हैं, परिवर्तन केवल चेतन के स्तर का होता है। अभी हम लिख रहे हैं अतः चेतन में केवल यह विषय और इसका क्षेत्र ही है परन्तु जब हम लिखना बन्द कर देंगे तो चेतना में कुटुम्ब, उसकी स्थिति या समस्या का स्वरूप भिन्न होगा और तब हम मनोविज्ञान से हट कर मस्तिष्क के समक्ष चेतन में स्थित अवसर के अनुसार कार्य करेंगे।

मन की गत्यात्मकता (Dynamics of Mind)

मनोविश्लेषण के प्रणेता फ्रायड के अनुसार व्यक्तित्व संरचना के तीन भाग हैं- 1. इड, 2. इगो एवं 3. सुपर इगो।

इड *(Id)*

इड अचेतन का ही स्वरूप है। इड व्यक्तित्व की उन शक्तियों का भण्डार है जो जन्म होते ही सक्रिय हो जाती हैं। अचेतन के विषय में इसके पूर्व विस्तृत विवरण दिया जा चुका है। मस्तिष्क का यह भाग सुख-दुःख के सिद्धान्त के अनुसार कार्य करता है। इड में तर्क और विचारों का कोई स्थान नहीं होता तथा जीवन के सभी सुख-दुःख, अनुभव, विचार यथार्थ रूप में इसके द्वारा स्वीकार किए जाते हैं।

इगो *(Ego)*

यह मन का दूसरा भाग है जो चेतन और विचारयुक्त है तथा इसका सभी कार्य बाह्य स्थितियों का निरीक्षण करने के बाद होता है, जिसमें भौतिक और सामाजिक परिस्थितियों का निराकरण भी सम्मिलित है। चेतन सामाजिक और नैतिक मर्यादाओं का पालन और सम्मान करता है। यह व्यक्ति का हित और अहित सोचता है, उसके जीवन को समायोजित करने की चेष्टा करता है तथा बाहर की दुनिया और विचारों पर ध्यान देता है, उसमें विचारों, प्रवृत्तियों, ज्ञान, आदतों व स्थाई भावों का समावेश रहता है। जिस प्रकार अचेतन में सुख-दुःख का नियम कार्य करता है, उसी प्रकार चेतन में वास्तविकता व वस्तु स्थिति का नियम (Principle of Reality) कार्य करता है। इड इच्छाओं की तात्कालिक तृप्ति की ओर बढ़ता है पर इगो सामाजिक प्रभावों और आदतों के वश भावी परिणामों से चिन्तित होता है और उसका कार्य मार्ग वस्तुस्थिति से निर्धारित होता है।

सुपर इगो या नैतिक मन (*Super Ego*)

नैतिक मन में अन्तःकरण आदर्श, आत्म-आलोचना और आत्म-निरीक्षण की शक्तियों का निवास है और वास्तव में अचेतन का संघर्ष नैतिक मन से होता है। अचेतन प्राथमिकता, शैशवता और मर्यादाहीनता का प्रतीक है और नैतिक मन सभ्यता, संस्कृति और नैतिकता का संरक्षक है। विस्तृत अर्थों में नैतिक मन आसपास के लोगों के आचरण, आदर्शों और व्यवहार के तौर-तरीकों को व्यक्तित्व में अभिव्यक्त करने की चेष्टा करता है। जो माननीय गुण और आदर्श समाज को मान्य है वही व्यक्ति के नैतिक मन का निर्माण करते हैं। यह निर्माण अचानक नहीं होता, वरन् क्रमिक विकास का परिणाम होता है। कुछ मनोवैज्ञानिक नैतिक मन को चेतन की प्रशाखा मानते हैं। नैतिक मन के निर्माण व विकास में बाल्यावस्था के प्रभाव का विशेष महत्व होता है, नैतिक मन के घटक प्रायः माता-पिता के बीच स्नेह संबंधों पर निर्भर रहते हैं। प्रायः नैतिक मन, असह्य, संघर्ष का परिणाम होता है। क्योंकि जब व्यक्ति की आदिम इच्छायें आदर्शों के आघात को सहन नहीं कर सकतीं और सामाजिक मर्यादाएं अधिक शक्तिशाली प्रतीत होती हैं तो वह नैतिक आदर्शों का आश्रय प्राप्त करता है। अधिकांश व्यक्ति यह समझते हैं कि नैतिक मन दमन का परिणाम है परन्तु यह सच नहीं है। नैतिक मन दमन का उत्तरदायी अवश्य है, आत्म-करुणा, सहानुभूति की भूख, क्रोध आदि को नैतिक मन कड़ाई से दबा लेता है। वह प्रेम को कोई स्थान नहीं देता और केवल साहसी, सच्चा तथा आत्मसमर्पण और आत्म-बलिदान करने वाला बनना चाहता है।

चेतन मन (Ego) को एक तरफ अचेतन (Id) और दूसरी तरफ नैतिक मन (Super Ego) से संघर्ष करना पड़ता है। एक को वह घृणित पाता है और दूसरे को असम्भव। इस प्रकार यह संघर्ष व्यक्तित्व को भी प्रभावित करता है और इच्छानुसार यथास्थिति मानवीय व्यवहार भी प्रभावित होते हैं।

फ्रायड के सिद्धान्त की आलोचना

1. फ्रायड ने मनोविश्लेषण सिद्धान्त के अन्तर्गत मानवीय व्यवहारों को प्रभावित करने में लैंगिकता के कारणों की आवश्यकता को अधिक बल दिया है।
2. फ्रायड का मनोविश्लेषणात्मक सिद्धान्त मनोरोगियों के अध्ययनों पर आधारित है, अतः इसके द्वारा सामान्य व्यक्तियों के विषय में वैज्ञानिक तर्क नहीं दिए जा सकते हैं।
3. नैतिक मन अचेतन की प्रेरणाओं का विरोध करता है। पहले यह विश्वास किया जाता था कि यह संघर्ष चेतन और अचेतन के बीच चलता रहता है परन्तु आजकल यह समझा जाने लगा है कि संघर्ष अचेतन के क्षेत्र में ही होता है। आजकल आदर्श स्व का पद प्रचलित है परन्तु यह पद नैतिक मन का पर्याय ही है।
4. फ्रायड के अनुसार, बालक माता से और बालिकाएं पिता से अधिक प्रभावित होती हैं परन्तु मनोवैज्ञानिक अध्ययन इस तथ्य का समर्थन नहीं करते। इसके विरुद्ध बालक-बालिकाओं का माता से विशेष तौर पर प्रभावित होना बहुत व्यापक और अधिक प्रामाणिक है।
5. फ्रायड के सिद्धान्त की अवधारणायें अस्पष्ट हैं, अतः मनोविश्लेषण विधि द्वारा शुद्ध परिणाम प्राप्त करने के लिए अति कुशल मनोविश्लेषक की आवश्यकता होती है।
6. फ्रायड ने व्यक्ति के सामाजिक और सांस्कृतिक व्यक्तित्व की अवहेलना की है और काम वृत्ति पर अधिक बल दिया है।
7. फ्रायड मानसिक रोगियों का मनोविश्लेषण करते समय शैशव की स्मृतियों को जाग्रत करने का प्रयास करते थे। परन्तु ऐसी परिस्थितियों में केवल रोगी के अतीत जीवन का ही परिचय आवश्यक नहीं है बल्कि रोगी को अपने भविष्य की मानसिक तत्परता से अवगत होना चाहिए जो उसमें आशा का संचार कर सके।

करेन हार्नी का सिद्धान्त (Theory of Karen Horney)

करेन हार्नी ने फ्रायड द्वारा विकसित मनोविश्लेषण के आधार पर अनेक वर्षों तक मानसिक चिकित्सा की। न्यूयॉर्क तथा शिकागो में इस विषय पर अनेक नवीन सिद्धान्तों का प्रतिपादन किया। फलतः फ्रायड के विचारों से भिन्न सिद्धान्तों का प्रतिपादन हुआ। सन् 1937 में Neurotic Personality of Our Times पुस्तक प्रकाशित की गई। इसके अनुसार मनोस्नायु विकृत व्यक्तित्व का अध्ययन समाज और संस्कृति के संदर्भ में होना चाहिए। कोई व्यक्ति न्यूरोटिक उस समय माना जाता है जबकि उसका व्यवहार सामाजिक और सांस्कृतिक दृष्टि से भिन्न होता है। प्रत्येक समाज की संस्कृति भिन्न-भिन्न होती है अतः वही व्यवहार दूसरे समाज में न्यूरोटिक हो आवश्यक नहीं। इस प्रकार हार्नी ने स्पष्ट किया कि न्यूरोसिस का स्वरूप भिन्न-भिन्न समाजों में भिन्न होता है।

हार्नी के अनुसार न्यूरोसिस का मूल कारण चिंता (Anxiety) है। 1. फ्रायड की भांति हार्नी भी शैशवकालीन अनुभवों पर बल देते हैं। यदि किसी व्यक्ति का शैशव दु:खदायी तथा चिंता पूर्ण रहा है तो वह व्यक्ति न्यूरोटिक बन सकता है। 2. इसके अतिरिक्त न्यूरोसिस का कारण स्नेह का अभाव है। यदि माता-पिता बालक के प्रति अन्यायपूर्ण व्यवहार करते हैं तो वह न्यूरोटिक बन जाता है। हार्नी का विचार है कि जिन बालकों को अपने माता-पिता से उचित मात्रा में स्नेह नहीं मिलता है वे कालान्तर में अपने माता-पिता के प्रति घृणा का भाव रखने लगते हैं। उनमें सहिष्णुता की कमी पाई जाती है। इस प्रकार माता-पिता का व्यवहार तथा परिवार का पर्यावरण बालक के लिए चिंता का कारण बन जाता है। हार्नी के अनुसार न्यूरोटिक व्यक्ति संवेगात्मक दृष्टि से असन्तुष्ट रहता है और उसमें विश्वास की कमी हो जाती है। वह दूसरों के साथ मिलकर कार्य भी नहीं कर सकता क्योंकि उसे दूसरों पर विश्वास नहीं होता है।

न्यूरोटिक व्यवहार की विशेषताएं

हार्नी ने लिखा है कि :

1. न्यूरोटिक व्यक्ति सदा स्नेह पाने का प्रयास करता है। इसलिए वह ऐसा व्यवहार करता है जो असामाजिक तथा अस्वाभाविक होता है।

2. वह अधिकार तथा सत्ता पाने का प्रयास अस्वाभाविक रीति से करता है। अपनी कमी कम करने के लिए वह दूसरों पर प्रभाव डालना चाहता है जो कि अत्यन्त महत्वपूर्ण है।

3. वह अपने अहं को अस्वाभाविक रीति से सत्ता पाने के लिए विकसित करता है। वह अधिक धन खर्च करता है जिससे लोग उसका प्रभाव मानें।

4. वह अस्वाभाविक रीति से प्रतिस्पर्धा करता है। वह किसी कार्य को करके दूसरे को नीचा दिखाने का प्रयास करता है। अपनी दूसरी पुस्तक में (Neurosis and Human Growth) में हार्नी ने न्यूरोटिक और संस्कृति के आपसी संबंध पर प्रकाश डाला है। ऐसा करते समय उन्होंने विचार व्यक्त किया कि जब किसी व्यक्ति के मन में विरोधी प्रवृत्तियां उत्पन्न होती हैं, तब उसके फलस्वरूप वह न्यूरोटिक बन जाता है।

हार्नी ने ऑडिपस काम्प्लेक्स पर भी प्रकाश डाला है। उनके अनुसार, फ्रायड द्वारा वर्णित ऑडिपस ग्रन्थि संबंधी धारणायें उचित नहीं हैं। यह सही है कि बालक अपने माता-पिता से स्वाभाविक रूप से स्नेह रखता है लेकिन उसके मूल में काम वासना का होना हार्नी ने उस रूप में स्वीकार नहीं किया जैसा कि फ्रायड मानता है। हार्नी के अनुसार, जब बाह्य पर्यावरण में बालक के लिए चिंताजनक परिस्थितियां उत्पन्न हो जाती हैं तब उनसे बचने के लिए वह अपने माता-पिता के प्रति आकर्षित होता है और उनका अत्यधिक सामीप्य चाहता है।

सन् 1945 में उन्होंने एक और पुस्तक (Our Inner Conflicts) प्रकाशित की। इस पुस्तक में यह सिद्धान्त प्रतिपादित किया कि व्यक्ति के चरित्र में जब संघर्षों की प्रधानता हो जाती है, तब वह

न्यूरोटिक हो जाता है। ये संघर्ष सामाजिक और सांस्कृतिक परिस्थितियों के कारण उत्पन्न होते हैं। जब व्यक्ति में नैतिक संघर्षों का विकास होता है तब उसमें प्रायः दो प्रकार की अभिवृत्तियां पाई जाती हैं। प्रथम के अनुसार वह दूसरे लोगों की ओर अग्रसर होता है। वह अपना सम्पर्क बढ़ाना चाहता है। इस अभिवृत्ति के मूल में व्यक्ति को स्नेह के लिए न्यूरोटिक आकांक्षा है। दूसरी अभिवृत्ति वह है जिसके फलस्वरूप वह अपना प्रत्याहार (Withdrawal) करता है। इससे वह अपने को सुरक्षित पाता है तथा न्यूरोटिक व्यक्तित्व की रक्षा करता है। आन्तरिक संघर्षों की अभिवृत्ति का संबंध एक तीसरे प्रकार की स्थिति से है जिसके कारण व्यक्ति दूसरों का विरोधी बन जाता है। इस अभिवृत्ति के फलस्वरूप वह अन्य लोगों का विरोध करके अपने न्यूरोटिक व्यवहार को कम करता है।

हार्नी के अनुसार प्रत्येक व्यक्ति में संघर्ष पाये जाते हैं लेकिन कुछ लोग अपने आन्तरिक संघर्ष का समाधान करने में असमर्थ होते हैं। ऐसा सामाजिक और सांस्कृतिक परिस्थितियों के कारण होता है। इन संघर्षों के फलस्वरूप व्यक्ति तीन अभिवृत्तियों का विकास करता है। इन्हीं तीनों अभिवृत्तियों से संबंधित हार्नी ने व्यक्तित्व के तीन प्रकार बताये हैं :

1. अनुपालक प्रकार।
2. आक्रामक प्रकार।
3. तटस्थ प्रकार।

पहले प्रकार के व्यक्तित्व में अन्य लोगों की ओर उन्मुख होने की प्रवृत्ति पाई जाती है। दूसरों के स्नेह व प्रेम का भूखा होता है। वह सदा प्रयास करता है कि वह अन्य का सहारा लेकर कार्य कर सके। दूसरे प्रकार के व्यक्ति दूसरों को अपना विरोधी मानकर चलते हैं। वह सदा दूसरे से लड़ने का प्रयास करता है। वह किसी न किसी प्रकार से दूसरों पर अपना प्रभुत्व बनाये रखने का प्रयास करता है। तीसरे प्रकार के व्यक्ति आत्मनिर्भर होने की कोशिश करते हैं। अपनी आत्मनिर्भरता के लिए वह यथासम्भव अपनी आवश्यकताओं को भी कम कर लेता है। उनका जीवन एकाकी होता है। इस प्रकार का व्यक्ति अपनी भावनाओं को दबा कर रखता है। वह सामाजिक संबंध कम रखता है। हार्नी का विचार है कि सभी न्यूरोटिक में ये तीनों लक्षण पाये जाते हैं परन्तु एक प्रकार की प्रधानता होती है।

हार्नी के अनुसार, प्रत्येक व्यक्ति का एक आदर्श रूप होता है जिससे वह निरन्तर अपनी तुलना करता रहता है। न्यूरोटिक व्यक्तियों में उसका आदर्श रूप प्रायः यथार्थ पर आधारित नहीं होता। इसके फलस्वरूप व्यक्ति न्यूरोटिक बना रहता है।

फ्रायड ने न्यूरोटिक के जिन कारणों को जैविक माना है, हार्नी ने उसे सांस्कृतिक माना है। फ्रायड ने लिविडो के विषय में लिखा है कि जब लिविडो का प्रभाव अवरुद्ध हो जाता है तब व्यक्ति न्यूरोटिक बनता है। लेकिन हार्नी ने इसके कारण को स्नेह की कमी बताया है। हार्नी ने शैशवकालीन अनुभवों पर बल नहीं दिया। उन्होंने कहा है कि व्यक्ति तथा उसके व्यक्तित्व का निर्धारण रोगी के अभिवृत्तियों पर निर्भर है तथा उसके व्यक्तित्व का निर्धारण इसी आधार पर होता है। इसके बाद रोगी में ऐसी क्षमता उत्पन्न करता है जिससे वह अपनी शक्ति के अनुसार कार्य कर सके। इस प्रकार रोगी अपनी कठिनाइयों को समझकर और यथार्थ का वास्तविक ज्ञान प्राप्त कर संतुलित व्यक्तित्व प्राप्त करता है।

सुलीवान का सिद्धान्त (Harry Stack Sullivan Theory of Personality)

सुलीवान ने समाजशास्त्रीय दृष्टि से मानसिक चिकित्सा पर बल दिया तथा मनोविश्लेषण के क्षेत्र में नवीन सिद्धान्तों और विचारों को स्पष्ट किया। उन्होंने अपने विचारों के लिए नवीन-प्रयत्नों तथा

संकल्पनाओं का निर्माण किया। सुलीवान के अनुसार मानसिक रोग का एक प्रमुख कारण परस्पर संबंधों (Interpersonal Relation) का त्रुटिपूर्ण हो जाना है। इस सिद्धान्त की व्याख्या करते हुए उन्होंने कहा कि परस्पर संबंध का विकास जन्म के बाद उस समय होने लगता है जब शिशु का संबंध अन्य व्यक्तियों से होता है। जन्म के बाद जिस प्रकार के व्यक्तियों के सम्पर्क में आने का अवसर उसे मिलता है, उसके आधार पर वह अपना परस्पर संबंध विकसित करता है। इस प्रकार बालक के व्यक्तित्व का विकास उसके वैयक्तिक तथा सामाजिक जीवन से प्रभावित होता है। आनुवंशिकता से शारीरिक गुण प्राप्त होते हैं लेकिन इन गुणों का विकास सामाजिक और सांस्कृतिक पर्यावरण में होता है।

सुलीवान के अनुसार, सामान्य रूप से व्यवहार के दो लक्ष्य होते हैं : उसका एक लक्ष्य तो तुष्टि है और दूसरा सुरक्षा। अपनी जैविक आवश्यकताओं की पूर्ति के लिए व्यक्ति जो व्यवहार करता है उससे उसको तुष्टि प्राप्त होती है लेकिन सुरक्षा के लिए वह ऐसे कार्य करता है जिसका स्वरूप सांस्कृतिक है अर्थात् समाज और संस्कृति को ध्यान में रखकर जो व्यवहार करता है उससे उसमें सुरक्षा की भावना विकसित होती है। जब कभी कोई व्यक्ति अपनी सांस्कृतिक परम्परा के विरुद्ध कोई काम करता है तब उसकी मनोवैज्ञानिक सुरक्षा दुर्बल हो जाती है। अतः व्यवहार का लक्ष्य संतोष और सुरक्षा है। इन दोनों में घनिष्ठ संबंध है। तुष्टि की प्राप्ति परोक्ष रूप से सुरक्षा के विकास में सहायक होती है और सुरक्षा के लिए किए गए प्रयास तुष्टि देते हैं। उनके अनुसार मूलतः सुरक्षा का संबंध व्यक्ति के सामाजिक अनुमोदन (Social Approval) तथा स्वीकृति (Acceptance) से है।

व्यक्तित्व विकास के स्वरूप

1. *शैशव अवस्था :* सुलीवान के अनुसार व्यक्तित्व विकास की प्रथम अवस्था शैशव अवस्था है। यह अवस्था उस समय तक रहती है, जब तक बालक में भाषा की क्षमता उत्पन्न नहीं होती है। इस अवधि में माता से घनिष्ठ संबंध होता है। उसके व्यवहार से वह प्रभावित होता है। माता के कभी-कभी रोष प्रकट करने से शिशु के मन में एक प्रकार की चिन्ता उत्पन्न हो जाती है तथा सुरक्षा को खतरा लगता है। परन्तु वह नहीं चाहता है कि किसी प्रकार की सुरक्षा में कमी आए अतः वह माता के आदेशों को मानता है और इस प्रकार अपनी संस्कृति की बातों को सीखता है। अच्छे बुरे का ज्ञान होता है तथा स्व का विकास होने लगता है।
2. *बाल्यकाल :* बाल्यकाल उस समय तक रहता है जबकि बालक अपने समवयस्कों के साथ मिलकर रहने लगता है। बाल्यकाल के व्यक्तित्व की विशेषतायें हैं, अन्य बालकों से परस्पर संबंध स्थापित करना। इस अवधि में बालक में चेतना आने लगती है। दण्ड और पुरस्कार के द्वारा वह सांस्कृतिक जीवन की शिक्षा पाता है। स्व का विकास होता है। अच्छे बुरे, उचित अनुचित का बोध हो जाता है। वह अन्य लोगों का अनुमोदन प्राप्त करना चाहता है। कभी वह अपनी संस्कृति के अनुरूप व्यवहार न करने पर चिंता व्यक्त करता है और क्रोध व्यक्त कर चिंता कम करता है।
3. *शिक्षा काल :* इस काल में वह अन्य व्यक्तियों से स्नेहपूर्ण संबंध स्थापित करता है। मित्रों का चुनाव करता है तथा स्वतंत्र रूप से खेलता है। उस पर माता-पिता का प्रभाव होने लगता है। बालक सहयोग और दूसरों के साथ मिलकर काम करने की शिक्षा ग्रहण करता है। शिक्षालय का विशेष प्रभाव पड़ता है।
4. *पूर्व किशोर काल :* यह अवधि 10½ वर्ष की आयु से 12 वर्ष तक चलती है। इस अवधि में बालक तथा बालिकायें आपस में प्रेम भाव का अनुभव करते हैं परन्तु यह प्रेम भाव समलिंगी होता है।

5. प्रारम्भिक किशोर काल : इस व्यवस्था में काम वासना का उदय होने लगता है। परन्तु वह नियंत्रण लगाता है और समाज तथा संस्कृति के अनुरूप जीवन व्यतीत करता है। उसमें प्रौढ़ता आने लगती है।
6. उत्तर किशोर काल : व्यक्तित्व विकास की यह अन्तिम अवस्था होती है। वह प्रौढ़ता प्राप्त करता है तथा सामाजिक एवं सांस्कृतिक व्यवहार करता है।

सुलीवान के अनुसार, व्यक्तित्व का सही विकास तभी सहज रूप से होता है जब सांस्कृतिक आवश्यकताओं को ध्यान में रखकर शिक्षा की व्यवस्था की जाती है।

व्यक्ति के अनुभवों के स्वरूप

सुलीवान ने व्यक्ति द्वारा प्राप्त अनुभवों के स्वरूप की पर्याप्त व्याख्या की है। उनके अनुसार 4 प्रकार के अनुभव व्यक्ति को प्राप्त होते हैं : 1. मूल अनुभव, 2. वैयक्तिक, 3. सामाजिक व 4. तार्किक।

1. जो अनुभव व्यक्ति को भाषा क्षमता के विकास के पूर्व प्राप्त होते हैं उन्हें मूल अनुभवों की श्रेणी में रखा जाता है। ये अनुभव उस समय प्राप्त होते हैं जब वह अपने विचारों को संकेत तथा प्रतीकों के माध्यम से व्यक्त नहीं कर सकता। ऐसे अनुभवों की न तो सामाजिकता होती है और न ही तार्किकता।
2. भाषा संबंधी क्षमता आने पर वह अपने वैयक्तिक अनुभवों को सीमित रूप से प्राप्त करता है। इनमें भी सामाजिक लक्ष्य नहीं होता। इसका संबंध केवल निजी आवश्यकताओं से होता है।
3. जब वह अपने तथा पराये में भेद करने लगता है तब उसके अनुभवों का स्वरूप सामाजिक हो जाता है। इस प्रकार के अनुभव में यथार्थ की प्रधानता होती है।
4. तार्किक इसमें अर्थ प्रतीक तथा ज्ञान का विकास होता है।

ऊर्जा (Energy)

सुलीवान ने इसे गत्यात्मकता (Dynamism) कहा है। इसका तात्पर्य व्यक्ति की उस शक्ति से है जो उसके परस्पर संबंध में व्यक्त होती है तथा कार्यों एवं व्यवहार की व्यवस्था होती है। व्यक्ति का समायोजन इसी पर आधारित होता है।

मानसिक चिकित्सा

मानसिक रोगी के वर्तमान परस्पर संबंधों की जांच आवश्यक होती है तथा वे महत्वपूर्ण होते हैं। चिकित्सक तथा रोगी का परस्पर संबंध चिकित्सा के प्रभाव को दर्शाता है। उन्होंने कहा कि मानसिक रोगी के परस्पर संबंध में जो बाधायें आ गई हैं, उनको भी दूर करना आवश्यक होता है। इस प्रकार सुलीवान ने मानसिक चिकित्सा विधियों में परस्पर संबंध के स्थापन पर बड़ा जोर दिया।

सुलीवान ने जीवन में स्वस्थ परस्पर संबंध की अनिवार्यता पर बल देकर मनोविश्लेषण के क्षेत्र में एक नवीन विचारधारा को जन्म दिया। इसके फलस्वरूप व्यक्ति के जीवन तथा उसके पर्यावरण में आपसी संबंध का महत्व स्वीकार किया गया। सुलीवान ने यह स्वीकार किया कि व्यक्तित्व के विकास में प्रवृत्ति तथा संस्कृत दोनों का समान स्थान है। उनका यह कथन मनोविश्लेषण की समाजशास्त्रीय प्रवृत्ति के लिए बड़ा सहायक सिद्ध हुआ।

सन् 1920 के लगभग फ्रायड से अलग होने वाले लोगों में ऑटो रैंक का नाम प्रमुख है। रैंक का जन्म 1884 ई. में वियना में हुआ था और वियना विश्वविद्यालय से ही डाक्टरेट की उपाधि प्राप्त की। 1905 के लगभग मनोविश्लेषण का उपयोग मनोचिकित्सा में करने लगे। परन्तु अनुभव के आधार पर नये सिद्धान्त का प्रतिपादन किया जिसे आज इच्छा सिद्धान्त के नाम से जाना जाता है। रैंक के प्रत्ययों में निम्न प्रत्यय प्रमुख हैं :

जन्म त्रास (Birth Terror)

रैंक का यह अत्यन्त प्रसिद्ध सिद्धान्त है। बालक का जन्म जब होता है तो उसे कठोर त्रास का अनुभव होता है। यही त्रास चित्र के रूप में बालक जीवन में धारण कर लेता है। रैंक के अनुसार जो लोग जन्म त्रास संबंधी अनुभव को अपनी इच्छा शक्ति से नियन्त्रित नहीं कर पाते हैं वे न्यूरोटिक बन जाते हैं। शिशु को जो गर्भ में सुरक्षा मिलती है वह बाहर आने पर नष्ट हो जाती है। इस कारण त्रास अनुभव करता है और इसी के फलस्वरूप माता और पुत्र में आडियरन ग्रन्थि के आधार पर संबंध स्थापित होते हैं। लेकिन रैंक ने फ्रायड के आडियस स्वरूप को नहीं माना। उसने केवल इतना ही माना कि आडियस ग्रंथि एक प्रकार से जन्म त्रास से मुक्ति पाने का प्रयास है।

इच्छा शक्ति (Will Power)

ऑटो रैंक ने इच्छा शक्ति पर बड़ा बल दिया है। उनके अनुसार व्यक्ति जब अपनी इच्छा शक्ति को स्वतंत्र रूप से प्रयोग करने लगता है तब वह जन्म त्रास तथा अन्य प्रकार की चिन्ताओं से मुक्ति पा जाता है। रैंक ने इच्छा शक्ति की तीन अवस्थाओं का वर्णन किया है :

1. इच्छा शक्ति के विकास की प्रथम अवस्था वह है जबकि शैशव काल में बालक अपने माता-पिता तथा पर्यावरण के दबावों का विरोध करता है। इसे रैंक ने विरोध इच्छा कहा है। शैशव कालीन इच्छा अधिकतर बाह्य प्रभावों के आधार पर विकसित होती है।
2. दूसरी अवस्था वह है जब बालक वे कार्य करना चाहता है जो परिवार तथा समाज में वांछनीय हैं और उन वस्तुओं को अपनाना चाहता है जिनका कि समाज में मूल्य है। इस अवस्था में उसकी इच्छा शक्ति स्पर्धात्मक होती है।
3. तीसरी अवस्था वह है जब वह निश्चित रूप से अपनी मान्यताओं के आधार पर कार्य करने लगता है। यह इच्छा शक्ति का सकारात्मक रूप है। इस प्रकार इच्छा शक्ति तीन प्रकार की होती है : 1. विरोधी इच्छा, 2. प्रतिस्पर्धात्मक, 3. सकारात्मक।

व्यक्तित्व

व्यक्तित्व विकास की 3 दशायें होती हैं। व्यक्तित्व विकास की प्रथम दशा वह है जबकि शिशु अपना संबंध माता-पिता तथा पर्यावरण से स्थापित करता है। इस दशा में उस पर दबाव पड़ता है इसके फलस्वरूप वह समायोजन का प्रयास करता है। साथ ही उसे कामवृत्ति का अनुभव होता है। शरीर के भीतर काम संबंधी प्रवृत्तियों का उदय और बाहर समाज का दबाव इन दोनों के बीच सामंजस्य स्थापित करना व्यक्तित्व विकास की प्रथम अवस्था का द्योतक है।

दूसरी अवस्था में बालक आदर्शों तथा मूल्यों को ग्रहण करता है। अपने सामाजिक जीवन के अनुकूल आदर्शों तथा मूल्यों को अपनाना चाहता है। इस संबंध में कभी-कभी उसमें अपराधी भावना का उदय होता है क्योंकि वह वांछनीय आदर्शों एवं मूल्यों के अनुसार जीवन व्यतीत करने में कठिनाई का अनुभव करता है।

व्यक्तित्व विकास की तीसरी अवस्था में व्यक्ति प्रौढ़ता प्राप्त कर लेता है। उसमें सृजनात्मक कला उत्पन्न हो जाती है। वह पूर्ण रूप से अपने को स्वतन्त्र अनुभव करता है। उसकी इच्छा शक्ति भी स्वतंत्र रूप से कार्य करने लगती है।

व्यक्तित्व प्रकार

इसी आधार पर रैंक ने पर्यावरण के तीन प्रकार बतायें है :

1. *सामान्य :* ऐसा व्यक्ति पर्यावरण से समझौता करने का प्रयास करता है। वह कभी संघर्ष में नहीं फंसता। कभी-कभी वह भ्रम तथा आज्ञा का सहारा लेकर अपनी आवश्यकताओं को भुलाना चाहता है।

2. *न्यूरोटिक :* दूसरे प्रकार का व्यक्तित्व न्यूरोटिक व्यक्तित्व होता है। ऐसा व्यक्ति समाज के नियमों को भंग करता और इसीलिए उसका जीवन एकाकी हो जाता है। वह दूसरों के प्रति सहानुभूति नहीं रखता। उसमें विघटनकारी संवेगों की प्रधानता होती है।
3. *सृजनात्मक :* ऐसा व्यक्ति स्वतंत्र रूप से कार्य करने की क्षमता रखते हैं। वह सदा रचनात्मक कार्यों की ओर प्रेरित होते हैं।

व्यक्तित्व का मापन

व्यक्तित्व का मापन तथा उसका निर्धारण करना एक बहुत बड़ी समस्या है; क्योंकि व्यक्ति को हम लम्बाई, चौड़ाई या आयतन की तरह माप नहीं सकते हैं क्योंकि व्यक्तित्व में ऐसे कारक होते हैं जो स्वयं भी अस्थिर हैं। फिर भी व्यक्तित्व मापन की विधियां प्रमुख हैं : 1. व्यक्तिगत विधि, 2. वस्तुनिष्ठ विधि, 3. प्रक्षेपण विधि।

व्यक्तिगत विधि

इस विधि द्वारा व्यक्ति संबंधी सूचना या तो व्यक्ति से या उसके सगे-संबंधियों से प्राप्त करते हैं। व्यक्तिगत विधि के 4 अंग हैं : 1. जीवन कक्षा, 2. व्यक्तिगत इतिहास, 3. साक्षात्कार विधि, 4. अभिज्ञापन प्रश्नावली।

वस्तुनिष्ठ विधि

यह विधि वैज्ञानिक होती है। इनमें 4 ढंग उपयोग में लाये जाते हैं : 1. नियंत्रित निरीक्षण, 2. अनुमांकन मापदण्ड, 3. व्यक्तित्व संकेतक, 4. मौखिक व्यवहार।

प्रक्षेपण विधि

प्रक्षेपण की प्रमुख विधियां निम्न प्रकार हैं : 1. रोशा परीक्षा, 2. खेल विधि, 3. चित्र साहचर्य परीक्षा, 4. शब्द साहचर्य परीक्षा 5. थेमेटिक एस्प्रे टेस्ट, 6. अभिनय प्रदर्शन परीक्षा।

एरिक एच. एरिकसन का मनोसामाजिक सिद्धान्त (Psycho-social Theory of E.H. Erikson)

एरिकसन का मनोविश्लेषणात्मक सिद्धान्त मूल रूप से फ्रायड के सिद्धान्त का परिमार्जित स्वरूप है। वस्तुत: एरिकसन का व्यक्तित्व संबंधी सिद्धान्त व्यक्ति के मनोसामाजिक परिवेश के अनुसार निर्धारित होता है। व्यक्ति अपने जीवन काल की प्रारम्भिक अवस्था से लेकर वृद्धावस्था तक अपनी आवश्यकताओं तथा प्रेरणाओं की पूर्ति हेतु अन्त:क्रिया द्वारा समाज में समायोजन स्थापित करता है। इस समायोजन की अवधि में जो सुख-दु:ख या व्यवधान व्यवहार के दौरान उत्पन्न होते हैं, वास्तव में वे व्यक्तित्व के निर्धारक तत्व कहे जा सकते हैं। एरिकसन ने इदम् को व्यक्तित्व के निर्धारण में अहम् भूमिका के रूप में स्वीकार किया है। एरिकसन ने उन सामाजिक प्रेरणाओं को अधिक महत्व प्रदान किया है जो कि व्यक्ति, जिस समय वह वृद्धि प्राप्त कर रहा होता है, उस समय सीखता है। वे अनुप्रेरणायें जो व्यक्ति के लिए महत्वपूर्ण हैं और वे जो एक-दूसरे के साथ द्वन्द्व करती हैं तथा विफलता की भावना की तरफ ले जाती हैं परिवार तथा मित्रों के समूह इत्यादि में पारस्परिक संबंधों से सीखी जाती हैं। एरिकसन के अनुसार विकास के विभिन्न चरणों में व्यक्ति को विभिन्न समस्याओं का सामना करना पड़ता है, जिसके अनुसार, उसके विशेष व्यक्तित्व का निर्माण होता है।

जीवन के प्रारम्भिक क्षणों में बालक विश्वास तथा अविश्वास की भावना को समझता व विकसित करता है। बच्चा स्वयं अपना अंगूठा काटता है व चिल्लाता है, इसलिए कि उसे स्वयं और वातावरण के प्रभावों तथा व्यवहार के परिणामों का ज्ञान नहीं होता। मूल प्रवृत्तियों के कारण जैसे भूख,

प्यास, दर्द होने पर वह चिल्लाता है। ऐसी स्थिति में मां द्वारा गोद में लेकर प्यार की अनुभूति उसके मानसिक स्तर को सान्त्वना देती है। मां का यह व्यवहार बच्चे के जीवन में विश्वास की मूल भावना को जन्म देता है। एरिकसन की उपरोक्त व्याख्या एक नैदानिकीय परीक्षण द्वारा स्पष्ट की जा सकती है, जिसमें 6–8 महीने की उम्र के बच्चों को उनकी मां से एक महीने तक अलग रखा गया। मां को बच्चों से अलग करने पर यह देखा गया कि बच्चों में मां के प्रति क्रमिक आकर्षण था तथा मां के न रहने पर उसमें विश्वास की भावना धीरे-धीरे मां के प्रति कम होती देखी गई। यह देखा गया कि बच्चों में उसी प्रकार की विश्वास भावना को मां के सदृश प्यार देकर यथावत् रखा जा सकता है, परन्तु 6–8 महीने से कम उम्र के बच्चों पर यह प्रयोग इसलिए कम सफल रहा क्योंकि छह महीने से कम उम्र के दौरान बच्चे और मां के बीच विश्वास की भावना स्थिरता नहीं प्राप्त कर सकी थी।

एरिकसन के व्यक्तित्व संबंधी मनोसामाजिक सिद्धान्त में सामाजिक समस्याओं का महत्व अधिक है, जो व्यक्तित्व के निर्माण में सहायक होती है। जीवन में आने वाले संघर्षों तथा सफलताओं से व्यक्ति का व्यवहार प्रति क्षण बदलता रहता है, परन्तु एरिकसन ने अपने सैद्धान्तिक विवेचन में यह स्पष्ट करने का प्रयत्न किया है कि व्यक्ति के पूर्व अनुभव वर्तमान में उसके व्यावहारिक क्रिया-कलापों को प्रभावित करते हैं, अर्थात् किसी अवधि में बालक को जो अनुभव प्राप्त होता है, वह आगे आने वाली अवस्था को भी प्रभावित करता है। एरिकसन के अनुसार व्यक्तित्व विकास की प्रक्रिया में आठ अवस्थायें आती हैं, जिसमें मनोसामाजिक विशेषताओं एवं सामाजिक संबंधों का क्षेत्र निम्नलिखित अनुसार होता है :

	अवस्था	*मनोवैज्ञानिक विशेषता*
1.	जन्म से प्रथम वर्ष तक	विश्वास बनाम अविश्वास माता या उसका विकल्प
2.	द्वितीय वर्ष	स्वतंत्रता बनाम सन्देह माता-पिता
3.	तीन से पांच वर्ज़ तक	पहल बनाम अपराध मुख्य परिवार
4.	छह वर्षों से यौवनारम्भ	परिश्रम बनाम हीनता पास-पड़ोस, स्कूल
5.	किशोरावस्था	तादात्म्य एवं खण्डन बनाम तादात्म्य प्रसाद समकक्ष समूह एवं बाह्य समूह, नेतृत्व के आदर्श व्यक्ति
6.	पूर्व प्रौढ़ावस्था	आत्मीयता एवं सहानुभूति बनाम एकाकीपन दोस्त, लैंगिकता प्रतिस्पर्धा एवं सहयोग के साथी
7.	युवा एवं मध्य प्रौढ़ावस्था	सृजनात्मकता बनाम निष्क्रियता विभाजित श्रम एवं भागीदारी
8.	उत्तर प्रौढ़ावस्था	सत्यनिष्ठा बनाम निराशा मानवतावाद

प्रत्येक आयु समूह में वर्णित मनोसामाजिक विशेषताओं तथा उनके सामाजिक संबंधों के क्षेत्र का अवलोकन करने से यह तथ्य स्पष्ट हो जाता है कि लगभग सभी आयु-समूह में व्यक्तित्व के निर्माण हेतु परस्पर विरोधी विशेषतायें सामाजिक अन्तर्सम्बन्धों से निर्मित होती हैं जो व्यक्तित्व संरचना को प्रभावित करती हैं।

अध्याय के विस्तार को देखते हुए हम निम्नलिखित कुछ अवस्थाओं के अन्तर्गत व्यक्तित्व को प्रभावित करने वाली मनोसामाजिक विशेषताओं का अध्ययन उनके सामाजिक संबंधों के क्षेत्र के अन्तर्गत करेंगे।

बाल्यावस्था (Trust vs Mistrust)

बालक पर माता-पिता के लाड़-प्यार का भी अधिक प्रभाव पड़ता है। उचित प्यार मिलने से बालक में संवेगात्मक स्थिरता आती है तथा अधिक प्यार के कारण बालक अस्थिर और जिद्दी स्वभाव का हो जाता है। प्यार की कमी से उसमें संवेगों का समुचित विकास नहीं हो पाता। इसके अतिरिक्त बाल्यावस्था में बच्चों को मां के दूध पिलाने का भी प्रभाव पड़ता है। विभिन्न प्रयोगों से यह देखा

गया है कि बालक की भूख मिट जाने के बाद भी वह मां के स्तनों को नहीं छोड़ना चाहता। वास्तव में दूध पिलाने का उद्देश्य केवल बच्चे की भूख की इच्छा को समाप्त करना ही नहीं होता, वरन् वह मां से सन्तुष्ट होकर सुगठित व्यक्तित्व की आधारशिला बनाता है। यह देखा गया है कि यदि प्रारम्भ के कुछ महीने में दूध पिलाकर माता द्वारा दूध पिलाना बन्द कर दिया जाता है तो व्यक्तित्व में निराशावाद और कटुवादिता आदि प्रवृत्तियां बढ़ती हैं।

बालक पर स्वच्छता प्रशिक्षण (Toilet Training) का भी प्रभाव पड़ता है। माता-पिता तथा परिवार के अन्य सदस्य बच्चे को सफाई करने का निर्देश देते हैं। यदि इस कार्य व्यवहार में बच्चे से कठोरता बरती जाती है तो बालक में अनेक बाध्यतायें विकसित हो जाती हैं। इस अवस्था में स्वच्छता प्रशिक्षण का मुख्य उद्देश्य बच्चे में स्व-नियंत्रण तथा आत्मनिर्भरता के गुणों का विकास करना है। बालक अपने विचारों का मल-मूत्र के त्याग द्वारा सहयोग तथा असहयोग की भावना का परिचय देता है। माता-पिता के तिरस्कार द्वारा बच्चों में असुरक्षा तथा असहयोग की भावना का विकास होता है तथा शारीरिक और मानसिक व्यवहार का विकास कम हो जाता है। बालक की यौन प्रवृत्तियों के प्रति परिवार के सदस्यों के दृष्टिकोण और प्रतिक्रिया का भी बालक के व्यक्तित्व पर प्रभाव पड़ता है। अनावश्यक रूप से डराने और धमकाने के कारण भी बालक में अपराधी भावना विकसित हो जाती है। बालक में अल्पायु में ही व्यक्तित्व के गुण दिखलाई पड़ते हैं। उद्यम, मैत्री, दृढ़-निश्चय तथा दूसरों पर प्रभाव डालना आदि बातों में बालक में दो-तीन वर्ष की आयु से ही अन्तर स्पष्ट होने लगते हैं। विभिन्न प्रयोगों से यह देखा गया है कि गत्यात्मक समायोजन, आत्मनिर्भरता, परिवार के प्रति प्रेम, हास्यप्रियता, संवेगात्मक समायोजन और विरोध के प्रति अनुक्रिया आदि व्यक्तित्व के लक्षण एक वर्ष की आयु से दिखलाई पड़ते हैं तथा बहुधा किशोरावस्था के बाद भी स्थाई रहते हैं। एरिकसन के अनुसार, बाल्यावस्था के दौरान बालक में स्वार्थपरता तथा विरोधाभास, डर तथा शर्म आदि की भावनाएं विकसित होती हैं।

किशोरावस्था पूर्व बचपन (Pre-pubertal Childhood or Industry vs Inferiority)

प्रथम छह वर्ष की आयु के पश्चात् व्यक्तित्व के विकास में दूसरी अवस्था आती है। यह अवस्था शैशव से किशोरावस्था आने तक चलती है, अतः इसे किशोरावस्था पूर्व बचपन की अवस्था कहा जा सकता है। इस अवस्था में बालक स्कूल जाना प्रारम्भ कर देता है। इस प्रकार उसके व्यवहार पर खेल, समूह, मित्रों तथा सहपाठियों एवं अन्य व्यक्तियों के व्यवहार का प्रभाव पड़ता है। घर में बालक को निश्चित स्थान प्राप्त होता है परन्तु विद्यालय में उसे अपने व्यवहार व प्रवृत्ति के अनुसार मित्रों की खोज करनी होती है। इस परिवेश में बालक समानता व न्यायानुकूल चारित्रिक गुणों का विकास करता है। चूंकि विद्यालय का वातावरण घर के वातावरण से भिन्न होता है, अतः बालक में स्वतन्त्रता तथा आत्मनिर्भरता के गुणों में भी वृद्धि होती है। इस अवस्था में बालक अपने समूह में प्रवेश करता है तथा स्थिति के अनुसार भूमिका का निर्वहन भी करता है। समूह में समायोजन की सफलता एवं असफलता से बालक के गुणों व अवगुणों में तदनुसार वृद्धि होती है। परिवार में अत्यधिक निर्भर रहने वाले बालकों को इस अवस्था में समूह से समायोजन करने में कठिनाई होती है। समूह में रहकर बालक अपने जीवन के प्रतिमान को निर्धारित करता है तथा सामूहिक समायोजन न होने की स्थिति में हीनता की भावना विकसित होती है। यदि बालक को समूह से पलायन करने में सुरक्षा तथा सुविधा का आभास होगा तो वह अवश्य पलायनवादी प्रवृत्तियों को महत्व देगा तथा यदि उसे स्वावलम्बन और विरोध अथवा आक्रामकता से अधिक सन्तोष होगा तो वह उन्हीं विशेषताओं को जीवन के व्यवहार में प्रदर्शित करेगा।

इस अवस्था में बालक अपनी जननेन्द्रियों की तरफ अधिक आकर्षित होता है। बालक की इस अज्ञानता से उत्पन्न व्यवहार माता या पिता को क्रोधित कर सकते हैं। माता-पिता द्वारा क्रोध

प्रदर्शित किए जाने से बच्चा अपनी इस जिज्ञासु प्रवृत्ति को स्वयं में दमित करता है। काम के प्रति अरुचि तथा माता-पिता का कटु व्यवहार बच्चे में असुरक्षा तथा काम के प्रति चिन्ता जैसी समस्याओं को जन्म देता है। एरिकसन के अनुसार, किशोरावस्था पूर्व बचपन जीवन की वह अवस्था है, जब बालक संघर्ष तथा प्रतिरोध, पहल और दमन जैसी अनेक प्रतिरोधात्मक अवस्थाओं से गुजरता है जो भविष्य में व्यवहार की अंग होती हैं। विद्यालय आने तक की अवस्था में बालक निम्न व्यवहारों में वृद्धि करता है :

1. बालक बाह्य वातावरण तथा स्वयं में अन्तर स्पष्ट कर सकता है।
2. प्रेम व स्नेह की योग्यता का विकास।
3. माता-पिता की आवश्यक रुचि एवं प्रवृत्तियों को समझने की क्षमता।
4. खाने तथा स्वच्छता प्रशिक्षण की स्वतन्त्रता का विकास।
5. बाह्य जगत् के प्रत्यक्षीकरण करने की योग्यता का विकास।
6. वातावरण में समायोजन करने को सीखना।

एरिकसन ने किशोरावस्था की पूर्व बचपन की कुशलता तथा अकुशलता (Industry and Inferiority) के बीच सामंजस्य करने की क्षमता का विकास करने की अवस्था के रूप में व्याख्या की है। बालक अपनी अवधारणा के अनुसार निहित योग्यता व क्षमता के आधार पर अपनी समस्याओं के समाधान का प्रयत्न करता है। इस अवस्था में बालक सांस्कृतिक कार्यक्रमों में भाग लेता है तथा अपनी संस्कृति में लागू मूल्यों को सीखता है। अमेरिका के लगभग 90 प्रतिशत घरों में दूरदर्शन के कार्यक्रम बच्चे देखते हैं। आंकड़ों के अनुसार एक सामान्य अमेरिकी बालक जागने की अवधि के 1/6 घण्टे या अधिकांशतः 1/8 घण्टे दूरदर्शन के कार्यक्रम देखता है (लायले तथा पारकर, 1961) इस प्रकार के कार्यक्रम बालक के आचरण तथा उसकी संस्कृति, मूल्यों, मान्यताओं, जीवन के नैतिक प्रतिमानों से उसे अवगत कराते हैं।

तारुण्य और किशोरावस्था (Puberty and Adolecence or Identity vs Role Diffusion)

किशोरावस्था एक परिवर्तन की अवस्था है, जिसे एरिकसन महोदय ने भूमिकाओं के विभ्रम (Role Confusion) की संज्ञा दी है। किशोरावस्था में यौन-क्रियायें परिपक्वन होती है। किशोरावस्था एक मनोवैज्ञानिक अवस्था है, जिसमें तारुण्य का व्यक्तित्व पर प्रभाव अवश्य पड़ता है। यौन-क्रियाओं में रुचि तारुण्य के पश्चात् विशिष्ट तौर पर विकसित हो जाती हैं। अध्ययनों से यह ज्ञात हुआ है कि तारुण्य के बाद लड़के-लड़कियों के सामाजिक व्यवहार में अधिक परिपक्वता दिखाई पड़ती है। इसका कारण यह भी हो सकता है कि तारुण्य की शारीरिक अवस्था का बोध होने से लड़के व लड़की अपने को वयस्क समझने लगते हैं। इस अवस्था में लड़के व लड़कियां स्वयं को महत्वपूर्ण दिखलाना चाहते हैं तथा उनकी रुचियां वयस्कोचित हो जाती हैं। तारुण्य की अवस्था लड़कियों में लड़कों से दो वर्ष पूर्व ही आ जाती है। इसी कारण उनमें तारुण्य के ठीक पहले शारीरिक विकास तेजी से होता है। किशोरावस्था की मनोवैज्ञानिक अवस्था में लड़के-लड़कियां विपरीत लिंगीय व्यक्तियों में अधिक रुचि लेने लगते हैं तथा उनमें स्वतन्त्रता की भावना बढ़ जाती है। किशोरावस्था में मानसिक तनाव उन विभिन्न संघर्षों के कारण होता है, जिनसे सभ्य समाज के एक व्यक्ति को गुजरना पड़ता है। ये संघर्ष माता-पिता पर निर्भरता से मुक्ति, यौन समायोजन, आत्मनिर्भरता, व्यवसाय का चुनाव आदि अनेक सामाजिक समस्याओं के कारण उत्पन्न होते हैं। इस आयु में यदि माता-पिता किशोर को बालक ही समझते हैं तो इससे या तो किशोर उनके विरुद्ध जबर्दस्त विरोध करता है, या स्वयं का समर्पण, जिससे उसके व्यक्तित्व का विकास अवरुद्ध हो जाता है। यौन जिज्ञासाओं के शान्त होने का साधन न होने के कारण और उनको समाज में बुरा समझे जाने के कारण किशोर व्यक्ति में अपराध की भावना और चिन्ता बढ़ती है, जिससे उसके व्यक्तित्व का समुचित विकास

नहीं हो पाता। किशोरावस्था में आर्थिक समायोजन की समस्या भी उत्पन्न होती है। आशा से निम्न पद प्राप्त होने पर, बहुत दिनों तक व्यवसाय न मिलने या रुचिकर व्यवसाय न मिलने पर व्यक्ति पर बहुत अधिक प्रभाव पड़ता है। इस प्रकार एरिकसन ने किशोरावस्था को एक ऐसी अवस्था के रूप में निरूपण किया है, जिसमें किशोर परिवार व समाज में अपना स्व कायम करने के लिए विभिन्न भूमिकाओं के बीच संघर्ष करता हुआ अपना चारित्रिक विकास करता है।

वयस्कावस्था (Adulthood)

अपने जीवन की वयस्कावस्था के समय व्यक्ति स्वयं को किसी परिस्थिति में समायोजित करने की इच्छा व्यक्त करता है। व्यक्ति को अपने तथा समाज के बीच मौजूद सामाजिक मूल्यों की जानकारी हो जाती है। इस अवस्था में व्यक्ति स्वतंत्र तथा स्वयं निर्णय लेने वाला होता है। व्यक्ति का निर्णय उसके जीवन के वास्तविक प्रत्यक्षीकरण, अनुभवों तथा वातावरण से समायोजित होने के अनुकूल होता है। इस अवस्था में व्यक्ति को अपने जीवनसाथी की तलाश होती है, जिसके साथ रहकर वह अपने भविष्य के जीवन को अपने विचारों, ज्ञान और मूल्यों के साथ अनुकूलन करते हुए एक निश्चित उद्देश्य की प्राप्ति हेतु कार्य करता है अर्थात् व्यक्ति सामान्य रहकर एक स्थिर अवस्था की खोज में रहता है। इस अवधारणा को एरिकसन ने Generativity v/s stagnation की संज्ञा दी है। इस प्रकार एरिकसन के अनुसार विवाह दम्पतियों की पारस्परिक सन्तुष्टि का एक मार्ग प्रशस्त करता है। जीवन साथी से सामंजस्य होने पर व्यक्ति अपना जीवन सामान्य ढंग से व्यतीत कर सकता है अन्यथा तनाव या भय से पारिवारिक विघटन होने के कारण संघर्ष की स्थिति भी उत्पन्न हो सकती है।

वृद्धावस्था (Old Age or Integrity vs Despair)

वृद्धावस्था व्यक्ति के जीवन में अनेक शारीरिक समस्याओं को उत्पन्न करती है, जैसे- आंख से कम दिखाई देना या बहरापन। मांसपेशियां कमजोर हो जाती हैं तथा काम-शक्ति पूर्णतया कम या समाप्त हो जाती है। इसके अतिरिक्त परिवार के बच्चे बड़े हो जाते हैं तथा व्यक्ति स्वयं एकाकी जीवन व्यतीत करने की इच्छा करता है। वह व्यक्ति जो अपनी नौकरी से अवकाश ग्रहण कर लेता है, अब केवल एक स्थान पर रहकर अकेला महसूस करता है। अध्ययनों से यह भी ज्ञात हुआ है कि वह पुरुष जो हमेशा पितृसत्तात्मक रहा है, वृद्धावस्था में पत्नी की भांति रहकर अपनी सत्तात्मक शक्ति में ह्रास होता महसूस करता है। युवावस्था में वही व्यक्ति जो सब कुछ कर सकने की क्षमता रखता है, इस अवस्था में शारीरिक व मानसिक कमजोरी के कारण उसे अपने परिवार के अन्य सदस्यों पर आश्रित रहना पड़ता है, जिसके कारण व्यक्ति अधिक जिद्दी व हठधार्मिता की भावनाओं को विकसित करता है। वृद्धावस्था में चूंकि व्यक्ति मृत्यु के नजदीक होता है, अतः अपनी भावनाओं को बल प्रदान करने के लिए मृत्यु को रक्षा के हथियार के रूप में प्रयोग करता है तथा सामाजिक सामंजस्य बनाये रखने के लिए स्वयं को दूसरे से अधिमान्यता भी देता है।

एरिकसन के सिद्धान्त की आलोचना

1. एरिकसन के मनोसामाजिक सिद्धान्त के अन्तर्गत यह स्पष्ट करना आवश्यक है कि विभिन्न विकासात्मक अवस्थाओं के बीच निरपेक्ष सीमा (Absolute Limit) का खींचना सम्भव नहीं है।
2. एरिकसन का यह विचार भी तर्कसंगत नहीं है कि विकास की पिछली अवस्था में जो कमी रह गई है वह बनी रहेगी। दैनिक जीवन के अनुभव से यह तथ्य स्पष्ट हो जाता है कि यदि पूर्व में कोई कमी रह गई है तो अनुकूल परिस्थितियों का सृजन कर भविष्य में उसमें सुधार लाया जा सकता है।

ऑलफ्रेड एडलर का इच्छाशक्ति का सिद्धान्त (Alfred Adler's Theory of Power of Will)

ऑलफ्रेड एडलर का मानव व्यक्तित्व संबंधी सिद्धान्त फ्रायड, कुर्ट लेविन तथा एरिकसन के सिद्धान्त से पूर्णतया अलग है। एडलर के सिद्धान्त में यद्यपि आनुवंशिकता तथा सामाजिक एवं सांस्कृतिक पर्यावरण महत्वपूर्ण हैं, परन्तु व्यक्ति स्वयं प्रमुख है। समाज में प्रत्येक व्यक्ति की इच्छायें, उद्देश्य, कार्य करने का स्वरूप, व्यवहार की प्रवृत्ति प्राय: एक-दूसरे से भिन्न होती हैं। यही कारण है कि प्रत्येक व्यक्तित्व की संरचना अलग-अलग होती है। व्यक्ति की इच्छा एवं कार्य करने की रचनात्मक शक्ति ही वह महत्वपूर्ण तत्व है जो उसे निर्दिष्ट मानसिक अवस्था की ओर ले जाती है। प्राणिशास्त्रीय विकास के सिद्धान्तों के अनुसार आवश्यकता ही वह प्रमुख कारक है, जिसकी पूर्ति के लिए जीव कार्य करता है तथा उसमें आवश्यकतानुसार विकासात्मक परिवर्तन होते हैं। उदाहरणार्थ, मनुष्य तथा जिराफ की गर्दन में मात्र सात अस्थियां ही होती हैं। प्रारम्भिक अध्ययनों से यह तथ्य प्राप्त हुए हैं कि कई सौ वर्षों की विकास क्रिया में ऊंचे वृक्षों पर लगी पत्तियों को खाने की आवश्यकता के कारण ही जिराफ की गर्दन अन्य जीवधारियों की तुलना में लम्बी हो सकी है (Lamarc Theory of Development)। इन बातों के अध्ययन से यह तथ्य स्पष्ट होता है कि व्यक्ति की आवश्यकतायें तथा कार्य करने की इच्छा-शक्ति एवं उद्देश्यों की पूर्ति हेतु समस्याओं के समाधान प्राप्त करने की रचनात्मक शक्ति ही उसके व्यक्तित्व के विकास का प्रमुख कारण है। मनुष्य में स्वयं ऐसी शक्तियां निहित हैं, जिनके द्वारा वह अपना सामाजिक एवं मनोवैज्ञानिक विकास करता है। मानवीय इच्छा शक्ति के आधार पर व्यक्तित्व के गठन और विकास के संबंध में एडलर ने निम्नलिखित सिद्धान्तों/तथ्यों का निरूपण किया है :

रचनात्मक शक्ति (Creative Self)

जीव-विज्ञान के दृष्टिकोण से सभी व्यक्ति समान होते हैं परन्तु मनोविज्ञान की दृष्टि से कोई दो व्यक्ति समान नहीं होते। एडलर ने अपने अध्ययन द्वारा यह ज्ञात किया है कि प्रत्येक व्यक्ति में विशेष रचनात्मक शक्ति होती है जो आनुवंशिकता और पर्यावरण के साथ ही साथ उसके व्यक्तित्व का निर्माण करती है।

व्यवहार की गत्यात्मकता

व्यक्ति की रचनात्मक शक्ति गतिशील होती है, परन्तु उसकी गति में व्यवहार की एक दिशा भी परिलक्षित होती है। एडलर का विचार है कि जब किसी व्यक्ति के सम्मुख कोई समस्या उपस्थित होती है तो वह उसके समाधान हेतु विभिन्न विकल्पों की प्राप्ति के लिए प्रयत्न करता है और यह प्रयत्न गति के नियम पर आधारित होता है, जिसमें व्यवहार की प्रवृत्ति स्पष्ट रूप से दिखाई देती है। उदाहरणार्थ, जब व्यक्ति को भूख की इच्छा होती है तो भूख के समाधान के लिए वह भोजन प्राप्त करने के विभिन्न विकल्पों को खोजने का प्रयत्न करता है। भोजन किसी स्थान से चुरा कर प्राप्त किया जा सकता है या किसी व्यक्ति से मांग कर भी इच्छाओं की पूर्ति की जा सकती है। उक्त दोनों विकल्पों में व्यक्ति के व्यवहार करने की गति एवं प्रकृति स्पष्ट दिखाई देती है। व्यावहारिक गति के इन नियमों के आधार पर एडलर ने जीवन शैली के नियम का भी उल्लेख किया है।

जीवन शैली (Style of Life)

एडलर के अनुसार, प्रत्येक व्यक्ति अपने जीवन में इच्छानुसार रहने, खाने, पहनने, व्यवहार करने की अद्वितीय शैली का विकास करता है अर्थात् किन्हीं दो व्यक्तियों की जीवन शैली एक प्रकार की नहीं हो सकती। जीवन की विभिन्न शैलियों में अपूर्णता का कारण व्यक्ति का स्वयं अपूर्ण होना है।

जीवन शैली का विकास वैयक्तिक और सामाजिक तथा सांस्कृतिक अन्त:क्रियाओं के परिणामस्वरूप होता है। शैशवावस्था में बच्चे में रचनात्मक शक्ति का अभाव होता है परन्तु उसके व्यवहार पर पारिवारिक और सामाजिक पर्यावरण का प्रभाव पड़ता है, जिससे वह अपनी रचनात्मक शक्ति तथा पर्यावरण में होने वाले आदान-प्रदान के आधार पर एक जीवन शैली बनाने का प्रयास करता है। बालक परिवार में अपने माता-पिता के लक्षणों को अनुकरण द्वारा सीख कर अपने जीवन में तदनुसार व्यवहार करने की कला विकसित करता है, तथा उन कार्यों को करने से विरत रहता है, जिसका माता-पिता द्वारा निषेध किया जाता है या जिन असामाजिक व्यवहारों को अनुमोदन नहीं प्राप्त होता। व्यावहारिक प्रतिमानों को अनुकरण द्वारा सीखने की इस अवस्था में बच्चे को जन्म से प्राप्त रचनात्मक शक्ति की स्वतन्त्रता में अंकुश लग जाता है और वह अपनी शक्तियों का विकास पर्यावरण के अनुसार ही करने में सफल हो पाता है क्योंकि बालक को अपने पर्यावरण के अनुसार ही रचनात्मक शक्तियों को अभिव्यक्त करने का अवसर प्राप्त होता है। इस प्रकार शिशु के व्यक्तित्व के विकास में उसकी जीवन शैली का विकास भी निहित होता है। एडलर के अनुसार जीवन शैली का विकास व्यक्ति के व्यक्तित्व के विकास का प्रमुख अंग है।

मानसिक क्रिया

व्यक्ति की मानसिक क्रियाओं में उसके व्यवहार की झलक दिखायी देती है। जीवन के प्रत्येक कार्य उद्देश्यपूर्ण होते हैं, व्यक्ति अपने उद्देश्यों की प्राप्ति के लिए व्यवहार करता है, अत: मनोवैज्ञानिक दृष्टिकोण से मानवीय व्यवहारों का अध्ययन करने के लिए उसके जीवन लक्ष्य को जानना अति आवश्यक है। भिन्न-भिन्न कार्यों को करने की रुचि व्यक्ति के भिन्न उद्देश्यों को स्पष्ट करती है। इस प्रकार मानसिक रोगियों के जीवन-लक्ष्य तथा व्यवहार के उद्देश्यों के अध्ययन से उनकी समस्या का अधिक अच्छा निदान किया जा सकता है।

आक्रामक शक्ति

प्रत्येक बालक में जिज्ञासा की भावना होती है। वह पर्यावरण की वस्तुओं को स्वयं समझने तथा प्रहस्तित (Manipulate) करने की इच्छा रखता है तथा इस प्रकार के व्यवहार से वह अपनी इच्छाओं तथा उद्देश्यों की पूर्ति करना चाहता है। जब इन आवश्यकताओं की पूर्ति में असफलता होती है या लक्ष्य के मार्ग में कोई बाधा उत्पन्न हो जाती है तो बच्चे के व्यवहार में आक्रामकता दिखायी देती है। बाल्यावस्था में भूख की इच्छा होने पर यदि बच्चे को भोजन न दिया जाए तो वह चिल्लाता है, हाथ-पैर पटकता है तथा क्रोधित होकर कभी-कभी उन आक्रामक शक्तियों का प्रयोग वह अपने प्रति करता है, जैसे बिस्तर पर पेशाब कर देना, कपड़े उतार देना इत्यादि। इस प्रकार स्वयं के प्रति किए गए आक्रामक व्यवहारों से बच्चे में निराशा की भावनाएं बढ़ती हैं तथा सामाजिक समायोजन में समस्यायें उत्पन्न होती हैं। निराशा की भावना अन्ततोगत्वा आक्रामकता को जन्म देती है और बच्चे का समायोजन दुरूह हो जाता है। आक्रामक शक्तियों का प्रयोग स्वयं के प्रति करने से बालक दब्बू बन जाता है जिसका परिष्कृत स्वरूप नम्रता तथा विनयशीलता के व्यवहारों में दिखायी पड़ता है। एडलर ने इन विचारों में पुन: संशोधन करते हुए यह स्पष्ट किया है कि कोई व्यक्ति अपने उत्तरदायित्वों को पूर्ण करने में असमर्थ होता है तो वह आक्रामक प्रवृत्ति अपनाता है, परन्तु आक्रामकता की यह प्रवृत्ति स्थाई नहीं होती, क्योंकि भविष्य में सामाजिक अन्तर्सम्बन्धों द्वारा वह यह सीख लेता है कि प्रत्येक कार्य में आक्रामकता का यह व्यवहार जीवन लक्ष्यों की प्राप्ति तथा सामाजिक समायोजन में बाधक हो सकता है। आक्रामकता पर सामाजिक परिस्थितियों का प्रभाव पड़ता है, क्योंकि आक्रामक व्यवहार को दण्ड या निन्दा द्वारा कम या समाप्त किया जा सकता है। प्रशंसा तथा अनुमोदन द्वारा आक्रामकता के समायोजन में बाधा पहुंचती है। अत: स्वस्थ समायोजन के लिए बच्चों को आक्रामक होने से बचाना चाहिए।

हीनता-ग्रन्थि (Inferiority Complex)

प्रत्येक व्यक्ति में हीनता-ग्रन्थि भी पाई जाती है। व्यक्तित्व संरचना के अनुसार कुछ व्यक्तियों में हीनता की भावना अधिक होती है तथा कुछ व्यक्तियों में हीनता की भावना कम पाई जाती है। यह एक कहावत है कि व्यक्ति अपूर्ण होता है अर्थात् किसी भी व्यक्ति में सर्वगुण सम्पन्नता का अभाव होता है तथा व्यक्ति इन अभावों को अन्य लक्ष्यों की प्राप्ति से दूर करने का प्रयत्न करता है। यदि किसी क्षेत्र में व्यक्ति को बार-बार असफलता प्राप्त होती है तो व्यक्ति में उस समस्या के प्रति हीनता उत्पन्न हो जाती है। बाल्यावस्था में बच्चे की प्रवृत्ति प्रत्येक वस्तु को छूकर देखने व समझने की होती है। यदि इस अवस्था में बच्चे को कठोर अनुशासन द्वारा किसी कार्य को करने से मना किया जाता है तो उसमें स्वयं के प्रति असुरक्षा तथा हीनता के भाव स्पष्ट होने लगते हैं। कभी-कभी दूसरे व्यक्तियों को प्रतिस्पर्धा में आगे बढ़ते देखकर शारीरिक या मानसिक अक्षमता के कारण भी हीन-ग्रन्थियां विकसित हो जाती हैं। हीन-ग्रन्थियों का विकास शारीरिक अपंग बच्चों में साधारण बच्चों की तुलना में अधिक होता है। हीन-ग्रन्थियों के विषय में एडलर ने सर्वप्रथम शारीरिक अंगों का अध्ययन किया और यह पाया कि व्यक्ति उसकी पूर्ति अन्य अंगों के अधिक विकास द्वारा करता है। एडलर ने अपने अध्ययन में यह अनुभव किया कि मनुष्य के शरीर की संरचना ही इस प्रकृति की है जिसके द्वारा एक अंग की आवश्यकताओं की संपूर्ति दूसरे अंगों द्वारा होती है। उदाहरणार्थ अधिकांश अपंग, अन्धे एवं बधिर व्यक्ति शारीरिक कमी होने के बावजूद भी सामान्य व्यक्तियों की तुलना में किसी क्षेत्र विशेष में अच्छा व्यवहार प्रदर्शित कर सकते हैं। व्यक्ति में शारीरिक हीनता के अलावा क्रियात्मक तथा मानसिक हीनता भी पाई जाती है। शरीर के किसी अंग में समुचित विकास न होने के कारण भी बच्चों में हीनता-ग्रन्थियां विकसित हो जाती हैं। इस प्रकार एडलर ने अपने अध्ययन में यह स्पष्ट किया कि हीनता की भावना सार्वजनिक है जिससे प्रेरित होकर व्यक्ति अपने को श्रेष्ठ बनाने का प्रयत्न करता है।

श्रेष्ठता की भावना (Feeling of Superiority)

किसी क्षेत्र विशेष में विशिष्ट योग्यता प्राप्त करने से व्यक्ति में श्रेष्ठ भावना का विकास होता है। खेल के मैदान में एक अन्तरराष्ट्रीय खिलाड़ी सामान्य खिलाड़ी की तुलना में श्रेष्ठता का अनुभव करता है। आधुनिक युग में अधिक धन कमाने या संचय करने की प्रवृत्ति मनुष्य में श्रेष्ठ ग्रन्थि का विकास करती है, जिससे वर्ग संरचना (Class Structure) का उदय होता है। जातिगत विशेषताओं के आधार पर सवर्ण जातियां निम्न जातियों के व्यक्ति से स्वयं को श्रेष्ठ अनुभव करती हैं। प्रत्यक्ष रूप से श्रेष्ठ तथा हीन-ग्रन्थियां एक-दूसरे के विपरीत हैं, परन्तु एडलर की व्याख्यानुसार हीन तथा श्रेष्ठ ग्रन्थियां एक-दूसरे की पूरक हैं। एडलर के अनुसार वही व्यक्ति श्रेष्ठ-ग्रन्थि विकसित करता है, जिसमें हीनता-ग्रन्थि होती है अर्थात् हीनता के कारण उत्पन्न होने वाली मनोवैज्ञानिक कमी की व्यक्ति श्रेष्ठता की ग्रन्थि के विकास से पूरा करता है। एडलर के अनुसार समाज में जो व्यक्ति असामाजिक व्यवहार करते हैं, वे मूलतः हीन-ग्रन्थि के शिकार होते हैं तथा अपनी कमियों को छिपाने के लिए श्रेष्ठता के भाव विकसित करते हैं।

सामाजिकता की भावना (Social Interest)

सामाजिक भावनाओं का विकास सामाजिक अन्तःक्रिया से प्रारम्भ होता है। सामाजिक अन्तःक्रिया एक ऐसी प्रक्रिया है, जिसमें किसी व्यक्ति का व्यवहार दूसरे व्यक्ति से प्रभावित होता है। सामाजिक अन्तःक्रियाओं के परिणामस्वरूप व्यक्ति में सामाजिक भावनाओं/व्यवहारों का विकास होता है। यदि बच्चे को मानव-समाज से अलग कर दिया जाए तो उसे अन्तःक्रिया के अवसर नहीं मिल पायेंगे तथा उसकी सामाजिक भावनाओं का विकास अवरुद्ध हो जाएगा। कोई बालक या व्यक्ति जितना ही अधिक सामाजिक अवसरों का लाभ उठाता है या सामाजिक कार्यों तथा सामाजिक प्रक्रियाओं में

भाग लेता है, उसमें उतनी ही शीघ्र सामाजिक भावनाओं तथा एक-दूसरे से मिलकर सहयोग और समन्वय के साथ कार्य करने की प्रवृत्ति बढ़ती है। यही कारण है कि सामाजिक क्रिया-कलापों में कम भाग लेने वाले बच्चों में सामाजिक भावना का विकास विलम्ब से होता है। एडलर ने व्यक्ति की सामाजिकता पर विशेष बल दिया है। एडलर के अनुसार, प्रत्येक व्यक्ति में, समाज में रहकर सामाजिक मूल्यों के साथ अनुमोदन प्राप्त करते हुए सामाजिक विकास करने का स्वाभाविक गुण होता है तथा जब कभी व्यक्ति के सामाजिक विकास में अवरोध उत्पन्न होता है तो उसका व्यक्तित्व कुण्ठित हो जाता है। अत: माता-पिता तथा अन्य लोगों को चाहिए कि बच्चों के लिए अधिक से अधिक सामाजिक अवसर में सहभागिता करने की प्रवृत्ति बढ़ायी जाए, जिससे विभिन्न प्रकार के सामाजिक कार्यों को करने में व्यक्ति की मनोवृत्ति को तदनुरूप बनाया जा सके।

उपरोक्त नियमों के परिप्रेक्ष्य में एडलर ने मानसिक रोगों की चिकित्सा में सफलता तथा असफलता पर अधिक बल दिया है। बाल्यावस्था में व्यक्ति को कितनी प्रतिष्ठा प्राप्त हुई है? क्या वह अत्यधिक दुलार, घृणा व अनुशासन का पात्र था, स्कूल में उसका क्या अनुभव रहा, उसे कितनी प्रतिस्पर्धाओं का सामना करना पड़ा तथा उसकी महत्वाकांक्षायें क्या थीं, इन बातों का उनके जीवन शैली पर प्रभाव पड़ता है। एडलर का अध्ययन व्यक्ति के जीवन लक्ष्य (Life-goal) तथा जीवन शैली (Style of Life) का था। एडलर के अनुसार सामाजिक हीनताओं के निराकरण के प्रयास से व्यक्ति के चरित्र का निर्माण होता है तथा उसके जीवन के लक्ष्य निर्धारित होते हैं। जो व्यक्ति जन्म से परिवार में सुखी है, उसका समायोजन स्वस्थ होता है, क्योंकि वह जीवन की बाधाओं, हीनताओं, विवशताओं और असफलताओं का साधारण समाज-सम्मत तरीके से सामना करता है, परन्तु जिन व्यक्तियों का समायोजन अधूरा और दोषपूर्ण होता है, वे रक्षात्मक प्रक्रियाओं (Defence Mechanism) द्वारा आत्मपूर्ति प्राप्त करने की चेष्टा करते हैं। व्यक्ति के जीवन में यह भेद जीवन-पद्धति (Life Style) का ही भेद है।

अन्तर्वैयक्तिक आकर्षण संबंधी विचारधाराएं

यद्यपि प्राचीन काल में सोसियोमेट्रिक गवेषणाओं का निर्देशन सोसियोमेट्रिक विचारधाराओं के द्वारा नहीं होता था, किन्तु आज के युग में आनुभविक तथ्यों के आधार पर अन्तर्वैयक्तिक आकर्षण संबंधी बहुत सी विचारधाराओं का विकास हुआ है। यहां उनमें से कुछ प्रमुख विचारधाराओं का विवरण दिया जाएगा। इस प्रकार की विचारधाराओं को दो भागों में विभाजित किया जा सकता है : 1. वे विचारधाराएं जो व्यक्ति की विशेषताओं पर विशेष बल देती हैं, 2. वे विचारधाराएं जो अन्तर्क्रियाओं के पुरस्कार और लागत पर विशेष बल देती हैं। इस संबंध में भिन्नता की विचारधारा का उल्लेख यहां समीचीन होगा, जो व्यक्ति की वैयक्तिक विशेषताओं के आधार पर आकर्षण की प्रक्रिया को स्पष्ट करने का[5] प्रयास करती है। कहना नहीं होगा कि इस प्रकार की विचारधारा का आज कोई महत्व नहीं रह गया है। आधारभूत प्रश्न यह है कि वे व्यक्ति, जिनकी विशेषताएं एक दूसरे से मिलती-जुलती हैं अथवा वे व्यक्ति, जिनकी विशेषताएं एक-दूसरे से नहीं मिलती हैं, क्या एक-दूसरे के प्रति आकर्षित होते हैं? आज औद्योगिक मनोविज्ञान के क्षेत्र में यह प्रश्न प्रमुख विचारणीय प्रश्न बन जाता है। इस परिप्रेक्ष्य में कुछ प्रमुख विचारधाराओं को नीचे प्रस्तुत किया जा रहा है:

अन्तर्वैयक्तिक आकर्षण से संबंधित न्यूकौम्ब[6] की विचारधारा

न्यूकौम्ब ने हेडर (1950) की विचारधारा का अनुसरण करते हुए 1961 में अन्तर्वैयक्तिक आकर्षण के संबंध में एक नवीन विचारधारा का अभिकल्पन किया। उक्त विचारधारा का मूल तत्व यह था कि एक ही अभिवृत्ति रखने वाले व्यक्ति एक-दूसरे के प्रति आकर्षित होते हैं। एक लम्बे अनुभव के पश्चात् व्यक्ति पर्यावरण से सूचनाओं की प्राप्ति हेतु दूसरों पर आश्रित होने लगता है। वह उन

सूचनाओं के माध्यम से अपनी अनुभूतियों की अभिव्यक्ति का प्रसार करता है। इस प्रकार व्यक्ति को अपनी अभिवृत्तियों एवं विश्वासों की पुष्टि हेतु दूसरों की सहायता की आवश्यकता होती है। यदि वह किसी ऐसे व्यक्ति से मिलता है, जिसकी अभिवृत्तियां उसके प्रतिकूल हैं तो उसे एक आन्तरिक तनाव की अनुभूति होती है। इस तनाव के निराकरण हेतु व्यक्ति दूसरे व्यक्तियों की अभिवृत्तियों से एकरूपता स्थापित करना चाहता है। इस प्रकार की आधारभूत अभिप्रेरणाओं को 'कॉनसेप्चुअल वैलिडेशन की आवश्यकता' के नाम से अविहित किया गया है। इस प्रत्यय का अर्थ यह है कि व्यक्ति दूसरों से समझौता कर अपनी अभिवृत्तियों के औचित्य की स्थापना करना चाहते हैं।

किसी व्यक्ति में दूसरों की अभिवृत्तियों से एकरूपता स्थापन करने की इच्छा की मात्रा में जितनी अधिक तीव्रता होगी वह समान अभिवृत्ति वाले व्यक्ति के प्रति उतना ही अधिक आकर्षित होगा। इसके साथ ही इस बात का भी महत्व है कि अभिवृत्ति की एकरूपता किस वस्तु के प्रति है। उदाहरणार्थ यदि एक विवाहित दंपति में कार खरीदने की अभिवृत्ति में एकरूपता है और दूसरे दंपति की बच्चा पैदा करने की अभिवृत्ति में एकरूपता है, तो प्रथम दंपति की अपेक्षा द्वितीय दंपति के व्यवहारों में पारस्परिक आकर्षण अधिक होगा।

न्यूकौम्ब की विचारधारा को प्रणाली अभिगम के परिप्रेक्ष्य में भी देखा जा सकता है। एक व्यक्ति के विभिन्न चरों के आकर्षण अनुस्थापन और प्रत्यक्षीकरण का दूसरे व्यक्ति के संबंधित चरों के अनुस्थापन और प्रत्यक्षीकरण से संबंध होता है। कुछ अंश में तो इस प्रकार के संबंधों में आकर्षण का जन्म होता है और कुछ अंश में आकर्षण के द्वारा ही ऐसे संबंधों की स्थापना होती है। उदाहरणार्थ 'अ' नामक व्यक्ति में 'ब' नामक व्यक्ति के प्रति जो आकर्षण निहित होता है; उसका केवल यही कारण नहीं है कि 'अ' और 'ब' दोनों ही व्यक्ति 'स' नामक वस्तु के प्रति एक ही प्रकार की अभिवृत्ति रखते हैं। वरन् 'अ' जिस अंश में 'ब' के प्रति पूर्णाकर्षित रहेगा, उसी अंश में वह 'स' नामक वस्तु के प्रति 'ब' की अभिवृत्तियों का परिलक्षण करेगा। इस तथ्य को एक-दूसरे उदाहरण से और अधिक स्पष्ट किया जा सकता है। मान लीजिए कि 'अ' 'ब' के प्रति आकर्षित है। किन्तु उसे यह महसूस होता है कि 'स' नामक वस्तु को वह तो बहुत पसन्द करता है किन्तु 'ब' उस वस्तु को उतना पसन्द नहीं करता। ऐसी स्थिति में 'ब' के प्रति 'अ' के पूर्वाकर्षण में कुछ कमी आ सकती है। इस स्थिति में कई प्रकार के व्यवहार उत्पन्न हो सकते हैं; 1. 'अ' 'ब' के प्रति अनाकर्षित हो सकता है अर्थात् उसके पूर्वस्थापित आकर्षणों में परिवर्तन हो सकता है। 2. 'अ' भी उस वस्तु के प्रति अपनी अभिवृत्तियों में परिवर्तन कर उन्हें 'ब' के अनुरूप बना सकता है। 'अ' 'ब' को प्रभावित कर उक्त वस्तु के प्रति उसकी 'ब' की अभिवृत्तियों में अपने अनुरूप परिवर्तन ला सकता है।

न्यूकौम्ब द्वारा प्रतिपादित उपर्युक्त विचारधारा को अन्तर्वैयक्तिक आकर्षण की विचारधारा के नाम से ही न अविहित कर सामाजिक प्रत्यक्षीकरण और सामाजिक प्रभाव के नाम से भी अविहित किया जा सकता है। किन्तु चूंकि यहां हम अन्तर्वैयक्तिक आकर्षण पर विचार कर रहे हैं, अत: इसी परिप्रेक्ष्य में इस विचारधारा की विवेचना करेंगे। न्यूकौम्ब का यह कथन है कि यदि किसी समूह में ऐसे व्यक्ति सम्मिलित हों जो एक-दूसरे के प्रति अजनबी हैं तो ऐसी स्थिति में परस्पर अन्तर्क्रिया करते हुए उस समूह के वे सदस्य एक-दूसरे के प्रति अधिक आकर्षित हो जाएंगे, जो किसी निश्चित वस्तु के प्रति एक ही समान अभिवृत्ति रखते हैं। उनकी इस विचारधारा का सत्यापन कुछ आनुभविक परीक्षणों के द्वारा भी किया गया है।

अन्त में न्यूकौम्ब की विचारधारा के विवेचन से यह निष्कर्ष निकलता है कि व्यक्ति आन्तरिक सन्तुलन स्थापन हेतु प्रयास करता है। यह सन्तुलन उस समय स्थापित होता है जब 'अ' और 'ब' नामक दोनों व्यक्ति एक-दूसरे के प्रति आकर्षित होते हैं और किसी ऐसी वस्तु के प्रति, जिसका दोनों से संबंध है, एक ही समान अभिवृत्ति का विकास करते हैं। यदि असन्तुलन की स्थिति उत्पन्न होती है, तो संबंधित प्रणाली के एक या अधिक अंगों में आवश्यकतानुसार परिवर्तन कर सन्तुलन की

स्थापना की जाती है। किसी प्रणाली के विभिन्न अंग अपने में आत्मनिर्भर नहीं होते हैं, वरन् उनका एक-दूसरे पर पारस्परिक प्रभाव पड़ता है। स्वयं अपने और समूह के दूसरे सदस्यों की अभिवृत्तियों का तनाव का सन्तुलन की स्थापना में अत्यधिक महत्व होता है। इस विचारधारा का सत्यापन न्यूकौम्ब एवं कुछ दूसरे गवेषकों के द्वारा किए गए अध्ययनों के आधार पर किया जाता है।

पूरक आवश्यकता की विचारधारा

दो व्यक्तियों के पारस्परिक आकर्षण के संबंध में विंच ने एक नवीन विचारधारा का प्रतिपादन किया, उसकी विचारधारा का मुख्य आधार यह था कि व्यक्ति पारस्परिक समानताओं के आधार पर एक-दूसरे के प्रति आकर्षित न होकर पारस्परिक असमानताओं के आधार पर एक-दूसरे के प्रति आकर्षित होता है। इस विचारधारा को उन्होंने पूरक आवश्यकता की विचारधारा के नाम से अविहित किया। इसका परीक्षण जीवन साथी के चयन के परिप्रेक्ष्य में उनके द्वारा किया गया। उनके अनुसार इस तथ्य को नजरअंदाज नहीं किया जा सकता है कि ऐसे दो व्यक्ति, जिनकी पारिवारिक पृष्ठभूमि और बहुत सी विशेषताएं एक-दूसरे से मिलती-जुलती हैं, परस्पर जीवन साथी बनना पसन्द करते हैं, किन्तु ऐसे जोड़े की संरचना परस्पर एक-दूसरे से भिन्न या एक-दूसरे की पूरक होती है। विंच ने इस प्रकार के कारकों का प्रतिपादन किया, जिनके आधार पर परस्पर भिन्न आवश्यकता वाले व्यक्ति एक-दूसरे के प्रति आकर्षित होते हैं। यदि एक साथी में दूसरे को पालन करने या उन्हें संरक्षण प्रदान करने की इच्छा है और दूसरे साथी में दूसरों पर आश्रित रहने की इच्छा है तो ऐसी स्थिति में यदि ये दोनों व्यक्ति जीवन साथी बन जाते हैं, तो दोनों की इच्छाएं एक-दूसरे की परिपूरक होंगी। इसी प्रकार यदि कोई व्यक्ति अपने अन्तर्गत एक प्रकार की विशेषताओं को अर्जन करने का प्रयास करता है और कुछ परिस्थितियों के कारण उन विशेषताओं का अर्जन नहीं कर पाता है और उनके प्रतिकूल विशेषताओं का अर्जन करता है, तो इस स्थिति में यदि उसे कोई वैसा ही व्यक्ति मिल जाता है, तो दोनों व्यक्ति एक-दूसरे के साथी बन जाना चाहेंगे, ताकि दोनों की विशेषताएं एक-दूसरे की अतृप्त इच्छाओं की पूर्ति करें।[7]

आगे चलकर कुछ अन्य विचारकों ने इस संबंध में कुछ प्रयोग किया। अन्तत: यह निष्कर्ष निकाला गया कि कुछ विशेषताओं में एकरूपता और कुछ विशेषताओं में परस्पर भिन्नता होने की स्थिति में दो व्यक्तियों के बीच परस्पर आकर्षण होता है। विंच ने तो केवल इसी तथ्य का निरूपण किया था कि परस्पर विरोधी विशेषताओं के कारण ही लोग एक-दूसरे के प्रति आकर्षित होते हैं।

सारांश में विंच द्वारा आवश्यकताओं की परिपूरकता के संबंध में प्रतिपादित अन्तर्वैयक्तिक आकर्षण दो प्रकार का होता है : 1. 'ए' और 'बी' की आवश्यकताओं के आकर्षण एक-दूसरे के परिपूरक हैं। क्योंकि एक ही प्रकार की आवश्यकता की अनुभूति 'ए' को बहुत ऊंचे स्तर पर होती है और 'बी' को बहुत ही नीचे स्तर पर होती है। 2. 'ए' एक प्रकार की आवश्यकता की अनुभूति बहुत ऊंचे स्तर पर करता है और 'बी' दूसरे प्रकार की आवश्यकता की अनुभूति अति ऊंचे स्तर पर करता है। दोनों स्थितियों को परिपूरक कहा जा सकता है। क्योंकि एक व्यक्ति दूसरे की आवश्यकता की पूर्ति करता है। कुछ आनुभविक परीक्षणों से इस विचारधारा का अस्थाई रूप से ही सत्यापन हो पाया है।

पारस्परिक आकर्षण की विनियम संबंधी विचारधारा

पूर्वोक्त दोनों विचारधाराओं के अन्तर्गत व्यक्ति संबंधी विशेषताओं पर बल दिया गया। किन्तु इधर थिवण्ट और केली (1959)[8] और होमन्स (1961)[9] ने दोनों विचारधाराओं के अन्तर्गत कार्य-व्यवहार को सामाजिक व्यवहारों के पुरस्कार और लागत के परिप्रेक्ष्य में परिभाषित करने का प्रयास किया। दोनों ही विचारधाराओं ने कार्य व्यवहारों को परिभाषित करने के संबंध में अन्तर्वैयक्तिक आकर्षण की प्रक्रिया को भी स्पष्ट करने का प्रयास किया।

एक व्यक्ति द्वारा यदि कोई कार्य किया जाता है, जिसके द्वारा दूसरे व्यक्ति की आवश्यकताओं की सन्तुष्टि होती है तो उसे दूसरे व्यक्ति की दृष्टि से पुरस्कार कहा जा सकता है। इसी प्रकार लागत का भी बहुत व्यापक अर्थ लिया गया है। किसी व्यक्ति को किसी कार्य में लगा देने की लागत केवल वह दण्ड ही नहीं होता है, जिसे उस कार्य को करते समय उक्त व्यक्ति को शारीरिक या मानसिक रूप से भुगतना पड़ता है, जैसे थकावट या परेशानी, वरन् उस कार्य के करने की अवधि में दूसरे अभिलाषित कार्य न कर पाने के कारण उसे जो नुकसान हुआ, उसका मूल्य भी लागत के अन्तर्गत आता है। प्रतिफल का अर्थ है पुरस्कार लागत। यदि किसी अन्तर्क्रिया का प्रतिफल विधायी होता है तो कहा जा सकता है कि वह लाभ अर्जन करती है और यदि उसका प्रतिफल अविधायी होता है तो हानि होती है। यदि कोई व्यक्ति दूसरों के साथ होने वाली अन्तर्क्रिया से लाभ उठाता है तो इसका यह अर्थ है कि वह उस व्यक्ति को पसन्द करता है। दो व्यक्तियों के बीच आकर्षण या खिंचाव होने के लिए यह आवश्यक है कि प्रतिफल न्यूनतम प्रत्याशित स्तर से कुछ ऊंचा हो। यह प्रत्याशित स्तर उसके विगत अनुभव, उसी स्तर के दूसरे व्यक्ति के पारस्परिक अन्तर्क्रिया से जो प्रतिफल प्राप्त करते हैं, उनका अनुभव, और वैकल्पिक संबंध की स्थिति में उसके द्वारा अनुमानित प्रतिफल के परिप्रेक्ष्य में निर्धारित होता है।

अन्तर्वैयक्तिक आकर्षण की प्रक्रिया पर विचार करने से दो प्रकार के लाभ होते हैं : 1. इसके आधार पर यह ज्ञात किया जाता है कि कुछ निश्चित विशेषता रखने वाले व्यक्ति अपने से भिन्न विशेषताओं को रखने वाले व्यक्ति की ओर क्यों आकर्षित होते हैं, 2. दो व्यक्तियों के बीच होने वाले पारस्परिक आकर्षण में जो परिवर्तन होता है, उसके कारकों का भी इस विचारधारा के द्वारा स्पष्टीकरण किया जाता है।

उपर्युक्त विचारधारा के अतिरिक्त व्यक्तित्व के संबंध में कुछ अन्य विचारधाराओं का भी निरूपण किया गया है। उदाहरणार्थ लर्निंग थ्योरी के अन्तर्गत लर्निंग कॉनसेप्ट के परिप्रेक्ष्य में व्यक्तित्व की व्याख्या का प्रयास किया जाता है। इस थ्योरी के प्रमुख प्रतिपादक डोलार्ड और मिलर हैं। उनका यह कथन है कि व्यक्ति के द्वारा अपनी चिन्ताओं को कम करने के लिए कुछ विशेष प्रकार के मेकानिज्म का प्रयोग किया जाता है, इस प्रक्रिया के द्वारा समायोजन के उन तरीकों को सीखने का अवसर प्राप्त होता है (उदाहरणार्थ डिफेंस मैकानिज्म)। चूंकि ये विचारक अपने विश्लेषण में यस-आर के फार्मूलों का प्रयोग करते हैं अतः उन्हें स्टिमतुलस रिसपांस थियरिस्ट भी कहा जाता है। इस प्रकार के विचारकों में मरे का नाम भी उल्लेखनीय है। उनके वैचारिक विश्लेषण के अन्तर्गत व्यक्तित्व की गतिशीलता हेतु आवश्यकताओं की एक लम्बी सूची दी गई है। उन्होंने मुख्यतया 'एचीवमेण्ट' 'एफिलियेशन' तथा ऐग्रेसन आदि आवश्यकताओं का उल्लेख किया है। इन सभी आवश्यकताओं का मूल्यांकन 'टी ए टी' (थेमेटिक एप्रीसियेशन टेस्ट) के द्वारा होता है। इसके अतिरिक्त उन्होंने व्यवहारों का विश्लेषण एक गतिशील तरीके से किया है।

कोलास ने व्यक्तित्व संबंधी विभिन्न विचारकों को होलिस्टिक थियरिस्ट के नाम से अविहित किया है। इसके अन्तर्गत होलिस्टिक, आर्गनिज्मिक और फील्ड थ्योरी आती है, जो सभी प्रकार के व्यवहारों की सम्पूर्णता और परस्पर निर्भरता पर बल देती है। यद्यपि इस तथ्य को तो सभी विचारक स्वीकार करते हैं कि व्यक्ति अपने में एक सम्पूर्ण है, किन्तु इसके बावजूद कई अर्थों में इन विचारकों के मत एक-दूसरे से नहीं मिलते हैं। मास्लो ने आवश्यकता की अवधारणा पर विशेष बल दिया है, जिन्हें व्यक्ति ने सम्पूर्ण क्रियाकलाप के धनात्मक और आशावादी पक्ष से गृहीत किया जाता है। उन्होंने आवश्यकताओं को अनेक स्तरों पर विभाजित किया और इसके आधार पर आवश्यकताओं के उत्क्रम के प्रत्यय का निरूपण किया। इस थ्योरी के माध्यम से व्यक्तित्व की आवश्यकताओं के निरूपण में बहुत अधिक मदद मिली। रोजर ने व्यक्तित्व को 'आर्गनिज्म' अथवा सम्पूर्ण व्यक्ति के रूप में देखा है। जिस पर जीवन के सम्पूर्ण अनुभवों का प्रभाव पड़ता है। इस क्षेत्र में प्रत्यक्षीकरण के प्रतिमानों के द्वारा 'स्व' के आधार का निर्माण होता है जो अपने व्यक्तित्व और पर्यावरण के साथ

समायोजन का आधार बनता है। इस विचारधारा का सार-तत्व यह है कि व्यक्ति बाह्य जगत से जो अनुभव प्राप्त करता है अथवा बाह्य जगत की वस्तुओं को जिस प्रकार से देखता है, वही उसके व्यक्तित्व की वास्तविकता है।

व्यक्तित्व के संबंध में हर्जबर्ग ने एक नवीन विचारधारा का प्रतिवादन किया है। उसने व्यक्ति को दो दृष्टियों से देखने का प्रयास किया है। एक पक्ष 'आदम' है जो व्यक्ति को पर्यावरण के साथ समायोजन से जनित कष्ट से बचाना चाहता है, दूसरा पक्ष 'अब्राहम' है जो उसे अर्जन करने अथवा अपने अस्तित्व में कुछ जोड़ने की प्रेरणा देता है। व्यक्ति के आदम पक्ष का संबंध 'हाइजीन' संबंधी आवश्यकताओं से होता है, जिनकी सन्तुष्टि अच्छे वेतन और अच्छी कार्यदशा आदि के माध्यम से होती है। व्यक्ति के अब्राहम पक्ष का संबंध '*मोटिवेटर*' संबंधी आवश्यकताओं से होता है, जिनका संबंध कार्य परिवेश में व्यक्ति के मनोवैज्ञानिक विकास से होता है।

उपर्युक्त विचारधाराओं के विश्लेषण से हम इस निष्कर्ष पहुंचते हैं कि व्यक्तित्व के संबंध में कोई ऐसी विचारधारा नहीं है जो सर्वमान्य हो। ऐतिहासिक दृष्टि से फ्रायड द्वारा प्रतिपादित मनो-विश्लेषण की विचारधारा का विशेष महत्व है। व्यक्तित्व संबंधी विचारधाराओं की विभिन्नता में ट्रेट थ्योरी के द्वारा कुछ एकरूपता प्रदान करने का प्रयास किया गया। व्यक्तित्व संबंधी कुछ नवीनतम् विचारधाराओं ने (Self Concept) संगठनात्मक परिवेश में व्यक्तित्व के प्रत्यय को स्पष्ट करने में महत्वपूर्ण भूमिका अदा की।

व्यक्तित्व और निष्पत्ति

बहुत सी परिस्थितियों में यह देखा गया है कि 'चिन्ता' 'डिप्रेशन' तथा अन्य स्थितियां निष्पत्ति की असफलता में महत्वपूर्ण भूमिका अदा करती हैं, और संवेगों को कम करने के लिए जो विविध प्रविधियां अपनाई जाती हैं, उनके द्वारा निष्पत्ति की प्रभावोत्पादकता में कमी आती है। सांवेगिक बीमारियां ऐसे अभिकर्मी की प्रभावोत्पादकता को अधिक प्रभावित करती हैं, जिनकी कार्य प्रस्थिति अपेक्षाकृत ऊंची होती है। यह बात भी देखी गई है कि यदि व्यक्ति को उसकी अभिरुचि और योग्यता के अनुसार किसी कार्य पर लगाया जाएगा, तो उसके व्यक्तित्व के सांवेगिक व्यतिक्रमों को कम किया जा सकता है और उसकी क्षमता का अधिकतम उपयोग सम्भव है। अत: संगठनात्मक परिवेश में व्यक्तित्व संबंधी गुणों का मूल्यांकन अति आवश्यक है। यह मूल्यांकन एक कठिन और चुनौती पूर्ण कार्य है। व्यक्तित्व के मूल्यांकन हेतु जिन उपकरणों का उपयोग किया जाता है, उन्हें समूहों में विभाजित किया जा सकता है : 1. व्यक्तित्व प्रतिवेदन, 2. प्रक्षेपण विधियां, 3. प्रत्यक्षीकरण की विधियां, 4. अन्य विधियां। इन सभी विधियों में आत्म संचालित प्रश्नावली विधि का सबसे अधिक प्रयोग किया जाता है जो अन्य विधियों के अन्तर्गत आती है।

व्यक्तित्व संबंधी विशेषताओं की सार्वभौमिकता

प्रबंध विषयक वर्तमान विचारधाराओं का सबसे प्रमुख स्रोत अमेरिका है, वहीं से इन विचारधाराओं का प्रसार भारत एवं अन्य देशों में हुआ है। सम्भवत: प्रबंध की विशेषताओं के संबंध में सम्पूर्ण साहित्य का सृजन अमेरिका में हुआ और इस प्रकार के बहुत से साहित्य का प्रयोग हमारे देश में भी हो रहा है। इस परिप्रेक्ष्य में यह प्रश्न उठता है कि क्या व्यक्तित्व संबंधी जो विशेषताएं अमेरिका के सफल प्रबंधकों में पाई जाती हैं, उनमें से अधिकांश विशेषताएं भारतीय संस्कृति में कार्यरत प्रबंधकों के लिए उपयोगी हैं। क्या सफल प्रबंधकों के व्यक्तित्व में जो विशेषताएं एक संस्कृति में पाई जाती हैं, उनकी सार्वभौम उपयोगिता है? इन प्रश्नों का उत्तर अत्यन्त कठिन है किन्तु संगठनात्मक परिवेश एवं मानवीय संबंधों की दृष्टि से इनकी अत्यधिक उपयोगिता है। भारतीय परिवेश में किए गए एक अध्ययन के द्वारा इस विषय पर कुछ प्रकाश पड़ता है।[10]

दिल्ली और उसके समीपस्थ 52 सार्वजनिक एवं निजी क्षेत्र के औद्योगिक प्रतिष्ठानों में कार्यरत प्रबंधकों से 13 व्यक्तित्व संबंधी गुणों की उपादेयता के संबंध में प्रश्न पूछे गए। इस संबंध में प्राप्त उत्तरों से ज्ञात हुआ कि सहकार, बुद्धि तथा ऊर्जा को सर्वाधिक महत्व प्रदान किया गया और क्रोधात्मक भावनाओं तथा दूसरों को डॉमिनेट करने की भावना को सबसे कम महत्व प्रदान किया गया। अतः यह अनुमान लगाया गया कि बुद्धि और सहकार आदि गुण प्रबंध के सर्वाधिक अपेक्षित और महत्वपूर्ण गुण हैं। प्रबंधकों के चयन में इस प्रकार के गुणों पर विशेष रूप से ध्यान देने की आवश्यकता है। कहना नहीं होगा कि ब्रिटिश और अमेरिकन औद्योगिक प्रतिष्ठानों में कार्यरत प्रबंधक भी इन्हीं गुणों को विशेष महत्व प्रदान करते हैं। अतः राष्ट्रीय संस्कृति की विभिन्नता का प्रबंधकीय गुणों पर कोई विशेष प्रभाव नहीं पड़ता है। उस संबंध में यह निष्कर्ष अत्यन्त महत्वपूर्ण है। व्यक्तित्व संबंधी गुणों पर यदि अंग्रेजी भाषा-भाषी देशों में किसी संस्कृति का सर्वाधिक प्रभाव पड़ता है, तो वह प्रबंधकीय संस्कृति ही हो सकती है। यद्यपि यह निष्कर्ष कुछ अंश में यथार्थ से बहुत ऊपर है। तथापि इसमें कुछ सत्यता है।

टिप्पणियां

1. गार्डन, डब्ल्यू. आलपोर्ट, पर्सनालिटी, हेनरी होल्ट एण्ड कम्पनी आई.एन.सी., न्यूयॉर्क, 1936, पृ. 43-46.
2. उपर्युक्त पृ. 48.
3. मैकलीलैण्ड डी.सी., पर्सनालिटी, न्यूयॉर्क, विलियम स्लोन एसोसियेट, 1951, पृ. 69.
4. आर्जिरिस, पर्सनालिटी एण्ड आर्गनाइजेशन (न्यूयॉर्क हार्पर एण्ड रो, 1965), पृ. 16.
5. इस प्रकार की विचारधारा के पुनरीक्षण हेतु कुछ प्रमुख अध्ययनों का उल्लेख उचित होगा: 1. ग्राफ्ट जी. डब्ल्यू दि साइकोलॉजी ऑफ सेक्सुअल इमोशन दि बेसिस ऑफ सेलेक्टिव अट्रैक्शन, न्यूयॉर्क : लांगमैंस ग्रीन, 1951. 2. ब्राडरिक सी.बी. : प्रैक्टिसिंग फ्रैंडशिप बिहैवियर ए स्टडी ऑफ दि डिटरमिनेण्ट, फ्रैण्डशिप सेलेक्शन एण्ड मेण्टनेंस इन कॉलेज पापुलेशन ऑफ...
6. न्यूकौम्ब ए.जे.एम. : दि एम्बैटेंस प्रोसेस, न्यूयॉर्क : होल्ट, 1961ण.
7. विंच, आर.एफ., मेट-सैलक्शन : ए स्टडी ऑफ काम्प्लीमेण्ट्री नीड्स, न्यूयॉर्क हार्पर, 1958.
8. थिवण्ट जे.डब्ल्यू. एण्ड केली एच.एच., दि सोशल साइकोलॉजी ऑफ ग्रुप्स, न्यूयॉर्क विली, 1958.
9. होमन्स जी.सी., सोशल बिहैवियर, इट्स एलीमेण्ट्री फार्म्स न्यूयॉर्क : हारकोर्ट ब्रेस एण्ड वर्ल्ड, 1961.
10. द्विवेदी आर.एस. : 'परसेप्सन ऑफ पर्सनालिटी ट्रेट्स एमंग इण्डियन मैनेजर्स' इण्डियन मैनेजमेण्ट, अप्रैल, 1970, पृ. 30-35 और 44.

23

व्यवहार के सिद्धान्त एवं व्यवहार की गत्यात्मकता

(Principles of Behaviour and Dynamics of Behaviour)

मानव-व्यवहार का अर्थ (Meaning of Human Behaviour)

मानव-व्यवहार एक जटिल व्यवस्था है। शरीर के विभिन्न अंग एवं भाग जो स्नायु-संस्थान द्वारा एकत्रित होकर कार्य करते हैं, उनका पृथक-पृथक होना मात्र अस्तित्व होता है परन्तु जब शरीर के विभिन्न अंग संगठित होकर कार्य करते हैं तो उस कार्य की उपयोगिता, विशेषता एवं कार्यात्मकता स्पष्ट होती है। आन्तरिक तथा बाह्य उत्तेजनाओं के प्रति जीव के सभी प्रत्युत्तरों को व्यवहार कहा जाता है। इस प्रकार दूसरे शब्दों में व्यवहार जीव के शारीरिक एवं मानसिक पक्षों की अभिव्यक्ति का मिश्रित परिणाम है। मानव-व्यवहार की अभिव्यक्ति उद्देश्यों एवं विषयों के प्रति होती है। इसके अन्तर्गत व्यक्ति के विश्वास, मनोवृत्ति, सहयोग, सहानुभूति, अनुकरण तथा अन्य सभी मनोवैज्ञानिक एवं जैविकीय तत्व प्रदर्शित होते हैं। इन अर्थों में यह कहा जा सकता है कि मानव-व्यवहार पर जैविकीय एवं सामाजिक कारक प्रभाव डालते हैं। इसके अतिरिक्त आनुवांशिक एवं पर्यावरणीय कारक भी व्यक्ति के व्यवहार को प्रभावित करते हैं। सम्पूर्ण रूप से यदि देखा जाए तो व्यक्ति का व्यवहार जैविकीय, आनुवांशिक, सामाजिक, भौगोलिक, सम्प्रेरणात्मक तथा सांस्कृतिक पर्यावरण के प्रभावों का मिश्रित योग है और मात्र किसी एक कारक के आधार पर इसकी व्याख्या या गत्यात्मक स्वरूप का विश्लेषण नहीं किया जा सकता। व्यवहार का आशय बाह्य पर्यावरण के प्रति किए गए प्रत्युत्तर से है। व्यक्ति प्रत्युत्तर समायोजन के लिए करता है। प्रत्येक क्षण व्यक्ति को आन्तरिक तथा बाह्य प्रेरक एवं आवश्यकतायें तथा सामाजिक पर्यावरण प्रभावित करते हैं, जिसके कारण मन:स्थिति प्रभावित होती है तथा व्यक्ति दबाव या तनाव एवं चिन्ता का अनुभव करता है। सामान्य तौर पर लक्ष्यगत उद्देश्य की प्राप्ति या तनाव तथा चिन्ता से मुक्त होने के लिए व्यक्ति व्यवहार करता है। उदाहरणार्थ भोजन की आवश्यकता पड़ने पर खाद्य पदार्थों की तलाश करना या समस्या के प्रति आक्रामक या रक्षात्मक प्रतिक्रिया प्रदर्शित करना व्यवहार कहा जा सकता है। अचानक सांप दिखाई पड़ने पर पलायन की प्रवृत्ति संकट से बचने हेतु एक रक्षात्मक व्यवहार है। भागने का कोई विकल्प न रहने पर हम सांप को मारने हेतु आक्रामक व्यवहार करते हैं। परिस्थितियों के अनुरूप व्यवहार में

निरन्तर परिवर्तन होते रहते हैं। इसलिए सभी व्यक्तियों के विषय में एक ही परिस्थिति में समान व्यवहार की परिकल्पना नहीं की जा सकती। परिवार में कुछ बच्चे पढ़ने-लिखने में अधिक रुचि रखते हैं जबकि एक ही परिवार के कुछ बच्चे आक्रामक तथा खेल में रुचि रखने वाले व अहंकारी स्वभाव के हो सकते हैं। इस प्रकार व्यवहार के अन्तर्गत व्यक्ति द्वारा किए गए समस्त संवेग, विचार, दृष्टिकोण, प्रत्यक्षण इत्यादि सभी सम्मिलित हैं।

मानव-व्यवहार का उद्देश्य (Objectives of Human Behaviour)

मानव-व्यवहार का मुख्य उद्देश्य सन्तोष प्राप्त करना, भग्नाशा को दूर करना, समस्या का समाधान करना तथा कार्यात्मक सन्तुलन बनाना है। व्यक्ति की इच्छाएं, आकांक्षाएं तथा आवश्यकताओं का अभ्युदय जन्म लेने के पश्चात् से ही प्रारम्भ हो जाता है। भूख, प्यास, निद्रा आदि की आवश्यकताएं वे प्राथमिक आवश्यकताएं हैं जो जन्म के पश्चात् ही प्रारम्भ हो जाती हैं। इन आवश्यकताओं की पूर्ति हेतु प्रथम व्यवहार मां और बच्चे के बीच स्तनपान से प्रारम्भ होता है। परिवार के अन्य सदस्यों का बच्चे के प्रति व्यवहार तथा भावनाएं भी उसके मस्तिष्क को प्रभावित करती हैं। बाल्यावस्था में अधिकांश व्यवहार सुख तथा दुःख के आधार पर परिचालित होते हैं। इच्छित खिलौने या खाने का सामान प्राप्त होने पर बच्चे खुश होते हैं, हाथ-पैर फेंकते हैं, किलकारी मारते हैं इत्यादि, परन्तु इसके विपरीत बच्चों को डांटने या मारने से वे एकाकी, दब्बू व संकोची प्रवृत्ति के व्यवहार का विकास करने लगते हैं। धीरे-धीरे सामाजिक सम्पर्क बढ़ने के साथ-साथ बच्चे के व्यवहार में परिवर्तन आता रहता है और वह पूर्व के व्यवहारों को बाल-व्यवहार समझकर उनकी पुनरावृत्ति दूसरे तरीके से करता है। सुरक्षा की आवश्यकता के कारण धन अर्जन तथा प्रेम की रुचियां उत्पन्न होती हैं। प्रत्येक व्यक्ति की रुचियां तथा पर्यावरण भिन्न होने के कारण उनके व्यावहारिक स्तर में भिन्नता दिखायी पड़ती है। सामान्यतया प्रत्येक व्यक्ति का व्यवहार उसकी स्वयं की इच्छाओं, रुचियों, भावनाओं तथा क्रियाओं का मिश्रित रूप होता है। कुर्ट लेविन महोदय की व्याख्या के अनुसार समस्यात्मक परिस्थिति में व्यक्ति के मन में तनाव बना रहता है जिसके समाधान के लिए वह विभिन्न विकल्पों का चुनाव तब तक करता रहता है जब तक समस्या का हल न प्राप्त हो जाए। समस्या का हल प्राप्त होने पर तनाव समाप्त हो जाता है और मानसिक सन्तुलन स्थापित हो जाता है। इस सन्दर्भ में यह उल्लेखनीय है कि व्यक्ति के व्यवहार पर उसके पूर्व अनुभवों का विशेष प्रभाव होता है तथा प्रत्येक अवसर पर समान परिस्थितियों में कार्य-व्यवहार में परिवर्तन तथा पुनर्गठन होता रहता है। चूंकि मनुष्य बुद्धिजीवी प्राणी है, अतः वह हमेशा अपने पूर्व अनुभवों के आधार पर व्यवहार में नवीनता लाने हेतु प्रयत्नशील रहता है। व्यवहार में यह परिवर्तन क्रमशः परिपक्वता, समाजीकरण तथा सीखने की क्षमता में विकास के कारण होता है।

मानव-व्यवहार के आधार (Basis of Human Behaviour)

शारीरिक आधार (Physical Basis)

मानव-व्यवहार का संचालन एवं नियन्त्रण अनुक्रिया तन्त्र (Functional Organ) द्वारा होता है। अनुक्रिया तन्त्र के मुख्य अंग हैं : 1. संग्राहक, 2. प्रभावक अंग तथा 3. स्नायु संस्थान।

संग्राहक अंग (Receptors)

हमारे शरीर की विभिन्न इन्द्रियां ही अनुक्रिया तंत्र के संग्राहक अंग हैं। संग्राहक अंगों का आशय उन अंगों से है जो बाह्य उत्तेजनाओं को ग्रहण करते हैं। इस प्रकार शरीर में त्वचा, आंख, कान, नाक एवं जीभ को संग्राहक अंग माना जा सकता है, क्योंकि शरीर के ये सभी अंग जीव के व्यवहार हेतु

विशिष्ट संवेदनाओं को ग्रहण करते हैं और तब शरीर का अनुक्रिया तन्त्र इन संवेदनाओं के प्रति अनुक्रिया करता है। संग्राहकों को उनके कार्यों के आधार पर निम्न वर्गों में बांटा गया है :

1. *तापीय संग्राहक :* वे संग्राहक जो वातावरण से प्राप्त होने वाली सर्दी व गर्मी की उत्तेजनाओं को ग्रहण करते हैं।
2. *यान्त्रिक संग्राहक :* मुख्यतया दबाव संबंधी उत्तेजनाओं को ग्रहण करते हैं।
3. *रासायनिक संग्राहक :* पर्यावरण से प्राप्त होने वाली उत्तेजनाओं को ग्रहण करते हैं, जैसे- नाक व जीभ।
4. *चित्र संग्राहक :* चित्र संग्राहकों का मुख्य कार्य दृष्टि संवेदनाओं को ग्रहण करना है।
5. *बाह्य संग्राहक :* ऐसे संग्राहक जा त्वचा के सम्पर्क के बिना ही बाहरी संवेदनाओं को ग्रहण करते हैं, जैसे- कान, नाक व नेत्र।
6. *मध्य संग्राहक :* वे संग्राहक जो शारीरिक परिवर्तनों की उत्तेजनाओं को ग्रहण करते हैं। इन संग्राहकों का स्थान जोड़ व मांसपेशियां होती हैं।
7. *आन्तरिक संग्राहक :* आन्तरिक संग्राहक शरीर में आमाशय तथा आंतों की सतह या दीवार पर होते हैं तथा आन्तरिक क्रियाओं से उत्तेजना ग्रहण करते हैं।

प्रभावक अंग *(Effectors)*

प्रभावक अंग अनुक्रिया तन्त्र का दूसरा प्रमुख अंग है। इसका मुख्य कार्य विभिन्न शारीरिक क्रियाओं को सम्पादित करना होता है। प्रभावक अंग दो प्रकार के होते हैं : क. मांसपेशियां एवं ख. ग्रन्थियां।

(क) *मांसपेशियां (Muscles) :* प्रभावक अंगों में मांसपेशियों का विशेष महत्व है। मांसपेशियां मुख्य रूप से गति संबंधी क्रियाओं को सम्पन्न करती हैं। मांसपेशियां भी दो प्रकार की होती हैं। प्रथम प्रकार की मांसपेशियों को चिकनी मांसपेशियां कहा जाता है। चिकनी मांसपेशियों द्वारा अनैच्छिक गति संबंधी क्रियायें सम्पन्न होती हैं, जैसे- श्वास-क्रिया, पाचन-क्रिया तथा रक्त संचार। दूसरे प्रकार की मांसपेशियों को रेखायुक्त पेशियां कहा जाता है, जिनसे शरीर में ऐच्छिक क्रियाएं सम्पन्न होती हैं। उदाहरणार्थ- चलना-फिरना, उठना-बैठना इत्यादि।

(ख) *ग्रन्थियां (Glands) :* शरीर में व्यवहार पर असर डालने वाली दूसरी प्रमुख अंग ग्रन्थियां हैं। ग्रन्थियां भी दो प्रकार की होती हैं। प्रथम प्रकार की ग्रन्थियों को नलिका-ग्रन्थियां कहा जाता है। नलिका-ग्रन्थियों का मुख्य कार्य विभिन्न स्रावों को शरीर से बाहर निकालना होता है। उदाहरणार्थ- पसीना व आंसू ऐसे ही स्राव हैं। दूसरे प्रकार की ग्रन्थियों को नलिकाविहीन ग्रन्थियां कहते हैं। नलिकाविहीन ग्रन्थियों से निकलने वाले स्राव को हार्मोन कहते हैं, जो शरीर से बाहर उत्सर्जित नहीं होते वरन् रक्त में मिल जाते हैं तथा व्यक्ति के शरीर, स्वभाव व व्यवहार को प्रभावित करते हैं। नलिकाविहीन ग्रन्थियों में पिट्यूटरी, गल-ग्रन्थि, उपगल-ग्रन्थि, पिनियल उपवृक्क तथा जनन-ग्रन्थियां प्रमुख हैं। पिट्यूटरी-ग्रन्थि शरीर में वृद्धि तथा जल की मात्रा का नियन्त्रण करती है। थायराइड ग्रन्थियों से निकलने वाले रस की कमी से अस्थियां दुर्बल हो जाती हैं तथा व्यक्ति का मानसिक विकास अवरुद्ध हो जाता है। पिनियल-ग्रन्थि से पुरुषों में मूंछ, दाढ़ी तथा स्त्रियों में उरोजों आदि का विकास होता है। प्रजनन ग्रन्थियां क्रमशः पुरुषों और स्त्रियों में जननोपयोगी रस का स्राव करती हैं।

व्यवहार का जन्मजात आधार शारीरिक होता है। व्यक्तिगत अनुभव के आधार पर भिन्न-भिन्न परिस्थितियों में प्राणी विभिन्न प्रतिक्रिया करता है परन्तु सम्पूर्ण क्रियाएं स्नायु-संस्थान द्वारा नियंत्रित एवं संचालित होती हैं। व्यक्ति व्यवहार करने के योग्य उस समय होता है जब स्नायु, स्नायु-प्रवाह को ग्राहक से लेकर मस्तिष्क तक पहुंचाता है तथा मस्तिष्क की प्रतिक्रियाओं को मांसपेशियों तक पहुंचाता है। सुई चुभने की स्थिति में पैर के ग्राहक अंग यह सूचना मस्तिष्क को दे देते हैं जो तत्काल पैर खींचने की आज्ञा देता है।

स्नायु-प्रणाली (Nervous System)

अनुक्रिया तन्त्र का तीसरा मुख्य अंग स्नायु-प्रणाली है, जो सभी प्राणियों के व्यवहार के संचालन एवं परिचालन में विशेष महत्व रखता है। हमारे सम्पूर्ण शरीर में स्नायु-तन्तुओं का जाल फैला रहता है जिसका केन्द्र मस्तिष्क होता है। व्यक्ति की सभी क्रियाओं का परिचालन एवं नियन्त्रण स्नायु-संस्थान द्वारा होता है। स्नायु-संस्थान के मुख्य तीन भाग होते हैं :

(क) *केन्द्रीय स्नायु-संस्थान (Central Nervous System) :* ज्ञानेन्द्रियों द्वारा बाह्य उत्तेजनाएं ग्रहण करने पर जीवन में विभिन्न प्रकार की व्यावहारिक क्रियायें होती हैं, जिनका नियन्त्रण व निर्देशन केन्द्रीय स्नायु-संस्थान द्वारा होता है। केन्द्रीय स्नायु-मण्डल के द्वारा ही ग्राहक तथा प्रभावक अंगों के बीच संबंध बना रहता है, जिससे व्यक्ति को मस्तिष्क के निर्देशानुसार वातावरण से सामंजस्य स्थापित करने हेतु व्यवहार करने का आदेश प्राप्त होता रहता है। केन्द्रीय स्नायु-संस्थान के दो भाग हैं : 1. मस्तिष्क एवं 2. रीढ़ रज्जु।

मस्तिष्क (Brain)

मस्तिष्क केन्द्रीय तन्त्रिका-तन्त्र का मुख्य एवं आवश्यक भाग है तथा यह खोपड़ी के अन्दर सुरक्षित रहता है। सबसे ऊपर का आवरण ड्यूरामेटर कहलाता है। मस्तिष्क एक कोमल आवरण से चिपटा रहता है जिसे पायामेटर कहा जाता है। यह रक्तवाहिनियों की कोशिकाओं का बना होता है। ऊपरी दोनों आवरणों के बीच एक पतला आवरण होता है, जिसे जाल-तन्त्रिका या अरकनाइड कहते हैं। ये सभी कहीं-कहीं आपस में जुड़े हैं तथा कहीं-कहीं खाली हैं। इन खाली स्थानों को गुहा (Cavity) कहा जाता है। गुहाओं में द्रव पदार्थ भरा होता है जो प्रमस्तिष्क मेरू द्रव (Cerebro Spinal Fluid) कहलाता है। यह द्रव मस्तिष्क और मेरू-रज्जु के चारों ओर रहता है तथा एक स्थान से दूसरे स्थान को प्रवाहित होता रहता है। ऊपरी आवरण के नीचे धूसर रंग का पिलपिले पदार्थ का बना मस्तिष्क स्थित है। मस्तिष्क के निम्न तीन मुख्य अंग हैं :

(i) *प्रमस्तिष्क (Cerebrum) :* यह मस्तिष्क का सबसे बड़ा भाग है तथा क्रमशः दो गोलार्द्धों में विभाजित रहता है- दायां प्रमस्तिष्क गोलार्द्ध, और बायां प्रमस्तिष्क गोलार्द्ध। इन दोनों भागों को जोड़ने का कार्य एक श्वेत परत करती है, जिसे महासंयोजक बिन्दु कहते हैं। दायां गोलार्द्ध शरीर के बाएं भाग से तथा बायां गोलार्द्ध शरीर के दाहिने भाग से सम्बद्ध रहता है। प्रमस्तिष्क का प्रमुख कार्य संवेदनाओं का अनुभव करना, इच्छा करना, स्मरण रखना तथा शारीरिक कार्यों का संचालन करना है। यह बुद्धि तथा ज्ञान का केन्द्र है, जिसके द्वारा व्यक्ति को सोचने, समझने, सीखने व स्मरण करने तथा जांच-परख करने की शक्ति प्राप्त होती है। प्रमस्तिष्क में चोट लग जाने पर जब यह अंग क्षतिग्रस्त हो जाता है तो संबंधित अंगों की क्रियाशीलता समाप्त हो जाती है।

(ii) *अनुमस्तिष्क (Cerebellum) :* अनुमस्तिष्क का भी बाहरी भाग धूसर पदार्थों से बना होता है तथा भीतरी भाग श्वेत पदार्थों का बना होता है। अनुमस्तिष्क के दोनों गोलार्द्ध एक-दूसरे में मिलकर वृक्ष की शाखाओं की भांति फैले हुए रहते हैं। अनुमस्तिष्क का मुख्य कार्य मानव-गति को नियन्त्रित व सम्पादित करना है। व्यक्ति के चलते या दौड़ते समय अनुमस्तिष्क विभिन्न अंगों की पेशियों और सन्धियों की क्रियाओं का सामंजस्य इस प्रकार करता है कि सभी क्रियाएं एक-दूसरे के अनुकूल हों। उदाहरणार्थ- यदि हम चलने की क्रियाओं का अध्ययन करें तो स्पष्ट होता है कि चलने में लगभग 200 पेशियां कार्य करती हैं, जिसमें नियन्त्रण करने तथा सामंजस्य स्थापित करने का कार्य अनुमस्तिष्क द्वारा किया जाता है। इन क्रियाओं को करने की आज्ञा भिन्न-भिन्न केन्द्रों से आती है और मस्तिष्क के पास भी सूचनाएं शरीर के विभिन्न भाग जैसे- आंख, कान, नाक तथा त्वचा से प्राप्त होती रहती हैं,

जिसके आधार पर विभिन्न अंग कार्य करते हैं। अनुमस्तिष्क में चोट लग जाने से चक्कर आने लगता है तथा शारीरिक सन्तुलन अनियंत्रित हो जाता है।

(iii) *मेरू-शीर्षक (Medulla Oblongata)* : यह मेरू-रज्जु का सबसे ऊपरी चौड़ा भाग है। यह ऊपर की तरफ प्रमस्तिष्क के निचले भाग में होता है तथा उससे जुड़ा रहता है। इसके नीचे से मेरू-रज्जु या सुषुम्ना से निकलकर जितनी भी तन्त्रिकायें मस्तिष्क को जाती हैं, वे सभी सुषुम्ना शीर्षक से होकर जाती हैं। शरीर की मुख्य क्रियाएं, जैसे-श्वास, रक्त-परिभ्रमण तथा हृदयगति के नियन्त्रण का केन्द्र मेरू-शीर्षक ही है। मेरू-शीर्षक में चोट लग जाने पर व्यक्ति की तत्काल मृत्यु भी हो सकती है।

रीढ़-रज्जु (Spinal Cord)

मेरू-शीर्षक के नीचे मेरू-रज्जु होती है, जो देखने में कमल की नाल के समान होती है। इसका रंग मटमैला सफेद या धूसर होता है। प्रथम कशेरूका की नलिका में प्रविष्ट होकर यह लगभग 90 सेण्टीमीटर नीचे की कशेरुकाओं के भीतर होते हुए नली के समान चली गई है। प्रथम कशेरुका की नली में प्रवेश करके यह वक्ष-प्रदेश से होती हुई कटि-प्रदेश की प्रथम कशेरूका में पहुंचकर कई भागों में विभक्त हो जाती है। दो कशेरुकाओं के मिलने के स्थान पर बीच में रन्ध्र बन जाते हैं, जिनसे होकर तन्त्रिकायें बाहर निकल कर शरीर के विभिन्न अंगों को चली जाती हैं। रीढ़-रज्जु का मुख्य कार्य शरीर के अंगों से प्रकट अनुभवों को मस्तिष्क तक भेजना और मस्तिष्क से प्राप्त आदेशों को अंगों तक लाना है। इस प्रकार रीढ़-रज्जु शरीर के अंग और मस्तिष्क के बीच मध्यस्थ का कार्य करती है। रीढ़-रज्जु में दोष उत्पन्न हो जाने की स्थिति में प्रेरणाओं का आना-जाना समाप्त हो जाता है। शरीर के अंगों में होने वाली सभी प्रतिक्षेप क्रियाओं का नियन्त्रण व सम्पादन भी सुषुम्ना या रीढ़-रज्जु के द्वारा किया जाता है। रीढ़-रज्जु के किसी भाग में गम्भीर चोट लगने या क्षतिग्रस्त होने की स्थिति में उस भाग के अंगों की क्रियाशीलता नष्ट हो जाती है, जिससे उस स्थान की पेशियों में गतीय नियन्त्रण समाप्त हो जाता है।

(क) *परिधीय स्नायु-संस्थान (Perepheral Nervous System)* : परिधीय स्नायु-संस्थान के अन्तर्गत वे सभी नाड़ियां आती हैं जो केन्द्रीय नाड़ी-मण्डल से विभिन्न सूंचनाओं को अंगों तक प्रेषित करती हैं तथा अंगों की सूचनाएं केन्द्रीय नाड़ी मण्डल को वापस ले आती हैं।

(ख) *स्वायत्त स्नायु-संस्थान (Autonomous Nervous System)* : इसके अन्तर्गत वे तन्त्रिकाएं हैं, जो स्वेच्छापूर्वक कार्य करती हैं। स्वायत्त स्नायु-संस्थान मस्तिष्क के अधीन न होकर स्वत: ही अनैच्छिक क्रियाओं की देख-रेख करती हैं, जैसे- पलक झपकना, छींक आना, कांटा चुभने पर अंग खींच लेना इत्यादि। स्वायत्त स्नायु-संस्थान में दो प्रकार की नाड़ियां पाई जाती हैं :

1. *अनुकम्पी नाड़ियां (Sympathetic Nervous)* : मेरू-रज्जु के निचले भाग में पतली हल्के लाल तथा भूरे रंग की दो नाड़ियां हैं। ये नाड़ियां रीढ़ की अस्थि के समानान्तर दोनों ओर रहती हैं। इनमें से सूक्ष्म शाखाएं निकलकर सुषुम्ना, हृदय, आमाशय आदि आन्तरिक अंगों की ओर जाती हैं। अनुकम्पी नाड़ियों द्वारा बहुत सीमा तक पाचन क्रियाएं नियन्त्रित होती हैं। क्रोध में चेहरा लाल होना या डर के मारे चेहरा पीला पड़ जाना अनुकम्पी नाड़ियों की क्रियाओं के कारण होता है।
2. *सहअनुकम्पी नाड़ियां (Para-sympathetic Nervous)* : यह अनुकम्पनी नाड़ियां प्रथम कशेरुका के ऊपर से निकलकर आंख, लैक्राइमल ग्रन्थि, पैराटिड ग्रन्थि, फेफड़े, हृदय, आमाशय, पित्ताशय, अग्नाशय, वृक्क तथा छोटी आंतों में होने वाली क्रियाओं का नियन्त्रण करती हैं तथा दूसरी सह-अनुकम्पी नाड़ियां कशेरुक संख्या 27, 28, 29 से निकलकर बड़ी आंत तथा ब्लैडर की क्रियाओं का नियन्त्रण करती हैं।

मानव-व्यवहार का विश्लेषण करते समय उपर्युक्त वर्णित अनुक्रिया तंत्र का संक्षिप्त विवेचन इस दृष्टिकोण से करना नितान्त आवश्यक हो जाता है, क्योंकि शरीर की लगभग सभी ऐच्छिक या अनैच्छिक क्रियाएं स्नायु-संस्थान द्वारा नियन्त्रित व सम्पादित होती हैं। केन्द्रीय स्नायु-संस्थान के विभिन्न अंग किसी घटना के कारण या चोट लगने पर या मादक पदार्थों के सेवन से उनकी क्रियाशीलता में वृद्धि या कमी आ जाती है; जिससे कभी-कभी व्यवहार में परिवर्तन भी दिखायी देते हैं। स्नायुविक तन्तुओं में अपक्षय के कारण चिन्ता, दु:ख, सोने की समस्या तथा भूख की कमी के लक्षण दिखलाई पड़ते हैं, जबकि अग्र मस्तिष्क में चोट लगने पर सिर दर्द तथा चक्कर आने की समस्या उत्पन्न हो जाती है। अत: यह निर्विवाद रूप से कहा जा सकता है कि मानव-व्यवहार को समझने तथा उसके विश्लेषण के पूर्व व्यक्ति की शारीरिक रचना तथा उसके समस्त अंगों की कार्य-प्रणाली को समझना आवश्यक है।

आनुवांशिक आधार (Hereditary Basis)

शारीरिक आकृति तथा बनावट में प्रत्येक व्यक्ति एक-दूसरे से भिन्न होते हैं। इस भिन्नता का मुख्य कारण वंशानुक्रम की भिन्नता होती है। वंश-परम्परा द्वारा ही बालक अपने माता-पिता के रंग, रूप तथा आकार प्राप्त करता है। जीन्स की प्रभावोत्पादकता के कारण कभी-कभी माता-पिता की सन्तानें बौनी हो जाती हैं। बौने व्यक्ति में सामंजस्य समाज में अन्य व्यक्तियों की तुलना में कठिनाई से होता है, जिससे उसमें हीनता की भावनाएं बढ़ जाती हैं। इसी प्रकार मंद बुद्धि के दंपति से प्राप्त कुछ सन्तानें मंद बुद्धि की हो सकती हैं जबकि योग्य व बुद्धिमान दंपति की सन्तानें अधिकांशत: योग्य व बुद्धिमान होती हैं परन्तु वंश-परम्परा की यह निर्धारक कसौटी प्रत्येक परिस्थिति में खरी नहीं साबित हो सकती, क्योंकि वंश-परम्परा से प्राप्त लक्षणों पर जन्म के पश्चात् भी सामाजिक एवं सांस्कृतिक पर्यावरण अपना प्रभाव डालते हैं जो व्यक्तित्व के स्वस्थ विकास में सहयोग देते हैं। कार्ल पियर्सन महोदय ने अपने परीक्षणों के आधार पर यह मत व्यक्त किया है कि माता-पिता की शारीरिक विशेषताओं का प्रभाव बच्चों पर अवश्य ही पड़ता है। पियर्सन के अनुसार, वंशानुक्रम का प्रभाव पर्यावरण के प्रभाव से सात गुना अधिक होता है। इस सन्दर्भ में उल्लेखनीय है कि मानसिक दुर्बलता का प्राथमिक कारण वंशानुक्रम होता है, जिसमें बुद्धि की लगभग सभी श्रेणियां पाई जाती हैं। कुछ ही मानसिक मंदित बच्चे गौण कारणों से मंदित होते हैं। चूंकि दुर्बलता की मात्रा मस्तिष्क की क्षति पर भी निर्भर करती है, इसलिए यह निर्धारण करना कठिन हो जाता है कि मस्तिष्क की क्षति गर्भावस्था में घटित हुई है अथवा जन्म के पश्चात्। सामान्य तौर पर वंशानुक्रम के तीन मुख्य नियम माने जाते हैं- प्रथमत: समान-सन्तान को जन्म देता है, दूसरा भिन्नता का नियम अर्थात् संतान पूर्णतया अपने माता-पिता के अनुरूप नहीं होती, बल्कि उसमें रंग, रूप तथा आकृति में भिन्नता पाई जाती है तथा तीसरे नियम के अनुसार बालक में पूर्व वंशजों के गुणों का प्रत्यागमन होता है, परन्तु लक्षणों का प्रत्यागमन सदैव न होकर कुछ ही परिस्थितियों में होता है, जैसे- अधिक प्रतिभाशाली माता-पिता की सन्तान का निम्न कोटि की प्रवृत्ति का होना इत्यादि। चूंकि वंश-परम्परा के अनुसार पिता तथा माता दोनों के पूर्वजों के लक्षणों का समावेश बालक में होता है, अत: मनोरोगियों के अध्ययन में वंश-परम्परा के इतिहास को जानना आवश्यक हो जाता है।

सामाजिक आधार (Sociological Basis)

बालक में व्यवहार के विभिन्न प्रतिमानों का विकास समाज में होता है। ज्ञान, बुद्धि, विवेक और कार्यात्मक शक्ति के आधार पर ही मनुष्य तथा पशुओं की श्रेणियां अलग-अलग बनायी गई हैं। यद्यपि सीखने की क्रियाओं द्वारा अधिकांश व्यवहार करने के तरीकों को पशुओं विशेषकर मछली, कुत्तों, हाथी, चिम्पान्जी, तोते इत्यादि को सिखलाया जा सकता है, परन्तु मनोवैज्ञानिक प्रयोगों

(डोनाल्ड एवं गुआ) द्वारा यह तथ्य प्रमाणित हो चुका है कि प्रारम्भिक अवस्था में सीखने की गति धीमी होने के बावजूद भी सामाजिक विकास के अग्रिम क्रम में बच्चे के व्यावहारिक विकास की तुलना में पशुओं का विकास नहीं हो सका था। नवजात शिशुओं में सामाजिक व्यवहार का प्रारम्भ प्रौढ़ व्यक्तियों के सम्पर्क में आने से प्रारम्भ होता है। परिवार के सदस्यों को पहचान लेने पर उनकी उपस्थिति मात्र से बच्चा चुप हो जाता है। माता को देखकर मुस्कुराता है या हाथ-पांव उठाने लगता है। बच्चे की ये सभी क्रियाएं सामाजिक व्यवहार की प्रारम्भिक अवस्था हैं। 5-6 माह की आयु में बच्चा मित्रवत् व्यवहार तथा अमित्रवत् व्यवहार में भेद समझने लगता है। 8-9 माह की आयु में बालक अन्य व्यक्तियों की भाषा सुनकर तदनुसार बोलने का अनुकरण करने लगता है। अपरिचित व्यक्तियों से घबड़ाने का व्यवहार 9-12 माह की आयु में प्रबल होता है। द्वितीय वर्ष में बालकों में प्रतिद्वन्द्विता भी दिखलाई पड़ती है। बच्चे प्रौढ़ों के साथ खेलने में अधिक सहयोग प्रदर्शित करते हैं जबकि बच्चों के साथ खेलने में दूसरे बच्चों का सामान छीन लेना आदि व्यवहार प्रतिद्वन्द्विता के कारण दिखलाई पड़ता है। माता-पिता द्वारा अनुशासन की शिक्षा दिए जाने या सफाई प्रशिक्षण पर ध्यान देने का निर्देश बच्चे अनुकरण द्वारा सीखते हैं। इस प्रकार 2-6 वर्ष की आयु तक सहयोग व मैत्रीभाव का विकास अधिक हो जाता है। माता-पिता या परिवार के अन्य सदस्यों द्वारा बताये गए तरीकों से अन्य व्यक्तियों का आदर करना, कॉपी-किताब रखना, मित्रों से अच्छा बर्ताव करना, बुरी संगत से दूर रहना, शरीर साफ रखना आदि आदतों का विकास क्रमशः विकास एवं परिपक्वता के आधार पर बढ़ता रहता है। उत्तर बाल्यावस्था में संघ प्रवृत्ति (Group Tendency) अधिक प्रबल हो जाती है तथा अब बच्चे अकेले नहीं रहना चाहते वरन् मित्रों की टोली में रहना, बातें करना उन्हें अधिक पसन्द आता है, जिससे सामाजिक चेतना (Social Consciousness) का तीव्र गति से विकास होता है। बालक अपनी इच्छा तथा रुचि के अनुसार समूहों तथा संस्थाओं का निर्माण करता है। उत्तर-बाल्यावस्था में बालक अपने कार्यों का सामाजिक अनुमोदन प्रकट करने का इच्छुक होता है तथा सामाजिक निन्दा से बचना चाहता है। उत्तर-बाल्यावस्था के सामाजिक व्यवहारों में प्रशंसा व निन्दा, संसूचन, प्रतिस्पर्धा, सहानुभूति, खेल-भावना, मौन विरोधाभास, नेतृत्व एवं सामाजिक लोकप्रियता प्रमुख हैं।

उत्तर-बाल्यावस्था तक बालक में अनेक व्यावहारिक गुणों का विकास हो जाता है जो बच्चे को सामाजिक परिपक्वता (Social Maturity) प्रदान करने में सहायक होता है। इस अवस्था में सामाजिक विभेदन तथा नेतृत्व की क्षमता का भी विकास होता है। उल्लेखनीय है कि इस आयु तक बालक अनेक नैतिक व्यवहारों को सामाजिक अधिगम के द्वारा सीखता है। एक लम्बे समय तक सामाजिक अन्तःक्रिया के परिणामस्वरूप बच्चे यह सीख जाते हैं कि सही व गलत क्या है। बच्चे सही कार्य इसलिए करना चाहते हैं, जिससे लोग उनकी प्रशंसा करें तथा उनके कार्यों को सही समझें। इस व्यवहार में बच्चे में पहल करने तथा रचनात्मक कार्यों को करने की प्रेरणा प्रकट होती है, जबकि दण्ड या निन्दा किए जाने से बच्चे में संकोच तथा असुरक्षा एवं अनुशासनहीनता के व्यवहार दिखायी देते हैं। किशोरावस्था में व्यक्ति के सामाजिक व्यवहारों में परिवर्तन तथा परिमार्जन होता है। सामाजिक स्वीकृतियों तथा अस्वीकृतियों में नवीन मूल्यों को स्वीकार करना या त्यागना पड़ सकता है। किशोरावस्था में सामाजिक क्रियाकलापों में अधिक भाग लेने के कारण व्यक्ति में सामाजिक सूझ, सामाजिक अन्तर्दृष्टि तथा आत्म-विश्वास की भावना बढ़ती है। प्रौढ़ावस्था में विवाहोपरान्त परिवार को जिम्मेदारीपूर्वक चलाना, पत्नी तथा बच्चों के प्रति उनकी आवश्यकताओं की पूर्ति का उत्तरदायित्व इत्यादि कार्यों से व्यक्ति सन्तोष का अनुभव करता है। उपयुक्त जीवन साथी न प्राप्त होने या पारिवारिक विघटन की स्थिति में भी व्यक्ति में हीनता, निराशा तथा असफलता की विरोधी भावनाएं विकसित होती हैं। वृद्धावस्था में व्यवहार के प्रतिमान

पूर्व वर्षों की अपेक्षा अधिक सीमा तक नियंत्रित व परिमार्जित हो जाते हैं क्योंकि वृद्ध व्यक्ति यह समझने लगता है, कि गलत कार्य करने से वह उपहास का पात्र बनेगा। वृद्धावस्था में व्यक्ति बार-बार खाने तथा बच्चों जैसा व्यवहार करते हैं जो वास्तव में उनके संवेगात्मक असन्तुलन (Emotional Embalance) का परिणाम होता है।

उपर्युक्त विवेचन से यह तथ्य स्पष्ट होता है कि सामाजिक परिप्रेक्ष्य में मानव-व्यवहार अधिक नियंत्रित व परिमार्जित होता है तथा व्यक्ति में नये-नये गुणों व क्षमताओं का विकास होता है। यदि मनुष्य को समाज से अलग रखा जाए तो निश्चित ही उसमें मानवीय आचरणों, नैतिक मूल्यों तथा मानवीय आदर्शों का विकास नहीं हो सकेगा। इस दृष्टि से मानव-व्यवहार के विश्लेषण में उसके परिवार, समूह तथा मित्रों के अन्तर्सम्बन्धों का अध्ययन आवश्यक हो जाता है।

सांस्कृतिक आधार (Cultural Basis)

संस्कृति की रचना सामाजिक उद्देश्यों की प्राप्ति तथा सामाजिक व्यवस्था को बनाए रखने के उद्देश्य से होती है। संस्कृति के निर्माण में सामाजिक अन्तःक्रिया का विशेष योगदान होता है। सांस्कृतिक प्रतिमानों के ही आधार पर उचित-अनुचित, संगत-असंगत एवं वांछित-अवांछित का निर्णय होता है। जिस तरह की संस्कृति में व्यक्ति जन्म लेता है, उसका उस पर निश्चय ही प्रभाव पड़ता है। इन अर्थों में व्यक्ति का समस्त व्यवहार उसकी संस्कृति का ही परिणाम है। भिन्न-भिन्न संस्कृति में पले बच्चों के सामाजिक व्यवहारों में भिन्नता देखी जा सकती है। उदाहरणार्थ- कुछ संस्कृतियों में यह विश्वास किया जाता है कि यदि अमुक कार्य किया जाएगा तो ईश्वर.नाराज होंगे या ईश्वर द्वारा उन कार्यों को करने की सख्त मनाही है। ऐसी परिस्थिति में जबकि निषेधित कार्य के अतिक्रमण का अत्यधिक भय हो तो दुर्घटनावश कृत्य घटित होने पर व्यक्ति खाना-पीना छोड़ देता है और मर जाता है। (कैनन 1942, बारबर 1961) अलग-अलग समाजों में पालन-पोषण तथा व्यवहार करने की परम्पराएं भिन्न-भिन्न होती हैं। हिन्दुओं में प्रणाम व मुसलमानों में आदाब शब्द सम्मानसूचक हैं परन्तु सांस्कृतिक भिन्नता के कारण दोनों के उच्चारण तथा प्रकट करने के व्यवहार में अन्तर है। इसी प्रकार संवेगात्मक नियंत्रण की क्षमता पर भी सांस्कृतिक कारणों का प्रभाव पड़ता है। क्रच एवं क्रचफील्ड ने संस्कृति की व्याख्या करते हुए यह स्पष्ट किया है कि भौतिक तथा व्यावहारिक व्यवस्थाओं के वे सभी प्रतिमान जिन्हें किसी समाज ने अपनी समस्याओं के समाधान के लिए स्वीकार कर लिया है, संस्कृति कहते हैं। संस्कृति में संस्थागत मार्ग और अव्यक्त सांस्कृतिक विश्वास, मानक और मूल्य इत्यादि सभी निहित होते हैं तथा इनके द्वारा व्यवहार नियन्त्रित होते हैं।

बोगाड्र्स के अनुसार संस्कृति की रचना मानवीय समूह, एकीकृत रीति-रिवाजों, परम्पराओं और चालू व्यवहार के प्रतिमानों से होती है। यह मूल्यों की वह पूर्ववर्ती समष्टि है जिसमें व्यक्ति जन्म लेता है एवं एक ऐसा माध्यम है जिसमें व्यक्ति विकसित तथा परिपक्व होता है। उपरोक्त परिभाषाओं से स्पष्ट होता है कि संस्कृति द्वारा ही व्यावहारिक प्रतिमानों का निर्धारण होता है, परन्तु संस्कृति किस प्रकार व्यवहार को प्रभावित करती है, यह समझने के लिए हमें जीव की विभिन्न प्रतिक्रियाओं, जैसे- प्रत्यक्षीकरण, प्रेरणा, सोचना तथा कार्य तत्परता की व्यावहारिक क्रियाओं का विश्लेषण करना होगा। एक उदाहरण लीजिए- एक व्यक्ति जो समुद्र के किनारे निवास करता हो तथा उसे मछली खाने, मछली मारने तथा समुद्र-विहार का अधिक शौक है तो वह समुद्र में उठने वाले तूफान को देखकर सम्भावित खतरे या मौसम का पूर्वानुमान कर सकता है, जबकि सामान्य व्यक्ति समुद्री हवाओं तथा मौसम का पूर्वानुमान परिस्थिति के प्रत्यक्षीकरण से नहीं कर सकता। एस्किमो नागरिक बर्फ गिरते समय बर्फ के प्रकार में भेद बता सकता है। जबकि एक स्थल निवासी दृष्टि प्रत्यक्षण में विभिन्न प्रकार की बर्फ को साधारण बर्फ अभिव्यक्त कर सकता है। इन उदाहरणों के आधार पर यह कहा जा सकता है कि संस्कृति के प्रभाव के कारण व्यक्ति के आचार-विचार सोचने-समझने

की क्षमता में परिवर्तन होता है, जिसके कारण भिन्न-भिन्न समुदाय व सांस्कृतिक परिवेश में रहने वाले व्यक्तियों के व्यवहार में भिन्नता दिखायी देती है।

व्यक्ति संस्कृति के अनुरूप व्यवहार करना कैसे सीखता है (How Does a Person Learns the Mode of Behaviour According to his Culture)

संस्कृति की प्रमुख विशेषता सतत चलने की है। एक व्यवहार को लम्बे समय तक व्यवहार में क्रियान्वित करने के कारण संस्कृति में तकनीकी व क्रियात्मक क्षमताओं का विकास एवं परिमार्जन होता रहता है। इस प्रकार एक व्यक्ति जन्म के द्वारा या प्रत्यागमन के द्वारा जिस संस्कृति में प्रवेश करता है, वहां की मूल विचारधाराओं, मूल्यों तथा मान्यताओं को सामाजिक अनुमोदन तथा प्रशंसा व सम्मान प्राप्त करने की इच्छा से ग्रहण करता है। बच्चे में संस्कृति के अनुरूप व्यवहार करने का प्रशिक्षण जन्म के पश्चात् आरम्भ हो जाता है। बच्चा अपने परिजनों के माध्यम से परिवार में अक्सर निम्न वाक्यों को सुनता रहता है, जैसे- 'अपने पिता या दादा के योग्य बनो', 'इस प्रकार व्यवहार न करो', 'लड़कियां ही गुड़ियों के साथ खेलती हैं'। इस प्रकार बालक जब उक्त निर्देशों का पालन अपनी संस्कृति के अनुरूप करता है तो उसे प्रशंसा व इनाम प्राप्त होता है तथा जब विरोधी आचरण करता है तो उसे दण्ड दिया जाता है। प्रशंसा और दण्ड द्वारा बच्चे की समाजसम्मत आचरण करने की प्रेरणा संस्कृतिजन्य व्यवहारों को विकसित करती है। परिवार में साधारण बोल-चाल या माता-पिता के व्यवहारों की नकल भी प्राय: बच्चे करते हैं। जैसे गुड़िया के खेल में यदि बालक खेलते हुए नाराज हो जाता है तो उसका गुस्सा प्राय: अपनी माता द्वारा तत्समान स्थिति में व्यवहार करते समय दिखायी पड़ता है। माता-पिता, अध्यापक, मित्र, परिवारजनों, समूह तथा सामुदायिक संगठनों के व्यवहार को व्यक्ति संस्कृति के अनुरूप ग्रहण करता है तथा उसी प्रकार के आचार-विचार का प्रशिक्षण बच्चों को भी देता है।

सम्प्रेरणात्मक आधार (Motivational Basis)

सम्प्रेरणा व्यक्ति की आन्तरिक शक्ति है, जो कार्य करवाती है, शक्ति देती है, उद्देश्य पूर्ति के साधनों की खोज करवाती है तथा निरन्तर कार्य में लगाए रहती है। इस प्रकार व्यक्ति का समस्त व्यवहार सम्प्रेरित होता है। मानव-व्यवहार के संचालन में प्रेरणा द्वारा कार्य की दिशा की खोज होती है, पथ-निर्देशन होता है तथा व्यक्ति आदान-प्रदान एवं प्रत्युत्तर करना सीखता है, जिसके फलस्वरूप व्यवहार की गतिशीलता में परिवर्तन होता है। प्रेरणाओं की वृद्धि के साथ-साथ मानव-व्यवहार में परिवर्तन परिलक्षित होते हैं। संक्षेप में सम्प्रेरणा तथा मूल-प्रवृत्ति का मानव-व्यवहार से संबंध निम्न आधारों पर वर्णित किया जा सकता है :

1. मानव-व्यवहार तभी सम्भव होता है, जब कोई प्रेरणा क्रियाशील होती है। शारीरिक या मानसिक असन्तुलन की स्थिति में प्रेरणाओं की क्रियाशीलता से ही सन्तुलन स्थापित होता है।
2. सम्प्रेरणाएं व्यक्ति के कार्य-व्यवहार का निर्धारण एवं निर्देशन करती हैं।
3. प्रेरणाओं की निरन्तरता के कारण आवश्यकताएं पुन: जाग्रत होती हैं जिससे व्यक्ति अभीष्ट लक्ष्य की प्राप्ति हेतु निरन्तर क्रियाशील रहता है।
4. मानवीय आवश्यकताओं तथा उद्देश्यों में नित्य परिवर्तन के कारण प्रेरणाओं के स्वरूप, प्रकृति तथा सन्तुष्टि के ढंग में भी परिवर्तन होते रहते हैं। उद्देश्य तथा स्थिति में परिवर्तन के फलस्वरूप व्यवहार भी प्रभावित होता है।
5. सम्प्रेरणा पर पर्यावरण का भी प्रभाव पड़ता है। समाज के रीति-रिवाज तथा परम्पराएं आदि इच्छा-पूर्ति के साधनों को निश्चित करते हैं। उदाहरणार्थ- यौन संबंध स्थापन हेतु विवाह, प्रगति तथा उन्नति हेतु सामाजिक नियमों का अनुमोदन इत्यादि।

6. प्रेरणा व्यक्ति को अन्वेषण हेतु प्रोत्साहित करती है, जिससे प्रेरकों की सन्तुष्टि आसानी से हो सके।
7. व्यक्ति प्रेरणाओं के कारण लक्ष्य निर्धारित करता है तथा उसकी पूर्ति हेतु नियंत्रित व्यवहार करता है।
8. सम्प्रेरणाओं की सन्तुष्टि न होने पर सामान्य क्रियाशीलता में बाधा उत्पन्न होती है। मानसिक असन्तुलन तथा असामान्य व्यवहार का मूल कारण सम्प्रेरणाओं का सन्तुष्ट नहीं होना हो सकता है।
9. अनेक मनोवैज्ञानिकों के अनुसार, मूल प्रवृत्तियां ही मानव व्यवहार की मुख्य संचालक हैं। मैक्डूगल के अनुसार मूल-प्रवृत्ति वह वंशानुगत तथा मनोवैज्ञानिक अभिव्यक्ति है, जो व्यक्ति को विशेष प्रकार की वस्तुओं को देखने तथा उनकी ओर ध्यान देने के लिए प्रेरित करती है, जिसके प्रत्युत्तर से वह संवेगात्मक उत्तेजना प्रकट करता है तथा उसके प्रति विशेष क्रिया करता है।

मानव-व्यवहार के सिद्धान्त (Principles of Human Behaviour)

व्यवहार की प्रकृति उद्देश्यों की भिन्नता एवं कार्य करने की दशाओं में अन्तर तथा सीखने, प्रत्यक्षीकरण, विस्मृति, संवेग, संवेदनाओं, भ्रम, विभ्रम, चिन्तन, कल्पना, आदत इत्यादि तत्वों के प्रभाव के कारण निरन्तर परिवर्तित होती रहती है, इसलिए व्यवहार के संप्रत्यय की विवेचना गत्यात्मक अर्थों में की गई है। व्यवहार के गत्यात्मक स्वरूप के कारण ही विभिन्न मनोवैज्ञानिकों ने इसके स्वरूप व प्रकृति की व्याख्या हेतु भिन्न-भिन्न सिद्धान्तों का प्रतिपादन किया है। मानव-व्यवहार की प्रवृत्ति शुद्ध रूप से न तो गणितीय है तथा न तो वैज्ञानिक, जिसके आधार पर एक निश्चित सिद्धान्त का प्रतिपादन किया जा सके। इसलिए विभिन्न मनोवैज्ञानिकों ने अपने-अपने सिद्धान्तों के आधार पर व्यवहार को समझने का प्रयत्न किया है। मानव-व्यक्तित्व के सिद्धान्तों की विवेचना के अन्तर्गत फ्रायड, एरिकसन तथा एडलर द्वारा प्रतिपादित सिद्धान्तों की विस्तृत व्याख्या की गई है (व्यक्तित्व शीर्षक अध्याय में)। इस सन्दर्भ में हम पुनः उपरोक्त विद्वानों तथा अन्य मनोवैज्ञानिकों द्वारा प्रतिपादित सिद्धान्तों का संक्षिप्त विवेचन करेंगे।

फ्रायड का सिद्धान्त

व्यक्तित्व संगठन की विशेषताओं के कारण व्यक्ति के समस्त व्यवहार संचालित होते हैं। फ्रायड के अनुसार व्यक्तित्व के तीन अंग या शक्तियां हैं जो अन्तर्सम्बन्धित होकर कार्य करती हैं तथा व्यक्ति को व्यवहार करने के लिए बाध्य करती हैं। फ्रायड ने इन शक्तियों की व्याख्या इड, ईगो तथा सुपर ईगो के रूप में की है। इड का स्वरूप अचेतन तथा पशुवत् है जो आवश्यकताओं को मूल रूप से सन्तुष्ट करना चाहता है। इड में ज्ञान और विवेक का कोई स्थान नहीं है। सुपर ईगो व्यक्ति में आदर्श का निर्माण करता है तथा व्यक्ति को मानवीय आचरणों, सांस्कृतिक मूल्यों तथा सामाजिक परम्पराओं व नियमों के अनुसार कार्य करने की प्रेरणा देता है, जिसके फलस्वरूप ईगो वास्तविक व्यवहार को कार्यान्वित करता है तथा इच्छाओं पर नियंत्रण रखता है। वह इड की इच्छाओं तथा सुपर ईगो की नैतिकता के बीच जबरदस्त संघर्ष करता है। यह संघर्ष मन में तब तक चलता रहता है जब तक इच्छाओं की संतुष्टि नहीं हो जाती या समस्या का समाधान नहीं हो जाता। उदाहरणार्थ- भारतीय समाज में बालात्कार एक अपराध है। व्यक्ति की काम-प्रवृत्ति उत्तेजित होने पर वह उसकी सन्तुष्टि चाहता है, परन्तु व्यक्ति की यह आवश्यकता चूंकि समाज में अपराध है अतः उसे सुपर ईगो से बराबर यह निर्देश मिलता रहता है कि काम-प्रवृत्ति पर अंकुश रखा जाए नहीं तो समाज में उसकी प्रतिष्ठा गिरेगी। वह अन्य व्यक्तियों द्वारा अपमानित किया जाएगा तथा नियम विरुद्ध कार्य होने पर

उसे दण्ड भी प्राप्त होगा। इसके विपरीत इड जो केवल इच्छाओं की पूर्ति से ही आशय रखता है, व्यक्ति को इच्छाओं की पूर्ति के अन्य विकल्पों के चयन का सुझाव देता है। इस प्रकार हम देखते हैं कि दो परस्पर विरोधी भावनाएं मस्तिष्क में असंतुलन की स्थिति उत्पन्न कर देती हैं। यह मानसिक असंतुलन उस समय समाप्त हो जाता है जब ईगो के निर्णयानुसार व्यक्ति उद्देश्यों के अग्रसरण में कोई कार्य करता है। व्यक्ति इड के प्रभावी होने पर समाज विरोधी आचरण कर भी सकता है तथा सुपर ईगो के प्रभावी होने पर नहीं भी। इस उदाहरण की व्याख्या से यह तथ्य स्पष्ट हो जाता है कि व्यक्ति के अन्तर्गत इड द्वारा उत्पन्न की हुई असामाजिक तथा असांस्कृतिक इच्छाओं का ईगो द्वारा नियंत्रण किया जाता है तथा सुपर ईगो द्वारा व्यक्ति को समाज के आदर्शों और मूल्यों के अनुकूल व्यवहार करने के लिए प्रेरित किया जाता है।

फ्रायड ने मानव-व्यवहार में कामुक इच्छाओं को विशेष महत्व दिया है तथा इन इच्छाओं को लिबिडो की संज्ञा दी है। मनःस्थलीय विभाजन के अनुसार इड की समस्त इच्छाएं अचेतन में रहती हैं जो अभिव्यक्ति हेतु चेतन में आने का प्रयास करती हैं। चूंकि अचेतन की इच्छाएं व्यक्ति के धार्मिक, नैतिक तथा सामाजिक मूल्यों के विपरीत होती हैं जिससे दमन के फलस्वरूप अचेतन ही इनका निवास-स्थल होता है, अतः अचेतन की इच्छाएं परिशोधन के पश्चात् ही चेतन स्तर पर आने पाती हैं।

युंग का सिद्धान्त

प्रारम्भिक वर्षों में युंग ने फ्रायड के सिद्धान्त का अनुकरण किया था, परन्तु बाद के वर्षों में युंग ने मनोविश्लेषणात्मक सिद्धान्त के अन्तर्गत एक स्वतन्त्र विचारधारा का प्रतिपादन किया। युंग ने मन के स्थान पर चित्त शब्द का प्रयोग किया तथा इसके दो भाग- अचेतन व चेतन- की क्रियाशीलता के आधार पर व्यवहार के विश्लेषण का प्रयत्न किया है। युंग के अनुसार चेतन का अस्तित्व अचेतन के कारण होता है तथा इस अचेतन को ही युंग ने सामूहिक अचेतन की संज्ञा दी है। सामूहिक अचेतन में व्यक्ति की स्मृतियों के मूल रूप होते हैं जो उसके सामाजिक तथा सांस्कृतिक पर्यावरण के एक अंग हैं। सामूहिक अचेतन में इच्छाओं की अभिव्यक्ति मूल रूप से होती है, लेकिन इन मूल रूपों से संबंधित व्यवहारों का वर्णन इसलिए असम्भव होता है क्योंकि उसकी चेतना मनुष्य को नहीं होती। व्यवहार के आधार पर सामूहिक अचेतन के मूल रूपों के कुछ प्रतीकात्मक अर्थ अवश्य ग्रहण किए जा सकते हैं। युंग के अनुसार मानव-व्यवहार के विश्लेषण में व्यक्ति के सामूहिक अचेतन एवं व्यक्तिगत अचेतन तथा सामाजिक व सांस्कृतिक पर्यावरण के परिचय के साथ-साथ उसके भविष्य में मानसिक तत्परता का भी अवलोकन किया जाना चाहिए।

करेन हार्नी का सिद्धान्त

हार्नी ने मनोविश्लेषण सिद्धान्त के अन्तर्गत व्यक्ति के सामाजिक और सांस्कृतिक परिप्रेक्ष्य के अध्ययन पर विशेष बल दिया है। बालक अपने माता-पिता या परिवार से इसलिए घृणा कर सकता है क्योंकि उसे माता-पिता तथा परिवार का स्नेह व सुरक्षा प्राप्त नहीं हो, वह परिवार के सदस्यों के तिरस्कार का पात्र हो। ऐसे बच्चों में अपने परिवार के प्रति द्वेष तथा घृणा भाव के कारण असामान्य व्यवहार के लक्षण दिखायी देने लगते हैं। व्यवहार का यह विचलन असामाजिक पर्यावरण के प्रभाव के कारण होता है। चूंकि सभी समाजों में सामाजिक मूल्यों और मान्यताओं के प्रतिमान भिन्न-भिन्न होते हैं तथा सांस्कृतिक मूल्यों में भी भिन्नता होती है इसलिए यह कहना कठिन होता है कि व्यवहार का एक प्रतिमान जो हमारे समाज में असामान्य है, अन्य समाजों में भी असमान्य माना जाएगा। उदाहरणार्थ भारतीय समाज में किशोर तथा किशोरी का सार्वजनिक स्थल पर गहन आलिंगन नैतिकता के विरुद्ध है परन्तु पाश्चात्य संस्कृति में यह आचरण असामान्य नहीं है। हार्नी के अनुसार जब व्यक्ति के चरित्र में संघर्षों की प्रधानता हो जाती है तब उसका

व्यवहार असामान्य हो जाता है। ये संघर्ष सामाजिक और सांस्कृतिक परिस्थितियों के कारण उत्पन्न होते हैं। जब व्यक्ति में नैतिक संघर्षों का विकास होता है, उस समय प्राय: दो प्रकार की अभिव्यक्तियां पाई जाती हैं। प्रथम अभिव्यक्ति के अनुसार वह दूसरे लोगों की ओर अग्रसर (Furtherence) होता है तथा अपना सम्पर्क बढ़ाना चाहता है। दूसरी अभिवृत्ति वह है जिसके फलस्वरूप वह अपना प्रत्याहार (Withdrawal) करता है। संघर्ष की स्थिति प्रत्येक व्यक्ति में पाई जाती है, परन्तु कुछ व्यक्ति संघर्षों का समाधान प्राप्त कर लेते हैं जबकि अन्य व्यक्ति संघर्ष का समाधान करने में असमर्थ रहते हैं। हार्नी के अनुसार व्यवहार के विश्लेषण में व्यक्ति की वर्तमान स्थिति तथा समस्या की प्रकृति को समझना आवश्यक है।

ऑल्फ्रेड एडलर का सिद्धान्त

एडलर के अनुसार, प्रत्येक मनुष्य में एक इच्छा-शक्ति होती है जिसकी प्रेरणा से वह कार्य करता है। इच्छा-शक्ति के कारण ही व्यक्ति की व्यावहारिक क्रियाशीलता में गति उत्पन्न होती है जो उसकी जीवन शैली का निर्धारण करती है। प्रत्येक व्यक्ति में जीवन सम्मान के साथ जीने तथा सुख भोगने की जबर्दस्त इच्छा होती है जिसके प्रतिक्रियास्वरूप व्यक्ति की मानसिक क्रियाएं उद्देश्य की प्राप्ति हेतु कार्य करती हैं। इच्छा-शक्ति की व्याख्या में एडलर ने उन तत्वों की भी व्याख्या की है जिसके कारण व्यक्ति के व्यवहार में अवरोध उत्पन्न होता है। आक्रामक प्रेरक शक्तियों के विषय में एडलर का विचार है कि आक्रामक शक्ति असंतुलन की स्थिति में चरमोत्कर्ष पर होती है परन्तु यह व्यवहार स्थाई नहीं होता। व्यक्ति अपनी इच्छा के आधार पर जीवन के उद्देश्य व लक्ष्यों का निर्धारण करता है। असंतुलित व्यवहार में व्यक्ति स्वयं को असफल तथा हीन भावना से ग्रसित महसूस करता है। यह इच्छा-शक्ति ही है, जो व्यक्ति में स्फूर्ति व उत्साह का संचारण करती है जिससे उसे जीवन-लक्ष्य की प्राप्ति में सहायता मिलती है। एडलर ने असामान्य व्यवहार का मूल कारण हीन-ग्रन्थियों को माना है। हीनता की ग्रन्थि से ही श्रेष्ठता की ग्रन्थि का विकास होता है। उदाहरणार्थ, एक पोलियो ग्रस्त बच्चा जो अन्य बच्चों की तुलना में दौड़ नहीं सकता, अपनी शारीरिक अक्षमता के कारण खेल-कूद की प्रतियोगिताओं में भाग लेने से वंचित हो सकता है, जिसके कारण उसमें अन्य बच्चों के प्रति दुर्भावना तथा स्वयं के प्रति अयोग्यता की हीन भावना विकसित हो सकती है, परन्तु श्रेष्ठता की भावना से वह एक अच्छा कलाकार या अध्यापक या अन्य प्रकार वृतिके अभिकर्मी बनकर होकर हीन भावना को समाप्त कर सकता है। इस प्रकार हम देखते हैं कि एडलर ने मानव-व्यवहार की व्याख्या में व्यक्ति की सम्पूर्णता, जीवन-शैली तथा जीवन-उद्देश्यों को स्वीकार करते हुए सामाजिक पक्ष पर विशेष बल दिया है।

कुर्ट लेविन का सिद्धान्त

लेविन ने मानव-व्यवहार की व्याख्या, व्यक्ति, उसके मनोवैज्ञानिक क्षेत्र तथा भौतिक क्षेत्र के अन्तर्सम्बन्धों के आधार पर की है। व्यवहार में व्यक्ति की आवश्यकताओं तथा उसके मनोवैज्ञानिक क्षेत्र को विशेष महत्व देते हुए एक जीवन-क्षेत्र की संकल्पना की गई है। मनोवैज्ञानिक वातावरण के वाहन तत्व जो व्यक्ति और स्थिति को प्रभावित करते हैं, उन्हें भौतिक क्षेत्र कहा गया है। भौतिक क्षेत्र से तथ्यों का संचरण सीधे व्यक्ति को न होता है बल्कि मनोवैज्ञानिक क्षेत्र द्वारा होता है जो मानव-व्यवहार को प्रभावित करते हैं। मनोवैज्ञानिक क्षेत्र में एक ही समय में कई तथ्य होते हैं जो व्यक्ति की आवश्यकताओं, उसके कार्य करने की दशा एवं स्थिति को प्रभावित करते हैं। व्यक्ति में निहित मानसिक शक्ति उस समय क्रियाशील होती है जब वह असन्तुलन से सन्तुलन की अवस्था में आना चाहता है। असन्तुलन की दशा में मानसिक शक्ति का प्रवाह अधिक तनावग्रस्त क्षेत्रों से कम तनावग्रस्त क्षेत्रों की तरफ होता है तथा सम्पूर्ण जीवन-क्षेत्र में गतिशीलता की प्रक्रिया तब तक चलती

रहती है जब तक व्यक्ति सन्तुलन की अवस्था में न आ जाए। भौतिक क्षेत्र से प्राप्त उत्तेजनाओं के कारण मनोवैज्ञानिक क्षेत्र में उपस्थित विभिन्न तथ्यों में मानसिक ऊर्जा का संचरण बाधित हो जाने की दशा में असामान्य व्यवहार के लक्षण दिखाई देते हैं। लेविन की व्याख्या के अनुसार जीवन-क्षेत्र ही वह मुख्य केन्द्र है जो समस्त मानवीय व्यवहारों का निर्धारण करता है।

हेरी स्टेक सुलीवान का सिद्धान्त

सुलीवान की व्याख्या के अनुसार, मानव-व्यवहार का प्रारम्भ परिवार से होता है। जन्मोपरान्त जिस प्रकार के व्यक्तियों के सम्पर्क में आने का अवसर बच्चे को प्राप्त होता है, उसमें उसी प्रकार के व्यवहारों का विकास पारस्परिक संबंधों के आधार पर विकसित होता है। बालक आनुवंशिकता से प्राप्त गुणों का विकास सामाजिक और सांस्कृतिक पर्यावरण में करता है। सुलीवान के अनुसार सामान्य रूप से व्यवहार के दो पक्ष हैं : 1. लक्ष्यों की प्राप्ति से सन्तुष्टि, 2. सुरक्षा। अपनी जैविक आवश्यकताओं की पूर्ति के लिए व्यक्ति जो व्यवहार करता है उससे उसे सन्तुष्टि प्राप्त होती है, परन्तु सुरक्षा के लिए वह ऐसे कार्य करता है जिसका स्वरूप सामाजिक व सांस्कृतिक हो, अर्थात् समाज और संस्कृति को ध्यान में रखकर जो व्यवहार किया जाता है उससे व्यक्ति में सुरक्षा की भावना का विकास होता है। मानवीय मूल्यों, सांस्कृतिक आचरणों तथा नैतिक मूल्यों के विपरीत कार्य-व्यवहार से व्यक्ति को असुरक्षा महसूस होती है। इन अर्थों में व्यवहार का लक्ष्य संतोष तथा सुरक्षा प्राप्त करना है। सन्तुष्टि की प्राप्ति परोक्ष रूप से सुरक्षा के विकास में सहायक होती है और सुरक्षा के लिए किए गए प्रयास सन्तुष्टि देते हैं। सुलीवान के अनुसार व्यवहार के अन्तर्गत सुरक्षा प्रकट करने का आशय, सामाजिक व सांस्कृतिक मूल्यों तथा मान्यताओं को स्वीकार करने से है। शैशवावस्था में माता से घनिष्ठता होने के कारण बच्चे का व्यवहार प्रथमतः प्रभावित होता है। माता द्वारा बच्चे को तिरस्कृत किए जाने से उसमें असुरक्षा की भावनायें विकसित होने लगती हैं परन्तु चूंकि शैशवावस्था में माता ही सभी आवश्यकताओं की पूर्ति का साधन होती है, अतः वह डर कर भी माता की आज्ञा का पालन करते हुए सांस्कृतिक तथा सामाजिक आचरणों को सीखता है। बाल्यावस्था में दण्ड और पुरस्कार द्वारा बच्चे को शिक्षा मिलती है तथा किशोरावस्था में सामाजिक अनुमोदन प्राप्त करने हेतु वह काम-क्रियाओं पर नियन्त्रण करना सीख जाता है। प्रारम्भिक अवस्था में बालक तथा उसके सामाजिक व सांस्कृतिक पर्यावरण में कटुता आ जाने से उसके व्यवहार में असामान्यता दिखाई देने लगती है। इस प्रकार सुलीवान ने मानव व्यवहार की व्याख्या में व्यक्ति के शैशव काल से लेकर उसकी किशोरावस्था तक व्यक्ति व उसके परस्पर सामाजिक संबंधों पर विशेष बल दिया है।

सामाजिक अधिगम का सिद्धान्त

बैन्डूरा, सिर्यस तथा डिशेल आदि मनोवैज्ञानिकों ने फ्रायड के मनोविश्लेषण सिद्धान्त के विपरीत मानव-व्यवहार में सामाजिक अधिगम के सिद्धान्त को विशेष महत्व दिया है। बैन्डूरा के अनुसार व्यवहार में सामाजिक, संज्ञानात्मक तथा प्रेरणात्मक प्रतिमानों की भूमिका अधिक होती है। सामाजिक अधिगम अधिकांशतः अनुकरण के माध्यम से होता है। बच्चा परिवार, पड़ोस, स्कूल, मित्र-समूह और सामाजिक संस्थाओं में सक्रिय सहभागिता द्वारा अनुकरण विधि से विभिन्न व्यावहारिक प्रतिमानों को सीखता है तथा तदनुसार व्यवहार करता है। अनुकरण द्वारा सीखने की प्रक्रिया में पुरस्कार तथा दण्ड की विशिष्ट भूमिका होती है। मनुष्य उन कार्यों को करने के लिए शीघ्र प्रेरित होता है, जिससे उसे सामाजिक अनुमोदन प्राप्त होता है तथा उन व्यवहारों को त्यागने का प्रयत्न करता है जिससे उसे दण्ड या दुःख प्राप्त होता है। अनुकरण द्वारा व्यक्ति अन्य व्यक्तियों में निहित चारित्रिक गुणों को सीख कर स्वयं में विकसित करने का प्रयत्न करता है। यदि व्यक्ति का सामाजिक पर्यावरण दूषित है

या उसके परिवार या समूह के सदस्यों का आचरण समाज-सम्मत नहीं है तो वह उन्हीं आचरणों को अनुकरण के द्वारा अपनाता है। इस प्रकार मानव-व्यक्तित्व में व्यावहारिक गुणों के विकास का सामाजिक अधिगम का सिद्धान्त निर्विवाद रूप से विशेष महत्व रखता है, परन्तु व्यवहार को प्रभावित करने वाले शारीरिक, आनुवंशिक तथा मूल प्रवृत्यात्मक सिद्धान्तों की अवहेलना के कारण यह सिद्धान्त एकपक्षीय प्रतीत होता है।

मानव-व्यवहार की गत्यात्मकता (Dynamics of Human Behaviour)

मानव-व्यक्तित्व एक बहुआयामी संगठन है, जिसके द्वारा व्यक्ति के सभी व्यवहार संचालित होते हैं। एक सामाजिक प्राणी होने के कारण व्यक्ति की आवश्यकताएं मात्र विशिष्ट तथा मूल आवश्यकताओं तक ही सीमित नहीं हैं बल्कि समाज में आत्म-सम्मान प्राप्त करने की अभिलाषा तथा आत्म-प्रकाशन, संघीय प्रवृत्ति इत्यादि प्रेरणाएं नित्य नये-नये व्यवहारों को जन्म देती हैं। प्रत्येक व्यक्ति के कार्य करने की दशाओं तथा उद्देश्यों में भिन्नता होती है जिससे व्यवहार की प्रकृति में भी परिवर्तन होता रहता है। अत: सर्वप्रथम मानव-व्यवहार के विश्लेषण में व्यक्ति की स्थिति को समझना आवश्यक है। मानव समाज में व्यवहार का स्वरूप निरन्तर परिवर्तित होने का एक अन्य कारण व्यक्ति के कर्तव्यों और भूमिकाओं में परिवर्तन भी है। उदाहरणार्थ- भारतीय समाज में नारी की स्थिति का अवलोकन करें। एक विवाहित स्त्री से एक ही समय में पत्नी, मां, बहू, कर्मचारी, बहन, मौसी, बुआ आदि विभिन्न भूमिकाओं में विभिन्न कर्तव्यों के निष्पादन हेतु सामाजिक अपेक्षा की जाती है। उसी प्रकार एक व्यक्ति की भूमिका का अवलोकन करें जो घर में पिता तथा पति है, कार्यालय में अधिकारी है, सायंकाल अध्यापक है तथा रात्रि में एक समारोह का मुख्य अतिथि। निश्चित है कि विभिन्न स्थानों पर भूमिकाओं में भिन्नता के कारण व्यवहार की प्रकृति प्रतिक्षण बदलती रहती है। क्रोध, आवेश, समर्पण, आकर्षण, विकर्षण, प्रतिद्वन्द्विता, ग्लानि, सुख, दु:ख आदि सभी व्यवहारों को मनोवैज्ञानिकों ने विभिन्न सिद्धान्तों के आधार पर विश्लेषित करने का प्रयत्न किया है। फ्रायड के अनुसार मानव व्यवहार काम-प्रवृत्ति पर आधारित है तथा इड व सुपर ईगो के बीच लगातार संघर्ष की स्थिति बनी रहती है, जिससे व्यक्ति 'ईगो' जो वास्तविकता का बोध कराती है तथा इच्छाओं पर नियंत्रण रखती है, उसके आधार पर व्यवहार करता है। एरिकसन ने व्यक्ति के मनोसामाजिक विकास और व्यक्तित्व के संगठन में सामाजिक व्यवहारों के विश्लेषण पर बल दिया है।

कुर्ट लेविन का यह विचार है कि व्यक्ति एक गूढ़ संगठित शक्ति का भण्डार है तथा यह शक्ति जो मनोवैज्ञानिक कार्यों का निष्पादन करती है मानसिक शक्ति कहलाती है। मानसिक शक्ति उस समय प्रभावित होती है जब व्यक्ति असन्तुलन से सन्तुलन की अवस्था में आना चाहता है। यह मानसिक असन्तुलन बाह्य स्पन्दनों या आन्तरिक परिवर्तनों के कारण हो सकता है, विशेषकर तनाव की अवस्था में समस्या से ग्रस्त व्यक्ति समस्या के समाधान होने पर तनाव मुक्त व सामान्य तथा सन्तुलित होकर व्यवहार करता है। तनाव की स्थिति में जीवन-क्षेत्र की सभी कोशिकाएं एक अंग की भांति कार्य करती हैं तथा व्यक्ति के आन्तरिक अधिष्ठान में केन्द्रित रहती हैं। मानसिक तनाव में वृद्धि या मानसिक ऊर्जा का ह्रास व्यक्ति के आन्तरिक अधिष्ठान में उत्पन्न आवश्यकताओं के कारण होता है। अनेक ऐसे प्रेरक हैं, जो आवश्यकताओं को जन्म देते हैं तथा जिनकी पूर्ति हेतु व्यक्ति सन्तुलन में आने के लिए वातावरण के तथ्यों से सामंजस्य रखते हुए व्यवहार करता है। यद्यपि आवश्यकताओं की सूची अधिक लम्बी हो सकती है परन्तु लेविन ने उन्हीं तत्वों को आवश्यकता की श्रेणी में रखा है, जो मानसिक सन्तुलन को प्रभावित करती हैं। उदाहरणार्थ, सभी व्यक्तियों को भूख का अनुभव होता है परन्तु भूख की इच्छा उस समय आवश्यक हो जाती है, जब व्यक्ति भूखा रहने के कारण मानसिक रूप से असन्तुलित हो जाता है। मनोविज्ञान के अन्तर्गत व्यक्तित्व के सभी

सिद्धान्तों का उद्देश्य मनुष्य को सन्तुलित अवस्था में लाना है। असन्तुलन की स्थिति को व्यक्ति के अविभाज्य तनावों की दशा कहा जा सकता है। यदि आन्तरिक चेष्टा में व्यक्ति की आवश्यकताओं के कारण तनाव उत्पन्न होता है तो मानसिक ऊर्जा शक्ति के द्वारा संचरण की प्रक्रिया से निकटवर्ती कोशिकाओं में विलयन की प्रक्रिया तब तक चलती रहती है, जब तक व्यक्ति के आन्तरिक चेष्टा में उत्पन्न तनाव सन्तुलन की अवस्था में नहीं आ जाता। यदि अन्य समीपवर्ती कोशिकाओं में विलयन नहीं हो पाता, अर्थात् समस्या की प्रकृति इस प्रकार की है कि उसके समाधान का कोई अन्य विकल्प नहीं है तो व्यक्ति क्रोधित होकर व्यवहार करता है। सन्तुलन की अवस्था में आने के लिए मनोवैज्ञानिक वातावरण में संचरण होना आवश्यक है। इस प्रकार लेविन ने व्यक्तित्व के सिद्धांत के अन्तर्गत जीवन-क्षेत्र, व्यक्ति का वातावरण तथा व्यक्ति के आन्तरिक अधिष्ठान, चेष्टा एवं गतिशीलन तथा संचरण की प्रक्रिया को महत्व देते हुए मानवीय व्यवहार को निर्धारित करने वाली मनोवैज्ञानिक प्रक्रिया का विश्लेषण किया है।

मूल-प्रवृत्ति सम्प्रदाय के मनोवैज्ञानिकों का मत है कि मानव-व्यवहार मूल प्रवृत्तियों द्वारा संचालित होता है जिसमें संघीय मूल-प्रवृत्ति, सामाजिकता की मूल-प्रवृत्ति तथा युयुत्सा प्रवृत्ति प्रमुख है। एडलर के अनुसार मानवीय व्यवहार व्यक्ति की इच्छा शक्ति का परिणाम है, जिससे प्रेरित होकर व्यक्ति व्यवहार करता है। शरीर विज्ञानियों की दृष्टि में मानव-व्यवहार अनुक्रिया प्रक्रम द्वारा घटित होता है, जिसमें शरीर के केन्द्रीय स्नायु-संस्थान तथा ऐच्छिक स्नायु-संस्थानों की प्रमुख भूमिका होती है। मानवीय-व्यवहार विभिन्न क्रियाओं एवं प्रतिक्रियाओं (शारीरिक, सामाजिक, मनोवैज्ञानिक, पर्यावरणीय तथा आनुवंशिकीय) का मिश्रित परिणाम है, अत: किसी एक पक्ष के आधार पर मानव-व्यवहार की व्याख्या नहीं की जा सकती। शेरिफ तथा शेरिफ ने व्यवहार को उन प्रतिक्रियाओं का परिणाम माना है, जिसमें प्राणिशास्त्रीय कारक व सामाजिक प्रभाव अविभाज्य रूप से संबंधित हैं।

पर्यावरणीय विज्ञान के विचारकों का मत है कि मानव-व्यवहार भौगोलिक तथा सांस्कृतिक पर्यावरण से भी प्रभावित होता है। संस्कृति के द्वारा व्यक्ति मानवीय गुणों को अर्जित करता है। संस्कृति की अनुकूलता तथा प्रतिकूलता, व्यक्ति की उन्नति एवं विकास में पूरा प्रभाव डालती है। इसके अन्तर्गत धर्म, नैतिकता, ज्ञान, विश्वास, कला, आचार, कानून तथा परम्पराएं व जनरीतियां आदि सम्मिलित हैं। सामान्यतया संस्कृति से व्यक्ति सहनशीलता, उत्तरदायित्व, नैतिकता, पारिवारिक संबंध, प्रत्यक्षीकरण आदि सीखता है। सुलीवान ने मानव-व्यवहार का मूल कारण सन्तुष्टि और सुरक्षा को माना है। प्रत्येक जीव इच्छाओं की सन्तुष्टि हेतु व्यवहार करता है तथा दूसरों से स्वयं की सुरक्षा चाहता है। व्यवहार की क्रियाशीलता की व्याख्या करते हुए क्रच एवं क्रचफील्ड ने लिखा है कि व्यक्ति के व्यवहार के किसी भी वर्णन में हम अपना विवरण किसी क्रियात्मक संचालक शक्ति के सन्दर्भ में प्रारम्भ करते हैं जिसे व्यक्ति चाहता है या जिसकी प्राप्ति हेतु प्रयत्न करता है या भयभीत होता है। व्यवहार में हम उस वस्तु या दशा को निर्धारित करते हैं, जिसके प्रति शक्ति संचालित होती है। व्यवहार की क्रियाशीलता का उद्देश्य संचालक शक्ति तथा उस वस्तु या उसकी दशा का अध्ययन है।

उपर्युक्त व्याख्या तथा पूर्व पृष्ठों में वर्णित विभिन्न मनोवैज्ञानिकों द्वारा व्यवहार के सन्दर्भ में प्रतिपादित सिद्धान्तों के अवलोकन के आधार पर यह कहा जा सकता है कि मानव-व्यवहार न तो एकपक्षीय है तथा न ही किसी एक मत या सिद्धान्त के आधार पर इसके गत्यात्मक स्वरूप को समझा जा सकता है। अत: मानव-व्यवहार की गतिशीलता को समझने तथा व्यवहार की व्याख्या करने हेतु हमें सभी सिद्धान्तों, निर्धारक तत्वों, व्यवहार को प्रभावित करने वाले कारकों का समग्र विश्लेषण एक समन्वयात्मक दृष्टिकोण रखकर करना होगा। व्यवहार की परिवर्तनशील प्रवृत्ति ही उसकी गत्यात्मकता का द्योतक है।

मानव का समाजीकरण (Socialization of Human Being)

जन्म के समय प्राणी रक्त, मांस, हड्डियों तथा नैसर्गिक प्रवृत्तियों से निर्मित एक सामान्य प्राणी होता है, परन्तु जन्म लेने के तुरन्त पश्चात् बच्चे की मूल आवश्यकताएं जैसे- भूख, प्यास व निद्रा का उसे अनुभव होता है। माता द्वारा स्तनपान कराये जाने पर पुनः भूख लगने की स्थिति में उसे स्तनपान की क्रियाओं को दोहराना पड़ता है। जैसे-जैसे बच्चे की आयु में वृद्धि होती है, उसे सामाजिक क्रियाएं, जैसे- बोलना, उठना, चलना, दौड़ना इत्यादि सिखाए जाते हैं। बार-बार एक ही क्रिया करने से बच्चे को उस क्रिया को पुनः व्यवहार में लाने की आदत हो जाती है। माता बच्चे को बिस्तर पर पेशाब न करने तथा टाटा करना सिखलाती है। बच्चे को बार-बार पैण्ट पहनने के लिए कहना पड़ता है, नंगे रहने पर उसे डांट पड़ती है। सामाजिक क्रिया-कलापों को बार-बार कराये जाने से उसमें किसी कार्य को करने या न करने की प्रवृत्ति बन जाती है और बच्चा जैविकीय प्राणी से सामाजिक प्राणी के रूप में परिवर्तित होने लगता है। 'यह परिवर्तन की प्रक्रिया जा बच्चे को अन्तःक्रिया द्वारा सामाजिक व्यवहार करने के योग्य बनाती है, उसे समाजीकरण कहते हैं।' प्रसिद्ध समाजशास्त्री क्यूबर का कथन है कि 'मानव का व्यक्तित्व जन्म से ही पूर्ण नहीं होता। जन्म के समय उसकी न कोई भाषा होती है, न समझ तथा न कोई विचार होते हैं। बच्चा न किसी विश्वास का अर्थ समझता है और न ही कोई नियम जानता है परन्तु समाजीकरण की लम्बी प्रक्रिया द्वारा उसमें विभिन्न सामाजिक व सांस्कृतिक व्यवहार करने के तरीके पनपते व विकसित होते हैं। परिवर्तन तथा संचरण की इस प्रक्रिया को समाजीकरण कहते हैं।' समाजीकरण की परिभाषा प्रमुख विद्वानों ने अग्रलिखित रूप से दी है।

समाजीकरण की परिभाषा (Definition of Socialization)

1. गिलिन और गिलिन के अनुसार, 'समाजीकरण से हमारा तात्पर्य उस प्रक्रिया से है, जिसके द्वारा व्यक्ति समूह में एक क्रियाशील सदस्य बनता है, समूह की कार्यविधियों से समन्वय स्थापित करता है, इसकी परम्पराओं का ध्यान रखता है और सामाजिक परिस्थितियों से अनुकूलन करके अपने साथियों के प्रति सहनशीलता की भावना विकसित करता है।'
2. गीन ए. डब्ल्यू. के अनुसार, 'समाजीकरण एक प्रक्रिया है, जिसके द्वारा बालक सांस्कृतिक विशेषताओं, आत्मज्ञान और व्यक्तित्व को प्राप्त करता है।'
3. किम्बल यंग के अनुसार, 'समाजीकरण वह प्रक्रिया है जिसके द्वारा व्यक्ति सामाजिक और सांस्कृतिक क्षेत्र में प्रवेश करता है और समाज के विभिन्न समूहों का सदस्य बनता है तथा जिसके द्वारा उसे समाज के मूल्यों और मानकों को स्वीकार करने की प्रेरणा मिलती है।'
4. ई. एच. बोगाड्र्स के अनुसार, 'समाजीकरण मिलकर काम करने, सामूहिक उत्तरदायित्व की भावना विकसित करने और दूसरे की कल्याण संबंधी आवश्यकताओं द्वारा निर्देशित होने की प्रक्रिया है।'
5. जे. एच. फिचर के अनुसार, 'समाजीकरण व्यक्ति और उसके समूह के बीच पारस्परिक प्रभावों की एक प्रक्रिया है, जिसके फलस्वरूप व्यक्ति सामाजिक व्यवहार के प्रतिमानों को स्वीकार करता है तथा उससे अनुकूलन करता है।
6. एच. एम. जानसन के अनुसार, 'समाजीकरण एक प्रकार का सीखना है जो सीखने वाले को सामाजिक कार्य के योग्य बनाता है।'

समाजीकरण की विशेषताएं

उपर्युक्त परिभाषाओं के अवलोकन से समाजीकरण की निम्न विशेषताएं दर्शित होती हैं :

1. समाजीकरण सीख की एक प्रक्रिया (Process of Learning) है, जो व्यक्ति को सामाजिक कार्यों को करने के योग्य बनाती है।

2. समाजीकरण की प्रक्रिया द्वारा व्यक्ति अपने समाज तथा संस्कृति में निहित सामाजिक-सांस्कृतिक मूल्यों, मानकों, प्रथाओं, रीति-रिवाजों तथा व्यवहार करने का ढंग सीखता है।
3. समाजीकरण की प्रक्रिया द्वारा सांस्कृतिक विशेषताएं एक पीढ़ी से दूसरी पीढ़ी को हस्तगत होती हैं तथा व्यक्ति समाज से अनुकूलन प्राप्त करने के तरीके विकसित करता है।
4. समाजीकरण की प्रक्रिया द्वारा मानवीय अन्तर्सम्बन्धों का स्वरूप निर्धारित होता है तथा सामूहिकता व उत्तरदायित्व की भावनाओं का विकास होता है।
5. समाजीकरण की प्रक्रिया द्वारा व्यक्ति के आत्म (Self) का विकास होता है, जिससे व्यवहार में परिर्वतन होते रहते हैं तथा व्यक्तित्व का निर्माण होता है।
6. समाजीकरण एक सतत चलने वाली प्रक्रिया (Continuous Process) है।

समाजीकरण के उद्‌देश्य (Aims of Socialization)

अनुशासन का विकास (Development of Basic Discipline)

समाजीकरण की प्रक्रिया द्वारा व्यक्ति में सामाजिक तथा सांस्कृतिक मूल्यों को स्वीकार करने तथा समाज-सम्मत आचरण करने की शिक्षा प्राप्त होती है। बचपन से ही बालकों को अच्छे कार्यों के लिए प्रोत्साहन तथा बुरे कायों के लिए दण्ड दिया जाता है। उचित व अनुचित का भेद बच्चा समाज से ही सीखता है। परिवार में बालक को सुबह उठने, पढ़ने, स्कूल जाने तथा सोने की सामयिक आदत डाली जाती है। इसके अतिरिक्त व्यक्ति के जीवन में नैसर्गिक प्रवृत्तियां अचेतन द्वारा इच्छाओं की पूर्ति के लिए दबाव डालती हैं जिसे समायोजित व्यक्तित्व वाला मनुष्य सामाजिक नियमों तथा आचार संहिताओं के अनुसार व्यवहार द्वारा नियंत्रित करता है। इस प्रकार समाजीकरण की प्रक्रिया द्वारा व्यक्ति विभिन्न परिस्थितियों में भविष्य के उद्‌देश्यों तथा सामाजिक मूल्यों को ध्यान में रखकर व्यवहार करता है।

आकांक्षाओं की पूर्ति (To Instill Aspirations)

अनुशासन स्वयं ही व्यक्ति को कोई पुरस्कार नहीं देता, बल्कि यह आकांक्षाओं की पूर्ति में सहायक होता है। व्यक्ति की इच्छाओं की प्रकृति इस तथ्य पर निर्भर होती है कि वहां की सामाजिक व्यवस्था किस प्रकार की है? उदाहरणार्थ, यदि एक समाज की अर्थव्यवस्था उच्च तकनीकी ज्ञान पर आधारित है तभी अनेक व्यक्ति उद्योगपति, वैज्ञानिक अथवा इंजीनियर बनने की आकांक्षा रखेंगे। समाजीकरण की प्रक्रिया का उद्‌देश्य व्यक्ति में आकांक्षाओं के स्वरूप का निर्धारण कर उनकी उद्‌देश्य पूर्ति में सहायता देना है। समाजीकरण की प्रक्रिया व्यक्ति में उन सामाजिक क्षमताओं तथा योग्यताओं को विकसित करती है, जिससे व्यक्ति अपने उद्‌देश्यों के अनुरूप आकांक्षाओं का निर्धारण तथा उनकी पूर्ति हेतु स्वीकृत सामाजिक आचरणों का अनुसरण कर सके।

सामाजिक दायित्वों की पूर्ति का प्रशिक्षण (Training for the Responsibility of Social Role)

समाज में प्रत्येक व्यक्ति के लिए यह ध्यान रखना जरूरी होता है कि दूसरे व्यक्तियों की तुलना में उसका पद (Status) क्या है? इसका ध्यान रखते हुए ही व्यक्ति को तरह-तरह की भूमिका निभानी पड़ती है। उदाहरण के लिए, एक नेता तथा अनुयायी, शिक्षक आौर विद्यार्थी तथा वक्ता और श्रोता की भूमिका एक-दूसरे से भिन्न लेकिन एक-दूसरे की पूरक होती है। समाजीकरण की प्रक्रिया यह सिखाती है कि विभिन्न परिस्थितियों में व्यक्ति दूसरे व्यक्तियों के व्यवहारों से किस प्रकार सामंजस्य

स्थापित करें और उन व्यक्तियों से अनुकूलन करने के लिए किस प्रकार की भूमिका निभाए। व्यक्ति की भूमिका ही यह निश्चित करती है कि उसमें किस प्रकार के गुण, विचार, मनोवृत्तियां और व्यक्तित्व संबंधी विशेषताएं होनी आवश्यक हैं।

सामाजिक क्षमताओं का विकास (Development of Social Skills)

सामाजिक क्षमताओं का तात्पर्य उन गुणों से है, जो व्यक्ति को समाज से अनुकूलन कराने में सहायक होते हैं। उदाहरण के लिए, पत्र लिखने की कला, पड़ोसियों से विनम्र व्यवहार, मित्रों से स्पष्ट वार्तालाप, बड़ों का सम्मान करना तथा भोजन की सुन्दर व्यवस्था आदि कुछ सामाजिक क्षमताएं हैं जो व्यक्ति के राजनीतिक तथा आर्थिक जीवन को प्रभावित करती हैं। समाजीकरण की प्रक्रिया का एक महत्वपूर्ण उद्देश्य व्यक्ति में उन सामाजिक क्षमताओं को विकसित करना है जिससे वह सभी क्षेत्रों में अपने दायित्व का सफलतापूर्वक निर्वाह कर सके।

समाजीकरण की प्रक्रिया (Process of Socialization)

मौखिक अवस्था (Oral Stage)

बच्चे के जीवन की यह पहली अवस्था है। इस समय बच्चे की सभी आवश्यकताएं केवल शारीरिक और मौखिक होती हैं। भूख लगना, ठण्ड अथवा गर्मी महसूस करना, प्रत्येक कार्य में असुविधा महसूस करना ही उसकी प्रमुख समस्याएं होती हैं। इस प्रकार इस स्तर में समाजीकरण की प्रक्रिया का उद्देश्य केवल मौलिक रूप से बच्चे की दूसरों पर निर्भरता को स्पष्ट करना है। इस समय बच्चा परिवार में अपनी मां के अतिरिक्त और किसी को नहीं जानता। पार्सन्स का विचार है कि दूसरे सदस्यों के लिए तो ऐसा बच्चा केवल एक 'मनोरंजक वस्तु' के रूप में ही होता है, तब प्रश्न उठता है कि इस स्तर में बच्चा किन विशेषताओं को सीखता है? वास्तव में इस समय बच्चे और मां के कार्यों में कोई भिन्नता नहीं होती, इस कारण उसमें केवल एक ही विचार पैदा होता है कि वह और उसकी मां एक-दूसरे से बिल्कुल भी पृथक नहीं हैं। इस स्थिति को फ्रायड ने प्राथमिक एकरूपता (Primary Identification) कहा है। इसके बाद भी इस स्तर में बच्चा अपनी भूख पर कुछ नियन्त्रण करना सीख जाता है। बच्चा मां के शारीरिक सम्पर्क से आनन्द भी अनुभव करने लगता है। यही वे विशेषताएं हैं जो उसमें 'क्रिया' संबंधी विचार उत्पन्न कर देती हैं। इस प्रकार सामान्यत: समाजीकरण का यह स्तर आयु के एक-डेढ़ वर्ष तक ही रहता है।

शैशव अवस्था (The Anal Stage)

इस स्तर का आरम्भ विभिन्न प्रकार के परिवारों और समाजों में भिन्न-भिन्न आयु से होता है, लेकिन हम अपने समाज में इस स्तर का आरम्भ डेढ़-दो वर्ष की आयु से मान सकते हैं। इस स्तर में सबसे पहले बच्चे से यह आशा की जाने लगती है कि वह शौच संबंधी क्रियाओं को सीखकर उन्हें स्वयं करें। बच्चे को साबुन से हाथ साफ करने और कपड़े गन्दे न करने की शिक्षा दी जाने लगती है। इसके फलस्वरूप बच्चा दो भूमिकाएं निभाना शुरू कर देता है- वह मां से प्यार की इच्छा ही नहीं रखता बल्कि स्वयं भी मां को स्नेह देने लगता है। इस स्तर में सबसे पहले बच्चे के द्वारा सही और गलत कामों में विभेद किया जाने लगता है। सही काम के लिए मां बच्चे को प्यार करती है और गलत काम करने पर अक्सर डांटती या नाराज होने का प्रदर्शन करती है। यहीं से बच्चा अपने परिवार और संस्कृति के सामान्य मूल्यों (Common Values) के अनुसार व्यवहार करना शुरू कर देता है। इस समय बच्चे में अनुकरण की प्रवृत्ति ही उत्पन्न नहीं होती, बल्कि वह विभिन्न परिस्थितियों में किए जाने वाले भिन्न-भिन्न प्रकार के व्यवहारों की ओर ध्यान केन्द्रित करना शुरू कर देता है। इस

स्तर में बच्चा केवल मां से ही सम्बद्ध नहीं रहता, बल्कि परिवार के दूसरे सदस्यों के व्यवहार भी उसे प्रभावित करने लगते हैं। सदस्यों द्वारा क्रोध, स्नेह, विरोध और सहयोग का प्रदर्शन बच्चे में भी प्रेम अथवा तनाव की स्थिति पैदा करते है। पार्सन्स का कथन है कि परिवार में सदस्यों द्वारा दोहरा कार्य-ग्रहण (Dual Role Taking) इस स्तर में समाजीकरण का सबसे बड़ा माध्यम होता है। इसके फलस्वरूप व्यक्तित्व के विविधता संबंधी गुण इसी स्तर में उत्पन्न होने लगते हैं।

तादात्म्यीकरण की अवस्था (Stage of Identification)

जॉन्सन के अनुसार, इस स्तर का आरम्भ सामान्यतः तीन-चार वर्ष की आयु से होता है और यह बारह-तेरह वर्ष की आयु तक रहता है। इस स्तर के आरम्भ में बच्चा पूरे परिवार से सम्बद्ध हो जाता है। इस समय यद्यपि वह यौनिक व्यवहार से पूर्णतया परिचित नहीं होता, लेकिन अव्यक्त रूप से उसके अन्दर यौन-भावना विकसित होने लगती है। बालक से यह आशा की जाने लगती है कि वह अपने लिंग के अनुरूप आचरण करना शुरू करे। बालक यदि इस प्रत्याशा के अनुरूप व्यवहार करता है तो स्नेह और पुरस्कार के रूप में उसे प्रोत्साहन दिया जाता है। आरम्भ में बच्चा अपने लिंग और परिस्थिति से पूर्ण तादात्म्यीकरण अथवा अनुरूपता स्थापित नहीं कर पाता, क्योंकि उसमें ईर्ष्या अथवा उद्वेग अधिक हो सकते है, लेकिन जैसे-जैसे वह उन पर नियन्त्रण करना सीखने लगता है, समाजीकरण की प्रक्रिया में पूर्णता आने लगती है। बच्चा अपने लिंग के बारे में (अर्थात् वह एक लड़का है अथवा एक लड़की है) पूर्णतया जागरूक हो जाता है तथा विपरीत लिंग के सदस्यों में उसकी रुचि बढ़ने लगती है।

इस स्तर में समाजीकरण की प्रक्रिया तादात्म्यीकरण के दो रूपों में स्पष्ट होती है : क. सामाजिक भूमिका से तादात्म्यीकरण (Identification with Social Role) तथा ख. सामाजिक समूहों से तादात्म्यीकरण (Identification with Social Groups)। उदाहरण के लिए पिता, भाई, संबंधियों तथा परिवार के सभी सदस्यों की आशाओं के अनुरूप बनना सामाजिक भूमिका से तादात्म्यीकरण (Identification with Social Role) का उदाहरण है। दूसरी ओर अपने लिंग के सदस्यों, स्कूल के साथियों और मित्रों के अनुरूप कार्य करना सामाजिक समूह से तादात्म्यीकरण (Identification with Social Group) का उदाहरण है। इस स्तर में बच्चा प्रत्येक क्रिया को करते समय दूसरों के अनुरूप बनने का प्रयत्न करता है और इस अनुरूपता में ही वह यह समझने लगता है कि पिता का स्थान मां से कुछ भिन्न है। इसी से उसमें यह भावना उत्पन्न होने लगती है कि परिवार या समूह में विभिन्न सदस्यों की स्थिति एक समान नहीं होती। यह सच है कि इस सम्पूर्ण स्तर में समाजीकरण की प्रक्रिया मां द्वारा सबसे अधिक प्रभावित होती है, लेकिन यह तादात्म्यीकरण अधिक सफल तब होता है जब परिवार में चार परिस्थितियां विद्यमान हों- (क) यदि पुत्र को पिता का और पुत्री को मां का पूरा स्नेह मिलता हो, (ख) बच्चा परिवार या समूह में जिस सदस्य को अपना मॉडल मानता है, उसका बच्चे से घनिष्ठ संबंध हो, (ग) परिवार के अन्य सदस्य बच्चे को पिता में निष्ठा रखने का प्रोत्साहन देते हों, तथा (घ) पिता का मां से सम्मानपूर्ण व्यवहार हो। ये दशाएं बच्चे को कुण्ठा (Frustration) और तनाव से बचाकर भावात्मक सुरक्षा प्रदान करती हैं, जो समाजीकरण की सफलता का प्राथमिक आधार है।

किशोरावस्था (Adolescence)

इस स्तर का आरम्भ यौवन के पहले चरण (Puberty) से होता है। अधिकतर विद्वानों ने समाजीकरण की प्रक्रिया में इस स्तर को सबसे अधिक महत्वपूर्ण माना है क्योंकि यह अवधि सामाजिक और मानसिक रूप से सबसे अधिक तनावपूर्ण होती है। एक ओर किशोर अधिक से अधिक स्वतन्त्रता की मांग करने लगता है जबकि दूसरी ओर परिवार और विभिन्न समूहों द्वारा उसके सभी व्यवहारों

पर कुछ न कुछ नियन्त्रण रखने पर जोर दिया जाता है। इस समय बच्चे से यह आशा की जाने लगती है कि वह अपने बारे में महत्वपूर्ण निर्णय स्वयं ले। इसके पश्चात् भी उसे प्रत्येक निर्णय लेने के समय अपने सांस्कृतिक मूल्यों को ध्यान रखने का प्रशिक्षण दिया जाता है, जो अक्सर किशोर की भावनाओं के प्रतिकूल होता है। यही कारण है कि इस स्तर में बच्चे में कुछ न कुछ तनाव सदैव बने रहते हैं। इस स्तर पर किशोर को पड़ोस, विद्यालय, खेल के साथियों और नवागन्तुकों के विचारों से भी समायोजन करना पड़ता है। यहां पर समाजीकरण की प्रक्रिया उन बहुत से निषेधात्मक नियमों से प्रभावित होती है जिनका एक संस्कृति में विशेष महत्व होता है। सामान्यत: मध्यमवर्गीय परिवारों में इसी स्तर से एक किशोर आर्थिक क्रियाएं करना भी शुरू कर देता है। ऐसी स्थिति में आर्थिक जीवन की सफलता भी समाजीकरण का महत्वपूर्ण माध्यम बन जाती है। किशोरावस्था के अनुभव उसे विभिन्न परिस्थितियों का सामान्यीकरण (Generalization) करना सिखाते हैं। इसी स्तर के अन्तिम चरण में उसमें पराहम् (Super Ego) अर्थात् नैतिकता की भावना के दर्शन होने लगते हैं। इस प्रकार किशोरावस्था समाजीकरण का वह स्तर है, जिसमें सांस्कृतिक मूल्यों और व्यक्तिगत अनुभवों के द्वारा आत्म-नियन्त्रण की धारणा को बल मिलता है।

वास्तविकता यह है कि समाजीकरण की प्रक्रिया किशोरावस्था के बाद ही समाप्त नहीं हो जाती। किसी न किसी रूप में यह जीवन भर चलती रहती है। इसके बाद भी यह मानना पड़ेगा कि किशोरावस्था के बाद यह प्रक्रिया उतनी कठिन नहीं रह जाती। इसके तीन कारण मुख्य हैं : प्रथम तो यह कि एक वयस्क व्यक्ति प्रत्येक कार्य को किसी उद्देश्य से प्रभावित होकर करता है, दूसरा कारण यह है कि वह जिन नई भूमिकाओं को करना चाहता है वह प्रत्यक्ष या परोक्ष रूप से पहले पूरी की गई भूमिकाओं के ही कुछ समान होती हैं तथा अन्तिम कारण यह है कि भाषा की परिपक्वता के कारण वह नई प्रत्याशाओं को जल्दी ही समझ लेता है। यही कारण है कि समाजीकरण की प्रक्रिया किशोरावस्था के बाद साधारणतया स्वत: चालित (Automatic) हो जाती है।

समाजीकरण के सिद्धान्त (Theory of Socialization)

व्यक्ति के समाजीकरण में यद्यपि अनेक संस्थाएं और समूह महत्वपूर्ण भूमिका निभाते हैं लेकिन इसके साथ ही 'आत्म' की भावना, सुझाव, अनुकरण, संकेत, मनोग्रन्थियां (Complexes) आदि मनोवैज्ञानिक तथ्य भी समाजीकरण के महत्वपूर्ण कारक हैं, जिनका विवेचन कुछ प्रमुख विद्वानों ने समाजीकरण के सिद्धान्त के रूप में किया है :

कूले का सिद्धान्त (Cooley's Theory of Socialization)

चार्ल्स कूले का विचार है कि व्यक्ति तथा समाज के संबंधों पर की गई सभी सैद्धान्तिक व्याख्याएं भ्रमपूर्ण हैं। मनुष्य की प्रकृति का निर्माण पारस्परिक सम्पर्क से होता है। सम्पर्क के द्वारा व्यक्ति एक-दूसरे के विचारों को समझता है और उन्हीं के आधार पर अपने बारे में एक 'धारणा' बनाता है। इस प्रकार कूले ने अपने विचारों को 'आत्म' (Self) और 'अन्तर्क्रिया' (Interaction) की धारणा से स्पष्ट किया है। 'स्व' अथवा 'आत्म' को समझने के लिए तीन तत्वों की सहायता ली जा सकती है, अर्थात- (क) हमारे बारे में दूसरे व्यक्ति जो धारणा बनाते हैं, (ख) उस धारणा के अनुसार हम स्वयं के बारे में जो कल्पना करते हैं, और (ग) परिणामस्वरूप हम गर्व अथवा ग्लानि की भावना का अनुभव करते हैं। इस प्रकार 'आत्म' का विकास सामाजिक अनुभव का विषय है, जो स्वयं सामाजिक अन्तर्क्रिया के फलस्वरूप उत्पन्न होता है। आत्म का विकास हो जाने से व्यक्ति स्वयं से ही प्रश्न पूछता है और स्वयं ही उसका उत्तर भी दे देता है। इस प्रकार कूले के अनुसार 'आत्म' (Self) विचार अथवा विचारों की वह व्यवस्था है जो संचार के द्वारा उत्पन्न होती है और जिसे हमारा मस्तिष्क 'अपना' समझकर हमेशा अपनाने के लिए तैयार रहता है। स्वयं कूले का कथन है कि दूसरे

व्यक्तियों के विचार और निर्णय ही एक व्यक्ति के लिए 'स्वयं के प्रति दर्पण (Looking Glass of Self) होता है, और इसी के अनुसार उसके व्यक्तित्व का विकास होता है। इन अर्थों में 'आत्म' व्यक्तित्व का दर्पण है। किसी भी स्थिति में इस 'आत्म' का विकास उस व्यक्ति के बारे में अन्य व्यक्तियों के विचारों से ही होता है। आत्म के अधिक विकसित हो जाने से श्रेष्ठता मनोग्रन्थि (Superiority Complex) का विकास होता है और दूसरों के विचारों से स्वयं के बारे में ग्लानि होने से हीनभावना ग्रन्थि (Inferiority Complex) विकसित हो जाती है। ये दोनों ही परिस्थितियां व्यक्तित्व के समुचित विकास में बाधक होती हैं। इस प्रकार 'आत्म' का उचित विकास करना ही समाजीकरण का आधार है और इसलिए समाज की सभी संस्थाएं व समूह व्यक्ति में 'आत्म' को समुचित रूप से विकसित करने का प्रयत्न करते हैं।

मीड का सिद्धान्त *(Mead's Theory of Socialization)*

मूल रूप से कूले और मीड के सिद्धान्तों में अधिक अन्तर नहीं है, लेकिन कूले की अपेक्षा मीड ने अपने सिद्धान्त को कहीं अधिक व्यवस्थित रूप से स्पष्ट किया है। मीड ने व्यक्ति के समाजीकरण में समाज को सबसे अधिक महत्व दिया है। इसको स्पष्ट करने के लिए आपने जो सिद्धान्त प्रस्तुत किया है, वह 'आत्म' और 'सामाजिक अन्तर्क्रिया' की धारणा पर आधारित है। कूले के विपरीत मीड के अनुसार 'आत्म' एक भावना न होकर 'स्वयं के बारे में एक चेतना' (Self Consciousness) है। इस 'आत्म-चेतना' का विकास कैसे होता है ? इसे स्पष्ट करने के लिए प्रो. मीड ने 'मैं' (I), 'मुझे' (Me), 'मेरे' (My) आदि शब्दों का प्रयोग किया है। यद्यपि मीड ने इन शब्दों की व्याख्या अधिक जटिल रूप से की है लेकिन अध्ययन की सरलता के लिए कहा जा सकता है कि 'मैं' का तात्पर्य बच्चे (अथवा कर्ता) से है जबकि 'मुझे' शब्द उस बच्चे के बारे में अन्य व्यक्तियों के विचारों को स्पष्ट करता है। आरम्भ में बच्चा न तो अपने को एक पृथक इकाई के रूप में देखता है और न ही उसमें अपने बारे में किसी प्रकार की चेतना होती है अथवा यह कहा जा सकता है कि 'मैं' और 'मुझे' आरम्भ में एक-दूसरे से बिल्कुल भिन्न नहीं होते। धीरे-धीरे परिवार के सदस्यों के साथ अन्तर्क्रिया करने से बच्चा अन्य सदस्यों से अपनी समानता (Identification) स्थापित करने लगता है। उसमें अपने माता-पिता, भाई-बहनों व अन्य संबंधियों के समान ही विचार, भावनाएं और इच्छाएं उत्पन्न होने लगती हैं। यह स्तर 'आत्म-चेतना' का आरम्भिक स्तर होता है क्योंकि यहीं से 'मैं' और 'मुझे' में पृथकता स्पष्ट होने लगती है। उदाहरण के लिए जब मां बच्चे को 'बेबी' कह कर सम्बोधित करती है तब बच्चा अक्सर कहता है अब 'मैं' बड़ी हो गई हूं 'मुझे' बेबी मत कहा करो। इसी प्रकार 'अब मुझे खाना बनाना आ गया है', 'मुझे पूरी किताब याद है' अथवा 'मुझे इनाम मिला है' आदि कथन भी इस बात का संकेत करते हैं कि बच्चे में अन्य व्यक्तियों के दृष्टिकोणों अथवा क्रियाओं का समावेश हो गया है।

मीड के अनुसार बच्चे की स्वयं के बारे में यही चेतना उसके 'आत्म' का निर्माण करती है। इस 'आत्म' का विकास करना ही समाजीकरण का प्रमुख उद्देश्य होता है। 'आत्म' की अवधारणा को स्पष्ट करते हुए एण्डरसन का कथन है कि 'स्वयं के बारे में 'आत्म' के विकास की धारणा उन विचारों से संबंधित है जो एक विशेष सामाजिक परिस्थिति में अन्य व्यक्ति हमारे प्रति रखते हैं।' मीड का विचार है कि 'बच्चा आरम्भ से ही अपने माता-पिता तथा परिवार के सदस्यों द्वारा किए जाने वाले कार्यों से प्रभावित होने लगता है, लेकिन उसमें 'आत्म' का विकास तब होता है, जब वह गुड़ियों के खेल में स्वयं माता-पिता की भूमिका निभाने लगता है अथवा अपने से छोटे अबोध बच्चे को नियन्त्रण में रखने का प्रयत्न करता है।' इन सभी क्रियाओं के दौरान बच्चा स्वयं के बारे में एक विशिष्ट धारणा बना लेता है। उसकी यह धारणा उस बच्चे के प्रति अन्य व्यक्तियों के विचारों से प्रभावित होती है। वास्तव में, बच्चे की यह तस्वीर (Image) उसका वास्तविक 'आत्म' है, जिसके

उचित विकास से व्यक्तित्व का निर्माण होता है। इस 'आत्म' को समुचित रूप से विकसित करना ही समाजीकरण की प्रक्रिया का प्रमुख उद्देश्य है। इस प्रकार संक्षेप में कहा जा सकता है कि आरम्भ में बच्चा विभिन्न प्रकार के संकेतों और चेष्टाओं के द्वारा दूसरे व्यक्तियों के विचारों को समझना शुरू करता है। बाद में भाषा के द्वारा वह दूसरों के व्यवहारों का स्वयं में समावेश (प्रत्यक्षीकरण) कर लेता है और इस प्रकार उसमें विभिन्न प्रकार की भूमिकाएं अदा करने की क्षमता उत्पन्न हो जाती है। यही वह स्थिति है जिसे मीड ने 'आत्म का विकास' अथवा 'सामान्यीकरण' कहा है। यही सामान्यीकरण समाजीकरण की प्रक्रिया का आधार है।

फ्रायड का सिद्धान्त (Freud's Theory of Socialization)

'फ्रायड' ने समाजीकरण की व्याख्या को इड (Id), अहम् (Ego) तथा पराहम् (Super ego) की धारणा द्वारा स्पष्ट किया है। इड बच्चे की बाल्यकाल की उन क्रियाओं में स्पष्ट होता है, जब वह अचेतन रूप से व्यवहार करता है। यह एक प्राकृतिक मूल प्रवृत्यात्मक स्थिति है। इसके पश्चात् परिवार में माता-पिता बच्चे को अनेक प्रकार की शिक्षा के माध्यम से यह सिखाते हैं कि उसे किस प्रकार सामाजिक मूल्यों और परिस्थितियों के अनुसार व्यवहार करना चाहिए। यह स्थिति 'इड' अथवा 'इगो' की स्थिति है। पराहम् (Super Ego) पूर्णतया आदर्शात्मक है। इसका परिस्थिति अथवा साधनों से कोई संबंध नहीं होता। यह प्रत्येक स्थिति में व्यक्ति से आदर्श व्यवहार करने की आशा करता है। समाजीकरण का उद्देश्य व्यक्ति के 'अहम्' को उचित रूप से विकसित करना है, जिससे वह न तो पूर्णतया अपनी पाशविक प्रेरणाओं से प्रभावित रहे और न ही सैद्धान्तिक आदर्शों में खोया रहे। व्यक्तित्व का विकास करने के लिए उसे अपनी परिस्थिति और तत्कालीन सामाजिक मान्यताओं का ध्यान रखना आवश्यक है, जो 'अहम्' के समुचित विकास द्वारा ही सम्भव है। इसी आधार पर बच्चे को बहुत-सी ऐसी क्रियाओं से रोका जाता है जिसे वह करना चाहता है और अनेक ऐसे कार्यों को सिखाया जाता है जो वह नहीं करना चाहते। फलस्वरूप बच्चे में एक ही व्यक्ति अथवा स्थिति के प्रति (यह मां अथवा पिता कोई भी हो सकता है) प्रेम और द्वेष की भावना साथ-साथ पाई जाती है। जब व्यक्ति का पराहम् बहुत अधिक कमजोर हो जाता है और अचेतन इच्छाएं अपेक्षाकृत शक्तिशाली हो जाती हैं तभी व्यक्ति अपराध करने लगता है। वर्तमान समय में फ्रायड के सिद्धान्त को समाजीकरण की व्याख्या में अधिक उपयुक्त नहीं माना जाता, क्योंकि इसकी प्रकृति दर्शन के अधिक निकट है।

दुर्खीम का सिद्धान्त (Durkheim's Theory of Socialization)

दुर्खीम ने समाजीकरण की प्रक्रिया को 'सामूहिक प्रतिनिधान' (Collective Representation) की धारणा के आधार पर स्पष्ट किया है। इस सिद्धान्त को दुर्खीम ने सर्वप्रथम अपनी पुस्तक 'Sociology and Philosophy' में प्रस्तुत किया। दुर्खीम के अनुसार, समाज में कुछ ऐसी भावनाएं और विचार होते हैं जो सभी के द्वारा मान्य होते हैं। इनके पीछे सम्पूर्ण समूह की स्वीकृति (Sanction) होने के कारण ये सम्पूर्ण समूह का प्रतिनिधित्व करते हैं और इस प्रकार एक सामूहिक शक्ति प्राप्त कर लेते हैं। इन्हीं धारणाओं और विचारों को दुर्खीम ने 'सामूहिक प्रतिनिधान' कहा है। सामूहिक प्रतिनिधान सामाजिक मूल्यों (Social Values) से घनिष्ठ रूप से सम्बद्ध होते हैं, इसलिए उनके प्रति सदस्यों के मन में एक आदर का भाव तो होता ही है, साथ ही वे इसकी शक्ति को अपने से कहीं ऊंचा भी समझते हैं। इस प्रकार समाजीकरण का उद्देश्य व्यक्ति में सामाजिक प्रतिनिधानों के अनुसार ही व्यवहार करने की प्रवृत्ति उत्पन्न करना है। इससे स्पष्ट होता है कि सामूहिक प्रतिनिधान समाजीकरण का साधन और उद्देश्य दोनों ही है।

समाजीकरण के प्रमुख अभिकरण (Agencies of Socialization)

जन्म के समय बच्चा न तो सामाजिक होता है और न ही समाज-विरोधी, बल्कि केवल जैविकीय प्राणी होता है, जिसमें ऐसी क्षमताएं विद्यमान होती हैं जिनकी सहायता से उसे एक सामाजिक मानव बनाया जा सकता है। समाजीकरण की इस प्रक्रिया का कार्य अनेक संस्थाएं और समूह करते हैं। व्यक्ति इन संस्थाओं और समूहों से जितना अधिक अनुकूलन कर लेता है, समाजीकरण की प्रक्रिया उतनी ही पूर्ण होती है। व्यक्ति के समाजीकरण करने वाली कुछ प्रमुख संस्थायें व उनकी विशेषताएं निम्न हैं :

1. *परिवार :* पारस्परिक प्रेम, स्नेह, त्याग, अधिकार, मार्ग-निर्देशन तथा आत्म का विकास।
2. *क्रीड़ा समूह :* परिस्थितियों से अनुकूलन, इच्छाओं के दमन का प्रशिक्षण, समूह का नेतृत्व करना या स्वयं दूसरों का अनुसरण करना।
3. *पड़ोस :* आरोप, सहयोग, संघर्ष, सहिष्णुता, प्रभुत्व तथा तादात्म्यीकरण एवं परम्परागत व्यावहारिक प्रतिमानों की शिक्षा।
4. *शिक्षण-संस्थाएं :* सैद्धान्तिक अनुभवों में वृद्धि, नई आदतों का निर्माण तथा अभियोजनशीलता (Adaptability) में वृद्धि।
5. *विवाह :* जीवन साथी से अनुकूलन, त्याग की भावना में वृद्धि, उत्तरदायित्वों का विकास एवं कर्तव्य के प्रति निष्ठा।
6. *आर्थिक संस्थाएं :* व्यावसायिक संस्थाओं से सम्बद्ध प्रतिस्पर्धा, व्यवस्था, सहकारिता एवं समायोजन।
7. *राजनीतिक संस्थाएं :* शासन एवं प्रचलित कानून व्यवस्था का बोध।
8. *धार्मिक संस्थाएं :* पवित्रता, शान्ति, न्याय, सच्चरित्रता और नैतिक मूल्यों का विकास।
9. *सांस्कृतिक संस्थाएें :* सामाजिक प्रथाएं, परम्पराएं, वेशभूषा, साहित्य, विश्वास, कला, भाषा तथा लोकाचारों से तादात्म्यीकरण।

वास्तविकता यह है कि समाज की विभिन्न प्रथाएं, परम्पराएं, नैतिकता, आदर्श, रीतियां, लोकाचार, धर्म, विश्वास तथा लौकिक नियम संस्कृति के ही प्रतिमान हैं। यही प्रतिमान सामाजिक मूल्यों के अनुसार व्यक्ति को व्यवहार करने की शिक्षा देकर और स्वेच्छाचारिता पर नियन्त्रण लगाकर उसके व्यक्तित्व का निर्माण करते हैं। व्यक्ति स्वभाव से गतिशील है, लेकिन सांस्कृतिक तत्व नैतिक आदर्शों की सहायता से उसके व्यक्तित्व में स्थिरता का गुण उत्पन्न करते हैं। समाज अपनी समाजीकरण की प्रक्रिया के द्वारा ही एक जैविकीय प्राणी को सामाजिक प्राणी के रूप में परिवर्तित करता है। इस प्रकार समाजीकरण की प्रक्रिया ही वह वास्तविक आधार है, जिसके द्वारा मनुष्य अपने को एक विशेष संस्कृति के अनुकूल बनाता है और एक सामाजिक व्यक्तित्व ग्रहण करता है।

24

मानव-व्यवहार के मनोवैज्ञानिक आधार

(Psychological Base of Human Behaviour)

मूल प्रवृत्तियां : अर्थ एवं परिभाषा

मूल प्रवृत्तियां मानव-व्यवहार की समस्त उन प्रतिमानों की संचालक हैं, जिनकी प्रेरणा से कार्य-व्यवहार का प्रारम्भ होता है। मनुष्य चूंकि बुद्धिजीवी प्राणी है, अतः बुद्धि के कारण ही मानव समुदाय में मूल प्रवृत्तियों की अभिव्यक्ति में विविधता दिखाई देती है। गिन्सबर्ग के अनुसार मूल प्रवृत्तियां विशिष्ट प्रेरक के प्रति प्रतिक्रिया की वे जन्मजात प्रवृत्तियां हैं जो अस्तित्व के लिए संघर्ष में उपयोगी होने के कारण प्रजातीय वंशानुसंक्रमण द्वारा हस्तान्तरित होती हैं।

सी.टी. मार्गन ने मूल प्रवृत्तियों की व्याख्या करते हुए यह स्पष्ट किया है कि मूल प्रवृत्ति व्यवहार का वह स्वरूप है जो प्रारम्भ में पूर्व अनुभवों से स्वतंत्र हो, व्यक्ति के कल्याण तथा प्रजातीय संरक्षण में सहायक हो, पशुओं के किसी सीमित समूह के सभी सदस्यों द्वारा लगभग सामान्य रूप से किया जाता हो तथा बाद में अनुभवों के निर्देशन में परिवर्तित हो जाय। मार्गन की उक्त व्याख्या से यह परिलक्षित होता है कि अनुभव के निर्देशन में मूल प्रवृत्यात्मक व्यवहार जब सर्वप्रथम परिलक्षित होता है तो उस समय वह पूर्व अनुभवों से स्वतंत्र रहता है। इस सन्दर्भ में यह उल्लेखनीय है कि मूल प्रवृत्ति की व्याख्या विभिन्न मनोवैज्ञानिकों ने भिन्न-भिन्न प्रकार से की है। एडम स्मिथ के अनुसार सहानुभूति की मूल प्रवृत्ति ही समस्त मानव-व्यवहार का आधार है जबकि ट्राटर ने समस्त मानव-व्यवहार को सामाजिक या समूह की मूल प्रवृत्ति पर आधारित माना है। मनोविश्लेषण विज्ञान के प्रवर्तक सिगमन्ड फ्रायड ने काम की मूल प्रवृत्ति को ही समस्त मानव-व्यवहार और क्रियाओं का मूल स्रोत माना है। यही कारण है कि फ्रायड ने मनोविश्लेषण सिद्धान्त के अन्तर्गत विकास की विभिन्न अवस्थाओं को क्रमशः मुख-कामावस्था, गुदाकामावस्था, तिरोहित-कामावस्था इत्यादि वर्गों में विभाजित करते हुए समस्त मानव-व्यवहार को काम की मूल प्रवृत्ति से उत्पन्न व्यवहार की संज्ञा दी है। ड्रेवर ने वासनात्मक और प्रतिक्रियात्मक दो प्रकार की मूल प्रवृत्तियों को मानव-व्यवहार का मूल स्रोत माना है।

मैक्डूगल का मूल प्रवृत्ति के सन्दर्भ में प्रतिपादित सिद्धान्त

मैक्डूगल द्वारा वर्णित मूल प्रवृत्तियों में ह्रास को छोड़कर लगभग सभी मूल प्रवृत्तियां मनुष्यों तथा पशुओं में पाई जाती हैं। भोजनान्वेषण की मूल प्रवृत्ति सभी प्राणियों में पाई जाती है, जिसकी प्रेरणा से सभी जीव भोजन की तलाश करते हैं। इसी प्रकार संकटकालीन स्थिति से बचने के हेतु

आत्म-रक्षार्थ पलायन की प्रवृत्ति भी सभी प्राणियों में पाई जाती है। किसी भी नई घटना या वस्तु के सम्पर्क में आने पर प्राणी को उसके विषय में जानने की जिज्ञासा उत्पन्न होती है तथा प्रत्येक प्राणी अन्य जीवों की तुलना में स्वयं को श्रेष्ठ तथा आत्म-गौरव की सकारात्मक मूल प्रवृत्ति से प्रभावित होता है। पलायन, जिज्ञासा, आत्म-गौरव, आत्महीनता, पुत्र कामना तथा काम की मूल प्रवृत्तियां सभी प्राणियों में पाई जाती हैं परन्तु संघ प्रवृत्ति तथा संग्रह-वृत्ति की मूल प्रवृत्ति सभी प्राणियों में सार्वभौमिक नहीं होती। खेल प्रवृत्ति भी लगभग सभी जीवों में सामान्यत: दिखलाई पड़ती हैं। बच्चों में खेलने की प्रवृत्ति वयस्कों की अपेक्षा अधिक होती है क्योंकि उनके समक्ष जीवन संघर्ष की समस्यायें लगभग नहीं होतीं।

मैक्डूगल के अनुसार, मूल प्रवृत्ति एक आनुवंशिक अथवा आन्तरिक मनो-शारीरिक विन्यास है जो कि उसके रखने वालों को एक विशेष वर्ग की वस्तुओं को देखने के लिए और उनकी ओर ध्यान देने के लिए बाध्य करता है और इस प्रकार की वस्तु को देखकर एक विशेष गुण वाली संवेगात्मक उत्तेजना महसूस करने के लिए और उसके बारे में एक प्रकार से व्यवहार करने के लिए या कम से कम इस प्रकार की क्रिया की ओर प्रवृत्यात्मक व्यवहार करने के लिए बाध्य करता है। मैक्डूगल की इस परिभाषा के आधार पर यह कहा जा सकता है कि मूल प्रवृत्तिजन्य व्यवहार में जीव एक विशेष वर्ग की वस्तुओं को देखता और उसकी ओर ध्यान देता है। इस प्रकार से मूल प्रवृत्तिजन्य व्यवहार में तीन अवस्थायें परिलक्षित होती हैं : 1. विचारात्मक, 2. संवेगात्मक एवं 3. संकल्पात्मक। प्रत्येक मूल प्रवृत्ति के प्रभावी होने पर उसके साथ जुड़े हुए संवेगों का शारीरिक दशा पर भी प्रभाव पड़ता है जो व्यवहार में तदनुसार परिवर्तन करते रहते हैं। उदाहरणार्थ-संघर्ष का प्रेरक एक सार्वभौम प्रवृत्ति का है और लगभग सभी प्राणियों में पाया जाता है। सामान्यतया संघर्ष करने की मूल प्रवृत्ति उस समय विकसित होती है जब सामान्य कार्यों के सम्पादन में या लक्ष्यगत अभीष्ट की प्राप्ति में कोई अवरोध उत्पन्न होता है। संघर्ष के द्वारा कार्य को सुचारु रूप से करने या लक्ष्य की प्राप्ति हेतु युयुत्सा की प्रवृत्ति से क्रोध उत्पन्न होता है। क्रोध की अवस्था में शरीर की मांसपेशियों में तनाव उत्पन्न हो जाता है तथा चेहरा लाल और आंखें सामान्य अवस्था से बड़ी दिखाई देती हैं। युयुत्सा की मूल प्रवृत्ति के कारण उत्पन्न क्रोध के संवेग से व्यवहार में परिवर्तन दिखाई देते हैं।

मैक्डूगल के सिद्धान्त की आलोचना

1. मैक्डूगल के सिद्धान्त की आलोचना करते हुए प्रमुख वैज्ञानिक जे. आर. कैण्टर ने लिखा है कि मनोविज्ञान के क्षेत्र में मैक्डूगल के मूल प्रवृत्ति के सिद्धान्त से बुरा सिद्धान्त कभी भी प्रतिपादित नहीं किया गया। इसका मुख्य कारण यह है कि मानव व्यवहार का स्वरूप गत्यात्मक प्रकृति का है तथा व्यवहार की जटिल प्रक्रिया में केवल मूल प्रवृत्तियों का ही नहीं वरन् आनुवंशिक, सांस्कृतिक तथा पर्यावरणीय व मानव-विकास के विभिन्न चरणों का भी प्रभाव होता है। इस दृष्टिकोण से समस्त मानव-व्यवहार को मूल प्रवृत्तियों द्वारा ही संचालित स्वीकार करना गलत होगा।
2. मैक्डूगल ने इस तथ्य को स्वीकार किया है कि अनुभवों द्वारा मूल प्रवृत्तियों में परिवर्तन हो सकता है, परन्तु मूल प्रवृत्तियों की व्याख्या में विकास के विभिन्न चरणों में घटित होने वाले मुख्य मूल प्रवृत्तिजन्य व्यवहार व उनसे उत्पन्न संवेगों का वर्णन नहीं किया गया है।
3. मैक्डूगल के अनुसार, प्रत्येक मूल प्रवृत्ति का निश्चय स्नायुविक आधार पर होता है, परन्तु मूल प्रवृत्ति के सिद्धान्त में इन आधारों की विस्तृत व्याख्या नहीं की गई है, जिससे प्रत्येक प्राणियों के व्यवहार का प्रायोगिक अध्ययन किया जा सके।

4. आधुनिक काल में मानव-व्यवहार का विश्लेषण करने के लिए केवल मूल प्रवृत्ति के सिद्धान्त का सहारा लेने के अतिरिक्त व्यक्ति के जीवन इतिहास तथा उसकी सामाजिक, पारिवारिक और सांस्कृतिक पर्यावरणों की व्याख्या पर भी विशेष बल दिया गया है।
5. कुछ मनोवैज्ञानिकों का विचार है कि व्यवहार के विश्लेषण में मूल प्रवृत्ति का सिद्धान्त एकदम गलत नहीं सिद्ध किया जा सकता परन्तु मूल प्रवृत्ति के सिद्धान्त से पशुओं के व्यवहारों का विश्लेषण करने में कम सहायता मिलती है।
6. मानव-व्यवहार के स्वरूप में बुद्धि, योग्यता, क्षमता, रुचि इत्यादि का विशेष योगदान होता है, जिससे मानव तथा पशु-व्यवहार में अन्तर दिखाई देता है। यही कारण है कि पशुओं में व्यवहार मूल प्रवृत्तियों के कारण यन्त्रवत् होता है जबकि मनुष्य अपने पूर्व अनुभवों, ज्ञान व रुचि के अनुसार अभीष्ट लक्ष्यों की प्राप्ति के लिए व्यवहार में निरन्तर परिवर्तन करता रहता है।

डॉ. ट्राटर का मूल प्रवृत्ति संबंधी सिद्धान्त

डॉ. ट्राटर ने मानव-व्यवहार की व्याख्या में संघ की मूल प्रवृत्ति का वर्णन किया है। संघ प्रवृत्ति के कारण ही मनुष्य समाज में रहते हुए विभिन्न सामाजिक मूल्यों तथा सांस्कृतिक आचरणों को स्वीकार करने तथा तदनुसार व्यवहार करने की कला सीखता है। परिवार और समाज के साथ रहकर व्यक्ति पारस्परिक अन्त:क्रिया के माध्यम से व्यवहार करना सीख लेता है। इस प्रकार व्यक्ति उन व्यवहारों को करता है जो समाज-सम्मत होते हैं तथा असामाजिक व्यवहारों को छोड़ देता है परन्तु यदि व्यक्ति का सामाजिक परिवेश दूषित है तथा वह असामाजिक तत्वों के साथ उस समूह में रहता है तो उसमें उसी प्रकार के गुणों की वृद्धि होती है और व्यवहार के असामाजिक भाव पैदा होते हैं। यह एक सामान्य कहावत है कि लकड़ी के साथ लोहा भी तैरता है। यह कहावत विशिष्ट रूप से संघ प्रवृत्ति या समूह में रहने की प्रवृत्ति पर बल देती है, अर्थात् व्यक्ति में व्यवहार के उन्हीं गुणों का विकास होगा जैसे समाज में वह रह रहा है या विकास के प्रक्रियात्मक दौर से गुजरा है।

आलोचना

1. डॉ. ट्राटर का कथन कि सम्पूर्ण मानव- व्यवहार संघ की मूल प्रवृत्ति से संचालित होता है, मानव-व्यवहार का अत्यधिक सीमित विश्लेषण करता है।
2. संघ की प्रवृत्ति प्रत्येक मनुष्य अथवा पशु में पाई जानी आवश्यक नहीं है। कुछ पशु तथा जीव स्वतंत्र विचरण के प्रेमी होते हैं, इसी प्रकार कुछ व्यक्ति भी समाज से द्वेष रखते हैं।
3. मानव-व्यवहार चूंकि एक जटिल तथा गत्यात्मक सम्प्रत्यय है, अत: केवल संघ की मूल प्रवृत्ति को ही समस्त व्यवहारों का मूल कारण स्वीकार नहीं किया जा सकता।
4. डॉ. ट्राटर के अनुसार संघ में रहते हुए व्यक्ति की क्रियाशीलता तथा व्यवहार में परिवर्तन आ जाते हैं, यह विचार अवैधानिक तथा अतार्किक है।

सिगमण्ड फ्रायड का मूल प्रवृत्ति संबंधी सिद्धान्त

फ्रायड के 'व्यक्तित्व का मनोविश्लेषण सिद्धान्त' की व्याख्या 'व्यक्तित्व' संबंधी अध्याय के अन्तर्गत विस्तृत रूप से की गई है। मानव-व्यवहार के विश्लेषण में फ्रायड ने 'काम' की मूल प्रवृत्ति को विशिष्ट स्थान दिया है। फ्रायड के अनुसार जीव का प्रत्येक व्यवहार काम-प्रवृत्ति से प्रेरित होता है। फ्रायड ने काम-प्रवृत्ति को लिबिडो की संज्ञा दी है जो अचेतन मन में निवास करती है। अचेतन समूची मानसिक शक्तियों का भण्डारागार है और व्यक्ति का सम्पूर्ण व्यवहार काम शक्ति में प्रेरित रहता है। अधिकांश व्यक्ति फ्रायड के मनोविज्ञान को लिंग प्रधान समझते हैं, परन्तु यह नहीं भूलना चाहिए कि फ्रायड के अनुसार काम-शक्ति की परिभाषा अधिक प्रशस्त और

विस्तृत है। यदि यह कहा जाए कि फ्रायड हर इच्छा और वासना को काम-शक्ति से प्रेरित मानता है, तो अतिशयोक्ति नहीं होगी। सन्तान के प्रति माता-पिता का वात्सल्य और मातृक भावनायें काम-शक्ति की प्रेरणा से ही कार्यान्वित होती हैं। फ्रायड के अनुसार, जब बच्चा किसी वस्तु को मुंह में डालकर चूसता है तो वह लैंगिक इच्छाओं की परितुष्टि करता है, जिसकी परितुष्टि बड़े लोग सम्भोग द्वारा करते हैं। चेतन, अवचेतन तथा अचेतन के अतिरिक्त फ्रायड ने मन के अन्य तीन स्वरूपों का विवेचन क्रमश: 1. इड, 2. इगो एवं 3. सुपर इगो के रूप में किया है। इस प्रकार फ्रायड पहले मनोवैज्ञानिक हैं जिसने मानव-व्यवहार का मनोवैज्ञानिक विश्लेषण किया है। चेतन-अवचेतन और नैतिक मन में बराबर संघर्ष चलता रहता है। इस संघर्ष से ऊपर उठकर ही व्यक्ति समायोजन और शान्ति प्राप्त कर सकता है। संक्षेप में, मानव-जीवन के निम्न व्यवहारों को फ्रायड ने काम की मूल-प्रवृत्ति से उत्प्रेरित माना है :

1. मुखकामावस्था में चूसने तथा दांत से काटने की इच्छा।
2. गुदाकामावस्था में यत्र-तत्र टट्टी करना तथा टट्टी व पेशाब को तीव्र गति से करना या अधिक समय तक रोके रखना या बार-बार कई स्थानों पर टट्टी करना।
3. प्रजनन कामावस्था में विपरीत लिंग के प्रति आकर्षण के भाव बढ़ जाते हैं तथा जिज्ञासावश लड़के या लड़कियां जननेन्द्रियों के विषय में प्रश्न करते हैं। लिंग-निरीक्षण में सुख अनुभव होता है।
4. तिरोहित कामावस्था में लैंगिक ज्ञान के अभाव से बच्चों में हस्तमैथुन की आदतें विकसित होने लगती हैं तथा वह परावलम्बी एवं एकान्त प्रेमी हो जाता है। प्रदर्शन की प्रवृत्ति बढ़ जाती है।
5. किशोरावस्था में काम-ग्रन्थियों के विकास से शारीरिक परिवर्तन होने पर साम्वेगिक समस्यायें बढ़ने लगती हैं तथा स्वप्रेम विकसित होने लगता है।
6. प्रौढ़ावस्था में सम्भोग व्यवहार।
7. वृद्धावस्था में बच्चों के पीठ पर हाथ फेरना, दुलारना तथा खाने-पीने की वस्तुओं पर आकर्षण इत्यादि।

परोक्ष रूप से उक्त आचरणों के अतिरिक्त अन्य व्यवहारों की भी फ्रायड ने अचेतन से उत्पन्न काम-प्रवृत्तिजन्य प्रेरित व्यवहार के रूप में व्याख्या की है।

आलोचना

1. सम्पूर्ण मानव-व्यवहार को काम-प्रवृत्ति के अधीन विश्लेषित नहीं किया जा सकता।
2. फ्रायड ने मूल प्रवृत्ति के सिद्धान्त में व्यक्ति के सामाजिक व सांस्कृतिक पर्यावरण को हेतुक नहीं माना है तथा काम-शक्ति और अचेतन की क्रियाओं पर विशेष बल दिया है।
3. फ्रायड के व्यक्तित्व विश्लेषण का सिद्धान्त मानसिक रोगियों के विश्लेषण में अधिक सहायक हो सकता है परन्तु अन्य जीवों के व्यवहार का अध्ययन चेतन-अवचेतन तथा अचेतन के सम्प्रत्यय के अन्तर्गत करना कठिन नहीं तो दुष्कर अवश्य है।
4. काम-प्रवृत्ति को सार्वभौमिक मूल प्रवृत्ति नहीं माना जा सकता।

ऑलफ्रेड एडलर का मूल प्रवृत्ति संबंधी सिद्धान्त

ऑलफ्रेड एडलर ने इच्छाशक्ति की मूल प्रवृत्ति को मानव व्यवहार का मूल आधार निरूपित किया है। एडलर प्रारम्भ में फ्रायड के सिद्धान्त का ही अनुयायी था परन्तु आगे चलकर उसने काम प्रवृत्ति से अलग हटकर इच्छा शक्ति के सिद्धान्त को व्यवहार का मुख्य आधार बतलाया। एडलर के अनुसार प्रत्येक व्यक्ति में जीवनयापन करने की एक विशिष्ट शैली होती है तथा वह प्रत्येक व्यवहार अपनी इच्छा के अनुकूल करने का प्रयत्न करता है। मानव-व्यवहार के जटिल व गतिशील होने के कारण

निर्दिष्ट लक्ष्यों की प्राप्ति हेतु विकल्पों के चुनाव में इच्छा-शक्ति के कारण निरन्तर परिवर्तन होता रहता है, जिसके आधार पर व्यक्ति जीवन-शैली का निर्माण करता है। जीवन की प्रारम्भिक अवस्थाओं में व्यक्ति में रचनात्मक शक्ति का अभाव होता है परन्तु सामाजिक और सांस्कृतिक पर्यावरण में विकास के दौरान व्यक्ति सामंजस्य प्राप्त करने के हेतु धनात्मक व सकारात्मक गुणों का विकास करता है जो स्वस्थ अन्तःक्रिया में सहयोग प्रदान करते हैं। प्राणी जगत् में सभी जीव एक-दूसरे पर श्रेष्ठता प्राप्त करने की इच्छा रखते हैं। श्रेष्ठता की भावना के विकास के कारण मानव-व्यवहार में प्रतिस्पर्धा तथा संघर्ष के प्रतिमान दिखाई देते हैं। विकास के दौर में असफल होने पर ही व्यक्ति में हीन-ग्रन्थियों का विकास होता है। हीन-ग्रन्थियों के कारण उत्पन्न विकारों से सामंजस्य स्थापित करने के लिए भी मनुष्य अपनी इच्छा-शक्ति के द्वारा अन्य गुणों का विकास करता है। व्यक्ति अपनी शारीरिक व मानसिक इच्छा-शक्तियों की पूर्ति हेतु समाज के मान्य और स्वीकृत आचरणों को स्वीकार कर व्यवहार में लाने का प्रयत्न करता है।

उपर्युक्त मनोवैज्ञानिकों के अतिरिक्त अन्य कई मनोवैज्ञानिकों ने मानव-व्यवहार के मनोवैज्ञानिक आधार को समझने के लिए भिन्न-भिन्न मूल प्रवृत्तियों को आधार माना है, परन्तु यह सत्य है कि मानव- व्यवहार के जटिल स्वरूप को समझने के लिए उसके पूर्व इतिहास, अनुभवों तथा सामाजिक व सांस्कृतिक परिवेश का विश्लेषण किया जाना आवश्यक होगा।

सहज क्रियाएं (Reflex Actions) : अर्थ एवं परिभाषा

मानव-व्यवहार के बहुआयामी स्वरूप के अध्ययन के लिए प्रतिवर्ती क्रियाओं का अध्ययन प्रासंगिक है। प्रतिवर्ती क्रियाओं को सहज क्रियाएं या प्रतिक्षेप क्रियाएं भी कहा जाता है। मुख्यतया सहज क्रियाएं वे क्रियाएं होती हैं जो कि विशेष अवसर पर स्वतः ही सम्पन्न हो जाती हैं तथा इन क्रियाओं को करने के लिए किसी प्रकार के प्रशिक्षण अथवा सीखने की आवश्यकता नहीं होती। सहज क्रियाओं में मस्तिष्क को चिन्तन करने की आवश्यकता नहीं होती तथा इच्छानुसार इन क्रियाओं पर अधिक समय तक नियन्त्रण भी नहीं रखा जा सकता, जैसे- अचानक तीव्र प्रकाश आने या किसी वस्तु के आंख पर आने के पूर्व ही पुतली बन्द हो जाती है। इसी प्रकार सुंघनी नाक में चले जाने पर छींक आना प्रारम्भ हो जाता है। हाथ या पैर में कांटा चुभने पर हम तत्काल अपने शरीर के अंगों को खींच लेते हैं। इन परिस्थितियों में मस्तिष्क को विचार करने का समय नहीं होता और संकेत प्रकट होते ही सहज क्रियायें स्वाभाविक रूप से घटित हो जाती हैं। प्रतिवर्ती क्रियाएं बाहरी उत्तेजना के परिणामस्वरूप होती हैं तथा उत्तेजना के प्राप्त होते ही संबंधित क्रिया सम्पन्न हो जाती है। सहज क्रिया की व्यवस्थित व्याख्या वुडवर्थ महोदय के निम्न शब्दों से हो जाती है :

> 'एक प्रतिक्षेप क्रिया किसी सांवेदनिक उत्तेजना के प्रति मांसपेशी की स्राव ग्रन्थियों की एक प्रत्यक्ष और न सीखी हुई अनुक्रिया है। साधारण प्रतिक्रिया के विरुद्ध वह विषय के तैयार होने पर निर्भर नहीं होती। प्रतिक्षेप को किसी 'तैयार रहो' संकेत की आवश्यकता नहीं होती।'

> 'A reflex is a direct muscular or Glanduar response to a sensory stimulus, an involuntary and unlearned response. Unlike the simple reaction it does not depend upon the subjects being prepared or set. The reflex does not need a Ready Signal.'

वुडवर्थ की उपरोक्त व्याख्या से यह स्पष्ट है कि सहज क्रियाएं मांसपेशियों तथा स्राव-ग्रन्थियों द्वारा सम्पन्न एक प्रत्यक्ष तथा बिना सीखी हुई अनुक्रिया है जो किसी उत्तेजना के प्राप्त होने पर क्रियाशील होती हैं अर्थात् ऐसी क्रियाओं के लिए व्यक्ति को व्यवहार हेतु पूर्व से तैयार रहने की आवश्यकता नहीं होती, बल्कि उत्तेजना प्रकट होने पर सहज क्रियाएं स्वतः सम्पन्न हो जाती हैं। इस सन्दर्भ में यह उल्लेखनीय है कि कुछ सहज क्रियाएं आन्तरिक उत्तेजनाओं के परिणामस्वरूप भी

घटित होती हैं, जैसे- आमाशय एवं आंतों का स्पन्दन, धमनियों का फैलना एवं संकुचन, त्वचा का रंग लाल-पीला होना इत्यादि। स्वतंत्र रूप से प्रतिवर्ती क्रियाओं का संचालन सुषुम्ना (Spinal Cord) द्वारा ही किया जाता है। कभी-कभी सुषुम्ना मस्तिष्क के आदेशों की प्रतीक्षा न करके स्वयं ही प्रेरक नाड़ियों के द्वारा अनुकूल आदेश दे देती है। पैर में कांटा चुभने पर यह समाचार सांवेदनिक नाड़ी सुषुम्ना तक ले आती है तथा सुषुम्ना तुरन्त प्रेरक नाड़ियों द्वारा पैर की पेशियों को आदेश देकर कांटे को कांटे वाले स्थान से अलग करवा देती है और हम अपने पैर वहां से हटा लेते हैं। इस आदेश को पैर के पास भेजने के साथ-साथ सुषुम्ना मस्तिष्क को कांटा चुभने की खबर देती है। वास्तव में सुषुम्ना के आदेश से हम मशीन की भांति कार्य करके अपना पैर हटा लेते हैं किन्तु मस्तिष्क में यह समाचार पहुंचने पर हमें यह ज्ञान होता है कि पैर में कांटा चुभ गया है और मस्तिष्क से प्राप्त आदेश के अनुसार हम उसे निकालने के लिए हाथ बढ़ाते हैं। यह सारा कार्य इतनी शीघ्रता से सम्पन्न हो जाता है कि हम इस विषय में कुछ सोच भी नहीं पाते। इस प्रकार की क्रियाएं जिनमें सुषुम्ना स्वयं प्रेरक नाड़ियों को आदेश देती है, प्रतिवर्ती क्रियाएं (Reflex Actions) कहलाती हैं। प्रतिवर्ती क्रियाओं में त्वचा तथा सुषुम्ना के मध्य एक रास्ता बन जाता है, जिसे प्रतिवर्ती चाप (Reflex Arc) कहते हैं। ऊपर के उदाहरण में कांटा चुभने की स्थिति में त्वचा की ग्राहक ज्ञानेन्द्रियां (Receptors) सांवेदनिक नाड़ियों के द्वारा कांटा चुभने का अनुभव सुषुम्ना को करा देती हैं। सुषुम्ना यह अनुभव तुरन्त प्रेरक नाड़ियों के माध्यम से शरीर हटाने हेतु सम्प्रेषित करती हैं। चूंकि कांटा चुभने का यह अनुभव सुषुम्ना से प्रतिवर्तित होकर आज्ञा के रूप में लौटता है, इसलिए इन कार्यों को प्रतिवर्तित कार्य कहा जाता है। वुडवर्थ ने प्रतिक्षेप चाप की व्याख्या करते हुए लिखा है :

> 'किसी ज्ञानेन्द्रिय से स्नायु केन्द्रों में होते हुए मांसपेशी तक जो मार्ग जाता है, उसे प्रतिक्षेप या प्रतिवर्ती चाप कहते हैं।'

> 'The path from a sense organ through the nerve centre to a muscle is called a Reflex Arc.'

सहज क्रियाओं के प्रकार (Types of Reflex Actions)

शारीरिक सहज क्रियाएं (Physiological Reflex Actions)

ऐसी क्रियाएं जिनके घटित होने में व्यक्ति को किसी प्रकार का प्रयास नहीं करना पड़ता। ये क्रियाएं पूर्ण रूप से अचेतन होती हैं। उदाहरणार्थ- आंखों की पुतली का कम या अधिक प्रकाश पड़ने के कारण फैलना तथा सिकुड़ना।

सांवेदनिक सहज क्रियाएं (Sensationary Reflex Actions)

सांवेदनिक सहज क्रियाएं अधिकांशतः चेतन होती हैं, अर्थात् सहज क्रियाओं के घटित होने का पूर्वानुमान व्यक्ति को हो जाता है। जैसे गले में खराश उत्पन्न होने के बाद खांसी आ सकती है या नाक में सुंघनी चले जाने पर छींक आने की सम्भावनाएं बढ़ जाती हैं। यद्यपि पूर्वानुमान होने के कारण व्यक्ति इच्छापूर्वक यदि चाहे तो केवल कुछ समय के लिए सहज क्रियाओं को रोक सकता है, परन्तु इन सहज क्रियाओं को पूर्णतया रोका नहीं जा सकता।

मानव व्यवहार में सहज-क्रियाओं की उपयोगिता (Utility of Reflex Actions in Human Behaviour)

सहज क्रियाएं मानव-शरीर की स्वाभाविक घटित होने वाली एक अनैच्छिक, अनियंत्रित तथा अनर्जित क्रियाएं हैं, जिसके द्वारा शरीर के विभिन्न बाह्य अंगों की रक्षा होती है। सहज क्रियाओं के

द्वारा मनुष्य अपनी अधिकांश आवश्यकताओं की पूर्ति भी करता है। उदाहरणार्थ– बालक द्वारा माता का स्तनपान किया जाना एक स्वाभाविक तथा बिना सीखी हुयी अनुक्रिया है। जन्म के तुरन्त पश्चात् माता का स्तनपान करने के लिए बच्चे को सिखाने की आवश्यकता नहीं होती, बल्कि भूख की मूल आवश्यकता के उत्पन्न होने से ओष्ठों द्वारा स्तन-चूषण की क्रिया प्रारम्भ हो जाती है और स्तन के स्थान पर अंगूठा रखने पर भी बच्चा उसे स्तन समझ कर चूसता है। सहज प्रतिक्रियाएं इस प्रकार न केवल मूल आवश्यकताओं की पूर्ति में सहायक हैं बल्कि शरीर के विभिन्न अंगों में सम्भावित खतरे की संवेदना प्राप्त होते ही रक्षा करने में भी सहायक होती हैं। भय की परिस्थिति में सम्पूर्ण मानव-शरीर विकृत हो जाता है तथा तत्काल हम उस स्थिति से बचने के लिए शारीरिक क्रिया आरम्भ कर देते हैं, जैसे- आग लगते ही भागना, दीवार गिरते समय तत्काल स्थान-परिवर्तन इत्यादि। सभी सहज क्रियाएं एक साथ घटित नहीं होतीं बल्कि मानव-जीवन के विकास के साथ भिन्न-भिन्न समयों पर प्रकट होती हैं। खांसने तथा छींकने की सहज-क्रियाएं जन्म के कुछ समय पश्चात् प्रारम्भ होती हैं। परन्तु पलक गिराने तथा स्तनपान की सहज क्रियाएं कुछ समय पश्चात् शीघ्र ही प्रकट होने लगती हैं। कुछ सहज क्रियायें मनुष्य तथा अन्य सभी प्राणियों को बदलते हुए पर्यावरण के साथ समुचित अनुकूलन प्रकट कराने में भी सहायक होती हैं, जैसे- वातावरण का तापमान अचानक बढ़ने पर शरीर से पसीने की बूंदें बाहर निकलना प्रारम्भ हो जाती हैं, जिसका मुख्य उद्देश्य वातावरण के तापमान के साथ शरीर के तापमान का समायोजन बनाए रखना होता है। चूंकि ये सभी क्रियाएं जन्म के पश्चात् प्रारम्भ होकर आजीवन कम या अधिक रूप में प्रतिदिन घटित होती हैं, इसलिए हमें इनका ध्यान नहीं रहता और हम यह मान लेते हैं कि इस प्रकार से घटित होने वाली क्रियाएं सहज रूप से प्राणी के स्वभाव के कारण होती हैं।

आदतें (Habits)

मानव-व्यवहार में आदत एक ऐसा संप्रत्यय है जिससे लगभग सभी व्यक्ति परिचित हैं। जीवन में अनेक दैनिक कार्य हम बिना किसी उद्देश्य के और बिना कुछ विचार किए हुए करते हैं। ये सभी हमारी आदत के ही परिणाम हैं। कोई व्यक्ति सुबह टहलने जाता है, तो दूसरा स्नान करता है, कुछ व्यक्ति सुबह उठकर चाय अवश्य पीते हैं तथा चाय न मिलने पर उन्हें सिर दर्द की शिकायत हो जाती है। माता-पिता अपने बच्चे को सुबह उठने, स्नान करने तथा पढ़ने की शिक्षा देते हैं। यह क्रिया बार-बार दुहराई जाती है और कुछ समय पश्चात् बालक स्वयं निर्धारित समय से उठकर अपना कार्य विगत दिनों की भांति आदत के अनुसार प्रारम्भ कर देता है। जाहिर है कि ये सभी क्रिया-कलाप आदत के ही परिणामस्वरूप होते हैं। किसी व्यक्ति द्वारा एक ही प्रकार से कार्य व्यवहार किए जाने पर आप उस व्यक्ति की उक्त क्रिया को उसकी विशेषता या लक्षण मान लेते हैं, जैसे- कुछ व्यक्तियों के मुस्कराने या नमस्कार करने का अन्दाज विशेष प्रकार का हो सकता है जो उन्हें अन्य व्यक्तियों से अलग करता हो। आदत के सन्दर्भ में प्रस्तुत उपरोक्त उदाहरणों से यह तथ्य स्पष्ट होता है कि मूल रूप से आदत एक मानसिक गुण है जो स्वचालित क्रिया के रूप में प्रकट होता है। आदत की परिभाषा विद्वानों ने निम्नलिखित प्रकार से दी है :

परिभाषाएं

1. डॉ जे.एन. सिन्हा के अनुसार, 'आदत बार-बार किए जाने वाले ऐच्छिक कार्यों का फल है। जब कोई ऐच्छिक कार्य बार-बार किया जाता है तब वह आदत में बदल जाता है।'
   'A habit is the product of repeated voluntary actions, when a voluntary action is repeated very often, it is turned into a habit.'

2. डॉ. बी.एन. झा के अनुसार, 'हम उन कार्यों को आदत के रूप में परिभाषित कर सकते हैं, जिन्हें पूरा करने में हम कम या बिल्कुल भी ध्यान नहीं लगाते तथा जिन्हें हम बार-बार न्यूनाधिक ढंग से उसी प्रकार करते हैं।'

   'We shall define habits as constituting only those acts which we learn to perform with little or no thought and which we carry no more or less in the same manner every time.'
3. मार्गन तथा गिललैण्ड के अनुसार, 'व्यवहार के समस्त परिवर्तन जो मनुष्य द्वारा अर्जित किए जाते हैं, आदत कहलाते हैं।'

उपर्युक्त परिभाषाओं से स्पष्ट है कि जब कोई क्रिया जानबूझकर बार-बार दुहराई जाती है तो आगे चलकर वही क्रियाएं व्यक्ति की आदत बन जाती हैं, जैसे- बार-बार हाथ झटकना, पलकें उठाना या मुंह पर हाथ रखना इत्यादि। डॉ. झा की परिभाषा से आदत की एक और विशेषता स्पष्ट होती है कि हम दैनिक जीवन में होने वाली इन क्रियाओं की तरफ ध्यान नहीं देते परन्तु कम या अधिक ये क्रियाएं बार-बार होती हैं, जो परिवर्तित होकर आदत में बदल जाती हैं। इस सन्दर्भ में उल्लेखनीय है कि व्यक्ति की आदतों का ध्यान पर विशेष प्रभाव पड़ता है। वुडवर्थ ने लिखा है कि 'व्यक्ति सीख लेता है कि किस विषय पर ध्यान दिया जाना चाहिए और किस पर नहीं। इस प्रकार व्यक्ति जीवन में विषयों पर ध्यान देने या न ध्यान देने की आदत बना लेता है।' उदाहरणार्थ- यदि आपको प्रतिदिन सुबह उठकर घड़ी में चाभी भरने की आदत है तो निश्चित ही प्रतिदिन आपकी निगाह सोकर उठते ही घड़ी की तरफ जाएगी। शहर के वातावरण में रहते हुए दिन-रात शोर-गुल सुनना तथा वाहनों एवं भीड़ से उत्पन्न ध्वनि-प्रदूषण पर नगर में रहने वाले व्यक्ति का ध्यान नहीं जाता, परन्तु गांव से आए हुए व्यक्ति का ध्यान ध्वनि विस्तारक यन्त्रों या वाहनों से उत्पन्न ध्वनियों की तरफ शीघ्र जाएगा। व्यवहार में मनुष्य निम्न दो आदतों को विकसित करने का प्रयत्न करता है :

1. अनावश्यक और अवांछनीय वस्तुओं पर ध्यान देना।
2. आवश्यक और वांछनीय वस्तुओं पर ध्यान देना।

मानव-जीवन में उपरोक्त आदतों के विकास द्वारा दैनिक व्यवहार में अत्यन्त आसानी रहती है।

आदतों का वर्गीकरण (Classification of Habits)

आदतों को निम्नलिखित मुख्य दो वर्गों में विभाजित किया जा सकता है :

1. प्रथम वर्ग में उन आदतों को रखा जा सकता है जो समाज-सम्मत हैं या जिन व्यवहारों को समाज अच्छा मानता है या व्यवहार जिन्हें सामाजिक अनुमोदन प्राप्त हो, उदाहरणार्थ- बड़े व्यक्तियों का चरण-स्पर्श, प्रातःकाल निद्रा-त्याग, स्नान, पठन-पाठन की आदतें या सम्मान देने की आदतें इत्यादि।
2. दूसरे वर्ग में उन आदतों को रखा जा सकता है, जिन्हें सामाजिक स्वीकृति या सामाजिक अनुमोदन नहीं प्राप्त होता तथा ऐसी आदतों को छोड़ना ही श्रेयस्कर समझा जाता है, जैसे- मद्यपान, वेश्यावृत्ति, चोरी, झूठ बोलना इत्यादि।

आदत को प्रभावित करने वाले कारक (Factors Influencing Habit)

तीव्र उत्साह

मानव-व्यवहार के अन्तर्गत किसी कार्य के सम्पादन में उत्साह का विशेष महत्व होता है। कार्य में उत्साह व्यक्ति की अभिरुचि तथा व्यवहार में नवीनता के कारण उत्पन्न होता है। उदाहरणार्थ, यदि प्रतिदिन प्रातःकाल टहलने का कार्य आरम्भ करना है तो उसकी तैयारी के लिए हाफ पैण्ट, जूते,

मोजे इत्यादि की व्यवस्था होने पर कुछ दिन तो टहलने की क्रिया शौक के कारण होती है, परन्तु जैसे-जैसे रुचि कम होने लगती है, टहलने के प्रति आलस्य भाव शीघ्र पैदा होने लगते हैं, परन्तु यदि उत्साह बनाए रखते हुए किसी क्रिया को निरन्तर किया जाए तो कुछ समय पश्चात् व्यक्ति के व्यवहार का ढंग उसकी आदत बन जाती है।

अभ्यास में त्रुटि

आदत के अनुसार करने वाले कार्य में अपवाद या व्यवधान उत्पन्न किए जाने से व्यवहार का क्रम टूटने लगता है, जिससे आदत के निर्माण में कठिनाई होती है। अच्छी आदतों के विकास के लिए यह आवश्यक है कि ऐच्छिक रूप से होने वाले कार्यों को प्रोत्साहित किया जाए तथा कार्य में व्यवधान उत्पन्न करने वाले कारकों की पुनरावृत्ति को रोका जाए। ऊपर दिए गए उदाहरण में यदि आलस्य आने के कारण हम टहलना बन्द कर दें तो निश्चित ही दूसरे दिन से टहलने की रुचि धीरे-धीरे कम होने लगेगी और हम टहलने की आदत नहीं बना सकेंगे।

कार्य की पुनरावृत्ति

नई आदत के निर्माण में संकल्प शक्ति लगाने की आवश्यकता होती है। ऐच्छिक रूप से बार-बार किसी काम को करने से उसकी आदत दृढ़ होती है। इस प्रकार यदि किसी कार्य को आदत के रूप में विकसित करना है और उसे बार-बार जानबूझकर नित्य क्रियान्वित किया जाए तो इच्छापूर्वक प्रतिदिन एक ही क्रिया करने से उस कार्य को करने की आदत शीघ्र बन जाएगी तथा उसके लिए विशेष प्रयत्न की आवश्यकता नहीं होगी।

आदतों का विखण्डन (Breaking of Habits)

आदतों का निर्माण तथा उनका विखण्डन दोनों एक ही सिक्के के दो पहलू की भांति हैं। जिस प्रकार किसी कार्य को आदत के रूप में बदलने के लिए तीव्र उत्साह के साथ बार-बार दुहराने की क्रिया करनी पड़ती है, उसी प्रकार आदतों को समाप्त करने के लिए भी विरोधी आदत को बार-बार दुहराने की आवश्यकता होती है। उदाहरणार्थ- सुबह टहलने की आदत का निर्माण करने के लिए देर से सोकर उठने की आदत को समाप्त करना होगा। बुरी आदतों के त्याग के लिए यह आवश्यक है कि उन आदतों की बार-बार पुनरावृत्ति की जाए जिससे स्वयं ही उस क्रिया को करने के लिए अनिच्छा उत्पन्न हो सके। आदतों के विखण्डन के लिए निम्न तत्व सहायक हो सकते हैं :

अभ्यास द्वारा आदतों का विखण्डन

यदि संबंधित कार्य को सोच-विचार कर ऐच्छिक रूप से बार-बार किया जाए तो क्रमशः अभ्यास द्वारा व्यवहार में नियंत्रण लाया जा सकता है तथा यदि एक बार आदतों पर नियंत्रण प्राप्त हो जाता है तो उसे छोड़ना सरल हो जाता है।

अनिच्छा द्वारा आदतों का विखण्डन

यह एक मनोवैज्ञानिक तथ्य है कि जब किसी कार्य को करने में अरुचि या अनिच्छा उत्पन्न हो जाती है तब व्यक्ति स्वतः उस कार्य को नहीं करता। सामान्यतः यह सिद्धान्त सुख और दुःख के नियम पर आधारित है। जब किसी कार्य को करने से व्यक्ति को दुःख पहुंचता है या कार्याधिक्य के कारण उस व्यवहार से अरुचि उत्पन्न हो जाती है तो स्वतः ही व्यक्ति उन आदतों को छोड़ने लगता है।

प्रतिबद्ध अनुक्रिया द्वारा आदतों का विखण्डन

किसी भी आदत को समाप्त करने के लिए संबंधित क्रिया की विरोधी क्रिया को किए जाने से भी लाभ प्रकट होता है। उदाहरणार्थ- यदि कोई व्यक्ति भीड़ में जाने से घबड़ाता हो और भीड़ में उसे

डरने की आदत पड़ गई हो तो उसे जानबूझकर भीड़ में बार-बार ले जाया जाना चाहिए। इस प्रकार भीड़ से डरने की आदत स्वत: समाप्त हो जाएगी।

नई आदतों के निर्माण द्वारा पुरानी आदतों का विखण्डन

कभी-कभी व्यक्ति किसी आदत को छोड़ने के लिए नई आदतों का निर्माण करता है। जैसे- सिगरेट पीने की आदत छोड़ने के लिए आवश्यकता पड़ने पर चाय या पान खाने की आदत, इत्यादि। इस प्रकार नई आदतों के निर्माण से पुरानी आदतों के व्यवहार में व्यवधान उत्पन्न होने लगता है और धीरे-धीरे सिगरेट पीने की आदत कम होने लगती है। मनोविज्ञान में यह क्रिया प्रतिस्थापन कहलाती है।

मानव व्यवहार में अधिगम (सीखना) (Learning in Human Behaviour)

सीखना या अधिगम व्यवहार की एक जीवनपर्यन्त चलने वाली क्रिया है। मानव-शिशु जन्म लेने के पश्चात् समाज में माता-पिता, भाई-बहन, स्कूल, परिवार, संस्थाओं, समूहों तथा संगठनों में सक्रिय सहभागिता द्वारा स्वीकृत और मान्य आचरणों को सीखकर तदनुसार व्यवहार करता है। गत्यात्मक (Dynamic) व्यवहारों की इस श्रृंखला के कुछ प्रतिमान बालक में आनुवंशिकता (Heredity) से संक्रमित होते हैं तथा कुछ व्यवहार व्यक्तिगत कौशल तथा परिपक्वता से प्राप्त होते हैं। मोटर चलाना, टाइप करना, साइकिल चलाना इत्यादि विभिन्न कौशल हैं, जिन्हें व्यक्ति समाज में बड़ा होकर अपनी इच्छानुसार सीखकर ग्रहण करता है। भोजन प्राप्त करने की प्रेरणा-शक्ति व्यक्ति में उन व्यवहारों को जन्म देती है, जिससे व्यक्ति भूख की इच्छा की तृप्ति कर सके। प्रेरणा के अतिरिक्त जीवन में घटने वाली विभिन्न घटनाओं के अनुभव से भी व्यक्ति व्यवहार करना सीख जाता है। यदि दो व्यक्ति आपस में ऊंची आवाज में वार्ता कर रहे हैं तथा उनके पास घातक हथियार भी हैं तो वयस्क व्यक्ति यह अनुमान लगा सकते हैं कि अधिक आक्रोश होने पर कोई एक पक्ष आक्रमण भी कर सकता है, परन्तु उसी स्थान पर खड़े एक छोटे बच्चे को स्थिति की गम्भीरता का भान नहीं होता। छोटे बालक में ज्ञान की कमी तथा अनुभव न होने के कारण उसे पूर्वानुमान द्वारा परिणाम प्राप्त करने में कठिनाई होती है। ऐसा इसलिए होता है कि वयस्क व्यक्ति अपने पूर्व अनुभवों द्वारा सम्भावित व्यवहार का पूर्वानुमान करने की क्षमता रखता है। जिस प्रकार सीखने या अधिगम से व्यवहार में परिवर्तन होता है, उसी प्रकार परिपक्वता प्राप्त करने पर भी व्यवहार में परिवर्तन होता है। मानव-शरीर में अनेक स्वचालित कार्य तथा अनियमित क्रियाओं, वेदनाओं और संवेगों की अनायास अभिव्यक्तियों को न सीखे हुए कार्यों की श्रेणी में रखा जा सकता है। इस प्रकार अधिकांश मानव-व्यवहारों में यह अन्तर स्पष्ट करना कठिन हो जाता है कि वास्तव में ये क्रियायें सीखने (अधिगम) के कारण हैं या परिपक्वन (Maturation) के कारण। ये सभी क्रियायें सीखने तथा परिपक्वता की परस्पर क्रिया के परिणामस्वरूप विकसित होती हैं, जैसे- जब तक बालक परिपक्वता नहीं प्राप्त कर लेता, वह भाषा नहीं सीख सकता। लेकिन केवल आयु प्राप्त हो जाने से भाषा नहीं आ जाती, बल्कि बच्चे को वह धीरे-धीरे सिखाई जाती है। जीवन के प्रारम्भिक दिनों में सीखने की क्रियाएं अपरिष्कृत रूप में होती हैं तथा ये क्रियायें दोषपूर्ण भी हो सकती हैं, परन्तु धीरे-धीरे शिक्षा, प्रशिक्षण तथा अभ्यास के द्वारा बालक इन व्यवहारों पर नियंत्रण प्राप्त करना सीख लेता है। आयु-वृद्धि के साथ व्यक्ति के विचारों में उद्रेक तथा अस्थिरताएं कम होने लगती हैं, जिससे प्रारम्भ में होने वाली कठिनाइयां धीरे-धीरे समाप्त हो जाती हैं। इस प्रकार सीखने का अभिप्राय यान्त्रिक विधि से तथा अभ्यास के माध्यम से तथ्यों को प्राप्त करना मात्र ही नहीं है, वरन् सीखने में साधन, मूल्यांकन एवं वस्तुओं का नियोजन भी शामिल होता है। सीखने की परिभाषा विभिन्न विद्वानों ने निम्न प्रकार से दी है :

सीखने की परिभाषा

1. वुडवर्थ के अनुसार, प्रसिद्ध मनोवैज्ञानिक वुडवर्थ ने सीखने के विषय में निम्न दो परिभाषाएं प्रतिपादित की हैं :
   क. 'सीखने का तात्पर्य कोई नया कार्य करने से है, बशर्ते कि नई क्रिया पुष्टिकृत हो तथा बाद की क्रियाओं में पुनः प्रकट होती हो।'
   ख. 'एक क्रिया को उसी अंश तक सीखना कहा जा सकता है कि जहां तक कि वह व्यक्ति में अच्छे या बुरे किसी भी प्रकार के अनुभव को विकसित करती है और उसके कार्यों अथवा परिवेशों को पहले से भिन्न बनाती है।'
2. गिलफोर्ड के अनुसार, 'विस्तृत अर्थ में सीखने के कार्य के परिणामस्वरूप व्यवहार में किसी न किसी प्रकार परिवर्तन आता है।'
3. जी. मर्फी के अनुसार, 'सीखने को व्यवहार और प्रत्यक्षीकरण दोनों का संशोधन मानना ठीक होगा।'
4. गेट्स के अनुसार, 'अनुभव द्वारा व्यवहार में होने वाले परिवर्तन को ही सीखना कहते हैं।'
5. बर्नहट के अनुसार, 'सीखना व्यक्ति के कार्यों में एक स्थाई सम्परिवर्तन लाना है, जो निश्चित परिस्थितियों में किसी इच्छा को प्रकट करने अथवा किसी समस्या को सुलझाने के प्रयास में अभ्यास द्वारा लाया जाता है।'
6. किम्बल यंग के अनुसार, 'सीखने को प्रत्युत्तर व्यवस्था में हुए एक परिवर्तन के रूप में परिभाषित किया जा सकता है, जो कि जानबूझकर या अचेतन रूप से नवीन अथवा पुराने प्रत्युत्तरों द्वारा लाया गया है।'
7. हिलगार्ड के अनुसार, 'सीखना वह प्रक्रिया है, जिससे कि कोई क्रिया प्रारम्भ होती है अथवा सम्पन्न की गई परिस्थिति में प्रतिक्रिया के द्वारा परिवर्तित की जाती हैं, बशर्ते कि क्रिया में परिवर्तन के लक्षण स्वाभाविक प्रतिक्रिया की प्रवृत्तियों, परिपक्वता अथवा जीव की अस्थाई दशाओं के आधार पर न समझाई जा सके।'

उपर्युक्त परिभाषाओं के आधार पर यह कहा जा सकता है कि सीखने का तात्पर्य व्यक्ति के अनुभव द्वारा उसके व्यवहारों में परिवर्तन है। जीवन में अनेक ऐसी घटनाएं आती हैं, जिसके अनुभव को भविष्य की घटनाओं से जोड़कर व्यवहार में परिवर्तन लाए जाते हैं। उदाहरणार्थ एम्बुलेंस की गाड़ी सड़क पर जब तीव्र आवाज करती हुई आती है तो हम यह समझ लेते हैं कि किसी स्थान पर कोई आकस्मिक घटना हुई है तथा यह समझकर हम शीघ्र ही गाड़ी आगे जाने हेतु स्थान छोड़ देते हैं। इस प्रकार सीखने का अभिप्राय किसी निश्चित परिस्थिति में समस्या के समाधान हेतु व्यवहार में स्थाई या अस्थाई परिवर्तन होता है। बर्नहट की परिभाषा में सीखने को व्यक्ति के कार्य में एक स्थाई परिवर्तन के रूप में व्यक्त किया गया है, जो कि किसी निश्चित परिस्थिति में समस्या के समाधान हेतु या प्रेरक शक्तियों के उद्दीपन के कारण निश्चित लक्ष्य को प्राप्त करने के लिए अभ्यास द्वारा लाया जाता है। व्यवहारों में परिवर्तन तथा पूर्व अनुभवों को अभ्यास के रूप में ग्रहण करने से उत्पन्न अनुक्रिया को किम्बल यंग की परिभाषा में सीखना वर्णित किया गया है, जो उपर्युक्त अन्य परिभाषाओं से अधिक उपयुक्त प्रतीत होता है।

सीखने या अधिगम को प्रभावित करने वाले कारक

सामान्य कारक *(General Factors)*

1. *साहचर्य (Association)* : जब दो परस्पर क्रियाएं एक साथ घटित होकर मस्तिष्क में कोई उद्दीपन (Stimulus) पैदा करती हैं, जिससे कोई अनुक्रिया (Response) प्रकट होती है, तो यह

कहा जा सकता है कि उद्दीपन और अनुक्रिया में साहचर्य स्थापित हो गया है। उदाहरणार्थ, भौतिक जगत में आग की उपस्थिति से गर्मी का अनुभव किया जा सकता है तथा मस्तिष्क में आग के प्रति उद्दीपन प्राप्त होने पर उससे बचने के लिए व्यक्ति सुरक्षात्मक अनुक्रिया करता है। इसी प्रकार बादल के गरजने व बिजली चमकने की दो परस्पर घटनाओं से प्राप्त उद्दीपन द्वारा व्यक्ति की अनुक्रियाओं में साहचर्य स्थापित हो जाने के कारण व्यक्ति तदनुसार परिवर्तित परिस्थिति में व्यवहार करना सीख जाता है। साहचर्य की इस संकल्पना में सान्निध्य भी होना आवश्यक है, अर्थात् दो भौतिक घटनाओं और मस्तिष्क में तदनुरूप प्रक्रियाओं का साहचर्य होने के लिए उन्हें एक ही समय व स्थान पर घटित होना चाहिए। प्रयोगात्मक परीक्षणों के आधार पर यह कहा जा सकता है कि सामान्य रूप से साहचर्य प्राप्त करने के लिए आधे से भी कम सेकंड का समय होना चाहिए।

2. *व्यतिकरण (Interference)* **:** व्यतिकरण के द्वारा साहचर्य स्थापित होने की सम्भावना कम हो जाती है, जिससे सीखने की क्षमता में कमी आ जाती है। उदाहरणार्थ, यदि एक बच्चे को किसी शब्द विशेष के अर्थों को भिन्न-भिन्न भाषाओं में बतलाया जाए तो ऐसी सम्भावना है कि बच्चे को अपनी मातृभाषा में अर्थ अधिक शीघ्र याद होगा, अपेक्षाकृत अन्य भाषाओं के। स्पष्ट है कि ऐसा इसलिए होता है कि बालक सभी भाषाओं को एक साथ सीखने में परस्पर विरोधी भाषाओं के कारण साहचर्य स्थापित नहीं कर पाता। पुनः यदि उपर्युक्त बच्चे की तुलना किसी ऐसे बालक से की जाए जो केवल एक ही भाषा पढ़ता व सीखता है, तो हम देखेंगे कि परस्पर भिन्न उद्दीपनों के अभाव में व्यावहारिक अनुक्रियाओं को ग्रहण करने में दूसरा बालक श्रेष्ठ होगा।

3. *अभिप्रेरणा (Motivation)* **:** सभी जीव जन्तुओं के सीखने में प्रेरणा का महत्वपूर्ण स्थान है, जिसके द्वारा मनुष्य या जानवर प्रेरक इच्छाओं की सन्तुष्टि के लिए नये व्यवहारों तथा आचरणों को सीखता है। प्रत्येक ऐसी अभिप्रेरणा जो सीखने को सम्भव बनाती है, हम उसे पहचान सकते हैं। उदाहरणार्थ किसी बालक को उष्ण का अर्थ तभी सिखाया जा सकता है, जब वह आग और जलने के उद्दीपनों को सम्बद्ध कर चुका हो तथा आग से बचने के लिए पहले ही अभिप्रेरित हो। परीक्षा में सफलता प्राप्त करने के लिए पढ़ना, भूख लगने पर भोजन की तलाश आदि प्रेरणा के उदाहरण हैं, जिनके द्वारा व्यक्ति नए व्यवहारों को सीखता है। यदि हम किसी व्यक्ति से कोई कार्य करवाना चाहते हैं, तो उसे पुरस्कृत करते हैं या दण्ड के भय से किसी कार्य को करने या न करने हेतु अभिप्रेरित करते हैं। इस प्रकार की क्रिया बार-बार होने से इसका साहचर्य किसी विशेष अनुक्रिया से हो जाता है। उदाहरणार्थ एक कुत्ते के बच्चे को जब हम हाथ उठाकर रोटी का टुकड़ा दिखाते हैं तो वह उसे प्राप्त करने हेतु पिछले दो पैरों पर खड़े होने का प्रयत्न करता है तथा भोजन प्राप्त करने की सबल अभिप्रेरणा के कारण उसकी अनुक्रिया का साहचर्य उस हाथ से हो जाता है, जहां भोजन है। इस प्रकार कुत्ता यह सीख लेता है कि किसी व्यक्ति के हाथ में ऊंचाई पर भोजन होने पर वह उसे कैसे प्राप्त कर सकेगा। अभिप्रेरणा व्यवहार की परिवर्तनशीलता में भी वृद्धि करती है, जिससे अनुक्रिया को किसी विशेष उद्दीपन प्राप्त होने या स्थिति से साहचर्य स्थापित होने की सम्भावना में वृद्धि होती है। जन्म के समय जब बच्चा रोता है, तो मां उसे दूध पिला देती है, जबकि बच्चे के रोने का मात्र आशय भूख लगना नहीं होता, बल्कि रोना उसकी नैसर्गिक प्रवृत्ति होती है, परन्तु बार-बार रोने पर जब उसे भोजन प्राप्त होने लगता है तो वह रोने की अनुक्रिया को भोजन प्राप्ति की प्रेरणा से साहचर्य स्थापित कर लेता है। इस प्रकार के परिवर्तन अन्य सांवेगिक परिस्थितियों जैसे- व्याकुलता, भय और कौतूहल आदि के समय भी देखे जा सकते हैं।

4. *आदत (Habit)* **:** मनुष्य का व्यवहार आदत पर निर्भर होता है तथा सामाजिक परिवर्तनों के साथ-साथ आदतों में भी परिवर्तन होता रहता है। आदत किसी कार्य को स्थाई तरीके के बार-बार करने से पड़ती है तथा चेतन स्तर पर होती है। एक ही कार्य को निश्चित तरीके से दुहराते रहने के

कारण आदत एक सीखे हुए व्यवहार का स्वरूप ग्रहण कर लेती है, जैसे- व्यक्ति पहली बार शौक के कारण सिगरेट पीना प्रारम्भ करता है, परन्तु बार-बार पीने से सिगरेट पीने की आदत पड़ जाती है। जानवरों पर किए गए प्रयोगों से यह तथ्य प्रकाश में आया है कि एक ही क्रिया कई बार दुहराई जाने पर व्यवहारों में परिवर्तन हो जाते हैं। कुछ समय तक तोते को राम-राम सिखाए जाने पर अभ्यास द्वारा वह राम-राम का उच्चारण सीख लेता है। इसी प्रकार सर्कस में भालू को पैर उठाकर नाचने के लिए एक गर्म तवे पर खड़ा किया जाता है तथा बार-बार लकड़ी पीटकर आवाज की जाती है, जिससे लकड़ी आवाज की अनुक्रिया का साहचर्य भालू के पैर उठाने से हो जाता है। संवेगों में व्यावहारिक परिवर्तन लाने के दृष्टिकोण से यह भी देखा गया है कि बार-बार एक ही प्रकार की अनुक्रियाओं के दुहराने से भय में कमी आ जाती है, क्योंकि उस अवस्था में व्यक्ति या जीव तदनुसार अनुक्रिया किए जाने पर परिणाम में भिन्न हो जाता है। उदाहरणार्थ, एक व्यक्ति जो कभी भी ऊंचे स्थानों पर न गया हो, उसे यदि पहली बार गहराई में झांकने को कहा जाए तो वह निश्चित रूप से भयभीत हो जाएगा, परन्तु यदि वह उस स्थान पर स्थाई रूप से रहने लगे तो गहराई का प्रतिदिन निरीक्षण करते-करते उसका भय कम हो जाएगा। यह प्रक्रिया विलयन कहलाती है।

5. *अनुकरण (Imitation)* : अनुकरण सीखने का एक उत्तम प्रभावी ढंग है। जीवन में प्रत्येक व्यक्ति माता-पिता, मित्रों, सम्मानित व्यक्तियों तथा शिक्षकों इत्यादि का अनुकरण करते हैं तथा वयस्क होने पर स्वयं में विकसित संस्कारों के अनुसार अपने जीवन का आदर्श निर्धारित करते हैं। समाज में अन्य व्यक्तियों की जीवन-पद्धति का अनुकरण करके हम उन आदर्शों व लक्ष्यों की प्राप्ति की तरफ अग्रसर होते हैं, जो व्यक्ति को महान बनाते हैं। जीवन में अत्यन्त दु:खी होने पर तथा कुण्ठाओं के कारण कभी-कभी यह अनुकरण गलत व्यवहारों तथा आचरणों को अपनाने से असमायोजन का एक मुख्य कारण हो जाता है। इस प्रकार जीवन के अधिकांश व्यवहारों को व्यक्ति अनुकरण के माध्यम सें सीखता है।

6. *उत्तेजक और प्रत्युत्तर (Stimulus and Responses)* : सीखने की प्रक्रिया में उत्तेजक और प्रत्युत्तर भी महत्वपूर्ण होते हैं। सामान्यतया व्यक्ति को जब किसी कार्य को करने या न करने की उत्तेजना प्राप्त होती है तो वह उसके प्रति तदनुसार प्रतिक्रिया करता है। इस प्रकार उत्तेजक सीखने की प्रक्रिया को एक दिशा प्रदान करते हैं, जो विभिन्न व्यक्तियों में परिस्थितियों तथा वातावरण के अनुसार भिन्न-भिन्न होती है।

शारीरिक कारक (Physiological Factor)

1. *आयु एवं परिपक्वता (Age and Maturation)* : प्रत्येक कार्य की प्रकृति भिन्न-भिन्न होती है, इसलिए मानव या पशु को किसी कार्य को करना तभी सिखाया जा सकता है, जब वह अपनी आयु के अनुसार सीखने के लिए परिपक्व हो। सीखने की सभी विधियां एक निश्चित आयु में ही अपनायी जा सकती हैं। यदि अवयस्क अवस्था में कोई क्रिया बच्चे को सिखाई जाती है तो बालक को सीखने के प्रति रुचि उत्पन्न नहीं होती तथा वह देर से सीखता है या कभी-कभी उसके मन में उस कार्य के प्रति घृणा उत्पन्न हो जाती है, अत: आवश्यक है कि व्यक्ति को उसकी आयु के अनुसार ही शिक्षण/प्रशिक्षण दिया जाना चाहिए।

2. *लिंग भेद (Sexual Difference)* : कार्यों की प्रकृति में भिन्नता होने के कारण प्रत्येक व्यक्ति के लिए सीखना सरल नहीं होता। कुछ कार्य विशिष्ट प्रकृति तथा अधिक श्रम साध्य होते हैं, जिन्हें प्राय: महिलाएं नहीं कर सकतीं तथा उसी कार्य को पुरुष वर्ग आसानी से कर सकते हैं। अत: सीखने का प्रशिक्षण दिए जाते समय इस तत्व का विशेष ध्यान दिया जाना आवश्यक है।

3. *स्वास्थ्य (Health)* : सीखने में शारीरिक स्वस्थता का महत्व अधिक है। शारीरिक रूप से अपंग रहने या रुग्णावस्था में किसी कार्य को करने की उत्तेजना नहीं होती, जबकि शारीरिक

स्वस्थता रहने पर अधिक उत्तेजना तथा उल्लास के साथ कार्य करने की इच्छा होती है। थकान की स्थिति में भी सीखना लाभदायी नहीं होता, क्योंकि थकान के कारण कोई शारीरिक श्रम पुनः करने की इच्छा नहीं होती।

4. *मादक पदार्थों का सेवन (Drug Addiction)* : मादक पदार्थों के सेवन से कभी-कभी तात्कालिक तौर पर शारीरिक क्रियाशीलता बढ़ जाती है, परन्तु धीरे-धीरे नये कार्यों को करने की शक्ति क्षीण होने लगती है। नशीले पदार्थों के सेवन से शरीर में अनेक विकृतियां भी उत्पन्न हो जाती हैं, जो नए कौशलों के सीखने में बाधक होती हैं।

5. *संवेगात्मक असन्तुलन (Emotional Embalance)* : संवेगात्मक असंतुलन की अवस्था में मस्तिष्क एवं शरीर सामान्य व्यवहार नहीं करते जिससे नये कार्यों/कौशलों को सीखने में बाधा उत्पन्न होती है। अतः सीखने के लिए नियंत्रित संवेग एवं शान्ति चित्त अवस्था आवश्यक है।

भौगोलिक कारक (Demographic Factors)

प्रत्येक स्थान का भौगोलिक पर्यावरण भिन्न- भिन्न होता है तथा भौगोलिक पर्यावरण का प्रभाव व्यक्ति के स्वास्थ्य पर अवश्य पड़ता है। भौगोलिक परिवेश में जाड़ा, गर्मी, वर्षा, हवा की तीव्रता व नमी आदि प्रमुख कारक हैं, जो सीखने की प्रक्रिया को प्रभावित करते हैं। अधिक गर्म या अधिक शीत वाले वातावरण में व्यक्ति को सीखने में कष्ट का अनुभव होता है। अतः किसी भी कार्य का प्रशिक्षण दिए जाते समय कार्य की प्रकृति तथा भौगोलिक पर्यावरण की स्थिति का ध्यान रखना आवश्यक है।

मनोवैज्ञानिक कारक (Psychological Factors)

प्रत्येक व्यक्ति तथा पशु का यह सामान्य गुण है कि वह प्रत्येक कार्य को आसानी व सरलता से करना तथा सीखना चाहता है। अतः यदि सीखने की प्रक्रिया आसान एवं सरल तथा जीव की रुचि के अनुसार होगी तो उसकी सीखने की क्षमता का विकास शीघ्र किया जा सकता है। उदाहरणार्थ, प्राथमिक स्तर पर लिखने की कला समझाते हुए यदि बच्चे को 'क' लिखने के बजाय पहले शून्य बनाना पुनः लकीर खींचना तथा उसमें लकीर नीचे खींचना आदि तीन प्रक्रियाओं का अभ्यास कई बार कराया जाए तो वह 'क' लिखना शीघ्र सीख जाएगा, अर्थात् सीखने में कठिन कार्य को आसान ढंग से प्रस्तुत कर सिखाया जाना चाहिए। कभी-कभी बालक या किशोर उस समय सीखने को तैयार नहीं होते जब सीखने में कोई बाधा या विरोध उत्पन्न हो जाता है, जैसे- यदि बच्चा बार-बार कोई नया खेल सीखना चाहता हो या सांस्कृतिक कार्यक्रमों में भाग लेना चाहता हो और माता-पिता द्वारा उसे ऐसा करने से मना किया जाता है, तो बच्चे में इस प्रकार के कार्यों के प्रति अनिच्छा या अरुचि उत्पन्न हो जाती है तथा धीरे-धीरे उसमें नए कार्यों को करने का साहस कम होने लगता है। परन्तु कभी-कभी स्थिति ठीक इसके विपरीत भी हो जाती है और बच्चे माता-पिता की आज्ञा की अवहेलना करते हुए इच्छित कार्य करने में सफल होते हैं। जिससे पारिवारिक तनाव या परिवार की शान्ति भंग होती है। अतः यह आवश्यक है कि सीखने की रचनात्मक प्रक्रिया में बच्चों को माता-पिता का सहयोग प्राप्त हो तथा विरोध या बाधा की स्थितियों को उत्पन्न होने से रोका जाए।

सीखने के सिद्धान्त *(Theories of Learning)*

उपरोक्त वर्णित सभी कारक सीखने की प्रक्रिया को प्रभावित करते हैं, परन्तु जीवन के सभी सीखे गए व्यवहारों को निश्चित कारकों द्वारा विभाजित नहीं किया जा सकता। समय, स्थान, परिस्थिति, वातावरण, सामूहिक क्रिया-कलाप, सामाजिक संगठनों के बदलते स्वरूप, व्यक्तित्व आदि अनेक ऐसे तत्व हैं, जो सीखने की प्रक्रिया को प्रभावित करते हैं। व्यक्ति अपने जीवन-काल में अर्जित ज्ञान

और कौशल के आधार पर व्यवहारों को नियंत्रण करना सीख लेता है। मनोवैज्ञानिकों द्वारा सीखने के निम्न सिद्धान्त मुख्य रूप से प्रतिपादित किए गए हैं :

1. प्रतिबद्ध अनुक्रिया का सिद्धान्त (Conditioned Response Theory)
2. प्रयत्न और भूल का सिद्धान्त (Trial and Error Theory)
3. अन्तर्दृष्टि या सूझ का सिद्धान्त (Insight Theory)।

प्रतिबद्ध अनुक्रिया का सिद्धान्त (Theory of Conditional Response)

इस सिद्धान्त का मुख्य प्रयोग रूसी शरीरशास्त्री पावलोव द्वारा सन् 1960 में किया गया था। इसके पश्चात् उन्होंने प्रतिबद्ध अनुक्रिया (Conditioned Response) संबंधी उच्च-स्तर के प्रयोग भी किए। इस सिद्धान्त के अनुसार जब व्यवहार को प्रभावित करने वाले उद्दीपनों (Stimulus) का साहचर्य अनुक्रिया (Response) से हो जाता है, उस समय उत्पन्न व्यवहार एक निश्चित अवस्था में उद्दीपन के साथ-साथ सम्बद्ध हो जाते हैं। पावलोव ने अपने प्रयोग में आपरेशन के द्वारा कुत्ते की लार-ग्रन्थि को काटकर बाहर निकाल दिया तथा उसका संबंध एक परखनली से कर दिया गया, जिससे लार को एक स्थान पर एकत्र किया जा सके। परखनली में लार इकट्ठा होने से उसके दबाव की गति एक पर्दे पर दिखाई देती थी, जिससे यह देखा जा सकता था कि उद्दीपन देने से कुत्ते की लार कितनी मात्रा में बाहर निकलती है। इस प्रयोग में कुत्ते को एक खिड़की के सामने रखकर खिड़की से ही भोजन दिया जाता था। भोजन देने से पहले घण्टी बजाई जाती थी तथा तुरन्त भोजन खिड़की पर रख दिया जाता था। इस प्रयोग में यह देखा गया कि जैसे ही घण्टी बजती थी कि कुत्ते के मुंह से लार गिरनी प्रारम्भ हो जाती थी। इससे यह स्पष्ट होता है कि खाने के प्रति कुत्ते की अनुक्रिया घण्टी बजने (उद्दीपन) के साथ प्रतिबद्ध हो चुकी थी, अर्थात् कुत्ता यह सीख लेता है कि घण्टी बजने के तुरन्त बाद उसे भोजन प्राप्त होगा। इस प्रत्याशा में घण्टी बजते ही लार का गिरना प्रारम्भ हो जाता है। इस प्रयोग के उच्चस्तरीय अध्ययन से यह तथ्य भी प्रकाश में आया है कि यदि बार-बार घण्टी बजने के साथ-साथ कुत्ते को भोजन न दिया जाए तो पूर्व में सीखे हुए व्यवहार में धीरे-धीरे प्रतिबद्धता समाप्त होने के कारण रुचि का विलयन होने लगता है, जिससे यह देखा गया कि कई बार घण्टी बजने तथा भोजन न दिए जाने से कुत्ते की लार-ग्रन्थियों का स्राव कम होने लगा।

प्रतिबद्धता को नियंत्रित करने वाले कारक

प्रतिबद्ध अनुक्रिया (Conditioned Response) द्वारा नए व्यवहारों को सीखने के लिए यह आवश्यक है कि उद्दीपन में अनुक्रिया उत्पन्न करने की क्षमता होनी चाहिए। सबल प्रेरकों की उपस्थिति में ही उद्दीपन को अनुक्रिया से जोड़ा जा सकता है, जैसे कि इस प्रयोग में कुत्ते ने घण्टी की आवाज को खाने के साथ प्रतिबद्ध कर लिया था। इस प्रक्रिया द्वारा सीखने के लिए यह आवश्यक है कि भिन्न-भिन्न उद्दीपनों को दिए जाने का समय निश्चित होना चाहिए। उद्दीपन प्राप्त करने में विलम्ब से भी साहचर्य स्थापन नहीं हो पाता, अर्थात् किसी उद्दीपन से प्राप्त अनुक्रिया के समाप्त होने के पूर्व दूसरा उद्दीपन प्राप्त हो जाना चाहिए। जैसे कि उपरोक्त प्रयोग में घण्टी बजने के पश्चात् लार गिरते ही दूसरे उद्दीपन (भोजन) को कुत्ता प्राप्त कर लेता है। प्रतिबद्धता स्थापित होने के लिए अनिवार्य है कि ध्यान बंटाने वाले उद्दीपनों का अभाव हो। मुख्य उद्दीपन के अतिरिक्त अन्य ऐसे उद्दीपन नहीं होने चाहिए जो ध्यान को बंटा दें।

प्रतिबद्ध अनुक्रिया से लाभ

प्रतिबद्ध अनुक्रिया के माध्यम से बच्चों को प्रशिक्षित किए जाने से उनके व्यवहारों में शीघ्र परिवर्तन लाया जा सकता है, क्योंकि बालकों में सीखने तथा प्रतिस्पर्धा करने की विशेष रुचि होती है। बचपन

में यदि किसी व्यक्ति का किसी वस्तु से कोई संबंध प्रतिबद्ध हो जाता है, तो यह देखा जाता है कि बड़े होने पर भी वैसे ही वस्तु या आकृति दिखाई पड़ने पर व्यक्ति का व्यवहार पूर्वाग्रहों से प्रभावित रहता है। अत: इस पद्धति का प्रयोग जानवरों और छोटे बच्चों के व्यवहार को नियंत्रित करने तथा सिखाने में किया जाना चाहिए। दैनिक जीवन में इस प्रकार के अनेक प्रतिबद्ध व्यवहार दिखायी देते हैं, जिनका विश्लेषण हम सामान्यतया नहीं करते, परन्तु यदि उनके कार्य और कारण का संबंध खोजा जाए तो व्यवहार रूप में प्रतिबद्ध अनुक्रिया का सिद्धान्त दिखाई देता है। जैसे- सायंकाल घर के बाहर साइकिल की घण्टी सुनकर पत्नी का दरवाजे पर आ जाना या बाईं जेब में पैसा रखकर बार-बार दाहिने जेब में हाथ डालना। ऐसा इसलिए होता है कि बार-बार दाहिने जेब से पैसा निकालने व रखने की परस्पर क्रियाओं द्वारा प्रतिबद्ध साहचर्य हुआ रहता है, जिससे बाईं जेब में पैसा रखने के पश्चात् भी हम दाहिनी जेब पहले देखते हैं।

प्रयत्न और भूल का सिद्धान्त (*Trial and Error Theory*)

प्रयत्न और भूल विधि से सीखने के संप्रत्यय का विश्लेषण सर्वप्रथम थार्नडाइक ने किया। थार्नडाइक के अनुसार, मानव-व्यवहार मुख्य रूप से तैयारी, अभ्यास व परिणाम के नियमों का है। थार्नडाइक के प्रयोग में एक भूखी बिल्ली को पहले एक मंजूषा में रखा गया तथा मंजूषा के बाहर खाने के पदार्थ रखे गए। मंजूषा से बाहर निकलने के 3-4 विकल्प थे। प्रयोग में यह देखा गया कि भोजन प्राप्त करने के उद्‌देश्य से प्रेरित होकर बिल्ली बार-बार बाहर आने का प्रयत्न करती थी, परन्तु उचित रास्ता ज्ञात न होने के कारण वह मंजूषा से बाहर आने के लिए दीवारों को खरोंचती या हिलाती थी और अन्त में बिल्ली काफी प्रयत्न के पश्चात् मंजूषा से बाहर आने का तरीका ढूंढ लेती है। एक बार मंजूषा से बाहर आने के पश्चात् प्रयोग को पुन: दोहराये जाने पर यह देखा गया कि बिल्ली को अब पहली बार जैसा बाहर आने के लिए अधिक प्रयत्न नहीं करना पड़ता, बल्कि वह शीघ्र ही बाहर जाने का मार्ग निकाल लेती है। थार्नडाइक ने अपने इस प्रयोग के माध्यम से यह सिद्ध करने का प्रयत्न किया था कि यदि किसी पशु अथवा व्यक्ति को किसी समस्या का समाधान प्राप्त करने के कई अवसर दिए जाएं तो नियमित अभ्यास के द्वारा उचित प्रेरणा प्राप्त होने पर कई बार गलती किए जाने के पश्चात् वह समाधान का उचित तरीका प्राप्त कर लेता है। इस नियम से सीखने के अन्तर्गत यह आवश्यक है कि सीखने हेतु प्रेरक मौजूद हों तथा ऐसे अवसर प्रदान किए जाएं, जिसमें भूल की सम्भावनायें यदि हों तो बार-बार अभ्यास के जरिये प्रयत्न किए जाने से व्यक्ति या पशु उचित समाधान प्राप्त कर सकें। थार्नडाइक ने इन नियमों को पशुओं पर प्रयोग करके निकाला था और सीखने के प्रयत्न और भूल सिद्धान्त के अन्तर्गत निम्न नियमों की व्याख्या की :

तैयारी का नियम (Law of Readiness)

थार्नडाइक के तैयारी के नियम का अभिप्राय मानसिक तैयारी से था अर्थात् व्यक्ति या पशु किसी समस्या का समाधान प्राप्त करने के लिए मानसिक रूप से स्वयं तैयार हों तथा इसके लिए कोई प्रेरक इच्छा भी विद्यमान हो। इस संबंध में किए गए अन्य अध्ययनों के अन्तर्गत तैयारी के स्थान पर रुचि, इच्छाएं तथा अभिवृत्ति की संकल्पनाओं को सीखने का मुख्य कारण माना गया। जिसके अनुसार व्यक्ति किसी समस्या का समाधान प्राप्त करने के लिए तैयार रहता है। मानव-जीवन में व्यक्ति की स्वयं की इच्छायें, रुचियां तथा अभिवृत्तियां ही ऐसी कारक हैं जो प्रेरणाओं को विकसित करती हैं, जिससे सीखने में सहायता प्राप्त होती है। उदाहरणार्थ ऊपर के दिए गए प्रयोग में यदि बिल्ली भूखी न रहती तो वह मंजूषा से बाहर निकलना शीघ्रता से नहीं सीख सकती थी। इसी प्रकार खेल अथवा पढ़ाई में रुचि रहने के कारण ही बच्चे उत्कृष्ट खिलाड़ी या पढ़ने में अच्छे हो सकते हैं।

अभ्यास का नियम (Law of Practice)

अभ्यास के नियम का तात्पर्य किसी कार्य को बार-बार दुहराये जाने से है। इस प्रकार पशु या व्यक्ति किसी कार्य को कई बार किए जाने के कारण कार्य से उत्पन्न होने वाली त्रुटियों को छोड़कर कार्य-व्यवहार को सीखने में सफलता प्राप्त कर लेते हैं। टाइप मशीन पर यदि किसी नये व्यक्ति को टाइप का कार्य दिया जाए तो निश्चित ही उससे गलतियां अधिक होंगी, परन्तु यदि कई महीने तक टाइप मशीन पर नियमित अभ्यास किया जाए तो हाथ की अंगुलियां इस प्रकार स्वत: तत्पर हो जाती हैं कि मानसिक उद्दीपन के सम्बद्ध होते ही सही शब्दों पर अंगुलियां चली जाती हैं और व्यक्ति सही-सही मशीन चलाना सीख लेता है। अभ्यास द्वारा सीखने का यह नियम प्रयोग करने अथवा प्रयोग न करने के सिद्धान्त पर आधारित है। बार-बार प्रयत्न करने तथा कार्य को दोहराये जाने से शरीर की मांसपेशियां तथा तंत्रिकाओं को उस क्रिया के करने की आदत पड़ जाती है तथा आवश्यकता पड़ने पर वह क्रिया आसानी से की जा सकती है।

प्रभाव का नियम (Law of Effect)

प्रभाव के नियम का आशय सीखने से उत्पन्न परिणाम से है। यदि किसी कार्य को करने से परिणाम अच्छा प्राप्त होता है, जिससे मानसिक सन्तुष्टि मिलती है, तो व्यक्ति वह कार्य करने को सदैव तत्पर रहेगा या भविष्य में उसी तरह की परिस्थिति पैदा होने पर पूर्व की भांति व्यवहार करेगा, परन्तु यदि कार्य का परिणाम दोषपूर्ण है या व्यक्ति को मानसिक संतुष्टि नहीं प्राप्त होती तो भविष्य में व्यक्ति उस कार्य को करने हेतु पूर्व व्यवहार को नहीं अपनायेगा अर्थात् प्रभाव का नियम सुख और दु:ख पर आधारित है, जिसे हम इनाम (Reward) या दण्ड (Punishment) भी कहते हैं। व्यक्ति उस कार्य को करने के लिए सदैव तत्पर रहेगा, जिसके द्वारा उसे सुख या इनाम प्राप्त होता है तथा उन क्रियाओं को नहीं दुहराएगा जिससे दु:ख या दण्ड प्राप्त हो। इनाम प्राप्त करने से मनोबल बढ़ता है तथा सफलता प्राप्त होने पर कार्य की पुनरावृत्ति की तरफ व्यक्ति का झुकाव होता है। असफलता या असन्तोष दण्ड के समान है, जिसे वह दुबारा नहीं करना चाहता। सीखने का व्यक्ति पर क्या प्रभाव होगा, यह बात सामान्यतया कार्य के व्यक्ति पर प्रभाव से संबंध रखती है। यदि कार्य का प्रभाव अच्छा व सन्तोषजनक है, तो व्यक्ति को सीखने में रुचि होगी और वह शीघ्रता से नये व्यावहारिक प्रतिमानों को सीख सकेगा।

थार्नडाइक महोदय ने सीखने के अपने उक्त सिद्धान्त के अन्तर्गत सफलता या सन्तोष को अधिक महत्व दिया है। बार-बार इनाम या शाबाशी दिए जाने से बच्चे की रुचि कार्य की तरफ अधिक होती है और वह उसे दुहराने के लिए सदैव तत्पर रहेगा। यह क्रिया केवल दूसरों को सीखने में ही नहीं वरन् स्वयं के सीखने में भी अधिक उपयोगी है। सीखने की प्रक्रिया में व्यक्ति को कार्य से निराश नहीं होना चाहिए तथा ऐसे प्रयत्न करने चाहिए जिससे निराशाओं को समाप्त किया जा सके। निषेधात्मक आदर्शों के स्थान पर रचनात्मक आदेश सीखने में अधिक प्रभावशाली भूमिका निभाते हैं। यदि हमें किसी बुरी आदत का त्याग करना है तो परस्पर विरोधी आदतों का रचनात्मक तरीके से विकास करना होगा। उदाहरणार्थ, यदि फूलों को तोड़ने से सुरक्षा करनी है, तो 'फूल न तोड़ें' यह लिखने के बजाय 'फूलों की रक्षा करें' यह शब्द प्रयोग किया जाना अधिक उपयुक्त होगा।

थार्नडाइक ने उपरोक्त नियमों के अतिरिक्त कुछ गौण नियमों का प्रतिपादन किया है, जो सीखने में सहायक भूमिका निभाते हैं :

1. *बहुरूपी अनुक्रिया (Multiple Response)* : किसी नई समस्या का समाधान प्राप्त करने या समायोजन हेतु व्यक्ति अनेक अनुक्रियाएं करता है तथा सीखने में वही अनुक्रिया महत्वपूर्ण होती है, जिससे व्यक्ति शीघ्र समस्या का समाधान प्राप्त करता है। इस प्रकार कई अनुक्रियाओं के प्रयोग किए जाने से सही अनुक्रिया का अनुसरण व्यक्ति स्वत: सीख लेता है।

2. *तत्परता अथवा अभिवृत्ति (Set or Attitude)* **:** किसी कार्य को करने की तत्परता से ही सीखने की क्रिया सम्पादित होती है। यह भी अवश्यम्भावी है कि व्यक्ति की अभिरुचियां तथा अभिवृत्तियां ही व्यक्ति के कार्य व्यवहार को तत्परता से करने का निर्देश देती है। किसी स्थान व समय विशेष में भिन्न-भिन्न व्यक्तियों की रुचियों व अभिवृत्तियों के अनुसार अनुक्रियाएं (Response) भिन्न-भिन्न हो सकती हैं। कोई व्यक्ति किसी परिस्थिति में कैसा व्यवहार करेगा, वह उनकी समाज या संस्कृति में स्वयं के स्थाई समायोजन पर निर्भर है। व्यक्ति अपनी अभिरुचि के स्तर के अनुसार समायोजन प्राप्त करने में सफल होता है। एक बालक जो प्रथम श्रेणी में उत्तीर्ण होने की अभिवृत्ति रखता है, द्वितीय श्रेणी प्राप्त होने पर असन्तोष के कारण रोता है परन्तु उसी स्थान पर तृतीय श्रेणी में उत्तीर्ण विद्यार्थी प्रसन्न हो सकता है। इस प्रकार कितने अंक पाने पर किस विद्यार्थी की क्या प्रतिक्रिया होनी है, यह उसकी तत्परता, अभिवृत्ति और तत्कालीन मनोवृत्ति पर निर्भर होती है।
3. *तत्वों की पूर्वशक्तिमता (Prepotency of Elements)* **:** प्रत्येक समस्या के कुछ न कुछ मूल तत्व होते हैं तथा सीखने वाले को समस्या के मूल तत्वों से ही समायोजन प्राप्त करना होता है अर्थात् व्यक्ति अपनी अनुक्रियाओं को मूल तत्वों तक ही सीमित रखता है और अनावश्यक विस्तार को छोड़कर समस्या का समाधान मूल तत्वों के परिप्रेक्ष्य करता है, जिसे हम सूझ द्वारा सीखना भी कह सकते हैं।
4. *समानता के अनुसार क्रिया (Response by Analogy)* **:** इस सिद्धान्त का आशय व्यवहारों की पुनरावृत्ति से है, अर्थात् यदि समस्या की प्रकृति अथवा स्वरूप इस प्रकार के हैं जो जीवन में पूर्व घटित हो चुके हैं तो उस परिस्थिति में व्यक्ति का आचरण व व्यवहार पूर्व अनुभवों से प्रभावित होगा और सीखने वाले की अनुक्रिया पूर्व परिस्थिति के अनुसार ही होगी।
5. *सहचारी स्थान परिवर्तन (Associative Shifting)* **:** सहचारी स्थान परिवर्तन का सिद्धान्त प्रतिबद्ध अनुक्रिया (Conditioned Response) के सिद्धान्त से संबंधित है, जिसमें सीखने वाले की अनुक्रिया का स्थान-परिवर्तन होता है। यह स्थान-परिवर्तन मूलरूप से उद्दीपित करने वाली वस्तु से साहचर्य रखने वाले उद्दीपक के प्रति हो जाता है। उदाहरणार्थ, कुत्ते को भोजन दिए जाने पर वह दुम हिलाते हुए पास आ जाता है। यदि यही अनुक्रिया बार-बार दुहराई जाए तो भोजन न होने पर मात्र व्यक्ति की उपस्थिति से ही कुत्ता दुम हिलाकर नजदीक आ जाता है। अर्थात् पहले व्यक्ति से नजदीक आने की अनुक्रिया का साहचर्य भोजन से था जो पश्चात् स्थिति में भोजन से हटकर व्यक्ति से सम्बद्ध हो जाता है।

प्रयत्न और भूल विधि के अन्तर्गत मैक्डूगल का चूहों पर प्रयोग

मैक्डूगल ने प्रयत्न और भूल विधि से सीखने की प्रक्रिया का सत्यापन चूहों पर प्रयोग करके किया था। इस प्रयोग में कुछ चूहों को एक मांद में बन्द करके रखा गया। मांद से चूहों को बाहर निकलने के क्रमशः दो मार्ग थे। एक मार्ग प्रकाशयुक्त था तथा दूसरा मार्ग अन्धकारपूर्ण। मांद के सभी चूहे प्रायः प्रकाशयुक्त मार्ग से ही बाहर जाते थे। अपने प्रयोग में मैक्डूगल ने प्रकाशयुक्त मार्ग के बीच में एक बिजली का तार लगा दिया, जिसमें विद्युत प्रवाहित होती थी। इस प्रकार अब जब भी चूहे मांद के प्रकाशयुक्त मार्ग से होकर बाहर निकलते थे, उन्हें विद्युत का झटका लगता था। यही प्रयोग कई बार दुहराया गया। परीक्षण में यह देखा गया कि अधिकांश चूहों ने अपना बाहर निकलने का मार्ग बदल दिया था और धीरे-धीरे सभी चूहे प्रकाशयुक्त मार्ग को छोड़कर अन्धकारयुक्त मार्ग से बाहर निकलने लगे। इस प्रयोग के निष्कर्ष में यह प्राप्त हुआ कि चूहों ने प्रयत्न और भूल की विधि से बार-बार विद्युत आघात लगने पर अन्धकारयुक्त मार्ग से बाहर निकलना सीख लिया था।

सूझ का सिद्धान्त (Insight Theory)

सूझ का सिद्धान्त किसी समस्या के समाधान में अति सहायक होता है। सूझ का तात्पर्य व्यक्ति के मस्तिष्क में समस्या का हल एकाएक आ जाना है। सूझ द्वारा सीखना सामान्यतया उच्च कोटि के पशुओं तथा मनुष्यों में ही सम्भव है। क्योंकि मनुष्य में किसी समस्या को समझने तथा उसका विश्लेषण करने की क्षमता निम्न पशुओं या छोटे बच्चों से अधिक होती है। यदि किसी समस्या का समाधान कई बार प्रयत्न करने से प्राप्त होता है, तो इस प्रकार सीखना प्रयत्न और भूल का सिद्धान्त कहलाता है, परन्तु जब किसी समस्या का समाधान एकाएक प्राप्त हो जाता है, तब वह सूझ का सिद्धान्त कहलाता है। थार्नडाइक के प्रयोगों के आधार पर जर्मन गेस्टाल्टवादी कोहलर ने विभिन्न परीक्षणों के आधार पर यह सत्यापित करने का प्रयत्न किया है कि प्रयत्न और भूल विधि से सीखने में विलम्ब का मुख्य कारण समस्या की प्रकृति को समग्र रूप से न समझना है। जैसे पिंजड़े में बन्द बिल्ली काफी प्रयत्न करने के पश्चात् इसलिए शीघ्र नहीं निकल पायी क्योंकि उसे परिस्थितियों के समग्र का प्रत्यक्षीकरण नहीं हुआ। यदि बिल्ली एक ही बार में पिंजड़े की सभी परिस्थितियों का विश्लेषण समग्र प्रत्यक्षीकरण के द्वारा कर लेती, तो उसका पिंजड़े से निकलना आसान हो जाता।

सूझ से सीखने की विशेषताएं (Characteristics of Learning by Insight Theory)

1. सूझ से प्रत्यक्षीकरण में परिवर्तन होता है।
2. सूझ एकाएक होती है।
3. सूझ में पुरानी चीजें एक नए प्रतिमान या संगठन में दिखाई देती हैं।
4. अन्तर्दृष्टि या सूझ में कौशल से अधिक समझ कार्य करती है।
5. सूझ का संबंध बौद्धिक स्तर से है तथा निम्न श्रेणी के जन्तुओं की अपेक्षा उच्च कोटि के जन्तुओं और मनुष्यों में अधिक होती है।
6. प्रौढ़ व्यक्ति सूझ की विधि से शीघ्र सीखते हैं, जबकि कम आयु में वस्तुस्थिति के प्रत्यक्षीकरण और विश्लेषण करने की क्षमता कम होती है।
7. सूझ में पूर्व अनुभव सहायक होते हैं तथा संगठित प्रत्यक्षीकरण की आवश्यकता होती है।

जब हम किसी समस्या पर गहराई से विचार कर रहे होते हैं और अचानक उसका समाधान कर लेते हैं तो समस्या के समाधान का यह तरीका सूझ से सीखा हुआ कहलाता है। सूझ उसी समय हो सकती, जब विषय का पूर्ण ज्ञान हो तथा परिस्थितियां सोचने के लिए अनुकूल हों। सूझ द्वारा उन विषयों में निर्णय नहीं प्राप्त किया जा सकता, जिसे हम न जानते हों या जो हमारे लिए पूर्ण अपरिचित हों। सूझ के संबंध में कोहलर ने अपना प्रयोग सुल्तान नामक एक चिम्पांजी पर किया था। चिम्पांजी को एक पिंजड़े में बन्द कर उसे लकड़ी के दो टुकड़े दे दिए गए, जो आपस में एक-दूसरे में फिट हो सकते थे, परन्तु चिम्पांजी को इस प्रकार लकड़ियों के जोड़े जाने का ज्ञान नहीं था। पिंजड़े के बाहर कुछ केले चिम्पांजी को खाने के लिए दिए गए तथा कई बार लकड़ियों से भोजन खींचने के प्रयास के पश्चात् भी चिम्पांजी केले प्राप्त नहीं कर सका। अचानक चिम्पांजी को एक तरकीब सूझी और उसने लकड़ी के दोनों किनारों को मिलाया जिससे लकड़ी एक-दूसरे में जुड़कर बड़ी हो गई और तब चिम्पांजी ने भोजन को आसानी से अन्दर खींच लिया। दूसरे दिन इसी प्रकार लकड़ियों को जोड़कर भोजन प्राप्त करने में चिम्पांजी को विलम्ब नहीं हुआ। इस प्रकार सूझ के विकास से भी व्यक्ति को सीखने में सहायता प्राप्त होती है। सूझ से सीखने की मुख्य विशेषता यह है कि एक बार इस विधि से सीखे गए हल अधिक स्थाई और भविष्य में पूर्व अनुभव का कार्य करते हैं।

अभिप्रेरणा (Motivation)

अभिप्रेरणा का अर्थ (Meaning of Motivation)

अंग्रेजी का मोटिव शब्द मोशन से बना हुआ है जिसका शाब्दिक अर्थ गति प्रदान करना है। इस प्रकार सामान्य व्याख्या के अनुसार यह कहा जा सकता है कि प्रेरणा हमारे जीवन में व्यवहारों को गति प्रदान करती है। भूख लगने पर हमें भोजन की आवश्यकता होती है और यह इच्छा तब तक शान्त नहीं होती, जब तक भोजन नहीं प्राप्त हो जाता। व्यक्ति भोजन प्राप्त करने के लिए विभिन्न उपाय करता है और लक्ष्यपूर्ण होने पर प्रेरणा समाप्त हो जाती है। पुनः भूख लगने पर प्रेरणा हमें भोजन प्राप्त करने के लिए उत्तेजित करती है और हम वही व्यवहार पुनः दोहराते हैं। इस प्रकार जीवन में प्रेरणा का एक चक्र बन जाता है, जो उत्तेजित होने पर व्यक्ति को व्यवहार करने के लिए प्रेरित करता है।

अभिप्रेरणा की परिभाषा (Definition of Motivation)

प्रेरणा के सन्दर्भ में उपरोक्त व्याख्या से यह स्पष्ट हो जाता है कि प्रेरणाएं व्यवहार की पथ-प्रदर्शक हैं। प्रेरणा जीव की वह आन्तरिक शक्ति है जिससे प्रभावित होकर व्यक्ति व्यवहार करना सीखता है। प्रेरणा किसी कार्य के किए जाने या न किए जाने के विषय में 'क्यों' को स्पष्ट करती है। इस प्रकार प्रेरणा का परोक्ष संबंध व्यक्ति के व्यवहार से है। गिलफोर्ड के अनुसार- 'प्रेरणा एक विशेष आन्तरिक कारक अथवा अवस्था है जो क्रिया को आरम्भ करने अथवा बनाए रखने की ओर प्रवृत्त होती है। इस प्रकार प्रेरणा में वे सभी आन्तरिक क्रियाएं सम्मिलित हैं जो किसी व्यवहार को जन्म देती हैं। इस प्रकार प्रेरणा व उत्तेजक एक-दूसरे से भिन्न हैं, क्योंकि प्रेरणा जीवन में उत्तेजक के पूर्व विद्यमान रहती है तथा उत्तेजक प्रेरणाओं से प्रभावित होकर किसी कार्य विशेष को व्यावहारिक रूप में गति प्रदान करते हैं।

1. वुडवर्थ की परिभाषा, 'प्रेरक व्यक्ति की वह अवस्था या तत्परता है जो उसे किसी व्यवहार को करने के लिए एवं किन्हीं उद्देश्यों को प्राप्त करने के लिए निर्देशित करती है।'
2. गिलफोर्ड की परिभाषा, 'प्रेरक ऐसी कोई विशेष आन्तरिक कारक या दशा है जो व्यक्ति की किसी क्रिया को प्रारम्भ करने और बनाये रखने की ओर प्रवृत्त करता है।'
3. एम. जानसन के अनुसार, 'प्राणी के व्यवहार को आरम्भ करने तथा दिशा देने वाली क्रिया के सामान्य प्रतिमान के प्रभाव को प्रेरणा के नाम से जाना जाता है।'
4. किम्बल यंग के अनुसार, 'प्रेरणा व्यक्ति की एक आन्तरिक स्थिति होती है जो उसे क्रियाओं में लगाती है।'
5. शेधार, गिलमर तथा शोइन के अनुसार, 'प्रेरणा क्रिया करवाने की एक ऐसी प्रवृत्ति है, जिसका सूत्रपात चालक से होता है तथा जो अनुकूलन द्वारा प्रकट की जाती है।'
6. मैक्डूगल के अनुसार, 'प्रेरणायें जीव की शारीरिक एवं मनोवैज्ञानिक दशाएं हैं, जो उसे निश्चित तरीकों के आधार पर कार्य करवाती हैं।'

उपरोक्त परिभाषाओं से स्पष्ट है कि प्रेरणा जीव की एक आन्तरिक शक्ति है जो आवश्यकतानुसार व्यवहार को जन्म देती है तथा कार्य करने की दिशा निर्देशित करती है, प्रेरणायें स्थाई होती हैं तथा एक बार सन्तुष्ट होने पर समाप्त नहीं होतीं, वरन् आवश्यकतानुसार पुनः सक्रिय हो जाती हैं तथा पुनः सन्तुष्टि उसी समय होती है, जब जीव प्रेरणानुसार निर्दिष्ट लक्ष्य की प्राप्ति में सफल हो जाता है। उदाहरणार्थ, यदि हम मान लें कि किसी व्यक्ति को प्यास की प्रेरणा होती है तो यह प्रेरणा जल प्राप्त करने की आवश्यकता को जन्म देती है। जल प्राप्त करने की आवश्यकता की पूर्ति हेतु व्यक्ति, व्यवहार करता है तथा जल प्राप्त हो जाने पर, उद्देश्य की प्राप्ति हो जाती है जिससे सन्तुष्टि प्राप्त होती है, परन्तु प्रेरणा का यह चक्र यहीं समाप्त नहीं हो जाता, बल्कि

आवश्यकता उत्पन्न होने पर जीव पुनः उसी क्रिया को दोहराता है। मनोवैज्ञानिक प्रयोगों द्वारा इस तथ्य की पुष्टि हुई है कि प्रेरणाएं जीव में सीखने की क्षमताओं में अभिवृद्धि करती हैं। चूहों पर किए गए एक प्रयोग में चूहे को भूलभुलैया वाले पथ-चक्र में रखने पर यह देखा गया कि भूख की अभिप्रेरणा होने पर चूहा शीघ्रता से बाहर निकलने में समर्थ हो जाता है। प्रयत्न और भूल विधि के अन्तर्गत सीखने में भी प्रेरणायें महत्वपूर्ण योगदान करती हैं। एक भूखी बिल्ली को पिंजड़े में बन्द किए जाने के पश्चात् यह देखा गया कि भूख की प्रेरणा से प्रभावित होकर बिल्ली अधिक समय तक पिंजड़े से बाहर निकलने हेतु संघर्ष करती है। व्यावसायिक प्रतिष्ठानों में कर्मचारियों को अतिरिक्त भत्ता या लाभांश देकर उन्हें अधिक उत्पादन करने के लिए प्रेरित किया जाता है।

अभिप्रेरणा के लक्षण (Characteristics of Motivation)

अभिप्रेरणा शक्ति संचालन करती है

प्रेरणायुक्त व्यवहार शारीरिक और मानसिक शक्तियों का संचालन करते हैं, जैसे- परीक्षा के समय उत्तीर्ण होने की प्रेरणा से प्रभावित होकर लड़के सामान्य दिनों की अपेक्षा अधिक मेहनत करते हैं। किसी मकान में आग लग जाने पर संकट से बचने की प्रबल प्रेरणा से व्यक्ति जोखिम उठाकर स्वयं को बचाने का प्रयत्न करता है। यद्यपि ये सभी व्यवहार शारीरिक और मानसिक परिवर्तनों के कारण होते हैं, जिसके पीछे प्रेरणा-शक्ति का विशेष हाथ होता है।

अभिप्रेरणा में निरन्तरता होती है

प्रेरणायुक्त व्यवहार का दूसरा लक्षण निरन्तरता है। प्रेरणानुसार आवश्यकताओं की पूर्ति हेतु जीव तब तक निरन्तर प्रयत्न करता है, जब तक आवश्यकताओं की पूर्ति नहीं हो जाती। उदाहरणार्थ, भूख लगने पर जीव तब तक निरन्तर भोजन की तलाश में रहता है, जब तक उसे भोजन प्राप्त नहीं हो जाता।

अभिप्रेरणाओं से व्यवहार में परिवर्तन होते हैं

प्रेरणायुक्त व्यवहार में क्रियाएं यन्त्रवत् नहीं होती, अर्थात् यह नहीं है कि एक बार जिस तरीके से उद्‌देश्यों की पूर्ति हेतु व्यवहार किया जाए, भविष्य में उन्हीं व्यवहारों की पुनरावृत्ति से ही सफलता प्राप्त हो। परिस्थितियों में परिवर्तन होने के पश्चात् या साध्य के अधिक विकल्प होने पर व्यावहारिक परिवर्तन देखे जा सकते हैं। प्रारम्भ में यह प्रक्रिया प्रयत्न और भूल के सिद्धान्त के आधार पर अपनाई जाती है परन्तु सही साध्य विकल्प के चयन हो जाने पर प्रायः उसी व्यवहार की पुनरावृत्ति दिखायी पड़ सकती है या जीव अन्य विकल्पों का चयन कर सकता है।

लक्ष्य प्राप्त करने की बेचैनी

प्रेरणायुक्त व्यवहार एक लक्ष्योन्मुख व्यवहार है, अर्थात् जीव किसी उद्‌देश्य की प्राप्ति या समस्याओं के समाधान में उस समय तक निरन्तर परिवर्तित व्यावहारिक क्रियायें करता है, जब तक लक्ष्य की प्राप्ति नहीं हो जाती। उदाहरणार्थ, भूखे का लक्ष्य भोजन है और जब तक जीव को भोजन नहीं प्राप्त हो जाता, उसकी बेचैनी बनी रहती है। भूखे की बेचैनी उसी समय शान्त होती है, जब वह भोजन प्राप्त कर लेता है।

अभिप्रेरणाओं के प्रकार (Kinds of Motive)

समस्थिति (Homeostasis)

समस्थिति का मूल अर्थ शारीरिक स्थितियों में सन्तुलन बनाये रखने से है। शरीर का तापक्रम सामान्य स्थिति में 98.60: होना चाहिए, रक्त में आवश्यक तत्व विद्यमान होने चाहिए। रक्त न तो अधिक

अम्लीय हो और न तो अधिक क्षारीय तथा रक्त का परिसंचरण अबाध गति से शरीर में होना अत्यन्त आवश्यक है। रक्त में किन्हीं तत्वों की कमी या अधिकता से असन्तुलन की स्थिति उत्पन्न हो सकती है। अत: शरीर को सन्तुलित बनाये रखने में समस्थिति की क्रियायें अधिक महत्वपूर्ण होती हैं। मस्तिष्क में मुंह के ठीक पीछे की ओर हाईपोथैलेमस शारीरिक तापक्रम को नियन्त्रित करने का एक स्वत:चालित यन्त्र है, जो शरीर के तापमान को संतुलित रखने में जीव की सहायता करता है। कभी-कभी बुखार आ जाने के कारण शरीर का तापमान अधिक बढ़ जाता है, परन्तु सामान्य परिस्थिति में तापमान बढ़ने पर अधिक ताप महसूस करने के कारण व्यक्ति अपने कपड़े उतार देता है, पंखे के सामने बैठ जाता है या अधिक ठंडा लगने पर गर्म वस्त्रों को पहन लेता है। व्यक्ति की ये सभी क्रियाएं हाइपोथैलेमस के द्वारा नियन्त्रित होती हैं। इस प्रकार समस्थिति से अनेक शारीरिक क्रियायें जन्म लेती हैं, जिनका अपरोक्ष उद्देश्य जीव को असंतुलन की स्थिति से सन्तुलन की स्थिति में लाना होता है। उदाहरणार्थ, शरीर में पिन चुभाने से जीव को कष्ट होता है जिसके परिणामस्वरूप हाइपोथैलेमस के आदेशानुसार उस परिस्थिति से बचने के लिए तुरन्त प्रतिवर्त क्रिया (Reflex action) द्वारा जीव अपने अंग को हटा लेता है, परन्तु मान लें कि यदि पीड़ा अधिक गम्भीर है जिसका तात्कालिक निवारण सम्भव नहीं है तो ऐसी परिस्थिति में प्रेरणा द्वारा ही शारीरिक पीड़ा से मुक्ति पाने के लिए जीव डॉक्टर के पास या दवाओं के ग्रहण करने या कष्ट निवारण के विभिन्न व्यावहारिक विकल्पों को व्यवहार में लाता है। इस उदाहरण से स्पष्ट है कि समस्थिति की प्रवृत्ति में स्नायु संस्थान भी प्रभावित होता है, जिसके कारण मस्तिष्क में व्यवहार को नियन्त्रित करने वाला केन्द्र हाइपोथैलेमस क्रियाशील हो जाता है और वह विभिन्न उपायों के माध्यम से सन्तुलन की स्थिति में जाने का प्रयत्न करता है।

प्यास (Thirst)

प्यास भी एक शारीरिक आवश्यकता है जिसके अभाव में जीना अत्यन्त कठिन हो जाता है। जीव को जब प्यास की आवश्यकता का अनुभव होता है तो वह पानी प्राप्त करना चाहता है। लगभग 50 वर्ष पूर्व वैज्ञानिकों ने यह घोषणा की थी कि जब शरीर को पानी की आवश्यकता होती है, उस समय मुंह व गला सूखने लगता है (कैनन, 1934), परन्तु यह अवश्य है कि गले का सूखना तथा प्यास की इच्छा दो भिन्न वस्तुएं हैं। वास्तव में प्यास की तीव्र अनुभूति उस समय होती है, जब रक्त में जल की कमी होना प्रारम्भ होती है। शरीर में अनेक उत्सर्गी संस्थानों द्वारा जल मूत्र या पेशाब के रूप में बाहर निकलता रहता है, जिससे रक्त में पानी की कमी होने पर जीव को प्यास का अनुभव होता है। एक मनोवैज्ञानिक प्रयोग में कुत्तों की ग्रास नली शल्य-चिकित्सा द्वारा इस प्रकार काट दी गई कि उनके द्वारा पानी पीने पर वह जल आमाशय तक नहीं पहुंचता था। कुत्तों को सीधे आमाशय तक नली द्वारा भोजन व पानी की आपूर्ति कराकर जीवित रखा गया। प्रयोग के दौरान जब कुत्तों को पानी पिलाया गया तो कुछ समय बाद यह देखा गया कि कुत्तों को पुन: प्यास की अनुभूति हुई। इसका मुख्य कारण यह था कि कुत्तों को जो पानी ग्रास नली द्वारा दिया जाता था, उसका आमाशय से संबंध विच्छेद किए जाने के कारण पानी आमाशय तक नहीं पहुंच सका, जिसके कारण रक्त में पानी की कमी होने पर बार-बार प्यास की अनुभूति होती थी। रक्त में पानी की कमी होने पर मस्तिष्क का हाइपोथैलेमस भाग सक्रिय होकर संवेदना द्वारा जीव को जल प्राप्त करने की प्रेरणा देता है।

भूख (Appetite)

संसार में कोई भी ऐसा जीव नहीं है, जो बिना भोजन के जीवनयापन कर सके। इसलिए शारीरिक क्रियाओं को सक्रिय रखने तथा जैविकीय आवश्यकताओं की पूर्ति हेतु जीव भोजन ग्रहण करता है। भूख को मनोवैज्ञानिकों ने जीव की पाशविक ईहा की संज्ञा दी है क्योंकि भूख की प्रेरणा के लिए

व्यवहार बाह्य उद्दीपनों से ग्रहण नहीं करना पड़ता, बल्कि आमाशय की दीवारों में संकुचन होने पर भूख की अनुभूति होती है। सामान्य जीवन में हम यह महसूस करते हैं कि भूख लगने पर सिर-दर्द, बेचैनी तथा कमजोरी की अनुभूति होती है जो भोजन प्राप्त होने पर प्रायः समाप्त हो जाती है। शरीर में भूख की अनुभूति का कारण आवश्यक तत्वों की कमी से है, जिसे हम भोजन द्वारा प्राप्त करते हैं। भूख लगने की स्थिति में यह देखा गया कि व्यक्ति के व्यावहारिक क्रिया-कलापों में विशिष्टता आती है तथा शारीरिक सक्रियता बढ़ने के साथ-साथ कार्यों के सम्पादन में रुचि दिखाई देती है।

निद्रा (Sleep)

निद्रा भी व्यक्ति की एक शारीरिक आवश्यकता है। सामान्य तौर पर दिन भर लगातार काम करते हुए जब व्यक्ति थक जाता है तो शारीरिक और मानसिक विश्राम प्रकट करने के उद्देश्य से वह सोता है। निद्रा की अवस्था में शरीर के अंग क्रियाशील नहीं होते, जिससे एक निश्चित समय तक सोकर उठने के पश्चात् व्यक्ति स्वयं को पुनः उत्साही पाता है। सोने की यह क्रिया मस्तिष्क के केन्द्र हाइपोथैलेमस से संचालित होती है, जिस पर रासायनिक क्रिया करने से व्यक्ति को नींद आ जाती है परन्तु यह निश्चित रूप से नहीं कहा जा सकता कि शरीर में किन विशेष रसायनों से निद्रा आती है। कुत्तों पर किए गए एक प्रयोग में निद्रालु कुत्तों का रक्त जाग्रत कुत्तों में दिया गया परन्तु उन्हें नींद नहीं आई (Kleitman, 1939)। सियामिज जुड़वां बच्चे एक ही रक्त-परिभ्रमण संस्थान से जुड़े होने के पश्चात् भी यह देखा गया कि एक बच्चा सोता है तथा उसी समय दूसरा जागता रहता है।

उपरोक्त भूख, प्यास तथा निद्रा के अंतर्नाद जीव की आवश्यकतानुसार मूल प्रवृत्तियों के कारण होते हैं। इसके अतिरिक्त अन्य अंतर्नाद या आवश्यकताएं भी हैं जो व्यक्ति को व्यवहार के लिए प्रेरित करती हैं। व्यक्ति की इन आवश्यकताओं को कम विशिष्ट आवश्यकताएं कहा जा सकता है, क्योंकि इन आवश्यकताओं के बगैर भी जीवन सम्भव है। व्यक्ति की कुछ कम विशिष्ट आवश्यकताएं निम्न प्रकार से हैं :

काम (Sex)

काम अर्थात् रति-अभिप्रेरण एक अद्वितीय जैविकीय अभिप्रेरण है परन्तु भूख, प्यास तथा निद्रा के अभिप्रेरणों से काम को इसलिए कम विशिष्ट आवश्यकता का अभिप्रेरण माना गया है क्योंकि रति-कर्म के बिना भी व्यक्ति जीवनयापन कर सकता है तथा सामाजिक मूल्यों के अनुसार समझौता कर सामंजस्यपूर्ण जीवन व्यतीत करने में सक्षम हो सकता है। काम की क्रिया में यौन हार्मोन का शारीरिक अंगों पर विशेष प्रभाव पड़ता है तथा यौन-ग्रन्थियों व पिट्यूटरी ग्रन्थियों के क्रियाशील होने पर कामुक व्यवहारों में गति आती है एवं तदनुसार शारीरिक परिवर्तन दिखाई पड़ते हैं। चूहों पर किए गए प्रयोग में यह देखा गया है कि चुहिया के डिम्बाशय निकाल दिए जाने पर वह रति-कर्म नहीं करेगी, जब तक उसे अतिरिक्त यौन हार्मोन न दिए जाएं, जबकि चूहा अण्डोच्छेदन करने के बाद भी कुछ समय तक रति-क्रिया कर सकता है। स्त्री व पुरुषों में भी ऐसे उदाहरण हैं जहां डिम्बाशय निकाल देने तथा अण्डोच्छेदन के पश्चात् काम अभिप्रेरण प्रायः समाप्त हो जाता है, परन्तु इसके विपरीत ऐसे भी उदाहरण हैं जहां डिम्बाशय निकालने तथा अण्डोच्छेदन के पश्चात् भी काम-ग्रन्थियों के अभिप्रेरण पर कोई प्रभाव नहीं पड़ता।

मनोविश्लेषणवादियों के अनुसार, व्यक्ति का सम्पूर्ण जीवन काम-ग्रन्थियों के प्रभाव के कारण परिवर्तित होता रहता है। प्रारम्भ में जन्म काल के समय यह इच्छा बच्चे के ओष्ठों पर रहती है। जबकि गुदावस्था में यौन आनन्द अधिक समय तक मल-मूत्र के त्याग पर आकर केन्द्रित हो जाता है। शारीरिक विकास की अन्य अवस्थाओं में धीरे-धीरे काम-शक्ति जननेन्द्रियों पर केन्द्रित हो जाती है तथा युवावस्था में काम अभिप्रेरणों की सन्तुष्टि न होने से युवक व युवतियों में असुरक्षा, हीन

भावनायें तथा कुण्ठाएं इत्यादि विकसित होती हैं जो व्यक्तित्व में असन्तुलन पैदा कर देती हैं। कभी-कभी काम-इच्छाओं से सन्तुष्टि न होने के कारण व्यक्ति समाज-विरोधी आचरण भी प्रकट करते हैं।

मातृक ईहा (Maternal Drive)

मातृक ईहा का मुख्य संबंध माता और बच्चे के बीच वात्सल्यपूर्ण व्यवहार से है। माता अपने बच्चे को प्यार करती है, उसे खिलाती है, दूध पिलाती है, गोद में सोने का अवसर प्रदान करती है तथा वात्सल्य से अभिप्रेरित होकर कभी-कभी बच्चे सदृश व्यवहार करने लगते हैं। मातृत्व के इन व्यवहारों के पीछे मातृक ईहा का हाथ होता है, जो प्राय: सभी जीवों में पाया जाता है। अधिकांश जीव अपने अण्डे को खा जाते हैं या महिलाएं विवाह से पूर्व माता बनने के पश्चात् सामाजिक भय या लोक-लाज के कारण अपने बच्चे का त्याग कर देती हैं परन्तु इसका आशय यह नहीं है कि उनमें मातृक ईहा का अभाव है। वास्तव में प्रबल मातृक ईहा शरीर में प्रोलेक्टिन नामक हार्मोन की उपस्थिति के कारण होता है। मस्तिष्क के हाइपोथैलेमस में स्थित पोष-ग्रन्थियों से प्रोलेक्टिन का स्राव शिशु के गर्भ में आते ही प्रारम्भ हो जाता है जो बाद में मातृक ईहा को प्रेरित करने का कार्य करता है। यदि किसी बच्चे को उसकी मां से काफी दिनों तक दूर रखने के पश्चात् मिलने का अवसर दिया जाए तो यह देखा गया है कि मातृक ईहा प्रबल होने के कारण साम्वेगिक स्थितियां अधिक क्रियाशील हो जाती हैं और मां दौड़कर बच्चे को गले लगाने को आतुर हो जाती है।

पाश्चात्य संस्कृति में इसके ठीक विपरीत अधिकांश माताएं स्वयं अपने बच्चों की देखभाल नहीं कर पाती तथा दूध पिलाने से इस आधार पर इन्कार करती हैं कि उनके स्वास्थ्य पर इसका विपरीत प्रभाव होगा। इसका कारण यह नहीं है कि उनमें मातृक ईहा का अभाव है, बल्कि मातृक व्यवहारों में यह भिन्नता इसलिए पाई जाती है कि ऐसी माताओं को उनके बचपन में मां बनने की इच्छा कम थी। एक स्त्री ऐसी हो सकती है जिसने बचपन में बच्चों को अधिक प्यार किया हो, रास्ते में किसी प्यारे बच्चे को देखकर उसे प्यार करने की भावना जाग्रत हुई हो या उसने स्वयं को स्वप्न में कई बच्चों की मां होना देखा हो या उसे बच्चों के लालन-पालन में विशेष रुचि हो। इसके ठीक विपरीत एक दूसरी स्त्री जिसे मातृक व्यवहार का पूर्व बचपन में कोई अनुभव न हो, जैसे-बचपन में गुड्डे-गुड्डी का खेल न खेला हो, किसी बच्चे को प्यार न किया हो, बच्चों के मल-मूत्र से नफरत हो या वह अपने बच्चे को दूध न पिलाती हो, इसका आशय यह नहीं है कि उसमें मातृक ईहा का अभाव है। इस उदाहरण (क्लकहोन और मरे) से यह स्पष्ट होता है कि मातृक ईहा की प्रेरणा मूल प्रवृत्ति नहीं है, बल्कि बदलते सामाजिक और सांस्कृतिक प्रतिमानों के कारण लड़कियों में मातृक व्यवहार के दृष्टिकोण में सदैव परिवर्तन होते रहते हैं। मातृक व्यवहार लड़कियां परिवार व समाज में अधिकांशतया सीखती हैं, अत: इसे मूल प्रवृत्तिजनित व्यवहार नहीं माना जा सकता।

उपरोक्त प्रेरणाओं के अतिरिक्त वुडवर्थ ने कुछ आन्तरिक प्रेरणाओं की व्याख्या की है, जिन्हें आपातकालीन प्रेरक (Emergency Motives) कहा जा सकता है। आपातकालीन प्रेरक निम्न प्रकार से हैं :

1. *पलायनवादी प्रेरणा (Urge to Escape)* : पलायन की प्रवृत्ति जीव की जन्मजात अभिप्रेरक है। सभी मनुष्य या जीव जब कभी स्वयं को खतरे की स्थिति में पाते हैं तो उनकी सहज प्रतिक्रिया खतरे से दूर भागने की होती है। उदाहरणार्थ, यदि अचानक इसी समय मेरे सामने कोई विषधर सर्प आकर खड़ा हो जाए तो हम भागने का प्रयत्न अवश्य करेंगे, परन्तु मान लीजिए मेरे साथ ही एक दो माह का बच्चा जमीन पर लेटा हुआ है तो वह सर्प को देखकर भागने का प्रयत्न नहीं करेगा, क्योंकि बच्चे को सर्प द्वारा उत्पन्न खतरे का ज्ञान नहीं होता। सर्प नेवले को देखकर भागने का प्रयत्न करता है, बकरी शेर को देखकर भागने का प्रयत्न करती है। खतरे की स्थिति से बचकर भागने के लिए

जीव या व्यक्ति को सिखाने की आवश्यकता नहीं होती। इस प्रकार उपरोक्त उदाहरणों से यह स्पष्ट होता है, कि पलायन की प्रवृत्ति में खतरे के संकेतों का विशेष योगदान होता है। खतरे की स्थिति को साहचर्य या नियन्त्रण द्वारा सीखा जा सकता है।

2. *युयुत्सा अंतर्नाद (Combat Drive)* **:** युयुत्सा या संघर्ष एक ऐसी आवश्यक प्रेरणा है, जो सामान्यतया किसी अवरोध के उत्पन्न होने पर दिखाई पड़ती है। उदाहरणार्थ, यदि बच्चा किन्हीं खिलौनों से खेल रहा हो और आप उससे खिलौने छीन लें, तो स्वाभाविक है कि खेल में अवरोध उत्पन्न किए जाने से वह रोता है, हाथ-पैर पटकता है इत्यादि। इसी प्रकार राह चलते किसी कुत्ते द्वारा पीछा किए जाने पर आप उसे दुत्कार कर भगा देते हैं, परन्तु मान लें कि कुत्ते को भागने का कोई रास्ता नहीं है तो वह निश्चित ही गुर्रा कर आपको डराने या रास्ते से हटाने का प्रयत्न करेगा। संघर्ष की स्थिति में प्रतिद्वन्द्विता उत्पन्न हो जाती है। कोई व्यक्ति जीवन में प्रारम्भ से किसी अन्य व्यक्ति का प्रतिद्वन्द्वी हो सकता है परन्तु विरोधी नहीं, क्योंकि विरोध या संघर्ष की प्रेरणा उसी समय उत्पन्न होती है, जब कोई व्यवधान या अवरोध पैदा होता है।

3. *जिज्ञासा अंतर्नाद (Curiosity Drive)* **:** जिज्ञासा या कौतूहल जीव की मौलिक प्रवृत्ति है तथा उसका शारीरिक आवश्यकताओं से कोई संबंध नहीं होता। जिज्ञासा की प्रवृत्ति के कारण ही व्यक्ति नए-नए आविष्कारों की खोज करने में सफल होता है। जीवन में जब कभी हमें नई चीज दिखायी देती है, जिसका हमें पूर्व ज्ञान नहीं हो, तो उसे हम जानने का प्रयत्न करते हैं। परीक्षा में परीक्षार्थियों को परीक्षा के पूर्व आने वाले प्रश्नों को जानने की तीव्र जिज्ञासा होती है, जिसका उद्देश्य परीक्षा में उत्तीर्ण होना होता है। इस प्रकार जिज्ञासा की प्रेरणा शारीरिक आवश्यकताओं से उत्पन्न न होकर दैनिक आवश्यकताओं से होती है। जिज्ञासा की प्रवृत्ति के कारण ही सीखने की प्रक्रिया में प्रयत्न और भूल द्वारा जीव समस्या-समाधान के लिए विकल्प ढूंढ निकालता है। प्रयत्न और भूल विधि से सीखने के सिद्धान्त के अन्तर्गत थार्नडाइक द्वारा किए गए प्रयोग में बिल्ली जिज्ञासु प्रवृत्ति की होने के कारण ही मंजूषा से बाहर निकलना सीख लेती है।

4. *क्रिया व्यापार संबंधी अंतर्नाद (Activity Drive)* **:** क्रिया व्यापार संबंधी अंतर्नाद भी जीव की आवश्यकताओं की प्रेरणा से उत्पन्न होते हैं। भूख, प्यास, काम तथा निद्रा की आवश्यकता या अन्य जैविकीय तथा सामाजिक आवश्यकताओं के कारण व्यक्ति समाज में अन्तःक्रिया के माध्यम से क्रिया व्यापार प्रदर्शित करता है। भूख लगने की स्थिति में व्यक्ति भोजन प्राप्त करने के लिए भोजन-सामग्री एकत्र करता है। उसे पकाने की व्यवस्था करता है। ये सभी क्रियाएं क्रिया-व्यापार के अन्तर्गत आती हैं, सामान्य समय में क्रिया-व्यापार की गति सामान्य होती है परन्तु इच्छाओं के प्रबल होने पर क्रिया-व्यापार की गति में तदनुसार परिवर्तन हो जाता है और जीव इच्छाओं की पूर्ति के लिए शीघ्र समाधान के विकल्प खोजने का प्रयत्न करता है। क्रिया-व्यापार में गति परिवर्तन संबंधी प्रयोग (Read, 1947) चुहिया पर किया गया था। गर्मी (Sexual Need) के प्रभाव से युक्त चुहिया को एक बन्द पिंजड़े में रखा गया, जिसमें गति परिमापक यंत्र भी लगाया गया था। प्रयोग के दौरान यह देखा गया कि लिप्सा की तीव्र इच्छा होने पर चुहिया पिंजरे में अधिक समय तक चक्कर लगाती थी तथा लिप्सा की कम इच्छा होने पर या काम-सम्पर्क न होने पर धीरे-धीरे पिंजरे में चक्कर लगाने की गति कम होती गई। 122 दिनों के पश्चात् चुहिया के डिम्बोच्छेदन से यह देखा गया कि पिंजरे में चुहिया का क्रिया-व्यापार धीरे-धीरे समाप्त हो गया था। इस प्रयोग से यह प्रमाणित होता है कि आवश्यकता के कम या अधिक होने पर क्रिया-व्यापार की गति प्रभावित होती है।

5. *अनुरागात्मक अंतर्नाद (Affectional Drive)* **:** पशुओं का अपने बच्चों के साथ तथा मनुष्य का परिवार में अन्य सदस्यों के बीच अनुराग और प्रेम की ईहा होती है। बिल्ली के बच्चे प्रायः अपनी मां के आस-पास रहते हैं। मानव शिशु अपनी मां की गोद में रहने के पश्चात् खेलते-खेलते

दूर चले जाते हैं, परन्तु कुछ देर बाद पुनः मां की गोद में रहना ही पसन्द करते हैं। माताओं में मातृक ईहा के कारण बच्चों के साथ विशेष अनुरागात्मक व्यवहार दिखाई पड़ते हैं। इन सभी व्यवहारों के पीछे सुरक्षा और सन्तोष की भावना कार्य करती है। अनुरागात्मक अंतर्नाद अनधिगत व्यवहार है जो प्रकृत विकास क्रम से उदय होता है। यह मूलतः शारीरिक आवश्यकताओं से संबंधित नहीं है। बन्दरों में अनुराग वृत्ति के सन्दर्भ में किए गए प्रयोग (Harlow, 1958) में कुछ बन्दरों को पिंजड़े में रखा गया तथा उन्हें समय-समय पर शारीरिक आवश्यकताओं की पूर्ति के साधन भी दिए गए। एक पिंजड़े में एक स्थान पर एक तार की जाली से ढंककर एक मातृपुतला (तारमाता) बनाया गया तथा दूसरे स्थान पर कपड़े की गुड़िया (वस्त्र माता) बनाई गई थी। तारमाता तथा वस्त्र माता के स्तनों के पास दूध की शीशी रखी गई जिससे बन्दर दूध प्राप्त कर सकें। प्रायोगिक परीक्षण में यह पाया गया कि अधिकांश बन्दर तारमाता की तुलना में वस्त्रमाता के साथ अधिक समय व्यतीत करते थे, यद्यपि उन्हें दूध दोनों पुतलों से ही प्राप्त होता था। इस परीक्षण द्वारा यह सत्यापित करने का प्रयत्न किया गया था कि मातृ पुतले का स्वरूप अधिकांशतः तार पुतले से बन्दरों को सान्निध्य प्राप्त करने में उपयुक्त था। अनुरागात्मक अंतर्नाद का विकास मुख्य रूप से सान्निध्य तथा सुरक्षा के अवसरों की प्राप्ति से होता है। उदाहरणार्थ, विवाह पूर्व युवक व युवती का एक-दूसरे से सम्पर्क न होने के कारण एक-दूसरे के प्रति कोई अनुरागात्मक भाव नहीं होता, परन्तु विवाह होने के पश्चात् स्त्री के अधिक समय तक साथ-साथ रहने का प्रत्येक कार्य में सहकर्मी की भांति साहचर्य करने से एक-दूसरे के प्रति धीरे-धीरे अनुरागात्मक अंतर्नाद विकसित होने से पारस्परिक संबंध अधिक दृढ़ व प्रबल हो जाते हैं। माता द्वारा बच्चे को विशेष सुरक्षा दिए जाने तथा समय-समय पर उसकी आवश्यकताओं की पूर्ति करने के कारण मां और बच्चे के एक-दूसरे के प्रति अनुरागात्मक संबंध बढ़ जाते हैं।

अर्जित प्रेरक (Acquired Motives)

वुडवर्थ के अनुसार अर्जित प्रेरक वे प्रवृत्तियां हैं, जो व्यक्ति में सामाजिक प्रभावों के कारण व्यवहार द्वारा सीखकर अर्जित की जाती हैं। सामान्य शब्दों में अर्जित प्रेरक का तात्पर्य उन प्रेरणाओं से है जो मनुष्य में सामाजिक अन्तःक्रिया के दौरान व्यवहार के अनुसार अधिगत की जाती हैं। समाज में व्यक्ति सामाजिक मूल्यों और सांस्कृतिक आचरणों के अनुसार प्रचलित मूल्यों को इसलिए स्वीकार करता है कि उसके कार्यों को सामाजिक अनुमोदन प्राप्त होगा तथा समाज से उसके व्यवहार को प्रशंसा प्राप्त होगी। इस प्रकार प्रशंसा या इनाम प्राप्त करने या विशिष्टता प्राप्त करने के उद्देश्य के पीछे जो प्रेरणा कार्य करती है, वह मूलतः सामाजिक संबंधों के कारण उत्पन्न होती है। अतः इन प्रेरकों को शारीरिक या आन्तरिक आवश्यकता न कहकर गौण प्रेरक या अप्राणात्मक प्रेरक (Non vital Motives) कहा जाना अधिक समीचीन प्रतीत होता है। जीवन के लम्बे विकास-क्रम में बाल्यावस्था से लेकर वृद्धावस्था तक व्यक्ति समाज से कुछ न कुछ सीखता रहता है और इस समाजीकरण की प्रक्रिया में निहित सामाजिक सम्प्रेरणाएं ही मुख्य अर्जित प्रेरक कही जाती हैं। सामाजिक आवश्यकताओं के सन्दर्भ में अर्जित प्रेरक मुख्यतया निम्न हैं :

समाजीकृत प्रेरणाएं (Sociological Motives)

1. *प्रशंसा और निन्दा* : प्रत्येक व्यक्ति समाज से प्रशंसा प्राप्त करना चाहता है और निन्दा से बचना चाहता है। प्रशंसा द्वारा व्यक्ति की क्रियाशीलता में वृद्धि होती है। यह सत्य है कि व्यक्ति परोक्ष रूप से प्रशंसा नहीं प्राप्त करना चाहता है परन्तु अपरोक्ष रूप से वह सामूहिक तथा वैयक्तिक प्रशंसा का इच्छुक रहता है। प्रायः उचित और अनुचित का विचार, प्रशंसा और निन्दा से जुड़ा रहता है। बच्चा उन सभी कार्यों को पुनः दोहराता है, जिससे माता-पिता प्रसन्न रहें तथा उन कार्यों से बचना चाहता

है जिससे उसे दण्ड प्राप्त होता है। समर्थन और दण्ड की परस्पर विरोधी भावनाओं से बच्चे में प्रशंसा और निन्दा के भाव जन्म लेते हैं।

2. *सामूहिकता* : व्यक्ति एक सामाजिक प्राणी है, अतः शारीरिक और जैविक आवश्यकताओं की पूर्ति के लिए वह समाज में रहकर विभिन्न सामाजिक मूल्यों को अर्जित करता है। जिससे सामूहिकता की भावना को बल प्राप्त होता है। अधिकांश पशु जैसे भेड़, बकरियां इत्यादि भी अधिकतर झुण्ड बनाकर रहते हैं परन्तु शेर इत्यादि पशु-झुण्ड में नहीं रहते। अतः सामूहिकता की प्रवृत्ति को सार्वभौमिक नहीं माना जा सकता। चूंकि मनुष्य पशुओं की अपेक्षा अधिक बुद्धिमान और संवेदनशील प्राणी है, अतः समूह में रहकर वह विभिन्न क्रिया-कलापों तथा उचित और अनुचित मूल्यों को सीखता है। समूह में अन्तःक्रिया के माध्यम से व्यक्ति को मानवीय व्यवहारों को सीखने तथा तदनुसार आचरण करने की प्रेरणा प्राप्त होती है और भूख, प्यास, आवास, वस्त्र इत्यादि दैनिक आवश्यकताओं की पूर्ति में अन्य व्यक्तियों से सहायता प्राप्त होती है। सामूहिकता की प्रवृत्ति अकेलेपन को दूर कर सुरक्षा की भावनाएं विकसित करती हैं तथा सामाजिक संबंधों को विकसित कर व्यावहारिक गुण सिखाती है।

3. *आत्म-प्रकाशन* : प्रत्येक व्यक्ति में सामान्यतया यह इच्छा होती है कि वह अन्य व्यक्तियों की तुलना में स्वयं को श्रेष्ठ व सम्मानित अनुभव करे। वह दूसरे व्यक्तियों से शक्तिशाली हो तथा शत्रुओं पर उसका नियन्त्रण हो। आत्म-प्रकाशन की प्रेरणा से व्यक्ति उपरोक्त इच्छाओं की पूर्ति के लिए अपनी भावनाओं का प्रकाशन वाक् या शारीरिक कला द्वारा प्रदर्शित करता है। सामाजिक सुरक्षा न प्राप्त होने की स्थिति में व्यक्ति का समाज विरोधी आचरण अन्य व्यक्तियों की तुलना में स्वयं को श्रेष्ठ प्रदर्शित करना होता है। इस प्रकार आत्म प्रकाशन से शारीरिक क्षमताओं का विकास होता है तथा व्यक्ति को सदा प्रयत्नशील रहकर रचनात्मक कार्यों के सम्पादन में सहायता प्राप्त होती है।

4. *प्रभुत्व प्रेरक* : प्रभुत्व अर्थात् विजय प्राप्त करने की इच्छा या दूसरों पर अधिकार जताने की इच्छा प्रायः पशुओं और मनुष्य दोनों में पाई जाती है। सभी व्यक्तियों में यह लालसा होती है कि वे समाज में अपना प्रभुत्व स्थापित कर सकें। पशुओं में प्रभुत्व की प्रेरणा का मूल आधार शारीरिक शक्ति है अर्थात् जो पशु अन्य पशुओं के मुकाबले में अधिक शक्तिशाली होगा वह दूसरे पशुओं पर प्रभुत्व स्थापित कर सकेगा। महान् मनोवैज्ञानिक एडलर तथा नीत्शे ने शक्ति के संकल्प अर्थात् Will to power को जीवन का मुख्य प्रेरक माना है। डार्विन के विकास सिद्धान्त के अनुसार संसार में वही जीवित रहता है जो अन्य व्यक्तियों की तुलना में उपयुक्त हो। विकास के इस सिद्धान्त के अनुसार बड़े जीव छोटे जीवों को खा जाते हैं अर्थात् Survival के लिए Fit होना अत्यन्त आवश्यक है।

5. *आक्रामक प्रेरक* : आक्रामक प्रेरक प्रभुत्व प्रेरक की ही अभिव्यक्ति है। प्रभुत्व प्राप्त करने या समाज में अपनी स्थिति को श्रेष्ठ साबित करने के लिए कुछ व्यक्ति या जीव आक्रामक प्रवृत्ति की प्रेरणा से युक्त होते हैं। परन्तु सभी जीवों और व्यक्तियों का आक्रामक होना आवश्यक नहीं है। आक्रामकता की प्रवृत्ति भिन्न सामाजिक वातावरण व पर्यावरण की स्थिति के अनुसार भिन्न होती है, जैसे- मनुष्यों में नागा जातियों के नर का विवाह तभी होता है जब वे किसी व्यक्ति का सिर काट कर लाते हैं, परन्तु विवाह की इस परम्परागत सामाजिक बाध्यता का सभी समाजों में होना आवश्यक नहीं है। इस आधार पर यह कहा जा सकता है कि आक्रामक प्रेरक एक अर्जित तथा सीखा हुआ प्रेरक है।

6. *आत्म-समर्पण* : आत्म-समर्पण की प्रेरणा जीवन में उस समय सफल होती है जब व्यक्ति सामाजिक या वैयक्तिक किन्हीं समस्याओं के समाधान में स्वयं को अक्षम या असहाय अनुभव करता है। बाल्यावस्था में बच्चे स्वयं किसी कार्य को करने या कहीं आने-जाने में असमर्थ होते हैं। चूंकि बच्चा स्वतः अपनी आवश्यकताओं की पूर्ति नहीं कर पाता, अतः माता-पिता या समाज के

साथ आत्म-समर्पण ही एक ऐसा विकल्प है, जिससे परिस्थितियों में समायोजन प्राप्त किया जा सकता है। चूंकि आत्म-समर्पण की यह प्रवृत्ति परिवार तथा समाज द्वारा सीखी जाती है, अतः इसे अर्जित प्रेरक के रूप में स्वीकार किया जाना ही उचित होगा।

7. *अनुकरण प्रवृत्ति :* अनुकरण की प्रवृत्ति प्रायः पशुओं और मनुष्यों दोनों में पाई जाती है। प्रारम्भिक अवस्था में बालक परिवार तथा समूह के असंख्य आचरणों को अपनाकर तदनुसार अनुसरण करते हुए व्यवहार करने में सन्तोष व सुरक्षा का अनुभव करता है। हम जीवन में अच्छी आदतों का अनुसरण इसलिए करते हैं जिससे हमें समाज से प्रशंसा व प्रतिष्ठा प्राप्त हो सके तथा उन व्यंवहारों व आदतों का अनुसरण नहीं करते जिससे सामाजिक तिरस्कार व घृणा का पात्र बनना पड़े, परन्तु पशुओं में अनुसरण करने की प्रवृत्ति का व्यावहारिक विश्लेषण किया जाना सम्भव नहीं होता, इसलिए कभी-कभी वे अच्छे व बुरे किसी भी व्यवहार का अनुसरण कर सकते हैं। तोते को बार-बार राम शब्द का उच्चारण करके राम-राम कहलाया जा सकता है। कुत्ते को रोटी दे दीजिए, देखिए भूख लगने पर यदि आपके हाथ में रोटी नहीं है तब भी वह आपका अनुसरण करेगा, क्योंकि ऐसी स्थिति में भूख का साहचर्य आपके व्यवहार प्रदर्शन से हो जाता है।

8. *संग्रहता की प्रवृत्ति :* संग्रहता की प्रवृत्ति का तात्पर्य संग्रह करने से है। सामाजिक समुदाय में व्यक्ति भावी जीवन की सुरक्षा के दृष्टिकोण से विभिन्न वस्तुओं को अर्जित कर संग्रह करने की प्रवृत्ति को अपनाता है। जो वस्तु व्यक्ति को पसन्द होती है वह उसे अपने पास रखना चाहता है। जीवन में ऐसी प्रवृत्तियों का उदय बचपन से ही प्रारम्भ होता है। मध्यम आय वर्गीय परिवारों में उच्च आयवर्गीय परिवारों की अपेक्षा संग्रह प्रवृत्ति अधिक होती है। संग्रह प्रवृत्ति को आर्थिक उपागमों के अतिरिक्त रचनात्मक कार्यों तथा नवीन आविष्कारों के साथ जोड़ा जा सकता है। जैसे- सिक्कों का संग्रह, टिकटों का संग्रह, कलात्मक कृतियों का संग्रह, अमूल्य पाण्डुलिपियों का संग्रह आदि। संग्रह की यह प्रवृत्ति मूलतः व्यक्ति की रुचियों पर आधारित होती है, जिसे प्रत्यक्षतः अर्जित प्रेरक कहा जा सकता है।

9. *सामाजिक मूल्य :* व्यवहार के ऐसे प्रतिमान जो अन्य व्यक्तियों से सम्बद्ध होते हैं, उन्हें सामाजिक मूल्य कहते हैं। सामाजिक मूल्यों को व्यक्ति की सीखी हुई प्रवृत्ति कहा जा सकता है (Social Values are the Learned Motives), क्योंकि व्यक्ति जिन सामाजिक मूल्यों के अनुसार सामाजिक अन्तःक्रिया या व्यवहार करता है वह सामान्यतया समाज से सीखा हुआ आचरण है। बच्चे को बचपन से ही शरीर ढंककर रखना, गीले कपड़े न पहनना, बड़ों का आदर करना तथा सम्मान देना, विनाशात्मक कार्यों से दूर रहना, रचनात्मक कार्यों की तरफ झुकाव होना आदि व्यवहार माता-पिता द्वारा सिखाये जाते हैं अर्थात् माता-पिता अपने सामाजिक मूल्यों का स्थानान्तरण बच्चे में करते हैं। उचित-अनुचित, सही-गलत, सच-झूठ आदि परस्पर विरोधी सम्प्रत्यय को माता-पिता अपनी प्रवृत्ति के अनुसार बच्चे को सिखाते हैं। आगे चलकर बालक स्कूल, चर्च, समूह तथा सामुदायिक संगठनों के माध्यम से व्यवहारों को अधिगमित करता है तथा मान्य सामाजिक मूल्यों व सांस्कृतिक आचरणों के अनुसार व्यवहार करने की प्रवृत्ति का विकास करता है।

10. *सामाजिक तकनीक :* सामाजिक जीवन में निर्धारित लक्ष्यों की पूर्ति के लिए व्यक्ति को विभिन्न सामाजिक प्रविधियों का उपयोग करना पड़ता है। सामाजिक प्रविधियां समाज द्वारा ही अर्जित की जाती हैं तथा उनका प्रयोग हम अपने जीवन में बार-बार तदनुकूल स्थिति में करते हैं, जैसे- भूख लगने पर बच्चा रोने की प्रतिक्रिया करता है और इस प्रकार रोने से यदि उसे तत्काल भोजन दे दिया जाए तो भविष्य में पुनः भूख की इच्छा होने पर वह अवश्य रोएगा। स्कूल में अध्यापक को प्रसन्न करने के लिए छात्र उनकी सेवा करते हैं। अधीनस्थ कर्मचारी अपने वरिष्ठ अधिकारियों को खुश रखने के लिए उनकी चापलूसी करता है। विक्रेता अपनी दुकानदारी बढ़ाने के लिए ग्राहकों से

मीठा बोलता है तथा एक उत्पादक अपने सामानों की गुणवत्ता बढ़ाने के लिए अच्छे प्रचार माध्यमों का उपयोग करता है। इन सब व्यावहारिक क्रियाओं के पीछे निर्धारित लक्ष्य प्राप्त करने की अभीष्ट प्रेरणा होती है, जो व्यक्ति को सामाजिक प्रविधियों के उपयोग किए जाने हेतु प्रेरित करती है।

11. *प्रतिष्ठा अभिप्रेरक :* समाज में प्रत्येक व्यक्ति अधिक सम्मान और अधिकार प्राप्त करने की इच्छा रखता है जिससे उसकी प्रतिष्ठा में अभिवृद्धि हो। प्रतिष्ठा प्राप्त करने की यह प्रवृत्ति मनुष्यों और पशुओं दोनों में पाई जाती है परन्तु मनुष्यों में प्रतिष्ठा प्राप्त करने की प्रवृत्ति (अधिक चिन्तनशील और सामाजिक प्राणी होने के कारण) प्रबल रूप में होती है। यही कारण है कि शायद ही कोई ऐसा मनुष्य हो जो आत्म-सम्मान खोकर जीवन व्यतीत करने की इच्छा रखता हो। सामाजिक वर्ग व्यवस्था में जहां निम्न, मध्यम और उच्च वर्ग के व्यक्ति रहते हैं वहां प्रतिष्ठा प्राप्त करने के उद्देश्य से व्यक्ति कभी-कभी समाज विरोधी आचरण करने को भी तैयार हो जाते हैं। प्रतिष्ठा द्वारा व्यक्तित्व के स्वरूप का निर्धारण होता है, अतः प्रतिष्ठा प्राप्त करने की प्रेरणा एक प्रबल अभिप्रेरक के रूप में कही जा सकती है।

मानवीय व्यवहार में अचेतन मन की भूमिका

जैसा कि पहले ही लिखा जा चुका है कि मानवीय मन की कुछ और भी स्थितियां होती हैं, जिसके अन्तर्गत अभिप्रेरक के तत्व विद्यमान रहते हैं, और प्रबंध विचारधाराओं के अन्तर्गत या तो उन तत्वों को पर्याप्त महत्व दिया गया है अथवा पूर्णतया नजरअंदाज कर दिया गया है। इस परिप्रेक्ष्य में मनोविश्लेषण के योगदान पर विचार करते समय 'इंस्टिंक्ट' के संबंध में विचार-विमर्श कुछ विवादास्पद बन जाता है। यद्यपि इस 'प्रत्यय' को फ्रायड द्वारा पर्याप्त रूप से तरास दिया है, तथापि इस प्रत्यय के ऊपर कुछ विद्वानों[1] ने प्रश्नवाचक चिह्न लगा दिया है। सम्भवतः प्रथम महायुद्ध की विभीषिकाओं से प्रभावित होकर फ्रायड ने लिखा था कि 'एग्रेसिव इच्छाओं का एक बहुत बड़ा स्रोत मानवमात्र की मूल इच्छाएं या 'इंस्टिंक्ट'[2] है। फ्रायड का यह भी मत था कि 'पैनेकेल (मृत्यु की इच्छा) का प्रत्यय भी मानवीय स्वभाव का एक अंग है।[3]

यहां हम 'इंस्टिक्ट' या मूल्य इच्छा के प्रत्यय के संबंध में बहुत गहराई से न विचार कर इस बात पर विचार करेंगे कि मानवीय अभिप्रेरणाओं में 'एग्रेसन' की क्या भूमिका हो सकती है। रैपर्ट[4] ने 'एग्रेसिव इंस्टिक्ट' थ्योरी का गहन अध्ययन करने के उपरान्त यह निष्कर्ष निकाला कि वैज्ञानिक ढंग से इस बात का समझना बहुत आसान है कि मानवीय प्राणी एवं पशुओं के क्रोधात्मक व्यवहार उनके अस्तित्व रक्षण एवं उनके भोजन की आवश्यकताओं का प्रतिबिम्बन करते हैं। मानवीय प्राणी जो कुछ भी करता है, उसे पहले वह दूसरे प्राणियों से सीखता है। सीखने का यह कार्य सचेतन एवं अचेतन दोनों ही तरीकों से सम्पन्न हो सकता है। व्यवहार के प्रदर्शन में शारीरिक मेकानिज्म[5] की भूमिका तो यद्यपि पूर्णतया स्पष्ट है, किन्तु आनुभविक परीक्षणों के द्वारा 'ऐग्रेसन' की 'रेनफोर्समेण्ट' थ्योरी की ही पुष्टि होती है। यदि एग्रेसिव व्यवहारों को पुरस्कृत किया जाता है अथवा उन्हें दण्डित नहीं किया जाता है तो उसी प्रकार की स्थिति में वैसा व्यवहार पुनः करने की प्रेरणा मिलती है। इसी प्रकार नानएग्रिसिव व्यवहारों को यदि मान्यता नहीं मिलती है, तो उनकी निरन्तरता धीरे-धीरे समाप्त हो जाती है। इस प्रकार इस तथ्य की पुष्टि होती है कि 'एग्रेसन' का निर्धारण बहुत अंश में बाह्य परिवेश से होता है।

मानवीय व्यवहारों को समझने में फ्रायड का एक महत्वपूर्ण योगदान यह रहा है कि उसने मानवीय व्यवहारों के निरूपण में अचेतन मन की भी महत्वपूर्ण भूमिका निरूपित की है। व्यक्ति के भीतर जनित विभिन्न रक्षा युक्तियां (Defence Mechanism) भी व्यक्ति को उन अचेतन शक्तियों के ज्ञान की जानकारी से उत्पन्न प्रभावों से रक्षा करती हैं, जो उसके अचेतन मन में क्रियाशील रहती हैं।

क्लीनिकल साइकोलॉजी के अन्तर्गत तो डिफेंस मेकानिज्म की बहुत ही वृहद व्याख्या की गई है, किन्तु प्रबंध साहित्य में उन्हें सम्यक् मान्यता नहीं प्रदान की गई है। कोस्टेको और जालकिन[6] तथा कोलमन[7] और मे[8] ने डिफेंस मेकानिज्म का बहुत ही विशद् विवेचन किया है। प्रथम दो लेखकों ने कुछ सामान्य डिफेंसेज की सूची तैयार की है, जो कुण्ठा, संघर्ष और चिन्तायुक्त स्थितियों से समायोजन हेतु प्रयुक्त होती हैं। उन्होंने सब्लीमेशन नामक एक प्रमुख डिफेंस का उल्लेख अपनी सूची में नहीं किया है। कहना नहीं होगा कि फ्रायडियन और उत्तर फ्रायडियन साहित्य में इस डिफेंस को महत्वपूर्ण स्थान प्रदान किया गया है। सामान्य रूप से यह बात तो स्वीकार की जाती है कि संगठन के दिन-प्रतिदिन के व्यवहारों में और विशेषकर कुछ विशिष्ट परिवेशों में व्यक्ति के व्यवहारों में क्षतिपूति विस्थापन (Compensaton Desplacement), प्रक्षेप (Projection), उद्योग-धंधे का पुनर्गठन (Rationalization) आदि रक्षायुक्तियों का प्रदर्शन तो होता ही रहता है। चिन्ता और कुण्ठा तो संगठनात्मक व्यवहारों के वैसे ही अभिन्न अंग हैं जैसे विकार्य और भूमिका। वास्तव में कार्य निष्पत्ति के परिप्रेक्ष्य में मानवीय व्यवहारों को रक्षात्मक युक्तियों से अलग नहीं किया जा सकता है। अभिप्रेरणा संबंधी विभिन्न विचारधाराओं के प्रतिपादकों को इस तथ्य को नजरअंदाज नहीं करना चाहिये, यदि संगठनात्मक जीवन तनाव से मुक्त नहीं है, तो वह रक्षायुक्तियों से भी मुक्त नहीं हो सकता है। फ्रायड ने व्यक्ति की बाल्यावस्था में उसके द्वारा अर्जित पारिवारिक जीवन एवं पास-पड़ोस के अनुभवों का भी उसके व्यवहारों के निरूपण में महत्वपूर्ण स्थान बताया है। फ्रायड के इस प्रत्यय को फोम[9] तथा फ्रोम और मैकोबी[10] ने अपने अध्ययनों के दौरान और अधिक सटीक बना दिया है। फ्रोम और मैकोबी ने सोशल कैरेक्टर के प्रत्यय का निरूपण किया। सोशल कैरेक्टर से उनका अर्थ पूर्णरूप से व्यक्ति के निजी चरित्र से नहीं है, वरन् चरित्रगत विशेषताओं के एक ऐसे 'सिण्ड्रोम' से है, जो किसी सामान्य समूह के आर्थिक, सामाजिक और सांस्कृतिक स्थितियों के साथ समायोजन करने के कारण एक व्यक्ति में विकसित हो जाती है। इस प्रकार सोशल कैरेक्टर का प्रत्यय फ्रायड के विचारों से और आगे का विचार है। इस आधार पर इस बात को स्पष्ट करना आसान हो जाता है कि कोई आदिकालीन समाज (Premitive Society) किस कारण शान्तिपूर्ण, मित्रतापूर्ण और सहयोगात्मक व्यवहारों का प्रदर्शन कर रहा है और दूसरी ओर कोई आदिकालीन समाज किस कारण क्रोधायुक्त एवं विनाशात्मक व्यवहारों का प्रदर्शन कर रही है। दूसरे शब्दों में इस प्रकार के अलग-अलग तरीकों के व्यवहारों का संबंध विशिष्ट सामाजिक संरचनाओं से है। प्रत्यात्मक दृष्टि से फ्रोम और मैकोबी ने मैक्सिको के व्यापार जगत में अविश्वास, लालच और सैडिज्म आदि प्रत्ययों के अर्थ निरूपण का प्रयास किया। उन्होंने सामाजिक और आर्थिक संरचना में गैर उत्पादक अनुस्थापनों के भी बहुत से स्वरूपों को विद्यमान देखा। इनमें से कुछ स्वरूपों को निष्क्रय (पैसिव) और गैर उत्पादक (नान प्रोडक्टिव) तथा शोधवात्मक (इक्सप्लायटेटिव) स्वरूप कहा जा सकता है। उन्होंने कुछ विभिन्न प्रकार के संबंधों का भी निरूपण किया जिनके द्वारा उत्पादन और स्थापन होता है। दूसरे शब्दों में यह कहा जा सकता है कि किसी समाज के सामाजिक और राजनीतिक परिवेश में मस्तिष्क और हृदय का भिन्न-भिन्न कॉम्बीनेशन हो सकता है। जिसके प्रदर्शन को कुछ अंश में सोशल कैरेक्टर के द्वारा स्पष्ट किया जा सकता है और कुछ अंश में व्यक्तियों के विशिष्ट व्यक्तिगत कैरेक्टर की विशेषताओं के द्वारा स्पष्ट किया जा सकता है। इस प्रकार सामाजिक रूप से आनुवंशिक मानवीय विशेषताओं को नजरअंदाज कर देना व्यक्ति के लिये सम्भव नहीं है कि वह अभिप्रेरणात्मक विचारों का अर्थ निरूपण कर सका।

मैकोबी ने मैक्सिकन विलेज के अध्ययन के अनुपूरक रूप में 1976 में संयुक्त राज्य अमेरिका के कार्पोरेट लीडरशिप स्टाइल का अध्ययन किया। उन्होंने प्रबंधकों की कुछ विशिष्ट चारित्रिक विशेषताओं का अध्ययन करने का प्रयास किया, जिसके आधार पर वे कुछ विशिष्ट प्रकार की

'टाइपोलॉजी' का निरूपण कर सके, और उसके आधार पर प्रबंधकीय समूहों के अभिप्रेरणात्मक शक्तियों का सामान्यीकरण किया जा सकता है। उन्होंने क्राफ्टमैन को एक टाइप के रूप में करार किया, जिसकी अभिप्रेरणाएं उसके ज्ञान कौशल, अनुशासन और आत्मविश्वास पर केन्द्रित हैं। उनके अनुसार क्राफ्टमैन हृदय से एक कलाकार होता है। दूसरी ओर उन्होंने जंगल फाइटर की टाइप का निरूपण किया जो बहुत बड़ा साम्राज्य जीतना चाहता है और जिसे अपनी भूख की शांति हेतु सम्पत्ति की आवश्यकता होती है। जंगल फाइटर पहले तो हर प्रकार से समझौता कर दूसरों का धन हरण करना चाहता है और समझौते की असफलता में दूसरों की सम्पत्ति अर्जित करना चाहता है। तीसरा टाइप कम्पनीमैन होता है, जो संगठन के प्रतिमानों को स्वीकार करते हुए आवश्यकतानुसार कुछ नवीनता भी लाना चाहता है। न तो वह ऐसा जोखिम उठाने को तैयार रहता है कि उसे कम्पनी का अप्रतिबद्ध अभिकर्मी करार कर दिया जाय और न तो वह कम्पनी के नियमों से ऐसा अनुकूलन करना चाहता है कि वह पूर्णतया निरर्थक हो जाए। वह नौकरशाही की भूमिका को स्वीकार करता है और कम्पनी को एक वृहद परिवार समझता है। इस दृष्टि से सच्चा खिलाड़ी वह व्यक्ति होता है जो कम्पनी की प्रतिस्पर्धा की सच्चाई को स्वीकार करता है और उत्पादन शैली की नवीनता पर विश्वास करता है और अंतर निर्भर स्थितियों में भी कार्य कर सकता है तथा कार्य परिवेश में होने वाले परिवर्तनों के साथ अपना समायोजन कर लेता है। वह केवल समायोजन ही नहीं करता है वरन् समायोजनशीलता से आगे भी बढ़कर कम्पनी को नवीन दिशा और नया वैभव प्रदान करता है। मैकोबी के अनुसार, इस प्रकार का खिलाड़ी किसी विशिष्ट सामाजिक और आर्थिक स्थिति में नियंत्रण करने और भविष्यवाणी करने की योग्यता के आधार पर रचनात्मक मानवीय शक्ति का कम्पनी में विकास करता है और इसी विकास की आशा हम कार्पोरेट लीडर से कर सकते हैं।

चरित्र संरचना के निर्माण में प्राथमिक समूह के प्रभाव के महत्व को निरूपित करने की समस्या पर फिर से विचार करते समय हमें विकास के उस सम्पूर्ण रेंज पर विचार करना होगा, जो मनोविश्लेषण के साहित्य में विद्यमान है। फ्रायड की अवधारणा के सन्दर्भ में क्लेन ने बच्चे का मां के सीने से जो संबंध है, उसके परिप्रेक्ष्य में आब्जेक्ट रिलेशनशिप की अवधारणा के विकास का प्रयास किया। जिस सीमा तक सीने की गर्मी और उसके नर्सिंग योगदान के द्वारा बच्चे को सन्तुष्टि मिलती है, उस सीमा तक मां का सीना बच्चे हेतु प्यारयुक्त वस्तु कहा जा सकता है। किन्तु जब बच्चा बड़ा होने लगता है और मां के सीने में अपनी नुकीली उंगलियां चुभाने लगता है तो मां उसे अपने सीने से हटाने लगती है। फलस्वरूप मां का सीना बच्चे हेतु घृणा और क्रोध का पात्र बन सकता है। क्लेन ने एक जटिल विकासात्मक गत्यात्मकता के माध्यम से विद्वेष और कृतज्ञता का एक अचेतन स्रोत निर्मित करने का प्रयास किया है।

इसी प्रकार इरिक्सन, इवान्स तथा रोजे ने मानव के विकास की आठ मंजिलों के इर्द-गिर्द कुछ प्रत्ययों का विकास किया। यह प्रत्यय फ्रायड की विचारधारा का एक प्रसार मात्र है, इसके अन्तर्गत व्यक्ति के विकास[11] की आठ मंजिलों के इर्द-गिर्द क्रमशः विश्वास[12] बनाम अविश्वास[13], आत्मनिर्भरता[14] बनाम लज्जा, पहल करने की शक्ति बनाम दोष भावना, तादात्म्यीकरण बनाम विलगाव, सन्निकटता बनाम अलगाव, जनरलिटी बनाम 'स्टैनेशन' तथा इगो इण्टीग्रिटी बनाम निराशा आदि प्रत्ययों का विकास किया गया है। इस फ्रेमवर्क के माध्यम से व्यक्ति के परिपक्व विकास की प्रक्रिया को, आशा, इच्छा शक्ति, सोद्देश्यता, दक्षता, प्यार, रक्षा तथा बुद्धिमत्ता और इन प्रत्ययों के नकारात्मक पक्षों के द्वारा दर्शाया गया है। वास्तविक जीवन में यह बात लगभग प्रमाणित हो गई है कि इस फ्रेमवर्क के माध्यम से बहुत से ऐतिहासिक व्यक्तित्वों के विकासक्रम में जनित 'फिक्सेसन' प्रक्रिया के कारणों का स्पष्टीकरण हो जाता है। इरिक्सन ने महात्मा गांधी और मार्टिन लूथर के व्यक्तित्व विकासक्रम में उत्पन्न फिक्सेसन को इस प्रक्रिया के माध्यम से स्पष्ट करने का प्रयास

किया है। इरिक्सन ने इस तथ्य को प्रमाणित करने का प्रयास किया है, विकास की प्रक्रिया जो पूर्ण परिपक्वता की स्थिति की ओर अग्रसरित हो रही हो, अचानक 'फिक्सेसन' या रिग्रेसन' की स्थिति में आ जाती है। मानवीय अभिप्रेरणाओं का यह भी एक महत्वपूर्ण पक्ष है।

अचेतन अभिप्रेरकों के संबंध में फ्रायड द्वारा निरूपित प्रत्यय यद्यपि आनुभविक परीक्षणों के ऊपर खरे नहीं उतरे, तथापि इस क्षेत्र में उनका जो महत्वपूर्ण योगदान था, उसके माध्यम से कुछ व्यक्तियों ने अभिप्रेरणा की आन्तरिक प्रक्रियाओं के विकास के संबंध में कुछ महत्वपूर्ण प्रत्ययों का निरूपण किया। मनोविश्लेषण कोई निराशा का विज्ञान नहीं है, वरन् इसके अन्तर्गत मानव जीवन की वास्तविकताओं पर विचार किया जाता है। व्यापक फ्रेमवर्क में अच्छे और बुरे के बीच संबंधों की जो 'डायलेक्टिक्स' विद्यमान रहती है, उसके द्वारा परिवर्तन की 'पोटेंसियल' एनर्जी रिलीज होती है। यद्यपि यह परिवर्तन व्यक्तिगत स्तर का ही होता है। इस परिप्रेक्ष्य में जुंग के द्वारा और भी महत्वपूर्ण योगदान दिया गया है। उनके प्रयासों के द्वारा विगत जीवन के अनुभवों का 'स्व' के अचेतन एवं 'स्व' की सामूहिकता में किए गए योगदान को स्वीकार किया गया। किन्तु इस संबंध में इस तथ्य को भी नजरअंदाज नहीं किया जा सकता है कि 'फ्रोम' द्वारा निरूपित 'सामाजिक चरित्र' तथा जुंग द्वारा निरूपित 'आर्चिटाइपल' बिहेवियर बहुत अंश में एक-दूसरे से संबंधित हैं। इसके साथ ही यह बात भी स्वीकार करनी पड़ेगी कि अभिप्रेरणाओं के निर्धारण में सामाजिक एवं सांस्कृतिक आनुवंशिकता तथा परम्पराओं के योगदान का सटीक निर्धारण अति कठिन है। उदाहरणार्थ हम कार्ल मार्क्स के व्यक्तित्व को ले सकते हैं। उसके व्यक्तिगत जीवन के द्वारा मानवीय अभिप्रेरणाओं की जटिलता का बोध होता है। यदि उसे ऐसे निर्णयों के अनुरूप चलना होता जो उसके विचारों के प्रतिकूल होते, तो वह विद्रोहात्मक व्यवहारों का प्रदर्शन कर सकता था। तथापि यह बात भी सही है कि वह एक नवीन सामाजिक एवं आर्थिक व्यवस्था का प्रतिपादक था, और अर्थशास्त्र के डायननिक्स का वह एक भयंकर ज्ञाता था, तब भी उसे अपनी निजी आर्थिक सम्पत्ति की व्यवस्था में असफलता ही हाथ लगी। किन्तु साथ ही वह अपने को परम्परागत विचारधाराओं से ऊपर उठाकर मानवमात्र के भविष्य के संबंध में उच्च स्तर के भविष्यमूलक आदर्शों की रचना में सफल हुआ। वह अपनी कुछ भावनाओं (जैसे गिल्ट, एंगर तथा कैपिक्रुअसनेस इत्यादि) का शुद्धिकरण (Sublimation) नहीं कर पाया, तथापि अपनी कुछ असफलताओं पर विजय पाने में वह पूर्णतया सफल रहा। इसी आधार पर उसे एक महान रचनात्मक विचारक कहा जा सकता है, जो अपने विचारों से सम्पूर्ण संसार की मानसिकता को प्रभावित करने में सफल रहा। इस प्रकार व्यक्तिगत रूप से उसका व्यक्तित्व पूर्णतया जटिल मानवीय अभिप्रेरणाओं से प्रभावित था।

यही जटिलता आर्थिक संगठन की कार्य अभिप्रेरणाओं के निरूपण में भी प्रतिबिम्बित होती है। इटिजियानी[15] ने एक संगठन के एक विशेष टाइप का विकास किया। उनके अनुसार आर्थिक संगठन उस सीमा तक 'यूटिलिटेरियन' कहा जाएगा, जिस सीमा तक 'पावर'-एथारिटी और स्ट्रक्चर का संबंध है, और कर्मचारियों की प्रतिक्रिया में इसका व्यवहार कलकुलेटिव हो जाएगा। अधिकांश आर्थिक संगठन यूटिलिटैरियन/कलकुलेटिव टाइप के होते हैं। किन्तु कुछ ऐसे भी संगठन होते हैं, जहां पावर स्ट्रक्चर बहुत ही दबावपूर्ण होता है और कर्मचारी विरसन युक्त प्रतिक्रिया करते हैं। इस प्रकार एकोनामिक कलकुलस संगठनात्मक लक्ष्यों की प्राप्ति हेतु सर्वाधिक सशक्त अस्त्र होता है। ऐसे संगठनों में पैसा ही मुख्य अभिप्रेरक होता है। किन्तु यह आशा की जाती है कि भविष्य में यूटिलिटैरियन/कलकुलेटिव टाइप के आर्थिक संगठनों में पैसा ही प्रमुख अभिप्रेरक नहीं रह जाएगा, आगे चल कर सदस्यों में निहित अधिकार की जो वैभिन्नता होती है, उसका भी संगठनात्मक अभिप्रेरणा पर प्रभाव पड़ेगा। संगठनात्मक जीवन पर दिन-प्रतिदिन के अधिकार की लड़ाई का भी अभिप्रेरक के रूप में प्रभाव पड़ सकता है।[16]

अन्त में फ्रोम के अनुसार हम यह कह सकते हैं कि जानवरों में 'सेल्फ इण्टरेस्ट' और 'सेल्फ प्रीजर्वेशन' ही उनके लिए सर्वाधिक सशक्त मोटिव बन जाता है। व्यक्ति भी 'सेल्फ इण्टरेस्ट' से मोटिवेट होता है, किन्तु कभी-कभी वह इस मूल इच्छा के स्थान पर प्यार, सत्य और ईमानदारी आदि इच्छाओं से विशेष रूप से अभिप्रेरित होने लगता है और कभी-कभी वह घृणा, लालच एवं परपीड़न रहित की इच्छाओं से अत्यधिक प्रभावित होने लगता है। इसके अतिरिक्त वह कुछ सामाजिक एवं सांस्कृतिक अभिप्रेरणाओं से भी प्रभावित होता है, जिसका विवरण आगे दिया जाएगा।

मानवीय अभिप्रेरणाओं पर सांस्कृतिक शक्तियों का प्रभाव

स्वीन[17] ने अपने अध्ययनों के आधार पर इस तथ्य का प्रतिपादन किया है कि सीखे हुए व्यवहारों पर कुछ विशिष्ट संस्कृतियों का प्रभाव पड़ता है। एक उप-संस्कृति से दूसरी उप-संस्कृति में व्यवहारों की भिन्नता पाई जाती है। किन्तु आज के कुछ नवीन अध्ययनों से इस तथ्य का प्रतिपादन होता है कि संगठनात्मक अभिप्रेरणाओं पर सामाजिक एवं सांस्कृतिक शक्तियों का अत्यधिक प्रभाव पड़ता है। उदाहरणार्थ लैमर्स एवं हिक्सन[18] ने अपने संयुक्त लेख में इस तथ्य का प्रतिपादन किया है कि किसी समाज की संस्कृति एवं उप-संस्कृति के सार तत्व का संगठन के स्वरूप और प्रक्रियाओं पर प्रभाव पड़ता है। सांस्कृतिक दबावों की किसी संगठन द्वारा उपेक्षा नहीं की जा सकती। उदाहरणार्थ यूनाइटेड स्टेट्स ऑफ अमेरिका की एक बैंक की शाखा जापान में स्थापित की गई और वहां के कर्मचारियों को अन्य अमेरिकीय बैंकों के समान सुविधाएं प्रदान की गईं। किन्तु स्थानीय कर्मचारियों ने अपनी संस्कृति के अनुरूप फैमिली एलाउंस, आवागमन भत्ता एवं आवास भत्ता की मांग की। अपनी मांगों और प्रत्याशाओं की पूर्ति के अभाव में संगठन के कर्मचारियों का मनोबल नीचे गिर गया।[19]

उपर्युक्त केस से स्पष्ट है कि जापान के संगठनात्मक कार्य व्यवहारों पर जापानी संस्कृति का प्रभाव है। अतः उक्त संस्कृति के अनुरूप निर्मित अभिप्रेरणात्मक संरचना का रोजगार संबंधी अनुबन्धों पर ही केवल प्रभाव नहीं पड़ेगा, वरन् उस मनोवैज्ञानिक अनुबन्ध पर भी प्रभाव पड़ेगा, जिसके संबंध में लेविंसन और अन्य लोगों ने पर्याप्त कार्य किया है। इसके अतिरिक्त संगठन में कुछ ऐसे डामिनेण्ट एलीट भी होंगे, जिनका प्रभाव संगठनात्मक डिजाइन और निर्णय प्रक्रिया पर पड़ता है। इस परिप्रेक्ष्य में रिचर्डसन[20] और मैकमिलन[21] के अध्ययनों से ज्ञात होता है कि अधिकांश अमेरिकीय संगठनात्मक संस्कृतियों में नौकरशाही के आधार पर सामाजिक नियन्त्रण होता है और तद्जनित विशिष्ट नियमों के आधार पर कर्मचारियों की परिवेदनाओं का निराकरण किया जाता है और ब्रिटिश फर्मों में संस्थागत नियमों के आधार पर परिवेदनाओं का निवारण किया जाता है।

संस्कृति का मूल मंत्र समाज या उसके किसी उप-सामाजिक प्रणाली में स्थापित होता है। दूसरे शब्दों में संस्कृति के कुछ सजातीय घटक हो सकते हैं, जिस प्रकार 'कानट्रडिक्टरी रिलेशनशिप' के कुछ 'विजातीय' पक्ष होते हैं। संस्कृति के प्रत्यय को इस प्रकार नहीं परिभाषित किया जा सकता है, जो सबके लिये स्वीकार्य हो। जटिल मानवीय अभिप्रेरणाओं हेतु संस्कृति का योगदान संबंधों की गत्यात्मकता के परिप्रेक्ष्य में देखा जा सकता है। 'सेल्फ कानसेप्ट' और 'सेल्फ लर्निंग' केवल सेल्फ के आन्तरिक डाइमेंशन के ही भीतर नहीं हो सकती है। जब हम 'घमण्ड' के बारे में बात करते हैं तो हम इस बात को संबंधात्मक गत्यात्मकता के सन्दर्भ में करते हैं अर्थात् हम 'सेल्फ' एवं दूसरे के संबंधों के सन्दर्भ में इस बात को करते हैं। दूसरे शब्दों में हम यह कह सकते हैं कि संगठनात्मक जीवन में मानवीय अभिप्रेरणाओं के निर्धारण में सांस्कृतिक सापेक्षता का एक व्यापक पक्ष है, जो 'सेल्फ' अन्तर्संगठनात्मक और संगठन के अन्तर के जाल से बहुत परे है। इसका मूल समाज के सांस्कृतिक पैरामीटर के भीतर छिपा हुआ है।

अभिप्रेरणा के आर्थिक आधार

अभिप्रेरणा के संबंध में प्रबंध द्वारा जिन विचारधाराओं का निरूपण किया गया है, उनमें किसी न किसी प्रकार अभिप्रेरणा के आर्थिक पक्ष को मान्यता दी गई है। जैसा कि पहले ही लिखा जा चुका है कि इटिजियानी ने संगठन के संबंध में जिस यूटिलिटैरियन-कैलकुलस के सिद्धान्त का निरूपण किया है वह आर्थिक संगठनों में ही क्रियान्वित हो पाता है। किन्तु यहां यह बात भी उल्लेखनीय है कि इन विचारधाराओं के अन्तर्गत समाज की उन आर्थिक शक्तियों को पूर्णतया मान्यता नहीं प्रदान की जाती है, जो समाज में डामिनेट होते हैं। विभिन्न संगठनों में आर्थिक शक्तियों के द्वारा जिस मोटिव स्ट्रक्चर का निर्माण किया जाता है, उसे बहुत ही कम महत्व दिया जाता है।

इस तथ्य को नजरअन्दाज नहीं किया जा सकता है कि आज के युग में आर्थिक एवं राजनीतिक शक्तियों की अन्तर्क्रिया के द्वारा ही मानवीय व्यवहारों और अभिप्रेरणा का मुख्य रूप से निर्धारण होता है। अमेरिका और ब्रिटेन आदि अत्यधिक विकसित देशों में, जहां से अभिप्रेरणा संबंधी विभिन्न विचारधाराओं का विकास हुआ है, आज धन और सम्पत्ति के स्वामित्व में भयंकर असमानता विद्यमान है। उदाहरणार्थ ब्रिटेन में 1960 में 1 प्रतिशत जनसंख्या के पास देश की वैयक्तिक सम्पत्ति का 42 प्रतिशत स्वामित्व था। इसी प्रकार 1953 में यू.एस. में 1 प्रतिशत प्रौढ़ों के पास 76 प्रतिशत कारपोरेट स्टाक की सम्पत्ति विद्यमान थी।[22]

इस संबंध में सर्वाधिक महत्वपूर्ण बात यह है कि आर्थिक संगठनों (चाहे वे प्रथम विश्व में स्थापित हों, या द्वितीय अथवा तृतीय विश्व में स्थापित हों) के कुछ निश्चित लक्ष्य होते हैं। उन लक्ष्यों में लाभ अर्जन का सर्वाधिक महत्वपूर्ण स्थान है। लाभ के भी कई पक्ष होते हैं। जैसे व्यक्तिगत लाभ, समूह के हितों पर आधारित लाभ, डिवीजन प्रॉफिट और कारपोरेट प्रॉफिट। सेक्टोरल अथवा कारपोरेट किसी भी आधार पर प्रॉफिट का लक्ष्य अधिकाधिक लाभ अर्जन होता है। आज के युग में हरबर्ट साइमन द्वारा प्रतिपादित 'सैटिसफाइंग प्रोपोजीशन' विश्व परिवेश के अन्तर्गत धनी एवं गरीब देशों के अन्तर्सम्बन्धों की कसौटी पर खरा नहीं उतरता है। इसी प्रकार हम यह भी देखते हैं कि काल मार्क्स ने श्रमिक वर्ग के भीतर से विरसन की भावना के निराकरण हेतु समाजवादी उत्पादन व्यवस्था का जो सुझाव दिया था, वह चीन जैसे समाजवादी देश में चरितार्थ होता हुआ नहीं दिखता है। तीसरी दुनिया में यद्यपि राजनीतिक एवं आर्थिक प्रभावों में पर्याप्त भिन्नता पाई जाती है, तथापि वहां भी स्वस्थ उत्पादकीय स्थितियों का निर्माण अभी तक नहीं हो पाया है। फल यह होता है कि वहां पर भी संगठन यूटिलिटेरियन और कलकुलेटिव मोटिव से प्रभावित रहता है। कुछ दृष्टियों से हम यह भी उपकल्पना कर सकते हैं कि राज्य स्वयं ही एक आर्थिक संस्था है, जिसके क्रिया-कलाप अधिकार मूलक अभिप्रेरकों से प्रभावित होते हैं। इस प्रकार अन्त में हम कह सकते हैं कि अभिप्रेरकों के आर्थिक निर्धारण अपने साथ कुछ ऐसी वास्तविकताओं को लिए रहते हैं, जिन्हें गैर आर्थिक अभिप्रेरणाओं के प्रतिपादक समाज वैज्ञानिक पूर्णतया नजरअन्दाज कर देते हैं। फलस्वरूप इस प्रकार के समाज वैज्ञानिकों द्वारा अभिप्रेरणा की सही तस्वीर नहीं खींची जाती है।

उपर्युक्त तीनों प्रकार के अभिप्रेरकों के विवेचन के पश्चात् अन्त में हम इस निष्कर्ष पर पहुंचते हैं कि मानवीय प्राणी को अपनी मंजिल तक पहुंचने के पूर्व बहुत सी विसंगतियां और असमंजसयुक्त स्थितियों का सामना करना पड़ता है। हीजेन वर्ग द्वारा प्रतिपादित अनिश्चितता का सिद्धान्त और कुह्न द्वारा नवीन पैराडिज्म के विकास हेतु जिस प्रत्यय का प्रतिपादन किया गया, उनसे अन्ततोगत्वा सिस्टम के प्रत्यय का विकास हुआ। सिस्टम थिंकिंग का मूल तन्त्र यह है कि स्ट्रक्चर के स्थान पर प्रोसेस पर अधिक बल दिया जाए। यदि ज्ञान की उत्पत्ति एनालिसिस या विश्लेषण के द्वारा होती है, तो समझदारी की उत्पत्ति सिस्टम थिंकिंग के द्वारा होती है, समझदारी का जितना ही अधिक विकास होगा, उतना ही मानवीय क्रिया-कलापों के प्रति प्रसंगवादी उपागम के अपनाने की प्रवृत्ति पैदा होगी।

दूसरे शब्दों में एकाफ द्वारा प्रतिपादित प्रणाली उपागम और प्रोफेसर नितीश रंजन डे द्वारा प्रतिपादित मार्फोजेनिसिस के प्रत्यय के आधार पर हम लोगों को यह विश्वास करने की प्रेरणा मिलती है कि हमें उन अंतिम कारकों के संबंध में परेशान होने की आवश्यकता नहीं है, जिसके द्वारा 'सुपरमैन' के कानसेप्ट का निर्माण होता है। हम प्रत्येक वस्तु को एक ही समान निश्चयात्मकता के साथ नहीं जान सकते हैं। किन्तु साथ ही यह बात भी निश्चित है कि हमारी समझदारी की सीमा–रेखा दिन प्रतिदिन बढ़ती जाती है।

उपर्युक्त वैचारिक पृष्ठभूमि में हम इस दृष्टिकोण का प्रतिपादन कर सकते हैं कि बहुत से डिटरमिनिस्टिक लाजिक जिन्हें हम पैकेजडील 'साइकॉलोजिकल फेनामेना' तथा 'एकोनामिक रीयलिटी' आदि प्रत्ययों के अन्तर्गत डील करते हैं, हमारी समझदारी का कुछ विस्तार तो अवश्य करते हैं, किन्तु उनके आधार पर पूर्ण समझदारी का विकास नहीं होता है। इसका एक प्रमुख कारण यह है कि मानवीय अभिप्रेरणाओं को अभी तक हम पूरी तरह से समझ नहीं पाये हैं, तथापि इस संबंध में हमारा ज्ञान बहुत अल्प भी नहीं कहा जा सकता है।

एकाफ का यह मत है कि आज के युग में मॉडर्न कारपोरेट सेक्टर के पूर्ण विकास हो जाने के कारण, मशीन युग के संगठन का प्रतिस्थापन कारपोरेशनों के द्वारा होने लगा है। आज का कार्पोरेशन एक आर्गेनिज्म के समान हो गया है, जिसमें एक उद्देश्यपूर्ण सिस्टम के रूप में विकसित होने की पर्याप्त क्षमता है। प्रबंध द्वारा अभिप्रेरणा के संबंध में प्रतिपादित विभिन्न विचारधाराएं अपनी–अपनी दृष्टि से कुछ महत्वपूर्ण स्थान रखती हैं, किन्तु इनके आधार पर किसी विशाल आर्थिक निगम की अभिप्रेरणाओं का विश्लेषण नहीं किया जाता है। इसमें संदेह नहीं कि कुछ अंश में अभिप्रेरणाओं का संबंध कार्य संस्कृति से है, किन्तु साथ ही हम इस तथ्य को भी नजरअंदाज नहीं कर सकते हैं कि आर्थिक कारकों का भी अभिप्रेरणाओं पर प्रभाव पड़ता है। वैसे बहुत से सामाजिक वैज्ञानिकों और कुछ अर्थशास्त्रियों ने सामाजिक स्थितियों में विद्यमान उन आर्थिक कारकों को नजरअंदाज कर दिया है जिनका अभिप्रेरणा से अति निकट का संबंध है।

जब हम तेल बहुल मिडिल ईस्ट देशों के आर्थिक विकास का गम्भीरता से अध्ययन करें तो यह बात अपने आप स्पष्ट हो जाएगी कि नव मार्क्सवादियों ने कार्पोरेट व्यवहारों के ज्ञान की वृद्धि में महत्वपूर्ण योगदान दिया है। फलस्वरूप आज हम मारक्यूज[23] के इस ऑब्जर्वेशन को नहीं भूल सकते हैं कि आज के युग के प्रौद्योगिक विकास में 'मैन और मशीन' के संबंधों में बहुत अधिक रहस्यमयता का समावेश कर दिया है इसका प्रभाव न केवल उत्पादन प्रक्रिया यह पड़ा है वरन् कार्य संस्कृति भी रहस्यमय होती जा रही है। इसके कारण एक दमनकारी संस्कृति का जनन हुआ है, जिसने मानवीय चेतना, आत्मस्वातन्त्रय और आत्मनिष्ठा को प्रभावित किया है।

मनोवैज्ञानिक डिटरमिनिज्म की विचारधाराएं, चाहे उनका प्रतिपादन सोशल साइकालोनिस्ट के द्वारा किया गया हो अथवा साइकोएनलिस्ट के द्वारा किया गया हो, के द्वारा मानवीय प्राणियों के आन्तरिक जगत में कुछ परिवर्तन लाने में सहायता मिलती है। कुछ मनोवैज्ञानिकों ने उस ऐतिहासिक प्रक्रिया पर भी विशेष बल दिया गया है, जो मनोवैज्ञानिक प्रक्रियाओं के निर्माण में अपना विशिष्ट योगदान देती है। काकर ने 'चाइल्डहुड और सोसायटी' के संबंध में किए गए अपने मनोवैज्ञानिक अध्ययन को 'साइको सोशल डिस्कवरी' करार किया है। स्पष्टतया इरिक इरिक्सन की परम्परा में यह एक महत्वपूर्ण योगदान है।[24] इसके बावजूद स्किनर ने टेक्नोलॉजी ऑफ बिहैवियर का जो विवरण दिया है, वह स्वयं अपने में एक बिहैवियरल और मोटिवेशनल मॉडल है, जो आपरेण्ट कण्डीसनिंग की प्रौद्योगिकी पर आधारित है, जिसके माध्यम से एक टेलरमेड परसन का निर्माण बिहैवियरल टेक्नोलॉजी के द्वारा किया जा सकता है।

वैरेन वेनिस[25] ने आर्गनाइजेशन फ्यूचर की थीम को विशेष रूप से स्पष्ट करते हुए संगठन के मेटाफर के पोटेण्ट वैलू पर विशेष बल दिया है। किन्तु उनके विश्लेषण के अन्तर्गत आर्थिक संगठन

के भीतर भी जटिलताओं का विस्तृत रूप से विवरण नहीं दिया गया है। उन्होंने संगठनात्मक डायनमा की वास्तविकताओं के अध्ययन का तो अध्यापन का प्रयास किया है, जिसके अन्तर्गत नेतृत्व की कठिनाइयां भी सम्मिलित हैं, किन्तु आधुनिक संगठनों में निहित खतरों का गहराई पूर्वक अध्ययन नहीं किया गया है। यदि उन्होंने यह अध्ययन किया होता तो उन्हें मानवीय अभिप्रेरणाओं की अस्थिर विशेषताओं का भली-भांति ज्ञान हो जाता। संगठनात्मक अभिप्रेरणा के संबंध में सम्यक जानकारी हेतु हारवर्ड के प्रेसीडेण्ट की हैसियत से डेरेक वाक[26] की रिपोर्ट का उल्लेख भी समीचीन होगा, उनके अनुसार कम्पनी के लक्ष्यों को परिभाषित करना अति कठिन कार्य है। यद्यपि प्रबंध यह चाहता है कि कम्पनी का क्रमबद्ध रूप से विकास हो और अधिकाधिक लाभ का अर्जन हो, किन्तु इन लक्ष्यों की प्राप्ति तभी सम्भव है, जबकि कम्पनी के कर्मचारियों के कल्याणार्थ अधिकाधिक समय का व्यय हो, और उसके फलस्वरूप सन्तुष्ट श्रम समुदाय का निर्माण हो। इन स्थितियों में प्रबंध का अस्तित्व केवल अंश धारकों के हितों के रक्षण के लिए ही विद्यमान नहीं होगा, उनकी ग्राहकों, कर्मचारियों एवं समुदाय के अन्य सदस्यों एवं सरकार के प्रति भी जिम्मेदारी होगी है। वास्तव में आज बहुत सी कम्पनियों के प्रबंधकों का ध्यान इस बात की ओर आकर्षित हो रहा है कि वे अपनी कम्पनी के स्वार्थों की पूर्ति हेतु ही अधिकाधिक प्रयास न करें वरन् सम्पूर्ण स्वतन्त्र उद्यम प्रणाली की रक्षा करें। इस हेतु कम्पनी से बाहर आन्तरिक शहरी जीवन के विकास हेतु बेरोजगारों के प्रशिक्षण हेतु और समाज की अन्य सामाजिक बुराइयों के निराकरण हेतु प्रयास करें। इन अपेक्षाओं की पूर्ति के पश्चात् ही संगठनात्मक जीवन में सम्यक अभिप्रेरणा का विकास सम्भव हो सकेगा।

गुर्र के अनुसार कर्मचारियों के मूल्यों और प्रत्याशाओं तथा संगठनात्मक मूल्यों और क्षमताओं के बीच कुछ अंतर अवश्य विद्यमान रहता है। इस अन्तर के कारण भी बहुत सी अभिप्रेरणात्मक समस्यायें उदित होती हैं। संगठन में कार्यरत व्यक्तियों और संगठनात्मक प्रणाली के अंगों के बीच कुछ मत-वैभिन्य अवश्य रहता है। यदि मानवीय प्राणियों का व्यवहार सामाजिक व्यवस्था के अनुसार प्रभावित होता है तो यह लाजिक भी सत्य है कि कुछ मानवीय प्राणी सामाजिक व्यवस्था का निरूपण कर सकते हैं। दूसरे शब्दों में यह कहा जा सकता है कि संगठन के परिप्रेक्ष्य में अभिप्रेरणा के दो पक्ष हो सकते हैं, मानवीय प्राणियों के कार्य व्यवहारों के द्वारा सम्पूर्ण संगठन में अभिप्रेरणा और गति पैदा हो सकती है और दूसरी ओर संगठन के क्रियाकलापों के द्वारा मानवीय प्राणियों को अभिप्रेरणा की प्राप्ति हो सकती है।

अभिप्रेरणात्मक विचारधाराएं

औद्योगिक परिवेश में मनोवैज्ञानिकों और व्यवहार वैज्ञानिकों का सर्वाधिक महत्वपूर्ण योगदान अभिप्रेरणा के क्षेत्र में रहा है। 1960 के आस-पास प्रबंध के प्रति अपनाये जाने वाले व्यवहार वैज्ञानिक अभिगम के अन्तर्गत अभिप्रेरणा के एक नवीन वैचारिक आधार भूमि के निर्माण हेतु सोचा जाने लगा। फलस्वरूप अभिप्रेरणा हेतु नवीन प्रविधियों का प्रयोग प्रारम्भ हुआ। इस संबंध में सर्वप्रथम हम मैक्ग्रीगर का नाम ले सकते हैं, जिसके द्वारा प्रतिपादित 'एक्स' और 'वाई' थ्योरी के द्वारा अभिप्रेरणा के परम्परागत उपागम से वर्तमान उपागम का आविर्भाव हुआ। मैक्ग्रीगर ने मानवीय मनोवैज्ञानिक अब्राह्म मास्लो द्वारा प्रतिपादित आवश्यकताओं के उत्क्रम के प्रत्यय को भी कार्य अभिप्रेरणा के अन्तर्गत प्रयोग किया। इसके पश्चात् फेडरिक हर्जवर्ग द्वारा प्रतिपादित दो कारक विचारधारा आती है। उन्होंने इस तथ्य का प्रतिपादन किया कि अभिप्रेरणाओं के निरूपण में केवल दो कारकों हाइजिन-मेण्टेनेंस का ही मुख्य योगदान होता है। इसके पश्चात् विक्टरब्रूम ने कार्य अभिप्रेरणा हेतु एक वैकल्पिक इक्सपेक्टेंसी थ्योरी का प्रतिपादन किया। आगे चलकर उस मॉडल को पोर्टर और लालर ने और अधिक तराश दिया और उनके द्वारा प्रतिपादित 'इक्विटी थ्योरी' इस परिप्रेक्ष्य में नवीनतम विकसित विचारधारा है।

अभिप्रेरणा संबंधी इन विचारों को लूथान ने एक ग्राफिक ढंग से निम्नलिखित रूप में प्रस्तुत किया है :

कार्य अभिप्रेरणा का वैचारिक विकास

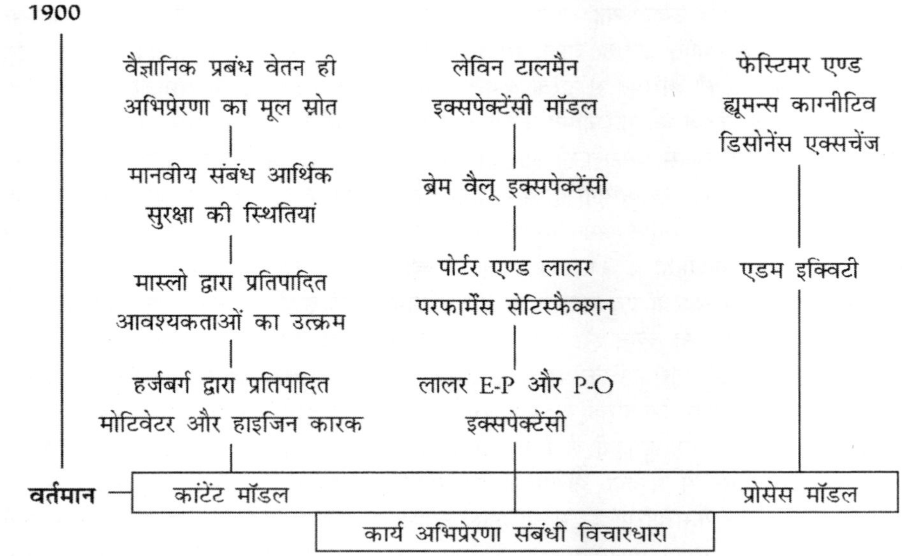

स्रोत : एफ लूथान आर्गनाइजेशनल बिहैवियर, सेकण्ड एडीशन, पृ. 406.

विभिन्न अभिप्रेरणात्मक विचारधाराओं का एक संक्षिप्त विवरण नीचे दिया गया है :

कार्य अभिप्रेरणा की काण्टेण्ट मूलक विचारधाराएं

इस प्रकार की विचारधाराओं के द्वारा इस बात को परिभाषित करने का प्रयास किया गया है कि अभिप्रेरणा क्या है? प्रारम्भ में यह महसूस किया जाता था कि मुद्रा ही अभिप्रेरणा का मूल स्रोत है (वैज्ञानिक प्रबंध की विचारधारा)। आगे चलकर यह बात महसूस की गई कि कार्यदशाएं, सुरक्षा और पर्यवेक्षण हेतु प्रदर्शित जनतान्त्रिक शैली अभिप्रेरणा का मूलभूत स्रोत हैं। इससे आगे चलकर मास्लो और हर्जवर्ग के द्वारा इस क्षेत्र में कुछ और महत्वपूर्ण योगदान किया गया। इन योगदाताओं के कार्यों का संक्षिप्त विवरण नीचे दिया जा रहा है :

मास्लो द्वारा प्रतिपादित आवश्यकताओं की उत्क्रम संबंधी विचारधाराएं

मास्लो ने अपने एक प्राचीन एवं महत्वपूर्ण लेख (1943) में अभिप्रेरणा की एक विचारधारा के कुछ प्रमुख तत्वों का निरूपण किया।[27] उसकी मान्यतायें कुछ चिकित्सकीय प्रयोगशाला संबंधी अनुभवों पर मुख्य रूप से आधारित थीं। उन्होंने एक व्यक्ति की अभिप्रेरणात्मक आवश्यकताओं को एक उत्क्रम में संजोया। उनकी मुख्य मान्यता यह थी कि एक बार यदि कोई निश्चित आवश्यकता की पूर्ति हो जाती है तो उससे उच्चस्तर की आवश्यकता क्रियाशील हो विभाजित किया : 1. शारीरिक आवश्यकताएं, 2. सुरक्षा संबंधी आवश्यकताएं, 3. प्यार अथवा सामाजिक आवश्यकताएं, 4. आत्म प्रतिष्ठा संबंधी आवश्यकताएं, 5. सेल्फ एक्चुयलाइजेशन संबंधी आवश्यकताएं।

शारीरिक आवश्यकताएं न्यूनतम स्तर की आवश्यकतायें हैं। इस प्रकार की आवश्यकताओं के अन्तर्गत भूख और प्यास आदि से संबंधित आवश्यकताएं आती हैं। इसके बाद सुरक्षा संबंधी आवश्यकताएं आती हैं। प्यार संबंधी आवश्यकताओं के अन्तर्गत प्यार एवं दूसरों से संबंध स्थापन

संबंधी आवश्यकताएं आती हैं। आत्म-प्रतिष्ठा संबंधी आवश्यकता के अन्तर्गत प्रस्थिति एवं अधिकार प्राप्ति संबंधी आवश्यकताएं आती हैं। सबसे उच्चस्तर की आवश्यकता है 'सेल्फ एक्चुयलाइजेशन' अथवा अपनी इच्छानुसार कार्य करने की आवश्यकता। कोई भी व्यक्ति अपनी शक्तियों की अनुभूति से अभिप्रेरित होता है। औद्योगिक परिवेश में इस विचारधारा को बहुत ही व्यापक रूप से मान्यता प्राप्त हुई है। वास्तविक कार्य स्थिति में न्यूनतम स्तर की आवश्यकता सुरक्षा संबंधी आवश्यकता अभिकर्मी के कार्य एवं वरिष्ठता की सुरक्षा है। प्यार संबंधी आवश्यकता के अन्तर्गत किसी मित्रता पूर्ण कार्य समूह से संबंध स्थापन की आवश्यकता आती है। सम्मान संबंधी आवश्यकता का तात्पर्य प्रस्थिति एवं पदोन्नति संबंधी इच्छा से है। सबसे ऊपर 'सेल्फ एक्चुयलाइजेशन' संबंधी आवश्यकता आती है, इसका अर्थ है अपने 'स्वयं' के प्रतिबिम्बों के अनुसार अर्जन करने की इच्छा। इस विचारधारा में नीचे के स्तर की आवश्यकताओं पर विशेष ध्यान केन्द्रित किया गया, जिनकी अधिकाश संगठनों में उपेक्षा होती थी। इस विचारधारा के अन्तर्गत इस तथ्य का स्पष्ट रूप से प्रतिपादन किया गया कि नीचे के स्तर की आवश्यकताओं की पूर्ति के बिना किसी संगठन के अभिकर्मियों को ऊपर के स्तर की आवश्यकताओं को क्रियाशील नहीं बनाया जा सकता है। मास्लो द्वारा प्रतिपादित मूल लेख में इस विचारधारा के सत्यापन हेतु कुछ आनुभविक तथ्य प्रस्तुत किए गए थे। उनका यह विचार था कि इसके द्वारा भविष्य की गवेषणाओं का मार्ग निर्धारित होगा। उन्होंने अपने मॉडल की कुछ कमियों को स्वीकार किया और यह भी स्वीकार किया था कि ये आवश्यकताएं चेतन-अचेतन दोनों प्रकार की हो सकती हैं। किन्तु मैक्ग्रीगर ने इस विचारधारा की सटीकता का बहुत ही सशक्त ढंग से प्रतिपादन किया।[28] वास्तव में इस विचारधारा का सत्यापन बहुत ही कठिन है। क्योंकि इसके पक्ष एवं विपक्ष में बहुत ही कम आनुभविक तथ्य उपलब्ध हैं।

इस विचारधारा के समर्थक पोर्टर[29] के द्वारा भी कुछ आनुभाविक तथ्य प्रस्तुत किए गए। चेतन स्तर पर उन्होंने शारीरिक आवश्यकताओं के अतिरिक्त अन्य सभी आवश्यकताओं का मापन किया। यद्यपि सैम्पल्स का चयन प्रबंधकों में से किया गया किन्तु इस अध्ययन का क्षेत्र बहुत ही व्यापक था। इस प्रकार के सैम्पल्स 14 देशों से चुने गए, जिनमें यू.एस.ए. भी एक था। इस अध्ययन के कुछ बहुत ही महत्वपूर्ण परिणाम निकले : 1. संयुक्त राज्य अमेरिका और ब्रिटेन में (शेष 12 देशों में नहीं) आवश्यकताओं की सन्तुष्टि एक उत्क्रमीय स्तर पर होती थी (जैसा कि मास्लो ने प्रतिपादित किया था), 2. वे आवश्यकताएं, जो सभी स्तर के प्रबंधकों द्वारा सर्वाधिक महत्वपूर्ण समझी जाती थीं, उनकी पूर्ति अन्य आवश्यकताओं की सन्तुष्टि के पश्चात् ही होती थी। इस क्रम में वीर[30] द्वारा महिला लिपिकीय अभिकर्मियों के संबंध में किए गए एक अध्ययन का उल्लेख भी अत्यन्त अभिरुचि पूर्ण होगा। उनका यह स्पष्ट मत था कि अभिप्रेरणाओं की उत्पत्ति आवश्यकताओं की सन्तुष्टि से ही नहीं होती है, वरन् कार्य प्रक्रिया के अन्तर्गत आवश्यकताओं की सन्तुष्टि से अभिप्रेरणाओं का जनन होता है। उनका यह भी निष्कर्ष था कि सहभागी नेतृत्व के द्वारा अपेक्षाकृत एक उच्चस्तर की आवश्यकताओं की पूर्ति हेतु अपेक्षित पर्यावरण तैयार होता है (सेल्फ एक्चुयलाइजेशन, आटोनामी और सेल्फ इस्टीम)। किन्तु वीर ने इस तथ्य को भी स्वीकार किया कि यदि श्रमिकों को अपनी आवश्यकताओं को एक उत्क्रम में संजोने के लिए बाध्य किया जाए तो उनकी आवश्यकताएं मास्लो द्वारा प्रतिपादित मॉडल के अनुसार ही संजोई जाएंगी। उनका यह भी निष्कर्ष था कि सेल्फ एक्चुयलाइजेशन, आटोनामी और सामाजिक मान्यता संबंधी आवश्यकताएं अपेक्षाकृत अधिक महत्वपूर्ण हैं, और आत्मश्लाघा तथा सुरक्षा संबंधी आवश्यकताएं अपेक्षाकृत कम महत्वपूर्ण हैं। किन्तु उनके अध्ययन से यह बात भी स्पष्ट हो गई कि आवश्यकताओं की सन्तुष्टि और नेतृत्व की शैली का अभिप्रेरणा हेतु कोई विशेष महत्व नहीं है।

मास्लो की विचारधारा के संबंध में कुछ बहुत ही क्रमबद्ध अध्ययन किए गए।[31] प्रथम अध्ययन क्लार्क के द्वारा किया गया। इसके अन्तर्गत प्रत्येक स्तर पर आवश्यकताओं को क्रियाशील करने एवं उनकी सन्तुष्टि हेतु प्रयास किया गया। उक्त अध्ययन द्वारा प्राप्त निष्कर्षों के आधार पर उत्पादकता अनुपस्थिति एवं श्रम प्रत्यावर्तन के संबंध में बहुत ही आसानी से भविष्यवाणी की जा सकती है। दूसरा अध्ययन लालर और पोर्टर के द्वारा किया गया। इन विद्वानों ने प्रबंधकों की आवश्यकताओं और उनकी निष्पत्ति के बीच सहसंबंध स्थापन का प्रयास किया। सभी महत्वपूर्ण आवश्यकताओं में पारस्परिक संबंध (Correlation Significant) पाए गए। इस अध्ययन के आधार पर यह निष्कर्ष निकला था कि उच्चस्तर की आवश्यकताएं कार्य निष्पत्ति से अपेक्षाकृत अधिक संबंधित होती हैं और निम्नस्तर की आवश्यकतायें अपेक्षाकृत कम संबंधित होती हैं। किन्तु इस प्रकार का अन्तर बहुत अधिक महत्वपूर्ण नहीं होता है।

सब कुछ मिलाकर इस विचारधारा की सबसे बड़ी कमी यह है कि किसी भी संगठन में उच्चस्तर की आवश्यकतायें निम्नस्तर की आवश्यकताओं की सन्तुष्टि हेतु प्रतीक्षा नहीं करती हैं। सभी प्रकार की आवश्यकताएं एक ही साथ क्रियाशील रहती हैं।

अभिप्रेरणा संबंधी दो कारकीय विचारधारा

1965 में हर्जबर्ग और उनके साथियों ने अभिप्रेरणा के संबंध में एक महत्वपूर्ण अध्ययन किया। उन्होंने मास्लो द्वारा प्रतिपादित 'आवश्यकता' के प्रत्यय को अपने अध्ययन के अन्तर्गत यथावत प्रयुक्त किया। 'क्रिटिकल इंसीडेण्ट टेकनिक' का प्रयोग करते हुए उन्होंने कार्य स्थिति में व्यक्तियों द्वारा अनुभूत सन्तुष्टि एवं असन्तुष्टि के संबंध में तथ्यों का संग्रह किया। इस प्रकार से संकलित तथ्यों के विश्लेषण से यह ज्ञात हुआ कि कार्य की कुछ विशेषताओं के द्वारा सन्तुष्टि का अनुभव होता है और कुछ अन्य विशेषताओं के द्वारा असन्तुष्टि का अनुभव होता है। सामान्यतया व्यक्ति कार्यनिष्पत्ति से सन्तुष्टि की प्राप्ति करते हैं और कार्य की असन्तोषप्रद स्थिति से असन्तोष की प्राप्ति करते हैं, पर यह बात पूर्णतया निश्चित नहीं थी कि कार्य की सन्तोषप्रद स्थितियां सदैव सन्तुष्टि ही प्रदान करेंगी। इस प्रकार सन्तुष्टि एवं असन्तुष्टि दोनों ही कारकों से संबंधित तथ्य एक-दूसरे के पूर्णतया विलोम नहीं हैं। स्वास्थ्य के क्षेत्र में अपने पूर्व अर्जित अनुभवों की पृष्ठभूमि में हर्जबर्ग ने दो कारक विचारधारा का प्रतिपादन किया। उन्होंने विभिन्न आवश्यकताओं को हाइजिन (वे कारक जो सन्तुष्टि का विरोध करते हैं) और मोटिवेटर्स, (वे कारक जो विधायी अभिप्रेरणा प्रदान करते हैं) नामक दो कारकों के अन्तर्गत विभाजित किया। हाइजिन कारकों के अन्तर्गत आने वाले कुछ महत्वपूर्ण चर हैं : 1. वेतन, 2. कार्यदशाएं, 3. कम्पनी की नीतियां, 4. पर्यवेक्षण, 5. और कार्य समूह इत्यादि। मोटिवेटर कारक के अन्तर्गत आने वाले कुछ प्रमुख चर हैं : 1. उपलब्धि, 2. तरक्की, 3. विकास, 4. जिम्मेदारी, 5. मान्यता, 6. स्वयं कार्य। हर्जबर्ग ने शारीरिक आवश्यकताओं को आर्थिक आवश्यकताओं के अन्तर्गत ही रखा और विकास संबंधी आवश्यकताओं को वास्तविक मानवीय आवश्यकताएं करार दिया। उन्होंने कार्य के अन्तर्गत निहित कारकों को विकासात्मक आवश्यकताएं करार दिया और कार्य परिवेश-जन्य कारकों को ऐसी आवश्यकतायें करार की, जिनकी असंतुष्टि से व्यक्ति में असन्तोष जनित होता है। किन्तु यदि इस प्रकार की आवश्यकताओं को उनके न्यूनतम स्तर से अधिक अंश में पूरा किया जाएगा तो उससे सन्तुष्टि में कुछ वृद्धि नहीं होगी। किसी व्यक्ति की इन आवश्यकताओं की सम्यक् रूप से पूर्ति नहीं होती तो उसे असन्तुष्टि की अनुभूति होगी, किन्तु एक निश्चित सीमा से अधिक भी यदि उनकी पूर्ति होगी तो सन्तुष्टि अनुभूत नहीं होगी। दूसरी ओर कार्य के अन्तर्गत निहित चरों की मात्रा में वृद्धि के साथ-साथ सन्तुष्टि की अनुभूति में भी वृद्धि होती जाएगी। इन कारकों को अभिप्रेरणात्मक कारक कहा जाता है। इन कारकों के कारण मुख्य रूप से सशक्त अभिप्रेरणा एवं उच्च कार्य सन्तुष्टि की प्राप्ति होती है। इस विचारधारा के द्वारा कार्य प्रबंधकों के इस महत्वपूर्ण प्रश्न का उत्तर मिल जाता है कि आनुषंगिक

लाभ में एक सीमा से अधिक वृद्धि के बावजूद कर्मचारियों की कार्य अभिप्रेरणा में वृद्धि क्यों नहीं होती है। आनुषंगिक लाभ का संबंध हाइजिन कारकों से है। अतः न्यूनतम स्वीकृत स्तर से अधिक भी यदि इन कारकों की सन्तुष्टि होगी तो कार्य अभिप्रेरणा में वृद्धि नहीं हो सकती। हर्जबर्ग, मास्लो एवं अन्य व्यवहार-वैज्ञानिकों ने इस तथ्य को आधारभूत रूप से स्वीकार कर लिया है कि मानव मात्र की आवश्यकताएं एक-दूसरे से भिन्न होती हैं। धनी व्यक्ति पैसे से संबंधित आवश्यकताओं को बहुत कम महत्व देते हैं। और गरीब लोग इस आवश्यकता को सर्वाधिक महत्व प्रदान करते हैं।

हर्जबर्ग की विचारधारा के आलोचकों का यह कथन है कि इस विचारधारा का सत्यापन केवल धनी समाजों में ही हो सकता है। हर्जबर्ग ने वेतन एवं प्रस्थिति को हाइजिन कारकों के अन्तर्गत रखा है, जबकि वास्तविक जीवन में यह देखा जाता है कि साधारण कार्यसमूह इन दोनों कारकों को सर्वाधिक महत्व प्रदान करता है। दूसरी ओर कुछ बहुत ही महत्वपूर्ण अध्ययनों के द्वारा इस विचारधारा का समर्थन किया गया। उदाहरणार्थ एविन[32] ने एक अध्ययन के आधार पर यह निष्कर्ष निकाला कि कार्य के आन्तरिक कारकों का संबंध सन्तुष्टि से होता है और बाह्य कारकों का संबंध असन्तुष्टि से होता है। फ्रिडलेण्डर[33], मायर्स[34] और सलेह[35] ने भी अपने अध्ययनों के आधार पर इस विचारधारा का सत्यापन किया। किन्तु ब्रूम और मायर्स[36] तथा कान्ह[37] ने इस विचारधारा की बहुत ही कड़ी आलोचना की है। इनकी आलोचना दो कारकों पर आधारित है :

1. केवल एक विशेष अध्ययन विधि के प्रयोग के द्वारा ही इस विचारधारा का सत्यापन हो सकता है।
2. सन्तुष्टिकारी कारकों एवं असन्तुष्टिकारी कारकों के बीच बहुत स्पष्ट विभेद रेखा नहीं खींची जा सकती।

हर्जबर्ग की विचारधारा का सत्यापन विभिन्न सांस्कृतिक परिवेशों में किया गया है। भारतीय परिवेश के इस प्रकार का अध्ययन लाहिरी एवं श्रीवास्तव[38] के द्वारा किया गया है। उनके अध्ययनों से यह बात सत्यापित नहीं हो पाई कि मोटिवेटर्स अथवा कार्य के अन्तर्गत निहित कारक ही अभिप्रेरणा के मुख्य स्रोत हैं। इस संबंध में दूसरा महत्वपूर्ण अध्ययन दयाल और सैयदेन[39] के द्वारा किया गया है। उन लोगों ने अपने अध्ययन में हर्जबर्ग द्वारा प्रयुक्त अध्ययन विधि का प्रयोग किया। इन लोगों ने 40 पुरुष छात्रों से साक्षात्कार किया, जिनके पास प्राविधिक और गैर प्राविधिक योग्यताएं विद्यमान थीं। अध्ययन से ज्ञात हुआ कि कार्य के अन्तर्गत निहित कारक या मोटिवेटर्स सन्तुष्टि के स्रोत हैं और कार्य के बाहर निहित कारक या हाइजिन कारक असन्तुष्टि के स्रोत थे। किन्तु राव[40] ने 60 बैंक मैनेजरों का अध्ययन कर यह निष्कर्ष निकाला कि दो कारक विचारधारा का सत्यापन भारतीय परिवेश में नहीं किया जा सकता है।

इस प्रकार हर्जबर्ग द्वारा प्रयुक्त अध्ययन पद्धतियों से इतर पद्धतियों से किए गए हर्जबर्ग एवं मास्लो की विचारधाराओं में एकरूपता को तो अवश्य स्वीकार किया गया, किन्तु भारतीय अध्ययनों के द्वारा हर्जबर्ग की विचारधारा की सामान्यता पर अत्यधिक सन्देह व्यक्त किया गया है। यह बात बहुत अंश में ठीक ही है कि धनी समाजों में यह विचारधारा सटीक उतरती है, पर भारत जैसे आर्थिक दृष्टि से गरीब समाजों में, जहां अधिकांश लोगों की शारीरिक आवश्यकताओं की ही सन्तुष्टि नहीं हो पाई है, हाइजिन और मोटिवेटर दोनों कारकों का अभिप्रेरणा की दृष्टि से समान महत्व है।

हर्जबर्ग और मास्लो की विचारधाराओं में बहुत अंश में समानता है। इस बात का स्पष्टीकरण चित्र के माध्यम से होता है।

चित्र से स्पष्ट है कि दोनों ही विचारधाराओं में कुछ समानता है, किन्तु इसके बावजूद दोनों विचारधाराओं में पर्याप्त अंश में एक-दूसरे से भिन्नता भी है। मास्लो का यह कथन है कि कोई असन्तुष्ट इच्छा अभिप्रेरक बन सकती है, किन्तु हर्जबर्ग का यह कथन है कि केवल उच्च स्तर की

आवश्यकताएं ही अभिप्रेरकों की श्रेणी में आती हैं। इस संबंध में यह बात भी उल्लेखनीय है कि चूंकि उच्च श्रेणी के अभिकर्मियों की अधिकांश आवश्यकताएं सन्तुष्ट हो जाती हैं, अतः उच्चस्तर की आवश्यकताएं ही अभिप्रेरणात्मक कारण बन जाती हैं। किन्तु कुछ ब्ल्यू कलर के श्रमिकों के मामलों का अध्ययन कर हर्जबर्ग ने यह निष्कर्ष निकाला था कि निम्न स्तर की आवश्यकताओं की विशिष्ट प्रतिक्रिया है। किन्तु उन्होंने व्यक्तिगत विभेदों का संबंध कार्य निष्पत्ति से जोड़ने का प्रयास नहीं किया। अतः हम लोग कुछ प्रोसेस मॉडलों पर आपूर्ति के पश्चात् भी केवल उच्चस्तर की आवश्यकताएं ही अभिप्रेरणात्मक कारक बन पाती है :

हर्जबर्ग एवं मास्लो की विचारधाराओं में एकरूपता

मास्लो		हर्जबर्ग
सेल्फ एच्युलाजेशन प्यार एवं सामाजिक क्रिया	अभिप्रेरक	कार्य, उपलब्धि, विकास के अवसर जिम्मेदारी, पदोन्नति, मान्यता प्रस्थिति
सेफ्टी एवं सिक्योरिटी	हाइजिनक कारक	अंतर्वैयक्तिक संबंध, पर्यवेक्षण साथी अधीनस्थ प्राविधिक पर्यवेक्षण कंपनी की नीति और प्रशासन
आधारभूत शारीरिक आवश्यकताएं		कार्य की सुरक्षा कार्य दशाएं वेतन एवं दशाएं वेतन एवं व्यक्तिगत जीवन

स्रोत : डेविस कीथ, ह्यूमन रिलेशन ऐट वर्क; पृ. 37

कार्य अभिप्रेरणा संबंधी ब्रूम की इक्सपेक्टेंसी थ्योरी

इक्सपेक्टेंसी थ्योरी का प्रारम्भ लेविन के कार्यों से होता है। लेविन ने बैलेंस के प्रत्यय का प्रयोग किया। जिसका अर्थ है किसी कार्य का आकर्षण, जिसके द्वारा 'इक्सपेक्टैंसी' का जनन होता है। हॉलमैन के अनुसार इसे किसी कार्य की विषयात्मक सम्भावना कहा जा सकता है, जिससे किसी फल की प्राप्ति होती है। इक्सपेक्टेंसी थ्योरी के अन्तर्गत सम्प्रेषण की प्रक्रिया की व्याख्या हेतु बैलेंस और इक्सपेक्टेंसी के गुणात्मक योग का उपयोग किया गया है। यद्यपि एडवर्ड, पीक, राथर ने भी इस प्रकार के इक्सपेक्टेंसी मॉडल का निरूपण किया। किन्तु अभिप्रेरणा के संबंध में सर्वाधिक विख्यात 'इक्सपेक्टेंसी थ्योरी' का निरूपण एटकिंसन के द्वारा किया गया। उनके अनुसार अभिप्रेरणा = मोटिव x इक्सपेक्टेंसी x इन्सेण्टिव। इस आधार पर एटकिंसन एवं उनके साथियों के द्वारा कई गवेषणाएं की गई हैं। आगे चलकर ब्रूम ने एक नवीन अभिप्रेरणात्मक मॉडल का विकास किया जो बहुत कुछ एटकिंसन के फार्मूले पर ही आधारित थी। उन्होंने अभिप्रेरणा को एक प्रक्रिया के रूप में परिभाषित किया, जहां पर कि गई कार्य विकल्पों में से एक व्यक्त द्वारा जो कार्य चुना जाता है वह उस मनोवैज्ञानिक घटनाओं से संबंधित होता है जो व्यवहार के साथ ही घटित होती है।

ब्रूम द्वारा प्रतिपादित इक्सपेक्टेंसी मॉडल

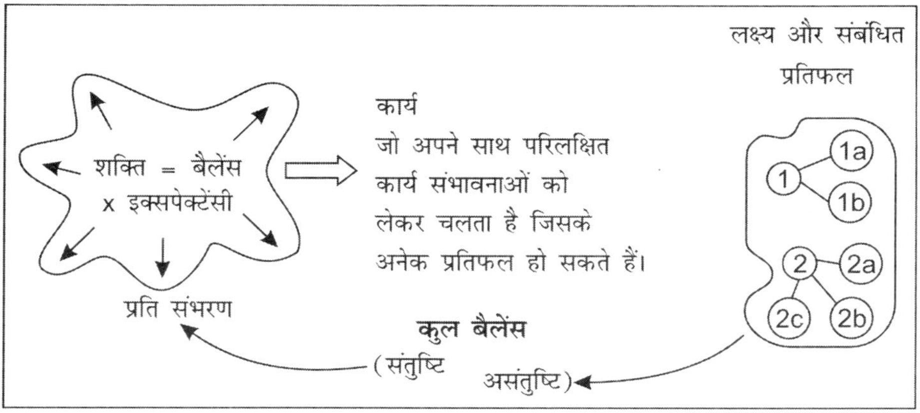

स्रोत: डुनेट एम.डी., दि मोटिव्स ऑफ इण्डस्ट्रियल मैनेजर्स, आर्गनाइजेशनल बिहैवियर एंड ह्यूमन परफारमेंस मई 1967, पृ. 178.

उपर्युक्त चित्र में एक व्यक्ति को एक इकाई के रूप में प्रतिपादित किया गया है, जिसकी अनेक भूमिकाएं हैं, और उन भूमिकाओं को प्रथम स्तर का प्रतिफल कहा जा सकता है। इन प्रतिफलों के चयन में वह इस बात से विशेष रूप से प्रभावित होता है कि ये प्रतिफल उसके द्वितीय स्तर के प्रतिफलों से किस प्रकार संबंधित हैं। प्रथम स्तर के प्रतिफलों में वरीयता के निर्धारण हेतु ब्रूम ने दो प्रत्ययों का प्रयोग किया है : 1. बैलेंस, 2. इक्सपेक्टेंसी। बैलेंस का अर्थ होता है व्यक्ति द्वारा किसी विशेष प्रतिफल को वरीयता देने के पीछे छिपी शक्ति। इक्सपेक्टेंसी का अर्थ इस विश्वास के पीछे निहित शक्ति है कि किसी विशिष्ट कार्य के साथ कोई विशिष्ट प्रतिफल जुड़ा होगा। 'इक्सपेक्टेंसी' और 'इंस्ट्रूमेंटलिटी' में अन्तर यह है कि 'इन्स्ट्रूमेंटलिटी' द्वितीय स्तर के प्रतिफल और प्रथम स्तर के प्रतिफल को एक दूसरे से जोड़ती है। दूसरे शब्दों में 'इक्सपेक्टेंसी' एक सम्भावना है जो 0 से 1 तक की रेंज में फैली है, जिससे यह अनुमान लगता है कि किसी विशेष कार्य का कोई विशिष्ट प्रतिफल होगा। 'इंस्ट्रूमेंटलिटी' के द्वारा उस डिग्री का बोध होता है, जहां तक कि प्रथम स्तर का प्रतिफल द्वितीय स्तर के प्रतिफल की प्राप्ति में समर्थ होता है। हण्ट और हिल ने इस बात को एक उदाहरण देते हुए इस प्रकार समझाया है कि मान लीजिये कि कोई व्यक्ति पदोन्नति चाहता है, और यह महसूस करता है कि उच्चकोटि की निष्पत्ति के द्वारा इस लक्ष्य की प्राप्ति में विशेष सहायता मिलती है तो उसके प्रथम स्तर का प्रतिफल होगा उच्चकोटि की निष्पत्ति, सामान्य निष्पत्ति या निम्नकोटि की निष्पत्ति, उसके द्वितीय स्तर का प्रतिफल है पदोन्नति। इस प्रकार उसके प्रथम स्तर का प्रतिफल अर्थात् उच्च निष्पत्ति, द्वितीय स्तर की निष्पत्ति अर्थात् पदोन्नति से जुड़कर विधायी 'बैलेंस' की प्राप्ति कर लेगा। इस प्रकार ब्रूम ने इक्सपेक्टेंसी और बैलेंस के गुणात्मक संबंध के द्वारा अभिप्रेरणा की अभिव्यक्ति की है : मोटिवेशन = बैलेंस x इक्सपेक्टेंसी।

ब्रूम द्वारा प्रतिपादित अभिप्रेरणात्मक मॉडल में इस बात पर विशेष बल दिया जाता है कि विभिन्न प्रकार की अभिप्रेरणाओं का भिन्न-भिन्न व्यक्तियों पर अलग-अलग प्रभाव पड़ता है। कुछ अंश तक इस मॉडल के द्वारा व्यक्तिगत अभिप्रेरणाओं और संरचनात्मक लक्ष्यों का भी परीक्षण होता है। अत: इस मॉडल में यह अनुमान नहीं लगाया गया कि विशेष प्रकार की आवश्यकता की सन्तुष्टि का प्रभाव संगठनात्मक लक्ष्यों पर एक विशेष प्रकार का होगा। पर उसके अन्तर्गत यह अनुमान अवश्य लगाया गया है कि द्वितीय स्तर के प्रतिफल का कर्मचारी पर क्या प्रभाव पड़ेगा? इसके अन्तर्गत इस बात का पता लगाने का भी प्रयास किया गया है कि प्रथम स्तर के प्रतिफल की प्राप्ति

की इंस्ट्रूमेण्टलिटी क्या है? और प्रथम स्तर के प्रतिफल को प्रभावित करने हेतु कर्मचारी की प्रत्याशाएं क्या हैं?

इस मॉडल की सटीकता के परीक्षण[41, 42, 43, 44, 45] कई विद्वानों ने किया। फिली, हाउस और कर[46] ने इस संबंध में किए गए बहुत से अध्ययनों के आधार पर यह निष्कर्ष निकाला है कि :

1. सामान्य रूप से वैलू, इक्सपेक्टेंसी थ्योरी से संबंधित प्रत्येक चर कुछ अध्ययनों के अन्तर्गत अच्छी भविष्यवाणी करने की शक्ति रखते हैं, किन्तु अन्य अध्ययनों के अन्तर्गत ऐसी शक्ति नहीं प्रगट होती है,
2. सर्वाधिक एक रूप एवं विधायी उपलब्धि यह 'इक्सपेक्टेंसी' थी कि निष्पत्ति के द्वारा बाह्य पुरस्कार की प्राप्ति होगी और आंतरिक सन्तुष्टि स्वयं कार्य से ही मिलेगी,
3. 'इक्सपेक्टेंसी' के मापन से ज्ञात होता है कि बाह्य पुरस्कार में निर्धारित मूल्य के आधार पर भविष्यवाणी की शक्ति में इस स्थिति की अपेक्षा कोई वृद्धि नहीं होती है, जबकि रिवार्ड के साथ कोई मूल्य न जुड़कर केवल यही प्रत्याशा जुड़ी हुई है कि निष्पत्ति के द्वारा पुरस्कार मिलता है, यह विचारधारा कुछ शर्तों, भूमिका निर्वाह के कुछ प्रत्यक्षीकरण तथा कांटिजेण्ट रिवार्ड के सही ढंग से अनुमान से प्रभावित होती है।

लूथान के अनुसार काण्टेण्ट थ्योरी की अपेक्षा 'इक्सपेक्टेंसी थ्योरी' की सटीकता के अपेक्षाकृत अधिक सुदृढ़ आधार हैं, किन्तु इसके बावजूद इस संबंध में कुछ अधिक गवेषणा की आवश्यकता है।

वास्तव में मास्लो और हर्जबर्ग की भांति ब्रूम की थ्योरी को प्रसिद्धि नहीं प्राप्त हो सकी है। औद्योगिक प्रतिष्ठानों में कार्यरत प्रबंधकों के लिए ब्रूम की विचारधारा को समझना और उसका प्रयोग करना कठिन है और हर्जबर्ग तथा मास्लो की विचारधाराओं का प्रयोग अपेक्षाकृत आसान है। वैचारिक दृष्टिकोण से ब्रूम मॉडल के अन्तर्गत कार्य अभिप्रेरणाओं की जटिलताओं को मान्यता प्रदान की जाती है और यह सही दिशा में एक कदम है। किन्तु अभिप्रेरणात्मक समस्याओं के सुलझाव में इसके द्वारा विशेष सहायता नहीं मिलती है। पीटर लालर और हॉकमैन के अनुसार इक्सपेक्टेंसी मॉडल केवल एक मॉडल है और उसके अतिरिक्त कुछ नहीं है। व्यक्ति शायद ही कभी बैठ कर अपने व्यवहार के प्रत्याशित फलों की सूची बनाता है, उनकी 'इक्सपेक्टेंसी' और 'वैलू' का अनुमान करता है और सभी को गुणा करके एक निष्कर्ष निकालता है। वास्तव में कोई व्यक्ति इस प्रकार के कार्य तभी सम्पादित करता है जबकि उससे किसी गवेषक द्वारा इस प्रकार के कार्य हेतु आग्रह किया जाता है। तथापि यह बात भी सत्य है कि लोग अपने कार्य के सम्भावित प्रतिफलों पर विचार करते हैं, वे विभिन्न विकल्पों के आकर्षणों की तुलनात्मक व्याख्या करते हैं, और इन बातों के आधार पर उनके निर्णय बहुत अंश में प्रभावित होते हैं।[47]

अन्त में हम यह कह सकते हैं कि यह मॉडल अभिप्रेरणात्मक प्रक्रियाओं की जटिलता को ही अभिव्यक्त करता है, पर प्रबंधकों को इन समस्याओं के सुलझाव हेतु कोई व्यावहारिक सुझाव नहीं देता है।

पोर्टर एण्ड लालर

इक्सपेक्टेंसी का एक संशोधित मॉडल-ब्रूम मॉडल के अन्तर्गत प्रस्थिति कार्य एवं निष्पत्ति के संबंधों को ठीक से नहीं निरूपित किया जाता है। अतः इस मॉडल को पोर्टर एण्ड लालर द्वारा और अधिक संशोधित किया गया तथा सन्तुष्टि एवं निष्पत्ति के बीच सीधा संबंध स्थापित करने का प्रयास किया गया। इस अभिगम में दो अपेक्षाओं की पूर्ति पर बल दिया गया। 1. प्रयास एवं निष्पत्ति के बीच एक संबंध परिलक्षित होना चाहिए। दूसरे शब्दों में यदि आप उच्चतर प्रयास एवं अभिप्रेरणा से कार्य करते हैं तो निष्पत्ति पर इसका स्पष्ट एवं विधायी प्रभाव पड़ना चाहिए, 2. निष्पत्ति एवं पुरस्कार के बीच

भी एक संबंध स्थापित होना चाहिए। दूसरे शब्दों में उच्चतर निष्पत्ति के बदले में अपेक्षाकृत उच्चतर पुरस्कार की प्राप्ति होनी चाहिए।[48]

यद्यपि कार्य अभिवृत्ति एवं कार्य निष्पत्ति के बीच संबंध स्थापन हेतु इस मॉडल के अन्तर्गत प्रयास अवश्य किया गया किन्तु यह मॉडल बहुत ही जटिल है।

उपर्युक्त मॉडल के चर हैं : 1. पुरस्कार का मूल्य (कार्यस्थिति में व्यक्ति के व्यवहारों के प्रतिफल का आकर्षण), 2. परिलक्षित प्रयास, 3. प्रयास (किसी कार्य की उपलब्धि हेतु व्यय की शक्ति), 4. व्यक्ति की योग्यतायें, 5. भूमिकाओं का परिलक्षण (व्यक्ति किस प्रकार अपनी भूमिकाओं को परिभाषित करता है) : किसी कार्य को प्रभावपूर्ण ढंग से सम्पादन हेतु उसके द्वारा यह अनुभूति कि किस प्रकार का प्रयास होना चाहिए, 6. निष्पत्ति (व्यक्ति अपने कार्य द्वारा जिस उद्देश्य की पूर्ति करना चाहता है, उस उद्देश्य की प्राप्ति में व्यक्ति की सफलता), 7. पुरस्कार (वह अभीष्ट लाभ जो व्यक्ति स्वयं अपने या दूसरों के प्रयासों से प्राप्त करना चाहता है), 8. परिलक्षित न्यायोचित पुरस्कार (पुरस्कार की वह मात्रा जिसे व्यक्ति अपने कार्यों द्वारा न्यायोचित रूप से प्राप्त कर सकता है), 9. सन्तुष्टि : वह सीमा जहां तक वास्तविक रूप से प्राप्त लाभ से व्यक्ति द्वारा परिलक्षित न्यायोचित लाभ की पूर्ति होती है। पोर्टर और लालर ने इन चरों के बीच स्थापित संबंधों के प्रदर्शन का प्रयास किया है और इस प्रयास के द्वारा कार्य-सन्तुष्टि की प्रक्रिया की व्याख्या की है। साथ ही साथ कार्य सन्तुष्टि एवं पुरस्कार के मूल्य के बीच प्रतिसंभरण भी स्थापन करने का प्रयास किया है। इस मॉडल के आधार पर की गई गवेषणाओं के द्वारा उन लोगों ने संगठन की प्रभावोत्पादकता हेतु अनेक संस्तुतियां की हैं। उनके अनुसार संगठन को परंपरागत सन्तुष्टि की सीमा से आगे बढ़ना चाहिये और संभावित पुरस्कार एवं प्रतिफल के मूल्यों का परिमापन करना चाहिए। उच्च स्तर के पुरस्कार एवं कार्य द्वारा भूमिकाओं के सहभाजन से ऐसी संभावनाओं का पता लगाया जा सकता है, जिनके द्वारा पुरस्कारों को विधायी रूप से मूल्यांकित किया जाता है। संगठनों को कार्य सन्तुष्टि[49] विषयक तथ्यों की प्राप्ति के साथ ही साथ इस बात पर भी अपना ध्यान केन्द्रित करना चाहिये कि सन्तुष्टि के स्तर एवं निष्पत्ति के स्तर किस प्रकार एक-दूसरे से संबंधित हैं। उन्हें अपने पुरस्कार संबंधी कार्यों का परीक्षण करना चाहिये और ऐसे कार्य व्यवहारों को अपनाने का भी प्रयास करना चाहिये, जिनके द्वारा एक निरन्तरता के आधार पर कर्मचारियों की अभिवृत्तियों का नियन्त्रण किया जा सके।

अभिप्रेरणा के संबंध में आगे चलकर लालर के द्वारा एक दूसरा मॉडल प्रस्तुत किया गया। उक्त मॉडल के अन्तर्गत उन्होंने वेतन के प्रश्न का बहुत ही विस्तृत रूप से अध्ययन किया। उस मॉडल के अनुसार कार्य अभिप्रेरणा (किसी निश्चित स्तर पर कार्य निष्पत्ति हेतु अभिप्रेरणा) का निर्धारण मुख्य रूप से दो चरों के द्वारा होता है। विषयात्मक सम्भावनाएं, जिसके द्वारा यह विश्वास किया जाता है कि प्रयास के द्वारा निष्पत्ति की प्राप्ति होगी (बॉक्स 1); और विश्वासों का एक क्रमबद्ध रूप, जिसके द्वारा यह अनुमान किया जाता है कि निष्पत्ति के अपेक्षित स्तर तक कार्य करने पर प्रतिफल क्या होगा और इस प्रकार के प्रतिफल का बैलेंस क्या होगा (बॉक्स 2)। विषयात्मक सम्भावनाओं पर कर्ता के आत्मसम्मान का प्रभाव पड़ता है, (बॉक्स 3)। इसके अतिरिक्त उसके पहले के व्यक्तिगत रूप से परिलक्षित अनुभवों का भी उस पर प्रभाव पड़ता है (बॉक्स 4)। इस मॉडल के द्वारा इस तथ्य की व्याख्या की जाती है कि वेतन किस प्रकार व्यवहार को अभिप्रेरित करता है।

इसमें सन्देह नहीं कि कार्य अभिप्रेरणा हेतु प्रयुक्त यह जटिल मॉडल, अभिप्रेरणात्मक प्रक्रिया को अपेक्षाकृत और अच्छे ढंग से समझने की दिशा में किया गया एक प्रयास है। किन्तु इस मॉडल की वास्तविक व्यवहार में परिणति एक कठिन कार्य है। स्वयं लालर ने इस मॉडल के प्रयोग हेतु कोई विशिष्ट मार्गदर्शन नहीं किया है। अतः स्पष्ट रूप से यह ज्ञात नहीं हो पाता है कि किस प्रकार

वेतन के द्वारा व्यवहार अभिप्रेरित होते हैं। इस संबंध में किए गए कई अध्ययनों का पुनरीक्षण कर वे इस निष्कर्ष पर पहुंचते हैं कि : 1. वेतन एक सीमा तक निष्पत्ति पर आधारित होता है, 2. जहां वेतन निष्पत्ति पर आधारित होता है वहां वेतन के महत्व के संबंध में कोई भी कथन कार्य निष्पत्ति से संबंधित होता है, 3. कार्य निष्पत्ति बहुत ही सशक्त ढंग से अभिवृत्तियों तथा निष्पत्ति एवं प्रतिफल के संबंध में विकसित विश्वासों के गुणात्मक योग पर आधारित होती है, 4. निष्पत्ति एवं प्रतिफल के संबंध में जनित विश्वास बहुत ही सशक्त ढंग से भविष्य की निष्पत्तियों से संबंधित होते हैं। भूत एवं वर्तमान की निष्पत्तियों से उनका संबंध अपेक्षाकृत कम होता है।

अन्त में स्वयं लालर के ही शब्दों में, यदि हम इस मॉडल के द्वारा किसी व्यक्ति के व्यवहारों की भविष्यवाणी करने का प्रयास करेंगे और उस व्यक्ति के वर्तमान संबंधों के परसेप्सन से संबंधित सभी पक्षों के संबंध में यदि हम पूर्ण तथ्यों को एकत्रित करेंगे, तब भी हम सटीक ढंग से व्यवहारों की भविष्यवाणी नहीं कर पायेंगे। क्योंकि यह मॉडल बहुत ही जटिल है और इसके द्वारा सटीक भविष्यवाणी नहीं हो सकती है।

इक्विटी थ्योरी

इस विचारधारा का निरूपण के. स्टैंसी, एडम के द्वारा किया गया है। यह बहुत अंश में संज्ञान पर आधारित अभिप्रेरणात्मक विचारधारा है। इसके अन्तर्गत 'व्यक्ति' (कोई भी व्यक्ति जिसके लिए समानता या असमानता का अस्तित्व विद्यमान है) और 'दूसरे व्यक्ति' (कोई भी व्यक्ति जिसके साथ प्रथम व्यक्ति अपने संबंधों का आदान-प्रदान करता है, अथवा जिसके साथ वह अपनी तुलना करता है) की शब्दावली का प्रयोग किया गया है। एडम के अनुसार कोई व्यक्ति असमानता का बोध उस समय करता है, जबकि उसे यह अनुभूति हो कि उसके निवेश और प्रतिफल के बीच जो अनुपात है वह दूसरे व्यक्ति के निवेश एवं प्रतिफल के बीच निहित अनुपात के समान नहीं है। यदि कोई व्यक्ति यह महसूस करता है कि उसके निवेश एवं प्रतिफल का अनुपात दूसरे व्यक्ति द्वारा किए गए निवेश एवं प्रतिफल के समान नहीं है, तो वह समानता स्थापित करने का प्रयास करेगा। इस प्रकार समानता स्थापन हेतु किए गए प्रयास के द्वारा ही कार्य अभिप्रेरणा की व्याख्या की जाती है। एडम के अनुसार इस प्रकार की अभिप्रेरणा की व्याख्या अनेक प्रकार से की जा सकती है। उदाहरणार्थ कोई व्यक्ति समानता स्थापन हेतु निवेश एवं प्रतिफल में परिवर्तन ला सकता है, अथवा[50] वह व्यक्ति जान-बूझकर प्रतिफल अथवा निवेश में कुछ खराबी उत्पन्न कर सकता है। वह उस कार्य को छोड़कर दूसरे कार्य क्षेत्र में जा सकता है।

इक्विटी थ्योरी के संबंध में बहुत से अध्ययन किए गए हैं। इन अध्ययनों के आधार पर फिली हाउस और कर ने निम्नलिखित निष्कर्ष निकाला है :

1. निर्धारित दर से अधिक मजदूरी या वेतन पाने वाले कर्मचारी असमानता को कम करने के लिए और अधिक उत्पादन कर अपने योगदान में वृद्धि करेंगे। यद्यपि बहुत से विशेषज्ञों की इस कथन के प्रति मिश्रित प्रतिक्रिया है, किन्तु अधिक नियन्त्रित अध्ययनों के द्वारा इस कथन की पुष्टि होती है।
2. कार्य के आधार पर मजदूरी प्राप्त करने[51] वाले वे कर्मचारी जिन्हें निर्धारित दर से अधिक मजदूरी दी जाती है, गुणात्मक दृष्टि से अपेक्षाकृत अच्छी किस्म की निष्पत्ति करने का प्रयास करेंगे। यद्यपि इस कथन के प्रति भी बहुत से विशेषज्ञों की मिश्रित प्रतिक्रिया है किन्तु कुछ विशेषज्ञ अपने प्रारम्भिक अध्ययनों के द्वारा इस कथन की पुष्टि करते हैं।
3. निर्धारित दर से कम वेतन या मजदूरी पाने वाले अभिकर्मी निर्धारित मात्रा से कम उत्पादन करेंगे, ताकि पुरस्कार में सन्तुलन स्थापन हो सके। इस कथन के प्रति भी मिश्रित प्रतिक्रिया है, किन्तु कुछ कथनों के द्वारा इसकी पुष्टि होती है।

4. कार्य के आधार पर मजदूरी पाने वाले वे अभिकर्मी, जिन्हें निर्धारित दर से कम मजदूरी दी जाती है, वे गुणात्मक दृष्टि से अपेक्षाकृत निम्न कोटि की निष्पत्ति करेंगे, क्योंकि निम्न श्रेणी के उत्पादन से निम्न श्रेणी की मजदूरी का सन्तुलन स्थापित हो जाएगा। केवल दो अध्ययनों के द्वारा इस कथन की यथार्थता का परीक्षण किया गया है और दोनों ही अध्ययन इस कथन की पुष्टि करते हैं।

इस प्रकार के अध्ययनों के द्वारा अभिप्रेरणा को समझने की दिशा में प्राप्त योगदान के प्रति कोई सन्देह नहीं किया जा सकता है। किन्तु अन्य विचारधाराओं की भांति यह विचारधारा भी कार्यरत प्रबंधकों को पूर्वानुमान एवं नियन्त्रण करने में सहायता नहीं दे सकती।

कार्य अभिप्रेरणा संबंधी एकीकृत विचारधारा

प्रोफेसर उदय पारिख ने कार्य अभिप्रेरणा के संबंध में एक नवीन मॉडल का निरूपण किया है, जो बहुत अंश में 'काण्टेण्ट' और 'प्रोसेस' मॉडल का एकीकृत स्वरूप है। इस मॉडल के अन्तर्गत संगठनात्मक परिवेश का भी उल्लेख किया गया है, जिसे अन्य मॉडलों में नजरअन्दाज कर दिया गया है।

इस मॉडल के अनुसार कोई व्यक्ति स्वयं अपने उद्देश्यों और आवश्यकताओं को लेकर किसी संगठन में आता है और संगठन के भी स्वयं अपने उद्देश्य एवं लक्ष्य होते हैं। इस प्रकार व्यक्ति एवं संगठन आपस में मनोवैज्ञानिक अन्तर्क्रिया करते हैं, फलस्वरूप व्यक्ति संगठन के साथ एकाकार हो जाता है। इस सम्पूर्ण प्रक्रिया को तीन स्तरों में विभाजित किया जा सकता है :

1. *व्यक्ति की आवश्यकताएं :* व्यक्ति की अनेक आवश्यकतायें होती हैं, जैसे : उपलब्धि, संबंध स्थापन, सामाजिक अन्तर्क्रियायें करना तथा अधिकार की प्राप्ति इत्यादि।[52]
2. *संगठन के साथ अन्तर्क्रिया :* जब कोई व्यक्ति किसी संगठन में कार्य करना प्रारम्भ करता है, तो उसकी आवश्यकताओं एवं संगठन की आवश्यकताओं के बीच उसकी भूमिकाओं के माध्यम से एक अन्तर्क्रिया प्रारम्भ होती है। फलस्वरूप उसकी आवश्यकताओं के बदलते हुए प्रतिमानों एवं उसके कार्य के प्रति समर्पण की भावनाओं के माध्यम से एक नवीन कार्य अभिप्रेरणा का विकास होता है। इस अन्तर्क्रिया के फलस्वरूप उसकी विभिन्न आवश्यकताओं की मूलभूत शक्ति में परिवर्तन उत्पन्न हो जाता है। कार्य अभिप्रेरणाओं का दूसरा स्तर सीधे तौर से दो कारकों के द्वारा प्रभावित होता है। भूमिकाओं की अन्तर्क्रिया का प्रतिमान और भूमिकाओं का प्रत्यक्षीकरण एवं स्वीकृति। इस प्रकार के संगठनों में विभिन्न प्रकार की भूमिकाओं के प्रति एक विशेष प्रकार की अन्तर्क्रिया का प्रतिमान अपनाया जाता है। इसके साथ ही भूमिकाओं के परिलक्षण एवं स्वीकृति का भी महत्व होता है। एक व्यक्ति द्वारा भूमिकाओं की स्वीकृति की सीमा, कार्य के समर्पण में अपना योगदान देती है और व्यक्ति में निहित कुछ मनोवैज्ञानिक आवश्यकताओं पर विशेष बल देती है।
3. *कार्य अभिप्रेरणा :* कार्य अभिप्रेरणा का तृतीय स्तर है तात्कालिक सन्तुष्टि, जो व्यक्ति अपने कार्य से अर्जित करता है। इस प्रकार की अभिप्रेरणा पर व्यक्ति के व्यवहार एवं कार्य निष्पत्ति का प्रभाव पड़ता है। भूमिकाओं की निष्पत्ति जितनी अधिक प्रभावशाली होगी, कार्य अभिप्रेरणा उतनी ही ऊंची होगी। दूसरी ओर भूमिकाओं की निष्पत्ति पर द्वितीय स्तर की कार्य अभिप्रेरणाओं, व्यक्ति की आवश्यकताओं के संशोधित प्रतिमान और कार्य के प्रति उसकी समर्पण की भावना का प्रभाव पड़ता है।

संक्षेप में इस मॉडल के अन्तर्गत कार्य अभिप्रेरणाओं का तीन स्तरों पर निरूपण होता है। व्यक्ति की आवश्यकताओं के प्रतिमानों का निर्धारण प्रथम स्तर पर होता है। दूसरे स्तर पर इन आवश्यकताओं के प्रतिमान संशोधित हो जाते हैं (इस स्तर पर पहुंचने के पूर्व व्यक्ति कुछ दिनों तक संगठन में कार्य कर लिया होता है और उसमें कार्य के प्रति समर्पण की भावना भी कुछ अंश तक

विकसित हो जाती है) फलस्वरूप उसे तीसरे स्तर पर कार्य से सन्तुष्टि की अनुभूति होने लगती है। कार्य अभिप्रेरणाओं के इस विकासक्रम का निर्धारण संगठनात्मक प्रतिमानों के भीतर होता है, जिसमें भूमिकाओं का अत्यधिक महत्व होता है।

इस मॉडल का आधारभूत निहितार्थ यह है कि कार्य अभिप्रेरणाओं के विकास में संगठन की प्रमुख भूमिका होती है। चूंकि व्यक्ति एवं संगठन के बीच अन्तर्क्रियाओं का सम्पादन भूमिकाओं के माध्यम से होता है, अतः इसे अभिप्रेरणा की समस्या पर कार्य हेतु एक आधारभूत इकाई समझा जा सकता है। विश्लेषण की दूसरी महत्वपूर्ण इकाई है संगठन का लक्ष्य। जैसा कि इस मॉडल में दिखाया गया है कार्य अभिप्रेरणाओं को तीन स्तरों पर निरूपित किया जा सकता है। एक संगठन के लिए यह आवश्यक है कि अपने कर्मचारियों की आवश्यकताओं को समझे और साथ ही इस तथ्य से भी अवगत हो कि उसके कर्मचारी संगठन की लक्ष्य निर्धारण प्रणाली को किस रूप में देखते हैं और अच्छे कार्य हेतु पुरस्कृत होने के संबंध में उनकी (कर्मचारियों की) प्रत्याशाओं को समझें। यदि अधिकांश कर्मचारी यह महसूस करने लगेंगे कि किसी संगठन में पुरस्कार का संबंध निष्पत्ति से नहीं होगा तो उनकी अभिप्रेरणाएं बहुत ही निम्न स्तर की हो जाएंगी। इस स्थिति में संगठन को अपने कर्मचारियों की 'इक्सपेक्टेंसी' को ऊंचा उठाने के लिए कुछ करना पड़ेगा और इस बात का भी परीक्षण करना होगा कि इक्सपेक्टेंसी क्यों इतना कम है। कार्य अभिप्रेरणा का दूसरा स्तर है, वह समर्पण की भावना, जो कर्मचारी अपने संगठन के प्रति विकसित करता है और संगठन में कार्य के परिणामस्वरूप विकसित आवश्यकताओं का संशोधित प्रतिमान। वह संगठन जो अपने कर्मचारियों की उपलब्धि एवं अधिकार की प्राप्ति संबंधी अभिप्रेरणाओं की वृद्धि में समर्थ होता है, उसके कर्मचारी अपेक्षाकृत अधिक समर्पित होंगे। अभिप्रेरणाओं का तृतीय स्तर है, सन्तुष्टि की अनुभूति जो कोई कर्मचारी संगठन में कार्य करते हुए प्राप्त करता है। इस प्रकार इस मॉडल के द्वारा यह सुझाव दिया जाता है कि कार्य सन्तुष्टि जो व्यक्ति के समर्पण का आधार है, की प्राप्ति उसी स्थिति में हो सकती है जबकि संगठनात्मक कारकों और व्यक्तिगत कर्मचारी की आवश्यकता दोनों ही कारकों पर एक साथ ध्यान दिया जाए।

कार्य अभिप्रेरणाओं के संबंध में आर्जिरिस की विचारधारा

किस आर्जिरस ने भी अभिप्रेरणाओं के संबंध में अपना एक अभिगम विकसित किया है। उनका यह विश्वास है कि प्रत्येक मानवीय प्राणी के पास मनोवैज्ञानिक ऊर्जा होती है। यदि वह व्यक्ति उस मनोवैज्ञानिक ऊर्जा का इस प्रकार प्रयोग करता है कि उसके उच्चस्तर की आवश्यकताओं की पूर्ति होती है, तो उसे अभिप्रेरणा की प्राप्ति होती है। प्रबंध एवं संगठन दोनों से यह अपेक्षा की जाती है कि इस बात को विशेष महत्व दे। आर्जिरिस ने व्यक्ति की मनोवैज्ञानिक एवं संगठनात्मक जलवायु का संबंध अभिप्रेरणा से जोड़ने का प्रयास किया। अधिकांश स्थितियों में संगठन का स्वरूप एवं उसकी अन्य विशेषताओं का व्यक्ति की आकांक्षाओं पर नकारात्मक प्रभाव पड़ता है। वास्तव में ऐसे बहुत ही कम प्रबंधक होते हैं, जो इस बात पर विचार करने में भी अपने समय का अपव्यय करते हैं कि उनकी नीतियों का सामाजिक प्रभाव क्या पड़ रहा है? फलस्वरूप संगठन की नीतियां व्यक्ति के स्वाभाविक विकास की प्रवृत्तियों से मेल नहीं खाती हैं। आर्जिरस की विचारधारा का सार यह है कि अधिकांश स्थितियों में परम्परागत संगठन परिपक्व व्यक्ति की आधारभूत आवश्यकताओं की पूर्ति नहीं कर पाते हैं। उनके अनुसार संगठन के द्वारा श्रमिकों में कुण्ठा की उत्पत्ति होती है। यह उत्पत्ति तीन युक्तियों के द्वारा होती है : 1. संगठनात्मक संरचना, 2. निर्देशात्मक नेतृत्व एवं 3. प्रबंधकीय नियन्त्रण।[53]

सामान्यतया किसी प्रतिष्ठान की संगठनात्मक संरचना में सम्पूर्ण अधिकार कुछ लोगों के हाथों में केन्द्रित हो जाता है। वे कर्मचारी जो संगठनात्मक उत्क्रम (हायराची) में बहुत ही नीचे के स्तर पर कार्य करते हैं, ऊपर के अधिकारियों के आदेशों से निर्देशित होते हैं। अधिकारों के केन्द्रीकृत होने

की यह प्रवृत्ति निश्चित रूप से एक स्वस्थ प्रवृत्ति नहीं है। उसके द्वारा संगठन में लचीलापन नहीं आता है और वे कर्मचारी जिनके पास कोई अधिकार नहीं होता है, कार्य के प्रति किसी प्रकार की समर्पण की भावना का अपने में विकास नहीं कर पाते हैं।

निर्देशित नेतृत्व का अर्थ है पर्यवेक्षण का परम्परागत तरीका। इस विधि के अन्तर्गत सभी निर्णय ऊपर के अधिकारियों द्वारा लिये जाते हैं और अधीनस्थ अधिकारियों से केवल यही अपेक्षा की जाती है कि उन निर्णयों को क्रियान्वित करें, इस विधि के अन्तर्गत सभी क्रियाकलाप एकरूपता से संचालित होते हैं, किन्तु इसके बावजूद अधीनस्थ अभिकर्मियों की निर्णय करने की क्षमता का ध्यान नहीं रखा जाता है। फलस्वरूप उच्चाधिकारियों की आवश्यकताओं की तो पूर्ति होती है और निम्न श्रेणी के अभिकर्मियों की आवश्यकताओं की पूर्ति नहीं हो पाती है। आर्जिरिस के अनुसार, इस प्रस्थिति के कारण केवल अधीनस्थ अभिकर्मियों की निर्णय करने और पहल करने की क्षमता ही नहीं प्रभावित होती है, वरन् स्वयं संगठन ऐसे अभिकर्मियों की रचनात्मक सलाहों से वंचित रह जाता है।

प्रबंधकीय नियन्त्रण के द्वारा श्रमिकों के पहल करने की क्षमता भी अपेक्षित होती है। सामान्यतया प्रबंध अपने अधीनस्थ अभिकर्मियों की सद्भावनाओं को उपेक्षित कर निर्णय लेता है। उदाहरणार्थ हम बजट निर्माण, मानवीय शक्ति का नियन्त्रण और कार्य-प्रतिमानों के निर्धारण संबंधी कार्यों को ले सकते हैं। यद्यपि इन व्यवस्थाओं का प्रयोग संगठन में एकरूपता स्थापन के नाम पर किया जाता है, किन्तु आर्जिरिस को यह तर्क स्वीकार नहीं है। उनके अनुसार यह प्रवृत्ति संगठन की प्रभावोत्पादकता एवं विकास को बाधित करती है। इसके अतिरिक्त इन उपायों के द्वारा स्थानीय प्रबंधकों और पर्यवेक्षकों का प्रभाव सामान्य श्रमिकों की दृष्टि से बहुत ही कम हो जाता है।

आर्जिरिस के अनुसार एक स्वस्थ संगठन स्वयं ही अपने लक्ष्यों की प्राप्ति में समर्थ होता है। स्वस्थ संगठन में लचीलापन होता है और वह अपनी तथा अपनी परिस्थितियों के संबंध में पूर्ण सूचना रखता है। उसमें किसी चुनौती का सामना करने की शक्ति होती है। स्वस्थ संगठन की परिभाषा मनोवैज्ञानिकों द्वारा स्वस्थ व्यक्तित्व के संबंध में दी गई परिभाषा से बहुत ही मेल खाती है। अत: ऐसे संगठन हेतु जो चीज सर्वाधिक उपयुक्त होती है, वह चीज उसके सदस्यों के लिए भी व्यक्तिगत रूप से सर्वाधिक उपयुक्त होती है। संगठन से केवल यही नहीं अपेक्षा की जाती है कि वह अपने अस्तित्व रक्षण हेतु लाभार्जन करे, वरन् इससे यह भी अपेक्षा की जाती है कि वह समाज के लिए भी अपनी उपयोगिता कायम रखे। यदि कोई संगठन समाज के हेतु अपनी उपयोगिता समाप्त कर देता है तो वह स्वयं अपना भी अस्तित्व समाप्त कर लेगा। आर्जिरिस के अनुसार, एक आदर्श संगठन से केवल यही आशा नहीं की जाती है कि वह लचीला हो और अधिकार ऊपर से नीचे तक प्रवाहित होता रहे, वरन् ऐसे संगठन के सभी अभिकर्मियों को अपनी समस्याओं के निराकरण का अवसर प्राप्त होना चाहिए और अधिकार का विभाजन इस प्रकार होना चाहिए कि समय की मांग के अनुसार वह सर्वाधिक उपर्युक्त प्रमाणित हो सके। दूसरे शब्दों में आर्जिरिस ने व्यक्तिगत एवं संगठनात्मक दोनों ही प्रकार की आवश्यकताओं की पूर्ति पर बल दिया। उन्होंने व्यक्ति और संगठन दोनों की ही आवश्यकताओं को समान महत्व दिया। ऐसे आदर्श संगठनात्मक परिवेश में प्रबंधक से यह अपेक्षा की जाएगी कि वह 'डिक्टेटर' की भूमिका न अदा करे वरन् वह श्रमिकों का प्रतिनिधि बनें। संगठन की संरचना में धीरे-धीरे परिवर्तन होगा। इस परिवर्तन के द्वारा निर्णय करने की केन्द्रीभूत शैली का प्रतिस्थापन सहभागी निर्णय प्रणाली के द्वारा किया जाएगा। किन्तु ये लक्ष्य तभी प्राप्त हो सकते हैं जबकि संगठन और उसके प्रत्येक सदस्य के मानस में एक परिपक्वता का विकास हो। आर्जिरिस के शब्दों में, व्यक्ति की कथनी और करनी में अन्तर होने के कारण अन्तर्वैयक्तिक समस्याओं का जनन होता है। प्रबंधक के वास्तविक व्यवहार और उसके अपेक्षित व्यवहार में अधिकांश स्थितियों में बहुत अधिक अन्तर होता है। इस अन्तर का संगठनात्मक परिवेश के अन्तर्वैयक्तिक संबंधों में अत्यधिक महत्व होता है।

यद्यपि आर्जिरिस का अभिगम अत्यधिक सरल और व्यावहारिक है, तथापि इसकी आलोचना इस आधार पर की जाती है कि उसने कार्य-स्थिति में व्यक्ति के व्यक्तित्व पर अत्यधिक बल दिया और संगठनात्मक संस्कृति के व्यापक परिप्रेक्ष्य को अपेक्षाकृत कम महत्व दिया।

अभिप्रेरणात्मक विचाराधाओं का निष्कर्ष

अधिकांश स्थितियों में व्यक्तिगत निष्पत्तियों में होने वाली भिन्नताओं का संबंध अभिप्रेरणाओं से जोड़ा जाता है। इस परिप्रेक्ष्य में प्रतिपादित विभिन्न विचारधारायें इस तथ्य की पुष्टि करती हैं कि व्यक्ति अपनी आवश्यकताओं और इच्छाओं की पूर्ति हेतु कुछ विशिष्ट प्रकार के क्रिया-कलापों में अपने को संलग्न करता है। व्यक्ति अपनी आवश्यकताओं और लक्ष्यों में भिन्नता के अनुसार अपने व्यवहारों में भी भिन्नता प्रदर्शित करता है। इस तथ्य के स्पष्टीकरण हेतु कई विचारधाराओं का प्रतिपादन किया गया है। उदाहरणार्थ मास्लो[54] ने आवश्यकताओं के उत्क्रम की विचारधारा का निरूपण किया। मरे ने व्यक्ति के भीतर 30 आवश्यकताओं का निरूपण किया है, भूख, काम भावना, अधिकार और उपलब्धि आदि इसके उदाहरण हैं। हर्जबर्ग[55] ने सन्तुष्टि संबंधी कारकों को दो भागों में बांटा है : 1. हाइजिन 2. मोटिवेटर। उन्होंने आगे चलकर इस बात को भी स्पष्ट किया कि 'मोटिवेटर' वे कारक हैं जो व्यक्ति को और अधिक उच्च निष्पत्ति हेतु प्रेरित करती हैं। ब्रूम[56] के अनुसार निष्पत्ति पर योग्यता एवं अभिप्रेरणा दोनों का प्रभाव पड़ता है। जहां तक अभिप्रेरणा का संबंध है, उसकी उत्पत्ति उसी समय हो सकती है, जब कोई व्यक्ति ऐसे क्रिया-कलापों में संलग्न हो, जो उसे अपेक्षित प्रतिफल को प्राप्त कराए। पोर्टर[57] और लालर ने ब्रूम के मॉडल को और अधिक तराश दिया और इस संशोधित मॉडल के माध्यम से अभिवृत्ति एवं कार्य निष्पत्ति के बीच संबंधों का निरूपण किया। इस मॉडल का लालर द्वारा और अधिक विकास किया गया। इस नवीन संशोधित मॉडल के अनुसार कार्य अभिप्रेरणा का निर्धारण मुख्यतया दो प्रकार के चरों के द्वारा होता है; 1. इस प्रकार की विषयात्मक[58] सम्भावनायें कि प्रयास के द्वारा निष्पत्ति की प्राप्ति होगी; 2. इस प्रकार के विश्वासों का योग कि किसी विशेष स्तर की निष्पत्ति का क्या प्रतिफल होगा और इस प्रतिफल का क्या बैलेंस होगा।[59] कुछ व्यवहार वैज्ञानिकों ने व्यक्ति की गत्यात्मकता, व्यवहार प्रतिमान, अभिवृत्ति, अभिप्रेरणा और निष्पत्ति पर संगठन (जिसमें व्यक्ति कार्य करता है) के प्रभावों का अध्ययन करने का प्रयास किया है। इस परिप्रेक्ष्य में कुछ विचारधाराओं का भी निरूपण हुआ है। उदाहरणार्थ लगभग दो दशक से लिकर्ट ने सहभागी प्रबंध और प्रणाली उपागम की विचारधारा का प्रतिपादन किया है। आर्जिरिस ने उस विषयों और साधनों पर विशेष बल दिया जो संगठनात्मक एवं व्यक्तिगत लक्ष्यों को एक-दूसरे से मिला सकें। मैक्ग्रीगर ने अपनी 'एक्स' और 'वाई' थ्योरी के माध्यम से इस तथ्य का प्रतिपादन किया। एक मानवीय प्राणी के रूप में प्रबंधक कुछ विश्वास एवं मान्यताओं का विकास करते हैं जो उनकी प्रबंधकीय शैली एवं नेतृत्व को प्रभावित करती है। माउण्टेन ने उत्पादन प्रबंध एवं कार्मिक प्रबंध के उपागमों के बीच एक सन्तुलन स्थापन हेतु प्रयास किया। कार्मिक सन्तुष्टि एवं उत्पादकीय क्षमता में उसी सीमा तक वृद्धि हो सकती है, जिस सीमा तक इन कारकों के बीच सन्तुलन स्थापित हो। पिछले कुछ वर्षों से प्रबंधकीय शैली, कार्य के स्वरूप तथा कर्मचारियों की शैली के बीच उचित सन्तुलन स्थापन हेतु कुछ विचारधाराओं का निरूपण हुआ है।[60] इन सभी विचारधाराओं ने व्यक्ति और संगठन के बीच एक घनिष्ठ संबंध स्थापन का प्रयास किया। आधारभूत रूप से व्यक्ति स्वतन्त्र रूप से अपने ढंग से कार्य करना चाहता है और संगठन अपने लक्ष्यों और कार्यविधियों के अनुसार व्यक्तिगत अभिकर्मियों के व्यवहारों का नियन्त्रण करना चाहता है। इन दोनों परस्पर विरोधी कारकों में समझौता स्थापन का केवल एक ही रास्ता है, दोनों के बीच की दूरी को कम करना। इस परिप्रेक्ष्य में किए गए कुछ गवेषणात्मक अध्ययनों से इस तथ्य का सत्यापन हुआ है

कि संगठनात्मक जलवायु कर्मचारियों में अभिप्रेरणा के जनन में विशेष सहायक हुई है। भिन्न-भिन्न प्रकार की संगठनात्मक जलवायु में कर्मचारियों में भिन्न-भिन्न प्रकार की अभिप्रेरणा का जनन होता है। इस संबंध में किए गए कुछ गवेषणात्मक अध्ययनों से यह बात स्पष्ट होती है कि किस प्रकार उपलब्धिमूलक अभिप्रेरणा का जनन एक विशेष प्रकार की संगठनात्मक जलवायु में होता है और अधिकारमूलक अभिप्रेरकों का जनन दूसरे प्रकार की संगठनात्मक जलवायु में होता है। संगठन में एक विशेष प्रकार की जलवायु के निर्माण में बहुत से कारकों का योगदान होता है, जैसे प्रबंधकीय शैली, अनुस्थापन प्रक्रिया और कर्मचारियों का प्राथमिक अनुभव। इनमें से कुछ कारकों का प्रबंध द्वारा नियन्त्रण होता है। इस परिप्रेक्ष्य में प्रबंध का प्रथम कर्तव्य है अपनी संगठनात्मक जलवायु का मूल्यांकन करे और तत्पश्चात् उसमें इस प्रकार संशोधन करे कि वह कर्मचारियों की आवश्यकताओं की पूर्ति एवं उनमें समुचित अभिप्रेरणाओं के विकास में सहायक हो।[61]

अभिप्रेरणा की जिन विचारधाराओं के संबंध में अभी तक विचार-विमर्श किया गया है, वे सामान्यतया संज्ञानात्मक मॉडल की हैं। इन मॉडलों का और अधिक विकास करने के लिए और अधिक संज्ञानात्मक विकास की आवश्यकता होगी। कार्य अभिप्रेरणाओं से संबंधित विचारधाराओं के और अधिक विकास हेतु एक अत्यन्त महत्वपूर्ण निवेश 'एट्रिब्यूटशन' संबंधी विचारधारा से आता है। इसका मुख्य संबंध ऐसी संज्ञानात्मक प्रक्रियाओं से होता है, जिनके द्वारा कोई व्यक्ति व्यवहार को संबंधित कार्य परिवेश से जनित (एट्रिब्यूटेड) समझता है। यह विचारधारा इस बात को स्वीकार करती है कि मानवीय प्राणी एक विवेकशील प्राणी होता है और वह अपने संबंधित कार्य परिवेश के कारण मूलक संरचना का पता लगाने का प्रयास करता है। उसमें इस विशिष्ट 'एट्रिब्यूट' की खोज की प्रवृत्ति है।

एट्रिब्यूटशन थ्योरी का निर्माण फ्रिलेण्डर के द्वारा किया गया है। उनका यह विश्वास है कि आन्तरिक (व्यक्तिगत विशेषतायें, जैसे योग्यता प्रयास और थकावट) और बाह्य (पर्यावरण जनित विशेषताएं जैसे नियम और मौसम) एट्रिब्यूट्स ही व्यवहारों का निर्धारण करते हैं। उन्होंने इस बात पर बल दिया कि मानवीय व्यवहारों हेतु परिलक्षित निर्धारकों का वास्तविक निर्धारकों की अपेक्षा अधिक महत्व है। कोई व्यक्ति आन्तरिक गुणों के परिप्रेक्ष्य में जिस प्रकार का व्यवहार करता है, बाह्य गुणों के परिप्रेक्ष्य में उससे इतर ढंग से व्यवहार करने लगता है। इस प्रकार व्यवहारों में होने वाली भिन्नताओं का कार्य अभिप्रेरणा की दृष्टि से अत्यधिक महत्वपूर्ण है।

अभिप्रेरणा का सम्पूर्ण अभिगम एवं इससे संबंधित सभी मॉडल संज्ञान पर आधारित हैं। इसमें सन्देह नहीं कि पोर्टर और लालर द्वारा इक्सपेक्टेंसी मॉडल का जो संशोधित रूप प्रस्तुत किया गया है, उससे अभिप्रेरणा के प्रत्यय के विकास में विशेष सहायता मिली है। किन्तु इस संबंध में सबसे उल्लेखनीय बात यह है कि अभिप्रेरणा के समन्वय में आन्तरिक अभिगमों पर ही ध्यान केन्द्रित करने पर सम्पूर्ण व्यवहारों का पूर्वानुमान नहीं हो सकता है। आन्तरिक अभिगमों के साथ ही बाह्य अभिगमों को सम्मिलित करने के उपरान्त ही अभिप्रेरणा के प्रत्यय का सम्यक विश्लेषण सम्भव है।

कार्य अभिप्रेरणा का प्रबंध

भारतीय श्रमिकों एवं प्रबंधकों की अभिप्रेरणा के संबंध में बहुत से अध्ययन किए गए हैं। इस संबंध में किए गए लगभग 50 अध्ययनों से यह ज्ञात होता है कि जहां श्रमिक सामान्य रूप से मजदूरी, सुरक्षा तथा कार्यदशाओं को अपनी अभिप्रेरणा हेतु विशेष महत्व देते हैं, वहीं पर्यवेक्षक एवं प्रबंधक अपनी पदोन्नति, जिम्मेदारी एवं कार्य के स्वरूप के आधार पर अभिप्रेरित होते हैं। राय और राजा ने पर्यवेक्षकों एवं प्रबंधकों की अभिप्रेरणा के संबंध में किए गए बहुत से अध्ययनों का पुनरीक्षण करने के उपरान्त अभिप्रेरणा के संबंध में निम्नलिखित प्रवृत्तियों का निरूपण किया है :

1. पर्यवेक्षक एवं मध्यम श्रेणी के प्रबंधक हेतु पदोन्नति सबसे महत्वपूर्ण अभिप्रेरणा है और इसी के अभाव में उन्हें सबसे अधिक असन्तोष महसूस होता है।
2. सन्तुष्टि एवं असन्तुष्टि दोनों ही दृष्टियों से मान्यता सर्वाधिक महत्वपूर्ण कार्य-जनित कारक है,
3. कार्य सन्तुष्टि प्रदान करने वाले कारकों में उपलब्धि जिम्मेदारी, दिन प्रतिदिन की जीवन प्रणाली का सर्वाधिक महत्व है।
4. असन्तुष्टिप्रद कारकों में सर्वाधिक महत्वपूर्ण कारक हैं- समुचित संगठनात्मक नीति का अभाव, प्राविधिक रूप से दक्ष एवं नीचे के कर्मचारियों से सहानुभूति रखने वाले पर्यवेक्षकों का अभाव और विकास हेतु उपयुक्त अवसरों का अभाव।
5. वे कार्य जनितकारक जो पर्यवेक्षक एवं प्रबंधकों को सन्तुष्टि एवं असन्तुष्टि प्रदान करते हैं, वे उन कार्य जनित कारकों से भिन्न होते हैं, जो सामान्य श्रमिकों को सन्तुष्टि प्रदान करते हैं। उदाहरणार्थ वेतन और कार्य सन्तुष्टि जो सामान्य श्रमिकों हेतु कार्य सन्तुष्टि के सर्वाधिक महत्वपूर्ण कारक हैं, उच्च अभिकर्मियों की कार्यसन्तुष्टि में उनका बहुत कम महत्व है।
6. प्रबंधक एवं पर्यवेक्षक हेतु जो संतुष्टि कारक के स्रोत हैं, उनमें अन्तर करना अत्यन्त कठिन है। तथापि आवश्यकताओं का दोनों वर्गों के द्वारा जो प्रत्यक्षीकरण होता है, उसमें पर्याप्त भिन्नता पाई जाती है।
7. कार्य की दृष्टि से सार्वजनिक एवं निजी क्षेत्र के प्रबंधकों में कोई विभेद नहीं किया जा सकता है। दोनों ही परिवेशों में कार्यरत पर्यवेक्षक लगभग एक ही प्रकार की अभिप्रेरणाओं से प्रभावित होते हैं। किन्तु इस संबंध में एक प्रमुख उल्लेखनीय बात यह है कि सार्वजनिक क्षेत्र के प्रबंधकों को अभिप्रेरकों के द्वारा अधिक सन्तुष्टि की प्राप्ति होती है और निजी क्षेत्र के अधिशासियों को अभिप्रेरकों के द्वारा केवल असन्तुष्टि की प्राप्ति होती है।
8. कोई भी ऐसे उदाहरण उपलब्ध नहीं हैं; जिनके द्वारा कार्य सन्तुष्टि का प्रतिफलमूलक चरों के ऊपर पड़ने वाले प्रभाव का मापन किया जा सके।
9. न तो व्यक्तिगत चर (अर्थात् शिक्षा, आपका स्तर) और न संगठनात्मक चर (लाइन और स्टाफ की तरह का कार्य टाल/फ्लैट संगठनात्मक संरचना) ही इतने सक्षम पाये गए कि उनका अभिप्रेरणा पर स्पष्ट प्रभाव दिखाई दे।

अभिप्रेरणा का मापन

अभिप्रेरणा के मापन हेतु कई विधियों का प्रयोग किया जाता है। इस संबंध में कभी-कभी प्रश्नों के एक सेट का उपयोग कर यह पता लगाने का प्रयास किया जाता है कि कोई व्यक्ति किस सीमा तक अपने कार्य से आनन्द की अनुभूति कर रहा है। इस संबंध में पूछे गए प्रश्नों को कार्य से संबंधित प्रश्न कहा जाता है। कार्य सन्तुष्टि और कार्य अभिप्रेरणा के संबंध में बहुत से प्रश्न उपलब्ध हैं। व्यक्तियों की मनोवैज्ञानिक आवश्यकताओं के मापन हेतु सेल्फ चेकिंग स्केल का प्रयोग किया जाता है (इसके अन्तर्गत एक व्यक्ति को बहुत से कथनों को चेक करना होता है, जो उस पर अप्लाई करते हैं)। इस आधार पर उसकी विशिष्ट मनोवैज्ञानिक आवश्यकताओं की परीक्षा होती है। इस संबंध में T.A.T. टेस्ट का बहुत ही व्यापक ढंग से प्रयोग किया जाता है। व्यक्ति को कुछ तस्वीरें दिखाई जाती हैं और उनके आधार पर उसे कोई कहानी लिखने को कहा जाता है। इस आधार पर उसके अचेतन स्तर की भावनाओं की अभिव्यक्ति का भी अवसर प्राप्त होता है। अन्त में यह कहा जा सकता है कि कार्य अभिप्रेरणा को एक सामान्य (वर्क सैटिसफैक्शन एण्ड इनवाल्वमेंट) और एक विशिष्ट अर्थ (व्यक्ति की विशिष्ट मनोवैज्ञानिक आवश्यकता) में प्रयोग किया जाता है। इन दोनों अर्थों को उस समय एकीकृत किया जा सकता है, यदि यह बात स्पष्ट हो कि कार्य अभिप्रेरणा का जनन व्यक्ति की मनोवैज्ञानिक आवश्यकता के बदलते हुए प्रतिमान ही होता है। कार्य अभिप्रेरणा

से संबंधित कुछ अभिगमों के अन्तर्गत 'इक्सपेक्टेंसी' या प्रत्याशा तथा 'इन्स्ट्रूमेण्टलिटी' की भूमिका पर विशेष बल दिया जाता है। कुछ अभिगमों के अन्तर्गत कुछ विशिष्ट मनोवैज्ञानिक आवश्यकताओं पर विशेष बल दिया जाता है। 'अचीवमेण्ट' पावर तथा इक्सटेंशन संबंधी आवश्यकताओं का इस परिप्रेक्ष्य में सर्वाधिक महत्व है। कुछ अद्यतन गवेषणाओं से यह ज्ञात हुआ है कि इन आवश्यकताओं का विकास कार्य में परिवर्तन, संगठनात्मक व्यवहारों में परिवर्तन और व्यक्तियों की सहायता हेतु आयोजित विशिष्ट कार्यक्रमों के द्वारा हो सकता है।

जॉब इनरिचमेण्ट

उच्च अथवा निम्न अभिप्रेरणा का एक महत्वपूर्ण स्रोत स्वयं कार्य होता है। औद्योगीकरण एवं वैज्ञानिक प्रबंध की तकनीकों से प्रभावित उत्पादन प्रणाली में कार्य को कई छोटे-छोटे अंशों में बांट दिया जाता है और एक व्यक्ति को कार्य के किसी विशिष्ट अंश के सम्पादन का अवसर प्रदान किया जाता है। यह आशा की जाती थी कि निरन्तर एक कार्य के किसी विशिष्ट और सीधे-साधे अंश का सम्पादन करते हुए व्यक्ति में उक्त कार्य के सम्पादन हेतु अपेक्षाकृत अधिक क्षमता और विशिष्टीकरण का विकास होगा। सिम्पुल टैक्नोलॉजी के अन्तर्गत इस प्रकार की आशा पूरी हो सकती थी, किन्तु लोगों ने यह समझ लिया कि सभी स्थितियों में यही बात लागू होगी। कार्य को टुकड़ों में विभाजन के बहुत से अविधायी पक्ष थे : 1. व्यक्ति कार्य के ऊपर से सभी प्रकार का नियन्त्रण खो बैठा और साथ ही उसके अधिकार या सत्ता की भावना भी समाप्त होने लगी, 2. व्यक्ति एक ही प्रकार का कार्य बार-बार करते हुए अपने में एक नीरसता की अनुभूति महसूस करने लगा, 3. व्यक्ति जब एक मशीन की भांति कार्य के एक छोटे से अंश को बार-बार पूरा करता था तो उसमें लर्निंग और एचीवमेंट की भावना का बिल्कुल विकास नहीं हो पाता था। आगे चलकर लोगों ने यह अनुभूति की कि इस प्रक्रिया ने व्यक्ति को मशीन बना दिया। एक प्रकार से यह डीह्यूमनाइजेशन की एक प्रक्रिया थी।

सम्भवत: हर्जबर्ग उन लोगों में से एक मनोवैज्ञानिक था, जिसने इस पक्ष पर अपना ध्यान केन्द्रित किया। व्यक्तियों के द्वारा जिन कार्यों का सम्पादन होता है, उसके दो प्रकार के कारकों पर उसने ध्यान दिया। कुछ कारक ऐसे होते हैं, जिनकी यदि सन्तुष्टि न हो तो कार्य में असन्तोष की वृद्धि होती है। इसके विपरीत कुछ ऐसे कारक होते हैं जिनकी पूर्ति के पश्चात् व्यक्ति में विधायी सन्तुष्टि की भावना जनित होती है। उन्होंने सन्तुष्टि एवं असन्तुष्टि के बीच एक गुणात्मक अन्तर स्थापित किया। उनके अनुसार कार्य में असन्तुष्टि के अभाव का यह अर्थ नहीं हुआ कि कार्य में सन्तुष्टि की प्राप्ति होगी। अत: किसी संगठन के समक्ष एक समस्या तो असन्तुष्टि को कम करने की होती है और दूसरी समस्या सन्तुष्टि को बढ़ाने की होती है। वे कारक जो सन्तुष्टि में वृद्धि करते हैं, उन्हें उन्होंने हाइजिन का नाम दिया और वे कारक जो सन्तुष्टि में वृद्धि करते हैं, उन्हें उन्होंने मोटिवेटर का नाम दिया।

हर्जबर्ग के अनुसार हाइजिन और मोटिवेटर्स में मुख्य अन्तर यह है कि हाइजिन संबंधी इच्छाओं का संबंध कार्य से नहीं होता है और इसीलिए उन्होंने ऐसे कारकों को 'जॉब कानटेक्स्ट फैक्टर्स' की संज्ञा दी। दूसरी ओर मोटिवेटर्स कार्य से सीधे संबंधित होते हैं, अत: उन्हें 'जॉब कानटेण्ट फैक्टर्स' की संज्ञा दी। दूसरे शब्दों में हर्जबर्ग ने यह प्रस्ताव किया कि स्वयं कार्य को देखने की आवश्यकता है और उन कारकों के विश्लेषण की विशेष आवश्यकता है, जो कार्य को एक सन्तुष्टिप्रद अनुभव बनाता है। हर्जबर्ग के अनुसार ये कारक संगठन की कार्यस्थिति में व्यक्ति की सन्तुष्टि और विकास में योगदान देते हैं। यह विभेद कार्य अभिप्रेरणा के क्षेत्र में ही एक बड़ा योगदान नहीं है, वरन् बहुत से संगठनात्मक व्यवहारों की दृष्टि से भी इस योगदान का विशेष महत्व है।

जैसा कि पहले ही लिखा जा चुका है कि हर्जबर्ग की थ्योरी को 'टू फैक्टर्स थ्योरी' कहा जाता है, इसके आधार पर कार्य को ही व्यक्ति के विकास एवं कुछ आर्गनाइजेशनल व्यवहारों में परिवर्तन हेतु प्रयोग किया जाने लगा। संगठन में हस्तक्षेप के व्यावहारिक अभिगम को 'जॉब इनरिचमेण्ट' कहा जाता है। हर्जबर्ग ने इसे 'वर्टिकल लोडिंग' ऑफ दि जॉब की भी संज्ञा दी। उन्होंने कार्य में अपेक्षाकृत अधिक 'मोटिवर्स' प्रोवाइड करने हेतु इस 'टर्म' का प्रयोग किया। 'इनरिचमेण्ट' की प्रक्रिया के माध्यम से व्यक्ति को कुछ बहुत ही बहुमूल्य चीजें प्रदान की जाती हैं। यदि किसी व्यक्ति के कार्य का इस प्रकार विस्तार कर दिया जाता है कि उसे पूर्वापेक्षा अधिक कार्य करना पड़ता है तो इस प्रक्रिया को 'वर्टिकल लोडिंग न कहकर हारिजेण्टल लोडिंग' कहा जाता है। 'वर्टिकल लोडिंग' के अन्तर्गत कार्य के अन्तर्गत अधिकाधिक अभिप्रेरणा की प्राप्ति होती है। 'जॉब इनरिचमेण्ट' के क्षेत्र में बहुत से प्रयोग किए गए। जाब इनरिचमेण्ट के कार्यक्रम का संचालन कुछ सामान्य सिद्धान्तों के आधार पर होता है। हर्जबर्ग ने इस संबंध में निम्नलिखित सात सिद्धान्तों का निरूपण किया है :

1. अभिकर्मी के ऊपर कार्य की जिम्मेवारी को देते हुए कुछ नियन्त्रण में कमी लाना।
2. व्यक्तिगत रूप से प्रत्येक अभिकर्मी की अपने कार्य के प्रति जिम्मेदारी में वृद्धि करना।
3. एक व्यक्ति को पूरे कार्य की इकाई (डिवीजन, एरिया इत्यादि) के लिये जिम्मेदार बनाना।
4. व्यक्ति को अपने कार्य सम्पादन हेतु और अधिक अधिकार दिया जाना।
5. ऐसी व्यवस्था करना, जिसके अन्तर्गत पीरियाडिक रिपोर्ट सीधे सेवार्थी को ही प्राप्त हो, न कि उसके सुपरवाइजर को।
6. अभिकर्मी को अपेक्षाकृत नवीन और अधिक कार्यों के सम्पादन की जिम्मेदारी दिया जाना।
7. व्यक्तिगत रूप से प्रत्येक अभिकर्मी को कुछ विशिष्ट कार्य सम्पादन की जिम्मेदारी देना ताकि उक्त क्षेत्र में वह विशेषज्ञ बन सके।

हर्जबर्ग का यह सुझाव था कि किसी कार्य को विस्तृत विश्लेषण हेतु स्वीकार किया जाय, ताकि यह पता लग सके कि उक्त कार्य में किस स्तर के अभिप्रेरक विद्यमान हैं और तब कार्य को इनरिच करने हेतु आवश्यक कदम उठाया जाए। हर्जबर्ग ने कार्य के इनरिचमेण्ट हेतु 10 कदमों का निरूपण किया, जिनका विवरण निम्नलिखित है :

1. जॉब इनरिचमेण्ट कार्यक्रम हेतु उचित कार्य का चयन। हर्जबर्ग ने इस उद्‌देश्य की पूर्ति हेतु चार कसौटियों का निरूपण किया : 1. कार्य में प्रगति और विकास हेतु उपयुक्त अवसर विद्यमान होना चाहिये, 2. हाईजिन कारकों के विकास और सुधार में अधिक लागत लगती हो, 3. दूसरे प्रकार के परिवर्तन हेतु जो प्रयास किए गए, उनके द्वारा अभिप्रेरणा के स्तर में कोई विशेष सुधार नहीं हुआ हो, 4. सामान्य अभिकर्मियों में यह विश्वास नहीं जनित हो कि अभिप्रेरणा संबंधी कार्यक्रमों के द्वारा कोई विशेष अन्तर नहीं आने वाला है।
2. जॉब इनरिचमेण्ट का कार्यक्रम उस विश्वास के साथ आरम्भ किया जाए कि कार्य में जो परिवर्तन किया जाएगा उसका अच्छा प्रतिफल मिलेगा।
3. कार्य के इनरिचमेण्ट हेतु एक पूरी सूची बना दीजिए।
4. सम्पूर्ण सूची का पुनरीक्षण कर ऐसे सुझावों को समाप्त कीजिये, जिनके अन्तर्गत हाइजिन कारक संलग्न होते हैं।
5. सूची का पुनरीक्षण पुनः कीजिये और ऐसे सुझावों को हटा दीजिये जो बहुत ही सामान्य कोटि के सुझाव हैं और जिनके आधार पर इस बात का बिल्कुल ही ज्ञान नहीं हो पाता है कि किस प्रकार कोई सामान्य चीज विशिष्ट बन सकती है।
6. सूची का पुनः पुनरीक्षण कीजिये और उन सुझावों को हटा दीजिये, जिनका संबंध ऐसे अतिरिक्त कार्य से है, जो अभिप्रेरक की श्रेणी में नहीं आते हैं,

7. कार्य धारकों के प्रत्यक्ष सहभाजन को समाप्त कीजिये, उनके द्वारा दिए गए किसी विचार को दूसरों तक पहुंचाया जा सकता है और उस विचार का अग्रिम से ही पुनरीक्षण हो सकता है।
8. प्रारम्भ में एक छोटे से नियन्त्रण के प्रयोग से प्रारम्भ कीजिये, न कि पहले पहल ही ऐसे नियन्त्रण संबंधी कार्यक्रम का सहारा लीजिये, जिसका प्रभाव सम्पूर्ण संगठन पर पड़े।
9. कार्य इनरिचमेण्ट हेतु जो नवीन प्रयोग किए जाएंगे, उनका प्रारम्भ में कुछ ऋणात्मक प्रभाव पड़ सकता है, कुछ नवीन समस्यायें भी खड़ी हो सकती हैं, ऐसे परिणामों को भुगतने के लिये तैयार रहना चाहिये।
10. प्रारम्भ में जॉब इनरिचमेण्ट के प्रयोगों के प्रति पर्यवेक्षकों की प्रतिक्रिया भी ऋणात्मक हो सकती है, इस प्रकार के परिणामों को भुगतने के लिये भी तैयार रहना चाहिये। कुछ दिनों के पश्चात् पर्यवेक्षकों की प्रतिक्रिया ऐसे परिवर्तनों के अनुकूल हो जाती है।

विश्व के विभिन्न भागों में किए गए बहुत से प्रयोगों से इस बात की जानकारी प्राप्त होती है कि किस प्रकार 'जॉब इनरिचमेण्ट' के द्वारा कर्मचारियों के अभिप्रेरणात्मक स्तर के विकास में मदद मिलती है। इस प्रक्रिया के अन्तर्गत कार्य को ही कर्मचारियों के विकास एवं उच्चस्तर जिम्मेदारियों के वहन करने की योग्यता के विकास हेतु प्रयोग किया जाता है। यदि एक कार्य के बारे में 'जॉब इनरिचमेण्ट' कार्यक्रम चलाया जाए तो उसका प्रभाव दूसरे कार्यों पर भी पड़ता है। यदि एक कार्य के संबंध में यह कार्यक्रम सफल हो गया तो दूसरे कार्यों के संबंध में भी यह सफल हो सकता है।

अभिप्रेरणा का प्रबंध

किसी संगठन में हस्तक्षेप हेतु कार्य अभिप्रेरणा की एकीकृत विचारधारा का प्रयोग किया जा सकता है। इस मॉडल का आधारभूत निहितार्थ यह है कि कार्य अभिप्रेरणा का विकास किसी संगठनात्मक परिवेश में ही हो सकता है। व्यक्ति और संगठन के बीच होने वाली अन्तर्क्रिया कार्य अभिप्रेरणा के विकास में प्रमुख रूप से योगदान देती है। यह अन्तर्क्रिया भूमिका के माध्यम से होती है। संगठन में व्यक्तियों की जो भूमिकायें होती हैं, उन्हें अभिप्रेरणा की समस्याओं पर कार्य हेतु उपादेय इकाइयों के रूप में प्रयोग किया जा सकता है। इण्टरवेंशन स्ट्रेटजीज के नियोजन हेतु भूमिकाओं का विश्लेषण और कार्य अभिप्रेरणा के विकास में उसके योगदान का अंकन बहुत ही उपयोगी होगा।

संगठन के स्तर पर सबसे महत्वपूर्ण चर है, संगठन की अभिप्रेरणात्मक जलवायु। किसी संगठन का प्रबंधक स्वयं ही यह प्रश्न कर सकता है कि उसके संगठन में किस प्रकार की अभिप्रेरणात्मक जलवायु का प्रसार है। इस तरह किसी विशेष प्रकार की क्लाइमेट को समझने के लिए यह आवश्यक है कि संगठन के अन्तर्गत 'रेन फोर्सिंग मेकानिज्म' और गोल सेटिंग पर विशेष ध्यान दिया जाए। उदाहरणार्थ यह प्रश्न पूछा जा सकता है कि क्या संगठन के अन्तर्गत उत्तम निष्पत्ति को पुरस्कृत करने की प्रणाली अपनाई जाती है, अथवा बुरी निष्पत्ति को दण्डित करने की प्रणाली अपनाई जाती है। इस प्रकार ऋणात्मक अथवा धनात्मक 'रेनफोर्सिंग मेकानिज्म' के द्वारा बहुत अंश में अभिप्रेरणात्मक जलवायु का निर्धारण होता है। इस संबंध में यह प्रश्न भी उल्लेखनीय है कि किस कार्य को दण्डित या पुरस्कृत किया जा रहा है। यदि एक संगठन में उपलब्धि को पुरस्कृत किया जा रहा है जो ऐसी जलवायु में कार्य क्षमता में वृद्धि होगी। इसके विपरीत उन संगठनों में जहां पर निर्भरता और अनुकूलता को पुरस्कृत किया जाएगा, वहां की जलवायु अधिकाधिक अधिकारमूलक हो जाएगी तथा बहुत से क्लिक वहां निर्मित हो जाएंगे। इसी प्रकार लक्ष्य निर्धारण के कार्य के ऊपर भी विशेष ध्यान देने की आवश्यकता है। प्रश्न यह है कि लक्ष्य का निर्धारण किस प्रकार और किस लेबल पर होगा। क्या लक्ष्य ऊपर के स्तर पर निर्धारित होते हैं और नीचे के स्तर पर उनका केवल क्रियान्वयन होता है, अथवा नीचे के स्तर पर भी कार्यरत अभिकर्मी लक्ष्य निर्धारण की प्रक्रिया में सहभाजन करते हैं? दूसरा महत्वपूर्ण पहलू है विभिन्न भूमिकाओं का अन्तर्क्रियात्मक पक्ष। विभिन्न

भूमिकाओं के बीच विद्यमान मनोवैज्ञानिक दूरी के द्वारा ही बहुत अंश में इस तथ्य का निर्धारण होता है कि ये भूमिकायें किस प्रकार एक-दूसरे के साथ अन्तर्क्रिया और सहयोग करती हैं।

कार्य अभिप्रेरणा पर तीन स्तरों पर विचार किया जा सकता है। सर्वप्रथम किसी संगठन के लिये यह बात आवश्यक है कि वह अपने कर्मचारियों की आवश्यकता को समझे, साथ ही इस बात को भी समझे कि वे कर्मचारी संगठन में लक्ष्य निर्धारण प्रक्रिया को किस प्रकार देख रहे हैं और अच्छे कार्य के प्रति पुरस्कार हेतु उनकी प्रत्याशा क्या है, इस बात पर भी विचार करें। यदि अधिकांश कर्मचारियों को यह तथ्य अनुभूत होगा कि उन्हें जो पुरस्कार मिलता है वह उसकी निष्पत्ति से किसी प्रकार संबंधित नहीं होता है तो उनकी अभिप्रेरणा बहुत ही निम्न हो जाएगी। इस स्थिति में संगठन अपने अभिकर्मियों की प्रत्याशा वृद्धि हेतु कुछ कर सकता है, कार्य अभिप्रेरणा के दूसरे स्तर का संबंध उस प्रतिबद्धता से होता है जो कि किसी कर्मचारी में अपने संगठन के प्रति जनित हुई रहती है, और साथ ही इस स्तर की अभिप्रेरणा का संबंध आवश्यकताओं के बदलते हुये उन प्रतिमानों से भी होता है, जो किसी संगठन की कार्य स्थिति में विकसित होते हैं। यदि किसी संगठन में यह क्षमता जाग्रत हो जाती है कि अपने कर्मचारियों में उपलब्धि एवं अधिकार के मोटिव का विकास कर सके तो यह समझा जाएगा कि वह संगठन और उसके कर्मचारी अपेक्षाकृत अधिक 'कमिटेड' हैं। तीसरे स्तर की अभिप्रेरणा वह सन्तुष्टि है, जो कर्मचारी को अपने संगठन में कार्यरत रहने से प्राप्त होती है। इस प्रकार की कार्य सन्तुष्टि ही संगठन में कार्यरत अभिकर्मियों की प्रतिबद्धता का आधारभूत तत्व है, इसकी प्राप्ति तभी सम्भव है जबकि संगठन में कार्यरत व्यक्तिगत कारकों एवं सम्पूर्ण संगठन से संबंधित कारकों के ऊपर समान रूप से ध्यान दिया जाए। इस प्रकार के अभिगम का केन्द्र बिन्दु है रोल या भूमिका।

इस प्रकार यद्यपि इस प्रश्न का तो कोई सटीक उत्तर नहीं है कि व्यक्तिगत रूप से संगठन में कार्यरत अभिकर्मियों की कार्य अभिप्रेरणा में किसी प्रकार वृद्धि की जाए। विशेष कर उन लोगों को किस प्रकार अभिप्रेरित किया जाए, जिनमें 'इनिशियेटिव' एवं अभिरुचि दोनों का ही अभाव पाया जाता है। संगठन की प्रत्येक स्थिति की अपनी कुछ विशिष्ट अपेक्षा होती है। तथापि अभिप्रेरणा के संबंध में हमारी जो ज्ञान-जानकारी है उसके द्वारा हम अभिप्रेरणा की वृद्धि हेतु कुछ मार्गदर्शक सिद्धान्तों का निरूपण कर सकते हैं, व्यक्ति संगठन के साथ अपनी भूमिकाओं के माध्यम से जो अन्तर्क्रिया करता है, उसी से अभिप्रेरणा की उत्पत्ति होती है। अत: किसी अभिप्रेरणा के प्रबंध के नियोजन हेतु इन तीनों कारकों पर ध्यान रखना आवश्यक है। इस परिप्रेक्ष्य में कुछ निदेशक पहलुओं का विवरण नीचे दिया जा रहा है।

संगठन

1. संगठनात्मक जलवायु की प्रोफाइल तैयार करते समय उस अभिप्रेरणा की ओर इंगित करना चाहिये, जो उस जलवायु पर अपना वर्चस्व कायम रखती है, और इस दृष्टि से उस प्रकार की अभिप्रेरणा का जनन अति आवश्यक है। संगठनात्मक जलवायु का समय-समय पर निदानात्मक अध्ययन अति उपयोगी होता है। इस आधार पर यह पता चलता है कि क्या संगठन में कार्यरत विभिन्न समूह के लोग पारस्परिक रूप से सन्तुष्ट हैं और यदि सन्तुष्ट नहीं हैं तो उनकी असन्तुष्टि के निराकरण हेतु क्या किया जा सकता है?
2. संगठन में प्रयुक्त विभिन्न प्रणालियों के द्वारा कुछ अभिप्रेरणाओं पर अन्य अभिप्रेरणाओं की अपेक्षा अधिक बल दिया जाता है। उदाहरणार्थ किसी संगठन के इनफारमेशन कण्ट्रोल सिस्टम के अन्तर्गत 'पावर मोटिवेशन' पर अधिक बल दिया जाता है। दूसरी ओर 'प्रोमोशन' प्रणाली के अन्तर्गत 'एचीवमेण्ट मोटिवेशन' पर विशेष बल दिया जाता है।

3. संगठन में यदि सम्प्रेषण बहुत ही खुला होगा तो इसके द्वारा कार्य की अभिप्रेरणा में और अधिक वृद्धि होगी। ओपेन कम्युनिकेशन के अन्तर्गत नीतियों का सम्प्रेषण उच्च स्तर से नीचे के स्तरों तक होता है, और नीचे के स्तर पर जिन कठिनाइयों और समस्याओं की अनुभूति होती है, तथा जिस प्रकार की सहायता की अपेक्षा होती है, उसका सम्प्रेषण ऊपर के लेवल तक किया जाता है। इसके अन्तर्गत कर्मचारियों की निष्पत्ति के संबंध में ऊपर के अधिकारियों के सपोर्टिंग फीडबैक की भी आवश्यकता होती है। इस प्रकार के खुले सम्प्रेषण से कर्मचारियों की सन्तुष्टि एवं अभिप्रेरणा में वृद्धि होती है।
4. संगठन की हाइजिन संबंधी आवश्यकताओं की यदि उचित सन्तुष्टि नहीं की जाएगी तो उसका कार्य अभिप्रेरणा पर बुरा प्रभाव पड़ेगा। संगठनात्मक अभिकर्मियों हेतु आयोजित कुछ हाइजिन कारकों- वेतन, सुरक्षा, कार्य की दशायें जब तक पूर्णतया सन्तुष्टि नहीं होगी, तब तक अभिप्रेरणा का सम्यक विकास नहीं हो पायेगा। वास्तव में ये कारक एक प्रकार की व्याधि के समान होते हैं, जब तक इनकी सम्यक सन्तुष्टि या उपचार नहीं होगा तब तक कर्मचारी के स्वास्थ्य एवं अभिप्रेरणा पर उनका बुरा प्रभाव पड़ता रहेगा।

रोल या जॉब

1. कर्मचारियों की कार्य अभिप्रेरणा पर 'रोल एफिकेसी' का अत्यधिक प्रभाव पड़ता है। व्यक्ति की अपनी भूमिका में जो 'पोटेंशियल एफेक्टिवनेस' होता है, वहीं उसकी 'रोल एफिकेसी' कहलाती है। इसके फलस्वरूप व्यक्ति यह महसूस करता है कि उसकी ही भूमिका संगठन में केन्द्रीभूत भूमिका है, अथवा उसकी भूमिका में पहल करने की और रचनात्मक शक्ति है। संगठन में कार्यरत विभिन्न अभिकर्मियों की रोल एफिकेसी का मापन कर उसे और ऊंचा उठाने की दिशा में प्रयास किया जाना चाहिये।
2. संगठन के भीतर कार्य की दक्षता एवं अच्छे कार्यों को मान्यता प्रदान की जानी चाहिये। यदि संबंधित अभिकर्मी को यह अनुभूत होता है कि दूसरे लोग उसके कार्य को मान्यता प्रदान कर रहे हैं तो उसकी अभिप्रेरणा का स्तर भी ऊंचा उठता है।
3. कार्य-अभिप्रेरणा के जनन में इस बात का भी प्रभाव पड़ता है, कि उक्त कार्य विशेष के द्वारा व्यक्ति को किस अंश में चुनौती मिल रही है। यदि कार्य के द्वारा व्यक्ति को कोई चुनौती नहीं मिलेगी तो उक्त कार्य से व्यक्ति को कोई प्रेरणा भी नहीं मिल सकती है।
4. यदि संगठन में कार्यरत प्रत्येक अभिकर्मी को अपने कार्यों के द्वारा संगठन के निर्णयों को प्रभावित करने का अवसर मिलेगा तो संबंधित व्यक्ति की अभिप्रेरणा में अपने आप वृद्धि होगी।
5. कार्य-अभिप्रेरणा का सीधा संबंध कार्य- स्थिति में व्यक्ति के विकास एवं पदोन्नति की परिलक्षित सम्भावनाओं से है।
6. कार्य स्थिति में जब व्यक्ति को यह परसेप्सन होता है कि अपने कार्यों के द्वारा वह वृहत लक्ष्यों की प्राप्ति में अपना योगदान दे रहा है तो उसकी कार्य अभिप्रेरणा में भी वृद्धि होने लगती है।

व्यक्ति

1. व्यक्ति के अभिप्रेरणात्मक प्रतिमानों में परिवर्तन हो सकता है। संगठन के समान व्यक्ति के भी अभिप्रेरणात्मक प्रतिमान होते हैं। उसके अन्तर्गत कुछ इच्छायें अपेक्षाकृत अधिक सशक्त होती हैं। अनुभवों और प्रयोगों से यह ज्ञात हुआ है कि व्यक्ति की कुछ विशिष्ट इच्छाओं को और ऊंचा उठाया जा सकता है। इसी परिप्रेक्ष्य में कुछ अभिकरणों के द्वारा मोटिवेशनल डेवलपमेण्ट

लेबोरेटरीज का भी विकास किया गया है। इसी प्रकार की एक डिजाइन मैकलीलैण्ड और विण्टर के द्वारा विकसित की गई है। इस आधार पर व्यक्ति की आवश्यकता प्रतिमान के पुनर्निरूपण द्वारा व्यक्ति की अभिप्रेरणाओं का विकास किया जा सकता है।

2. व्यक्ति की निष्पत्ति के द्वारा प्रत्यक्ष रूप से उसे सन्तुष्टि की प्राप्ति होती है। इस प्रकार कार्य निष्पत्ति एवं सन्तुष्टि दोनों ही एक-दूसरे से संबंधित हैं। अतः कार्य अभिप्रेरणा में सुधार हेतु यह आवश्यक है कि कर्मचारियों को उच्चतर निष्पत्ति हेतु अभिप्रेरित किया जाए।
3. व्यक्ति के कार्यों में चुनौती की सम्भावनाओं का जैसे-जैसे विकास होता जाएगा, वैसे-वैसे उसकी कार्य अभिप्रेरणा एवं उच्च उपलब्धि की क्षमता में भी विकास होता जाएगा।
4. व्यक्ति को यदि उसके कार्य हेतु उचित पुरस्कार की व्यवस्था की जाती है तो वह अधिकाधिक अभिप्रेरित महसूस करता है।
5. मेरिट और कम्पीटेंस के आधार पर यदि पदोन्नति की जाती है, तो संबंधित व्यक्तियों में अभिप्रेरणा की भावनाओं का अधिकाधिक विकास होता है।
6. पदोन्नति के द्वारा व्यक्ति को जिस उच्च कार्य को करने का अवसर मिलता है, यदि वह कार्य अधिक चुनौतीपूर्ण होता है, तो व्यक्ति को अपनी कार्यस्थिति में और अधिक अभिप्रेरणा की अनुभूति होती है।
7. कार्य स्थिति में विधायी या अभिप्रेरणात्मक कारक (मोटिवेटर्स) की जितनी अधिक सन्तुष्टि होती है, व्यक्ति की अभिप्रेरणाओं में उतनी ही अधिक वृद्धि होती है और अविधायी या हाइजिन कारकों की जितनी अधिक सन्तुष्टि होती है, कार्य अभिप्रेरणाओं से संबंधित बाधाओं का निराकरण होता है।

संवेग (Emotion)

संवेग शारीरिक और मानसिक दशाओं की एक अवस्था है जो व्यावहारिक क्रियाकलापों को न्यूनाधिक प्रभावित करती है। जीवन के प्रत्येक क्षण में हम निरन्तर व्यावहारिक परिवर्तन देखते रहते हैं, जैसे किसी प्रिय सदस्य की मृत्यु पर रोना, शोक प्रकट करना, दुःखी होना या शादी-विवाह के अवसरों पर प्रसन्न रहना, हंसना या लड़ाई-झगड़े की स्थिति में क्रोधित होना, हाथ-पैर कांपना, गुस्से में लाल होना, मुट्ठी बांध लेना इत्यादि। शरीर की ये सभी क्रियायें संवेगों का एक मिश्रित परिणाम हैं। एकाकी संवेगों पर नियन्त्रण जटिल संवेगों की अपेक्षा शीघ्र पाया जा सकता है, क्योंकि एकाकी संवेग में एक निश्चित परिस्थिति में एक निर्धारित उद्दीपन प्राप्त होता है। जबकि जटिल संवेगों में कई संवेग एक साथ व्यवहार को प्रभावित करते हैं। संवेग का अंग्रेजी पर्यायवाची 'Emotion' लैटिन शब्द ष्टम्उवअपतमश शब्द से बना है जिसका शाब्दिक अर्थ उत्तेजित करना या बाहर निकालना है। इस अर्थ में संवेग हमारी शक्तियों को उत्तेजित करते हैं या उन्हें बाहर निकालने के लिए अभिव्यक्ति का साधन बनते हैं। सामान्यतया संवेग की अवस्था में व्यक्ति की शारीरिक अवस्थाओं में परिवर्तन के साथ-साथ व्यावहारिक परिवर्तन भी दिखाई पड़ते हैं जिससे जीवन की दशाओं में परिवर्तन दिखाई पड़ता है। बिछुड़ी हुई मां को उसका बच्चा प्राप्त हो जाने पर वात्सल्य अंतर्नाद तथा मातृक इच्छायें अनुरागात्मक प्रेम के संवेग को विकसित करती हैं, जिससे मां दौड़कर बच्चे को गले लगाती है, चुम्बन लेती है, दुलारती है, इत्यादि।

संवेग की परिभाषाएं (Definition of Emotion)

1. प्रसिद्ध मनोवैज्ञानिक आर्थर टी. जर्सिल्ड ने संवेग को तीव्र आवेग की उत्तेजित स्थिति के रूप में परिभाषित किया है। जर्सिल्ड के अनुसार 'संवेग शब्द किसी भी प्रकार से आवेग में आने,

भड़क उठने तथा उत्तेजित होने की दशा को सूचित करता है।' जर्सिल्ड द्वारा प्रस्तुत की गई उपरोक्त परिभाषा एक साधारण परिभाषा है।

2. वेबस्टर के अनुसार, 'संवेग प्राणी की सामान्य शान्त अवस्था में इस प्रकार का परिवर्तन है, जिसमें उग्र भाव, निश्चित क्रिया के लिए आवेग, कुछ विशेष आंतरिक शरीरगत प्रतिक्रियाएं, निर्दिष्ट अवस्था में से कोई एक भय, क्रोध वितृष्णा, विषाद, हर्ष, आश्चर्य, लिप्सा आदि समाविष्ट है।'
3. वुडवर्थ के अनुसार, 'प्रत्येक संवेग एक अनुभूति है तथा साथ ही साथ प्रत्येक संवेग की एक गत्यात्मक तत्परता है।'
4. पी.टी. यंग के अनुसार, 'संवेग सम्पूर्ण व्यक्ति का तीव्र उपद्रव है, जिसकी उत्पत्ति मनोवैज्ञानिक कारणों से होती है तथा जिसके अन्तर्गत व्यवहार, चेतन अनुभूति और जाठरिक क्रियाएं शामिल होती हैं।'

संवेग के विषय में विभिन्न मनोवैज्ञानिकों द्वारा प्रस्तुत उपरोक्त परिभाषाओं में पी.टी. यंग की परिभाषा इस दृष्टिकोण से उचित कही जा सकती है कि उक्त परिभाषा में सभी साम्वेगिक लक्षणों को सम्मिलित किया गया है। यंग की परिभाषा से यह स्पष्ट होता है कि मानव-शरीर में संवेग का संबंध व्यक्ति से है तथा पूर्ण व्यक्तित्व संवेग से प्रभावित भी होता है। संवेग स्वयं में एक मनोवैज्ञानिक स्थिति है तथा इसकी उत्पत्ति मनोवैज्ञानिक कारणों से होती है। संवेगों की क्रियाशीलता के परिणामस्वरूप व्यक्ति के व्यवहार एवं शारीरिक क्रियाओं में परिवर्तन दिखाई देते हैं।

उपरोक्त परिभाषाओं की व्याख्या के आधार पर संवेगों की मुख्य विशेषताओं का उल्लेख निम्न प्रकार से किया जा सकता है :

संवेगों की विशेषताएं

1. संवेग एक मनोवैज्ञानिक अवस्था है तथा इसकी उत्पत्ति मनोवैज्ञानिक कारणों से होती है।
2. संवेग की स्थिति में तीव्र उपद्रव उत्पन्न होता है जो सामान्यतः संवेग के टूट जाने पर समाप्त हो जाता है।
3. संवेग की उत्पत्ति किसी भी समय अचानक हो सकती है।
4. संवेगों की उत्पत्ति बाहरी परिस्थितियों द्वारा शारीरिक उद्दीपनों से हो सकती है।
5. संवेग की अवस्था में शरीर की बाह्य एवं आन्तरिक दशाओं में परिवर्तन देखे जा सकते हैं।
6. संवेगपूर्ण व्यवहार के प्रदर्शन में किसी परिस्थिति का प्रत्यक्षीकरण आवश्यक है, जिससे चेतन अवस्था में प्रत्यक्षीकरण के परिणामस्वरूप उत्तेजना पैदा होती है, जो शरीर की बाह्य और आन्तरिक दशाओं में परिवर्तन उत्पन्न करती है।
7. संवेग एकाकी तथा मिश्रित दोनों हो सकते हैं।
8. संवेगों की उत्पत्ति विचार और कल्पना तथा चिन्तन से भी हो सकती है।

संवेगों का वर्गीकरण (Classification of Emotions)

विभिन्न मनोवैज्ञानिकों ने संवेगों के अध्ययन हेतु संवेगों का वर्गीकरण निम्न प्रकार से किया है :

क. डॉ. जायसवाल का वर्गीकरण : 1. जिज्ञासु संवेग, 2. सौन्दर्यात्मक संवेग, 3. नैतिक संवेग, 4. स्थाई संवेग एवं 5. सामाजिक संवेग।

ख. गेट्स का वर्गीकरण : गेट्स ने संवेग के प्रमुख पांच प्रकारों का वर्णन किया है - 1. भय, 2. क्रोध, 3. प्रेम, 4. दया एवं 5. कामुकता।

ग. गिलफोर्ड का वर्गीकरण : 1. प्राथमिक संवेग, 2. गौण संवेग तथा 3. कृत्रिम संवेग। कृत्रिम संवेग को पुनः पांच भागों में वर्गीकृत किया गया है : 1. आत्म केन्द्रित संवेग, 2. बौद्धिक संवेग, 3. सौन्दर्यात्मक संवेग, 4. पदार्थात्मक संवेग एवं 4. नैतिक संवेग।

घ. मैक्डूगल का वर्गीकरण : मैक्डूगल ने मूल प्रवृत्तियों को बुद्धि से प्रभावित माना है तथा अपने ग्रन्थ में 14 विशिष्ट मूल प्रवृत्तियों तथा उनसे सम्बद्ध संवेगों का वर्णन किया है, जो निम्न प्रकार से हैं : 1. भय, 2. घृणा, 3. आश्चर्य, 4. क्रोध, 5. सकारात्मक अनुभूति, 6. अधीनता, 7. वात्सल्य, 8. एकाकीपन, 9. स्वामित्व की अनुभूति, 10. कृतिकभाव, 11. क्षुधा, 12. कामुकता, 13. कष्ट और 14. आमोद।

संवेग को प्रभावित करने वाले कारक (Factors Affecting Emotions)

मानव-जीवन में शैशवावस्था से लेकर वृद्धावस्था तक संवेगों के विभिन्न स्वरूप व प्रतिमानों का अध्ययन मानव-व्यवहार की गत्यात्मकता से समझा जा सकता है। आयु-वृद्धि तथा सामाजिक संबंधों के बढ़ने के साथ-साथ सांवेगिक नियन्त्रण करने की क्षमता व्यक्ति में धीरे-धीरे बढ़ती है। बाल्यावस्था में क्रोध व भय के संवेग, आकुलता, ईर्ष्या, हर्ष, सुख, प्रसन्नता तथा स्नेह के संवेग अधिक होते हैं। आयु एवं सामाजिक संबंधों में वृद्धि के साथ-साथ बाह्य व्यवहारों में सामाजिक नियमों के कारण कमी आने लगती है, क्योंकि सामाजिक मान्यताएं प्रौढ़ तथा किशोरों के लिये विशेषकर आलिंगन एवं चूमने इत्यादि के सार्वजनिक प्रदर्शन को प्रतिबन्धित कर देती हैं। विभिन्न बच्चों, प्रौढ़ों, वयस्कों तथा वृद्धों में साम्वेगिक अवस्थाएं समय-समय पर परिवर्तित होती रहती हैं तथा संवेगों के परिवर्तन का स्वास्थ्य, पर्यावरण व सामाजिक कारणों का प्रभाव पड़ता है। संवेगों को प्रभावित करने वाले मुख्य कारक निम्नवत् हैं :

1. *थकान (Fatigue)* : प्राय: थकान की अवस्था में व्यवहारों में उत्तेजना आ जाती है। खेलकूद या अधिक शारीरिक व मानसिक श्रम के कारण जब व्यक्ति अधिक थक जाता है तो पुनः उसे कार्य करने हेतु आदेश दिए जाने पर क्रोध तथा चिड़चिड़ापन के संवेग दिखायी देते हैं। विश्राम करने से शरीर की थकान मिटती है तथा संवेगों के नियन्त्रण व सामाजिक समायोजन में व्यक्ति को सहायता मिलती है इसलिये समय-समय पर विश्राम करना आवश्यक होता है।

2. *स्वास्थ्य (Health)* : समुचित शारीरिक व मानसिक विकास के लिये स्वास्थ्य का उत्तम रहना आवश्यक है। बाल्यावस्था में विकास की गति तीव्र होती है, अत: शरीर में पोषक तत्वों की उचित मात्रा का रहना आवश्यक हो जाता है। भोज्य पदार्थों में पोषक तत्वों के अभाव से शारीरिक तथा मानसिक स्वास्थ्य का स्तर गिरने लगता है, जिससे साम्वेगिक अस्थिरताएं बढ़ती हैं। संवेगात्मक विकास के लिये पोषक तत्वों की व्यवस्था, पाचन-तन्त्र का सुचारु रूप से कार्य करना, बीमारियों से बचाव तथा संवेदी अंगों का ठीक से कार्य करना आवश्यक है। स्वास्थ्य खराब होने पर असुरक्षा, हीनता, बेचैनी तथा व्यवहार संबंधी अनियमितताएं बढ़ने लगती हैं।

3. *जन्म का क्रम (Order of Birth)* : जन्म के क्रम का भी बालकों के संवेग पर प्रभाव पड़ता है। सामान्यतया परिवार में जन्मे पहले बच्चे को माता-पिता का अधिक स्नेह एवं सुरक्षा प्राप्त होती है। जिससे बच्चों में अति सुरक्षा तथा जिद्दीपन के व्यवहार विकसित हो जाते हैं तथा क्रोध एवं हीनता के संवेगात्मक भाव भी दिखायी देते हैं। इसी प्रकार परिवार के छोटे बच्चों को सबसे छोटा होने के कारण वयस्क होने की स्थिति में भी अबोध समझा जाता है तथा उनके कार्यों पर माता-पिता का नियन्त्रण अधिक होने से भी संवेगों का उचित विकास नहीं हो पाता।

4. *माता-पिता की अभिवृत्तियां (Parental Attitude)* : स्वस्थ साम्वेगिक समायोजन तथा साम्वेगिक परिपक्वता (Emotional Maturity) पर माता-पिता तथा परिवार के अन्य सदस्यों की अभिवृत्तियों का विशेष प्रभाव पड़ता है। क्यूमिंग्स (1944) के अध्ययन से यह निष्कर्ष प्राप्त हुआ है कि यदि माता-पिता बच्चों के प्रति उदासीन हैं या अधिकांश समय घर से बाहर रहते हैं या बच्चों के प्रति अधिक सुरक्षात्मक रुख अपनाते हैं तो बच्चे में संवेगों का विकास ठीक ढंग से नहीं हो पाता। ऐसे बच्चे जिन्हें अपने माता-पिता का संरक्षण अधिक प्राप्त हुआ है, समाज में अन्य व्यक्तियों के

बीच एकाकी अनुभव करते हैं या समूह से दूर रहना चाहते हैं। परिवार में बच्चों की संख्या अधिक होने पर कुछ बच्चों की अवहेलना होती है या उन्हें तिरस्कृत किया जाता है तो उनमें असामाजिकता तथा आक्रामक संवेगों की वृद्धि होती है। स्वस्थ साम्वेगिक विकास के लिए बाल्यावस्था में बच्चों को अनुशासन, ईमानदारी, आत्मनिर्भरता तथा स्व-सम्मान का प्रशिक्षण दिया जाना चाहिए। अनावश्यक रूप से बार-बार किसी कार्य को करने से मना किए जाने पर बच्चों में स्वयं के प्रति सन्देह के संवेग विकसित होते हैं तथा भविष्य में ऐसे बच्चे अधिक शंकालु प्रवृत्ति के हो जाते हैं। बाल्यावस्था में उद्दण्डता को रोकने के लिए अनुशासन के साथ-साथ बच्चों में स्वावलम्बन तथा आत्मनिर्भरता के आदर्श गुणों का विकास किया जाना साम्वेगिक परिपक्वता में सहायक होता है।

5. *सामाजिक समूहों का प्रभाव (Effect of Social Groups)* : व्यक्ति के संवेगात्मक सन्तुलन पर सामाजिक समूहों तथा संगठनों का भी प्रभाव पड़ता है। यदि बाल्यावस्था में बच्चे का सम्पर्क ऐसे बच्चों से है जो संवेगात्मक दृष्टि से अनियंत्रित हैं तो बच्चे में साम्वेगिक सन्तुलन नहीं आ सकता। यदि छोटा बच्चा अधिक बुद्धि के कारण अगली कक्षा में पहुंच जाता है तो बड़े बच्चे उसका मजाक उड़ाते हैं एवं उसे तरह-तरह से परेशान करते हैं, जिससे बच्चे में असुरक्षा एवं हीनता आ जाती है। एक अन्य अध्ययन (1932) से यह निष्कर्ष प्राप्त हुआ है कि बच्चे खेल के मैदान में अधिक खुश तथा स्थिर व्यवहार करते हैं जबकि स्कूल में यदि उनके माता-पिता भी उपस्थित हों तो उनमें संवेगात्मक अस्थिरता का प्रदर्शन अधिक होता है।

6. *सामाजिक स्तर (Social Status)* : साम्वेगिक स्थिरता पर बच्चों के सामाजिक स्तर का भी प्रभाव पड़ता है। स्प्रिड्गर (1938) द्वारा किए गए अध्ययन में यह पाया गया कि व्यक्तियों के सामाजिक स्तर का भी संवेगात्मक स्थिरता पर प्रभाव पड़ता है। निम्न सामाजिक स्तर के बच्चों में संवेगात्मक स्थिरता कम पाई जाती है और वे अधिक असमायोजित होते हैं, जबकि मध्यम व उच्च सामाजिक स्तर के बच्चे अधिक स्थिरता प्रदर्शित करते हैं तथा उनका सामाजिक समायोजन निम्न व उच्च सामाजिक स्तर के बच्चों से अधिक सन्तोषजनक होता है।

व्यवहार में संवेगों की भूमिका (Role of Emotions in Behaviour)

विकास की सामान्य अवस्था में शारीरिक और मानसिक विकास के साथ-साथ साम्वेगिक विकास भी आरम्भ हो जाता है तथा धीरे-धीरे परिपक्वता की स्थिति तक पहुंचने पर व्यक्ति अपने संवेगों पर नियन्त्रण करना सीख लेता है। प्रारम्भिक अवस्थाओं में संवेग अधिक उग्र दिखायी पड़ते हैं क्योंकि उस समय तक स्व की ग्रहणात्मक क्षमता परिपक्व नहीं रहती। भय, आशंका, प्यार, घृणा, ईर्ष्या इत्यादि के संवेग निरन्तर आयु-वृद्धि के साथ परिपक्व होते रहते हैं तथा पूर्ण साम्वेगिक परिपक्वता उस समय प्राप्त हुई कही जा सकती है, जब व्यक्ति संवेगों पर नियन्त्रण प्राप्त करना सीख लेता है या उग्र साम्वेगिक परिस्थितियों में संवेगों का रूपान्तरण करके उनका उपयोग रचनात्मक दिशा में क्रियान्वित करने में सक्षम हो जाता है। व्यावहारिक रूप में साम्वेगिक उद्रेक शरीर व मन दोनों के लिए हानिकारक हैं। मनोविश्लेषणवादियों ने अनेक स्नायुविक रोगों का आधार साम्वेगिक अस्थिरता को ही माना है। संवेग किसी रचनात्मक कार्यों के उद्दीपन में जितने महत्वपूर्ण व सहायक होते हैं उससे भी अधिक नियन्त्रण न होने की स्थिति में उनसे दुःखद परिणाम प्राप्त होने की सम्भावनाएं रहती हैं। संवेगों के प्रबलन में उद्दीप्त व्यवहार मुख्यतया प्रेरणाओं के सृजन से होते हैं। युद्ध में जाने के पूर्व सैनिकों के मनोबल को ऊंचा रखने के लिए शत्रु विरोधी नारे, देशभक्ति गीत इत्यादि प्रेरणाएं संवेगों को अति क्रियाशील बनाने में सहायक होती हैं। संवेगों द्वारा ही व्यक्ति को तत्कालीन परिस्थिति से प्रतिक्रिया करने की उत्तेजना प्राप्त होती हैं। उदाहरणार्थ, यदि हम कहीं आग में चारों तरफ से घिर जाएं तो उस समय आग से बचकर निकल भागने की जबरदस्त प्रेरणा शरीर को तीव्र साम्वेगिक उद्दीपन प्रदान करती है और हम बचकर भागने की ऐसी क्रिया करते हैं जो साधारण

परिस्थिति में सम्भव नहीं होती। काम अपराध में अनेक ऐसी घटनायें हैं जिससे काम उद्दीपन के तीव्र संवेगों से अभिप्रेरित होकर व्यक्ति पशुवत् कार्य कर बैठते हैं। इस प्रकार प्रबल संवेग की स्थिति में व्यक्ति का व्यवहार असन्तुलित हो जाता है तथा उसका विवेक लगभग क्रियाशून्य हो जाता है। उस समय अच्छे व बुरे कार्यों में विभेद करने की मानसिक क्षमता प्रायः लुप्त होती दिखायी देती है। यही कारण है कि कभी-कभी संवेग मनुष्य को ऊंचा उठा देते हैं या कभी-कभी उसका आचरण पाशविक स्तर से भी निम्न प्रकृति का हो जाता है। वात्सल्य संवेगों की प्रधानता में माता-पिता अपने बच्चों की कुशलता के लिये बडों से बड़ा त्याग भी कर देते हैं तथा एक युवा प्रेमी अपनी प्रेमिका को पाने के लिये इतना महान त्याग कर देता है जो सामान्य अवस्था में प्रत्येक व्यक्ति के लिये सम्भव नहीं है।

संवेगात्मक अवस्थाएं *(Emotional States)*

संवेग प्रायः सरल भी हो सकते हैं अथवा जटिल। सरल साम्वेगिक अवस्था में प्रायः एक ही संवेग होता है, जिस पर नियन्त्रण करना कुछ आसान होता है परन्तु जटिल साम्वेगिक अवस्थाओं में कई संवेग मिलकर एक साथ शारीरिक क्रियाओं को उत्तेजित करते हैं, जैसे- क्रोध की अवस्था में उपेक्षा तथा अरुचि तथा घृणा में क्रोध और अनिच्छा के साथ-साथ भय की संवेदनाएं भी क्रियाशील रहती हैं। सरल संवेग प्रायः बालकों में अधिक दिखायी देते हैं, जैसे- हंसना, रोना, भय, कौतूहल, क्रोध, दुःख इत्यादि। बच्चे के सरल संवेगों को प्रायः उसके चेहरे की अभिव्यक्तियों के माध्यम से जाना जा सकता है। अपने परिवार के प्रियजनों को देखकर बच्चा हंसने लगता है या हाथ-पैर फेंकना प्रारम्भ कर देता है। उसकी ये शारीरिक क्रियायें हर्ष के संवेग की प्रतिफल हैं। इसी प्रकार भय के संवेग प्रायः खतरनाक परिस्थितियों के उत्पन्न होने पर प्रकट होते हैं। भय के संवेगों में हृदय की गति तेज हो जाती है, शरीर कांपता है या व्यक्ति स्तब्ध हो जाता है, चेहरे का रंग फीका दिखायी देता है तथा इस संवेग के अधिक होने पर मल-मूत्र कर दिए जाने के उदाहरण भी दिखायी देते हैं। संवेगात्मक अवस्था में मुट्ठी बांधना, दांत पीसना, भौंह चढ़ाना, गरजना, ठोकर मारना, आघात् करना आदि शारीरिक क्रियाएं दिखायी पड़ती हैं। दुःखी होने पर चेहरा उतर जाता है, आंखों में आंसू आ जाते हैं, हिचकियां बंध जाती हैं तथा प्रसन्न होने पर सीना चौड़ा हो जाता है, चेहरा खिल उठता है, नई शक्ति का अनुभव होता है।

जटिल सांवेगिक अवस्थाओं में संवेगों का उद्दीपन अधिक तीव्र होता है, जिसमें एक साथ प्रायः कई संवेग होते हैं। प्रेम एक जटिल साम्वेगिक अवस्था है, जिसके कई स्वरूप हो सकते हैं, यथा माता का बच्चे के प्रति प्रेम, भाई-बहन का प्रेम, पति और पत्नी का प्रेम इत्यादि। प्रेम की अवस्था में संवेग स्थाई रूप से भावनाओं से जुड़ जाते हैं तथा इस प्रकार प्रेम एक संवेग न होकर स्थाई भाव (Sentiment) हो जाता है। घृणा की जटिल साम्वेगिक अवस्था में हमें नफरत के अलावा क्रोध और भय के संवेगों की भी अनुभूति होती है। घृणा की मानसिक संवेदना में प्रतिद्वन्द्वी के शक्तिशाली होने पर भय के संवेग भी उत्पन्न हो जाते हैं। सरल और जटिल साम्वेगिक अवस्थाओं के अतिरिक्त ऐसे संवेग जिनका नियन्त्रण प्रायः चेतन अवस्था में सम्भव नहीं होता, व्यक्ति के अचेतन मन में अवदमित होकर चली जाती है, जिनके विभिन्न स्वरूपों का अध्ययन हम असामान्य व्यवहार के अन्तर्गत करते हैं। दैनिक जीवन में होने वाली भूलें, दिवास्वप्न, मनोविकार एवं स्नायु विकृतियां प्रायः अवदमित संवेगों के अधिक क्रियाशील होने पर दिखायी देती हैं। संवेगों के द्वारा पड़ने वाले प्रभावों के अन्तर्गत यह स्पष्ट करना आवश्यक है कि संवेगों के अति क्रियाशील होने के कारण शरीर की विभिन्न अन्तःस्त्रावी ग्रन्थियां सन्तुलित ढंग से कार्य नहीं करतीं और इस सन्तुलन में जब भी किसी प्रकार की गड़बड़ी पैदा हो जाती है तो मानव व्यवहार में असामान्यता दिखायी देती है। थायरायड ग्रन्थि का संवेगों से घनिष्ठ संबंध है। क्रोध, भय, चिन्ता, विषाद आदि की अवस्था में

यह ग्रन्थि कार्य नहीं कर पाती। इसलिए ये संवेग स्वास्थ्य के लिये घातक बताये गए हैं। हर्ष, उल्लास और उत्साहपूर्ण संगति में यह ग्रन्थि अधिक सक्रिय होती है और इसलिये ऐसे संवेगों को उत्तेजित करने वाली परिस्थितियों में स्वास्थ्य अच्छा रहता है। थायराइड के अतिरिक्त अन्य अन्त:स्त्रावी ग्रन्थियां जैसे पिनियल, पिट्यूटरी, एड्रीनल्स, गोनेड्स इत्यादि भी संवेगों की जटिलता में महत्वपूर्ण योगदान देती हैं।

सांवेगिक अवस्था में शारीरिक परिवर्तन (Physical Changes in Emotion)

विभिन्न साम्वेगिक अवस्थाओं का अध्ययन बाह्य व आन्तरिक शारीरिक परिवर्तनों के द्वारा अग्रलिखित रूप में किया जा सकता है।

बाह्य शारीरिक परिवर्तन व आन्तरिक शारीरिक परिवर्तन

1. चेहरे की अभिव्यक्ति में परिवर्तन, 2. आवाज की अभिव्यक्ति में परिवर्तन, 3. शारीरिक आकार में अस्थाई परिवर्तन, आंतरिक परिवर्तन के लक्षण हैं : 1. हृदय की गति का कम या अधिक होना, 2. रक्त चाप में परिवर्तन, 3. लाल व सफेद रुधिर कणिकाओं में रासायनिक परिवर्तन, 4. श्वास गति में परिवर्तन, 5. वैद्युतिक त्वक् अनुक्रिया में परिवर्तन, 6. रस परिपाकीय क्रियाओं में परिवर्तन, 7. मस्तिष्क तरंगों में परिवर्तन, 8. लार ग्रन्थियों के स्राव में परिवर्तन, 9. पाइलोमीटर प्रतिक्रिया में परिवर्तन, 10. जठर क्रियाओं में परिवर्तन, 11. मांसपेशियों में तनाव इत्यादि, 12. रक्त यौगिकों में परिवर्तन आन्तिरिक शारीरिक परिवर्तन के लक्षण हैं।

संवेग में शारीरिक प्रक्रिया (Physical Mechanism in Emotion)

संवेग की अवस्था में होने वाले उपरोक्त शारीरिक परिवर्तन मनुष्य की स्नायु-संस्थान की संरचना तथा अन्त:स्त्रावी ग्रन्थियों से सम्बद्ध हैं। विख्यात मनोवैज्ञानिक कैनन ने अपने प्रयोग में क्रोध की साम्वेगिक अवस्था के अध्ययन में यह पाया कि जीव क्रोध में स्वयं को खतरे से निपटने के लिए तथा स्वयं को सुरक्षित रखने के लिए शीघ्र तैयार कर लेता है। एक बिल्ली जो भोजन सामान्य तरीके से खाकर शीघ्र पचा लेती है, यदि खाने के तुरन्त पश्चात् उसका सामना एक भौंकते कुत्ते से कर दिया जाए, तो बिल्ली की शारीरिक क्रियाओं में निम्नलिखित मनोवैज्ञानिक परिवर्तन दिखायी पड़ते हैं :

1. आमाशय के उपापचय की गति बन्द हो जाती है।
2. रक्त चाप बढ़ जाता है।
3. हृदय गति तेज हो जाती है।
4. एड्रीनीन का स्राव रक्त में होता है। ये सभी क्रियाएं स्वतन्त्र रूप से स्नायु-संस्थान के द्वारा नियमित होती हैं। एड्रीनीन के प्रभाव के कारण निम्न क्रियाएं दिखायी पड़ती हैं :
   (क) रक्त चाप बढ़ जाता है।
   (ख) एड्रीनीन रक्त में शर्करा की मात्रा बढ़ा देती है, जो बिल्ली को शीघ्र ताकत प्रदान करती है, जिससे वह बाहरी संवेगों की प्रतिक्रिया से स्वयं को सुरक्षित रख सके।
   (ग) रक्त शीघ्र जमने में सहायक होता है।

कैनन (1929) द्वारा किए गए उक्त प्रयोग में उपरोक्त शारीरिक परिवर्तन के पश्चात् बिल्ली कुत्ते की तरफ घूमकर आगे बढ़ती है। उसके शरीर के बाल खड़े हो जाते हैं, और वह प्रतिद्वन्द्वी से युद्ध के लिए तैयार हो जाती है। कैनन ने अपने उक्त प्रयोग के द्वारा यह स्पष्ट करने का प्रयास किया है कि शारीरिक उत्तेजनाओं से जो उद्दीपन प्राप्त होते हैं वे जीव को विषम परिस्थितियों से व्यवहार करने के लिए तैयार करते हैं तथा इस प्रकार संवेग शारीरिक क्रियाओं के परिणाम हैं। ये सभी

प्रतिक्रियाएं मानव-जीवन में भी देखी जा सकती हैं। वास्तव में शरीर की ये सभी प्रतिक्रियाएं केन्द्रीय-स्नायु-संस्थान तथा स्वतंत्र स्नायु-संस्थान से प्रभावित होती हैं। संक्षेप में स्वतंत्र-स्नायु-संस्थान का ऊर्ध्व भाग हृदय के स्पन्दन को मन्द कर देता है तथा आमाशय की ग्रन्थियों को पाचन रस के स्राव के लिए और आमाशय की दीवारों में मन्थन क्रिया के लिए उत्तेजित करता है। संस्थान का मध्य भाग हृदय-गति व रक्तचाप को बढ़ाता है तथा स्नायु-संस्थान का निम्न भाग उत्सर्गी अंगों की क्रियाओं को प्रभावित करता है। स्वतंत्र स्नायु-संस्थान का केन्द्र अन्तर्मस्तिष्क के एक भाग हाइपोथैलेमस में होता है जो संवेग की प्रकृति को अधिक प्रभावित करता है।

संवेग के सिद्धान्त (Principles of Emotion)

संवेग की उत्पत्ति और साम्वेगिक क्रियाओं के विषय में विभिन्न मनोवैज्ञानिकों में विभेद है। अधिकांश मनोवैज्ञानिक (व्यवहारवादी) इस बात पर सहमत हैं कि जीव में संवेग की क्रियाएं शारीरिक परिवर्तनों के कारण होती हैं, जबकि कुछ मनोवैज्ञानिकों के अनुसार साम्वेगिक क्रियाओं में शरीर के साथ-साथ मानसिक क्रियाएं भी जुड़ी होती हैं। लीपर ने संवेग के विषय में शारीरिक और मानसिक क्रियाओं से हट कर प्रेरणा को संवेग का मुख्य कारक माना है। उपरोक्त तथ्यों के परिप्रेक्ष्य में हम संवेग के विभिन्न सिद्धान्तों का संक्षिप्त विवेचन करेंगे।

जेम्स लांज का सिद्धान्त (Theory of James Lange)

जेम्स लांज ने शारीरिक परिवर्तनों के आधार पर संवेग के प्रभाव की व्याख्या की है। भय की अवस्था में हम इसलिए डरते हैं कि कोई भयानक वस्तु या खतरनाक परिस्थिति हमारे सामने होती है, जिसके प्रत्यक्षीकरण से उद्दीपक शारीरिक परिवर्तन उत्पन्न करते हैं। बाह्य उत्तेजना प्राप्त होने से संवेदनग्राही तन्तुएं क्रियाशील होकर उद्दीपन की सूचना वृहद् मस्तिष्क तक पहुंचाती हैं, जिससे हमें वस्तुस्थिति का ज्ञान होता है। हम परिस्थिति से इसलिए डरते हैं कि उसके खतरनाक होने की सूचना स्नायु-संस्थान के माध्यम से मस्तिष्क को हो जाती है, जिससे शारीरिक क्रियाएं तुरन्त गतिशील हो जाती हैं। जेम्स लांज के अनुसार हमारे हर्ष और विषादों के लिए, सुख और दुःख के लिए तथा मानसिक जीवन के सम्पूर्ण संवेगात्मक पहलुओं के लिए वाहिनी पेशी संस्थान जिम्मेदार है। किसी सुनसान स्थान में चलती-फिरती छाया देखकर डर से हृदय की धड़कन रुक जाती है, चेहरा असामान्य हो जाता है जबकि वस्तु की प्रत्यक्ष और आंगिक क्रियाओं के बीच संवेग नहीं होता। मात्र स्मृति से ही संग्राही तन्तुओं को उद्दीपन प्राप्त होता है जो शारीरिक क्रियाओं को प्रभावित करते हैं। लांज के अनुसार आसनिक अभिव्यक्तियों के अभाव में संवेगों की कल्पना नहीं की जा सकती। हर्ष की स्थिति में चेहरा प्रसन्न मुद्रा में दिखायी देता है, शारीरिक क्रियाएं तेज हो जाती हैं, जबकि विषाद में चेहरा फीका हो जाता है, मन रोने को होता है। ये सभी अभिव्यक्तियां शरीर की रचना में अस्थाई परिवर्तन उत्पन्न करती हैं। अतः लांज के अनुसार किसी संवेग का अनुभव करने के लिए शारीरिक आसनों का होना नितान्त आवश्यक है, जिसके आधार पर संवेगों की पहचान की जा सके।

जेम्स लांज के सिद्धान्त की आलोचना

1. शारीरिक परिवर्तनों के अभाव में भी संवेगात्मक प्रतिक्रियाओं का होना सम्भव है।
2. कृत्रिम आंगिक अभिव्यक्तियों को उत्पन्न करने से संबंधित संवेग निश्चित रूप से उत्पन्न नहीं होते।
3. संवेग वस्तुओं को केवल देखने से नहीं होता बल्कि संवेग परिस्थिति से जाग्रत होते हैं। कोई संवेग उस समय उत्पन्न होता है, जब किसी परिस्थिति के द्वारा मूल प्रवृत्तियां अपने उद्देश्य की प्राप्ति नहीं कर पाती हैं।

4. वस्तुहीन संवेग वास्तव में वस्तुविहीन नहीं होते बल्कि वे सम्वेग पूर्ण प्रवृत्तियों के परिणामस्वरूप होने वाले प्रेरणाशून्य अवशेष हैं।
5. यौन ग्रन्थियों के निकाल दिए जाने के पश्चात् भी व्यक्ति में विपरीत लिंग के प्रति प्रेम और रुचियों के संवेग देखे जा सकते हैं।

कैनन बार्ड का सिद्धान्त (Theory of Cannon Bard)

कैनन बार्ड के सिद्धान्त के अनुसार संवेगों की उत्पत्ति में स्वतन्त्र स्नायु-संस्थान तथा केन्द्रीय स्नायु-संस्थान का विशेष योगदान होता है। मस्तिष्क में हाइपोथैलेमस के प्रभाव से स्राव प्रभावित होता है जो संवेगों में परिवर्तन उत्पन्न करते हैं। शरीर में वृहद् मस्तिष्क संवेगात्मक अनुभूति का केन्द्र है जबकि अन्तर्मस्तिष्क संवेगात्मक प्रदर्शन का केन्द्र है। वस्तुगत उत्तेजनायें त्वचा पर फैले संग्राहकों को प्रभावित करती हैं जिससे स्नायु प्रवाह ज्ञानवाही नाड़ियों से होकर मस्तिष्क के थैलेमस भाग में पहुंचता है। थैलेमस, स्नायु प्रवाहों में संवेगात्मक गुणों की अभिवृद्धि कर उसे मस्तिष्क में भेजते हैं, जिससे शरीर में संवेग का अनुभव होता है। कैनन ने अपने सिद्धान्त को आकस्मिक आवश्यकता का सिद्धान्त भी कहा है। पूर्व पृष्ठ में कैनन (1929) द्वारा बिल्ली पर किए गए प्रयोग से यह स्पष्ट होता है कि भोजन करने के पश्चात् कुत्ते की गरजना प्रकट किए जाने से बिल्ली में भय और क्रोध की संवेदनाएं उत्पन्न होती हैं। भय का संवेदन ग्रहण किए जाने पर आमाशय की क्रियाएं प्रभावित होती हैं तथा रक्तचाप बढ़ जाता है अर्थात् भय और क्रोध की आकस्मिक आवश्यकता उत्पन्न होने के कारण स्नायु-संस्थान की गतिविधियां तेज हो जाती हैं जिससे स्थिति से निपटने के लिए या समायोजन स्थापित करने वाले संवेग तदनुसार शारीरिक और मानसिक परिवर्तन के लिए जीव को तैयार करते हैं, अर्थात् संवेग शरीर की आपातकालीन प्रतिक्रिया है।

कैनन के सिद्धान्त की आलोचना

कैनन का सिद्धान्त जैम्स लांज से इस आधार पर श्रेष्ठ कहा जा सकता है कि कैनन ने संवेगों को मन:शारीरिक प्रतिक्रिया (Psychosomatic Responses) तथा आपातकालीन आवश्यकताओं से उत्पन्न प्रतिक्रिया के रूप में स्वीकार किया है तथा संवेगों की पहचान एवं नियन्त्रण में हाइपोथैलेमस के योगदान को स्वीकार किया है, परन्तु कैनन के सिद्धान्त के द्वारा संवेग के सभी पहलुओं की व्याख्या नहीं की जा सकती। संवेगों में हाइपोथैलेमस के अतिरिक्त स्नायु-संस्थान का भी विशेष योगदान होता है।

लीपर का प्रेरणात्मक सिद्धान्त (Leeper's Motivational Theory of Emotion)

लीपर से संवेग संबंधी अपने अध्ययन में प्रेरणा तत्व पर अधिक बल दिया है। यद्यपि कैनन बार्ड के सिद्धान्त में आकस्मिक आवश्यकता की उपस्थिति प्रेरणा को प्रदर्शित करती है परन्तु लीपर ने प्रेरणा को ही संवेगों का मुख्य आधार माना है। लीपर ने अपने मनोवैज्ञानिक अध्ययनों के आधार पर यह प्रमाणित करने का प्रयत्न किया है कि दैनिक व्यवहार में उत्पन्न संवेग प्रेरकों या मूल प्रवृत्तियों से सम्बद्ध होते हैं। मैक्डूगल ने भी अपने अध्ययन में मूल प्रवृत्तियों का संवेगों से संबंध दिखलाया है, उदाहरणार्थ- पलायन की मूल-प्रवृत्ति में भय के संवेग तथा जिज्ञासा प्रवृत्तियों में आश्चर्य के संवेग दिखाई पड़ते हैं। जब हम जिज्ञासु प्रवृत्ति के अनुसार कौतूहलवश किसी तथ्य के अन्वेषण का प्रयास करते हैं तो सफलता मिलने पर हर्ष तथा आश्चर्य के संवेग उत्पन्न होते हैं।

प्रेरणाओं अथवा मूल प्रवृत्तियों से उत्पन्न संवेग से शारीरिक परिवर्तन प्रदर्शित होता है जो जीव का तत्कालीन परिस्थिति से समायोजन प्राप्त करने में सहायक होते हैं, परन्तु तीव्र संवेगात्मक उद्रेकों की उपस्थिति में कभी-कभी समायोजन प्राप्त करने में कठिनाइयां भी उत्पन्न होती हैं, जिससे

परिस्थिति से समायोजन के स्थान पर असन्तुलन अथवा विकृति आ जाती है। उदाहरणार्थ, शेर से डर कर बचने के लिए हम भागते हैं परन्तु तीव्र भय की स्थिति में यह भी हो सकता है कि हम स्तब्ध हो जाएं और शेर हम पर हमला कर दे। इस प्रकार लीपर का प्रेरणात्मक सिद्धान्त सामान्य संवेगात्मक स्थिति में व्यक्ति के समायोजन में सहायक हो सकता है परन्तु तीव्र संवेगों की अवस्था में संवेगों से समायोजन प्राप्त करने में कठिनाई दिखायी देती है।

सक्रियकरण सिद्धान्त *(Activation Theory of Emotion)*

संवेग का सक्रियकरण सिद्धान्त मस्तिष्क की तरंगों के अन्वेषणात्मक प्रयासों के आधार पर प्राप्त किया गया है। इस सिद्धान्त में जेम्स लांज तथा कैनन बार्ड व लीपर के प्रेरणात्मक सिद्धान्तों का समन्वय प्रस्तुत किया गया है। साम्वेगिक व्यवहारों का संबंध मस्तिष्क तरंगों से किए जाने के कारण इस सिद्धान्त में प्रान्तस्था की क्रियाओं पर विशेष बल दिया गया है। सक्रियकरण के संवेगात्मक सिद्धान्त के अनुसार संवेगों के क्रियाशील होने पर शरीर के केवल अंग-विशेष में ही परिवर्तन नहीं होता या केवल स्नायुविक संस्थान ही भाग नहीं लेता बल्कि सम्पूर्ण जीव समायोजन प्राप्त करने में क्रियाशील हो जाता है। इस आधार पर यह नहीं कहा जा सकता है कि केवल शारीरिक क्रियाओं या मस्तिष्क के द्वारा ही संवेग नियमित होते हैं, बल्कि संवेगों के उत्पन्न होने तथा उन पर नियन्त्रण प्राप्त करने में शारीरिक, मानसिक तथा परिस्थितिजन्य व्यवहार और प्रेरणायें भी अन्तर्सम्बन्धित होती हैं।

उपरोक्त सिद्धान्तों की व्याख्या करने के पश्चात् जब यह कहा जा सकता है कि मनुष्य की साम्वेगिक क्रियायें प्रत्यक्षत: उसके शारीरिक, मानसिक और प्रेरणाजन्य तथा परिस्थितिजन्य व्यवहारों पर आधारित हैं। अत: संवेग को समझने के लिए जीव के शारीरिक और मनोवैज्ञानिक दोनों पहलुओं का अध्ययन करना होगा, तभी संवेगों के अध्ययन में एक स्थाई सिद्धान्त प्रारूपित किया जा सकता है।

टिप्पणियां

1. फोम इरिच, 'दि एनाटॉमी ऑफ ह्यूमन डिस्ट्रक्टिवनेस, लन्दन जोनाथन केप, 1978.
2. फ्रायड एस., 'सिविलाइजेशन एण्ड डिकाण्टटेंट' लंदन होमार्थ प्रेस, 1930.
3. फ्रायड एस., दि प्लीजर प्रिंसिपल्स, लंदन होमार्थ प्रेस।
4. रैपर्ट ए., 'कानफ्लिक्ट इन मैनमेड इनवाइ' 1922, रानमेण्ट, हारमतोण्ड्स वर्क, पेंगुइन बुक लिमिटेड, 1974.
5. वर्की, एल., सिम्पल व्यू ऑफ एग्रेसन, इन मोटेग ए (एड.) मेन एण्ड एग्रेसन, ऑक्सफोर्ड यूनिवर्सिटी प्रेस, 1973.
6. कोस्टेलो टी.डब्ल्यू एण्ड जालकिन एस.एस., साइकोलॉजी इन एडमिनिस्ट्रेशन, इन्गिलवुड क्लिफ प्रेण्टिस हॉल, 1963.
7. कोलमैन जे.सी., एबनॉर्मल साइकोलॉजी एण्ड मॉडर्न लाइफ बॉम्बे डी.बी. तारपुरवाला सेकंण्ड इण्डियन रिप्रिन्ट्स, 1970.
8. मे.आर., दी मीनिंग ऑफ एंजाइटी, न्यूयॉर्क रोनाल्ड प्रेस, 1950.
9. फ्रोम इरिच, क्वोटेड इन, 'इन स्केप फ्राम फ्रीडम' न्यूयॉर्क एवन बुक्स 6जी प्रिंटिंग, 1967.

10. फ्रोम एण्ड मैकोबी एम., सोशल कैरेक्टर इन मेक्सिकन विलेज; ए सोसिओ साइको एनलटिकल स्टडी, इंगिलवुड क्लिफ प्रिन्ट्स आर, 1970.
11. क्लेन, एम, इनवी एण्ड ग्रेटिट्यूड, लण्डन टॉविस्टाक पब्लिकेशन, 1957.
12. इरिक्सन, चाइल्डहुड एण्ड सोसायटी, न्यूयॉर्क डब्ल्यू.डब्ल्यू. नार्टन, 1963.
13. इवान्स, डायडाग विथ एरिक इमर्सन, न्यूयॉर्क हार्पर एण्ड रो, 1967.
14. रोजेन पी. एट एल, पावर एण्ड लिमिट ऑफ विजन; न्यूयॉर्क, दि फ्री प्रेस, 1976.
15. इटिजियानी, ए कॉम्प्लेक्स आर्गनाइजेशन, न्यूयॉर्क होल्ट रिन हार्ट एण्ड विंसटन, 1961.
16. मुल्डर एम., 'दि डेली पावरगेम, लीडेन, मार्टिनस निजोफ, 1977.
17. स्वीन, ई.एच., आर्गनाइजेशनल साइकोलॉजी, इंगिल वुड क्लिफ, प्रेंटिस हॉल, 1980.
18. लैमर्स सी.जे. एण्ड हिक्सन डी.जे., 'आर आर्गनाइजेशनल कल्चर बाउंड, (आर्गनाइजेशन, एलाइक एण्ड अनलाइक, लंदन, 1979).
19. नोडा, के, क्वोटेड इन ए.के. एण्ड हेज जे., (एड) आर्गनाइजेशनल सिस्टम, 1972.
20. रिचर्डसन एस.ए. 'आर्गनाइजेशनल कॉन्ट्रास्ट ऑन ब्रिटिश एण्ड अमेरिकन शिप्स', एडमिनिस्ट्रेटिव साइंस क्वार्टरली, 1, 1956.
21. मैकमिलन, सी.जे. एट एल, 'दि स्ट्रक्चर आफ वर्क आर्गनाइजेशन एक्रॉस सोसायटीज, एकेडमी ऑफ मैनेजमेण्ट जनरल, 16, 16, 1979
22. मिलिवैण्ड आर., दि स्टेट इन कैपिटल सोसायटी, लंदन, क्वार्टरली बुक्स 1930, टी प्रिण्ट, 1980.
23. मारक्यूज एच. वन डाइमेंशन मैन, प्रिंसटन बेकन प्रेस, 1966.
24. काकर एस., दि इनर वर्ल्ज, बेलही ऑक्सफोर्ड यूनिवर्सिटी प्रेस सेकंड एडिशन, 1967.
25. वेनिस वैरेन जी, 'ए फनी किंन हैपेण्ड ऑन दि देटू दि फ्यूचर' इन लेविट एच., एल.एल. (एड) आर्गनाइजेशन ऑफ दि फ्यूचर न्यूयॉर्क प्रेगर पब्लिशर्स, 1977.
26. वाव, डेटेक सी, 'दि प्रेसीडेण्ट रिपोर्ट', हारवर्ड मैगजीन, 1979.
27. मास्लो ए.एच., ए थ्योरी ऑफ ह्यूमन मोटिवेशन, साइकोलॉजिकल रिव्यू, जुलाई 1943, पृ. 360-396.
28. मैक्ग्रीगर, डी, एडवेंचर इन थॉट एण्ड एक्शन, प्रीसीडिंग्स ऑफ दि फिफ्थ एनिवर्सरी कानवोकेशन ऑफ दि स्कूल ऑफ इण्डस्ट्रियल मैनेजमेण्ट, एम.आई.टी., 1957, पृ. 23-30.
29. पोर्टर एल. डब्ल्यू., आर्गनाइजेशनल पैटर्न ऑफ मैनेजीरियल जॉब, एटिट्यूड्स, न्यूयॉर्क, 1964.
30. वीर एम., लीडरशिप इम्प्लायीनीड एण्ड मोटिवेशन, कोलम्बस ब्यूरो ऑफ बिजनेस रिसर्च, ओहियो स्टेट, 1966.
31. हर्जबर्ग एफ., 'वर्क एण्ड नेचर ऑफ मैन', क्लीवलैण्ड, ओहियो वर्ल्ड पब्लिशिंग कम्पनी, 1966.
32. एविन आर.बी.; समडिटरमिनेशन आब जान सैटिस्फैक्शन, ए स्टडी ऑफ जनरलिटी ऑफ हर्जबर्ग थ्योरी, जनरल आफ अप्लाइड साइकोलाजी, 1964, पृ. 161-63.
33. 'जॉब कैरेक्टरिस्टिक्स ऐज सैटिसफायर्स, डिस सैटिसफायर्स', जनरल ऑफ अप्लाइड साइकोलॉजी, 1964, 48, पृ. 358-92.
34. मायर्स एम.सी., हू आर मोटिवेटेड वर्कर्स? हारवर्ड बिजनेस रिव्यू, 1964, जनवरी-फरवरी, पृ. 73-78.
35. सलेह एस.डी., ए स्टडी ऑफ एटिट्यूड चेंज इन प्री रिटायरमेण्ट पीरियड, जनरल ऑफ अप्लाइड साइकोलॉजी 1964, 48, पृ. 110-121.
36. ब्रूम बी.एच. एण्ड मायर्स आर.एफ., इण्डस्ट्रियल साइकोलॉजी, एनुअल रिव्यू ऑफ साइकोलॉजी, 1961, पृ. 413-446.

37. कान्ह आर.एल., रिव्यू ऑफ हर्जबर्ग एट एल, दि मोटिवेशन टू वर्क कान्टेम्पोरेरी साइकोलॉजी, 6, पृ. 9-10.
38. लाहिरी डी.के. एण्ड श्रीवास्तव एस., डिटरमिनेण्ट ऑफ जॉब सैटिस्फैक्शन इन मैनेजमेण्ट परसनेल, जनरल ऑफ अप्लाइड साइकोलॉजी, 51 (3), 1967, पृ. 255-65.
39. दयाल आई. एण्ड सैयदेन, 'क्रॉस कल्चरल वैलिडेशन ऑफ मोटिवेशन हाइजिन थ्योरी, इण्डियन जनरल आफ इण्डस्ट्रियल रिलेशन 7 (2), पृ. 171-83.
40. राव वी.एस., डिटरमिनेंट ऑफ जॉब सैटिस्फैक्शन इन मैनेजीरियल परसनेल, एटेस्ट ऑफ हर्जबर्ग टू फैक्टर्स थ्योरी, इण्डियन मैनेजर्स, 1960, 1, पृ. 55-62.
41. एडवर्ड डब्ल्यू, 'दि थ्योरी ऑफ डिसीजन मेकिंग' साइकोलॉजिकल बुलेटिन, 1954, 51, 380-417.
42. पीक एच., एटिट्यूड एण्ड मोटिवेशन इन एम.आर. जोन्स (एड) नेब्रास्का, सिम्पोजियम ऑन मोटिवेशन, लिंकन, यूनिवर्सिटी ऑफ नेब्रास्का, प्रेस, 1955, पृ. 148-188.
43. राथर जे.बी., दि रोल ऑफ साइकोलॉजिकल सिचुएशन इन डिटरमिनिंग दि डाइरेक्शन ऑफ ह्यूमन बिहैवियर, इन एम.आर. जोन्स (एड), पृ. 254-268.
44. ब्रूम बी.एच., वर्क एण्ड मोटिवेशन, न्यूयॉर्क विली, 1964, पृ. 18.
45. लालर ई.ई., 'पे' एण्ड आर्गनाइजेशनल इफेक्टिवनेस' ए साइकोलॉजिकल व्यू' न्यूयॉर्क, मैक्ग्राहिल, 1971, पृ.103
46. फिली ए.सी., हाउस जे.सी., एण्ड कर एस., मैनेजमेण्ट प्रोसेस एण्ड आर्गनाइजेशनल बिहैवियर, द्वितीय एड. स्काट फ्रेशमैन एण्ड कम्पनी, ग्लेनव्यू तृतीय, 1976.
47. लूथान एफ., आर्गनाइजेशनल बिहैवियर आपसिट, पृ. 417.
48. पोर्टर एल., एडवर्ड ई., लालर III एण्ड आर. जे. हैकमैन, बिहैवियर इन ऑर्गनाइजेशन्स, मैक्ग्राहिल बुक कम्पनी, 1975, पृ. 58.
49. पोर्टर एल. डब्ल्यू., एण्ड लालर ई.ई., मैनेजमेण्ट एटिट्यूड एण्ड परफारमेंस, हामियो वुड, इरविन डोरसी, 1963
50. स्टैसी एडम, 'इनइक्विटी इन सोशल एक्सचेंज' 'इन एलबैराट्स (एड)' एडवांसेज इन एक्सपेरिमेण्टल सोशल साइकोलॉजी, एकेडेमिक प्रेस, न्यूयॉर्क 1965.
51. स्टैसी एडम, पूर्वाद्धृत 1, पृ. 41.
52. मैक् क्लीलैण्ड डी.सी. एट टल, दि एचीवमेण्ट मोटिव्स, अप्लेटन सेंचुरी क्राफ्ट, 1953.
53. क्रिस आर्जिरिस : अंडरस्टैंडिंग ह्यूमन बिहैवियर इन आर्गनाइजेशन : वन व्यू प्वाइण्ट, इन माडर्न आर्गनाइजेशन थ्योरी (मैसन हेयर एडिटर) जान विली एण्ड सन्स, आई.एन.सी., न्यूयॉर्क, 1959.
54. मास्लो ए.एच. : मोटिवेशन एण्ड परसनालिटी, न्यूयॉर्क हार्पर एण्ड ब्रदर्स, 1959.
55. हर्जबर्ग एट.एल., दि मोटिवेशन टू वर्क, न्यूयॉर्क, जान विली 1959.
56. ब्रूम, पूर्वोद्धृत।
57. पोर्टर एण्ड लालर, पूर्वोद्धृत।
58. लालर ई.ई., 'पे एण्ड आर्गनाइजेशनल अफेक्टिवनेस' ए साइकोलॉजिकल व्यू, न्यूयॉर्क, मैक्ग्राहिल, 1971, पृ. 102.
59. लालर उपर्युक्त।
60. लिकर्ट आर., न्यूपैटर्न ऑफ मैनेजमेन्ट, न्यूयॉर्क मैक्ग्राहिल, 1961.
61. मैक्ग्रीगर डी., दि ह्यूमन साइड ऑफ दि इण्टरप्राइज, मैक्ग्राहिल बुक कम्पनी, 1960.

25

सामाजिक वैयक्तिक सेवा कार्य में रक्षायुक्ति एवं प्रतिरोध

(Defence Mechanism and Opposition in Social Case Work)

रक्षायुक्ति (Defence Mechanism)

जन्म लेने के साथ ही व्यक्ति स्नेह और स्वीकृति की अपनी जरूरतों को पूर्ण करने का प्रयत्न करता रहता है और इनके अपूर्ण होने वाले क्रोध एवं वंचन की भावनाओं को नियंत्रण करने का प्रयत्न करता है। इन भावनाओं को जब तक वह सन्तोषपूर्ण ढंग से प्रकट नहीं कर पाता, वह कठिन स्थिति में रहता है। समाज में रहते हुए वह जानता है कि क्रोध एक अस्वीकृत व्यवहार है। अत: वह अपने क्रोध के सन्दर्भ में दोष की भावना से पीड़ित हो जाता है, पर एक स्वस्थ व सक्षम व्यक्ति अपनी ऐसी भावनाओं को इस प्रकार सुलझाने का प्रयत्न करता है कि उससे अन्य व्यक्तियों को भी नुकसान न पहुंचे। इन समाधानों को उस व्यक्ति की रक्षा युक्तियां (Defence Mechanisms) कहते हैं। इसके अतिरिक्त जब कोई व्यक्ति किसी कार्य के द्वारा किसी उद्देश्य की प्राप्ति करना चाहता है किन्तु यदि वह उद्देश्य नहीं पूरा हो पाता है तो उसमें दोष की भावना (Guilt Feeling) जनित होती है उससे बचने के लिये भी वह रक्षायुक्तियों का प्रयोग करता है।

अहं सुरक्षात्मक रचनाओं का अर्थ

अहं सुरक्षात्मक यन्त्रों की अवधारणा फ्रायड ने सन् 1854 ई. में सर्वप्रथम स्पष्ट की थी। उन्होंने सुरक्षात्मक यंत्रों का विवरण अपने लेख 'दि डिफेन्स इन न्यूरोसाइकोसिस' में दिया था। इस लेख में केवल दमन (Repression) यन्त्र का विवरण दिया था। बाद में इस क्रम में अन्य यन्त्र सम्मिलित होते चले गए। इन विभिन्न यन्त्रों में इतनी पारस्परिक निर्भरता है कि इसको अलग-अलग स्पष्ट करना कठिन प्रतीत होता है। व्यक्ति एक ही समस्या को सुलझाने के लिए एक ही समय में एक से अधिक सुरक्षात्मक यन्त्रों का उपयोग करता है। परन्तु ये सुरक्षात्मक यन्त्र अचेतन तथा स्वतंत्र रूप से कार्य करते रहते हैं और व्यक्ति इनके अस्तित्व से अनभिज्ञ रहता है। वह सुरक्षात्मक यन्त्रों का उपयोग तभी करता है जब मूल प्रवृत्तियों को अत्यधिक प्रभाव एवं दबाव का खतरा उत्पन्न हो जाता है।

विषम तनावपूर्ण स्थिति में व्यक्ति को दो प्रकार की समस्याओं का सामना करना पड़ता है :

1. समायोजन संबंधी मांग को पूरा करना (To meat adjustive demands)।
2. मनोवैज्ञानिक विघटन से अपनी रक्षा करना। (To protect himself from psychological disorganization)

इन समस्याओं को दूर करने के लिए प्राय: तीन प्रकार की सुरक्षात्मक प्रतिक्रियाएं घटित होती हैं :

1. मनोवैज्ञानिक क्षतिग्रस्त-क्षतिपूर्ति यन्त्र (Psychological Damage-repair Machanisms) : जैसे चिल्लाना तथा बातों की पुनरावृत्ति।
2. अहं या आत्म सुरक्षात्मक प्रतिक्रियायें (Ego or Self-defense Reactions) : जैसे अस्वीकृति तथा औचित्य स्थापन। इसके द्वारा आघात तथा अवमूल्यन से अहं की रक्षा होती है।
3. व्यक्ति का औषधि (Drus) पर आश्रित होने का व्यवहार (Reliance on Drugs)।

उपर्युक्त तीनों प्रकारों से व्यक्ति अपनी मनोवैज्ञानिक एकता की सुरक्षा करता है। परन्तु प्रथम तथा तृतीय विधि व्यक्ति को सामान्य व्यवहार से अधिक दूर ले जाती है अत: वह मूलत: एवं अधिकांशत: आत्म सुरक्षात्मक यन्त्रों को मनोवैज्ञानिक एकता तथा निराशा व चिन्ता को दूर करने के लिए प्रयोग में लाता है। इन सुरक्षात्मक प्रतिक्रियाओं से व्यक्ति एक ओर आन्तरिक धमकी (Internal Threat) जैसी अपराधी प्रवृत्तियों तथा दूसरी ओर बाह्य धमकी जैसे असफलता से आत्म अवमूल्यन की रक्षा करता है।

मानसिक सुरक्षात्मक यंत्र निम्न प्रकार से आत्म (Self) की सहायता करते हैं।

1. व्यक्ति को वास्तविक अनुभव से दूर करके, वास्तविकता को न स्वीकार करके या बाधा उत्पन्न करके जिससे वह स्थिति की गम्भीरता को न समझे।

2. सांवेगिक तथा आत्म भागीकरण को कम करके।

3. धमकी तथा क्षति के विरोध में प्रतिक्रिया करके।

इस प्रकार मानसिक सुरक्षात्मक रचनायें वे यंत्र हैं जिनसे व्यक्ति आत्म अवमूल्यन की रक्षा करता है तथा मनोवैज्ञानिक एकता बनाये रखता है। इस प्रक्रिया द्वारा वह अचेतन समाज विरोधी प्रवृत्तियों को चेतन में आने से रोकता है। इसमें से प्रत्येक व्यक्ति इन यंत्रों का उपयोग दिन-प्रतिदिन के जीवन में करता है परन्तु उस दशा में ये प्रतिक्रियायें व्याधिकीय हो जाती हैं जब ये तनाव एवं विषम परिस्थिति में साधन का कार्य करने लगती हैं।

मानसिक सुरक्षात्मक यंत्रों की दो मुख्य विशेषताएं होती हैं :

1. वे वास्तविकता को खंडित करते हैं, मिथ्या सिद्ध करते हैं तथा तोड़-फोड़ कर व्यक्त करने में सहायता करते हैं।
2. वे अचेतन रूप से कार्य करते रहते हैं, जिनसे व्यक्ति को ज्ञान नहीं होता है।

मानसिक सुरक्षात्मक रचनाओं के प्रकार

सुरक्षात्मक रचनाओं से संबंधित कुछ व्यवहार हैं जिनके द्वारा व्यक्ति उद्देश्य को प्राप्त करने में निराशा, आत्म अवमूल्यन तथा चिन्ता का निराकरण विभिन्न सुरक्षात्मक तरीकों का उपयोग करके स्थानापन्न (Substitute) उद्देश्यों की दिशा में प्रयास करता है।

इस प्रकार समस्त सुरक्षात्मक यन्त्रों को 3 बृहद् वर्गों में विभाजित किया जा सकता है :

1. आक्रामक
2. कल्पनात्मक तथा
3. पुनर्व्याख्यात्मक अथवा समझौता संबंधी

यहां पर हम इन तीनों वर्गों के कुछ महत्वपूर्ण सुरक्षात्मक यंत्रों का विवरण प्रस्तुत कर रहे हैं :

प्रक्षेपण *(Projection)*

प्रक्षेपण एक यंत्र है, जिसके द्वारा क्लेशकर तथा आपत्तिजनक प्रभावों व विचारों को बाह्य पर्यावरण में व्यक्तियों अथवा वस्तुओं पर आरोपित करते हैं। इसके द्वारा व्यक्ति अनुभव करता है कि उस स्थिति का संबंध उससे नहीं है। यह वह प्रवृत्ति है, जिसमें व्यक्ति बाह्य जगत में अपनी रचित मानसिक प्रक्रियाओं का आरोपण करता है प्रक्षेपण कहलाती है। प्रक्षेपण बहुत ही प्रारम्भिक प्रकार का मानसिक यंत्र है क्योंकि इसका उपयोग शैशवावस्था से ही प्रारम्भ हो जाता है। इस अवस्था में व्यक्ति की यह प्रवृत्ति होती है कि वह हितकारी तथा सुखदायी वस्तुओं को अपने आत्म का भाग बताता है और क्लेशकर तथा अहितकारी वस्तुओं तथा घटनाओं का संबंध बाह्य जगत से लगाता है। शिशु अक्षरशः क्लेशकर तथा आपत्तिजनक वस्तुओं तथा भावनाओं का दूसरे व्यक्ति पर प्रक्षेपण करता है तथा उत्तर में केवल सुखद भावनाओं को संचित करता है।

प्रक्षेपण एक ऐसा तरीका है जिसका उपयोग अधिक सीमा में तब तक नहीं किया जा सकता है जब तक कि अहं (Ego) में वास्तविकता परीक्षण (Reality Testing) की शक्ति रहती है। साधारण प्रक्षेपण के द्वारा व्यक्ति अपने में आपत्तिजनक वस्तुओं अथवा स्थितियों को अस्वीकार करता है और उसका संबंध बाह्य जगत से लगाता है।

यह एक ऐसी मनोवैज्ञानिक रचना है जिससे व्यक्ति दूसरों पर अपनी दमित भावनाओं तथा संवेगों को आरोपित करता है। प्रक्षेपण की सुरक्षात्मक प्रतिक्रिया में व्यक्ति निम्नलिखित कार्य करता है :

1. अपनी त्रुटियों, कमियों तथा अकार्यों के लिए दूसरों को दोषी ठहराता है।
2. अपनी आपत्तिजनक तथा अस्वीकृत मूल प्रवृत्तियों, विचारों तथा इच्छाओं को दूसरे पर आरोपित करता है।

प्रक्षेपण एक प्रकार का सामान्य तरीका है, जिसका प्रयोग बालक प्रारम्भ से ही करना सीखता है। जो बालक परीक्षा में असफल हो जाता है, वह अध्यापकों को बेईमान बताता है। बाल अपराधी अपनी समस्याओं को माता पर आरोपित करता है।[1] जब मानसिक दशा गम्भीर हो जाती है तो व्यक्ति यह समझने लगता है कि दूसरे व्यक्ति उसके विरोध में कार्य कर रहे हैं अथवा उसके विरुद्ध कोई षड्यंत्र रच रहे हैं।[2]

प्रक्षेपण प्रतिक्रियायें व्यक्ति अपनी क्लेशकर, पीड़ाजन्य तथा आपत्तिजनक विचारों तथा इच्छाओं को दूसरे पर आरोपित करता है। यह तरीका उन व्यक्तियों के लिए अधिक उपयुक्त होता है जिनका विकास कठोर, नियंत्रित तथा दृढ़ नैतिक मूल्यों के बीच होता है तथा जिनमें इच्छा को अनैतिक तथा आत्म अवमूल्यन माना जाता है। ये लोग औचित्य स्थापन या अन्य किसी मानसिक रक्षणात्मक तरीकों का उपयोग करने में समर्थ नहीं होते हैं।[3]

An individual (a) Places the blame for his own shortcomings, mistakes and misdeeds on others, and (b) attributes to others his own unacceptable impulses thoughts, and de.

प्रक्षेपण अन्य तरीकों के समान ही एक अचेतन प्रक्रिया है, जिसमें पहला कदम दमन (Repression) का होता है। व्यक्ति अपनी पीड़ा, जन्य तत्व को चेतन में आने से रोकता है। परन्तु दूसरे तनाव तथा संघर्ष जो स्थिति के कारण उत्पन्न होते हैं, समाप्त नहीं होते हैं, अतः वह दूसरे तरीकों का सहयोग प्राप्त करता है, जिसकी सहायता से आंतरिक संघर्ष को बाह्यकृत (Externalize) कर देता है।

इस प्रकार के मानसिक यंत्र का उपयोग प्रायः उस महिला में देखने को अधिक मिलता है जो अचेतन रूप से अनुभव करती है कि वह स्त्री-मां तथा पत्नी के रूप में उपयुक्त नहीं है तथा अपने

पति को भी इसी प्रकार की अयोग्यताओं के लिए दोषी ठहराती है अर्थात् पति पर दोष लगाती है कि वह न तो पति की भूमिका अदा करने में समर्थ है और न ही पिता की। इस प्रकार वह अपनी दमित या अचेतन इच्छाओं को पति पर प्रक्षेपित करती है। चेतन रूप में वह इस प्रकार का व्यवहार करती है कि वह स्त्री, पत्नी तथा मां का अति सुन्दर आदर्श है तथा अपनी अचेतन असुरक्षा तथा अनौचित्य भावना के प्रति जागरूकता है। गम्भीर तथा विषम प्रक्षेपण का रूप स्थिर व्यामोहात्मक मनोविदल के रूप तथा विभ्रम (Hallucination) के रूप में देखने को मिलता है। वह इन आवाजों तथा आकृतियों को देखता है तथा सुनता है, जिनको वह अनेक रूप में आरोपित करता है।

दमन *(Repression)*

दमन सुरक्षात्मक यंत्र के द्वारा व्यक्ति कष्टकर, आपत्तिजनक तथा अन्तर्द्वन्द्व उत्पन्न करने वाले विचारों, इच्छाओं तथा भावनाओं को चेतनता से बहिष्कृत कर देता है। यद्यपि इस यंत्र क्रिया को चयनात्मक विस्मरण (Selective Forgetting) के रूप में जाना जाता है परन्तु अधिकांशतः इसकी प्रकृति चयनात्मक स्मरण (Selective Remembering) की होती है। इस यंत्र के द्वारा जो विचार तथा भावनाएं चेतन रूप में आने से रोकी जाती हैं, वे वास्तव में विस्मरित नहीं होती हैं। जो व्यक्ति अपनी आंखों के निकटतम संबंधी की हत्या देखता है, उसको यह दृश्य इतना भयानक लगता है कि उसको भूलने का वह प्रयत्न करता है। परन्तु अचेतन में याद बनी रहती है तथा कष्ट देती है।

दमन एक अत्यन्त महत्वपूर्ण सुरक्षात्मक यन्त्र है, जिसके द्वारा खतरनाक, विषम, कष्टकर तथा पीड़ाजन्य परिस्थिति का सामना करने की क्षमता का ह्रास होता है। इस यंत्र का उपयोग उस समय किया जाता है, जब वास्तविकता से सामना करने की क्षमता कम हो जाती है। फ्रायड ने इस यंत्र का सबसे पहले वर्णन किया। उनको इसके बारे में ज्ञान उस समय प्राप्त हुआ जब वे हिस्टीरिया के रोगियों का उपचार कर रहे थे। यह उनके मनोविश्लेषण सिद्धान्त का एक महत्वपूर्ण अंग है। इस अवस्था में व्यक्ति का अहं (Ego) अपनी पूर्ण शक्ति को अवांछनीय तथा कष्टप्रद स्मृति को चेतन अवस्था में आने में लगा देता है। दोनों शक्तियों में संघर्ष होता है और विजय उसी की होती है, जो शक्तिशाली होती है।

फ्रायड ने अपने मनोविश्लेषणात्मक सिद्धान्त को इड, इगो तथा सुपर इगो के आधार पर स्थापित किया था परन्तु इसके पूर्व इन्होंने मस्तिष्क को 3 भागों में विभाजित किया था- चेतन, अर्धचेतन तथा अचेतन। अर्धचेतन अवस्था में वे मनोवैज्ञानिक तत्व विद्यमान रहते हैं जिनको आवश्यकता पड़ने पर चेतन स्तर में लाया जा सकता है। अचेतन अवस्था में वह तत्व रहता है, जो चेतन अवस्था में आने के योग्य नहीं होता है अथवा उसके चेतन अवस्था में आने पर पीड़ा तथा कष्ट का अनुभव होता है। इस स्थिति को फ्रायड ने दमन की संज्ञा दी है।

साधारण प्रकार का दमन उस अवस्था में होता है, जब व्यक्ति कहता है कि अमुक नाम उसकी जीभ पर है परन्तु याद नहीं आता है। इसका तत्पर्य यह है कि उस व्यक्ति को वह पसंद नहीं करता है अथवा उसके नाम का संबंध किसी अरुचिकर विचार तथा भावना से है। दमन की विषय स्थिति उस समय होती है, जब व्यक्ति की स्मृति बिल्कुल समाप्त हो जाती है। हिस्टीरिया उत्पन्न करने में 'दमन' का कार्य विशेषकर महत्वपूर्ण होता है। उदाहरण के लिए व्यक्ति की दृष्टि ठीक होने पर भी उसे दिखायी नहीं देता है क्योंकि उसका प्रत्यक्षीकरण दमित हो जाता है। दमन से शारीरिक क्रियाओं में भी बाधा उत्पन्न होती है। उदाहरण के लिए लैंगिक रूप से स्वस्थ होने पर भी व्यक्ति अनुभव करता है कि वह ऐसा करने में सक्षम नहीं है क्योंकि उसकी विरोधात्मक प्रवृत्ति का दमन हो जाता है। दमन कभी कार्य विस्थापन के द्वारा भी प्रकट होता है। उदाहरण के लिए जो व्यक्ति अपने पिता के प्रति उग्र भावनाओं को दबा लेता है, तो वह किसी अवस्था में किसी अन्य शक्ति के प्रति प्रदर्शित करता है।

प्रतिगमन (Regression)

जब व्यक्ति वर्तमान व्यवहार पद्धति को त्याग कर पूर्वकालीन स्थिति के समान व्यवहार करने लगता है तो उसे हम प्रतिगमन कहते हैं। इस अवस्था में व्यक्ति पूर्व-व्यवहार के स्तर को स्वीकार कर लेता है क्योंकि वर्तमान व्यवहार उसे कष्टप्रद प्रतीत होता है। इस प्रकार प्रतिगमन की स्थिति में व्यक्ति प्राय: अपनी शैशवकालीन अवस्था में लौट आता है तथा उसी प्रकार का व्यवहार करने लगता है। अक्सर जब परिवार में नया शिशु उत्पन्न होता है तो बड़ा बच्चा इसके प्रति प्रतिक्रिया करता है। वह घुटनों के बल चलना शुरू कर देता है तथा बिस्तर पर पेशाब करने लगता है। यद्यपि उसने चलना तथा टट्टी-पेशाब करना काफी समय पहले ही सीख लिया था। वह प्रतिक्रिया के फलस्वरूप अपनी पूर्व स्थिति में वापस आ जाता है क्योंकि इस स्थिति में उसे अधिक प्यार मिला था तथा अपने माता-पिता का पूरा अधिकार था।

प्रतिगमन का व्यवहार आयु के किसी भी स्तर पर घटित हो सकता है तथा यह प्रतिगमन कई प्रकार का होता है। प्राय: जब एक स्थान से दूसरे स्थान को एक व्यक्ति जाता है तो वह अपने मित्रों तथा बाह्य परिस्थितियों से विलग होता है। परन्तु यदि उसे बराबर उनकी याद बनी रहती है और उससे कष्ट होता है, तो वह कभी-कभी प्रतिक्रिया स्वरूप प्रतिगमन करता है। जो व्यक्ति घर से अधिक लगाव रखते हैं, उनके साथ प्राय: इस प्रकार की समस्या उत्पन्न हो जाती है। उनके लिए घर से बाहर समायोजन स्थापित करना कठिन हो जाता है। यही कारण है कि गृहरोगी व्यक्ति (Home Sick Person) शारीरिक रोग से पीड़ित हो जाता है तथा ठीक होने के लिए उसका घर वापस आना आवश्यक होता है।

प्रतिगमन का व्यवहार उन व्यक्तियों में प्राय: अधिक होता है, जिनको आवश्यकता से अधिक बचपन में लाड़-प्यार मिलता है तथा अतिरक्षा (Over Protection) प्राप्त होती है। इसका दूसरा महत्वपूर्ण कारण यह है कि व्यक्ति के मस्तिष्क की यह विशेषता है कि सुखदायी अनुभवों को याद करना चाहता है तथा दु:खदायी स्थिति भूलना चाहता है। क्योंकि वर्तमान परिस्थितियों से समायोजन करना कठिन हो जाता है। वह अपने जीवन की वर्तमान स्थितियों से निरुत्साहित होकर पूर्व जीवन की शैशवकालीन अवस्था में लौटकर सुख की अनुभूति करता है। उदाहरण के लिए कोई 20 वर्ष का युवक थोड़ी सी कठिन स्थिति में रोने लगता है, सहायता की प्रार्थना करता है अथवा बच्चों सा व्यवहार करने लगता है तो उसका व्यवहार प्रतिगमनात्मक होता है। इस अवस्था में व्यक्ति की इच्छाशक्ति (Will Power) प्रतिगमित हो जाती है।

प्रतिगमन दो प्रकार का होता है :

1. कामशक्ति का प्रतिगमन (Libido Regression)
2. अहं प्रतिगमन (ego Regression)

व्यक्ति में दोनों प्रकार के प्रतिगमन प्राय: किसी विशेष अवस्थाओं में उत्पन्न होते हैं, परन्तु इनका अन्तर्सम्बन्ध अवश्य होता है। काम शक्ति का दमन होने की अवस्था में रोगी बच्चों सी क्रियायें करने लगता है। वह खिलौनों से खेलता है, घुटनों के बल चलता है, जरा-जरा सी बात पर चिल्लाता तथा रोता है। वह क्रोध की अवस्था में बच्चों के समान तोड़-फोड़ भी करने लगता है। अहं प्रतिगमन की अवस्था में व्यक्ति अपनी भूमिकाओं को नहीं निभाता है और गैर जिम्मेदारी के कार्य करने लगता है। वह अपने उत्तरदायित्वों की चिन्ता नहीं करता है। परन्तु प्रतिगमन का तात्पर्य पूर्व अनुभवों अथवा पूर्ण व्यवहार के आधार पर समान समस्या अथवा परिस्थिति का सामना करना भी है, जिनसे उसे पूर्व समय में सफलता प्राप्त हुई है। जब कोई व्यक्ति पूर्व व्यवहार पर लौट आता है, जो कि बहुत अधिक अपारिवारिक तथा शैशविक होता है तब उसे प्रतिगमन की स्थिति कहते हैं।

प्रतिगमनात्मक व्यवहार के प्राय: 3 प्रेरणात्मक कारक हैं :

1. *शारीरिक विकास के स्तर में मनोलैंगिक विकास (Psycho Sexual Development at Constitutional Level)* : कुछ बच्चों को मौखिक, गुदा तथा जननात्मक (genital) अवस्था में कठिनाई महसूस होती है। अत: वह उसी स्थिति में अधिक समय तक रहता है क्योंकि दूसरी अवस्था कष्टकर प्रतीत होती है। अत: वह मौखिक (Oral) अवस्था के लक्षणों को लम्बी अवधि तक प्रदर्शित करता है। वह बोतल से दूध पीता है तथा मां के हाथ से ही खाना खाता है।
2. माता-पिता का बालक के प्रति ध्यान भी व्यवहार को काफी सीमा तक प्रभावित करता है। यदि माता-पिता बालक के किसी एक विकास की अवस्था में अधिक सुविधाएं प्रदान करते हैं तथा दूसरी अवस्था में कठोर हो जाते हैं तो बालक पूर्व अवस्था में ही रहना अधिक पसन्द करता है।
3. तीसरा महत्वपूर्ण कारण बालक का व्यक्तित्व स्वयं होता है। यदि कोई व्यक्ति मौखिक अवस्था में गम्भीर रूप से अलगाव अथवा विछोह (Depriviation) हो जाता है, तो उसकी इच्छाएं तथा भावनाएं सदैव अपूर्ण रहती हैं। वह इनको प्राप्त करने के लिए भी प्रयत्न कर सकता है।

औचित्य स्थापन (Rationalizations)

औचित्य स्थापन मानसिक सुरक्षात्मक यन्त्र में अहं को अपने विचारों तथा कार्यों को उचित सिद्ध करने के लिए उन तरीकों का सहारा लेने के लिए बाध्य किया जाता है जो वास्तविक नहीं है। जब व्यक्ति में व्यवधान अथवा भय उत्पन्न होने की किसी प्रकार की आशंका होती है तो वह ऐसे तरीकों का सहारा लेता है, जिनसे उसके व्यवधान तथा भय में कमी आ जाती है। अर्थात् अन्तर्द्वन्द्व की स्थिति में व्यक्ति ऐसे उपायों तथा बहानों का प्रयोग करता है जिनसे उसे सन्तोष प्राप्त होता है। जो व्यक्ति औचित्य स्थापित करता है वह अपने विचारों तथा कार्यों के पक्ष में समुचित तर्क प्रस्तुत करता है। इस प्रकार वह वास्तविक कारकों के विषम प्रभाव से बच जाता है। यदि वह किसी कार्य में असफल होता है तो उसका कुछ न कुछ कारण निकाल कर कहता है कि चलो अच्छा हुआ अगर सफल भी हो जाते तो क्या मिल जाता, जिन्दगी नर्क हो जाती। उदाहरण के लिए जो व्यक्ति पी.सी.एस. अथवा अन्य प्रतियोगिता में सफल नहीं होता है तो उसे असीम आंतरिक कष्ट होता है। परन्तु उस कष्ट को कम करने के लिए वास्तविक कारण नहीं ढूंढते हैं, क्योंकि उसमें और भी कष्ट होता है। अत: वह कहता है कि पी.सी.एस. की नौकरी में उच्च अधिकारियों की हर समय खुशामद करनी पड़ती है तथा वे सदैव तानाशाह बने रहते हैं, कार्य अधिक करना पड़ता है तथा प्रत्येक क्षण व्यस्त रहना पड़ता है। अत: वह सेवा उसके लिए उचित नहीं है।

औचित्य स्थापन कई प्रकार का होता है परन्तु सबसे प्रमुख 'अंगूर खट्टे हैं' प्रतिक्रिया है। लोमड़ी अंगूर पाने का पूरा प्रयत्न करती है, उछल-कूद मचाती है परन्तु जब किसी भी प्रकार से उन तक नहीं पहुंच पाती है तो कहने लगती है कि वे अंगूर उसे पसंद नहीं हैं, वे खट्टे हैं। इसी प्रकार की प्रतिक्रिया, व्यक्तियों में भी होती है। उदाहरण के लिए जब अमुक व्यक्ति नौकरी तलाश करते-करते थक गया तो अपनी असफलता को स्वीकार करने के स्थान पर कहने लगा कि नौकरी करना आजकल बहुत कठिन हो गया है क्योंकि अफसरशाही बहुत बढ़ गई है। इसके लिए आज भी लोगों से जायज तथा नाजायज सभी प्रकार का लिया जाता है। अत: खेती करना सबसे अच्छा है। इस प्रकार वह अपने कार्य को उचित ठहराता है तथा संतोष प्राप्त करता है। परन्तु यदि उनके विचारों को उचित समझा जाए तो प्रश्न उठता है कि उसने इस दिशा में प्रयास ही क्यों किया। उसको न तो कहीं आवेदन देना था और न किसी साक्षात्कार में जाना था।

औचित्य स्थापन का मुख्य आधार सुख-दु:ख सिद्धान्त (Pleasure-Pain Principle) है। इस अवस्था में व्यक्ति को यद्यपि समुचित समायोजन नहीं प्राप्त होता है परंतु दु:खद स्थितियों को वह सुखद बनाकर सहन करता है। उदाहरण के लिए एक छात्र का प्रेम एक छात्रा से हो जाता है। दोनों साथ-साथ उठते-बैठते हैं, साथ चाय पीते हैं तथा पढ़ने साथ-साथ जाते हैं। उनमें दिनों-दिन घनिष्ठता बढ़ती जाती है और दोनों प्रतिज्ञा कर लेते हैं कि वे जीवन भर साथ-साथ रहेंगे। परन्तु किसी कारणवश छात्रा अपने कर्तव्य निभाने में असमर्थ होती है और किसी अन्य छात्र से मित्रता स्थापित कर लेती है। यह स्थिति उस छात्र के लिए अत्यन्त कष्टकर तथा दु:खदायी होती है। अत: इसको दूर करने के लिए उसमें दोष निकालना प्रारम्भ कर देता है जिससे उसे सान्त्वना प्राप्त होती है। वह न केवल उस छात्रा के प्रति बल्कि उस वर्ग की सभी लड़कियों के प्रति ईर्ष्यालु हो जाता है।

कभी-कभी व्यक्ति विपरीत दिशा में औचित्य स्थापित करता है। यह कहने के बजाय कि जिस वस्तु के लिए वह प्रयत्न कर रहा था, वास्तव में उसको प्राप्त करने की उसकी इच्छा नहीं थी, अब वह सुखकर तथा सन्तोषजनक है, उसको उससे अधिक कुछ नहीं चाहिए। यह औचित्य प्राय: प्रोन्नति रुकने पर अथवा ऊंचा स्थान प्राप्त करने की असफलता पर उपयोग में लाया जाता है।

औचित्य स्थापन के दो मुख्य कार्य हैं :

1. यह व्यक्ति के व्यवहार को उचित सिद्ध करने में सहायता करता है, तथा
2. उद्देश्य को प्राप्त करने की असफलता से उत्पन्न असंतोष को कम करता है।

औचित्य स्थापन व्यवहार की अवस्था में व्यक्ति अपने किए गए व्यवहार के प्रति अनेक कारण तथा तर्क प्रस्तुत करता है, वह विरोधी विचारों को बिल्कुल अस्वीकर करता है तथा जब उसके कारणों या तर्कों पर प्रश्न किया जाता है तो वह अस्थिर एवं दु:खी हो जाता है। क्योंकि प्रश्न करने से उसके सुरक्षात्मक प्रयत्नों को आघात पहुंचता है जो उसने बहुत ही कठिनाई से आत्म अवमूल्यन को बचाने के लिए प्रस्तुत किया है।

औचित्य स्थापन से यद्यपि व्यक्ति को सुख प्राप्त होता है परन्तु वास्तविकता से संबंध कम हो जाता है और कल्पना में विचरण करना सीख लेता है। धीरे-धीरे यदि यह प्रवृत्ति बढ़ती जाती है तो उसमें सामाजिक व्यवहार करने की क्षमता का ह्रास हो जाता है और उसका प्रत्यक्षीकरण प्रभावित हो जाता है। सारांश में व्यक्ति औचित्य स्थापन द्वारा अपने को धोखा देता है।

विस्थापन (Displacement)

जब कोई संवेग अथवा सांकेतिक अर्थ (Symbolic Meaning) की अभिव्यक्ति उस व्यक्ति अथवा विषयी (Object) के प्रति न होकर जिससे कि उनकी उत्पत्ति हुई है बल्कि दूसरे व्यक्ति अथवा विषयी के प्रति होती है तो उसे हम विस्थापन कहते हैं। व्यक्ति कभी-कभी अपने संवेगों को उत्पन्न करने वाले कारक के समक्ष स्पष्ट नहीं कर सकता है क्योंकि इससे उसको भय तथा असुरक्षा की सम्भावना होती है। अत: वह अभिव्यक्ति उस स्थिति अथवा कारक के प्रति करता है जिसमें संवेग प्राय: निर्दोष व्यक्ति अथवा विषय के प्रति विस्थापित होते हैं। उदाहरण के लिए ऑफिस में ऑफिसर की डांट पड़ने पर अथवा उसकी आलोचना होने पर व्यक्ति अपने क्रोध के संवेग को वहां पर प्रकट होने से दबा लेता है, परन्तु अपने से छोटे कर्मचारियों के सम्मुख अभिव्यक्त कर देता है अथवा घर जाकर जरा सी बात पर पत्नी को मारने लगता है। विस्थापन की आवश्यकता इसलिए होती है कि व्यक्ति अपनी विरोधी भावनाओं की अभिव्यक्ति खतरे तथा भय के कारण उत्पन्न कारक के प्रति नहीं कर सकता। अत: उसको दूसरे कारक के प्रति विस्थापित कर देता है।

कभी-कभी विस्थापन की स्थिति में स्वयं के प्रति विरोधी भावनाओं तथा विचारों की अभिव्यक्ति करता है। वह आत्म-निन्दा करने लगता है, उसमें अपराधी भावना विकसित हो जाती है तथा आत्म-अवमूल्यन होता है। यद्यपि इस अवस्था में विरोधी भावनाओं की अभिव्यक्ति दूसरे

व्यक्तियों अथवा विषयों के प्रति नहीं होती है परन्तु इससे व्यक्ति विषादी हो जाता है तथा आत्महत्या करने का भी प्रयत्न करता है।

सामाजिक स्तर पर विस्थापन प्राय: प्रक्षेपण से संयुक्त कर दिया जाता है। नाजी (Nazi) जर्मनी में देश की बर्बादी की जिम्मेदारी ज्यूस तथा कम्युनिस्ट पर प्रक्षेपित कर दी गई थी। इस प्रकार विषाद तथा विरोधात्मक भावनाओं को इन दो समूहों पर विस्थापित कर दिया गया था। सांकेतिक संबंधों की प्रक्रिया के द्वारा व्यवस्थापन अति जटिल तथा विचलित हो जाता है। विरोधात्मक भावनाओं की अभिव्यक्ति के लिए व्यक्ति अपशब्द कहने लगता है। वह अप्रत्यक्ष तरीकों, जैसे- विध्वंसात्मक आलोचना तथा प्रतिरोधपूर्ण (Vindictive) वार्तालाप का उपयोग अपनी आन्तरिक विरोध स्पष्ट करने के लिए करता है। फ्रेंच तथा इपस्टीन ने आकाश गोताखोर (Sky Drivers) के अध्ययन में पाया कि उनकी आकाश गोताखोरी (Sky Driving) संबंधी भय तथा चिन्ता पैराशूटिंग के स्थान पर अन्य स्थितियों पर विस्थापित हो गई थी। इस प्रकार की सुरक्षात्मक प्रतिक्रिया को उत्तेजक व्यवस्थापन (Stimulies Displacement) कहते हैं।

प्रतिक्रिया निर्माण (Reaction Formation)

जब व्यक्ति क्लेशकर, दु:खकर तथा अनिच्छित मनोवृत्ति के अभिव्यक्ति होने से रोकने के लिए विपरीत प्रकार की मनोवृत्ति अथवा चारित्रिक गुण उत्पन्न कर लेता है तो उसे प्रतिक्रिया निर्माण सुरक्षात्मक यंत्र कहते हैं। प्रतिक्रिया निर्माण में व्यक्ति का व्यवहार बिल्कुल बदल जाता है। इसका यह व्यवहार स्थिर, कठोर तथा अवास्तविक होता है। आपत्तिकारी गुण प्रकट होने के लिए अचेतन रूप से व्यक्ति पर निरन्तर दबाव डाला जाता हैं। अत: प्रतिक्रिया निर्माण स्थिर रहता है, चाहे वह लाभकर हो या न हो।

कभी-कभी व्यक्ति खतरनाक इच्छाओं, भावनाओं तथा स्थितियों से न केवल दमन के द्वारा बचता है बल्कि चेतन मनोवृत्ति तथा व्यावहारिक तरीकों का विकास करता है, जो प्राय: विरोधात्मक होते हैं। इस प्रकार घृणा को बाह्य प्रेम प्रदर्शन (Facade Love), निर्दयता को दयालुता द्वारा या लैंगिक रूप में पीड़ित होने पर नैतिकता के द्वारा प्रतिक्रिया निर्माण किया जाता है। इस प्रकार वह ऐसी रुकावटों (Barriers) का निर्माण करता है जो कि दमन को प्रभावकारी बनाये रखता है तथा जिससे वास्तविक भावना एवं इच्छा की अभिव्यक्ति चेतन तथा बाह्य रूप में नहीं होती है। उदाहरण के लिए मद्य सेवन करने वाले व्यक्तियों का सुधार की बड़ी-बड़ी बातें करना अथवा दुष्ट, भ्रष्टाचारी तथा निर्दयी व्यक्ति का मंदिर, धर्मशाला इत्यादि बनवाना अजीब सा लगता है। इस प्रकार के व्यक्ति समस्याओं से स्वयं इतने ग्रस्त होते हैं कि उनको दूर करने के लिए सुधारात्मक एवं आदर्शात्मक कार्यों का सहारा लेते हैं, जिससे उन्हें स्वयं शांति प्राप्त होती है।

प्रतिक्रिया निर्माण में दमन की भांति ही समायोजित करने की क्षमता होती है। क्योंकि व्यक्ति इसके द्वारा सामाजिक स्वीकृत व्यवहार को बनाये रखता है तथा आत्म अवमूल्यन व असामाजिक प्रवृत्ति को दूर करता है। परन्तु यह तंत्र भी व्यक्ति को धोखा देना सिखाता है या वह इसके द्वारा स्वयं को धोखा देता है। अत: व्यक्ति का विश्वास एवं व्यवहार आवश्यकता से अधिक कठोर एवं स्थिर हो जाता है, जिससे उसके लिए सामान्य परिस्थितियों से सामन्जस्य स्थापित करना कठिन हो जाता है।

परिपूर्ति (Compensation)

परिपूर्ति प्रतिक्रिया एक सुरक्षात्मक यंत्र है, जिसके द्वारा व्यक्ति सम्भावित असफलता अथवा कमी व हीन भावना को दूर करता है। अब वह सोच लेता है कि अमुक कार्य में असफल हो रहा है उस

इच्छापूर्ति के लिए दूसरा रास्ता अपनाता है तथा दूसरा उद्देश्य निर्धारित करता है। अपनी वास्तविक अथवा काल्पनिक कमी की पूर्ति के लिए नवीन दिशा में प्रयास करता है। उदाहरण के लिए पढ़ाई में कमजोर होने पर खेलों में निपुण होने के लिए कड़ा परिश्रम करना, सुन्दर न होने पर तड़क-भड़क के कपड़े पहनना इत्यादि। प्रायः सभी व्यक्तियों में कोई न कोई कमी होती है, वे उसको दूर करने का प्रत्यक्ष अथवा अप्रत्यक्ष तरीके से प्रयत्न करते हैं। पंडित जवाहर लाल नेहरू में भाषण देने का बिल्कुल गुण न था। उनको इसके लिए कॉलेज में दण्ड भी दिया गया था। परन्तु बाद में वे इतने अच्छे वक्ता बने कि उसकी दुनिया में बहुत ही कम मिशाल मिलती है। हिटलर इतना कुरूप था कि वह कक्षा में पीछे बैठता था तथा कोई भी उसे पसंद नहीं करता था परन्तु उसने अपनी दुर्बलता की पूर्ति किस प्रकार की, इसको दुनिया जानती है।

परिपूर्ति प्रायः दो प्रकार की होती है। प्रत्यक्ष तथा अप्रत्यक्ष। जब व्यक्ति 'अमुक' कमी को दूर करने के लिए उसी दिशा में कड़ी मेहनत करता है तो उसे प्रत्यक्ष परिपूर्ति कहते हैं। उदाहरण के लिए शरीर से कमजोर होने पर कसरत करना, सुबह दौड़ना तथा पौष्टिक भोजन करना। इसके विपरीत जब व्यक्ति एक क्षेत्र की कमी को दूर करने के लिए दूसरे क्षेत्र में प्रयास करता है तथा विशेषता ग्रहण करता है तो उसे अप्रत्यक्ष परिपूर्ति कहते हैं। उदाहरण के लिए पढ़ाई में सफलता न पाने पर खेलकूद में नाम कमाना, प्रायः परिपूर्ति प्रक्रियायें अप्रत्यक्ष ही होती हैं क्योंकि व्यक्ति जब एक दिशा में कमजोरी अनुभव करता है और यह भी अनुभव कर लेता है कि किसी भी प्रकार से वह उस पर विजय नहीं पा सकता है या सफलता के बहुत कम चिह्न हैं तो दूसरी दिशा में ही प्रयास करता है। इससे उसके आंतरिक संघर्ष एवं असफलता के दुःख को प्रतिकूल पर्यावरण मिलता है। आकर्षणहीन लड़का या लड़की प्रायः इस प्रकार का आकर्षक व्यवहार विकसित करती है कि दूसरे लोग उसके व्यवहार से प्रभावित होते हैं। सुन्दर स्वरूप न होने पर प्रायः श्रृंगार बनाव का सहारा लिया जाता है। सम्पूर्ण श्रृंगार बनाव के कार्य परिपूर्ति के लिए ही विकसित किए गए हैं, जिससे कि अवांछनीय चेहरे को वांछनीय बनाया जा सके।

परन्तु सभी परिपूर्ति प्रतिक्रियाएं लाभकारी एवं वांछनीय नहीं होती हैं। जैसे योग्यता न होने पर शान बघारना अथवा पढ़ाई में कमजोर होने पर शरारत करना। जो व्यक्ति हीनभावना से ग्रसित है, यदि वह गुण्डा बनकर परिपूर्ति करता है तो यह अवांछनीय प्रतिक्रिया होती है। अधिकारियों का उल्लंघन भी परिपूर्ति के कारण ही किया जाता है। अतः जब परिपूर्ति अवास्तविक अथवा अवांछनीय पद्धति पर की जाती है, तो वह समाज-विरोधी हो जाती है।

आत्मीकरण (Identification)

जब व्यक्ति अपने उद्देश्यों में असफल रहता है तो दूसरों की उपलब्धियों को अपनी उपलब्धियां मानकर संतोष प्राप्त करता है तथा आत्म-शक्ति को स्थिर बनाये रखता है। अर्थात् वह दूसरों की उपलब्धियों से आत्मीकरण कर लेता है। वीर पूजा (Hero Worship) सबसे सामान्य प्रकार का आत्मीकरण है। वह जिस क्षेत्र में असफलता अथवा हीनभावना अनुभव करता है, उस क्षेत्र के सबसे सफल व्यक्ति के आत्मीकरण करने में न केवल सुरक्षा अनुभव करते हैं बल्कि उन कार्यों को भी करना सीखते हैं, जिनकी उनसे आशा की जाती है। परन्तु आत्मीकरण अचेतन स्तर पर होता है, जबकि अनुकरण चेतन स्तर पर होता है। व्यक्ति न केवल विशेष व्यक्तियों से बल्कि अनेक समूहों से भी आत्मीकरण करता है। वह किसी क्लब का सदस्य बनता है, कुछ समय बाद उसको अपना क्लब कहने लगता है, कॉलेज को अपना कॉलेज तथा देश को अपना देश कहता है। समूह की उपलब्धियां उसकी उपलब्धियां हो जाती हैं तथा यदि उसके समूह के प्रति कोई विषम परिस्थिति उत्पन्न होती है तो वह स्वयं चिंतित हो जाता है। यदि कोई अनुचित रिमार्क उसके समूह के प्रति करता है तो वह विपरीत प्रतिक्रिया करता है।

साधारणतया आत्मीकरण रचनात्मक भूमिका अदा करता है परन्तु यदि व्यक्ति अपने को पूर्णतया भुला देता है अथवा खलनायक से आत्मीकरण करता है तो वह ध्वन्सात्मक आत्मीकरण होता है। उदाहरण के लिए विषम आत्मीकरण (स्थिर व्यामोह की अवस्था) की अवस्था में व्यक्ति अपने तथा आत्मीकरण करने वाले व्यक्ति के बीच अन्तर स्पष्ट करने वाली ज्ञानेन्द्रियों की शक्ति खो देता है तथा वह अपने को साक्षात् नायक, राजा, नेता, सन्त, वैज्ञानिक अथवा वक्ता मानने लगता है।

स्थिरता (Fixation)

बालक के सामान्य विकास की अवस्था में अनेक ऐसे अवसर आते हैं, जहां पर उसको समायोजित करने में कठिनाई अथवा व्यवधान अनुभव होता है। व्यक्तित्व का विकास कई स्तरों से होकर गुजरता है। अतः प्रत्येक नवीन स्थिति बालक के लिए कुछ न कुछ निराशाजन्य अवश्य होती है। उसको प्रत्येक नवीन परिस्थिति का सामना करने के लिए विशेष साहस, उत्साह, प्रशिक्षण तथा ज्ञान की आवश्यकता होती है। यदि नवीन परिस्थितियों के प्रति चिन्ता तथा निराशा अधिक उत्पन्न हो जाती है तो स्थाई अथवा अस्थाई रूप से व्यक्तित्व स्थिर हो जाता है। दूसरे शब्दों में व्यक्ति प्रारम्भिक विकास के किसी स्तर पर स्थिर हो जाता है क्योंकि दूसरे स्तर अथवा स्थिति में प्रवेश करने से चिन्ता व निराशा उत्पन्न होती है। जो बालक माता-पिता पर अत्यन्त निर्भर होता है, वह इस प्रकार के सुरक्षात्मक यंत्र का उपयोग करता है, क्योंकि स्वतंत्र रूप से कार्य सीखने में चिन्ता व्यवधान उत्पन्न करती है।

प्रायश्चित (Atonement)

प्रायश्चित के द्वारा व्यक्ति अस्वीकृत विचारों, क्रिया तथा भावनाओं को निष्प्रभावित (Annul) करता है। गलतियों के लिए क्षमा मांगना, पश्चाताप करना तथा अपने को दण्डित करना प्रायश्चित के तरीके हैं। जब व्यक्ति में अपराध की भावना बढ़ जाती है और उसका वह किसी भी तरीके से समाधान करने में असफल रहता है तो वह अपने अपराध को स्वीकार कर लेता है और उसके लिए क्षमा याचना करता है। इस प्रकार वह जीवन को सुखी बनाने का प्रयत्न करता है।

प्रायश्चित तरीके का विकास प्रारम्भिक प्रशिक्षण पर निर्भर होता है। जिन बालकों को जरा-जरा सी बात पर क्षमा मांगने के लिए बाध्य किया जाता है या उन्हें दण्डित किया जाता है, ऐसे बालक भविष्य में ऐसे व्यक्ति का विकास करते हैं कि जिसमें प्रायश्चित करना एक लक्षण होता है। आज के व्यवहार में साधारण प्रायश्चित करना एक सामान्य बात हो गई है। मैं दुःखी हूं या मुझे माफ करना, प्रायश्चित करने का एक तरीका है। वह अपराध की प्रवृत्ति को दूर करने के लिए अनेक प्रयत्न करता है। उदाहरण के लिए अविश्वासी पति अपनी पत्नी के लिए उपहार लाता है या अनैतिक व्यापारी दान में बहुत अधिक धन देता है।

कल्पना तरंग तथा दिवास्वप्न (Fantasy and Day Dreaming)

कल्पना तथा दिवास्वप्न द्वारा व्यक्ति उन सुखों का अनुभव प्राप्त करता है जिनको कि वास्तविक जीवन में प्राप्त करने में असफल रहता है। कल्पना में वह उन बंधनों को अस्वीकार करके निराशा को समाप्त करता है तथा जिस प्रकार का व्यवहार करना चाहता है या करता है। दिवास्वप्न की अवस्था में वह अपने में उन गुणों को देखता है तथा उनका समुचित उपयोग करता है, जिसको वह सामाजिक बंधनों अथवा अन्य बाधाओं के कारण नहीं प्राप्त कर सकता है। हस्तमैथुन का प्रारम्भ प्रायः कल्पना दिवास्वप्न द्वारा होता है। इस विधि द्वारा व्यक्ति सन्तोष तो प्राप्त करता है परन्तु वास्तविकता को बिल्कुल भुला देता है जिसका परिणाम यह होता है कि असामाजिक लक्षण उत्पन्न हो जाते हैं।

कल्पना तरंग तथा दिवास्वप्न सामाजिक तथा असामाजिक दोनों प्रकार के लक्षणों को प्रदर्शित करता है। रचनात्मक तथा सामाजिक रूप में इसके उपयोग द्वारा स्वप्न को साकार बनाने का प्रयत्न किया जाता है। व्यक्ति अपनी शक्ति व मेहनत को और अधिक बढ़ाने का प्रयत्न करता है। कवि तथा चित्रकार को कल्पना करना अनिवार्य होता है। परन्तु परिकल्पना तथा दिवास्वप्न का उपयोग यदि समस्याओं से छुटकारा पाने के लिए किया जाता है, तो वह ध्वन्सात्मक होता है।

इस अवस्था में व्यक्ति कल्पना (Imagination) में अपने उद्देश्यों को पूरा करता है तथा आवश्यकताओं व इच्छाओं की संतुष्टि करता है। इच्छापूर्ति कल्पना तरंग (Will Fulfilling Fantasy) दो तरीके से अभिव्यक्त होती है :

1. विजयी नायक तरीका (Conquaring Hero Pattern)
2. वेदनाग्रस्त नामक तरीका (Suffering Hero Patterns)

प्रथम तरीके के अन्तर्गत व्यक्ति अपने को महान नायक, विजेता, सर्जन, वैज्ञानिक समझता है तथा दूसरों से प्रशंसा प्राप्त करता है। वह अपने को शक्तिशाली, योग्य तथा आदरणीय समझता है। इस प्रकार विरोधी भावनायें आसानी से विजयी नायक कल्पना तरंग द्वारा अभिव्यक्त हो जाती हैं, जिसमें वह उन सभी व्यक्तियों को कल्पना में नष्ट करता है या दण्ड देता है, जो उसके रास्ते में रोड़ा अटकाते हैं। इस प्रकार कल्पना तरंग द्वारा व्यक्ति क्षतिपूर्ति भी करता है।

वेदनाग्रस्त नामक तरीके द्वारा व्यक्ति को किसी व्यक्तिगत हीनता को स्वीकार नहीं करना पड़ता है क्योंकि वह अपने में किसी जन्मजात कमी अथवा दुर्भाग्य के प्रभाव की कल्पना करता है। अर्थात् अपनी असफलता के लिए स्वयं को दोषी न ठहराकर भाग्य को दोष देता है, जिससे उसकी विरोधात्मक भावनाओं की अभिव्यक्ति आसान हो जाती है।

यद्यपि इस प्रकार की कल्पना तरंगों तथा दिवास्वप्नों से जीवन की सुखद स्थिति तथा अन्तर्द्वन्द्व कम हो जाता है तथा व्यक्ति को सन्तोष प्राप्त होता है परन्तु वह संघर्ष से प्रतिगमित होता है और वास्तविकता से मुंह मोड़ता है, जिसके कारण अयथार्थवादी बन जाता है।

प्रत्याहार (Withdrawal)

प्रत्याहार की अवस्था में व्यक्ति सामाजिक सम्पर्कों तथा विभिन्न दबावों से अपने को पृथक् कर लेता है। यदि इस प्रकार का व्यवहार लम्बी अवधि तक बना रहता है तो वह जीवन की सभी परिस्थितियों से अपने को पृथक समझता है। साधारणतया प्रत्याहार की सरल अवस्था में व्यक्ति को समस्याओं, विचारों तथा संबंधों को पुनर्मूल्यांकन का अवसर मिलता है। कभी-कभी व्यक्ति घनिष्ठ रूप से परिस्थिति से संबंधित होने के कारण बुद्धिमत्तापूर्ण निर्णय लेने में कठिनाई अनुभव करता है। अतः वह कुछ समय के लिए स्वयं को परिस्थिति से अलग समझने लगता है जिससे उसे निर्णाय लेने में सहायता प्राप्त होती है। कुछ समय के पश्चात् व्यक्ति स्थिति का सुस्पष्ट तथा प्रभावकारी तरीके से सामना करता है।

प्रत्याहार कई प्रकार का होता है। जो व्यक्ति अपने को सामाजिक परिस्थितियों के साथ समायोजित होने में अयोग्य समझता है वह विनम्र (Submissive) तथा शर्मीला हो जाता है। जब सम्भव होता है वह सम्पर्कों से अपने को पृथक् कर लेता है तथा सामाजिकता की अपेक्षा एकान्तता (Solitary) को महत्व देता है। वह अपने चारों ओर क्रियाओं में भाग लेने के बजाय देखना रुचिकर समझता है। यदि प्रत्याहार की प्रवृत्ति अत्यधिक हो जाती है तो व्यक्ति में विषम असमायोजन के लक्षण प्रदर्शित होने लगते हैं।

जो व्यक्ति उदासीन तथा संकोची होता है तथा अपने संबंधों में सदैव औपचारिक रहता है, उसमें प्रत्याहार के लक्षण होते हैं क्योंकि औपचारिकता की अवस्था में वह अपनी आन्तरिक हीन

भावना को छिपा लेता है। वह अपनी भावना से दूसरों को परिचित होने से रोकने के लिए प्राय: औपचारिकता का तरीका अपनाता है। इस प्रकार के व्यक्ति को न तो अपने पर विश्वास होता है और न ही दूसरों का विश्वास करता है। वह व्यक्ति प्राय: चिंतित तथा भयभीत रहता है। यदि किसी समय असुरक्षात्मक तथा कष्ट कर घटना स्कूल, ऑफिस अथवा किसी स्थान पर घटित हो जाती है तो पुन: घटित होने का भय उसे लगा रहता है। वह एक स्थिति से दूसरी स्थिति के प्रति सामान्यीकरण करता है तथा भविष्य की परिस्थितियों से दूर रहने का प्रयत्न करता है। इस प्रकार का व्यवहार व्यक्ति पूर्व अनुभवों तथा दोषपूर्ण लालन-पालन के कारण सीखता है। परन्तु कभी-कभी अप्रत्याशित आघातजन्य परिस्थितियों से इतना धक्का लगता है कि उसमें अलगाव के लक्षण प्रकट हो जाते हैं। उदाहरण के लिए यदि कोई लड़की किसी पुरुष द्वारा इस आश्वासन के विपरीत कि वे दोनों विवाह कर लेंगे, त्याग दी जाती है तो यह घटना तथा परिस्थिति आघातजन्य होती है। यदि इस प्रेम संबंध के विषय में उसकी सहेलियों तथा संबंधियों को भी पता होता है तो उसके अहं पर अत्यधिक कुठाराघात होता है। इस स्थिति में सहेलियों तथा संबंधियों की आलोचना तथा दया भाव से बचने के लिए लड़की सामाजिक संबंधों तथा सम्पर्कों से पृथक्करण कर लेती है। इस प्रकार इस यन्त्र के उपयोग द्वारा वह दु:खद स्थिति का पुनर्मूल्यांकन होने से बच जाती है तथा व्यक्ति को भूलने का प्रयत्न करती है। वह इसके लिए औचित्यीकरण यह कहकर करती है कि सामाजिक कार्यों में भाग लेने का तात्पर्य समय की बर्बादी है, उतने समय में पढ़ा-लिखा जा सकता है।

प्रत्याहार के लक्षण उस व्यक्ति में भी पाये जाते हैं जब व्यक्ति अपनी उन्नति के लिए रास्ते ढूंढने का प्रयत्न करता है परन्तु उसका समुचित उपयोग नहीं करता है। उदाहरण के लिए समाचार पत्र में नवीन रिक्त स्थान का विज्ञापन तो बहुत शीघ्र ही देख लेता है परन्तु अपना आवेदन पत्र भेजने में प्राय: विलम्ब करता है।

कुछ व्यक्ति समस्याओं तथा संघर्षों से मुक्ति पाने के लिए बीमार हो जाते हैं। वे यह कार्य जानबूझ कर यद्यपि नहीं करते हैं लेकिन उनकी शारीरिक संरचना इस प्रकार की संवेदनशील हो जाती है कि शारीरिक व्यवधान किसी संघर्ष अथवा समस्या के उत्पन्न होने पर शीघ्र ही प्रकट हो जाते हैं।

उदासीनता (Apathy) तथा अरुचि भी प्रत्याहार के लक्षण हैं। व्यक्ति प्राय: प्रत्याहार का औचित्यीकरण करने के लिए कहता है कि अमुक स्थिति व्यक्ति अथवा समूह में उसकी कोई रुचि नहीं है। संकीर्णता (Narrow Mindedness) भी प्रत्याहार का एक लक्षण है। संकीर्ण व्यक्ति विरोधी विचारों को प्रकट नहीं करता है, जिसके कारण वह संकीर्ण हो जाता है।

वास्तविकता का खण्डन

इस आत्म सुरक्षात्मक यन्त्र के द्वारा व्यक्ति वास्तविकता से अपना संबंध विच्छेद कर लेता है। वह अनिच्छित तथा क्लेशकर स्थितियों एवं भावनाओं को अस्वीकृत तथा उपेक्षित कर मानसिक चित्र पटल से दूर कर देता है। प्रत्यक्षित यन्त्र (Perceptual Mechanism) वास्तविकता के खण्डन का एक तरीका है। एक व्यक्ति दु:खदायी स्थितियों से अपनी दृष्टि मोड़ लेता है या ऐसी बातें करने लगता है, जैसे कुछ घटित ही न हुआ हो अथवा दु:खदायी विषय पर बातचीत करने से इन्कार कर देता है या आघातपूर्ण स्थिति जब आती है तब उसे मूर्छा आ जाती है, आलोचना का खण्डन करता है तथा उपेक्षित कर देता है या काम में इतना अधिक व्यस्त हो जाता है कि उसे व्यक्तिगत समस्याओं पर ध्यान आकृष्ट करने का समय ही नहीं मिलता है। जब वास्तविकता के खण्डन की विषम स्थिति होती है तो व्यक्ति अनुभव करता है कि वास्तव में उसे कुछ भी दु:खदायी नहीं महसूस होता है अथवा उसके साथ कोई भी घटना नहीं घटित हुई है। यहां पर सुरक्षात्मक प्रतिक्रिया अस्थाई रूप से प्रकट होती है, जिससे आघातजन्य स्थिति के पूर्ण प्रभाव से रक्षा होती है।

मनोविदलता के रोगी विषम अस्वीकृति यन्त्र के लक्षण देखने को मिलते हैं। वह चिकित्सालय के कोलाहल तथा व्यवधानात्मक बात में भी अपने को बंधनमुक्त समझता है तथा अपनी रुचि के अनुसार व्यवहार करता है।

पृथक्करण

इस सुरक्षात्मक तरीके में सांवेगिक अलगाव तथा औचित्य स्थापन दोनों तरीके सम्मिलित होते हैं। जिन परिस्थितियों अथवा घटनाओं से दु:ख, कष्ट अथवा हानि उत्पन्न होने की सम्भावना होती है, उनमें व्यक्ति सांवेगिक क्रियाओं को औचित्य स्थापन द्वारा दूर रखता है। अर्थात् व्यक्ति एक ओर तो सांवेगिक क्रिया नहीं करता है तथा दूसरी ओर ऐसा करने का कारण भी ढूंढ लेता है। उदाहरण के लिए जब माता-पिता की मृत्यु होती है तो प्राय: व्यक्ति यह कहकर दु:ख कम कर लेते हैं कि उन्होंने अपना जीवन पूर्ण सफलता के साथ व्यतीत किया अथवा अब उनकी उम्र ही इस घटना के लायक थी। पृथक्करण का प्रयोग सामान्य तनावपूर्ण जीवन की स्थितियों से लेकर अतिशय तनावपूर्ण स्थितियों तक किया जाता है। ब्लूस्टोन (Bluestone) तथा मैकगाही (McGahee) के विचार से यह सुरक्षात्मक तरीका उन कैदियों में अधिक पाया जाता है, जो सजा की प्रतीक्षा करते हैं।

सांवेगिक अलगाव

सांवेगिक अलगाव की स्थिति में व्यक्ति उन परिस्थितियों में सांवेगिक सम्मिलन (Emotional Involvement) कम कर देता है, जिनसे किसी सम्भावित कष्ट, पीड़ा अथवा नुकसान की आशंका होती है। व्यक्ति के जीवन में अनेक ऐसे अवसर आते हैं जिनसे असंतोष उत्पन्न होता है। इस कारण उनको ऐसी स्थिति का पूर्वाभास भी होने लगता है। सांवेगिक अलगाव की स्थिति तभी उत्पन्न होती है, जब व्यक्ति बार-बार असफल होता है तथा दु:खद परिस्थितियां बार-बार आती हैं। इसलिए व्यक्ति में वे परिस्थितियां उस प्रकार का संवेग उत्पन्न करने के योग्य नहीं रह जाती हैं, जितनी कि सफल व्यक्ति को प्रभावित करती हैं। उदाहरण के लिए जो विद्यार्थी परीक्षा में बार-बार असफल हो जाता है, उसके लिए परीक्षा देना एक साधारण बात हो जाती है। निरन्तर असफलता व निराशा की स्थिति व्यक्ति को उदासीन बना देती है, जिसके कारण उसकी जीवन पद्धति प्रतिबंधित अथवा सीमित हो जाती है। ऐसे विश्रृंखलित (Broken) व्यक्ति जीवन की घटनाओं में निष्क्रिय रूप से भागीकृत होकर अपनी भग्नाशा को कम करते हैं। स्थिर मनोविदलता का रोगी अतिशय सांवेगिक अलगाव का प्रयोग करता है, जिसके कारण उसे असहनीय दु:खद परिस्थिति से छुटकारा मिलता है।

वैयक्तिक कार्यकर्ता के लिए मनोसुरक्षात्मक रचनाओं को जानना क्यों आवश्यक है?

मनोसुरक्षात्मक का उपयोग सामान्य तथा असामान्य सभी व्यक्ति करते हैं। साधारण तथा कम महत्व की समस्याओं से छुटकारा पाने के लिए मनोरचनाओं का उपयोग आवश्यक होता है लेकिन जब सभी प्रकार से साधारण या विषम परिस्थिति के लिए भी इसका उपयोग होता है तो व्यक्तित्व का विघटन हो जाता है। इससे व्यक्ति का व्यवहार कठोर हो जाता है तथा प्रक्रियायें विषम होती हैं। मनोसुरक्षात्मक वास्तविक समायोजन की स्थिति को स्पष्ट कर देती हैं तथा उन तरीकों की ओर व्यक्ति आकर्षित होता है जो स्वयं में अति आकर्षित होते हैं। इसका काम कार्य की चिन्ता को तुरन्त समाप्त करना होता है, पर यह उन स्रोतों को समाप्त नहीं करता जिनसे चिन्ता उत्पन्न होती है। जिसके परिणामस्वरूप वास्तविक आवश्यकता की संतुष्टि की अवहेलना होती है या केवल आंशिक

रूप से पूरी की जाती है। जिसके कारण आन्तरिक तनाव में निरन्तर वृद्धि होती रहती है तथा आन्तरिक असंतोष बढ़ता रहता है। समय पड़ने पर आन्तरिक तनाव एवं चिन्ता के कारण व्यक्ति बिल्कुल अतार्किक व्यवहार करने लगता है।

सुरक्षात्मक यंत्र निम्न दशाओं में असमायोजनात्मक बन जाते हैं :

1. जब काल्पनिक दुनिया में वास्तविक दुनिया की अपेक्षा अधिक संतोष मिलता है।
2. जब वास्तविक समस्या की प्रकृति तथा संघर्ष के स्रोत को सुरक्षात्मक यंत्र अस्पष्ट बना देते हैं।
3. जब वे प्रतिकूलन को संचित कर लेते हैं। (अंगूर खट्टे हैं, या जब व्यक्ति अपनी सफलता को नहीं मानता और उसका प्रक्षेपण करता है।)
4. उस अवस्था में भी सुधारात्मक यंत्र असमायोजनात्मक हो जाते हैं, जब वे व्यक्ति को समस्या के सन्दर्भ में अपनी वास्तविक व्याख्या करने से रोकते हैं तथा विकल्प को चुनने में दृष्टिहीन बना देते हैं।

वैयक्तिक कार्यकर्ता के लिए इन रक्षा युक्तियों को जानना इसलिए आवश्यक होता है, क्योंकि ये उपचार कार्य में प्रतिरोध उत्पन्न कर देते हैं। कार्यकर्ता सेवार्थी की चिन्ता को उभारता है जिससे वास्तविक स्थिति का ज्ञान हो सके तथा अन्तर्मनोद्वंद्व की समस्या को समझ कर उपचार माध्यम निश्चित कर सके।

टिप्पणियां

1. Projection is a mechanism where by painful of objectionable affects or ideas are projected outward upon persons or thing in the environment and felt by the individual as belonging outside of himself.

   इंग्लिश, ओ. स्वर्जन एण्ड किंच स्टुआई एम. : इन्ट्रोडक्शन टु साइक्याट्री डब्लू.डब्लू. नार्टन एण्ड कम्पनी, न्यूयॉर्क, 1954, पृ. 57-58.

2. मैक डोलाल्ड लैडेल : ए डिक्शनरी आफ साइकोलाजिकल टर्म्स, पब्लिस्ड बाई दि साइकोलॉजिकल सीरीज, लंदन, 1955, पृ. 36.
3. कोलमैन, जेम्स सी. : अवनारमल, साइकोलॉजी एण्ड मॉडर्न लाइफ, डी.वी. टारापोरेवाला सन्स एण्ड क. बॉम्बे, 1974, पृ. 23.